Jahrbuch der Oswald von Wolkenstein-Gesellschaft

Band 25 (2025)

Reichert Verlag Wiesbaden 2025

Die Stadt in Literatur und Kunst

–

Kunst und Literatur in der Stadt

Herausgegeben von Bernd Bastert und Ingrid Bennewitz
unter redaktioneller Mitarbeit von Anika Meißner

Reichert Verlag Wiesbaden 2025

Umschlagabbildungen

Vorderseite: Holzschnitt mit Nürnberger Stadtansicht
aus der Schedelschen Weltchronik (1493), Blatt $99^{v}/100^{r}$;

Rückseite: Wappenblatt „Wolckenstein“, Wende vom 19. zum 20. Jahrhundert
von unbekannter Herkunft, Maße 31 × 15,5 cm
(Privatbesitz von Prof. Dr. Sieglinde Hartmann, Frankfurt a. M.,
vormals Prof. Dr. Georg Glowatzki, Bern)

Bibliographische Informationen der Deutschen Nationalbibliothek
Die Deutsche Nationalbibliothek verzeichnet diese Publikation in der Deutschen Nationalbibliographie; detaillierte bibliographische Daten sind im Internet über http://dnb.dnb.de abrufbar.

Gedruckt auf säurefreiem Papier
(alterungsbeständig – pH7, neutral)

Tauernstr. 11, 65199 Wiesbaden
ISBN 978-3-7520-0896-8 (Print)
eISBN 978-3-7520-0344-4 (eBook)
https://doi.org/10.29091/9783752003444
ISSN 0722-4311

Inhaltsverzeichnis

Abkürzungen VIII

Einleitung 1

Literatur in der Stadt

Reinhard Strohm
Von „Soundscape“ und „Klangaura“ zu einer Geschichte der Stadtmusik 7–22

Hans-Jochen Schiewer
Stadt als religiöser Lebensraum.
Viten und Offenbarungen nicht-klausurierter Frauen im urbanen Raum 23–38

Niklas Holzberg
Von Athen nach Colmar und Nürnberg.
Herodot aus der Sicht der Reichsstädter Hieronymus Boner und Hans Sachs 39–56

Magdalena Butz
Ein ‚stadtbürgerlicher Dilettant‘ als Lehrer der Laien und Pfaffen?
Zu Hans Folz' Reimpaarsprüchen Nr. 17 und 25 57–76

Alexandra Urban
Das *Trojalied* des Lienhard Nunnenbeck 77–94

Fabian David Scheidel
Die Gemeinschaft des Herzens. Stadtgemeinschaft, christliche Gemeinde und inspiriertes Subjekt: *Das vierdt poetisch buch* des Hans Sachs (1578) 95–112

Franziska Lallinger
Hans Sachs als Protagonist städtischer Gemeindereformation.
Die Nürnberger Drucke der Kontrafakturen und Psalmlieder 113–137

Karina Kellermann
Nürnbergs Zensurpraxis Auge in Auge mit der politischen Publizistik 139–153

Reinhard Hahn
Literarisches Leben im mittelalterlichen Erfurt 155–171

Angelika Kemper
Die Predigten Sebastian Weimanns in Erfurt.
Vorreformatorische Predigttätigkeit und laikale Kritik 173–197

Robert Gisselbaek
Städtisches Gestänker um Konrad von Würzburg. Differenzierungen in und mit Dichtung im Rahmen gruppendynamischer Prozesse 199–217

Peter Glasner
Die hoichlobliche reichzstat Coln, min geleibtes fatterlant. Kunst und Literatur in den Werken des Kölner Ratsherren Hermann von Weinsberg (1518–1597) 219–242

Julia Frick
Trient 1475. Die Stadt als Projektionsraum literarisch konstruierter Geschichte..... 243–261

Verena Ebermeier
Städte und Klöster – Städte versus Klöster. Machtpolitische Implikationen einer Münchener Karlsgeographie in der sogenannten *Weihenstephaner Chronik* und in Ulrich Fuetrers *Bayerischer Chronik* 263–280

Stadt in der Literatur

Manuel Braun
Der (Alp-)Traum von der homogenen Gesellschaft.
Zum Zusammenhang von Stadt und *social engineering* im 16. Jahrhundert 281–305

Elke Brüggen/Anna Katharina Nachtsheim
Das geschriebene Haus. Zur Imagination von städtischen Räumen und urbanem Leben in mittelhochdeutschen Kurzerzählungen des 13. und 14. Jahrhunderts 307–333

Catharina Müller-Liedtke
Der urbane Raum als Raum der Ungleichheit. Zur Darstellung sozialer Konflikte in der deutschsprachigen städtischen Geschichtsschreibung des 13.–16. Jahrhunderts .. 335–351

Sina Katharina Kobbe
Der Stadtraum in *Hans Clawerts Wercklichen Historien* (1587) 353–369

Judith Lange
Verbrechen im städtischen Erzählraum.
Jörg Wickrams *Von Gůten und Bősen Nachbaurn*............................. 371–386

Anika Soraya Meißner
Ein König für Paris. Paris als ‚Artushof' der französischen Heldenepik? 387–399

Linus Möllenbrink
Muße in der Stadt? Humanistische Diskussionen über urbane und ländliche Lebensformen bei Francesco Petrarca, Ulrich von Hutten und Jacobus Canter...... 401–422

Christoph Fasbender
Stadt, Land, Fluss. Beobachtungen zur Lage der Stadt im Stadtlob um 1500 423–435

Gesine Mierke
Die Stadt als Palimpsest. Mentales Erfahren urbaner Räume 437–453

Frank Fürbeth
Nigromantie in Toledo:
Ort naturwissenschaftlicher Studien oder Hochschule der Zauberei? 455–481

Linus Ubl
Alteritätserfahrungen im mittelalterlichen Jerusalem – interreligiöse Perspektiven ... 483–505

Luis Schäfer
Tyrus, Tarsus, Babylon. Drei Formen der Stadtdarstellung
in Heinrichs von Neustadt *Apollonius von Tyrland* 507–529

Margit Dahm
Das troianische Erbe. Ambivalenzen der kulturellen Selbstbeschreibung
in Herborts von Fritzlar *Liet von Troye* und Konrads von Würzburg *Trojanerkrieg* ... 531–549

Caroline Fußbach
Die Darstellung islamischer Städte als Heterotopien in den *Civitates orbis terrarum* .. 551–571

Jörg Schwarz
Zwischen Traum und Wirklichkeit.
Das Bild der Stadt in den Fresken der „Libreria Piccolomini" in Siena 573–593

Mitteilungen der Oswald von Wolkenstein-Gesellschaft

Frank Fürbeth
Winfried Frey (1940–2024) † 597–598

Die Oswald von Wolkenstein-Gesellschaft 599

Abkürzungen

BSB	Bayerische Staatsbibliothek
DFG	Deutsche Forschungsgemeinschaft
DWB	Deutsches Wörterbuch
Euph.	Euphorion. Zeitschrift für Literaturgeschichte
GW	Gesamtkatalog der Wiegendrucke
HAB	Herzog August Bibliothek
HAStK	Historisches Archiv der Stadt Köln
HwbDA	Handwörterbuch des deutschen Aberglaubens
HZ	Historische Zeitschrift
IASL	Internationales Archiv für Sozialgeschichte der deutschen Literatur
JbKGV	Jahrbuch des Kölnischen Geschichtsvereins e.V.
JOWG	Jahrbuch der Oswald von Wolkenstein-Gesellschaft
Killy	Killy Literaturlexikon. 2., vollst. überarb. Auflage
LexMa	Lexikon des Mittelalters
LiLi	Zeitschrift für Literaturwissenschaft und Linguistik
MHDBDB	Mittelhochdeutsche Begriffsdatenbank
NDB	Neue Deutsche Biographie
PBB	Beiträge zur Geschichte der deutschen Sprache und Literatur
RHM	Rheinisches Museum für Philologie
RSM	Repertorium der Sangsprüche und Meisterlieder des 12. bis 18. Jahrhunderts. 16 Bde.
SBB-PK	Staatsbibliothek zu Berlin – Preußischer Kulturbesitz
TRE	Theologische Realenzykolpädie
VD 16	Verzeichnis der im deutschen Sprachgebiet erschienenen Drucke des 16. Jahrhunderts
VL	Die deutsche Literatur des Mittelalters. Verfasserlexikon. 2. Auflage
VL Hum	Deutscher Humanismus 1480–1520. Verfasserlexikon
ZfdA	Zeitschrift für deutsches Altertum
ZfdPh	Zeitschrift für deutsche Philologie

Einleitung

„Der in Moderne und Postmoderne weltweit zu konstatierende Trend einer zunehmenden Verstädterung bis hin zu Megastädten wird von unterschiedlichen Disziplinen aufmerksam verfolgt und wissenschaftlich begleitet. Dabei interessieren nicht nur demographische, städtebauliche oder soziale Aspekte, sondern ebenso eine sich verändernde Wahrnehmung des städtischen Raumes und der mentalen Auswirkungen von Verstädterung auf Bewohnerinnen und Bewohner in- und außerhalb urbaner Räume und Zentren.

Eine selbstverständlich nicht im gleichen Ausmaß, aber vielleicht doch in ihren prinzipiellen Auswirkungen vergleichbare Verstädterungstendenz kennt, spätestens seit dem ausgehenden 13. Jahrhundert, ebenfalls das europäische Mittelalter. In Kultur- und Literaturwissenschaften wurde und wird das Phänomen ‚Stadt und Literatur' bzw. ‚Literatur in der Stadt' seit längerem intensiv thematisiert und führte zu einer großen Anzahl an Publikationen, wobei anfangs und auch später noch häufig soziohistorische Ansätze dominierten. Zuletzt sind allerdings in den Literatur- und Kulturwissenschaften ebenfalls neuere Methoden und Ansätze der ‚Urban Sciences' rezipiert und produktiv umgesetzt worden, an denen sich auch die Germanistische Mediävistik beteiligt hat. An solche Überlegungen, die nicht zuletzt auf die Umsetzung von imaginären Stadtbildern und -vorstellungen in Kunst und Literatur zielen, gilt es anzuknüpfen und sie weiterzuentwickeln. Doch erscheint es nicht weniger sinnvoll und vielversprechend, neben bewährten Zugängen ebenfalls neuere methodische Herangehensweisen auf das seit längerem bearbeitete Gebiet der mittelalterlichen und frühneuzeitlichen Kunst- und Literaturproduktion in Städten und urbanen Zentren anzuwenden. Auf dem nächsten Symposion der Oswald von Wolkenstein-Gesellschaft sollen somit neue Fragestellungen, Themen und Methoden zu einer schon länger bekannten Thematik im Kontext aktueller Forschungen aufgenommen und zugleich neue Impulse gesetzt werden.

Die Tagung verfolgt mehrere Ziele:

- In den Blick genommen, identifiziert, konstatiert und interpretiert werden sollen unterschiedliche Akteure, Gattungen, Projekte, Ergebnisse und Interaktionen der deutschen wie lateinischen Kunst- und Literaturproduktion des 15. und 16. Jahrhunderts in Städten wie Nürnberg (Rosenplüt, Folz, Schedel, Pirckheimer, Hans Sachs usw.), Augsburg, Straßburg, Colmar, Frankfurt am Main, Frankfurt an der Oder, Köln, Erfurt, Chemnitz, Lübeck, Rostock u. a. Dabei sind Neufunde und innovative Fragestellungen ebenso willkommen wie eventuelle neue Bewertungen älterer Ergebnisse.

10.29091/9783752003444/001

Mögliche Untersuchungsfelder sind z. B. Meistergesang und sonstige städtische Lieddichtung, in Städten entstandene Groß- und Kleinepik, Stadtchroniken, Städtelob, Spiele, didaktische Literatur oder Interaktionen von Städten und geistlichen wie weltlichen Höfen, von Klöstern und Stiften sowie Schulen und Universitäten. Überdies könnte es sich lohnen, erneut und mit innovativen Forschungsmethoden städtische Humanistenkreise und deren Verflechtungen sowie Drucker und deren zum Teil weitausgreifende Netzwerke im Reich und Europa zu untersuchen.

- Thematisiert und analysiert werden sollen zudem literarische und künstlerische Entwürfe, Konzepte, Wertungen von Städten und urbanen Gesellschaften. Denkbar und erwünscht sind Beiträge zu Städten des deutschsprachigen, des angrenzenden europäischen sowie, etwa im Kontext von Reiseberichten, auch des außereuropäischen Raums, denen in mittelalterlichen oder frühneuzeitlichen Texten eine besondere, regionale, überregionale oder auch globale bzw. ‚glokale', Bedeutung zugemessen wird. Ebenso denkbar und erwünscht sind Überlegungen zu Städten und mentalen Konzepten urbanen Lebens, die als idealtypisch, utopisch oder, im modernen Verständnis, als fiktiv gelten können, etwa zu Jerusalem, Rom, Troja, Karthago, Babylon oder auch zu Toledo als vermeintlichem Zentrum der Schwarzen Magie.

Beide Themenbereiche sind miteinander verschränkt und nicht immer eindeutig voneinander zu trennen. Gleichwohl empfiehlt sich aus heuristischen Gründen eine Zuordnung zu einem der beiden genannten Bereiche. Explizit erwünscht sind neben Beiträgen aus den Literaturwissenschaften ebenfalls solche aus anderen Disziplinen, z. B. aus der Geschichte, Kunstgeschichte oder der Buchwissenschaft."

Mit diesem Ausschreibungstext hatten wir zu unserer Tagung eingeladen, die vom 27. bis zum 30. September 2023 im Priesterseminar Brixen stattfand. Die Einladung stieß auf großes Interesse der mediävistischen Fachwelt, weshalb es einmal mehr notwendig wurde, Parallelsektionen für die insgesamt 35 Vorträge anzusetzen.

Die Abfolge der Beiträge in diesem Band entspricht der im Titel gespiegelten Zweiteilung („Die Stadt in Literatur und Kunst – Kunst und Literatur in der Stadt"), wobei inhaltliche Korrespondenzen und fließende Übergänge vom einen zum anderen Aspekt angesichts der Komplexität des Themas ebenso erwartbar wie unabdingbar sind.

Am Beginn stehen die wissenschaftsgeschichtlich zentralen Überlegungen von Reinhard Strohm zu einer „Geschichte der Stadtmusik" im Sinne einer *urban music*, die – insbesondere unter komparatistischen und gesamteuropäischen Gesichtspunkten – nach wie vor ein dringliches Desiderat darstellt. Hans-Joachim Schiewer untersucht die Viten und Offenbarungen religiös lebender, aber nichtklausurierter Frauen im urbanen Raum, deren Zahl seit dem 13. Jahrhundert stetig anstieg und die damit die Städte zunehmend zu einem „Epizentrum geistlicher Lebensform und spiritueller Profilbildung" machten.

Wie nicht anders zu erwarten, standen das frühneuzeitliche Nürnberg und die dort wirkenden Autoren im Mittelpunkt gleich mehrerer Beiträge. So widmet sich Nikolaus Holzberg der Herodot-Rezeption durch Hieronymus Boner und Hans Sachs; Magdalena Butz den Reimpaarsprüchen 17 und 25 von Hans Folz und ihrer religiös-didaktischen Intention, und Alexandra Urban dem *Trojalied* Lienhard Nunnenbecks und seiner Rezeption auch außerhalb des Nürnberger Meistergesangs. Fabian David Scheidel analysiert das 1578 postum gedruckte *vierdt poetisch buch* des Hans Sachs als „kohärentes Textprogramm" mit Blick auf die stadtpolitische Situation des Jahres 1562, Franziska Lallinger die Nürnberger Drucke der Kontrafakturen und Psalmlieder des Hans Sachs und deren „urbane Infrastrukturen". Karina Kellermann schließlich gelingt es, anhand der Nürnberger Zensur den dialektischen Prozess von politischer Publizistik einerseits und dadurch ausgelösten Kontrollmechanismen der städtischen Obrigkeit zu veranschaulichen. Neben Nürnberg stehen Erfurt, Basel, Köln, Trient und München im Zentrum detaillierter regionalhistorischer und literaturwissenschaftlicher Diskussionen. Während Reinhard Hahns Beitrag zum literarischen Leben in Erfurt exemplarisch die vielfältigen Formen literarhistorischer Zuschreibungen fokussiert, zeigt Angelika Kemper anhand der Predigten Sebastian Weimanns in Erfurt den Einfluss vorrefomatorischer Strömungen auf die städtische Gesellschaft. Robert Gisselbaek unterzieht Konrads von Würzburg Positionierung gegenüber Mäzenen und Publikum in Basel einer kritischen Prüfung; Peter Glasner analysiert die Manuskripte des Kölner Ratsherrn Hermann von Weinsberg als noch wenig bekanntes Beispiel für „Kunst in der Stadt und die Stadt (Köln) in der Literatur". Julia Frick nimmt den Fall des Simon von Trient und den Trienter Prozess von 1475 zum Anlass, die untrennbare Verknüpfung des Projektionsraums Stadt (hier Trient) mit der medialen Verbreitung des Falls und zugleich als Schauplatz der Handlung aufzuzeigen, und Verena Ebermeier widmet sich der sog. *Weihenstephaner Chronik* sowie Ulrich Füetrers *Bayerischer Chronik* und den machtpolitischen Implikationen einer Münchner Karlsgeographie.

Der Beitrag Manuel Brauns bildet den Beginn des zweiten inhaltlichen Schwerpunkts – „Kunst und Literatur in der Stadt" – und skizziert anhand der Ideen zur sozialen Gleichheit von Thomas Morus, Hans Hergot und Juan Luis Vives die Dialektik von Traum und zugleich Alptraum einer homogenen Gesellschaft im 16. Jahrhundert. Der Reigen der Einzeluntersuchungen wird eröffnet mit Überlegungen von Elke Brüggen und Anna Katharina Nachtsheim zum

„geschriebenen Haus“. Anhand von zwei mittelhochdeutschen Kurzerzählungen folgen sie den Spuren der so manifestierten materiellen Kultur einerseits wie den damit verbundenen mentalen Konzepten (*hûsêre*) andererseits. Die Darstellung sozialer Konflikte, speziell der sozialen Ungleichheit, in der *Kölner Reimchronik* Gottfried Hagens und der *Nieronbergensis cronica* Sigmund Meisterlins fokussiert der Beitrag von Catharina Müller-Liedtke. Hans Clawerts *Werckliche Historien* von 1587 und die speziellen Konditionen des städtischen Raums für Schwankhelden lotet Sina Katharina Kobbe aus. Judith Lange untersucht den städtischen Raum als Folie für Verbrechen und Leiderfahrung in Jörg Wickrams Nachbarn-Roman, und Anika Soraya Meißner diskutiert anhand der vier Prosaromane Elisabeths von Nassau Saarbrücken die Stilisierung von Paris zum ‚Artushof‘ der französischen Heldenepik. Auffällige Korrespondenzen kann sie zudem zwischen den Illustrationen im *Huge Scheppel* und einem der ältesten Stadtpläne von Paris nachweisen. Diskussionen über urbane und ländliche Lebensformen bei Francesco Petrarca, Ulrich von Hutten und Jacobus Canter stehen im Zentrum der Überlegungen von Linus Möllenbrink und damit auch die Frage nach der Stadt als Ort der Muße, wobei sich diese Idee laut Möllenbrink letztlich „als Erfindung von Städtern für Städter“ und „Merkmal einer durch und durch urbanen Lebensform“ konkretisiere.

Christoph Fasbenders „Beobachtungen zur Lage der Stadt im Städtelob um 1500“ zeigen anhand bislang wenig diskutierter exemplarischer Fälle das breite Spektrum des literarischen Stadtlobs zu Beginn des 16. Jahrhunderts und erinnern zugleich daran, dass nicht Ortskenntnis, sondern vielmehr Rhetorik „die Bemessungsgrundlage des lateinischen Städtelobs“ war. Anhand von Mirabilien, Indulgentien und Geistigen Pilgerfahrten zeigt Gesine Mierke, wie mittels dieser Texte eine Stadt – konkret Rom – im Rezeptionsakt immer neu entstehen konnte bzw. konstruiert wurde, ein Prozess, der sich als eine Art Palimpsest deuten ließe. Toledo als Ort der Nigromantie und damit verbunden der Einschätzung als Hochburg der Wissenschaft einerseits bzw. als Hochschule der Zauberei andererseits untersucht Frank Fürbeth mit Blick auf die Rezeption in der europäischen Dichtung, in der die dämonologische Perspektive jedoch eindeutig dominiert. Linus Ubl widmet sich der historiographischen Sonderstellung Jerusalems zwischen einer Einbettung in christliche, aber auch islamische und jüdische Kontexte und realhistorische Aktualisierungen in Kartographie und Literatur. Den Spuren unterschiedlicher Stadtdarstellungen in Heinrichs von Neustadt *Apollonius von Tyrland* und ihren interkulturellen Referenzen folgt Luis Schäfer, wohingegen Margit Dahm anhand der Trojaromane Herborts von Fritzlar und Konrads von Würzburg die Darstellungen Trojas und deren je spezifische Historisierung als Bestandteil des kulturellen Erbes analysiert. Mit Jörg Schwarz’ Untersuchung der Stadtdarstellungen in den Fresken der *Libreria Piccolomini* in Siena bildet ein kunsthistorischer Beitrag den Beschluss des Bandes.

Es steht zu hoffen, dass die hier versammelten Beiträge einen verlässlichen und anregenden Ausgangspunkt für zukünftige Forschungen zu diesem für alle mediävistischen Disziplinen gleichermaßen herausfordernden und aktuellen Thema[1] schaffen können.

Auch diese Brixener Tagung wurde durch ein thematisch passendes Konzertprogramm ergänzt. Ulrike Bergmann präsentierte dazu unter dem Titel *Hans Sachs und seine Zeit* Meistergesang und Lieder des späten Mittelalters und der frühen Neuzeit.

Dem Priesterseminar in Brixen, insbesondere Herrn Bruno Pfattner, haben wir zudem für die wie immer überaus gastfreundliche Aufnahme sehr herzlich zu danken, ebenso für die Unterstützung der Tagung schon im Vorfeld und bei ihrer Durchführung vor Ort Frau Ragna Schaller und Herrn Julius Dünninger. Für finanzielle und organisatorische Unterstützung danken wir zudem dem Bamberger Zentrum für Mittelalterstudien sowie der Universität Bochum sehr herzlich. Dafür, dass auch bei diesem Band ein Peer-Review-Verfahren durchgeführt werden konnte, sind wir allen daran beteiligten Kolleginnen und Kollegen zu großem Dank verpflichtet.

Für Hilfe bei der Vorbereitung der Drucklegung, insbesondere der redaktionellen Betreuung der Beiträge bedanken wir uns bei Anika Meißner. Ein besonderer Dank für die ebenso sorgfältige wie zügige Einrichtung des gesamten Bandes und die gute Zusammenarbeit gebührt dem Reichert Verlag, und dort vor allem Anna Lahr.

Bernd Bastert und Ingrid Bennewitz

1 An neuerer Literatur zur Thematik sei nur zwei Titel genannt, deren Herausgeber und Herausgeberinnen auch auf unserer Tagung vertreten waren: Margit Dahm und Timo Felber (Hrsg.): Mentale Konzepte der Stadt in Bild- und Textmedien der Vormoderne. Leiden 2023 (https://www.sidestone.com/books/mentale-konzepte-der-stadt-in-bild-und-textmedien-der-vormoderne [15.05.2025]); Johannes Klaus Kipf und Jörg Schwarz (Hrsg.): Mittelalterliche Stadtgeschichte(n). Stadt und Kultur in Mittelalter und Früher Neuzeit. Heidelberg 2024 (https://heiup.uni-heidelberg.de/catalog/book/1258/version/1146 [15.05.2025]).

Reinhard Strohm

Von „Soundscape" und „Klangaura" zu einer Geschichte der Stadtmusik

1. Ein Rückblick auf die Stadtmusikforschung

Die Erforschung der mittelalterlichen und frühneuzeitlichen Stadtmusik (*urban music*) verdient heute eine kritische Aufarbeitung: Viel ist geleistet worden, manches blieb in Enthusiasmus stecken, epistemologische Reflektion lässt auf sich warten. Hier soll ein Überblick über die Entwicklung der Forschung, ihre Probleme und ihre Chancen versucht werden.

„Stadtmusik / Städtische Musik / Musik in der Stadt / Musiker in der Stadt" ist eine Themengruppe mit Analogien zur Themengruppe „Literatur in der Stadt". Ein beiden Bereichen gemeinsames Problem ist zum Beispiel das Verhältnis zwischen der Stadt als Darstellungsgegenstand von Literatur bzw. Musik und dem viel weiteren Gebiet von Literatur bzw. Musik „in der Stadt", also der Stadt als soziokultureller Bühne des Dichtens, Sprechens, Schreibens und Musizierens.

Mit Stadtmusikforschung, im Sinne der zweiten Definition, habe ich mich seit 1976 beschäftigt. Meine damaligen Ansätze[1] waren einerseits beeinflusst von den seit ca. 1977 einflussreichen Diskursen zu „Soundscape" (R. Murray Schafer) und „Klangaura" (Walter Salmen).[2] Andererseits war Vorbild die reiche Tradition musikhistorischer Arbeiten zu bestimmten Repertoires, Gattungen und Autoren, die immer wieder auch in den Rahmen einer Institution, Stadt oder Region gestellt worden waren.[3] Diese Vorgaben und deren spätere Konzepterweiterungen sollen hier zunächst kritisch vorgestellt werden. Es folgt ein Überblick über charakteristische Situationen, Akteure und Repertoires von Musik „in der Stadt", wie sie u.a. in Beiträgen zum online-Projekt „Musikleben des Spätmittelalters in der Region Österreich" mit Fokus auf diese Region dargestellt worden sind.[4] Abschließend sei gefragt, ob und wie solche Beobachtungen und Forschungen zu einer neuen, umfassenderen Stadtmusikforschung, ja einer „Geschichte der Stadtmusik" entwickelt werden könnten.

---

1 Strohm 1985.

2 Schafer 1977; Salmen 1980.

3 Maßgebliche Beispiele waren Wustmann 1909 (Leipzig); Lockwood 1984 (Ferrara); Wright 1989 (Notre Dame, Paris).

4 Strohm 2016.

10.29091/9783752003444/002

„Was man in der Stadt hörte" – nämlich eine historisch erforschbare, jedoch auch immer nur imaginär vorgestellte „akustische Umwelt" – schwebte Walter Salmen vor, der in seinem Aufsatz „Vom Musizieren in der spätmittelalterlichen Stadt" den Begriff der „Klang-Aura" prägte.[5] Seine Darstellung städtischen Musizierens war eingebettet in die von Harry Kühnel am Institut für Mittelalterliche Realienkunde Österreichs begründete Alltagsforschung, die den Produktions- und Lebensbereich „Stadt" aus Archivdokumenten historisch erfassen oder sogar rekonstruieren wollte. R. Murray Schafer entwickelte ein globaleres Interesse an der akustischen Umwelt, die er (nach dem Vorgang des Stadtplaners Michael Southworth) als „soundscape" bezeichnete. Unter „soundscape" versteht Schafer vor allem heutige Klangumgebungen, die entweder von der Natur verursacht oder von Menschen, auch z. B. als Kompositionen, gestaltet sind. Es ging ihm jedoch weder um eine spezifisch *urbane* Klangwelt noch um die Ermittlung und Rekonstruktion *historischer* Lebenssituationen. Beide Initiativen, diejenige Salmens und diejenige Schafers, hingen mit dem sogenannten „spatial turn" in der Kulturwissenschaft zusammen, sowie in der Musik mit der Interessenwende vom kunstvollen Musikwerk zum „Musicking"[6] oder überhaupt zu Geräusch und Lärm, ähnlich wie auch die Kunstgeschichte etwa seit Hans Belting (1989) von Werkgeschichte zu Bildgeschichte avancierte.[7]

In „Music in Late Medieval Bruges" (1985)[8] stellte ich meiner auf Archivquellen und Musiknotationen gestützten historischen Studie ein mehr imaginatives Einleitungskapitel voraus, das die akustische Umwelt des mittelalterlichen Brügge charakterisieren sollte. Der Titel „Townscape-Soundscape" für dieses Kapitel verknüpfte zum ersten Mal im Englischen den Begriff „Stadt" mit dem der hörbaren Umwelt. Im Gegensatz zur historiographischen Konvention interessierte mich Musik hier als Praxis, Ritual oder Erlebnis, nicht nur als Werk- und Autorenserie.

Arbeiten zum historischen „Stadtklang", wie man es bald auch nannte, sind seither zahlreich geworden. Das frühere Interesse der Musikforschung an geschichtlichen Identitäten („Leipzig"), Zeremonialtraditionen („Notre Dame") und bedeutenden komponierten Repertoires („Ferrara") wurde durch Erforschung kultureller Bedingungen für Musik als soziale Praxis erweitert. Wichtigstes Modell war die auf Archivquellen gestützte Stadtforschung selbst;[9] ortsübergreifende und vergleichende Studien erreichten schließlich auch die Heimatregion

5 Salmen 1980.

6 Small 1998.

7 Belting/Blume 1989.

8 Strohm 1985.

9 Vgl. z. B. Carter 2018, wo „Listening" zur Forschungsaufgabe geworden ist und das Projekt einer *Urban Musicology* erläutert wird.

Oswalds von Wolkenstein,[10] wo die Alltagsforschung von Harry Kühnel, Walter Salmen und anderen begonnen hatte.

Jedoch ist die Beschreibung von Klängen und Geräuschen als „Umwelt“ insofern unrealistisch oder sogar unzutreffend, als sie den Eindruck vermitteln kann, solche Phänomene ereigneten sich ohne gezieltes menschliches Zutun. Schafer hatte sich mit menschlicher Verursachung durchaus beschäftigt; er verzichtete nur darauf, Musik und Geräusch als zweckgerichtete menschliche Kommunikationen historisch zu interpretieren. In neueren Darstellungen jedoch ist die Verantwortung historischer Menschen manchmal noch mehr an den Rand des Interesses gerückt: Die Stadt „klingt“, man „hört die Stadt“, sie ist somit – anthropomorph – als *Verursacherin* von Klängen angesprochen.[11] Ist in der Literaturforschung schon jemand auf den Gedanken gekommen, die Stadt als Urheberin von Texten zu betrachten? Die online-Aktion „Stadtklang/Mitmachen“ des Wissenschaftsministeriums der Bundesrepublik Deutschland (2015) sollte Benutzer:innen zum Einspielen von Umweltklängen der eigenen Stadt anregen; es wurde impliziert, dass jede Stadt ihren eigenen Klang habe. Dies wurde in der Folgezeit zu „Wie klingt Ihr Lieblingsort in der Stadt?“ umformuliert.[12] Es fehlte diesen Verlautbarungen sowohl an Tatsachenbewusstsein (Autolärm macht alle Städte gleich), als auch an Wissen darüber, wie Musik, Klang und Geräusch zwischen Menschen vermitteln.[13]

Mithilfe der bekannten Unterscheidung von Kenneth L. Pike zwischen „emischen“ und „etischen“ Betrachtungsweisen versuchte ich dann 2020 die Bereiche der Stadtmusik(er)forschung folgendermaßen neu zu ordnen:

Es gibt erstens die „etische“, auch einem ortsfremden Touristen mögliche, Erfahrung der akustisch-musikalischen Umwelt, wie sie in Kenntnis manch anderer vergleichbarer Umwelten erlebt werden kann; zweitens das „emische“ Nachvollziehen des Lebens von seinen inneren kollektiven Bedingungen her, wenn Hörer z. B. durch das Glockenläuten etwas ganz Bestimmtes, ihrem Leben Zugehöriges erfahren sollen, und drittens – von mir hinzugefügt – ein langfristig „historisches“ Erzählen und Aufsuchen von Ereignissen und Entwicklungen, fokussiert auf bestimmte Institutionen und Zeitabschnitte.[14]

---

10 Strohm 2001.

11 So z. B. Knighton/Mazuela-Anguita 2018, wo unter dem Titel „Hearing the City“ allerdings soziokulturelle Zusammenhänge berücksichtigt sind. Fenlon 2019 untersucht in „Urban Soundscapes“ auch institutionelle und soziale Voraussetzungen des Musizierens.

12 Vgl. https://www.wissenschaftsjahr.de/2015/stadtklang/startseite.html [12.3.2024].

13 Letzteres war schon ein Hauptthema von Small 1998; inzwischen mehren sich Veröffentlichungen, die menschliche Ein- und Mitwirkung vorrangig beschreiben, z. B. Kusitzky 2021.

14 Strohm 2020a.

Die sinnlich-momentane Erfahrung des Musikhörens in der Stadt in anthropomorphischen Formulierungen wie „Hearing the City" entspricht dem Horizont des außenstehenden Forschers oder Geschichtstouristen, ist also „etisch". Eine „emische" Betrachtung, die die Erfahrungen damaliger Menschen zu rekonstruieren versucht, könnte dazu ein Gegengewicht herstellen. In Ludwig Senfls Komposition *Das Geläut zu Speyer*,[15] die dem fremden Besucher einen soundscape vorzuspielen scheint, werden nicht nur verbale Informationen zum Vorgang des Läutens angeboten, sondern dieses Klangensemble dürfte auch konkrete Klangsignale für den einheimischen Stadtbewohner reproduzieren, denen „emisch" nachzuspüren wäre.

Hauptaufgabe bleibt jedoch die „historische" Berichterstattung über langfristige, gesellschaftlich-ästhetische Strukturen und Praxen: über kirchliches und ziviles Ritual, Korporationen, Stadtpfeifer, Meistersinger, Prozession und Repräsentation, Konzertwesen, Kriegsmusik usw. Hier müsste dann auch unterschieden werden, inwieweit Musik überhaupt stadtbedingt war oder „Stadt" reflektierte, im Gegensatz etwa zu Hof, Region, Profession, Individuum. Zu den Quellen einer solchen Historie gehört außer den (musikfremden) Archiven, den ikonographischen Zeugnissen und den erst in Klang zu verwandelnden Musiknotationen erst recht auch das Sprechen der chronikalen, didaktischen, lyrischen Literatur. Über städtische Musik und Musiker zu dichten, vielleicht als Ergebnis eines Hörens, war wohl selbst ein Teil damaliger urbaner Identitätsbildung.[16]

2. Ausgewählte Ergebnisse zur sozialen Einbettung von Stadtmusik, u. a. aus dem Projekt *Musikleben des Spätmittelalters in der Region Österreich*[17]

2.1 Soziale Strukturen und Stadtmusik

Die Anzahl, Größe, Lage und Zugänglichkeit musikalisch aktiver Institutionen bestimmten damals wie heute das städtische Musikleben. Die Kirchen trugen z. B. nicht nur durch Glockenläuten und Prozessionen zur allgemeinen Klang-Aura bei, sondern waren auch lokale Identifikationszentren, die eine soziale, wirtschaftliche und politische Grundlage für das Musikleben boten.

Es ging beim Musizieren zuallererst um die Frage, *wer* es ausführte, veranlasste, bezahlte, hörte, lehrte und lernte, verbot oder gestattete; zweitens darum, innerhalb welcher sozialen Strukturen und Institutionen dies geschah, und erst

15 Senfl (cpdl.org).

16 Hierzu gehört Hans Rosenplüts Lobspruch auf die Stadt Nürnberg, 1447, der den Organisten Conrad Paumann erwähnt, oder die ausführliche Darstellung Francesco Landinis in *Il Paradiso degli Alberti* von Giovanni Gherardi da Prato, 1389.

17 Strohm u. a. 2016.

drittens um die raumzeitliche Situierung. Musik und Topographie sind zwar unmittelbar aufeinander bezogen, wenn z. B. ein Straßenmusikant in einer Straße spielt. Doch die wichtige Frage, ob es jedesmal irgendeine andere Straße ist oder immer dieselbe – z. B. eine „Pfeifergasse“ oder „Trompetergasse“, wie es sie in mehreren Städten gab – hängt von sozialen Vorgaben ab, wie etwa einer Verordnung des Stadtrats. Kirchliche Prozessionen, sofern sie außerhalb von Kirche und Friedhof durch die Straßen der Stadt verliefen, konnten das städtische Raumbewusstsein beeinflussen. Freilich ist dies nur aus solchen Quellen erschließbar, die tatsächliche Aussagen zur Topographie enthalten.

2.2 Signalsysteme: Uhren, Glocken, Trompeten, Hornwerke, Nachtwächter und Ausrufer

Zur städtischen Klang-Aura gehörten neben Uhren, Glocken und Blasinsinstrumenten auch die in Österreich beliebten Hornwerke – Orgeln, die auf Kirchtürmen oder sogar auf Fahrzeugen angebracht waren – sowie städtische Nachtwächter. Aus Salzburg haben wir eine städtische Vorschrift für den nächtlichen Fußumgang dieser Sicherheitsbeamten (1503).[18] Über ihren regulären Dienst in Wien ist wenig bekannt. Zahlreicher sind die Belege über öffentliche Ausrufer, die vor allem bei besonderen Gelegenheiten und zur polizeilichen Sicherung eingesetzt wurden. Gemäß einer Verordnung von 1453 wirkten sie mit dem Hornwerk auf dem Kirchturm von St. Stephan sozusagen in Tandem: Der Ausrufer sollte den Einwohnern mitteilen, dass nachts nach dem „hornplosen“ (Hornblasen) keiner mehr bewaffnet auf die Straße gehen dürfe. Dazu rief er aus:

> *Es gebietet unser gnädigster Herr Lasslaw, zu Böhmen und Ungarn König, Herzog zu Österreich, Markgraf zu Mähren, sein oberster Hauptmann, Graf Wolfgang von Wallsee, sein Regierender Landmarschall in Österreich, auch der Bürgermeister, Richter und Rat der Stadt hier zu Wien, allen Personen, welcher Art und welchen Standes sie auch seien, und einer soll das dem andern sagen, dass niemand, er sei geistlich oder weltlich, adelig oder unadelig, nachts nach dem Hornblasen mehr mit Waffen auf der Gasse gehen soll, oder mit wehrhafter Hand* [mit versteckten Waffen oder Messern?], *und ohne ein offenes Licht. Welche dem aber zuwiderhandeln und dabei ertappt werden, die wird man wie schädliche Leute behandeln und ohne alle Gnade bestrafen. Das ist gerufen worden am Samstag vor St. Martinstag anno 1453.*[19]

Am 14. Jänner 1458 wurde mit denselben obrigkeitlichen Präambeln ausgerufen, „dass keiner üble, unehrbare, schändliche, ungehörige, unzüchtige Worte von nie-

18 Strohm 2020b.

19 Zeibig 1853, 12–13 (Wortlaut modernisiert).

mand hier reden, schreiben, dichten oder singen solle, bei Tag oder bei Nacht“; wer solche Leute anzeigte, dem wurden je 32 Gulden Lohn versprochen, während dem Übeltäter gnadenlose Strafe an Leib und Gut angedroht wurde. Und weiter:

> *Es soll auch keiner Schlittenfahrten, Saitenspiel, Tänze und alle anderen öffentliche Vergnügungen im Freien abhalten, und keiner soll auf der Gasse in irgendeiner Art von Verkleidung gehen; wer aber dabei ertappt wird, den soll man schwer bestrafen.*[20]

Wegen der Kriegsläufte wurde also im ersten Fall das Waffentragen nachts auf der Straße streng verboten, im zweiten Fall aber ein ganzes Bündel von Handlungen: üble Nachrede, Spottlieder, Verkleidungen, alle öffentlichen Vergnügungen einschließlich des Musizierens. Man darf davon ablesen, dass – gerade zur Winterszeit im Krieg – in der Bevölkerung ein Bedürfnis nach solchen Dingen bestand. Auf der Seite der Behörden vermischten sich hingegen Sicherheitserwägungen (vor allem gegenüber der notorischen Streitlust der Wiener) mit moralischen und womöglich sogar ästhetischen Vorurteilen. Obwohl die Ausrufer das öffentliche Singen und Spielen verbieten mussten, ist ihr eigener Vortrag ohne eine musikalische Komponente kaum vorstellbar.

2.3 Repräsentation und Festkultur

Die höfischen, bürgerlichen und kirchlichen Kulturträger von Städten hatten trotz vieler Konflikte im Lauf der Zeiten auch ein gemeinsames Interesse: die öffentliche Zurschaustellung von Herrschaft, Reichtum, Recht und Frieden, die oft mit musikalischen Mitteln vor sich ging. Die Stadtväter benötigten musikalische Repräsentation besonders dort, wo man rivalisierenden Gesellschaftsgruppen und Ansprüchen gegenüberstand und wo man entweder Frieden und Offenheit oder Macht und Willenskraft zu demonstrieren hatte. Waffengewalt konnte nur das Letztere besorgen, Musik offenbar beides. Die musikalische Festkultur der Epoche erinnert letztlich noch an Rituale des Vertreibens böser Geister aus dem Gemeinschaftsleben.

Viele Zeremonien zu politischen Anlässen wurden in Wien von den Fürsten angeordnet. Als im Jahre 1417 das Konklave des Konstanzer Konzils Papst Martin V. erwählt und damit das päpstliche Schisma beendet hatte, berichtete der Wiener Theologe Nikolaus von Dinkelsbühl in einer Predigt, dass man auf Befehl von Herzog Albrecht V. in allen Wiener Kirchen die Glocken geläutet und zwei Tage lang feierliche Dankmessen zelebriert habe. Unter dem Jubel der Gläubigen sei in einer Kirche an acht verschiedenen Orten gleichzeitig das *Te Deum* gesun-

20 Ebd., 73 (Wortlaut modernisiert).

gen worden, unter Teilnahme jeder Art musikalischer Instrumente. Am dritten Tag gab es eine feierliche Prozession des gesamten Klerus und der Universität zu den Kirchen mit vielen Messfeiern, an denen der Fürst mit seinem ganzen Hof und den Stadtbewohnern teilnahm.[21]

In vielen Städten Europas waren Fürstenempfänge (*joyeuses entrées*) eine feststehende Sitte.[22] Zu diesen Anlässen kamen immer auch Gäste von anderswoher zusammen, jeweils mit ihren Musikern. Als Kaiser Sigismund im Jahre 1435 Wien besuchte (zum ersten Mal nach seiner Kaiserkrönung in Rom, 1433), wurde er am Tor begrüßt und unter einem eigens angefertigten Baldachin in die Stadt geleitet; die Trompeter des Kaisers sowie der Stadt wurden entlohnt; die fürstlichen Besucher erhielten Geschenke und wurden „von den Frauen geehrt“. Unter Sigismunds Begleitern befanden sich der Graf von Cili und der König von Bosnien, Stjepan Trvtko II.[23]

Die Musiker mussten aufspielen und wurden sowohl von ihren eigenen Herren als auch der Stadtverwaltung belohnt. Trompeter, Pauker, Lautenisten, Pfeifer, Posaunisten, Herolde, „Sprecher“, „Persevanten“ (Tanz- und Zeremonienmeister), Hofnarren, Türhüter und Gaukler wurden ebenso wie ihre Herren willkommen geheißen. Niemand scheint bisher zu wissen, wie die Musiker sich akustisch aufeinander einstellten bzw. inwieweit dies überhaupt möglich war. Die Wiener Stadtrechnungen ordnen diese Vorgänge unter „Schankung und Erung“ ein, weil nicht nur die vornehmen Gäste, sondern auch ihre Musiker mit Geschenken geehrt wurden. Diese aus der feudalen Fürstentradition stammende Praxis kontrastierte erheblich mit der Respektlosigkeit, die die herrschende Theologie dieser Berufsgruppe entgegenbrachte.

2.4 Prozessionen in der Stadt

Glocken und Prozessionen haben raumakustische Wirkung; es gab aber noch viele andere Relationen zwischen Raum und Klang, die willkürlich und gezielt hergestellt wurden. In Brügge sang man in der Hl. Blutprozession am 3. Mai Choräle für diejenigen Heiligen, an deren Kirchen man gerade vorbeiwanderte.[24] In Bozen durften die Schüler beim sonntäglichen Umgang vor dem Pfarrhof die Marienantiphon *Nigra sum sed formosa* zum Lobe der Marienkirche singen.[25]

Umgänge in der Stadt, die von solchen in und um die Kirche zu unterscheiden sind, waren schon im 14. Jahrhundert oft mit Abbildern, Reliquien und le-

21 Strohm 2016, Kap. Feiern zu kirchlichen und politischen Ereignissen.

22 Scharrer 2023.

23 Strohm 2016, Kap. Freudenempfänge.

24 Strohm 1985, 4–6; vgl. Saucier 2013 zu Liège.

25 Gabrielli 2023, Kap. The School Regulation of Bolzano, 1424: Ansingen and *Recordatum*.

benden Bildern ausgestattet, was zu Mysterienspielen ausgebaut wurde. Ein europaweites Beispiel ist die Darstellung der Marienklage (*Planctus*), die man in Wien seit spätestens 1400 musikalisch ausführte und wohl mit einem Pietà-Bild begleitete. Die Bozener Bürger gingen zur Passionszeit mit einem gemalten Lindwurm um, der symbolisch getötet wurde.[26] Palmsonntag, die Rogationstage und Fronleichnam waren liturgisch die wichtigsten städtischen Prozessionsdaten. An Weihnachten und Neujahr sang die Schülerschaft, später Kurrende genannt, vor den Bürgerhäusern um Geld. Im Bozener Kirchprobstbuch ist der genaue Vorgang mit den Gehrouten aufgezeichnet, auch der des vierten Tages (29. Dezember), an dem die Schüler zu Dörfern auf dem Berg hinaufsteigen mussten; der Kirchenvorsteher Christoph Hasler notiert dazu in seinem Buch: *do get kain kirchpräbst nicht mitt.*[27]

2.5 Akteure

Die musikalische Stadtforschung betrachtet selbstverständlich die Biographien, Lebensbedingungen, Mentalitäten, Aktionen und Errungenschaften von in Städten wirkenden Musikern. Das gehört nicht unbedingt zum Stadtklang, aber zur Stadtmusik. Institutionen, die sich an der städtischen Musikpflege beteiligten, waren der Fürstenhof, die Stadtverwaltung, die Schule, die Kirche, das Militär, Gilden und noch andere. Die oft tragende Rolle von Bruderschaften und Schwesternschaften im Musikleben habe ich schon 1985 betont.[28] Viele weitere Archive sind inzwischen ausgewertet worden, besonders in Flandern und England.

Die Wiener Trompetergasse außerhalb des Widmertors war vermutlich ohne viel öffentlichen Trompetenklang; hier waren die Musiker zuhause. Allerdings dürften sie zu Hause geübt und ihre Kinder unterrichtet haben. Die Brügger *spelmansstraat* hinter dem Karmeliterkloster, die heute noch existiert, war der Treffpunkt sogenannter jährlicher Spielmanns-Schulen mit Studenten auch aus fernen Regionen.[29] Spielleuteschulen waren oft an Klöster angeschlossen, auch zur Unterbringung der herangereisten Teilnehmer.

Ob permanent oder kurzfristig angestellt, viele Musiker verdankten ihren Lebensunterhalt der Stadtverwaltung und der urbanen Erwerbsgemeinschaft. Nebeneinnahmen – auch in Naturalien – waren für viele das Haupteinkommen. Trompeter, Pfeifer und Lautenisten wurden besonders in der Fronleichnamsprozession beschäftigt und dafür mit Geld oder Trank und Speise belohnt, z. B. in Bozen. Entweder der Stadtrat oder die Kirche konnten hier der Dienstgeber sein.

26 Strohm 2014a, Kap. Geistliches Spiel und Umzug.
27 Gabrielli 2023, Kap. Ansingen Itineraries at Christmas Time.
28 Strohm 1985, Kap. Convents and Confraternities, 60–73.
29 Ebd., 67 u. 78.

Festangestellte Musiker erhielten wie andere städtische Beamte saisonbedingte Zuschläge.

Das Hamburger Pfeiferhaus, erstmals erwähnt 1466, war wohl ein geschäftlicher Sitz, wie ein Handelskontor oder eine Burse. Der Hamburger Magistrat, wie vielerorts üblich, bewirtete die eigenen Stadtspielleute jährlich mit einem Festessen.[30]

Soziale Absicherungen der Berufsmusiker waren einerseits die in Städten rasch voranschreitende Verbeamtung, andererseits die traditionelle Bruderschaftsorganisation, deren rechtliche Sonderstellung durch eigene Rechtsinhaber wie „Spielgrafen“ oder „Pfeiferkönige“ repräsentiert wurde. Der Innsbrucker Spielgraf Hans Lander von Überlingen hatte, fast wie ein Adliger, seinen eigenen „Trompeterknecht“. Zum Haus- und sonstigen Privatbesitz von Musikern gibt es Forschungen von Gabriele Busch-Salmen sowie von Clive Burgess und Andrew Wathey.[31]

Zur Stadtmusik gehört selbstverständlich das Wirken von Instrumentenmachern, wie es z. B. in Wien und Innsbruck belegt ist. Orgelbauer waren so spezialisiert, dass sie oft überregional gefragt waren, z. B. Burkhard Distlinger aus Ingolstadt, der in ganz Österreich und in Oberitalien tätig war. Die von Stadtbevölkerungen für den Orgelbau aufgebrachten Geldsummen waren bei weitem größer als für alle anderen musikalischen Dienste.

Die Kaufmanns-Bruderschaften der Englandfahrer bzw. Flandernfahrer in den Hansestädten Hamburg und Wismar statteten ihre Kapellen und Altäre mit bedeutenden Kunstwerken aus. Die Hamburger Englandfahrer gaben Meister Francke 1436 den Auftrag zu einem gemalten Altarretabel für ihre Kapelle von St. Thomas Becket (von Canterbury) in St. Johannis. Damals waren die hanseatischen Kaufleute bereits im Brügger Karmeliterkloster in der St. Thomas Becket-Kapelle etabliert, die sie u. a. mit den Englischen Merchant Adventurers teilten, für die das umfangreiche Lucca-Chorbuch mit polyphonen Messen und Motetten angefertigt wurde.[32]

Weitere städtische und private Förderung von Musik betraf die Musikausbildung. In Padua gab es 1372 eine Vereinigung mit dem Zweck

> *tenere stacionem sive scolas ad pulsandum lautos et citaras prout ad presens sunt et de quolibet alio instrumento de quo sciunt docere unumquemque adiscere.*
>
> (eine Station oder Schule zu halten zum Spielen von Laute und Cetra, wie sie derzeit existieren, und von jedem beliebigen anderen Musikinstrument, das sie kennen, jedermann zu unterrichten.)[33]

30 Koppmann Bd. 3, 1878, LXX u. CXXX–CXXXII.
31 Busch-Salmen 1992; Burgess/Wathey 2000.
32 Strohm 1985, 120–136.
33 Cattin 1981, 281.

Musikausbildung von Laien der städtischen Mittelklasse ist vielfach belegt, in Wien schon im 14. Jahrhundert. Selbstverständlich konnten Berufsmusiker auch privat angemietet werden: für bürgerliche Hochzeiten und Tanzveranstaltungen, Empfänge, Serenaden und Liebeswerbung.[34] Hochzeiten, Zunftveranstaltungen und Ratswahlen mit ihrer Musik wurden bereits im 15., und noch viel deutlicher im 16. Jahrhundert, ein Maßstab städtischen Selbstbewusstseins.[35]

2.6 Fürstliche Musiker in Städten

Reisende Musiker waren oft in Städten zu Besuch, sowohl im Fürstengefolge, wie vielfach bezeugt,[36] als auch im Krieg und mit Handelsgesellschaften. Ein Wiener Kartenspiel (Tarock), das sog. „Hofämterspiel", hat zum Thema die Darstellung höfischer Anstellungen und Berufe; es bietet Abbildungen von zwei berittenen Trompetern, einer aus Ungarn, der andere aus Böhmen (beide Spielkarten sind gleichviel wert, 4 d.). Beide Trompeter führen ein Äffchen mit.[37] Das um 1455 datierte Spiel reflektiert wahrscheinlich die in diesem Jahr besonders häufigen Besuche auswärtiger Musiker, die u. a. zu Empfängen für König Ladislaus von Böhmen und Ungarn anwesend waren und belohnt wurden.

Die Beteiligung von Hof und Kirche an der Finanzierung städtischer Feste und umgekehrt, diejenige der Stadt an der Finanzierung höfischer und kirchlicher Feste, hat allerdings geschwankt. Der Organist von St. Stephan wurde bis 1436 für das Spielen bei Kirchenfesten von der Wiener Stadtverwaltung bezahlt; anschließend sollte jedoch der Kirchmeister von St. Stephan dafür aufkommen. 1417 entlohnte der Kirchmeister die „Trompeter und Pauker am Fronleichnamstag" mit ½ tl. Eine solche Zahlung ist sonst nicht belegbar; die Musiker waren sicher städtische Angestellte.[38] Die Salzburger Stadtpfarrkirche entlohnte 1487 den erzbischöflichen Hoftrompeter, der *vor dem sacrament dient* (für die Teilnahme an der Fronleichnamsprozession) sowie zwei Lautenschlager und andere, was *die zech zu ordnen hatte*: nämlich städtische Musiker im Dienst der Fronleichnamsbruderschaft.[39]

---

34 Strohm 2020a, Kap. Musik im Dienst des städtischen Bürgertums.

35 Eine reiche bildliche Darstellung ist Wilhelm Zieglers Gemälde *Patrizierhochzeit in Rothenburg o.d.T.,* 1538. © Schlossmuseum Linz, Inv. Nr. G 57, vgl. Strohm 2020a, Abb. Patrizierfest mit Musik, Tanz und Turnier.

36 Grundlegend: Pietzsch 1966.

37 Strohm 2016, Abb. Berittener Trompeter, Böhmen, und Abb. Berittener Trompeter, Ungarn.

38 Strohm 2014b, Kap. Kirchen- und Stadtrechnungen.

39 Archiv der Stadt Salzburg (A-Ss), BU 263, fol. 29v (1487).

Auch Hofmusiker gehörten in vieler Hinsicht zur Stadtbevölkerung, zumindest wenn sie außerhalb der Hofburg wohnten. Die topographische Lage des Hofes im Verhältnis zur Stadt spielte wohl eine Rolle. Wo der Hof außerhalb der Stadt, z. B. auf einer Burg, residierte, wie in Prag, Passau, Salzburg, Meran und Landshut, dürften die Hofmusiker dort untergebracht gewesen sein. In Wien, Innsbruck, München und Ingolstadt, deren Residenzen sich in der Stadt befanden, lebten Hofmusiker oft außerhalb des Hofes in der Stadt in bestimmten Vierteln, z. B. in Wien vorzugsweise vor dem Widmertor. 1398 waren dort und anderswo in der Stadt sechzehn Musiker Herzog Albrechts IV. dem Schottenkloster zins- bzw. mietpflichtig: drei *fistulatores* (Flötenspieler), drei Pfeifer, zwei Trompeter, zwei Posauner, drei Pauker, ein *leyrer* (Drehleierspieler), ein Fidelspieler und ein Lautenschlager.[40]

Die höfische Gesellschaft veranstaltete seit dem 14. Jahrhundert ihre Tänze, Turniere und Hochzeiten oft in der Stadt, nicht nur in den eigenen Palästen oder Burgen.[41] Was Turniere betrifft, hatten Stadtbewohner sowohl den Ehrgeiz als auch ein finanzielles Interesse, an diesem privilegierten Sport rahmengebend teilzunehmen. Vielerorts (z. B. in Hall in Tirol) konnten sie den Marktplatz als Austragungsort anbieten. Musikalische Dienste zum Turnier selbst und den begleitenden Zeremonien (öffentliche Ankündigung, Einzug der Teilnehmer, Überprüfung der Wettkämpfer usw.) wurden nicht allein von den Herrschaften angeordnet: Musiker aus der gastgebenden Stadt und aus dem Gefolge des anwesenden Feudaladels, zu denen sich oft wandernde Musikanten gesellten, trugen zu dem festlichen Gepränge bei. So kann nicht immer entschieden werden, ob bei Hoffesten abgebildete Musiker wirklich Hofdiener, Stadtmusiker oder „Fahrende“ waren.

Stadtmusiker erhielten einerseits Trinkgelder von Fürsten für das Aufspielen in der Stadt, andererseits wurden besuchende fürstliche Musiker für ihre dortigen Darbietungen vom Stadtrat belohnt – und schließlich traten Stadtmusiker, seien sie offiziell besoldet oder nicht, in fremden Städten auf, um dort ihr heimatliches Einkommen aufzubessern. Das taten sie auch dann, wenn sie in einem Auftrag reisten, z. B. als Boten. Im Ergebnis waren in den Städten häufig öffentliche Klänge fremder Musiker zu hören; die Kunst selbst und ihre Voraussetzungen (wie z. B. die Instrumente) müssen sich europaweit verbreitet haben.

---

40 Żak 1979, 299–300.

41 Strohm 2020a, Kap. Musiker zwischen Stadt, Kirche und Hofgesellschaft.

3. Zu einer Geschichte der Stadtmusik

An dem großen Forschungsgebiet der Stadtgeschichte sind Arbeiten zur Musik erheblich beteiligt. Trotzdem ist noch nicht der Versuch gemacht worden, eine Geschichte der Stadtmusik insgesamt (oder wenigstens im Rahmen Europas) zu schreiben. Die größte bisherige Forschungsmenge besteht aus Einzeluntersuchungen zu bestimmten Städten oder zu Komponisten, Quellen oder Musikgattungen, die im Rahmen von Stadtgeschichte präsentiert werden; es gibt ferner – und zunehmend – Sammelbände mit Beiträgen zu Musikpflege oder Repertoire verschiedener Städte, die ggf. als Beispielsammlungen dienen können.[42] Was fehlt, ist deutlich: umfassendere, gezielte und systematische *Vergleiche*, in denen auch ein Grad von Pertinenz (inhaltlicher Analogie) gewährt bleibt. Es muss Gleiches mit (annähernd) Gleichem verglichen werden; dazu sollten jedoch so viele wie mögliche Fälle herangezogen werden. Wenn die hervorragende Monographie Frank D'Accone's zu Siena Vergleiche mit analogen italienischen Stadtschicksalen angeboten hätte, wäre sie vermutlich einer Geschichte der Stadtmusik Italiens in dieser Epoche näher gekommen.[43] Obwohl es einige gezielte Vergleichsstudien auch von Individuen gibt,[44] sind wegen der stark divergierenden Quellenüberlieferung internationale Zusammenarbeit und gemeinsame Methodologien unumgänglich.

Ein kollektives und vergleichendes Vorgehen würde auch neue *regionale* und *diachrone* Studien ermöglichen. Eine Übersicht musikalischer Stadtgeschichte vor allem des mediterranen Raums im 16. Jahrhundert hat Iain Fenlon vorgelegt.[45] Die jahrhundertelange Geschichte des Stadtpfeifertums hat vielleicht schon ihre Historiker.[46] Keith Polk, der umfassendste Kenner früher Instrumentalrepertoires,[47] machte mich darauf aufmerksam, dass die offizielle Bestallung von Stadtpfeifern, wie wir sie von Freien Reichs- und Hansestädten kennen, in Österreich offenbar nicht üblich gewesen sei. Wir einigten uns darauf, dass nicht eine regionale Präferenz vorlag, sondern der Widerstand fürstlicher Territorialverwaltungen in Zentren wie Wien, Salzburg oder München gegen städtische Autoritätsbekundungen. Die Einstellung von Stadttrompetern dagegen hing von kaiserlichen Privilegien ab und war deshalb auch in österreichischen Städten häufiger. Das Beispiel mag zeigen, dass die Geschichte der Stadtmusik in raumübergreifenden Zusammenhängen verstanden werden muss.

42 Vgl. Kisby 2001; Knighton/Mazuela-Anguita 2018.

43 D'Accone 1997.

44 Strohm 2001; Peters 2016.

45 Fenlon 2019.

46 Schwab 1982 überblickt die ersten Jahrhunderte.

47 Vgl. u.a. Polk 1992.

Am dringendsten scheint derzeit die Frage, was überhaupt unter „Stadtmusik“ verstanden werden darf und ob es sich um etwas inhaltlich Definierbares handelt. Die Frage ist vielleicht eine interdisziplinäre, denn auch die Literatur ist mit der Stadt seltener inhaltlich, öfter nur akzidentiell durch Entstehungs- oder Überlieferungsumstände verbunden. Städte waren Entstehungsort, Schauplatz und akustische Bühne höfischer, rustikaler, klösterlicher oder gar himmlischer Musik und Literatur, vorzugsweise der Letzteren beiden. Was in Burgen gedichtet und gesungen wurde, hat man in Städten kopiert und gedruckt. Wurde es dadurch „Stadtmusik“? Es sei vorgeschlagen, als „Stadtmusik“ nicht nur solche Werke anzuerkennen, die sich inhaltlich auf das Thema „Stadt“ beziehen, sondern auch andere, deren Entstehung, Aufführung oder Überlieferung die Stadt nur als ermöglichenden Rahmen voraussetzt – jedoch mit der Bedingung, dass dieser Rahmen irgendwie in der musikalischen und vielleicht poetischen Faktur zu erkennen wäre.

Ein abschließendes Beispiel soll zeigen, wie selbst das Thema „Stadt“ nur gleichsam als vorüberziehender Gast in der Musik und Dichtung von Städten Platz gefunden hat: nämlich in der Gattung des literarisch-musikalischen *Städtelobs*.[48] Bis zum 14. Jahrhundert waren musikalisch-poetische Apostrophierungen oder Beschreibungen von Städten in zwei ganz verschiedenen Gattungen zu finden: In der kirchlichen Heiligenliteratur, die seit *O Roma nobilis* (9./10. Jahrhundert) die Wirkungs- oder Begräbnisstätten ihrer Schutzpatrone feiert, und andererseits in der weltlichen „Straßenruf-Motette“ des 13. Jahrhunderts., in der Umweltklänge, Signale oder Rufe (z. B. „Fraises nouvelles!“) realistisch zitiert werden. Erst zu Beginn des 15. Jahrhunderts entstanden für Musikvortrag bestimmte weltliche Dichtungen, die eine Stadt preisen. Das erste mir bekannte Werk dieser Art ist Johannes Ciconias Motette *O Padua, sidus praeclarum* (ca. 1408),[49] deren beschreibender Text weder liturgisch noch umweltrealistisch ist, sondern sich auf die humanistische Tradition des literarischen Städtelobs, z. B. von Leonardo Bruni, stützt. Weitere Kompositionen dieser Art im 15. Jahrhundert preisen Winchester, Florenz, Bern, Ravensburg, Siena; manche wurden als städtische Selbstdarstellungen notiert und vorgezeigt. Jedoch wurde diese Gattung im 16. Jahrhundert unter dem Einfluss der Höfe immer mehr für Zwecke des Fürstenlobs verwendet. Musikhistoriker haben die Gattung als „Staatsmotette“ bezeichnet und bereits auf das 15. Jahrhundert. zurückgeführt, da die textlichen und musikalischen Stileme dieselben geblieben waren.[50] Doch ursprünglich war sie „Stadtmotette“ gewesen; erst im 16. Jahrhundert wurde sie von den Territorialherren adoptiert.

48 Näheres hierzu in einer geplanten Studie des Autors.

49 Ciconia 1984.

50 Dunning 1970; Schmidt 1994.

Bibliographie

I. Primärliteratur

Hans Rosenplüt: Hi in disem puchlein findet ir gar ein loblichen spruch von der erentreichen stat nurmberg (1447), Nürnberg 1490.

II. Sekundärliteratur

D'Accone, Frank: The Civic Muse: Music and Musicians in Siena during the Middle Ages and the Renaissance. Chicago 1997.

Belting, Hans/Blume, Dieter (Hrsg.): Malerei und Stadtkultur in der Dantezeit: Die Argumentation der Bilder. München 1989.

Burgess, Clive/Wathey, Andrew B.: Mapping the Soundscape: Church music in English Towns, 1450–1550. In: Early Music History 19 (2000), 1–46.

Bundesministerium für Wissenschaft und Forschung: Wissenschaftsjahr-Zukunftsstadt/Stadtklang/Mitmachen. [www.wissenschaftsjahr-zukunftsstadt.de/stadtklang/mitmachen.html] (Zugang 12.3.2024).

Busch-Salmen, Gabriele: Hausbesitz von Musikern um 1500. In: Walter Salmen (Hrsg.): Musik und Tanz zur Zeit Kaiser Maximilian I. Bericht über die am 21. und 22. Oktober 1989 in Innsbruck abgehaltene Fachtagung. Innsbruck 1992, 59–70.

Carter, Tim: Listening to Music in Early Modern Italy: Some Problems for the Urban Musicologist. In: Tess Knighton und Ascención Mazuela-Anguita (Hrsg.): Hearing the City in Early Modern Europe. Turnhout 2018, 25–49.

Cattin, Giulio: Formazione e attività delle cappelle polifoniche nelle cattedrali. La musica nelle città. In: Girolamo Arnaldi und Manlio Pastore Stocchi (Hrsg.): Dal primo quattrocento al concilio di Trento. Vicenza 1981, 267–296.

Dunning, Albert: Die Staatsmotette, 1480–1555. Leiden 1970.

Fenlon, Iain: Urban Soundscapes. In: Iain Fenlon und Richard Wistreich (Hrsg.): The Cambridge History of Sixteenth-Century Music. Cambridge 2019, 209–259.

Gabrielli, Giulia: Children's Processions in Tyrol (2023). In: Birgit Lodes, Marc Lewon und Reinhard Strohm (Hrsg.): Musikleben des Spätmittelalters in der Region Österreich, https://musical-life.net/essays/childrens-processions-tyrol [12.03.2024].

Gherardi da Prato, Giovanni: Il Paradiso degli Alberti (1389). Rome 1975.

Knighton, Tess/Mazuela-Anguita, Ascención (Hrsg.): Hearing the City in Early Modern Europe. Turnhout 2018.

Koppmann, Karl: Kämmereirechnungen der Stadt Hamburg 1471–1500. Hrsg. vom Verein für Hamburgische Geschichte, 4 Bde. und 10 Registerbde. Hamburg 1839–1905.

Kusitzky, Thomas: Stadt Klang Gestaltung: Konditionen einer neuen Entwurfs-, Planungs- und Entwicklungspraxis. Bielefeld 2021.

Lockwood, Lewis: Music in Renaissance Ferrara, 1400–1505. Oxford 1984.

Peters, Gretchen: The Musical Sounds of Medieval French Cities: Players, Patrons and Politics. Cambridge 2016.

Pietzsch, Gerhard: Fürsten und fürstliche Musiker im mittelalterlichen Köln. Quellen und Studien. Köln 1966.

Polk, Keith: German instrumental music of the late Middle Ages: players, patrons, and performance practice. Cambridge 1992.

Salmen, Walter: Vom Musizieren in der spätmittelalterlichen Stadt. In: Heinrich Appelt (Hrsg.): Das Leben in der Stadt des Spätmittelalters. Internationaler Kongress Krems an der Donau. 20. bis 23. September 1976. Wien 1980, 77–88.

Saucier. Cathérine: Johannes Brassart's Civic Motet: Voicing the Biblical Topography of Medieval Liège. In: Acta Musicologica 85, no. 1 (2013), 1–20.

Schafer, R. Murray: The Tuning of the World. New York 1977; Ndr. als: The Soundscape: Our Sonic Environment and the Tuning of the World. Rochester (NY) 1994.

Scharrer, Margret: Joyeuses entrées in den niederen Landen (2023). In: Birgit Lodes, Marc Lewon und Reinhard Strohm (Hrsg.): Musikleben des Spätmittelalters in der Region Österreich, https://musical-life.net/essays/joyeuses-entrees-den-niederen-landen [12.03.2024].

Schmidt, Thomas Christian: „Carmina gratulatoria“ – Humanistische Dichtung in der Staatsmotette des 15. Jahrhunderts. In: Archiv für Musikwissenschaft 51/2 (1994), 83–109.

Schwab, Heinrich W.: Die Anfänge des weltlichen Berufsmusikertums in der mittelalterlichen Stadt: Studie zu einer Berufs- und Sozialgeschichte des Stadtmusikantentums. Kassel 1982.

Senfl, Ludwig: Das Geläut zu Speyer. In: Das Geläut zu Speyer (Ludwig Senfl) – ChoralWiki (cpdl.org) (11.3.2024).

Small, Christopher: Musicking: The Meanings of Performing and Listening. Hanover (NH) 1998.

Strohm, Reinhard: Music in late medieval Bruges. Oxford 1985.

Strohm, Reinhard: Music and urban culture in Austria: comparing profiles. In: Fiona Kisby (Hrsg.): Music and Musicians in Renaissance Cities and Towns. Cambridge 2001, 14–27.

Strohm, Reinhard: Bozen/Bolzano: Musik im Umkreis der Kirche (2014a). In: Birgit Lodes, Marc Lewon und Reinhard Strohm (Hrsg.): Musikleben des Spätmittelalters in der Region Österreich, https://musical-life.net/essays/bozen-bolzano-musik-im-umkreis-der-kirche [12.03.2024].

Strohm, Reinhard: Musik im Gottesdienst: Wien (2014b). In: Birgit Lodes, Marc Lewon und Reinhard Strohm (Hrsg.): Musikleben des Spätmittelalters in der Region Österreich, https://musical-life.net/essays/musik-im-gottesdienst-wien [12.03.2024].

Strohm, Reinhard u. a.: E. Musik in der Stadt (2016). In: Birgit Lodes, Marc Lewon und Reinhard Strohm (Hrsg.): Musikleben des Spätmittelalters in der Region Österreich, https://musical-life.net/themen/e-musik-der-stadt [12.03.2024].

Strohm, Reinhard: Musiker in der Stadt (2020a). In: Birgit Lodes, Marc Lewon und Reinhard Strohm (Hrsg.): Musikleben des Spätmittelalters in der Region Österreich, https://musical-life.net/essays/musiker-der-stadt [12.03.2024].

Strohm, Reinhard: Schlaglicht: Dienstregelung der Salzburger Nachtwächter, 1503 (2020b). In: Birgit Lodes, Marc Lewon und Reinhard Strohm (Hrsg.): Musikleben des Spätmittelalters in der Region Österreich, https://musical-life.net/kapitel-schlaglicht-dienstregelung-der-salzburger-nachtwaechter-1503 [12.03.2024].

Wright, Craig: Music and Ceremony at Notre Dame of Paris, 500–1550. Cambridge 1989.

Wustmann, Rudolf: Musikgeschichte Leipzigs in drei Bänden. Bd. 1: Bis zur Mitte des 17. Jahrhunderts. Leipzig und Berlin 1909 (die dreibändige Ausgabe mit Bd. 2 und 3 von Arnold Schering erschien 1926 bzw. 1941 in Leipzig).

Żak, Sabine: Musik als „Ehr und Zier" im mittelalterlichen Reich. Studien zur Musik im höfischen Leben, Recht und Zeremoniell. Neuss 1979.

Zeibig, Hartmann Joseph (Hrsg.): Copey-Buch der gemainen Stat Wienn. 1454–1464 (Fontes rerum Austriacarum. Österreichische Geschichts-Quellen. Zweite Abtheilung. Diplomataria et acta 7). Wien 1853.

Reinhard Strohm
19 Hunt Close
Bicester, OX26 6HX, U.K.
reinhard.strohm@music.ox.ac.uk

Hans-Jochen Schiewer

Stadt als religiöser Lebensraum. Viten und Offenbarungen nicht-klausurierter Frauen im urbanen Raum

1. Das Phänomen religiös lebender Frauen in der Welt und in der Stadt

Prolog

Jakob von Vitry (um 1160/70–1240) berichtet in seiner *Historia occidentalis*[1] um 1220,[2] dass die Suche nach dem eigenen Seelenheil soziale Bindungen und Verpflichtungen ignoriert. Er berichtet, die Jungfrauen strömten in die zahlreichen neugegründeten Klöster, wohin auch die Witwen eilten, und dass verheiratete Frauen mit Zustimmung ihrer Gatten ihre fleischliche Ehe in eine geistliche verwandelt hätten. Adelige und vermögende Frauen ließen irdische Erbschaften und Besitztümer zurück, Jungfrauen aus edlen Geschlechtern verachteten die angebotenen Ehen und vermählten sich Christus in Armut und Demut.

Jakob von Vitry selbst gehörte als Augustinerchorherr, Bischof von Akkon (1216–1225) und Titularbischof von Tusculum dem Weltklerus an und war lange Zeit päpstlicher Inquisitor beim Kreuzzug gegen die Albigenser. Seine Erfahrung mit den *deo devotae* im Bistum Lüttich und seine Begegnung mit Marie von Oignies (1177/78–1213), deren Hagiograph er wurde,[3] dürfen als Ausgangspunkt dieser männlichen Faszination für religiös lebende Frauen in der Welt am Beginn des 13. Jahrhunderts gelten bzw. angenommen werden. Diese initiale Kodifizierung der Vita einer begnadeten Frau vollzog sich noch zu einem Zeitpunkt, als sich die beiden großen Bettelorden der Dominikaner und Franziskaner gerade konstituierten.

Die Frauen, die *in seculo non seculariter* lebten, werden im Prolog mit standardisierten Topoi idealisiert und beschrieben: Armut und Demut, Keuschheit und Jungfräulichkeit, Armen- und Krankenpflege. Ihre Körperzustände galten als Indikator für Gotteserfahrung: Gliederstarre, Schweigen, Weinen, Wachen etc.

1 Cap. XV, De monialibus cysterciensibus, S. 117,10–22.

2 Osten-Sacken 2010, 23–30.

3 Ruh 1993, 85–90.

10.29091/9783752003444/003

Sie folgten dem *ministerium Marthae*, entweder in der Welt oder nach einer Kindheit voller Gnadenzeichen in einem Zisterzienserinnenkloster.

Jakob stellte der Vita ein prologartiges Widmungsschreiben an Bischof Fulko von Toulouse (um 1150–1231) voran, der sich gerade im Abwehrkampf mit den Albigensern befand.[4] Er weist dort den *mulieres religiosae* einen Platz in der Heilsgeschichte zu, denn ihr heiligmäßiges Leben sei den Gläubigen Ermutigung und Stärkung, um auf dem rechten Weg des Heils zu bleiben.[5] Faszination und Funktion verbünden sich, und Jakob nahm die *sanctae modernae in diebus nostris* im Kampf gegen vielfältige heterodoxe Strömungen in die Pflicht. Zugleich schützte er sie damit davor, der Heterodoxie bezichtigt zu werden.

Mein Blick auf die Viten, Offenbarungen und Auditionen nicht-klausurierter Frauen setzt später ein. Die literarischen Spuren dieser Frauen stehen in engem Zusammenhang mit der Etablierung der Bettelorden im städtischen Raum im 13. Jahrhundert und der Rolle der Mendikanten für die religiösen Frauengemeinschaften. Im Folgenden skizziere ich kurz die durchaus spannungsreiche Entwicklung im 13. Jahrhundert. Es schließt sich ein Überblick zu Viten und Offenbarungen nicht-klausurierter Frauen an. Anhand dreier Fallstudien (Selige Schererin, Mechthild [von Magdeburg] und Adelheit von Freiburg) beschreibe ich den Sitz der Texte im städtischen Kontext und deren Funktionalisierung. Fragen der Authentizität, der Autorinnenschaft und des überlieferungsbedingten Funktionswandels bleiben unberücksichtigt.

Stadt, Bettelorden und geistliche Frauen

Parallel zum Aufstieg der Bettelorden stieg die Zahl der nicht-klausurierten Frauengemeinschaften im 13. Jahrhundert stetig an und damit auch die Herausforderung, kirchlicherseits mit diesem Phänomen umzugehen. In aller Regel fanden sich diese Gemeinschaften in der Stadt oder in deren unmittelbarer Umgebung, denn der Lebensunterhalt musste erwirtschaftet werden. Beispielhaft sei hier auf ein religiöses und spirituelles Zentrum wie Straßburg verwiesen, dort gab es am Beginn des 14. Jahrhunderts ca. 70 Beginengemeinschaften, 7 Dominikanerinnenklöster, zwei Klarissenkonvente und ein Reuerinnenkloster.[6] Zugleich entwickelten die stadtsässigen Bettelorden mit der Verpflichtung zur Nachfolge Christi in Armut und Demut eine ungeahnte Attraktion. Sie wurden zu ernsthaften Konkurrenten des Weltklerus.[7]

---

4 Jakob von Vitry: Oignies, 43–54, insbes. 44–46.

5 Osten-Sacken 2010, 67

6 Schmitt 2002, 71.

7 Die Auseinandersetzung mit den neuen Bettelorden spiegelt sich auch in der Sangspruchdichtung. Beispielhaft steht dafür die Polemik des (Pseudo-)Marner. Er beklagt, dass Bet-

Die Bettelorden, insbesondere die Dominikaner, entwickelten eine ähnliche Anziehungskraft wie die Zisterzienser nach ihrer Gründung gut 100 Jahre zuvor. Zugleich erwarben sich die Dominikaner als Wissenschaftsorden eine hohe Autorität und Glaubwürdigkeit in theologischen Fragen. Damit waren sie prädestiniert, sich der vielen Frauengemeinschaften anzunehmen und sie in den Orden zu integrieren bzw. zu betreuen.[8] In der Tat übernimmt das Führungspersonal des Ordens die *cura monialium*. Soweit namentlich bekannt, treffen wir fast ausschließlich auf Lektoren in der Frauenseelsorge und damit auf die vom Generalkapitel bestimmte intellektuelle Elite des Ordens. Zugleich nutzt der Dominikanerorden aber auch die Begnadung der anvertrauten Frauen – wie das Beispiel Mechthilds zeigen wird –, um seine eigene Lebensform in der Nachfolge Christi nicht nur zu legitimieren, sondern auch zu idealisieren. Im Gegenzug übernimmt der Orden für diese Frauen eine Schutzfunktion im urbanen Raum. Der lateinische Prolog zu Mechthilds *Fließendem Licht der Gottheit* betont diese Rolle der Dominikaner. Darin wird Mechthild als *begine* und als *virgo sancta corpore et spiritu*, [...] *sequens perfecte vestigia fratrum ordinis predicatorum de die in diem semper proficiens semper melior se fiebat* (Prolog, 2, 5f.) bezeichnet. Mechthild folgt als Begine dem Vorbild der Predigermönche und ist damit auf dem Weg steter Vervollkommnung.

Kartierung der Viten und Offenbarungen bis 1400

Mechthild (ca. 1210–1280) ist im literatur- und kulturwissenschaftlichen Diskurs die auffälligste und meist diskutierte *mulier religiosa*, aber bei weitem nicht die einzige der häufig im Umkreis der Dominikaner anzusiedelnden religiösen Frauen in der Welt. Gleichzeitig mit Mechthild lebt Margareta contracta, die – anders als Mechthild – in ihrer lateinischen Vita des Dominikaners Johannes explizit in Magdeburg verortet wird. Eine gegenseitige Wahrnehmung bezeugen die Texte nicht, obwohl das im spirituellen Biotop einer mittelalterlichen Stadt wie Magdeburg kaum vorstellbar ist. Ohne diesen Aspekt vertiefen zu können, verstehe ich die Sprachlosigkeit zwischen den Viten Mechthilds und Margaretas als weiteres Indiz dafür, dass der Zusatz Magdeburg bei Mechthild in Parenthese verwendet werden sollte.[9]

In Stommeln bei Köln zieht Christina von Stommeln (1242–1312) die Aufmerksamkeit des schwedischen Dominikaners Petrus von Dacien auf sich, der

telmönche lieber umherzögen, als in ihren Zellen zu sitzen, gerne die Burgen der Reichen aufsuchten und für ein Frühstück hundert Tage Ablass gewährten (Carmina Burana 9*). Vgl. dazu Kästner 1996, 225–228; Müller 2005, 63–65.

8 Rüther 1997, 285; Heusinger 2016, 19f.

9 Emmelius/Nemes 2019, 13–15.

die lateinische Vita verfasst und Teile der Korrespondenz redigiert. Mit weiterer Korrespondenz und mit Blick auf eine Heiligenverehrung versammelt der Codex Juliacensis aus dem frühen 14. Jahrhundert die Texte.[10] Wenig Beachtung fand bisher die einzige und unikale deutschsprachige Legende im Nachtrag zu einer Handschrift des ‚Solothurner Legendars' aus dem südwestdeutschen Raum.[11] In den südwestdeutschen Raum gehört auch die Vita der Adelheit von Freiburg (ca. 1275–1325), die als Begine ihr religiöses Leben beginnt und deren Lebensweg dann in das Dominikanerinnenkloster Ötenbach in Zürich führt.

Auf diese erste Gruppe begnadeter Frauen in der Welt folgt eine zweite, die eine größere Nähe zum zweiten großen Bettelorden, den Franziskanern, hat. Zu ihnen gehören am Oberrhein Gertrud von Ortenberg (ca. 1275–1335) und am Ende meines Untersuchungszeitraums die Selige Schererin in Basel (gest. 1409) und als Solitär Agnes Blannbekin (gest. 1315) in Wien.

Sehen wir von den lateinisch verfassten Viten der Margaretha contracta, der Christina von Stommeln und der Agnes Blannbekin ab, konzentriert sich die volkssprachige Überlieferung auf den alemannischen Raum. Im Südwesten werden in der Volkssprache Mechthild und Christina archiviert,[12] aber auch der bedeutende Dominikaner Wichmann von Arnstein, Prior in Ruppin, erscheint auf Deutsch nur im alemannischen Raum.[13] Diese Sogwirkung des deutschsprachigen Südwestens kann nicht erstaunen, denn von den rund 150 Dominikanerinnenklöstern des Spätmittelalters befanden sich allein 65 nach 1303 in der Provinz Teutonia und nur 9 in der Saxonia.[14]

2. Religiös lebende Frauen in der Stadt. Drei Fallstudien

Die Selige Schererin

Typischerweise sind späte Viten in ihrer urbanen Situierung besser fassbar als frühe Viten, so dass ich die Viten aus der Zeit um 1300 ausgehend von der Vita der

10 Ruhrberg 1995, 9–16. Wunderberichte finden sich im Codex als spätere Notiz (ebd., 137–141).

11 Die Hs. Solothurn, Zentralbibliothek, S 451 versammelt zwei Hss. aus dem 2. Viertel des 14. Jahrhunderts. Die Legende Christinas folgt als Nachtrag der ersten Legendensammlung, die von dem dominikanischen Lesemeister Marquart Biberli approbiert wurde. Vgl. Schiewer 2024, 102f.

12 Die jüngst entdeckten Rezeptionszeugnisse im mitteldeutschen Raum sprechen allerdings dafür, dass Mechthild eine bedeutende Resonanz im (ost)mitteldeutschen Bereich hatte, die akribisch rekonstruiert werden muss. Vgl. Ganina/Squires, 82–86; Emmelius/Nemes 2019, 10f.

13 Schiewer 2002, 452f.

14 Voigt 2019, 65.

Seligen Schererin in den Blick nehme.[15] Der Fokus liegt einerseits auf den Semantiken von Bedrohung und Missgunst und andererseits auf dem urbanen Raum als Projektionsfläche der Offenbarungen und Visionen.

Der Bericht setzt entindividualisiert mit der Vision eines Menschen in Todesnot ein: *Es lag ein mônsch in sterbender not. Do wart im alles sin vnnútz leben für gehaben. Vnd sach sin sel blos vnd nackent ston* [...] (Schiew. 306, 2f.). Dieser Mensch ist die Schererin, die sich anlässlich dieser Vision mit Zustimmung ihres Mannes einem innerfamiliären Leben als *deo devota in matrimonio* zuwendet (*weltlich kleider ab leite,* S. 307, 29). Kennzeichnend für die Schererin ist ein unstillbares Verlangen nach dem eucharistischen Sakrament, dessen Verweigerung durch den *bihter* zu lebensbedrohlichen Körperzuständen führt. Die Offenbarungen kreisen entsprechend um eucharistische Erscheinungen und Auditionen sowie Kind-Jesu-Visionen: Ihre erste Erscheinung hat die Schererin anlässlich einer Predigt ihres *bihters* in der Basler Barfüßerkirche. Ihr erscheint der Gekreuzigte in derselben Weise wie Franziskus bei seiner Stigmatisierung, und die Blutströme des Gekreuzigten fließen in ihrem Mund zusammen:

> *Besunder ein gros gůt vnd gnode beschach ir in der kirchen zů den barfüssen. Do predigete ir bihter vf den greten in der kirchen vor dem kor* [...] *Vnd swebete daz crútz vor sante Paulus alter. Vnd sú sas dar gegen vor der marteler alter* (Schiew. 307, 59–308, 67).

In Auditionen wird die Schererin bestärkt, gegen Widerstände, auch des eigenen, franziskanischen Seelenführers, an der häufigen Kommunion festzuhalten.

Die Struktur des Berichts ist einfach; die Erscheinungen werden – meist mit *einest* verbunden – fortlaufend aneinandergereiht. Ein alltagsweltlicher Rahmen bleibt erhalten: Erwähnung von Basler Kirchen, Fürbitte für den Mann, Sorge um die einzige Tochter, deren spätere Unkeuschheit offenbart wird, Stiftung von Jahrzeiten, Selbststilisierung als *einer armen hantwerg frowen* (Schiew. 315, 340). Ausgeprägt ist außerdem die Entsprechung zwischen Erscheinungen und Ausstattung des Kirchenraums, z. B. Christus-Johannes-Gruppen: Explizit wird auf die Ähnlichkeit der Schauung mit einem Christusbild in der St. Johanneskapelle auf der Burg (ehemals Münsterplatz 2) verwiesen:

> *Einest do gedoht sú an die not vnd an die angst, jn der vnser lieber herre waz, do in die grimmen juden gevangen hetten vnd in noch irme grimme slůgent vnd handelten, wie sú wolten. Vnd also sú in der betrahtung waz, so erzeiget sich ir vnser herre an sinem antlit, wie er geschaffen waz oder gestalt, do er waz vnder den grimmen henden der juden, do sú in gevangen hetten. Vnd sin antlit waz*

15 Ausgabe Schiewer 1996, 306–317.

> *brun túlsch var*[16] *von grossen noeten, jn der er do waz. Do ist ein antlit gemolet vnd hanget daz zů den Johanseren in der kirchen nebent zu zwischen der kortúren vnd der xij botten alter. Man sprichet im ein rômsch antlit. Vnd eben in der selben formen, also daz geverbet ist brun túlsch var, also sach sú ovch, daz daz antlit vnsers herren von grossen nôten brun túlsch var waz.* (Schiew. 313, 248–255).

Im Kontext der für die Viten- und Offenbarungsliteratur typischen eucharistischen Frömmigkeit und Fokussierung zeigen sich Spannungen und Parteiungen im urbanen Raum. Kommunionsabhängigkeit und -frequenz führen zu öffentlichen Beschwerden beim franziskanischen Seelsorger der Schererin: *Sú gewan ein gros begeren vnd belangen noch dem heilgen sacramet vnd ging mit vrlop ires bihters dig dar zů. Es wart mit irem bihter geret, daz er ir zů vil daz sacrament erlôbete, wenn sú ein frowe wer in der E.*

Andererseits verfügt die Schererin angesichts ihrer offenkundig stadtbekannten Begnadung – dokumentiert in Visionen und Auditionen – selbst über eine eigene Gefolgschaft, die ihrerseits Druck auf den Seelsorger ausübt, die Kommunionsfrequenz dem Bedarf der Schererin anzupassen: *Dis seite sú in heimlicheit vs vôlle ir minne iren lieben fründen, die do by ir worent, wenn sú woren gar ser betrůbet, daz sú in alse grosser krangheit lag* (Schiew. 311, 204–206).

Mit der Debatte um die Kommunionsfrequenz semireligiös lebender Frauen erreichen wir die politische Ebene, denn im ersten Jahrzehnt des 14. Jahrhunderts tobte ein erbitterter Streit zwischen Dominikanern, vertreten maßgeblich von Johannes Mulberg OP, und Franziskanern um die Stellung der Beginen und Begharden in Basel und deren Lebensform *secundum tertiam regulam sancti Francisci.*[17] In einer göttlichen Audition wird die Schererin aufgefordert, gemeinsam mit profranziskanischen Angehörigen der städtischen Führungsschicht zu intervenieren. Mulberg wird namentlich genannt. Was wir hier beobachten, ist die Vereinnahmung der Vita einer begnadeten Frau für politische Zwecke, präziser formuliert für profranziskanische Propaganda. Damit greifen wir eine Sedimentschicht des Textes, die deutlich macht, wie sehr die unbezweifelbare Faszination für gottbegnadete Frauen zugleich einer Funktion im ordenspolitischen Streit unterworfen wird.

Die Vita der Schererin verweist mit seltener Deutlichkeit auf ordenspolitische Vereinnahmung, Frömmigkeitsneid, Anfeindungen, Disziplinierungsversuche und Parteibildungen im Kontext vitenförmiger Offenbarungsschriften. Mit diesem Fokus soll sich nun der Blick auf frühere Offenbarungsschriften richten, auf deren Semantik von Bedrohung und Missgunst und deren ordenspolitische

16 *brun túlsch var* = dunkelbraun, vgl. Schiewer 1996, 313, FN 18.
17 Heusinger 2016, 18f.

Funktionalisierung. Aus Platzgründen beschränke ich mich auf Mechthild und Adelheit von Freiburg.

Mechthild (von Magdeburg)

Ich formuliere provokant: Ohne die Dominikaner gäbe es kein *Fließendes Licht der Gottheit* (FL) Mechthilds. Die Vereinnahmung Mechthilds seitens der Dominikaner erfolgt – wie oben gezeigt – schon im Prolog. Die Vereinnahmung ist aber zugleich ein Schutz Mechthilds vor heterodoxen Anfeindungen, die als Bedrohungsszenario einen roten Faden in ihrer Offenbarungsschrift bilden. Ich verweise pars pro toto auf FL II,26 und III,1:

> *Ich wart vor disem bůche gewarnet, und wart von menschen also gesaget: Wǒlte man es nit bewaren, da mǒhte ein brant úber varen [...] Do offenbarte sich got zehant miner trurigen sele und hielt dis bůch in siner vordern hant und sprach: „Lieb minú, betrůbe dich nit ze verre, die warheit mag nieman verbrennen."* (FL II,26,1–9)

> *Ich han da inne ungehǒrtú ding gesehen, als mine bihter sagent, wan ich der schrift ungeleret bin. Nu vǒrhte ich got, ob ich swige, und vǒrhte aber unbekante lúte, ob ich schribe.* (FL III,1,36–38)

Dominikaner und Dominikus sind durchgehend präsent. In den Kapitelüberschriften erscheinen sie immer wieder von Buch III–VII, z. B. in FL III,17, IV,20, IV,21, IV,22, IV,27, V,24, VI,21 und VII,41. Mein Interesse richtet sich nicht auf die Frage redaktioneller Einwirkung bzw. pastoraler Nähe zu Mechthild,[18] sondern auf die ordenspolitische Vereinnahmung. Die literarische Produktivität Mechthilds fällt zeitlich zusammen mit der Etablierung des Dominikanerordens im städtischen Raum, und zwar in Konkurrenz zum Weltklerus. Es sind die Jahre 1250–1282.[19]

---

18 Leppin 2007, 553 spricht von einer „dominikanisierenden Lesart", die er maßgeblich mit Heinrich von Halle verbindet und die sich in den Überschriften der ‚Dominikanerkapitel' manifestiert. Diese Lesart stehe immer wieder in einem Spannungsverhältnis zum Inhalt der Kapitel, die durchaus auch kritisches Potential dem Orden gegenüber enthalten (FL IV,20).

19 Im Rahmen des Beitrags ist eine erschöpfende Diskussion der ordenspolitischen Vereinnahmung auch unter Einbeziehung der *Lux divinitatis* (LD) nicht möglich. Die aktuelle Diskussion zeigt aber, dass neben Magdeburg ein neues geographisches Koordinatensystem im mitteldeutschen Raum (Halle, Halberstadt, Erfurt etc.) entstanden ist, das zumindest für das FL und die LD, wenn auch nicht unbedingt für die Person Mechthilds Orte der Aneignung definiert. Vgl. Nemes 2010, 208–237; Emmelius/Nemes 2019, 15; Jones, 2019, 267: „Für Dietrich [von Apolda – Verf.] ist Mechthilds Stimme ein prophetischer Weck- und Mahnruf an den degenerierten Predigerorden seiner Zeit."

Franziskus findet im FL zwar Erwähnung (FL V,24; V,34), Dominikus ist aber der verehrungswürdige und vorbildliche Heilige. In FL IV,20 steht der Tag des heiligen Dominikus im Zentrum:

> *In Sant Dominicus tage bat ich únsern herren vúr der predier orden gemeine.* [...] *Sant Dominicum, den ich minne úber alle heligen, eb ich das getar sprechen.*

Aus vier Gründen wird Dominikus in einer göttlichen Audition zum Vorbild für alle Prioren erhoben:

1. wegen Achtsamkeit den Mitbrüdern gegenüber,
2. wegen der guten Versorgung zum Gedeihen der Jungen und zum Erhalt der Alten,
3. wegen seiner Vorbildhaftigkeit in maßvollem Tun und Handeln,
4. wegen seiner maßvollen, an der Regel orientierten Bußvorgaben.[20]

In einer Audition erfährt Mechthild (FL IV,21), dass Gott die Predigerbrüder aus zwei Gründen liebe:

1. wegen der Heiligkeit ihres Lebens,
2. wegen ihres Nutzens für die heilige Kirche.

Das Almosen, dass die Prediger den Armen geben, befreit von Sünden und schützt vor dem Teufel. Die Begründung lautet: *Dis kumt von der helikeit irs gevelligen armûtes* (FL IV,21, 14f.).

In diese Verherrlichung des Predigerordens reiht sich nahtlos Kapitel FL IV,27 ein, das die Anfeindungen thematisiert, denen die Prediger ausgesetzt sind: *Der predier orden wart sere angevohten von valschen meistern, dar zû von manigem girigem súnder. Do bat ich únsern lieben herren, das er an inen wo̊lte behûten sin selbes ere. Do sprach got: „Alle die wile, das ich si haben wil, so mag si nieman vertilgen“* (FL IV,27,1–6).[21] Unmittelbar darauf folgt in einer Audition die heilsgeschichtliche Einordnung und Bedeutung der Dominikaner, denn *si so̊llent wesen untz an das ende der welte* (FL IV,27,8f.), um dann Begründer und Lehrmeister eines neuen Ordens zu werden, der sie noch an Perfektion übertrifft.

In diese Argumentationslinie passen zwei weitere Perspektiven: einerseits Kritik am verdorbenen Weltklerus und Lob der Dominikaner in FL VI,21 und andererseits die Reihe der neuen Heiligen in FL V,34. Aufgezählt werden Elisa-

20 Darin mag eine implizite Kritik an den zeitgenössischen Prioren mitschwingen, allerdings gilt das folgende Kapitel IV,21 kritikfrei dem Dominikanerorden gegenüber insgesamt. Die Kritik kann nicht auf großzügig erteilten Dispens von den Ordensregeln bezogen werden, den Claire Taylor Jones 2019, 257f. als einen entscheidenden Grund für die Degeneration des Ordens um 1300 ausmacht. Sie scheint eher auf eine unmäßige Härte bzw. Willkür der zeitgenössischen Prioren abzuzielen.

21 Zum Bezug der Stelle auf den Pariser Mendikantenstreit (1254–1257), insbesondere in der LD vgl. Ganina 2019, 235f.

beth von Thüringen, Dominikus, Franziskus, Petrus Martyr und Jutta von Sangershausen.[22] Bemerkenswert ist der Umstand, dass der erste dominikanische Märtyrer, Petrus, Erwähnung findet. Das dominikanische Generalkapitel in Buda ordnete 1254 die Aufnahme von Petrus in Kalendarien und Litaneien sowie die Feier seines Festtags und die Aufstellung von Figuren des Heiligen an. Spuren des Kults finden sich nördlich der Alpen fast ausschließlich bei den Dominikanerinnen und Dominikanern, allerdings blieb die Resonanz im deutschsprachigen Bereich insgesamt gering.[23] Der Verbund mit den anderen vier neuen Heiligen spricht dafür, dass propagandistische Interessen der Dominikaner zur Aufnahme geführt haben dürften.

Diese eindeutige Favorisierung und Propagierung der Dominikaner im FL führen letztlich auch zu Parteiungen, die unausgesprochen auf Konflikte im urbanen Raum verweisen. In FL IV,22 erlebt Mechthild in einer Vision, wie Dominikus und andere Ordensbrüder einen kürzlich verstorbenen Bruder Heinrich in einer prachtvollen Prozession zur Himmelskrönung begleiten. Die Gnade dieser Vision wird ihr nur zuteil, weil sie isoliert und Anfeindungen ausgesetzt ist:

> *Das mir disú gnade môhte beschehen und ich dis môhte besehen, das was sunderlich da von, das ich dur got ellende was und von gottes frúnden steteklichen arglich versmâhet.* (FL IV,22,40–42)

Adelheit von Freiburg

Mit Adelheit von Freiburg (ca. 1275–1325) erreichen wir das südwestdeutsche Biotop, dessen Spiritualitätstopographie[24] sich deutlich vom ostmitteldeutschen unterscheidet. Die Dichte an inkorporierten und betreuten Frauengemeinschaften übersteigt die aller anderen Regionen in der Ordensprovinz Teutonia. Um 1300 geht es um Disziplinierung, Kontrolle und Betreuung einer Vielzahl geistlicher Frauen in der Welt. Es kann daher nicht verwundern, dass im Kontext des *Ötenbacher Schwesternbuchs* (ÖS) die Vita einer Frau überliefert wird, deren biographischer Ausgangspunkt das Leben einer Begine war. Das 2. Kapitel berichtet *Wi di selige swester Adelheit ein begin ward* […]. Ihre Vita gehört zum zweiten Teil

---

22 Leppin 2007, 552f. leitet von der initialen Position Elisabeths von Thüringen ab, dass sie Mechthilds eigentliches Vorbild und damit wichtiger als Dominikus sei. Dieser Lesart schließe ich mich nicht an. Gerade die Nennung von Petrus Martyr verweist auf dominikanische Interessen. Die Erwähnung Juttas von Sangershausen (gest. 1260) ist angesichts des Schweigens mittelalterlicher Quellen bemerkenswert. Eine Verbindung mit Heidenreich von Kulm OP hat Nemes 2009, 56–60 mit FN 59 u. S. 70 mit guten Gründen in Frage gestellt, so dass dominikanische Interessen an Jutta von Sangershausen einer Überprüfung bedürfen.

23 Schiewer 2013, 286–289.

24 Schiewer 2022, 7.

des *Ötenbacher Schwesternbuchs*, das neben Adelheit die einzelpersönlichen Viten Elsbeths von Oye und Margarethe Stülingers enthält. Deren Umfang übersteigt den Umfang des ersten Teils um das Dreifache.[25]

Die 20 Kapitel von Adelheits Lebensbeschreibung teilen sich in einen biographischen Teil mit 7 Kapiteln in der Welt und einen theologischen Diskurs im Rahmen göttlicher Auditionen und Visionen mit 13 Kapiteln im Kloster. Die Vita folgt dem hagiographischen Erzählmuster: fromme, aussätzige Mutter, Trennung von der Mutter, früh verwaist, bedrückende Kindheit geprägt durch Krankheit, Initialvision mit finaler Bestimmung für ein klösterliches Leben, Beginn eines religiösen Lebens in der Welt, strenge Askese und Wundertätigkeit.[26]

Konsequenz dieser Begnadungen sind Frömmigkeitsneid und Erfolgsdruck im weltlichen Kontext einerseits und andererseits unbeirrtes Festhalten am eigenen Heilsweg und Verhalten. Zwei narrative Exempla illustrieren diese Dynamik und Bipolarität:

1. Geradezu in versnovellistischer Wortwörtlichkeit widersetzt sich Adelheit den Anweisungen ihres Seelsorgers:

> *Kürczlichen ward grosse klag auf si gegen irem leienprister, wie daz si wölte alle die swestern schenden, die in der kirchen werent, mit irem strengen leben, und si wolte auch nimant heimlichen sein, der si lerte und weiste. Also czwang sie der leienprister, daz si schuh trüge, und gab ir zwen. Di nam si auf ir achsel und trug si zu kirchen und war sie gieng.* (ÖS III, 18–22)[27]

2. Ähnlich wie die Selige Schererin verfügt Adelheit über eine Gefolgschaft, die sie begleitet. In einer burlesk anmutenden Szene muss sie ein Heilungswunder vollbringen:

> *Also giengent sie und ir geferten in eins wirtes hauß und wolten prot kawfen; und so si eingent, so ist daz hauß vol leutten und wolt man dem wirt unsern herren geben. Do mocht er in nit entpfahen, wand im waz ein geswer in der kelen, und mocht nit reden und was under dem anlucz als ein weil. Nun viel der leienprister und die fraw an sie mit ernst und sprachen, sie westen wol, daz sie got darumb dar het gesant, daz sie dem wirt ze hilf köme. Nun waz sie auch auskomen durch als kleiner sachen willen, daz sie selber gelobte, und viel an unsern herren und bat den umb hilf. Also gab er ir die wort zu sprechen, dovon der siech zu stund*

25 Schneider-Lastin 2000, 515f.

26 Vgl. Müller 2021, 19f.

27 Vor Kurzem beklagte man sich bei ihrem Priester, dass sie mit ihrem asketischen Leben alle Schwestern bloß stelle, die im Kloster lebten, und dass sie auf niemanden hört, der sie unterweisen und anleiten könnte. Daraufhin zwang ihr Priester sie, wenigstens Schuhe zu tragen, und gab ihr ein Paar. Die hängte sie sich um den Hals und ging so in die Kirche und überall hin (Übersetzung Schiewer).

> *genaß, und lert in, das er sant Barbara oben fasten sölt uncz auf seinen tod, und so er es nicht möcht getan, das es denn etwer für in det, und daz er pei unsers herren tod nimer geswur und das er gancze peicht sölt tun, so er erst genese. Diß gelobte der prister und die fraw an seiner stat. Und also ging swester Adelheit mit irenn geferten bald enweg, wan ir geferten vorchten, wie der wirt nit genese, daz man sie den tötte. Und e sie zu dem walt komen, der was vil kawm ein roßlauff von inen,*[28] *do schrei man in nach und wolt man in sagen, daz dem wirt das geswer wer geprochen. Do wandent ir geferten, man wolt sie töden, und flohent. Aber swester Adelheit beittet ir und saß nider und höret, wie es mit dem siechen ergangen was.* (ÖS III, 35–51)[29]

Anders als ihre Begleitung zweifelt Adelheit nicht.

Das hagiographische Erzählmuster unbedingten Gottvertrauens bestimmt dann ihre Lebenssituation in Freiburg und im Umfeld des Dominikanerinnenklosters Adelhausen: Die Erfahrung der entsagungsvollen Krankenpflege einer begnadeten, stigmatisierten Chorschwester und deren Tugenden bestärken sie endgültig darin, gegen alle Anfeindungen nur der Stimme Gottes zu folgen:

> *Dovon getorst sie gottes willen getün in manger sach, so es ir vil übel lag gegen den låuten; wan ir wort und meinung und ire werck wurdent ir also verkert und so versmeht von des klosters weisen an den sachen, do man götliche meinung sölt ansehen, das man ir do nit me begerte, denn ob sie gottes minne und vorcht an ir nie gesehen hette.* (ÖS IV, 29–33)[30]

---

28 4 Stadien; 1 Stadium = 150–185 m.

29 Sie und ihre Begleiter gingen in ein Haus, um Brot zu kaufen. Als sie eintraten, war das Haus voller Verwandter und Bekannter und man wollte dem Hausherren die letzte Kommunion geben. Er konnte die Hostie nicht schlucken, denn ein Geschwür verstopfte die Kehle, hinderte ihn am Reden und ließ ihn schwarz anlaufen. Der Priester und die Ehefrau wandten sich ihr besorgt zu und sagten, dass Gott sie geschickt hätte, um dem Wirt zu helfen. Es war ihr schon wegen geringerer Sachen zur Gewohnheit geworden, es zu versprechen. Sie wandte sich an unseren Herren und bat ihn um Hilfe. Er ließ sie sprechen, was den Hausherren sogleich genesen lassen sollte, und machte zur Auflage, dass er am Vorabend der heiligen Barbara bis zu seinem Tod fasten solle oder bei Verhinderung jemanden stellvertretend fasten lassen solle, dass er niemals mehr auf Christi Tod schwören solle und dass er eine Generalbeichte ablegen solle. Stellvertretend schworen das der Priester und seine Ehefrau. Danach verließen Adelheit und ihre Begleitung umgehend das Haus, denn die Begleiter fürchteten um ihr Leben, sollte der Hausherr nicht gesund werden. Noch vor Erreichen des Waldes, der kaum einen Rosslauf entfernt war, rief man ihnen hinterher, um zu sagen, dass das Geschwür des Hausherren aufgegangen sei. Die Begleiter glaubten, man wolle sie töten und flohen. Adelheit wartete, setzte sich und ließ sich sagen, was dem Kranken widerfahren war (Übersetzung Schiewer).

30 Davon [Tugenden] war sie darin bestärkt, dem Willen Gottes in jeder Hinsicht zu folgen, auch wenn ihr das bei den Leuten schadete; denn ihre Rede, ihre Meinung und ihre Werke, die Ausdruck des göttlichen Willens waren, wurden von der Klosterleitung missverstanden

Aus dem Mund der Chorschwester Margarete von Bussenach (thurgauisches Freiherrengeschlecht von Bussnang) wird in dieser Situation die dogmatische Position der Dominikaner vertreten:[31] *Du sölt wissen, das gehorsam leben got allerliebest ist.*

Mit dem Eintritt in das Kloster Ötenbach in Zürich verlässt Adelheit auch das Thema dieses Beitrags. Es sei nur so viel gesagt, dass die aus der Begnadung erwachsende Nonkonformität nicht nur die Wahl des Klosters, sondern auch die folgenden theologischen Diskurse bestimmt.[32]

Fazit

- Die Stadt wird mit der Etablierung und Ansiedlung der Bettelorden einerseits und der steten Zunahme nicht-klausuriert lebender geistlicher Frauen andererseits seit dem beginnenden 13. Jahrhundert zu einem Epizentrum geistlicher Lebensformen und spiritueller Profilbildung.
- Entstehung und Bewahrung der Viten, Offenbarungen und Auditionen nicht-klausurierter Frauen verdanken sich einem Interesse der beiden führenden Bettelorden, der Dominikaner und der Franziskaner.
- Dieses Interesse zielt einerseits auf eine Assoziierung begnadeter Frauen mit diesen der Armut verpflichteten Orden und damit der Erhöhung der Attraktivität dieser Orden für fromme Frauen und andererseits auf eine ordenspolitische Funktionalisierung.
- Im Falle Mechthilds findet eine Vereinnahmung statt, die das fraglos charismatische religiöse Profil ihrer Person nutzt, um den dominikanischen Heilsweg und dessen Ordensgründer Dominikus als neuen, herausragenden Heiligen zu propagieren. Pointiert verweist gerade die explizite Nennung des ersten Märtyrers der Dominikaner, Petrus von Mailand, darauf, dass Mechthild als weibliche Heilige des Ordens aufgebaut werden soll.
- Die Vita Adelheits von Freiburg fällt in die Zeit der zunehmenden Inkorporation religiöser Frauengemeinschaften in den Orden und der zunehmenden Versuche, nicht-klausurierte religiöse Frauen zu kontrollieren. Gleichzeitig bleibt die Ein- und Anbindung begnadeter Frauen an den Dominikanerorden ein Ausdruck von dessen besonderer Heiligkeit, die schon bei Mechthild ausgestellt wurde. Gehorsam wird zu einer zentralen Kategorie, die stets mit göttlichen Auditionen konfligiert. Diese Ambivalenz wird zum Signum des Textes.

---

und missachtet, so dass man mit ihr nichts zu tun haben wollte, wie wenn sie nie Gottesliebe und Gottesfurcht an ihr gesehen hätten (Übersetzung Schiewer).

31 Schneider-Lastin 2000, 534.

32 Ihre Entscheidung für Ötenbach gegen Adelhausen hat drei Gründe: 1. Sie hat sich in ihren Seelsorger verliebt. 2. Ihre Heiligkeit hat sie in Freiburg stadtbekannt gemacht. 3. Sie fürchtet, in Adelhausen abgewiesen zu werden.

- Die späte Vita der Seligen Schererin kreist um ein zentrales Thema nicht-klausurierter Frauen: eucharistische Frömmigkeit. Konflike und Bedarfe werden durchgespielt und multiperspektivisch verhandelt. Die Kulisse bietet der urbane Raum Basel. Funktional bezieht der Text Stellung im Beginenstreit zwischen Dominikanern und Franziskanern im frühen 15. Jahrhundert.

Die Viten nicht-klausurierter Frauen verdanken sich der Überzeugung ihrer Hagiographen, dass die Auditionen und Visionen Ausdruck des Willens Gottes und nicht des Teufels sind.[33] Diese Überzeugung der Hagiographen entspringt aber auch dem Interesse, göttlich begnadete Frauen in die Pflicht zu nehmen. Diese Funktionalisierung schützt die nicht-klausuriert lebenden Frauen vor Anfeindungen und der Unterstellung, heterodoxes Gedankengut zu verbreiten. Topisch ist daher stets die Gefährdung dieser Frauen in ihrem urbanen Umfeld, die sich wie ein roter Faden in die Texte einschreibt. Der urbane Lebensraum wird durch die Topographie der Klöster und Kirchen bestimmt, deren Ausstattung prägend für die Bildwelt der Visionen sein kann. Die Ambivalenz dieses Raumes zeigt sich dort, wo er einerseits den Rahmen für Anfeindungen, Neid und Missgunst bildet, andererseits dank der stadtsässigen Dominikaner und Franziskaner zum Schutzraum wird.

Bibliographie

I. Primärliteratur

Carmina Burana. Texte und Übersetzungen. Mit Miniaturen aus der Handschrift, hrsg. von Benedikt K. Vollmann. Frankfurt a. M. 1987.

Christina von Stommeln. In: Daria Barow-Vassilevitch (Hrsg.): *Ich schwime in der gotheit als ein adeler in dem lufft!* Heiligkeitsmuster in der Vitenliteratur des 13. und 14. Jahrhunderts. Göppingen 2005, 241–245.

Dis ist von dem heiligen leben. Die Vita der Gertrud von Ortenberg, kommentiert und hrsg. von Siegfried Ringler. Stuttgart 2023.

Jakob von Vitry: Vita Marie de Oegnies. Supplementum, Thomas Cantipratensis, hrsg. von R. B. C. Huygens. Turnhout 2012.

33 Im Rahmen der dominikanischen Observanzbewegung kippt diese Überzeugung im Zeichen des Gehorsams und der strengen Klausur und Reformvertreter wie Eberhard von Mardach warnen davor, in den begnadeten Frauen der Frühzeit Vorbilder für die Gegenwart zu sehen. Vgl. Williams-Krapp 2012, 100–102.

Jakob von Vitry: Das Leben der Maria von Oignies. Supplementum, Thomas von Cantimpré, eingeleitet, übersetzt und mit Anmerkungen versehen von Iris Geyer. Turnhout 2014.

Jakob von Vitry: The Historia occidentalis: A Critical Edition, hrsg. von John F. Hinnebusch. Fribourg 1972.

Johannes von Magdeburg: Die Vita der Margareta contracta, einer Magdeburger Rekluse des 13. Jahrhunderts, hrsg. von Paul G. Schmidt. Leipzig 1992.

Leben und Offenbarungen der Wiener Begine Agnes Blannbekin, editiert, übersetzt und hrsg. von Peter Dinzelbacher und Renate Vogeler. Göppingen 1994.

Mechthild von Magdeburg: Das Fließende Licht der Gottheit. Nach der Einsiedler Handschrift in kritischem Vergleich mit der gesamten Überlieferung hrsg. von Hans Neumann. Bd 1: Text, besorgt von Gisela Vollmann-Profe. München 1990.

Schiewer, Hans-Jochen: Auditionen und Visionen einer Begine. Die „Selige Schererin", Johannes Mulberg und der Basler Beginenstreit. In: Timothy R. Jackson (Hrsg.): Die Vermittlung geistlicher Inhalte im Mittelalter. Internationales Symposium Roscrea 1994. Tübingen u. a. 1996, 289–317.

Schneider-Lastin, Wolfram: Von der Begine zur Chorschwester: Die Vita der Adelheit von Freiburg aus dem ‚Ötenbacher Schwesternbuch'. Textkritische Edition mit Kommentar. In: Walter Haug und Wolfram Schneider-Lastin (Hrsg.): Deutsche Mystik im abendländischen Zusammenhang. Neu erschlossene Texte, neue methodische Ansätze, neue theoretische Konzepte. Tübingen 2000, 515–561.

II. Sekundärliteratur

Emmelius, Caroline/Nemes, Balázs J.: Mechthild und das „Fließende Licht der Gottheit" im Kontext: einleitende Spurensuche. In: Caroline Emmelius und Balázs J. Nemes (Hrsg.): Mechthild und das „Fließende Licht der Gottheit" im Kontext. Eine Spurensuche in religiösen Netzwerken und literarischen Diskursen im mitteldeutschen Raum des 13.–15. Jahrhunderts. Berlin 2019, 9–38.

Ganina, Natalija/Squires, Catherine: Ein Textzeuge des ‚Fliessenden Lichts der Gottheit' von Mechthild von Magdeburg aus dem 13. Jahrhundert. Moskau, Bibl. der Lomonossow-Universität, Dokumentensammlung Gustav Schmidt, Fonds 40/1, Nr. 47. In: ZfdA 139 (2010), 64–86.

Ganina, Natalija: In fine mundi tempore Antichristi. Zur Eschatologie im ‚Fließenden Licht der Gottheit' Mechthilds von Magdeburg. In: Caroline Emmelius und Balázs J. Nemes (Hrsg.): Mechthild und das „Fließende Licht der Gottheit" im Kontext. Eine Spurensuche in religiösen Netzwerken und literarischen Diskursen im mitteldeutschen Raum des 13.–15. Jahrhunderts. Berlin 2019, 229–250.

Heusinger, Sabine von: Ketzerverfolgung, Predigt und Seelsorge – Die Dominikaner in der Stadt. In: Sabine von Heusinger, Elias H. Füllenbach und Walter Senner (Hrsg.):

Die deutschen Dominikaner und Dominikanerinnen im Mittelalter. Berlin/Boston 2016, 3–20.

Jones, Claire Taylor: Exemplarität und Legitimierung. Zu den Visionen aus der ‚Lux divinitatis' in der Dominikus-Vita des Dietrich Apolda. In: Caroline Emmelius und Balázs J. Nemes (Hrsg.): Mechthild und das „Fließende Licht der Gottheit" im Kontext. Eine Spurensuche in religiösen Netzwerken und literarischen Diskursen im mitteldeutschen Raum des 13. –15. Jahrhunderts. Berlin 2019, 251–280.

Kästner, Hannes: *Sermo Vulgaris* oder *Hövischer Sanc.* Der Wettstreit zwischen Mendikantenpredigern und Wanderdichtern um die Gunst des Laienpublikums und seine Folgen für die mittelhochdeutsche Sangspruchdichtung des 13. Jahrhunderts (am Beispiel Bertholds von Regensburg und Friedrichs von Sonnenburg). In: Michael Schilling und Peter Strohschneider (Hrsg.): Wechselspiele. Kommunikationsformen und Gattungsinterferenzen mittelhochdeutscher Lyrik. Heidelberg 1996, 209–243.

Leppin, Volker: Begine und Beichtvater. Zu den Dominikanerpartien im ‚Fließenden Licht der Gottheit' Mechthilds von Magdeburg. In: Enno Bünz u. a. (Hrsg.): Religiöse Bewegungen im Mittelalter. Festschrift für Matthias Werner zum 65. Geburtstag. Köln u. a. 2007, 543–554.

Linden, Sandra: *Du solt si erlühten und leren* (FL VII,8). Zur Wechselwirkung von Alterssignatur und Lehrautorität im siebten Buch des ‚Fließenden Lichts der Gottheit'. In: Caroline Emmelius und Balázs J. Nemes (Hrsg.): Mechthild und das „Fließende Licht der Gottheit" im Kontext. Eine Spurensuche in religiösen Netzwerken und literarischen Diskursen im mitteldeutschen Raum des 13. –15. Jahrhunderts. Berlin 2019, 191–210.

Müller, Mareike von: Auf der Suche nach dem Ende. Erosionen des narrativen Sinns in der Vita Adelheits von Freiburg. In: Beiträge zur mediävistischen Erzählforschung 4 (2021), 1–50.

Müller, Stephan: *ioculatores Domini.* Bettelmönche und Spruchdichter in der Wartburgkrieg-Episode ‚Aurons Pfennig'. In: Beate Kellner u. a. (Hrsg.): Geltung der Literatur. Formen ihrer Autorisierung und Legitimierung. Berlin 2005, 63–90.

Nemes, Balázs J.: Jutta von Sangershausen (13. Jahrhundert). Eine „neue Heilige" im Gefolge der heligen Elisabeth von Thüringen? In: Zeitschrift für Thüringische Geschichte 63 (2009), 39–73.

Nemes, Balázs J.: Von der Schrift zum Buch – vom Ich zum Autor. Zur Text- und Autorkonstitution in Überlieferung und Rezeption des ‚Fließenden Lichts der Gottheit' Mechthilds von Magdeburg. Tübingen 2010.

Nemes, Balázs J.: *sancta mulier nomine Mechtildis.* Mechthild (von Magdeburg) und ihre Wahrnehmung als Religiose im Laufe der Jahrhunderte. In: Jörg Voigt u. a. (Hrsg.): Das Beginenwesen im Spätmittelalter und Früher Neuzeit. Fribourg/Stuttgart 2015, 331–351.

Osten-Sacken, Vera von der: Jakob von Vitrys „Vita Mariae Oigniacensis". Zu Herkunft und Eigenart der ersten Beginen. Göttingen u. a. 2010.

Rüther, Andreas: Bettelorden in Stadt und Land. Die Straßburger Mendikantenkonvente und das Elsaß im Spätmittelalter. Berlin 1997.

Ruh, Kurt: Geschichte der abendländischen Mystik. Bd. 2: Frauenmystik und Franziskanische Mystik der Frühzeit. München 1993.

Ruhrberg, Christine: Der literarische Körper der Heiligen. Leben und Viten der Christina von Stommeln (1242–1312). Tübingen/Basel 1995.

Schiewer, Hans-Jochen: Legenden für Dominikanerinnen im Zeitalter Eckharts. Das ‚Solothurner Legendar', seine Programmatik und die Gotteserfahrung bei Eckhart. In: Meister Eckhart Jahrbuch 18 (2024), 95–122.

Schiewer, Regina D.: Eine deutschsprachige Überlieferung des Miraculum I des Wichmanns von Arnstein. In: ZfdA 131 (2002), 436–453.

Schiewer Regina D.: Worte über einen ungeliebten Heiligen? Die einzige deutschsprachige Petrus Martyr-Predigt. In: Rudolf Bentzinger, Ulrich-Dieter Oppitz und Jürgen Wolf (Hrsg.): Grundlagen. Forschungen, Editionen und Materialien zur deutschen Literatur und Sprache des Mittelalters und der Frühen Neuzeit. Stuttgart 2013, 285–299.

Schiewer, Regina D.: Einleitung. In: Regina D. Schiewer und Stefan Seeber (Hrsg.): Hans-Jochen Schiewer: Schriften zur geistlichen Literatur und Frömmigkeitskultur des Mittelalters. Tübingen 2022, 1–11.

Schmitt, Sigrid: *„Wilde, unzucht- und ungaistlich swestern"*: Straßburger Frauenkonvente im Spätmittelalter. In: Sigrid Schmitt (Hrsg.): Frauen und Kirche. Wiesbaden 2002, 71–94.

Voigt, Jörg: Jenseits der *cura monialium*. Beziehungen zwischen geistlichen Frauen und Dominikanern im östlichen Teil der Ordensprovinz Teutonia im 13. Jahrhundert. In: Caroline Emmelius und Balázs J. Nemes (Hrsg.): Mechthild und das „Fließende Licht der Gottheit" im Kontext. Eine Spurensuche in religiösen Netzwerken und literarischen Diskursen im mitteldeutschen Raum des 13. –15. Jahrhunderts. Berlin 2019, 65–87.

Williams-Krapp, Werner: *Dise ding sint dennoch nit ware zeichen der heiligkeit.* Zur Bewertung mystischer Erfahrungen im 15. Jahrhundert. In: Kristina Freienhagen-Baumgardt und Katrin Stegherr (Hrsg.): Werner Williams-Krapp, Geistliche Literatur des späten Mittelalters. Kleine Schriften. Tübingen 2012, 97–108.

Prof. Dr. Dr. h.c. mult. Hans-Jochen Schiewer
Albert-Ludwigs-Universität Freiburg
Deutsches Seminar - Germanistische Mediävistik
Werthmannstr. 6
79085 Freiburg
hans-jochen.schiewer@germanistik.uni-freiburg.de

Niklas Holzberg

Von Athen nach Colmar und Nürnberg. Herodot aus der Sicht der Reichsstädter Hieronymus Boner und Hans Sachs

In der Wolfenbütteler Herzog August Bibliothek befinden sich fünf Bücher im Folioformat, die nachweislich aus der Bibliothek des Hans Sachs stammen, ein aus vier von ihnen gebundener Band und ein weiterer, und bei allen handelt es sich um antike historische Werke in der deutschen Übersetzung Hieronymus Boners:[1] die Weltgeschichte des Pompeius Trogus in der gekürzten Fassung Justins mit Herodots *Historien*, Suetons Kaiserbiographien und Herodians Geschichte des Kaisertums nach Markus sowie Plutarchs Parallelviten.[2] Aus den fünf Werken in Boners Version bezog Sachs Vorlagen für Meisterlieder, Spruchgedichte und Dramen, und von diesen Bearbeitungen verdienen diejenigen, die auf historischen Erzählungen Herodots fußen, aus zwei Gründen besonderes Interesse: Zum einen wurden einzelne Personen, über die der „Vater der Geschichtsschreibung" berichtet, durch deutsche Dichter einem breiteren Publikum bekannt gemacht – hervorzuheben sind der Tyrann Polykrates in Schillers Ballade und der Usurpator Gyges in Hebbels Tragödie –, und ein Vergleich zwischen solchen Adaptionen und denen des Vorgängers könnte durchaus reizvoll sein. Zum anderen haben der erste „deutsche Herodot" Boner und Sachs etwas mit dem griechischen Historiker gemeinsam: Alle drei Autoren waren Bürger eines Stadtstaates, weshalb wir Herodot neben den Colmarer Boner und den Nürnberger Sachs stellen können. Unter diesem Aspekt möchte ich sie betrachten.

Aus dem kleinasiatischen Stadtstaat Halikarnassos gebürtig, lebte Herodot[3] in der Mitte der vierziger Jahre des 5. Jahrhunderts v. Chr. eine Zeit lang in Athen,[4] und er thematisierte als erster Hellene die große Bedeutung dieser attischen Polis für die politische Entwicklung des östlichen Mittelmeerraums. Er war es, der die Athener wegen ihres Sieges über die Perser und die damit bewirkte Verhinderung einer Okkupation Europas durch die orientalische Supermacht als

1 Zu ihm vgl. bes. Wethly 1892; Herrmann 1896; Kaiser 1919; Toepfer 2011.

2 HAB 257 Hist. 2° (VD 16 T 2070, H 2519, S 10107, H 2504); 126 Hist. 2° (VD 16 P 3768); vgl. dazu Schreckenberg 1995.

3 Zweisprachige Ausgabe: Feix 2006; Handbuchartikel: Rengakos 2011.

4 Zu Herodots Verhältnis zu Athen vgl. Strasburger 1955 und Rengakos 2011, 340f. und 372f.

10.29091/9783752003444/004

„Retter Griechenlands" bezeichnete (Her. 7,139,5). Die Voraussetzung dafür, dass der Stadtstaat die für seinen militärischen Erfolg notwendige Größe erreichte, sah der Geschichtsschreiber im 30 Jahre zuvor vollzogenen Wechsel von der Tyrannis zu einer geradezu radikalen Demokratie (Her. 5,78). Man darf also fragen, ob Boner und Sachs erkannten, dass die herausragende historische Leistung des antiken Stadtstaates nicht zuletzt durch Athens Verfassung bedingt war, und ob die beiden Herodot-Rezipienten Analogien zu den Leistungen des eigenen Stadtstaates zu sehen glaubten, dessen Grundordnung beide jeweils positiv gegenüberstanden.

Was Boner betrifft, findet sich in keiner der Widmungsvorreden zu den insgesamt sechs aus dem Altertum überlieferten historischen Opera, die er verdeutschte – außer den genannten Thukydides[5] und Xenophon –, eine Bemerkung, der man entnehmen könnte, dass er in diesen Werken irgendwelche für seine Zeit relevanten politische Aussagen oder Parallelen der vergangenen Ereignisse zu aktuellen wahrgenommenen habe. Er begnügt sich bei der Begründung seiner Wahl des jeweiligen Historikers mit ermüdenden Ausführungen zu dem Gemeinplatz, dass man aus der Geschichte lernen könne und sie in allen Lebenslagen helfe, was er in der Herodot-Vorrede u. a. wie folgt formuliert: die *historj* sei die Wissenschaft,

> *mitt dern hilff vnd beystand /* [...] *wir gegen allem widerwertigen glick / als mit Vulkanischen waffen beschirmbt / vñ gewapnet seindt / vñ kompt vns dermassen zů steur vnd hilff / so vil zů erfarung vnd erkantnuß der volprachtē sachen dient / dz wir dadurch gesehen werden / auch bey den fordern vnd alten zeiten gelebt haben.*[6]

Diese unreflektierte Identifizierung der Existenzvoraussetzungen des 5. Jahrhunderts v. Chr. mit denen des Cinquecento äußert sich z. B. auch darin, dass Boner die Bezeichnungen für politische Ämter in den Stadtstaaten mit keineswegs adäquaten deutschen wiedergibt, etwa einen der athenischen Archonten mit oberster *meyster* oder die Ephoren, in Sparta dem König übergeordnete Aufsichtsbeamte, mit *zunfftmaister*.[7] Boner selbst gelangte in Colmar in höchste Positionen, u. a. mit dem Titel Obristmeister als Ratsvorsitzender, und er repräsentierte die Reichsstadt mehrfach bei Reichstagen. Mit Recht schließt man von dieser Tätigkeit Boners auf die mit der Publikation seiner Übersetzungen verbundene Wirkabsicht. Die Tatsache, dass er seine Widmungsvorreden stets an politisch mächtige oder mindestens einflussreiche Personen richtet, darf man als Indiz dafür betrachten, dass er sich als Anerkennung für seine gelehrte Arbeit und die Dedi-

5 Dazu vgl. Keßler 2001.

6 VD 16 H 2519, iiijr.

7 Vgl. die (leider nicht systematische) Übersicht bei Wethly 1892, 51.

kation besondere Wertschätzung und dadurch vielleicht sogar die Verbesserung der Beziehung Colmars zu den Großen des Reichs erhoffte.[8] Zu den Widmungsadressaten gehören z. B. König Ferdinand I., Kaiser Karl V. und Kurfürst Ludwig von der Pfalz; ihm ist die Herodot-Verdeutschung zugeeignet.

Diesen Herrschern und den übrigen Würdenträgern, die Boner in seinen Vorreden anspricht, geschah es offensichtlich zu Gefallen, dass er in seiner Wiedergabe des Herodot-Textes zahlreiche Passagen ausließ, die Anstoß hätten erregen können. Er eliminierte vor allem allzu Heidnisches – z. B. die Orakelsprüche, die Herodot sehr wichtig sind – und allzu Obszönes, aber auch immer wieder Abschnitte, in denen das politische Handeln einzelner Männer, die „Geschichte machten", zu stark von dem in Boners Zeit Vorstellbaren abwich. Der „Zensur" zum Opfer fielen in erster Linie Herodots viele ethnographische Exkurse, darunter das gesamte Buch 2 (außer Kapitel 1), in dem der Historiker über die Sitten und die Geschichte der Ägypter berichtet. Staatsmännische Maßnahmen, die Boner den zeitgenössischen Lesern des deutschen Herodot vorenthielt, sind z. B. die des Atheners Kleisthenes, die dieser nach der Beseitigung der Tyrannis 508/507 v. Chr. zur Neuordnung der Polis traf. Die von ihm geschaffene Verfassung begründete die athenische Demokratie, und Boner strich wahrscheinlich deshalb, weil die deutschen Stadtstaaten des 16. Jahrhunderts nichts Vergleichbares aufzuweisen hatten, den Abschnitt, in dem Herodot die Reformen des Kleisthenes behandelt (Her. 5,67–69). Der Colmarer Staatsmann war also wohl nicht daran interessiert, dass man das politische System seiner „Polis" mit demjenigen Athens hätte in Bezug setzen können.

Während wir Boners Widmungsvorrede auf der Suche nach der Wirkabsicht seiner Herodot-Verdeutschung wenig entnehmen können und deshalb auf Folgerungen aus seiner Art des Umgangs mit der Vorlage angewiesen sind, äußert Sachs sich explizit, wie er den griechischen Historiker für sein Publikum interpretiert. Dazu dienen ihm die auktorialen Epiloge seiner Dichtungen, worin er die Taten der bei ihm auftretenden Personen in der bekannten Weise auf der Basis der christlichen Ethik lutherischer Prägung beurteilt.[9] Über das Verhältnis des Dichters zu Herodot lassen sich außerdem Vermutungen aufgrund der Tatsache anstellen, dass er nur Ausschnitte aus dem Gesamtwerk für die Verifizierung wählte. Denn es ist natürlich aufschlussreich, welche Erzähleinheiten ihm für die Vermittlung seiner moraltheologischen Anschauungen geeigneter erschienen als andere.

8 Toepfer 2011, 336f.

9 Zu dieser Art von Moralisation zuletzt ausführlich Sasse 2020 anhand des Sachs'schen Frauendiskurses.

Der Dichter bezog von dem Geschichtsschreiber die Stoffe für 55 Meisterlieder, von denen 5 verloren sind,[10] 14 Spruchgedichte und eine *tragedia*;[11] diese dramatisiert unter der Überschrift *Des königs Ciri geburt, leben und endt in sieben Akten* 34 Kapitel (1,107–130; 205–214), und sie wurde inhaltlich vom Nürnberger Rat gebilligt, da er am 14. Januar 1558 die Aufführung genehmigte.[12] Der Anfang der Kyros-Geschichte enthält ein besonders aus Matthäus 2 und der Romulus-Sage vertrautes Motiv: Ein Herrscher befiehlt ein neugeborenes Kind zu töten, weil man ihm vorausgesagt hat, es werde einst eine für ihn bedrohlich große Macht erlangen, aber die Tötung wird verhindert und damit die Erfüllung der Prophezeiung ermöglicht. Geschichten wie diese, die, eher fiktional als historisch, z. T. von Mythen beeinflusst sind,[13] bietet Herodot überwiegend in den ersten sechs seiner aus neun Büchern bestehenden *Historien*, wobei manche von ihnen wie eingelegte Novellen wirken. Die letzten drei Bücher dagegen, die als *grande finale* des Opus den siegreichen Kampf der Griechen gegen die Perser unter König Xerxes beinhalten, konzentrieren sich in der Art von Historiographie, wie man sie dann von Thukydides und Xenophon kennt, primär auf die Abfolge der heute im Großen und Ganzen als glaubwürdig zu betrachtenden Ereignisse. Sachs bevorzugte offensichtlich die „Novellen" gegenüber der Präsentation des Stadtstaates Athen als „Retter Griechenlands", woraus sich allein schon ableiten lässt, dass er ebenso wenig wie Hieronymus Boner die eigene Reichsstadt in Bezug zu der antiken Polis setzte.

Man kann in den Jahren 1538 bis 1563, in denen Sachs sukzessive einzelne Abschnitte der Boner'schen Herodot-Übertragung in Versen bearbeitete, zwei Phasen der Rezeption unterscheiden. In der ersten Phase, die mit dem Jahr 1556 endete, schuf er die 55 Meisterlieder, wobei er nur fünf in Spruchgedichte umwandelte,[14] in der zweiten, welche die Jahre 1557, 1562 und 1563 umfasst, entstanden die übrigen neun Spruchgedichte sowie die sieben Akte des Kyros-

---

10 Die 50 erhaltenen sind alle noch nicht ediert; zur Provenienz der Handschriften vgl. Brunner/Wachinger 1986–2009, Bd. 9–11 unter den bei Holzberg/Brunner 2020, 1077 genannten Nummern der 55 Meisterlieder. ²S/ 3688 und 4337 gehen nicht auf Boners Übersetzung zurück, da die Vorlagen dort fehlen, sondern offenbar indirekt auf Herodot.

11 KG 874, 1035 1038, 1406, 3408, 5045, 5046, 5060, 5544, 5554–5556, 5646, 5830 bzw. 5066.

12 *Hanns Sachsen ist uf sein bit vergonndt worden, seine zwo gemachte tragedien vom konig Davidt und konig Cyro zu spielen, doch das er ersten uf lichtmeß damit anfah* (Holzberg/Brunner 2020, 925).

13 Vgl. Wesselmann 2007 zur Mythisierung der Geschichte in Herodots *Historien*; speziell zum Einfluss der Sagen von Zeus und Semele und der vom Nessushemd auf die Xerxes-Episode 9,108–113.

14 ²S/ 856 > KG 874, ²S/ 1034 > KG 1035, ²S/ 1037 > KG 1038, ²S/ 1397 > KG 1406, ²S/ 3343 > 3408.

Dramas, die Sachs für den Druck in der Folioausgabe seiner gesammelten Werke auswählte und für die er wieder auf Inhalt und Formulierungen von Meisterliedern zurückgriff. Die fünf Spruchgedichte der ersten Phase kongruieren bis in den Wortlaut mit den ihnen zugrunde liegenden Meisterliedern und sind gleich lang bzw. um maximal 8 Verse länger; nur die zwei jüngsten ließ Sachs in der Werkedition nachdrucken.[15] Bei den Spruchgedichten der zweiten Phase handelt es sich um Verserzählungen von mindestens 150 Versen Länge – bei zweien sind es sogar 226 bzw. 228[16] –, die mehr Liebe zum narrativen Detail aufweisen als die älteren Spruchgedichte.

Da die früher als die Folioausgabe produzierten Meisterlieder allein für den mündlichen Vortrag bei Singschulen bestimmt waren, also nicht gedruckt werden durften, konnte Sachs es wagen, darin gelegentlich auf das politische Geschehen der eigenen Gegenwart anzuspielen. So vermutet Ulrich Feuerstein sicher mit Recht, dass in dem Meisterlied *Das gros persisch heer* vom 19. August 1546 im Vergessenen Ton Frauenlobs (^{2}S/ 2078), welches auf Herodots Beschreibung der riesigen Armee des Xerxes (Her. 7,43–46) fußt – es stammt aus der Zeit, als der Schmalkaldische Krieg gerade begonnen hatte –, „das weitaus schwächere Heer der Griechen [...] paradigmatisch für das der Protestanten“ steht, „während die sie bedrängenden Perser die kaiserlichen Truppen vorstellen.“[17] Xerxes ist, wie wir sehen werden, für Sachs ein besonders übler Tyrann. Aber als von Markgraf Albrecht II. Alcibiades die Nürnberger wie die Griechen von dem Perserkönig militärisch angegriffen wurden – der Krieg mit dem von Sachs als Tyrann charakterisierten Fürsten[18] währte von 1552 bis 1555[19] –, zog der Dichter, soweit ich sehe,[20] keine Verbindungslinie zwischen Athen und seiner Vaterstadt.[21]

Betrachtet man nun die Inhalte der zehn Herodot-Bearbeitungen, die in Form von Spruchgedichten und der einen *tragedia* in der Werkedition erschie-

15 KG 1406 vom 18.6.1544 = Keller/Goetze Bd. 2, 111–113; 3408 vom 28.7.1550 = 2, 103–105.

16 KG 5554 = Keller/Goetze Bd. 16, 266–272; 5556 = 16, 273–279.

17 Feuerstein 2001, 283.

18 Vgl. das Spruchgedicht *Gesprech von der himelfart markgraff Albrechz anno 1557* vom 6.2.1557 (KG 5023 = Keller/Goetze Bd. 23, 113–121).

19 Zusammenfassend dazu Holzberg 2021, 122–130.

20 Feuerstein 2001, der die Meisterlieder der Jahre 1513–1546 analysiert, müsste unbedingt fortgesetzt werden; die von Patrick Schwarz angekündigte Dissertation kam offenbar nicht zustande.

21 Das Meisterlied *Die pelegerung der stad Athen* vom April 1548 (^{2}S/ 2697 nach Herodot 8,51–53) ist leider verloren, ebenso dasjenige über die *Schlacht der Persier und Kriechen*, das kurz darauf entstand (^{2}S/ 2701; wenn Holzberg/Brunner 2020, 465 nach Keller/Goetze Bd. 25, 283 richtig die Schlacht bei Marathon dahinter vermuten, war die Vorlage nicht Herodot 8,83–96 [= Seeschlacht bei Salamis], sondern 6,103–120).

nen und somit einem breiten Lesepublikum zugänglich waren, stellt man fest: In neun von ihnen sind Episoden der *Historien*-Bücher 1 und 3–5 adaptiert, nur ein einziges Spruchgedicht dagegen rekurriert auf die Epoche der Perserkriege in der Wiedergabe durch Herodot, noch dazu auf ein Ereignis, das in die Zeit fällt, als der von den Griechen besiegte König Xerxes schon wieder in sein Reich zurückgekehrt ist. Es handelt sich um den Reimpaar-Text vom 18. Juni 1544 mit dem Titel *Historia von dem ehbruch und tyranney künig Xerxi*,[22] der aus dem (bisher ungedruckten) Meisterlied *Xerxes tyranney seiner schwiger* im Rosenton des Hans Sachs vom 10. Juni 1544 hervorging, von 60 auf 68 Verse erweitert und ansonsten im Wortlaut nahezu unverändert ist.

Das Thema „Tyrannis" erscheint in mehreren Meisterliedern des Dichters. Eines davon, *Der wuetrich Cambises* vom 20. Januar 1541 im Reuterton Fülsacks (²S/ 1040), dessen Epilog eine negative Beurteilung von Tyrannen wie Kambyses mit *Das ist hewer nit new* beendet, könnte implizit Kaiser Karl V. mit dem despotischen Perserkönig gleichsetzen.[23] Wie es unter den übrigen „herodoteischen" Meisterliedern ein Dutzend gibt, die Herrscherwillkür anprangern und auf analoge zeitnahe Fälle anspielen mögen,[24] so findet sich das Motiv und die dazugehörige Lehre auch öfter als einmal in den neun Spruchgedichten, die in die Folioausgabe eingingen.[25] Doch nur einer dieser Texte erzählt von einem Potentaten, der seine Macht im sexuellen Bereich missbraucht: das gerade genannte Spruchgedicht über den Ehebruch des Xerxes. Was Hans Sachs nicht wissen konnte: Herodot hat die hier versifizierte Episode offensichtlich ganz gezielt kurz vor dem Ende seines Opus platziert (Her. 9,108–113) und damit implizit eines der Leitthemen des Geschichtswerks, die Porträtierung tyrannischer Herrscher, mit einer speziellen Pointierung zum Abschluss gebracht. Somit entschied sich Sachs, als er aus Buch 9 der *Historien* für die Transformation erst in ein Meisterlied und dann in ein Spruchgedicht lediglich Kap. 108–113 auswählte und dieses Spruchgedicht dann als einziges aus der Xerxes-Trilogie der Bücher 7–9 in den Druck seiner gesammelten Werke aufnahm, unwissentlich für einen Text, der eine Art Epilog zu der Trilogie darstellt.

Ein roter Faden, der sich durch die *Historien* zieht, ist die Konfrontation der Griechen des 6. und 5. Jahrhunderts v. Chr. mit orientalischen Monarchen, von denen sie in ihrer Eigenstaatlichkeit bedroht werden. In 1,6–6,42 erzählt Herodot, wie das westkleinasiatische Hellas von dem Lyderkönig Kroisos unterworfen

22 Siehe FN 15.

23 Feuerstein 2001, 206f.

24 ²S/ 1039, 1040, 1062, 1083, 1117, 2074, 2289, 2661, 2662, 3214, 3233, 4152, 4153.

25 KG 5045 = Keller/Goetze Bd. 2, 119–123; 5046 = 2, 114–118; 5556 = 16, 273–279; 5830 = 20, 468–472.

und in dessen Reich eingegliedert, nach der Eroberung Lydiens durch den ersten Perserkönig Kyros erneut versklavt wird und unter dem dritten Perserkönig Dareios, dem Nachfolger des Ägypten-Eroberers Kambyses, die Freiheit vergeblich durch einen Aufstand zu erringen versucht. Dareios gelingt es aber nicht, wie der Rest von Buch 6 berichtet, auch das griechische Mutterland zu okkupieren, auch nicht seinem Sohn Xerxes, von dessen militärischen Niederlagen wir in Buch 7–9 lesen. Das Gesamtwerk wird dementsprechend statt durch die Epochen der griechischen Geschichte durch die Reihe der Gewaltherrscher Kroisos–Kyros–Kambyses–Dareios–Xerxes strukturiert; dabei ist dem Abschnitt über Kroisos, „dem ersten der Barbaren, von dem wir wissen, dass er Hellenen tributpflichtig machte" (Her. 1,6,2), die Reihe seiner Vorgänger von König Kandaules an vorangestellt.

Dieser Potentat agiert aber nicht auf der politischen Ebene autokratisch, sondern wie Xerxes in Her. 9,108–113 im erotischen Bereich: Aus übermäßiger Liebe zu seiner Frau befiehlt er seinem Leibwächter Gyges, sich von ihrer übermäßigen Schönheit zu überzeugen, indem er heimlich ihre Nacktheit betrachtet; da die Frau ihn dabei bemerkt, zwingt sie ihn zu entscheiden, ob er getötet werden oder Kandaules töten und sich auf dessen Thron setzen will, und Gyges bevorzugt das Zweite. Damit ist, wie das Orakel von Delphi verkündet, Rache für die Familie des Kandaules vorprogrammiert, welche dann mit der Unterwerfung des Gyges-Nachkommen Kroisos vollzogen wird (Her. 1,8–13). Die von nun an immer wieder geschilderten Misserfolge der auf Kroisos folgenden Gewaltherrscher werden mithin symbolisch durch eine erotische Fehlhandlung gewissermaßen exponiert,[26] und dem entspricht am Ende der *Historien* der Ehebruch des Xerxes und dessen Konsequenzen als Symbol für das endgültige Scheitern des letzten Tyrannen, der Griechenlands Freiheit bedrohte. In diesem Sinne bilden die beiden pikanten Novellen die Eckpfeiler des historischen Opus.[27]

Hans Sachs gelang es auch mit der Gyges-Geschichte, unbewusst ein Pendant dazu zu schaffen, dass Herodot ihr eine besondere Position zuwies: Während sie bei dem Historiker die Serie der „Novellen" eröffnet, lieferte sie dem Dichter den Stoff für seine erste Herodot-Adaption, das Meisterlied *Die Nackat kunigin* vom 1. Oktober 1538 in Sachs' Spruchweise (^{2}S/ 856), dem das Erscheinen von Hieronymus Boners deutscher Übertragung am 23. Juni 1535 rund drei Jahre früher vorausgegangen war. Es böte sich an, den Erstling des Herodot-Rezipienten Sachs exemplarisch zu interpretieren. Aber der Dichter nahm die am 1. Februar 1539 entstandene Spruchgedicht-Version[28] nicht in seine Folioausgabe

26 Blok 2002, 231: „Kings who destroy themselves and their kingdom begin by destroying their own households."

27 Vgl. Wolff 1964, 51 und 58; Gray 1995, 187; Gray 2002, 312.

28 KG 874 = Keller/Goetze Bd. 22, 190f.

auf. Diejenige des Meisterlieds *Xerxes tyranney seiner schwiger* dagegen fand dort einen Platz. Die Originalfassung dieser „Novelle“ ist mit der Gyges-Geschichte motivisch verwandt[29] und auch dadurch auf sie bezogen. Sie ist aber im Gegensatz zu ihr sehr komplex, und daher liegt es hier näher zu untersuchen, ob Hieronymus Boner sie adäquat wiederzugeben und somit seinem Leser Sachs möglichst authentisch vorzulegen vermochte; sie soll also mein Textbeispiel sein. Es sei vorweggenommen, dass der Nürnberger Schuster eine glücklichere Hand bei der Stoffbearbeitung hatte als der Colmarer Ratsherr beim Übersetzen. Die Vorzüge der Adaption durch Sachs werden besonders deutlich durch eine Analyse des strukturell wieder einmal sorgfältig konzipierten Meisterliedes, und deshalb entscheide ich mich für die Interpretation dieser Version.

Das griechische Original[30] erstreckt sich über sechs Kapitel, weshalb ich anstelle einer wörtlichen deutschen Wiedergabe eine Inhaltsparaphrase biete, die ich in die Vorgeschichte und drei Abschnitte des dramatischen Geschehens einteile:[31]

> Vorgeschichte: Xerxes verliebt sich während seines Aufenthaltes im lydischen Sardes in die Frau seines Bruders Masistes, hat aber mit seiner Werbung um sie keinen Erfolg. Er hofft sein Ziel dadurch zu erreichen, dass er seinen Sohn Dareios mit Masistes' Tochter Artaynte verheiratet. Als er die Schwiegertochter nach der Rückkehr in die Hauptstadt Susa in sein Haus aufgenommen hat, verliebt er sich in sie und kann sie für sich gewinnen (Kap. 108).
>
> I. Xerxes' Frau Amestris schenkt ihm ein von ihr gewobenes Prunkgewand. Als er, darüber erfreut, sich damit zu Artaynte begibt und auch durch sie erfreut worden ist, verspricht er, ihr jeden Wunsch zu gewähren, und bekräftigt das mit einem Eid. Daraufhin bittet sie um das Prunkgewand. Der König fürchtet sich vor Amestris und macht Artaynte alternative Angebote, aber weil sie alle ablehnt, schenkt er ihr das Prunkgewand, sie trägt es und prahlt damit (Kap. 109).
>
> II. Amestris durchschaut nun alles, sieht aber in der Frau des Masistes die Schuldige und bittet Xerxes an seinem Geburtstag, an dem er laut Gesetz niemandem einen Wunsch abschlagen darf, um die Schwägerin als Geschenk. Xerxes, der ihr das ungern gewährt, bittet darauf seinen Bruder, sich von dessen Frau zu trennen und die Tochter des Königs zu heiraten, aber dieser

29 Wolff 1964, 57; Gray 1995, 191; 207.

30 Vgl. dazu Flower/Marincola 2002, 291–300.

31 Müller 2006, der in fünf Akte gliedert, trennt meinen Teil II in zwei Akte. Es gibt einige „Novellen“ Herodots, die an Tragödien erinnern. Ob das Gyges-Drama, aus dem ein Papyrusfragment erhalten ist, dem Historiker vorlag oder auf Her. 1,8–13 fußt, lässt sich nicht feststellen (vgl. Holzberg 1973).

weigert sich, die Mutter seiner Söhne und Töchter zu verstoßen. Xerxes, darüber erzürnt, spricht ihm die Frau ab und verlobt ihm seine Tochter nicht (Kap. 110f.).

III. Während des Gesprächs der Brüder lässt Amestris der Frau des Masistes die Brüste abschneiden und sie Hunden vorwerfen, danach auch Nase, Ohren, Lippe und Zunge amputieren. Als Masistes seine Frau verstümmelt vorfindet, berät er sich mit seinen Söhnen und reist mit ihnen nach Baktra, um die Provinz, die ihn als einstigen Statthalter ehrt, gegen Xerxes aufzuwiegeln. Der König erfährt davon und lässt den Bruder, dessen Söhne und Gefolge von einem ihm nachgeschickten Heer töten (Kap. 112f.).

Wenn wir jetzt danach zu fragen haben, wie Boner die sechs Kapitel ins Deutsche übertrug, ist zunächst dies festzuhalten: Ihm lag nicht das griechische Original vor, sondern die lateinische Wiedergabe durch den italienischen Humanisten Lorenzo Valla in der von Conrad Heresbach herausgegebenen Fassung, die 1526 in Köln erschien.[32] Valla schreibt ein sehr elegantes Latein und übersetzte auch sehr wörtlich, was ihm die Ähnlichkeit der lateinischen Syntax mit der griechischen ermöglichte. Boners Biograph Gustaf Wethly verallgemeinert gänzlich verfehlt, es sei „bekannt, dass die italienischen Übersetzer [...] nur eine geringe Treue dem Original gegenüber bewahrten, dass es die Filelfos, die Vallas, die Lapus Florentinus nicht besonders genau nahmen mit dem Wortlaut des griechischen Textes“,[33] und unzutreffend ist auch sein Urteil über Boners Verdeutschung: Er nennt sie „entschieden die unvollkommenste und ungeschickteste Übertragung, mit der der Stettemeister uns bedacht.“[34] Gewiss, Boner überträgt nicht so wörtlich wie Valla, aber dazu eignete sich das Deutsch seiner Zeit noch nicht; wie seine ‚Zunftkollegen‘ sieht er sich oft zu einer freieren Wiedergabe oder einer sinngemäßen Umschreibung gezwungen. So lässt z. B. in unserem Text Herodot den König sowohl über das Prunkgewand als auch den Koitus mit Artaynte „erfreut“ sein, und er verwendet dabei dasselbe Verb in derselben Partizipialform (1f.).[35] Entsprechend schreibt Valla: *Quo (= amiculo) ille delectatus, atque amictus ad Artayntam se confert, atque ubi se oblectauit* ... Bei Boner dagegen lesen wir: *diß gefiel jm fast wol / gieng auch damit zů seiner sunsfrawen als er sich nach seinem glust mit jr ergötzt /* ... Damit verdeutlicht er seinem Laienpublikum, was die griechische und

32 VD16 H 2509, dort stehen Kap. 108–113, 262f., bei Boner auf CXLV^{r}–CXLV^{v}. Zu Vallas Herodot vgl. Pagliaroli 2006 und 2007 sowie Foley 2016.

33 Wethly 1892, 46. Man fragt sich, warum diese dürftige Dissertation, die Herrmann 1896 mit Recht verreißt, von De Gruyter 2019 nachgedruckt wurde, zumal sie im Netz über archive.org zugänglich ist.

34 Wethly 1892, 31.

35 Vgl. dazu Müller 2006, 292.

lateinische Rhetorik in einem Wortspiel versteckt. Boner ging jedoch bei seinem Bemühen, allzu Antikes entweder der Erfahrungswelt der zeitgenössischen Leser anzupassen oder zu streichen, zu weit, und es gelang ihm auch nicht so ganz, die dramatische Struktur des griechischen Textes, die bei Valla immerhin durchscheint, auch im Deutschen sichtbar zu machen.

Zum ersten Punkt: Boner, der sich offenbar nicht vorstellen kann, dass ein Mann und eine Frau dasselbe Gewand anziehen können, verändert Vallas richtiges *amiculum* in ein *halspand*. Es hat aber seinen guten Grund, dass Herodot dem Perserkönig ein Kleidungsstück „anzieht", das diesem seine Frau gewoben hat und mit dem eine weitere Frau dann herumstolziert. Denn ein Ehebrecher galt im antiken Geschlechterdiskurs als feminin, weil er nicht die von einem Mann erwartete Beherrschung zeigte und sich von einer Frau in seinem Handeln beeinflussen ließ; motivisch vergleichbar ist, dass Aeneas im Epos Vergils mit einem von Dido gewobenen Purpurmantel der Königin beim Erbauen von Roms späterem Erzfeind Karthago hilft (Aen. 4,260–264).[36] Als Auslöser für die Rachsucht von Xerxes' Frau eignet sich das Tragen eines von ihr angefertigten Halsbandes durch die Rivalin freilich gleichfalls. Aber Boner hat bei seinem Umgang mit dem Erzählmotiv „Blankoversprechen"[37], das Herodot im zweiten „Akt" noch einmal verwendet – man kennt es am besten aus Esther 5,3 und der Salome-Geschichte Markus 4,17–29 –, zu viel gekürzt, weil er seinen christlichen Lesern wohl wieder etwas vorenthalten wollte: Bei ihm schwört Xerxes nicht einen Eid, dass er Artaynte jeden Wunsch erfüllen werde. Und im zweiten „Akt" liefert den Anlass dazu, dass der König seiner Frau die Frau seines Bruders schenkt, bei Boner irgendein *nachtmal*, nicht der Geburtstag des Königs, an dem das Gesetz ihn zum Schenken zwingt. Während Valla *die* (*quo rex creatus est*) schreibt und die griechische Entsprechung zu „vom Gesetz gezwungen ... stimmte er zu" durch *instituto, quo nefas est ... orantem nōn exorare ... annuit* latinisiert, unterschlägt der in Colmar an der Gesetzgebung beteiligte Ratsherr beides.

Herodot sagt am Ende der Vorgeschichte, nachdem er erzählt hat, dass Xerxes die Gunst seiner Schwiegertochter errungen hat (wörtlich übertragen): „Der Name dieser Frau aber war Artaynte", setzt mithin den Namen, von dem man nichts Gutes erwartet, pointiert ans Ende des Satzes,[38] um dann mit „Als aber die Zeit vorangeschritten war, wurde es auf folgende Weise allbekannt" das dramatische Geschehen einzuleiten. Valla schreibt entsprechend *cui nomen erat Artayntae*, er schickt aber *processu temporis res patefacta est hunc in modum* ... den Nebensatz *qua cum potiretur* voraus, also die Information, dass Xerxes Artaynte zum Sex ver-

36 Vgl. auch Gray 1995, 206 mit FN 47.
37 Vgl. Müller 2006, 298 und Wesselmann 2007, 10–13.
38 Vgl. ebd., 291.

führte, während Herodot den Leser hier eine Leerstelle ausfüllen lässt. Aus Vallas Text wird nun bei Boner am Ende eines Absatzes: ... *die hieß mitt namen Artancta wie ehr die selbig zů seiner vppikait vberkommen / hatt die sach mit der ein solich außpruch genommen.* Das macht den Übergang von der Vorgeschichte zum dramatischen Geschehen zwar noch deutlicher als bei Valla, verwischt aber wie bei diesem den bei Herodot scharf markierten Einschnitt. Eine weitere Abweichung von Herodots dramatischer Strukturierung findet sich am Ende des Dialogs des Xerxes mit seinem Bruder und zugleich des zweiten Geschehensabschnitts. Bei dem Historiker sagt dort Masistes vor seinem Abgang wiederum pointiert: „Herr, du hast mich noch nicht vernichtet." Dem entspricht bei Valla: *domine nõndum interemisti*, aber Boners *jhr habent vns noch nit all vmpracht* nimmt implizit den Schluss der Geschichte vorweg und zerstört so den Spannungseffekt. Hans Sachs hingegen hat beide Gliederungsmarken sehr gut zur Geltung gebracht.

Ich zitiere das Meisterlied nach der aus dem 17. Jahrhundert stammenden Abschrift in fol. 419, 293r–294r der Herzogin Anna Amalia Bibliothek in Weimar:[39]

39 Der Abdruck erfolgt mit freundlicher Genehmigung der Bibliothek.

1

Herodotus der Griech verkündet,
Wie König Xerxes wardt entzündet
Gegen seins Bruders Weib in Lieb.
Vil schänkh vnd schmeychlerey er trieb.
Aber die Fraw war ehren frumbe,
Seiner Lieb sie sich nichts annumbe.

Doch seinem Sohn ihr Tochter gabe.
Nach der hochzeit, da schidt er abe
Heimwerts in sein hauptstatt Susa
Vndt führet mit ihm Arctancta
Sein Schnur. Da wurde sein begire
Verwandlet inbrünstig zu ihre,

Also sein eygen Schnur beschlief,
Vndt nach dem kurtze Zeit verlief,

Amestri<s> sein Gmahel genante
Mit eygner handt macht ein Halsbande;
Das schänkht sie ihm zum neuen Jahr
Als Artancta das wurdt gewahr,
Vom König das Halsband begeret.
Nach langer bitt es sie gewerет.

2

Das Halsbandt trueg sie vnverborgen.
Die Kön[i]gin wardt entrüst in sorgen,
Doch nit auf Artancta ihr Schnur,
Sonder dacht auf ihr Muter nur.
Von der, meint sie, käm der Vnrathe.
Vndt Xerxem gar fleißig erbate,

Daß er ihr seins Bruders Weib schenckhet.
Deß sich Xerxes heimlich bekränckhet,
Sagt doch seinem Bruder, er solt
Sein Weib von ihm thun, darnach wolt
Er ihm zum Weib sein Tochter geben.
Darfür bot ihm sein Bruder eben

Was er begert, nit wol gezem,
Solt sein Gemahel laßen ihm,

Weil ihm die schön vndt außerkoren
Vil Söhn vndt Töchter hät geboren.
Xerxes gab ihm zu letz Drowort.
Sein Bruder von ihm an dem ort
Abschidt gar mit betrübtem schmertze.
Gar böse Ding andet sein Hertze.

3

In mitler Zeit Armesti<s> wütig
Ihr Diener zu ihr Schwiger gütig
Heimlich schicket zu ihr gerüst.
Die schniten ihr ab beide brüst,
Nasen, ohren vnd ihren munde
vnd warfen das hin fur die hunde.

Ir Gemahel kam heim vndt fande
Sein Weib dötlich verwundt. Zu hande
Hielt er mit seinen Kindern sprach.
Floh ins Landt Bactriam danach,
Vermeint zu handlen mit ihn allen,
Von seinem Bruder abzufallen,

Als König Xerxes das erfuhr,
Er entrüstet tyrannisch wur

Vndt ließ sein Bruder in den nötten
Sampt all<en> seinen Kindern tödten.
So ihn die vnadelich Lieb
Auß eim laster ins andre trieb.
Wen solch Lieb thut vberwinden,
Der thut an Seel vndt Leib erblinden.
Ihr diener zu ihr Schwiger gütig

Der Gliederung Herodots in die Vorgeschichte und das dramatische Geschehen mit seinen drei Abschnitten steht bei Sachs gegenüber, dass er in der ersten Strophe das Präludium mit „Akt" 1 zusammennimmt und die beiden anderen „Akte" der zweiten bzw. dritten Strophe zuweist. Die in den zwei ersten Stollen von Strophe 1 erzählte Vorgeschichte beginnt der Dichter mit der Angabe seiner Quelle; wie auch sonst nennt er nur den Autor des Originaltextes, nicht den Übersetzer. Der erste Stollen, der vom vergeblichen Werben des Königs um die Liebe seiner Schwägerin handelt, ist durch etwas ergänzt, was bei Herodot fehlt und weder von Valla noch Boner hinzugefügt wurde: die positive moralische Beurteilung der Frau als einer *ehren frombe[n]* (5). Das deutet, da innerhalb des narrativen Textes kein weiterer auktorialer Kommentar folgt,[40] direkt auf die vier Verse des Epilogs (57–60) voraus: Hier wird dem Vers *Seiner Lieb sie sich nichts annumbe* antithetisch in unverkennbarem Wortbezug die *vnadelich Lieb* und *solch Lieb* konfrontiert. Schon diese erste Beobachtung zeigt: Formalästhetisch ist das nichts Besonderes,[41] aber einem mit Literatur wenig bis gar nicht vertrauten Publikum, den Angehörigen des städtischen Mittelstandes und der gehobenen Unterschicht der Handwerksgesellen, Arbeiter, Tagelöhner und Angestellten, vermittelt Sachs leicht fasslich einen gedanklichen Zusammenhang innerhalb eines Moraldiskurses und zugleich die Bekanntschaft mit einem antiken Klassiker.

Am Ende des zweiten Stollens der ersten Strophe korrespondiert mit der Absage an Xerxes am Ende des ersten Stollens sein Verlangen nach einer anderen Frau: wenn nicht die Mutter, dann die Tochter. Der Übergang zum dramatischen Geschehen, den Sachs im Steg der ersten Strophe vollzieht, übernimmt von Boner das Hintereinander von Beginn der sexuellen Partnerschaft und Zeitsprung, aber um wie viel prägnanter ist *Also sein eygen Schnur beschlief* (13) formuliert als *wie*

40 Die positive Bezeichnung der unschuldig misshandelten Tochter des Masistes als *gütig* (42) dürfte Sachs primär als antithetisches Adjektiv-Attribut zu *wütig* gewählt haben.

41 Im ersten Stollen findet sich immerhin die Alliteration *schänkh vnd schmeychlerey* (V. 4), die für Boners *worte und gaben* steht.

ehr die selbig zů seiner vppikait vberkommen! Sachs als erfahrener Erzähler markiert durch den zweiten Vers des Stegs – *Vndt nach dem kurtze zeit verlief* (14) – das, was Boner auslässt, was aber wie das traditionelle „Eines Tages geschah es , dass…" (oder ähnlich) den Beginn der eigentlichen Handlung markiert. Der Bericht über das, was eines Tages geschieht und was für fatale Folgen es hat, wird wirkungsvoll mit dem Namen der Königin eröffnet und noch wirkungsvoller durch den letzten Vers des dritten Stollens der ersten Strophe vorbereitet: *Nach langer bitt er sie geweret* (20) deutet, denkbar knapp ausgedrückt, gerade dadurch Unheil an. Zwar ist von dem Motiv des Blankoversprechens, das schon Boner nicht richtig erkennbar macht, nun gar nichts mehr da, aber man spürt auch so, dass hier ein töricht Verliebter, dem, wie es im letzten Vers des Liedes heißt, *Seel vndt Leib erblinde*[*t*] sind, einen fatalen Fehler begeht.

Die Verse 15–20 enthalten die erste von drei Krisen, in die Xerxes durch sein *servitium amoris* gerät.[42] Jetzt muss er gegen seinen Willen der Geliebten etwas schenken, in der zweiten Krise seiner rachsüchtigen Frau, und in der dritten Krise will er dem Bruder zugleich etwas wegnehmen und schenken, was dieser – Sachs nennt den Namen Masistes nicht – Xerxes auszureden versucht, worauf der König ihm *drowort* sagt (37). Die drei Krisen bilden eine Klimax, an die sich die Katastrophe unmittelbar anschließt, und das hat Sachs zweifellos bemerkt: Er schildert die erste Krise in den sechs Versen eines Stollens, die zweite in einem weiteren und zwei Versen, mit denen er auf den zweiten Stollen der zweiten Strophe übergreift, also in acht Versen, und die dritte Krise in zwölf Versen. Die Szene mit dem Bruder besteht bei Boner wie bei Herodot und Valla aus einem sehr dramatischen Dialog. Ein solcher wäre in einem dreistrophigen Meisterlied schwer unterzubringen gewesen. Sachs übernimmt aber alle darin zur Sprache gebrachten Punkte, womit er immerhin den durchaus ebenfalls dramatischen Effekt der Retardation vor der Katastrophe erzielt. Außerdem erhebt nun eine handelnde Person den moralischen Zeigefinger, und das wieder einmal pointiert im ersten Vers des Stegs in der zweiten Strophe: *Was er begert, nit wol gezem* (33). Ferner klingt bei Sachs der zweite „Akt" des dramatischen Geschehens besonders eindringlich aus. Boner betreibt, wie wir gesehen haben, ein zu direktes, fast plumpes *foreshadowing*, indem er in Erweiterung seiner Vorlage Masistes zu Xerxes sagen lässt: *jhr habent vns noch nit all vmpracht*, was auch in den mit Erzählungen dieser Art wenig Vertrauten die Erwartung weckt, dass der Sprechende mit seiner ganzen Familie, von der er gerade ausführlich geredet hat, zu Tode kommen wird. Bei Sachs heißt es im letzten Vers der zweiten Strophe über Masistes: *Gar böse ding andet sein hertze* (40). Das ist zwar auch *foreshadowing*, bewirkt aber im Gegensatz zu dem, was Masistes bei Boner sagt, Spannung.

42 Vgl. Gray 2002, 311.

In direkter Rede formuliert wäre Vers 40 der letzte Satz eines Aktes in einer für die Bühne bestimmten Tragödie, der in den Köpfen der Zuschauer während der Pause bis zum nächsten Akt nachhallen soll. Sachs verstand sich auf solche eindrucksvollen Aktschlüsse, bei denen er stets den Dreireim verwendete. Hier ein Beispiel: In der erwähnten *tragedia* über das Leben des ersten Perserkönigs plant König Astiages, sich an seinem *hoffmeister* Harpagus für dessen Ungehorsam – dieser hat gegen Astiages' Befehl Baby Cyrus jemand anders zur Tötung übergeben, woraufhin Baby Cyrus überlebt – dadurch zu rächen, dass er ihm seinen Sohn zum Mahl vorsetzt. Er bestellt in einer nicht von Herodot vorgegebenen Szene den jungen Mann unter dem Vorwand zu sich, dieser solle zusammen mit (dem inzwischen herangewachsenen) Cyrus im Tempel opfern, und sagt zu ihm: *Ja, kumb du zu Ciro herein, / Du wirst selber das opffer sein, / Bezalen für den vatter dein.*[43]

Ähnlich abscheulich wie diese Schlachtung ist die Verstümmelung der Frau des Masistes durch die Diener der Königin Amestris, wovon der erste Stollen der dritten Strophe erzählt. Wer das Œuvre des Hans Sachs gut kennt, der weiß, dass der Dichter auffällig häufig Texte bearbeitet, in denen die perversesten Misshandlungen und Tötungen von Menschen geschildert werden. Diesbezüglich fündig wurde er immer wieder bei Albert Krantz in dessen Chroniken Dänemarks, Norwegens und Schwedens, und das regte ihn dazu an, zwischen dem 21. Mai und 12. Juli 1547 eine Krantz-Moritat nach der anderen gewissermaßen im Krantz- und Blutrausch in 30 Meisterlieder zu verwandeln,[44] wobei er zwischendrin auch ab und zu erbauliche biblische Geschichten versifizierte. Was die brutalen Amputationen von Körperteilen der Frau des Masistes betrifft, ist es bei Herodots orientalischen Gewaltherrschern gängig, dass sie ihren Gegnern Nase und Ohren abschneiden lassen. Auch Brüste, Lippen und Zunge sind jetzt wohl deshalb betroffen, weil die von ihrem Mann betrogene Gattin des Xerxes die Frau, die sie für den Ehebruch verantwortlich macht, ebenso physisch wie symbolisch treffen will: Brüste, Lippen und Zunge spielen beim Sex eine wichtige Rolle.[45] Ob Sachs das bewusst war, wissen wir nicht; er hielt es jedenfalls für nötig, Lippen und Zunge *zu munde* zusammenzufassen, um *hunde* darauf zu reimen.

Die dritte Strophe, deren erster Stollen von dem Racheakt und deren zweiter vom Entschluss des Masistes zur Revolution gegen seinen Bruder erzählt, enthält zum dritten Mal einen markanten Steg: Als Mörder der Familie seines Bruders agiert Xerxes hier tyrannisch (54) wie in den anderen Dichtungen des Hans

43 Keller-Goetze Bd. 13, 308.

44 ^{2}S 2316f., 2320–2324, 2326–2330, 2332f., 2341–2344, 2346–2348, 2351f., 2355–2357, 2359–2361, 2368. Vgl. Holzberg 2021, 100f. und die Liste der Texte mit Grausamkeiten in Holzberg/Brunner 2020, 1121–1123.

45 Müller 2006, 296: „Die Königin vernichtet die Rivalin in der Liebe."

Sachs, in denen er auftritt.[46] Im Epilog dagegen erscheint der Tyrann als Sklave, der sich vom Eros *vberwinden* lässt. Diejenigen, denen Hans Sachs als Biedermann mit schlichtem Gemüt gilt – sie werden zweifellos immer die Mehrheit derer bilden, die ihn zu kennen glauben –, dürften ihre Vorurteile dadurch bestätigt sehen, wie der Dichter das Fazit des Meisterlieds formuliert: *Wen solch Lieb thut vberwinden / Der thut an Seel vndt Leib erblinden.* Nun befindet Sachs sich aber mit der Metapher des zweiten dieser Verse in der Gesellschaft von gleich zwei Gelehrten, die sich wissenschaftlich mit Herodots Version der von dem Dichter mit dem Wort *erblinden* beendeten Erzählung auseinandersetzten: Carolyn Dewald schreibt über Kandaules und Xerxes im Verhältnis zu dem Streben ihrer Ehefrauen nach Unabhängigkeit: „It is the blindness of both monarchs to the possibility of such independence that brings them down"[47] und Carl Werner Müller spricht im Zusammenhang mit Kap. 9,109 von der „Gewährung eines beliebigen Wunsches für die Geliebte durch den blinden Liebhaber."[48] Ist Sachs als Poet nicht vielleicht doch besser als sein Ruf? Seit fünfzig Jahren bemühe ich mich, das aufzuzeigen, sicherlich weitgehend ohne Erfolg. Doch wie man sieht, bin ich nach wie vor unermüdlich.

Bibliographie

I. Primärliteratur

Brunner, Horst/Wachinger, Burghart (Hrsg.): RSM. Tübingen 1986–2009.

Feix, Josef (Hrsg.): Herodot. Historien. Griechisch-Deutsch. Zürich/Düsseldorf 2006.

Flower, Michael E./Marincola, John: Herodotus. Histories Book IX. Cambridge 2002.

Keller, Adelbert von/Goetze, Edmund: Hans Sachs. 26 Bde. Tübingen 1870–1908; Nachdr. Hildesheim 1964.

KG = Werknummer in Keller/Goetze Bd. 25 (hier nur für nicht-meisterliche Werke verwendet).

^{2}S/ = Meisterlied-Nr. in Brunner/Wachinger Bd. 9–11.

II. Sekundärliteratur

Bakker, E. u. a. (Hrsg.): Brill's Companion to Herodotus. Leiden u. a. 2002.

Blok, Josine: Women in Herodotus' *Histories*. In: Bakker u. a. 2002, 225–242.

46 ^{2}S / 1062, 2289, 2696, 3214; vielleicht 3213 (verl.).

47 Zitiert nach Gray 1995, 187.

48 Müller 2006, 292.

Feuerstein, Ulrich: Derhalb stet es so übel Icz fast in allem regiment. Zeitbezug und Zeitkritik in den Meisterliedern des Hans Sachs (1513–1546). Nürnberg 2001.

Foley, Adam: Valla's Herodotean Labours: Towards a New View of Herodotus in the Italian Renaissance. In: Jessica Priestly/Vassiliki Zali (Hrsg.): Brill's Companion to the Reception of Herodotus from Antiquity and Beyond. Leiden u. a. 2016, 213–231.

Gray, Vivienne: Herodotus and the Rhetoric of therness. In: American Journal of Philology 116 (1995), 185–211.

Gray, Vivienne: Short Stories in Herodotus' *Histories*. In: Bakker u. a. 2002, 291–317.

Herrmann, Max: [Rezension von Wethly 1892]. In: Anzeiger für deutsches Altertum und deutsche Literatur 22 (1896), 290–296.

Holzberg, Niklas: Zur Datierung der Gygestragödie P. Ox. 2382. In: Živa Antika 23 (1973), 273–286.

Holzberg, Niklas: Hans Sachs. Stuttgart 2021.

Holzberg, Niklas/Brunner, Horst: Hans Sachs. Ein Handbuch. 2 Bde. Berlin/Boston 2020.

Kaiser, Hans: Zur Lebensgeschichte Hieronymus Boners. In: Zeitschrift für die Geschichte des Oberrheins N.F. 34 (1919), 521f.

Keßler, Manfred: Thukydides – Lorenzo Valla – Hieronymus Boner. Die ‚Historien' des Thukydides auf dem Weg über Vallas lateinische zu Boners frühneuhochdeutscher Übersetzung. Diss. Augsburg 2001.

Müller, Carl Werner: Ehebruchsgeschichten. In: Carl Werner Müller: Legende – Novelle – Roman. Dreizehn Kapitel zur erzählenden Prosaliteratur der Antike. Göttingen 2006, 277–308.

Pagliaroli, Stefano: L'Erodoto di Valla. Messina 2006.

Pagliaroli, Stefano: L'Erodoto di Valla. In: Marco Santoro (Hrsg.): Valla e Napoli. Il dibattito filologico in età umanistica. Pisa 2007, 113–128.

Rengakos, Antonios: Herodot. In: Bernhard Zimmermann (Hrsg.): Handbuch der griechischen Literatur der Antike. Bd. 1: Die Literatur der archaischen und klassischen Zeit. München 2011, 338–380.

Sasse, Barbara: Zwischen Tugend und Laster. Weibliche Rollenbilder in den Tragedi und Comedi des Hans Sachs. Wiesbaden 2020.

Schreckenberg, Christoph: Bücher aus der Bibliothek des Hans Sachs in Wolfenbüttel. Zur Vorgeschichte einer Neuentdeckung. In: Wolfenbütteler Notizen zur Buchgeschichte 20 (1995), 69–78.

Strasburger, Hermann: Herodot und das perikleische Athen. In: Historia 4 (1955), 1–25.

Toepfer, Regina: Boner, Hieronymus. In: Wilhelm Kühlmann u. a. (Hrsg.): Frühe Neuzeit in Deutschland 1520–1620. Literaturwissenschaftliches Verfasserlexikon. Bd. 1. Berlin/New York 2011, 336–341.

Wesselmann, Katharina: Xerxes und die Frau des Masistes (Hdt. 9.108–113). Mythische Erzählstruktur in Herodots Historien. In: Anton Bierl u. a. (Hrsg.): Literatur und Religion 2. Wege zu einer mythisch-rituellen Poetik bei den Griechen. Berlin/New York 2007, 1–39.

Wethly, Gustav: Hieronymus Boner: Leben, Werke und Sprache. Ein Beitrag zur elsässischen Literaturgeschichte. Diss. Straßburg 1892; Nachdr. Berlin/Boston 2019.

Wolff, Erwin: Das Weib des Masistes. In: Hermes 92 (1964), 51–58.

Prof. Dr. Niklas Holzberg
Schleißheimer Str. 91
80797 München
nc.holzberg@gmail.com

Magdalena Butz

Ein ‚stadtbürgerlicher Dilettant' als Lehrer der Laien und Pfaffen? Zu Hans Folz' Reimpaarsprüchen Nr. 17 und 25

Der sogenannte *Beichtspiegel*[1] des Hans Folz ist mit Blick auf die stadtbürgerliche Literaturproduktion im Nürnberg des 15. Jahrhunderts in mehrfacher Hinsicht bemerkenswert: Mit ihm liegt uns einerseits die älteste datierte Dichtung des Nürnberger Wundarztes vor,[2] andererseits handelt es sich hierbei, soweit bekannt, um den ersten Text, den Hans Folz in seiner eigenen Drucker-Offizin herstellte und gezielt in dem noch verhältnismäßig neuen Medium des Drucks in Umlauf brachte[3] – laut Kolophon am Donnerstag vor Laetare 1479 (d. i. der 18. März),[4] also dreieinhalb Wochen vor Ostern. Das Thema der Dichtung wie auch der Zeitpunkt für das Erscheinen des Drucks wurden von Hans Folz umsichtig gewählt: Zur Mitte der Fastenzeit stellt er den Einwohnern der Stadt Nürnberg eine relativ kurze, aber fundierte Beichtlehre zur Verfügung, die ihre Rezipienten bei der Vorbereitung auf das vorösterliche Bekenntnis ihrer Sünden unterstützen soll.[5] Ein solches Bekenntnis mindestens einmal jährlich vor dem eigenen Priester abzulegen – in der Regel vor dem Empfang der österlichen Kommunion, also während

---

1 Im Folgenden zitiert nach Fischer 1961, 188–210 [Nr. 25].

2 Laut V. 668 wurde der Text *Im tausent fierhundert und im treiundsibenzigisten jar* verfasst.

3 Vgl. etwa Fischer 1966, 217 u. ö.; Rautenberg 1999, 30. Zu Leben und Werk des Hans Folz sowie zu seiner Druckertätigkeit im Spannungsfeld von Systemkonformität und Normüberschreitung vgl. außerdem Spriewald 1961; Janota 1977, 1980, 1982; Krohn 1993; Flood 2005 sowie Williams-Krapp 2020, 66–90 (zur Reimpaardichtung); zum weiteren Kontext städtischer Literaturproduktion in Nürnberg und darüber hinaus vgl. den Band Sahm/Schausten 2015; Brunner 2011 u. 2012; mit Blick auf (nicht nur) religiöse Literatur zwischen Kloster und Stadt vgl. auch Honemann 1997 sowie die zahlreichen Arbeiten von Werner Williams-Krapp, exemplarisch etwa Williams-Krapp 2002 u. 2015 mit weiterer Literatur.

4 Fischer 1961, 210: *gedruckt von hannsen folczen von wurms barbirer zu nuremberg in M cccclxxvjjjj am pfinczdag vor letare*. Vgl. https://www.gesamtkatalogderwiegendrucke.de/docs/GW10116.htm [28.02.2024]. Das Kolophon druckte Fischer, ebenso wie die Prosavorrede und das Inhaltsverzeichnis, lediglich im Apparat der Ausgabe ab, sie werden daher unter Angabe der entsprechenden Seitenzahl zitiert. Kürzungszeichen sind aufgelöst.

5 Auf dieses Bedürfnis reagieren im späten Mittelalter auch zahllose andere, insbesondere klerikale Autoren mithilfe verschiedenster Textsorten. Vgl. den Überblick katechetischer Schriften bei Geffcken 1855; Weidenhiller 1965; die Beispiele bei Butz/Kellner 2022; für den franziskanischen Bereich Roest 2004, bes. 230–355.

10.29091/9783752003444/005

der Fastenzeit –, gehörte spätestens seit dem IV. Laterankonzil zu den basalen Pflichten eines jeden Christen.[6] Wer sich jedoch gegen die periodische Pflichtbeichte sperrte, verwirkte sein Heil in doppelter Hinsicht: Zum einen konnten Beichtverweigerer mit Kirchenausschluss oder der Verweigerung eines kirchlichen Begräbnisses sanktioniert werden, was das jenseitige Heil nachgerade verunmöglichte. Zum anderen wurde die institutionell gerahmte Beichte zur einzigen Möglichkeit des Sünders erklärt, sich aus seinen Sünden, seiner Schuld vor Gott und der Kirche, zu lösen.[7] – Und wo die Heilschancen des Einzelnen solchermaßen an die Beichte und das Bußsakrament geknüpft waren, konnten Anleitungen zu Selbsterforschung und Sündenbekenntnis wie diejenige des Hans Folz auf einen entsprechenden Absatzmarkt hoffen.[8]

Der *Beichtspiegel* des Nürnberger Dichters gibt jedoch längst nicht nur Aufschluss über das taktische Kalkül des aufstrebenden ‚stadtbürgerlichen Dilettanten'[9], sondern spiegelt vielmehr, wie im Folgenden gezeigt werden soll, ein

6 Vgl. die hierfür maßgeblichen Bestimmungen des IV. Lateranense: *Omnis utriusque sexus fidelis, postquam ad annos discretionis pervenerit, omnia sua solus peccata confiteatur fideliter, saltem semel in anno proprio sacerdoti, et iniunctam sibi poenitentiam studeat pro viribus adimplere, suscipiens reverenter ad minus in pascha eucharistiae sacramentum, nisi forte de consilio proprii sacerdotis ob aliquam rationabilem causam ad tempus ab eius perceptione duxerit abstinendum; alioquin et vivens ab ingressu ecclesiae arceatur et moriens christiana careat sepultura. Unde hoc salutare statutum frequenter in ecclesiis publicetur, ne quisquam ignorantiae caecitate velamen excusationis assumat.* Text nach der kritischen Ausgabe Wohlmuth 2000, 245 [c. 21]. Zur Entwicklung und Durchsetzung der Pflichtbeichte sowie zum Konnex von Beichte und Eucharistie vgl. bes. Tentler 1977; Ohst 1995; vgl. auch den quellenreichen Überblick bei Kellner/Reichlin 2022, 13–39.

7 Dadurch erhält die Kirche das „Monopol der Gewährung von Zugangschancen zum Heil" (Hahn 1982, 410). Zur sozialen Kontrolle und Disziplinierung der Gläubigen im Kontext der Pflichtbeichte vgl. auch Tentler 1974 sowie Butz/Kellner 2022, 152–156 mit weiterer Literatur.

8 So etwa leitet Krohn 1993, 117 aus dem Zeitpunkt des Drucks „[u]nverkennbar kommerzielle Absichten" ab und erklärt Folz überdies „zum Propagandisten der offiziellen Ratspolitik" (118). Vergleichbare Einschätzungen finden sich in der Folz-Forschung immer wieder, vgl. etwa Janota 1977, 89, FN 64 u. ö., siehe auch unten, bei FN 37. Skeptisch gegenüber dergleichen Urteilen Rautenberg 1999, 33–36. Abgesehen von besagtem taktischen Kalkül, das man am Publikationszeitpunkt sowie einzelnen Details des Drucks ablesen mag, wurde dem *Beichtspiegel* bislang nur wenig Aufmerksamkeit zuteil, eine umfassende Analyse ist Desiderat. Ein motivgeschichtlicher Vergleich der aufgeführten katechetischen Stücke in Folz' *Beichtspiegel*, Oswalds *Beichtlied* (Kl. 39) und weiteren Dichtungen mit Beichtthematik findet sich bei Jones 1970; eine knappe Übersicht bietet Williams-Krapp 2020, 80, während Huey 2012, 89–93 herausarbeitet, wie Folz die Rezipienten seines *Beichtspiegels* wie auch seines *Pestregimens* zur Selbstsorge in gesundheitlichen und religiösen Belangen anleitet.

9 Unter diesem Begriff fasst etwa Schanze 1983, 261 meisterliche Liederdichter wie Hans Folz, Albrecht Lesch u. a. zusammen.

für Laien durchaus beachtliches theologisches Wissen wider, gepaart mit der Fähigkeit, dieses in einer für ein stadtbürgerliches Publikum verständlichen Form aufzubereiten. Mein Beitrag setzt hier an und wird in einem ersten Schritt analysieren, wie Hans Folz seinen *Beichtspiegel* nutzt, um die Laien der Stadt Nürnberg über die rechte, heilsame Beichte zu belehren und sie mit Selbsttechniken zur Gewissenserforschung auszustatten. Dass Folz die religiöse Unterweisung nicht allein auf seine laikalen Mitbürger beschränkt, sondern, zumindest vordergründig, auch auf Seelsorger ausdehnt, möchte ich in einem zweiten Schritt anhand der sogenannten *Missverständlichen Beichte* zeigen.

Anleitung zur Introspektion im *Beichtspiegel* des Hans Folz

Die Prosa-Vorrede des Folz'schen Erstdrucks weist die Reimpaardichtung als eine Beichtlehre aus, die all das enthält, was man als Christ wissen müsse, um sich – entsprechend den kirchlichen Vorschriften – während der Osterzeit durch Reue, Beichte und Buße auf das Sakrament der Eucharistie vorzubereiten: *<Z>V wissen sei allen christen die zu der osterlichen zeit nach ordenung der kirchen willen haben mit rew peicht vnd pus sich beraiten zu dem heiligen sacrament* (S. 188). Welche Wissensinhalte hier gemeint sind, erfährt der Leser bereits aus dem Inhaltsverzeichnis, das der Dichtung vorangestellt ist: Insgesamt bietet der Text 23 Lehrstücke, von denen etwa zwei Drittel im engeren Sinne katechetische Stücke verhandeln, während die übrigen um die rechte Beichte, die Umstände der Sünde und die Intentionen des Konfitenten beim Ableisten von Bußauflagen sowie beim Wirken guter Werke kreisen (vgl. V. 8–30; V. 459–574). Den Abschluss bilden eindrückliche Schilderungen der jenseitigen Qualen, die all jene erleiden müssen, die sich nicht in Reue, Beichte und Buße üben (vgl. V. 575–596), sowie ein Ausblick auf die unbeschreiblichen himmlischen Freuden, die den Beichtwilligen verheißen werden (vgl. V. 597–652).

Neben einer Kurzfassung dieser Inhalte thematisiert die Vorrede des Hans Folz auch die Form seiner Beichtlehre: Er habe mit Gottes Hilfe und *mit fast kurtzen dapfern vnd verstendigen wortenn ein peicht* [*zusamen gesamelt*] *in solchem form das ein ider sein gantz leben sam in einem spigel vber schauen mag* (S. 188). Überdies sei der Text *zu reimen gesatzt wann man vil iunger vngelirniger lewt findet die solch reim oder vers gerincklicher auswendig lernen dann sunst dar durch sie dan yn vnd andern etlichen vngelerten oder einfeltigen nutz sein mugen* (ebd.).[10] Daran

10 Ähnliche Begründungen für die Verwendung von Versform und schlichter Sprache finden sich auch in weiteren Reimpaarsprüchen des Hans Folz. So etwa erläutert er in der Vorrede zum *Pestregimen in Versen*, er habe den Text *in reimen weis auf das aller kürczest begriffen das sein dest leychter gedacht vnd ausswendig gelernt werd dar durch auch die welch nit erczt sint yn vnd andern troͤstlich sein mügen* (Fischer 1961, 412 [Vorrede zu Nr. 44]). Vgl. dazu Spriewald

wird deutlich, dass der Text nicht auf Unterhaltung abzielt oder auf das Ausstellen der eigenen Virtuosität, sondern auf Kürze, Konkretion und Verständlichkeit, um auch und gerade bei den ‚einfachen' Gläubigen der Stadt den angekündigten Effekt, eine gute Beichtvorbereitung, zu erzielen. Klar im Vordergrund steht die Gebrauchsfunktion des Textes, seine Verwendung als Gewissensspiegel (*sam in einem spigel*) zur Sünden- und Selbsterforschung: Der Rezipient soll *sich in disen noch gemelten stucken erkennen* (ebd.), seine Sünden identifizieren und diese schließlich in der vorösterlichen Beichte vor den Priester bringen. Dabei dienen die Zählbarkeit und das konsequente Enumerieren der katechetischen Stücke sowie die Form des Reimpaarspruchs als mnemotechnische Hilfsmittel, also dazu, das Einprägen der Inhalte und gegebenenfalls deren mündliche Weitergabe zu unterstützen.[11]

Auf diese einleitenden Ausführungen folgt mit knapp 700 Versen der eigentliche Reimpaarspruch. Er setzt ein mit der traditionellen Unterscheidung der Sünden in Wort-, Tat- und Gedankensünden (vgl. V. 5), um dann zu den drei elementaren Bestandteilen des Bußgeschehens überzuleiten. Hier insistiert der Sprecher auf der Notwendigkeit einer aufrichtigen Reue, einer vollständigen Beichte vor dem Priester und eines ebenso vollständigen Ableistens der auferlegten Bußstrafen (vgl. V. 8–30). Nach der Aufforderung an den Rezipienten, Gott täglich und in allem Tun zu dienen (vgl. V. 31–36), beginnt die Erörterung der einzelnen katechetischen Stücke, wobei die sieben Hauptsünden und der Dekalog den meisten Raum einnehmen. Wie der Verfasser dabei vorgeht, lässt sich exemplarisch am 6. Gebot, dem Ehebruchsverbot bzw. Keuschheitsgebot, zeigen, das der Handwerkerdichter seinen Rezipienten mit folgenden Worten einschärft:

Und wider das sechst ein jeder sunt,
Des hertz mit unkeusch ist enzunt
Und gibt ir nach und nit widerstet,
Wer wider recht weis darmit umbget,
Wer die unvernufftigen thir ficht an,
Das weib ein weib, der man ein man,
Wer die misprauchet in der ee,
Dan um frucht rechtformlich, das verste,
Wer ploder und swanger weiber nit spar,
Freunt, gevater, dochter und geswistret gar,
Wer heilger stet und verpotner zeit nit schan,
Zuvorauß aller geistlichen persan.

1986, 301 u. 304. Fraglich bleibt allerdings in beiden Fällen, ob das „ernst gemeint oder eher als vordergründiges Verkaufsargument zu verstehen ist" (Williams-Krapp 2020, 80).

11 In diesem Kontext kann aufgrund seiner Kompaktheit und Übersichtlichkeit auch das dem Text vorangestellte Inhaltsverzeichnis als Merkhilfe und Leitfaden bei der Beichtvorbereitung dienen.

Die sund strofft got, ob irs bedenckt,
Do er die ganczen wellt versenckt,
Pis an acht menschen, die er liß,
Als sagt das fird capitel Genesis. (V. 385–400)

Die Erläuterungen zu den übrigen Lehrstücken folgen dem gleichen Muster: An die knappe Benennung des jeweiligen Ge- oder Verbots reihen sich mehrere Manifestationen der entsprechenden Sünde[12] und häufig (eine Allusion auf) ein biblisches Exempel samt Quellenangabe (hier V. 397–400). Letzteres dient einerseits der Autoritätssicherung und Geltungssteigerung, indem es die vorstehenden Ausführungen an die Heilige Schrift rückbindet. Andererseits fungiert es als Veranschaulichung der Konsequenzen eines solchen sündhaften Treibens und damit auch als an die Rezipienten gerichtete Warnung vor einem Abgleiten in Sünde.[13] Auffällig ist der Mittelteil des 6. Gebots, wo auf engstem Raum mehr als ein Dutzend Handlungen benannt werden, die dem Keuschheitsgebot zuwiderlaufen, wie etwa unkeuscher Umgang mit Tieren, Schwangeren, geistlich lebenden Menschen oder homosexuelle Beziehungen (V. 389–396). Dadurch erhält der Rezipient eine Vorstellung davon, wodurch man gegen das Gebot verstößt, ohne jedoch durch eine ausufernde Kasuistik überfordert oder – was weitaus schlimmer wäre – durch allzu viele pikante Details zu sündhaftem Tun und Denken verleitet zu werden.[14]

Durch diese Art der Präsentation katechetischer Stücke bietet Hans Folz' *Beichtspiegel* einen an den Bedürfnissen der stadtbürgerlichen Rezipienten orientierten Mittelweg zwischen verschiedenen anderen Formen der Beichtliteratur.[15] Er führt einerseits weitaus mehr Unterarten von Sünden an, verbunden mit Mahnungen, Exempla und Handlungsempfehlungen, als dies die im Abstrakten verbleibenden Sündenlisten tun, wie wir sie in einfachen Katechismustafeln und Merkversen repräsentiert finden. Andererseits verzichtet Folz auf die Diskussion verschiedener Lehrmeinungen oder auf ausufernde Auslegungen, wie sie etwa die katechetischen Traktate Ulrichs von Pottenstein, Stephans von Landskron und anderer, aber auch die umfangreichen kasuistischen *Summae Confessorum*

12 Entsprechend der Funktion als Beicht- bzw. Gewissensspiegel werden die katechetischen Stücke vorwiegend *ex negativo* anhand ihrer Zuwiderhandlungen thematisiert, etwa durch Beispiele möglicher Gebotsübertretungen.

13 In die gleiche Richtung weisen auch die mehrfach eingestreuten Mahnungen, vor Gott könnten keine Sünden, ja nicht einmal sündhafte Gedanken, verborgen bleiben. Vgl. etwa: *Oder meinstu ie und wilt des wennen, / Das got dein hercz nit sol erkennen, / Der dich an dich erschaffen hat / Und dem auch gancz nichts verborrgen stat* (V. 525–528).

14 Zu dieser Problematik, derer sich auch die Verfasser der *Summae Confessorum* durchaus bewusst waren, vgl. etwa Tentler 1974, 115 mit Textbeispielen.

15 Zum Spektrum katechetischer Schriften und Beichtlehren vgl. Weidenhiller 1965 mit zahlreichen Beispielen.

für Beichtväter bieten. Letztere erörtern zwar alle erdenklichen Sonderfälle und können bei kirchenrechtlichen Spezialfragen konsultiert werden. Für die alltägliche Gewissenserforschung oder die konkrete Beichtvorbereitung der einfachen Gläubigen erweisen sie sich jedoch nur bedingt als hilfreich. Demgegenüber zielt der Folz'sche *Beichtspiegel* zum einen auf die niederschwellige Bereitstellung von Wissen, zum anderen will er seine Rezipienten zur korrekten Anwendung desselben anleiten. Hierfür lässt er dem Katalog katechetischer Stücke eine knappe Beichtlehre folgen, in der er erläutert, wie der Text individuell zu rezipieren sei. Besonders prägnant zeigt dies bereits der Anfang dieser Passage:

> *Furbas ein ider mensch bedracht,*
> *Das dise peicht nit ist gemacht,*
> *Das sich ein ider der bege*
> *Gancz gleich, alls hie geschriben ste,*
> *Sunder das man sich drin ergrunt,*
> *In welchem stuck einr het gesunt,*
> *Das er sich in dem selben erleuter,*
> *Das nichtz pleib cleben in der reuter* (V. 537–544).

Der Reimpaarspruch bzw. die in ihm enthaltene Aufzählung sündhafter Handlungen ist nicht dazu gedacht, im Zuge der Beichte vollständig und unreflektiert wiedergegeben zu werden.[16] Stattdessen dient der Text zur Orientierung bei der Selbsterforschung im Vorfeld des Bekenntnisses. Er listet potenzielle Sünden auf, die der Einzelne mit seinem eigenen Tun, Denken und Handeln abgleichen soll, um zu erkennen, welcher dieser Sünden er sich selbst schuldig gemacht hat. Der Sünder ist angehalten, sich Klarheit über sich selbst zu verschaffen und dabei mit einer solchen Gründlichkeit vorzugehen, dass an und in ihm nichts mehr haften (*nichtz pleib cleben*), also kein Vergehen unerkannt bleibt. Die Aufforderung erhält umso mehr Dringlichkeit, als der Text wiederholt betont, dass nur ein vollständiges Bekenntnis heilswirksam ist,[17] während Sünden, die durch eine allzu nachlässige Gewissenserforschung verborgen bleiben, die Heilswirksamkeit der Beichte verringern oder sogar verhindern können.[18]

---

16 Zu dieser Stelle auch knapp Huey 2012, 90f., die zu Recht auf die „individual responsibility“ (90) für das eigene Heil hinweist, zu der Hans Folz' *Beichtspiegel* seine Rezipienten anleitet.

17 Vgl. etwa V. 26: *Kein sund an die ander wirt vergeben*. Vgl. auch die Ausführungen zur Vollständigkeit der Beichte in V. 13–18 u. ö.

18 Um dem vorzubeugen, wird den Rezipienten empfohlen, das eigene Gewissen auch auf Sünden zu untersuchen, die im Text, etwa aus der Unkenntnis des Verfassers heraus, nicht genannt werden (vgl. V. 568–574), und sich zusätzlich auch der vergessenen bzw. unerkannten Sünden schuldig zu bekennen (*Darum gib schuldig dich gar eben / All deiner vergessen sund darneben*, V. 561f.). Dieses Verfahren schlägt u. a. auch die etwa zeitgleich entstandene *Hymel-*

Hier lohnt ein vergleichender Blick auf die Prosavorrede des *Beichtspiegels*, in der die ideale Handhabung des Textes ebenfalls thematisiert wird. Im Anschluss an die oben bereits zitierte Aufforderung, den Inhalt des Textes als Spiegel, also als ein Mittel der Selbsterkenntnis,[19] zu nutzen, weist Folz den Rezipienten an, den materiellen Druck als eine Art ‚Notizbuch' des durch Gewissenserforschung Erkannten zu verwenden:

> *Vnd in welcher haupt sund oder iren anhengen er sich dann verschult hat die selbigen* [*mag er*] *heraus zeichenn mit einer kreiden oder als im geuelt vnd furpas sich dar innen vben zu andacht rew vnd leid vber die selbigen zuhaben in einer gemein vnnd auch vber idliche besunder nach irer gros vnnd also auch sich dar innen erlernen sie dester ernstlicher vnd leichter dem priester fur zuhalten an ander vber flussige wort oder peisetz* (S. 188).

Auch hier wird ein Abgleichen des eigenen Selbst mit den aufgeführten Sünden und ihren vielfältigen Manifestationen empfohlen, diesmal jedoch verbunden mit dem mediengeschichtlich hoch interessanten Vorschlag, die eigenen Vergehen im Text zu markieren.[20] Präpariert der Beichtwillige den Druck entsprechend dieser Empfehlung, ermöglicht ihm dies, seine Sünden jederzeit nachzuschlagen, sie wiederholt zu betrachten und schwarz auf weiß vor sich zu sehen, womit er Gott beleidigt hat. Dadurch avanciert der gedruckte Beichtspiegel zur Gedächtnisstütze, zum Notizzettel, der das eigene sündhafte Tun festhält[21] – und zugleich zum Stimulus für die heilsnotwendige Reue (*rew vnd leid vber die selbigen zuhaben*). Verbunden damit dient dieses Verfahren dazu, die eigenen Sünden in Vorbereitung auf das Beichtgespräch zu dokumentieren und schließlich dem Priester zu bekennen.[22] In diesem Zusammenhang will der Text, worauf der letzte Teil des

---

strasz des Stephan von Landskron vor, vgl. Jaspers 1979 [Faksimile des Erstdrucks Augsburg, Anton Sorg, 1484], fol. 19^{r-v} u. ö.

19 Zur Spiegelmetaphorik in ähnlichen Kontexten umfassend Grabes 1973; vgl. auch Roth 1991, 1–3.

20 Daran zeigt sich zudem, dass der gedruckte Beichtspiegel (auch) zur Lektüre konzipiert ist.

21 Vergleichbare Techniken zur Unterstützung der Gewissenserforschung und zur Aufzeichnung der erkannten Sünden werden den Konfitenten auch in anderen Beichtlehren an die Hand gegeben, beispielsweise in der *Hymelstrasz*, wo dem Beichtwilligen empfohlen wird, seine Sünden samt ihren Umständen zu notieren. Vgl. Jaspers 1979, fol. 17^{r}. Dazu Butz/Kellner 2022, 189. Zu strukturell ähnlichen Selbsttechniken im Kontext der amerikanischen Aufklärung vgl. Geiger 2021.

22 Hier und öfters bindet der Text die Gewissenserforschung an die institutionell gerahmte Beichte, vgl. etwa V. 27f.: *Dan was wort, werck und gedanck ergrunden, / Das sol man als dem prister kunden*. Oder V. 553–557: *Und so du das, mensch, hast gethan* [d. i. Gewissenserforschung und sonstige Beichtvorbereitung], */ So las dein peicht nit lenger anstan / Und nim dir ein peichtvater fur, / Der gehor und gelert sei, alls sich gepur. / Vor dem do thu dein hochsten*

Zitats hinweist, auch als Verbalisierungshilfe fungieren, die den Sünder unterstützen soll, die wesentlichen Aspekte seines Inneren in der Beichte zu externalisieren (*ernstlicher vnd leichter dem priester fur zuhalten an ander vber flussige wort oder peisetz*).

Kleruskritik und -belehrung in der *Missverständlichen Beichte* des Hans Folz

Wie wichtig eine solche verständliche und eindeutige Formulierung der eigenen Vergehen gerade im Kontext der Beichte ist – oder vielmehr: welche Konsequenzen ein ungenaues, mehrdeutiges Bekenntnis nach sich ziehen kann –, lässt ein weiterer Reimpaarspruch des Hans Folz, die sogenannte *Missverständliche Beichte*, erkennen.[23] Der etwa zehn Jahre nach dem *Beichtspiegel* und ebenfalls von Hans Folz selbst gedruckte Text wird im Erstdruck als *Die Gedicht Peycht* betitelt,[24] vom Herausgeber Hanns Fischer jedoch, im Vorgriff auf die Pointe, mit „Die mißverständliche Beichte" überschrieben.[25] Geschildert wird, wie das Sprecher-Ich der Rahmenhandlung Zeuge einer prekären Beichtsituation wird: Ein Mann will einem Priester seine Schuld bekennen und gibt an, eine Vielzahl von Sünden auf sich geladen zu haben. Die doppeldeutige Formulierung seines in direkter Rede abgefassten Bekenntnisses springt dabei unmittelbar ins Auge:

> [...] *„mein herr, hapt mein gedult,*
> *Ich hab mich gar gröblich verschult*
> *Mit unczal sünden, groß und schwer.*
> *Die erst: ich nam eim hund sein er*
> *Und hab verunreint sweines fleisch*
> *(Got wel, das reü darvon mich heisch),*
> *Desgleichen auch geschwecht ein geiß.*
> *Noch ist ein sünd, die macht mir heiß:*
> *Ein ku ich auch gehindert han*

fleiß [...]. Zur Verschränkung von Introspektion und Institution in von Klerikern für Laien verfassten katechetischen Texten im Gegensatz zur vom kirchlichen Geschehen losgelösten individuellen Gewissenserforschung vgl. Leppin 2015, 147–154.

23 Zu weiteren Mären, deren Pointe auf der „Mißverständlichkeit und Mehrdeutigkeit der menschlichen Rede" fußt und die vorführen, wie gesellschaftlich kodiertes Sprachhandeln scheitern kann, vgl. die Hinweise bei Fischer 1983, 98f. u.ö. (Zitat 98), sowie Williams-Krapp 2020, 69.

24 Vgl. https://www.gesamtkatalogderwiegendrucke.de/docs/GW10117.htm [28.02.2024].

25 Text im Folgenden nach Fischer 1961, 124–130 [Nr. 17], hier: 124. Einen knappen Überblick bietet Williams-Krapp 2020, 68f. Vgl. zum Text auch Witthöft 2018, 304–306 sowie die kontextreichen Beobachtungen von Tanner 2005, 460–466, der das Märe insbesondere mit Blick auf die Kontinuitäten und Brüche zwischen vorreformatorischer und reformatorischer Kleruskritik liest.

Und ging eins mals ein wülfin an
Und unkeüscht mit eim esel vert,
Het offt zu schicken mit eim pfert,
Desgleich zu schaffen mit eim schoff.
Noch ein gros sünd ich in mir stroff:
Mein muter schwengert ich ein nacht
Und hab tragend mein meit gemacht,
Mein schwester selber genotzert,
Mein dochter irs meitums erwert
Und sechs kaczen gehelst zu dot.
O lieber her, nun gebet rot,
Wie ich sülch sach fürter vermeid,
Das ich nit schwerlich dort drum leid.“ (V. 3–24)

Zwar ersucht der Konfitent den Beichtvater am Ende seines Bekenntnisses um Rat für ein heilsames, sündenfreies Leben. Der adressierte Priester will jedoch weder der zu Beginn geäußerten Bitte um Geduld (*hapt mein gedult*) nachkommen noch derjenigen um ein beratendes Gespräch (*nun gebet rot*), sondern reagiert höchst aggressiv, verdammt den Sünder als einen Ketzer, droht ihm mit Kastration und schickt ihn nach Rom, wo er sich unmittelbar an den Papst wenden soll (vgl. V. 25–30). Statt die Einwände des Beichtenden anzuhören, stellt er ihn unter den höchsten Bann (vgl. V. 44f.). Der Konfitent setzt sich jedoch zur Wehr, insistiert darauf, sich zu erklären, und beginnt, seine zuvor benannten Sünden näher zu erläutern. Sukzessive wird deutlich, dass es sich bei all den vermeintlich inzestuösen und sodomitischen Handlungen lediglich um Missverständnisse seitens des Priesters (und der textexternen Rezipienten) handelte,[26] die leicht beseitigt werden können, wenn der Konfitent die Gelegenheit erhält, seine Taten weiter auszuführen. Dabei entpuppt sich jedes der vorgenannten Vergehen als überaus kuriose, aber im Grunde harmlose Episode im Leben des Beichtwilligen, die allenfalls unter die Kategorie der venialen Sünde fällt. Exemplarisch zeigt dies etwa die Schilderung des Konfitenten, wie er einem Hund ‚seine Ehre genommen‘ habe:

[...] *„her, ir seit zü gswint.*
Lot euch mein sach legen an dag.
Darnoch so dut, was eüch pehag.
Mein erste sünt was doch nit mer,
Dan das ich nam eim hunt sein er:
Den spert ich in die küchin mein.
Um ein stück fleischs must er pfant sein,

26 Allgemein zur Problematik von Missverständnissen und Fehlinterpretationen im Kontext des Beichtgesprächs vgl. Tentler 1977, 103 u. ö.

Das ich selbs auß dem hafen raupt,
Wan man darnoch warlichen glaupt,
Das er der selbig fleischdiep wer.
Allso pracht ich in um seine er. […]" (V. 46–56)

Statt sich an einem Hund vergangen und in die Stumme Sünde der Bestialität verstrickt zu haben, habe er den Hund lediglich zu Unrecht eines Diebstahls bezichtigt, den er selbst begangen hatte. Nachdem dieses und alle übrigen Vergehen solchermaßen aufgeklärt sind, erkennt auch der Priester, in der Eile ein unverhältnismäßig scharfes Urteil gefällt zu haben. Darüber zeigt er sich tief empört und schiebt die Verantwortung dem Konfitenten zu, der ihn durch sein Bekenntnis in die Irre geführt habe:

Der her sprach: „du erloser wicht!
Wolstu sülchs vor erczelen nicht,
So wer ich nit erzürnt so ser
Und het dir gütlich gepen ler." (V. 121–124)

Sein Gegenüber will sich damit jedoch nicht zufriedengeben und wirft dem Seelsorger übereilte Urteilsfindung und jähzorniges Handeln vor. Durch ein derart aggressives Verhalten, so sein Argument, würde die Rettung der Seelen eher behindert als befördert, denn wenn die Gläubigen solchermaßen eingeschüchtert werden, würden sie aus Angst nicht wagen, ihre Sünden vollständig zu beichten – was, wie etwa im *Beichtspiegel* (vgl. etwa V. 575–579 u. ö.) betont wird, fatale Konsequenzen für ihr Seelenheil hat:

[…] *„her, ir seit zu gech.*
E einr halp endet sein gesprech,
So hept ir an ein sülchs verwundern
Mit hageln, pliczen, schaurn und dundern
Und welt vor zorn hintenaus varn.
Künt ir darmit vil sel berwarn,
Beduncket mich glauplich nümer mer.
Pit euch, last von sülcher geper,
Wan ich dis peicht drum hab gedicht,
Auff das ich euch recht unterricht
Und weren möcht sulchs murn und scharn,
Darmit ir macht die lewt zü narn,
Desgleich gancz forchtig und erschrocken,
Das mancher die recht groben procken
Nit halber dar gesagen. […]" (V. 125–139)

Daher habe er all die mehrdeutigen Handlungen lediglich erfunden (*gedicht*), um den Seelsorger auf seinen unsensiblen Umgang mit den Sündern aufmerksam zu machen und ihn zu Milde und Geduld zu ermahnen (*Auff das ich euch recht unterricht*). Doch auch andere Beichtväter, die nur wenig von pastoraler Fürsorge verstehen, sollen daraus lernen, wie mit Sündern angemessen zu verfahren sei:

> [...] *ein yder peichtiger,*
> *Ich mein die seichten in der ler:*
> *Wellen hiepey ein piltnus nemen,*
> *Wie sie der groben sünder remen.* (V. 141–144)

Ginge es lediglich darum, die Pfaffen zu diskreditieren oder das städtische Publikum mit skatologischem Humor und derben sexuellen Zweideutigkeiten zu unterhalten, hätte der Reimpaarspruch nach dieser Verteidigungsrede des Konfitenten bereits sein Ziel erreicht.[27] Doch stattdessen mündet der Text in eine an unqualifizierte Seelsorger (*die seichten in der ler*) gerichtete Beichtlehre, die weit über die Anklagepunkte des missverstandenen Konfitenten hinausreicht und durchaus Rückhalt im pastoraltheologischen Schrifttum findet. Dabei gleitet die Rede des Beichtenden immer mehr in die des Sprecher-Ichs über,[28] das sich im letzten Vers als *Hans Folcz barwirer* (V. 226) zu erkennen gibt. Die *erdichtete* Beichte des textinternen Konfitenten zur Belehrung des textinternen Seelsorgers und die *gedichtete* Beichte des Hans Folz zur Unterweisung der Rezipienten gehen in eins.

Wozu die Seelsorger in der zweiten Hälfte des Textes aufgefordert werden, ist ein geduldiges, auf die individuelle Situation des Konfitenten abgestimmtes Auftreten, das darauf abzielt, den Sünder zu einem vollumfänglichen Bekenntnis und zu wahrer Reue zu bewegen, statt ihn durch Strafandrohungen einzuschüchtern.[29] Anders als im *Beichtspiegel* werden nun nicht dem Beichtwilligen, sondern dem Priester Formulierungshilfen an die Hand gegeben, die ein heilswirksames Beichtgespräch ermöglichen sollen. Exemplarisch zeigt dies etwa die Aufforderung, dem

27 Ähnlich auch Tanner 2005, 462.

28 Fischer 1961, 128 lässt die direkte Rede des Konfitenten mit V. 140 enden, man kann jedoch auch die nachfolgende Belehrung noch als Teil seiner Rede begreifen.

29 Empfehlungen zu einer auf den jeweiligen Sünder, seine individuellen Bedürfnisse, Vergehen und Charaktereigenheiten abgestimmten Seelsorge und zur rechten Balance von Milde und Strenge im Umgang mit dem Konfitenten (nicht nur) im Kontext des Beichtgesprächs finden sich im pastoraltheologischen Schrifttum an zahlreichen Stellen. Exemplarisch etwa die Ausführungen Gregors des Großen in der *Regula pastoralis* II,6 und III (Text bei Judic/Rommel/Morel 1992, 214–216 u. 258–532) sowie diejenigen in Alanus' ab Insulis *Liber Poenitentialis* I,2 (Text bei Longère 1965, 25). Vgl. auch die Anweisungen der personifizierten Beichte an Frau Buße, die sündige Seele nicht durch zu harte Strafen zu erschrecken oder sie zu beschämen, in Heinrichs von Burgeis *Der Seele Rat*, V. 1245–1320 (Text bei Rosenfeld 1932, 25f.); zu dieser Stelle Kellner 2022, 212f.

Konfitenten die Furcht vor dem Schuldbekenntnis zu nehmen und ihm ein Gefühl der Sicherheit zu vermitteln:

> *So sprech er* [der Priester]*: „lieber sun, sag her!*
> *Las dir die peicht nit wesen swer,*
> *darin du dich deinr sünd erclagst,*
> *Darmit du gottes huld ergagst.*
> *Sag her an forcht, nim dir die weil,*
> *Denck nit, das ich dich ubereyl.“* (V. 147–152)

Darüber hinaus solle der Priester durch die Verwendung biblischer Exempla wie dasjenige vom verlorenen Schaf (vgl. V. 153–160) oder durch den Verweis auf exemplarische Sünder wie Maria Magdalena und Petrus verdeutlichen, dass Gott den reuigen Sünder nicht im Stich lassen, sondern sich barmherzig zeigen werde (bes. V. 169–184). Dadurch werde der Konfitent in seinem Gottvertrauen gestärkt, auf den rechten Weg zurückgelenkt und zu Reue und Buße animiert. Dabei erschöpft sich der Rückgriff auf Gleichnisse wie das vom verlorenen Schaf nicht in der bloßen Allusion auf das Hirtenamt. Der besondere Reiz liegt vielmehr darin, dass der Handwerkerdichter mit der Verwendung biblischer Exempla in seiner Instruktion der Priester ausgerechnet eines derjenigen Mittel nutzt und zur Nutzung durch den Priester empfiehlt, derer sich Seelsorger in Predigten und Ratgeberliteratur selbst bedienen, um die Gläubigen zu einer gottgefälligen Lebensführung anzuleiten. Er unterweist den Klerus im Rückgriff auf dessen eigene rhetorischen Mittel, Narrative und Argumente in einer der Kernaufgaben des Priesteramts – und demonstriert damit zugleich seine eigene Kompetenz auf dem Gebiet pastoraler Themen und Vermittlungsformen.[30]

Trotz der schwankhaften, parodistischen Form stellt Hans Folz' Reimpaarspruch nicht die Beichte an sich infrage und scheint auch nicht darauf abzuzielen, ihren „Effekt [...] ad absurdum“[31] zu führen. Im Zentrum der Kritik stehen weniger das Bußsakrament und die Institution der Kirche als solche als vielmehr diejenigen Pfaffen, die ihre seelsorgerlichen Pflichten vernachlässigen.[32] Um

30 Noch deutlicher wird dies in der Zusammenschau mit dem *Beichtspiegel*, in dem Folz genau das einlöst, was die *Missverständliche Beichte* von den Seelsorgern einfordert: Verwendung von Exempla, Verweise auf Gottes Barmherzigkeit, sanfte Aufforderung zur Beichte, Schilderung der jenseitigen Freuden bzw. Qualen usf.

31 Zu diesem Schluss gelangt etwa Moser-Rath 1979, 50.

32 Ähnlich auch Tanner 2005, 462. Demgegenüber meint Walter 1998, 271: „Botschaft der Geschichte ist anscheinend, daß solche schlimmen Sünden nur in der überreizten Phantasie von Zölibatären existent sind.“ Zwar mag dies Teil der Pointe sein – an der eigentlichen Stoßrichtung der nachfolgenden Beichtlehre geht die Verengung auf (imaginierte) sexuelle Sünden jedoch vorbei. Neben den Mängeln im Umgang mit dem Konfitenten, die der ungeduldige Pfaffe des Märe an den Tag legt, prangert der Text zuletzt auch diejenigen Kleriker an,

diese spezifische Kleruskritik zu äußern, nutzt Folz den literarischen Freiraum des schwankhaften Märe und kleidet sie in eine ebenso amüsante wie anstößige Beichtbegebenheit, die in ihrem Unterhaltungswert anderen Mären in nichts nachsteht, aber schlussendlich selbst zum Exempel, zum Medium religiöser Unterweisung avanciert.[33] Dabei zeigt die sich daraus entwickelnde, vordergründig an Priester gerichtete Beichtlehre deutlich, dass der stadtbürgerliche Dilettant über elementare Kenntnisse aus dem Bereich der pastoralen Fürsorge verfügt – und über das Selbstbewusstsein, eine angemessene Seelsorge für die Laienschaft einzufordern.

Zwar wurde das Märe wohl kaum für den Klerus verfasst, sondern für stadtbürgerliche Rezipienten, weshalb die Folz'sche Belehrung der Pfaffen auf den Priester der Intradiegese beschränkt geblieben sein dürfte. Nichtsdestotrotz partizipiert der Text am (vorwiegend klerikal geführten) Diskurs um den idealen Beichtvater und die Notwendigkeit einer an den individuellen Bedürfnissen der Gläubigen orientierten Seelsorge.[34] Seine kommunikative Leistung besteht letztlich darin, diesen Diskurs in der Volkssprache zu vermitteln, seine Rezipienten sowohl *ex negativo* als auch durch die an Beichtväter gerichtete Lehre über gutes seelsorgerliches Handeln zu unterrichten und sie implizit zur Wachsamkeit gegenüber dem je eigenen Beichtvater sowie zur Suche nach einem kompetenten Seelsorger aufzufordern.[35]

Fazit

Hans Folz verfasste seinen *Beichtspiegel* wie auch die *Missverständliche Beichte* als Reimpaarspruch, also in einer der literarischen Hauptformen der Handwerker-

---

die ihre pekuniären Interessen über das Bedürfnis der Gläubigen nach Rat und Unterweisung stellen, vgl. V. 220–224.

33 In ähnlichem Sinne Tanner 2005, 463.

34 Als traditionsbildend für den Diskurs um den idealen Seelsorger kann auch hier Gregors des Großen *Regula pastoralis* gelten. Vgl. auch Jean Gersons Traktat *De arte audiendi confessionis* (Text bei Glorieux 1971, 10–17). Zu weiteren spätmittelalterlichen Positionen bes. Tentler 1977, 95–104. Damit eng zusammenhängende Aufforderungen an die Beichtwilligen, sich an einen geeigneten Beichtvater zu wenden, finden sich im lateinischen wie volkssprachlichen Bereich an zahlreichen Stellen. Vgl. dazu, mit Quellennachweisen und weiterer Literatur, Butz 2024, bes. 219–223. Entsprechende Empfehlungen zur Beichtvaterwahl sowie Invektiven gegen unqualifizierte Seelsorger begegnen insbesondere im Kontext der Rivalität zwischen Mendikanten und Säkularklerus (dazu Lerg 1994, 101–114) bzw. zwischen reformiertem und nicht reformiertem Klerus (dazu, mit Blick auf Nider, Williams-Krapp 2021, 314).

35 Explizit fordert hingegen der *Beichtspiegel* des Hans Folz seine Rezipienten zur Wahl eines geeigneten Beichtvaters auf: *Und nim dir ein peichtvater fur, / Der gehor und gelert sei, alls sich gepur* (V. 555f.).

dichter, und machte beide im Medium des Drucks der Nürnberger Laien-Leserschaft zugänglich. Beide Texte greifen den Diskurs um die heilsame Beichte auf und vermitteln ihn an ein stadtbürgerliches Publikum, beleuchten dabei aber unterschiedliche Aspekte und Akteure: einerseits die (laikalen) Sünder, die ein Bekenntnis ablegen wollen und müssen – andererseits die Seelsorger, die den Gläubigen ein solches Bekenntnis entlocken, es fachkundig bewerten und ihrer Entscheidung über Bußleistungen und Absolution zugrunde legen sollen. Beide Akteure sind ebenso Teil der städtischen Gesellschaft wie das Dichter-Ich, das jeweils in den letzten Versen selbstbewusst seinen Namen und Beruf nennt.[36] Anhand dieser Texte wird deutlich, wie der Nürnberger Dichter in seinen Reimpaarsprüchen auf je unterschiedliche Weise und unter Zuhilfenahme verschiedener Sprechhaltungen und Register in die Rolle des Lehrers tritt, um seine Mitmenschen, die Laien des städtischen Raums, in Fragen der rechten Beichte zu unterrichten. Dabei bedient er sich einer genuin städtisch-laikalen literarischen Form – zugleich aber auch derjenigen theologischen Inhalte, Argumente und rhetorischen Mittel, die in der vorwiegend von Klerikern verfassten paränetisch-katechetischen Literatur seiner Zeit omnipräsent sind.

Zwar mag man, wie in der Forschung häufig geschehen, die gezielte Publikation des *Beichtspiegels* zur vorösterlichen Beichte als finanzielles Kalkül deuten oder versuchen, an einzelnen Details des Textes „[d]as ratskonforme Verhalten des beginnenden Drucker-Verlegers" abzulesen[37] – etwa dort, wo Folz sich gegen das auch vom städtischen Rat abgelehnte Anbringen von Totenschildern in Kirchen ausspricht (vgl. V. 497–504). Dadurch wird jedoch leicht übersehen, dass Hans Folz sich gerade mit diesen Reimpaarsprüchen als Kenner und durchaus kompetenter Vermittler katechetischer Inhalte an seine Mitmenschen erweist[38] – an die gläubigen Laien der Stadt Nürnberg. Unter diesem Gesichtspunkt verwundert es kaum, dass Hans Folz' *Beichtspiegel* ausgerechnet von Johannes Geiler von Kaysersberg in Predigten adaptiert und nachgedruckt wurde[39] – also gerade von je-

36 *Beichtspiegel*, V. 666f.: *Das hat Hanns Folcz, barwirer / Zu Nurenbergk, getichtet* [...]; *Missverständliche Beichte*, V. 226: *Also spricht Hans Folcz barwirer.*

37 Dazu Janota 1982, 30 (Zitat); Janota 1977, 80–82.

38 Dennoch scheint mir die Folgerung, hier habe „ein Handwerker und Stadtbürger die eigene Person zum Werkzeug kirchlicher Missionsarbeit gemacht" (Walter 1998, 60) aus der Beobachtung, dass „die Inhalte dieses Textes [des *Beichtspiegels*] [...] der orthodoxen Lehre der Kirche weitgehend entsprechen" (59), fraglich.

39 Vgl. Johannes Geiler von Kaysersberg: *Wie man sich schicken sol zů der bycht* (Text bei Bauer 1989, 111–140). Durch die Adaptation des *Beichtspiegels* samt Folz'scher Autorsignatur (Bauer 1989, 140, V. 703f.) verleiht Geiler dem Text des Hans Folz zusätzliche Autorität – wiewohl er von einem Laien verfasst wurde. Zur Adaptation des Folz'schen Textes durch Geiler sowie zu seinen darauf basierenden Predigten vgl. Bauer 1989, 506–512 mit Korrekturen der älteren Forschung. Geilers Rückgriff auf das Folz'sche Beichtgedicht dürfte allerdings

nem wortmächtigen Prediger, der die Werke des Theologen Jean Gerson ins Deutsche übertrug und maßgeblich zur Popularisierung seiner Lehren in der hiesigen Volkssprache beitrug.[40] Gerson wiederum hatte nicht nur selbst einflussreiche katechetische Werke wie das *Opusculum tripartitum* verfasst und sich vehement für die Vermittlung von Glaubenswissen an verschiedene laikale Gruppen eingesetzt, sondern sich auch mehrfach für eine Bereitstellung verständlicher katechetischer Schriften ausgesprochen, um breite Bevölkerungsschichten in den Grundlagen von Glaube, Gebet und Gesetz zu unterweisen.[41] Zwar hatte Gerson diese Aufforderung nicht an die stadtbürgerlichen Autoren, sondern an den Klerus gerichtet. Dass dennoch ein Laie und Handwerkerdichter wie Hans Folz an die Bemühungen der Frömmigkeitstheologen seiner Zeit anschließt, zeigt nicht nur seine Versiertheit in katechetischen Formen und Inhalten, sondern auch sein Gespür für das Bedürfnis der stadtbürgerlichen Bevölkerung nach heilsrelevantem Wissen, nach verständlicher Unterweisung in Wort und Schrift und nach konkreten Anleitungen zu einer frommen Lebenspraxis. Dabei geben die exemplarisch vorgestellten Texte des Hans Folz Aufschluss über die literarischen Möglichkeiten eines stadtbürgerlichen Dichters im Umgang mit religiösem Wissen und Reformgedanken. Sie spiegeln zugleich auch das Selbstbewusstsein der Nürnberger Laienschaft des späten 15. Jahrhunderts, das selbst vor dem Kompetenzbereich des Klerus nicht zurückschreckt und auch nicht zögert, in religiösen Fragen oder zu Missständen in der Seelsorgepraxis Stellung zu beziehen.[42] Es ist dies der Nährboden, auf dem die Ideen der spätmittelalterlichen Reformtheologen – und eine Generation später diejenigen Luthers – wachsen können und auch im Bereich der volkssprachlichen stadtbürgerlichen Literatur deutliche Spuren hinterlassen.

---

weniger im „zeitgenössischen Ruhm" des Hans Folz gründen (so Krohn 1993, 119) als in der klaren, nutzerorientierten Darbietung der katechetischen Stücke samt verständlicher Beichtlehre, die sich gut in das frömmigkeitstheologische Programm des Reformtheologen fügt. Die Adaptation durch Geiler wurde in der Forschung bisweilen konstatiert (vgl. etwa Spriewald 1961, 250; Janota 1982, 23; Williams-Krapp 2020, 80), jedoch nicht eingehend untersucht.

40 Zu Geilers Gerson-Übersetzungen Kraume 1980; zu Geilers Schriften und seiner Popularisierung der Lehren Gersons Voltmer 2005; zum weiteren Kontext Williams-Krapp 2021.

41 Dazu bes. Bast 1997, 13–23; vgl. auch Leppin 2015, 141 u. 147–149; Paul 1993, 261f.; Honemann 2000, 13f.; Burger 2002, hier bes. 220–224; zu Jean Gersons Wirken umfassend Burger 1986.

42 Auch Spriewald 1986, 312 begreift Hans Folz als einen „Schrittmacher im Umfeld von Entwicklungsprozessen, die dann in der Generation des Hans Sachs – in der Frühzeit der Reformation – zur Mündigkeitserklärung des Laien (vor allem, aber nicht nur in Glaubensfragen) führten". Zum weiteren Horizont, in den sich Hans Folz einordnen lässt, vgl. Williams-Krapp 2015 und 2021.

Bibliographie

I. Primärliteratur

Bauer, Gerhard (Hrsg.): Johannes Geiler von Kaysersberg: Sämtliche Werke. 1. Tl., 1. Abt., Bd. 1. Berlin/New York 1989.

Fischer, Hanns (Hrsg.): Hans Folz: Die Reimpaarsprüche. München 1961.

Glorieux, Palémon (Hrsg.): Jean Gerson: Œuvres Complètes. Vol. VIII. Paris 1971.

Jaspers, Gerardus Johannes: Stephan von Landskron: Die Hymelstrasz. Mit einer Einleitung und vergleichenden Betrachtungen zum Sprachgebrauch in den Frühdrucken (Augsburg 1484, 1501 und 1510). Amsterdam 1979.

Judic, Bruno/Rommel, Floribert/Morel, Charles (Hrsg.): Grégoire le Grande: Règle pastorale. Introduction, notes et index, texte critique, traduction. 2 Bde. Paris 1992.

Longère, Jean (Hrsg.): Alain de Lille: Liber poenitentialis. Bd. 2. Louvain 1965.

Rosenfeld, Hans-Friedrich (Hrsg.): Heinrich von Burgus: Der Seele Rat. Aus der Brixener Handschrift. Berlin 1932.

Wohlmuth, Josef (Hrsg.): Konzilien des Mittelalters. Vom Ersten Laterankonzil (1123) bis zum Fünften Laterankonzil (1512–1517). Im Auftrag der Görres-Gesellschaft ins Deutsche übertragen. Paderborn u. a. 2000.

II. Sekundärliteratur

Bast, Robert James: Honor Your Fathers. Catechisms and the Emergence of a Patriarchal Ideology in Germany. 1400–1600. Leiden/New York/Köln 1997.

Brunner, Horst: Die Reichsstadt als Raum der Literatur. Skizze einer Literaturgeschichte Nürnbergs im Mittelalter. In: Sonja Glauch, Susanne Köbele und Uta Störmer-Caysa (Hrsg.): Projektion – Reflexion – Ferne. Räumliche Vorstellungen und Denkfiguren im Mittelalter. Berlin/Boston 2011, 225–238.

Brunner, Horst: Kleriker, Humanisten, Gelehrte – Hans Rosenplüt, Hans Folz, Hans Sachs. Nürnberg als Literaturstadt im späten Mittelalter und in der Frühen Neuzeit. In: Nürnberger Altstadtberichte 37 (2012), 63–78.

Burger, Christoph: Aedificatio, Fructus, Utilitas. Johannes Gerson als Professor der Theologie und Kanzler der Universität Paris. Tübingen 1986.

Burger, Christoph: Jean Gerson. Theologie, die erbauen soll. In: Ulrich Köpf (Hrsg.): Theologen des Mittelalters. Eine Einführung. Darmstadt 2002, 212–227.

Butz, Magdalena: Ermahnung zur Wachsamkeit – Anleitung zur Unterscheidungsfähigkeit. Zu Bertholds von Regensburg Predigt *Von der ûzsetzikeit*. In: Magdalena Butz u. a. (Hrsg.): Aufmerksamkeit und Wachsamkeit. Praktiken und Semantiken in der mittelalterlichen Literatur und Frömmigkeit. Berlin/New York, 219–246.

Butz, Magdalena/Kellner, Beate: Sündenerkenntnis und Heilsgewinn. Heinrichs von Langenstein *Erchantnuzz der sund* und Stephans von Landskron *Hymelstrasz* vor dem Hintergrund der mittelalterlichen Beichtsummen. In: Magdalena Butz u. a. (Hrsg.): Sündenerkenntnis, Reue und Beichte. Konstellationen der Selbstbeobachtung und Fremdbeobachtung in der mittelalterlichen volkssprachlichen Literatur. Berlin 2022, 151–194.

Fischer, Hanns: Hans Folz. Altes und Neues zur Geschichte seines Lebens und seiner Schriften. In: Zeitschrift für deutsches Altertum und deutsche Literatur 95.3 (1966), 212–236.

Fischer, Hanns: Studien zur deutschen Märendichtung. 2., durchg. und erw. Aufl. besorgt von Johannes Janota. Tübingen 1983.

Flood, John. L.: Hans Folz zwischen Handschriftenkultur und Buchdruckerkunst. In: Elizabeth Andersen, Manfred Eikelmann und Anne Simon (Hrsg.): Texttyp und Textproduktion in der deutschen Literatur des Mittelalters. Berlin/New York 2005, 1–27.

Geffcken, Johannes: Der Bildercatechismus des fünfzehnten Jahrhunderts und die catechetischen Hauptstücke in dieser Zeit bis auf Luther. Leipzig 1855.

Geiger, Patrick: Aufmerksamkeit und Optimierung. Das Selbstgespräch als autovigilante Praxis. In: Mitteilungen des Sonderforschungsbereiches 1369 2 (2021), 11–18.

Grabes, Herbert: *Speculum*, *mirror* und *looking-glass*. Kontinuität und Originalität der Spiegelmetapher in den Buchtiteln des Mittelalters und der englischen Literatur des 13. bis 17. Jahrhunderts. Tübingen 1973.

Hahn, Alois: Zur Soziologie der Beichte und anderer Formen institutionalisierter Bekenntnisse: Selbstthematisierung und Zivilisationsprozeß. In: Kölner Zeitschrift für Soziologie und Sozialpsychologie 34 (1982), 407–434.

Honemann, Volker: Laien als Literaturförderer im 15. und frühen 16. Jahrhundert. In: Thomas Kock und Rita Schlusemann (Hrsg.): Laienlektüre und Buchmarkt im späten Mittelalter. Frankfurt a. M. u. a. 1997, 147–160.

Honemann, Volker: Vorformen des Einblattdruckes. Urkunden – Schrifttafeln – Textierte Tafelbilder – Anschläge – Einblatthandschriften. In: Volker Honemann u. a. (Hrsg.): Einblattdrucke des 15. und frühen 16. Jahrhunderts. Probleme, Perspektiven, Fallstudien. Tübingen 2000, 1–43.

Huey, Caroline: Hans Folz and Print Culture in Late Medieval Germany. The Creation of Popular Discourse. Farnham/Burlington 2012.

Janota, Johannes: Hans Folz in Nürnberg. Ein Autor etabliert sich in einer stadtbürgerlichen Gesellschaft. In: Heinz Rupp (Hrsg.): Philologie und Geschichtswissenschaft. Demonstrationen literarischer Texte des Mittelalters. Heidelberg 1977, 74–91.

Janota, Johannes: Folz, Hans. In: VL, Bd. 2 (1980), 769–793.

Janota, Johannes: Hans Folz (ca. 1435/40–1513). In: Fränkische Lebensbilder. Bd. 10. Hrsg. im Auftrag der Gesellschaft für fränkische Geschichte von Alfred Wendehorst und Gerhard Pfeiffer. Neustadt/Aisch 1982, 20–37.

Jones, George Fenwick: Oswald von Wolkenstein's *Mein sünd und schuld* and the *Beichtlied* Tradition. In: Modern Language Notes 85.5 (1970), 635–651.

Kellner, Beate: Erforschung der Seele. Anleitung zur Beichte und Buße in einem volkssprachlichen Seelenratgeber des späten Mittelalters. In: Magdalena Butz u. a. (Hrsg.): Sündenerkenntnis, Reue und Beichte. Konstellationen der Selbstbeobachtung und Fremdbeobachtung in der mittelalterlichen volkssprachlichen Literatur. Berlin 2022, 195–228.

Kellner, Beate/Reichlin, Susanne: Wachsame Selbst- und Fremdbeobachtung im Rahmen von Sündenerkenntnis, Reue und Beichte. Eine Einleitung. In: Magdalena Butz u. a. (Hrsg.): Sündenerkenntnis, Reue und Beichte. Konstellationen der Selbstbeobachtung und Fremdbeobachtung in der mittelalterlichen volkssprachlichen Literatur. Berlin 2022, 1–50.

Kraume, Herbert: Die Gerson-Übersetzungen Geilers von Kaysersberg. Studien zur deutschsprachigen Gerson-Rezeption. Zürich/München 1980.

Krohn, Rüdiger: Hans Folz. In: Stephan Füssel (Hrsg.): Deutsche Dichter der frühen Neuzeit (1450–1600). Ihr Leben und Werk. Berlin 1993, 111–124.

Leppin, Volker: Katechismen im späten Mittelalter. In: Volker Leppin: Transformationen. Studien zu den Wandlungsprozessen in Theologie und Frömmigkeit zwischen Spätmittelalter und Reformation. Tübingen 2015, 137–157.

Lerg, Christoph: Die Beichtbefugnis. Ihre historische Entwicklung von den ersten Anfängen bis zur Hochscholastik auf dem Hintergrund der jeweiligen Erkenntnisse der Bußtheologie. St. Ottilien 1994.

Moser-Rath, Elfriede: Beichtschwänke. In: Enzyklopädie des Märchens, Bd. 2 (1979), 49–55.

Ohst, Martin: Pflichtbeichte. Untersuchungen zum Bußwesen im Hohen und Späten Mittelalter. Tübingen 1995.

Paul, Eugen: Geschichte der christlichen Erziehung. Bd. 1. Freiburg i. Br./Basel/Wien 1993.

Rautenberg, Ursula: Das Werk als Ware. Der Nürnberger Kleindrucker Hans Folz. In: Internationales Archiv für Sozialgeschichte der deutschen Literatur 24.1 (1999), 1–40.

Roest, Bert: Franciscan Literature of Religious Instruction before the Council of Trent. Leiden/Boston 2004.

Roth, Gunhild: Sündenspiegel im 15. Jahrhundert. Untersuchungen zum pseudo-augustinischen ‚Speculum peccatoris' in deutscher Überlieferung. Bern u. a. 1991.

Sahm, Heike/Schausten, Monika (Hrsg.): Nürnberg. Zur Diversifikation städtischen Lebens in Texten und Bildern des 15. und 16. Jahrhunderts. Berlin 2015.

Schanze, Frieder: Meisterliche Liedkunst zwischen Heinrich von Mügeln und Hans Sachs. Bd. I. München/Zürich 1983.

Spriewald, Ingeborg: Hans Folz. Dichter und Drucker. In: PBB 83 (1961), 242–277.

Spriewald, Ingeborg: Zum Verhältnis von Fachprosa und Reimpaardichtung am Beispiel des Hans Folz. In: Wolfgang Spiewok (Hrsg.): Deutsche Literatur des Spätmittelalters. Ergebnisse, Probleme und Perspektiven der Forschung. Greifswald 1986, 300–314.

Tanner, Ralph: Sex, Sünde, Seelenheil. Die Figur des Pfaffen in der Märenliteratur und ihr historischer Hintergrund (1200–1600). Würzburg 2005.

Tentler, Thomas N.: The Summa for Confessors as an Instrument of Social Control. In: Charles Trinkaus (Hrsg.): The Pursuit of Holiness in Late Medieval and Renaissance Religion. Papers from the University of Michigan Conference. Leiden 1974, 103–126.

Tentler, Thomas N.: Sin and Confession on the Eve of the Reformation. Princeton, NJ 1977.

Voltmer, Rita: Wie der Wächter auf dem Turm. Ein Prediger und seine Stadt. Johannes Geiler von Kaysersberg (1445–1510) und Straßburg. Trier 2005.

Walter, Tilmann: Unkeuschheit und Werk der Liebe. Diskurse über Sexualität am Beginn der Neuzeit in Deutschland. Berlin/New York 1998.

Weidenhiller, P. Egino: Untersuchungen zur deutschsprachigen katechetischen Literatur des späten Mittelalters. Nach den Handschriften der Bayerischen Staatsbibliothek. München 1965.

Williams-Krapp, Werner: Literatur in der Stadt. Nürnberg und Augsburg im 15. Jahrhundert. In: Rudolf Suntrup und Jan R. Veenstra (Hrsg.): Normative Zentrierung. Normative Centering. Frankfurt a. M. u. a. 2002, 161–173.

Williams-Krapp, Werner: Literatur und Standesgefüge in der Stadt. Nürnberg im 15. und frühen 16. Jahrhundert. In: Heike Sahm und Monika Schausten (Hrsg.): Nürnberg. Zur Diversifikation städtischen Lebens in Texten und Bildern des 15. und 16. Jahrhunderts. Berlin 2015, 9–23.

Williams-Krapp, Werner: Die Literatur des 15. und frühen 16. Jahrhunderts. Tlbd. 1: Modelle literarischer Interessenbildung. Berlin/Boston 2020.

Williams-Krapp, Werner: Du sollst *predig gern hörn oder guoten buoch lesin*. Zur literarischen Versorgung der Laien mit geistlichem Schrifttum im 15. und frühen 16. Jahrhundert. In: Günter Frank, Franz Fuchs und Mathias Herweg (Hrsg.): Das 15. Jahrhundert. Stuttgart/Bad Cannstatt 2021, 303–320.

Witthöft, Christiane: Bekenntnis, Beichte und Selbstbezichtigung. Kanon 21 des IV. Laterankonzils und die mittelhochdeutsche Novellistik. In: Michele C. Ferrari, Klaus Herbers und Christiane Witthöft (Hrsg.): Europa 1215. Politik, Kultur und Literatur zur Zeit des IV. Laterankonzils. Wien/Köln/Weimar 2018, 287–315.

Dr. Magdalena Butz
Ludwig-Maximilians-Universität München
Institut für Deutsche Philologie
Schellingstraße 3 RG
80799 München
magdalena.butz@germanistik.uni-muenchen.de

Alexandra Urban

Das *Trojalied* des Lienhard Nunnenbeck

1. Der Nürnberger Meistergesang im 15. und 16. Jahrhundert

Die Bedeutung des Meistergesangs im Nürnberger Literaturbetrieb des 15. und 16. Jahrhunderts ist seit Langem bekannt. Aber auch wenn die Texte mittlerweile akribisch sondiert und teilweise ediert worden sind[1] und der literarhistorische und sozio-kulturelle Kontext des Nürnberger Meistergesangs in seinen Grundzügen gut erschlossen ist,[2] stellen umfassende Einzeluntersuchungen zu bestimmten autoren- oder themenbezogenen Korpora nach wie vor ein Desiderat dar. Dies mag einerseits darin begründet sein, dass der Großteil der spätmittelalterlichen Meisterlieder anonym überliefert ist, sowie andererseits darin, dass die überwiegende Mehrheit der Texte auf konventionelle Weise geistliche Themen behandelt.

Mit seinem Schwerpunkt auf der Darstellung der Trinität, Inkarnation, Passion und der im 15. Jahrhundert kontrovers diskutierten Frage nach der Unbefleckten Empfängnis Marias scheint letztere Charakterisierung auch auf das Korpus des Leinewebers Lienhard Nunnenbeck zuzutreffen.[3] Nunnenbeck, der 1514 das Nürnberger Bürgerrecht und 1515 den Meistertitel im Weberhandwerk erwarb, war Nachfolger des Hans Folz und Lehrer des Hans Sachs. Die Literaturwissenschaft scheint ihn trotz seiner editorischen Erschließung und Kommentierung durch Eva Klesatschke[4] beinahe vergessen zu haben.[5] Dem möchte der vorliegende Beitrag entgegenwirken.

1 Nach wie vor grundlegend und wegweisend das ‚Repertorium der Sangsprüche und Meisterlieder' (RSM), vgl. z. B. die Einträge zu Sixt Beckmesser Bd. 3 (1986), 14–16; Fritz Kettner Bd. 4 (1988), 166–179, oder Konrad Nachtigall Bd. 4 (1988), 437–448.

2 Vgl. stellvertretend Stahl 1982; Brunner 1983; Williams-Krapp 2012; ders. 2020, bes. 114–135.

3 Vgl. den Überblick zu seiner Person und seinem Werk im RSM Bd. 4 (1988), 455–475, und im VL-Artikel von Klesatschke 1987.

4 Vgl. Klesatschke 1984.

5 Soweit ich sehe, ist seit der Edition von Klesatschke – abgesehen von kurzen Darstellungen in literaturgeschichtlichen Überblicken – kein einziger Forschungsbeitrag zu Nunnenbeck entstanden. Vereinzelte Hinweise zu den Liedern mit *conceptio immaculata* Thematik finden sich bei Schroeder 1942, 77–82.

10.29091/9783752003444/006

Dies erscheint vor allem deswegen lohnenswert, weil Nunnenbeck mit seinem um 1510–1513 entstandenen *Trojalied*[6] nicht nur eine weltliche Dichtung, sondern auch als Erster eine ausführliche Darstellung des Trojastoffs in der Gattung des Meistergesangs vorgelegt hat. Zwar behandelt die Sangspruchdichtung schon seit dem 13. Jahrhundert einzelne Episoden, Figuren und Exempel aus dem Sagenkreis des Trojanischen Kriegs,[7] doch stellt Nunnenbeck als Erster zentrale Stationen der Geschichte vom Niedergang Trojas in einem narrativen Zusammenhang in der Form des Meisterlieds dar. In Bezug auf die Behandlung des Trojastoffs nimmt Nunnenbeck damit durchaus eine literaturgeschichtliche Sonderstellung ein. Hinzu kommt, dass sein *Trojalied* entgegen der Tradition, Meisterlieder in Handschriften zu überliefern, in den Druck gegeben worden ist.[8] Damit erweist sich das Lied auch in mediengeschichtlicher Hinsicht als interessant. Wie und aufgrund welcher Vorlagen Nunnenbeck die Geschichte von Troja in der Form des Meisterlieds im Nürnberger Raum erzählt, ist der Gegenstand dieses Beitrags. Dabei gehe ich in drei Schritten vor: Zunächst sollen die Charakteristika der spätmittelalterlichen Trojaliteratur und der mögliche Quellenhorizont für Nunnenbecks Lied skizziert werden. Anschließend sollen dessen Erzähl- und Kompositionsprinzipien analysiert und sodann die pragmatische Funktion des Liedes im sozio-kulturellen Kontext Nürnbergs herausgearbeitet werden.

2. Die Augsburger Prosadrucke als Vorlage

Nunnenbecks 13 Strophen umfassendes Lied gestaltet das Thema mit gewisser Wahrscheinlichkeit nach einer Vorlage, die einigen im 15. Jahrhundert in Augsburg gedruckten anonymen Trojaprosen nahesteht.[9] Die Prosadrucke wiederum sind im Wesentlichen eine Kompilation aus dem im Spätmittelalter besonders einflussreichen *Elsässischen Trojabuch* und Hans Mairs *Buch von Troja* (beide entstanden Ende des 14. Jahrhunderts).[10] Während Letzteres eine Übersetzung der Ende des 13. Jahrhunderts entstandenen lateinischen *Historia destructionis Troiae*

6 Im Folgenden zitiert nach der Ausgabe von Klesatschke 1984, 317–329.

7 Vgl. etwa die Übersicht im ‚Repertorium der deutschen Trojatexte des 12.–16. Jahrhunderts' von Alfen/Fochler/Lienert 1990, 7–198.

8 Es ist in insgesamt vier in Nürnberg entstandenen Drucken überliefert. Der älteste stammt von Hans Weißenburger und liegt der Edition von Klesatschke zu Grunde. Vgl. dies. 1984, 84–86.

9 Vgl. Klesatschke 1984, 570 und Alfen/Fochler/Lienert 1990, 183. Vgl. zur Bedeutung Augsburgs als Zentrum für weltliche, deutschsprachige Literatur im 15. Jahrhundert u. a. Knape 1995 und Künast 2017.

10 Vgl. Schneider 1968, 102. Die in Augsburg entstandenen Druckkompilationen liegen in drei verschiedenen Fassungen in jeweils mehreren Auflagen vor. Keine der drei Fassungen ist bis heute vollständig ediert. Die jüngste umfassende philologische Untersuchung der Troja-

des Sizilianers Guido de Columna darstellt, bezieht sich Ersteres auf Konrads von Würzburg *Trojanerkrieg* und Guidos Text.[11] Indem das *Elsässische Trojabuch* sowohl die Nachgeschichte des Trojanischen Kriegs als auch den quellenkritischen Anhang nach Guido übernimmt, historisiert es die Ereignisse um den Trojanischen Krieg und verleiht seiner Darstellung Autorität, indem es die Widersprüche der verschiedenen Traditionen zu erklären versucht. Hans Mair lässt seinen Text hingegen mit der Zerstörung der Stadt Troja enden, wodurch dem Leser mit dem Abschluss der Lektüre die Katastrophe unmittelbar vor Augen stehen bleibt. Dazu passt, dass Mair die moraldidaktische Instrumentalisierung der Geschichte im Vergleich zur Vorlage deutlich ausbaut und die Ereignisse und Figuren vor allem als Negativexempla für Hochmut inszeniert. Dadurch gewichtet Mair den Nutzen der Geschichte deutlich stärker als deren unterhaltende Funktion.[12]

Die in Augsburg entstandenen Druckkompilationen übernehmen den Anspruch ihrer Vorlagen auf *nutz und kurzweyl* sowie die Tendenz „zur Konzentration auf das Konkrete und Tatsächliche,“[13] indem sie aufwendige *descriptiones* sowie die Darstellung innerer Zustände und intensiver Kampfhandlungen kürzen oder aussparen. Von ihrer Anlage her zeigen sie jedoch die Tendenz zur Summe, indem sie die verschiedenen Traditionen mit immer deutlicher werdenden Anspruch auf Vollständigkeit zu synthetisieren versuchen.[14]

Die größten Gemeinsamkeiten mit Nunnenbecks Bearbeitung der Trojageschichte weist die erste Fassung auf, was sich insbesondere in der Anordnung und Auswahl der Episoden äußert.[15] Nichtsdestotrotz verzichtet Nunnenbecks Version insbesondere auf die Darstellung von Nebenhandlungen und gibt die einzelnen Episoden mitunter auch stark verändert wieder. Dies legt zumindest die Vermutung nahe, dass Nunnenbeck über die Augsburger Prosadrucke hinaus weitere Bearbeitungen des Trojastoffs vorgelegen haben könnten. Auf mögliche intertextuelle Bezüge auf weitere Werke wird im Laufe der Analyse verwiesen. Nicht zuletzt aufgrund Nunnenbecks mutmaßlicher Herkunft aus Augsburg betrachte ich die Druckkompilationen jedoch als wichtigsten Quellenbereich für sein *Trojalied.* Meinem Textvergleich liegt im Folgenden die zweite Auflage der ersten Fassung

Druckkompilationen stammt von Beck 2015, 148–253. Vgl. zum *Elsässischen Trojabuch* die Edition von Witzel 1995 und zu Hans Mairs *Buch von Troja* die Ausgabe von Dreckmann 1970.

11 Editionen: Griffin 1996 (*Historia destructionis Troiae*); Keller 1858 (*Trojanerkrieg*).

12 Vgl. Beck 2015, 55f.

13 Schneider 1968, 14.

14 Vgl. Beck 2015, 186f.

15 Vor allem die in den anderen Fassungen nach Mairs *Buch von Troja* gestaltete Vorgeschichte (Argonautenzug, Liebe Jasons zu Medea, Kämpfe um das Vlies, Medea-Handlung, Erste Zerstörung Trojas) sowie die aus dem *Elsässischen Trojabuch* übernommene Nachgeschichte fehlen in der ersten Druckfassung und in Nunnenbecks *Trojalied.*

zu Grunde, die 1479 bei Anton Sorg gedruckt wurde und in einem Digitalisat der BSB zugänglich ist.[16]

3. Erzähl- und Bearbeitungsprinzipien

3.1 Anspruch auf Kürze

Vorangestellt ist dem Lied die Überschrift: *Ein schon maystergesang / wye die groß vnd mechtig stat Troya / zerstört wardt durch die schönen konigin / Helena auß Kriechenlant. / in des Regenbogen langen thon.*

Die Wahl von Regenbogens Langem Ton, der neben den langen Tönen Frauenlobs, Mügelns und des Marners zu den sogenannten vier gekrönten und damit den besonders verehrten Tönen gehört,[17] korrespondiert auf der formalen Ebene mit der Erhabenheit der Materie und bietet durch seine umfangreiche Strophenform aus 23 Versen zugleich die Möglichkeit, den Trojastoff auch in der Liedform narrativ zu entfalten. Die Voraussetzung dafür besteht freilich in der radikalen Kürzung nicht nur der Handlung insgesamt, sondern auch der einzelnen Episoden aus den Prosavorlagen. Diese Bearbeitungstendenz erhebt der Sprecher, der sich in der letzten Strophe des Liedes als *Lienhart Nunnenpeck* zu erkennen gibt, am Ende selbst zum Programm:

> *Als ir kurtzlichen habt gehört,*
> *wie Troy, die statt, durch ein weyb ward zubrochen,*
> *vnd manicher da wart peschwert.*
> *auch ward der von Troy vbermüt gerochen*
> *durch den keyser Menellus da.*
> *das kam durch liebe groß,*
> *die Parisen auß seinem hertzen floß.*
> *damit das ney gedicht sich entt:*
> *doch nit ney nach der history, betracht,*
> *sunder wie man es find lesendt,*
> *das hab ich in ein gemein dan gemacht,*
> *so gar fast kurzt, begreyffentlich,*
> *wann yeder des endes begert furbaß*
> *als es gesungen hat alsa*
> *der Lienhart Nunnenpeck, nun mercket das.* (Str. 13, V. 9–23)

16 München, BSB, 2 Inc. c.a. 839. https://www.digitale-sammlungen.de/de/view/bsb00026480?page=6,7 [22.02.2024].

17 Vgl. Schanze 1983, 69.

Die Verse sind in mehrerlei Hinsicht aufschlussreich: Zum einen wird deutlich, dass Nunnenbeck nicht nur auf die Kürze (*kurtzlichen*, V. 9; *so gar fast kurtz*, V. 20), sondern auch auf die Verständlichkeit (*begreyffentlich*, V. 20) der Geschichte abzielt, und für dieses Programm auch eine Begründung anführt: *wann yeder des endes begert furbaß* (V. 21). Die Kürze und leichte Verständlichkeit, so legt es die Formulierung nahe, seien dem Bedürfnis der Rezipierenden geschuldet, das Ende erfahren zu wollen. Damit ist zumindest implizit der Anspruch des Publikums auf Kurzweil formuliert, ohne jedoch die Abgeschlossenheit der Geschichte, das heißt das Ende, aufgeben zu wollen. Nunnenbeck scheint sich damit von seinen Vorlagen abzugrenzen, denn er betont, dass er ein *ney gedicht* (V. 16) in einem *gemein dan* (V. 19) nach einer schriftlichen Vorlage (*wie man es find lesendt*, V. 18) gemacht habe. Durch die Betonung des mündlichen Vortrags (*als es gesungen hat alsa*, V. 22) sowie die Nennung des eigenen Namens am Ende des Gedichts (*der Lienhart Nunnenpeck*, V. 23) stellt sich Nunnenbeck darüber hinaus deutlich in die Tradition der Sangspruchdichtung. Wie genau Nunnenbeck die Trojageschichte aber nun erzählt und welche Erzähl- und Kompositionsprinzipien sich gegenüber der Vorlage beobachten lassen, soll im Folgenden gezeigt werden.

3.2 Verballhornungen und narrative Verknüpfungen

Die Überschrift kündigt einen schönen Meistergesang über den Untergang der Stadt Troja an. Auffällig ist jedoch, dass Nunnenbeck den Angriff der Griechen und die Zerstörung der Stadt in nur 20 Versen (Str. 12, V. 9–23; Str. 13, V. 1–5), das heißt in weniger als einer Strophe, abhandelt. Die übrigen Bare sind der Vorgeschichte des Trojanischen Krieges gewidmet mit einem besonderen Schwerpunkt auf der Geburt und Jugendgeschichte des Paris.

Die erste Strophe führt Priamus als Herrscher von Troja und Vater von fünf Kindern ein. Zuerst werden *Hector* (Str. 1, V. 3), *Draxelus* (V. 3), *Dryfelix* (V. 4) und *Pelle* (V. 5) genannt, bevor auf knappem Raum der Fackeltraum der Königin und die Geburt des Paris berichtet werden (V. 1–18). Auffällig ist zunächst die ungewöhnliche Benennung der Brüder von Paris und Hektor. Zwar dürften Deiphebos, Troilus und Helenus, wie ihre griechischen Namen lauten, nicht zu den bekanntesten Figuren aus dem trojanischen Sagenkreis gezählt haben, doch überliefert auch die Druckfassung die richtigen Bezeichnungen (BSB, 2 Inc. c.a. 839, fol. 39r–39v), wenn auch erst an späterer Stelle der Handlung und in anderer Reihenfolge als Nunnenbeck. Während die Vorlage die Söhne des Priamus nach der Folge ihrer Geburt aufzählt (Hektor, Paris, Deiphebus, Helenus, Troilus), beginnt Nunnenbeck zwar mit dem ältesten, doch nennt er Dryfelix, hinter dem sich wahrscheinlich Deiphebus verbirgt, an dritter Stelle: *Dryfelix der drit ich singe* (V. 4). Die lautliche Korrespondenz der Vorsilbe des Namens mit der Zahladverbiale scheint nicht zufällig und könnte auf eine bewusste Veränderung des Namens hindeuten. Möglicherweise diente die Anpassung als rhetorische Merkhilfe für die Aufzählung des Namens. Die ungewöhnlich veränderten Namen *Draxelus*, wohl für Troilus, und *Pelle*, wahrscheinlich für Helenus, lassen hingegen keine unmittelbare Funktionalisierung erkennen.

Interessant ist, dass Nunnenbeck im Verlauf des Lieds weitere Namen verdreht. So wird Oinone bzw. Egenoe, wie die erste Frau von Paris in den Vorlagen heißt, zu *Egina* (Str. 3, V. 5). Juno wird als *Janna* (Str. 3, V. 20) bezeichnet, Pallas Athene wird *Polosis* (Str. 3, V. 21) genannt und Discordia erscheint als *Distoria* (Str. 4, V. 2). Auch hier überliefert die Druckfassung jeweils die richtigen Bezeichnungen (BSB, 2 Inc. c.a. 839, fol. 3^v, 4^v). Inwieweit Nunnenbeck eine unbewusste oder bewusste Verballhornung der Namen vorgenommen hat, lässt sich freilich nicht zweifelsfrei entscheiden. Eine mehr oder weniger deutliche Funktionalisierung des veränderten Namens lässt sich nur im Fall von Dryfelix beobachten. Nichtsdestotrotz erscheinen die Anpassungen nicht willkürlich, sondern zeigen eine gewisse Systematik, indem vor allem die Namen der weniger bekannten Figuren verändert werden. Priamus, Hektor, Paris, Jupiter und Venus erscheinen unter ihren richtigen Benennungen. Man wird die Beobachtungen nicht zu sehr belasten dürfen, doch zeigen die Verballhornungen der Namen einen durchaus spielerischen Aneignungsprozess des antiken Stoffs, der auch komische oder unterhaltende Effekte gehabt haben könnte. Inwieweit der Ende des 13. Jahrhunderts entstandene *Göttweiger Trojanerkrieg* in dieser Hinsicht einen literarischen Bezugspunkt dargestellt haben könnte, bedürfte einer eigenen Untersuchung.[18]

Dass Paris bei Nunnenbeck an letzter Stelle genannt wird, erscheint vor dem Hintergrund der inhaltlichen Komposition des Liedes konsequent, da seine Figur in den folgenden Strophen im Mittelpunkt steht. In wenigen Versen wird der Traum von der brennenden Fackel in der Brust der nicht namentlich genannten Königin berichtet, der auf das Ende der Geschichte vorausweist. Trotz der unheilvollen Prophezeiung kümmert sich die Königin nach der Geburt *lüstiglich* (Str. 1, V. 17) um ihren Sohn. Priamus hingegen ist betrübt, nachdem man ihm den Traum *kurtzlich* (V. 12) ausgelegt hatte. Er bedenkt sich heimlich, stiehlt das Kind in der Nacht und übergibt es zwei Dienern mit dem Befehl, es sofort zu töten (V. 19–23). Auch wenn eine direkte Kritik am Verhalten des Königs ausbleibt, deutet das heimliche, nicht öffentliche Agieren des Herrschers auf eine negative Beurteilung hin. Hinzu kommt, dass Nunnenbeck die innere Reflexion des Königs, dass er sein Land und seine Untertanen durch die Ermordung des Kindes

18 Edition: Koppitz 1926. Auch der *Göttweiger Trojanerkrieg* legt den Fokus der Erzählung auf die Parisfigur und spielt mit der Verballhornung von Namen. Vgl. dazu Reich 2011, bes. 170–177. Mit der Aufwertung des Paris setzt der Text jedoch andere Akzente als Nunnenbeck.

vor dem Untergang bewahre, im Gegensatz zur Vorlage ausspart (BSB, 2 Inc. c.a. 839, fol. 2r). Damit erscheint das Verhalten des Königs nicht als auf das Wohl der Gemeinschaft ausgerichtetes Herrscherhandeln, sondern als individuelle Freveltat. Interessant ist, dass die Handlung nicht nur durch die starken Kürzungen schnell vorangetrieben wird, sondern dass auch die Figuren selbst nicht lange in ihrem Tun verweilen, wie die Adverbien *kurtzlich* (V. 12) und *da zuhand* (V. 23) verdeutlichen. Dadurch kommt es zu einer doppelten Beschleunigung der Geschichte. Der narrative Duktus der Erzählung wird in Vers 20 schließlich durch eine präsentische Publikumsanrede (*thu ich euch bekandt*) durchbrochen. Durch die direkte Anrede im Präsens, die Nunnenbeck im Verlauf des Liedes an zahlreichen weiteren Stellen einfügt, wird das Geschehen an die Erzählgegenwart herangerückt, wodurch es unmittelbarer erscheint. Zugleich dürfte die Anrede auch als Aufmerksamkeitssignal für die Rezipierenden gedient haben.

Die zweite Strophe schildert anschließend die wichtigsten Stationen der Handlung. Die beiden Diener bringen das Kind in einen Wald, um es zu töten, werden jedoch davon erweicht, dass sie das Kind lieblich anlacht, sodass sie es in einem hohlen Baum aussetzen (Str. 2, V. 1–6). Indem Nunnenbeck den sonst in den Vorlagen genannten Grund für Paris' Lächeln ausspart, nämlich, dass er über sein eigenes Spiegelbild erfreut ist, welches er in der blitzenden Schwertklinge erblickt (BSB, 2 Inc. c.a. 839, fol. 2v), entfällt die Kritik an Paris Selbstgefälligkeit. Betont wird bei Nunnenbeck, dass der freundliche Anblick des Kindes Mitleid und Erbarmen erregt. Als Beweis für ihre Tat überbringen die Diener dem König die Zunge eines Hundes, der daraufhin überzeugt ist, dass sein Sohn gestorben sei (V. 7–12). Durch eine weitere Publikumsanrede (*nu merckent hye geschwind*, V. 14) lenkt Nunnenbeck den Fokus wieder zurück auf Paris. Dieser werde dreimal am Tag von einer Hirschkuh gesäugt, bis eines Tages ein Hirte sein Vieh in den Wald getrieben habe und aufgrund des Schreiens auf das Kind aufmerksam geworden sei (V. 15–19). Durch die erneute Anrede an das Publikum *vernembt mich* (V. 19) und den Ausruf des Hirten in direkter Rede *„ach Got, von wannen kumbt das kindt?“* (V. 21) verleiht Nunnenbeck der Szene Lebhaftigkeit und Spannung. Interessant ist, dass er sich am Ende der Strophe auf eine schriftliche Quelle bezieht (*als ich geschriben find*, V. 23), ohne jedoch eine konkrete Vorlage zu nennen. Es scheint kein Zufall zu sein, dass sich Nunnenbeck gerade bei der Schilderung der wunderbaren Rettung des Paris durch die Hirschkuh und den Hirten auf eine schriftliche Quelle beruft, um die Ereignisse zu beglaubigen.

Die dritte Strophe fasst Paris' Jugend und Leben unter den Hirten in nur zwei Versen zusammen: *Der hyrt ertzog den fürsten reyne / als lang, piß er des viechs auch huetet selber zwar* (Str. 3, V. 1–2). Im Anschluss berichtet Nunnenbeck von Paris'

Liebesbeziehung zur Flussgöttin Egina,[19] die er gegenüber den Vorlagen deutlich verändert. In den Trojaprosen entbrennen Paris und Egenoe (Oinone) in gegenseitiger Liebe, werden Mann und Frau, halten ihre Beziehung jedoch geheim. Weil Egenoe Paris' Untreue fürchtet, schwört er ihr in Form einer Inschrift im Baum ewige Treue (BSB, 2 Inc. c.a. 839, fol. 3^{v}). Damit endet der Erzählstrang von Paris und Egenoe, es folgen die Hochzeit von Peleus und Thetis und anschließend das Parisurteil (BSB, 2 Inc. c.a. 839, fol. 4^{r}–7^{v}). Interessant ist nun, dass Nunnenbeck die Liebesgeschichte zwischen Paris und Egina mit den folgenden Episoden verknüpft. Die Liebe zwischen den beiden wird in wenigen Versen abgehandelt, wobei die Initiative von Egina ausgeht: *da sie annsach Parifs, das er so schone war, / sie lag jm an in liebes gerr, / das er mit ir in rechter lieb thet streben* (V. 6–8). Gestört wird das Glück durch Jupiter, der Egina überraschenderweise mit Pelaes (Peleus) verheiraten lässt, als er von der Beziehung erfährt (V. 9–12). Während auf der Figurenebene keine Begründung für Jupiters Entschluss angegeben wird, erscheint die Entscheidung aus kompositorischer Sicht doppelt motiviert. Indem Nunnenbeck Egina mit Pelaes verheiratet, lässt er den Erzählstrang von Paris' erster Liebe im Gegensatz zur Vorlage einerseits nicht abrupt enden und vermeidet andererseits ganz im Sinne seines Anspruchs auf Kürze weitere Nebenhandlungen. Denn aus der Hochzeit von Peleus und Thetis folgt in der Vorlage die Erzählung von der Geburt und Jugend des Achill (BSB, 2 Inc. c.a. 839, fol. 13^{v}–14^{v}), die bei Nunnenbeck keine Rolle spielt. Während die Trojaprosen die einzelnen Episoden additiv aneinanderreihen, bemüht sich Nunnenbeck mithilfe kompositorischer Änderungen um eine größere narrative Kohärenz. Dies allerdings geschieht um den Preis historischer Wahrheit, um die es dem Dichter nicht vorrangig zu gehen scheint, was auch bei der Darstellung der Hochzeit zum Ausdruck kommt. Während die Vorlage eine ausführliche Aufzählung der geladenen Götter und ihrer Zuständigkeiten folgen lässt (BSB, 2 Inc. c.a. 839, fol. 4^{rv}) und damit auch mythologisches Wissen vermittelt, fasst Nunnenbeck die Gästeliste nur knapp zusammen: *von Troya Priamus vnd Hecktor kam, / Felus,*[20] *Kasandre schwester, hert. / vill götter vnd der göttin kamen dar, / würden manch hocher kunst gelert* (V. 15–18).

Näher beschrieben werden lediglich die drei Göttinnen des Schönheitswettstreits, auf die er die Rezipienten mit einer weiteren Publikumsanrede aufmerksam macht. Die Namen von Juno und Pallas Athene werden jedoch eigentümlich verdreht.

19 Inwieweit Nunnenbeck mit Egina auf die Flussnymphe und Geliebte des Jupiter Aegina anspielt (Ovid: *Metamorphosen* 7,616), oder ob die Bezeichnung die verballhornte Form für Oinone bzw. Egenoe darstellt, lässt sich nicht zweifelsfrei entscheiden.

20 Wer sich hinter *Felus* verbirgt, ist unklar. Klesatschke 1984, 571 vermutet Helenus, der damit zur Schwester Kassandras würde, was unplausibel erscheint.

auch kamen drey göttin, mercket furwar:
Janna, ein göttin des reychtumbs;
die ander Polosis mit jrem nam,
ein göttin aller wirden schonn;
dy drit Venus, der edlen lieb ein stam. (Str. 3, V. 19–23)

In der vierten Strophe wird die Handlung weiter vorangetrieben. Es wird berichtet, dass eine weitere Frau, Distoria, auf die Hochzeit gekommen sei und einen glänzenden goldenen Apfel vor die Göttinnen geworfen habe, woraufhin ein Streit zwischen ihnen entstanden sei (Str. 4, V. 1–5). Nachdem Jupiter entschieden hat, den Streit zu schlichten, meldet sich Egina zu Wort und schlägt Paris als Schiedsrichter vor:

Egina sprach: „ein man weyß ich furware,
Paris, der ist so kunstenreich.
er geyt den apfel recht auß, on arckwone." (Str. 4, V. 8–10)

Dass Paris bei Nunnenbeck von Egina und nicht von Jupiter (BSB, 2 Inc. c.a. 839, fol. 6ʳ) oder von Herkules wie in der zweiten Druckkompilation[21] als Schiedsrichter vorgeschlagen wird, stellt einen weiteren wesentlichen Unterschied zu den Prosavorlagen dar. Durch die personelle Veränderung verknüpft der Dichter die einzelnen Episoden erneut deutlich enger miteinander und stellt einen Bezug zwischen den beiden Liebesgeschichten des Paris her. Indem Egina Paris als Schiedsrichter vorschlägt, ist es letztlich sie, die Paris zu seiner neuen Frau Helena verhilft. Paris selbst wird dabei implizit entlastet, da er nicht mehr wie in der Tradition als treuloser Liebhaber erscheint.

Von den beiden Varianten des Parisurteils in den Vorlagen (vgl. BSB, 2 Inc. c.a. 839, fol. 6ᵛ; 38ᵛ–39ʳ) erzählt Nunnenbeck nur die Version nach dem *Elsässischen Trojabuch*, die der Darstellung Konrads von Würzburg folgt. Ausschlaggebend für das Urteil sind die Werte, mit denen sich die Göttinnen im öffentlichen Raum vorstellen. In der anderen Version, die in den meisten Vorlagen ebenfalls wiedergegeben wird, beurteilt Paris demgegenüber die Schönheit der Göttinnen, die sich nackt vor ihm präsentieren, und berichtet das Geschehen im Kriegsrat rückblickend als Traum. Nunnenbeck wählt also die deutlich weniger frivole Version. Interessant ist auch, dass er dabei auf eine explizite Moralisierung verzichtet. Weil *Paris der lieb thet do begeren* (Str. 5, V. 1), gibt er Venus den Apfel *bald* (V. 2), heißt es in Strophe 5. Während andere Bearbeitungen des Stoffs an dieser Stelle

---

21 BSB, 2 Inc.s.a. 323 m, fol. 30ᵛ: https://www.digitale-sammlungen.de/de/view/bsb00026482?page=64,65 [22.02.2024].

die Wollust des Paris hervorheben und seine Entscheidung als Negativexempel funktionalisieren,[22] bleibt eine explizite Kritik an Paris im Meisterlied aus.

3.3 Dramatisierungen

Nach dem Urteil wird Paris von Venus wie ein Königssohn eingekleidet und vor die Festgesellschaft geführt (Str. 5, V. 3–4). Priamus findet Gefallen an ihm und bittet um seinen unerkannten Sohn (V. 5–8). Weil die Götter ihm die Bitte versagen, ruft Priamus *auß zornes neyt* (V. 11) zum Kampf um den Jüngling auf (V. 9–14). Zum ersten Mal erscheint das Handeln des trojanischen Königs hier explizit negativ bewertet.

Peleas meldet sich als Kämpfer für die Partei der Götter, Hektor tritt als Vertreter der Trojaner an (V. 15–20). Die Szene ist durch die direkten Reden von Priamus, Peleas und Hektor lebendig gestaltet.

> *Priamus sprach auß zornes neyt:*
> *„furwar ich will Paris fur eygen hane!*
> *oder wer hie wöl kempfen frey*
> *vmb Parissen so zart?“*
> *Peleas was der breytkam, sich nit spart,*
> *sprach: „seyt der hoffman hie ist mein,*
> *so will ich vmb in kempfen ane haß*
> *vor diesen zarten frawen reyn.“*
> *Hector von Troy der ander kempfer waß.*
> *er sprach: „ich will in selber han.“* (Str. 5, V. 11–20)

Paris selbst kommt – wie in den Strophen zuvor – nicht zu Wort, was einmal mehr seine Rolle als Spielball der Götter und Menschen verdeutlicht. Das Ende der Strophe schildert den Kampf und Sieg Hektors auf engstem Raum in nur drei Versen (V. 21–23).

Die Strophen 6–8 berichten von Paris' Rückkehr an den Königshof und der Aufdeckung seiner Identität. Als der Hirte nach einiger Zeit vom Aufenthalt seines Ziehsohns erfährt, macht er sich aus Liebe auf den Weg nach Troja: *Wan im Pariß so ser thet lieben* (Str. 6, V. 5). Während der Aufbruch des Hirten in der Vorlage unmotiviert bleibt, ist Nunnenbeck erneut darum bemüht, die einzelnen Episoden und Erzählstränge kausal miteinander zu verknüpfen. Im Folgenden wird die Handlung auch hier verstärkt durch direkte Rede vorangetrieben, die der Erzählung Anschaulichkeit und Lebendigkeit verleiht. Inhaltlich folgt Nunnenbeck der Vorlage in den wesentlichen Punkten (vgl. BSB, 2 Inc. c.a. 839, fol.

22 Vgl. z. B. die Darstellung und moralische Auslegung des Parisurteils im Meisterlied des Hans Sachs (^{2}S/1146). Der Text ist ediert bei Roth 2016, 345–346.

10v–11r). Der Hirte gelangt zu einem Wirt, der sich im Verlauf des Gesprächs als einer der beiden Diener herausstellt, die Paris hatten töten sollen. Die Frage des Hirten, ob Priamus einen Jüngling mit nach Hause gebracht habe, verneint der Wirt zunächst. Aus der Bemerkung des Hirten, dass er diesen aufgezogen habe, folgert der Wirt jedoch, dass es sich um den ausgesetzten Königssohn handeln muss. An dieser Stelle erscheint die Handlung aufgrund der starken Kürzung erstmals unmotiviert. Der Wirt offenbart das Geheimnis schließlich seiner Frau nachts im Gespräch, welches wiederum der Hirte belauscht und so die Identität von Paris erfährt (V. 8–23). Damit rettet der Hirte Paris am nächsten Morgen am Hof das Leben. Er sieht, wie Hektor im Kampf gegen Paris in Zorn gerät und bittet den Helden von ihm abzulassen, weil es sich um seinen Bruder handle (Str. 7, V. 1–10). Als Hektor und Priamus einen Beweis fordern, erzählt er die Geschichte des Wirtes und erklärt, dass er das ausgesetzte Kind aufgezogen habe (Str. 7, V. 12–23; Str. 8, V. 1). Der Wirt und sein Geselle werden herbeigeholt und bekennen nach einigem Zögern öffentlich die Wahrheit: *zuhand veriahen sy da alle payde, / wie Parіß wer sein rechter sann* (V. Str. 8, V. 10f.). Priamus' Reaktion wird in einem Vers prägnant zusammengefasst: *da gewann erst der kunig frewd vnd layde* (V. 12). Die Formulierung *frewd ynd layde* fasst die in der Vorlage folgende Episode von Priamus und dem Spielmann in nur zwei Worten zusammen.[23] Der Vers veranschaulicht *in nuce* den enormen Kürzungsaufwand, den Nunnenbeck betreibt, um die in Prosa ausführlich erzählten Geschichten in Vers und Strophe zu bringen. Bei Nunnenbeck endet die Episode mit der reichen Begabung der Diener und des Hirten und der ehrenvollen Aufnahme des Paris in die Familie (V. 15–19). Die letzten Verse der Strophe nehmen schließlich den Erzählfaden des Parisurteils wieder auf, indem sie Paris' aufwallende Liebe zu Helena betonen und einen Ausblick auf ihre Entführung geben (V. 20–23). Damit wird deutlich, dass Nunnenbeck die Handlung insbesondere nach längeren Nebenhandlungen durch konzise Vorausblicke zusammenhält.

3.4 Moralisierungen

Während die Prosavorlage im Anschluss die Jugendgeschichte des Achill, die Argonautenfahrt sowie die erste Zerstörung Trojas und den Raub von Priamus' Schwester Hesione erzählt (BSB, 2 Inc. c.a. 839, fol. 13v–37r), setzt Nunnenbeck in der nächsten Strophe mit den Kriegsvorbereitungen der Trojaner ein. Als Orientierung für den Rezipienten gibt er zunächst einen weiteren Vorausblick auf die Handlung:

23 Dort bleibt Priamus trotz der Aufheiterungsversuche des Narren betrübt und freut sich erst über Paris, als Hekuba ihre Kinder vor ihn führt, woraufhin er beschließt, seine Zweifel aufzugeben und dem Fackeltraum keine Bedeutung beizumessen (BSB, 2 Inc. c.a. 839, fol. 12v–13v).

Als ir hernach noch wol wert hören,
wy grosser vbermüt die Troyer zwang furwar,
das sie nit wolten fride han
mit den Kriechen, wan Troystat mechtig wasse. (Str. 9, V. 1–4)

Da Nunnenbeck die anderen Kriegsursachen, wie die erste Zerstörung Trojas oder den Raub von Priamus' Schwester Hesione, unerwähnt lässt, wird die Entscheidung der Trojaner zum Kampf gegen die Griechen allein auf ihren Übermut zurückgeführt.[24]

Zunächst gibt der Sprecher unter Berufung auf eine unbestimmte schriftliche Quelle (*Ich liß woll von hundert schlösseren,* V. 5) jedoch eine kurze Stadtbeschreibung (V. 5–10), die in eine knappe Charakterisierung der Einwohner übergeht. Betont werden die goldenen Türme und Tore, die kristallfarbenen Fenster und die enorme Stadtmauer sowie die vornehmen Gewänder und der uneingeschränkte Herrschaftsanspruch der Einwohner. Interessant ist nicht nur, dass Nunnenbeck die Stadtbeschreibung gegenüber der Vorlage auf das Wesentlichste kürzt, sondern auch, dass er die Charakterisierung der Einwohner so gestaltet, dass sie die folgenden Kriegsvorbereitungen motivieren. Sowohl die prächtigen Gewänder als auch der ausgeprägte Machtanspruch deuten auf den bereits erwähnten Übermut der Trojaner hin, während die Bewohner in der Vorlage vorrangig als reich und fromm beschrieben werden (BSB, 2 Inc. c.a. 839, fol. 32^r–34^r).

Der Kriegsrat, der in die nächste Strophe übergeht, ist durch den Einsatz direkter Rede lebendig gestaltet. Hektor warnt als Einziger vor dem Krieg (V. 19), doch die Trojaner erinnern an den Tod vieler, wodurch die erste Zerstörung Trojas zumindest vage angedeutet wird (V. 21). Gleichzeitig verraten die Worte der Trojaner jedoch wieder ihren Übermut, da sie das Leid vieler aufgrund ihrer allzu großen Ehre und aufgrund von Rache in Kauf nehmen wollen (Str. 9, V. 22f., Str. 10, V. 1).

Daraufhin erklärt sich Paris zum Aufbruch nach Griechenland bereit, was im Folgenden geschildert wird. Der Wind verschlägt ihn und seine Flotte auf eine Insel, die im Gegensatz zur Vorlage unbestimmt bleibt (Str. 10, V. 3–8). Auf ihr, so erfährt der Rezipient, befinden sich ein Tempel mit vielen Abgöttern und eine prächtige Burg mit goldenen Zinnen, in der die schöne Helena herrscht (V. 11–13). Während die Vorlage die Stätte als Tempel der Venus charakterisiert (BSB 2 Inc. c.a. 839, fol. 42^v), betont Nunnenbeck durch den Begriff *abgött* (V. 10) von Beginn an den heidnischen Charakter des Heiligtums. Mit 600 prächtig gekleideten Rittern betritt Paris den Tempel, in den auch Helena kommt, um ihrem Abgott zu opfern. Als sie sieht, dass Paris demselben Abgott goldene Äpfel

24 Vgl. auch Klesatschke 1984, 574.

opfert, heißt sie ihn willkommen. Aufschlussreich ist, dass Nunnenbeck durch die Erwähnung der goldenen Äpfel, die er gegenüber der Vorlage ergänzt, einen Rückbezug zum goldenen Apfel im Parisurteil herstellt. Dadurch verknüpft er die einzelnen Episoden nicht nur auf der syntagmatischen, sondern auch auf der paradigmatischen Ebene. Gleichzeitig ergeben sich über das Lexem *gülden/gulden* (V. 12, 21) bzw. *goldt* (V. 17) auch innerhalb der Strophe Bezüge. Die goldenen Zinnen korrespondieren mit der mit Gold verzierten Kleidung der Soldaten und den goldenen Äpfeln. Dadurch werden nicht nur der Reichtum, sondern auch der heidnische Glanz der antiken Welt betont.

Die elfte Strophe berichtet, dass Paris Helenas Gastfreundschaft gehorsam annimmt (Str. 11, V. 1–2). Auffällig ist jedoch, dass Nunnenbeck entgegen der Vorlage weder die Schönheit noch die Liebe zwischen den beiden betont (BSB, 2 Inc. c.a. 839, fol. 43v). Die Entführung schildert er im Folgenden als gewaltsamen Angriff. Helena erschrickt beim Anblick der bewaffneten Soldaten vor dem Tempel und flieht mit ihren Jungfrauen, nachdem ihre Diener erschlagen sind (V. 5–8). Damit weicht Nunnenbeck auch hier entschieden von der Vorlage ab, die Helena im Einverständnis mit der Entführung zeigen (BSB, 2 Inc. c.a. 839, fol. 45r). Auch wenn ein explizites Lob der Königin ausbleibt, zeichnet der Sänger ein eher positives Bild von ihr, indem er sie als fromme, gastfreundliche Herrscherin inszeniert, die dem gewaltsamen Übergriff ausgeliefert ist. Deutlich negativer fällt das Bild von Paris in der Strophe aus. Nachdem er die vierhundert Ritter der Königin erschlagen hat, raubt er den Schatz des Kaisers und stiehlt fünf Abgötter, die mit einem *jering* Kalb verglichen werden:

> *Sy het noch vierhundert ritter,*
> *die werten sich, doch wurden sie erstochen.*
> *Vnd namen den schatz dem kayser,*
> *wiewoll es doch zu letst als wurd gerochen.*
> *Funff abgöter da Paris nam,*
> *gemacht vonn gold so schan,*
> *jeder als ein jering kalb, thüt verstan.* (Str. 11, V. 9–15)

Damit wird deutlich, dass der Raub der Helena bei Nunnenbeck nicht aus Liebe, sondern aus materieller Gier und Abgötterei erfolgt, worauf er die Rezipienten durch eine erneute Publikumsanrede explizit hinweist.

Nachdem die Rückkehr von Paris und Helena nach Troja in wenigen Versen geschildert ist (V. 16–21), lenkt das Ende der Strophe (V. 22f.) den Fokus schließlich auf Menelaos, der über den Verlust seiner Frau und seines Schatzes gleichermaßen betrübt zu sein scheint (Str. 12, V. 5–8). Sein Angriff auf Troja und die Zerstörung der Stadt werden anschließend in weniger als 20 Versen von der Mitte der zwölften bis zum Beginn der dreizehnten Strophe geschildert (Str. 12, V. 9–

Str. 13, V. 4). Auffällig ist, dass keine einzige Kampfhandlung beschrieben wird, sondern nur das Ausmaß der Zerstörung festgehalten wird. Während die Totenschar der Trojaner, deren Blut aus den Toren der Stadt herausfließt, zahllos ist, verzeichnet der Erzähler *zwelffhunderttausent* (Str. 13, V. 19) Gefallene auf Seiten der Griechen (V. 15–20).

Die letzte Strophe leitet schließlich zur Auslegung der Geschichte über:

> *also ward Troy, die grosse stat,*
> *zustöret gar, wyewoll sie mechtig ware,*
> *Als man noch vill darvon hört sagenn.*
> *nun mercket hie, ir fursten, herren stet gemein,*
> *wie vbermüt manchenn inn natt*
> *pringet vnd dazu weybliches pild zware.* (Str. 13, V. 2–8)

Am Beispiel der Geschichte von Troja warnt der Sprecher Fürsten, Herren und Städte vor Übermut und Frauen. Mit der *moralisatio* schließt Nunnenbeck an die antitrojanische Tendenz seiner Vorlage an, die ihre Geschichte ebenfalls als Negativexempel für Hochmut funktionalisiert und sich dabei auch an verschiedene Stände bzw. sogar die ganze Welt richtet.[25] Besonders an Nunnenbecks Komposition wird jedoch deutlich, dass die kurze *moralisatio* durch die *narratio* keineswegs vollständig eingeholt wird. Zwar werden die Trojaner auch innerhalb der Erzählung als übermütig charakterisiert, doch schöpft Nunnenbeck das Potential für Moralisierungen insbesondere im ersten Teil des Liedes mitnichten aus. Die Warnung vor schönen Frauen scheint durch die Erzählung zudem überhaupt nicht motiviert zu sein. Ausgehend von diesem Spannungsverhältnis möchte ich daher abschließend versuchen, die pragmatische Funktion des Liedes in seinem soziokulturellen Kontext zu bestimmen.

4. Das *Trojalied* im Kontext der Nürnberger Zensurpolitik

Die Analyse hat gezeigt, dass Nunnenbeck die radikale Kürzung des Stoffs für die Darstellung im Meisterlied programmatisch funktionalisiert, um sich von den immer stärker auf Vollständigkeit abzielenden Druckkompilationen abzuheben. Die Konzentration auf die Parisfigur ermöglicht es ihm, sowohl die Vor- als auch die Hauptgeschichte anhand einer Figur stringent nachzuverfolgen. Die Kohärenz der Erzählung wird durch neue syntagmatische und paradigmatische

25 Das vom anonymen Redaktor wohl eigenständig verfasste Kolophon der ersten Druckfassung lautet folgendermaßen: *Hie enndet sich dz bůch vnd hystori / wie die reich kostlich vnd måchtig stat Troya ward erstôret durch die verhencknüß gottes / zů einem exempel der ganczen welt / dabei man mercken mag / dz sich nyemant seins adels reichtumbs oder måchtikeit zůuil übernemen sol.* Zitiert nach Beck 2015, 176.

Verknüpfungen verstärkt. Die relativ freie Adaptation der Vorlagen verrät eine durchaus emanzipierte Aneignung des als historisch geltenden Stoffs. Charakteristisch für das Lied ist außerdem, dass Nunnenbeck einen deutlich größeren Schwerpunkt auf die Vorgeschichte legt. Möchte man die Unausgewogenheit der einzelnen Episoden zugunsten der Jugendgeschichte des Paris nicht als kompositorische Unerfahrenheit und Schwäche auslegen,[26] bedarf es an dieser Stelle einer anderen Erklärung.

Aufschlussreich ist, dass weder die Auswahl der Episoden noch die Bewertung und Darstellung der Figuren ein besonderes politisches, historisches oder lehrhaftes Interesse erkennen lassen. Der Fokus auf der Jugendgeschichte des Paris scheint eher einer allgemeinen Vorliebe für die wunderbaren Geschichten wie der außergewöhnlichen Rettung des Kindes oder dem Wirken und Handeln der Götter zu entsprechen. Die Darstellung dürfte dabei auch auf komische Effekte hin angelegt sein, worauf etwa die Verballhornung der Namen oder die auffällig passive Rolle des Paris als Spielball der Götter und Menschen hindeuten. Im Vordergrund scheinen die kurzweilig, lebendig erzählten Geschichten zu stehen. Die in Strophe 9 mit der Stadtbeschreibung Trojas einsetzende Haupthandlung ist hingegen stärker von moralischen Wertungen geprägt, doch lässt sich auch hier kein spezifisch geschichtliches oder politisches Rezeptionsangebot für ein lokal oder ständisch abgegrenztes Publikum ableiten, wie es etwa für Hans Mairs *Buch von Troja* für die Stadt Nördlingen plausibel gemacht worden ist.[27] Auch wenn die Geschichte von der Blüte und dem Untergang Trojas potentiell für jede städtische Bevölkerung ein Deutungspotential geboten haben dürfte, verzichtet Nunnenbeck auf eine dezidiert politisch-geschichtliche Funktionalisierung. Aktualisiert wird der Stoff im Sinne allgemeiner moralischer Belehrung im Horizont einer christlichen Ethik, wie an der Warnung vor Hochmut, Habgier und Abgötterei am Beispiel der Trojaner bzw. des Paris deutlich geworden ist.

Mit diesem Programm, den Trojastoff ohne spezifische politische oder historische Implikationen im Sinne allgemeiner moralischer Belehrung kurzweilig zu erzählen, scheint Nunnenbeck ganz auf der Linie der strengen Zensurpolitik des Nürnbergs Rats gelegen zu haben.[28] Das Stadtregiment verbot jede politische Äußerung, um Ansätze kritischen politischen oder sozialen Denkens in den unteren Bevölkerungsschichten von vorneherein zu verhindern, die zu Aufruhr und Umsturz hätten führen können. Das Verbot eines satirischen Gedichts des Hans Sachs über Markgraf Albrecht Alcibiades von Brandenburg-Kulmbach, der 1552 das ganze Nürnberger Stadtgebiet verwüstet und die Stadt belagert hatte, zeigt,

26 Vgl. Klesatschke 1984, 577.
27 Vgl. Meisch 1994, bes. 249–266.
28 Vgl. dazu etwa Müller 1959; Williams-Krapp 2012, 37f.

dass sogar politische Äußerungen gegenüber Erzfeinden der Stadt vom Rat untersagt wurden, um die dichten Handelsbeziehungen und außenpolitische Diplomatie der Stadt nicht zu gefährden.[29]

Möglicherweise ist der Zuschnitt von Nunnenbecks Bearbeitung aber auch dem neuen Medium des Drucks geschuldet, durch das auf eine deutlich breitere und von spezifischen Interessen losgelöste Rezeption abgezielt wurde, die nicht auf den relativ engen Kreis der Singschulen bezogen war.[30] Auch wenn Nunnenbecks Lied nicht außerhalb von Nürnberg gedruckt wurde, zeugt die viermalige Auflage von einem gewissen Erfolg des Werkes. Wie beliebt der Stoff in Nürnberg gewesen ist, belegen schließlich die zahlreichen Bearbeitungen des Themas bei Hans Sachs, von dem 32 Meisterlieder mit Troja-Thematik überliefert sind, sowie 20 Spruchgedichte und fünf Dramen.[31] Sachs folgt den Spuren seines Lehrers, beschreitet aber sowohl formal als auch stoffgeschichtlich eigene Wege.

Bibliographie

I. Primärliteratur

Dreckmann, Franz-Josef (Hrsg.): Das ‚Buch von Troja' von Hans Mair. Kritische Textausgabe und Untersuchung. München 1970.

Griffin, Nathaniel Edward (Hrsg.): Guido de Columnis. Histotia destructionis Troiae. Cambridge (Mass.) 1936.

von Keller, Adalbert (Hrsg.): Konrad von Würzburg. Der Trojanische Krieg. Ausgabe Stuttgart 1858. Nachdruck Amsterdam 1965.

Klesatschke, Eva (Hrsg.): Lienhard Nunnenbeck: Die Meisterlieder und der Spruch. Edition und Untersuchungen. Göppingen 1984.

Koppitz, Alfred (Hrsg.): Der Göttweiger Trojanerkrieg. Mit einer Tafel in Lichtdruck. Berlin 1926.

Tarrant, Richard John (Hrsg.): P. Ovidii Nasonis Metamorphoses. Recognovit brevique adnotatione critica instruxit. Oxford 2004.

Witzel, Christoph (Hrsg.): Das Elsässiche Trojabuch (‚Buch von Troja I'). Kritische Ausgabe. Wiesbaden 1995.

29 Vgl. Brunner 1976, 11. Nicht auszuschließen ist freilich, dass sich hinter den Verballhornungen der Namen in Nunnenbecks Bearbeitung Anspielungen auf zeitgenössische Personen verbergen. Damit wäre dem Lied implizit auch ein subversives Potential inhärent.

30 Gedruckte Meisterlieder durften bei den Veranstaltungen der Singschulen nicht vorgetragen werden. Vgl. Williams-Krapp 2020, 120.

31 Vgl. Fochler 1990, 99. Für eine eingehende Untersuchung von 26 Trojaliedern des Hans Sachs vgl. Roth 2016. Eine Übersicht über die Chronologie und Typologie von Sachs Meisterliedern insgesamt bietet das jüngst erschienene Handbuch von Brunner/Holzberg 2020.

II. Verzeichnis der Drucke

1. Trojadruckkompilation: München, BSB, 2 Inc. c.a. 839, Augsburg, Anton Sorg, 21479 [1474].
2. Trojadruckkompilation: München, BSB, 2 Inc.s.a. 323 m, Augsburg, Ambrosius Keller, 1479.

III. Sekundärliteratur

Alfen, Klemens/Fochler, Petra/Lienert, Elisabeth: Deutsche Trojatexte des 12. bis 16. Jahrhunderts. Repertorium. In: Horst Brunner (Hrsg.): Die deutsche Trojaliteratur des Mittelalters und der Frühen Neuzeit. Materialien und Untersuchungen. Wiesbaden 1990, 7–198.

Alfen, Klemens/Fochler, Petra/Lienert, Elisabeth: Entstehungssituation und Publikum der deutschen Trojaliteratur des 12. bis 16. Jahrhunderts. In: Horst Brunner und Norbert Richard Wolf (Hrsg.): Wissensliteratur im Mittelalter und in der Frühen Neuzeit. Bedingungen, Typen, Publikum, Sprache. Wiesbaden 1993, 177–208.

Beck, Gertrud: Trojasummen. Das „Elsässische Trojabuch" und die grdruckten Trojakompilationen. Wiesbaden 2015.

Brunner, Horst: Hans Sachs – Über die Schwierigkeiten literarischen Schaffens in der Reichsstadt Nürnberg. In: Horst Brunner, Gerhard Hirschmann und Fritz Schnelbögl (Hrsg.): Hans Sachs und Nürnberg. Bedingungen und Probleme reichsstädtischer Literatur. Hans Sachs zum 400. Todestag am 19. Januar 1976. Nürnberg 1976, 1–13.

Brunner, Horst: Zur Geschichte der Meistersangforschung. In: Rainer S. Elkar (Hrsg.): Deutsches Handwerk in Spätmittelalter und Früher Neuzeit. Sozialgeschichte – Volkskunde – Literaturgeschichte. Göttingen 1983, 223–243.

Brunner, Horst/Holzberg, Niklas: Hans Sachs. Ein Handbuch. Mit Beiträgen von Eva Klesatschke, Dieter Merzbacher und Johannes Rettelbach. Berlin/Boston 2020.

Fochler, Petra: Fiktion als Historie. Der Trojanische Krieg in der deutschen Literatur des 16. Jahrhunderts. Wiesbaden 1990.

Klesatschke, Eva: Lienhard Nunnenbeck. In: VL 6 (1987), 1247–1251.

Knape, Joachim: Augsburger Prosaroman-Drucke des 15. Jahrhunderts. In: Johannes Janota und Werner Williams-Krapp (Hrsg.): Literarisches Leben in Augsburg während des 15. Jahrhunderts. Tübingen 1995, 330–357.

Künast, Hans-Jörg: Der Augsburger Buchdruck im 15. Jahrhundert – Der Markt und seine Akteure. In: Günther Hägele und Melanie Thierbach (Hrsg.): Augsburg macht Druck. Die Anfänge des Buchdrucks in einer Metropole des 15. Jahrhunderts. Augsburg 2017, 42–49.

Müller, Arnd: Zensurpolitik der Reichsstadt Nürnberg. Von der Einführung der Buchdruckerkunst bis zum Ende der Reichsstadt. In: Mitteilungen des Vereins für Geschichte der Stadt Nürnberg 49 (1959), 66–169.

Meisch, Rainer: Troja und die Reichsstadt Nördlingen. Studien zum ‚Buch von Troja' (1390/92) des Hans Mair. Wiesbaden 1994.

Reich, Björn: Name und *maere*. Eigennamen als narrative Zentren mittelalterlicher Epik. Mit exemplarischen Einzeluntersuchungen zum *Meleranz* des Pleier, *Göttweiger Trojanerkrieg* und *Wolfdietrich D*. Heidelberg 2011.

Roth, Andrea: Troja in Nürnberg. Ordnungsvorstellungen des Stadtbürgers Hans Sachs in seinen Meisterliedern zum trojanischen Sagenkreis. Diss. Würzburg 2016.

Schanze, Frieder: Meisterliche Liedkunst zwischen Heinrich von Mügeln und Hans Sachs. Bd. I: Untersuchungen. München/Zürich 1983.

Schneider, Karin: Der Trojanische Krieg im späten Mittelalter. Deutsche Trojaromane des 15. Jahrhunderts. Berlin 1968.

Schroeder, Mary Juliana: Mary-verse in Meistergesang. Diss. Washington 1942.

Stahl, Irene: Die Meistersinger von Nürnberg. Archivalische Studien. Nürnberg 1982.

Williams-Krapp, Werner: Literatur in der Stadt. Nürnberg und Augsburg um 15. Jahrhundert. In: Kristina Freienhagen-Baumgardt und Katrin Stegherr (Hrsg.): Werner Williams-Krapp. Geistliche Literatur des späten Mittelalters. Kleine Schriften. Tübingen 2012, 35–48.

Williams-Krapp, Werner: Teil 2: Die Literatur des 15. und 16. Jahrhunderts. Teilband 1: Modelle literarischer Interessenbildung. Berlin/Boston 2020.

Dr. Alexandra Urban
Ludwig-Maximilians-Universität München
Institut für Deutsche Philologie
Schellingstraße 3 RG
80799 München
Alexandra.Urban@germanistik.uni-muenchen.de

Fabian David Scheidel

Die Gemeinschaft des Herzens. Stadtgemeinschaft, christliche Gemeinde und inspiriertes Subjekt: *Das vierdt poetisch buch* des Hans Sachs (1578)

Der Dichter Hans Sachs und die Stadt-Institution Nürnberg, in deren Herrschaftsbereich er gelebt, gedichtet und sein Handwerk ausgeübt hat, hatten mitunter ein gespanntes Verhältnis. Dies äußert sich nicht zuletzt darin, dass unmittelbar nach seinem Tod Repräsentanten der Stadt die Witwe Sachs aufsuchen, um die Schriften des enzyklopädischen Poeten zu sichten und zu zensieren.[1] Die Stadt begegnet präventiv der Gefahr der nicht mehr kontrollierbaren Zirkulation von Schrift, die einsetzt, wenn man ihres Urhebers nicht mehr habhaft werden kann. Die Reaktion der städtischen Macht, die an der Quelle, den autographen Urschriften des Dichters, den potenziellen Vorlagen für eine weitere ökonomische Verwertung und Verbreitung, ansetzen will, dokumentiert vor allem das immense Disruptionspotential, das in der Selbstermächtigung des Einzelnen durch Schriftgebrauch liegt. Lese-, Schreib- und zudem Dichtungsbefähigung versetzen den Einzelnen in die Lage, die Deutungshoheit, welche Luthers Lehre ihm zugesteht, auch produktiv zu machen.[2]

Das Verhältnis von Stadt und dichtendem Individuum soll im Folgenden anhand eines Fallbeispiels aus dem Œuvre des Hans Sachs beleuchtet werden, nämlich anhand seines – postum gedruckten – „vierten poetischen Buches“.[3] Dabei soll es um verschiedene Facetten des Begriffes Stadt gehen, nämlich um die

1 Vgl. Rettelbach 2019, 23f. In diesem konkreten Fall schneidet man aus den handschriftlichen Werkbänden die *Himmelfahrt des Markgrafen Alkibiades von Brandenburg* aus, deren offen kritischer Inhalt die Beziehung der Stadtobrigkeit zu dessen Sohn und Amtsnachfolger zu belasten und damit die Sicherheit der Stadt zu gefährden in der Lage gewesen wäre. Diese Dichtung, die niemals hatte gedruckt werden dürfen und die durch ‚Wurzelresektion‘ nun für immer der Zirkulation entzogen werden soll, kursiert freilich längst in handschriftlichen Kopien, und zwar so zahlreich, dass sie erhalten geblieben ist. Zur handschriftlichen Überlieferung der Werke Sachs' insgesamt vgl. den Überblick bei Rettelbach 2019, 25–36.

2 Zum ökonomischen Potential des frühen Druckzeitalters vgl. jüngst Kaufmann 2022. Zur Dynamik von Reformation und Druckkultur vgl. auch Braun 2005.

3 Das *vierdt poetisch buch* ist in der Werkausgabe von Adalbert von Keller und Edmund Goetze (im Folgenden stets zitiert als KG mit Angabe von Band, Seite und Zeile/Vers) auf die Bde. 15–17 aufgeteilt. Der Titel des vierten Foliobandes lautet: *Das vierdt poetisch buch / mancherley / artliche neue / stück schöner gebundener reimen in drey unterschiedliche bücher getheylt.*

10.29091/9783752003444/007

Stadt als Institution, als Gemeinschaft und als Raum, welche – so wird argumentiert werden – in Spannung zu anderen Formen der Gemeinschaft und zur radikal vereinzelten Subjektposition des neuen evangelischen Glaubens gerät.

Das vierdt poetisch buch erscheint 1578 im Druck bei Leonhardt Heußler in Nürnberg, herausgegeben durch Joachim Lochner. Der Dichter, der zwei Jahre zuvor verstorben ist, hat diesen Band anscheinend noch selbst zusammengestellt. Insgesamt folgt der Aufbau demjenigen der vorhergehenden Bände: Auf geistliche Dichtungen, deren Anordnung sich an der Bibel orientiert, folgen vermischte weltliche Dichtungen, die nach Stoff bzw. Gattung unterschieden werden. Die tentative Ordnung seiner Dichtungen nach Inhalt, sodass *einerley materi zusamen kom und zu finden sey* (KG VI 8,23), hatte Hans Sachs schon in seinen drei zu Lebzeiten erschienenen Werkbänden (von 1558, 1560 u. 1561) begründet.[4] In seinem Prosavorwort zum zweiten Folioband (1560) heißt es:

> *Weil aber nun diß buch so mancherley art und ungleicher materi auch ungleicher zeit an tag kommet, das sonst der bücher art nit ist, derhalb es wol nit unbillich ein monstrum oder meerwunder genennet wirdt von den gelehrten, aber mein beger, guthertziger, freundtlicher leser, ist, du wöllest diß ander buch meiner gedicht anemen für ein gemeines offens lustgärtlein, so an offner strassen steht für den gemeinen mann* (KG VI 9,10–17).

Dieses Ordnungsprinzip, das Florilegium, reagiert auf eine über dreißig Jahre gestreute und gesammelte Textproduktion, die für den Druck nachträglich kuratiert wird.

Während *Das vierdt poetisch buch* diesem Ordnungsschema prinzipiell folgt, ist es doch inhaltlich anders strukturiert: Im Gegensatz zu den ersten drei Büchern, welche aus Gedichten ganz unterschiedlicher Entstehungszeiten zusammengestellt sind, *der yedes mit anfang unnd endt für sich selb ein werck ist* (KG I 3,26f.), entstehen die Spruchgedichte des vierten Bandes – von wenigen Ausnahmen abgesehen – in dichter Folge in den Jahren 1562/63 und bilden einen dicht aufeinander bezogenen Zyklus. Während die enthaltenen Spiele, die geistlichen wie weltlichen, älter sind, bilden die Spruchgedichte eine geschlossene Reihe. Sie sind zwar von *manicherley materi* (wie es im Vorwort zum 1. Folioband heißt; KG I 3,21), aber eben nicht *stückweiß zu sammen versammelt* (KG I 3,20f.). Stärker als die vorangegangenen Bände seiner Dichtungen konzipiert Hans Sachs den vierten – und fünften – Band als kohärentes Textprogramm, in seinen Worten: als *ein corpus* (KG I 3,20).

4 Zum Aufbau der Folioausgabe der Werke Hans Sachs' insgesamt vgl. Rettelbach 2019, 38–42, zum hier in Rede stehenden 4. Folioband ebd., 41.

Diesem Textprogramm vorweggeschickt wird eine versifizierte Einleitung, die explizit den Schreibanlass und implizit das Dichtungsprogramm reflektiert. Der auf den 12. Dezember 1563 datierte Text blickt zurück auf das Jahr 1562. Die Dichtung des vierten poetischen Buches reagiert, das soll im Folgenden konturiert werden, auf die Ereignisse, die in den Stadtraum Nürnberg einbrechen, sowie auf die polizeiliche Reaktion der Stadtinstitution Nürnberg.

1. Das Anti-*Dekameron*: Hans Sachs' Pestbuch

Das vierdt poetisch buch beginnt so:

> *Als nach Christi geburt fürwar*
> *Man zelet fünfftzehundert jar,*
> *Eh das zwey und sechtzigst angieng*
> *Gwaltig zu regieren anfieng*
> *Entlich zeit her in unser grentz*
> *Die gschwind kranckheit der pestilentz*
> *Hin und herwider auff dem land* (KG XV 17,1–8).

Die Stadtgemeinschaft sei *Von wegen unser grossen sünd* (KG XV 17,10) mit Gottes Zorn geschlagen worden. Mangelnde Bußfertigkeit, Gotteslästerung, Völlerei, Ehebruch, Hoffart, Habgier (*schinterey*), Wucher und Betrug seien die Ursache,

> *Derhalb die plag auch auff uns schlug*
> *Und gweltig angefangen hat*
> *Zu Nüremberg wol in der stadt.* (KG XV 17,17–19)[5]

Die Stadt Nürnberg, in deren ‚Wir' das Dichter-Ich sich einordnet (*uns*), hat als christliche Gemeinschaft versagt. Der Rat – so erzählt es auch das Spruchgedicht – reagiert auf den Pestausbruch mit Schutzmaßnahmen, die im Druck ausgegeben werden.[6] Das Spruchgedicht geht im weiteren Verlauf in einen Dialog (ab KG XV 20,11) zwischen dem *tichter* und einem *freund* über, welcher jenen fragt, warum er nicht eine Zeitlang aus der Stadt fliehe (KG XV 20,13–17). Die Antwort stilisiert den *tichter* zu einem ‚*alter* Boccaccio', sein *vierdt poetisch buch* zu einem Anti-*Dekameron*:[7]

> *Ich antwort ihm: O freund, wie mag*
> *Ein mensch entpfliehen gottes hand*
> *In dieses oder jehnes land,*

5 Hervorh. hier und im Folgenden von mir; F.D.S.

6 Es erscheinen 1562 die *Sterbsordnung der Reichsstadt Nürnberg* und *Ein kurtz Regiment wie man sich in Zeit regierender Pestilentz halten soll.*

7 Vgl. Merzbacher 2005 sowie Kemper 1987 und Bernstein 1995.

Das er es nicht wisse zu finnen [= ‚finden'‍]? (KG XV 20,19–22)

Während der *freund* die – offenbar als häretisch zu verstehende – Meinung in den Mund gelegt bekommt, Gott schere sich nicht um das Sterben in der Stadt, vertritt der Dichter die Position des gottergebenen Rechtglaubens: Die Stadt zu verlassen lehnt er ab, jedes Leben ruhe in Gottes Hand; wenn seine Zeit zu sterben gekommen sei, dann stehe dies eben in Gottes Willen. Der Freund setzt nach:

Sichst nit, wie täglich die reichen
Und mechting auß der stadtt ietzt weichen
Darmit ir leben mög bestehn? (KG XV 24,5–7)

Der Figur des Freundes, die vorher schon offen Ketzerisches vertreten hat, ist kaum verhohlene Kritik an der Obrigkeit in den Mund gelegt, welche das sinkende Schiff 1562 im ersten Beiboot verlässt. Carolin Porzelt dokumentiert für dieses Jahr die Flucht eines Großteils der Oberschicht, die so weit ging, dass schließlich kein einziger Stadtrichter mehr in Nürnberg verlieben war.[8] Entsprechend harsch reagiert der *tichter*:

Ich sprach: Sie werden nit entgehn
Dem todt mit dieser irer flucht;
Die forcht sie noch täglich heymsucht
Und peynigt innwendig im hertzen
Mit manichem seufftzenden schmertzen,
Die forcht nimt zu ie lenger mehr. (KG XV 24,9–14; Hervorh. von mir)

Das Modell geselliger Gemeinschaftsbildung außerhalb der Stadt, das den Rahmen des *Dekameron* gebildet hatte, wird abgewiesen.[9] Gottes Ratschluss könne man nicht entgehen, die Sorge um das Leben werde nur – ein stoisch anmutendes Argument – mit der Sorge um Hab und Gut vertauscht (vgl. KG XV 24,23–30) und bringe eben keine – mit Caroline Emmelius – „gesellige Ordnung",[10] sondern moralische Unordnung, wenn gesellige Gemeinschaft in *schlemmen, prassen, panckatieren,*[11] / [...] *reitten und fahren spatzieren* (KG XV 24,17f.) besteht. Der Dichter, für den *der leyb* nicht *das hauptgut* (KG XV 25,3) ist, zieht eine andere Konsequenz: *Derhalb will ichs gott lassen walten / und mich zu Nürnberg innen halten* (KG XV 25,20f.). Auf die Nachfrage: *Weß trostes magst dich da ergetzen?* (KG XV 25,37), wird das Dichten selbst zum Programm erhoben. Die mit dem

8 Porzelt 2000, 53.

9 Das *Dekameron* in der Übersetzung Arigos ist für Hans Sachs als bekannt vorauszusetzen. Es bildet seine „[w]ichtigste Quelle weltlicher Erzählungen" (Rettelbach 2019, 292). Sachs hat „67 Novellen als Quellen eigener Texttypen" übernommen (ebd., 293).

10 Zur geselligen Ordnung des *Dekameron* vgl. Emmelius 2010, bes. Kap. 5.

11 Mit *panckatieren* ist ‚Bankettieren', also ‚Bankette abhalten', gemeint.

dritten poetisch buch eigentlich erfolgte öffentlichkeitswirksame Beendigung der dichterischen Tätigkeit aus Altersgründen wird widerrufen:

> *Ich sprach: Ich wil mich uber setzen*
> *Und wider anfahen zu dichten,*
> […]
> *Und wider zu richten ein buch*
> *In truck, wie ich gethan hab eh,*
> *Darmit mir auch mein zeit vergeh*
> *Biß die sterbsleufft nemen ein end* (KG XV 25,39–26,9).

Der Rückzug in die sozial distante Klausur im Inneren des Stadtraumes soll einen direkten Nutzen für die eingangs eingeführte sündige Stadtgemeinschaft haben. Die Verbindung zwischen der individuellen Übung und dem kollektiven Wohl wird durch das Medium des Drucks gestiftet. Der Dichter sagt:

> *Wenn mich nun diese ursach trieb,*
> *Daß ich anheym zu hause blieb*
> *Und fieng wider zu dichten an,*
> *Brecht recht gut gedicht auff die ban*
> *In sterbsleufften, aus gottes gnaden,*
> *Das iederman wer gar on schaden,*
> *Daß die oberkeit für gut het*
> *Zu drucken auch erlauben thet,*
> *Das würd mir ie ein weiser mann*
> *In keinem weg für ubel han,*
> *Weyl es wol möchte zu nutze kommen*
> *Armen und reichen, bösn und frommen*
> […]
> *Und gut ehrlich schwenck, die sich schicken*
> *Ein trawriges hertz zu erquicken*
> *In solcher trübseliger zeit*
> *Zu frewdem und zu fröligkeit.*
> *Meinst nicht, solch arbeit wer gemeß,*
> *Nützer, denn ich müssig seß,*
> *Ausser der statt thet schlemmn und prassen?* (KG XV 26,23–27,7).

Der Dichter schließt die Vorrede damit, dass er *in gottes nam* (KG XV 27,28) begonnen und 350 völlig neue Gedichte geschaffen habe, *daß mich selbe wundert* (KG XV 27,31), und er kündigt neben dem vorliegenden vierten noch ein fünftes Buch an.

2. Die Perle im Herzen

Das Programm des vierten und fünften Buchs wird also zunächst als Anti-*Dekameron* stilisiert, als ein Textprogramm, das statt in geselliger Gemeinschaft in sozialer Isolierung, statt außerhalb des Stadtraumes in dessen abgeschiedener Mitte entsteht; der Nutzen der Dichtung entfaltet sich nicht – wie im Erzählrahmen bei Boccaccio – in der Regulierung der sozialen Interaktion durch die Performanz des – freilich fingierten – geselligen Erzählaktes, sondern in der zerdehnten, individualisierten und monologischen Kommunikationssituation des Druckmediums:[12] Der Dichter, der das Archiv der vorgängigen Texte lesend und deutend ‚ver-dichtet', widmet sich seiner Arbeit in Zurückgezogenheit. Die Rezipierenden ziehen den Nutzen aus seiner Selbstübung in der vereinzelnden, situativ entkoppelten Lektüre des gedruckten Buches. Die Stiftung einer virtuellen Gemeinschaft der Lesenden wird nicht in die Präsenz, sondern in die Absenz verlegt.

Ziel der ethischen Sorge, welches die Dichtung des Hans Sachs adressiert, ist – wie im Folgenden gezeigt werden soll – jenes ob der Pestkatastrophe *trawrig*[ ] *hertz* (KG XV 27,1) des einzelnen Subjektes. Dieses soll durch die Dichtung erquickt werden und rückt besonders im geistlichen Teil des vierten Buches ins Zentrum der Texte. Anhand einiger Spruchgedichte, welche hier zu einer kleinen Evangelienharmonie montiert werden, möchte ich exemplarisch zeigen, wie das *hertz* zum Aushandlungsort einer quer zur Stadtgemeinschaft stehenden, virtuellen Gemeinschaft der Rechtgläubigen, einer *christlichen gemein* wird.[13]

Schon im Dialog zwischen Dichter und Freund hat der Dichter das *hertz* mehrfach eingeführt. Im Herzen nämlich bekümmern sich die aus der Stadt geflohenen Reichen um ihr Hab und Gut (vgl. KG XV 24,12 u. 24,23). Aber auch an das Herz des Freundes appelliert der Dichter, als der Freund gotteslästerlich spricht:

> *Wen die seuch betrifft zu dieser zeyt*
> *Den würgs, wer also ligt der leyt*
> *Er sey geleich böß oder frumb,*
> *Gott kümmert sich nicht vil darumb* (KG XV 21,21–24).

12 Die ‚zerdehnte Situation' hat Jan Assmann im Anschluss an Konrad Ehlich in sein Konzept des Kulturellen Gedächtnisses eingeführt, wo sie zum Kennzeichen der Entkopplung von Sender- und Empfängerinstanz in einer Textkommunikation jenseits des kommunikativen Gedächtnisses, jenseits des direkten Kommunikationszusammenhangs wird. Vgl. Assmann 2005, 21f.

13 Die betreffende Passage des 4. Foliobandes, die ‚Evangelienharmonie', findet sich KG XV, 289–398.

Der Text-‚Hans Sachs', der auf diese Aussage antwortet, steht in der Tradition des Schusters Hans, der schon in den frühen Prosadialogen die Position des Rechtglaubens vertreten hat, indem er als Sprachrohr des Evangeliums aufgetreten ist.[14] Und auch im vorliegenden Fall wird die Antwort – wie bereits in den Prosadialogen – über ein Schriftzitat (nämlich Lk 12,7) modelliert:

> *Ich sprach: Diß wort, von dir geredt,*
> *nicht auß christlichem hertzen geht.*
> *Christus spricht: Ewre haar sind zelt,*
> *Der keins von ewrem haubt abfelt,*
> *Es sey denn ewres vatters willen.*
> *Das wort laß ich mein hertz mir stillen,*
> *Daß niemand stirbt in dieser frist,*
> *Denn wer darzu verordnet ist* (KG XV 21,26–33).

Die hier angedeutete Funktionsweise der gläubigen und tröstenden Annahme des Evangeliums im Herzen ist es, welche auch in den Evangeliums-Spruchgedichten des vierten Buchs ausgehandelt werden. Durchgeführt wird dies sowohl an den Gleichnissen Jesu als auch an den Ereignissen der Passionserzählung, die jeweils einer Allegorese unterzogen werden.

Die Rolle des Herzens bei der Annahme des Evangeliums entspricht bei Hans Sachs im Wesentlichen derjenigen Rolle, die auch Luther ihm zugewiesen hat. Nach Jonathan Reinert ist das Herz bei Luther „Ort der wahren Reue", „Ort des wahren Gebets" und „Ort des wahren Glaubens",[15] und all diese Funktionen sind auch bei Hans Sachs anzutreffen. Prototypisch werden sie ausgearbeitet in der Auslegung des Gleichnisses vom Schatz im Acker und von der Perle, zwei kurzen Gleichnissen, die im Matthäusevangelium (Mt 13,44f.) ohne weitere Auslegung erscheinen und denen Hans Sachs jeweils ein Spruchgedicht widmet. Im Text Luthers von 1522 lauten sie:

> 44 *Aber mal ist gleych das hymelreych eynem verborgen schatz ym acker, wilchen eyn mensch fandt, vnnd verbarg yhn, vnd gieng hyn fur freuden vbir dem selbigen, vnnd verkaffte alles was er hatte, vnd kauffte den acker.*
>
> 45 *Abermal ist gleych das hymelreych eynem kauffman der gutte perlen suchte,* 46 *vnd da er eyne kostliche perlen funden hatte, gieng er hynn, vnd verkauffte alles was er hatte, vnd kauffte die selbigen.*[16]

14 Auch Merzbacher 2005, 118 stellt den Dialog des *Eingangs* in die Tradition der vier Prosadialoge. Vgl. die Prosadialoge in der Ausgabe von Seufert 1974.

15 Vgl. Reinert 2021.

16 Luther 1522, 64–66.

Die in Luthers Druck enthaltene Marginalglosse setzt explikativ das durch Schatz und Perle bedeutete *hymelreych* mit dem Evangelium gleich und bezieht überdies die Perle direkt auf den Schatz:

> *der verborgen schatz ist das evangelium das do vns gnad vnd gerechtickeyt gibt, on vnser verdienst, darumb findt man es, vnnd macht frewd das ist eyn gutt frolich gewissen, welche man mit keynen wercken zu wege bringen mag Ditz euangelium ist auch dis perlen.*[17]

Hans Sachs folgt beiden Vorgaben Luthers in seinen Spruchgedichten. Das unterdeterminierte Gleichnis von der Perle wird in Analogie zum verborgenen Schatz ausgearbeitet (vgl. KG XV 339–342). Die Perle nämlich wird in Anlehnung an die *Naturalis Historia* des Plinius naturkundlich erklärt und diese naturkundlichen Erläuterungen werden einer Allegorese unterzogen.[18] Die Perle, heißt es, werde aus dem Tau gezeugt, den die Muscheln in sich aufnähmen, bei hellem Sonnenschein würden die Perlen perfekt, schön und rund, bei trübem Wetter aber runzelig, verunstaltet und missgeformt. Die Muscheln lebten dort, wo das Meer rau sei, wer sie finden wolle, müsse tief tauchen und werde dort von den *grewlichen frechen meerhund* (KG XV 340,26) bedroht. Bringe man aber die Muschel an den Tag, dann lege man diese in Salz, was das *schneckenfleisch* (KG XV 340,34) verschwinden lasse, wodurch man erst die Perle finde.

Die Auslegung nun gibt zu erkennen, wie man *Das geistlich wassrperlein* (KG XV 340,38) erlangen könne:

> *Wo man auf erd verkünd den hort*
> *Das thewer reine gottes-wort,*
> *So muß der mensch auffthun sein hertz,*
> *Willigklich erheben auffwerts*
> *Oben in disem jammer-meer.*
> *Und gott sagen lob, preiß und ehr,*
> *Der ihm zu-sendt sein heiligs wort,*
> *Den himmel-thaw, den höchsten hort,*
> *Den empfach er in starckem glauben,*
> *Daß in der feind deß nicht mög rauben.*
> *Beschleust das hertz sich wider zu,*
> *Senckt sich zu grund in stiller rhu,*
> *Daß gottes geist in im hab platz*
> *Und wachß in im der edel schatz*
> *Und nemb teglichen im geyst zu*
> *Und halte sich in stiller rhu.*

17 Ebd.

18 Vgl. dazu Rettelbach 2019, 191f.

Wo aber das wort ist gemüscht
Mit falscher lehr, so wird zerknüscht
Das perlein mit trübem ungwitter,
So wird es dunckel, trüb und bitter (KG XV 340,40–341,18).

Das Herz, das sich mit dem empfangenen Evangelium wieder verschließt wie die imprägnierte Muschel und das sich zurück in die Tiefe senkt, um in Abgeschiedenheit eine Perle – das Himmelreich – daraus wachsen zu lassen, hat im Perlengleichnis keine Entsprechung, wohl aber in dem schon von Luther parallelisierten Schatz im Acker. Auch dieser wird gnadenhaft empfangen, dann aber zum Schutz wieder in den Acker eingegraben, damit er den Feinden des Wortes Gottes entzogen bleibt:

Wo man aber gar rein bekennt
Ohn menschen lehr das gottes-wort,
Der muß erdulten an dem ort
Grewlich tyrannische meerhund (KG XV 341,22–25).

Die, die das reine Evangelium mit menschengemachter Lehre bedrohen, sind transparenterweise die Papisten. Das Evangelium aber muss in jedes einzelne Menschenherz unvermischt hinein-tauen – *rorate cæli desuper* (Jes 45,8) – und zu einer schönen Perle heranwachsen.

Das Spruchgedicht von der Perle entsteht bezeichnenderweise im Kontext mehrerer ähnlich ausgerichteter Dichtungen. Zwischen dem 9. und 15. April 1562, mit einer Pause am 12. April, dem 2. Sonntag nach Ostern, schreibt Hans Sachs binnen einer Woche eine Sequenz von Spruchgedichten, welche sich in der Allegorese der Thematik der Empfängnis des Evangeliums im Herzen widmen, für die er auf ältere Meisterlieder zurückgreift:

- 9.4.1562: Evangelium: *Die schlaffenden jünger am ölberg. Aligoria* (5450)
- 10.4.1562: Evangelium: *Der schatz im acker* (5451)
- 11.4.1562: Evangelium: *Mutter und bruder Christi* (5452)
- [12.4.1562: Zweiter Sonntag nach Ostern]
- 13.4.1562: Evangelium: *Der gleyßner und offen sünder* (5453)
- 14.4.1562: Evangelium: *Das edel perlein* (5454)
- 15.4.1562: Evangelium: *Der sawerteyg. Allegoria* (5455)[19]

19 Vgl. das chronologische Repertorium bei Holzberg/Brunner 2020, 994. Allen hier genannten Spruchgedichten liegen ältere Meisterlieder zugrunde. Für die hier in Rede stehenden Spruchgedichte zum Gleichnis vom Schatz im Acker und von der Perle sind dies: Nr. 2814: *Der schacz im acker* vom 16.7.1548 und Nr. 4961: *Der schacz im acker Aligoria* vom 3.8.1556 sowie Nr. 3506: *Das wasser perlein Aligoria* vom 16.2.1551. Inwiefern sich die Theologie des Hans Sachs und die Benutzung des Leitbegriffs ‚Herz' in seiner späteren Retext-Sequenz verändert, wäre für diese Texte eigens zu prüfen, was an dieser Stelle nicht geleistet werden kann.

Selbst die Empfängnis Jesu in Maria wird mit dem Schwangerwerden der Gläubigen durch das Evangelium verglichen.[20] Die chronologisierte Evangelienharmonie des gedruckten vierten Buches ist durch die Thematik von Evangelium und Herz grundiert.

3. Wilde Semiose – *menschenfünd*

Wenn der Freund den Dichter, welcher die Stadt Nürnberg nicht verlassen will, in der versifizierten Vorrede bespöttelt, indem er sagt:

> *Ich muß dir lassen*
> *Dein sinn, so sperr dich in dein hauß*
> *Wie ein einsiedel in sein klauß;*
> *Darinn thu dichtn und speculirn* (KG XV 27,8–11),

dann ist in der Formel *dichtn und speculirn* ein prekäres Moment seiner Tätigkeit formuliert. Schon das hohe Mittelalter weiß, dass der Buchstabe der Heiligen Schrift mit sich machen lässt, was der Exeget will. Bereits ein anonymer Kanoniker aus Troyes, den Walter Haug als Kuriosität zitiert, schreibt:

> *Scriptura sancta meretrix est ad quoslibet sensus accomodata. Sicut enim meretrix multis, immo quam plurimis sese exponit, ita in littera multiplex est sensus. Est enim sensus historialis, allegoricus, tropologicus.*
>
> (‚Die Heilige Schrift ist eine Hure, d.h. auf jeden beliebigen Sinn hin zu interpretieren. Denn wie eine Hure sich vielen, ja möglichst den meisten hingibt, so liegt im Buchstaben [der Schrift] ein vielfacher Sinn. Es gibt den historischen, allegorischen und den tropologischen Sinn.‘)[21]

Rüdiger Campe hat mit Hinblick auf die Allegorie bei Melanchthon darauf hingewiesen, dass mit Luther das traditionelle hermeneutische Verfahren der Allegorese verworfen worden sei. Allegorischer, tropologischer und anagogischer Sinn produzieren für Luther „Spielerein“ (*nugae*) – gemeint ist wiederum: menschen-

---

20 Im Spruchgedicht Evangelium: *Mutter und bruder Christi* (KG XV 343–346) heißt es: *Welch mensch das höret an dem ort / Und vernimbt gottes trew und güt, / Glaubt von gantzem hertzen und gmüt / Dem Wort, was es im saget zu, / Daß es gott also wöll und thu, / So ist bereyt der seelen anger, / Die wird auch von dem wort dann schwanger / Und entpfecht die himlischen frucht / Geistlicher weiß in reiner zucht, / Die wechst und nimbt denn täglich zu / Durch gottes wort in stiller rhu, / Ist also Christi mutter worn, / Denn wird die frucht von ir geborn / Wann sie bekennt von hertzen grund / Mit hertzen, hand und auch mit mund, / Christus sey der eynig heyland, / Zu eim erlöser her-gesand / Von gott, dem vattr, auß ewigkei*t (KG XV, 344,11–28).

21 Mit Übers. zitiert nach Haug 1989, 100 (inkl. FN 38). – Vgl. zur einigermaßen verbreiteten und sogar in die vernakulare Dichtung wirkenden *littera meretrix* Hagenlocher 1989.

gemachte, papistische Lügen –, das Evangelium hingegen beharre in seinem Sinn und lasse sich nicht umformen.[22]

Ganz entsprechend entwickelt Hans Sachs im Spruchgedicht über *Die fünff-erley wunderwerck Christi* eine Schrifthermeneutik, die aber zunächst in sich paradox scheint, weil sie falsche, menschengemachte Auslegung selbst im Modus der Allegorese des eigentlich unwandelbaren Evangeliums verhandelt: Christus, heißt es, habe dem Tauben das Gehör wiedergegeben und ganz analog mache er noch gegenwärtig denjenigen hörend, der taub im Unglauben befangen sei, der nicht einfältig dem *gottes-wort* (KG XV 325,4) anhänge,

> *Sonder nach-grübelt in gemein,*
> *Wie das oder jehnes müg sein,*
> […]
> *Da wil er auch nicht glauben han,*
> *Sonder nach seinem kopff glosirn*
> *Und nach seinem sinn exponirn.*
> *Aus dem entspringen mancherley*
> *Irrthumb, rotten und ketzerey*
> […]
> *Bis Christus durch den geiste sein*
> *Von ihm außtreibt den geist unrein*
> *Offnet sein Ohr gleich einem tawben* (KG XV 325,6–20).

Was aber tut Hans Sachs anderes als *dichtn und speculirn*, *nach seinem kopff glosirn* und *nach seinem sinn exponirn*, wenn er die Perle des Gleichnisses mit Plinius verbindet und zur Inspiration des Herzens durch das Evangelium umformt? Warum ist sein Schreiben nicht der Gefahr des Irrtums und der Ketzerei ausgesetzt? Wodurch ist die – im Wortsinne – in*spirierte* Rede durch den ‚Geist' Christi (*spiritus*) gegenüber der Verführung durch den ‚unreinen Geist' zu sichern?

Man könnte Hans Sachs mit Aleida Assmann als ‚wilden Semiotiker' bezeichnen.[23] Dem Verdikt Luthers gegen die Allegorese laufen sowohl seine Evangelien-Spruchgedichte als auch schon dasjenige Druckprojekt zuwider, für welches er sich ein Druckverbot eingehandelt hat, nämlich Andreas Osianders allegorische Auslegung der Papstprophetien, zu denen Hans Sachs Merkverse beigesteuert hat und die ein altes, handschriftlich tradiertes Bildprogramm radikal antipapistisch

22 Vgl. Campe 1998, 49, dort auch ein übersetztes Zitat aus Luthers *Ennarationes epistolarum et euangeliorum, quas postillas vocant* (1521), das hier jedoch falsch nachgewiesen ist. Es findet sich in Luther 1897, 533, Z. 8–10.

23 Zur ‚wilden Semiose' vgl. A. Assmann 2018, 18–27.

auslegen.[24] Die Evangeliums-Allegorese, die Hans Sachs am 29. April 1562 über die Grabwächter Christi dichtet, steht in ihrer radikal antirömischen Haltung in direkter Linie hierzu: Gottes Wort habe viele hundert Jahre lang vergraben gelegen und sei von Grabwächtern, den Bettelorden, bewacht worden, damit niemand das Wort Gottes habe aus dem Grab hervorholen können. Zu diesem Zweck sei es *Mit einem groß schweren grabstein / Der menschen-lehr* (KG XV 384,24f.) verschlossen worden. *Durch menschen-fünd und gsetze arck / Verhüten sie* [= die Grabhüter] *das grab sehr starck* (KG XV 384,29–31). Spätestens wenn die Allegorese nun auf Luther zu sprechen kommt, gerät sie zur wilden Semiose:

> *So blieb das gottes wort unerkennt*
> *Biß das gott aus gnaden sendt*
> *Doctor Martin, der hub herab*
> *Der steine von deß herren grab*
> *Deckt auff die lügen und den tand,*
> *Welchen triebe der geistlich stand*
> [...]
> *Nach dem erklert das gottes-wort,*
> *Das ihm gott lest allein gefallen,*
> *Auff daß wir dem glauben in allen,*
> *Und all auffsetz und menschen-lehr*
> *Verheist gott außzurewten sehr.*
> *Ob dem die christlich gmein erwacht,*
> *Und alle menschenlehr veracht* (KG XV 384,36–385,11).

Man kann die – wie Hans-Georg Kemper schreibt – ‚tägliche Bußübung' des Hans Sachs nicht nur als Akt der Vereinzelung, als dichtende Bewältigung individueller Melancholie verstehen,[25] sondern man kann sie auch – mit Jan Assmann – als quasi-pastorale Arbeit am kulturellen Gedächtnis begreifen. Joachim Lochner, der 1578 postum das vierte Buches Sachs'scher Dichtungen herausbrachte, spricht in seinem Vorwort über Hans Sachs vor allem als Leser. Im Anschluss an eine lange Liste der von Sachs rezipierten und verarbeiteten Autoren heißt es dort:

> *Dieser nun erzelter aller fürtrefflicher scribenten hat sich der weitberümt und künstreich Hans Sachs seliger, zuvörderst aber h. schrifft und anderer mehr authoren, die tag seines lebens, mit embsigem lesen beflissen, dardurch also vil herrlicher, schöner, geistlicher und weltlicher, ernsthaffter und kürtzweyliger historien zusammen getragen, und dem rhat Demetrij mit unablässigem lesen die histori zu erkundigen, fleissig nachgefolget* (KG XV 5,25–32).

24 Zu dem Druck *Eyn wunderlich weyssagung von dem babstumb / wie es yhm biß an das endt der welt gehen soll* vgl. Rettelbach 2019, 111 (inkl. FN 64f.).
25 Vgl. Kemper 1987, 249.

Hans Sachs habe *seine zeit mit lesen, dichten und schreiben zugebracht* (KG XV 6,19), sodass er sein viertes Buch konzipiert habe

> *gleich wie ein bine uff das schöne grunnende wißmat fleugt, welches der allmechtige gott mit aller hand artlichen blümmlein, mancherley farben gezieret, allda ir nahrung, lieblich hönig und nützlich wachß, zu suchen und holen* (KG XV 6,29–33).

In einer Zeit des konfessionellen Umbruchs ist es ein Dichter wie Sachs, der über die Breite des kulturellen Gedächtnisses lesend verfügt und für den diese Lektürepraxis zugleich eine produktive Dimension hat. Lesen bedeutet, die Texte aus dem kulturellen Archiv hervorholen, es bedeutet aber zugleich ihre Aktualisierung. Auch das kulturelle Gedächtnis lebt nur, insofern es – wie der spätere Jan Assmann herausgearbeitet hat – im kommunikativen Gedächtnis aktualisiert und bewohnt wird.[26] In diesem Prozess der Aktualisierung speist Sachs die unablässige individuelle Beschäftigung mit dem im Schriftmedium abgelegten kulturellen Gedächtnis immer wieder ins kommunikative Gedächtnis ein. Es ist die religiös-ethische Dimension dieser Umschrift des Archivs, der Anspruch, *Doctor Martin* die Grabplatte, unter der die Wahrheit des Evangeliums verborgen gelegen hat, heben zu helfen, welche der Tätigkeit des Handwerkermeisters eine prekäre prophetische Dimension verleiht, die er selbst für sich in Anspruch nimmt. Das *vierdt poetisch Buch* wird nämlich mit einem *beschluß* beendet, einem Spruchgedicht, das ursprünglich Sachsens 16. handschriftlichen Spruchgedichtband abgeschlossen hat und das die Weisheit Salomos thematisiert. Salomo wird hier als Dichter begriffen, der ebenfalls ein Archiv bearbeitet hat. Das Wissen über die gesamte Schöpfung habe Salomo verarbeitet (KG XVII 525,1–8). Und als von Gott inspiriert begreift sich auch Hans Sachs, der über sich in der dritten Person spricht und dann ein Summengedichte bietet, in dem er – analog zu Salomo – seine Dichtungen aufzählt:

> *Auß solchem brunnen der weißheit*
> *Ist disem tichter seiner zeit*
> *Auch gar ein kleines tröpfflein worn,*
> *Von gottes gnaden außerkorn.*
> *In seinr jugent fieng zu tichten an,*
> *Doch als ein ungelerter mann,*
> *Trieb das neun-und-viertzig jar lang* (KG XVII 525,28–526,1).

Wie also können die eigene Begnadung, die wilde Semiose und das evangelische Projekt, das *menschenfünd* ausschließt und die Heilige Schrift entsprechend des *sola scriptura*-Prinzips privilegiert, zusammengedacht werden?

26 Vgl. J. Assmann 2018, 145–147.

4. Die Furcht im Herzen: Offenbarung und Emblem

Aleida Assmann unterscheidet im Umgang mit den Zeichen der Welt und des Textarchivs die Modi der Offenbarung und des Emblems.[27] Während erstere auf der Annahme basiert, dass in jedem Ding – im Buch der Natur, in den Heiligen Schriften, in den weltlichen Dichtungen – ein verborgener Sinn offenbart sei, der nur aufgefunden werden müsse, behandelt die Emblematik die Technik der Semantisierung jedes beliebigen Dinges. Und hier lassen sich die Allegoresen des Hans Sachs einordnen, die weniger Allegorese als eben vielmehr Allegorie, weniger Hermeneutik als Rhetorik sind. Sie stehen da, wo die Deutung gewaltsam erscheint, dem emblematischen Charakter der *Wittenbergischen Nachtigall*, der gemachten Allegorie, näher als der traditionellen Allegorese des vierfachen Schriftsinns.

Es ist das Feld der protestantischen – genauer: der evangelischen – Dichtung, auf dem Allegorese durch Allegorisierung, Hermeneutik durch Emblematik ersetzt wird. Der radikal vereinzelte Leserdichter usurpiert eine Deutungshoheit, die zugleich wilde Semiose und maximal determiniert ist, indem das Zentralsignifikat, das Evangelium, immer wieder zum Inhalt aller Signifikanten wird. Die Emblematik, die sogenannte Sinnbildkunst, wird später, etwa in den wiederum Geselligkeit fingierenden *Frauenzimmer Gesprächsspielen* Harsdörffers, als Medium eines Weltbezugs ausgebaut, welcher Hermeneutik durch Umschrift ersetzt. Hier wird das Evangelium selbst zum Anlass genommen, die Welt auf das Evangelium zu beziehen, ein zirkuläres Bezeichnungssystem zu installieren und zu habitualisieren, das immer wieder nur auf sich selbst zurückverweist, anstatt in einer irreduziblen Welt der Zeichen neue Inhalte aufzufinden.[28] Gerade die ‚Allegoresen' des Evangeliums freilich müssen die alte typologische Hermeneutik hinter sich lassen. Hier offenbart nicht das Alte Testament das Neue, sondern hier verweist nur das Evangelium auf sich selbst. Die tropologische Schwundform der alten ‚Allegorese' behandelt wiederum die richtige Aufnahme des Wortes Gottes. An die Stelle der *littera meretrix* tritt – mit Rüdiger Campe – die Monosignifikanz des Evangeliums.[29] Furcht und Reue sind diejenigen Elemente, die Umkehr bewirken und zur Öffnung des Herzens für das Evangelium führen, aber auch dies geschieht gnadenhaft: Wie die Jünger Christi am Ölberg eingeschlafen sind und erschrecken, wenn der Herr sie anspricht, so muss auch das Herz des Gläubigen erschreckt, mit Furcht und Angst gequält werden (KG XV 377,22f.), um seine Sünde zu bereuen, bis der Sünder

27 Vgl. A. Assmann 2018, 42–48.

28 Zum Wechselspiel von Welthermeneutik, Allegorisierung, Allegorese und Emblematik (bes. bei Harsdörffer) vgl. Scheidel 2021, 202–219.

29 Vgl. Campe 1998, 51.

> *Bitt gott von hertzen zu vergeben.*
> *Als denn thut ihm der geist Christi*
> *Geistlichen in sein hertz allhie*
> *Das evangelium verkünden*
> *Zu vergebung all seiner sünden* (KG XV 377,33–37).

Die *christliche gemein* aber, die auf diese Art durch Inspiration entsteht, verläuft quer zur Stadtgemeinschaft, die auch aus Sündern besteht, welche mit der Pest geschlagen werden. Sie ist eine virtuelle, die auf Vereinzelung der Erleuchteten beruht.

Im gewaltigen dichterischen Projekt des Hans Sachs kann man so auch den fast manischen Versuch erkennen, eine Umschrift des gesamten kulturellen Archivs anzufertigen. Im Zentrum stehen Gesetz und Evangelium, Altes und Neues Testament (vgl. Hans Sachs: *Evangelium. Der gleyßner und offen sünder*; KG XV 357,7–28). An der Peripherie steht fast die Summe der vorgängigen Literaturen. Durch das inspirierte Herz, durch die Feder der evangelischen *Ars critica* – um ein emblematisches Bild zu bemühen – fließt die Bibliothek der Menschheit.[30] Hans Sachs ist nicht der Einzige, der an diesem Projekt arbeitet, das jeden im Denken auf sich selbst zurückwirft. Dass diese intensiven und extensiven Lektüren, ihre Verbreitung im Druckmedium, die subversive Selbstermächtigung des Subjektes und die ökonomische Potenz des konfessionellen Skandalons die Hüter der städtischen Ordnung haben beunruhigen müssen, liegt auf der Hand.

Aber die ‚*Freyheit des Christenmenschen*' hat ihre institutionellen Grenzen. Und auch Hans Sachs erweist sich in seinen beiden Pestbüchern nicht zuletzt eben doch als vorbildlicher Stadtbewohner, als Subjekt einer Herrschaftsmacht. Denn nicht nur paraphrasiert er die vom Rat initiierte Pestordnung im *eingang diß vierdten buchs* ausführlich, wie schon Merzbacher gezeigt hat, und macht sich also die offizielle Position der Stadtoberen zu eigen.[31] Hans Sachs erweist sich auch in seiner Hermeneutik des Herzens als braver Untertan, denn: In der *Sterbsordnung* von 1562 verkündet der Rat seine Intention angesichts der grassierenden Sündenstrafe. Er will

> *alle ire Burger / Inwoner vnd zugewandten / allhie gantz getrewlich erinnert vnd vermanet haben / von solchen iren suenden abzustehen / vnd sich* ***mit demuetigem hertzen*** */ Auch andechtigem gepet zu Got keren* [...].[32]

30 Zur *Ars critica* als Allegorie eines (um)schreibenden Lesens in einem Archiv kanonisierter Texte vgl. A. Assmann 2018, 291–304.

31 Vgl. Merzbacher 2005, 117f.

32 Zitiert nach Porzelt 2000, 181; Hervorh. v. F.D.S.

Und auch im *kurtz Regiment wie man sich in Zeit regierender Pestilenz halten soll* desselben Jahres wird das Herz der Gläubigen ermahnt:

> *Wer nun durch disen weg* **sein Hertz** *gegen Gott / also zufriden gestelt hat / der würdet alzeyt befinden / das auch ditz zeytlich Leben / dester rwiger / frolicher / sicherer / gesundter / vnn in aller fherlichkeit / vnnd sovil mer desto leichter zuerhalten ist.*[33]

Wenn Hans Sachs sich im Jahr 1562 im Inneren der Stadt Nürnbergs zurückzieht, um mit sich selbst zu *dichten* und zu *speculirn* und zwei Bücher zu konzipieren, die dabei helfen sollen, das Wort Gottes in den Herzen einer virtuellen Gemeinschaft der vereinzelten Rechtgläubigen zu zeugen, dann macht er sich als Programm seiner Dichtung zu eigen, was die Obrigkeit anempfohlen hat.

Bibliographie

I. Primärliteratur

Ein kurtz Regiment wie man sich in Zeit regierender Pestilentz halten soll. Durch die Hochgelerten vnnd ersamen der Ertzney Doctores, zusammen gefaßt vnnd gebessert. / Anno 1562. / Zu Nüremberg truckts Valentin Geyßler: https://onb.digital/result/10559E3C [26.02.2024].

Martin Luther: Werke. Kritische Gesamtausgabe. Die Deutsche Bibel. Bd. 6: 1522–1546. Luthers Drucktexte: Das Neue Testament. Erste Hälfte: Evangelien und Apostelgeschichte. Weimar 1929.

Martin Luther: Werke. Kritische Gesamtausgabe. Bd. 7. Weimar 1897.

Hans Sachs: Werke. Hrsg. von Adalbert von Keller/Edmund Goetze. 26 Bde. Stuttgart 1870–1908. Nachdruck Hildesheim 1974.

Hans Sachs: Die Wittenbergisch Nachtigall. Spruchgedicht, vier Reformationsdialoge und das Meisterlied Das Walt Got. Hrsg. von Gerald H. Seufert. Stuttgart 1974.

Sterbsordnung der Reichsstadt Nürnberg (1562). In: Porzelt 2000, 181–185.

II. Sekundärliteratur

Assmann, Aleida: Im Dickicht der Zeichen. 2. Aufl. Frankfurt a. M. 2018.

Assmann, Jan: Das kulturelle Gedächtnis. Schrift, Erinnerung und politische Identität in frühen Hochkulturen. 5. Aufl. München 2005.

Assmann, Jan: Religion und kulturelles Gedächtnis. 5. Aufl. München 2018.

33 *Ein kurtz Regiment* 1562, dort S. [6]; Hervorh. v. F.D.S.

Bernstein, Eckhart: Der „teutsche tichter“ und die „poetae docti“. Zum dichterischen Selbstverständnis des Hans Sachs und der deutschen Humanisten. In: Stephan Füssel (Hrsg.): Hans Sachs im Schnittpunkt von Antike und Neuzeit. Akten des interdisziplinären Symposions vom 23./24. September 1994 in Nürnberg. Pirckheimer-Jahrbuch 1995, 31–45.

Braun, Manuel: „Wie sehens, das Luther by aller Welt berympt ist“ – Popularisierung und Popularität im Kontext von Buchdruck und Religionsstreit. In: Gereon Blaseio, Hedwig Pompe und Jens Ruchatz (Hrsg.): Popularisierung und Popularität. Köln 2005, 21–42.

Campe, Rüdiger: Melanchthons Allegorie zwischen Hermeneutik und Rhetorik. In: Eva Horn und Manfred Weinberg (Hrsg.): Allegorie. Konfigurationen von Text, Bild und Lektüre. Opladen/Wiesbaden 1998, 46–58.

Emmelius, Caroline: Gesellige Ordnung. Literarische Konzeptionen von geselliger Kommunikation in Mittelalter und Früher Neuzeit. Tübingen 2010.

Hagenlocher, Albrecht: Littera meretrix. Brun von Schönebeck und die Autorität der Schrift im Mittelalter. In: ZfdA 118 (1989), 131–163.

Haug, Walter: Die Zwerge auf den Schultern der Riesen. Epichaels und typologisches Geschichtsdenken und das Problem der Interferenzen. In: Ders.: Strukturen als Schlüssel zur Welt. Kleine Schriften zur Erzählliteratur des Mittelalters. Tübingen 1989, 86–109.

Holzberg, Niklas/Brunner, Horst: Hans Sachs. Ein Handbuch. Mit Beiträgen von Eva Klesatschke, Dieter Merzbacher und Johannes Rettelbach. 2 Bde. Berlin/Boston 2020.

Kaufmann, Thomas: Die Druckmacher. Wie die Generation Luther die erste Medienrevolution entfesselte. München 2022.

Kemper, Hans-Georg: Träume eines melancholischen „bidermans“ (H. Sachs). In: Ders.: Deutsche Lyrik der Frühen Neuzeit. Bd. 1. Epochen- und Gattungsprobleme. Reformationszeit. Tübingen 1987, 246–281.

Merzbacher, Dieter: *Die gschwind kranckheit der pestilenz.* Pest, Blattern, Aussatz, *miselsuht* – Erzählmotive in Meisterliedern und weiteren deutschsprachigen Texten des Mittelalters und der Frühen Neuzeit. In: Petra Feuerstein-Herz (Hrsg.): *Gotts verhengnis und seine straffe* – Zur Geschichte der Seuchen in der frühen Neuzeit. Wiesbaden 2005, 113–126.

Porzelt, Carolin: Die Pest in Nürnberg. Leben und Herrschen in Pestzeiten in der Reichsstadt Nürnberg (1562–1713). St. Ottilien 2000.

Reinert, Jonathan: Das menschliche Herz und Luthers Theologie. Ein weiterer Blick auf den Denkweg des werdenden Reformators. In: Lutherjahrbuch 88 (2021), 44–68.

Rettelbach, Johannes: Die nicht-dramatischen Dichtungen des Hans Sachs. Grundlagen, Texttypen, Interpretationen. Wiesbaden 2019.

Scheidel, Fabian David: Wahrheit und Gewohnheit. Konventionalisierung des Nicht-Konventionellen bei Augustinus („De trinitate libri XV“), Thomasîn von Zerklære

(„Der Welsche Gast“) und Georg Philipp Harsdörffer („Frauenzimmer Gesprächspiele“). In: Udo Friedrich, Christiane Krusenbaum-Verheugen und Monika Schausten (Hrsg.): Kunst und Konventionalität. Dynamiken sozialen Wissens und Handelns in der Literatur des Mittelalters. Beihefte zur ZfdPh 20. Berlin 2021, 179–219.

Dr. Fabian David Scheidel
Universität zu Köln
Institut für deutsche Sprache und Literatur I
Albertus Magnus Platz
50923 Köln
fabian-david.scheidel@uni-koeln.de

Franziska Lallinger

Hans Sachs als Protagonist städtischer Gemeindereformation. Die Nürnberger Drucke der Kontrafakturen und Psalmlieder

Am 13. Juli 1563 schreibt Hans Sachs eine kurze Versifikation des 121. Psalms (KG 5763), die er in seinen sechzehnten Spruchgedichtband einträgt. Die Anfangsbuchstaben der Verse ergeben als Akrostichon den Namen seiner Heimatstadt: *Norymbergensys.*[1] Der 121. Psalm thematisiert den behütenden Schutz Gottes, der in der prätextnahen Transstilisierung durch das rahmende Akrostichon auf Nürnberg selbst ausstrahlt. Durch die Dedikation an die Stadt Nürnberg wird der Psalmtext neu perspektiviert: Nürnberg wird nicht nur durch die Heilige Schrift geehrt und selbst dem Schutz Gottes anempfohlen, das metaphorische Wortfeld von Schutz und Schirm wird auch für die Stadt selbst zum Charakteristikum, sodass der Schutz Gottvaters und der Vaterstadt miteinander assoziiert werden. Einen Tag darauf, am 14. Juli 1563, verfasst Sachs ein Spruchgedicht (KG 5764), das seinen eigenen Namen als Akrostichon enthält und gleichzeitig Aufschluss über die Anzahl seiner Dichtungen gibt: Zu diesem Zeitpunkt 5750 Werke.[2] In den beiden unveröffentlicht[3] gebliebenen Texten zieht der Dichter im Alter von 68 Jahren an zwei aufeinanderfolgenden Tagen Bilanz und offenbart in der autofiktionalen Sprechsituation eine enge Verbindung seiner eigenen Identität mit der Geburtsstadt Nürnberg und seiner intensiven Psalmenbeschäftigung. Damit sind die Koordinaten für das Folgende bereits gesteckt: Der Artikel möchte Hans Sachs' Beitrag zur städtischen Gemeindereformation anhand der Nürnberger Drucke seiner Kontrafakturen und Psalmlieder nachgehen. Hierzu wird zuerst eine kurze generelle Verortung von Sachs' Schaffen im Kontext urbaner Infrastrukturen vorgenommen, um im Anschluss den Stellenwert der Psalmversifikationen innerhalb seines Oeuvres zu skizzieren und abschließend Sachs' Rolle innerhalb der städtischen Gemeindereformation anhand der frühen Kirchen- und Psalmdrucke in den Blick zu nehmen.

---

1 Die Werknummern in Klammern folgen dem gängigen Werkregister im 25. Band der Ausgabe von Adelbert von Keller und Edmund Goetze, die im Folgenden mit der Sigle KG abgekürzt wird, und die auch das aktuelle Handbuch von Horst Brunner und Niklas Holzberg übernimmt.

2 Brunner/Holzberg 2020, 1018 vs. Rettelbach 2019, 165, der *6000 gedicht / On drithalb hundert* (Keller/Goetze 1895, Bd. 23, 245) als 6250 interpretiert.

3 Rettelbach 2019, 165.

10.29091/9783752003444/008

1. Hans Sachs' Schaffen im Kontext urbaner Infrastrukturen

Hans Sachs' extensives literarisches Œuvre ist von Beginn an eng verwoben mit dem urbanen Kontext der Stadt Nürnberg und deren intellektuellen wie religiösen Infrastrukturen: Zu nennen ist hier die vielzitierte Mitwirkung an der antipäpstlichen Schrift *Auslegung der wunderlichen weissagung von dem papstum* Andreas Osianders (KG 134), der seit 1522 in St. Lorenz predigte. Die Kollaboration veranlasste den Nürnberger Rat dazu, 1527 ein vorübergehendes Publikationsverbot über Sachs zu verhängen und diesen zu gemahnen, seiner primären Berufung als Schuhmacher nachzugehen:

> *Nun sey solichs seynes ampts nit, gespüre*[!] *ime auch nicht; dorümb eins raths ernster bevelch, das er seins handtwerks und schüechmachens warte, sich auch enthalte, eynich büechlin oder reymen hinfur außgeen zu lassen.*[4]

Der Zensur und Beobachtungskontrolle des in konfessionellen Fragen zunächst um Diplomatie bemühten Rates hatte sich Sachs schon einmal entzogen, als er die untersagte Verbreitung lutherischen Gedankengutes dadurch umging, dass er seine *wittembergisch nachtigall* (KG 82) 1523 in Bamberg bei Georg Erlinger statt in Nürnberg drucken ließ.[5] Auch in der Folge wählt Sachs Umwege, um sich innerhalb des Abendmahlstreites oder der Debatte um die Wiedertäufer 1527 und 1528 lyrisch zu positionieren, in der er ebenfalls deutlich an die Argumentation Osianders anknüpft.[6] Statt der Spruchgedicht- wählt er hier die Meisterliedform, die gattungsbedingt nicht in den Druck gelangte, sodass immerhin eine semiöffentliche Teilnahme am Diskurs innerhalb der Singschule der Meistersinger stattfinden konnte. Dass sich Sachs hier erneut der obrigkeitlichen Weisung entzieht und gleichzeitig mit seinem *lobspruch der statt Nürnberg* (KG 375) 1530 taktiert,[7] macht deutlich, wie er als Protagonist eines erstarkenden laikalen wie bürgerlichen Selbstbewusstseins greifbar wird, dessen souveräner Habitus sicherlich seinerseits nicht vom Status Nürnbergs als Reichsstadt und den damit einhergehenden Selbstverwaltungsrechten zu trennen ist.[8] Diese Haltung wird auch bereits in den Prosadialogen des Jahres 1524 deutlich, in denen Sachs nicht nur explizit auf seine *wittembergisch nachtigall* (KG 82) referieren kann, sondern zudem die Figur des Schusters ‚Hans' im Streitgespräch mit einem Chorherrn (KG 83) die gleichberechtigte Kompetenz der Laien hinsichtlich der Schriftauslegung behauptet. Gleichzeitig werden weiterhin bestehende Privilegien kirchli-

4 Hirschmann 1976, 44, Nr. 39; vgl. auch Bernstein 1991, 17–19.
5 Holzberg 2021, 35; Rettelbach 2019, 90.
6 Feuerstein 2001, 110f., 120.
7 Kugler 1987, 100; Heinritz 2003, 497–499.
8 Vgl. hierzu Hamm 1996, 51–140.

cher Obrigkeiten kritisch reflektiert, da die institutionellen Strukturen noch tragen.[9] In vergleichbarer Weise wird Sachs als Akteur eines sozialen Milieus lesbar, das nicht nur in der aktuellen konfessionellen Debatte Stellung bezieht, sondern sich zudem seinem Berufsstand verpflichtet sieht, wenn im ‚Geizdialog' (KG 85) frühkapitalistische Ausbeutungsmechanismen offengelegt werden, die evangelische Kaufleute und Unternehmer nur geringfügig von der Praxis altgläubiger katholischer Strukturen und Autoritäten trennen, und auf den prekären Status beschäftigter Handwerker aufmerksam machen.[10] Die Möglichkeit zur Partizipation am konfessionellen Diskurs speist sich zum einen aus dem urbanen *setting*, der Reformation als ‚Medienereignis' (Hamm) und den damit verbundenen medialen Distributionsmöglichkeiten, derer sich Sachs souverän bedient und oral (im Meisterlied), performativ (in Fastnachtsspiel und Drama) und gleichfalls bildlich (in Flugschriften und Einblattdrucken) zur Literalisierung der semi-oralen städtischen Mittel- und Unterschicht beiträgt, indem er große Textmassen rezipiert und aufbereitet.[11] Damit verbindet sich abhängig von den intendierten städtischen Rezeptionskreisen eine Lizenz für bestimmte Sprechweisen, die je nach Sprechsituation und Öffentlichkeitsgrad belehrend, moralisierend bis obszön ausfallen können.[12]

2. Der Stellenwert der Psalmen in Sachs' Oeuvre

Hans Sachs kommt früh mit lutherischen Gedanken in Berührung. So lässt er bereits 1522 einen Band mit 40 lutherischen *Sermon und tractetlein* einbinden, was angesichts des Wormser Edikts von 1521 beachtlich ist. Zudem tagte 1522 und 1523 der Reichstag in Nürnberg und führte kontroverse Gespräche zwischen den sich herausbildenden Konfessionen.[13] Die überwiegend reformatorisch gesinnte Stadt bekräftigte aus Gründen der Diplomatie ein weitestgehendes Druck- und Verkaufsverbot lutherischen Gedankenguts.[14] Ein reformatorischer Prosadialog von 1524 legt nahe, dass Sachs bereits ein Jahr nach deren Erscheinen Zugang zur Teilveröffentlichung der biblischen Geschichtsbücher in der Lutherüberset-

---

9 So schließt der Chorherren-Dialog (KG 83) damit, dass der Schuster ‚Hans' zwar exegetisch überlegen ist, fürderhin aber aus dem Dienst des Chorherrn entlassen wird und damit letztendlich einen wichtigen Auftraggeber verliert, was das weiterhin bestehende Machtgefälle, wenn auch nicht mehr in geistlicher, so doch in institutioneller Hinsicht, offenlegt (Keller/Goetze 1894, Bd. 22, 30).

10 Vgl. Hamm 1996, 204; Rettelbach 2019, 101–105; Holzberg 2021, 40f.

11 Holzberg 2016, 415; vgl. auch Holzberg 2021, 8, 20–26; Sasse 2021, 133.

12 Holzberg 2016, 414.

13 Rettelbach 2019, 89.

14 Vgl. Bernstein 1991, 17–19; Holzberg 2021, 36.

zung hatte.[15] Hatte Sachs schon früh mit der Versifikation des Neuen Testaments begonnen, die den Eindruck erweckt, auf Vollständigkeit hin betrieben worden zu sein, wandte er sich, wenn auch nicht systematisch und immer wieder unterbrochen durch die Adaptation weltlicher Stoffe, der Verarbeitung des Alten Testaments zu. Rein quantitativ sind hier die Genesisbücher und der Psalter besonders präsent.[16] Bis auf Psalm 78 (KG 6025), der nur als Spruchgedicht vorliegt, setzte er alle Psalmen in Meistertöne, teilweise sogar mehrfach, und außerdem in Spruchgedichte um.[17] Hatte sich Sachs vorerst mit dem Dichten von Psalmen in Spruchgedichtform zurückgehalten, integrierte er in den überwiegend geistlichen 5. Band seiner selbst veranstalteten und von Georg August Willer verlegten fünfbändigen Werkausgabe 150 Psalmen. Insgesamt lassen sich 376 Psalmversifikationen nachweisen, davon 202 Meisterlieder in 86 Tönen und 174 Spruchgedichte.[18] Ab 1527 wird der Einfluss von Johannes Bugenhagens Psalter in der deutschen Übersetzung Martin Bucers in Sachs' Versifikationen fassbar, dessen Psalterexegese sich auch in Sachs' Privatbibliothek befand.[19] Das Spektrum von Sachs' Adaptationsmöglichkeiten reicht von der prätextnahen Transstilisierung, ohne größere Amplifikationen oder lediglich mit kontextuellen oder tautologischen Erweiterungen, über Hybridisierungen von Eigen- und Prätext, ohne die Grenzen kenntlich zu machen, bis hin zu passagenweisen Auslegungen des Psalms unter Zuhilfenahme anderer zeitgenössischer Exegesen oder anderer Bibelstellen in Form einer Montage. In Anschluss an Luther und Bugenhagen deutet Sachs die Psalmen überwiegend christologisch.[20] Es gibt in den 43 Jahren zwischen 1526 bis 1569, sieben Jahre vor seinem Tod, nahezu kein Jahr, in dem Sachs nicht Psalmen versifiziert hätte. So liegt die These nahe, dass es sich bei dieser kontinuierlichen Beschäftigung um eine „fromme Übung"[21] handelt, wie dies Burghart Wachinger in einer vergleichbaren Form für die Weihnachtslieder des Priesters Heinrich Laufenberg (1391/99–1460) beobachtet, die sich in Sachs' Fall als evangelische Umsetzung der paulinischen Aufforderung zum ‚immerwährenden Gebet' im ersten Brief an die Thessalonicher 5,17 oder im ersten Korintherbrief 14,15 auffassen

15 Rettelbach 2019, 17 u. 103, FN 35, 131 mit FN 49.

16 Vgl. Rettelbach 2019, 112–165; siehe auch Brunner 1984, 732–742. Zur Versifikation von Evangelienabschnitten im Berliner Hans Sachs-Autograph vgl. Janota 2019.

17 Rettelbach 2019, 160–165.

18 Diese vorläufigen Zahlen beruhen auf der Auswertung des Werkregisters von Keller/Goetze 1902, Bd. 25 und des aktuellen Handbuches von Brunner/Holzberg 2020.

19 Keller/Goetze 1908, Bd. 26, 154; Rettelbach 2019, 161.

20 Ebd., 161.

21 Wachinger 2011, 347.

lässt: *Ich wil beten mit dem geist, und wil beten auch im sinn. Ich wil Psalmen singen im geist, und wil auch Psalmen singen mit dem sinn* (WA DB 7, 125).[22]

3. Die Drucküberlieferung der Kontrafakturen und Psalmlieder

Die Drucküberlieferung von Hans Sachs' Werken ist Legion: Das Verzeichnis der Drucke des 16. Jahrhunderts listet – ohne Berücksichtigung der Einblattdrucke – über 500 Titel, wobei jede Auflage einzeln verzeichnet ist.[23] Angesichts dieser Fülle erscheint Michael Schillings Vorstoß naheliegend, der mit Blick auf Sachs' bildpublizistischen Beitrag und dessen „umfassenden Einsatz variabler medialer Präsentationsformen“[24] vorschlägt, diesen auch als „Meister der Medien“[25] zu würdigen. Im Folgenden soll lediglich die vergleichsweise schmale Überlieferung der Kontrafakturen und Psalmlieder in den Nürnberger Drucken des 16. Jahrhunderts skizziert werden, um anhand dieser Sachs' Beitrag zur städtischen Gemeindereformation nachvollziehbar zu machen.

3.1 Die Kontrafakturen

Nachdem 1524 die ersten Lutherlieder in Einzeldrucken und das Achtliederbuch ohne Autorisierung Luthers in Nürnberg bei Jobst Gutknecht erschienen waren, veröffentlichte Sachs im selben Jahr seine ersten Einzeldrucke geistlicher Kontrafakturen auf populäre Kirchen- sowie Volksliedtexte und Melodien.[26] Wie in vorreformatorischer Zeit, z. B. im Falle des bereits erwähnten Leutpriesters Heinrich Laufenberg in der ersten Hälfte des 15. Jahrhunderts, tragen geistliche Kontrafakturen volksliedhafter Strophenformen durch Vertrautheit und Eingängigkeit zur Zugänglichkeit der neuen Lieder bei.[27] Neben dem Bedarf nach Popularisierung und Sangbarkeit sind sie während der Reformation auch Ausdruck

22 Der Gebetscharakter der Psalmadaptationen wird auch dadurch nahegelegt, dass ein besonders hohes Aufkommen an Versifikationen in Meisterliedform für 1546 während des Schmalkaldischen Krieges zu verzeichnen ist: so zum Beispiel im November 1546 eine Versifikation des 74. Psalms mit der Überschrift *Der 74. Psalm ein pit in krieges nötten* (KG 2143) oder des 28. Psalms mit dem Titel *Ein pit wider die feint* (KG 2144), die den zeitaktuellen Bezug markieren und gleichzeitig ihren Bittcharakter explizit machen.

23 Rettelbach 2019, 37; VD 16: Verzeichnis der im deutschen Sprachbereich erschienenen Drucke des 16. Jahrhunderts.

24 Schilling 2008, 365.

25 Ebd., 385.

26 Siehe die eingeklebten Einblattdrucke in der Handschrift Heidelberg, UB, Cod. Pal. germ. 793, 25^{r}, 125^{r} (im Verzeichnis der Drucke von Keller/Goetze 1900, Bd. 24, 88: Enr. 11, 12).

27 Wachinger 2010, 622; Schiendorfer 1995, 287; Nemes 2015, 25f.

eines laikalen, antiklerikalen, quasi symbolpolitischen Gestus'.[28] Sachs bleibt teilweise nah an den Prätexten und dichtet diese mit zahlreichen Textanklängen um. Als Meistersinger ist er, wie Volker Mertens herausstellt, für die Form der Kontrafaktur prädestiniert, da das Dichten auf vorgegebene Töne zur Praxis gehörte.[29] Die Methode der Kontrafaktur ist auch mit Blick auf die Psalmen von Relevanz, sind diese doch selbst teilweise als geistliche Umdichtungen auf weltliche Melodien konzipiert, wie der Paratext zu Psalm 22 markiert: Ein Psalm Davids, vorzusingen, nach der Weise ‚die Hirschkuh der Morgenröte' (*Eyn psam Dauids hoch zu singen von der hyrshynden der morgenrődte*) (WA DB 10,I, 164f.).

Die ersten Kontrafakturen Sachs' bieten eine *christliche Korrektur*, also christologische Überarbeitung, ursprünglich mariologischer Lieder. In ähnlicher Weise hatte Sachs bereits auch eine eigene Meisterliedadaptation der marianischen Antiphon *Salve regina* christologisch umgeformt und Christus zu deren Adressaten stilisiert.[30] Die beiden Lieder *Christum von hymel rűff jch an* (KG 96) und *O Jhesu zart* (KG 95)[31] finden 1525 Aufnahme in das in Nürnberg bei Hans Hergot gedruckte *Enchiridion oder handbűchleyn geystlicher gesenge vnd Psalmen* mit einer Vorrede Luthers, die aus Johann Walters Wittenberger Gesangbuch (1524) übernommen wurde.[32] Hatte das Erfurter Enchiridion von 1524 Sachs' Lieder noch nicht enthalten, finden sie nun ohne Nennung seines Namens unter der Rubrik *etliche lieder / die bey den andern vorhyn nit getrűckt sind* Eingang in das Nürnberger Gesangbuch, ebenso das Lied *Durch Adams Fall ist ganz verderbt* des Nürnberger Ratsschreibers Lazarus Spengler, das allerdings auch schon 1524 in dem genannten von Luther autorisierten und von Joseph Klug in Wittenberg veranstalteten Druck *Geystliche gesangk Buchleyn* (Walter'sches Gesangbüchlein) enthalten war.[33] Mit dem abschließenden paratextuellen Hinweis des Nürnberger Titelblattes *Mit disen vnd dergleychen Geseng / solt man billich die iungen iugendt aufferziehen*[34] wird eine Rezeptionsvorgabe zum katechetischen Einsatz der Texte formuliert und damit auch ein möglicher Gebrauchszusammenhang von Sachs' Liedern in der Gemeinde nahegelegt. Allerdings findet sich dieser auch auf den Titelblättern beider Erfurter Enchiridien, was den Vorlagencharakter der Erfur-

28 Mertens 2005, 174; vgl. auch Jenny 1989, 610.

29 Mertens 2005, 176.

30 Rettelbach 2014, 46; Schmeer 2017, 91–94.

31 Zu den Texten vgl. Otten 1993, 229–237.

32 Nürnberg: Hans Hergot, 1525 [Exemplar: Berlin, SBB, Libri impr. rari oct. 166; VD 16 E 1160].

33 WA 35, 29, Nr. 71; Kade 1878, 19.

34 Nürnberg: Hans Hergot, 1525 [Exemplar: Berlin, SBB, Libri impr. rari oct. 166; VD 16 E 1160].

ter Gesangbücher für die Nürnberger Pendants signalisiert.[35] Ob Sachs Kenntnis von der Einbindung seiner Kontrafakturen hatte oder diese ohne dessen explizite Zustimmung auf Grundlage der Einblattdrucke nachgedruckt wurden, kann hier nicht abschließend geklärt werden. Luther erhob 1525 beim Nürnberger Rat Beschwerde über die örtlichen Drucker, namentlich Hans Hergot, die er des unautorisierten Nachdrucks seiner Schriften bezichtigte.[36] Zwar bezieht er sich hier auf den Diebstahl der Druckbögen seiner ‚Fastenpostille' aus der Wittenberger Offizin Hans Luffts, klagt allerdings in der zweiten Vorrede zum Klug'schen Gesangbuch 1533 in vergleichbarer Weise, dass *die ersten vnser lieder je lenger je felscher gedruckt werden* und hält dazu an, das Buch *on vnser wissen vnd willen* nicht mehr zu bessern oder zu erweitern.[37]

Spätestens 1525 erscheinen noch zwei weitere Kontrafakturen von Sachs als Einblattdrucke: Das Lied *Ach Jupiter du hast gewalt* von Adam von Fulda wird zu *O Got vater du hast gewalt* (KG 97), einen lange Zeit populären Dialog zwischen Christus und dem Sünder, umgearbeitet. Daneben erscheint noch *Wach auff in Gottes name* (KG 93).[38] Der Erfolg der Einblattdrucke mag ihn dazu veranlasst haben, die genannten Lieder mit vier weiteren Texten für ein Liederbuch zusammenzustellen, das mit dem Titel *Etliche geystliche / in der schrifft gegrünte / lieder für die layen zu singen* 1525 bei Jobst Gutknecht erschien.[39] Zu Beginn stehen zwei der bereits publizierten Texte, angereichert durch Marginalien, die die theologischen Aussagen dem *sola scriptura*-Prinzip gemäß durch Bibelstellen absichern. Dies entspricht dem Programm des Titelblattes, das *in der schrifft gegrünte / lieder* verspricht.

3.2 Die Psalmlieder

Im Zuge der Reform des Gottesdienstes wandte sich Luther um die Jahreswende 1523/24 mit einem Anliegen an den vermutlich zu diesem Zeitpunkt in Nürnberg weilenden Georg Spalatin:

> *Consilium est, exemplo prophetarum et priscorum patrum Ecclesiae psalmos vernaculos condere pro vulgo, id est spirituales cantilenas, quo verbum dei vel cantu*

35 Zum Titelblatt des zweiten konkurrierenden Erfurter Enchiridions-Drucks bei Mathes Maler vgl. Lauterwasser 2014, 174.

36 Ganseuer 1984, 157f.; WA BR 3, 577–579.

37 Wittenberg: Josef Klug, 1533 [Exemplar: Berlin, SBB, ss 1009, A iiij^v–A v^r; VD 16 ZV 6453].

38 Siehe KG 1900, Bd. 24, 88f.: Enr. 12^1, 13, 14 . Auf 1524 lassen sich nur KG 95 und 96 mit Sicherheit datieren.

39 Nürnberg: Jobst Gutknecht, 1525 (Enr. 15a) [Exemplar: Berlin, SBB, Eh 536; VD 16 S 261]; vgl. auch Brunner 2019, 262; Holzberg 2021, 43f.

> *inter populos maneat. Quaerimus itaque vndique poetas. cum vero tibi sit data et copia et elegantia linguae germanicae, ac multo vsu exculta, oro, vt nobiscum in hac re labores, et tentes aliquem psalmorum in cantilenam transferre, sicut hic habes meum exemplum.* (WA BR 3, 220, Nr. 698)[40]

Nur wenig später, am 14. Januar 1524, bringt sich Luther hinsichtlich dieser Bitte, der Spalatin allerdings nicht nachkommen wird, erneut in Erinnerung.[41] In ähnlicher Weise und Dringlichkeit hatte sich Luther bereits in der *Formula Missae et Communionis* von 1523 geäußert, die in zwei zeitgenössischen Übersetzungen, einer aus der Feder Paul Speratus' stammenden sowie einer zweiten Nürnberger Provenienz, die gelegentlich Andreas Osiander zugeschrieben wird, vorliegt:[42]

> *Ich wo̊lt auch / dasz wir vil gesangk in vnser mu̇tersprach hetten / welchs das volck vnder der Mesz sünge* […] *Aber es mangelt vnns an Poeten / oder seind vns noch vnbekannt / die gotselige vnd geistliche lieder vnnd gesang / wie es sant Pauls nennet vns machten / die werdt weren dasz mann sy stetigs in der Christlichen kirchen süngen.* […] *Dann man findt der liedlein nit vil / die nach ainem dapffern gaist schmeckten / vnd das sage ich darumb / ob ettlich Teütsch Poeten weren / dasz sy sich wo̊lten erregen / vnnd vns gotselige liedlein machen.*[43] *[Cantica velim etiam nobis esse vernacula quam plurima, quae populus sub missa cantaret* […] *Sed poetae nobis desunt, aut nondum cogniti sunt, qui pias et spirituales cantilenas (ut Paulus vocat) nobis concinnent, quae dignae sint in Ecclesia dei frequentari.* […] *Nam non multas invenias, quae aliquid gravis spiritus sapiant. Haec dico, ut, si qui sunt poetae germanici, extimulentur et nobis poemata pietatis cudant.]* (WA 12, 218)

Mit diesem programmatischen Ansinnen versucht Luther neue volkssprachige Dichter zu akquirieren, die, wie es im Brief an Spalatin heißt, einfache, nicht manierierte (*Velim autem nouas et aulicas voculas omitti*) und dem Sinn, nicht aber den einzelnen Wörtern verpflichtete Psalmlieder bereitstellen.[44] Dabei böten Lu-

---

40 In der Übersetzung Walchs lautet der Passus (Walch 1903, Bd. 21,I, 582): „Ich habe die Absicht, nach dem Exempel der Propheten und der alten Väter der Kirche deutsche Psalmen für das Volk herzustellen, das heißt, geistliche Lieder, damit das Wort Gottes auch durch den Gesang unter den Leuten bleibe. Wir suchen daher überall Dichter; da es aber dir gegeben ist, daß du die deutsche Sprache in deiner Macht hast und dich darin zierlich auszudrücken verstehst, auch durch vielfältigen Gebrauch dieselbe verfeinert hast, so bitte ich dich, daß du mit uns in dieser Sache arbeitest, und dich daran machest, irgend einen Psalm in ein Lied zu verwandeln, wie du hier mein Exempel hast."

41 WA BR 3, 234, Nr. 705; vgl. Müller 1982, 103–105.

42 Zur Zuschreibung an Osiander vgl. kritisch WA 12, 199.

43 Nürnberg: Hieronymus Höltzel, 1524 [Exemplar: München, BSB, 4 Polem. 1932 y, D iv^{v}–E i$^{r–v}$; VD 16 L 4736].

44 WA BR 3, 220, Nr. 698.

thers Auslegungen der sieben Bußpsalmen eine Orientierung. Dies markiert den akuten Bedarf an volkssprachigen Kirchenliedern für den neuen Messentwurf sowie die explizite Delegierung dieser Aufgabe an begabte Dritte, zumal sich Luther, Unfähigkeitsbeteuerung und Bescheidenheitstopos bedienend, selbst als ungeeignet betrachtet (*Ego non habeo tantum gratiae, vt tale quid possem, quale vellem*).[45] Ob bürgerliche Autoren wie Lazarus Spengler oder Hans Sachs von diesem expliziten Aufruf wussten – immerhin lag die Nürnberger Übersetzung der *Formula Missae et Communionis* wohl bereits 1523 vor[46] – oder ob sie mittelbar durch Luthers Lieddrucke zur eigenen Verfasserschaft angeregt wurden, ist nicht entscheidbar. Immerhin darf aber festgehalten werden, dass Akquise und Abfassung der frühen reformatorischen Kirchenlieder zu Beginn als gewissermaßen kollektives Projekt konzipiert ist; ein Vorgang, der sich mit modernen Begrifflichkeiten wohl nachgerade als ‚Crowdsourcing' bezeichnen ließe, wenngleich sich Luther hier natürlich vorrangig an die reformatorische Bildungselite wendet.

Bereits 1526, ein Jahr nach Sachs' Kontrafaktur-Büchlein, erscheint, ebenfalls bei Jobst Gutknecht, ein Band mit dreizehn Psalmliedern (Abb. 1) ohne Auslegung im Ton der stollig gebauten Lutherstrophe mit Auf- und Abgesang (jambisch, mit jeweils sieben Zeilen à sieben oder acht Silben (8787887) und abwechselnd männlicher und weiblicher Kadenz im Reimschema ababccd).[47] Für die Lieder sind wahlweise vier Töne oder die Melodie des Lutherliedes *Nun frewt euch lieben Christen gmein* vorgesehen. Die Praxis des Melodierecyclings wird auch für spätere Gemeindegesangbücher zur gängigen Methode.[48] Versifiziert sind die Psalmen neun bis elf, dreizehn, 15, 30, 43, 56, 58, 124, 127, 146 und 149 (KG 99–110, 122). Oberhalb der Adaptationen findet sich jeweils das lateinische Incipit der Psalmen nach der Vulgata.

Noch im gleichen Jahr finden sich die dreizehn Psalmen wieder in einem Druck aus Gutknechts Offizin, der seine liturgische Anbindung explizit auf dem Titelblatt (Abb. 2) markiert: *Form vnd Ordnung geystlicher gesenge vnd Psalmen / welche in der versamlung zu Nůrnberg im Newen Spital gesungen werden.*[49] Sachs' Psalmlieder stehen hier zwischen denen des Erfurter Enchiridions von Martin

45 Ebd. Zur Dringlichkeit mag sicherlich beigetragen haben, dass Thomas Müntzer bereits 1523 deutsche Übertragungen lateinischer Hymnen fertiggestellt hatte (Hahn 1967, IVf.; Bach/Galle 1989, 89; Jenny 1989, 606; Brunner 1998, 140f.; Brunner 2019, 251).

46 WA 12, 199; Lietzmann 1936, I.

47 Nürnberg: Jobst Gutknecht, 1526 (Enr. 20) [Exemplar: Berlin, SBB, Libri impr. rari oct. 171; VD 16 S 234]; zur Lutherstrophe vgl. Bach/Galle 1989, 92f.; Jenny 1989, 609f.; Brunner 2019, 255.

48 Mertens 2005, 178.

49 Nürnberg: Jobst Gutknecht, 1526 (Enr. 21) [Exemplar: Dresden, SLUB, Mus.1.E.2; VD 16 F 1861].

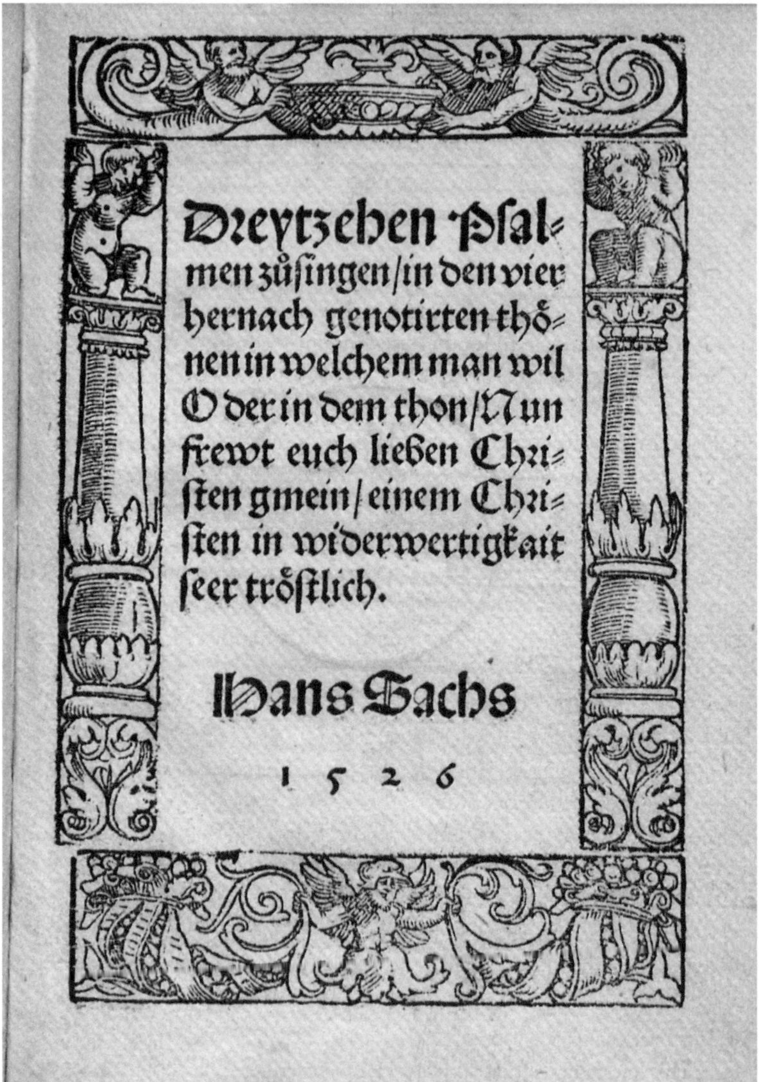
Dreytzehen Psal-
men zůsingen/in den vier
hernach genotirten thö-
nen in welchem man wil
Oder in dem thon/Nun
frewt euch lieben Chri-
sten gmein/einem Chri-
sten in widerwertigkait
seer tröstlich.

Hans Sachs

1526

Abb. 1: Nürnberg: Jobst Gutknecht, 1526 (Enr. 20) [Exemplar: Berlin, SBB, Libri impr. rari oct. 171; VD 16 S 234].

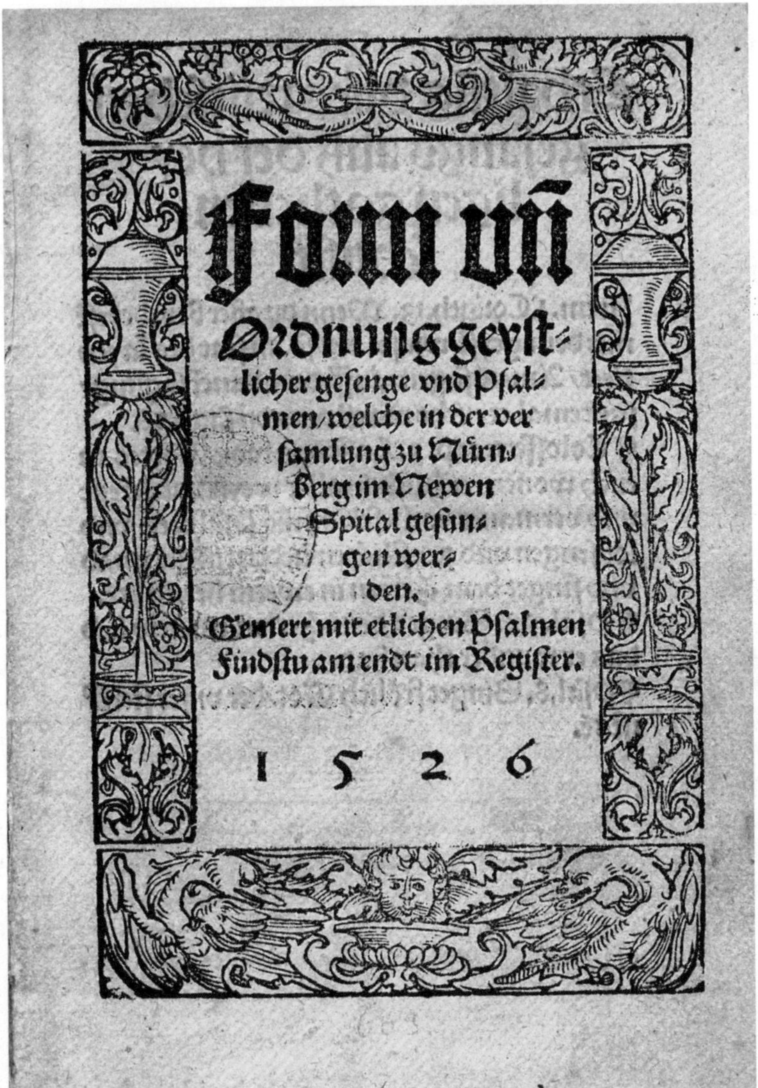
Form vñ
Ordnung geyst-
licher gesenge vnd Psal-
men/welche in der ver
samlung zu Nürn-
berg im Newen
Spital gesun-
gen wer-
den.
Gemert mit etlichen Psalmen
Findstu am endt im Register.
1 5 2 6

Abb. 2: Nürnberg: Jobst Gutknecht, 1526 (Enr. 21) [Exemplar: Dresden, SLUB, Mus.1.E.2; VD 16 F 1861].

Luther, Justus Jonas (mit Psalm 124) und Erhard Hegenwald (mit Psalm 50).[50] Der auf dem Nürnberger Titelblatt markierte liturgische Bezug wird auch durch Rubriken innerhalb der Handschrift weiterverfolgt, die die Texte in einen gottesdienstlichen Ablauf einbetten.[51] Zu Beginn des Drucks findet sich eine Fundierung des volkssprachigen Gesangbuches auf Grundlage der Heiligen Schrift, so zum Beispiel ein Zitat aus I Cor 14,16: *Wenn du aber benedeyest mit dem geyst / wie sol der / so an stat des layen steet / Amen sagen / auff dein dancksagung / seintemal er nicht waysz was du sagst etc.*[52] Der paratextuelle Vermerk des Titelblattes *Gemert mit etlichen Psalmen* scheint auf eine frühere Ausgabe zu verweisen, möglicherweise den zuvor besprochenen 13-Psalmen-Druck des gleichen Jahres, wie Johannes Rettelbach annimmt.[53] Wahrscheinlicher ist allerdings der Bezug auf die erste mit Noten versehene deutsche Messe, die in zweiter Auflage ebenfalls 1526 bei Hans Hergot, erschien (Abb. 3). Diese trägt den Titel

> *Form vnd Ordnung des ampts der Mesz Teůtsch. Auch dabey das handtbůchleyn Christlicher gesenge / die man am Sůntag oder feyrtag im ampt der Mesz / deszgleychen vor vnd nach der predig im newen Spital zů Nůremberg im brauch helt.*[54]

Nach dem Abschluss der Messordnung findet sich hier in direktem Anschluss auf fol. 11r ein Wiederabdruck des Enchiridions, wie es bei Hergot bereits ein Jahr zuvor erschienen war und das zwei Sachs-Kontrafakturen enthält. Der ‚um etliche Psalmen vermehrte' Gutknecht-Druck scheint insofern eine Auskoppelung aus der umfangreicheren Messordnung darzustellen und das Liederbuch durch zusätzliche Psalmlieder anzureichern, während andere Stücke aus dem Hergot-Druck dagegen entfallen.

Der von Berndt Hamm als ‚normative Zentrierung' bezeichnete Regulierungsschub als Reaktion auf ein grassierendes Gefühl der Labilität, konkurrierenden Pluralität und Spaltung im Spätmittelalter in Form von normierenden und orientierenden Zentrierungsbemühungen von Religion und Gesellschaft korre-

---

50 Das zweite Lied zu Psalm 124 von Luther ist fälschlich als 24. Psalm tituliert. Die Bibliographie der Einzeldrucke von Edmund Goetze notiert zu diesem Druck noch irreführend: „Sämtliche gesänge[!] stammen von Hans Sachs." (Keller/Goetze 1900, Bd. 24, 94, Enr. 21), was in den Nachträgen korrigiert wird (ebd., 239).

51 Z. B.: *Nachuolget singt der diener die Collect / vnd nach der Collect liszt er ein Capitel / ausz der Epistel Pauli* (Dresden, SLUB, Mus.1.E.2, 5r; VD 16 F 1861).

52 Dresden, SLUB, Mus.1.E.2, 1v; VD 16 F 1861. Im Druck ist die Stelle als *I. Corinth. 13.* ausgewiesen.

53 Rettelbach 2019, 110 hält den lediglich die 13 Sachs'schen Psalmlieder enthaltenden Druck für die „mutmaßlich 1. Auflage (Enr. 20; VDl6 S 234)" der *Form vnd Ordnung geystlicher gesenge* aus Gutknechts Offizin.

54 Nürnberg: Hans Hergot, 1526 [Exemplar: München, BSB, Res/Liturg. 421 w; VD 16 M 4898].

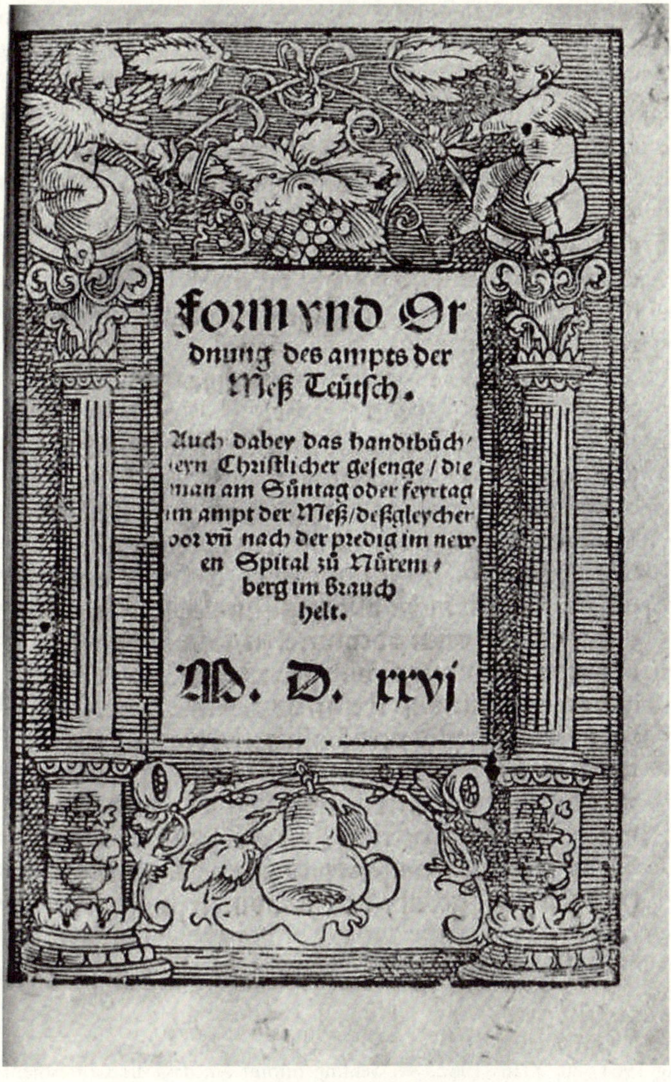
Form vnd Or
dnung des ampts der
Meß Teütsch.

Auch dabey das handtbüch-
leyn Christlicher gesenge / die
man am Süntag oder feyrtag
im ampt der Meß / deßgleychen
vor vñ nach der predig im new-
en Spital zů Nürem-
berg im Brauch
helt.

M. D. xxvj

Abb. 3: Nürnberg: Hans Hergot, 1526
[Exemplar: München, BSB, Res/Liturg. 421 w; VD 16 M 4898].

liert während der Reformation unter anderem mit dem Ringen um verbindliche Gottesdienstordnungen.[55] Wolfgang Volprecht, der letzte Prior des Augustinerklosters in Nürnberg, entwarf in Privatarbeit im Frühjahr 1524 die erste evangelische Gottesdienstordnung Nürnbergs. Kurz darauf einigten sich die Pröpste von St. Sebald und St. Lorenz auf eine neue evangelische Gottesdienstordnung, die sie mit der Abendmahlsfeier in beiderlei Gestalt in den Pfarrkirchen einführten, weshalb der Bamberger Bischof gegen sie prozessierte. Parallel dazu konzipierte Andreas Döber eine Ordnung des evangelischen Gottesdiensts für die Kranken des Heiliggeistspitals. Anfang 1525 entstand in Anschluss und Weiterbildung der Ordnung der Pröpste die Gottesdienstordnung der Spitalkirche, die durch Gemeindegesänge ergänzt wurde.[56] Das zugehörige Buch erschien in Hergots Offizin 1525 als separater Band zum Enchiridion des gleichen Jahres.[57] In den folgenden Drucken von 1526 und 1527 sind beide Teile fortlaufend als ein zusammenhängendes Buch konzipiert, was auch die konsekutive Seitenzählung markiert. Dass die Einführung einer neuen Kirchenordnung an der Heilig-Geist-Kirche gerade in kirchenpolitischer Hinsicht nicht unerheblich war, lässt sich daran ermessen, dass diese in gewissem Maß als „sakral-politische[s] Zentrum des Heiligen Römischen Reiches“[58] gelten durfte, wurden hier doch seit 1424 die ‚Reichskleinodien‘ aufbewahrt. Es handelt sich so nicht nur um einen Bruch mit der traditionellen reichsstädtischen Religion, sondern auch der „religiöse[n] Kaiseridee“.[59] An Sachs’ mittelbarer Mitwirkung an der Ausprägung der neuen Kirchenordnung wird der ‚Laisierungsschub‘[60] städtischer Gemeindereformation deutlich. Unter dem Begriff der ‚Gemeindereformation‘ lässt sich mit Berndt Hamm das Eingebundensein an der Herrschaft unbeteiligter Bevölkerungsgruppen innerhalb der religiös-kirchlichen reformatorischen Veränderungen seit 1521 fassen, was ein „umfassend-integrative[s] Verständnis von ‚christlicher Gemeinde‘ und städtischer ‚Gemeindereformation‘“ offenbart, die kein Elitenphänomen darstellt.[61]

Gegen Emil Sehlings Annahme, dass die Lieder der gedruckten Gottesdienstordnungen „nur als Beispiele genannt wurden“,[62] scheint die relative und überregionale Stabilität des Lied-Bestandes bis zum Zwickauer Enchiridion zu sprechen,

55 Hamm 1996, 73f., 81f.

56 Sehling 1961, 20; Klaus 1962, 87. Sehling nimmt an, dass die Gottesdienstform der Spitalmessen bis 1533 gebräuchlich war (Sehling 1961, 22).

57 Nürnberg: Hans Hergot, 1525 [Exemplar: München, BSB, Res/4 Liturg. 695,28; VD 16 M 4897]. Siehe oben FN 32.

58 Hamm 1996, 34.

59 Ebd., 175.

60 Ebd., 100.

61 Ebd., 88 FN 121, 86f., 100.

62 Sehling 1961, 20.

die den Liedern eine gewisse Verbindlichkeit attestiert. 1527 finden nicht nur die Psalmlieder, sondern auch die acht geistlichen Kontrafakturen Sachs' Eingang in die neue Ausgabe des *Enchiridions geistlicher Gesänge und Psalmen* in Nürnberg, wiederum bei Hans Hergot,[63] sodass der Lied-Bestand im Vergleich zum Druck bei Gutknecht von 1526 noch ein weiteres Mal erweitert wird.[64] Möglich ist, dass dieser Druck in seiner Zusammenstellung eine Scharnierposition zwischen dem bei Gutknecht erschienenen Gesangbuch und dem Zwickauer Enchiridion von 1528 einnimmt, wobei in letzterem noch eine weitere Kontrafaktur von Sachs hinzukommt (KG 78), die sich bei Hans Hergot noch nicht findet, aber wohl bereits zuvor als Einblattdruck erschienen sein muss.[65] Damit erlangte Sachs' literarisches Schaffen, wenn auch in diesem Fall anonym, überregionale Bedeutung, nicht nur mit Blick auf die Reformationspolemik, wie sie in der *wittembergisch nachtigall* oder in den auflagenstarken Reformationsdialogen zum Tragen kommt, sondern auch im Zusammenhang städtischer Gemeindereformation.[66]

Allen Psalmversifikationen der Nürnberger Enchiridien fehlt die Autorenangabe; generell finden sich Verfassernennungen nur unregelmäßig im Druck und wie es scheint vorzugsweise bei Neuschöpfungen, also nicht im Falle von Bibeladaptationen und Kontrafakturen, sodass auch Bearbeitungen Luthers ohne Namen stehen. Entsprechend sind neben den Psalmliedern auch die beiden Sachs'schen christologischen Kontrafakturen anonym abgedruckt. Dieses Prinzip, das bereits für das Walter'sche Gesangbuch und das Erfurter Enchiridion von

63 Nürnberg: Hans Hergot, 1527 [Exemplar: Berlin, SBB, Eh 590; VD 16 ZV 5003].

64 Der 1527er Enchiridions-Druck von Hans Hergot mag einer seiner letzten überhaupt gewesen sein. Hergot gilt als Autor der von Müntzer beeinflussten sozialutopischen Schrift *Von der newen wandlung eynes Christlichen lebens*, die 1527 anonym erschien, weshalb er vermutlich in Zwickau verhaftet und am 20. Mai 1527 auf dem Leipziger Marktplatz hingerichtet wurde (vgl. Brinker-von der Heyde 2000; Ganseuer 1984). In der Folge wurden Sachs' Werke auch bei Kunigunde Hergotin, Hans Hergots Witwe, gedruckt, die die Offizin und das reformatorische Verlagsprogramm ihres Mannes nach dessen Tod übernommen hatte. Bei Kunigunde Hergot erscheint unter anderem Sachs' *lobspruch der statt Nürnberg* (KG 375). Sie ist eine der ersten deutschen Druckerinnen überhaupt, die selbst nach der Heirat ihres zweiten Ehemannes Georg Wachter unter eigenem Namen firmiert, obwohl Wachter die Offizin nach der Heirat übernommen hatte. Im Nürnberger Ämterbüchlein erscheinen sowohl Kunigunde als auch Georg Wachter als eingetragene Drucker. Auch unter Georg Wachters Namen erscheinen in der Folge Sachs-Drucke. Vgl. Hanisch/Willasch 2018; Ganseuer 1984, 158.

65 Zum Liedbestand und den Abhängigkeitsverhältnissen der Gesangbücher aus Wittenberg, Leipzig und Zwickau siehe WA 35, 29–46, allerdings ohne Einbezug der Nürnberger Enchiridien, die insbesondere hinsichtlich der Sachs-Texte Lücken schließen könnten; zu KG 78 vgl. ebd., 44f.; Mertens 2005; Rettelbach 2019, 110.

66 Damit ist ihm möglicherweise neben Andreas Osiander und Lazarus Spengler die größte überlokale Bedeutung hinsichtlich der Gemeindereformation über Nürnberg hinaus zuzubilligen; siehe zu Osiander, Hamm 1996, 94 mit FN 198.

1524 beobachtbar ist, wird erst später, beispielsweise im Zwickauer Enchiridion von 1528, abgelöst, in dem nun Sachs' Texte anonym neben denen namentlich genannter, akademisch gebildeter Reformatoren erscheinen. Insofern ist die anonyme Aufnahme, anders als Volker Mertens annimmt, initial nicht auf ein Autoritätsbedürfnis im Zusammenhang mit Abgrenzungstendenzen zum Schwärmertum zurückzuführen,[67] sondern zuerst in den Textgattungen als Bearbeitungen und Kontrafakturen selbst begründet. Ob im Zwickauer Enchiridion tatsächlich ein Distinktionswille hinter der expliziten Verfassernennung der reformatorischen Eliten steht, ist nicht letztgültig entscheidbar, zumal Luthers Lied zum 129. Psalm (*Avs tieffer not schrey ich zů dir*) anonym abgedruckt, dagegen aber das Lied *Dvrch adams fall ist gancz verderbt* des Ratsschreibers Lazarus Spengler mit dem Autorenhinweis *J. Spengler* versehen ist.[68] Vielmehr scheint der anonyme Abdruck der Sachs-Lieder auf eine Unkenntnis des Verfassers rückführbar zu sein, zumal die frühen Drucke gattungsbedingt Kontrafakturen und Adaptationen ausnahmslos anonym überliefern. Eine dezidierte Abgrenzung findet erst in dem von Luther autorisierten Klug'schen Gesangbuch statt, das neben dem Walter'schen Gesangbuch als ebenfalls von Luther autorisierter Sammlung eine Sonderstellung unter den frühen Gesangbüchern einnimmt und als Prototyp gelten darf.[69] In der Vorrede zur zweiten Auflage von 1533 begründet Luther, warum seine Lieder nun en bloc nacheinander und *mit ausgedrůcktem namen gesetzt* seien, welches er zuvor *vmb rhumes willen vermidden* habe, sich nun aber dazu genötigt sieht, damit nicht *frembde vntůchtige gesenge* unberechtigt unter seinem Namen verkauft würden.[70] Der Ton der anfänglichen Dringlichkeit, mit dem Luther den Bedarf nach Kirchen- und Psalmliedern formulierte, wechselt in der zitierten Vorrede erheblich: Zwar hätten sich *etliche wol beweiset / vnd die lieder gemehret / also das sie mich* [Luther] *weit vbertreffen / vnd jnn dem wol meine* [dessen] *meister sind*, daneben könnte aber das nicht kuratierte Anschwellen des Liedkorpus' langfristig dazu führen, dass das qualitativ Hochwertige durch *vngeschickter kőpffe zusetzen / so gar vberschůttet vnd verwůstet* wird.[71] Polemisch resümiert er: *Es wil jeder meuse mist vnter dem Pfeffer sein.*[72] Da der Großteil des inzwischen angewachsenen Repertoires deutscher Kirchenlieder *nicht sonderlich tůgen*, habe Luther die besten *draus geklaubet* und bringt sie unter der Rubrik anderer Autoren zum Abdruck.[73]

67 Siehe zu dieser Annahme Mertens 2005, 175.

68 Zwickau: Hans Schönsperger d. Ä., 1528 [Exemplar: Dresden, SLUB, Hymn.132.f,misc.1, vi^{r-v}, xxvi^{r}–xxvij^{r}; VD 16 E 1149].

69 Völker 1984, 549.

70 Wittenberg: Josef Klug, 1533 [Exemplar: Berlin, BSB, ss 1009, Av^{v}; VD 16 ZV 6453].

71 Ebd., A iiij^{v}–A^{vr}.

72 Ebd., A v^{v}.

73 Ebd., 94^{r-v}.

Im Klug'schen Gesangbuch finden sich noch zwei Kontrafakturen aus Sachs' Feder anonym neben denen Paul Speratus', Erhard Hegenwalds und anderer wieder, während seine Psalmlieder ganz entfallen.[74] Zu den ausgewählten Texten dürfen Sachs' *O Gott Vater du hast gewalt* (KG 97) und *Ach hůlff mich leid* (KG 78) zählen, die im Druck direkt aufeinanderfolgen. Ersteres wird sogar in der ausführlichen Überschrift als *ausdermassen fein Christlich vnd kůnstlich lied* gelobt.[75] Ob neben dem 1527 durch den Nürnberger Rat verhängten Publikationsverbot die von Luther autorisierten Drucke unter Vernachlässigung der Sachs'schen Texte dazu geführt haben, dass dieser keine weiteren Psalmlieder für den gottesdienstlichen Gebrauch dichtete, ist unklar. Vorderhand scheint die Wiederbelebung der meisterlichen Singschulen nach 1526,[76] die Sachs' Konzentration erforderte, als plausibelster Grund zu gelten. In der Folge adaptierte Sachs Psalmen vornehmlich in Meisterliedform und später zudem als Spruchgedichte.

Auch in der Zeit nach dem Augsburger Interim von 1548 erscheinen in Nürnberg Psalmversifikationen Sachs' im Druck. So etwa sein Lied zum 13. Psalm (KG 102) mit einer angehängten Doxologie neben dem Psalmlied *In dich hab ich gehoffet, Herr* des Reuchlin-Schülers Adam Reißner in einem Druck bei Valentin Neuber von 1555[77] und in einem weiteren Druck von 1560,[78] die jeweils auf dem Frontispiz den betenden Psalmisten mit Harfe zeigen. Auch Meisterlieder gelangten gelegentlich in den Druck, so etwa Psalm 98 in Örtels Leidton (KG 281) von 1528 in einem Druck bei Neuber 1557.[79] In seinen Aufzeichnungen hat Sachs den Text mit der Notiz ‚Anfang zu Weihnachten' als Einleitungslied zu Beginn der Fest-Singschule markiert.[80] Der appellative und programmatische Charakter des Liedes, das in einem selbstreflexiven Moment zum geistlichen Lobgesang in Psalmen aufruft, prädestiniert es besonders für einen Lieddruck.

Sachs' Engagement hinsichtlich der Psalmlieder und der Grad ihrer Verbreitung in den frühreformatorischen Gesangbüchern mag den in Nürnberg gebo-

74 Dagegen wird Lazarus Spengler als Verfasser von *Durch Adams Fall ist ganz verderbt* namentlich benannt.

75 Wittenberg: Josef Klug, 1533 [Exemplar: Berlin, BSB, ss 1009, 109^r; VD 16 ZV 6453].

76 Rettelbach 2019, 90 mit FN 6; Brunner 2019, 262.

77 Nürnberg: Valentin Neuber, 1555 (Enr. 231 a) [Exemplar: Berlin, SBB, Hymn. 2108; VD 16 S 246].

78 Nürnberg: Valentin Neuber, 1560 (Enr. 231 c) [Exemplar: Berlin, SBB, Hymn. 4096; VD 16 ZV 13980].

79 Nürnberg: Valentin Neuber, 1557 [Exemplar: Berlin, SBB, Hymn. 6398; VD 16 A 2466]. Das Meisterlied zu Psalm 98 in Örtels ‚Leidton' (KG 281) ist in elf Handschriften tradiert und zählt damit zu den Überlieferungsschlagern von Sachs' Psalmversifikationen. Der Nürnberger Druck von 1557 bei Valentin Neuber hat die Überlieferung sicherlich begünstigt, zumal die handschriftlichen Textzeugen mehrheitlich nach dem Druck entstanden sind.

80 Vgl. Rettelbach 2019, 119, FN 26.

renen und zu diesem Zeitpunkt in Dresden als Hofprediger tätigen Reformator Nikolaus Selnecker dazu veranlasst haben, ein Eröffnungsgedicht von Sachs (KG 5788) in seinen Psalterkommentar von 1563 zu integrieren.[81] In drei Bänden auf 1400 Seiten verbindet Selnecker unterschiedliche Gattungen wie Exegesen, Versifikationen, Kontrafakturen und Thesen zu allen Psalmen. Es liegt nahe, dass Sachs das Spruchgedicht eigens für Selneckers Psalmenkommentar verfasst hat,[82] zumal es in seinem handschriftlichen Spruchgedichtbuch auf 1563 datiert. Die Verse eröffnen auch den 1579 posthum bei Leonhard Heußler erschienenen letzten, fünften Band von Sachs' eigener Werkausgabe, der mit dessen Psalmversifikationen beginnt.[83]

4. Fazit

Anhand der Nürnberger Drucke von Sachs' Kontrafakturen und Psalmliedern lässt sich nicht nur die Evolution des frühreformatorischen Gesangbuches nachvollziehen, sondern auch die Einbettung von Sachs' Werk in urbane Infrastrukturen und Kontexte. Hinsichtlich der medialen Kanäle bedient er mit Einblattdruck, Liedflugschrift, Messordnung und monumentaler Psalterausgabe eine Vielzahl an Druckformaten. Durch die Aufnahme von bis zu 13 Psalmliedern und neun Kontrafakturen wird Sachs zum maßgebenden Liedautor neben Luther im frühreformatorischen Nürnberger Gesangbuch und durch die Einbindung der Texte in Gottesdienstordnungen zudem als Akteur städtischer Gemeindereformation fassbar – und dies, angesichts der Distribution der Lieder, sogar von überlokaler Größe. Hiermit verbindet sich der institutionelle Rahmen: Die Psalmversifikationen sind als Meisterlieder für das geistliche Hauptsingen in der Singschule, als Liedflugschriften für den persönlichen Gebrauch und in Form der Enchiridien im katechetischen und gottesdienstlichen Kontext vorgesehen. Mit Blick auf das Heilig-Geist-Spital als Aufbewahrungsort der Reichsinsignien eignet den volkssprachigen Liedern als Teil einer neuen gottesdienstlichen Ordnung zudem eine politische Implikation, indem die symbolpolitische Bindung an die Reichsreligion verabschiedet wird. Die frühreformatorischen Lieddrucke machen auch die personalen Netzwerke transparent, die neben Druckern beispielsweise die Prediger der Nürnberger Kirchen – hinsichtlich der Messordnungen hier insbesondere der Heilig-Geist-Kirche – betreffen. Anhand der Kontrafakturen und Psalmlieder

81 Nürnberg: Christoph Heußler, 1563 [Exemplar: München, BSB, 2 Exeg. 328-5 Beibd.1; VD 16 S 5637], VI^{v}.

82 De Vries 1996, 80.

83 Nürnberg: Leonhard Heußler, 1579 [Exemplar: München, BSB, 2 P.o.germ. 36-5; VD 16 S 150].

wird Hans Sachs' Anteil am ‚Laisierungsschub' städtischer Gemeindereformation konkret greifbar.

Anhang: Chronologie und Textbestand der frühen Nürnberger Drucke mit Sachs' Kontrafakturen und Psalmliedern

Enchiridion oder handbuͤchleyn geystlicher gesenge vnd Psalmen […].
Nürnberg: Hans Hergot, **1525** [VD 16 E 1160]:

- KG 95: *O Jhesu zart*
- KG 96: *Christum von hymel ruͤff jch an*

Hans Sachs: Etliche geystliche / in der schrifft gegrünte / lieder für die layen zu singen. Nürnberg: Jobst Gutknecht, **1525** (Enr. 15a) [VD 16 S 261]:

- KG 95: *O Jesu zart*
- KG 96: *Christum von hymmel ruͤff ich an*
- KG 94: *Wach auff meins hertzen schoͤne*
- KG 93: *Wach auff in Gottes name*
- KG 91: *O Christe wo war dein gestalt*
- KG 92: *Christe du anfencklichen bist*
- KG 90: *Christe warer sun Gottes fron*
- KG 97: *O Got vater du hast gewalt*

Form vnd Ordnung des ampts der Mesz Teůtsch. Auch dabey das handtbuͤchleyn Christlicher gesenge / die man am Sůntag oder feyrtag im ampt der Mesz / deszgleychen vor vnd nach der predig im newen Spital zů Nuͤremberg im brauch helt. Nürnberg: Hans Hergot, **1526** [VD 16 M 4898]:

- KG 95: *O Jhesu zart*
- KG 96: *Christum von hymel ruͤff ich an*

Hans Sachs: Dreytzehen Psalmen zůsingen / in den vier hernach genotirten thoͤnen in welchem man wil Oder in dem thon / Nun frewt euch lieben Christen gmein / einem Christen in widerwertigkait seer troͤstlich. Nürnberg: Jobst Gutknecht, **1526** (Enr. 20) [VD 16 S 234]:

- KG 99: *Der neünde psalm: Ich wil dem Herren sagen danck*
- KG 100: *Der zehent psalm: Herr warumb trittest du so ferr*
- KG 101: *Der aylfft psalm: Jch traw auff Got den Herren mein*
- KG 102: *Der xiij psalm: Herr wie lang wilt vergessen mein*
- KG 103: *Der xv psalm: Herr wer wirdt wonn in deiner hüt*
- KG 104: *Der xxx psalm: Herr got ich wil erheben dich*
- KG 105: *Der xliij psalm: Richt mich herr vnd für mir mein sach*

- KG 106: *Der lvj psalm: O Got mein herr sey mir gnedich*
- KG 107: *Der lviij psalm: Wo̊lt jr dann nicht reden ein mal*
- KG 108: *Der cxxiiij psalm: Wo der herre nicht bey vnns wer*
- KG 109: *Der cxxvij psalm: Wo das hausz nit bawet der herr*
- KG 110: *Der cxlvj psalm: Mein seel lobe den herren rein*
- KG 122: *Der cxlix psalm: Singet dem herrn ein newes lied*

Form vnd Ordnung geystlicher gesenge vnd Psalmen / welche in der versamlung zu Nůrnberg im Newen Spital gesungen werden. Gemert mit etlichen Psalmen findstu am endt im Register. Nürnberg: Jobst Gutknecht, **1526** (Enr. 21) [VD 16 F 1861]:

- KG 99: *Der neünde psalm: Ich wil dem Herren sagen danck*
- KG 100: *Der zehend psalm: Herr warumb trittestu so ferr*
- KG 101: *Der xj psalm: Ich traw auff Got den Herren mein*
- KG 102: *Der xiij psalm: Herr wie lang wilt vergessen mein*
- KG 103: *Der xv psalm: Herr wer wirt wonn in deiner hüt*
- KG 104: *Der xxx psalm: Herr Got ich wil erheben dich*
- KG 105: *Der xliij psalm: Richt mich herr vnd fůr mir mein sach*
- KG 106: *Der lvj psalm: O Got mein Herr sey mir gnedich*
- KG 107: *Der lviij psalm: Wolt jr dann nit reden ein mal*
- KG 108: *Der cxxiiij psalm: Wo der herre nicht bey vnns wer*
- KG 109: *Der cxxvij psalm: Wo das hausz nit bawet der herr*
- KG 110: *Der cxlvj psalm: Mein seel lobe den Herren rein*
- KG 122: *Der cxlix psalm: Singet dem Herrn ein newes lied*
- KG 95: *O Jesu zart*
- KG 96: *Christum von hymel růff ich an*

[Form vnd Ordnung…][84] Hernach volget dz handbůchleyn geystlicher gesenge / als lieder / Psalm vnd lobgeseng. Nürnberg: Hans Hergot, **1527** [VD 16 ZV 5003]:

- KG 95: *O Jesu zart*
- KG 96: *Christum von himel růff ich an*
- KG 94: *Wach auff meins hertzen scho̊ne*
- KG 93: *Wach auff inn Gottes name*
- KG 91: *O Christe wo war deyn gestalt*
- KG 92: *Christe du anfencklich bist*
- KG 90: *Christe warer sun Gottes fron*
- KG 97: *O Got vater du hast gewalt*

84 Dem zitierten Exemplar (Berlin, SBB, Eh 590) fehlt das Titelblatt.

- KG 99: *Der neünde psalm: Ich wil dem Herren sagen danck*
- KG 100: *Der zehend psalm: Herr warumb trittest du so ferr*
- KG 101: *Der eylfft psalm: Ich traw auff Got den Herren mein*
- KG 109: *Der cxxvj[!] psalm: Wo das hausz nit bawet der Herr*
- KG 102: *Der xiij psalm: Herr wie lang wilt vergessen mein*
- KG 103: *Der xv psalm: Herr wer wirdt wohn in deiner hüt*
- KG 104: *Der xxx psalm: Herr Got ich wil erheben dich*
- KG 105: *Der xliij psalm: Richt mich Herr vnd für mir meyn sach*
- KG 106: *Der lvj psalm: O Got mein herr sey mir gnedich*
- KG 107: *Der lviij psalm: Wolt jr dann nit reden eyn mal*
- KG 108: *Der cxxiiij psalm: Wo der Herre nicht bey vns wer*
- KG 110: *Der cxlvj psalm: Meyn seel lobe den Herren reyn*
- KG 122: *Der cxlix psalm: Singet dem Herren ein newes lied*

Bibliographie

I. Primärliteratur

Hahn, Gerhard (Hrsg.): Martin Luther: Die deutschen geistlichen Lieder. Tübingen 1967.

Kade, Otto (Hrsg.): Johann Walther (1496–1570): Wittembergisch Geistlich Gesangbuch von 1524 zu drei, vier und fünf Stimmen. Neue Partitur-Ausgabe nebst Klavierauszug. Berlin 1878.

Keller, Adelbert von/Goetze, Edmund (Hrsg.): Hans Sachs. 26 Bde. Tübingen 1870–1908.

Lietzmann, Hans (Hrsg.): Liturgische Texte. Bd. 4: Martin Luthers ‚Von Ordnung Gottesdiensts', ‚Taufbuechlein', ‚Formula Missae et Communionis' 1523. Berlin 1936, Neudruck 2021.

[WA] D. Martin Luthers Werke (Weimarer Ausgabe). 119 Bde. Weimar 1883–2009.

Walch, Georg (Hrsg.): Dr. Martin Luthers Sämmtliche Schriften. Bd. 21,I: Dr. Luthers Briefe. Neue revidierte Stereotypausgabe. St. Louis 1903.

II. Frühdrucke

Drey schȏne Geystliche Lieder […]. Nürnberg: Valentin Neuber, 1560 (Enr. 231 c) [Exemplar: Berlin, SBB, Hymn. 4096; VD 16 ZV 13980].

Ein Andechtiger Gesang / zweyer Christenlicher Ehrpersonen […]. Nürnberg: Valentin Neuber, 1557 [Exemplar: Berlin, SBB, Hymn. 6398; VD 16 A 2466].

Enchiridion geistlicher gesenge vnd Psalmen / fur die leyen / mit viel andern / denn zuuor / gebessert. Sampt der Vesper durch die gancze wochen auff einen iczlichen tag Metten Complet vnd Messe. Zwickau: Hans Schönsperger d. Ä., 1528 [Exemplar: Dresden, SLUB, Hymn.132.f,misc.1; VD 16 E 1149]. Fotomechanischer Nachdruck der

Originalausgabe 1528 nach dem Exemplar der Sächsischen Landesbibliothek Dresden. Leipzig 1979.

Enchiridion oder handbuͤchleyn geystlicher gesenge vnd Psalmen […]. Nürnberg: Hans Hergot, 1525 [Exemplar: Berlin, SBB, Libri impr. rari oct. 166; VD 16 E 1160].

Form vnd Ordnung des ampts der Mesz Teuͤtsch. Auch dabey das handtbuͤchleyn Christlicher gesenge / die man am Sůntag oder feyrtag im ampt der Mesz / deszgleychen vor vnd nach der predig im newen Spital zů Nůremberg im brauch helt. Nürnberg: Hans Hergot, 1526 [Exemplar: München, BSB, Res/Liturg. 421 w; VD 16 M 4898].

Form vnd ordnung eyner Christlichen Mesz / so zu Nürmberg im Newen Spital im brauch ist. Nürnberg: Hans Hergot, 1525 [Exemplar: München, BSB, Res/4 Liturg. 695,28; VD 16 M 4897].

Form vnd Ordnung geystlicher gesenge vnd Psalmen / welche in der versamlung zu Nůrnberg im Newen Spital gesungen werden. Gemert mit etlichen Psalmen findstu am endt im Register. Nürnberg: Jobst Gutknecht, 1526 (Enr. 21) [Exemplar: Dresden, SLUB, Mus.1.E.2; VD 16 F 1861].

[Form vnd Ordnung…][85] Hernach volget dz handbuͤchleyn geystlicher gesenge / als lieder / Psalm vnd lobgeseng. Nürnberg: Hans Hergot, 1527 [Exemplar: Berlin, SBB, Eh 590; VD 16 ZV 5003].

Luther, Martin: Die weysze der Messz / vnnd geniessung des Hochwirdigen Sacraments / für die Christliche Gemayn verteütscht. Wittenberg 1523 [!]. Nürnberg: Hieronymus Höltzel, 1524 [Exemplar: München, BSB, 4 Polem. 1932 y; VD 16 L 4736].

Luther, Martin: Geistliche lieder auffs new gebessert zu Wittemberg. Wittenberg: Josef Klug, 1533 [Exemplar: Berlin, BSB, ss 1009; VD 16 ZV 6453].

Sachs, Hans: Das fuͤnfft vnd letzt Buch. Sehr herrliche schoͤne newe stuͤck artlicher / gebundener / kuͤnstlicher Reimen / in drey vnterschidliche Buͤcher verfast […]. Nürnberg: Leonhard Heußler, 1579 [Exemplar: München, BSB, 2 P.o.germ. 36-5; VD 16 S 150].

Sachs, Hans: Das liedt / Die fraw von hymmel. verendert / vnd Christlich Corrigiert. 1524 (Enr. 12). [Exemplar: Heidelberg, UB, Cod. Pal. germ. 793, 15^{r}].

Sachs, Hans: Das Liedt Maria zart / verendert vnd Christlich Corrigiert. 1524 (Enr. 11). [Exemplar: Heidelberg, UB, Cod. Pal. germ. 793, 125^{r}].

Sachs, Hans: Dreytzehen psalmen zůsingen / in den vier hernach genotirten thoͤnen in welchem man wil Oder in dem thon / Nun frewt euch lieben Christen gmein / einem Christen in widerwertigkait seer troͤstlich. Nürnberg: Jobst Gutknecht, 1526 (Enr. 20) [Exemplar: Berlin, SBB, Libri impr. rari oct. 171; VD 16 S 234].

Sachs, Hans: Etliche geystliche / in der schrifft gegrünte / lieder für die layen zu singen. Nürnberg: Jobst Gutknecht, 1525 (Enr. 15a) [Exemplar: Berlin, SBB, Eh 536; VD 16 S 261].

85 Dem zitierten Exemplar fehlt das Titelblatt.

Zwey geystliche gesang […]. Nürnberg: Valentin Neuber, 1555 (Enr. 23[1] a) [Exemplar: Berlin, SBB, Hymn. 2108; VD 16 S 246].

Selnecker, Nikolaus: Das Erst Bůch des Psalters Dauidis […]. Nürnberg: Christoph Heußler, 1563 [Exemplar: München, BSB, 2 Exeg. 328-5#Beibd.1; VD 16 S 5637].

III. Sekundärliteratur

Bach, Inka/Galle, Helmut: Deutsche Psalmendichtung vom 16. bis zum 20. Jahrhundert. Untersuchungen zur Geschichte einer lyrischen Gattung. Berlin/New York 1989.

Brinker-von der Heyde, Claudia: Das 16. Jahrhundert: Ende der Zeit? In: Zeitschrift für Germanistik, N.F. 10,1 (2000), 30–41.

Brunner, Horst: *…das Reich mus vns doch bleiben*. Einführung in Luthers Kirchenlieder. In: Blick. Magazin der Universität Würzburg. Heft 1 (1998), 140–146. Überarbeiteter Wiederabdruck in: Brunner, Horst: Annäherungen. Studien zur deutschen Literatur des Mittelalters und der Frühen Neuzeit. Berlin 2008, 336–349.

Brunner, Horst: Meistergesang und Reformation. Die Meistergesangbücher 1 und 2 des Hans Sachs. In: Ludger Grenzmann und Karl Stackmann (Hrsg.): Literatur und Laienbildung im Spätmittelalter und in der Reformationszeit. Symposion Wolfenbüttel 1981. Stuttgart 1984, 732–744. Überarbeiteter Wiederabdruck in: Brunner, Horst: Literarisches Leben. Studien zur deutschen Literatur. Berlin 2018, 276–290.

Brunner, Horst: Luther und das deutsche Kirchenlied im 16. Jahrhundert. In: Frank Kleinehagenbrock u. a. (Hrsg.): Reformation und katholische Reform zwischen Kontinuität und Innovation. Würzburg 2019, 249–265.

Brunner, Horst/Holzberg, Niklas: Hans Sachs. Ein Handbuch. Mit Beiträgen von Eva Klesatschke, Dieter Merzbacher und Johannes Rettelbach. 2 Bde. Berlin/Boston 2020.

De Vries, Herman John: Nicolaus Selnecker's Psalter Commentary (1565): A Documentary Study on Psalm Versification. Diss. Cincinnati 1995.

Feuerstein, Ulrich: *Derhalb stet es so übel Icz fast in allem regiment*. Zeitbezug und Zeitkritik in den Meisterliedern des Hans Sachs (1513–1546). Nürnberg 2001.

Ganseuer, Frank: Hans Hergot und der ‚linke Flügel der Reformation' in Nürnberg. In: Mitteilungen des Vereins für Geschichte der Stadt Nürnberg 71 (1984), 149–166.

Hamm, Berndt: Bürgertum und Glaube. Konturen der städtischen Reformation. Göttingen 1996.

Hanisch/Willasch: Frauen in einer Männerdomäne – Druckerinnen im 16. Jahrhundert? In: Staatsbibliothek zu Berlin: Blog-Netzwerk für Forschung und Kultur. 26.12.2018. https://blog.sbb.berlin/frauen-in-einer-maennerdomaene-druckerinnen-im-16-jahrhundert/ [17.03.2024].

Heinritz, Reinhard: Politisches Musengespräch. Hans Sachs und die ‚Zensur' in der Reichsstadt Nürnberg. In: Archiv für Kulturgeschichte 85 (2003), 493–507.

Hirschmann, Gerhard: Archivalische Quellen zu Hans Sachs. In: Horst Brunner, Gerhard Hirschmann und Fritz Schnelbögl (Hrsg.): Hans Sachs und Nürnberg. Bedingungen und Probleme reichsstädtischer Literatur. Hans Sachs zum 400. Todestag am 19. Januar 1976. Nürnberg 1976, 14–54.

Holzberg, Niklas: Hans Sachs. Stuttgart 2021.

Holzberg, Niklas: Sachs, Hans. In: Frühe Neuzeit in Deutschland 1520–1620. Literaturwissenschaftliches Verfasserlexikon 5 (2016), 407–421.

Janota, Johannes: Kanonische Texte in poetischer Form. Zur Versifikation von Evangelienabschnitten im Berliner Hans Sachs-Autograph. In: Andreas Kraß und Matthias Standke (Hrsg.): Geistliche Liederdichter zwischen Liturgie und Volkssprache. Übertragungen, Bearbeitungen, Neuschöpfungen in Mittelalter und Früher Neuzeit. Berlin/Boston 2020, 161–178.

Jenny, Markus: Kirchenlied (I). In: TRE 18 (1989), 602–629.

Klaus, Bernhard: Die Fränkischen Kirchenordnungen des 16. Jahrhunderts. In: Jahrbuch für Liturgik und Hymnologie 7 (1962), 86–88.

Kugler, Hartmut: Die Stadt im Wald. Zur Stadtbeschreibung bei Hans Sachs. In: Thomas Cramer und Erika Kartschoke (Hrsg.): Hans Sachs. Studien zur frühbürgerlichen Literatur im 16. Jahrhundert. Bern/Frankfurt a. M./Las Vegas 1978, 83–103.

Lauterwasser, Helmut: Verschollen geglaubte Gesangbücher der Reformationszeit wiederentdeckt. In: Jahrbuch für Liturgik und Hymnologie 53 (2014), 168–181.

Mertens, Volker: *Ach hülff mich leid.* Zur geistlichen Kontrafaktur weltlicher Lieder im frühen 16. Jahrhundert. In: Michael Zywietz, Volker Honemann und Christian Bettels (Hrsg.): Gattungen und Formen des europäischen Liedes vom 14. bis zum 16. Jahrhundert. Münster u. a 2005, 169–187.

Müller, Norbert: Die frühen Wittenberger Psalmlieder im Evangelischen Kirchengesangbuch. Reformatorisches Kirchenlied und biblische Hermeneutik. In: Jahrbuch für Liturgik und Hymnologie 26 (1982), 103–117.

Nemes, Balázs J.: Das lyrische Œuvre von Heinrich Laufenberg in der Überlieferung des 15. Jahrhunderts. Untersuchungen und Editionen. Stuttgart 2015.

Otten, Franz: *mit hilff gottes zw tichten … got zw lob vnd zw aůspreittůng seines heilsamen wort.* Untersuchungen zur Reformationsdichtung des Hans Sachs. Göppingen 1993.

Rettelbach, Johannes: Die nicht-dramatischen Dichtungen des Hans Sachs. Grundlagen, Texttypen, Interpretationen. Wiesbaden 2019.

Rettelbach, Johannes: Fünfmal *Salve Regina.* In: Ingrid Bennewitz und Wiebke Ohlendorf (Hrsg.): Von Heiligen, Rittern und Narren. Mediävistische Studien für Hans-Joachim Behr zum 65. Geburtstag. Wiesbaden 2014, 41–52. Wiederabdruck in: Rettelbach, Johannes: Minnesang – Spruchsang – Meisterlied. Studien zur deutschen Lieddichtung des Mittelalters und der Frühen Neuzeit. Würzburg 2022, 343–357.

Sasse, Barbara: Neue Blicke auf einen ‚alten Dichter'. Zum Stand der neueren Hans-Sachs-Forschung und ihren Perspektiven. In: Literaturwissenschaftliches Jahrbuch 62 (2021), 91–149.

Schiendorfer, Max: Der Wächter und die Müllerin *verkêhrt, geistlich*. Fußnoten zur Liedkontrafaktur bei Heinrich Laufenberg. In: Claudia Brinker u. a (Hrsg.): Contemplata aliis tradere. Studien zum Verhältnis von Literatur und Spiritualität. Fs. für Alois M. Haas zum 60. Geburtstag. Bern u. a. 1995, 273–315.

Schilling, Michael: Der Meister der Medien. Hans Sachs und die Bildpublizistik. Euph. 102 (2008), 363–393.

Schmeer, Julia: Marias Verschwinden. Metaphorische Umgestaltung Marias in der Nürnberger Literatur des 15. und 16. Jahrhunderts und bei Luther. Diss. München 2017.

Sehling, Emil: Die evangelischen Kirchenordnungen des XVI. Jahrhunderts. Bd. 11,I: Bayern: Franken. Tübingen 1961.

Wachinger, Burghart: Laufenberg, Heinrich. In: VL 5 (1985), 614–625.

Wachinger, Burghart: Notizen zu den Liedern Heinrich Laufenbergs. In: Burghart Wachinger (Hrsg.): Lieder und Liederbücher. Gesammelte Aufsätze zur mittelhochdeutschen Lyrik. Berlin/New York 2011, 329–361 [zuerst in: Dietrich Huschenbett u. a. (Hrsg.): Medium Aevum Deutsch. Beiträge zur deutschen Literatur des hohen und späten Mittelalters. Fs. für Kurt Ruh zum 65. Geburtstag. Tübingen 1979, 349–385].

VD 16: Verzeichnis der im deutschen Sprachbereich erschienenen Drucke des 16. Jahrhunderts. https://www.bsb-muenchen.de/sammlungen/historische-drucke/recherche/vd-16/ [18.03.2024].

Völker, Alexander: Gesangbuch. In: TRE 12 (1984), 547–565.

Franziska Lallinger
Friedrich-Schiller-Universität Jena
Institut für Germanistische Literaturwissenschaft
Frommannsches Anwesen
Fürstengraben 18
07743 Jena
franziska.lallinger@uni-jena.de

Karina Kellermann

Nürnbergs Zensurpraxis Auge in Auge mit der politischen Publizistik

Die Städte des späten Mittelalters, besonders die Handelsmetropolen, entwickeln sich aufgrund ihrer Wirtschaftskraft zu Zentren der Laienbildung und Literatur. Die Alphabetisierung schreitet voran, Druckereien entstehen, es bildet sich ein Markt für Bücher, Flugschriften und Einblattdrucke, die literarische Produktion verliert ihre ständische Exklusivität. In diesem Prozess, in dem alte Literaturformen sich verändern oder verschwinden und neue entstehen, ist die politische Publizistik eine der innovativsten, zudem von hoher gesellschaftlicher Relevanz; sie sitzt nah am Puls der Zeit. Hier stellt sich die grundsätzliche literatursoziologische Frage, inwiefern die Städte die Ausbreitung der politischen Publizistik einerseits begünstigen und sogar befördern und andererseits den Spielraum des Sagbaren kontrollieren und eingrenzen. Dafür sind die Akteure dieses Wechselspiels in den Blick zu nehmen: 1. die Verfasser von politischen Liedern und Reimreden, 2. die Drucker, die eine breite Multiplikation von Dichtungen in der Schriftform ermöglichen und sie somit vom Akt des Vortrags lösen und 3. die städtischen Behörden, die über ihre Repräsentanten die Verbreitung politischer Publizistik beobachten, kanalisieren oder durch Zensurmaßnahmen verbieten. Die Bedeutung gerade der schriftlichen publizistischen Verlautbarungen ist nicht zu unterschätzen, denn diese übersteigen den Rahmen der Kopräsenz, sie gehen in der Interaktion nicht auf, sondern zirkulieren in Schriftform auch andernorts und wirken oft zeitversetzt. Sie schaffen also einen Raum von Kommunikation unter Nicht-Anwesenden, eine Kommunikation, die Rezeption, Rückgriffe, Zitieren und Aktualisieren erlaubt. Sie transportieren aktuelle Themen und brisante Informationen in die Öffentlichkeit und formulieren die Verantwortlichkeiten der städtischen Gruppen und prägen damit den städtischen Diskurs. Bemerkenswert ist, dass dieser Diskurs sich nicht von den regionalen Interessen der jeweiligen Stadt begrenzen lässt, sondern dass sich in ihm erstens gemeinsame Partikularinteressen der städtischen Eliten im überregionalen Vergleich abzeichnen und durch ihn zweitens die großen Themen des Reichs wie Häresien, Kirchenkritik, Simonie, Bestechlichkeit, Herrscherwechsel, Türkengefahr u. a. in den Raum der lokalen Öffentlichkeit eindringen und damit diese Öffentlichkeiten zu einem reichsweiten Kommunikationsraum zusammenschließen. Hier nun agieren die Publizisten als Sprachrohr einzelner städtischer Gruppen oder als involvierte Bür-

10.29091/9783752003444/009

ger, z. B. als Sprecher oder Stadtschreiber, und partizipieren in besonderer Weise am neuen Medium des Drucks. Neben den Akteuren im Feld der städtischen Publizistik sind die Interaktionen von Interesse, die zwischen Autoren und Druckern und zwischen Druckern und Behördenvertretern ablaufen. Das Verhältnis zwischen Autor und Schreiber wird abgelöst vom Verhältnis zwischen Autor und Drucker bzw. Verleger, also einem großräumig agierenden Unternehmer, der die Verbreitung des poetischen Erzeugnisses nach Kräften und im eigenen Interesse betreibt. Damit entsteht eine neuartige Risikoverteilung: Der Drucker als Multiplikator kommt schneller ins Visier einer zensierenden Obrigkeit als der Autor und ist zudem leichter ausfindig zu machen. Das haben die Stadtregimente früh erkannt und dort den Hebel angesetzt. Nürnberg als „Literaturhauptstadt des Reichs“ nimmt dabei eine exponierte Stellung ein, war es doch aufgrund der „überaus autokratischen Herrschaft des patrizischen Rats“[1] darauf bedacht, die Kontrolle über alles Gedruckte zu behalten, und ergriff Zensurmaßnahmen früher und häufiger als andere Städte, zudem in fixierten administrativen Formen. Im Folgenden will ich nach einem kurzen Blick auf die Materialität und Distribution gedruckter politischer Publizistik das Feld der Zensur in Nürnberg abschreiten, um anschließend die Zensurpraxis der Stadt im Falle von drei Reimreden Hans Schneiders zu beleuchten.

1. Materialität und Distribution der Drucke

Die Druckzeugnisse der politischen Publizistik kann man in zwei Kategorien fassen: Flugblätter, die Quartformat (25–35 cm Rückenhöhe) oder Folio-Format (bis 45 cm; Großfolio über 45 cm) haben und nicht selten durch einen Holzschnitt geziert sind. Diese Einzelblätter ließen sich sowohl von Hand zu Hand weitergeben als auch an öffentlichen Plätzen anschlagen. Eine bildliche Darstellung und/ oder eine Überschrift in größerer Drucktype, die auf den Inhalt hinweist, fungierten als Eyecatcher. Die zweite Kategorie besteht aus mehrblättrigen Schriften in Quartformat oder Oktavformat (bis 25 cm) mit einem geringen Umfang, zwischen 4 und 12 Blättern. Gedruckt wurde immer auf Papier, die Herstellung erfolgte schnell und wenig sorgfältig, denn die Verbreitung sollte zeitnah erfolgen. Diese Heftchen wurden in der Stadt feilgeboten und zu einem niedrigen Preis verkauft.[2] Die Auflagenhöhe ist nur in seltenen Fällen zu ermitteln.[3] Die Distri-

1 Zitate Williams-Krapp 2020, 37 u. 43; Brunner 2011, 225: „Vom 15. bis zum 17. Jahrhundert war Nürnberg die wichtigste Literaturstadt Deutschlands.“

2 Williams-Krapp 2020, 146 und 29–36 zu Vertrieb und Buchmarkt. Künast 1993, 189 nennt für 1519 bei Flugschriften der Reformationszeit im Umfang von vier bis acht Blättern Preise ab drei Heller bis zu vier Pfennige.

3 Vgl. Künast 1997, 27, 196.

bution erfolgte einerseits durch Hausierer, Buchführer und Gelegenheitsverkäufer und -verkäuferinnen, die von Haus zu Haus und durch die Straßen, in Gasthäuser, auf Marktplätze und vor das Rathaus zogen; andererseits konnte der Kunde Flugschriften und Einblattdrucke auch direkt in den Werkstätten der Drucker und Formschneider beziehen.[4] Die wachsende Zahl von Druckzeugnissen in der Volkssprache ist nur zu erklären durch eine steigende Zahl von Schulmeistern und städtischen Schulen, die Kindern und Jugendlichen elementare Kenntnisse des Lesens, Schreibens und Rechnens vermittelten.[5] In vorreformatorischer Zeit ist von 30 % Alphabeten in Nürnberg auszugehen, so dass in jedem Haushalt im Durchschnitt eine Person lesefähig war.[6] Diese lesefähigen Menschen sind die potentielle Kundschaft der volkssprachigen Drucke.

2. Stufen der Zensur

In der Reichsstadt Nürnberg ist mit drei Faktoren von Zensur zu rechnen: der kirchlichen, der kaiserlichen und der Zensur durch den städtischen Rat. Zunächst erfolgte reichsstädtische Zensur als Nachzensur gegen Einzelne; so wurde im Dezember 1491 dem Drucker verboten, das *gedicht vom kalb zu Swabach* weiterhin zu verkaufen,[7] im März 1492 wurde nachgelegt und der Drucker vor den Fünferrat zitiert.[8] Im Januar 1502 befahl der Rat dem Buchdrucker und dem Autor Peck, alle Sprüche zum Schloss Bösenbrunn herauszugeben und keine mehr ausgehen zu lassen.[9] Dies sind nur einige der Einzelmaßnahmen, die die politische Publizistik betreffen. Im Dezember 1502 kam es dann zur Etablierung einer Vorzensur, d. h. eine Präventivzensur befahl den Druckern, *das sie hinfür keinerlei gedicht oder derselben gleichen drucken, es sei dann vor den ratschreibern presentirt, examinirt und von eim rat zugelassen.*[10] In der Folge stellte der Rat immer wieder Buchdrucker und -druckerinnen zur Rede, weil sie unkontrolliert Reimereien (*lied, gedicht, spruch*) gedruckt hatten und belehrte sie über den entsprechenden

4 Vgl. ebd., 120f.

5 Künast 1997, 11f. hat einige Zahlen für Augsburg zwischen 1480 und 1555 zusammengetragen. Er kommt auf maximal 200 bis 300 Lateinleser und 73 deutsche Schulmeister und 33 deutsche Schulen in der ersten Hälfte des 16. Jahrhunderts.

6 Künast 1997, 13 nennt diese Zahlen für Augsburg und folgert für Nürnberg aufgrund von nürnbergspezifischen Forschungen, dass die Zahlen dort ähnlich anzusetzen sind.

7 Hampe 1928, 254.

8 Ebd., 254f. Der Fünferrat setzte sich aus fünf Ratsherren zusammen und war für Injurien zuständig, verhandelte also Beleidigungsklagen. Vgl. Isenmann 2003, 413.

9 Ebd., 256. Zum Verbot der publizistischen Verlautbarung über das Schloss Bösenbrunn, das sich mutmaßlich auf eine Dichtung des Hans Peck bezieht, vgl. Kellermann 2024.

10 Hampe 1928, 256; Müller 1959, 72.

Passus der Ratsordnung.[11] Im April 1513 erließ Nürnberg die erste umfassende Zensurordnung in der Form einer beschworenen Handwerksordnung, „vielleicht die früheste aller deutschen Reichsstädte".[12] Sie betraf Buchdrucker und Formschneider – 1548 auch die Briefmaler und Buchführer[13] – und verpflichtete sie, Gedichte, Schriften und Holzschnitte,

> *die zu abpruch, schmache oder nachtail der gaistlichkeit, des heiligen reichs stenden, verwantte oder sonder personen und Communen vermutlich raichen, oder daraus ainem Erbern Rate den Iren oder anderen versehenlich Irrungen, nachrede oder schaden erfolgen mocht oder wurde,*

dem Zuständigen des Rates vor dem Druck zu übergeben und den Ratsbescheid abzuwarten. Im Januar 1518 wurde die Zensurordnung noch erweitert, indem nun *keinerley Neu Werck groß oder klein* ohne vorherige Begutachtung und Erlaubnis durch den Rat gedruckt werden durfte.[14] Die nächste Stufe der Zensur wurde im Mai 1521 mit dem Wormser Edikt gezündet, als Kaiser Karl V. die Zensur zum juristischen Instrument gegen die Reformation ausbaute und die Präventivzensur in die Reichsgesetzgebung einführte. Auf dem Nürnberger Reichstag 1524 wurden die Reichsstände zur Durchsetzung der Druckzensur verpflichtet; so musste Nürnberg die Druckereien auf dem eigenen Territorium beaufsichtigen und machte sich strafbar, wenn es die Zensur zu lax handhabte.[15] „In der Reichspolizeiordnung von 1548 wurden alle Zensurmaßnahmen nochmals präzisiert und in ihre bis 1577 gültige Form gebracht."[16] Seit etwa der zweiten Hälfte des 16. Jahrhunderts war der Zensor meist ein Ratskonsulent, d. h. beamteter Rechtsgelehrter.[17] Halten wir fest: Die städtische Zensur wurde in Nürnberg schon früh und konsequent betrieben. Die Strenge gegen die Tagespublizistik war drastisch und außergewöhnlich, sie betraf sogar harmlose oder stadtfreundliche

11 Hampe 1928, 256–258. Weichselbaumer 2017, 77f. meint, dieser Ratsbeschluss sei nie durchgesetzt worden. Dem widersprechen aber die von Hampe zusammengestellten urkundlichen Notizen. Dass sich allerdings erst allmählich eine umfassende und durchsetzungsstarke Vorzensur etablieren konnte, ist richtig.

12 Müller 1959, 73.

13 Vgl. Fleischmann 2003, 563. Briefe sind Einblattholzschnitte, als Buchführer werden Buchhändler und Verleger bezeichnet. Vgl. Diefenbacher/Fischer-Pache 2003, 571.

14 Zitate nach Müller 1959, 73.

15 Vgl. Jegel 1950, 58f.: „Seit dem 25. Oktober 1522 werden sogar zwei Fronboten mit einem Stadtknecht wöchentlich herumgeschickt, um in den Krämen [d. s. Buchläden, K.K.] und auf den Märkten nach solchen Büchern zu suchen, vorgefundene wegzunehmen und dem Rat zu melden, damit er Strafe verhängen kann. Einige derartige Verfügungen werden vermutlich durch das anwesende Reichsregiment verlangt."

16 Künast 1997, 200.

17 Vgl. Jegel 1950, 62.

Reden und Lieder, wenn sie ohne vorherige Genehmigung veröffentlicht worden waren. Dazu unten mehr.

3. Organisation und Mechanismen der Zensurbehörde

Da die leitenden Interessen der Stadt Nürnberg ihre Reputation, der innerstädtische Friede, ein reibungsloser Außenhandel und die Vermeidung diplomatischer Verwicklungen waren, betrachtete es der Rat als seine vornehmste Aufgabe, dafür Sorge zu tragen und möglichst jedwede Störung zu unterbinden. Aus diesem Grunde übte er eine sehr weitgehende Kontrolle aller Lebensbereiche aus, von denen die Zensurierung der öffentlichen Meinung nur eine war.[18] Zunächst hatte der Fünferrat die Kontrolle über mündlich oder schriftlich verbreitete Meinungen auszuüben, dann wurde der Ratsschreiber als Zensor installiert, 1528/29 der Probst von St. Sebald, danach der von St. Lorenz, Mitte 1534 wahrscheinlich für 10 Jahre der Abt von St. Egidien.[19] Wir erfahren aus den Ratsverlässen,[20] dass es ein gestuftes Verfahren gegen Verfasser und Verbreiter von unliebsamer Publizistik gab: zunächst eine erste Ermahnung, dann das Verlesen der Regeln, als nächste Stufe die Androhung von Strafe bei künftigen Vergehen und schließlich die Geld- oder Gefängnisstrafe.[21] Wir lesen aber auch von einer Differenzierung nach Altersklassen: Knaben, die ein inkriminiertes Lied singen, sollen durch Schläge gezüchtigt werden, während die Alten vor das Fünfergericht zu zitieren sind.[22] Später, in Zeiten der Reformationspublizistik, konnten Drucker der Stadt verwiesen und mit Berufsverbot belegt werden. Zudem, besonders wenn man weder des Autors noch des Druckers habhaft werden konnte, konfiszierte der Rat die inkriminierten Schriften und versuchte durch Befragung derer, die sie verteilt oder verkauft hatten, den Verursacher zu finden – oft vergeblich. Mit dem Jahr 1513 änderte sich die Situation wesentlich, weil die Buchdrucker und Formschneider als vereidigte Handwerker namentlich im „Ämterbüchlein"[23] vermerkt und somit leicht zu kontrollieren waren. Die Tendenz, mit den Zensurmaßnahmen bei den Druckern anzusetzen, erwies sich in Nürnberg als besonders wirksam. In anderen

18 Vgl. Müller 1959, 71.

19 Vgl. Jegel 1950, 60.

20 Ratsverlässe sind Protokolle, die der Ratsschreiber von den täglichen Sitzungen des Kleinen oder Inneren Rates anfertigte; es sind also amtliche Schriftstücke, die die Arbeit des Kleinen Rates mit seinen 46 Mitgliedern dokumentieren. Hier findet sich eine Vielzahl von Regelungen, darunter auch einige, die das Buchwesen betreffen. Vgl. Isenmann 2003, 412f.

21 Vgl. Jegel 1950, 56. Er beschreibt die fortschreitende Konzentration der Zensurbehörde auf die Drucker, die vorgeladen werden und eine sträfliche Rede erhalten. Weitergehende Maßnahmen sind Turmhaft für den Meister und Lochgefängnis für die Angestellten.

22 Vgl. Hampe 1928, 255.

23 Vgl. Müller 1959, 72.

Städten gestaltete sich die Verfolgung der Drucker insofern schwieriger, als diese nicht zünftisch organisiert waren und das Druckgewerbe ‚freie Kunst' blieb.[24] Im vereidigten und engmaschig kontrollierten Druckhandwerk Nürnbergs[25] profitierte die Zensurbehörde außerdem vom Konkurrenzdruck der Betroffenen; denn diese waren nicht gewillt, sich von der Zensur in den Geschäften behindern, ihre Konkurrenten aber ungeschoren davonkommen zu lassen. Schon vier Monate nach dem Vereidigungserlass, am 9. August 1513, baten sie, *daß man hinfüro keinem Fremden noch Hiesigen vergönnen sollte, wider die Ordnung unter dem Rathaus Bücher feil zu haben.*[26] Die willigsten Handlanger der Zensur kamen seitdem aus dem Druckhandwerk selbst. Wie umfassend und durchdacht die Druckzensur in Nürnberg betrieben wurde, zeigt sich daran, dass der Rat zur Beurteilung von Fachtexten auf Spezialisten zurückgriff und diese nicht dem Ratsschreiber überließ; bemerkenswert ist die frühe Sensibilität des Rats für den Schutz geistigen Eigentums, die er bereits 1512 beim Verbot, Dürers Kunstbriefe nachzudrucken, an den Tag legte.[27]

4. Mediale Reichweite der Zensur

Sein Ziel, alles zu unterbinden, was die städtische Ordnung gefährdete, versuchte der Rat schon vor der Einführung der Druckzensur durch größtmögliche Kontrolle der verschiedensten Medien zu erreichen.[28] Die Verbote betrafen das öffentliche Singen von Schmäh- und Spottliedern, den Vortrag von Sprüchen und Gedichten (*reimereyen*) und das Dichten ebensolcher anstößiger Werke, die manchmal durch den Namen der verspotteten Person, das Thema oder den Autor näher bezeichnet wurden. Außerdem verboten, verfolgt und bestraft wurde das Drucken und Verbreiten bestimmter Schriften, was sowohl das Verteilen als auch den Verkauf, also allgemein das Feilbieten umfasste. Nicht selten verlangte der Rat vom Drucker, dass er die gesamte Auflage abliefere und keine weiteren

24 Vgl. Künast 1997, 102.

25 1513 machte der Rat aus den Buchdruckern ein vereidigtes Handwerk mit der Folge, dass sie ihren Eid jährlich erneuern mussten und ihre Namen in das Amtbuch eingetragen wurden. Vgl. Fleischmann 2003, 563 u. Kanz 2016, 138.

26 Müller 1959, 73; Weichselbaumer 2017, 83 konstatiert für die reformatorischen Flugblätter in Nürnberg: „Die Drucker bitten nicht etwa um Freigabe der Zensur, sondern darum, dass die Regelungen konsequenter durchgesetzt werden."

27 Vgl. Müller 1959, 72. Am 7. 10. 1525 werden sogar Luthers Schriften gegen Nachdruck geschützt (vgl. Jegel 1950, 59).

28 Weichselbaumer 2017, 77 betont diesen Zusammenhang von Verboten des Singens, Vortragens, Druckens und Verkaufens durch den Nürnberger Rat und formuliert zugespitzt: „Was in der Frühen Neuzeit [...] verboten wird, sind nicht (nur) Bücher, sondern vor allem Ideen."

Exemplare mehr drucke, oder ließ sich von Hausierer, Händler oder Händlerin die ganze Druckware herausgeben und requirierte sie. Tief blicken lässt ein Ratsverlass vom 8. Januar 1510, der dem *markmaister* befiehlt, *dy geschamparen lied* einzusammeln und in die *canzlei* zu bringen, *sünderlich den Johannes im korb*, außerdem die Stadtknechte und Schützen anweist, das nächtliche Singen solcher Lieder zu unterbinden, und schließlich über das vorgenannte Spottlied verhängt: *Den türmern zu sagen, daß sy das lied mit dem schreiber im korb vermeiden und nit plosen, so der pischof zu Bamberg hie ist.*[29] Das inkriminierte Lied war also offenbar ein Gassenhauer, dessen Inhalt einem jeden geläufig war, so dass man den Text gleich mitsingen konnte. Wie sonst soll man verstehen, dass schon die Melodie, denn nichts anderes bliesen die Türmer, Ärgernis erregte? Dass das Verbot nur in bestimmten Situationen gelten sollte, wirft ein Licht auf die Prinzipien der Nürnberger Kontrollorgane: Man war darauf bedacht, Anstößiges zu minimieren, ohne aber die Vergnügungen des städtischen Lebens ganz zu unterbinden. Deshalb genügte es, den Gesang eines antiklerikalen Spottliedes[30] während des Besuchs des hohen kirchlichen Würdenträgers zu untersagen; davor und danach durfte es wieder geblasen und gesungen werden, jedenfalls bei Tag, wenn es keine nächtliche Ruhestörung verursachte.[31]

Im Folgenden will ich die drei Reimreden des Sprechers Hans Schneider vorstellen, die nachweislich von Nürnbergs Druckzensur betroffen waren.[32] Es geht nicht um eine detaillierte Textanalyse, sondern darum, die Gründe für die Empfindlichkeit des städtischen Regiments herauszufinden. Diese sind bei den drei Texten verschieden und in ihrer Differenz exemplarisch für die Verbote politischer Publizistik.

5. Hans Schneiders Spruch über den Zunftaufruhr in Köln im Januar 1513[33]

Die 220 Verse umfassende Paarreimrede setzt ein mit einer Apostrophe an Kaiser Maximilian, der um Hilfe ersucht wird in den Querelen mehrerer rheinischer

29 Hampe 1928, 256f.

30 Vgl. Schanze 1992b, 852f., der auf die Unsicherheit der Textidentität des inkriminierten Lieds mit der bekannten Schwankballade ‚Der Schreiber im Korb‘ hinweist und auch die stürmische Rezeptionsgeschichte des Lieds erwähnt.

31 Über die städtischen Signalsysteme, zu denen die Turmbläser gehören, wie auch den Schutz der Nachtruhe vgl. den Beitrag von Reinhard Strohm in diesem Band, bes. S. 11.

32 Vgl. Williams-Krapp 2020, 145–151, der in seiner Literaturgeschichte Nürnberg als Modell literarischer Interessenbildung vorstellt, auf die Bedeutung und Brisanz der historisch-politischen Ereignisdichtung hinweist und Hans Schneiders Konflikte mit der städtischen Zensur bei diesen drei Reimreden hervorhebt. Vgl. meine früheren Ausführungen: Kellermann 2000, 251–255.

33 Liliencron III, 1867, Nr. 279.

Städte, *da rat und gmain halt widerpart* (Lil. 279, V. 9). Nach diesem Auftakt fokussiert der Dichter Köln, und der Kaiser spielt keine Rolle mehr. Hans Schneider beschreibt nun – wie er sagt aufgrund schriftlicher Quellen[34] – die innerstädtischen Konflikte Kölns. Er eröffnet den Bericht mit nichts Geringerem als dem Vorwurf des Landesverrats: Aus dem Rat sei eine Verschwörung geschmiedet worden, die Stadt an die Franzosen zu verraten. Es folgt die Schilderung des Zunftaufstandes, angeführt von den Steinmetzen und Maurern, die sich in ihrem verbrieften Recht, einen gewählten Vertreter aus den eigenen Reihen in den Rat zu entsenden, behindert sehen. Der Dichter sympathisiert ganz unverhohlen mit den Zünften, die gegen den korrupten, sich schamlos bereichernden, seine Macht missbrauchenden Rat und dessen vierzig Jahre währende Repression der Bürgerschaft aufbegehren. Die bei solchen Aufständen üblichen Verfolgungen und Hinrichtungen von Ratsherren und Bürgermeistern beklagt Schneider zwar – *Kleglicher ding man lang nit hert* (Lil. 279, V. 174) –, verurteilt sie aber nicht. Am Ende siegen die Zünfte und installieren einen neuen Rat: *Darnach hat man mit vleiß betracht, / new rat und burgermaister gmacht* (Lil. 279, V. 179f.).

Die blutigen Unruhen der fernen Stadt Köln scheinen dem Publizisten Hans Schneider so sensationell, dass er ereignisnah eine Reimrede verfasst, obwohl er nur auf schriftliche Nachrichten zurückgreifen kann und auch nicht über die weiteren Entwicklungen unterrichtet ist: *Wie es nun fürhin hab bestand, / das ist mir warlich nicht bekant* (Lil. 279, V. 181f.). Der Nürnberger Drucker Wolfgang Huber setzt auf Aktualität und druckt Schneiders Ereignisdichtung sogleich, ohne die Erlaubnis des Rats einzuholen. Die Brisanz des Textes veranlasst die Nürnberger Obrigkeit umgehend zum Handeln: Am 13. April 1513 bekommt sie offenbar erstmalig Kenntnis von der Flugschrift, denn in einem Ratsverlass heißt es: *Dem frembden, dem der druck von der stat Colen genommen ist, soll man mit gelt darfur ein vergleichung tun lassen.* Am 14. April wird der Drucker verhört: *Wolfgang Huber, den puchdrucker, zu red halten, warumb er uber vorige verpot den spruch von dem auflauf zu Colen gedruckt hab.* Am Tag darauf wird eine Gefängnisstrafe über ihn verhängt mit folgender Begründung:

> *Wolfgang Huber, darumb das er über und wider ains erbern Rats verpot, auch on ir zulassen und verhengen ain neu gedicht, von dem ergangen auflauf zu Coln anzaigende, mit darin verleibten giftigen mainungen, das zu irrungen der commun und irer undertanen vermutlich raten mag, gedruckt und ausgeen lassen hat, ist gestraft 4 tag uff ain turn.*[35]

34 Liliencron III, 1867, Nr. 279, V. 17: *als ich die gschriften hab vernomen.*

35 Alle Zitate der Ratsverlässe nach Hampe 1928, 258.

Dass die erste umfassende Zensurordnung Nürnbergs, die ich oben erwähnte, am selben Tag erlassen wurde, kann kein Zufall sein. Die ungewohnt ausführliche Einlassung des Rats zur Verurteilung und Bestrafung des Druckers erübrigt eigentlich jede Interpretation: Die obrigkeitsfeindliche Tendenz der publizistischen Flugschrift erscheint dem Nürnberger Regiment dermaßen gefährlich, dass es die räumliche Entfernung zu Köln geringschätzt. Wenn Mitteilungen aus dem Rheinland so schnell einen Nürnberger Publizisten erreichen,[36] dann ist die Distanz auch keine Barriere für den Flug schädlicher Gedanken in die Köpfe der Nürnberger Gemeinde. Dass in keinem der drei Ratsverlässe der Verfasser genannt ist, spiegelt das Konzept der Zensurbehörde, die den Hebel vorrangig bei den Druckern und Händlern ansetzt. Damit ist keineswegs gesagt, dass der Publizist ungeschoren davongekommen ist, uns fehlt aber jegliche Nachricht über seine Verfolgung, Verwarnung oder Bestrafung. Es bleibt allein der Befund, dass die Reimrede über den Zunftaufruhr Kölns Schneiders letzte überlieferte Dichtung überhaupt ist.[37] Auf ein Detail des Ratsverlasses vom 13. April möchte ich gern noch den Blick lenken: Der Auswärtige, der die Flugschrift in die Stadt gebracht hat und sie von den Handlangern des Zensors abgenommen bekam, soll dafür eine Kompensation erhalten. Eine solche Entschädigung ist kein Einzelfall im Zensurgebaren Nürnbergs und beweist erstens, dass der Rat Schriften wie Waren behandelte und den arglosen Besitzer entsprechend schadlos hielt, und zweitens, dass auch eine nur sechs Blätter umfassende, hastig gedruckte Flugschrift in Oktav ihren Preis hatte.[38]

6. Hans Schneiders Spruch vom Ungehorsam der Venediger, 1509[39]

Die 94versige Reimrede polemisiert scharf gegen die Stadtrepublik Venedig, ist kurz nach deren Niederlage in der Schlacht bei Agnadello (14. 5. 1509) ent-

---

36 Sporhan-Krempel 1968, 21 weist darauf hin, dass sich in Nürnberg zwölf Fernstraßen aus allen Himmelsrichtungen kreuzten, so dass die Stadt im Fadenkreuz des Nachrichtenstroms lag. „Diplomaten, Abgesandte, Kaufleute, Fuhrleute und Boten", später dann auch die Stadtpost, brachten Neuigkeiten in die Stadt.

37 Vgl. Williams-Krapp 2020, 150.

38 Der Druck von 1513 ist nur in einem Exemplar überliefert (London, BL, 11517.aa.9.); siehe VD 16 S 3230. Handschriftlich wurde die Rede in die wichtigste Überlieferungszeugin Hans Schneiders eingetragen: Nürnberg, GNM, Hs. Merkel 2° 966, 90^{v}–91^{r}. Die handschriftliche Überlieferung ist zwischen 1524 und 1526 anzusetzen, also sekundär. Vgl. Schanze 1992a, 794f.; VL 13 (2007), 90; Kanz 2016, 81.

39 Liliencron III, 1867, Nr. 259. Der inkriminierte Nürnberger Druck stammt von Adam Dyon, zwei Exemplare, vermutlich aus dem Jahr 1509, haben sich erhalten: Berlin, SBB-PK, Yd 7803, 36; München, BSB, Einbl. I, 21^{a}. Vgl. Schanze 1992a, 792f.; VL 13 (2007), 86; Kanz 2012, 986f.; Kanz 2016, 39f. u. 124–132.

standen, von mindestens fünf Druckern in Nürnberg, Augsburg und München als schmuckloses Flugblatt gedruckt und offenbar auch schnell verbreitet worden.[40] Wieder ist Hans Schneider nicht selbst vor Ort und auf Botenberichte, also Mündliches, und schriftliche Verlautbarungen von Kaufleuten angewiesen.[41] Er betont die Einigkeit der Fürsten Frankreichs und Englands, die zu Ehren des Reichs und unter der Führung des Kaisers gegen das aufrührerische und wiederholt mit der Acht belegte Venedig ziehen. Die Rede ist eine einzige Warnung an die Stadtrepublik, den Kaiser als obersten Herrn anzuerkennen, den Hochmut aufzugeben und stattdessen durch Handelsbeziehungen ihren Reichtum zu mehren. Hatte Schneider schon zu Beginn eingestanden, dass er nicht umfassend informiert ist – *ich byn nit aller sach bericht* (Lil. 259, V. 4) – schließt er die den Kaiser verherrlichende und mit den Reichsstädten sympathisierende Rede mit dem Hinweis, dass es sich um einen aktuellen Bericht eines noch nicht abgeschlossenen Vorgangs handelt: *Domit mein red soll haben end, / biß weiter sachen wirt volendt* (Lil. 259, V. 91f.). Damit markiert er zum wiederholten Mal das Informationsdefizit, das er in Kauf nimmt, um seine Neuigkeiten schnell an die Öffentlichkeit zu bringen.

Der Ratsverlass vom 29. Mai 1509 beweist, dass das Flugblatt in der Tat rasch gedruckt wurde. An diesem Tag verordnet der Rat von Nürnberg:

> *Hannsen Schneider, dem sprecher, soll man beschaidenlich benemen, seinen gemachten spruch wider die Venediger hie nicht auszepraiten; es pring gemainer stat und den iren künftigen unrate. Desgleichen dem trucker verpieten, sein truck solhs spruch verner nicht zu verkaufen.*[42]

Der Fall liegt deutlich anders als beim Druckverbot des Spruchs über die Kölner Unruhen; hier sollen die Maßnahmen die Verbreitung der Scheltrede in der Öffentlichkeit eindämmen, und dazu werden Dichter und Drucker in die Pflicht genommen. Dies kann der Rat aber allein für Nürnberg durchzusetzen versuchen, die anderen Drucke aus Augsburger und Münchener Offizinen können nach wie vor öffentlich wirken und taten das offensichtlich auch,[43] nur nicht innerhalb der Stadtmauern Nürnbergs. Warum aber wird der reichsfreundliche Spruch überhaupt verboten? Am Inhalt, den die Reichsstadt gutheißen musste, kann es nicht

40 Vgl. Williams-Krapp 2020, 149; Künast 1997, 199: „In diesem Krieg wurden als Neuheit von allen beteiligten Mächten die Möglichkeiten des Buchdrucks für Propagandazwecke erprobt." Zu dieser Rede und den Nürnberger Zensurgepflogenheiten vgl. Kellermann 2024, 181f.

41 Liliencron III, 1867, Nr. 259, V. 5f.: *Der kaufleut gschrift und botten sag / und ander mer kompt vil an tag.*

42 Hampe 1928, 256.

43 Kanz 2016, 29 nennt dieses Gedicht „Hans Schneiders Bestseller".

liegen. Der Schlüssel liegt wohl im Sätzchen: *es pring gemainer stat und den iren künftigen unrate.* Auch wenn Nürnberg in einem solchen außenpolitischen Krieg fest an des Kaisers Seite stand, wusste es doch seine eigenen Interessen zu wahren. Und diese waren vor allem die Handelsbeziehungen der Fernhandelskaufleute, die in Venedig den wohl bedeutendsten Warenumschlagplatz hatten und eine erkleckliche Zahl an Nürnberger Ratsherren stellten.[44] Deswegen war der Rat auch in Zeiten der kriegerischen Auseinandersetzung des Reichs mit feindlichen Mächten darauf bedacht, an die Zukunft zu denken und Schaden von der Stadt abzuwenden; denn auf dem diplomatischen Parkett waltete nicht das Verursacherprinzip, sondern letztlich war es immer der Rat, der für die Verlautbarungen der politischen Publizistik in der Stadt zur Verantwortung gezogen wurde.[45]

7. Hans Schneiders Spruch vom Landshuter Erbfolgekrieg und den Nürnbergern, 1504[46]

Im dritten Beispiel berichtet Hans Schneider von Ursachen und Ereignissen des Landshuter Erbfolgekriegs mit einem Schwerpunkt auf den kriegerischen Unternehmungen Nürnbergs. Dieser Erbstreit der Wittelsbacher hatte ein großes Echo in der politischen Publizistik,[47] und Schneider selbst beteiligte sich mit zwei Reden und einem Lied an der Propagandaschlacht, immer zugunsten der oberbayerischen Linie, die von König Maximilian, dem Schwäbischen Bund sowie Nürnberg unterstützt wurde. Wieder registrieren wir eine ereignisnahe Abfassung der ersten Rede, die der Publizist zu diesem Thema verfasst hat, nämlich unmittelbar nach der Heimkehr der Nürnberger Truppen von der Eroberung Altdorfs am 26. Juni 1504. Schneider informiert zunächst über die Parteiungen, die königliche Acht gegen Pfalzgraf Ruprecht und wie sich die Nürnberger mit ihren Truppen bei der Durchsetzung der Reichsacht hervortun. Dann wird er konkreter, inseriert in seinen Text mehrfach präzise Daten und berichtet aus der Perspektive des Augenzeugen:

> *Ich macht mich nahent hin auf die spor,*
> *biß ich kam zů dem Laufer tor;*

---

44 Vgl. Sporhan-Krempel 1968, 19. Da Nürnbergs Reichtum sich allein auf den Handel gründete, wurde durch Streitigkeiten mit den Handelspartnern „das ganze soziale und wirtschaftliche Gefüge der Stadt in Mitleidenschaft gezogen"; entsprechend war der Rat weit überwiegend mit Großkaufleuten besetzt. Vgl. auch Kanz 2016, 130–132; Meyer 2009, 188.

45 Vgl. Sporhan-Krempel 1968, 68.

46 Liliencron II, 1866, Nr. 235.

47 Vgl. die Zusammenstellung volkssprachlicher und lateinischer Texte bei Schanze 1985, 549–556; über die deutschsprachigen publizistischen Zeugnisse: Kellermann 2010, 196–198. Liliencron II, 1866, ediert 17 Texte: Nr. 232–248.

da kam gezogen, wie ich meld,
ein soliche übergroße welt
mit büchsen, wagen, ross und leit,
als ich nie sach in langer zeit. (Lil. 235, V. 219–224)

Von seinem Beobachtungsposten am Laufer Tor aus verfolgt er die Ausfahrt des Nürnberger Kontingents, das am 7. Juni ostwärts die Pegnitz hinauf zog und wird anschließend von den reisigen Knechten über den Verlauf der Unternehmung unterrichtet.[48] 14 Tage später ist er Augenzeuge der Ausfahrt der Nürnberger nach Altdorf und drückt seine Solidarität mit den Nürnberger Kriegern durch mehrfaches Wir-Sprechen aus.[49]

Dass nicht nur die Abfassung der Rede, sondern auch der Druck der 6-blättrigen Flugschrift im Quartformat zeitnah erfolgte, ist erstens aus einem Fassungsvergleich zu ersehen: Die Druckfassung endet mit der Autorsignatur und dem Bedauern, die Rede beenden zu müssen, ohne die Hauptleute namentlich nennen zu können:

Ich solt die haubtleüt hon genent
Sy sind mir laider vnbekent
Darumb so muoß ichs prechen ab
Biß ich weiter verstentnüß hab.[50]

Eine wenig später erstellte längere Fassung ist handschriftlich überliefert und nennt die Namen. Die zwei Fassungen demonstrieren aufs Schönste, dass Schnelligkeit der gedruckten Flugschrift das Gebot der Stunde war, auch wenn diese mit Informationsdefiziten erkauft werden musste.[51] Zweitens kennen wir das Datum des Ratsverlasses, der den Spruch zensiert; es ist der 12. Juli 1504, nur 16 Tage nach der Rückkehr der siegreichen Truppen nach Nürnberg, er lautet:

---

48 Liliencron II, 1866, Nr. 235, V. 248: *hort ich von mengem redlichen knecht.*

49 Ebd., V. 288–313.

50 Quartdruck, [Augsburg, Hans Froschauer ab 1504], Ex. London, BL, 11515.b23, Bl. 6v. Ich zitiere den Druck nach Kanz 2016, 226. Vgl. zum Landshuter Erbfolgestreit Kanz 2016, 220–228.

51 Nachgewiesen sind drei Drucke, der inkriminierte Nürnberger Druck ist verschollen. Das einzige erhaltene Exemplar stammt aus der Offizin von Hans Froschauer in Augsburg, es umfasst 6 Blätter im Quartformat und bietet die Reimrede im Umfang von 330 Versen. Demgegenüber sind die erhaltenen handschriftlichen Fassungen später als die Drucke entstanden und umfassen 342 bzw. 370 Verse. Eine dritte Handschrift mit 329 Versen kann nicht beurteilt werden, da sie verschollen ist. Alle Angaben nach Schanze 1992a, 789f. und Kanz 2016, 37.

> *Hannsen, sprecher, zu red halten des gemachten spruchs halb, daß er den on ains rats wissen hat lassen ausgen. Item der puchdruckerin verpieten, das sy denselben spruch nicht ausgen laß bei X fl.* [= Gulden, K.K.] (Strafe).[52]

In diesem Spruch sympathisiert der Publizist nicht nur mit den Nürnbergern, er macht sich ihre Sache regelrecht zu eigen und widmet ihn sogar dem Rat.[53] Dennoch bekommt er die Härte der Zensur zu spüren. Warum? Weil der Rat seinen sieben Monate zuvor formulierten Erlass, dass kein Gedicht gedruckt werden dürfe, ohne zuvor vom Rat zugelassen zu sein, ausnahmslos durchsetzen wollte, eben auch dann, wenn an dessen Inhalt gar nichts auszusetzen war.

Ich habe die drei Reimreden Schneiders entgegen ihrer chronologischen Abfolge besprochen, weil ich vom erwartbaren Fall zum verblüffenden fortschreiten wollte. Wir sind geneigt, wenn Zensur geübt wird, inhaltliche Gründe zu vermuten, und suchen im Text nach entsprechenden Elementen und Tendenzen. Folglich passt das Verbot eines Textes, der einen Aufstand der Zünfte gegen das Stadtregiment gutheißt, ins Bild. Und dass der Nürnberger Rat sogar bei publizistischen Verlautbarungen über innerstädtische Konflikte im fernen Köln einschreitet, überrascht nur dann, wenn man die intensive Vernetzung der Städte untereinander, besonders der großen Handelsmetropolen, und den zunehmenden Schriftverkehr vergisst oder geringschätzt. Weniger passend erscheint zunächst das Verbot eines Flugblatts, das einen reichspolitischen Vorgang in der Ferne affirmierend und mit Sympathie für die Reichsstädte schildert. Hier funktioniert der Schluss: ‚auf missliebigen Inhalt folgt Zensur' nicht. Im Falle des Spruchs gegen Venedig erweist sich dies als Kurzschluss. Die Empfindlichkeit der Obrigkeit ist komplexer; sie positioniert sich nicht nur gegen städtefeindliche Themen, sondern beachtet außen- und wirtschaftspolitische Faktoren und blickt außerdem über die Tagesaktualität hinaus. Und wenn im dritten vorgestellten Fall eine Flugschrift verboten wird, die aus Nürnberger Perspektive identifikatorisch über einen siegreichen Kriegszug der Stadt berichtet, macht sich vollends Unverständnis breit. Es hilft nicht, nach unliebsamen Inhalten zu suchen, die den Nürnberger Rat unter Umständen vergrätzt haben könnten wie beim Spruch über den Kölner Aufruhr oder die städtischen Handelsbeziehungen nachzuzeichnen wie bei der Reimrede gegen Venedig. Königstreue, Kampfeseifer und militärische Erfolge formieren sich in der Ereignisdichtung aus dem Landshuter Erbfolgekrieg zum Lobgesang auf Nürnberg. Hier sehe ich nur einen wirkenden Grund: die ausufernde Regulierungswut der reichsstädtischen Obrigkeit, die aus purer Prinzipienreiterei

52 Hampe 1928, 256.

53 Quartdruck [Augsburg, Hans Froschauer ab 1504], Ex. London, BL, 11515.b23, Bl. 6^v: zitiert nach Kanz 2016, 226: *Zů eren aim frummen weysen rat / Als Hanns schneider gesprochen hat / Der hat gemacht diß gedicht.*

die gerade erst verabschiedete Präventivzensur als scharfes Schwert in Anwendung bringen will. Es ging dem Rat nicht in erster Linie darum, seine inhaltliche Position durchzusetzen, sondern mögliche Konflikte von der Stadt abzuwenden und jederzeit die Zügel in der Hand zu halten.[54] Es hilft nichts, wir müssen uns einem dialektischen Prozess stellen: Just die Entfaltung der politischen Publizistik mit ihrer Meinungspluralität im öffentlichen Raum setzt die Kontrolle durch das Stadtregiment in Gang und lässt die Zensur entstehen.

Bibliographie

I. Primärliteratur

von Liliencron, Rochus (Hrsg.): Die historischen Volkslieder der Deutschen vom 13. bis 16. Jahrhundert. Bd. 2–3. Leipzig 1866–67. ND Hildesheim 1966.

II. Sekundärliteratur

Brunner, Horst: Die Reichsstadt als Raum der Literatur. Skizze einer Literaturgeschichte Nürnbergs im Mittelalter. In: Sonja Glauch, Susanne Köbele und Uta Störmer-Caysa (Hrsg.): Projektion – Reflexion – Ferne. Räumliche Vorstellungen und Denkfiguren im Mittelalter. Berlin/Boston 2011, 225–238.

Diefenbacher, Michael/Fischer-Pache, Wiltrud (Hrsg.): Das Nürnberger Buchgewerbe. Buch- und Zeitungsdrucker, Verleger und Druckhändler vom 16. bis zum 18. Jahrhundert. Nürnberg 2003.

Fleischmann, Peter: Das Nürnberger Ämterbüchlein. In: Diefenbacher/Fischer-Pache 2003, 560–569.

Hampe, Theodor: Volkslied und Kriegslied im alten Nürnberg, II. Teil. In: Mitteilungen des Vereins für Geschichte der Stadt Nürnberg 27 (1928), 251–278.

Isenmann, Eberhard: Ratsliteratur und städtische Ratsordnungen des späten Mittelalters und der frühen Neuzeit. Soziologie des Rats – Amt und Willensbildung – politische Kultur. In: Pierre Monet und Otto Gerhard Oexle (Hrsg.): Stadt und Recht im Mittelalter / La ville et la droit au Moyen Age. Göttingen 2003, 215–479.

Jegel, August: Altnürnberger Zensur, vor allem des 16. Jahrhunderts. In: Fritz Redenbacher (Hrsg.): Festschrift für Eugen Stollreither. Erlangen 1950, 55–64.

Kanz, Claudia: Schneider, Hans. In: Wolfgang Achnitz (Hrsg.): Deutsches Literatur-Lexikon. Das Mittelalter. Bd. 3. Berlin/Boston 2012, 985–992.

Kanz, Claudia: *Also Hans Schneider gesprochen hat.* Untersuchungen zur Ereignisdichtung des Spätmittelalters. Würzburg 2016.

54 Vgl. Weichselbaumer 2017, 78.

Kellermann, Karina: Abschied vom ‚historischen Volkslied'. Studien zu Funktion, Ästhetik und Publizität der Gattung historisch-politische Ereignisdichtung. Tübingen 2000.

Kellermann, Karina: Landshuter Erbfolgekrieg. In: Killy 7 (2010), 196–198.

Kellermann, Karina: Ereignisnähe um jeden Preis. Hans Pecks historisch-politisches Lied zum Lobe Nürnbergs im Flugblatt (1502). In: Jan Cölln u. a. (Hrsg.): Lyrik interdisziplinär. Texte und Studien zu Ehren von Franz-Josef Holznagel. Berlin 2024, 165–184.

Künast, Hans-Jörg: „Getruckt zu Augspurg". Buchdruck und Buchhandel in Augsburg zwischen 1468 und 1555. Tübingen 1997.

Meyer, Carla: Die Stadt als Thema. Nürnbergs Entdeckung in Texten um 1500. Ostfildern 2009.

Müller, Arnd: Zensurpolitik der Reichsstadt Nürnberg. Von der Einführung der Buchdruckerkunst bis zum Ende der Reichsstadtzeit. In: Mitteilungen des Vereins für die Geschichte der Stadt Nürnberg 49 (1959), 66–169.

Schanze, Frieder: Der Landshuter Erbfolgekrieg. In: VL 5 (1985), 549–556.

Schanze, Frieder (1992a): Schneider, Hans. In: VL 8 (1992), 786–797.

Schanze, Frieder (1992b): Der Schreiber im Korb. In: VL 8 (1992), 852f.

Sporhan-Krempel, Lore: Nürnberg als Nachrichtenzentrum zwischen 1400 und 1700. Nürnberg 1968.

VD 16: Verzeichnis der im deutschen Sprachbereich erschienenen Drucke des 16. Jahrhunderts (digital).

Weichselbaumer, Nikolaus: Zur Funktion der Druckzensur in Nürnberg während der Reformation. In: Zeitschrift für bayerische Kirchengeschichte 86 (2017), 76-83.

Williams-Krapp, Werner: Die Literatur des 15. und frühen 16. Jahrhunderts. Teilbd. 1: Modelle literarischer Interessenbildung (Geschichte der deutschen Literatur von den Anfängen bis zum Beginn der Neuzeit III/2,1), Berlin/Boston 2020.

Prof. Dr. Karina Kellermann
Universität Bonn
Rabinstraße 8
53111 Bonn
karina.kellermann@uni-bonn.de

Reinhard Hahn

Literarisches Leben im mittelalterlichen Erfurt

in memoriam Ulman Weiß (1949–2023)

Erfurt war seit jeher und in jeder Hinsicht die Mitte Thüringens: naturräumlich auf Grund seiner Lage inmitten des Thüringer Beckens, als Handels- und Wirtschaftszentrum wie auch kirchlich-geistig. Seit den Tagen des Bonifatius stand Erfurt in engen Beziehungen zu Mainz. Die Bistumsgründung des Angelsachsen schlug fehl, noch zu seinen Lebzeiten ging sie in der Mainzer Diözese auf. Stadtherr war der Erzbischof, die Verwaltung lag in den Händen seiner Beamten; als eigentlicher Regent galt der Vitztum, der das Stadtsiegel verwahrte. An seine Stelle trat später der Provisor. Nächst Mainz war Erfurt die wichtigste Stadt des Erzbistums, eine weltoffene Handels- und Schul- und seit 1392 auch Universitätsstadt. Auf dem Gipfel ihrer wirtschaftlichen Macht zählte sie rund 18.000 Einwohner, besaß das Münzrecht, ein größeres Landgebiet und eine eigene Streitmacht. Die *Schedelsche Weltchronik* nennt sie *die groß vnnd gedechtnußwirdig statt ein hawbt Thůringer lands.*[1] Erfurt war keine Reichsstadt, fügte sich aber auch nicht in den territorialen Rahmen und konnte so eine beträchtliche Selbstständigkeit beanspruchen. Die Stadt lag inmitten des Territoriums der Landgrafen, die das Geleitsregal auf den großen Straßen besaßen und ein weiteres Vordringen des Erzbistums verhinderten, hatte landgräfliche und sächsische Lehen inne, war auch in die thüringischen Konfigurationen eingebunden. Zu ihnen gehörten der Gegensatz zwischen Landgrafen und Grafengeschlechtern und die Königsnähe Thüringens. Die Staufer behandelten Erfurt – ablesbar an vielen Reichsversammlungen um 1200 – als einen ihrer Hauptstützpunkte. Im VII. Buch des *Parzival* schildert Wolfram von Eschenbach die Belagerung der Stadt Bêârosche. Im Hintergrund stehen das Gegeneinander der Bischöfe Lupold von Scheinfeld und Siegfried von Eppstein und die Kämpfe zwischen Philipp von Schwaben und dem wortbrüchigen Landgrafen, in deren Verlauf der Staufer seine Zuflucht in Erfurt nehmen musste, während die böhmischen Hilfstruppen Hermanns Angst und Schrecken verbreiteten. Seit der Mitte des 13. Jahrhunderts kaufte der Rat dem Erzbischof Recht um Recht ab, um 1300 war die Stadt weitgehend autonom, ihr Status kam

---

1 Füssel 2013, 155v. Erfurt ist bereits auf der *Ebstorfer Weltkarte* verzeichnet. Vgl. Kugler 2020, Bd. II, 242. Zur Erfurter Stadtgeschichte Beyer/Biereye 1935; Wiegand 1964, 5–116; Patze 1974; Eberhardt 1987; Wolf 2005.

10.29091/9783752003444/010

dem einer Freien Reichsstadt nahe. Den Zenit ihrer politischen Macht erreichte sie im 14. Jahrhundert, erkennbar an Bündnissen mit dem Adel und den Reichsstädten Mühlhausen und Nordhausen; beim Erwerb des Reichslehens Kapellendorf huldigte sie Karl IV. als ihrem *rechten Herrn*. Diese Entwicklung fand im späten 15. Jahrhundert ein Ende: Erfurt musste sich der Territorialherrschaft der Wettiner unterwerfen, was eine enorme Verschuldung sowie soziale Krisen nach sich zog. Ich wende mich nun der erzählenden Dichtung zu.

Während Wolfram am *Willehalm* arbeitete, dichtete Ebernand von Erfurt das Legendenepos *Heinrich und Kunigunde*, das oft als trocken und dürftig kritisiert wurde. Die Urteile Goedekes, Wesles und anderer repetieren allerdings ältere Handbücher, die ihrerseits auf vorgängiger Literatur fußen; so lässt sich de Boors Diktum von Ebernands sklavischer Quellenabhängigkeit bis zu Priest zurückverfolgen. Wir wissen nun nicht, welche Legendenfassungen er im Einzelnen benutzte; zudem haben über 2100 Verse keine Entsprechung in den lateinischen Viten. Während man sich wohl schnell darauf einigen kann, dass Ebernand kein herausragender Dichter war, ist ein anderer Punkt seit langem umstritten: War er Laie oder Kleriker?

Seit Edward Schröder in Erfurter Urkunden zwischen 1192 und 1227 einen *Ebernandus* bzw. *Ebirnand* nachwies, hat man den Dichter oft mit jenem *burgensis* identifiziert. Wesle befand: „wir können in ihm den ältesten mit Sicherheit nachweisbaren Bürger in der deutschen Literaturgeschichte erblicken". Man übertreibt kaum mit der Behauptung, dass die Forschung sich seither mehr für die Alternative Laiendichter vs. Kleriker als für das Gedicht selbst interessiert hat. Ebernands Identität mit dem Erfurter Bürger ist weder undenkbar noch stringent beweisbar, und dies gilt auch für den Besuch einer Erfurter Stiftsschule. Ebenso beschränkt ist die Beweiskraft der Stellen, an denen man den Geistlichen hören wollte, etwa: *niht wâfens ist sô drête, / noch ze strîte alsô guot, / so gebet, daz der gerehte tuot* (V. 528ff.). Schröpfer plädierte in seiner sorgsam abwägenden Studie für den Kleriker, räumte indes ein, dass seine Argumentation nicht zwingend sei.[2] Ich denke, dass Ebernand aus Erfurt stammte und sein Epos dort um 1220 verfasste, was nicht ausschließt, dass er sich auch einmal in Bamberg aufhielt. Gegen den Kleriker scheint mir die akrostichisch verschlüsselte Aussage zu sprechen, er sei den Erfurtern bekannt.

Die Beziehungen zwischen der thüringischen Metropole und der fränkischen Bischofsstadt sind deutlich. Ebernand wurde von dem *kirchenêre Reimbote* (V. 4117), der in Bamberg für die Heiligsprechung Kunigundes geworben hat-

2 Vgl. Bechstein 1860, V; Schröder 1909, 143–152; Wesle 1933, 477; Priest 1907, 39; Schröpfer 1969, 35. Zum Verhältnis von Autor und Publikum bei der Beurteilung städtischer Literatur vgl. Ruh 1980, 314.

te und später als Konverse bei den Zisterziensern im thüringischen Georgenthal lebte, zum Abfassen des Gedichts veranlasst und mit Nachrichten versorgt. Er vertraute ihm uneingeschränkt, wie die Schlusspartie zeigt. Hier erklärt er, wie man seinen Namen erfahren könne, und rechtfertigt seine von der oberdeutschen Norm abweichende Sprache mit den vielzitierten Worten: *ich bin ein Durenc von art geborn* (V. 4467). Er apostrophiert sein Publikum, *ir edeln Babenbergêre* (V. 4475), und erbittet sich als Lohn für seine Mühe die Aufnahme in ihr Gebet. Dem Topos, nicht an die Meisterdichter heranzureichen (*ze tihten, des ich lutzel kan*, V. 4497), folgt eine Demutsformel und ein nochmaliges Lob Reimbotes. Die einzige Handschrift, gefertigt von einem Mühlhäuser Mendikanten im zweiten Viertel des 15. Jahrhunderts, spricht für eine bescheidene Resonanz Ebernands in Thüringen. Stärker wirkte er im Süden über eine Prosabearbeitung, die bis auf ein Fragment verloren ist, aber in Gestalt der Einzellegenden Heinrichs und Kunigundes in *Der Heiligen Leben* einging.

Bei dem Märendichter Sibote geht es mir allein um die Frage: War er, wie Schröder wahrscheinlich machte, ein Erfurter Dichter? Fischer hielt die Hypothese eines Berufskünstlers am sizilischen Hof grundsätzlich für akzeptabel, Bumke äußerte sich skeptisch, Berron beschränkte sich auf das Referat bisheriger Positionen.[3] Zur Erinnerung: Ottokar von Steiermark beginnt seine Chronik mit einer Erzählung der Geschichte Italiens vom Tod Friedrichs II. bis zur Annexion Neapels durch Karl von Anjou. Er schildert das bewegte Leben am Hof des illegitimen Kaisersohns Manfred, der stets von seinen *videlæren* umgeben war, charakterisiert dessen Hofpoeten und -musiker mit Namen und persönlichen Eigenheiten, und hier erfährt man: *ez was ouch dâ durch sîn gebot / von Ertfurt meister Sîbot* (V. 327f.). Ottokar kam auf seinen Reisen auch nach Erfurt, er berichtet vom Aufenthalt Rudolfs von Habsburg in der Stadt, zu seinen Quellen gehört die Erfurter Peterschronik.[4]

Es ist offenbar leichter, eine Identifizierung wie die von Schröder vorgeschlagene als unbeweisbar abzulehnen oder anzuzweifeln, als sie mit Gründen zu widerlegen. Denn welche Identifizierung eines mittelalterlichen Dichters ist schon über jeden Zweifel erhaben – ist der *miles emeritus* der markgräflichen Urkunden wirklich identisch mit Heinrich von Morungen? Der Historiker Heinemeyer nahm keinen Anstoß an Schröders Argumentation, und der Herausgeberin

---

3 Vgl. Schröder 1909, 154–156; Fischer 1983, 180f.; Bumke 1979, 286. Unzutreffend die Behauptung von Berron 2021, 97, Schröder habe den Dichter „als ein Mitglied des Erfurter Hofes" identifiziert (welches Hofes?). Ähnlich Berron 2014, 25 und neuerlich ders. in seinem Kommentar zu Sibote in: Ridder/Ziegeler 2020, 243.

4 Vgl. Ottokars *Österreichische Reimchronik* 1890–1893, zu Ottokars Quellen LIX; Weinacht 1989.

Sonntag zufolge können wir uns ihr „getrost“ anschließen, da sie sich mit dem sprachlichen Befund (mitteldeutsche, vielleicht thüringische Merkmale in einer überregionalen Dichtersprache) vereinbaren lasse wie auch mit der mutmaßlichen Entstehungszeit (Manfreds Tod in der Schlacht von Benevent 1266).[5] Man wollte den Dichternamen auch als selbstironische Charakteristik, „Si-bot(e)“ – Pantoffelheld verstehen; doch ist der bairisch-österreichische Regionalismus *Simandl* vornehmlich im 16./17. Jahrhundert belegt, Sibote dagegen ein mitteldeutscher Dichter des 13. Jahrhhunderts.[6] Bedenkt man, dass er urkundlich nicht zu fassen ist, Schröder selbst mit skeptischen Reaktionen rechnete und auch jene, die ihm grundsätzlich folgten, ein dezidiertes Urteil mieden, darf man vielleicht sagen: Die Erzählung *Frauenzucht* verfasste im späteren 13. Jahrhundert ein thüringischer Dichter, der mit Ottokars *von Ertfurt meister Sîbot* identisch sein könnte.[7]

Zwischen 1281 und 1284 fasste Nikolaus von Bibra, der am Naumburger Domstift bepfründet war sowie in Erfurt, wo er offenbar lange Jahre lebte, ein Gedicht in 2449 Hexametern ab, das man heute *Occultus Erfordensis* nennt. Es verhandelt verschiedene Themen in fünf Distinktionen, die erst im Lauf der Überlieferungsgeschichte zu einem Zyklus zusammenwuchsen. Weder besaß es einen festen Titel noch ist die Verfasserfrage endgültig geklärt. Thematisches Zentrum ist das vom Erzbischof 1279 über die Stadt verhängte Interdikt, das Ordenskleriker, Kanoniker und Weltgeistliche in einen Loyalitätskonflikt stürzte. Unser Dichter ist promainzisch eingestellt. Die IV. Distinktion, ein in sich gerundetes Gedicht, bietet ein mit Schwank und Anekdote durchsetztes Tableau der Stadt Erfurt in zehn Abschnitten. Das über weite Strecken ironische Gedicht hält den Bewohnern den Spiegel vor; aber es ist nicht nur Satire, sondern auch Zeitklage und aus heutiger Sicht eine kultur- und rechtsgeschichtliche Quelle von Rang. Nikolaus ist ein Meister der Ironie, sein Darstellungsstil ein assoziativer, spontaner. Die stilistische Palette reicht vom Pathetischen und Manierierten bis zum Vulgären. Vom Auftraggeber erfährt man, seine Tugend dufte wie Nardenöl (V. 2204), während es vom Erzfeind des Dichters, dem Stadtschreiber Heinrich von Kirchberg, in einer eigens für ihn konzipierten Grabinschrift heißt, er sei ein Rechtsverdreher, der ohne Hosen gehe und sich den Arsch mit dem Daumen abwische (*iens sine bracis, / Iuris perversor, ani cum pollice tersor*, V. 937f.).

5 Vgl. Heinemeyer 1936, 209; Sonntag 1969, 67. Zwar sei nicht bewiesen, dass Sibote „in Erfurt für Erfurter gedichtet“ habe, so Bentzinger 2001, 32, doch deute die Sprache der Erzählung, „auf thüringische Herkunft“.

6 Vgl. Müller 2000, 470; DWB XVI/1 (1905), 958 s. v. Siemann.

7 Wer Bedenken trage, so Schröder 1909, 156, Ottokars „meister Sibot von Ertfurt“ mit dem Autor der Schwankerzählung zu identifizieren, der seiner Sprache nach ein Erfurter sein könne, möge „bei seiner skepsis bleiben“.

Nikolaus beginnt mit den Klöstern und Stiften, würdigt gelehrte Kanoniker, Kirchenrechtler, Mathematiker und Musiker, deren geistigen Eifer er lobt, gefolgt von den Bettelorden und Konventen der Augustiner. Die scheinbar sachliche Schilderung durchbrechen wiederholt ironische Bemerkungen wie die, einige Kanoniker könnten schreiben (*Quidam dictare*, V. 1498), oder die gewundene Erklärung, es gebe viele Bucklige in der Stadt, die durch das Nadelöhr erst passten und ins Himmelreich gelangten, wenn die Mendikanten sie von ihrem Buckel befreit hätten – also ihren Geldsäcken (V. 1529ff.). Gewaltig ist die Zahl der Scholaren. Den Faulen, Trägen, Dummen und moralisch Verkommenen, den Betrügern und Würfelspielern stehen Strebsame gegenüber, die früh aufstehen, den ausgemergelten Körper mit Brot und Quellwasser ernähren, sprachphilosophische Abhandlungen schreiben, nach dem Quell der Weisheit dürsten und in hohe Ämter gelangen. Auch bei den Beginen gibt es Licht und Schatten. Manche führen ruhigen Sinns ein christliches Leben, fasten, wachen, spinnen und erleben zuweilen einen Raptus. Andere sind auf Vergnügen aus, suchen den Markt auf, die Klöster, den Chor der Kanoniker oder ihr Lager, oder sie üben mit den Scholaren den Versfuß Daktylus. Ihre sündig empfangenen Kinder legen sie vor den Kirchentüren ab, wenn sie ihnen nicht Schlimmeres antun; so fahren die Väter und die Mütter zur Hölle. Die Ärzte lassen die Kranken zunächst beichten, da die Krankheit ja oft Folge einer Sünde ist. Sie fordern kein Honorar, weil sie wissen, dass die anständigen Leute ihnen so umso mehr geben werden.

Unter den Handwerkern gibt es redliche wie die Korbmacher und habgierige wie die Pergamentmacher. Die Maurer arbeiten nachlässig, die Schreiber stehen in hohem Ansehen, Kürschner gibt es, betrügerische Schuster und manch anderes Gewerbe. Jetzt erst ist kurz von den *burgenses*, den reichen und vornehmen Vollbürgern, die Rede, Ministerialen des Erzbischofs und einiger Grafen. Das Stadtregiment verdient Lob, da es dafür sorgt, dass die Geschäfte auf dem Markt ohne Betrug ablaufen und keine Revolte ausbricht. Ein Wortspiel umschreibt das Wirken des Henkers, der die Diebe mit einem Strick langzieht. Die Gastwirte sind Betrüger, sie mischen den guten Würzburger Wein mit dem einheimischen. Mit der Krämerbrücke verbindet sich ein Genrebild. Hier kann der Besucher kaufen, was immer er will; hier suchte eine Krämerin ihn in ein erotisches Abenteuer zu verwickeln, nach dessen Ausgang der Leser seinen Prälaten fragen möge. Hier gibt es Badestuben, in denen man von anmutigen Mädchen umsorgt wird, und ungezählte Tavernen. Jeder kann hier gratis trinken – vorausgesetzt, er hat im Voraus bezahlt. Breit ausgesponnen folgt eine wittenwilersche Wirtshausschlägerei, die der Wirt – stark wie Hektor – mit einem Wort beendet, worauf alle friedlich weitertrinken. Einige Verse gelten noch den Huren, und den Schluss bilden die Juden, die der Dichter sich aus der Stadt entfernt wünscht. Er endet mit einer Apotheose der Stadt und des Friedens und der erstaunlichen Bemerkung, Jesus hätte für seine Jünger keinen besseren Ort gewusst als Erfurt. Anders als Ebernands Epos blieb der *Occultus* hier längere Zeit bekannt, wenngleich in einem anderen kommunikativen Raum, dem von lateinischer Schriftlichkeit und Schule. Dietrich Engelhus, der einige Zeit in Erfurt lebte, entnahm ihm Verse für seinen *Promptus*; weitere Rezeptionszeugnisse besonders des 15. Jahrhunderts stammen aus Böhmen und Schlesien; noch im 17. Jahrhundert war der Dichter dem Erfurter Prediger und Chronisten Zacharias Hogel bekannt.[8]

Das von Fasbender identifizierte *Wigelis*-Fragment bezeugt eine um oder nach 1400 entstandene strophische Adaptation des arthurischen Erfolgsromans *Wigalois*. Das einer Papierhandschrift entstammende Fragment, datiert auf 1455, überliefert 20 Strophen. Erkennbar sind Grundzüge der Bearbeitung, der Gesamtumfang des Gedichts jedoch und anderes muss hypothetisch bleiben.[9] Der Name *Wigelis* findet sich im *Amorbacher Cato*, dieser fränkischen Spur ist noch niemand nachgegangen; und 1429 heißt der Abt der Reinhardsbrunner Benediktiner Wigelis.[10] Der Dichter nennt sich *Ditterich von Houpfgarten*. Das Toponymikon Hopfgarten begegnet im Kohrener Land, im Erzgebirge, Oberbayern, Nordtirol und andernorts, doch wird man hier aus sprachlichen Gründen zuerst an das alte thüringische Niederadelsgeschlecht denken, das sich nach der zwischen Erfurt und Weimar gelegenen Burg Hopfgarten nannte.[11]

Fasbender hat zwei Träger des Namens aus der Zeit vor und nach 1400 nachgewiesen, ihrer räumlich-zeitlichen Nähe wegen jedoch von einer Entscheidung abgesehen. Die Annahme, der Dichter habe sich an ein höfisches Publikum gewandt, „das seinem Vortrag im Laufe einer abendfüllenden Veranstaltung – vielleicht am Weimarer Hof Wilhelms III. – gelauscht haben dürfte,“ identifiziert den Autor nun stillschweigend mit dem jüngeren Namensträger; denn der ältere verschwindet schon vor der Geburt jenes Herzogs aus der Überlieferung.[12] Die mir bekannten urkundlichen Bezeugungen aus den Jahren 1392 bis 1417 können sich auf eine Person beziehen.[13] Auf welchen Wegen das Fragment in die erstmals

8 Zitate nach Mundhenk 1997. Zur Rezeptionsgeschichte ebd., 81–89.

9 Vgl. Fasbender 2010; Achnitz 2012, 366–368.

10 Vgl. Harmening 1970, 350 u. 360; Reiher 1737, 181[b].

11 Zu Dichter- und Schreibersprache vgl. Beck 2017, 226.

12 Fasbender 2010, 184. Ähnlich Fasbender 2008, 23: „Ein sachkundiges Publikum hätte D. am Thüringer Landgrafenhof vorfinden können.“ Zur Familie von Hopfgarten vgl. Hofmann 2022, 397–401.

13 Die Bemerkung von Fasbender 2010, 41, an Wilhelms III. Jerusalemfahrt hätten „die Brüder Georg und Dietrich von Hopfgarten“ teilgenommen, trifft nicht zu; das zeigen die Gothaer Handschriften Chart. A 159, 204[v]–206[r], und Chart. B 54, 56[r]–58[v], sowie Stolles *Memoriale*, Thiele 1900, cap. 216. Friedrich, Dietrich und Georg von Hopfgarten zogen 1440 mit dem Basler Ratsherrn Hans Rot ins Heilige Land. Vgl. Paravicini 1994, Nr. 30. Ein

1646 erwähnte Bibliothek des Evangelischen Ministeriums in Erfurt gelangte, ist unbekannt, Überlegungen zur Rezeption des *Wigelis* bleiben daher spekulativ. Die Vermutung, der Dichter könnte daraus am Weimarer Hof vorgetragen haben, verkennt die Realität der wettinischen Höfe im 15. Jahrhundert. Wilhelm III. der Tapfere, der sich schon als Zwölfjähriger im Kampf gegen die Hussiten hervortat, liebte die Hasenjagd, tanzte zur Fastnacht in Erfurt und nahm an Stechen teil; so kämpfte er nach dem Bericht Hartung Kammermeisters in Prag *mit der gleven und mit dem spere und was ein frischer herre.*[14] Von literarischen Interessen ist in seiner Herrschaftszeit nichts bekannt.

Für die folgenden Texte gilt Heinzles Postulat, die mediävistische Literaturgeschichte müsse „mit dem denkbar weitesten Literaturbegriff arbeiten“, letztlich alles schriftlich Produzierte berücksichtigen. Bedenkenswert ist hierbei Müllers Hinweis auf die Historizität des Literaturbegriffs: Literatur ist in der Vormoderne nicht trennscharf von Diskursen wie Wissensvermittlung, Erziehung und Glaubenslehre abgrenzbar; ein Corpus im engeren Sinn literarischer Texte, das sich von solchen wissensvermittelnden, didaktischen und religiösen Charakters absetzt, bildete sich erst in einem längeren Prozess bis in die Neuzeit hinein aus.[15] Der *Erfurter Judeneid* ist der älteste in deutscher Sprache. Seine Verleihung durch Erzbischof Konrad von Wittelsbach ausgangs des 12. Jahrhunderts spricht für eine gewisse Größe der Judengemeinde, die im Kern des Handelszentrums ansässig war. Die Juden mussten den Eid in Rechtsstreitigkeiten mit Nichtjuden ablegen, um die Zuverlässigkeit des Schwurs zu sichern. Judeneide weisen drei Bestandteile auf: die Unschuldsbeteuerung, die Anrufung und Wesensbestimmung Gottes sowie am Alten Testament orientierte Selbstverfluchungen für den Fall des Meineids. Die Erfurter Formel ist in Prosa verfasst, der eine gewisse Stilhöhe eignet. Mehrfach durchschimmernde Reime haben an eine ältere Fassung in gereimten Vierhebern denken lassen, die kommunikativ geeigneter gewesen wäre. Wahrscheinlich wurde der Eid dem Schwörenden abschnittweise vorgelesen. In strukturell vergleichbaren Texten antwortet der in der 2. Person Angesprochene in der 1. Person. Der Erfurt Eid dagegen ist durchgängig in der 2. Person gehalten, war also für den Vorsprecher bestimmt. Während man Judeneide gewöhnlich in Stadt- oder Rechtsbücher eintrug, ist die Erfurter Formel in einem urkundenähnlichen Dokument von hohem kalligraphischen Niveau überliefert. Die frühgoti-

---

Dietrich von Hopfgarten fungierte am 25. März 1461 als Testamentarius Wilhelms III. Vgl. Jovius 1753, 539.

14 Reiche 1896, 149, cap. 74. Zu den wettinischen Höfen Streich 1989, besonders 267–295, sowie Rogge 2009, 155–170. Zum ruinösen Zustand der Weimarer Burg um und nach 1440 vgl. Menzel 1869, besonders 466.

15 Vgl. Heinzle 1989, 33; Müller 2014, 167f.

sche Buchschrift füllt ein Pergamentblatt im Format 180x207 mm, die golden bemalten Majuskeln sollten vielleicht den Vortrag des fortlaufend geschriebenen Textes durch den Vorsprecher erleichtern. Am Pergament ist das amtliche Wachssiegel der Stadt mit einer Seidenschnur kopfständig befestigt. Damit das die Richtigkeit des Wortlauts beglaubigende Siegel mit dem Stadtpatron und der Umschrift *Erfordia fidelis est filia Mogontine sedis scs Martinus* für die Anwesenden sichtbar wurde, musste es auf die Rückseite des Pergamentblatts geklappt werden.

Dem Bereich der Rechtsetzung gehört auch die *Erfurter Willkür* an. Das Willkürrecht war ein Recht neuen Stils, seinem Grundgedanken nach Friedens- und Ordnungsrecht: Es normierte ein gedeihliches Zusammenleben der Einwohner und sanktionierte Abweichungen. Willküren sind aus Städten von Lübeck bis Bern und von Köln bis Riga bekannt; seit dem späteren 13. Jahrhundert nimmt ihre schriftliche Überlieferung in den Stadtbüchern zu. Die *Erfurter Willkür* von 1306 enthält in 42 Statuten die wichtigsten Festlegungen über die Ratsverfassung und die bürgerlichen Rechtsverhältnisse in Handel, Gewerbe und Besitzrecht.[16] Eine sonderliche rechtssystematische Leistung liegt nicht vor, eine systematische Ordnung ist nicht erkennbar. Behandelt werden Ungehorsam, Übelreden auf den Rat, Vormundschaften, Friedebrüche, Frauen, die ohne Vormund vor Gericht stehen, und ausführlich Fragen der Erbfolge, verständlich angesichts der damaligen Sterblichkeit. Die älteste Handschrift stammt von 1359/60.

Kennzeichnend für die Erfurter Situation ist das *Bibra-Büchlein*. Der Verfasser ist biographisch nicht leicht zu greifen, da in den Quellen mehrere Träger des Namens Hermann von Bibra begegnen. Er war wohl zunächst Pleban an einer Erfurter Pfarrkirche, dann Kanoniker am Marienstift und wurde von Peter von Aspelt zum Mainzer Provisor in Erfurt ernannt, später noch zum Generalrichter und Generalkommissar. Damit war er der ranghöchste Mainzer Beamte in der Stadt, ausgestattet mit einer ungewöhnlichen Machtfülle. Sein in lateinischer Prosa verfasstes Büchlein listet alle Einkünfte auf, die dem Erzbischof in Erfurt von alters her zustanden, zum Großteil aber als Rechte verblasst waren: Zinsen, Gefälle, Steuern, Einkünfte aus dem Marktverkehr, der Verpachtung des Brückenzolls.[17] Es versteht sich, dass der Exponent der zäh an ihren Rechten festhaltenden Mainzer Politik sich mit dieser Schrift unter den Erfurtern keine Freunde machte. Als 1335 ein Aufruhr ausbrach, stürmten sie den Mainzer Hof in der letztlich wohl richtigen Annahme, dass der Provisor mit seiner Aufstellung der

16 Abdruck: Walch 1771, 73–120. Vgl. Ebel 1998; Isenmann 2014; zur Sprache Pfeffer 1972.

17 Abdruck: Kirchhoff 1870, 37–126. Die verlässlichsten biographischen Angaben bei Sonntag 1962, 164–169. Eine Darstellung des erzbischöflichen Mainzer Hofs nach einer Zeichnung des 19. Jahrhunderts bei Weiß 1988, Abb. 37.

Mainzer Herrschafts- und Besitzrechte ihre Freiheitsrechte untergrabe. Hermann floh ins Peterskloster, wurde dort ergriffen und musste mehrere Wochen in einem fensterlosen Verließ unter dem Rathausturm schmachten. Bald darauf hat er die Stadt offenbar für immer verlassen. Um dieselbe Zeit schmückte man den großen Saal des Rathauses mit hölzernen Rundschilden von 90 cm Durchmesser, die auf Kreidegrund in Temperamalerei jeweils einen Propheten im Brustbild mit einem umlaufenden Weisheitsspruch aus Freidanks *Bescheidenheit* zeigen, etwa *merket daz bescheidinheit / ob allin tugendin die cronen treit*. 27 dieser Schilde sind als Museumsgut erhalten. Das Rathaus am Fischmarkt war Mitte des 13. Jahrhunderts als Symbol städtischer Unabhängigkeit von der erzbischöflichen Herrschaft errichtet worden. Der Saal von gut 30 Meter Länge und 10 Meter Breite im ersten Obergeschoss war ein Repräsentationsraum, Schauplatz von Festen und repräsentativen Akten wie der jährlichen Feier des Ratswechsels. Die Rundschilde waren wohl in dem über sechs Meter hohen, blau ausgemalten Spitztonnengewölbe angebracht.[18]

Die literarische Bedeutung Erfurts im Spätmittelalter zeigt am besten die Überlieferung geistlicher Autoren und Werke. Für Dietrichs von Apolda *Elisabethleben* kennen wir 33 Textzeugen, für Meister Eckharts Predigten 100 und für Heinrichs von Friemar Traktat *De quattuor instinctibus* 40, um nur die wichtigsten Autoren zu nennen. Erwähnung verdienten ferner der *Paradisus anime intelligentis*, die *Postille* Hartwigs von Erfurt, vielleicht auch das *Heiligenleben* Hermanns von Fritzlar und natürlich der berühmte Bibliothekskatalog der Kartause.[19] Ich beschränke mich hier auf die *Katherina divina* des Johannes von Vippach.[20] Der Verfasser, der sich nach Ort oder Gericht Vippach bei Erfurt nennt, war Lektor im dortigen Konvent der Augustiner-Eremiten und seine Adressatin *dy edele, hochgeborne frouwe Katherin, marggraffynne von Myssen*, die Gemahlin Markgraf Friedrichs des Strengen. Sie habe ihm befohlen, ihr *des lebens eyn vormanen und eyn bilde* zu schaffen. Den Augustinern war die Niederlassung in Erfurt erst 1276 gelungen. Im Zentrum des Ordenslebens standen Askese, Gebet und Seelsorge, ihre Basis sahen sie im Studium der Theologie. Seit 1340 unterhielten sie neben Magdeburg ein Generalstudium in Erfurt, wissenschaftliches Zentrum war auch für sie Paris. Die in einer Sammelhandschrift von 1463 überlieferte Abhandlung gehört zu einem halben Dutzend deutscher Bearbeitungen des aristotelischen Fürstenspiegels *De regimine principum* des Aegidius Romanus, der weiteste Verbreitung erlangte, zur Pflichtlektüre des Ordens erhoben wurde und mehrfach in den Erfurter Bibliothekskatalogen erscheint.

18 Vgl. Heinzle 2023, 114f. mit weiterer Literatur.
19 Vgl. Fasbender 2013.
20 Die folgenden Zitate aus der Einleitung der Schrift, Menzel 1989, 72–73.

Nach dem Tod des Markgrafen 1381 übernahm Katharina selbst die Regierung und die Vormundschaft über ihre drei unmündigen Söhne. Das Attribut *divina* bezieht man auf ihre Lebensführung; nach dem frühen Tod des ersten Sohns soll sie mit Bußübungen und öffentlichen Gebeten um Nachkommenschaft geworben haben. Wenn die Schrift vielleicht schon um 1375 entstand, kann sie nicht für die Erziehung der Söhne bestimmt gewesen sein, die im Kindesalter bzw. noch nicht geboren waren. Man hat daher erwogen, Katharina könnte sie sich aus persönlichem Interesse an moralphilosophischen Fragen erbeten haben. Der deutsche Text folgt dem lateinischen Fürstenspiegel in der Großgliederung in Ethik, Ökonomik und Politik; doch ab Buch II divergieren beide Texte so stark, dass zweifelhaft ist, ob dem Bearbeiter vielleicht nur ein Auszug vorlag oder ob er eine Auswahl aus Aegidius traf. Wendet dieser sich an *reges et principes*, nennt die deutsche Bearbeitung *herren und burgere* und verschiebt die Akzente hin zu einem allgemeinen Moralkompendium. Heute sieht man in der *Katherina divina* weniger einen Fürstenspiegel als eine auf die Adressatin zugeschnittene Lektüre, von der der Bearbeiter sagt, sie solle *zcu eyner korzceweyle* dienen. Man wollte die Schrift sogar als „Selbstzweck" verstehen.[21] In der Tat fragt man sich, was die Markgräfin, die sich vorzugsweise in der Herrschaft Coburg aufhielt, mit den Ausführungen des Vegetius über den Seekrieg hätte anfangen können. Nicht völlig ausgeschlossen ist auch, dass Johannes ursprünglich eine Versfassung beabsichtigte, dieses Vorhaben aber später aufgab; selbst die Einheit des überlieferten Textes ist nicht völlig sicher.

Für die Aufführung geistlicher Spiele in Erfurt fehlen sichere Belege. Erwähnung verdient allenfalls das *Mühlhäuser (thüringisches) Katharinenspiel* aus der Mitte des 14. Jahrhunderts mit dem zentralen Motiv der Fürbitte der Heiligen, überliefert zusammen mit dem bekannten Zehnjungfrauenspiel in einer Lesezwecken dienenden Mühlhäuser Handschrift. Als Verfasser hat man einen Mühlhäuser oder Erfurter Dominikaner vermutet, eine Aufführung in der Mühlhäuser Barfüßerkirche erwogen, als Aufführungsort aber auch Erfurt in Betracht gezogen. Hier war die Heilige präsent, denkt man an die Sandsteinskulptur in St. Severi und die Fenster im Domchor. Was eine Aufführung in Erfurt zumindest denkbar erscheinen lässt, ist der letzte Teufelsauftritt am Handlungsschluss. Als ein Teufel seinem Herrn den Maxentius und alle seine Ritter überantwortet, lobt Lucifer seine Gehilfen und stellt ihnen zwei Geschenke in Aussicht: *Ie sit mir lib, wan ir sit risch und drete, / habet uch daz kapellichen vor den greten, / davon sal uch zu lone werde / di fleischdeise an deme Stalberge!* (V. 698ff.)[22] Diese Anspielungen waren nur in Erfurt verständlich. Mit der „kleinen Kapelle" ist das Trillhäuschen

21 Singer 1981, 148.
22 Beckers 1905, 157.

gemeint, eine Zuchtanstalt auf dem Domplatz, wo die Wohnung des Henkers lag. Die *fleischdeise* steht für den Galgen am Stollberg, eine Hinrichtungsstätte im Norden der Stadt.

Kein geistliches Spiel im strengen Sinn ist das heute *Erfurter Moralität* genannte *Buch von frauwen Eren vnd Schanden*, erhalten in einer Lesehandschrift, deren erster Teil auf 1448 datiert ist. Schreiber, Schreibsprache und Einband weisen nach Thüringen, vermutlich nach Erfurt. Belege für eine Aufführung fehlen, doch hat man mehrfach mit einer solchen gerechnet; sie hätte eine Bühne mit zwölf geräumigen Bühnenständen im Freien erfordert. Mit Williams-Krapp halte ich eine Inszenierung für wenig wahrscheinlich.[23] Roloff berechnete eine reine Sprechzeit von 49 Stunden, Endermann nahm 30 Stunden an und Claudia Spanily ging von „etwa 25 Stunden" aus, sodass in Erfurt „drei bis vier Tage ‚totales Theater' geboten worden wäre".[24] Die Moralität sei auf den Stufen vor Dom und Severi aufgeführt worden mit dem Ziel, die von Spannungen und Konflikten erfüllte Bürgerschaft zu einem harmonischen Gemeinwesen zu vereinen.[25] Dass ein solches Großereignis von den Erfurter Chronisten mit Schweigen übergangen worden wäre, halte ich für ausgeschlossen. Damit bin ich bei meinem letzten Punkt.

Erfurt war neben dem ludowingischen Hauskloster Reinhardsbrunn, der landgräflichen Stadt Eisenach und der Reichsstadt Nordhausen ein Zentrum der thüringischen Historiographie.[26] Den Anfang machten im späten 11. Jahrhundert die Benediktiner von St. Peter. Ihre wichtigste Leistung ist die *Cronica S. Petri Erfordensis moderna*. Die 1208/09 begonnene, nach 1276 um einen zweiten und 1291 um einen dritten Teil ergänzte und mehrfach fortgesetzte Chronik, die über die Jahre 1070 bis 1335 berichtet, wurde von vielen Späteren, darunter Ottokar von Steiermark, benutzt. Auch die *Thüringische Fortsetzung der Sächsischen Weltchronik* geht im Wesentlichen auf sie zurück. 1494/95 verfasste der Benediktiner Nikolaus von Siegen das *Chronicon Ecclesiasticum*, eine Kirchen- und Ordensgeschichte, die 1824 Goethes Interesse fand.[27] Seit dem 13. Jahrhundert ging die Führung an die Bettelorden über. Ein unbekannter Franziskaner schrieb die *Cronica minor* (1261), eine Weltchronik, in deren Zentrum die Geschichte der Päpste und Kaiser steht, ergänzt um Nachrichten zur mitteldeutschen Fürstengeschichte.[28]

---

23 Roloff 2013. Vgl. Williams-Krapp 1980, 15.

24 Vgl. Roloff 1993, 391; Endermann 2010, 60; Spanily 2004, 135, FN 229.

25 Spanily 2004, 97, FN 9 konstatierte, dass die „Entstehung der gesamten Handschrift in Erfurt" nur „anzunehmen" sei. Auch eine Aufführung lasse sich nur „annehmen". Ihre Hoffnung, es könnten sich „doch noch Hinweise auf eine solche Monumentalveranstaltung finden", hat sich bislang nicht erfüllt.

26 Vgl. Patze 1968, 97–110.

27 Vgl. Wegele 1855; Eifler 2017.

28 Die genannten Chroniken sind ediert von Holder-Egger 1896.

Erster namentlich bekannter städtisch-bürgerlicher Geschichtsschreiber ist Hartung Kammermeister. Seine im Autograph überlieferte *Chronik* ist ein bedeutendes Zeugnis für Geschichtsbewusstsein und Weltbild eines Patriziers jener Zeit. Bis 1440 ergänzt der Autor, der seit 1447 fünfmal als oberster Ratsmeister amtierte, Rothes *Thüringische Weltchronik*. Über die Folgezeit berichtet er aus Lokal- und Weltgeschichte, was ihm bekannt wurde, aus der Perspektive des selbstbewussten Patriziers, der um die Macht weiß, die seine Stadt dem Landesfürsten entgegenzusetzen hat. Bei der Schilderung der Vitztumschen Fehde 1451 fügte er ein Lied des Herolds Rosenberg über die Eroberung der Wachsenburg ein, bot es doch Gelegenheit, Erfurts Führungsrolle in dieser Aktion zu demonstrieren. Ausführlich kommt das Alltagsleben zu Wort, Skandale, Mordfälle, Kleiderluxus der oberen Schichten, Moden wie Schnabelschuhe aus Saffian, Bauarbeiten an Kirchen, Klöstern und Stadtbefestigung. Aus eigenem Erleben schildert Kammermeister, wie der Prediger Johannes von Capestrano im Spätsommer 1452 auf dem Platz vor St. Marien und St. Severi vor angeblich *hundirt tusent menschen* aufrief, Brett-, Karten- und Würfelspiele sowie Frauenzöpfe abzugeben, worauf sie auf einem Holzgerüst verbrannt wurden; und dies *zu latin, wen er konde nicht dutsch*.[29] Amtlichen Schriftstücken über Erfurts Handelsbeziehungen entstammen Nachrichten aus Italien, Ungarn, der Türkei, Böhmen, Polen und Österreich. Das besondere Interesse des früheren landgräflichen Geleitsmanns gilt Geld-, Währungs- und Wirtschaftsfragen.

Eine Generation später entstand Konrad Stolles *Memoriale*. Ähnlich Kammermeister stellt der am Kollegiatstift St. Severi bepfründete *clericus Maguntinensis*, nach Art der Universalchroniken mit der Arche Noah einsetzend, eine Zusammenfassung der Rothe'schen Weltchronik voran (cap. 1–197), an die er früher entstandene eigene Aufzeichnungen anschließt. Das (wie der Titel andeutet) zur Historiographie der Zeitzeugen gehörende *Memoriale* ist eine wertvolle erzählende Quelle für die zweite Hälfte des 15. Jahrhunderts. Die Kapitel 316–390, die bis zur Ankunft des Ablasspredigers Raimund Peraudi in Erfurt 1502 reichen, bieten mit wenigen Ausnahmen Nachrichten zur Erfurter Lokalgeschichte und zum *lande zu doringen*, auch zum Bruderkrieg, zur Reichs- und europäischen Geschichte wie zur Kultur- und Sittengeschichte (Prozessionen, Glockentaufen, Kleidung, Moden).[30]

Zusammenfassung: Die hier vorgestellten Texte verbinden sich in unterschiedlicher Weise mit dem Leben der Stadt Erfurt. Sie gehen auf einen dort

29 Reiche 1896, 131–133 (cap. 61). Das Lied über die Eroberung der Wachsenburg ebd., 123–126 (cap. 58).

30 Der Titel *Memoriale* erst in cap. 226, Thiele 1900. Gutjars Lied 413–415 (cap. 329). Zur Biographie Bünz 2000.

lebenden Autor zurück (Ebernand), wurden in der Stadt verfasst, überarbeitet und kopiert (Willkür), handeln von ihr und ihren Bewohnern und blieben hier längere Zeit bekannt (*Occultus Erfordensis*), sie weisen sprachlich nach Erfurt (Sibote) oder haben die Stadt auch nur zum Bibliotheksort (*Wigelis*). Manche haben nur flüchtige Spuren in Erfurt hinterlassen (Ebernand, Johannes von Vippach); über ihre Aufnahme durch ein wie immer auch zu denkendes Publikum wissen wir nicht viel. Es drängt sich der Eindruck auf, als seien die für die Stadt Erfurt wichtigen Prozesse einerseits – die Emanzipation von Mainz und die daraus erwachsenden Konflikte und die immer neuen Auseinandersetzungen mit den Landgrafen – und anderseits das, was sich als literarisches Leben vermuten lässt, ohne sonderliche Berührung nebeneinander hergelaufen. Eine nennenswerte Ausnahme macht nur der Texttyp Ereignislied. Rosenbergs *Liedt, wie di Erffurdter Waszenburgk gewonnen*, das Kammermeister mitteilt, bezeugt die Bedeutung Erfurts für den Landgrafen; und Stolle teilt zum Jahr 1481 ein Lied des Berufssängers Henze Gutjar mit, das von der Kontroverse zwischen der Stadt und dem Erzbischof handelt und in die Bitte um warme Kleider mündet (cap. 329).

Bibliographie

I. Primärliteratur

Cronica S. Petri Erfordensis moderna. In: Oswald Holder-Egger (Hrsg.): Monumenta Erphesfurtensia saec. XII. XIII. XIV. Hannover u. a. 1899, 117–440.

DWB = Deutsches Wörterbuch von Jacob Grimm und Wilhelm Grimm. Bd. I–XVI. Leipzig 1854–1954. Quellenverzeichnis. Berlin 1984. ND in 33 Bden. München 1984–1991.

Ebernand von Erfurt: Heinrich und Kunegunde. Reinhold Bechstein (Hrsg.). Quedlinburg u. a. 1860. ND 1968.

Die Ebstorfer Weltkarte. Die größte Karte des Mittelalters. Hartmut Kugler (Hrsg.). Bd. I, II. Darmstadt 2020.

Paulus Jovius: Chronicon Schwartzburgicum. In: Christian Schoettgen und Georg Christoph Kreysig (Hrsg.): Diplomataria et scriptores historiae Germanicae medii aevi. Bd. I. Altenburg 1753, 109–724.

Hartung Kammermeister: Chronik. Robert Reiche (Hrsg.). Halle 1896.

Monumenta Erphesfurtensia saec. XII. XIII. XIV. Oswald Holder-Egger (Hrsg.). Hannover u. a. 1899.

Nikolaus von Siegen: Chronicon Ecclesiasticum. Franz X. von Wegele (Hrsg.). Jena 1855.

Der ‚Occultus Erfordensis' des Nicolaus von Bibra. Christine Mundhenk (Hrsg.). Weimar 1997.

Ottokars Österreichische Reimchronik. Joseph Seemüller (Hrsg.). Hannover 1890–1893. ND 1980.

Hartmann Schedel: Das Buch der Chroniken. Kolorierte und kommentierte Gesamtausgabe der Weltchronik von 1493. Stephan Füssel (Hrsg.). Köln 2013.

Spiel von Frauen Ehre und Schande. Erfurter Moralität. Hans-Gert Roloff (Hrsg.). Berlin 2013.

Das Spiel von den zehn Jungfrauen und das Katharinenspiel. Otto Beckers (Hrsg.). Breslau 1905. ND 1977.

Konrad Stolle. Memoriale – thüringisch-erfurtische Chronik. Richard Thiele (Hrsg.). Halle 1900.

Die Aufzeichnung des Thomas von Buttelstedt über die Landgrafschaft Thüringen zur Zeit des Anfalls an die Herzoge Friedrich und Wilhelm von Sachsen 1440–1443. In: Karl Menzel (Hrsg.): Neue Mitteilungen aus dem Gebiet historisch-antiquarischer Forschungen 12 (1869), 427–488.

Thuringia sacra, sive historia monasteriorum, quae olim in Thuringia floruerunt. Frankfurt a.M. 1737.

Vermischte Beyträge zu dem deutschen Recht. Teil 1. Karl Friedrich Walch (Hrsg.). Jena 1771.

Deutsche Versnovellistik des 13. bis 15. Jahrhunderts (DVN). Klaus Ridder und Hans-Joachim Ziegeler (Hrsg.). Bd. 1/2. Berlin 2020.

Die ältesten Weisthümer der Stadt Erfurt über ihre Stellung zum Erzstift Mainz. Alfred Kirchhoff (Hrsg.). Halle 1870.

II. Sekundärliteratur

Achnitz, Wolfgang: Deutschsprachige Artusdichtung des Mittelalters. Eine Einführung. Berlin u.a. 2012.

Beck, Wolfgang: Deutsche Literatur des Mittelalters in Thüringen. Eine Überlieferungsgeschichte. Stuttgart 2017.

Bentzinger, Rudolf: Aufgaben einer mittelalterlichen Sprach- und Literaturgeschichte der Stadt am Beispiel Erfurts. In: Jörg Meier und Arne Ziegler (Hrsg.): Deutsche Sprache in Europa. Geschichte und Gegenwart. Festschrift Ilpo Tapani Piirainen. Wien 2001, 25–39.

Berron, Reinhard: Sibotes ‚Frauenerziehung'. Die Handschrift Rom, Bibl. Apostolica Vaticana, Cod. Pal. lat. 1361. In: ZfdA 143 (2014), 24–56.

Berron, Reinhard: Elemente grotesken Erzählens in der europäischen Versnovellistik. Köln u.a. 2021.

Beyer, Carl/Biereye, Johannes: Geschichte der Stadt Erfurt von der ältesten bis auf die neueste Zeit. Bd. 1. Erfurt 1935.

Bumke, Joachim: Mäzene im Mittelalter. Die Gönner und Auftraggeber der höfischen Literatur in Deutschland 1150–1300. München 1979.

Bünz, Enno: Neues zur Biographie des Chronisten Konrad Stolle (1436–1501). In: Deutsches Archiv für Erforschung des Mittelalters 56 (2000), 201–211.

Ebel, Friedrich: Willkür. In: LexMa 9 (1998), 217f.

Eberhardt, Hans: Erfurt als kirchliches Zentrum im Früh- und Hochmittelalter. In: Herbert von Hintzenstern (Hrsg.): Fundamente. Dreißig Beiträge zur thüringischen Kirchengeschichte. Berlin 1987, 11–28.

Eifler, Matthias: Die Bibliothek des Erfurter Petersklosters im späten Mittelalter. Buchkultur und Literaturrezeption im Kontext der Bursfelder Klosterreform. Köln u. a. 2017.

Endermann, Heinz: „Erffurt, ein kron in Doringen schon". Deutsche Dichtungen aus dem mittelalterlichen Erfurt. Erfurt 2010.

Fasbender, Christoph: Dietrich von Hopfgarten. In: Killy 3 (2008), 22f.

Fasbender, Christoph: Der ‚Wigelis' Dietrichs von Hopfgarten und die erzählende Literatur des Spätmittelalters im mitteldeutschen Raum. Stuttgart 2010.

Fasbender, Christoph: Erfurt. In: Martin Schubert (Hrsg.): Schreiborte des deutschen Mittelalters. Skriptorien, Werke, Mäzene. Berlin u. a. 2013, 119–149.

Fischer, Hanns: Studien zur deutschen Märendichtung. 2., durchges. und erw. Aufl. besorgt von Johannes Janota. Tübingen 1983.

Harmening, Dieter: Neue Beiträge zum deutschen Cato. In: ZfdPh 89 (1970), 346–368.

Heinemeyer, Walter: Ottokar von Steier und die höfische Kultur. In: ZfdA 73 (1936), 201–227.

Heinzle, Joachim: Wie schreibt man eine Geschichte der deutschen Literatur des Mittelalters? In: Der Deutschunterricht 41 (1989), 27–40.

Heinzle, Joachim: Beschreibendes Verzeichnis der Freidank-Überlieferung. Handschriften, Drucke, Inschriften. Stuttgart 2023.

Hofmann, Nadine: Herrschaftspraxis und Lehnsbeziehungen der Landgrafen von Thüringen 1382–1440. Wien u. a. 2022.

Isenmann, Eberhard: Die deutsche Stadt im Mittelalter. 1150–1550. Stadtgestalt, Recht, Verfassung, Stadtregiment, Kirche, Gesellschaft, Wirtschaft. 2., durchges. Aufl. Köln u. a. 2014.

Menzel, Michael: Die „Katherina Divina" des Johann von Vippach. Ein Fürstenspiegel des 14. Jahrhunderts. Köln u. a. 1989.

Müller, Jan-Dirk: Der Widerspenstigen Zähmung. Anmerkungen zu einer mediävistischen Kulturwissenschaft. In: Martin Huber und Gerhard Lauer (Hrsg.): Nach der Sozialgeschichte. Konzepte für eine Literaturwissenschaft zwischen Historischer Anthropologie, Kulturgeschichte und Medientheorie. Tübingen 2000, 461–481.

Müller, Jan-Dirk: Literaturgeschichtsschreibung als Mikrogeschichte. Zur Schwierigkeit, eine Geschichte vormoderner Literatur zu schreiben. In: Matthias Buschmeier, Walter Erhart und Kai Kauffmann (Hrsg.): Literaturgeschichte. Theorien – Modelle – Praktiken. Berlin u. a. 2014, 165–184.

Patze, Hans: Landesgeschichtsschreibung in Thüringen. In: Jahrbuch für die Geschichte Mittel- und Ostdeutschlands 16/17 (1968), 95–168.

Patze, Hans: Politische Geschichte im hohen und späten Mittelalter. In: Hans Patze und Walter Schlesinger (Hrsg.): Geschichte Thüringens. Bd. II/1. Köln u. a. 1974, 1–214.

Pfeffer, Ernst: Die Sprache des Erfurter ‚Buches der Willkür', nach den Handschriften des 14. Jahrhunderts (Laute, Formen und einige Fragen der Syntax). In: PBB (H) 93 (1972), 102–187.

Priest, George Madison: Ebernand von Erfurt. Zu seinem Leben und Wirken. Diss. Jena 1907.

Paravicini, Werner (Hrsg.): Europäische Reiseberichte des späten Mittelalters. Eine analytische Bibliographie. Teil 1. Deutsche Reiseberichte. Frankfurt a. M. u. a. 1994.

Rogge, Jörg: Die Wettiner. Aufstieg einer Dynastie im Mittelalter. Ostfildern 2009.

Roloff, Hans-Gert: Die Struktur der Erfurter Moralität. In: Ingrid Kühn und Gotthard Lerchner (Hrsg.): „Von wyßheit würt der mensch geert ..." Festschrift Manfred Lemmer. Frankfurt a. M. u. a. 1993, 391–409.

Ruh, Kurt: Versuch einer Begriffsbestimmung von „städtischer Literatur" im deutschen Spätmittelalter. In: Josef Fleckenstein und Karl Stackmann (Hrsg.): Über Bürger, Stadt und städtische Literatur. Göttingen 1980, 311–328.

Schröder, Edward: Erfurter Dichter des dreizehnten Jahrhunderts. In: ZfdA 51 (1909), 143– 143–156.

Schröpfer, Hans Jürgen: ‚Heinrich und Kunigunde'. Untersuchungen zur Verslegende des Ebernand von Erfurt und zur Geschichte ihres Stoffs. Göppingen 1969.

Singer, Bruno: Die Fürstenspiegel in Deutschland im Zeitalter des Humanismus und der Reformation. Bibliographische Grundlagen und ausgewählte Interpretationen: Jakob Wimpfeling, Wolfgang Seidel, Johann Sturm, Urban Rieger. München 1981.

Sonntag, Cornelie: Sibotes ‚Frauenzucht'. Kritischer Text und Untersuchungen. Hamburg 1969.

Sonntag, Franz Peter: Das Kollegiatstift St. Marien zu Erfurt von 1117–1400. Ein Beitrag zur Geschichte seiner Verfassung, seiner Mitglieder und seines Wirkens. Leipzig 1962.

Spanily, Claudia: Der Mensch im Spannungsfeld guter und böser Kräfte in der ‚Erfurter Moralität'. In: Christel Meier, Heinz Meier und Claudia Spanily (Hrsg.): Das Theater des Mittelalters und der frühen Neuzeit als Ort und Medium sozialer und symbolischer Kommunikation. Münster 2004, 95–135.

Streich, Brigitte: Zwischen Reiseherrschaft und Residenzbildung. Der wettinische Hof im späten Mittelalter. Köln u. a. 1989.

Weinacht, Helmut: Ottokar von Steiermark (O. aus der Geul). In: VL 7 (1989), 238–245.

Weiß, Ulman: Die frommen Bürger von Erfurt. Die Stadt und ihre Kirche im Spätmittelalter und in der Reformationszeit. Weimar 1988.

Wesle, Carl: Ebernand von Erfurt. In: [1]VL 1 (1933), 477–480.

Wiegand, Fritz: Erfurt. Eine Monografie. Rudolstadt 1964.

Williams-Krapp, Werner: Überlieferung und Gattung. Zur Gattung ‚Spiel' im Mittelalter. Mit einer Edition von ‚Sündenfall und Erlösung' aus der Berliner Handschrift mgq 496. Tübingen 1980.

Wolf, Stephanie: Erfurt im 13. Jahrhundert. Städtische Gesellschaft zwischen Mainzer Erzbischof, Adel und Reich. Köln u. a. 2005.

Prof. Dr. Reinhard Hahn
Helmholtzstr. 7
D-99425 Weimar
reinhard.hahn@uni-jena.de

Angelika Kemper

Die Predigten Sebastian Weimanns in Erfurt. Vorreformatorische Predigttätigkeit und laikale Kritik

Erfurt ist bereits im 14. Jahrhundert als Predigtort durch sein Dominikanerkloster hervorgetreten, das um 1300 „[…] wahrscheinlich eines der bedeutendsten intellektuellen und spirituellen Zentren Mitteleuropas […]“[1] darstellte. Meister Eckhart (vor 1260–1328) hatte hier über Jahre als Prior und Provinzial gewirkt, seine Predigttätigkeit ist u. a. in der volkssprachlichen Sammlung *Paradisus anime intelligentis* dokumentiert.[2] Die gelehrten Predigten dieser Sammlung verhandeln anspruchsvolle Themen und richten sich an theologisch ausgebildetes Publikum. Will man hingegen laikale Personen als Hörerinnen und Hörer erfassen, kann das spätere Predigtwesen in Erfurt geeignete Beispiele bieten. Die Predigt ist in den Städten des Spätmittelalters als „Nahtstelle zur gelehrten wie laikalen Öffentlichkeit“[3] ein aufschlussreiches Beobachtungsfeld für die Interaktion zwischen laikalen und klerikalen Akteuren. Städtische Predigten[4] dienten nicht nur der Belehrung und Mahnung durch einen Kleriker, der monologisch auf ein Laienpublikum einwirkte, sondern sie waren Teil einer Wechselwirkung zwischen Prediger und Gemeinde; theologische Fragen und praktische Belange machten auch kirchenrechtliche ‚Laien‘ zu einem kritischen Publikum.

An einigen Erfurter Predigtbeispielen aus der stadtgeschichtlich bewegten Phase kurz vor der Reformation, aus dem ‚tollen Jahr‘ 1509, soll dies im Folgenden aufgezeigt werden. In die überlieferten Predigttexte sind Impulse und Klagen vonseiten des Publikums eingegangen, die in Form von Entgegnungen der Hörerinnen und Hörer erscheinen, etwa als Fragen, die der Prediger zu beantworten

1 Fasbender 2013, 137.

2 Die Sammlung stellt eine kürzende Überarbeitung dar, die ca. 1335/40 im Erfurter Dominikanerkloster zusammengestellt wurde. Unter den 64 Predigten stammen 32 von Meister Eckhart. Siehe Hahn 2018, 230–232.

3 Menzel 1991, 338.

4 Nach Regina D. Schiewer liegen 12.000 bis 15.000 mittelalterliche Predigten allein in deutscher Sprache vor, wobei die Handschriften des 15. Jhs. weitgehend unerforscht sind. Vgl. R.D. Schiewer 2022, 2. Das Repertorium Johann Baptist Schneyers erfasst ca. 60.000 lateinische Predigten zwischen 1150 und 1350; die bis 1500 überlieferten Predigten sind zahlenmäßig bislang kaum zu bestimmen, wie Ralf Lützelschwab ausführt. Vgl. Schneyer 1969–1995; Hödl 1999, 145–159; Hödl/Knoch 2001; Lützelschwab 2022, 175–202, bes. 185.

10.29091/9783752003444/011

vorgibt. Der authentische Charakter solcher Äußerungen ist bei einer Verschriftlichung freilich zu diskutieren, denn sie können auch fingiert sein und rhetorisch eingesetzt werden. Als antizipierte Einwände erzeugen sie dann den Eindruck spontaner Mündlichkeit, verlebendigen den Monolog und dienen dazu, Gegenargumente zu präsentieren oder eigene Argumente einzuflechten. Angesichts der soziohistorischen Einbettung der Predigtaktivität im Schnittfeld städtischer Einflusskreise, die aus den Angehörigen von Klerus, Bürgertum und Universität bestanden, scheint die Publikumskommunikation jedoch in manchen Fällen über eine rhetorische Maßnahme hinauszugehen; die Paränese des Predigers beantwortete, so die hypothetische Annahme, auf der Publikumsseite eine kontroverse Beteiligung, deren Reste die Verschriftlichung bewahrt.[5]

Die aufgekommenen weltgeistlichen Prädikaturen[6] beförderten im Spätmittelalter jedenfalls den hierzu nötigen Kontakt und den intellektuellen Austausch zwischen Klerus und Laien, auch führten sie zu einer spezifischen Einflussdynamik zwischen Prediger und laikaler Hörerschaft, an die die reformatorische Bewegung nahtlos anknüpfen konnte. Auch in Erfurt war um 1500 eine solche weltgeistliche Predigtaktivität, die der Laienseelsorge diente, zu verzeichnen.

Im Mittelpunkt soll die Predigttätigkeit des Sebastian Weimann (um 1450–1510) stehen, der kurz nach der Jahrhundertwende Professor der Universität Erfurt und Prediger an der Domkirche St. Marien war.[7] Die folgende Untersuchung widmet sich einer aus dieser Predigtaktivität hervorgegangenen, unedierten Sammlung. Sie enthält Weimanns *Quadragesimales sermones* (Fastenpredigten) sowie weitere Predigten zu verschiedenen Anlässen. Die Predigthandschrift war zwischen 1493 und 1510 entstanden und wird heute im Bistumsarchiv Erfurt unter der Signatur Hs. Theol. 20 (28) aufbewahrt.[8] Die Predigten blieben bislang,

5 Zu diesem Themenfeld, bes. zur Publikumsansprache, vgl. Suerbaum 2013, 21–33. Zur Mündlichkeit v. a. in deutschsprachiger Predigtaktivität siehe H.-J. Schiewer 2022, 111–126. Gerade in der deutschsprachigen Diskussion wurde die Erforschung der ‚Lesepredigt' gegenüber der mündlichen Predigt bevorzugt, vgl. Wetzel/Flückiger 2010, 13–23, bes. 14f.

6 Prädikaturen hatten seit dem 14. Jahrhundert bestanden, im 15. Jahrhundert wurden dann vielfach Angehörige des Säkularklerus zusätzlich bepfründet, um diese Aufgabe wahrzunehmen (in Domkirchen, Stiftskirchen und auch Pfarrkirchen). Siehe Menzel 1991, 369–375.

7 Kleineidam 1992, 83–85 sowie 286f.

8 Vgl. ebd. Die Hs. umfasst Predigten Weimanns aus den Jahren 1493 sowie 1506 bis 1510. Der zweispaltig angelegte, rubrizierte Papiercodex zeigt eine gleichmäßige Schrift, umfasst 316 foll. und befindet sich heute im Bistumsarchiv Erfurt (Hs. Theol. 20 [28]); Zitate folgen, mit Auflösung von Abbreviaturen, graphischen Anpassungen und ergänzter Interpunktion, dieser Handschrift. Die Titelangabe orientiert sich, mit leichter Abwandlung, an Kleineidam 1992, 84 (FN) sowie 287; die Hs. selbst enthält den modernen Titelzusatz *Sermones de tempore et de sanctis*, als Autor wird Weimann (*Sebastian*[us] *Wyman*) u. a. auf fol. 2^{r}

obwohl Weimann nach Zeugnissen von Zeitgenossen als Kanzelredner geschätzt war, von der Forschung nahezu unbeachtet.[9]

Zur näheren Untersuchung wird eine Reihe von zwölf Tugendpredigten ausgewählt (fol. 123^r–143^v), die für den täglichen Vortrag in der Fastenzeit des Jahres 1509 vorgesehen war. Zusätzlich sollen zwei Predigten Weimanns einbezogen werden, die sich an Bruderschaften richteten und ebenfalls für das Jahr 1509, genauer für die Adventszeit, verzeichnet wurden.[10] Vorab ist festzuhalten, dass für die genannten Beispiele jeweils eine deutschsprachige Abhaltung naheliegt, auch wenn die Texte lateinisch verschriftlicht wurden. Anhand Weimanns Sermones wird es so möglich sein, Einblick in den sozialen und diskursiven Resonanzraum städtischer Predigten zu nehmen. Der Beitrag soll ausgewählte Stücke des Predigtkonvoluts behandeln und dabei den Adressatenkreis sowie die Rolle des Predigers beleuchten, die sich aus Selbstzuschreibungen, Abgrenzungen und Appellen ergibt, am deutlichsten jedoch in der Kommentarfunktion des engagierten Kanzelredners aufscheint. Dabei ist auch in Kürze auf die Vermittlung von theologischen, tugend- bzw. sozialethischen Inhalten einzugehen und die Redemethodik zu sichten, um die katechetische Vorgehensweise und Kommunikation zu erfassen und mögliche Wechselwirkungen zwischen Prediger und Hörerschaft zu erschließen. Die ausgewählten Texte erlauben damit eine exemplarische Untersuchung weltgeistlicher Predigtaktivität als Teil städtischer Interaktion.

1. Die Tugendpredigten aus dem Jahr 1509

Sebastian Weimann stammte aus Oschatz in Sachsen und studierte zunächst seit 1468 an der Universität Leipzig die Artes, wo er 1472 das Bakkalaureat erlangte. Er wurde 1479 in der Artistenfakultät der Universität Erfurt rezipiert und erreich-

---

namentlich benannt. Angaben zur Handschrift bietet Cramer [o.J.], siehe Nr. 20. Der Codex weist nur geringe Benutzungsspuren auf, er enthält jedoch mehrere Datierungshinweise, die die Predigten einzelnen Jahrgängen zuweisen: fol. 2^r: 1493, fol. 31^r: 1506, fol. 63^r: 1507, fol. 83^r: 1508, fol. 104^r: 1509, fol. 169^r: 1509, fol. 228^r: 1510.

9 Seine Predigten sind weder in Schneyers Repertorium der lateinischen Predigten noch in der ergänzenden Bestandsaufnahme durch Hödl/Knoch 2001 erfasst. Eine knappe Erwähnung Weimanns als Bußprediger – ohne weiteren Beleg – inseriert Schneyer 1969, 196. – Geschuldet ist dies der unvollständigen Erfassung lateinischer Predigtliteratur des 15. Jahrhunderts und wohl auch der Berücksichtigung vorwiegend süddeutscher und österreichischer Quellen durch Schneyer; vgl. hierzu Hödl 1999, 148.

10 Sie behandeln theologisch strittige Themen, z. B. die Eucharistie, den Wortlaut der Schrift und das Verhältnis von Laien und Klerus. Vgl. Erfurt, Bistumsarchiv, Hs. Theol. 20 (28), fol. 162^v–166^r; fol. 226^r–228^r. Eine Zuordnung der zweiten Adventspredigt zum Jahr 1510 wäre der Handschrift nach denkbar; diese Datierungsmöglichkeit scheidet jedoch aus, da Weimann im Mai 1510 verstarb, vgl. Kleineidam 1992, 287.

te dort 1482 den Magisterrang. Im November 1490 wurde Weimann in Erfurt zum Doktor der Theologie promoviert.[11] Er amtierte 1493 als Rektor der Universität Erfurt, war als Domvikar an der Domkirche St. Marien tätig und fungierte als Prediger und Seelsorger (Plebanus). Von 1495 bis 1502 scheint er sich vorübergehend in Magdeburg als Mitglied des dortigen Domkapitels aufgehalten zu haben, wo er die zweite Dompredigerstelle einnahm.[12] Im Jahr 1499 übernahm er ein Kanonikat bei St. Severi in Erfurt, im Jahr 1505 erhielt er dann ein Kanonikat mit einer Lektoralpräbende an der Domkirche Erfurt. Dieses Amt war zugleich mit dem Ordinariat für Theologie verbunden,[13] so dass Weimann als Prediger und Universitätsprofessor bis zu seinem Tod im Jahr 1510 fungierte.

Von Weimann sind v. a. Predigtwerke überliefert, die in lateinischer Sprache niedergeschrieben wurden,[14] wozu die Reihe der *Quadragesimales sermones* zählt. Die Sammlung enthält insgesamt 169 Stücke, die jedoch in einer lockeren Zusammenstellung gemäß *de tempore et de sanctis* folgen, so dass neben Anlässen, wie sie das Kirchenjahr zur Predigt bietet, auch Heiligenfeste berücksichtigt wurden. Das Predigtkonvolut deckt vornehmlich die Passions- und Osteranlässe ab. In der Tat kann man aufgrund der Aufzeichnungskonvention, die wiederholt das ‚Ich' des Predigtautors festhält und nicht selten Querverweise zwischen den Predigten setzt,[15] von einer Durcharbeitung der Redemanuskripte für die Verschriftlichung ausgehen, die der Autor selbst vornahm. Signale der Mündlichkeit, wie Hörerapostrophen und Bezugnahmen auf Hörerreaktionen,[16] blieben dabei erhalten. Es handelt sich bei der erhaltenen Predigthandschrift offenbar um eine für Nach-

11 Vgl. ebd., 286f.

12 Vgl. ebd., 287; Wentz/Schwineköper 1972, 554 (mit Hinweis auf eine Magdeburger Predigtsammlung mit Werken Weimanns, gehalten zwischen 1495 und 1500). Die Angaben bei Bahlmann, der ebenfalls einen Magdeburger Aufenthalt erwähnt (nach 1509), scheinen wie auch das hier genannte Sterbejahr 1516 chronologisch gestört zu sein; Bahlmann 1896, 512.

13 Kleineidam 1992, 83f. sowie 286f. Weimann zählte zum Weltpriesterstand, während die Ordenstheologen eigene Professuren erhielten (vgl. ebd. 85).

14 Weimanns weitere Werke sind die um 1500 entstandenen *Sermones tripartiti super evangelia de tempore*, eine *Collatio* aus dem Jahr 1491 (*Collatio in exequiis D. Lamberti Vochs*) und Werke aus dem Umfeld der Marienfrömmigkeit; nähere Angaben bei Kleineidam 1992, 287. Die zweite Predigtsammlung der *Sermones tripartiti* ist unvollständig überliefert, da sie nur die Predigtanlässe zwischen Ostern und dem Ende des Kirchenjahres abdeckt; sie wird ebenfalls im Bistumsarchiv Erfurt aufbewahrt (Hs. Theol. 29).

15 Ein solcher Eintrag verweist an einer Stelle auch auf einen anderen Teil der Sammlung: *Reliqui sermones quos feci pro quadragesima habentur in alia parte sive opere sermonum meorum* [...]. Erfurt, Bistumsarchiv, Hs. Theol. 20 (28), fol. 181^{r}.

16 Vgl. hierzu Longère 2002, 171–183, bes. 174. Auch selbstreferenzielle Hinweise zur Aufgabe des Predigers und zur Notwendigkeit einer gekürzten Darstellung (Erfurt, Bistumsarchiv, Hs. Theol. 20 [28], fol. 140^{r}, 141^{v}) zählen zu Weimanns Repertoire.

schlagezwecke bzw. spätere (Wieder-)Nutzung erstellte Sammlung von Musterpredigten, die zeitlich nahe an der Person des Autors bleibt. Der Schreiberhand nach ist von einer homogenen Entstehung der Sammlung auszugehen, für die eine autographe Aufzeichnung denkbar ist.

Die Reihe beginnt mit **Sermo 1** (fol. 123r) über die christliche Vollkommenheit. Die Predigt besitzt ein vorangestelltes Schriftzitat, das das Thema der Ansprache vorgibt. Es handelt sich um den im Umfeld der Bergpredigt überlieferten Vers *Estote perfecti sicut et pater vester celestis perfectus est* (‚Seid vollkommen wie auch euer himmlischer Vater vollkommen ist'; Mt 5,48).[17] Die folgenden Virtutes-Predigten fächern einzelne Aspekte des Gegenstands weiter auf, so dass nach dem Heilsstand (*salutis status*) die empfohlenen Tugenden und auch die Schwierigkeiten eines tugendhaften Lebens ausgeführt werden. Eine systematische Behandlung in einer sukzessiv aufgebauten und umfassend angelegten Tugendreihe ist in der Predigtsammlung sichtlich nicht beabsichtigt; vor Sermo 4 führt Weimann keine Definition der Tugend ein, eine schulgerechte Übersicht der Tugenden (*divisio virtutum*) erfolgt sogar erst in Sermo 11. Dennoch folgt Weimann der Predigtmethode der scholastischen Themapredigt. Die Entstehung der zeitüblichen Themapredigt ist auf eine allmähliche Verkürzung des behandelten und der Predigt vorangestellten Schriftausschnitts zurückführen, eine seit dem Ende des 12. Jahrhunderts zu beobachtende Entwicklung, so dass schließlich nur noch das die Predigt eröffnende ‚Thema' stehen blieb. Ein solches Thema war bestens geeignet als Ausgangspunkt für sich vom Schrifttext entfernende Ausführungen oder auch für die scholastische Durchführung einer Problemstellung, wie sie im universitären Kontext erforderlich war.[18] Der Predigttyp ermöglichte eine Umformung der textbezogenen Bibelauslegung, im Stil einer Homilie, zu einer unabhängigeren Darlegung, die vielfältige Inhalte aufgreifen konnte. Die Themapredigt, durch die Angehörigen der Mendikantenorden perfektioniert und verbreitet, wurde zum Leitmodell des spätmittelalterlichen Predigtwesens.[19]

Freilich war es auch für den Weltklerus ratsam, sich diese Predigtgestaltung anzueignen und anstelle der einfachen, am Schrifttext ausgerichteten Homilie ei-

---

17 Der Vers beschließt im Matthäusevangelium eine Passage über die Feindesliebe (Mt 5,43–48). Vgl. Erfurt, Bistumsarchiv, Hs. Theol. 20 (28), fol. 123r; als lateinische Textgrundlage dient Biblia Sacra iuxta Vulgatam versionem 1994. Das Schriftlemma *Estote perfecti* ist mehrfach nachgewiesen in Schneyer/Lohr 1989, 323.

18 Es handelt sich um eine Predigtweise, die sich seit der Frühscholastik gegenüber der Homilie etabliert hatte und die dennoch einen Schriftbezug wahrte (Vorbilder, Beispiele, Gleichnisse). Vgl. Schneyer 1969, 128, der die französische Entwicklung des 12. Jahrhunderts perspektiviert; Knoch 2004, 126.

19 Vgl. Menzel 1991, 356.

nen thematischen Sermo anzubieten,[20] der freiere Erörterungen und Begründungen ermöglichte und somit das durchaus kritische und fordernde Niveau eines spätmittelalterlichen Predigtpublikums belegen kann. Im Zuge dieser Entwicklung lässt sich beobachten, dass Elemente der scholastischen Unterrichts- und Disputationstechniken in das allgemeine Predigtwesen des Spätmittelalters eingingen, so dass etwa gliedernde und erörternde Passagen in den Sermones erschienen und Auctoritates eingefügt wurden.[21] Diese von *divisiones* und *subdivisiones* der Themenaspekte geprägte Predigtform war zweifellos für eine gelehrte Hörerschaft konzipiert. Jedoch bewahrten auch diejenigen Sermones, die vor Laienzuhörerinnen und -zuhörern gehalten wurden, die grundlegenden Charakteristika einer scholastischen Predigtgestaltung, zeigten also ein entsprechendes Kompositionsgerüst, ließen aber zugunsten einer größeren Lebensnähe und Publikumswirkung vermehrt gnomische Inhalte wie Erfahrungs- und Spruchweisheiten einfließen, Legenden und Anekdoten.[22] Die Technik und Vorgehensweise Weimanns sind somit von der scholastischen Kompositionsweise geprägt, doch ohne strenge Befolgung, denn die Predigtreihe vermeidet in der Regel dialektisches Voranschreiten,[23] vernachlässigt einen schulgerechten Aufbau und nutzt flexible *divisiones*, was wohl als Konzession an den Anlass und das Publikum zu sehen ist.

---

20 Zur Begrifflichkeit vgl. Longère 2002, 171f.

21 Eine scholastische Predigt behandelt in systematischer Abfolge das vorgesetzte Thema oder Schriftzitat. Eine solche Predigt umfasst – in idealtypischer Gestalt – 1. das Thema, oft aus der Sonntags- oder Festperikope entnommen, 2. das Prothema, das an ein Wort oder einen Gedanken des Themas anknüpft und einleitend wirkt, wobei es auch Zweck und Aufgaben der Predigt bzw. des Predigers und der Hörerschaft konturieren kann, 3. die reguläre Einleitung, die den Wortsinn des Themas erklärt und mit Erklärungen und Begriffsdefinitionen das Verständnis des Folgenden erleichtert – in laienkatechetischen Predigten ist hier mit dem Einsatz von Sprichwörtern und Lebenswahrheiten zu rechnen –, 4. die Aufgliederung oder Disposition des Predigtthemas und 5. die Ausführung des Themas, also den Hauptteil der Predigt, mittels Argumenten, Sentenzen, Widerlegungen auf Basis der Schrift und der Autoritäten; als 6. Schritt erfolgt der Schluss. Vgl. Schneyer 1969, 130f., 184f. Siehe, mit vereinfachtem Schema, Knoch 2004, 127 sowie Quadlbauer 2002, 1066. Die gegebene Einteilung orientiert sich an den in Predigtlehren (*artes praedicandi*) verlangten Komponenten, siehe Ueding 2005, 50–55, zur *divisio* als „Makrostrukturprinzip" siehe 116. – Zur Einübung der komplizierten Predigtform dienten angehenden Magistern die *Collationes*, die an Universitäten als Vesperpredigten gehalten wurden, siehe Schneyer 1969, 185.

22 Schneyer 1969, 131f. wertet dies durchaus als Gegenentwicklung zur akademischen scholastischen Predigtgestaltung und datiert die Anfänge ins 13. Jahrhundert; zu Rezipientenerwartungen siehe 186.

23 Eine Ausnahme bildet der Sermo 12, der theologische Inhalte vermittelt; Weimann beantwortet fingierte Einwände mit Thomas, siehe Erfurt, Bistumsarchiv, Hs. Theol. 20 (28), fol. 142^{v}–143^{r}.

Den gedanklichen Kern der Predigtreihe Weimanns bildet die christlich-moralische Vervollkommnung, deren Heilsaussichten er beleuchtet und deren lebenspraktische Bezüge er verfolgt. Die kritischen Impulse der Reihe, die nach und nach entfaltet werden und etwa Heuchelei, Simonie oder Aberglauben betreffen, auch Bildungsprunk, sind zum bußbegleitenden Charakter einer Fastenpredigt durchaus passend. Dabei hat der Erfurter Prediger die gesamte Breite der christlichen Gemeinde im Blick: *In praesenti autem sermo debet esse mihi de illa perfectione quae ad omnes pertinet.* (‚Jetzt muss meine Predigt hingegen von jener Vollkommenheit handeln, die sich auf alle bezieht'; Erfurt, Bistumsarchiv, Hs. Theol. 20 [28], fol. 124^{r}). Weimann benennt explizit geistliche wie weltliche Lebensformen, verheiratete und unverheiratete Personen, Männer und Frauen als gleichermaßen fähig zur Vervollkommnung und heilswürdig.[24] Die Eigenschaften, die für den *status salvacionis* konstitutiv sind und zur christlichen Vollkommenheit leiten, sind die Tugenden.[25] Die heilsrelevanten Eigenschaften werden von Weimann im Detail aufgezählt und ergeben für die Hörerinnen und Hörer bald ein Programm, das die einzelnen Gläubigen tugendethisch verpflichtet und mit Hinweisen auf kirchliche Hilfsmittel versehen ist: Es handelt sich um Glaube (*fidelis*), Gehorsam (*obediens*), Reinheit (*mundus*), Sündenfreiheit (*a malo abstinens*), Gerechtigkeit (*iustus*) und Rechtschaffenheit (*innocens*).[26]

In **Sermo 6** wendet sich Weimann dann gegen Tugendbemühungen, die mit den weltlichen Studien verknüpft sind. Gezielt benennt der Erfurter Theologe die Beschäftigung mit philosophisch ausgerichteten Autoren der römischen Literatur, Cicero und dem jüngeren Seneca, spielt aber auch auf die Dichterlektüre an.[27] Die *seculares*, die an weltlicher Bildung und Lektüre interessierten Personen, rühmten sich zwar der Schönheit der aus rhetorischen und poetischen Texten gezogenen Tugendlehre – sie seien aber nicht in der Lage, wahrhaft tugendhaft zu handeln

---

24 Erfurt, Bistumsarchiv, Hs. Theol. 20 (28), fol. 124^{r}: [...] *cuiuscumque status, spiritualis vel secularis, coniugatus vel solutus, femina sive masculus, aptus esse potest regno dei* [...].

25 Sie sind (gemäß der aristotelisch-thomistischen Auffassung) als Vollendung der im Menschen angelegten Möglichkeiten gedacht. Sie erlauben eine Annäherung an die im Schöpfungsakt hervorgebrachte göttliche Ähnlichkeit des Menschen. Erfurt, Bistumsarchiv, Hs. Theol. 20 (28), fol. 123^{r}, 124^{r}. Vgl. Schönberger 1998, 152f.

26 Vgl. Erfurt, Bistumsarchiv, Hs. Theol. 20 (28), fol. 123^{v}–124^{r}; bereits im Eingang der Predigt verweist Weimann auf die *modos et media*, mit denen der Heilsstand wiedergewonnen werden könne, fol. 123^{r}.

27 *Sunt qui virtutes et animi perfectiones in secularibus prophanisque studijs requirunt* [...] *dum Tullij discipulis se applicant et Senece, ut de alijs poetarum figmentis preteream* [sic]. Erfurt, Bistumsarchiv, Hs. Theol. 20 (28), fol. 131^{v}.

und Gutes zu tun.[28] Weimann empfiehlt stattdessen das Befolgen der göttlichen Lehre, um nicht weiter von der *rectitudo* abzuweichen; seine fastenzeitliche Invektive führt so weit, dass der Prediger verkündet, Gott selbst wettere gegen die Liebe zu weltlichen Studien.[29] Die Predigtschelte richtet sich offenbar gegen eine ganze Personengruppe, die philosophische oder humanistische Studien betreibt und sich dabei von einem klerikalen Lebenswandel und dessen Dienstpflichten entfernt. Die Angegriffenen sind den Vorwürfen nach eher in einem gelehrten Umfeld angesiedelt, möglicherweise sind Universitätstheologen oder Studenten, auch laxe Stiftsgeistliche als Adressaten dieser Rüge zu denken. Darüber hinaus geraten weitere Personengruppen in Sermo 6 ins Visier des Predigers. Weimann wendet sich zunächst gegen Menschen weltlichen und geistlichen Standes, die selbst bei einfachen Betätigungen wie Almosengeben und Kerzenanzünden den religiösen Kultus zur persönlichen Zurschaustellung nutzten. Er zielt auch gegen gehobene städtische Kreise, die finanzielle oder materielle Stiftungen leisteten und dabei auf das Anbringen ihrer Wappen bestünden.[30] Nachdem das Stiftungswesen gerügt wurde, werden auch klerikale Missbräuche wie Simonie und Gewinnstreben zum Objekt der Kritik. Explizit verurteilt Weimann den Handel (*mercancia*), der aus der Kirche gemacht würde, sie ließe sich als ‚Apotheke' (*apoteca*) missbrauchen – eine Anspielung wohl auf den vorreformatorischen Reliquienhandel und Wunderglauben mitsamt ihren abergläubischen Auswüchsen.[31] Ebenso stehen laikale Gottesdienstbesucher in der Kritik, da der Prediger ihnen pauschal Oberflächlichkeit und Leichtgläubigkeit vorwirft und ihr Verlangen nach Materiellem und Äußerlichem in religiösen Angelegenheiten beklagt:

> […] *dolendum est quod generaliter populi semper in cultu spirituali corporalia et exteriora requirunt, volunt enim decipi, ut* […] *miracula attribuuntur sanctis, mirabilia opera finguntur* […]. (Erfurt, Bistumsarchiv, Hs. Theol. 20 [28], fol. 132^r)

> […] zu beklagen ist, dass die einfachen Christen im Allgemeinen im geistlichen Kult immer das Körperliche und Äußerliche suchen, denn sie wollen

28 *Gloriantur illi seculares quomodo pulcras ex rhetoribus suis et poetis de virtutibus doctrinas habent, sed in veritate non afficiunt, non perficiunt nec bonum efficiunt.* Erfurt, Bistumsarchiv, Hs. Theol. 20 (28), fol. 132^r.

29 *Increpat ergo dominus amorem mundanorum preceptorum et secularium studiorum.* Erfurt, Bistumsarchiv, Hs. Theol. 20 (28), fol. 132^r.

30 Erfurt, Bistumsarchiv, Hs. Theol. 20 (28), fol. 132^r.

31 *Item ut ecclesia et sancta religio nostra cum fide et cultu non nisi mercancia sit, nonnullis sive apoteca.* Erfurt, Bistumsarchiv, Hs. Theol. 20 (28), fol. 132^r. In diesem Zusammenhang nennt Weimann auch als abergläubische Praxis die Wahrsagerei, die mit Sakramenten verübt werde. Zum Problem der Simonie (*simoniacis practicis*) vgl. fol. 132^r.

> getäuscht werden, z. B. […] werden den Heiligen Wunder zugeteilt, wunderbare Werke erfunden […]

In **Sermo** 7 geht Weimann auf die heilsbezogene Sicherheit (*securitas*) ein und warnt davor, sich auf die Werkfrömmigkeit zu verlassen: *Numquam ergo securitatem formare sibi debent homines ex suis bonis operibus* […] (‚Niemals dürfen sich also die Menschen Sicherheit schaffen aus ihren guten Werken'; Erfurt, Bistumsarchiv, Hs. Theol. 20 [28], fol. 132^{v}). Er sieht diese Sicherheit als problematischen Faktor einer Selbstberuhigung, die für das Seelenheil negative Effekte hat. Speziell die Werke ziehen die Kritik des Predigers auf sich, der stattdessen das Glaubensleben fokussiert und die Verbesserung des Einzelnen verlangt. Freilich sieht Weimann die Gefahren für das katechetische Wirken, wenn die Werkfrömmigkeit in ihrer Wirksamkeit entwertet wird, und kennt durchaus die Nöte der Laiengläubigen. Mittels einer Occupatio den Beschwerden der Gegenseite vorgreifend, zeigt sich das Prediger-Ich bewusst, dass somit Hoffnung und Zutrauen des/der Einzelnen auf das Heil verloren scheinen. Es erfolgt eine fingierte Gegenfrage, die die Skepsis der Hörerschaft spiegelt: *Sed dicetis forte mihi: Sic aufers nobis spem in domino et confidenciam in bonis operibus nostris* […] (‚Aber ihr werdet mir vielleicht sagen: So nimmst du uns die Hoffnung auf den Herrn und das Vertrauen in unsere guten Werke'; Erfurt, Bistumsarchiv, Hs. Theol. 20 [28], fol. 133^{v}). Der Prediger entgegnet diesem Einwand, dass die Werke eine gewisse Rolle spielen können, sofern wahre Reue (*penitencia*) vorhanden sei; er unterlässt es jedoch, das theologische Problem im Detail zu behandeln.

Der **neunte Sermo** beleuchtet einen anderen hinderlichen Aspekt für die geistliche *perfectio*, nämlich die Ausflüchte und das Ausweichen vor dem Tugendstreben und den göttlichen Geboten. Indem Weimann dieses Problem aufgreift, ermöglicht er Aufschlüsse über das Predigtpublikum der Erfurter Sermones, da er – nun zum ersten Mal in großem Ausmaß – die Einwände seiner Hörerschaft aufgreift. Der Prediger entwirft zunächst den eschatologischen Horizont des Jüngsten Gerichts.[32] Die mangelnde Bereitschaft zur Aufnahme des Gotteswortes beklagend,[33] beanstandet Weimann die Neigung, sich die vorgegebenen Regeln nach Belieben anzupassen. Er kommt wiederum auf die weltlichen Tugendlehren zu sprechen, die der Philosophie, der Dichtung und den rhetorischen Schriften entstammen. Der Prediger verurteilt sie, da sie nicht von Gott ausgingen und keinen geistlich-affektiven Zugang böten:

---

32 […] *dicet enim nobis in iudicio: fecisti qu<o>d iussi, ut petas qu<o>d promisi* […]. Erfurt, Bistumsarchiv, Hs. Theol. 20 (28), fol. 136^{r}.

33 Erfurt, Bistumsarchiv, Hs. Theol. 20 (28), fol. 136^{r} (*Non sufficit verbum dei aure corporis tantum audire nec si mente percipiatur* […]).

> *Inveniuntur pulcra de virtutibus documenta aput philozophos et poetas et oratores, sed omnia non afficiunt, quia ex deo non procedunt, ergo eciam ignem inflammacionis et accensionis mencium secum non afferunt* […]. (Erfurt, Bistumsarchiv, Hs. Theol. 20 [28], fol. 136r)
>
> Viele schöne Beispiele zu den Tugenden findet man bei den Philosophen und Dichtern und Rednern, aber sie alle ergreifen nicht, weil sie nicht aus Gott hervorgehen, also bringen sie auch nicht das Feuer der Begeisterung und den Brand des Geistes mit sich […].[34]

Mit der pleonastischen Wortwahl und der emphatisch eingesetzten Feuermetaphorik (*ignis, inflammacio, accensio*) lässt Weimann erkennen, dass er nicht nur eine wunder- und werkkritische Einstellung besitzt, sondern offenbar auch von der mystischen Theologie beeinflusst wurde, wie sie hochmittelalterliche Mönchstheologen, allen voran Bernhard von Clairvaux, prägten.[35] Die Würdigung des individuell-affektiven Glaubenslebens legt nahe, dass manche Vorstellungen aus dem Umfeld der sog. ‚monastischen Theologie'[36] auf Weimanns Ideal religiöser Lebensführung ausstrahlten.[37] Allerdings bleibt eine mystische Glaubenspraxis außerhalb des Blickfelds Weimanns. Er setzt mit Selbstkontrolle und Tugend Akzente, wie sie auch der devoten Strömung entsprachen; seine Quellenauswahl verrät jedoch keine explizite Anlehnung an die Ideen der Devotio moderna.[38]

Dabei versteht Weimann die *perfectio* – trotz seiner Konzession an einen affektiven Zugang – v. a. verdienst- und leistungsbezogen,[39] und sie wird vor dem Hintergrund der kirchlichen Institution als Heilsvermittlerin betrachtet. So wird

34 Zu Parallelen bei Jean Gerson, der die Bedeutung der *caritas* hervorhebt, siehe Burger 1986, 48f.

35 Vgl. hierzu Leclercq 1963, 247, wenngleich das Konzept einer homogenen ‚monastischen Theologie' fraglich erscheint. Einen Forschungsrückblick und Kritik an der allzu scharfen Trennung zwischen ‚monastischer' und ‚scholastischer' Theologie legt Köpf 1996, 110–120 vor.

36 Der Begriff der ‚monastischen Theologie' wird trotz seiner konzeptuellen Mängel, insofern er Einheitlichkeit zu suggerieren sucht, im Folgenden beibehalten, da er – in vereinfachender Annäherung – Tendenzen beschreiben und wissenschaftsgeschichtlich orientierend wirken kann.

37 Gerade ein mystisches Frömmigkeitsverständnis war im Spätmittelalter geeignet für ein ständeübergreifendes, da affektfundiertes und von Bildungswerten unabhängiges Glaubensleben, siehe Schreiner 1992, 42f.

38 Speziell die Werke von Pseudo-Dionysius, Cassianus (*Collationes*), Heinrich Seuse und Ludolf von Sachsen bleiben bei Weimann unbeachtet, die im Lektüreprogramm der Devoten wichtig waren. Vgl. Iserloh 2002, 929.

39 In diesem Punkt unterbleibt eine engere mystische Anbindung der Predigtthematik; zur ‚perfectio' als Bestandteil eines Stufenmodells siehe Ruh 1990, 53f. (vgl. die Dionysischen drei Stufen: Reinigung, Erleuchtung, Vollendung).

Weimann in der zwölften Predigt dazu raten, sich um die theologischen Tugenden zu bemühen, da sich die eigenen Verdienste durch sie steigerten und man mit ihnen Gnade einfordern (!) könne (*multa gracia poscenda est pro meritis*).[40] Daraus wird ersichtlich, dass Weimanns Empfehlungen den vertrauten Versprechungen der Verdienstfrömmigkeit verhaftet bleiben, die Heilsansprüche mit sich bringt. Aus dieser Didaxe ergeben sich für das Publikum, wie nun deutlich wird, Schwierigkeiten. Denn bevor Weimann den Hauptteil seiner neunten Predigt beginnen lässt, muss er intensiv auf die Beschwerden seines Predigtpublikums eingehen. Mögen die Einwände auch rhetorisch gestaltet sein, ist doch ein realer Ausgangspunkt solcher Kritik nicht auszuschließen, was auf einen lebendigen Vortragsprozess und Austausch zwischen Prediger und Rezipientinnen und Rezipienten deutet. Das Publikum scheint demnach dem bisherigen Predigtverlauf mit Unmut gefolgt zu sein, wie Weimann in einer wörtlichen Rede verdeutlicht:

> *Sed scio inter hec, que dico et in prioribus dixi, aliquos contristatos esse dicunt: Tu rem hanc nobis valde facis difficilem, regulam imponis nobis importabilem, dixisti te velle communem formam nobis proponere, quam ad vitam celestem iter haberemus, sed secundum hec tua oporteret nos omnes monachos esse et moniales, durus est ergo sermo ille* […]. (Erfurt, Bistumsarchiv, Hs. Theol. 20 [28], fol. 136r–136v)
>
> Aber ich weiß, dass bei dem, was ich vortrage und an den vorherigen Tagen vortrug, einige Hörer betrübt waren, sie sagen: Du machst uns diese Sache sehr schwer, du legst uns eine unerträgliche Regel auf, du hast gesagt, dass du uns eine allgemeine (Lebens-)Form vorstellen wollest, damit wir sie als einen Weg zum himmlischen Leben hätten, aber deinen Worten gemäß müssten wir alle Mönche und Nonnen sein, hartherzig ist also jene Predigt […].

Offenbar ist die während der vergangenen Predigten vorgestellte Lehre, die sich mit der geistlichen Vervollkommnung befasst, in den Augen des Publikums zu anspruchsvoll und fordernd. Die Leitung durch den Prediger soll breiten Hörerkreisen zwar geeignete Heilswege eröffnen, allen voran durch Buße und Pflichterfüllung, aber die Vorträge neigen zu einer mangelnden Berücksichtigung der Laienperspektive in einer komplexen städtischen Lebenswelt.

So lassen sich die Merkmale und Tendenzen der Weimann'schen Homiletik vorläufig resümieren: Das Tugendprofil der Predigtreihe ist, verglichen mit der reichen Systematik hochscholastischer Tugenddifferenzierungen, sehr schmal. Die Ergänzung der Tugendempfehlungen um die auffällige Größe der *rectitu-*

---

40 Erfurt, Bistumsarchiv, Hs. Theol. 20 (28), fol. 141v: *Multum ergo studium adhibendum est pro eis acquirendis et diligens exercicium pro ipsis retinendis et multa gracia poscenda est pro meritis sic per eas augendis.*

do (der Richtigkeit, Angemessenheit in religiösen Pflichten), die Weimann im zweiten Sermo für das gottgefällige Leben wesentlich erscheint, weist weniger in eine scholastische denn in eine reformtheologische Richtung, die im 15. Jahrhundert konsequent die Erneuerung der Theologie, Kirche und des Einzelnen verlangt.[41] Diese *rectitudo* besitzt bei Weimann eine vergleichbare Tendenz wie die Forderungen nach Gehorsam und Reinheit: Sie zielt auf das Ideal einer asketisch-monastischen Existenzweise, die gleichwohl für weltliche wie geistliche Personen vorgeschlagen wird und ständeübergreifend konzipiert ist (Sermo 1). Vergleichbare frömmigkeitstheologische Tendenzen in der Laienseelsorge waren im 15. Jahrhundert auch in der Wiener Theologie verbreitet, wo Theologen im Gefolge Heinrichs von Langenstein und Nikolaus' von Dinkelsbühl die Lehre auf das Heilsnotwendige konzentrierten und Alltagsnähe anstrebten, dabei jedoch auf eine regelrechte „Monastizierung der Laienwelt" hinarbeiteten.[42] Die Erfurter Predigten nähern sich damit einer solchen frömmigkeitstheologischen Katechese, die weder eng der Schultheologie noch mystischen Vorstellungen folgt, und sie bleiben auch im Rahmen der hier typischerweise behandelten Themen wie Buße, Passion und Gericht.[43] Reform- und frömmigkeitstheologische Einflüsse können bei Weimann zudem im Perfektionierungsdiskurs sowie einem auf die Lebensführung zielenden Denken beobachtet werden.[44] Weimann verweist die Gläubigen dabei selbstverständlich an die kirchliche Leitung und Autorität.[45] Dass Weimanns Publikum die Ausrichtung der Sermones offenbar wegen dieses monastizistischen Anspruchs für sich nicht akzeptierte und vielleicht eine eher praktisch-heilspädagogische Tugendlehre erwartete – Weimann platzierte kaum Exempla, übte jedoch reichlich Kritik –, wurde bereits deutlich.[46] Die zwischen

41 Hierzu Hamm 2011, 129.

42 Vgl. Abel 2011, 20f. Nach Adolf von Harnack bezeichnete das Diktum der ‚Monastizierung der Laienwelt' zunächst die Wirkungsabsichten von hochmittelalterlichen Reformmönchen (ebd.); zu Nider selbst, der der ‚Wiener Schule' nicht eindeutig zugehört, siehe 28–31. Die Wiener Theologie und ihre Protagonisten beschreibt Hamm 2011, 266–268, wobei er die Suche nach Alltagsnähe und den Gebrauch scholastischer Quellen hervorhebt, die seelsorgerlich verwertet wurden; so sei ein ‚popularscholastischer' Typ der Frömmigkeitstheologie erkennbar (267f.). Zur formalen Schulung etwa der *Coelifodina* des Johannes von Paltz an scholastischer Gestaltungsweise vgl. Hamm 1982, 122f. Pointiert spricht Hamm davon, dass bei Paltz die scholastische ‚Sic-et-non'-Methode zu einem ‚Sic-Stil' vereinfacht wurde (Hamm 2011, 125).

43 Vgl. ebd., 122. Die Begrifflichkeit ‚Frömmigkeitstheologie' wird nach Hamm verwendet, ebd., 116–120, 129–133; Kritik an der Begriffsansetzung benennt Burger 2013, 237f.

44 Vgl. Hamm 2011, 164–166.

45 Siehe Abel 2011, 27.

46 Zumal Weimann auch die Spannung zwischen ‚vita activa' und ‚vita contemplativa', die in diesem Themenfeld anzusprechen wäre, weitgehend ignoriert. Welche gravierenden

Aufmunterung und harscher Mahnung variierenden Aufforderungen weisen in didaktischer Hinsicht breit gestreute Zielbereiche auf: Die Predigten dienen der Wissensvermittlung im Bereich scholastischer Lehrinhalte sowie des Tugend- und Heilswissens, moraltheologischer Anleitung und Kritik,[47] sie wirken zudem als Kommentare zu vermeintlichen gesellschaftlichen Fehlentwicklungen in Bildung, Wirtschaftsleben, Kirchenorganisation und privater Frömmigkeit.

Das Publikum Weimanns lässt sich dabei, den textinternen Hinweisen nach, zum Teil als universitär bzw. klerikal vorgebildet beschreiben, entsprechend fügt Weimann nicht nur Textbelege und scholastische Lehrinhalte ein, sondern rät an einer Stelle sogar zum Studium der Theologie, indem er den Theologenstand als Heilsweg empfiehlt.[48] Dabei deutet sich ein akademisches Publikum an, das Weimann weniger als schwach und anleitungsbedürftig imaginiert denn als elitär und selbstbewusst. Die Vorstellung ausschließlich männlicher, klerikaler oder gelehrter Hörer ist jedoch verfehlt, denn das Publikum scheint ebenso laikal und weiblich gewesen zu sein – als verschmähtes Modell der Lebensführung gelten den Zuhörerinnen schließlich die Nonnen –, so dass von einer sozial und bildungsmäßig gemischten Hörerschaft auszugehen ist. Bezüglich der Sprache liegt so angesichts von Frauen im Publikum die Folgerung nahe, dass eine auf Deutsch gehaltene Predigtreihe vorlag.[49]

Folgen die Kritik von reformorientierten Predigern haben konnte, benennt Williams-Krapp 2004, 152 am Beispiel des Johannes Geiler von Kaysersberg: „Die moralische Rigorosität von publikumswirksamen Reformern wie Geiler, die häufig auch in öffentlicher Kritik an Standesgenossen und der Kirchenhierarchie ihren Ausdruck fand, dürfte nicht unerheblich zum Autoritätsverlust der Kirche bei den Laien und zur Stärkung laikaler Eigenständigkeit in religiösen Fragen, vor allem in den großen Städten, beigetragen haben."

47 Zu städtischen Predigern des ausgehenden Mittelalters vgl. Hamm 2011, 391f.; sie blieben in der Regel im Rahmen der Kirchenlehre und stellten die kirchliche Hierarchie nicht in Frage, sähen aber (trotz ihrer konservativen Einstellung) ihre Funktion bereits in der „Führung, Orientierung, Steuerung, Anleitung, Normierung, Kontrolle, Kritik und Korrektur" der Stadtbevölkerung – laut Hamm eine exzellente Vorbedingung für die spätere reformatorische Predigt.

48 Erfurt, Bistumsarchiv, Hs. Theol. 20 (28), fol. 141[r]. Vgl. Jean Gersons Ansichten zur Überordnung des Standes der Theologen und Weltpriester über den Mönchsstand und die *simplices* (Burger 1986, 178–183, 191–193).

49 Da im Spätmittelalter die Predigttätigkeit anwuchs, durch die Offensive der Bettelorden und die Einrichtung städtischer Prädikaturen, kam auch das Deutsche als Predigtsprache häufiger zum Einsatz. Notate, Entwürfe oder Exzerpte zu diesen Predigten spiegeln dies nicht unbedingt wider, wenn sie eine lateinische Textüberlieferung zeigen. In Erfurt sind die Wahl der Volkssprache und eine nachträgliche, lateinische Verschriftlichung ebenfalls belegt für die Predigten des Franziskaners Nikolaus Lakmann (um 1415–1479), die um 1459 aufgezeichnet wurden; die Sermones sind in einer Wolfenbütteler Handschrift (Wolfenbüttel, HAB, Cod. Guelf. 666 Helmst., fol. 164[r]–176[v]) überliefert. Auch andere Prediger bedienten sich in

Das theologische Profil der Fastenpredigten bietet ein Kaleidoskop der zeitgenössischen Tendenzen in Laienfrömmigkeit und Schultheologie, die der Prediger im Auge haben muss, um der Gemeinde Anleitung zu geben und Sanktionen und Belohnungen zu evozieren. Der Autor der Predigten wirft dabei zahlreiche kritische Streiflichter auf die Aktivitäten von Laien und auch Klerikern, doch betrachtet er sein Amt aus elitärem Blickwinkel und beansprucht eine Führungsrolle für den Klerus.

2. Die Bruderschaftspredigten des Jahres 1509

In derselben Handschrift des Bistumsarchivs Erfurt sind zwei Predigten aufgezeichnet, die Weimann im Advent 1509 vor Bruderschaften hielt. Die Überlieferung erlaubt darüber hinaus keine Zuordnung zu einer der 33 in Erfurt nachgewiesenen Bruderschaften.[50] Weimanns Predigten thematisieren unter dem Titel *Dominica tercia in adventu pro fraternitate* u.a. Themen, die für das Verhältnis zwischen Laien und Klerus von Belang sind und Aufschluss über zeitgenössische Laienfragen geben, denn sie berühren Glaubenszweifel und Kleruskritik sowie die Überlieferung des Bibeltexts.[51]

Weimann setzt sich in der **ersten Bruderschaftspredigt** mit dem ersten Korintherbrief auseinander (fol. 162^{v}–166^{r}). Hierbei dient der Vers *Veniet dominus qu*[i] *et illuminabit abscondita tenebrarum* (I Cor 4,5) als Grundlage (‚Der Herr wird kommen und das im Dunkeln Verborgene ans Licht bringen'). [52] Der Kontext der Bibelstelle verweist auf die schwierige Lage der christlichen Gemeinde in Korinth, in der es zu Gruppenbildungen gekommen war und Weisheitslehrer selbstmächtig agierten. Zum anderen fällt der Korintherbrief durch rigoristische Regelungen auf, welche die Ethik eines christlichen Lebenswandels betreffen. Die biblische Quelle thematisiert darüber hinaus auch das Apostelamt und seine angegriffene Geltung in einer aufgewühlten Gemeinde.[53] An diese grundlegenden

Erfurt der deutschen Sprache, während die Überlieferung lateinisch blieb. Dies belegt derselbe Codex für einen Arnstädter Minoriten, der im Jahr 1447 eine Passionspredigt im Erfurter Benediktinerkloster auf dem Petersberg hielt; der Franziskaner predigte, so der Schreiber Andreas Soteflesch, damals vielfach in deutscher Sprache vor der städtischen Bevölkerung, vgl. Cod. Guelf. 666 Helmst., fol. 177^{r}–185^{r}. Vgl. Meier 1938, 168 und 174 (mit Hinweis auf das rege Predigtwesen in Erfurt um 1450 und die häufig deutsche Abhaltung von Predigten).

50 Siehe Weiß 1988, 72 (FN).

51 Vgl. Erfurt, Bistumsarchiv, Hs. Theol. 20 (28), fol. 162^{v}–166^{r}; fol. 226^{r}–228^{r}. Beide Sermones wurden unter demselben Titel in die Handschrift eingetragen.

52 Weimann vereindeutigt im zitierten Eingangsvers den Sinn, indem er – entgegen dem Wortlaut der Vulgata – das Futur wählt (*Veniet*). Die deutsche Übersetzung des Verses orientiert sich an der Ausgabe: Einheitsübersetzung der Heiligen Schrift 2016.

53 Vgl. Roloff 2007, 107–122.

Themenstränge konnte Weimann vor seiner Hörerschaft anknüpfen, indem er in einer locker dreigeteilten Ansprache die Bibelstelle auf seine Zeit hin aktualisierte. Weimanns Bruderschaftspredigt lässt erkennen, dass auch aus seiner Sicht ein Verlust der klerikalen Autorität und die Kritik durch Laien zum Problem geworden sind:

> [...] *beatus Paulus in hod<ierna> epistula corripiens corinthos de temerario iudicio quod indiscrete de aliorum actibus et vita iudicabant et praecipue de ipsis sanctis apostolis Paulo Barnaba et alijs quos minus honorabiles estimabant et alios pseudo apostolos* [...] *illis praeferebant.* (Erfurt, Bistumsarchiv, Hs. Theol. 20 [28], fol. 163r)
>
> Der hl. Paulus tadelt im heutigen Brief die Korinther wegen ihres unbesonnenen Urteils, da sie ohne Unterschied über Taten und Leben anderer urteilten – besonders über die heiligen Apostel selbst, Paulus und Barnabas und andere, die sie für weniger ehrwürdig hielten – und da sie ihnen andere Pseudo-Apostel vorzogen.

Der Prediger qualifiziert die Pseudo-Apostel darüber hinaus als Vertreter der *sapientia vana* (lügenhaften Weisheit) und der weltlichen *verbositas* (Geschwätzigkeit).[54] Demgegenüber soll die Hörerschaft zur Unterscheidung fähig werden, da der wahre Apostel zum Heil leite und die Sakramente verwalte.[55] Der Prediger weist auf die Folgen hin, die aus dieser Missachtung der Kleriker und der Verleitung zum Weltlichen (zu *voluntatem*, *vanitatem*, *voluptatem*) entstehen werden; offenbar richtet sich Weimann mit der Ansprache auch an Personen mit politischem Einfluss in weltlichen und geistlichen Ständen, er erwähnt den bereits vorgefallenen Hass *a populo* auf die Geistlichkeit in der Stadt und stellt prophetisch drohend den Machtverlust der Angeredeten in den Raum, wenn die christliche Lehre weiter missachtet würde:

> [...] *deficient omnia studia vestra, breviabuntur omnia iura vestra et potestates omnes tam spirituales quam seculares excident a manu vestra* [...][56] (Erfurt, Bistumsarchiv, Hs. Theol. 20 [28], fol. 163v–164r)
>
> alle eure Studien werden untergehen, alle eure Rechte werden verkürzt werden und alle Ämter, sowohl die geistlichen als auch die weltlichen, werden aus eurer Hand fallen.

54 Erfurt, Bistumsarchiv, Hs. Theol. 20 (28), fol. 163v.

55 Ebd.

56 Vgl. die Anrede *O videte ergo p*<at>*res o fideles karissimi*, die auf geistliche Adressaten deutet und fortgesetzt wird mit *videte qualia ex hijs sequentur* (fol. 163v). Die Verschriftlichung weist an dieser Stelle mehrere kleine Lücken auf.

Der Bezug auf Paulus und die Gemeinde in Korinth wird im Erfurter Aufruhrjahr 1509 als historische Parallele herangezogen, die – ohne expliziten Vergleich oder exegetische Konkretisierung – als Projektionsfläche für zeithistorische Besorgnisse dient und, über eine Aktualisierung hinaus, geradezu identifikatorisch gedeutet werden kann. Weimann lässt die Grenzen zwischen beiden Gemeinden, Korinth und Erfurt, und den Zeitebenen, der Zeit der paulinischen Mission und seiner Gegenwart, verschwimmen. Im Jahr 1509 war die Stadt Erfurt in akute Finanzprobleme geraten, die aus der politischen Position Erfurts zwischen Kurmainz und Kursachsen resultierten – beide hatten 1483 erhebliche finanzielle Forderungen als ‚Erbherr' bzw. ‚Schutzherr' gestellt – und die zur Aufnahme von Krediten führten. Die finanzielle Lage war auch deshalb prekär, weil die erzbischöflich eingestellte Geistlichkeit der Besteuerung entzogen war. So war es zu einem Niedergang gekommen, der Rat der Stadt wurde im Juni entmachtet und eine Gruppe von ‚Erwehlten' übernahm die öffentliche Gewalt. Parteienbildung führte zu Tumulten: Handwerker schlossen sich als plündernde Rotte (‚Schwarze Rotte') zusammen, Ratsfamilien flüchteten, der ehemals angesehene ‚Achtherr' Heinrich Kelner wurde im Sommer 1510 gehängt – die negativen Folgen für Erfurt hielten über Jahre an.[57] Die Referenz auf die paulinische Textstelle dient in der angespannten stadthistorischen Lage, als man gegen Jahresende 1509 einen neuen Rat[58] wählte, der Kritik und Korrektur. Die paulinische Bibelstelle konturiert damit die selbstbewusste Einschätzung des Predigers, der als Kommentator seiner Gegenwart vor weltlich gesinnten Aufrührern warnt und für sich selbst gewissermaßen die Rolle des wahren Apostels in Anspruch nimmt.[59] Zugleich kann sich Weimann auf diese Weise mit der laikalen Kleruskritik auseinandersetzen, die er durchaus als berechtigt ansieht, ohne sie den Laien überlassen zu wollen.[60] Weimann gesteht solche Kritik in gewissem Rahmen zu:

> […] *non est intencionis mee quod velim defendere vel iustificare sive insolencias sive turpitudines malorum clericorum. Et utinam essent qui talia eis prohiberent et ipsos a talibus retraherent quamvis homini layco hoc non dico convenire* […]. (Erfurt, Bistumsarchiv, Hs. Theol. 20 [28], fol. 164ʳ)

> Es ist nicht meine Absicht, dass ich die Unverschämtheiten oder Schändlichkeiten schlechter Kleriker verteidigen oder rechtfertigen wollte. Wenn es doch [Menschen] gäbe, die ihnen solches verwehrten und sie von solchem abhielten, obgleich es, das sage ich, einem Laien nicht zukommt.

57 Hierzu Weiß 1988, 82–85, 92f. (laut Weiß sind insgesamt sieben Jahre des Aufruhrs in Erfurt zu verzeichnen gewesen, ebd., 83); Weiß 2010, 27–29 und 32.

58 Hierzu Weiß 1988, 83; Weiß 2010, 30.

59 Erfurt, Bistumsarchiv, Hs. Theol. 20 (28), fol. 163ʳ–163ᵛ.

60 Ebd., fol. 164ʳ.

Doch verweist der Geistliche am Schluss seiner Predigt die urteilenden Laien ebenso wie die fehlerhaften Kleriker an das Jüngste Gericht, das ein Urteil fällen werde; ein Urteil aus Laienkreisen ebenso wie eine konkurrierende Lenkung und Beeinflussung der städtischen Einwohnerschaft lehnt der Theologe ab.

Die **zweite Bruderschaftspredigt** (fol. 226^r–228^r) behandelt als Thema den Vers Mt 11,6: *Beatus qui non fuerit scandalisatus in me* („Selig, wer an mir keinen Anstoß nimmt").[61] Die Predigt geht explizit auf Glaubenszweifel der Laien ein und thematisiert deren Kritik an den *misteria* (Geheimnissen) der Schrift sowie an der biblischen Überlieferung selbst – die u. a. wegen ihrer sprachlichen Simplizität abgelehnt würde:

> *Sicut adhuc hodie odiunt sacram scripturam propter misteria propter sentencias sibi adversas tamen eciam propter simplicitatem verborum, Rustica est inquiunt* [...]. (Erfurt, Bistumsarchiv, Hs. Theol. 20 [28], fol. 227^r)
>
> So wie sie heute noch immer die Heilige Schrift verschmähen wegen der Geheimnisse, wegen der Aussprüche, die ihnen zuwider sind, doch auch wegen der Einfachheit der Worte. Sie sagen, die Einfachheit sei bäurisch[62]

Es ist denkbar, dass die stilistische Kritik an der lateinischen Vulgata des Hieronymus in Erfurt zu Beginn des 16. Jahrhunderts durch humanistischen Einfluss Auftrieb erhielt, so dass im Umfeld der Bruderschaft die biblische Textgrundlage beanstandet werden konnte.[63] Weimann kritisiert humanistische Interessen nicht nur in den Tugendpredigten, sondern erneut auch hier. So missbilligt er gegenüber der Bruderschaft die *humana studia*, dazu auch die Naturkunde und Ethik, die keinen geistlichen Nutzen brächten.[64] Die Zweifelnden verweist er dabei an die in den Evangelien bezeugten Wunder Christi.[65]

61 Die deutsche Übersetzung inklusive Tempuswahl orientiert sich am Wortlaut der Einheitsübersetzung 2016.

62 Hierbei liegt eine Reminiszenz an die Hieronymusepistel 57, 12 vor, in der sich Hieronymus gegen eine *verbosa rusticitas* wendet und stattdessen eine *sancta simplicitas* bevorzugt. Vgl. Migne PL 22, 579.

63 Zur Arbeitsweise des Hieronymus, der bei der Bibelübersetzung zur Wahrung des gewohnten Wortlauts durchaus Vulgarismen beibehielt, vgl. Stummer 1928, 89f. und 117f. Für die humanistische Bewegung ist durch Hamm eine erhebliche Hieronymus-Begeisterung konstatiert worden; sie galt der Leitgestalt einer ‚eruditio' und ‚pietas' vereinenden Bildung, schlug jedoch im Umfeld der Reformation in eine Abneigung gegen die asketischen Züge des Kirchenvaters um, vgl. Hamm 2011, 159 und 211.

64 *Quid enim agitur cum quis omnia humana studia perlustraverit, naturalia scrutatus fuerit moralia omnia diduxerit, nisi quid dicit beatus Hieronymus: Hec non satiant hominis mentem, non dirigunt ad salutem* [...]. Erfurt, Bistumsarchiv, Hs. Theol. 20 (28), fol. 226^v.

65 *Si ea quae fidei sunt veniunt tibi in dubium* [...] *ecce Christus dominus deus novit hoc tibi necesse est ut mittaris ad eum, audias eum videas et consideres mirabilia opera eius.* Erfurt, Bis-

In diesem Kontext wird ein Beispiel genannt, das auf eine konkrete Missverständlichkeit im Bibeltext hinweist und eine erhebliche Tragweite für die dogmatische Lehre gewinnt. Weimann greift in knapper Form im Anschluss an Johannes 6,52 ein eucharistisches Problem auf, das die Abendmahlslehre bzw. die Transsubstantiation betrifft, deren Lehre im vierten Laterankonzil 1215 festgehalten worden war: *cum de manducatione carnis et sanguinis sui dixisset dominus Multi audientes discipuli eius dixerunt ‚durus est hic sermo'.*[66] (‚Nachdem der Herr über das Verzehren seines Fleisches und Blutes gesprochen hatte, sagten viele seiner Jünger, die zuhörten: Diese Rede ist voll Härte'; Erfurt, Bistumsarchiv, Hs. Theol. 20 [28], fol. 227[r]). Auf schwerverständliche *misteria* sollten die Hörer und Hörerinnen vielmehr ihre Aufmerksamkeit richten, so Weimann, ohne abwehrend zu reagieren.

So treten die Eucharistie[67] und die Schrift als Problemfelder für ein Publikum hervor, dem gegenüber sich der Prediger in seiner vorreformatorischen Laienkatechese äußern muss. Daneben thematisiert Weimann weitere Konfliktfelder, die den zeithistorischen Kontext und städtische Gruppen betreffen; der Prediger nennt Mächtige, die sich über Kritik hinwegsetzten und die sowohl auf kirchlicher als auch auf weltlicher Seite zu finden seien. Es wird deutlich, dass der Kleriker hier Aktualisierungen vornehmen will und auf die eigene Position anspielt, auch wenn vordergründig die Taten Christi benannt werden: *Si aliquando increpative loquitur sacerdotes irascuntur potentes.* (‚Wenn er einmal scheltend spricht, zürnen mächtige Priester') – *Cognoverunt principes quod de eis loqueretur indignati sunt contra eum. Ita adhuc hodie fit.* (‚Die Mächtigen haben erkannt, dass über sie geredet wurde und sie waren entrüstet gegen ihn. So geschieht es noch heute'; Erfurt, Bistumsarchiv, Hs. Theol. 20 [28], fol. 227[v] und 228[r]). Die Gegner der Prediger seien laut Weimann Personen, die an der christlichen Lehre Anstoß nehmen; sie seien *contemnentes aut opponentes praedicatoribus irascentes et persequentes* (‚Verächter oder

---

tumsarchiv, Hs. Theol. 20 (28), fol. 226[v].

66 Das vierte Laterankonzil 1215 sah vor, dass Leib und Blut Christi in Gestalt von Brot und Wein wahrhaft gegenwärtig seien; in der Hoch- und Spätscholastik wurde die Lehre kritischer behandelt, da der Substanzbegriff problematisiert und auch Konsubstantiation erwogen wurde (Johannes Duns Scotus, Wilhelm von Ockham). Vgl. Gerwing 2002, 950–952.

67 Für die Erfurter theologische Diskussion war die Frage der Eucharistie über Jahre verknüpft mit Eggelin Beckers Messauslegung (*Expositio canonis misse*, 1458), die bedeutend auf Gabriel Biel wirkte. Im Erfurter Ockhamismus der Zeit spielte diese Frage eine zentrale Rolle; auch Eggelin hatte spekulative Fragen abgelehnt und konstatiert, dass er die Neugier, den Vorgang der Wandlung ergründen zu wollen, vermeide und die *simplicitas* vorziehe. Vgl. Kleineidam 1992, 26–37, bes. 29. Auch durch die Schrift *De sacramento altaris* Ockhams, die Luther in der Erfurter Phase seit 1509 annotierte, bestätigt sich, dass dieses Problemfeld im Umfeld der Universität Erfurt präsent war. Vgl. Erfurter Annotationen 1509–1510/11, CXL und 668f.

Gegner, die den Predigern zürnen und sie verfolgen'; Erfurt, Bistumsarchiv, Hs. Theol. 20 [28], fol. 227v). Die selbstbewusste Auslegung des Predigeramts durch den städtischen Prädikator lässt auf Spannungen und Widerspruch schließen, der nach Weimanns Andeutungen nicht nur vonseiten der Laien ausging, speziell aus der patrizischen Riege, sondern auch aus der höheren kirchlichen Hierarchie.

3. Fazit

Die Predigten Weimanns geben einen Einblick in die städtische Predigtpraxis in einer stadtgeschichtlich bewegten Zeit. Erkennbar wird die schwierige Position eines Predigers, der seine Adressatinnen und Adressaten in verschiedenen Ständen und unter ungleichmäßig Gebildeten findet, unter Laien, Gelehrten und dem Klerus. Seine katechetische Aufgabe, ein inhomogenes Publikum mit Tugend- und Heilsdidaxe zu erreichen, erscheint komplex. Weimann begegnet der anspruchsvollen Kritik seiner Hörerschaft, die ja in den Fraternitäten grundlegende Dogmen der kirchlichen Lehre berührt und eine humanistische wie vorreformatorische Interessenlage zeigt, mit einem theologisch flexiblen Standpunkt. Der Erfurter Prediger nutzt dabei scholastische wie mystische Quellen – etwa Thomas von Aquin und Bernhard von Clairvaux – und zeigt frömmigkeitstheologische Tendenzen, führt dabei den Verdienstgedanken fort, aber gibt auch individueller Frömmigkeit Raum. Zugleich mischt sich ein vorreformatorischer Zug in seine Katechese, so kann Weimann die Werke und den Reliquienkult brandmarken und den Wunderglauben kritisieren – und ebenso mit ihm argumentieren, wenn es ihm im christologischen Kontext günstig erscheint; noch Matthias Flacius Illyricus nennt Weimann in seinem *Catalogus testium veritatis* (1562) als Kritiker des gesunkenen Klerus und zitiert angebliche Bonmots Weimanns gegen den Ablasshandel und die Käuflichkeit des Klerus.[68] Weimann übt vielfältig und umfassend Kritik am sozialen Leben seiner Zeit, in den Bruderschaftspredigten bemüht er sich, das biblische Exempel zeitkritisch zu lesen und vor Parteiungen zu warnen. Der Erfurter Theologe lässt dabei, wie es auch für andere Predigten der Zeit üblich ist, eine grundlegend handlungsorientierte und moralische Ausrichtung erkennen, die die Lebenspraxis des Publikums zu beeinflussen sucht bis hin zur politischen Handlungsempfehlung und zur Diffamierung von Gegnern oder Konkurrenten.[69] Fester Bestandteil seiner Katechese ist dabei die Betonung der heilsgarantierenden Institution der Kirche und der klerikalen Führung.

---

68 Vgl. den Eintrag *Sebastianus Doctor* in Matthias Flacius Illyricus: *Catalogus testium veritatis* […] *emendatior & auctior editus* […]. Straßburg: Paulus Machaeropoeus 1562, 566.
69 Vgl. Wriedt 2021, 132.

Die vorreformatorische Theologie eines Sebastian Weimann erscheint so – aus heutiger Sicht – als eklektizistisch und theologisch schwankend. Sie gibt, obwohl den subjektiven Präferenzen eines Predigers folgend, durchaus einen Einblick in zeitgenössische Tendenzen und lässt eine unausgegorene Situation der theologischen Positionen durchscheinen.[70] Mit seinem Eklektizismus ist Weimann durchaus als ein typischer Vertreter der von Berndt Hamm erforschten Frömmigkeitstheologie anzusehen,[71] wenngleich der Prediger dem scholastischen Lehrbetrieb verbunden blieb; diese Einflüsse spiegeln sich in den Lektürevorlieben Weimanns bzw. seiner Quellenauswahl.[72]

Die in Ansätzen gliedernde Disposition und die Autoritätendichte der überlieferten Texte – auch für Fraternitäten – belegen dabei eine wissenschaftlich grundierte Predigtmethodik. Eingängige Bildlichkeit und Exempel werden hier kaum benötigt, der belehrende Gestus der Sprecherrolle ist mahnend-appellativ. Der Verfasser der Tugendpredigten zeigt sich in der Redegestaltung aufmerksam, nutzt Wiederholungen und kurze Zusammenfassungen, die er in seine Sermones einstreut, wie er überhaupt durch kurze, klar gegliederte Sätze einen routinierten Vortragsstil verwendet. Weimann gebraucht dazu in seiner Predigtreihe eine rhetorische Gestaltung, die mit Signalen der Mündlichkeit[73] versehen ist, indem er

70 Dies entspricht dem Befund, dass auch deutsche Predigten des 15. Jahrhunderts inhaltlich und strukturell äußerst disparat sind; vgl. Schiewer/Schiewer 2022/2, 41–85, bes. 71f.

71 Hamm 2011, 120.

72 Neben biblischen, patristischen und monastisch-theologischen Quellen ist die scholastische Grundlage des Erfurter Predigers die *Summa Theologiae* des Thomas von Aquin. Sie wird für die systematischen Lehrstücke genutzt, die Definition (Sermo 4) und Klassifizierung der Tugenden (Sermo 11), auch in der Frage des Ständebezugs und der theologischen Tugenden greift Weimann vermehrt auf Thomas zurück (Sermones 9–12). Zahlreich sind in den Tugendpredigten zudem die Bezüge zu augustinischen Werken und spezifisch augustinischen Themen, da Weimann etwa die Liebe (*caritas*) hochschätzt, die in der Spätantike zum Mittelpunkt der christlichen Ethik avancierte und in der monastischen Mystik präsent blieb. Zu bemerken ist auch, dass Paulus, Augustinus und Bernhard von Clairvaux – anders als Aristoteles und Thomas – in jeder Predigt der Reihe herangezogen werden, wobei eine herausragende Zitierhäufigkeit gerade für Augustinus festzustellen ist: Augustinus ist mit 54 Zitationen zweifelsfrei als Hauptquelle der Tugendpredigten auszumachen. Weimann benennt Augustinus als Autorität auffallend häufig (mehr als fünfmal pro Sermo) in den Predigten 2, 7, 8 und 9. Zu Paulus siehe fol. 123^r, fol. 126^r (Rm 6), fol. 127^v (Eph 4), fol. 129^r (Phil 4), fol. 129^v (Hbr 5), fol. 129^v (II Tim 4), fol. 131^v (Eph 5), fol. 133^v (Rm 6), fol. 134^r (I Cor 10) etc. Zu Bernhard vgl. etwa fol. 124^r, fol. 126^v, fol. 128^r, fol. 130^r, fol. 135^v, fol. 137^r, fol. 137^v, fol. 138^v; Bernhard-Belege werden von Weimann erheblich ungenauer angeführt, häufig bleiben sie ohne Titel.

73 Mündlichkeit gilt als ein Merkmal der Gattung ‚Predigt' (neben der Verkündigung qua Amt, der Verkündigung mit appellativer Funktion und in der Öffentlichkeit), bedeutsam v. a. bei schriftlich fixierten Predigten, siehe Schiewer/Schiewer 2022/1, 15–26, bes. 15 („fiktive

zu Apostrophen und fingierter Gegenrede greift. Sie kann Teil einer argumentativen Strategie sein und apologetische Erwiderungen oder rhetorische Finten (wie die Antizipation oder Occupatio) einflechten. Ob die Gegenrede nun im Sinn einer rein funktionalen Rhetorik angewendet wird oder doch einen Rest authentischer Kommunikation bewahrt, kann nur in Annäherung erschlossen werden. Allerdings scheinen die Einwände in manchen Fällen über eine rein rhetorische Maßnahme hinauszugehen bzw. eine solche gar nicht anzustreben; sie erfüllen etwa keine erkennbare rhetorische Funktion, d. h. sie werden nicht an didaktisch oder argumentativ wichtigen Stellen geboten und wirken im Ganzen unsystematisch eingestreut. Die fehlende Systematik kann durchaus als ein Indiz einer tatsächlich erfolgten zeitgenössischen Publikumskommunikation gewertet werden.

Weimann zählte nicht zu den großen Theologen seiner Zeit, war jedoch als Prediger in der Stadt angesehen – selbst Martin Luther erwähnte ihn später positiv – und besaß offenbar durch seine Tätigkeit am Dom eine erhebliche Reichweite in der Stadt.[74] Angesichts einer mit Werkfrömmigkeit und Eigenverantwortung lavierenden Theologie verwundert es nicht, dass sich wenige Jahre später eine reformierende Initiative bildete und kritische Impulse bündelte. Sie ging von Luther aus, der seit 1501 in Erfurt an der Artistenfakultät studiert hatte, 1505 ins Augustinereremitenkloster eingetreten war und am Generalstudium des Ordens in Erfurt Theologie belegt hatte, bevor der Orden ihn im Jahr 1508 als Dozent nach Wittenberg schickte; erst im Herbst 1509 war Luther wieder in Erfurt.[75] Selbst wenn er Weimanns Tugendpredigten wegen seiner Abwesenheit nicht gehört haben konnte, hatte er doch entscheidende Jahre in der Stadt verbracht und – womöglich selbst als Hörer im Dom – die Folgen dieser Art der Katechese erfahren. Der Anspruch der Hörerschaft, dogmatische Lehren zu befragen und in der Glaubensausübung einen selbstbestimmteren Weg zu beschreiten, gerät in Weimanns Predigtkonvolut sichtlich in Konflikt mit der spätmittelalterlichen Institution der Kirche, seien die aufgezeichneten Einwürfe nun fingiert oder nicht. So werfen Weimanns Predigten ein Licht auf die kontroverse Dynamik, die eine städtische Hörerschaft des Jahres 1509 erfasste und die eine politisch aufgewühlte, aber auch intellektuell bewegte Gesellschaft erkennen lässt.

Mündlichkeit"). Zur fiktiven Mündlichkeit als „Textsortensignal", mittels Anreden an Zuhörer und ein Prediger-Ich, siehe auch Schiewer/Schiewer 2022/2, 41–85, bes. 41f.

74 Vgl. Luthers Vorrede zur Schrift des Justus Menius *Widder den Hochberumbten Barfusser zu Erffurt D. Cunrad Klingen. Schutzred und grundliche erklerung etlicher heubtartickel Christlicher lere, gedruckt in Wittenberg durch Lufft 1527*. Luther zitiert eine Kritik Weimanns, die seinerzeit auf den Reichtum der Stadt Erfurt zielte (*Gott plagt ander leute mit theurunge / uns strafft er mit der fulle*). Siehe Kleineidam 1992, 84 (das Zitat folgt dem in der ÖNB Wien befindlichen Exemplar des Drucks mit der Signatur 77.Aa.189).

75 Brecht 1991, 515.

Bibliographie

I. Primärliteratur

Abel, Stefan/Nider, Johannes: Die vierundzwanzig goldenen Harfen. Edition und Kommentar. Tübingen 2011.

Biblia Sacra iuxta Vulgatam versionem. Rec. et brevi apparatu critico instruxit Robertus Weber. 4. verb. Aufl. Stuttgart 1994.

Einheitsübersetzung der Heiligen Schrift. Gesamtausgabe. 1. Aufl. Stuttgart 2016.

Erfurt, Bistumsarchiv, Hs. Theol. 20 (28).

[Migne PL 22] Sancti Eusebii Hieronymi Opera Omnia. Patrologiae Cursus Completus, Series Prima. Accurante Jacques-Paul Migne. Bd. 22. Paris 1845.

Matthias Flacius Illyricus: Catalogus testium veritatis [...] emendatior & auctior editus [...]. Straßburg: Paulus Machaeropoeus 1562.

Martin Luther: Erfurter Annotationen 1509–1510/11. Hrsg. von Jun Matsuura. Köln u. a. 2009.

II. Sekundärliteratur

Bahlmann, Paul: Weinmann, Sebastian W. (Weynman, Wynman). In: Allgemeine Deutsche Biographie. Bd. 41 Walram–Werdmüller. Leipzig 1896, 511f.

Brecht, Martin: Luther, Martin I. In: TRE 21 (1991), 513–530.

Burger, Christoph: Aedificatio, Fructus, Utilitas. Johannes Gerson als Professor der Theologie und Kanzler der Universität Paris. Tübingen 1986.

Burger, Christoph: Die Vermittlung von Ergebnissen scholastischer und monastischer Theologie und mystischer Gotteserkenntnis an Laien in einem Sermo des Johannes von Paltz OESA (etwa 1445–1551). In: Volker Mertens u. a. (Hrsg.): Predigt im Kontext. Berlin/Boston 2013, 233–255.

Cramer, Franz: Die Handschriften der Dombibliothek zu Erfurt nebst den handschriftlichen Fragmenten. Ein Inventar. Erfurt [o.J.].

Fasbender, Christoph: Erfurt. In: Martin Schubert (Hrsg.): Schreiborte des deutschen Mittelalters. Skriptorien – Werke – Mäzene. Berlin/Boston 2013, 119–149.

Gerwing, Manfred: Transsubstantiation. In: LexMa 8 (2002), 950–952.

Hahn, Reinhard: Die mittelalterliche Literatur Thüringens. Ein Lexikon. Heidelberg 2018.

Hamm, Berndt: Frömmigkeitstheologie am Anfang des 16. Jahrhunderts. Studien zu Johannes von Paltz und seinem Umkreis. Tübingen 1982.

Hamm, Berndt: Religiosität im späten Mittelalter. Spannungspole, Neuaufbrüche, Normierungen. Hrsg. von Reinhold Friedrich und Wolfgang Simon. Tübingen 2011.

Hödl, Ludwig: J. B. Schneyer, Repertorium der lat. Sermones des Spätmittelalters. In: Scriptorium 53/1 (1999), 145–159.

Hödl, Ludwig/Knoch, Wendelin: Repertorium der lateinischen Sermones des Mittelalters für die Zeit von 1350 bis 1500. Nach den Vorarbeiten von J.B. Schneyer hrsg. von L. Hödl und W. Knoch, Ruhr-Universität Bochum (CD-ROM). Münster 2001.

Iserloh, Erwin: Devotio moderna. In: LexMa 3 (2002), 928–930.

Kleineidam, Erich: Universitas Studii Erffordensis. Überblick über die Geschichte der Universität Erfurt. Teil II: Spätscholastik, Humanismus und Reformation 1461–1521. Zweite, erweiterte Auflage. Leipzig 1992.

Knoch, Wendelin: Die Predigt im Mittelalter. Medium der geistlichen Erziehung zu christlicher Lebensform. In: Das Mittelalter 9/1 (2004), 124–134.

Köpf, Ulrich: Monastische und scholastische Theologie. In: Dieter R. Bauer und Gotthard Fuchs (Hrsg.): Bernhard von Clairvaux und der Beginn der Moderne. Innsbruck/ Wien 1996, 96–135.

Leclercq, Jean: Wissenschaft und Gottverlangen. Zur Mönchstheologie des Mittelalters. Düsseldorf 1963

Longère, Jean [u. a.]: Predigt. In: LexMa 7 (2002), 171–183.

Lützelschwab, Ralf: *Ficta?* Die Karmeliten, das Wissen um die eigenen Ursprünge und die Verarbeitung im Medium der Predigt. In: Angelika Kemper und Christian Domenig (Hrsg.): Wissen in mittelalterlichen Gemeinschaften. Diskurse – Ideale – soziale Räume. Berlin 2022, 175–202.

Meier, Ludger: Nikolaus Lakmann O.F.M. und die Erfurter Predigttätigkeit um die Mitte des 15. Jahrhunderts. In: Franziskanische Studien 25 (1938), 162–177.

Menzel, Michael: Predigt und Predigtorganisation im Mittelalter. In: Historisches Jahrbuch 111 (1991), 337–384.

Quadlbauer, Franz: Artes praedicandi. In: LexMa 1 (2002), 1065f.

Roloff, Jürgen: Einführung in das Neue Testament. Stuttgart 2007.

Ruh, Kurt: Geschichte der abendländischen Mystik. Bd. 1: Die Grundlegung durch die Kirchenväter und die Mönchstheologie des 12. Jahrhunderts. München 1990.

Schiewer, Hans-Jochen: Spuren von Mündlichkeit in der mittelalterlichen Predigtüberlieferung. Ein Plädoyer für exemplarisches und beschreibend-interpretierendes Edieren. In: Hans-Jochen Schiewer, Regina D. Schiewer und Stefan Seeber (Hrsg.): Schriften zur geistlichen Literatur und zur Frömmigkeitskultur des Mittelalters. Tübingen 2022, 111–126.

Schiewer, Regina D.: Möglichkeiten und Grenzen der Forschung zur Predigt des Mittelalters. Germanistische und interdisziplinäre Perspektiven – sprachraumbezogen und international. In: Hans-Jochen Schiewer, Regina D. Schiewer und Stefan Seeber (Hrsg.): Schriften zur geistlichen Literatur und zur Frömmigkeitskultur des Mittelalters. Tübingen 2022, 1–11.

Schiewer, Hans-Jochen/Schiewer, Regina D.: Predigt als Gattung. In: Hans-Jochen Schiewer, Regina D. Schiewer und Stefan Seeber (Hrsg.): Schriften zur geistlichen Literatur und zur Frömmigkeitskultur des Mittelalters. Tübingen 2022, 15–26.

Schiewer, Hans-Jochen/Schiewer, Regina D.: Predigt im Spätmittelalter. In: Hans-Jochen Schiewer, Regina D. Schiewer und Stefan Seeber (Hrsg.): Schriften zur geistlichen Literatur und zur Frömmigkeitskultur des Mittelalters. Tübingen 2022, 41–85.

Schneyer, Johann Baptist: Geschichte der katholischen Predigt. Freiburg i. Br. 1969.

Schneyer, Johann Baptist: Repertorium der lateinischen Sermones des Mittelalters für die Zeit von 1150–1350. 11 Bde. Münster 1969–1995.

Schneyer, Johann Baptist/Lohr, Charles u. a. (Hrsg.): Repertorium der lateinischen Sermones des Mittelalters für die Zeit von 1150–1350. Index der Textanfänge A–L. Münster 1989.

Schönberger, Rolf: Thomas von Aquin zur Einführung. Hamburg 1998.

Schreiner, Klaus: Laienfrömmigkeit – Frömmigkeit von Eliten oder Frömmigkeit des Volkes? Zur sozialen Verfaßtheit laikaler Frömmigkeitspraxis im späten Mittelalter. In: Klaus Schreiner (Hrsg.): Laienfrömmigkeit im späten Mittelalter. Formen, Funktionen, politisch-soziale Zusammenhänge. München 1992, 1–78.

Stummer, Friedrich: Einführung in die lateinische Bibel. Ein Handbuch für Vorlesungen und Selbstunterricht. Paderborn 1928.

Suerbaum, Almut: Formen der Publikumsansprache bei Berthold von Regensburg und ihr literarischer Kontext. In: Volker Mertens u. a. (Hrsg.): Predigt im Kontext. Berlin/Boston 2013, 21–33.

Ueding, Gert (Hrsg.): Rhetorik. Begriff – Geschichte – Internationalität. Tübingen 2005.

Weiß, Ulman: Das Tolle Jahr von Erfurt. In: Mitteilungen des Vereins für die Geschichte und Altertumskunde von Erfurt 71 (2010), 23–35.

Weiß, Ulman: Die frommen Bürger von Erfurt. Die Stadt und ihre Kirche im Spätmittelalter und in der Reformationszeit. Weimar 1988.

Wentz, Gottfried/Schwineköper, Berent: Das Erzbistum Magdeburg 1,1: Das Domstift St. Moritz in Magdeburg. Berlin/New York 1972.

Wetzel, René/Flückiger, Fabrice: Einleitung. Die Predigt im Mittelalter zwischen Mündlichkeit, Bildlichkeit und Schriftlichkeit. In: René Wetzel und Fabrice Flückiger (Hrsg.): Die Predigt im Mittelalter zwischen Mündlichkeit, Bildlichkeit und Schriftlichkeit. La prédication au Moyen Age entre oralité, visualité et écriture. Zürich 2010, 13–23.

Williams-Krapp, Werner: ‚Praxis pietatis': Heilsverkündigung und Frömmigkeit der ‚illiterati' im 15. Jahrhundert. In: Werner Röcke und Marina Münkler (Hrsg.): Die Literatur im Übergang vom Mittelalter zur Neuzeit. München/Wien 2004, 139–165.

Wriedt, Markus: 1414–1517: Gelehrte Predigt in den Städten im Wechsel von Spätmittelalter und Reformationszeit – samt einigen methodischen Anmerkungen. In: Tobias

Braune-Krickau und Christoph Galle (Hrsg.): Predigt und Politik. Zur Kulturgeschichte der Predigt von Karl dem Großen bis zur Gegenwart. Göttingen 2021, 123–154.

Assoc. Prof. Dr. Angelika Kemper
Institut für Germanistik
Universität Klagenfurt
Universitätsstraße 65–67
A-9020 Klagenfurt am Wörthersee
Angelika.Kemper@aau.at

Robert Gisselbaek

Städtisches Gestänker um Konrad von Würzburg. Differenzierungen in und mit Dichtung im Rahmen gruppendynamischer Prozesse

[…] eine leise Aversion, eine gegenseitige Fremdheit und Abstoßung, die in dem Augenblick einer irgendwie veranlaßten nahen Berührung sogleich in Haß und Kampf ausschlagen würde.

Georg Simmel, Die Großstädte und das Geistesleben

Anlässlich der Eröffnung einer großen Ausstellung zum 700. Todestag Konrads von Würzburg hat Heinz Rupp 1987 eine Rede gehalten, die – unter dem Titel „Der Dichter der Stadt Basel" im fünften Jahrbuch der Oswald von Wolkenstein-Gesellschaft abgedruckt – die enge Verbindung von Dichter und Stadt thematisiert.[1] Die Betonung gerade dieser Relation diente nicht zuletzt dazu, das aufwändige Ausstellungsprojekt sowie die damit verbundene Tagung kulturpolitisch zu begründen. Zwar sind die Ausführungen (dem Medium der Begrüßungsrede geschuldet) recht knapp gehalten, doch spiegeln sie zentrale Vorstellungen zu Konrad in Basel wider: So ließe sich mit Konrad „zum ersten Mal belegen, welche Rolle deutsche Dichtung in einer Stadt spielt", wobei es scheine, „daß vornehme Geistliche und Basler es als eine Ehre ansahen, diesem Autor Aufträge zu geben" – Aufträge für Literatur, die „über den Querelen stand", in welche die Mächtigen der Stadt als „politische Gegner" involviert waren.[2] Die Dichtung selbst wird dabei zum begehrten Produkt eines Dichters erklärt, der sich – so legen es dessen Selbstaussagen nahe – vor allem „[w]egen seiner angeborenen, nicht angelernten Sprach- und Formkunst" in der Stadt behaupten könne: „Konrad von Würzburg also d e r große Meister, d e r große Sprach- und Formkünstler, d e r Dichter der Stadt Basel".[3]

Der Zusammenhang von Stadt und Literatur fällt entsprechend auf die Förderung von Dichtung im urbanen Kontext zurück und, wenn man den Konnex

1 Rupp 1989, 31–34.

2 Ebd., 32. Zu Konrad in der Stadt ferner Cramer 1977, Peters 1983 sowie Thali 2020. Zu den Gönnern Brunner 1985, Leipold 1976, Lienert 1996 und Plotke 2017.

3 Rupp 1989, 34.

10.29091/9783752003444/012

nicht auf inhaltlicher Ebene sucht,[4] auf die formale Qualität der Texte bzw. das (kunst-)verständige Urteil von Führungsgruppen, worin die Förderung dann begründet wird. Damit scheint die Relation von Literatur und Stadt wesentlich – und gleich doppelt – an mäzenatische Bemühungen gebunden (nämlich über wechselseitige Anerkennung [sc. Ehre] und identische Wertvorstellungen [sc. anerkannte Kunst][5]), doch bleibt sie insofern anekdotisch, als gute Dichtung überall gefördert worden sein dürfte und die Förderung in der Stadt durchaus auch ganz pragmatisch begründet sein könnte – etwa allein durch die Möglichkeit oder Gruppenzwang etc.

Ungeachtet dieser Einwände aber ist die Betrachtung überaus reizvoll, da die Datenlage für Überlegungen zur Relation von Stadt und Literatur im Hinblick auf Konrad und seine Basler Gönner geradezu einmalig ist. Doch sollte präziser aufgezeigt werden, auf welcher Ebene ein „von einer Mauer […] umgebene[r] Siedlungsraum“[6] und die „Magie der poetischen Schönheit“[7] hier zusammenhängen, um die Förderung einer Dichtung, deren Besonderheit in der postulierten Nicht-Lernbarkeit sowie der entsprechenden Begabung ihres Produzenten bestehe, konsequent mit dem urbanen Lebensraum zu verbinden.

Von daher soll im Folgenden anhand vom *Trojanerkrieg* und von *Partonopier und Meliur* gezeigt werden, dass die genannten, in den Texten reflektierten und scheinbar selbstbezüglichen Merkmale von Konrads Dichtung (wie Trude Ehlert schon für das Nachtigallenmotiv aufgezeigt hat[8]) zunächst im Rahmen der *captatio benevolentiae* zu deuten sind. Dabei geht es allerdings nicht um das Buhlen um ein heterogenes und anonym gewordenes städtisches Publikum,[9] sondern um die vom Autor profilierte Identitätsstiftung jener Gruppe, die sich – in der Regel um den Gönner der *de facto* geförderten Werke – situativ in der jeweiligen Textlektüre konsolidiert. Von dieser Konstellation ausgehend lässt sich abschließend auch aufzeigen, dass eine sinnvolle Relationierung von Stadt als verdichtetes, auf Dauer gestelltes Projekt des Zusammenlebens[10] und Dichtung als identitätsstiftendes, im

4 Ob (sozial-)historische Gegebenheiten auf den Inhalt von Dichtung sich auswirken (wie der Bau des Marienmünsters in Basel auf die Themenwahl [nach Leipold 1976] oder das intendierte Publikum auf die Behandlung der Themen [nach Haug 1992]), muss Spekulation bleiben, da die Dichtung aufgrund ihrer formalen und inhaltlichen Eigenlogik kein ungebrochener Indikator außerliterarischer Gegebenheiten ist. Zu relativierenden Einschätzungen Peters 1996; Thali 2020. Allgemein Heyl 2013.

5 Zum Zusammenhang von Mäzenatentum, Anerkennung und Kunst Gisselbaek 2021.

6 Schubert 1989, 40.

7 Haug 1992, 359; zitiert auch bei Brunner 1989, 20.

8 Ehlert 1989, 92.

9 Haug 1992, 344 und 360–363.

10 Mieg 2013, 1.

Sozialen wirksames Medium der Repräsentation[11] vor allem über konkrete Vorstellungen von Gruppenidentitäten bzw. gruppendynamische Prozesse gelingt.

1. Ein Dichter und sein Publikum

In Anbetracht seiner nachweislichen Anerkennung in der Basler Führungsgruppe überrascht es entsprechend, wenn der erfolgreiche Berufsdichter Konrad im *Trojanerkrieg* rhetorisch mit der überaus pessimistischen Frage anhebt, was Singen und Reden in einer Zeit bringen sollten, in welcher der Kunstverstand einen so geringen Wert habe, dass die wahren Meister dieser Kunst kaum mehr überleben könnten (Troj. 1f.). Immerhin wendet er sich an ein Publikum, das sein aufwändig gefördertes Mammutprojekt in jedem Falle rezipiert. Folglich sind die Aussagen bereits Teil einer klugen Inszenierungsstrategie: Überaus deutlich wird im Fortgang des gut 300 Verse umfassenden Prologs eine Dichotomie entfaltet zwischen unverständigen Ignoranten auf der einen, den wenigen verständigen Kunstliebhabern auf der anderen Seite. Das überrascht dann nicht mehr, da die Ausdifferenzierung des Publikums eine im Rahmen der *captatio benevolentiae* gängige Praxis widerspiegelt und sich auch bei anderen Autoren findet: Derjenige, der verständig die beste Dichtung (jene Dichtung in der Regel, die aktuell rezipiert wird) goutieren könne, gehöre zu einem kleinen Kreis kunstsinniger Menschen, die aus der Masse herausstechen und sich nicht zuletzt über ihre Auseinandersetzung mit Literatur profilieren würden. Entsprechend fragt Konrad weiter, wie es sein könne,

> *daz beide rîche und arme sint*
> *an êren worden alsô blint,*
> *daz si die wîsen ringe wegent*[.] (Troj. 9–11)

Gerade was selten ist, müsste doch – entsprechend der Logik von Angebot und Nachfrage – überaus begehrt sein (Troj. 14–19). Und in der Mitte des Prologs ergänzt er:

> *die wilden junges muotes*
> *an der bescheidenheite sint*
> *sô toup und alsô rehte blint*
> *daz guotiu rede und edel sanc*
> *si dunket leider alze kranc,*
> *swie si doch sîn ein künstic hort.*
> *diu swachen schemelichen wort*
> *von künstelôsen tôren*
> *baz hellent in ir ôren,*
> *dann edele sprüche tugentsam.* (Troj. 142–151)

11 Wenzel/Ragotzky 1990, 7f.

Damit werden jene, die sich – zusammen mit dem Gönner Dietrich – um Konrads *Trojanerkrieg* versammeln, (*ex negativo* an dieser Stelle) als verständige Rezipienten inszeniert, deren *bescheidenheit* sie gute Dichtung erkennen ließe, deren Kunstverstand ihnen mithin erlaube, minderwertige Autoren zu meiden und sich mit edler sowie moralisch wertvoller Literatur zu befassen.[12]

Strukturell greift bei der Inszenierung des Publikums damit eine wirkmächtige ‚Wir-gegen-die'-Logik, nach der sich die Rezipienten über die Anerkennung der Dichtung zu einer Gruppe formieren (können).[13] Der identitätsstiftenden Wir-Inszenierung wird in der Regel eine despektierlich gezeichnete Gruppe opponiert, deren Wertvorstellungen und deren Wesensart diskreditiert und als unattraktiv präsentiert werden. Dabei muss das Inszenierte jedoch von der Inszenierung unterschieden werden: Wer das Werk, welches einer derartigen Logik unterstellt ist, zumindest soweit wohlwollend und verständig aufnimmt, dass er diese bedeutsame Differenz erkennt, wird nicht umhinkönnen, sich als zur positiv konnotierten Gruppe zugehörig erweisen zu wollen – ungeachtet einer durchaus möglichen tatsächlichen Abneigung dem Text gegenüber.

Auffällig an der Selbstinszenierung des Dichters aber sind eben jene beiden Aspekte, die diese Funktionalisierung zu übersteigen scheinen und immer wieder betont werden: die Eloge auf das Dichten, dem aufgrund seiner Nicht-Erlernbarkeit die Spitzenposition unter den Künsten zukomme, und die Auszeichnung des Dichters durch eine besondere Begabung. Was sich jedoch ausnimmt wie eine Verabsolutierung der Kunst *avant la lettre*,[14] lässt sich sowohl an die spezifisch mittelalterliche Wertbestimmung von Kunst zurückbinden[15] als auch zur konkreten Situation der Literaturförderung in der Stadt Basel in Beziehung setzen. Dazu muss die ungewöhnliche Inszenierung jedoch etwas genauer betrachtet werden – die ja gar nicht in allen Aspekten so ungewöhnlich ist.

---

12 Gisselbaek 2021.

13 Als Gruppe soll, im Anschluss an Tajfel/Turner 1986, ein Kreis von Personen verstanden werden, „who perceive themselves to be members of the same social category, share some emotional involvement in this common definition of themselves, and achieve some degree of social consensus about the evaluation of their group and of their membership in it" (ebd., 15). Grundlegend sind gruppendynamische Prozesse bereits in den 1930ern bei Kurt Lewin beschrieben worden, der noch immer in – vorwiegend psychologisch, inzwischen zunehmend auf die Arbeitswelt ausgerichteten – Arbeiten zum Teambuilding der Unternehmensberatung und zur therapeutischen Beurteilung von Gruppen herangezogen wird. Vgl. Lewin 1953.

14 Besonders Kokott 1989a und Kokott 1989b. Differenzierter Lienert 1993.

15 Gisselbaek 2021.

2. Ein Dichter von Gottes Gnaden

So endet etwa der Prolog – in Anbetracht der enormen poetischen Herausforderung des großen Geschichtswerkes – mit mehreren, gleichsam traditionellen Bezügen zum göttlichen Beistand, denn Konrad erklärt:

> […] *wil mir got ze helfe komen,*
> *sô wirt ein wunder hie vernomen*
> *von âventiuren wilde*[.] (Troj. 281–283)

Er bindet also die erfolgreiche Bewältigung der Aufgabe an die göttliche Zuwendung:

> *wird ich sô wol gehandelt*
> *von götelicher stiure,*
> *daz ich dis âventiure*
> *mac ûf ein ende bringen,*
> *ich sag iu von den dingen,*
> *wie daz vil keiserlîche wîp*
> *Helêne manigen werden lîp*
> *biz ûf den tôt versêrte.* (Troj. 308–315)

Mittels der Bitte um Inspiration wird das Erzählen folglich an die Gnade Gottes zurückgebunden, der Dichter inszeniert sich als Medium der Transzendenz, und die Aussage scheint offensichtlich: Das Erzählen vom Trojanischen Krieg, der fest in der Heilsgeschichte verankert ist, wird bedingt durch die potenziell göttliche Handlungsanleitung, gewinnt aber – zusammen mit dem Autor – im Endeffekt enorm an Legitimität.[16]

Ungewöhnlich sind solche Aussagen also keinesfalls,[17] sie sind es jedoch in Konrads spezifischer Zuspitzung: Der Dichter wertet sich nämlich vor der eigentlichen Bitte bereits durch eine Argumentation auf, welche die traditionelle Struktur übersteigt und mit neuen Aspekten verbindet, da er als jemand auftritt, dessen Fähigkeiten ausnahmslos auf Gott zurückgingen:

---

16 Lienert 1996, 3 mit FN 15 zur Einordnung des *Trojanerkriegs* in die Heilsgeschichte. Zur Funktion solcher Gebete Lutz 1984: Kritik am begnadeten Autor ist Kritik an Gott und zeigt den Unverstand des Kritikers.

17 Zum Inspirationsgebet in Anbetracht einer dichterischen Herausforderung vgl. Lutz 1984. Auch, dass sich der Berufsdichter, der von seiner Arbeit lebt und sich mehrfach als *meister* der Dichtkunst inszeniert (hat), in Anbetracht der Tradition und der Aufgabe um Inspiration bittet, kann erklärt werden – denn noch der *weiseste meister* könne sich ja durch die Gnade Gottes, dem *meister aller künste* (Troj. 259) verbessern. Als *meister* bezeichnet sich Konrad im *Partonopier* (106 und 109) sowie im Troj. (6 und 52); einen Bezug zu *got* stellt er auch im *Alexius* her (im Prolog [1–56], mit Verbindungen zu *lêre*, *helfe* und *rât* in Vers 1 und 41).

> [...] *sîne* [sc. des Dichters] *fuoge und sîne kunst*
> *nâch volleclichen êren*
> *mac nieman in gelêren,*
> *wan gotes gunst aleine.* (Troj. 74–77)

Andere Künste können gelernt werden, *wan der eine list, der tihten wol geheizen ist* (Troj. 85f.).

Diese Behauptung des Berufsdichters nun ist (wie schon Elisabeth Lienert betont hat) ungewöhnlich durch die Inanspruchnahme dauerhafter Auszeichnung bzw. die permanente Verfügbarkeit göttlicher Gnade.[18] Das ist insofern bemerkenswert, als die klassische Bitte um Inspiration für gewöhnlich der Aufgabe folgt. Hier indes scheint die Ausübung einer eigentlich regelgeleiteten Tätigkeit von der Lehre abstrahiert und ausnahmslos an die individuelle Begabung geknüpft, sodass dem Dichter – im Umkehrschluss – die Aufgabe im Grunde in Anbetracht der Begabung zufällt.[19]

Neben der auf Dauer gestellten Gnade bzw. der natürlichen Begabung des Dichters, die gleichsam die Förderung des einzigartigen Konrad durch den kunstsinnigen Mäzen Dietrich begründet, wird noch ein weiterer Aspekt betont, der sich in diese Argumentation fügt, dem bisher allerdings nur wenig Aufmerksamkeit zuteilwurde: In beinahe 50 Versen nämlich wird die Unabhängigkeit des Dichters von jeder Art Werkzeug betont (Troj. 92–140). Besonders aussagekräftig in diesem Zusammenhang sind zwei Passagen, in denen die enorme Bedeutung von Werkzeug für alle anderen *künste* in einem ganz spezifischen Vokabular verhandelt wird:

> *swer ander kunst bewæren sol*
> *den jungen und den alten,*
> *der muoz geziuges walten*
> *und helferîcher stiure,*
> *mit der sîn kunst gehiure*
> *müg an daz lieht gefliezen.* (Troj. 102–107)

Und kurz darauf noch einmal in etwas anderer Diktion:

> *swaz künste man eht öugen sol,*
> *die müezen hân gerüste,*

18 Lienert 1996, 18 betont den Strukturwandel, der mit der Dauerhaftigkeit einhergeht, denn Konrads Anspruch gehe „über gängige Inspirationstopik hinaus, insofern nicht nur für das in Angriff genommene Werk göttlicher Beistand erbeten [...], sondern für Dichtkunst grundsätzlich göttliche Inspiration postuliert wird".

19 Zu dieser Umkehrung bereits Gisselbaek 2021, 286–298, wo jedoch die Selbstinszenierung im Hinblick auf die repräsentative Funktion der mäzenatischen Bemühungen des Auftraggebers betrachtet worden ist.

mit dem si von der brüste
ze liehte künnen dringen,
wan sprechen unde singen:
diu zwei sint alsô tugenthêr,
daz si bedürfen nihtes mêr
wan zungen unde sinnes. (Troj. 128–135)

Während also alle anderen *künste* lernbar seien und zusätzlicher Gerätschaften bedürfen, kämen Dichter mit dem hin, was Gott ihnen gegeben habe, nämlich *sinn und mund* (Troj. 99).

In der Regel wird die betonte „Sonderstellung" der Dichtung als „Protest gegen den überheblichen Anspruch von Verstand und Wissen gegenüber dem ‚Gemüt'" interpretiert,[20] als Hinwendung des Dichters zu Gott, bei der trotzdem „die alte Nähe zu den Handwerken noch spürbar" bleibe,[21] oder als Selbstinszenierung eines Dichters, der „morally [is] bound to practice his art, if not in and for socienty, then for himself";[22] doch greift das letztlich zu kurz: Es ist ja auffällig, dass diese merkwürdig spezifische Abgrenzung den anderen *künsten* gegenüber so prominent nur im *Trojanerkrieg* auftaucht.[23] Denn auch für die Inszenierung als begnadeter Dichter, der ungeachtet fehlender Wertschätzung dichten müsse und dafür sogar ein potenziell zum Scheitern verurteiltes Riesenprojekt in Angriff nimmt,[24] hätte es kaum ganze 50 Verse gebraucht. Wiederum also fällt die Verhandlung von Dichtkunst auf eine Verabsolutierung zurück, die ihrer Zeit weit voraus zu sein scheint.

Diese Aussagen erscheinen jedoch in einem ganz anderen Licht, setzt man sie (der gängigen Datierung von Konrads Werken folgend[25]) zum vor dem *Trojanerkrieg* (1280–1289) entstandenen *Partonopier*-Fragment (ca. 1277–1280) in Beziehung, dessen Abbruch immer wieder Fragen aufgeworfen hat: Da es nämlich keinen Hinweis darauf gibt, dass der mächtige Peter Schaler (urkundl. 1258–1307, † vermutl. 1308) zum Zeitpunkt des Gönnerwechsels verstorben ist, drängt sich die Frage nach dem Ende von Werk und Förderung des weiterhin in der

---

20 Boesch 1976, 127, wobei er den *sin* offenbar als dem Verstand opponierte Kategorie sieht.

21 Lienert 1996, 19.

22 Coxon 2001, 117.

23 Der Gedanke wird zwar auch in Konrads Spruch 32.301 entwickelt, bestimmt aber nur die Inszenierung im *Trojanerkrieg*. Coxon 2001, 117 mit FN 49, dort mit Verweis auf Obermeier 1995, 218–227, wobei bereits Boesch 1976, 128 in diesem Sinne argumentiert.

24 Coxon 2001, 117, der die Passage im Hinblick auf die Bedeutung der Aufgabe und der damit verbundenen Herausforderungen interpretiert.

25 Brunner 1985; Leipold 1976, 98–113 und Kokott 1989a bzw. Kokott 1989b, 220.

Stadt Basel erfolgreichen Berufsdichters auf.[26] Es scheint unvorstellbar, dass Konrad hier, wie Kokott spekuliert, an der Konzeption gescheitert ist – zumindest auf der von Kokott betrachteten inhaltlichen Ebene.[27] Auf poetologischer Ebene stellt sich die Situation nämlich ganz anders dar.

3. Ein Dichter zwischen Beruf und Berufung

Im Vergleich der beiden großen Romane Konrads fällt auf, dass im Prolog zum *Trojanerkrieg* im Grunde ein poetologisches Gegenprogramm zum *Partonopier* entworfen wird, das auch durch die Gemeinsamkeiten nicht weniger kontrastreich wird:[28] Vor allem durch die im *Trojanerkrieg* betonte Notwendigkeit zu dichten unterscheidet sich die Inszenierung des Dichtens und der Dichterpersönlichkeit radikal von jener im *Partonopier*.

Während Konrad dort als Dichter erschien, der durch sein Dichten Tugenden vermitteln wollte,[29] richtet sich die Aufmerksamkeit am Beginn des *Trojanerkriegs* ganz auf die Fähigkeit des Dichters: Im Gegensatz zum *Partonopier*, wo Konrad das Interesse des Gönners an dem schönen Werk in erster Linie inhaltlich begründete, wird im *Trojanerkrieg* zwar ein Stoff der Superlative präsentiert; eigentlich aber geht es um die Kompetenz des Dichters, diesem Inhalt konzeptuell wie formal gerecht zu werden. Obschon auch hier den Rezipienten Tugenden präsentiert werden (Troj. 264: *ein bilde ûf tugentrîchez leben*), geht es darum, die bekannte Geschichte neu zu gestalten, sodass *daz alte buoch von Troje* durch die Bearbeitung wieder frisch aufblühe (Troj. 266–79).[30] Das zeigt, dass der Anspruch des Dichters (bzw. eher des Gönners[31]) konkret auf das Erzählen abzielt, weniger auf das Erzählte.

---

26 Auch der im Prolog als an der Entstehung beteiligt genannte Heinrich Marschant (urkundl. 1273–1296) ist über den Gönnerwechsel hinaus bezeugt. Leipold 1976, 98, 109 u. 112.

27 Kokott 1989b, 256 wirft die Frage auf, ob Konrad an der künstlerischen Konzeption gescheitert sei und „keinen adäquaten, organisch aus der Handlungsführung erwachsenden Schluß" gesehen habe.

28 Konrad betont jeweils seine dichterischen Fähigkeiten, je mit Bezug zur Nachtigall. Coxon 2001, 112f. u. 116f. Zum Dichter als Nachtigall neben Obermaier 1995 zuletzt Gisselbaek 2021.

29 Der *Partonopier* berichtet für einen tugendhaften Gönner (PM 169: *so tugentlich geartet*) von einem tugendhaften Helden (PM 195: *dessen tugent alsô breit ist*), dessen Handeln vorbildlich sei (PM 23: *das über tugentlîche tât belehrt*). Haug 1992 basiert seine Überlegungen zur Moral und zum prekären Status absolut scheinender Schönheitsvorstellungen bei Konrad auf diese Aussagen.

30 Zum *erniuwen* Pfennig 1995.

31 Der Gönner ist, das darf nicht übersehen werden, nach wie vor die entscheidende Instanz bei der Entstehung von Dichtung insgesamt. Das zeigt nicht nur die komplexe Genese des

Mit der Betonung seiner herausragenden Kompetenz führt Konrad wohl den Tatbestand aus, dass Dietrich ihn aufgrund seines Könnens beauftragt hat. Während der *Partonopier* auf die ethische Dimension der Handlung fokussiert, wodurch der poetische Anspruch, den Konrad hätte umsetzen wollen bzw. können, in den Hintergrund rückt, hat er bei der Arbeit am *Trojanerkrieg* wohl die relative Freiheit, seine vom Gönner zumindest befürwortete Vision auf inhaltlicher, formaler und konzeptueller Ebene umzusetzen.[32] Die Thematisierung des poetischen Vorhabens im *Trojanerkrieg* lässt vermuten, dass dieser Aspekt für Peter Schaler bei der Bearbeitung des *Partonopier* keine große Rolle spielte.

Verstärkt wird der Eindruck eines durch differenzierte poetische Anschauungen begründeten Gönnerwechsels vor allem jedoch durch jene Passage, in der Konrad mit zahlreichen Beispielen, spezifischen Fachbegriffen und einem der Aussage inadäquat scheinenden Aufwand darlegt, dass es zum Dichten keines Werkzeugs bedürfe. Es geht in den Ausführungen darum, dass der (Armbrust-) Schütze Bogen und Bolzen brauche (Troj. 108–109), ein Schneider seine Schere (Troj. 110–113), ein Schuster Ahlen und Borsten (Troj. 114–117), der Förster eine Axt (Troj. 118–119), der turnierende Ritter ein Pferd sowie eine gute Rüstung (Troj. 120–115), und dass Pauker, Harfenisten und Geiger auf ihre Instrumente angewiesen seien (Troj. 126–127). Allein der Dichter verfüge mit seinem Körper über alles, dessen er zur Ausübung seiner Kunst bedürfe. Doch sollte genau auf die verwendete Terminologie geachtet werden: Zwar spricht Konrad tatsächlich von *gerüste* (Troj. 135) und *gezuige* (Troj. 104), doch deutet die Semantik zunächst eher auf das Immaterielle der Hilfsmittel, wenn es heißt:

> *ein ander lop wirt iu gezelt,*
> *dâ mite in* [sc. den Dichter] *hât getiuret got.*
> *im gap sîn götelich gebot*
> *als edellîche zuoversiht,*
> *daz er bedürfe* ***râtes*** *niht,*
> *noch* ***helfe*** *zuo der künste sîn,*
> *wan daz im unser trehtîn*

Partonopier, sondern auch die Aufwertung des Gönners im *Trojanerkrieg*. Gisselbaek 2021, 295.

32 Eventuell hat Dietrich an dem Ort, dessen besondere Affinität zur Literatur bekannt ist (Lienert 1996; Plotke 2017), auch konzeptuelle Anregungen eingebracht und die Verbindung mit tiefgreifenden theologischen Konzepten angeregt. So zeigt sich, dass Konrad auch das eher lineare Erzählen im *Partonopier* im *Trojanerkrieg* durch eine seiner poetologischen Intention entsprechende Konzeptualisierung ersetzt, die darauf abzielt, die erzählten Grausamkeiten des Rittertums durch die erzählerische Perfektion zu kontrastieren bzw. zu verhüllen. Daraus resultiert, was Müller 2006, 302 als „[z]weideutig" bezeichnet und Lienert 1996, 1 mit Iser als „Verschiedenverstehbarkeit" fasst. Ausführlich Gebert 2013.

sinn unde mundes günne,
dâ mite er schône künne
gedenken unde reden wol.
swer ander kunst bewæren sol
den jungen und den alten,
der muoz geziuges walten
*und **helferîcher stiure**,*
mit der sîn kunst gehiure
müg an daz lieht gefliezen. (Troj. 92–107; Hervorhebung R. G.)

Ratschläge, Hilfestellungen und gutgemeinte Hinweise brauche der Dichter zur Ausübung seiner *kunst* also auf keinen Fall, wodurch die Argumentation im Kontext der Inszenierung unmittelbar einleuchtet: Der begnadete Dichter benötige weder Werkzeuge noch Formen der Unterweisung. Doch was ein erneuter Rekurs auf die Nicht-Erlernbarkeit des Dichtens zu sein scheint, erhält im Zusammenhang mit dem *Partonopier* einen recht bitteren Beigeschmack. Geht man nämlich davon aus, dass die Werke in einem überschaubaren Kreis von Literaturkennern wirken,[33] ergibt sich eine spezifische Relation der beiden großen Prologe zueinander, in welcher sich der spätere wie ein ätzender Kommentar zum früheren ausnimmt.[34]

Über das spezifische Vokabular, das hier wie dort verwendet wird, erscheint das Lob der an der Entstehung des *Partonopier* beteiligten Personen gleichsam *a posteriori* umgefärbt. Während nämlich die Förderung dem schon erwähnten Peter Schaler sich verdankt, nimmt Konrad noch Bezug auf die Basler Bürger Heinrich Marschant und Arnold Fuchs. Neben der, wie Coxon zu Recht schreibt, fast überzogen wirkenden „flattering depiction" der einen Person zeige sich eine gewisse „ambiguity surrounding the exact activity" der anderen,[35] wenn Konrad umständlich berichtet:

ouch hât mich Heinrîch Marschant
*ûf diz werc **gestiuret** wol.*
ob ez volendet werden sol,
*des **hilfet** er mir sêre.*

33 Zur Homogenität der Förderer und Rezipienten Konrads Peters 1983, 116–118 sowie Lienert 1996, 323 und Plotke 2017, 146. Damit gegen Haug 1992, 362–363, der die Argumentation im Prolog zum *Partonopier* als Reaktion auf ein kaum mehr überschaubares Publikum versteht.

34 In einem argumentativen Kontext, der differenzierte Selbstinszenierungen höfischer Dichter in ihren Prologen betrachtete, habe ich diesen Gedanken bereits aufgeworfen, nicht aber in der für die hier angestellten Überlegungen entscheidenden Perspektivierung ausgeführt. Gisselbaek 2021, 286–298 (Exkurs zur Inspiration).

35 Coxon 2001, 115.

sîn ***rât*** *mir süeze* ***lêre***
zuo wîset unde biutet.
daz buoch er schône diutet
von wälhisch mir in tiutschiu wort.
er hât der zweier sprâche hort
gelernet *als ein wîser man.*
franzeis ich niht vernemen kan,
daz tuitschet mir sîn ***künstic*** *munt.*
dâ bî sô tuot mir ***helfe*** *kunt*
Arnolt der Fuhs spât unde fruo,
wande er flîzet sich dar zuo
daz für sich gê diz werc von mir.
mit willecliches herzen gir
wont er mir dicke ofte bî,
durch daz ich sô berehtic sî,
daz ich der âventiure gar
als ordentlichen mite var
daz si mit lobe neme ein zil.
der ***lêre*** *ich gerne volgen wil,*
ob ich ez kan und ob ich mac. (PM 202–25; Hervorhebung R. G.)

Was also die Besonderheit des *Partonopier* ausmachte – die Zusammenarbeit des Dichters mit einem vielleicht überflüssigen Übersetzer[36] und einem offenbar penetranten Pedanten –, wird im *Trojanerkrieg* mit der konsequenten Verabsolutierung der Kunstausübung nicht nur negiert, sondern geradezu als unwürdig inszeniert. Während es im *Partonopier* um die Verhandlung des Inhalts geht, ist im *Trojanerkrieg* ein begabter Dichter am Werk, dessen Fähigkeit unmittelbar von Gott komme und damit von jedweder bewussten Art der Regulierung entkoppelt wird.

4. Ein Dichter in der Stadt

Dass es sich bei der Inszenierung im *Trojanerkrieg* um eine Abrechnung mit den Auftraggebern bzw. Konzeptoren[37] des *Partonopier* handelt, lässt sich nun zwar nicht stichhaltig beweisen (fehlen doch konkrete Hinweise oder Namen), zumal es sich auch nur um eine innovative Profilierung des eigenen Schaffens handeln

36 Den *Trojanerkrieg* überträgt Konrad explizit von *welsche in tiutsch getihte* (Troj. 267). Zur Einschätzung dieser Passage Coxon 2001, 115 mit dem Verweis auf PM 289ff. in FN 46, wo Konrad lediglich von einer „literacy in German and Latin" spreche (PM 291: *in tiutsche und in latîne*). Zu Konrads Sprachkompetenz allgemein Brandt 1987, 49.
37 Zum Begriff des Konzeptors (*concepteur*) Brenk 1994.

könnte; doch erhalten die Äußerungen eine enorme Schärfe, führt man sich die konkrete Situation der Literaturförderung in Basel um 1280 vor Augen.

Zwar ist im Hinblick auf das Urbane nach wie vor Ursula Peters zu folgen, die darauf hingewiesen hat, dass der städtische Kontext im späten 13. Jahrhundert keine wesentliche Änderung der materiellen und kulturellen Situation der Führungsgruppen bedingt, da die Stadtadeligen ihre bequemen Wohnhäuser durch ihre ländlichen Besitzungen finanzieren und nach wie vor fest in der feudal geprägten Hofkultur verankert sind;[38] dennoch ergeben sich in dem verdichteten Lebensraum neue Funktions- und Wirkungszusammenhänge, die nicht außer Acht gelassen werden dürfen: So erweitert sich zwangsläufig der Kreis der Führungsgruppe, da die spezifische Organisation der Städte soziale Aufstiegsmöglichkeiten bietet,[39] doch trägt vor allem die räumliche Nähe in der Stadt zu Veränderungen in der sozialen Interaktion bei, da die auf Dauer gestellten und verdichteten Konstellationen ganz andere Handlungsmuster fördern als die vereinzelten Höfe mit lediglich sporadischen Begegnungen der relevanten Akteure.[40]

In sozialhistorischer Perspektive lässt sich die Situation (mit Blick auf Theorien zu gruppendynamischen Prozessen) allerdings noch präziser beschreiben:[41] Die Gönner Konrads sind zu Recht mehrfach schon als homogene Gruppe sich höfisch inszenierender Stadtadeliger beschrieben worden, die ihrem Selbstverständnis auch mittels der Förderung von bzw. Beschäftigung mit höfischer Dichtung Ausdruck verleihen würden.[42] Für die Kohärenz einer Gruppe, ihr Auftreten sowie ihr Selbstverständnis ist jedoch vor allem die Relation von Innen und Au-

38 Peters 1983, 126: Die Kultur löst sich damit zwar vom Hof als ihrem genuinen Ort, behält indes die identitätsstiftende Funktion für die adelige Elite bei, wo diese nicht durch die städtischen Strukturen und Anforderungen gar verstärkt wird; ähnlich Lutz 1992.

39 Schubert 1989.

40 Zur Kommunikationssituation am Hof Soeffner 1990, Fleckenstein 1990 und Johanek 1997.

41 Mit ‚gruppendynamischen Prozessen' sind (emergente) Formen der Selbstorganisation gemeint, welche die Struktur einer Gruppe in ihrer Dialektik zwischen psychologischer Disposition der Individuen und den Dynamiken komplexer Konstellationen bestimmen. Die Ausführungen sind dabei in einem weiten sozialhistorischen Rahmen zu verorten und gehen vor allem von soziologischen Modellen aus; die Betrachtung gruppendynamischer Prozesse, die diese Modelle in einer psychosozialen Perspektive erweitern, geht somit nicht von individualpsychologischen Befindlichkeiten der beteiligten Akteure aus, sondern operiert mit empirisch evaluierten Grundannahmen. Zur Soziologie in der germanistischen Mediävistik Wetzel 2019, allgemein in der Mediävistik Fontebonne 2023.

42 Neben den Selbstaussagen Konrads sind vor allem Anzahl und Umfang der geförderten Texte angeführt worden, was – wie bei Dietrich – auf ein besonderes Interesse schließen lasse. Doch auch die Bemühungen von Heinrich Marschant und Arnold Fuchs sollten das belegen. Dazu bes. Lienert 1996 und Plotke 2017.

ßen entscheidend, da Gruppenzugehörigkeit bzw. -identität in erster Linie über Abgrenzung profiliert wird. Die Etablierung und Inszenierung einer das Selbstbild definierenden ,Wir-gegen-die'-Logik, wie sie beispielsweise der Inszenierung verständiger und ignoranter Rezipienten zugrunde liegt, ist in diesem Zusammenhang überaus bedeutend.

Die Funktionalisierung dieser auf Literatur bezogenen Inszenierung aber ist nicht wesentlich an den städtischen Adel gekoppelt, sondern kann ebenso zur spontanen Gruppenbildung am Hof beitragen. Wo sich jedoch am Hof Gruppen situativ um den Herrn als eindeutiges Gravitationszentrum bilden (mit einem starken normativen Anspruch der jeweils präsentierten Inszenierung[43]), unterliegt die Gruppe in der Stadt ganz anderen Fliehkräften. Es darf nämlich nicht übersehen werden, welche Bedeutung neben der kohärenzstiftenden Abgrenzung nach außen die Binnendifferenzierung für die Funktion von Gruppen hat: Die Dynamiken bezüglich der die Gruppe konstituierenden Individuen innerhalb der Konstellation spielen zwar bei der Repräsentation der Gruppe als Ganzes keine große Rolle; doch können Spannungen im Inneren, die sich nicht mehr im Rekurs auf die Gemeinsamkeiten lösen lassen, zur Auf- und schließlich Abspaltung von (Unter-)Gruppen führen.[44] In der Stadt allerdings, als komplexes Projekt des Zusammenlebens, prallen zudem Gruppen aufeinander, deren konfligierende Interessen und (Wert-)Vorstellungen je eigene Gravitationszentren ausbilden – wie etwa ein weltliches im Umkreis der Stadtregierung, ein geistliches am Bischofssitz.

Konrads Rekurs auf konfligierende Gruppeneinstellungen könnte folglich eine solche Konkurrenz widerspiegeln. Obschon er die eigentlich konventionelle Differenz zwischen abstrakt bleibenden Ignoranten und jenen besonders Kunstverständigen aufmacht, mit denen sich in Basel im Grunde alle Rezipienten seiner Dichtung identifizieren könnten, lässt sich aufgrund der spezifischen Korrespondenzen zwischen den Affirmationen im *Partonopier* und ihrer systematischen Negation im *Trojanerkrieg* – vor dem Hintergrund städtischer Strukturen und Prozesse – eine noch spezifischere Funktionalisierung der Aussagen annehmen: Wenn Konrad im *Trojanerkrieg* Ansichten diskreditiert, die mit dem *Partonopier* verbunden sind, erfolgt das vermutlich im Echoraum eng vernetzter, städtisch organisierter, dabei aber durchaus auch rivalisierender Gruppen.[45]

---

43 Die Anpassung in der Gruppe ist eine strukturell bedingte Funktion, die durch eine prägnante Führungspersönlichkeit oder eine klare Hierarchie verstärkt wird. Zum normativen Druck am Hof Jaeger 2001, 286.

44 Tajfel/Turner 1986. Die Kraftfelder in einer Gruppe bleiben so lange stabil, wie ein Interesse oder die Notwendigkeit besteht, die Struktur der Gruppe als solche zu bewahren. Dann können auch Spannungen innerhalb der Gruppe kompensiert werden – entweder durch Umstrukturierungen, Sanktionierungen von Mitgliedern usw.

45 Zur Rivalität unter den Basler Gönnern schon Rupp 1989, 32.

In einer Situation, in der sich die Rezipienten kennen und in ein komplexes Handlungsgefüge eingebunden sind, wo die mäzenatische Förderung – desselben Autors zumal – kaum unbeachtet geblieben sein dürfte, wirkt Literatur (eingedenk der konkretisierbaren Differenzierung des Publikums) direkt auf das Handlungsgefüge der Akteure zurück. Mit der codierten Inszenierung wird dann eine Differenzierung des Publikums verstärkt, die außerhalb der Literatur liegt und auf welche diese nurmehr reagiert, die also nicht (mehr) von der Literatur selbst produziert wird.[46] Während das ‚Wir-gegen-die' mit seiner für das Selbstverständnis gleichsam unwiderstehlichen Differenzierung des Publikums *de facto* immer erst im Umgang mit jenen Texten wirksam wird, welche diese Differenz proklamieren, liegt die Sache bei Konrad insofern anders, als eine bereits bestehende Gruppe Literatur für sich in Anspruch nimmt, die (wenn die codierten Aussagen des Prologs dechiffriert oder erläuternd diskutiert werden können[47]) einem repräsentativen Selbstverständnis Ausdruck verleiht.

Wo komplexe Inszenierungen also alle Rezipienten auf einen normativ formulierten Anspruch verpflichten können, den als geltend zu erkennen bereits eine für die Konsolidierung der Gruppe zentrale Kompetenz darstellt, lässt sich eine codierte Inszenierung in der verständigen Rezeption als Ausweis der Zugehörigkeit zu einer bestehenden Gruppe verstehen (wobei jene sich auf die Deutung verständigen können, die den Doppelsinn erfassen und positiv bewerten). Dem Können im höfischen Kontext, wo es darum geht, sich *ad hoc* in die Gruppe zu integrieren, steht somit ein konkretes Wissen gegenüber, mit dem die einzelnen Mitglieder sich als einer Gruppe zugehörig ausweisen können. Damit zeigt sich auf epistemologischer Ebene eine der urbanen Gruppendynamik entsprechende Verfestigung, die literarisch reflektiert wird: Eine zeichenhafte Dimension legt sich dort über die Literatur, wo ihre Funktion von der normativen Konsensforderung in deskriptive Repräsentativität umschlägt, wo also die Vermittlung einer festen Ordnung wichtiger wird als ihre dynamische Aushandlung. Die Konflikte, auf welche die Literatur somit deutet, liegen jedoch vor dem je konkreten Werk

46 Am Hof hat die Literatur eine integrative Funktion in dem Sinne, dass sich ein heterogenes Publikum, das situativ zusammentritt, als homogene Gruppe begreifen kann – mit allen Einschränkungen, die vorstellbar sind. Es geht um die eingeforderte Konsolidierung der normativen Gruppenidentität – und zwar noch denen zum Trotz, die den Saal verlassen, die ihr Desinteresse nicht verhehlen können oder wollen, wirklich keine Ahnung von Literatur haben oder einfach nur bleiben, weil sie sich einen Vorteil davon versprechen usw.

47 Die Identität der Gruppe ist an ein die Kohäsion verstärkendes und codiertes Sprechen geknüpft, das – in okkasionellen Erweiterungen des Kreises der Rezipienten – für Unbeteiligte allein die abstrakte ‚Wir-gegen-die'-Logik aufruft, sodass ihnen jener Doppelsinn verborgen bleibt, der unter der konventionellen Oberfläche liegt.

und vielleicht sogar außerhalb der Literatur überhaupt.[48] Gleichwohl scheint die Dichtung auf agonale Prozesse zu reagieren.

Entsprechend wird die spezifische Differenzierung des Publikums im *Trojanerkrieg* deutbar: Es geht darum, ein klassisches Identifikationsangebot zu entwerfen und die Rezipienten jenes Werkes, welches die Differenz postuliert, als homogene Gruppe zu profilieren, die sich von denjenigen abgrenzen würde, die sich – aus welchen Gründen auch immer – nicht mit diesem Werk befassen, es nicht verstehen oder für schlecht befinden.[49] Jenen Rezipienten jedoch, die den *Trojanerkrieg*-Prolog nicht als abstrakte Inszenierung rezipieren, sondern mit dem Wissen um die früheren Werke Konrads, die dortigen Inszenierungen sowie die mit den Werken verbundenen Personen, eröffnet sich eine völlig neue Sinndimension der nur scheinbar konventionellen Prolog-Aussagen.

5. Ein Dichter als Zankapfel

Für Überlegungen zum Zusammenhang von Stadt und Literatur bietet der Prolog zu Konrads *Trojanerkrieg* somit einige interessante Anhaltspunkte – wobei sich diese eben nicht auf eine einfache Korrelation von städtischem Mäzenatentum und poetischer Exzellenz zurückführen lassen. Zuerst nämlich muss die (modern anmutende) Selbstdarstellung des erfolgreichen Berufsdichters als überaus begabt im Zusammenhang mit dem klassischen Entwurf einer Rezipientengruppe begriffen werden, deren ausgezeichneter Kunstverstand sie von jenen Unverständigen abgrenzt, die mit dem Gedicht nichts anfangen könnten. Doch was sich ausnimmt wie eine klassische *captatio benevolentiae*, lässt sich im Kontext der Basler Führungsgruppe und im spezifischen Kontrast zu Konrads *Partonopier* als die subtil codierte Ausdrucksform einer Gruppe deuten, welche sich tatsächlich aufgrund bestimmter poetischer Ideale von anderen unterscheidet.

Einer situativen Gruppierung um einen literarischen Text (wie sie strukturell eher im höfischen Kontext typisch ist) stehen in der Stadt also auf Dauer gestellte Konstellationen von Akteuren gegenüber, deren Vorstellungen sich nicht nur unterscheiden, sondern auch insofern verfestigen, als sie nicht auf einen permanenten Konsens abzielen, sondern unvermittelt neben- oder gar gegeneinander bestehen (können und müssen). Das leistet folglich ebenso der Gruppenbildung bzw. Ausdifferenzierung wie der Vereinnahmung spezifischer kultureller Formen

48 Es kann nicht entschieden werden, ob sich der Konflikt um die literarischen Differenzen entspinnt oder in diesen sich nur manifestiert.

49 Im Übrigen lässt sich die Darstellung auch im *Partonopier* finden, wo Konrad seinen Gesang – dem allgemeinen Unverstand zum Trotz – den Tugendhaften zuliebe präsentiert, denn: *swie man ungerne hoere / sanc und süeze rede, doch / sô vindet man die liute noch, / die durch ir tugenden rîchen sin / niht werfent guot getihte hin* (PM 158–163).

Vorschub: Vor dem Hintergrund einer stark unterteilten Sozialstruktur kann mit entsprechend codierten Formen bestehenden Differenzen adäquat Ausdruck verliehen werden. Gleichzeitig verstärkt die Entkopplung von einem (okkasionell wirkenden) normativen Zentrum, das in der Rezeption eine dynamische Anpassung einfordert, die bestätigende Funktion stabilisierter und stabilisierender Wissensbestände. Bei der Rezeption von Literatur in der Stadt gilt es dann zunehmend (wie der Subtext bei Konrad andeutet), jene Codes zu beherrschen, welche die Zugehörigkeit zu einer Gruppe bzw. die Funktion eines Kunstwerkes innerhalb der agonalen Prozesse in oder zwischen verschiedenen Gruppen definieren.

Welche Rolle ‚der große Meister' dabei spielt, dessen Sprach- und Formkunst der Codierung zugrunde liegt, muss allerdings Spekulation bleiben: Ob sich die Basler Auftraggeber nämlich in Konrads Umfeld oder tatsächlich um Konrad selbst stritten, ob er also nur Zeuge oder gar Anlass solcher Konflikte war, kann nicht entschieden werden, ist aber für die Funktionalisierung der Dichtung im städtischen Agon letztlich auch nebensächlich. Dass der Dichter indes von der allgemeinen Anerkennung höfischer Dichtung im Kontext solcher Konkurrenzverhältnisse profitiert haben könnte, macht nicht nur sein Haus in der Augustinergasse deutlich, sondern auch der wohl intellektuell wie materiell attraktive Gönnerwechsel, den er mit folgenden – in den Ohren des vom Domkantor ausgestochenen und um seinen Dichter gebrachten Peter Schaler sicherlich höhnisch klingenden – Versen kommentiert haben könnte:

> *ich wânde, swaz man saehe*
> *tiur unde fremde werden,*
> *daz sollte man ûf erden*
> *für manic sache minnen*[.] (Troj. 14–17)

Bibliographie

I. Primärliteratur

Konrad von Würzburg: Alexius. In: Konrad von Würzburg. Die Legenden, hrsg. von Paul Gereke, Bd. 1. Halle/Saale 1925.

Konrad von Würzburg: „Trojanerkrieg" und die anonym überlieferte Fortsetzung. Kritische Ausgabe von Heinz Thoelen und Bianca Häberlein. Wiesbaden 2015. [= Troj.]

Konrad von Würzburg: Partonopier und Meliur, hrsg. von Karl Bartsch. Berlin 1970 (Original 1871). [= PM]

II. Sekundärliteratur

Boesch, Bruno: Die Kunstanschauung in der mittelhochdeutschen Dichtung. Hildesheim 1976 (Original 1936).

Brandt, Rüdiger: Konrad von Würzburg. Darmstadt 1987.

Brenk, Beat: Der Concepteur und sein Adressat oder: Von der Verhüllung der Botschaft. In: Joachim Heinzle (Hrsg.): Modernes Mittelalter. Neue Bilder einer populären Epoche. Frankfurt a. M. 1994, 431–450.

Brunner, Horst: Konrad von Würzburg. In VL 5 (1985), 272–304.

Coxon, Sebastian: The Presentation of Authorship in Medieval German Narrative Literature 1220–1290. Oxford 2001.

Cramer, Thomas: Minnesang in der Stadt. Überlegungen zur Lyrik Konrads von Würzburg. In: Joachim Bumke u. a. (Hrsg.): Literatur – Publikum – historischer Kontext. Bern/Frankfurt a. M. 1977, 91–108.

Ehlert, Trude: Zu Konrads von Würzburg Auffassung vom Wert der Kunst und von der Rolle des Künstlers. In: JOWG 5 (1989), 79–94.

Fleckenstein, Josef (Hrsg.): Curialitas. Studien zu Grundfragen der höfisch-ritterlichen Kultur. Göttingen 1990.

Fontbonne, Alexis: Introduction à la sociologie médiévale. Paris 2023.

Gebert, Bent: Mythos als Wissensform. Epistemik und Poetik des Trojanerkriegs Konrads von Würzburg. Berlin 2013.

Gisselbaek, Robert: Eine Frage des Geschmacks. Die höfische Dichtung zwischen Macht, Moral und Mäzenatentum. Basel 2021.

Haug, Walter: Literaturtheorie im deutschen Mittelalter. Von den Anfängen bis zum Ende des 13. Jahrhunderts. Darmstadt ²1992.

Heyl, Christoph: Stadt und Literatur. In: Harald A. Mieg und Christoph Heyl (Hrsg.): Stadt. Ein interdisziplinäres Handbuch. Stuttgart 2013, 222–243.

Jaeger, C. Stephen: Die Entstehung höfischer Kultur. Vom höfischen Bischof zum höfischen Ritter. Berlin 2001.

Johanek, Peter: Höfe und Residenzen, Herrschaft und Repräsentation. In: Eckart Conrad Lutz (Hrsg.): Mittelalterliche Literatur im Lebenszusammenhang. Freiburg/Schweiz 1997, 79–93.

Kokott, Hartmut (1989a): Ein Autor zwischen Auftrag und Autonomie. Konturen eines neuen Konrad von Würzburg-Bildes. In: JOWG 5 (1989), 69–77.

Kokott, Hartmut (1989b): Konrad von Würzburg. Ein Autor zwischen Auftrag und Autonomie. Stuttgart 1989.

Lewin, Kurt: Die Lösung sozialer Konflikte. Ausgewählte Abhandlungen über Gruppendynamik. Bad Nauheim 1953 (Original 1948).

Leipold, Inge: Die Auftraggeber und Gönner Konrads von Würzburg. Versuch einer Theorie der „Literatur als soziales Handeln". Göppingen 1976.

Lienert, Elisabeth: Der Trojanische Krieg in Basel. Interesse an Geschichte und Autonomie des Erzählens bei Konrad von Würzburg. In: Joachim Heinzle (Hrsg.): Literarische Interessenbildung im Mittelalter. Stuttgart 1993, 266–279.

Lienert, Elisabeth: Geschichte und Erzählen. Studien zu Konrads von Würzburg ‚Trojanerkrieg'. Wiesbaden 1996.

Lutz, Eckart Conrad: Rhetorica Divina. Mittelhochdeutsche Prologgebete und die rhetorische Kultur des Mittelalters. Berlin 1984.

Lutz, Eckart Conrad: Literatur der Höfe – Literatur der Führungsgruppen. Zu einer anderen Akzentuierung. In: Nigel F. Palmer und Hans-Jochen Schiewer (Hrsg.): Mittelalterliche Literatur und Kunst im Spannungsfeld von Hof und Kloster. Tübingen 1999, 29–52.

Mieg, Harald A.: Einleitung: Perspektiven der Stadtforschung. In: Harald A. Mieg und Christoph Heyl (Hrsg.): Stadt. Ein interdisziplinäres Handbuch. Stuttgart 2013, 1–14.

Müller, Jan-Dirk: *schîn* und Verwandtes. Zum Problem der ‚Ästhetisierung' in Konrads von Würzburg Trojanerkrieg. (Mit einem Nachwort zu Terminologie-Problemen der Mediävistik). In: Gerd Dicke u. a. (Hrsg.): Im Wortfeld des Textes. Worthistorische Beiträge zu den Bezeichnungen von Rede und Schrift im Mittelalter. Berlin 2006, 287–307.

Obermaier, Sabine: Von Nachtigallen und Handwerkern. ‚Dichtung über Dichtung' in Minnesang und Sangspruchdichtung. Tübingen 1995.

Peters, Ursula: Literatur in der Stadt. Studien zu den sozialen Voraussetzungen und kulturellen Organisationsformen städtischer Literatur im 13. und 14. Jahrhundert. Tübingen 1983.

Pfennig, Martin: *erniuwen*. Zur Erzähltechnik im Trojaroman Konrads von Würzburg, Frankfurt a. M. 1995.

Plotke, Seraina: Konzeptualisierungen von Mäzenatentum. Konrad von Würzburg und seine Basler Gönner. In: Bernd Bastert u. a. (Hrsg.): Mäzenaten im Mittelalter aus europäischer Perspektive. Göttingen 2017, 125–148.

Ragotzky, Hedda/Wenzel, Horst: Einführung. In: Hedda Ragotzky und Horst Wenzel (Hrsg.): Höfische Repräsentation. Das Zeremoniell und die Zeichen. Tübingen 1990, 1–15.

Rupp, Heinz: Der Dichter der Stadt Basel. In: JOWG 5 (1989), 31–34.

Schubert, Ernst: Die deutsche Stadt um 1300. In: JOWG 5 (1989), 37–56.

Soeffner, Hans-Georg: Appräsentation und Repräsentation. Von der Wahrnehmung zur gesellschaftlichen Darstellung des Wahrzunehmenden. In: Hedda Ragotzky und Horst Wenzel (Hrsg.): Höfische Repräsentation. Das Zeremoniell und die Zeichen. Tübingen 1990, 43–64.

Tajfel, Henri/Turner, John C.: The Social Identity Theory of Intergroup Behavior. In: William G. Austin und Stephen Worchel (Hrsg.): Psychology of Intergroup Relations. Chicago 2. Aufl. 1986, 7–24 (Original 1974).

Thali, Johanna: Raum und Medium. In: Johanna Thali und Nigel F. Palmer (Hrsg.): Raum und Medium. Literatur und Kultur in Basel in Spätmittelalter und Früher Neuzeit. Berlin/Boston 2020, 13–85.

Dr. Robert Gisselbaek
Université de Genève
Faculté des Lettres
Département de langue et
de littératures allemandes
Boulevard des Philosophes 12
CH-1205 Genève
robert.gisselbaek@unige.ch

Peter Glasner

Die hoichlobliche reichzstat Coln, min geleibtes fatterlant. Kunst und Literatur in den Werken des Kölner Ratsherren Hermann von Weinsberg (1518–1597)

1. ‚Der Kaiser kommt' – Literatur und Kunst in der Stadt

Im Jahre 1531 erscheint in der Kölner Druckerei des Melchior von Neuß[1] ein auf den ersten Blick eher literarisch-unterhaltsamer Stadtrundgang durch Köln: Johann Haselbergs *Lobspruch der keyserlichen freygstath Coellen* (LS).[2] Das Erscheinungsjahr des Druckes „enthüllt uns" nach Wolfgang Schmitz „die historischen Begleitumstände: Im Januar dieses Jahres weilte Kaiser Karl V. in Köln, wo sein Bruder Ferdinand zum römischen König gewählt und darauf in Aachen gekrönt wurde. Im Anschluss fanden in Köln die Festlichkeiten statt."[3] Aus diesem Anlass wurde Kaiser Karl V. auch jene bis in die Gegenwart immer wieder nachgedruckte monumentale Kölner Stadtansicht des Anton Woensam von Worms (ein „Holzschnitt von 9 Stöcken"[4]) als Geschenk überreicht.[5] Ein international beachtetes Ereignis – kaiserlicher Besuch – bringt Literatur und Kunst in der Stadt hervor, die ihrerseits die eigene Stadt zum repräsentativen Gegenstand machen.

Das monumentale Stadtpanorama Woensams beeindruckt noch den heutigen Betrachter dadurch, dass er die Topographie der Stadt in realistischem Detailreichtum wiedergegeben hat. Von der Deutzer Seite aus gesehen wird die freie Reichsstadt von beindruckender Stadtmauer, zahllosen Kirchenbauten, vom unvollendeten Dom, dem hoch aufragenden Rathausturm und bürgerlichen Wohnhäusern sowie von diversen Schiffstypen am Rheinufer als ein Zentrum

1 Zu Melchior von Neuß vgl. Schmitz 2006, 53; zu dessen Druckerei vgl. Stark 2003.

2 Haselbergs Lobspruch wurde von Schmitz 2006 als Faksimile herausgegeben. Zu Haselberg vgl. Schmitz 2006, 36; zu dessen Lobspruch vgl. Rautenberg 1994 u. 1996 sowie ferner Beßelmann 2010, 187.

3 Schmitz 2006, 35.

4 Schäfke 1997, 23.

5 Vgl. Schmitz 2006, 51f. „In Auftrag gegeben und veröffentlicht wurde der Riesen-Holzschnitt von Peter Quentel, dem erfolgreichsten Kölner Verleger seiner Zeit […]" (Schäfke 1997, 27). Wiedergabe und Beschreibung des Holzschnittes ebd., 23–29; Markschies 2010, 186f. Zu Darstellungsschwerpunkten von Woensams Stadtpanorama vgl. Glasner 2000, 236–239.

10.29091/9783752003444/013

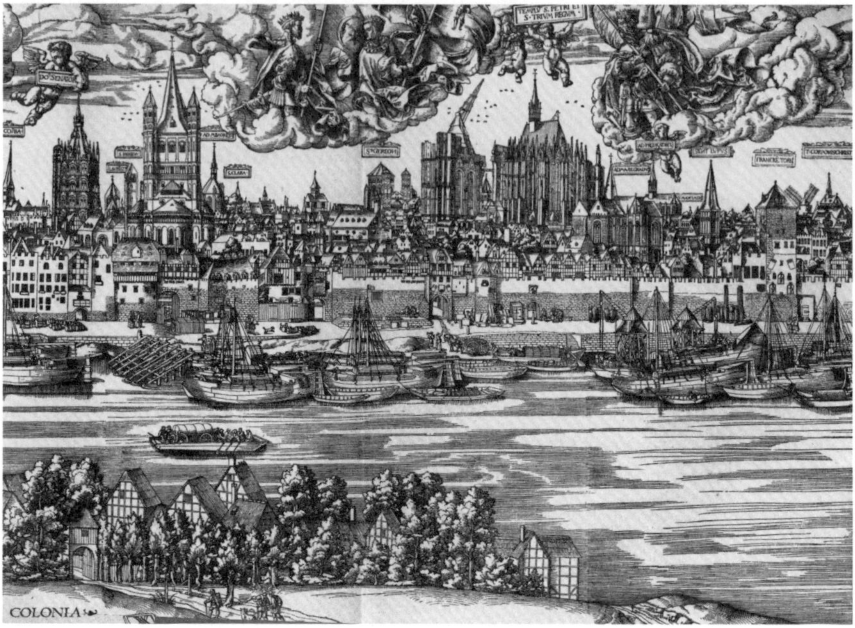

Abb. 1: Große Ansicht der Stadt Köln (Ausschnitt),
Anton Woensam von Worms (1531), Holzschnitt.
Staatliche Museen zu Berlin, Kupferstichkabinett, Inv.-Nr. 453–10.

des Christentums sowie als potente Handelsmetropole ausgewiesen. Auf Wolken über dem Stadtpanorama thronen nicht nur die Heiligen Drei Könige (als Stadtpatrone), sondern auch die römischen Stadtgründer Marcus Agrippa und Agrippina.[6] In seinem volkssprachigen Köln-Lob setzt der zwischen 1515 und 1538 nachweisbare Verleger und Schriftsteller Johann Haselberg eigene Akzente.[7] „Das besondere, dominierende Stadtlob gilt bei Haselberg zweifellos der Bürger und Kaufmannsstadt."[8] Er perspektiviert seinen Stadtrundgang aus der Wahrnehmung eines „Fahrenden"[9] mit realtopographischer Ortskenntnis, ausgestellt

6 Im Jahre 50 nach Christus hatte der römische Kaiser Claudius der einstigen Ubiersiedlung des Feldherren Marcus Vipsanius Agrippa die Stadtrechte der *Colonia Claudia Ara Agrippinensis* verliehen (vgl. Stelzmann/Frohn 1990, 32; zur Entwicklung von der Ubiersiedlung zur römischen Stadtgründung vgl. ebd., 31–58).

7 „Auch die durch den Humanismus neu geweckte Begeisterung für den römischen Ursprung der Stadt zeigt sich bei Haselberg an keiner Stelle" (Schmitz 2006, 51). Zu Haselbergs Lobspruch als Stadtrundgang vgl. auch Glasner 2000, 241–244.

8 Schmitz 2006, 50.

9 Ebd., 37.

durch Haus- und Straßennamen sowie durch städtebauliche Details, die sich vor allem auf die Wehrhaftigkeit, die Wirtschaftskraft und nicht zuletzt auf das religiöse Heil Kölns beziehen.[10] „Haselberg berichtet von St. Ursula und den Dreikönigen in einer Zeit, in der im Gefolge der Reformation die Heiligen und erst recht der Reliquienkult verdächtig geworden sind. Bei Haselberg wird diese Welt […] unter der Dominanz der Reichs- und Wirtschaftsstadt – noch deutlich als intakt gezeichnet."[11] Die zuweilen vermeintlich harmlos-idyllische, auch schwankhaft-misogyne Stadtbeschreibung[12] Haselbergs entlarvt sich auf den zweiten Blick als gegenreformatorisches Propagandabild: *Mit aller christenhilff und steur / Gotz dinscht sol niemans sein tzu deur* (LS, V. 365f.).

Kaiserbesuch und Königswahl in Köln sind auch Themen im *Gedenkboich* des Kölner Ratsherren Hermann von Weinsberg:[13]

> *A. 1531 den 5. tag januarii ist Ferdinandus konink zu Ungaren und Behem und erzherzoch zu Oisterich zo einem romschn konink und zukunftigen keiser binnen Coln im dom von allen churfursten* […] *erwelt worden. Der churtag war der hilliger drei konink abent.* […] *Das war aber der ursachen beschein, das der keiser zur zit, Carolus 5, vil koninkrich und lande ausserhalb des rich regeren moiste und nit stetich in Dutzlant sein konte; derhalb wart im sin broder zu einem mitheubt zugeben, der auch dem Turken naher sass. Zu Frankfort war die mess abgestalt und waren luters worden; derhalber geschach die chur zu Coln.* (BW I, 70)

10 Hierbei verfährt Haselberg so präzise, dass Schmitz dessen Lobspruch „als ganz frühe[n] Reiseführer für Köln" bezeichnet (ebd., 35). „Nach dem Statistik-Prinzip des Lobpreises" zählt Haselberg „19 Pfarrkirchen, über 100 Kapellen, 24 Klöster" (ebd., 47). „Die große Menge sollte überwältigen und die Heiligkeit der Stadt unwiderlegbar dokumentieren" (ebd.). Darüber hinaus enthält der Lobspruch auch die Ursulalegende sowie die Geschichte der Heiligen Drei Könige samt der Überführung ihrer Gebeine nach Köln. Zu „Heiliges Köln: die Erfindung eines Markenzeichens" vgl. das gleichnamige Kapitel in Ubl 2022, 144–178.

11 Schmitz 2006, 50.

12 [Z]*u Coellen trinckt man bier vnd guten wein, / da willent die weiber meister seyn* (LS, V. 307f.); zu dieser Textstelle vgl. Schmitz 2006, 46.

13 Nach einem Studium der Rechte reüssierte Weinsberg 1543 als Lizentiat, jedoch ohne Ambition für den Beruf des Advokaten. In demselben Jahr wird er erstmals in den Stadtrat gewählt. Nach diversen Ämtern und zwei Ehen hatte er schließlich ein entsprechendes Auskommen, sich seinem obsessiven Schreibprojekt zu widmen: „Seine verschiedenen Einkünfte aus Renten und Aemtern gestatteten ihm ein bescheidenes Leben ohne große Arbeit. […] Schon ein flüchtiger Blick auf die Masse seiner Handschriften sagt uns", so Stein, „daß als Schreiber nur jemand in Betracht kommen kann, der recht viel Zeit zur Verfügung hatte" (Stein 1926, XI). Zu Weinsbergs Biographie vgl. Herborn 1988/2005, Glasner 2017 und Groten 2020; zu Weinsberg als Student siehe Herborn 2005, zu seiner Reisetätigkeit Herborn 2000 und zu seiner Ratsherrenlaufbahn Vullo 2005.

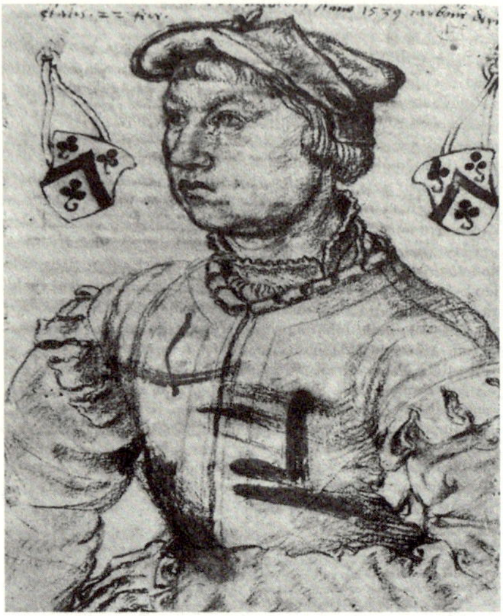

Abb. 2: Hermann von Weinsberg, Meister Johann (1539),[14] Kohlezeichnung mit Tusche. Kölnisches Stadtmuseum, Köln, Graphische Sammlung, HM 1904/101 = G 10146.

Adressiert an den zukünftigen jeweiligen Hausvater und Alleinerben[15] liefert Weinsberg aber nicht nur die Begründungen für die Krönung Ferdinands und für Köln als Krönungsort – das lutherische Frankfurt kam nicht mehr infrage. Vielmehr ist die Wiedergabe dieses politischen Ereignisses ihrerseits charakteristisch für die Wahrnehmung und Berichterstattung des privaten Chronisten:

14 Die Kohleporträts, 1904 ins Kölner Stadtmuseum überführt, befanden sich ursprünglich im Vorsatz seines Gedenkbuches. Weinsberg selbst notiert anno 1536, dass *die stoif zu Weinsberch gemailt worden, der meler heischs meister Johan, war ein jong gesell, hat minen fatter und mich auch mit einem kolen uff papir abcontrafeit* (vgl. BW I, 114). Bei der Datierung irrt er jedoch, die Bilder stammen, wie auf diesen vermerkt, aus dem Jahr 1539. Entsprechend schreibt Josef Stein in seiner Einleitung zum fünften Band der Auswahledition der Gesellschaft für Rheinische Geschichtskunde: „Wenn wir uns ein Bild von Weinsbergs äußerer Erscheinung machen wollen, so steht uns nur eine Kohlezeichnung aus dem Jahre 1539, da Weinsberg im 22. Lebensjahre stand, zur Verfügung. […] Hier haben wir ein sehr realistisches Porträt des jungen Weinsberg, wie er aussah als Student und Rektor der Kronenburse. Seine Gesichtszüge sind noch recht weich und unbestimmt. Der Blick ist ohne Feuer und fast ohne jeden Ausdruck, die Nase groß, der Mund zwar kräftig, doch weiblich klein; das Kinn tritt aus den fleischigen Wangen nur wenig hervor. Der Gesamteindruck läßt nicht gerade auf einen sehr aufgeweckten und lebhaften jungen Mann schließen. Der Maler hat ohne jede Idealisierung nur die Wirklichkeit wiedergegeben […]" (Stein 1926, IX). Weinsberg hat allerdings auch ein Altarbild in Auftrag gegeben, das (heute im Kölnischen Stadtmuseum, KSM 1974/373) ihn als Stifter zeigt. Hierauf wird in diesem Beitrag noch ausführlicher eingegangen.

15 *Dem erenhaften fleisligsten zukunftigen hausfatter zu Weinsberch, minem geliebten erben* (BW I, 3).

> *Und sobalde die chur beschein war, spilt man oben ront umbher mit allerlei musick und sank das Tedeum-laudamus, und als sei uis dem dom gingen, rehnt es gar seir und ein kal ran konink Ferdinando uber sin perlin breit bonet und sillern rock, do er uff das pert steich* […]. *Die trabanten waren alle roit gecleidt mit gellem besetz, darunder war einer heubtzlengden hoher uber alle menschen in Coln, hinkden mit einem bein etwas, hat ein kleines weibgin.* (BW I, 70f.)

Das eigentliche Ritual der Königswahl oder die feierliche Begegnung von Kaiser und Stadtrat, bleiben – *sobalde die chur beschein war* – einzig genannt, erzählt wird aus persönlichem Blickwinkel vielmehr Atmosphärisches. So etwa von schlechtem Wetter, einer Dachrinne, die sich über der randlosen Prachtkappe des Königs ergießt, mithin von vestimentärer Codierung als Statusrepräsentation, – einem Interesse ganz im Stile der Zeit, wenn man hier beispielsweise an die Schwarz'schen Trachtenbücher[16] denkt. Im Gefolge des Königs befinden sich ein hinkender Riese und eine kleinwüchsige Frau.

In diesem Beitrag werden Weinsbergs wichtigste Manuskripte, das *Boich Weinsberch*[17] und das dreibändige *Gedenkboich der jaren,*[18] daraufhin beleuchtet, inwiefern sie auch als Literatur in der Stadt, die über Stadtgeschichtliches ebenso informiert wie über städtische Kunst, gelesen werden können. Schließlich wird angesichts eines Autors als fabulierendem Wiedererzähler und laienhaftem Buchillustrator das *Boich Weinsberch* selbst als privates wie (bislang nur in wenigen Auszügen veröffentlichtes) Fallbeispiel für Literatur *und* Kunst in urbanem Kontext betrachtet.

2. Das *Boich Weinsberch* – Literatur und Kunst in der Stadt

Seit den 1550er Jahren sammelte Weinsberg weiteres Material für die ‚Geschichte' seiner Familie, die er mehrfach im *Boich Weinsberch* entfaltet, Ahnen- und Wappenkataloge, Stammbäume und Lebensdaten, Hausskizzen, Gedichte und

16 Vgl. Fink 1963.

17 Historisches Archiv der Stadt Köln [HAStK], Best. 7030 (Chroniken und Darstellungen), Nr. 52 [Sigle Chr. u. Darst. 52 + Folioangabe].

18 HAStK, Best. 7030 (Chroniken und Darstellungen), Nr. 49–51 [Sigle Chr. u. Darst. 49–51 + Folioangabe]. „Die ältere Edition trägt den irreführenden Titel ‚Das Buch Weinsberg', obwohl das *Boich Weinsberch* hier nicht berücksichtigt ist, aber auch die Gedenkbücher sind nur unvollständig aufgenommen: Das Buch Weinsberg. Kölner Denkwürdigkeiten aus dem 16. Jahrhundert, 5 Bde., hrsg. von Konstantin Höhlbaum/Friedrich Lau/Josef Stein, Bonn/Leipzig 1886–1926, ND Düsseldorf 2000" (Rutz 2021, 15, FN 9). Auch die jüngere Online-Edition gibt nur die Gedenkbücher wieder: Die autobiographischen Aufzeichnungen Hermann Weinsbergs – Digitale Gesamtausgabe, hrsg. von der Abteilung für Rheinische Landesgeschichte der Rheinischen Friedrich-Wilhelms-Universität Bonn, Bonn 2003–2009, http://www.weinsberg.uni-bonn.de/ [04.03.2024].

Lieder, Sprichworte und Zitate, Preistabellen und Listen – ein schier unübersehbares Konvolut, das schließlich 542 Blätter umfasst und im doppelten Sinne des Begriffes Manuskript-Charakter – als Handschrift und Entwurf – haben sollte.[19]

> *A. 1558* [...] *hab ich in ein boich* [...] *min 16 anhern und anfrauwen mit iren schilt und helm sampt iren nachkomen bis uff mich gemailt und abgezeignet,* [...] *so ist es doch noch rau, graf, ungeschafft, uncorigeirt* [...] *so beger ich van minem erben und minem gesclecht, das sei dasjenich, was ich geschriben hab, zum besten nemen und* [...] *schaffen, das es fertich gemacht werde und laissen einen meler* [...] *kunstich malen* [...], *das es schoin gemacht werde* [...] *item das das boich Weinsberch von pergamein und kostlich ingebonden werde* [...]. (BW V, 22f.)

Das Boich Weinsberch, also jenes Konvolut, das auch die phantastisch-fiktiven Entwürfe von Ursprungs- und Wappenlegende enthält, sollte einzig dem kommenden Hausvater jeder Generation unter strikter Geheimhaltung als Lektüre dienen.[20]

2.1 Bildprogramme und programmatische Bilder

Weinsbergs Bildentwürfe haben die Forschung bislang kaum interessiert, stehen diese doch immer noch unter dem nachwirkenden Verdikt des Stadtarchivars Josef Stein: „Die Weinsbergischen sehr zahlreichen Malereien sind nicht ohne Geschmack, verlohnen aber kaum eine Wiedergabe".[21] Es sollte aber nicht vergessen werden, dass Weinsberg, sich selbst als dilettierenden Illustrator seiner Manuskripte einschätzend, einzig Entwürfe anfertigte, die ‚dereinst' dann, wie zitiert, von professioneller Hand ausgeführt werden sollten. Ohnehin zeigen sie selbst „in ihrer Unbeholfenheit"[22] zeitgenössischen Geschmack und Wertschätzung, denn Standesrepräsentatives und Statussymbolik beherrschen gleichermaßen privaten Entwurf wie professionelle Ausführung.

19 In Weinsbergs ausgeprägtem Interesse an Familien- und Stadtgeschichtlichem spiegeln sich sowohl mittelalterliche als auch humanistische Impulse wider. Hierzu zählen auch Manifestationen von Individualismus wie Selbstgedichtetes oder Selbstbeschreibungen (vgl. hierzu Herborn 1988/2005, 29–32, Glasner 2007; zu Weinsbergs Schriften als autobiographischem Schreiben Pastenaci 1993, 90–145. Pastenacis Verwendung des Begriffs „Autobiographie" ist sicherlich heikel, handelt es sich doch bei Weinsbergs tagebuchartigem Gedenkbuch nicht um ein rückblickend verfasstes Biographienarrativ).

20 Im *Liber Iuventutis* schreibt Weinsberg a. 1558 ausführlich über das *Boich Weinsberch* und in diesem Zusammenhang auch von der Geheimhaltung des unfertigen Manuskriptes: [W]*a ich nu in meinem leben die zit und weil hab bei mir in geheim (dan ich laß es* [das Boich Weinsberch] *nemans gern sehen in minem leben* [...] (BW V, 22).

21 Stein 1926, XLV; hiervon auszunehmen sind Schmid 1991 und Glasner 2007 u. 2021.

22 Stein 1926, X.

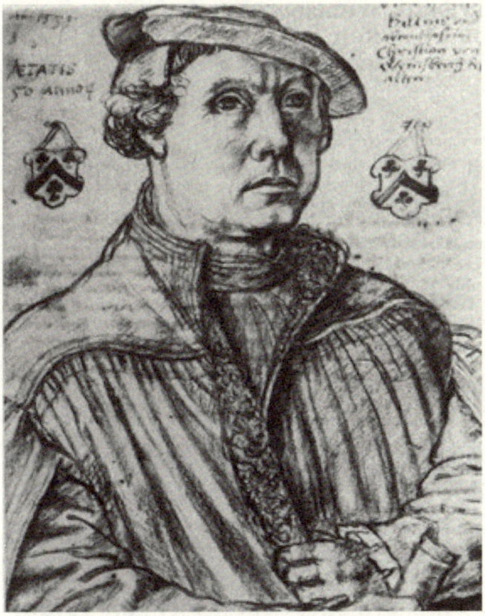

Abb. 3: Christian von Weinsberg, Meister Johann (1539), Kohlezeichnung mit Tusche, Kölnisches Stadtmuseum, Köln, Graphische Sammlung, HM 1904/101 = G 10146.

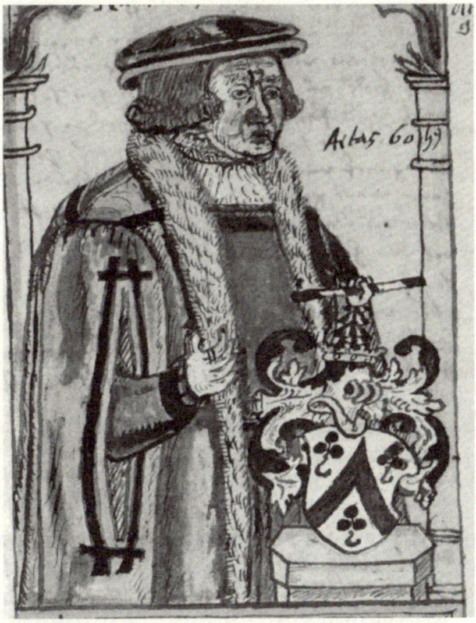

Abb. 4: Hermann von Weinsbergs Federzeichnung seines Vaters, *Boich Weinsberch* (HAStK Chroniken und Darstellungen 52), fol. 136^{v}.

So lässt sich die Meister Johann aus der Werkstatt des Bartholomäus Bruyn des Älteren (1493–1555)[23] zugeschriebene Kohlezeichnung des Vaters Christian von Weinsberg aus dem Jahr 1539 (heute im Kölnischen Stadtmuseum),[24] ursprünglich im Vorsatz des Gedenkbuches, durchaus mit Weinsbergs eigener Zeichnung seines Vaters im *Boich Weinsberch* vergleichen. In beiden Fällen, ob (als 50-Jähriger) bei Meister Johann oder (als 60-Jähriger) bei Hermann von Weinsberg, wird der Portraitierte im Bürgerstolz eines Kölner Ratsherren ins Bild gesetzt und dies, ganz dem Zeitgeschmack entsprechend, umgeben von Familienwappen.[25] Von der Ausführungskunst neuerlich abgesehen, wird hier aber eine signifikante Variation fasslich. Während der professionelle Portraitmaler im Bildhintergrund einzig den mit Kleeblättern und Sparren[26] verzierten Schild von Weinsbergs Wappen wiedergibt, findet sich bei ihm selbst (und dies im Vordergrund) auch die

23 Vgl. Schmid 2010, 121.

24 Die beiden Kohlezeichnungen von Vater Christian und Sohn Hermann von Weinsberg finden sich ebenfalls abgedruckt in Schmid 1991, ungezählte Doppelseite nach S. 19 sowie ebd., 121.

25 Zur Biographie des Christian von Weinsberg vgl. Herborn 1988/2005, 18.

26 *Sparren* entspricht nhd. ‚Querbalken'; vgl. BW V, 522.

viel aufwendigere Variante des Wappens mit Helmzier und Kleinod.[27] Deren vermeintlich historische Herkunft und Deutung für die Familiengeschichte wird von Weinsberg in epischer Breite im *Boich Weinsberch* erzählt.[28] Offenbar differenzierte Weinsberg als phantasiebegabter Wiedererzähler und Kompilator aber einen öffentlichen Gebrauch seines bescheideneren Wappens von jenem ‚ritterlichen', das er in seiner Familienchronik auf einen mit Kaiser Friedrich Barbarossa vertrauten wie verdienten Freiherren *Henrich van Weinsberch* zurückgeführt hat.[29]

2.2 Aufstiegsnarrativ(e)

Geringschätzung und Ignoranz gelten bislang auch bezogen auf Weinsberg als Dichter oder wenigstens als Erzähler, mithin auf das eigentliche *Boich Weinsberch*, das in der Forschung immer noch als bloßes „Materialienbuch"[30] abgetan wird. Gerade weil Weinsberg bis auf die zwei ihm vorausgehenden Generationen seine Familiengeschichte seit dem achten Jahrhundert unter Verwendung diverser Vorlagen ‚frei' erfunden hat, ist diese ja als Beispiel für Literatur in der Stadt von besonderem literatur- und kulturwissenschaftlichem Interesse. Am Erzählzeitraum von knapp neunhundert Jahren ist bereits zu erkennen: Auch Weinsbergs fiktive Familiengeschichte kann hier nicht – und dies erst recht nicht in ihren divergierenden lateinischen und ripuarisch-altkölnischen Fassungen – wiedergegeben werden. Durch Weinsbergs Gedenkbuchnotizen können wir aber dem verschmitzten Chronisten quasi auf sein Pult schauen. Denn er erwähnt mit philologischer Zuverlässigkeit seine Quellen – etwa sein eigenes Exemplar der *Koelhoffschen Chronik*,[31] der das Vorbild für die Reihe seiner phantastischen Hausväter seit Kaiser Karls des Großen Zeiten zu entnehmen ist, denn „Kaiser

27 Zu Weinsbergs Wappen vgl. Glasner 2021, 111–114.

28 Vgl. hierzu Glasner 2024.

29 Zur ausführlichen Darlegung der wappenkonstituierenden Ahnenlegende des Hausvaters *Henrich van Weinsberch* vgl. die Ausschnitte aus dem *Boich Weinsberch* in BW V, 439–446.

30 Herborn 1988/2005, 16; vgl. Glasner 2007, 287–290. Die fünfbändige Auswahledition von Höhlbaum (Bd. I und II; 1886 und 1887), Lau (Bd. III und IV; 1897 und 1898) und Stein (Bd. V; 1926), die, mit Ausnahme einiger Passagen in Bd. V, Auszüge aus den Gedenkbüchern Weinsbergs bietet, trägt irritierenderweise den Namen *Das Buch Weinsberg*: „Höhlbaum hat mit Recht dieser Chronik den Titel [...] gegeben, den eigentlich das fälschlich sogenannte Materialienbuch trägt" (Stein 1926, XXXIX). Weinsberg selbst hat seine fabelhafte Familiengeschichte *Boich Weinsberch* überschrieben und die sog. Chronik als Gedenkbücher dreier Lebensalter betitelt. Dass sich Archivare wie Historiker im 19. und frühen 20. Jahrhundert hierüber hinweggesetzt haben, liegt ebenso in ihrer Geringschätzung gegenüber fiktiver Literatur begründet, wie es anachronistischen Anforderungen an Textkohärenz und Gattungskonventionen entspricht. Zu Weinsbergs ausführlicher Begründung seiner Titelwahl vgl. BW I, 4.

31 Vgl. Stein 1926, XVIII.

Trajan [habe] die 15 alten Geschlechter Kölns aus Rom hergesandt […]. Welches Vorbild", so Stein, „für seine eigene Familiengeschichte!"[32] Darüber hinaus beruft sich Weinsberg mehrfach auf die 1515 erschienene *Frankenchronik* des Johann Trithemius[33] – seines Zeichens auch ein Fabulierer, der etwa die Figur seines Gewährsmannes Hunibald, wie Weinsberg seinen Übermittler Patroklus, frei erfunden hat.[34] Weinsbergs Intention ist allenthalben augenfällig. Der Aufsteigerfamilie vom einstigen „Knecht und Gelegenheitsarbeiter"[35] (Großvater Gottschalk) zum Ratsherren (Vater Christian) soll(t)en tiefgründige(re) Geschichten von Haus und Name in Köln ‚verliehen' werden.[36] Hierbei versteht es Weinsberg, über eine episch ausgefaltete Ursprungs- und Wappenlegende – im doppelten Sinne des Wortes – Fiktiv-Familiengeschichtliches mit eben solchen Partien der Stadtgeschichte zu amalgamieren, denen besonderes Identifikationspotential – für die Familie Weinsberg wie für die Stadt Köln – inhärent ist.[37] Beispiele hierfür sind etwa die Überführung der Gebeine der Heiligen Drei Könige von Mailand nach Köln (1164) oder die sog. Weberschlacht (1371).[38] Naheliegenderweise ist insbesondere die Überführung der Gebeine der Heiligen Drei Könige – einstiger Impuls zum Neubau des Domes wie dauerhafter Magnet für abertausende Pilger, wichtigster Grundstein für den Nimbus des *Hilligen Coellen* und ferner gegenreformatorisches Symbol – auch ein zentraler Erzählkern in Weinsbergs Familiengeschichte mit eigenem ‚Vorfahren' als handlungstragendem Protagonisten. Wie an anderer Stelle detailliert ausgeführt, soll eben jener sagenhafte *Henrich*

---

32 Ebd., XXVII. Zu Weinsbergs erfundener Ahnenreihe und vergleichbaren Kölner Traditionen vgl. Herborn 1988/2005, 27–29 und Büthe-Scheider 2021, 159.

33 „Trithemius erfand für seine Geschichtsfabeln einen Gewährsmann namens Hunibald, der ein alter fränkischer Geschichtsschreiber sein soll und auf dessen Bericht die ganze Darstellung des Trithemius über die Urgeschichte der Franken bis auf Chlodwig zurückgeht. Trittenheim gibt selbst zu, daß er die Figur des Hunibald erfunden habe" (Stein 1926, XXVI).

34 In seiner Einleitung weist Stein darauf hin, Weinsberg selbst berichte davon, dass seine Großmutter ihm „zwei alte Büchlein in Pergament, von denen das eine zahlreiche Bilder von Männern und Frauen mit vielen Wappen enthielt", gezeigt habe. Diese Bändchen, nach Auskunft der Großmutter aus der Feder des Patroklus, hätten die „Geschichte des Hauses Weinsberg" samt der Ursprungslegende aus der Zeit Karls des Großen enthalten. Dieser „Patroklus, der Bruder Gottschalks […] sei Mönch in Corvey gewesen […] Dieser angebliche Patroklus hat sich […] nirgends nachweisen lassen. Nach Weinsberg ist er A. 1490 gestorben. Da aber das Haus Weinsberg erst 1491 bzw. 1497 in den Besitz der Familie kam, die nachweisbar ihren Namen vom Hause erhielt, so ist es klar, daß es sich hier um eine Fälschung handelt" (ebd., XXIV).

35 Herborn 1988/2005, 16; zu den Biographien von Gottschalk und Christian vgl. ebd., 16–18.

36 Zu Weinsbergs Familiengeschichte vgl. Herborn 1988/2005, 16–18.

37 Vgl. hierzu Glasner 2024.

38 Stelzmann/Frohn 1990, 97 u. 143.

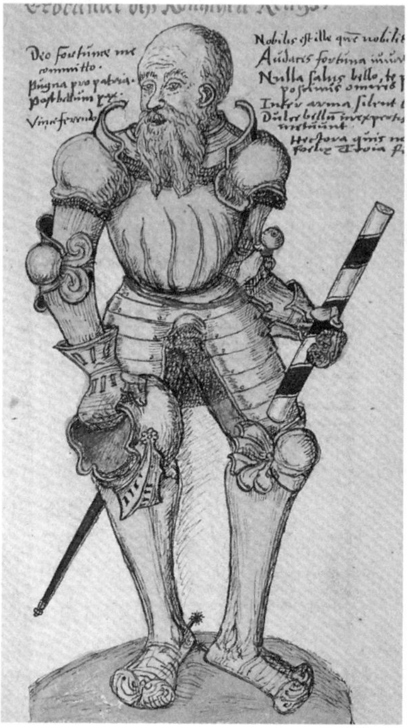

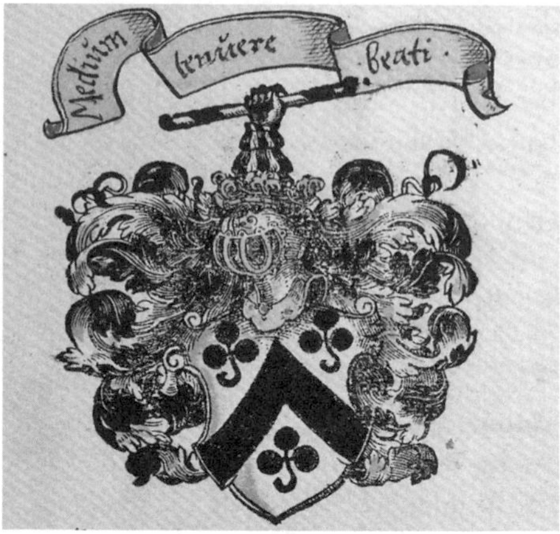

Abb. 6 (oben): Weinsbergs Motto und Wappen, *Boich Weinsberch*, kolorierte Federzeichnung (HAStK Chroniken und Darstellungen 52), fol. 188[r].

Abb. 5 (links): ‚Freiherr' Henrich van Weinsberch, *Boich Weinsberch*, kolorierte Federzeichnung (HAStK Chroniken und Darstellungen 52), fol. 26[v].

van Weinsberch Kaiser Friedrich Barbarossa nicht nur bei der Belagerung Mailands mit strategischem Geschick unterstützt, sondern dem Kaiser sogar das Leben mit eigener Hand gerettet haben, woraufhin dieser ihn mit *breiff und bullen* in den Ritterstand erhoben und ihm ein bedeutsames Wappen überreicht haben soll (BW V, 446).[39]

Dieser in Weinsbergs Erzählwelt wichtigste ‚Vorfahre' hinterlässt mit der Bedeutung seines aufwendigen ritterlichen Wappens – in der allegorischen Auslegung des Erzählers Weinsberg – ein regelrecht didaktisch-ethisches Familienprogramm für die folgenden Generationen.[40] Während die in ihrer Natur bescheidenen Kleeblätter fortan die Verdienste des ersten Wappenträgers symbolisieren, ragt ‚dessen' rechte Hand aus einer Krone der Helmzier, um einen Stab exakt in der Mitte zu greifen. Weinsberg selbst schreibt der Bildsemantik seines Wappens insgesamt die Bedeutung seines eigenen antik-humanistischen Lebensmottos *Medium tenuere beati* zu.[41]

39 BW V, 444–446; vgl. hierzu Glasner 2021, 111–114.

40 Vgl. hierzu Glasner 2021, 114.

41 In *Liber Senectutis* reflektiert Weinsberg (a. 1578) über sein *symbolum, dicterium oder sprichtwort* […]*: ‚medium tenuere beati', die seligen habens mittel gehalten, daran ich oft gedenk,*

2.3 Kontingenzbewältigungen

Immer wieder variiert Weinsberg – ins Symbolische wie ins Allegorisch-Religiöse spielend in Text und Bild sowie in deren Kombination – Darstellungen von Wappen, Haus- und Familiennamen und dies, ganz stil- wie zeitgemäß, nicht ohne heimliche Didaktik, wenn ganz beiläufig Vanitasmotivik und zu pflegendes Familienethos mit vermittelt werden sollen. Hierfür ist Weinsbergs Variante des klassischen Rades der Fortuna, das die Göttin des Glücks oder Schicksals in griechischer oder römischer Mythologie alternativ zu Füllhorn oder Ruder als Attribut mit sich führt, ein besonders eindrückliches Beispiel. Im Mittelalter begegnet die Motivik etwa als Imperatrix Fortuna in den *Carmina Burana* des 13. Jahrhunderts.[42] Dort umgeben sinnbildlich für den Umschwung des Schicksals (im Uhrzeigersinn) Herrscherfiguren im Besitz (*regno*), ohne (*regnavi, sum sine regno*) und mit zukünftiger Regentschaft (*regnabo*) – mit dem Potential zur Verallgemeinerung im Sinne von Selbstbestimmung und Kontrollverlust – das Rad. Um Weinsbergs Variante eines Schicksalsrades analysieren zu können, wird im Folgenden auch auf das entsprechende Kapitel in Sebastian Brants *Narrenschiff* eingegangen.[43] Dieser Vergleich ist auch dadurch motiviert, dass Weinsberg in einem Gedenkbucheintrag von 1579 eigens davon berichtet, seines

> *broders frau Elisabeth* [hat] *mir ein latinisch boich zu hauss bracht* [...]. *Diss boich war vol latinischer carmina und figuren und intituleirt: Stultifera navis, zu Strasburch, Anno 1497 getruckt.* [...] *Diss boich zu teuschs hat min suster Sibilla auch im haus, das sie mir zustalt zu lesen; aber Jacob Locher hat es ubersatzt* [...]. (BW V, 150)

---

das mich oft troistet (BW II, 380). Weinsbergs „Wahlspruch" übersetzt Eva Büthe-Scheider mit „Die Glückseligen haben (immer) die Mitte gehalten" (Büthe-Scheider 2021, 165). Dies entspricht in vielfacher Hinsicht Weinsbergs normativen Vorstellungen, „insofern als er Neues in Maßen adaptiert, aber auch Altes daneben bewahrt" (ebd.). Weinsberg notiert darüber hinaus lateinische Zitate mit Motivvariationen seines Mottos wie *Optima mediocritas* oder *in medio consistit virtus*. „According to Konstantin Höhlbaum, these Latin lines may have been drawn directly from Cicero and Ovid, or they may have been taken from a compendium of sayings" (Lundin 2012, 283, FN 49). Höhlbaum selbst verweist an entsprechender Stelle als weitere mögliche Zitatquelle auf das „175. Stück von Joh. Paulis ‚Schimpf und Ernst' (Ausg. von Oesterley, Bibl. D. litt. Vereins in Stuttgart, 121), Erzählung von Daedalus u. Icarus" (BW II, FN 4, 380).

42 Zum Rad der Fortuna in den *Carmina Burana* vgl. Meyer-Landrut 1997, 53–55. Die Fortuna-Darstellung der *Carmina Burana* (München Staatsbibliothek, Clm. 4660, fol. 1[r]) findet sich ebd., 55.

43 Zu den Drucken des *Narrenschiffes* im 15. und 16. Jahrhundert vgl. Lemmer 1986, XX–XXII. Zu Weinsbergs Besitz und Lektüre von Brants *Narrenschiff* vgl. Stein 1926, XVII. Zu Brants Leben und Werk vgl. Seelbach 2008, 128–132.

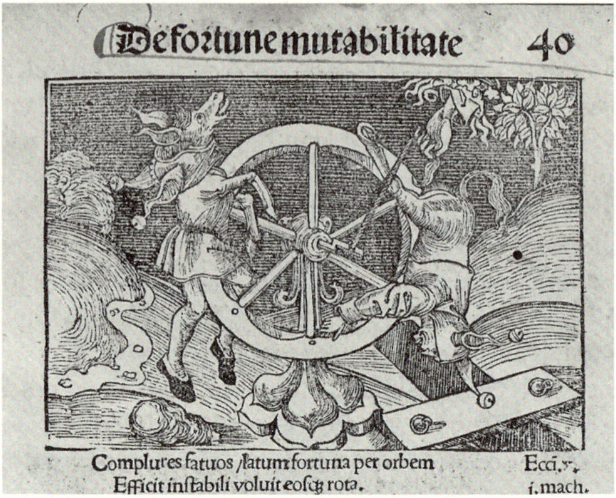

Abb. 7: Rad der Fortuna in Sebastian Brant: *Stultifera navis*, Straßburg 1497, 40a, Holzschnitt.

In Brants *Narrenschiff* werden in dem Kapitel *Von gluckes fall* insbesondere Aufstiegsfixierte als Narren verspottet, die nicht an die Wechselfälle des Glückes denken, denn Clotho lässt das Rad nicht stillstehen (vgl. NSch 37,10). Das bedeute für jedweden Gewalthaber ‚Angst und Not' sowohl vor Machtverlust als auch vor Gegengewalt. Folglich wird dem *regyrer* (NSch 37,29) empfohlen, die Beständigkeit seiner Macht und Herrschaft auf *gunst der gmeyn* (37,7) und *gerechtikeyt* (37,25) zu gründen – auf einem Motiv also, dem das Prinzip ‚Beständigkeit durch Tugend' inhärent ist.[44] Angesichts von Weinsbergs Bemühungen, den Freiherrentitel eines Vorfahren zu plausibilisieren sowie Hausfundierung und -stiftung testamentarisch zu betreiben, veranlasst ihn seine Beschäftigung mit Brants *Narrenschiff* auch zu „Selbstironie",[45] wenn er ‚moniert', *da alle narren nit gnog im selben boich* [Narrenschiff] *specificeirt sin, besonder ich* […]. *Und glub, wan mich autor libri gekant und min vornemen* [einer Hausfundierung und -stiftung] *gewist, er het mich mitten drin gesatzt* (BW V, 150).

In der von Weinsberg erwähnten lateinischen Fassung des *Narrenschiffes* von 1497 ist das Figurenrepertoire des Fortunarades auf zwei Hybridwesen aus Narr und Esel reduziert, die unterschiedliche Narrheitsgrade des Menschen vorstel-

44 Zu Fortuna „als Bestandteil des Charismas, das einem Fs.en oder einem Volk eigen ist", bzw. zu „Herrschertugenden wie virtus, constantia und magnanimitas" als das „erworbene oder bestätigte Glück" vgl. Roloff 1999, 665.

45 Stein 1926, XIX.

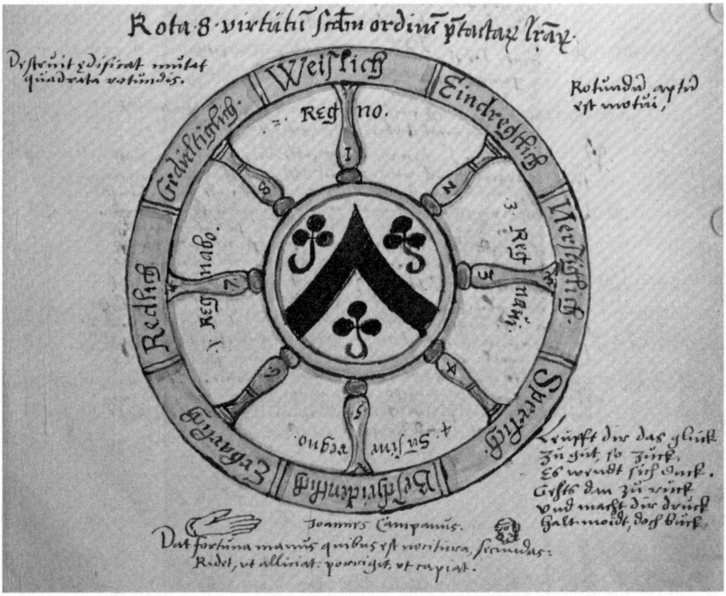

Abb. 8: Weinsbergs Glücksrad, *Boich Weinsberch,* kolorierte Federzeichnung (HAStK, Chroniken und Darstellungen 52), fol. 208^{r}.

len.[46] Weinsberg hat seinerseits weniger ein Rad der Fortuna als vielmehr ein Rad der Tugend(en) (*Rota virtutum*) gezeichnet. Zwar greift er die Tradition der lateinischen Beschriftung (*1. Regno, 2. Regnavi, 3. Sum sine regno* und *4. Regnabo*) auf, entsprechende Figuren fehlen jedoch bei ihm.

Stattdessen erweitert er das Bedeutungsspektrum des Glücksrades[47] durch eigene Beschriftung und die Variation der Radmotivik. So ziert die Radnabe signifikanterweise das Weinsberg-Wappen, als ‚Dreh- und Angelpunkt des Lebens', während das Rad selbst mit den Tugend-Adjektiven *1. Weislich,*[48] *2. Eindreglich,*

46 Hierbei hat die aufsteigende Figur einen Eselskopf und dessen Vorderhufe sowie den Unterleib eines Menschen, die herabstürzende Figur ist mit Blick auf die Esel- und Narrenanteile entgegengesetzt gestaltet. In der volkssprachigen Fassung mit dem Dürer zugeschriebenen Fortunarad befinden sich auf diesem drei Esel- bzw. Narrenfiguren. Dieser Holzschnitt zu Kapitel [37.] *Von gluckes fall* findet auch in Kapitel [56.] *von* [sic] *end des gewaltes* Verwendung (vgl. NSch, 91 u. 135). Zu Dürer als Künstler des Holzschnittes vgl. Lemmer 1986, XXIX–XXXI.

47 In Beschriftung und Kommentar verwendet Weinsberg ‚Fortuna' und ‚Glück' synonym.

48 Wie *weiss werden,* dem nhd. ‚erfahren werden' entsprechend; vgl. BW V, 524.

3. Nerstiglich,[49] *4. Sperlich,*[50] *5. Bescheidentlich, 6. Erbarlich, 7. Redlich* und *8. Gedultiglich* umschrieben ist.[51] Deren Anfangsbuchstaben (an dritter Stelle wäre eine Tugend mit I im Anlaut vonnöten, hier ist der zweite Buchstabe von *Eindreglich* mit zu berücksichtigen) lassen sich als Akrostichon lesen, das den Familiennamen WEINSBERG ergibt. Bildmetaphorisch gewendet: Wie sich das Rad auch drehen mag, um ‚das Weinsbergische' kreist beständig Tugendhaftigkeit. Das Rad mag Auf- und Abschwünge mit sich bringen, mit diesen korreliert das beständige Zentrum bürgerlich-haushälterischer Redlichkeit, mithin die Dauerhaftigkeit von Haus und Familie.

Weinsbergs Bild dieses ‚Glücksrades' ist umgeben von volkssprachiger Lyrik und lateinischen Zitaten sowie gefolgt von einem Erläuterungstext – eine regelrechte Bricolage, wie sie für das *Boich Weinsberch* typisch ist und für jedwede Edition und Interpretation besondere Herausforderungen darstellt.

> *Leuft dir das gluck*
> *Zu gut, so zuck,*
> *Es wendt sich duck.*
> *Gehts dan zuruck*
> *Und macht dir druck,*
> *Halt moit, doch buck.* (BW V, 498)

Überdies hat Weinsberg eine der zitierten lateinischen Passagen[52] (ohne Autor- oder Werkangabe) über eine einzig in ihrer Unbeständigkeit beständige Fortuna Ovids *Tristinum Liber V, Elegia VIII* entnommen:

> *Passibus ambiguis Fortuna volubilis errat,*
> *Et manet in nullo certa, tenaxque loco.*
> *Sed modo laeta nitet, vultus modo sumit acerbos,*
> *Et tantum constans in levitate sua est.* (Chr. u. Darst. 52, fol. 208v[53])

---

49 Wie *nerstich* für nhd. ‚eifrig' oder ‚ernstlich'; vgl. BW I, 376; BW V, 519.

50 *Sperlich* entspricht nhd. ‚sparsam'; vgl. BW IV, 285; BW V, 522.

51 Die Bildmotivik des Mitte-Haltens als Garant für Tugend (und freilich auch im umgekehrten Sinne wirksam) korreliert bei Weinsberg sowohl mit anderen Zitaten wie *in medio consistit virtus* (BW II, 380) bzw. grundsätzlich mit seinem Motto *Medium tenuere beati.*

52 Unter den Namenszug *Joannus Campanus* setzt Weinsberg *Dat fortuna manus quibus est nocitura, secundas: Ridet vt alliciat porrigit, vt capiat* (Chr. u. Darst. 52, fol. 208v). Dieses Zitat findet sich 1. in *D. Severini Boethii Viri Illvstris de consolatione philosophiae libri quinque, luculentissimis Iohannis Murmellii (partim etiam Rodolphi Agricolae) commentariis illustrati.* Coloniae M.D.XXXV, 110 u. 2. in Jo. Antonii Campani: *Episcopi Aprutini, Epistolae et Poemata, Una cum Vita Auctoris.* Lipsiae MDCCVII, 388.

53 Vgl. Ovid: *Tristia, Liber quintus, Eligia* 8, V. 15–18. Wilhelm Willige überträgt dies so: „Ziellos schweift sie umher, die wandelbare Fortuna; / nirgends verharrt sie: kein Ort hält auf

Dies ist nicht nur ein neuerliches Beispiel für Weinsbergs humanistische Bildung und den Voraussetzungsreichtum seiner Lektüre. Vielmehr rückt sein Appell an die Beständigkeit der Tugend implizit auch Bildung als Mittel der Kontingenzbewältigung[54] wie auch lebensklugerweise als Schule der Frustrationstoleranz in den Horizont. Angesichts der Wechselfälle Fortunas empfiehlt Weinsberg – in assoziativer Nähe zu Brants Text – *Gottesforhten vnd allen guten tugenten vnd werken mit allen krefften bestendich vnd standhafftich zu sin vnd pliben* (Chr. u. Darst. 52, fol. 208^{r}).

Mit seiner Text-Bild-Kombination zum Thema ‚Glücksrad' schafft Weinsberg konzeptuell letztlich Gegenteiliges zur wechselhaften Fortuna: Sein ‚Tugendrad' perpetuiert nicht Wechselfälle, sondern – auch im Sinne der Allegorie der Gunst, die aus Tugend resultiert – die Kontinuität von Haus und Familie.[55] Derartige Kontingenzkompensation des Fortuna-Konzeptes hat aber ihren Preis: die beständige Tugendhaftigkeit jedes einzelnen Familienmitgliedes.

3. *Das Gedenkbuch der jaren* – (mehr als eine) Quelle der Stadtgeschichte

Das a. 1555 angefangene *Gedenkboich* (BW I, 4) stellt gemeinsam mit dem *Boich Weinsberch* den Kern von Weinsbergs Oeuvre dar. Krisztina Péter charakterisiert die Gedenkbücher[56] so:

> One of the most remarkable sources of information about early modern Cologne is the Gedenkbuch, or memory book, compiled by Hermann von Weinsberg, a sixteenth-century councillor and wine merchant. This massive three-volume diary written over a period of nearly fifty years is an extraordinary source for early modern urban life […].[57]

Für deren intendierten ‚Überlieferungsverbund' von *Boich Weinsberch* und *Gedenckboich* findet ihr Verfasser eigens ein organologisches Bild, da *diss gedenkboich der jaren mines lebens dem obbestimtem boich Weinsberch dermaissen anhengt und daruis untsprossen ist wie die zwigen und reiser uis dem stam eines boums* (BW I, 4):

---

die Dauer sie fest. / Heiter schreitet sie jetzt und jetzt mit bedrohlicher Miene, / bleibt sich in einem nur gleich: in der Veränderlichkeit."

54 Zu Kontingenzbewältigung durch „gelingendes Handeln" vgl. Seelbach 2008, 131.

55 „Das späte MA und die Renaissance greifen dieses Bild der selbständigen Göttin (Fortuna) wieder auf und stellen den Wechselfällen des Glücks menschl. Virtus entgegen […]" (Roloff 1999, 665). Weinsberg überträgt diese Vorstellung von Herrschertugenden als Garanten für Glück ins bürgerlich Hausväterliche.

56 Weinsbergs großenteils autobiographische Schriften sind (im Gegensatz zu dem von ihm *Boich Weinsberch* genannten Manuskript) mehrfach Gegenstand umfangreicherer Forschungen geworden; vgl. Pastenaci 1993 und Lundin 2012.

57 Péter 2021, 145.

beide Werke sollten kontinuierlich weitervererbt dem jeweiligen Hausvater kulturelles Gedächtnis und normative Richtschnur sein.[58]

3.1 ‚Kunst'-Beziehungen

Weinsberg legt seinem dreibändigen Gedenkbuch die seit der Antike bekannten drei Lebenszeitalter als Strukturprinzip zugrunde und betitelt dessen drei Bände mit *Liber Iuventutis* (‚Buch der Jugend'; seit ca. 1560 abgefasst, 755 Blätter), *Liber Senectutis* (‚Buch des Mannesalters'; zwischen 1578 und 1587 geschrieben, 694 Blätter) und *Liber Decrepitudinis* (‚Buch des höchsten Alters'; verfasst zwischen 1588 und dem Todesjahr 1597, 592 Blätter).[59] Als Ratsherr mag Weinsberg in der seinerzeit als Ratskapelle genutzten einstigen Synagoge das Altarbild der Kölner Stadtpatrone von Stefan Lochner, das erst 1810 in den Dom gelangte, vielfach vor Augen gehabt haben.[60] Bei Lochner finden sich die beiden Traditionen vereinigt, die die drei Könige zum einen als Repräsentanten diverser Erdteile und zum anderen aber auch als Vertreter der drei Lebensalter Jugend-, Mannes- und Greisenalter darstellen.[61] Wie es Weinsberg selbst charakterisiert, ist sein Gedenkbuch, Reichs- und Kirchengeschichte mitüberliefernd, vor allem eine Kombination aus Autobiographischem und Stadtgeschichtlichem: *Dan in dissem gedenkboich wirt principalich und meisteils von mir selbst vermelt, min leben, handel und wandel van anfank bis uff jetzige zit und villicht noch weiters, wie zu verhoffen, beschriben* […] (BW I, 5).

Hierbei bedingen sich Autobiographisches und Stadtkölnisches gegenseitig, denn das schildernde Ich gewinnt dadurch Profil und Charakter, dass es sich in einem spezifischen sozialen Milieu verortet und hierbei den urbanen Kontext stets mitberücksichtigt.

> *Uber das hab ich mit sonderlichem fleis des loblichen kirspels s. Jacob in Coln gedenken moissen, dieweil das haus Weinsberch darin licht, wilchs mine eltern und vurelter bewont haben* […]. *Derhalb hab ich von gelegenheit, gerechtigheit, bau, zerait, stiftungen, ordnungen, irtummen, pleiten, pastoren, kirchmeister und kirchndeneren daselbst und derglichen fast angezagen. Die hochloibliche reichzstat Coln, min geleibtes fatterlant, und was darin vernoimtes in meinen zeiten beschehen und von einem erbaren rait und magistrait daselbst hab ich nit uberslain kunnen* […] *und* […] *in dissem meinem gedenkboich auch untwagen moissen.* (BW I, 7)

58 Vgl. BW I, 4.

59 Zu Datierung und Umfangangaben vgl. http://www.weinsberg.uni-bonn.de [19.02.2024].

60 Zu Meister Stephan vgl. Merlo 1895, 828–853; zum Kölner Dombild vgl. ebd., 828f.

61 In ihrer unterschiedlichen Haar- und Bartgestaltung sind die Drei Könige bei Lochner deutlich als unterschiedliche Generationen gekennzeichnet.

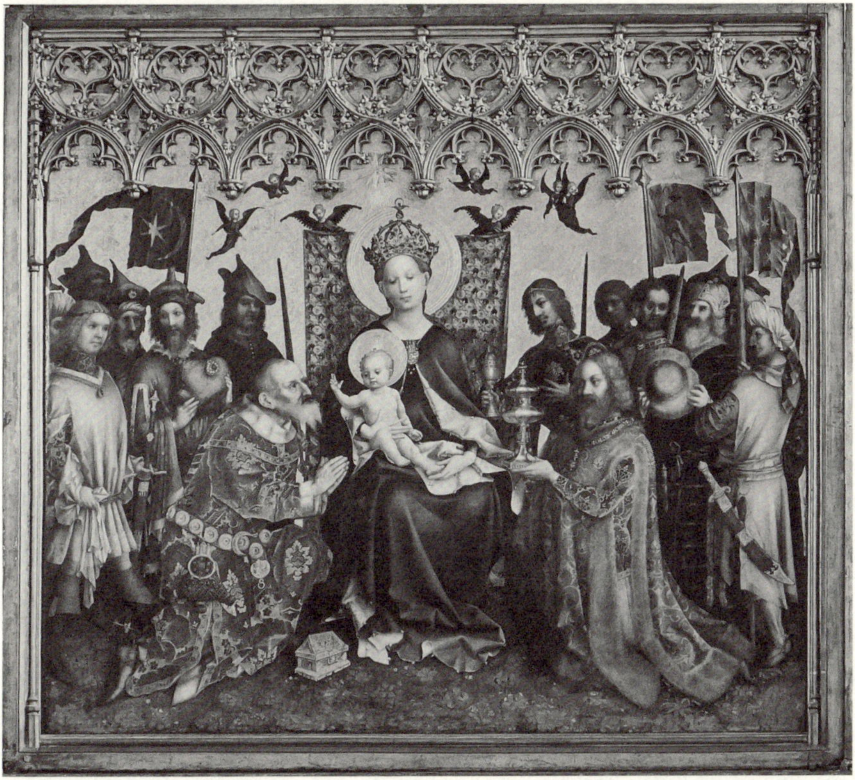

Abb. 9: Altar der Stadtpatrone, Stephan Lochner (um 1442), Kölner Dom.

3.2 Topographie und Besitz

Weinsbergs Gedenkbuch ist also nicht nur eine schier unerschöpfliche Quelle für stadtkölnische Ereignis- und Alltagsgeschichte, sondern auch für die topographische Entwicklung der Stadt, heißt es doch in der Vorrede an den *erenthaften, fleisligsten zukunftigen hausfatter* (BW I, 3): *Der gebeu in Coln an graben, kranen, heusern, tornen, platzen, auch der gebeu am haus Weinsberch und miner frunde hab ich nit stilswigend verbeigangen* (BW I, 8). Für die topographische Genauigkeit Weinsbergs in diesen Dingen ist auch die Skizze seines Wohnviertels, unabgesetzt in den Textfluss eingefügt, exemplarisch. Sie mag auch deshalb die einzige Zeichnung von Weinsbergs Hand sein, die Stein seinerzeit für hinreichend professionell und zuverlässig, mithin für „eine[r] Wiedergabe" würdig erachtete.[62] Für Zusam-

62 Stein 1926, XLV; ebenfalls abgedruckt in Schmid 2010, 125.

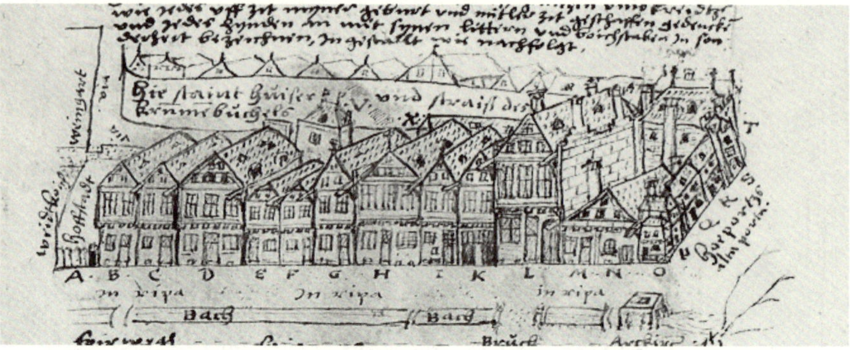

Abb. 10: Weinsbergs Wohnviertel, *Gedenkboich,* Federzeichnung (HAStK, Chroniken und Darstellungen 50), fol. 13r.

menhänge von urbaner Topographie und Literatur ist diese „Federzeichnung […] im Liber Senectutis" ebenfalls aufschlussreich: „Das Haus L ist das Geburtshaus des Chronisten. Im Hause Cronenberg (T) lebte er in den letzten Jahrzehnten seines Lebens, und dort entstand der größte Teil seines Werkes."[63]

In Weinsbergs Bestreben, sowohl dem kulturellen Gedächtnis seiner geliebten Vaterstadt dienlich als auch selbst im kollektiven Erinnern seiner Familie verewigt zu sein, notiert er auch Stiftungen und Auftragswerke – Portraits, Tafelmalerei oder auch Glasfenster mit familiengeschichtlicher Motivik[64] – von so prominenten Künstlern wie Barthel Bruyn d. J. (*1523/25, gest. 1607/10).[65] So ist in einem Tagebucheintrag von 1556 beispielsweise zu erfahren, wie sich Weinsberg eine Altartafel für seine Pfarrkirche Johann Baptist programmatisch vorgestellt sowie in Auftrag gegeben und wie der Kunstmaler Weinsbergs Konzept umzusetzen hatte:[66]

63 Stein 1926, 111. Während Weinsberg in den wenigen Zeilen über sein Haus Cronenberg lediglich mitteilt, dass dieses *nit vil gemachs* habe, *dan es nit groiss* sei und er es *von der widwen Barbarn (von Gladbach) gegolten* (BW V, 115), findet sich eine ausführliche Beschreibung des Hauses Weinsberg etwa aus dem Jahre 1521 in seinem *Gedenkboich.* Hier gibt Weinsberg detailliert Auskunft über Abmessungen (*binnen mauren in all breit 24 fois und binnen mauren lank ungeferlich bei 50 fois*) sowie die Anzahl und Funktion der Räumlichkeiten und zählt Treppenstufen und Glasfenster auf (vgl. BW I, 30–32). Zu seinem Wohnhaus mit angebautem Zinshaus vgl. Leiverkus 2005, 203–224.

64 Vgl. BW V, XI.

65 Zu Barthel Bruyn d. J. vgl. Merlo 1895, 137–140; zu Weinsbergs Auftrag, „ein Altarbild mit Flügeln, das in die St. Jakobskirche gestiftet wurde", vgl. ebd., 139. Weiterführende Literatur hierzu in Schmid 1991, 26, FN 61.

66 Zu Weinsbergs „Stiftung eines Flügelaltars für St. Jakob" vgl. das gleichnamige Kapitel in Schmid 1991, 25–34; Glasner 2021, 119–124.

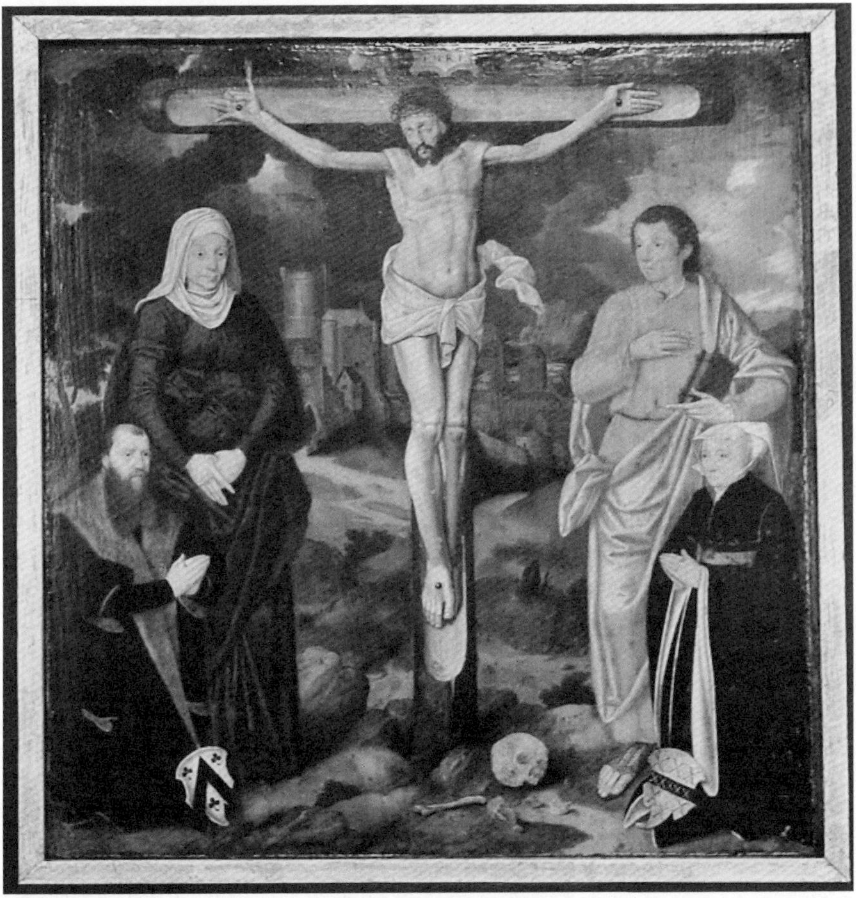

Abb. 11: Altarbild der Familie Weinsberg, Barthel Bruyn d.J. (1556/57), Kölnisches Stadtmuseum, Inv.-Nr. KSM 1974/373.

> *A. 1556* […] *und in disse taifel sol er malen ein crucifix, uns liebe frau und s. Johan und min hausfrau und mich darin conterfeiten in das mittels gefach, aber binnen uff den ein flogel Moisen mit der sclangen und uff die ander side Abraham, der sinen son offern wolt, und baussen die veir evangelisten, weis und swarz* […]. (BW II 87)

Barthel Bruyns Auftraggeber legte aber nicht nur das „recht konventionelle ikonographische Programm“[67] fest, sondern konzipierte über die üblichen Darstel-

67 Schmid 1991, 26.

lungen der Stifterfiguren hinaus die Protagonisten der Passion (mit Ausnahme des Gekreuzigten) als Kryptoportraits[68] – „sei es aus Devotions- oder Ruhmesgründen“[69] – von Familienangehörigen: *A. 1557* […] *Und ich hab auch in die angesichter allesamen leuth laissen conterfeiten vissgescheiden Jhesu Christi angesicht, vnd steit in Marien bilt Feigen Ernst myner frauwen suster angesicht, in Joannis vnder dem creutz myner frauwen sons Johans* […] (Chr. u. Darst. 49, fol. 361ᵛ). „Die Aufzeichnungen darüber stellen hier ein geradezu einzigartiges Schlüsseldokument dar, weil es keinen Kölner Altar der Gotik oder der Renaissance gibt, über dessen Herstellung und auch späteres Schicksal so viele Einzelheiten bekannt sind.“[70]

4. Kein Resumée: Manuskriptkultur als literarische Kunst in der Stadt

> Im Ganzen hinterließ Weinsberg ungefähr 7.000 engbeschriebene Folioseiten mit Ausnahme der umfangreichen Testamente. Es sind außerdem nicht alle Handschriften von ihm erhalten.[71]

Weinsbergs Manuskripte, das *Boich Weinsberch* noch mehr als das dreibändige Gedenkbuch, sind in vielfältiger Hinsicht ein noch nicht hinreichend gewürdigtes literarisches Beispiel für Kunst in der Stadt und die Stadt (Köln) in der Literatur. Nicht zuletzt seine Bildentwürfe zeigen – wenn auch von dilettierender Hand – ebenso spätmittelalterliche Motivik und Repräsentationstraditionen wie renaissance-humanistisches Ideen- und Gedankengut. Und schließlich ‚erzählt‘ uns dieses Phantasieprodukt am Ende mehr über seinen Autor und Illustrator, der eben nicht einzig mit Akribie und Verlässlichkeit historische Daten gesammelt, sondern vielmehr in großen Teilen auch seine Wunschvorstellung von Herkunft und Familiengeschichte ‚realisiert‘ hat.[72] Insbesondere die Text-Bild-Kombinatorik im *Boich Weinsberch* erscheint, auch vor dem Hintergrund seiner Fiktionalität in überwiegenden Teilen, weniger als ein historiographisches (Familienchronik) als vielmehr als ein ästhetisches Projekt, das es in seiner Materialfülle noch zu entdecken gilt.

68 Reinle 1999, 1557.
69 Ebd.
70 Schmid 1991, 25.
71 Stein 1926, XL.
72 Zu Weinsbergs Wunsch, „den alten Patrizierfamilien, die lange allein die Geschicke der Stadt beherrschten, ebenbürtig zu werden“, vgl. Büthe-Scheider 2021, 159.

Bibliographie

I. Ungedruckte Quellen

Historisches Archiv der Stadt Köln [HAStK], Best. 7030 (Chroniken und Darstellungen):

Liber Iuventutis (Chroniken und Darstellungen 49) [= Chr. u. Darst. 49].

Liber Senectutis (Chroniken und Darstellungen 50) [= Chr. u. Darst. 50].

Liber Decrepitudinis (Chroniken und Darstellungen 51) [= Chr. u. Darst. 51].

Boich Weinsberch (Chroniken und Darstellungen 52) [= Chr. u. Darst. 52].

II. Gedruckte Quellen

Brant, Sebastian: Das Narrenschiff. Nach der Erstausgabe (Basel 1494) mit den Zusätzen der Ausgaben von 1495 und 1499 sowie den Holzschnitten der deutschen Originalausgaben. Hrsg. von Manfred Lemmer. Dritte, erweiterte Auflage. Tübingen 1986 [= NSch].

Brant, Sebastian: Stultiferra navis. Straßburg 1497.

D. Severini Boethii, Viri Illvstris de consolatione philosophiae libri quinque, luculentissimis Iohannis Murmellii (partim etiam Rodolphi Agricolae) commentariis illustrati. Coloniae M.D.XXXV.

Jo. Antonii Campani, Episcopi Aprutini, Epistolae et Poemata. Una cum Vita Auctoris. Lipsiae MDCCVII.

Chronik der heiligen Stadt Köln. Originalgetreuer Nachdruck eines Frühdrucks von Johann Koelhoff d.J., Köln 1499 nach einem Exemplar der Diözesan-Bibliothek Köln. Hamburg 1982.

Haselberg, Johann: Eyn lobspruch der keyserlichen freygstath Coellen. Faksimile der Ausgabe Köln 1531. Hrsg. von Wolfgang Schmitz. Köln 2006 [= LS].

Ovid: Briefe aus der Verbannung/Tristia. Epistolae ex Ponto. Hrsg. von Niklas Holzberg und übersetzt von Wilhelm Willige. 5., überarbeitete Aufl. Mannheim 2011.

Jacobus de Voragine: Legenda aurea. Lateinisch/Deutsch. Ausgewählt, übersetzt und hrsg. von Rainer Nickel. Stuttgart 2005.

Das Buch Weinsberg. Kölner Denkwürdigkeiten aus dem 16. Jahrhundert. Bd. I. bearbeitet von Konstantin Höhlbaum. Düsseldorf 2000 (Nachdruck der Ausgabe Leipzig 1886) [= BW I].

Das Buch Weinsberg. Kölner Denkwürdigkeiten aus dem 16. Jahrhundert. Bd. II. bearbeitet von Konstantin Höhlbaum. Düsseldorf 2000 (Nachdruck der Ausgabe Leipzig 1887) [= BW II].

Das Buch Weinsberg. Kölner Denkwürdigkeiten aus dem 16. Jahrhundert. Bd. III. bearbeitet von Friedrich Lau. Düsseldorf 2000 (Nachdruck der Ausgabe Bonn 1897) [= BW III].

Das Buch Weinsberg. Kölner Denkwürdigkeiten aus dem 16. Jahrhundert. Bd. IV. bearbeitet von Friedrich Lau. Düsseldorf 2000 (Nachdruck der Ausgabe Bonn 1898) [= BW IV].

Das Buch Weinsberg. Kölner Denkwürdigkeiten aus dem 16. Jahrhundert. Bd. V. Kulturhistorische Ergänzungen bearbeitet von Josef Stein. Düsseldorf 2000 (Nachdruck der Ausgabe Bonn 1926) [= BW V].

III. Sekundärliteratur

Beßelmann, Karl-Ferdinand: 47 Johann Haselberg *Eyn Lobspruch der Keyserlichen freygstath Coellen*. Köln 1531. In: Renaissance am Rhein. Eine Veröffentlichung des LVR-LandesMuseums Bonn. Bonn 2010 (Katalogbuch), 187.

Büthe-Scheider, Eva: *Weinsberch – Weinsberg – Weinsbergh*. Namensschreibung und Identität im Köln des 16. Jahrhunderts. In: Andreas Rutz (Hrsg.): Die Stadt und die Anderen. Fremdheit in Selbstzeugnissen und Chroniken des Spätmittelalters und der Frühen Neuzeit. Wien/Köln/Weimar 2021, 159–84.

Filip, Václav: Wappen. In: LexMa 8 (2002), 2031–2034.

Filip, Václav: Wappenbrief. In: LexMa 8 (2002), 2034f.

Fink, August: Die Schwarzschen Trachtenbücher. Berlin 1963.

Glasner, Peter: Stadt – Bild – Sprache im 16. Jahrhundert. Köln in der Geschichte des Sehens. In: Georg Mölich und Gerd Schwerhoff (Hrsg.): Köln als Kommunikationszentrum. Studien zur frühneuzeitlichen Stadtgeschichte. Köln 2000, 229–253.

Glasner, Peter: *Ein geschrift zu ewiger gedechtniß …* Das erinnernde Ich bei Hermann von Weinsberg (1518–1597) in der Medialität von Schrift und Bild. In: Gerald Kapfhammer, Wolf-Dietrich Löhr und Barbara Nitsche (Hrsg.): Autorbilder. Zur Medialität literarischer Kommunikation in Mittelalter und Früher Neuzeit. Münster 2006, 285–319.

Glasner, Peter: Hermann von Weinsberg (1518–1597). In: Frühe Neuzeit in Deutschland 1520–1620. Literaturwissenschaftliches Verfasserlexikon, Bd. 6, Berlin/Boston 2017, 481–487.

Glasner, Peter: *geschriben und gemailt*: Symbolisierungsformen von Wir- und Ich-Identität bei Hermann (von) Weinsberg (1518–1597). In: Andreas Rutz (Hrsg.): Die Stadt und die Anderen. Fremdheit in Selbstzeugnissen und Chroniken des Spätmittelalters und der Frühen Neuzeit. Wien/Köln/Weimar 2021, 93–125.

Glasner, Peter: *breiff und bullen, helm und wappen*. Dingsymbolische Repräsentationen von Zeit und Alter in der Familienchronik des Kölner Ratsherren Hermann von Weinsberg (1518–1597). In: Jan Dietrich u. a. (Hrsg.): Ding | Macht | Zeit. Sammelband zur Tagung ‚Erzähltheorien besonderer Dinge. Alter und Zeit.' [erscheint Bonn 2025].

Groten, Manfred (Hrsg.): Hermann Weinsberg (1518–1597). Kölner Bürger und Ratsherr. Studien zu Leben und Werk. Köln 2005.

Groten, Manfred: Weinsberg, Hermann (von). In: Neue Deutsche Biographie, Bd. 27. Berlin 2020, 652f.

Herborn, Wolfgang: Die Reisen und Fahrten des Hermann von Weinsberg. Zur Mobilität eines Kölner Bürgers im 16. Jahrhundert. In: Georg Mölich und Gerd Schwerhoff (Hrsg.): Köln als Kommunikationszentrum. Studien zur frühneuzeitlichen Stadtgeschichte. Köln 2000, 141–166.

Herborn, Wolfgang: Hermann von Weinsberg (1518–1597. In: Groten 2005, 15–33 (unveränderter Wiederabdruck aus: Rheinische Lebensbilder 11, 1988, 59–76).

Herborn, Wolfgang: „O alte Burschenherrlichkeit". Hermann Weinsberg als Student. In: Groten 2005, 15–33 (unveränderter Wiederabdruck aus: Rheinische Lebensbilder 11, 1988, 79–114).

Leiverkus, Yvonne: Köln. Bilder einer spätmittelalterlichen Stadt. Köln/Weimar/Wien 2005 (= Diss. Das äußere Erscheinungsbild der Stadt Köln im Spätmittelalter 2004).

Lundin, Matthew: Paper memory. A Sixteenth-Century Townsman Writes His World. Harvard 2012.

Markschies, Alexander: 46 Anton Woensam, Große Ansicht der Stadt Köln, 1531. In: Renaissance am Rhein. Eine Veröffentlichung des LVR-LandesMuseums Bonn. Bonn 2010 (Katalogbuch), 186f.

Merlo, Johann Jacob: Kölnische Künstler in alter und neuer Zeit. Neu bearbeitete und erweiterte Nachrichten von dem Leben und den Werken Kölnischer Künstler. Hrsg. von Eduard Firmenich-Richartz. Düsseldorf 1895.

Meyer-Landrut, Ehrengard: Fortuna. Die Göttin des Glücks im Wandel der Zeiten. München/Berlin 1997.

Pastenaci, Stephan: Erzählform und Persönlichkeitsdarstellung in deutschsprachigen Biographien des 16. Jahrhunderts. Ein Beitrag zur historischen Psychologie. Trier 1993.

Péter, Krisztina: Hermann Weinsberg and the Others. In: Andreas Rutz (Hrsg.): Die Stadt und die Anderen. Fremdheit in Selbstzeugnissen und Chroniken des Spätmittelalters und der Frühen Neuzeit. Wien/Köln/Weimar 2021, 145–158.

Rautenberg, Ursula: Stadtlob und Topographie. Johann Haselbergs „Lobspruch der Stadt Köln" von 1531. In: JbKGV (1994), 55–79.

Rautenberg, Ursula: Überlieferung und Druck. Heiligenlegenden aus frühen Kölner Offizien. Tübingen 1996, 214–218.

Reinle, Adolf: Kryptoporträt. In: LexMa 5 (1999), 1557.

Roloff, Hans-Gert.: Fortuna. In: LexMa 4 (1999), 665f.

Rutz, Andreas: Die Anderen im Krieg. Spanier, Niederländer und anderes ‚Kriegsvolk' in den Aufzeichnungen des Kölner Ratsherren und Chronisten Hermann Weinsberg (1518–1597). In: Andreas Rutz (Hrsg.): Die Stadt und die Anderen. Fremdheit in Selbstzeugnissen und Chroniken des Spätmittelalters und der Frühen Neuzeit. Wien/Köln/Weimar 2021, 127–143.

Schäfke, Werner: Köln von seiner schönsten Seite. Das Kölner Stadtpanorama in Drucken vom 15. bis zum Ende des 18. Jahrhunderts in den Graphischen Sammlungen des Kölnischen Stadtmuseum und der Kreissparkasse Köln. Hrsg. von Werner Schäfke, bearb. von Anke D. Sievers. Köln 1997.

Schmid, Wolfgang: Kölner Renaissancekultur im Spiegel der Aufzeichnungen des Hermann Weinsberg (1518–1597). Köln 1991.

Schmid, Wolfgang: Bürgerliche Lebenswelt und Renaissance-Kultur am Rhein im Spiegel der Aufzeichnungen des Hermann Weinsberg aus Köln. In: Guido von Büren u. a. (Hrsg.): Renaissance am Rhein. Ostfildern 2010, 120–129.

Seelbach, Sabine: Brant, Sebastian. In: Killy (2008), 128–132.

Stark, Markus: Ex officina Melchioris Novesina. Untersuchungen zur Druckproduktion einer Kölner Werkstatt der Reformationszeit. Wiesbaden 2003.

Stelzmann, Arnold/Frohn, Robert: Illustrierte Geschichte der Stadt Köln. 11., verbesserte Aufl. Köln 1990.

Ubl, Karl: Köln im Frühmittelalter. Die Entstehung einer heiligen Stadt 400–1100. Köln 2022.

Vullo, Alexandra: „… ich wurde zu Coln burgermeister werden …“ Die Aufzeichnungen des Kölner Ratsherren Hermann Weinsberg als Dokument einer Ratslaufbahn im 16. Jahrhundert. In: Groten 2005, 15–33 (unveränderter Wiederabdruck aus: Rheinische Lebensbilder 11, 1988, 115–230).

PD Dr. Peter Glasner
Rheinische Friedrich-Wilhelms-Universität Bonn
Institut für Germanistik, Vergleichende Literatur- und Kulturwissenschaft
Abteilung Germanistische Mediävistik
Rabinstr. 8
53111 Bonn
pglasner@uni-bonn.de

Julia Frick

Trient 1475. Die Stadt als Projektionsraum literarisch konstruierter Geschichte

1. Die Stadt als Diskursraum

Die Dynamiken medialer Kommunikation im Spätmittelalter und in der Frühen Neuzeit lassen sich auf kaum einem anderen Feld so prägnant beobachten wie auf demjenigen der Informationsverarbeitung und -verbreitung im frühen Buchdruck. Das merkantile Selektionsprinzip, das den ökonomischen Regeln des Absatzmarktes folgt, bildet ganz eigene, von der Kalkulation zur Gewinnmaximierung getragene Kontrollmechanismen aus. Es ist – und in der Frühphase gilt das in besonderem Maße – abhängig von den Partikularinteressen der herrschenden Eliten und der durch sie repräsentierten Institutionen (v. a. Verwaltung, Bildung, Kirche), auf deren Aufträge und inneren Absatzstrukturen es zugleich berechnet ist.[1] Für Formen vormoderner, gerade auch literarischer Kommunikation in dem gegenüber der handschriftlichen Produktion vergleichsweise breitenwirksamen Medium, hat das beträchtliche Konsequenzen: Sie sind in hohem Maße merkantilen Kalkülen ausgesetzt, die ausgehend von den kommunikativen ‚Zentren' zur Durchsetzung spezifischer, von den Funktionseliten approbierter „Geltungsgeschichten"[2] genutzt werden können.

Dass der Stadt im Zusammenhang mit der Herausbildung publikumswirksamer Kommunikationsstrukturen in der Vormoderne eine zentrale Bedeutung zukommt, kann als kulturgeschichtliches Faktum gelten:[3] Sie ist Sitz von Institutionen im Bereich von Bildung und Wissenschaft, Religion, Verwaltung und Politik sowie ökonomisches Zentrum, zu dem das Buchdruckergewerbe mit seinen Prinzipien medialer Vervielfältigung als integrale Komponente gehört.[4] Die Stadt wird damit zum Raum, in dem sich öffentliche Diskurse formieren, in dem Interaktionen unterschiedlicher Akteure genauso wahrnehmbar werden wie intellektuelle Interessen und Strategien politischer Selbstbehauptung – kurz: Netz-

1 Am Beispiel der Stadt Basel Günthart 2007, 121–160.

2 Melville/Vorländer 2002.

3 Vgl. Isenmann 1988. Mit Fokus auf die Literaturproduktion und Publizistik Kugler 2004, 394–408.

4 Vgl. Rautenberg 2013.

10.29091/9783752003444/014

werkbildungen, die kommunikative Diskurshoheiten produzieren können.[5] Die Literatur, die in der Stadt entsteht und in ihre Strukturen eingelassen ist, unterliegt insofern einer tendenziell doppelten Dynamik, als sie an die Partikularinteressen der städtischen Organisationseinheiten gebunden bleibt, die sie zugleich medial verdichtet und (zeitlich, narrativ, diskursiv) intensiviert.

Diese Prozesse der medialen Präsenz der Stadt und ihrer literarischen Repräsentation sichtbar zu machen, ist Ziel des vorliegenden Beitrags. Sie lassen sich auf kaum einem Feld historisch signifikanter beobachten als im Umgang mit geschichtlicher Erfahrung, die im Modus des Erzählens in literarische ‚Realität' überführt und so erst in ihrem Ereignischarakter wahrnehmbar wird.[6] Ein historisches Fallbeispiel für ein solches in der öffentlichen Publizistik konstruiertes ‚Ereignis' ist Gegenstand der folgenden Überlegungen: der Trienter Prozess des Jahres 1475,[7] der – getragen von einer hochgradig tendenziösen Propaganda – das religionspolitische Konstrukt der Blutbeschuldigung (‚blood libel myth') verhandelt,[8] wie es gerade im Spätmittelalter zu einem verbreiteten Motiv antijudaistischer Polemik zumal im deutschsprachigen Raum gehört.[9] Hier lassen sich spezifische Praktiken der literarischen ‚Institutionalisierung'[10] eines Deutungsnarrativs beobachten, das die Stadt als ‚Gedächtnisraum' und Fixpunkt ereigneter ‚Geschichte' kondensiert und sie damit in einen sich medial konstituierenden, kollektiven Erfahrungsraum einspeist: als Schauplatz emergenter ‚Geschichte', als kommunikatives bzw. diskursives Zentrum, als medial und literarisch überformter ‚Gedächtnisort'. Gerade an diesem historischen Fallbeispiel lässt sich exemplarisch aufzeigen, inwiefern die Stadt an eine spezifische Funktion als Projektionsraum des historisch ‚Ereignishaften' gebunden ist, dessen Emergenz sie in Raum und Zeit konserviert und bestätigt.[11] Ein Ort immanenter ‚Geschichte', der ihr ‚Gedächtnis' zugleich gewissermaßen über die Zeit transzendiert.

Die hier verfolgte literaturwissenschaftliche Perspektive fragt also weniger nach den historisch-pragmatischen und religionspolitischen Bedingungen

5 Am Beispiel der intellektuellen Eliten um 1500 vgl. Henkel 2021, 24–64.
6 Zum „Ereignis als historisch-narratologische[r] Grundkategorie" vgl. Bleumer 2020, 8.
7 Vgl. die Zusammenstellung des Materials zu den Voraussetzungen, Abläufen und Auswirkungen des Prozesses in Treue 1996.
8 Vgl. (mit weiterführender Literatur) die einschlägigen Studien von Teter 2020; Teter 2021, 370–400.
9 Die Blutbeschludigung als Gegenstand zahlreicher Prozesse im süddeutschen Raum bespricht Hsia 1988.
10 Zur „Institutionalität mittelalterlicher Literatur" vgl. Kellner/Lieb/Strohschneider 2001.
11 Als lebensweltliche ‚Entität' sichert die Stadt dem in ihr situierten Geschehen „ontologische[ ] Vorgängigkeit", die im Erzählen wahrnehmbar wird. Bleumer 2020, 21.

der Kanonisierung,[12] sondern vielmehr nach der literarischen Etablierung eines ‚Proto-Märtyrers': Simon von Trient.[13] Er steht im Zentrum eines aufsehenerregenden Prozesses, der rasch zu einem medialen Ereignis in der zweiten Hälfte des 15. Jahrhunderts wurde, dem hinsichtlich Reichweite und religionspolitischer Geltung im oberitalienischen und süddeutschen Raum kaum ein anderes Ereignis der Zeit gleichkommt.[14] Ausgangspunkt ist im Folgenden die Rekapitulation der Sachlage (2.), deren Wahrnehmung im medialen Diskurs der Zeit sich maßgeblich über die Faktoren Wissen und Macht bestimmt (3.). Anhand exemplarischer Belege aus dem Sektor der Literaturproduktion und -verbreitung in Trient wird die Funktion der Stadt als Projektionsraum konstruierter Erfahrung diskutiert (4.), der zeitliche ‚Geschichte' und überzeitliches kulturelles ‚Gedächtnis' in einer integralen Figur ineinander schichtet (5.).

2. Trient 1475: Die Sachlage

Die Grundzüge der zeitlichen Abfolge des für den Trienter Prozess ursächlichen Geschehens hat die Forschung aus dem erhaltenen Quellenmaterial, insbesondere den Prozessakten, rekonstruiert; freilich lassen sich einige Aspekte der Chronologie aufgrund der historischen Distanz nicht restlos aufklären.[15] Die Trienter Blutbeschuldigung folgt einem stereotypen Motivarsenal,[16] das auf die Koinzidenz von zwei wesentlichen Faktoren rekurriert: auf einen konkret fixierbaren Zeitpunkt (Osterwoche) und den Todesfall eines christlichen Kindes.

Gegenstand des Prozesses war das Geschehen in der Karwoche des Jahres 1475: Seit dem Abend des Gründonnerstags (23. März), auf den der Beginn des jüdischen Passahfestes im selben Jahr fiel, wurde in der oberitalienischen Stadt Trient das kaum zweieinhalbjährige Kind Simon von seinen Eltern Andreas und Maria vermisst.[17] Am folgenden Tag, Karfreitag (24. März), erstattete Andreas Anzeige beim Stadtpodestà Johannes Salis de Brescia,[18] was die Durchsuchung

12 Vgl. Vauchez 2005, bes. 154f.

13 Vgl. den Überblick über die humanistischen Texte in Bowd/Cullington 2012, 21–34.

14 Ein größeres mediales Echo erzielte, so Worstbrock 1992, 1262, nur die Eroberung Konstantinopels (1453).

15 Vgl. die Edition der Prozessakten von Esposito/Quaglioni 1990. Ihren historischen Stellenwert diskutiert Eckert 1964, 329–360. Zu den Gesamtdarstellungen siehe Hsia 1992; Treue 1996; Teter 2020.

16 Vgl. Hsia 1992, 26–34.

17 Der Familienname ‚Unverdorben' ist wohl nicht als späteres hagiographisches Attribut einzustufen, das auf Simon bezogen wurde (so Eckert 1964, 337), sondern, wenn auch nur an einer Stelle, schon in den Prozessakten belegt. Vgl. Treue 1996, 78.

18 Zur zeitgenössischen Rechtslage in Trient vgl. Eckert 1966, 295; Eckert 1995, 91. Der Bischof Johannes Hinderbach war zwar Reichsfürst, doch sein Bistum gehörte in den Ein-

der Häuser von drei in Trient ansässigen jüdischen Familien veranlasste;[19] ohne Erfolg. Auch der Anfangsverdacht, das Kind könnte in die Etsch gefallen sein – denn als Gerber wohnte Andreas in der Nähe des Flusses, der damals noch durch die Stadt führte[20] –, bestätigte sich aufgrund erfolgloser Nachforschungen nicht. Am Abend des Ostersonntags (26. März) sollen Mitglieder der jüdischen Gemeinde schließlich selbst die Leiche des Kindes entdeckt haben – und zwar im Keller des Hauses, das dem Geldverleiher Samuel gehörte und das, wie durchaus ortsüblich, durch einen Kanal mit der Etsch verbunden war. Nach der unverzüglichen Meldung des Fundes wurde der Leichnam in das Hospital der St. Peter-Kirche in Trient überführt und am Morgen des Ostermontags ärztlich untersucht. Er soll Hautabschürfungen, punktgroße Einstiche sowie eine Genitalverletzung aufgewiesen haben, die in den Prozessakten immer wieder mit dem Vorwurf der Beschneidung assoziiert wird.[21] Was sich hier abzeichnet, ist die Geschichte eines unmittelbar einsetzenden Interpretationsprozesses für ein Ereignis, gegen dessen religiös begründete Deutung kaum ein Argument von rechtlicher, politischer Art eine hinreichende Relevanz behaupten kann. Sämtliche Männer sowie Samuels Frau Brunetta wurden noch am selben Tag verhaftet, alle übrigen Frauen unter Hausarrest gestellt.[22] Der Prozess begann wenige Tage später, am 28. März 1475, und zog sich mit Unterbrechungen bis Mitte März 1476 hin. Er endete mit der Hinrichtung aller erwachsenen männlichen Mitglieder der jüdischen Gemeinde sowie mit der erzwungenen Konversion der Frauen und Kinder.[23]

Aber nicht nur wegen des drastischen Ausgangs avancierte der Trienter Prozess zu einem der aufsehenerregendsten seiner Art im Spätmittelalter. Mehr noch versuchten die Richter mit Hilfe einer konstruierten Indizienkette den Nachweis zu führen, dass die Blutbeschuldigung kein religionspolitisches Stereotyp, sondern in ihrem ‚Tatbestand' des Ritualmords ein fest verankerter Bestandteil jüdischer

flussbereich der Grafschaft von Tirol. Deshalb residierte ein Stadthauptmann (Capitaneus) in der bischöflichen Burg, um im Namen Herzog Sigismunds ein Kontrollrecht auszuüben (zu Beginn des Prozesses: Jacobus des Sporo; später: Johannes Rytliz). Die Stadt wurde nach italienischem Recht von einem jährlich wechselnden Podestà verwaltet (1475: Johannes Salis de Brescia).

19 Vgl. den Detailbericht in Treue 1996, 66–76.

20 Erst 1858 ließ Kaiser Franz Josef die Etsch auf die andere Seite des Tals verlegen, um Platz für die Eisenbahn zu schaffen. Vgl. Treue 1996, 50–59.

21 Vgl. Eckert 1966, 326.

22 Die Kreuzverhöre der einzelnen Inhaftierten sind in den Prozessakten dokumentiert. Vgl. Esposito/Quaglioni 1990, 109–410.

23 Zu den für den Prozess unausweichlichen Todesurteilen vgl. Hsia 1992, 61–69.

Kultpraxis sei.[24] Zu diesem Zweck mobilisierte die entschieden anti-judaistische publizistische Agitation, hinter der die politischen Interessen des Trienter Bischofs Johannes Hinderbach zu sehen sind,[25] die Öffentlichkeit in bis dahin nicht gekanntem Maße. Und sie war von derart schlagender Wirkung, dass Papst Sixtus IV. das Verfahren nach Abschluss des Prozesses am 20. Juni 1478 nachträglich als formal rechtmäßig durchgeführt anerkannte (*processum rite et recte factum*).[26]

Die referierte Sachlage ist freilich intrikat. Blickt man auf die erhaltenen Quellen von einem historischen Standpunkt aus, so erscheint das Bild anders perspektiviert, immer schon gedeutet. Die Hauptquelle für den historischen ‚Befund' respektive ‚Tatsachenbestand' im Fall des Simon von Trient ist denn auch eine solche zweifelhafte Größe: die Prozessakten, die in vier Bänden niedergeschrieben und in acht zeitgenössischen Exemplaren und einigen späteren Abschriften überliefert sind.[27] Weil es sich dabei keineswegs um direkte Mitschriften, sondern um nachträglich angefertigte Fassungen handelt, können die Prozessakten kaum als objektive Quelle gelten, sondern verweisen auf das Risiko des manipulativen Zugriffs, indem sie die Sichtweise der Ankläger reflektieren.[28] Wie lässt sich hier sachliche Korrektheit gewährleisten, um nicht zu sagen: Wer garantiert die historische ‚Wahrheit' des Sachverhalts? Denn es gilt, was mit einem berühmt gewordenen Dictum Hannah Arendts angesetzt werden kann: „Tatsachenwahrheiten sind niemals notwendigerweise wahr."[29] Sie bedürfen der Zeugen, deren Aussagen einer subjektiven Wahrnehmung unterliegen. Sie bedürfen der Referentialisierung mit Dokumenten und Aufzeichnungen, die ihrerseits Gefahr laufen, verfälscht werden zu können. So machen die Prozessakten auf das Problem der geschichtlichen Deutung eines Ereignisses aufmerksam, das für die Aufnahme durch die Öffentlichkeit in einem ganz bestimmten Interesse präpariert werden kann.[30] Im Trienter Fall ist es die Herrschafts-, Funktions- und Verwaltungselite, die die politisch motivierte Instrumentalisierung des Ereignisses maßgeblich initiiert und befördert.

---

24 Vgl. Teter 2020, 14–43. Vom Trienter Bischof Hinderbach in Auftrag gegebene Nachforschungen in Süddeutschland nach Präzedenzfällen für den Trienter Prozess sollten den Vorwurf erhärten. Vgl. Treue 1996, 91–94.

25 Zu Hinderbachs politischer Tätigkeit und seinem humanistischen Profil vgl. Rogger/Bellabarba 1992; Rando 2003.

26 Abdruck der päpstlichen Bulle *Facit nos pietas* bei Bonelli 1747, 198f. Zur Anerkennung des Prozesses durch die römische Kurie siehe den Bericht von Treue 1996, 150.

27 Vgl. die einführenden Angaben in Esposito/Quaglioni 1990, 1–95.

28 Am Beispiel der Verhöre Hsia 1992, 36–51.

29 Arendt ^{6}2021, 9.

30 Zum grundsätzlichen Problem vgl. White 1985.

Wie Winfried Frey herausgearbeitet hat, bietet das ein Indiz dafür, dass die antijudaistische „Stimmung mitunter auch erst hergestellt oder doch mit erheblichen propagandistischen Mühen virulent gemacht werden mußte, um bestimmte oder auch nur vage zu umschreibende politische und soziale Ziele zu erreichen".[31]

Zwar haben Papst und Herzog Sigismund von Tirol eine Intervention versucht.[32] Bereits einen Monat nach Prozessbeginn (am 29. April 1475) legte Sigismund, der das Kontrollrecht über Trient im Namen der Grafschaft Tirol ausübte und die jüdische Gemeinde 1450 unter seinen Schutz gestellt hatte, Einspruch gegen den Prozess ein.[33] Papst Sixtus IV. ließ den Prozess nach der ersten Hinrichtungswelle im Juni 1475 aus Zweifel an der Rechtmäßigkeit des Verfahrens am 23. Juli desselben Jahres unterbrechen. Er entsandte als Kommissar den Bischof von Ventimiglia, Giovanni Battista dei Giudici, nach Trient, wo dieser am 2. September eintraf.[34] Dieser war zwar von der Unschuld der Juden überzeugt; doch blieb seine Tätigkeit in Trient wirkungslos wie auch seine bald darauf verfasste Verteidigungsschrift, in der er für die Unschuld der jüdischen Gemeinde plädierte (*Apologia Iudaeorum*), ohne nachhaltige Resonanz.[35] Die Kultpraxis um Simon von Trient setzte, obwohl sie Papst Sixtus IV. trotz Anerkennung des Prozessausgangs noch ausdrücklich untersagte,[36] beinahe unmittelbar mit dem Prozessgeschehen ein. Sie gipfelt in der offiziellen Seligsprechung des Simon als Märtyrer rund 100 Jahre später (1588) durch Papst Sixtus V., die getragen ist vom Aufschwung der Simon-Verehrung während des Trienter Konzils.[37]

3. Trient 1475: Wissen und Macht medialer Diskurslogiken

Die in historischer Perspektive dokumentierte Konkurrenz standpunktabhängiger Positionen manifestiert sich schon in den medizinischen Gutachten, die die Ursache von Simons Tod verhandeln. Hier steht der objektive Befund (Ertrinken, Verletzungen durch Dornen und Geröll im Flussbett), den der jüdische Arzt Tobias attestierte, gegen eine christlich gewendete Lesart, wie sie der im bischöflichen Dienst stehende Mediziner Johannes Matthias Tiberinus mit Unterstüt-

31 Frey 1987, 190. Zu den verschiedenen Textsorten und dem damit jeweils angezielten Publikum vgl. Frick, 2020, 386–398.

32 Vgl. die päpstlichen Bullen über die Blutbeschuldigung in Stern 1900, 2–36.

33 Vgl. Eckert 1964, 341.

34 Zu dei Guidicis kommissarischer Tätigkeit sowie seiner Auseinandersetzung mit Hinderbach und den Richtern in Trient vgl. Treue 1996, 185–203.

35 Sie gelangte nicht in den Druck. Vgl. Quaglioni 1987.

36 Die briefliche Korrespondenz Hinderbachs und seiner Delegation, die den Auftrag hatte, sich in Rom für eine Kulterlaubnis einzusehen, ist ausgewertet in Treue 1996, 152–162.

37 Vgl. Teter 2019, 44–57.

zung renommierter Kollegen vorlegte.[38] Die je divergente Sinnzuschreibung lenkt den Blick auf den Status von Wahrheit, der in diesem historischen Fall angesetzt werden muss: Sie konstituiert sich nicht aus der Referentialisierung mit einer erfahrbaren Realität (z. B. einem Unfall, Kindersterblichkeit oder einer innerchristlichen Rachehandlung, die etwa dei Guidici als Motiv im Visier hatte).[39] Sie konstituiert sich stattdessen aus der Synchronisierung mit einer tradierten kulturellen Denkform, die als religiös beglaubigtes Deutungsmodell aktuelle Erfahrungen strukturier- und interpretierbar macht. Im Fall des Trienter Prozesses handelt es sich um das Motiv der Blutbeschuldigung, das auf der Behauptung einer in Analogie zur Passion Christi angelegten Marterung eines Christenkindes sowie der Entnahme von dessen Blut basiert.[40] Es begründet – mit ersten Spuren im 12. Jahrhundert[41] – den Vorwurf des Ritualmords und wird so zum Ausgangspunkt für zahlreiche Judenpogrome im 14. und 15. Jahrhundert vor allem im süddeutschen Raum.[42] Indem mit der Rückkoppelung des historischen Ereignisses an diese religionspolitische Denkform eine Diskursverschiebung stattfindet, wird eine eigentliche ‚Beweisführung' als Evidenzerweis prinzipiell obsolet. Sie ergibt sich aus der Assoziierung des vermeintlichen ‚Tatsachenbestandes' mit dem Motivarsenal des kulturellen Stereotyps.[43]

Genau eine solche Evidenzlogik ist Gegenstand der zahlreichen literarischen Bearbeitungen, die das Geschehen um Simons Tod publizistisch verarbeiten und den Prozess von Anfang an medial und manipulativ-interpretierend begleiten: ein breites Spektrum der gängigsten Gattungen (‚heroische' Epik, Chronistik, Hagiographie, Ereignisdichtung, Bericht, Kasuallyrik), Publikationsformen und -formate (Einblattdrucke, Libelldrucke, hsl. Gelegenheitsdichtung), die unterschiedliche Sprachlogiken zwischen Latinität und Volkssprache (Dt., It.) abde-

38 Vgl. die Rekonstruktion in Treue 1996, 79. Der Trienter Arzt Arcangelo Balduini sowie der Chirurg Christoforo de Fatis de Terlaco sollen Tiberinus' Gutachten bestätigt haben. Dazu auch Teter 2020, 236–278.

39 Demnach soll ein Christ, Zanesius Schweizer, der Familie Samuels mit Rache gedroht haben. Er wurde zunächst inhaftiert und verhört, später aber aufgrund eines von seiner Frau und weiteren Zeugen beigebrachten Alibis freigelassen. Dazu Treue 1996, 82; Eckert 1963, 338.

40 Zum Motivarsenal und seiner Instrumentalisierung in den Prozessakten vgl. Hsia 1992, 26–34.

41 Die erste Blutbeschuldigung geht ins Jahr 1144 zurück und bezieht sich auf den Tod eines 12-jährigen Jungen, William, der leblos in einem Wald außerhalb von Norwich aufgefunden wurde. Vgl. Dutton 2010, 32–38; Rose 2015.

42 Am Beispiel der Verfahren von Endingen, Regensburg, Freiburg und Worms vgl. Hsia 1988.

43 Vgl. Teter 2020, 14–42.

cken, Bildmedien gezielt inkludieren und so tendenziell auf alle rezipierenden Schichten berechnet sind.[44]

Als charakteristisch erweist sich in diesem Fall das Feld der Akteure und damit die Rolle der Öffentlichkeit, wie sie sich im Medium des Buchdrucks konsolidiert. Es sind erstens, auf der personalen Ebene, Intellektuelle (wie der Mediziner Tiberinus, von dem auch der erste ,Tatsachenbericht' stammt, sowie andere Vertreter der humanistisch gebildeten Funktionselite).[45] Zweitens, auf der institutionellen Ebene, ist es mit dem Trienter Bischof Johannes Hinderbach der Faktor politischer Macht, der das ,opportune' Narrativ vorgibt. Drittens sind dies die (wirtschaftlichen) Regeln des Absatzmarktes, die ganz eigene, von ökonomischer Abhängigkeit getragene Kontrollmechanismen und Selektionsprinzipien ausbilden und die aufgrund ihrer gewinnmaximierenden Ausrichtung Gegennarrative blockieren können und der Verfestigung sozialer Distinktionsmarker zuarbeiten.

In welchem Maße die Funktionalisierung kommunikativer Leitmedien an machtpolitische Kalküle gebunden ist, zeigt sich deutlich im Wechselverhältnis zwischen der Etablierung der Stadt als Druckort und dem Kontext des Prozesses.[46] Denn die erste Offizin ist in Trient ganz offensichtlich auf Betreiben Hinderbachs als nicht nur geistlicher, sondern auch weltlicher Führungsinstanz eingerichtet worden:[47] Albrecht Kunne aus Duderstadt ist nur in den Jahren 1475/76 in Trient nachweisbar; in dieser Zeit brachte er fast ausschließlich Publikationen zum Trienter Ritualmordprozess heraus.[48] Darunter sind besonders wirkmächtige Werke wie der bereits genannte lateinische Bericht des humanistisch gebildeten Tiberinus, ein weithin bekannter, vielfach nachgedruckter und übersetzter Text, der das religiös grundierte anti-judaistische Motiv der Blutbeschuldigung mittels der schriftliterarisch konzipierten Form in ein konkretes ,Handlungsnarrativ' überführt und damit die einschlägige Phänomenevidenz für den Prozess bereitstellt.[49] In diesen Zusammenhang gehört ein mit Tiberinus' Bericht kursierender Einblattdruck,[50] der die Abbildung des *Beatus Simon* mit einer literarisch versier-

44 Vgl. den Überblick in Worstbrock 1992, 1262–1274; Treue 1996, 285–348. Zu den Bildmedien aus dem Umfeld der Simon-Publizistik vgl. Areford 2010, 164–227.

45 Johannes Matthias Tiberinus: Passio beati Simonis. Brescia Sant'Orso [Vicenza]: Hans vom Rin 04.IV.1475 (GW M47703). In komplettierter Neuauflage: Historia completa de passione et obitu pueri Simonis. Trient: Albrecht Kunne 09.II.1476 (GW M47718). Zur Edition und Überlieferungsgeschichte siehe Bolpagni 2010/11, 46–49.

46 Vgl. Treue 1996, 305.

47 Zu Hinderbachs Rolle als „Initiator des Buchdrucks in Trient" vgl. Treue 1996, 189.

48 Vgl. Reske 2007, 611f.

49 Vgl. FN 45. Nachdruck Trient: Albrecht Kunne 9.II.1476 (GW M47718). Vgl. auch die Übersicht über die Verbreitung von Tiberinus' *Historia* im GW: https://www.gesamtkatalogderwiegendrucke.de/docs/TUBEJOH.htm [17.03.2024].

50 Epitaphium S. Simonis Tridentini. Trient: Albrecht Kunne, um 1476 (GW M4223919).

ten *lamentatio* des Knaben verknüpft und am Anfang einer ganzen Reihe von Simon-Darstellungen steht.[51] Wirkmächtig ist auch die von Kunne im Herbst 1475 herausgegebene Prosa-Historie (*Hystorie von 1475*) in deutscher Sprache,[52] ein Werk, das – im süddeutschen Raum mehrfach wiederaufgelegt – erstmals die Verlaufsform von Simons ‚Heiligenvita' in einem eingängigen Text-Bild-Arrangement präsentiert.[53]

Signifikant ist die Beobachtung zu Kunnes Verlagsprogramm, das ihn als einen regelrechten ‚Auftragsbuchdrucker' erscheinen lässt, gerade vor dem Hintergrund seiner Tätigkeit in Memmingen, wo er ab 1480 nachweisbar ist.[54] Nicht eine einzige Publikation zum Trienter Prozess hat Kunne hier zum Druck gebracht. Das Profil seiner Produktion orientiert sich vielmehr am regionalen Bedarf für Theologica, juristische und medizinische Schriften sowie für *Artes*-Literatur.[55] Auch für den zweiten Drucker Trients, den Priester Leonardo Longo aus Vicenza, der mit Kunnes Typen druckte,[56] ergibt sich ein ähnliches Bild: Er brachte in kaum nennenswertem Maße andere Schriften heraus als solche, die mit dem nunmehr zurückliegenden Prozessgeschehen in Verbindung stehen.[57] Dass er nur bis 1482 in Trient blieb, wo ihm für längere Zeit kein Drucker mehr nachfolgte, lässt sich im Sinne eines nachlassenden Bedürfnisses an direkt vor Ort gesteuerter medialer Einflussnahme nach der formalen Anerkennung des Prozesses lesen.[58] Darin zeichnet sich zugleich die Verselbständigung ökonomischer Kalküle ab, die die medial etablierte diskursive ‚Wahrheit' über unterschiedliche Produktionsorte und Publikationsformate prozessieren lassen.[59]

Wissen und Macht bilden also zentrale Faktoren, die den öffentlichen Diskurs schon insofern bestimmen, als sie seine mediale Verbreitung durch gezielte

51 Dazu (mit Abbildung) Magin/Eisermann 2009, 190–203; Areford 2010, 199–201.

52 Historia S. Simonis Tridentini, deutsch, Trient: Albrecht Kunne 6.IX.1475 (GW M42239).

53 Vgl. die Nachweise über die erhaltenen Nachdrucke und Exemplare im GW: https://www.gesamtkatalogderwiegendrucke.de/docs/SIMON.htm#M42239 [17.03.2024]. Zu den Mechanismen der ‚Bild-Erzählung' in der *Hystorie von 1475* siehe auch Areford 2010, 168–183.

54 Vgl. Reske 2007, 612.

55 Erhalten ist eine Bücheranzeige, die Kunnes Angebot dokumentiert (Memmingen: Albrecht Kunne, um 1500. GW 05678).

56 Zu Longos Tätigkeit in Trient vgl. auch Treue 1996, 189, 305.

57 Vgl. die Nachweise zu den wenigen von Longo 1481/82 in Trient publizierten Drucken: GW 00956; 05919; M34658; M47720.

58 So die Vermutung von Treue 1996, 305.

59 „Weit mehr Schriften als in Trient selbst erschienen in anderen Städten Norditaliens", z. B. Santorso, Vicenza (Hans vom Rin), Treviso (Geraerd van der Leye), Rom (Bartholomäus Güldenbeck). Vgl. Treue 1996, 305f.

Maßnahmen (die Etablierung der ersten Druckerpresse in Trient) forcieren. Am breiten Spektrum der literarischen Repräsentationen des Geschehens[60] lässt sich die Etablierung *eines einzigen* Deutungsnarrativs beobachten, das alternative Interpretationen dezidiert ausschließen bzw. medial marginalisieren soll. Der systematisch geführte Prozess literarischer Sinngebung bezieht seine Geltung aus dem Rekurs auf den Rang, die Bildung und intellektuelle Leistung, mithin: das öffentliche ‚Image' der tragenden Akteure der städtischen Funktions- und Bildungselite. Gleichzeitig nutzt der im medialen Diskurs verbreitete *consensus omnium* ein Geltungsargument quantitativer Dominanz: Das narrativ konstruierte ‚Ereignis' soll, rückgebunden an das Zentrum Trient, durch seine weite Präsenz überzeugen. Es setzt auf die Akzeptanz öffentlicher Aussagen als externes Beglaubigungsinstrument sowie auf die Kohärenz des inneren Argumentationsrahmens, indem sich die Darstellung eines für die Blutbeschuldigung typischen Motivarsenals bedient. Dabei wird der notwendige Bezug auf Faktisches in einem Rahmen situiert, dessen Evidenz nicht aus der Korrespondenz mit externen Sachverhalten ableitbar ist, sondern der allein aus seiner inneren Logik heraus argumentiert. Dieser Vorgang schafft ein „Kohärenzmodell von Wahrheit", das sich „gänzlich von der Beweispflicht entkoppelt",[61] das die Beweispflicht an die Zustimmung und Teilhabe eines Kollektivs delegiert – und daraus seine epistemische, soziale, politische Relevanz ableitet.

Die Strategien, mit denen die Konstruktion solcher diskursiven ‚Wahrheiten' operiert, lassen sich, wie die Forschung gezeigt hat, durchaus als narrative verstehen: ein Kohärenzrahmen, der mit Kausalitäten, Wahrscheinlichkeiten und Zeitfolgen arbeitet, über die Techniken der Selektion und Perspektivierung Sinn generiert oder auch moralische Eindeutigkeiten suggerieren kann.[62] Der Akt der Sinnstiftung im Akt des Erzählens erscheint als zentrales Moment für die Wahrnehmbarkeit und interpretierende Lesbarkeit des Geschehens, dessen Realität sich erst über die narrative Struktur vermittelt und so ein Szenarium der Glaubwürdigkeit für ein jeweils angesprochenes Publikum entwirft.[63] Die Literatur wird damit zur maßgeblichen Medialisierungsinstanz für die Ereignishaftigkeit des Phänomens, indem sie kulturelle, religionspolitisch begründete Narrative mit ihren im Horizont der historischen Wahrnehmung liegenden Voraussetzungen überblendet.

60 Zur Ausdifferenzierung des literarisch-medialen Feldes hinsichtlich der Gattungen, Publikationsformen und Sprachlogiken vgl. die Überblicksdarstellung in Treue 1996, 285–348.

61 Gess 2021, 32.

62 Zu den Möglichkeiten, „komplexes historisches Wissen durch Fragmentierung und biografische Zentrierung moralisch eindeutig bewertbar und damit ideologisch nutzbar zu machen" vgl. Gess 2021, 39.

63 „Ereignis, Erzählung und Geschichte gehören im Kern zusammen." Bleumer 2020, 38.

4. Die Stadt als Projektionsraum literarisch konstruierter ‚Geschichte'

Dieses Funktionsprinzip der Widerspruchsfreiheit zeichnet sich durch ein Hauptkriterium aus, das den Status des Wahrheitsanspruchs betrifft. Er basiert im Trienter Fall auf einem real geschehenen Ereignis (Tod eines Kindes), das dazu dient, ein anti-judaistisches Motiv zu aktivieren: die These der Blutbeschuldigung, die in ihrer Struktur, dem verwendeten Motivinventar, ihrer Kausallogik und Motivunterstellung einem kulturell tradierten Argumentationsmuster folgt.[64] Diese Grundelemente lassen sich prinzipiell auf jeden ‚Verdachtsfall' applizieren mit der Intention, aus einer generalistischen Denkform eine je situative Manifestation derselben abzuleiten.[65] Zugleich ist die Bezugsebene der in diesem Sinne zirkulären Argumentationslogik kategorial verschoben: Der Wahrheitsanspruch ist hier nämlich kein rein faktischer im Sinne einer geschichtlichen Wahrheit, sondern ein religiöser, der dieser Wahrheit gleichsam vorausliegt. Seine Wirklichkeit macht sich gerade darin geltend, dass er die „Selbstevidenz von Heiligkeit"[66] zum Thema macht – und genau in dieser Form wird Simons Tod in den literarischen Zeugnissen interpretiert: *so ist doch gottes krafft groeslich do erschinnen das das selig kint solt funden werden vnd sin plut solte gherochen werden.*[67] Wenn das ‚Ereignis', wie hier in der *Hystorie von 1475*, der Offenbarungstat Gottes zugeschrieben wird, erscheint es als Bestandteil von Gottes Heilsplan an und mit den Menschen, dessen Legitimität nicht infrage gestellt werden kann.

In diesem Argumentationsgefüge bewegen sich die Techniken der Beglaubigung, die Simon in das Spektrum kanonischer Heiligkeitsmodelle integrieren.[68] Und es sind dezidiert literarische Techniken, die die Intensität einer medial wahrnehmbaren, zeitlich-sinnhaft strukturierten Erfahrung herstellen und sie als Ereignis bestimmen.[69] Indem sie das Geschehen in literarische Muster und Modelle überführen, entsteht spezifischer Sinn, der als historisch rückgebundener seine konkrete zeitliche Dimensionierung zugleich überschreitet. Erst eine exakte historische Verankerung in der „narrativen Sinnkonstitution" konstruiert das

---

64 Am Beispiel der Auseinandersetzung zwischen Andreas Osiander und Johannes Eck vgl. Frey 1987, 177–197.

65 Vgl. zu diesem Aspekt Teter 2020, 152–208.

66 Köbele 2012, 37.

67 [*Hystorie von 1475*], Trient: Kunne 6.IX.1475 (GW M42239), Bl. 8^r^. Vgl. FN 50.

68 Zur historischen Kanonisierungspraxis mit Bezug auf ‚Kinderheilige' vgl. Vauchez 2005, 154f.

69 Die Struktur des Ereignisses zeichne sich, so Bleumer 2020, 28, durch eine skalierbare Größe aus, eine „quantitative, pragmatische Bezeichnung für den semantischen Wert, der sich normativen Maßvorstellungen entzieht, gerade deshalb aber ästhetisch intensiv als Ereignishaftigkeit in Erfahrung kommt."

Ereignis „als Gegebenheit im Rahmen der Wahrnehmung“.[70] Über diese „elementare Handlungsentität“,[71] die in ihrer zeitlichen und räumlichen Struktur nur im Vorgang des Erzählens konkret wird, kann sich der Fall zum Exemplarischen hin öffnen. Fixpunkt einer solchen Verdichtung von historischem Geschehen, literarischer Tradition und medialer Präsenz ist dabei die Stadt selbst: Trient als Ort des ‚Heilsereignisses‘ und seiner ‚Offenbarung‘ für die christliche Glaubensgemeinschaft, als ‚Träger‘ des neuen Kultes in der literarischen Projektion gleichermaßen verzeitlicht wie aus der Zeit gestellt im Sinne einer „universalen Heilsaffirmation“[72] im Erzählen. Dieser Aspekt lässt sich an drei medialen Stationen schlaglichtartig beleuchten.

1) In den frühen Simon-Narrativen wird die Stadt als geographisches Zentrum des historischen Geschehens präsentiert. Es konkretisiert sich im Detailwissen um die lokalen Gegebenheiten, das mit den auf Präzision abgestellten Angaben zur Beschreibung des Ortes eine Objektivierbarkeit auch des darin situierten Handlungsablaufs suggerieren soll. Die Grundlage der Darstellung findet sich schon in der *Passio beati Simonis* des Matthias Tiberinus, die u. a. beim Trienter Drucker Albrecht Kunne erschien (s. o.):

> *Nuper in ciuitate Tridentina / quæ versus aquilonem / Italiam a Germania Lauisio flumine interlabente disterminat. Ea in regione quæ ab Athesis ponte recedens versus castellum a leua protenditur. Tres Iudeorum familie considebant quorum capita fuere* [...]*: Hi ea in epdomade quam nos cristiani Sanctam appellamus: Die martis .xii. kalendas aprilis: Anno ab incarnatione uerbi septuagesimo quinto / supra millenum quatercentenum Conuenerunt in domum Samuelis* [...]. (unfoliiert, p. 6f.)[73]

> ‚Neulich (geschah es) in der Stadt Trient, die nach Norden hin durch den Avisio [sc. Nebenfluss der Etsch] Italien von der Germania trennt. In diesem Gebiet, das sich hinter der Etschbrücke auf der linken Seite zum Schloss hin erstreckt [sc. der Fürstbischöfe zu Trient], saßen drei Familien der jüdischen Gemeinde zusammen. Ihre Vertreter waren [...]: Sie kamen zusammen im Haus des Samuel genau in dieser Woche, die wir Christen heilig nennen: am 21. März, im 1475. Jahr der Fleischwerdung des Wortes [...].‘ (Übers.: J.F.)

2) Im Modus der Anschaulichkeit, der ein objektives Tatsachenwissen suggeriert, wird die Stadt Trient im hagiographischen Diskurs untrennbar mit dem ‚Heilsereignis‘ verbunden. Beispiel ist die von Kunne publizierte *Hystorie von 1475* (vgl.

---

70 Bleumer 2020, 32f.

71 Ebd., 16.

72 Köbele 2012, 367.

73 Johannes Matthias Tiberinus: *Passio beati Simonis*. Brescia Sant’Orso [Vicenza]: Hans vom Rin 04.IV.1475 (GW M47703). Vgl. FN 46.

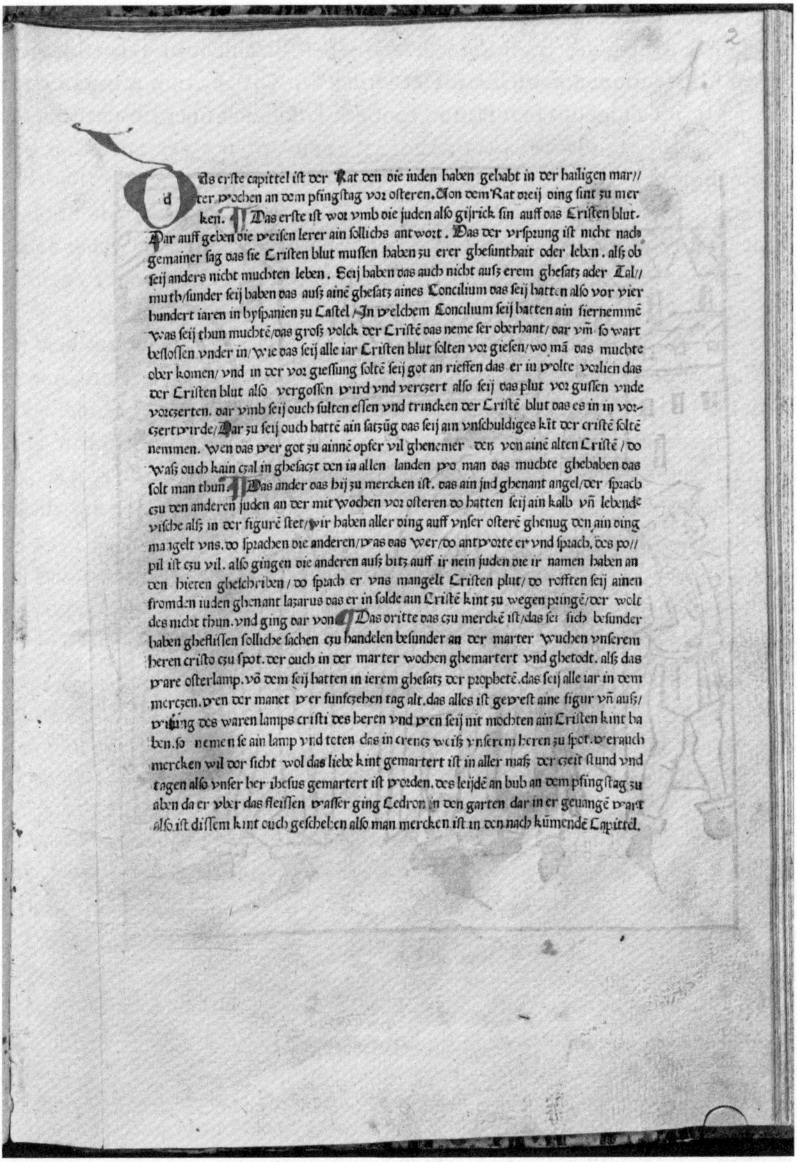

Das erste capittel ist der Rat den die iuden haben gehabt in der hailigen mar//
ter wochen an dem pfingstag vor osteren. Von dem Rat dreij ding sint zu mer
ken. ¶ Das erste ist wor vmb die juden also gijrick sin auff das Cristen blut.
Dar auff geben die weisen lerer ain sollichs antwort. Das der vrsprung ist nicht nach
gemainer sag das sie Cristen blut mussen haben zu erer ghesunthait oder leben. alß ob
seij anders nicht muchten leben. Seij haben das auch nicht auß erem ghesatz ader Tal//
muth/sunder seij haben das auß ainē ghesatz aines Concilium das seij hatten also vor vier
hundert iaren in hyspanien zu Castel/ In welchem Concilium seij hatten ain fiernemmē
was seij thun muchtē/das groß volck der Cristē das neme ser oberhant/ dar vm so wart
beslossen vnder in/ Wie das seij alle iar Cristen blut solten vor giesen/ wo mā das muchte
ober komen/ vnd in der vor giessung soltē seij got an rieffen das er in wolte vorlien das
der Cristen blut also vergossen wird vnd verczert also seij das plut vor gussen vnde
vorczerten. dar vmb seij ouch sulten essen vnd trincken der Cristē blut das es in in vor-
czert wirde/ Dar zu seij ouch hattē ain satzūg das seij ain vnschuldiges kīt der cristē soltē
nemmen. wen das wer got zu ainnē opfer vil ghenemer den von ainē alten Cristē / do
waß ouch kain czal in ghesaczt den ia allen landen wo man das muchte ghehaben das
solt man thun. ¶ Das ander das bij zu mercken ist. das ain jud ghenant angel/der sprach
czu den anderen juden an der mit wochen vor osteren do hatten seij ain kalb vn̄ lebende
vische alß in der figurē stet/ wir haben aller ding auff vnser osterē ghenug den ain ding
mangelt vns. do sprachen die anderen/was das wer/do antworte er vnd sprach. des po//
pil ist czu vil. also gingen die anderen auß bitz auff ir nein juden die ir namen haben an
den bieten gheschriben/ do sprach er vns mangelt Cristen plut/ do rofften seij ainen
fromden iuden ghenant lazarus das er in solde ain Cristē kint zu wegen pringē/der wolt
des nicht thun. vnd ging dar von. ¶ Das dritte das czu merckē ist/das sei sich besunder
haben gheflissen solliche sachen czu handelen besunder an der marter wuchen vnserem
heren cristo czu spot. der ouch in der marter wochen ghemartert vnd ghetodt. alß das
ware osterlamp. vō dem seij hatten in ierem ghesatz der prophetē. das seij alle iar in dem
merczen. wen der manet wer funfczehen tag alt. das alles ist gewest aine figur vn̄ auß/
wisung des waren lamps cristi des heren vnd wen seij nit mochten ain Cristen kint ha
ben. so nemen se ain lamp vnd teten das in crencz weiß vnserem heren zu spot. wer auch
mercken wil der sicht wol das liebe kint gemartert ist in aller maß der czeit stund vnd
tagen also vnser her ihesus gemartert ist worden. des leijdē an hub an dem pfingstag zu
aben da er vber das fleissen wasser ging Cedron in den garten dar in er geuangē wart
also ist dissem kint ouch geschehen also man mercken ist in den nach kūmendē Capittel.

Abb. 1: *Hystorie von 1475*, Textseite zu cap. 1.
München, Bayerische Staatsbibliothek, 2 Inc. s.a. 62#Beibd.1, Bl. 2r.

Abb. 1), die einschlägige Evidenzfaktoren für Simons ‚Heiligkeit' bereitstellt, indem sie diese gemäß der Tradition legendarischen Erzählens und ihrer ikonographischen Konventionen modelliert. Der Druck kursierte nicht nur in zahlreichen Neuauflagen im süddeutschen Raum, sondern fand auch über Abschriften weite Verbreitung als Grundlage für ein dezidiert ‚legendarisches' Narrativ. Das belegt die Aufnahme des Textes in eine 1481 vollendete Handschrift von ‚Der Heiligen Leben', die aus dem süddeutschen Dominikanerinnenkloster Altenhohenau stammt (vgl. Abb. 2).[74] Er steht dort unter der Rubrik: *Von sant Symon dem vnschuldigen kint daz die juden gemartert vnd getöt haben in der stat zu tryent* (fol. 155v).

3) Die Aufnahme des Ereignisses in zeitgenössische Weltchroniken führt schließlich beide Dimensionen zusammen. Sie bindet den hagiographischen Diskurs, der den ‚neuen' Märtyrer Simon in das Spektrum kanonischer Heiligkeitsmodelle integriert, über eine historiographisch-chronikalische Struktur an die Stadt als Garant für die Phänomenevidenz des Geschehens zurück. Der weltgeschichtliche Rahmen erscheint damit als faktisch gesetzte Entität für die Manifestation und Medialisierung des ‚Heilsereignisses'. Symptomatisch für diesen Aspekt kann die Weltchronik Hartmann Schedels gelten.[75] Sie bietet in der lateinischen wie deutschen Fassung eine einprägsame Text-Bild-Seite zur ‚Passio Simonis', die die Bedeutung des Ereignisses für die Stadtgeschichte fokussiert:

> *Symon das sellig kindlein zu Trient ist am .xxi. tag des Mertzen nach der gepurt Cristi .M.cccc.lxxv. iar in der heiligen marterwochen in der statt Trient von den iuden getödt vnd ein martrer Cristi worden.* [...] *Als der leichnam auff befelhe Johanszen hinderbachs bischoffs daselbst bestattet wardt do fieng er alszpald an in wunderzaichen zescheinen vnd ausz allen cristenlichen gegenten zu dises heilliges kindes grab ein zulawff zewerden. dauon dann dise statt nicht kleine auffung vnnd zunemung empfunden hat. vnd die burger daselbst haben disem leichnam ein schöne kirchen auffgerichtet.* (fol. 254v)[76]

74 Vgl. die Angaben zur Handschrift: https://www.digitale-sammlungen.de/de/details/bsb00035397 [15.03.2024].

75 Liber cronicarum. Nürnberg: Anton Koberger für Sebald Schreyer und Sebastian Kammermaister 12.VII.1493 (GW M40784); Das Buch der Cronicken vnd gedechtnus wirdigern geschichten von anbegynn der werlt bis auf dise vnßere zeit. Nürnberg: Anton Koberger für Sebald Schreyer und Sebastian Kammermaister 23.XII.1493 (GW 40796).

76 Zitiert nach dem Exemplar München, Bayerische Staatsbibliothek, Rar 287. Der lateinische Text, der der deutschen Chronik zugrunde liegt, folgt der Darstellung bei Jacobus Philippus Foresti (Supplementum chronicarum, 1483), die um einige Details angereichert ist. Vgl. Treue 1996, 322 u. 340.

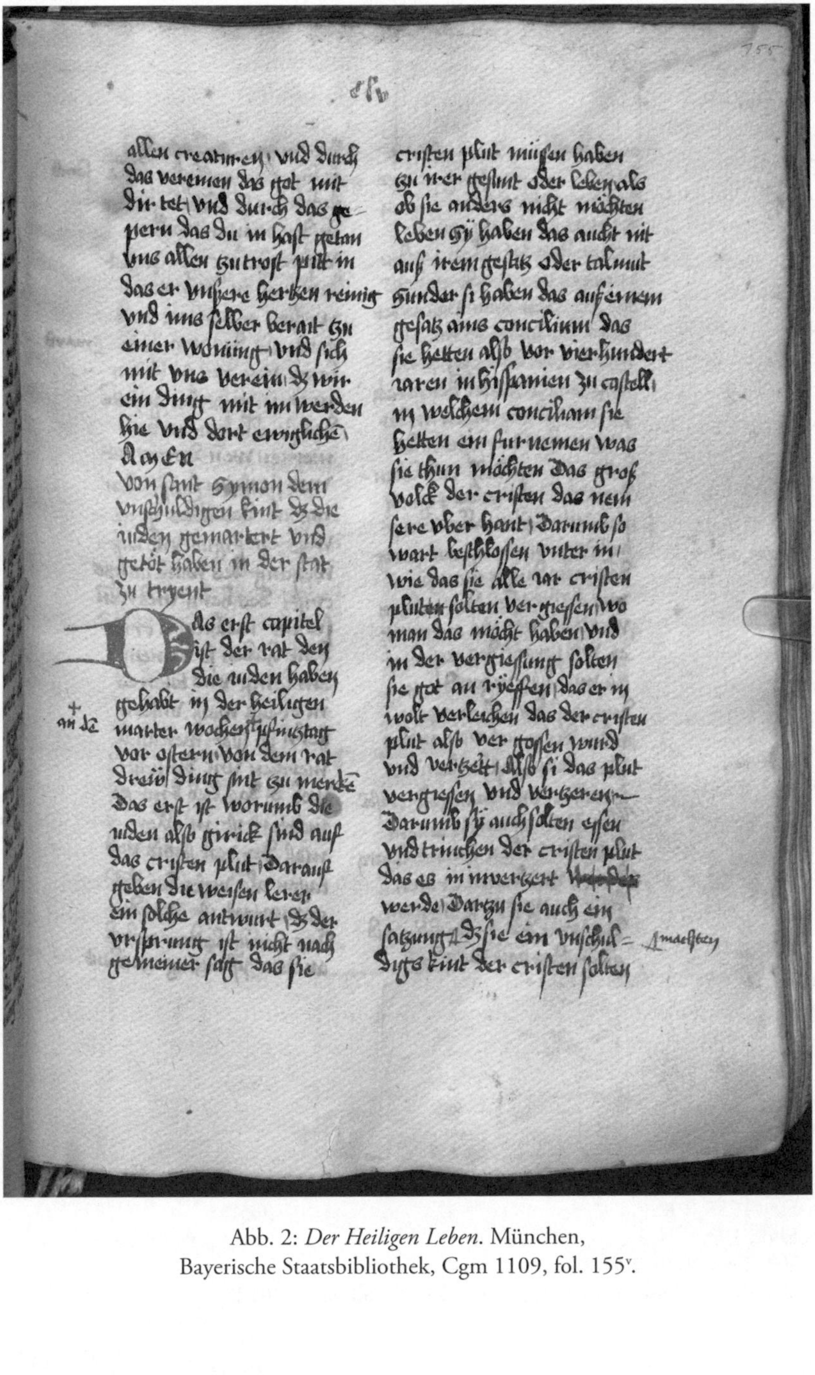
allen creaturen vnd durch
das vereinen das got mit
dir tet vnd durch das ge-
pern das du in hast getan
vns allen zu trost pit in
das er vnsere hertzen reinig
vnd vns selber berait zu
einer wonung vnd sich
mit vns verein das wir
ein dingk mit im werden
hie vnd dort ewigliche
Amen
Von sant Symon dem
vnschuldigen kint das die
iuden gemartert vnd
getöt haben in der stat
zu tryent
Das erst capitel
ist der rat den
die iuden haben
gehabt in der heiligen
marter wochen am pfintztag
vor ostern von dem rat
dreij dingk sint zu merken
Das erst ist worumb die
iuden also girick sind auf
das cristen plut Darauf
geben die weisen leren
ein solche antwurt das der
vrsprung ist nicht nach
gemeiner sag das sie
cristen plut müssen haben
zu irer gesunt oder leben als
ob sie anders nicht möchten
leben Sy haben das auch nit
auf irem gesetz oder talmut
Sunder si haben das auf einem
gesatz eins concilium das
sie hetten also vor vierhundert
iaren in hisspanien zu castell
in welchem concilium sie
hetten ein furnemen was
sie thun möchten das gros
volck der cristen das vn-
sere vber hant Darumb so
wart beschlossen vnter in
wie das sie alle iar cristen
pluten solten vergiessen wo
man das möcht haben vnd
in der vergiessung solten
sie got an rüffen das er in
wolt verleihen das der cristen
plut also vergossen würd
vnd verzert also si das plut
vergiessen vnd verzeren
Darumb sy auch solten essen
vnd trincken der cristen plut
das es in inverkert
werde Darzu sie auch ein
satzung das sie ein vnschul-
digs kint der cristen solten

Abb. 2: *Der Heiligen Leben*. München, Bayerische Staatsbibliothek, Cgm 1109, fol. 155v.

5. Stadt und ‚Gedächtnis‘

Der Blick auf die kulturelle Reichweite der Blutbeschuldigung zeigt, dass als wahr nicht die im Prozess der Argumentation plausibilisierbare Information gilt, sondern vielmehr ihre „Konsensfähigkeit“[77] innerhalb der medial sich konsolidierenden Gemeinschaft – eine „Sozialdimension des kommunizierten Wissens“,[78] die anstelle der Sachdimension als Grundlage für die behauptete Evidenz dient. Für den Trienter Fall lässt sich beobachten, dass die mediale Präsenz eines kulturell genutzten Modells eine dezidiert axiomatische Grundstruktur produziert. Dabei ist es gar nicht so entscheidend, ob die Produzenten selbst an die „Vorurteilsstrukturen der Tradition“[79] explizit geglaubt haben. Sie finden „ihren ‚Sinn‘“[80] als Mittel der Herrschaftsausübung und Machtbehauptung. Widerspruch gegen den öffentlichen Konsens bleibt damit unwirksam – nicht, weil es ihn nicht gegeben hätte,[81] sondern weil er medial marginalisiert ist. Dieser Befund lenkt den Blick auf ein anderes Grundverständnis von Wahrheit, die als religiöse gesetzt ist und historische Geltung erst dann beanspruchen kann, wenn sie öffentlich, d. h. literarisch bezeugt und institutionell beglaubigt worden ist.

Gerade dieser Prozess, der sich über eine mediale Gattungsdifferenzierung vollzieht, bedingt eine Diskursverschiebung, mit der eine Verlagerung des Argumentationsziels von Gegennarrativen einhergeht. Sie überführt in einem strategischen Kalkül die Möglichkeit des Widerspruchs von einer rechtlichen, auf den Sachverhalt bezogenen Ebene auf die Ebene der literarischen Projektion. Und diese wiederum bestätigt sich – im Akt der Beglaubigung der kulturellen Denkform – über die Aktualisierung gattungstypologischer und ikonographischer Muster und Traditionen permanent selbst.

Ergebnis ist eine Pluralisierung der Zugänge und eine Potenzierung des Narrativs, seine Vervielfältigung über verschiedene Akteure in unterschiedlichen Diskursfeldern, die eine hohe Wahrnehmungsintensität des medial ‚Erfahrbaren‘ generiert.[82] Sie ist Ausdruck der Aushandlung einer sinnhaften Realisationsform für einen vermeintlich historischen ‚Befund‘. Literatur wird so, indem sie das antijudaistische Motiv der Blutbeschuldigung mit seinen Kausalitäten, Motivationsstrukturen, Motivunterstellungen aktualisiert, zum Träger einer kulturellen Denkform. Sie konstruiert eine mediales Ereignis, dessen Realität in der literari-

77 Gess 2021, 8.
78 Ebd., 40.
79 Frey 1987, 192.
80 Ebd., 193.
81 Vgl. Teter 2020, 208–236.
82 Vgl. für den humanistischen Diskurs Bowd/Cullington 2012.

schen Präsenz und ikonischen Prägnanz des jederzeit Gültigen (Stichwort: Heiligkeit) prozessual nachvollzogen, je neu ausgefaltet und präzisiert werden kann.

Der im Leitdiskurs so offensiv behauptete Wahrheitsstatus ist, so lässt sich für den Trienter Fall resümieren, in mehrfacher Hinsicht an die Stadt gebunden: als Ort der ‚Beglaubigung', als Zentrum des Diskurses (der Akteure, ihrer Netzwerke) wie als Zentrum von dessen medialer Verbreitung (Kunne als erster Drucker der Stadt) – mit dem Umschlag in die literarische Projektion, über die Trient als Schauplatz der ‚Heilswerdung' untrennbar mit dem Simon-Narrativ verbunden blieb. Damit entsteht ein Projektionsraum, der zeitliche ‚Geschichte' und überzeitliches kulturelles ‚Gedächtnis' in einer integralen Figur ineinander schichtet – bis zur Abschaffung des Simon-Kultes im Zuge des Zweiten Vatikanischen Konzils (1962–1965).[83]

Bibliographie

I. Primärliteratur

Arendt, Hannah: Die Lüge in der Politik. In: Hannah Arendt (Hrsg.): Wahrheit und Lüge in der Politik. Zwei Essays. München 6. Aufl. 2021.

Bolpagni, Gaia (Hrsg.): Giovanni Mattia Tiberino e la passio beati Simonis pueri tridentini. Edizione e commento, Diss., Mailand 2010/2011, http://tesionline.unicatt.it/handle/10280/1395 [18.03.2024].

Esposito, Anna/Quaglioni, Diego (Hrsg.): Processi contro gli Ebrei di Trento (1475–1478). I processi del 1475. Padua 1990.

Quaglioni, Diego (Hrsg.): Battista de' Giudici. Apologia Iudaeorum. Invectiva contra Platinam. Propaganda antiebraica e polemiche di Curia durante il pontificato di Sisto IV (1471–1484). Edizione, traduzione e commento. Rom 1987.

Der Heiligen Leben. Die Frau von 21 Jahren. München, Bayerische Staatsbibliothek, Cgm 1109. urn:nbn:de:bvb:12-bsb00035397-0

Historia S. Simonis Tridentini, deutsch [*Hystorie von 1475*]. Trient: Albrecht Kunne 6.IX.1475 (GW M42239).

Tiberinus, Johannes Matthias: Passio beati Simonis. Brescia Sant'Orso [Vicenza]: Hans vom Rin 04.IV.1475 (GW M47703).

II. Sekundärliteratur

Areford, David S.: The Viewer and the Printed Image in Late Medieval Europe. Visual Culture in Early Modernity. Farnham u. a. 2010.

83 Vgl. Eckert 1964, 354.

Bleumer, Hartmut: Ereignis. Eine narratologische Spurensuche im historischen Feld der Literatur. Würzburg 2020.

Bonelli, Benedetto: Dissertazione apologetica sul martyrio del B. Simone da Trento nell' anno 1475 dagli Ebrei ucciso. Trient 1747.

Bowd, Stephen D./Cullington, J. Donald: *On Everyone's Lips*. Humanists, Jews, and the Tale of Simon of Trent. Medieval and Renaissance Texts and Studies. Tempe, Arizona 2012.

Dutton, Elisabeth: The Blood Libel: Literary Representations of Ritual Child Murder in Medieval England. In: Laurence Brockliss und Heather Montgomery (Hrsg.): Children and Violence. Oxford 2010, 32–38.

Eckert, Willehad Paul: Beatus Simoninus – Aus den Akten des Trienter Judenprozesses. In: Willehad Paul Eckert und Ernst Ludwig Ehrlich (Hrsg.): Judenhass – Schuld der Christen? Versuch eines Gesprächs. Essen 1964, 329–360.

Eckert, Willehad Paul: Aus den Akten des Trienter Judenprozesses. In: Paul Wilpert (Hrsg.): Judentum im Mittelalter. Beiträge zum christlich-jüdischen Gespräch. Berlin 1966, 283–336.

Eckert, Willehad Paul: Der Trienter Judenprozeß und seine Folgen. In: Jüdisches Museum der Stadt Wien (Hrsg.): Die Macht der Bilder. Antisemitische Vorurteile und Mythen. Wien 1995, 86–101.

Gess, Nicola: Halbwahrheiten. Zur Manipulation von Wirklichkeit. Berlin 2021.

Günthart, Romy: Deutschsprachige Literatur im frühen Basler Buchdruck (ca. 1470–1510). Münster 2007.

Henkel, Nikolaus: Sebastian Brant. Studien und Materialien zu einer Archäologie des Wissens um 1500. Berlin 2021.

Hsia, Ronnie Po-chia: The Myth of Ritual Murder. Jews and Magic in Reformation Germany. New Haven 1988.

Hsia, Ronnie Po-chia: Trent 1475. Stories of a Ritual Murder Trial. New Haven 1992.

Isenmann, Eberhard: Die deutsche Stadt im Spätmittelalter 1250–1500. Stadtgestalt, Recht, Stadtregiment, Kirche, Gesellschaft, Wirtschaft. Stuttgart 1988.

Kellner, Beate/Lieb, Ludger/Strohschneider, Peter (Hrsg.): Literarische Kommunikation und soziale Interaktion. Zur Institutionalität mittelalterlicher Literatur. Frankfurt a. M. 2001.

Köbele, Susanne: Die Illusion der ‚einfachen Form'. Über das religiöse und ästhetische Risiko der Legende. In: PBB 134 (2012), 365–404.

Kugler, Hartmut: Literatur und spätmittelalterliche Stadt. In: Werner Röcke und Marina Münkler (Hrsg.): Die Literatur im Übergang vom Mittelalter zur Neuzeit. München u. a. 2004, 394–408.

Melville, Gert/Vorländer, Hans (Hrsg.): Geltungsgeschichten. Über die Stabilisierung und Legitimierung institutioneller Ordnungen. Köln 2002.

Rando, Daniela: Dai margini la memoria. Johannes Hinderbach (1418–1486). Bologna 2003.

Rautenberg, Ursula: Verbreitender Buchhandel im deutschen Sprachraum von circa 1480 bis zum Ende des 16. Jahrhunderts. In: Marco Santoro und Samanta Segatori (Hrsg.): Mobilità die mestieri del libro tra quattrocento e seicento. Convegno internazionale Roma, 14–16 marzo 2012. Pisa/Rom 2013, 77–87.

Reske, Christoph: Die Buchdrucker des 16. und 17. Jahrhunderts im deutschen Sprachgebiet. Auf der Grundlage des gleichnamigen Werkes von Josef Benzing. Wiesbaden 2007.

Rogger, Iginio/Bellabarba, Marco: Il principe vescovo Johannes Hinderbach (1465–1486) fra tardo Medioevo e Umanesimo. Atti del convegno promosso dalla Biblioteca Comunale di Trento, 2.–6. ottobre 1989. Bologna 1992.

Rose, E. M.: The Murder of William of Norwich. The origins of blood libel in medieval Europe. New York 2015.

Stern, Moritz: Die päpstlichen Bullen über die Blutbeschuldigung. München 1900, 2–36.

Teter, Magda: Blood Libel, a Lie, and Its Legacies. In: Andrew Albin u. a. (Hrsg.): Whose Middle Ages? Teachable Moments for an Ill-Used Past. New York 2019, 44–57.

Teter, Magda: Blood Libel. On the Trail of an Antisemitic Myth. Cambridge, MA, 2020.

Teter, Magda: On the Continuities and Discontinuities of Anti-Jewish Libels. In: Antisemitism Studies 5 (2021), 370–400.

Magin, Christine/Eisermann, Falk: Two Anti-Jewish Broadsides from the Late Fifteenth Century. In: Peter Parshall (Hrsg.): The Woodcut in Fifteenth-Century Europe. New Haven/London 2009, 190–203.

Treue, Wolfgang: Der Trienter Judenprozeß. Voraussetzungen – Abläufe –Auswirkungen (1475–1588). Hannover 1996.

Vauchez, André: Sainthood in the Later Middle Ages. Translated by Jean Birrell. Cambridge 2005.

White, Hayden: Metahistory. The historical imagination in nineteenth-century Europe. Baltimore 1973.

Worstbrock, Franz Josef: Simon von Trient. In: VL 8 (1992), 1260–1275.

PD Dr. Julia Frick
Universität Zürich
Deutsches Seminar
Schönberggasse 9
CH-8001 Zürich
julia.frick@ds.uzh.ch

Verena Ebermeier

Städte und Klöster – Städte versus Klöster. Machtpolitische Implikationen einer Münchener Karlsgeographie in der sogenannten *Weihenstephaner Chronik* und in Ulrich Fuetrers *Bayerischer Chronik*

1. Gründungsnarrationen als politisch-chronikalische Machtkonstruktionen

Im München des 15. Jahrhunderts beauftragt der wittelsbachische Herzog Albrecht IV. den Dichter und Hofmaler Ulrich Fuetrer damit, eine Landeschronik, die *Bayerische Chronik*,[1] zu verfassen. Es gilt, die eigene Identität und die eigenen Machtansprüche zu begründen und zu festigen – mit Blick auf München keine einfache Aufgabe. Bereits Albrechts Vorfahren haben mit München als sehr junger wittelsbachischer Residenzstadt einen problematischen Stand, da gängige Logiken der inszenatorischen Selbstvergewisserung für diese kaum greifen. Weder hinsichtlich seines politischen Status kann München zunächst gegen Konkurrenzstädte wie Regensburg bestehen, das zur Hauptstadt avanciert und im 13. Jahrhundert den Status einer Reichsstadt erhält, noch verfügt es über gründungsnarrative Möglichkeiten, am Überbietungswettbewerb teilzunehmen, „wessen Altertum am weitesten in die Tiefe der Zeiten zurückreicht und dabei zugleich am verehrungswürdigsten ist".[2] Neben diesen Defiziten in der urbanen Argumentationskraft mangelt es München zudem an einer altehrwürdigen Klostertradition, die als unterstützende Legitimationskonstituente auf die Stadt und die Dynastie ausstrahlen und ihr Ansehen verleihen könnte[3] – anders als die Bischofsstadt Freising mit dem Kloster Weihenstephan und anders als Regensburg mit Klöstern wie St. Emmeram, aber auch St. Jakob und dem zugehörigen Priorat Weihsanktpeter.[4]

Um sich dennoch in die Geschichte Bayerns einschreiben zu können, wird in chronikalischen Werken aus dem Kontext der Münchener Wittelsbacher eine

1 Im Folgenden als *BChr* zitiert nach Spiller 1909.

2 Muhlack 2001, 15f.

3 Mit der Bedeutung etwa von Hausklöstern für die jeweilige Dynastie befassen sich in Zusammenhang mit ihren Analysen von Stifterchroniken Peters (vgl. Peters 1999, 75) und Patze (vgl. Patze 2002, 119).

4 Zu der gründungsgeschichtlichen Verbindung Weihsanktpeters und St. Jakobs vgl. Feistner 2021, 119f.

10.29091/9783752003444/015

komplexe machtpolitische Argumentation konstruiert, die deren Selbstverständnis erzählerisch anhand von Gründungsnarrativen aushandelt. Hierbei stützt sie sich, so die These der vorliegenden Studie, wesentlich auf zwei argumentative Säulen, auf Genealogie und insbesondere Geographie, die durch die Autorität Karls des Großen fundiert sind. Diese Arbeit an der urban-dynastischen Identität zeigt sich deutlich in der sog. *Weihenstephaner Chronik*[5] und der auf sie referierenden *Bayerischen Chronik* des Ulrich Fuetrer, die die Positionierung Münchens in einer Karlsgenealogie und Karlsgeographie als entscheidendes Kriterium seiner Machtrelation zu Freising wie auch Regensburg geltend machen. Anhand der beiden Städtekonstellationen soll im Folgenden die Bedeutsamkeit Karls des Großen für die Machtpolitik der Wittelsbacher analysiert werden. Besonderer Fokus liegt dabei auf narrativen Strategien zur eigenen Legitimation und Delegitimation oder Vereinnahmung anderer Städte und Klöster, indem deren Gründungserzählungen durch Integration in die Münchener Karlsgenealogie und -geographie respektive Exklusion funktionalisiert und überschrieben werden.[6]

Die Konstruktion eines genealogischen Kontinuums zwischen Karl dem Großen und den Münchener Wittelsbachern, an das die Geschicke Bayerns als untrennbar gebunden suggeriert werden,[7] bezeugt für die Residenzstadt, wie sehr „[g]enealogische Denkformen und Darstellungsmodelle […] immer auch politische Ordnungen [repräsentieren]",[8] und als „gleichsam natürliche Argumente […] Ableitungsvorgänge"[9] ermöglichen. Mit der Intention, machtpolitische Relevanz im Sinne von „Albrechts exklusiv-expansiver Herrschaftslegitimation"[10] abzuleiten, gestaltet sich die Herleitung der Dynastie insbesondere für Ulrichs Landeschronik nicht nur als Kernthematik,[11] sondern als „stringentes Gliederungsprinzip".[12] Für dieses wird mit Karl dem Großen ein hybrider und daher argumentativ vielseitiger Akteur vereinnahmt, der in Dichtung und Chro-

5 Im Folgenden als *WChr* zitiert nach Cgm 259, fol. 1ra–123rb.

6 Die hier vorgebrachten Analysen und Befunde zur Karlsgenealogie und Karlsgeographie entstammen dem DFG-Projekt „Historische Narratologie und Raumchronistik: Herkunfts- und Gründungserzählungen in der bayerischen Landesgeschichtsschreibung des 15. Jahrhunderts" unter Leitung von Edith Feistner.

7 Der Konnex aus Dynastie und Landesgeschichte ist zentraler Vermittlungsaspekt in Ulrichs Landeschronik (vgl. Studt 2015, 400; vgl. Dicker 2009, 132f.), in der sich der Dichter die Wahrung des wittelsbachischen Ansehens explizit zur Aufgabe macht (vgl. *BChr*, 5; vgl. Studt 2015, 398). Damit realisiert Ulrich die durch Albrecht IV. vorgenommene „erhebliche Intensivierung der genealogischen Geschichtsdarstellung" (ebd., 397).

8 Ebd., 405; vgl. Weigel 2003, 231 und Weigel 2006, 21–54.

9 Studt 2015, 405.

10 Ebd., 402.

11 Vgl. ebd., 399.

12 Ebd., 402.

nistik, im französischen und deutschsprachigen Raum relevant, als Herrscher und Heiliger[13] für eigene Interessen adaptiert wird.[14]

Besonders affirmierend wirksam ist aber das geographische Moment, da Karl auch in den unmittelbaren Raumkontext Münchens ‚hineinerzählt' und damit eng an die Residenzstadt gebunden wird. Mit Blick auf ein sich im 15. Jahrhundert wandelndes Geschichtsverständnis,[15] in dessen Zusammenhang „die Kategorie des Raumes im genealogischen Relationengefüge wichtiger geworden [ist] als die der Zeit",[16] erweist sich die Vorstellung einer Karlsgeographie als Ausdruck nicht einzig machtpolitischer, sondern zudem kulturgeschichtlicher Entwicklungen.

2. Korbinian vs. Karl: Das Kloster Weihenstephan zwischen Bischofs- und Residenzstadt

Narrative Tendenzen zur Einschreibung Karls des Großen in das Land Bayern und in die Genealogie der Münchener Wittelsbacher zeigen bereits frühere Quellen. Um sich etwa im machtpolitischen Konflikt zwischen der Residenzstadt München und der Bischofsstadt Freising mit ihrem Kloster Weihenstephan der eigenen Identität zu versichern und Herrschaftsansprüche aus ihr abzuleiten, werden mithilfe der Autorität Karls konkurrierende Gründungsnarrative aus Münchener Perspektive durch Überschreibungen neu konfiguriert.

Im Ringen um Herrschaftsbereiche gestaltet sich das Verhältnis zwischen Münchener Wittelsbachern und Freisinger Bischöfen äußerst angespannt. Gilt die Bischofsstadt „als politisches und kulturelles Zentrum des alten Bayern",[17] deren Kirchen und Stifte auch hinsichtlich der Besitzverhältnisse im Münchener Raum

13 Diese Konnotation Karls als Heiliger und politischer Akteur analysiert Bastert in seiner Untersuchung mittelalterlicher Karlsvorstellungen u. a. für das *Rolandslied* und die *Kaiserchronik* (vgl. Bastert 2001, 204). Auf die argumentative Relevanz von Karls Transzendenzbindung verweist auch Kellner (vgl. Kellner 2004, 110).

14 Diese herleitenden Potenziale Karls des Großen als „Ausgangs- oder auch als Fluchtpunkt dynastisch-genealogischer Entwürfe" (Bastert 2015, 115) sind im deutschsprachigen Raum besonders für relativ junge Dynastien feststellbar (vgl. Mertens 2001, 25). Zeigt sich die chronikalische Karldarstellung in der lateinischen Literatur zunächst noch als schwer greifbar (vgl. Schütte 2001, 247), entsteht in Weltchroniken der Volkssprache eine Gestaltungsvielfalt, indem narrative Elemente ohne lateinische Vorlage integriert oder Adaptationen für das zeitgenössische Publikum vorgenommen werden (vgl. Bastert 2015, 122).

15 Das 15. Jahrhundert erweist sich als Umbruchszeit in der Stadtchronistik (vgl. Hammer 2013, 208f.) und auch in der Landesgeschichtsschreibung (vgl. Studt 2015, 388f.). Mit der Bedeutung dieser Umbruchszeit hinsichtlich der bayerischen Landeschroniken befasst sich Feistner intensiv (vgl. Feistner 2023).

16 Studt 2015, 388.

17 Benker/Haßlberger/Steiner 1989, 7; vgl. Glaser 1989, 177.

vorherrschen,[18] bildet für diesen die Erlangung der bayerischen Herzogswürde durch die Wittelsbacher eine Zäsur.[19] Mit der Intention einer „Aushöhlung der freisingischen Stadtherrschaft in München“[20] gelingt es den Wittelsbachern zumeist, den geistlichen Einfluss Freisings zu begrenzen, doch entzieht sich dieses umgekehrt dem Arm der wittelsbachischen Dynastie, indem es reichsunmittelbar wird.[21] Das Kloster Weihenstephan aber gerät unter bayerische Landeshoheit[22] und wird machtpolitisch von Freising getrennt – eine Entwicklung, die darin gipfelt, dass die Vogtei Weihenstephans 1505 an den Münchener Wittelsbacher Albrecht IV., Ulrich Fuetrers Auftraggeber, übergeht.[23]

Dementsprechend sieht sich der Dichter bei der Arbeit an seiner *Bayerischen Chronik* mit divergierenden Gründungsnarrationen konfrontiert, die diese adversativen Interessen spiegeln. So speist sich das Selbstverständnis der Bischofsstadt aus ihrer Verbundenheit mit dem Kloster Weihenstephan, mit dessen Gründungsmythos der Korbinianslegende sie sich identifiziert. Diese bezeugt, wie der Heilige Korbinian aufgrund weisender Wundererfahrungen seine Wohnstätte auf den Berg Weihenstephan verlegt und das Benediktinerkloster gründet.[24] Das Gründungsnarrativ zeigt eine Identitätseinheit aus Stadt und Kloster, die sich Gründer, transzendente Legitimation und Raumnähe teilen – im Machtkontext der Freisinger Bischöfe.

18 Vgl. Seibert 2008, 285f. Für den in Anlehnung an Seibert als „das Gebiet des heutigen Landkreises München“ (ebd., 285) definierten Raum München kann mit dem „weitgestreute[n], umfangreiche[n] Besitz der verschiedenen Freisinger Kirchen“ (ebd., 286) und mit herrschaftspolitisch ebenso unstrukturierten Verhältnissen vor dem Aufstreben der Wittelsbacher eine diffuse Lage konstatiert werden (vgl. ebd., 288).

19 So werden durch den wittelsbachischen Erfolg für den Raum München im 12. Jahrhundert die Grundlagen für gravierende, machtpolitische Veränderungen gelegt (vgl. ebd., 285), die im 13. Jahrhundert für München selbst zu einem „neue[n] Abschnitt seiner wechselvollen Geschichte unter nunmehr herzoglich-wittelsbachischen Vorzeichen“ (ebd., 308) führten. Wie weitere Herzogstädte, etwa Landshut, avanciert München zur Konkurrenz für die Bischofsstadt Freising (vgl. Benker/Haßlberger/Steiner 1989, 7).

20 Seibert 2008, 302.

21 Vgl. Benker/Haßlberger/Steiner 1989, 6.

22 Mit der Bildung der „landesherrlichen Territorien […] ging Weihenstephan trotz seiner Lage vor den Toren Freisings im Herzogtum Bayern auf“ (Uhl 1989, 147), während sich die Freisinger Bischöfe aus der ererbten Herrschaft der bayerischen Herzöge über die Weihenstephaner Vogtei lösen konnten (vgl. ebd., 147f.). Zur Problematik der konfligierenden bischöflichen und herzoglichen Ansprüche vgl. Bauer 2002, 39–54.

23 Vgl. Lehrmann 2014, 2462.

24 Mit der Gründung und Gründungsnarration des Klosters Weihenstephan und der besonderen Bedeutung Korbinians befassen sich etwa Uhl (vgl. Uhl 1989, 145) und Vogel (vgl. Vogel 2000, 390–393).

Aus Münchener Perspektive ergibt sich eine andere Gründungsnarration, vermittelt durch die in ihrer ältesten Version im Cgm 259 vorliegende und bislang weder edierte noch detailliert analysierte[25] sog. *Weihenstephaner Chronik*. Die zwischen 1433 und 1435 wohl im Münchener Franziskanerkloster verfasste Universalchronik führt bereits mit Blick auf ihre Konzeption den Interessen der Residenzstadt das Wort.[26] Zur Grundlage nimmt sie sich mit den *Flores temporum* eine „durch Kompilation verschiedener Geschichtskompendien entstandene[...]"[27] Papst-Kaiser-Chronik,[28] die in ihrer intensiven Rezeption als ‚offener Text'[29] etliche Bearbeitungen in Gestalt vielzähliger „Zusätze aus anderen, meist regionalen Werken bis hin zu umfangreichen Aktualisierungen durch verschiedene Fortsetzungen"[30] erfährt. Auch in der *Weihenstephaner Chronik* gelangt das in ihr Tradierte durch Umkehrung der historiographischen Vorzeichen zu einer veränderten Akzentuierung. Integrieren die *Flores temporum* Karl den Großen in eine Herrscherreihe, nimmt dieser in der *Weihenstephaner Chronik* mithilfe „eine[s] ausführlichen und ganz eigenständigen Bericht[s] über Leben und Taten des Karolingers"[31] nicht allein „im wörtlichen wie im übertragenen Sinne den Mittelpunkt des gesamten Werkes"[32] ein, sondern gerät zu dessen genuinem Thema. Weitere Vermittlungsgehalte der Papst-Kaiser-Chronik werden verdichtet und fungieren nurmehr als Rahmen für das Bild Karls.

Um dieses in politisch wirksamer Suggestion zu zeichnen, zieht die Chronik zudem wittelsbachische Quellen heran, die eine ‚Bajuwarisierung'[33] bzw. ‚Wittels-

25 Bastert verweist auf das Desiderat einer genaueren Untersuchung des Karlsbildes in der *Weihenstephaner Chronik* bezüglich der rezenten Forschung (vgl. Bastert 2015, 131).

26 Gerade hinsichtlich der Verbindung der *Weihenstephaner Chronik* zur Residenzstadt München versprechen die derzeit erarbeiteten Analysen im Kontext des DFG-Projektes neue Perspektiven auf diesen Text, siehe FN 6.

27 Mierau/Sander-Berke/Studt 1996, 12. Zum Spektrum an Bearbeitungsformen bezüglich der *Flores temporum* unter Berücksichtigung der Überlieferungslage und sich in das Werk einschreibender Interessen vgl. ebd., 12–14.

28 Zur Konzeption der *Flores temporum* und zur Verfasserfrage vgl. Johanek 1980, 753–757.

29 Dieser durch Kühnel geprägte Begriff (vgl. Kühnel 1976) kann so auf die *Flores temporum* angewandt werden, da das Werk „nicht als unantastbare Autorenleistung angesehen, sondern vielmehr als eine offene Gebrauchsform" (Mierau/Sander-Berke/Studt 1996, 12) betrachtet wurde (vgl. ebd., 12).

30 Ebd.

31 Bastert 2015, 131.

32 Ebd.

33 Insbesondere betont die bisherige Forschung „[d]ie Lokaltradition von der Geburt Karls d. Gr. in der einsamen Reismühle bei München" (Studt 1999, 791) als Moment der Verbundenheitskonstruktion zwischen Karl und Bayern (vgl. Bastert 2015, 131). Diese prägt neben referierten Erzählelementen aus dem Kontext der *Chanson de geste* wesentlich das Karlsbild in der *Weihenstephaner Chronik* (vgl. ebd.).

bachisierung‘ Karls erlauben. Zu ihnen gehört die *Scheyerer Fürstentafel*, ein „Vehikel der dynastischen Propaganda für die Wittelsbacher, deren Herkommen und Genealogie [sie] glorifiziert“,[34] nicht zuletzt, indem sie die kritische Vergangenheit der Dynastie durch eine behauptete Verwandtschaft der Münchener Wittelsbacher mit Karl positiv recodiert.[35] Mit der in ihr angelegten Karlsgenealogie sowie der Verknüpfung aus Scheyerer Kloster- und wittelsbachischer Gründergeschichte[36] wird die *Fürstentafel* im 15. Jahrhundert „zu einem Schlüsseltext für die bayerische Landeschronistik“[37] und eignet sich auch für die Konfiguration einer entsprechenden Karlsgeographie. Ähnliches gilt für die ebenfalls in die *Weihenstephaner Chronik* aufgenommene *Andechser Chronik*, die „als Propagandaschrift für die Andechser Wallfahrt diente“[38] und gleichermaßen „[e]ine deutliche Tendenz, das bayerische Herzoghaus der Wittelsbacher zu verherrlichen“,[39] erkennen lässt. In dieser Konzeption zeigt sich die *Weihenstephaner Chronik* damit als Karlskompilation,[40] die Karl den Großen als bayerischen Akteur und geradezu Münchener postuliert.

Die argumentative Kraft der Münchener Karlslogik als behauptete *evidentia* wittelsbachischer Machtlegitimation erzielt auch Effekte auf die Gründungsnarration Weihenstephans, das in eine Karlsgenealogie und -geographie narrativ integriert wird. *Weihenstephaner Chronik* und Ulrichs *Bayerische Chronik* entscheiden den Konflikt zwischen Freising und München, indem sie Korbinian seine Bedeutung als *fundator* entziehen. An seine Stelle tritt Karls Vater Pippin, mit dessen Hilfe die monastische Gründungsnarration als Palimpsest urban überschrieben und säkular kontextualisiert wird. Da Pippin sich, so betont die *Weihenstephaner Chronik*, in politischer Intention lange auf Weihenstephan aufhalte (vgl. *WChr*, 39ra) und Karl dort das Licht der Welt erblicke (vgl. *WChr*, 43va), verliert das als Herrschaftssitz bezeichnete Weihenstephan (vgl. *WChr*, 39ra) den expliziten Status als Kloster und wird aus dem Einflussbereich Freisings in den Münchens ‚hineinerzählt‘.

---

34 Studt 1992, 657.

35 Vgl. Moeglin 1985, 74–101; vgl. Moeglin 1988, 43–45; vgl. Studt 1992, 657.

36 Vgl. ebd., 656.

37 Ebd., 658. Als „Stück offiziöser Chronistik der Wittelsbacher“ (ebd., 658) konstituiert die *Weihenstephaner Chronik* das Selbstverständnis und die Selbstinszenierung der Dynastie auf elementare Weise.

38 Williams-Krapp 1978, 335.

39 Ebd., 334.

40 So wird in der *Weihenstephaner Chronik* nicht allein der Karlsteil ab dem 14. Jahrhundert mit Geschehnissen aus dem Geschichts- und Raumkontext Münchens aufgeladen (vgl. Studt 1999, 792), sondern Karl wird zur Konstruktionskonstituente, die die narrativen Vorzeichen des Werkes verkehrt.

Um diese Verbindung zu den Karolingern zu affirmieren, bedient sich die *Weihenstephaner Chronik* zudem einer sakral und säkular implizierten Kreuzessymbolik, für die sie erzählerisch aus dem Narrativ des Siegeskreuzes schöpft. Aus dem Konnex Kaiser Konstantins d. Gr., aber auch der Heiligen Ulrich und Stephan tradiert, wird es nun Pippin und insbesondere Karl als ambig impliziertem, „heiligmäßig erachtete[m] Herrscher“[41] zugewiesen. So habe ein Engel Pippin bei Weihenstephan ein Siegeskreuz zum Zeichen seines künftigen Erfolgs über die Heiden überreicht (vgl. *WChr*, 44va–44vb), sei Karl in den Besitz legitimierender Kreuze geraten, indem er in Konstantinopel die Aushändigung der Reichsreliquien, darunter das Reichskreuz, durch Konstantin bewirkt (vgl. *WChr*, 38va) und während seiner Kämpfe selbst ein Siegeskreuz und zusätzliche Kreuze erhalten habe (vgl. *WChr*, 52rb, 57vb, 89rb). Über die konstruierte genealogische und geographische Relation ist der karolingische Kreuzesbesitz auch wittelsbachisch assoziiert.

Historischer Anlass dieser narrativen Präsenz der Kreuzessymbolik ist ein Konflikt über Besitzansprüche bezüglich der Reichsreliquien, in dessen Zusammenhang über Weihenstephan hinaus weitere Klöster – Andechs, aber auch Ettal und Wessobrunn[42] – ‚wittelsbachisiert‘ und in eine Karlsgeographie ‚hineinerzählt‘ werden. Zwar kann die wittelsbachische Dynastie temporär über die Aufbewahrung des Reichskreuzes in München verfügen, jedoch erzwingt Karl IV. schließlich die Herausgabe der Reliquie, die noch Ludwig der Bayer etwa in Regensburg ausgestellt hat, und die nachfolgend von Karlstein bei Prag nach Nürnberg verbracht wird.[43] Das entstandene Repräsentationsvakuum wird narrativ durch das Siegeskreuz kompensiert,[44] das, durch göttliche Weisung 1388 im späteren Kloster Andechs gefunden,[45] Bestandteil des Andechser Reliquienschatzes mit besonderem Status ist. Als säkulares Herrschaftssymbol wird es zeitweise in München aufbewahrt sowie ausgestellt und verbleibt auch danach, getrennt von den wieder nach Andechs überführten sakralen Heiltumsreliquien, in der

41 Bastert 2001, 204.

42 Eine Verbindung zwischen den Klöstern lässt sich etwa mit Blick auf die (Re-)Produktion der Chroniken konstatieren. Williams-Krapp hebt in Bezug auf den Druck der Andechser Chronik die hohe Auflage speziell des Wessobrunner Drucks durch Zeyssenmayr hervor (vgl. Williams-Krapp 1978, 335).

43 Zur Aufbewahrung des Reichskreuzes vgl. Bauer 2003, 40f., Kühne 2000, 95–152 und Seibt 2000, 391–397.

44 Vgl. Aigner 2013, 22.

45 Zur Erzählung über die Umstände des Fundes der Heiltumsreliquien vgl. Hlawitschka 1993, 107f.

Münchener Residenz.[46] Nur bedingt wird es zu Andechser Wallfahrtszwecken, zur *ostensio reliquiarum*, an das Kloster entliehen.[47]

Im Münchener Literaturbetrieb intensiviert Ulrich Fuetrer die Karlsargumentation in der 1478 bis 1511 in zwei Redaktionen entstandenen[48] und in zwei weiteren Redaktionen durch fremde Hand bearbeiteten *Bayerischen Chronik*, die den Interessen des Wittelsbachers Albrechts IV. Genüge leisten soll.[49] Bereits zu Beginn der Episode um Weihenstephan thematisiert Ulrich die Relation geistlicher und weltlicher Macht, indem er Pippins Kontakt zum Papst als Initiation eines Konzils behauptet, *darin getailt und gesündert wurden die bistumb* […] *Freising und Regenspurg* (*BChr*, 77). Politische Zugehörigkeiten entscheiden sich so auch an Pippin, der sich in die Machtstrukturen des Landes, und besonders Weihenstephans, einschreibt. Dieses wird im Vergleich zur *Weihenstephaner Chronik* durch eine modifizierte Raumperspektive und Aktivierung Pippins eng mit der karolingisch-wittelsbachischen Dynastie verwoben. Herkommen und Ursprung, Genealogie und Geographie, werden in eins geführt. Während die Universalchronik zunächst Pippins Verwaltungstätigkeiten in Frankreich benennt, um zu betonen, dass er *pelaib mit seinem wesen ein tawtzen landen auf der purck zu Weichensteuen, wan er farcht, dij haiden wuren widerburtzen vnd wachsen ein tawtzen landen* (*WChr*, 39ra), liegt Ulrichs landeschronikalischer Fokus intensiv auf Bayern: *Nu was Pippinus der selben zeit im landt zu Bayren und pawte die purgk zu Weyhenstefen, wann er vil anfechtung het von den Hewnen* (*BChr*, 79). Nicht nur Pippins Aufenthalt auf Weihenstephan wird dabei zum Gründungsakt, auch dieses selbst wird dynamisiert, indem die hier verortete Burg nicht als bestehendes Bollwerk im Glauben genutzt, sondern erst durch Pippin 781 in der Zeit und im Raum Bayern etabliert wird. Mithilfe einer verdichteten Zeitachse verleiht Ulrich der Relevanz der Karolinger zusätzlich Brisanz, da er die drohende Gefahr durch die Heiden als eine akute erzählt. Wendet sich die *Weihenstephaner Chronik* dem Ent-

---

46 Hinsichtlich der Aufbewahrung der Reliquien konstatiert Hlawitschka, dass die wittelsbachischen Herrscher „als Besitzer der Andechser Burg […] mit der Heiltümerüberführung nach München am 6. Dezember 1389 richtig aktiv [wurden]" (ebd.), um anderweitigen Ansprüchen auf den Reliquienschatz zu begegnen (vgl. ebd., 108). Zur Aufbewahrung, Weisung und sukzessiven Rückführung einiger Reliquien nach Andechs vgl. ebd., 116f., Greiselmayer 1996, 146–148 und Kühne 2000, 354–362.

47 Zur Verfügungsgewalt der Münchener Wittelsbacher über den Heiltumsschatz vgl. Aigner 2013, 22–26; 67f.

48 Zur Überlieferungsgeschichte vgl. Thumser 2008; vgl. auch Thumser 2024.

49 Mit der Intention, die Dynastie der Münchener Wittelsbacher adäquat zu präsentieren (vgl. *BChr*, 5), verbindet Ulrich Territorium und Herrschergeschlecht miteinander (vgl. Studt 2015, 398; vgl. Moeglin 1985, 172).

stehen feindlicher Macht zu, konzentriert sich die *Bayerische Chronik* so stärker auf das Entstehen der eigenen.

Mit der Überschreibung Korbinians durch Karl dem Einfluss der Bischofsstadt Freising enthoben, wird Weihenstephan zudem mithilfe der Kreuzessymbolik in die Karlslogik eingebunden, die trotz sakraler Implikation ebenfalls eine relative Säkularisierung erfährt. Anders als der Engel der *Weihenstephaner Chronik* betont derjenige der Landeschronik bei der Übergabe des Kreuzes an Pippin weniger die Kraft des Glaubens als Prämisse für den Sieg über die Heiden (vgl. *WChr*, 44va–44vb) als vielmehr Pippins Kampfkraft, die durch das Kreuz nur verstärkt wird (vgl. *BChr*, 81).

Das genealogisch begründete Anrecht der Münchener Wittelsbacher auf die Kreuzesinsignien wird durch deren geographische Zuschreibung zum Kloster Andechs als legitimem Aufbewahrungsort ergänzt, wobei Ulrich erneut die Karlslogik intensiviert. So gibt die *Weihenstephaner Chronik* hinsichtlich des Verbleibs des Kreuzes an, Pippin habe es in einer Schlacht verloren, es sei jedoch zur Zeit König Stephans von Ungarn wiederentdeckt worden: *daz chrewtz ist noch heut auf dem perg zu Andex ein dem gewalt der oberen fursten von Payren. Daz ist hertzog Wilhalben vnd hertzog Ernsten, die edlisten herren so sij ein deutzen landen mugen gesein* (*WChr*, 44vb). Nahezu eigenständig findet das Kreuz seinen Weg nach Andechs, wo es noch unter vorbildlicher bayerischer Herrschaft aufbewahrt sei, der König dient nur der Datierung. Ulrich hingegen dynamisiert das Geschehen abermals und lässt die Wanderung des Objekts zur herrschaftspolitischen Prozession werden. Ähnlich dem zum Gründungsakt gestalteten Aufenthalt Pippins auf Weihenstephan wird König Stephan nun zum Akteur, indem er das Kreuz *den herren von Bairen widerumb presentiert* (*BChr*, 82). Das Motiv der Rückgabe ist ein genealogisches, da einzig, weil Stephan *frawen Gisilam von Bairen zu ainer gemacheln hett* (*BChr*, 82), das Kreuz *zu eren seiner gemelten frawen* (*BChr*, 82) nach Andechs gelangt.

Für Karls Verbindung zur Stadt München konstruiert die *Weihenstephaner Chronik* einen reziproken Zusammenklang aus Akteur und Raum. Berta, Karls Mutter, habe sich aufgrund einer Intrige in einer Wildnis nahe Weihenstephan aufgehalten, die durch Frankreich und Augsburg genauer lokalisiert wird (vgl. *WChr*, 40rb). Obwohl noch nicht gegründet, ist München historisch durchaus bedeutsam, erklärt sich doch die Begegnung zwischen Pippin und Berta einzig aus der Nicht-Existenz der Stadt. So habe sich Pippin nur bei Weihenstephan verirrt, *wan munchen hernach vber dreu hundertt jar oder mer erst wart angefangen vnd gepauet vnd waz auch weder ainod noch dorffer nit entzwischen* (*WChr*, 42rb). München bedingt die Begegnung der Eltern und Karls Geburt, wie Karl die Bedeutung Münchens bedingt. Autorität und Stadt korrelieren in ihren Anfängen und Ursprüngen, indem beide erst in die Geschichte hineingeboren bzw. ‚hineinerzählt' werden.

Raumkonkreter ist wiederum Ulrichs Karlsgeographie, die er narrativ ‚erwandert', indem er den Blick von Andechs aus auf Karl und zurück nach München sowie Weihenstephan wendet. Über die Quellenlage zu Karls Geburt versichert er, es meine *der maist tail, das er geporen sei in Bayren, bei ainer ainöd, ainer mül, genant die Reismül, gelegen zwo meil von der stat München* (*BChr*, 84) – eine genealogische wie auch geographische Verankerung Karls bei München, die selbst französische Chroniken[50] zugestehen würden (vgl. *BChr*, 84). In Bertas Verbleib *zwischen Augspurg und Weyhenstefen* (*BChr*, 88), in einer Gegend *all die endt, da yetz steet Münichen* (*BChr*, 88), wird die Residenzstadt nicht allein mit ihr politisch nahestehenden Orten umgeben, sondern auch zeitlich verändert kontextualisiert und Tagesreisen werden in Meilenangaben umgewandelt (vgl. *BChr*, 84). Da München in der Zeit erst entstehen muss, im Raum aber zur Erfassung von Distanzen bereits als ‚maßgeblich' angelegt ist, wird erneut der Eindruck einer Verdichtung der Zeitachse erweckt, auf der Karl und München aufeinander ‚zugebogen' werden.[51] Aus politischen Unruhen leitet Ulrich die Notwendigkeit ab, dass Karl ihretwegen selbstverständlich *muest* [...] *lang und stät auf seinem schloss Weyhenstefen behawsen* (*BChr*, 84). Auf einen Konnex Karls zu Konstantinopel verzichtet die Landeschronik, sodass die Einheit Karls und Münchens an sich die Relevanz der Residenzstadt behauptet.

Die chronikalische Einordnung der wittelsbachischen Dynastie in eine Karlsgenealogie und des wittelsbachischen Herrschaftsraums in eine Karlsgeographie ist so als urban codiertes Palimpsest hagiographischer Gründungsnarrationen und bistumsstädtischer Einflussnahme säkular umgedeuteter respektive funktionalisierter Räume konfiguriert. Diese Konzeption erweist sich geradezu als Prämisse für das Verständnis der bayerischen Geschichte, verwehrt sich Ulrich doch gegen mögliche Einsprüche, indem er betont, nur so könne über *liny und ursprung* (*BChr*, 83), über *erblichen tail und titel* (*BChr*, 83) wahrhaftig Auskunft gegeben, die Vollständigkeit des Erzählten gesichert werden, damit *es desster gäntzer wirt machen die hernach kumenden materi und gesta* (*BChr*, 83). Karlsgenealogie und -geographie argumentieren legitimierend und identitätsstiftend das wittelsbachische Selbst- und Geschichtsbild.

50 Mit der Lokalisierung Karls bei einer Mühle im oberbayerischen Raum, die auch die *Weihenstephaner Chronik* kennt, werden, so Bastert, narrative Elemente gewählt, die „sich in dieser Form nicht in der lateinischen Karlsliteratur und auch nicht in französischen Karlsepen [finden]" (Bastert 2015, 127), und die daher weiteren Vorlagen entnommen oder eigene Konfigurationen der Verfasser sind (vgl. ebd., 127).

51 Aus dieser Relativierung der Nachzeitigkeit resultiert eine Verbundenheit von Akteur und Stadt. Nicht vorrangig die Begegnung der Eltern wird erklärt, sondern Genealogie und Geographie werden miteinander verwoben.

3. Fokus vs. Peripherie: Regensburgs Schottenklöster zwischen Reichs- und Residenzstadt

Die Relevanz der Karlsgeographie und Kreuzessymbolik für die chronikalische Arbeit am Münchener Selbstverständnis wird auch in Ulrich Fuetrers Auseinandersetzung mit der Stadt Regensburg und ihren benediktinischen Schottenklöstern St. Jakob und Weihsanktpeter deutlich. Während aber der Dichter für die Bischofsstadt Freising und das Kloster Weihenstephan eine karlslogische Zäsur durch Überschreibung hagiographischer Implikationen vornehmen kann, sieht er sich nun mit einem veränderten Stadttypus mit städtisch und monastisch verschränktem Gründungsnarrativ konfrontiert. Als freie Reichsstadt, die geographisch, nicht jedoch politisch Teil Bayerns ist und zeitweise den Jahrhunderte nachhallenden Rang seiner Hauptstadt innehat,[52] verfügt Regensburg über ein ausgeprägtes machtpolitisches Selbstbewusstsein, das notwendig mit dem der Münchener Wittelsbacher konfligiert.[53]

Unmittelbar artikuliert sich dieses in der Gründungserzählung, denn anders als die Bischofsstadt, die mit der Korbinianslegende Hagiographisches für das Erzählen des Urbanen adaptiert, konfiguriert die Reichsstadt in ihrem Streben nach politischer Unabhängigkeit unter urbanen Prämissen eine monastisch-selektive Gründungsnarration. Sie lehnt eine analoge Anbindung an das Bischofskloster St. Emmeram und seinen Patron ab, um sich mit St. Jakob und Weihsanktpeter Klöster als identitätsaffirmierende Anschlussoptionen zu wählen, die dem Regensburger Rat, dem Urbanen, näherstanden. Damit greift Regensburg der Münchener Strategie eines karlslogischen Palimpsests geradezu voraus, da es selbst anstelle eines Heiligen Karl den Großen als hybriden Gründungsakteur, Heiligen und Herrscher[54] fokussiert. Auf diese Weise wandelt sich das Argument der Gründungserzählung, die Legitimation nicht allein hagiographisch, sondern ihrerseits bereits auch politisch fundiert, und deren Konstituenten so eng miteinander verwoben sind, dass sie an das Fundament von Ulrichs Karlsgeographie rühren. Generiert die Referenz auf die Korbinianslegende eine Zugehörigkeit aus Stadt und Kloster, bedingen die Selektion monastischer Bezüge und der ambige Gründungsakteur einen schwerer aufzulösenden Verbund beider.

Sowohl die Klosterchronik *Karl der Große und die Schottischen Heiligen*[55] aus dem 14. Jahrhundert wie auch die spätmittelalterliche *Loblich legend von keyser*

52 Schmid verweist für die Schriften Aventins auf diese Konnotation der Stadt Regensburg, die auch zur Regierungszeit Herzog Albrechts IV. „in der Gedankenwelt der Zeit noch immer als die alte Hauptstadt Bayerns lebendig [war]" (Schmid ^{2}1998, 140).

53 Zur Politik speziell Herzog Albrechts IV. gegenüber Regensburg vgl. ebd., 138–143.

54 Vgl. Bastert 2001, 204.

55 Im Folgenden als *KH* zitiert nach Shaw 1981.

Karls streyt vor Regenspurg geschechen,[56] die ihrerseits politische Implikationen tragen, betonen Karls Bedeutung als Stadt(neu)gründer und Klosterinitiator, der sich mit der Befreiung Regensburgs von heidnischer Inanspruchnahme und mit der Benennung der Stadt (vgl. *KH*, vv. 3079–3400), aus der sich ihr noch in der Gegenwart geltender Status in politischer Eigenständigkeit ableitet, in diese einschreibt. Dank Karls durch den Befund: *Von künch Karl daz geschach* (*KH*, v. 4193) explizit benannter Gestaltungsmacht in Stadt und Umgebung setzt für Regensburg nahezu eine neue Zeitrechnung[57] ein. Das Siegeskreuz, das ein Engel Karl dem Großen überreicht, und als dessen rechtmäßiger Aufbewahrungsort der *pühel des sigs* (*KH*, v. 3440) bei Regensburg postuliert wird, affirmiert nicht nur die Bindung der Stadt an Karl. Indem das Kreuz den Ort zur Gründung des Klosters Weihsanktpeter – und in dessen Nähe St. Jakobs – weist (vgl. *KH*, vv. 3465–3478), sind säkulare und sakrale Legitimation sowie Verbundenheit narrativ realisiert.

Die durch Karl etablierte urbane und monastische Zusammengehörigkeit wird zudem aus der erzählten Zeit in die des Erzählens transferiert, da die Bevölkerung Anteil an Karls Gründungswerk hat und als dessen Garant fungiert. Ausdrücklich *mit gemainem rate* (*Ll*, 5va) der Stadtbevölkerung und Klosterverwaltung erhält das Kloster Weihsanktpeter seinen Namen, sammeln die Regensburger Bürger für die Klöster über Karls Tod hinaus Spenden. Was Karl als *stimulans* im Raum verankert, bewahrt das *affirmans* der Gemeinschaft als Erbe in der Zeit – der Anklang an eine Karlsgeographie mit Implikationen einer nicht dynastischen, aber urban-zivilen Karls-‚Genealogie'.

Dieser umfassenden Argumentation begegnet Ulrich daher nicht mit einem ‚Hineinerzählen' der Klöster in die Münchener Karlsgeographie bei gleichzeitiger Auflösung deren Zugehörigkeit zu einer Stadt, sondern mit einem narrativen Verorten der Einheit von Stadt und Klöstern an die Peripherie der Karlsgeographie.[58] So reduziert er die Gründungserzählung auf wenige grundlegende Angaben zur Stadt, eine politische ‚Belebung' erfährt Regensburg nicht. Weder das Siegeskreuz und die auf seine Weisung gegründeten Klöster finden Erwähnung, noch Karls Bezug zur Stadt, der in diesem Schweigen Relevanz abgesprochen wird. Derart mit Bedeutungslosigkeit versehen, gesteht Ulrich der Reichsstadt nur im Kontext

56 Im Folgenden als *Ll* zitiert nach Clm 27358, fol. 1ra–5vb.

57 So beginnt mit der Namensgebung Regensburgs durch Karl für die Stadt nicht allein eine mittelalterlich-chronikalisch codierte ‚neue' Zeit als Charakteristikum jeden Regierungswechsels (vgl. Hammer 2013, 207; vgl. Dux 1989, 201), sondern sie markiert zudem eine politisch-geistlich konnotierte Zäsur. Diese umfasst neben dem veränderten politischen Status der Stadt deren Loslösung von Heidnischem und ihre Zuwendung zum Christlichen.

58 Hierin zeigt sich durchaus eine von Dicker in Zweifel gezogene Nähe der *Bayerischen Chronik* zu politischen Interessen der Münchener Wittelsbacher (vgl. Dicker 2009, 133).

der Gründungsnarration Bayerns als übergeordneter Einheit einen erzählerischen Seitenblick zu (vgl. *BChr*, 8), nicht aber an sich: Regensburg mag politisch unabhängig sein, gründungsnarrativ ist es dies jedoch nicht.[59] In Ulrichs Auflistung zahlreicher Umbenennungen Regensburgs (vgl. *BChr*, 8) erscheint es vielmehr als Stadt, in die sich bereits etliche Regenten eingeschrieben haben und die deshalb geradezu an Identität eingebüßt hat.[60]

4. ‚Geopolitik' vs. ‚Politgeographie': Veit Arnpecks *Chronica Baioariorum*

Identitätsstiftend wirkt Karl der Große auch in der 1495 verfassten *Chronica Baioariorum*[61] des studierten Klerikers Veit Arnpeck. Dieser nimmt jedoch in seiner lateinischen Landeschronik eine Umakzentuierung der Karlsgeographie vor, indem er Karl nicht zum Vorzeichen der Geographie, sondern die Geographie zum Vorzeichen Karls werden lässt und so die akteursreferenzielle ‚Geopolitik' zur raumreferenziellen ‚Politgeographie' arrangiert – im Kontext machtpolitischer und kulturgeschichtlicher Modifikationen. Mit seiner Nähe zum Landshuter Hof und Freisinger Hochstift[62] befindet sich Veit außerhalb der Münchener Perspektive, die er kritisiert, nicht zuletzt am Beispiel Albrechts IV., Ulrich Fuetrers Auftraggeber (vgl. etwa *ChrB*, 419).[63] Wenngleich Veit die *Bayerische Chronik* als Quelle vorlag, wendet er sich in seinen gründungsnarrativen Konfigurationen der Relation von Stadt und Kloster – Freising mit Weihenstephan, Regensburg mit den Schottenklöstern – daher wieder Korbinian (vgl. *ChrB*, 56–65) und Karl als Befreier der Reichsstadt (vgl. *ChrB*, 29f.; 91–100) zu.

Dieses Erzählen bedeutet nicht allein eine Verweigerung der Münchener Karlslogik, sondern steht zudem im Konnex mit einer veränderten Raumperspektive, die einen innovativen Blick auf Bayern und seine Geschichte ermöglicht. Der Chronist löst sich vom Primat der Zeit, unter deren Diktat der Raum in erzählerischer ‚Wanderung' an der Seite spezifischer Akteure erschlossen wird, und erhebt sich zu einer beginnend kartographischen Synopsis über den Raum, der

59 Explizit betont Ulrich für Regensburg trotz des Bezugs der Stadt zu Tiberius: *doch hat sy den ursprung von Norix* (*BChr*, 8) und akzentuiert so eine Abhängigkeit der Stadt vom Land, dessen Begründer Norix ist. Auf die Bedeutung der Gründungsakteure in Bezug auf die Städte Regensburg und München in Ulrichs Chronik geht auch Thumser ein (vgl. Thumser 2024, 220).

60 Eine neue Zeitrechnung wird Regensburg damit verweigert, sodass es nicht allein räumlich aus dem Fokus gerät, sondern hinsichtlich seiner ‚Ereignislosigkeit' auch relativ aus der Zeitachse der bayerischen Geschichte fällt.

61 Im Folgenden als *ChrB* zitiert nach Leidinger 1915.

62 Vgl. Dicker 2009, 134, 180; vgl. Leidinger 1915, VI–XII.

63 So bezieht Veit Arnpeck „[b]ei Konflikten zwischen dem Freisinger Bischof und den bayerischen Herzögen […] immer im Sinn des Hochstifts Stellung" (Dicker 2009, 156).

zur zentralen Koordinate wird.[64] Die Gliederung der Gesamtchronik weist auf eine räumlich codierte Konzeption,[65] die sich die bayerische Naturtopographie zu Grundlage nimmt und als historisch erzählte Geschehnisse als Verräumlichtes begreift, indem der Raum in seinen einzelnen Zeitschichten aufgedeckt wird. Städte sowie Klöster als kulturtopographische Konstituenten fungieren in besonderer Weise als Raumakzente in der erzählerischen Perspektive. Entsprechend dieser Veränderung historiographischer Parameter zeigt sich auch Karl als Akteur in einer spezifischen Zeitschicht des Raums, sodass er sich als Autorität zwar in diesen einschreiben kann, zugleich aber selbst verräumlicht erscheint.

5. Synergie vs. Konflikt: Urbane und klösterliche Gründungskonfigurationen

Anhand urbaner und klösterlicher Gründungserzählungen lässt sich für die bayerische Chronistik des 15. Jahrhunderts eine durch machtpolitische Interessen bedingte Dynamik hinsichtlich des historiographischen Arbeitens im städtischen Literaturbetreib konstatieren, die Effekte auf die Konfiguration urbaner und dynastischer Identität erzielt. Um die Residenzstadt und die wittelsbachischen Machtansprüche gegenüber konkurrierenden Städten behaupten zu können, konstruieren die im Münchener Kontext entstandene sog. *Weihenstephaner Chronik* und die im wittelsbachischen Dienst verfasste *Bayerische Chronik* des Ulrich Fuetrer eine legitimierende Karlsgenealogie und -geographie, die zum Hauptargument der Münchener Selbstinszenierung werden. Nach eigenem Interesse werden weitere Städte Karl zugewiesen oder entzogen, in dessen Wirkraum inkludiert oder exkludiert, um Münchens Vormachtstellung zu erzählen.

Diese narrative Aushandlung ist wesentlich an den chronikalischen Umgang mit Klöstern und ihren jeweiligen Gründungsnarrationen gebunden, bilden diese doch eine identitätsstiftende Referenz urbanen Selbstverständnisses. So wird die Gründungssynergie der Bischofsstadt Freising und des Klosters Weihenstephan durch die Münchener Karlslogik überschrieben, die urban-monastische Zugehörigkeit aufgelöst und neu definiert. Weihenstephan wird, wie weitere Klöster, argumentativ zur machtpolitischen Positionierung der Residenzstadt München funktionalisiert. Da die Reichsstadt Regensburg mit ihren Schottenklöstern hingegen selbst bereits auf die Autorität Karls referiert, werden Stadt und Klöster als

64 Als „Katalysator von Landesbewusstsein" (Studt 2015, 403) zeigt die Landeschronistik der Frühen Neuzeit und insbesondere die Chronik des Veit Arnpeck eine sich wandelnde Fokussierung wittelsbachischer Herrschaftsrechte hin zum Raum, zu Bayern (vgl. ebd., 403; vgl. Dicker 2009, 180f.).

65 Etwa anhand des Flusslaufes der Donau erzählt Veit Arnpeck die Geschichte Bayerns als Geschichte des Raums und wendet sich so in einzelnen Kapiteln auch Wäldern, Bergen, Städten und Klöstern zu (vgl. *ChrB*, 7–9).

Verbund an die Peripherie der Karlsgeographie versetzt. Eine Überschreibung der Gründungsnarration weicht hier Verschweigen als narrative Distanzierung Regensburgs von Karl. Dieser erscheint damit nicht allein als wesentlicher Teil der bayerischen Geschichte. Die bayerische Geschichte selbst entscheidet sich an der Positionierung von Städten und Klöstern zu Karl dem Großen.

Bibliographie

I. Primärliteratur

Die sog. Weihenstephaner Chronik. München, Staatsbibliothek, Cgm 259, fol. 1ra–123rb.

Karl der Große und die Schottischen Heiligen. Nach der Handschrift Harley 3971 der Britischen Bibliothek London zum ersten Mal kritisch ediert von Frank Shaw. Berlin 1981.

Loblich legend von keyser Karls streyt vor Regenspurg geschechen. München, Staatsbibliothek, Clm 27358, fol. 1ra–5vb.

Ulrich Fuetrer: Bayerische Chronik. Hrsg. von Reinhold Spiller. München 1909.

Veit Arnpeck: Sämtliche Chroniken. Hrsg. von Georg Leidinger. München 1915.

II. Sekundärliteratur

Aigner, Toni: Das Andechser Heiltum. Religion und Politik im Haus Wittelsbach. München 2013.

Bastert, Bernd: Heros und Heiliger. Literarische Karlbilder im mittelalterlichen Frankreich und Deutschland. In: Franz-Reiner Erkens (Hrsg.): Karl der Große und das Erbe der Kulturen. Berlin 2001, 197–220.

Bastert, Bernd: Karolus der grosse, want er bilch der grosse heist… – Karl der Große in den deutschen Weltchroniken des Mittelalters. In: Franz Fuchs und Dorothea Klein (Hrsg.): Karlsbilder in Kunst, Literatur und Wissenschaft. Akten eines interdisziplinären Symposions anlässlich des 1200. Todestages Kaiser Karls des Großen. Würzburg 2015, 115–137.

Bauer, Richard: Monachium Frisingense. Neue Quellen und Aspekte zur freisingischen Frühgeschichte Münchens. München 2002.

Bauer, Richard: Geschichte Münchens. Vom Mittelalter bis zur Gegenwart. München 2003.

Benker, Sigmund/Haßlberger, Bernhard/Steiner, Peter B.: Vorwort. In: Friedrich Fahr u. a. (Hrsg.): Freising. 1250 Jahre Geistliche Stadt. Ausstellung im Diözesanmuseum und in den historischen Räumen des Dombergs in Freising. München 1989, 6–7.

Dicker, Stefan: Landesbewusstsein und Zeitgeschehen. Studien zur bayerischen Chronistik des 15. Jahrhunderts. Köln u. a. 2009.

Dux, Günter: Die Zeit in der Geschichte. Ihre Entwicklungslogik vom Mythos zur Weltzeit. Frankfurt a. M. 1989.

Feistner, Edith: Regensburg. In: Dies.: (Hrsg.): Klostergründungserzählungen des deutschen Sprachraums. Eine Anthologie. Berlin 2021, 119–166.

Feistner, Edith: Szenarien des Aufbruchs – Modalitäten des Umbruchs: Bayerische Landeschroniken des 15. Jahrhunderts als Paradigma narrativer Kommunikation an der Schwelle zur Neuzeit. In: Bernd Bastert und Ingrid Bennewitz (Hrsg.): Abbrüche – Umbrüche – Aufbrüche. Deutschsprachige Literatur zwischen 1450 und 1520. Wiesbaden 2023, 237–258.

Glaser, Hubert: Freising und München. In: Friedrich Fahr u. a. (Hrsg.): Freising. 1250 Jahre Geistliche Stadt. Ausstellung im Diözesanmuseum und in den historischen Räumen des Dombergs in Freising. München 1989, 177–191.

Greiselmayer, Volkmar: Kunst und Geschichte. Die Historienbilder Herzog Wilhelms IV. von Bayern und seiner Gemahlin Jacobäa. Versuch einer Interpretation. Berlin 1996.

Hammer, Andreas: Stadtgründungsmythos und Frühhumanismus. Wandel und Kontinuität im Geschichtsbewusstsein des 15. Jahrhunderts. In: Manfred Eikelmann und Udo Friedrich (Hrsg.): Praktiken europäischer Traditionsbildung im Mittelalter. Wissen – Literatur – Mythos. Berlin 2013, 205–227.

Hlawitschka, Eduard: Der Heiltumsschatz in Legende und Geschichte. In: Karl Bosl u. a. (Hrsg.): Andechs. Der Heilige Berg. Von der Frühzeit bis zur Gegenwart. München 1993, 104–118.

Johanek, Peter: Flores temporum. In: VL 2 (1980), 753–758.

Kellner, Beate: Ursprung und Kontinuität. Studien zum genealogischen Wissen im Mittelalter. München 2004.

Kühne, Hartmut: ostensio reliquiarum. Untersuchungen über Entstehung, Ausbreitung, Gestalt und Funktion der Heiltumsweisungen im römisch-deutschen Regnum. Berlin/New York 2000.

Kühnel, Jürgen: Der „offene Text". Beitrag zur Überlieferungsgeschichte volkssprachiger Texte des Mittelalters. In: Leonard Forster und Hans Gert Roloff (Hrsg.): Akten des V. Internationalen Germanistenkongresses Cambridge 1975. Heft 4. Bern/Frankfurt a. M. 1976, 311–321.

Lehrmann, Günther: Weihenstephan. In: Michael Kaufmann u. a. (Hrsg.): Die Männer- und Frauenklöster der Benediktiner in Bayern, Bd. 3. München 2014, 2455–2480.

Leidinger, Georg: Einleitung. In: Georg Leidinger (Hrsg.): Veit Arnpeck. Sämtliche Chroniken. München 1915, I–CXXXV.

Mertens, Dieter: Landeschronistik im Zeitalter des Humanismus und ihre spätmittelalterlichen Wurzeln. In: Franz Brendle u. a. (Hrsg.): Deutsche Landesgeschichtsschreibung im Zeichen des Humanismus. Stuttgart 2001, 19–31.

Mierau, Heike Johanna/Sander-Berke, Antje/Studt, Birgit: Studien zur Überlieferung der Flores temporum. Hannover 1996.

Moeglin, Jean-Marie: Les Ancêtres du prince. Propagande politique et naissance d'une histoire nationale en Bavière au moyen âge (1180–1500). Genf 1985.

Moeglin, Jean-Marie: Die Genealogie der Wittelsbacher: Politische Propaganda und Entstehung der territorialen Geschichtsschreibung in Bayern im Mittelalter. Wien u. a. 1988.

Muhlack, Ulrich: Die humanistische Historiographie. Umfang, Bedeutung, Probleme. In: Franz Brendle u. a. (Hrsg.): Deutsche Landesgeschichtsschreibung im Zeichen des Humanismus. Stuttgart 2001, 3–18.

Patze, Hans: Adel und Stifterchronik. Frühformen territorialer Geschichtsschreibung im hochmittelalterlichen Reich. In: Peter Johanek u. a. (Hrsg.): Ausgewählte Aufsätze von Hans Patze. Stuttgart 2002, 109–249.

Peters, Ursula: Dynastengeschichte und Verwandtschaftsbilder. Die Adelsfamilie in der volkssprachigen Literatur des Mittelalters. Tübingen 1999.

Schmid, Peter: Regensburg zwischen Bayern und Reich. Krise und Neuorientierung im 15. Jahrhundert. In: Martin Angerer und Heinrich Wanderwitz (Hrsg.): Regensburg im Mittelalter. Beiträge zur Stadtgeschichte vom frühen Mittelalter bis zum Beginn der Neuzeit. Regensburg 2. Aufl. 1998, 137–146.

Schütte, Bernd: Karl der Große in der Historiographie der Ottonen- und Salierzeit. In: Franz-Reiner Erkens (Hrsg.): Karl der Große und das Erbe der Kulturen. Berlin 2001, 246–256.

Seibert, Hubertus: Der Raum München in der Herrschaftsbildung der frühen Wittelsbacher (1180–1294). In: Hubertus Seibert und Alois Schmid (Hrsg.): München, Bayern und das Reich im 12. und 13. Jahrhundert. Lokale Befunde und überregionale Perspektiven. München 2008, 283–314.

Seibt, Ferdinand: Karl IV. Ein Kaiser in Europa 1346 bis 1378. München 2000.

Studt, Birgit: Scheyerer Fürstentafel. In: VL 8 (1992), 656–659.

Studt, Birgit: Weihenstephaner Chronik. In: VL 10 (1999), 790–794.

Studt, Birgit: Gründungsheroen, Ahnenreihen und historische Topographien. Genealogische Narrative und konkurrierende Formen der politischen Raumbildung in den Geschichten von den Fürsten in Bayern. In: Cristina Andenna und Gert Melville (Hrsg.): Idoneität – Genealogie – Legitimation. Begründung und Akzeptanz von dynastischer Herrschaft im Mittelalter. Köln u. a. 2015, 387–406.

Thumser, Antje: Die „Bayerische Chronik" des Ulrich Fuetrer († um 1496) – Neue Überlegungen zur Überlieferungsgeschichte. In: Matthias Thumser und Janusz Tandecki (Hrsg.): Editionswissenschaftliche Kolloquien 2005/2007. Methodik – Amtsbücher – Digitale Edition – Projekte. Toruń 2008, 303–322.

Thumser, Antje: Dichterische Freiheit? Die Gründung Münchens in der ‚Bayerischen Chronik' des Ulrich Fuetrer. In: Johannes Kipf und Jörg Schwarz (Hrsg.): Mittelalterliche Stadtgeschichte(n). Stadt und Kultur in Mittelalter und Früher Neuzeit. Heidelberg 2024, 203–224.

Thumser, Antje: Die ‚Bayerische Chronik' des Ulrich Fuetrer. Überlieferung – Textgenese – Produktions- und Wirkungsstrategie. Wiesbaden 2024.

Uhl, Bodo: Das Benediktinerkloster Weihenstephan. In: Friedrich Fahr u. a. (Hrsg.): Freising. 1250 Jahre Geistliche Stadt. Ausstellung im Diözesanmuseum und in den historischen Räumen des Dombergs in Freising. München 1989, 145–151.

Vogel, Lothar: Vom Werden eines Heiligen. Eine Untersuchung der Vita Corbiniani des Bischofs Arbeo von Freising. Berlin/New York 2000.

Weigel, Sigrid: Genealogie. Zu Ikonographie und Rhetorik einer epistemologischen Figur in der Geschichte der Kultur- und Naturwissenschaft. In: Helmar Schramm u. a. (Hrsg.): Bühnen des Wissens. Interferenzen zwischen Wissenschaft und Kunst. Berlin 2003, 226–267.

Weigel, Sigrid: Genea-Logik. Generation, Tradition und Evolution zwischen Kultur- und Naturwissenschaften. München 2006.

Williams-Krapp, Werner: Andechser Chronik. In: VL 1 (1978), 334–335.

Dr. Verena Ebermeier
Universität Regensburg
Institut für Germanistik
Lehrstuhl für Ältere Deutsche Literatur
Universitätsstraße 31
93053 Regensburg
verena.ebermeier@ur.de

Manuel Braun

Der (Alp-)Traum von der homogenen Gesellschaft. Zum Zusammenhang von Stadt und *social engineering* im 16. Jahrhundert

Autoren des frühen 16. Jahrhunderts wie Thomas Morus, Hans Hergot oder Juan Luis Vives formulieren ein neuartiges Reformdenken, das auf die Gesellschaft als Ganze abzielt.[1] Das entscheidende Prinzip, mittels dessen sie diese erneuern wollen, ist das der Gleichheit. Diese Idee wirkt, so lautet das seit der europäischen Aufklärung und der Französischen Revolution dominante Narrativ, inklusiv und emanzipatorisch.[2] Sie hat aber auch eine Nachtseite: Um Gleichheit herzustellen, müssen diejenigen gesellschaftlichen Gruppen identifiziert, registriert und – im schlimmsten Fall – eliminiert werden, die dieser entgegenstehen. Angesprochen ist damit jener Mechanismus, den, neben anderen, Max Horkheimer und Theodor W. Adorno als Dialektik der Aufklärung rekonstruiert haben.[3] In Sachen Gleichheit lässt sich eine solche Dialektik bereits im späten 15. und frühen 16. Jahrhundert greifen, und zwar in einem städtischen Umfeld.

Unter den Theorieangeboten, die eine kritische Reflexion auf entsprechende Mechanismen anleiten können, eröffnet das des Soziologen Zygmunt Bauman, als Heuristik genommen, erstaunliche Einsichten auch in das frühneuzeitliche Denken. Außerdem macht es dessen Brisanz unmittelbar deutlich, da Bauman den Holocaust – auch – als Ergebnis des modernen *social engineering* und damit als integralen Bestandteil der westlichen Moderne begreift und nicht etwa als Rückfall in einen vorzivilisatorischen Zustand der Barbarei.[4] Damit soll keine genealogische Beziehung zwischen den Gesellschaftsentwürfen des 16. Jahrhunderts und denen der Aufklärung oder des Nationalsozialismus – nach dem Modell ‚Von Luther zu Hitler' – behauptet werden; vielmehr geht es darum, eine allgemeine Problemkonstellation einzukreisen, für welche die folgenden fünf Beobachtungen Baumans entscheidend sind:

1 Braun 2022/2023.

2 Dann 1975, 1014–1018.

3 Horkheimer/Adorno 1989. Bezogen wird die Kritik der instrumentellen Vernunft auf die Utopie bzw. Morus' *Utopia* bereits von Schölderle 2016, 72.

4 Das ist die Kernthese in Bauman 1992a.

10.29091/9783752003444/016

1) Sozialtechnologien versuchen, das Leben der Menschen zu verbessern.[5] Aus diesem Grund soll die Gesellschaft geplant und gestaltet werden, und zwar nach Maßgabe bestimmter Idealvorstellungen, bei denen es sich zugleich um Ordnungsvorstellungen handelt. Ein Beispiel hierfür wäre das Streben nach einer homogenen Gesellschaft.

2) Um diese zu erreichen, bedarf es einer dauernden Definitionsarbeit, die bestimmte Individuen oder Gruppen als abweichend erkennt und als störend einstuft.[6] Das ‚Andere' der Ordnung stellen etwa Undefinierbarkeit, Inkohärenz oder Mehrdeutigkeit dar. Wann dieses Ordnungsstreben anzusetzen ist, das auf deren Vermeidung abzielt, lässt Bauman bewusst offen, auch wenn er selbst Thomas Hobbes als dessen Kronzeugen aufruft.[7]

3) Diejenigen Bevölkerungsteile, die als ordnungsgefährdend erkannt sind, werden zum Gegenstand obrigkeitlichen Handelns.[8] Die Behörden erfassen und kennzeichnen sie; sodann werden die Abweichler abgesondert, verfolgt und mitunter sogar vernichtet.

4) Der instrumentelle Rationalismus, der zur Optimierung der Gesellschaft drängt, ist derselbe, der das moderne Verhältnis zur Natur bestimmt.[9] Folglich wird die Gesellschaft als ein Stück ‚Natur' aufgefasst, das es zu ‚beherrschen', zu ‚bändigen' und zu ‚gestalten' gilt. Die Leitmetapher wäre demnach die des ‚Gärtnerns' – eine Aktivität, die eben auch die Entfernung von ‚Unkraut' vorsieht. Aber auch bei medizinischem Denken und Handeln können entsprechende Anleihen gemacht werden, wobei das Spektrum des Möglichen von der Züchtung ‚idealer' bis zur Euthanasie ‚deformierter' Menschen reicht.

5) In der Praxis folgen entsprechende Maßnahmen allerdings der Funktionslogik der modernen Bürokratie, die den einzelnen zum Objekt ihres Handelns macht und ihn auf eine quantifizierbare Einheit reduziert.[10]

Diese fünf Interpretamente werden im Folgenden als Heuristik genutzt, um drei frühneuzeitliche Texte aufzuschließen: Thomas Morus' *Utopia* (1516), Hans Hergots *Von der newen wandlung eynes Christlichen lebens* (1526/1527) sowie Juan Luis Vives' *De subventione pauperum* (1526) samt Caspar Hedios deutscher Übersetzung *Von Almůsen geben* (1533). Was die *Utopia* angeht, so verweist schon Bauman auf die enge Beziehung von Sozialtechnologie und Utopie und markiert damit den Anschlusspunkt an die Utopiekritik, welche die totalitären

5 Ebd., 81, 106f., 128f.; Bauman 1992b, 18f., 35, 45f., 51–54, 87f. u. 177.

6 Bauman 1992a, 51–55, 66–75 u. 107f. Das moderne Ordnungsstreben, das auf die Ausschaltung von Ambivalenz setzt, ist das eigentliche Thema in ders. 1992b, besonders 55 u. 75f.

7 Bauman 1992b, 17f.

8 Bauman 1992a, 82f. u. 107f.; ders. 1992b, 35f., 89–97 u. 128f.

9 Bauman 1992a, 72, 85–88, 106–108 u. 128f.; ders. 1992b, 35f. u. 43–52.

10 Bauman 1992a, 28–32, 36f., 92 u. 113–121.

Züge der Gattung benennt, die aus deren strenger Systematik und ihrem praktischen Perfektionismus erwachsen.[11] Anders gelagert, aber dennoch verwandt, ist der Fall der Flugschrift *Von der newen wandlung*, als deren Verfasser man Hergot wahrscheinlich gemacht hat und die die Reformation und den Bauernkrieg voraussetzt und verlorene Ideale des Kommunitarismus heraufbeschwört. Und die Vives-Hedio-Denkschrift schließlich, die eine Reform des städtischen Armenwesens vorschlägt, gehört in den Zusammenhang jener Politik der Ausgrenzung, wie sie die städtischen Obrigkeiten seit dem späten Mittelalter gegenüber verschiedenen Randgruppen betrieben haben.[12] Diesen historischen Kontext gilt es in einem ersten Abschnitt zumindest grob zu umreißen (1.), bevor der zweite und zentrale die genannten Texte auf die Dialektik der Gleichheit hin untersucht (2.), woraufhin ein dritter die erzielten Ergebnisse historisiert und theoretisiert (3.).

1. Die (erstrebte) Gleichheit der Stadtbewohner und ihre Folgen

Um die Idee der Gleichheit historisch herzuleiten und zu umreißen, was ihre Durchsetzung bedeutet, bietet sich ein Vergleich der städtischen Gesellschaft mit der agrarisch geprägten und feudal verfassten Gesellschaft des Mittelalters an. Deren Kern war die Ungleichheit, war sie doch entlang der Leitdifferenz ‚frei/unfrei' ausgerichtet, die etwa über die politische Partizipation, den rechtlichen Status oder die wirtschaftlichen Ressourcen des Einzelnen entschied. Augenfällig wurde sie etwa in der räumlichen Konfiguration von oben (Burg) und unten (Dorf), aber auch in zentralen Aspekten der Lebensführung: ritterlicher Kampf und adelige Muße auf der einen, bäuerliche Arbeit und häufiger Hunger auf der anderen Seite. Die Stadt war hingegen nicht mehr „offen herrschaftlich ausgerichtet",[13] für sie

> spielte Gleichheit als Prinzip und Forderung eine wichtige Rolle, so schon bei [ihrer] Entstehung, den Kaufmannsgilden, die Schwurverbände von Gleichen waren, an die sich neue Personengruppen, vor allem Unfreie vom Lande, angliederten und den Bürgern gleichgestellt werden konnten.[14]

Bürgerrecht, Bürgereid und Stadtmauer isolierten die Stadt gegenüber ihrem feudal geprägten Umland[15] und beförderten die Vorstellung von der Gleichheit der

---

11 Etwa Avineri 1962, 287–289; solche Positionen zusammenfassend Voßkamp 1982, 7.

12 Rexroth 1999.

13 Graus 2002, 347; ähnlich Fuhrmann 2006, 77.

14 Dann 1975, 1006.

15 Der Begriff der Isolation spielt in der älteren rechtsgeschichtlichen Stadtgeschichte eine zentrale Rolle, so Irsigler 2010, 16f.

Stadtbewohner.[16] Und auch wenn diese in sozialer und politischer Hinsicht nicht gegeben war,[17] wurde sie doch erstrebt.[18] Da sich die Stadt außerdem auch als Sakralgemeinde verstand, verlangte es die Bürger zudem in religiöser und moralischer Hinsicht nach Gleichheit.[19]

Das führte allerdings dazu, dass sie gegen Außenseiter vorgingen und jene Gruppen am Rande der Gesellschaft,[20] die ihren Normen nicht entsprachen oder einfach anders waren, zunehmend diskriminierten, stigmatisierten, sanktionierten und marginalisierten.[21] Die zentrale Form der Diskriminierung war der Ausschluss vom Bürgerrecht[22] und aus der Zunft.[23] Eine Form der Stigmatisierung war es, bestimmte Menschen oder Gruppen verächtlich zu machen,[24] eine andere, sie zu zwingen, ihren minderen Status mittels symbolischer Kleidung oder anderer Zeichen anzuzeigen[25] sowie in bestimmten Vierteln zu wohnen. Außerdem belegte man die Randgruppen beziehungsweise deren Verhalten mit Stereotypen wie dem der Unsittlichkeit.[26] Die Sanktionierung erfolgte mittels verschiedener Strafen. Marginalisierend wirkte also eine „Kombination von sozial diskriminierenden, politischen und religiös-sakralen Maßnahmen".[27]

Zu den Randgruppen zählten Ehrlose, Kranke und Juden.[28] Ehrlose wurden aufgrund ihres Berufs ausgegrenzt, Kranke aufgrund ihres Körpers und die Juden aufgrund ihrer Religion.[29] Unehrlich waren etwa die Scharfrichter und deren

---

16 Die Gleichstellung der Bürger als zentrales Merkmal der Stadt nennt Johanek 1997, 39.

17 Schmieder 2012, 99–104.

18 Isenmann 1988, 17–19 u. 74–106; Rexroth 2008.

19 Bog 1975, 996f.; Hartung 1986, 108; Moeller 2011, 45–48, 50f., 70–80, 87–133, 153f., 156, 164f., 176–180, 184 u. 191f.

20 Dass die Begriffe ‚Randständige' und ‚Marginalisierte' nicht rein metaphorisch zu verstehen, sondern an die reale Topographie rückgebunden sind, setzt Wedell 2011 auseinander.

21 Zum Vorgehen der städtischen Obrigkeiten gegen Randgruppen Hartung 1986, 109; Schmieder 2012, 111; zu den Beschreibungsbegriffen ‚Außenseiter', ‚Randgruppe', ‚Stigmatisierung' und ‚Marginalisierung' Graus 2002, 312f.; zu den Norm(verstöß)en, die zur Ausgrenzung führten, ebd., 318f. und Hartung 1986, 99f. u. 103; zur Folge der Sanktionierung ders. 1986, 50; zum Anderssein als Ausschlussursache ebd., 100. Dass auch Tabuvorstellungen und Krisenerfahrungen bei der Ausgrenzung eine Rolle spielten, zeigt Hergemöller 2001, 28–42; zur Definition von Randgruppen Schmidt 2013, 358f.

22 Hartung 1986, 64.

23 Scribner 1997, 27f. u. 43.

24 Hierzu und zum Folgenden Graus 2002, 330–339.

25 Jütte 1993.

26 Hartung 1986, 105; Hergemöller 2001, 18.

27 Graus 2002, 338.

28 Die Aufzählung ist keine vollständige, sondern erfasst einige wichtige Gruppen städtischer Außenseiter.

29 Diese Unterscheidung nach Hergemöller 2001, 4–8.

Knechte sowie die Prostituierten.[30] Wie diese suchte man auch die Aussätzigen zu isolieren und ihr Leben zu regulieren.[31] Auch die Juden drängte man aus der Mitte an den Rand der Städte, schloss sie aus den Zünften aus und nahm ihnen das Bürgerrecht.[32] Ihre Ausgrenzung konnte in Vertreibung oder Ermordung gipfeln. Neben oder mit den Randgruppen wurden auch die Unterschichten zum Gegenstand sozialer Diskriminierung und obrigkeitlicher Regulierung, wie das Beispiel der Bettler belegt, die man zunehmend für unmoralisch, arbeitsscheu und kriminell hielt.[33] Den Anordnungen zur Identifizierung, zur Registrierung und zur Separierung folgten Beschränkungen oder Verbote des Bettelns, die besonders die umherziehenden Armen trafen. Aber auch die zur Stadtbevölkerung gehörenden ‚Hausarmen' und die Spitalinsassen wurden einem strengen Disziplinarregime unterworfen. So beruhte der Umgang mit den Armen jetzt auf ‚rationalen' Unterscheidungen, etwa der von ‚wahren' und ‚falschen' Bettlern oder der von ‚würdigen' und ‚unwürdigen' Armen.

2. Zur Dialektik der Gleichheit bei Thomas Morus, Hans Hergot und Juan Luis Vives

Morus' literarisches Gedankenexperiment setzt – das ist sein Kern – Gleichheit an die Stelle von Ungleichheit.[34] Alle Utopier leisten körperliche Arbeit und erfreuen sich geistiger Erholung.[35] Die Mahlzeiten nehmen sie gemeinsam ein, statt sich Lebensmittel auf dem Markt zu holen:

> *sciunt enim neminem id temere facere, nam etsi domi prandere nulli vetitum sit nemo tamen hoc libenter facit cum neque honestum habeatur et stultum sit deterioris parandi prandii sumere laborem cum lautum atque opiparum praesto apud aulam tam propinquam sit.*[36]
>
> denn sie wissen, dass niemand dies ohne Grund tun wird, denn wenn es auch keinem verboten ist, zu Hause zu essen, wird dies dennoch niemand gerne

30 Jeziorski 2014; Lömker-Schlögell 2001; Scheffknecht 2001.

31 Belker-van den Heuvel 2001.

32 Gilomen 2009; Mentgen 2001.

33 Hierzu und zum Folgenden Bog 1975, 995–997; Bräuer 2001; Fischer 1979, 155–160, 179–217 u. 229–252; Fuhrmann 2006, 89; Graus 2002, 325–327; Hartung 1986, 53 u. 57; ders. 1989; Jütte 2000, 15–17, 20f., 25–27, 130–138, 189–199 u. 209–224; Knefelkamp 2001; Landolt 2011, 52f. u. 64–71; Mandry 2018; Schubert 2000 und 2005, 57 u. 60–64; Scribner 1997, 32.

34 Nipperdey 1975, 117; Pieper 2016, 78.

35 Genauer Emmelius 2017, 142–148.

36 More 1995, 140/12–16. Auch im Folgenden wird nach dieser Ausgabe zitiert; sämtliche Übersetzungen stammen vom Verfasser.

> tun, weil es nicht für schicklich gehalten wird und weil es töricht wäre, für die Zubereitung einer schlechteren Mahlzeit Mühe aufzuwenden, obschon doch eine ansehnliche und reichliche in der Halle so nahe bereit ist.

An diesem Beispiel kann man gut erkennen, wie der subtile Druck, den die Gemeinschaft und die Vernunft ausüben, staatlichen Zwang entbehrlich erscheinen lässt, indem sie den einzelnen nötigen, sich in die Gruppe einzufügen. Gerahmt wird das Essen durch die Lesung moralischer Texte und die Darbietung musikalischer Divertimenti. Bezieht man diese Aussagen zum Verhältnis von Arbeit und Muße sowie zur Teilnahme an den Mahlzeiten auf die alteuropäische Gesellschaft, besitzen sie hohe Signifikanz.[37] Denn diese behält die körperliche Arbeit den Unfreien, die geistigen Tätigkeiten hingegen den Freien vor; und an der adeligen Tafel drückt die Sitzordnung den Rang aus, ist die Bewirtung auf Verschwendung angelegt und sind die niederen Stände nur als Bedienstete oder als Zuschauer vorgesehen.

Des Weiteren zeigt sich die Gleichheit auf Utopia darin, dass alle Einwohner die gleichen schlichten farblosen Kleider tragen, die bis zu sieben Jahre halten und nur praktischen Zwecken dienen, während ihnen die Funktion der Repräsentation bewusst genommen wird: *Ne principem quidem ipsum vestis aut diadema* [...] *discernit* (194/18f.; ‚Nicht einmal den Fürsten selbst unterscheidet ein Gewand oder eine Krone').[38] Zudem wohnen alle Utopier in gleich gebauten Häusern, die wiederum in gleich angelegten und gleich großen Städten stehen. Die Häuser gehören wie alles andere der Allgemeinheit. Die Idee des Kommunismus schließt an antike, jüdische sowie frühchristliche Traditionen an,[39] findet sich aber auch in den Reiseberichten aus der Neuen Welt, und vor allem negiert sie die Ungleichheit des Besitzes, wie sie für die Ständegesellschaft typisch ist,[40] und kuriert diese so angeblich von allen Übeln wie dem der Angst, dem der Armut, dem des Verbrechens und dem der Gewalt.[41] Außerdem reserviert die Feudalgesellschaft politische Führungspositionen für die Adeligen, während die Amtsträger auf Utopia gewählt werden – „Utopia is fundamentally republican in character" –,[42] wobei das Amt des Fürsten allerdings nur [e]*x hoc literatorum ordine* (130/23; ‚aus diesem Stand der literarisch Gebildeten') besetzt wird. Auch am Krieg nehmen aus-

37 Zum anti-aristokratischen Gestus der Arbeitsethik Seibt 1982, 269.

38 Ausführlich und kontextualisierend MacRae Campbell 2017, 406–411.

39 Hölscher 1996, 740.

40 Elias 1982, 133–136.

41 Appelbaum 2022, 118f.

42 Mitchell 2020, 50; genauer zur Verfassung Utopias als Gegenentwurf zu den europäischen Monarchien ebd., 50f.

nahmslos alle Utopier teil, selbst Frauen und Priester; auch hier wird also eine Domäne des Adels aufgelöst.[43]

Die *Utopia* führt einen Gegenentwurf zur alteuropäischen Adelsgesellschaft vor, gelegentlich greift sie diese auch direkt an, und zwar nicht nur im ersten,[44] sondern auch im zweiten Teil des Textes:

> *At hoc ipsum quoque, vanis et nihil profuturis honoribus adfici, an non eiusdem inscitiae est? Nam quid naturalis et verae voluptatis adfert nudatus alterius vertex, aut curvati poplites? Hocine tuorum poplitum dolori medebitur? aut tui capitis phrenesim levabit? In hac fucatae voluptatis imagine mirum quam suaviter insaniunt ei qui nobilitatis opinione sibi blandiuntur ac plaudunt quod eiusmodi maioribus nasci contigerit quorum longa series dives (neque enim nunc aliud est nobilitas) habita sit, praesertim in praediis, nec pilo quidem minus sibi nobiles videntur etiamsi maiores nihil inde reliquerint aut relictum ipsi obligurierint.* (168/3–12)
>
> Aber ist es nicht auch dieselbe Dummheit, eitle und nutzlose Ehrenbezeugungen zu empfangen? Denn welches natürliche und wahre Vergnügen bereitet einem das entblößte Haupt eines anderen oder die gebeugten Knie? Wird dadurch vielleicht ein Schmerz in deinen eigenen Knien geheilt oder die Verwirrung in deinem Kopf gemildert? Es ist sonderbar, wie vergnügt sich diejenigen diesem Trugbild eines unechten Vergnügens hingeben, die sich in der Einschätzung ihres Adels gefallen und sich selbst Beifall klatschen, weil es ihnen widerfahren ist, von Vorfahren abzustammen, von denen eine lange Reihe für reich gehalten wird (denn nichts anderes heißt heute Adel!), besonders für reich an Landgütern. Gleichwohl halten sie sich aber für nicht weniger vornehm, wenn ihnen die Vorfahren nichts von ihrem Besitz hinterlassen oder sie selbst das Übriggebliebene durchgebracht haben.

Der Spott über Ehrenbezeigungen hebelt das adelige Ehrdenken aus, denn Ehre kann es ja überhaupt nur dann geben, wenn sie einem jemand erweist. Und mit dem Verhältnis von Abstammung und Reichtum zielt die Passage auf einen wunden Punkt des Adels: Wie lässt sich der Anspruch auf eine Vorrangstellung aufrechterhalten, wenn eine standesgemäße Lebensführung aus materiellen Gründen unmöglich geworden ist? Vorgetragen wird also ein massiver Angriff auf jenes adelige Denken, das die *Utopia* mit nahezu jedem Vorschlag durchstreicht, wodurch sie mit dem Prinzip der Stratifikation und damit mit dem der Ungleichheit bricht.

Obwohl die Gesellschaft Utopias also dem Anspruch nach aus lauter Gleichen besteht, beruht die Egalität auf einigen strikten Ab- beziehungsweise Aus-

43 Voegelin 1995, 118.

44 Hierzu etwa Appelbaum 2022, 119–121; McCutcheon 2015, 73–79; Mitchell 2020, 46–50; Rust 2023, 706f. u. 711.

grenzungsbewegungen. Die erste Grenze, welche Morus' *Utopia* zwischen Menschen zieht, verläuft zwischen den Geschlechtern. Sie ist schon äußerlich daran sichtbar, dass sich die Kleidung der Frauen von der der Männer unterscheidet und damit die sonst herrschende Gleichheit der Gewänder durchbricht.[45] Und auch wenn die Frauen wie die Männer lernen, arbeiten und kämpfen, sind sie diesen doch als [m]*inistri* (136/18), also als ‚Dienerinnen', unterstellt. Dazu passt es, dass es die Frauen sind, welche das Essen zubereiten und die Häuser putzen, und zwar zusätzlich zu ihrer sonstigen Arbeit. Dafür üben die Männer die Erziehungs- und Strafgewalt über ihre Frauen und Kinder aus und fungieren als deren Beichtväter.[46] Außerdem übernehmen sie – das setzt die Gründung des Staates durch einen Mann gleichsam fort – in der Regel die Regierungsämter. Das patriarchale Denken scheint hier völlig unhinterfragt und stellt so einen ‚blinden Fleck' im Postulat der Gleichheit dar.[47]

Die zweite Grenze – auch sie zeigt sich schon an den Kleidern –[48] scheidet die freien Bürger von den Sklaven.[49] Die Gruppe der Sklaven rekrutiert sich zum einen aus Ausländern, die zum Tode verurteilt worden sind, in Kriegsgefangenschaft gefallen sind oder sich freiwillig melden, weil ihnen das Leben als utopischer Staatssklave besser erscheint als jenes, das sie in ihrer Heimat führen, zum anderen aus Inländern, die mit der Sklaverei bestraft worden sind.[50] Denn offenbar können auch die besten Institutionen nicht verhindern, dass einige Menschen gegen die Normen verstoßen und etwa ohne Erlaubnis Reisen unternehmen oder die Ehe brechen, wofür sie dann versklavt werden: „the slave is the moral outcast".[51] Da sie trotz bester Voraussetzungen gefehlt haben, müssen sie dadurch büßen, dass sie schlechter behandelt werden als die fremden Sklaven. Und falls sie sich aufsässig zeigen, werden sie *velut indomitae beluae* (192/16; ‚wie wilde Bestien') getötet.

Für den utopischen Gesellschaftsentwurf hat die Existenz der Staatssklaven tiefreichende Auswirkungen. Einerseits untergräbt sie das Postulat der Gleichheit, andererseits ermöglicht sie es überhaupt erst, bestimmte Ideale aufrechtzuerhalten. So werden die Utopier vom Töten der Tiere ferngehalten, dem eine verro-

45 Hierzu und zum Folgenden Boršić/Karasman 2016, 103–106; MacRae Campbell 2017, 407.

46 Machado Jiménez 2021, 60f.

47 Kreyssig 1988, 68–72 u. 78–82; Machado Jiménez 2021, 51 u. 60; Mitchell 2020, 55.

48 MacRae Campbell 2017, 407.

49 Dass die Sklaverei der Utopier im Widerspruch zum Postulat der Gleichheit steht, betont Avineri 1962, 260.

50 Hierzu und zum Folgenden Appelbaum 2022, 122; Mitchell 2020, 56f.; Phélippeau 2018, 86f.; Pieper 2016, 87f.

51 Avineri 1962, 288.

hende, das Mitleid abstumpfende Wirkung zugeschrieben wird; da sie aber offenbar nicht als Vegetarier leben wollen, setzt das voraus, dass sich die Sklaven die Hände beim Jagen und Schlachten mit Blut besudeln. Dass bei den Gemeinschaftsmählern *ministeria omnia in quibus paulo plus sordis aut laboris est ebeunt servi* (140/17f.; ‚die Sklaven alle Arbeiten verrichten, die ein wenig schmutziger oder anstrengender sind'), ermöglicht das entspannte Zusammensein der übrigen, passt aber gar nicht zum Ethos der (körperlichen) Arbeit, wie es auf Utopia sonst propagiert wird.

Eine dritte Grenze trennt Inländer von Ausländern. Sie besteht seit der Staatsgründung, die sich einer gewaltsamen Eroberung verdankt und mit dem Durchtrennen der Landverbindung und der Errichtung von Festungsbauten einhergeht.[52] Die seither bestehende Staatsgrenze verläuft nicht zwischen Gleichen; vielmehr fühlen sich die Utopier jenen Völkern überlegen, mit denen sie durch Handel, Diplomatie oder Krieg verbunden sind.[53] Die Asymmetrie, die in allen ihren auswärtigen Verhältnissen angelegt ist – auch in denen zu ihren Verbündeten –,[54] tritt in zwei Fällen besonders deutlich zu Tage, nämlich bei der Gründung von Kolonien und bei der Behandlung der Zapoleten. Wenn die Utopier einen Geburtenüberschuss erzielen, gründen sie im Ausland Kolonien.[55] Die ansässige Bevölkerung laden sie ein, sich ihnen anzuschließen und ihre Lebensart anzunehmen; wer dieses Angebot ausschlägt, wird mit Gewalt vertrieben. Die Utopier glauben sich deswegen zur Landnahme berechtigt, weil die Urbevölkerung den ihr anvertrauten Boden nicht nutzt – ein naturrechtliches Argument, dessen sich noch der Imperialismus des 19. und 20. Jahrhunderts bedienen wird.

Die Zapoleten wiederum werden mit den Attributen *horridus, agrestis, ferox* (208/4; ‚roh, ungeschlacht, wild') belegt, und ihre Lebensumwelt, *silvas montesque asperos* (208/4f.; ‚rauhe Wälder und Berge'), soll erklären, warum sie von Raub und Krieg leben. Offenbar ruft der Text hier Stereotype ab, mit denen die Antike den Barbaren belegt. Zu den solcherart stigmatisierten Zapoleten unterhalten die Utopier insofern ein instrumentelles Verhältnis,[56] als sie aus deren Reihen ihre Söldner rekrutieren:

---

52 Appelbaum 2022, 121f.; Boršić/Karasman 2016, 98; Jackson 2022, 60; Machado Jiménez 2021, 52–54; Phélippeau 2018, 88.

53 Jackson 2022, 64, spricht vom „exceptionalism" der Utopier.

54 Avineri 1962, 261f.; Renz 2014, 81f.

55 Hierzu und zum Folgenden Appelbaum 2022, 123; Avineri 1962, 264; Boršić/Karasman 2016, 97f.; Jackson 2022, 63; Kreyssig 1988, 182; Langeloh 2020, 481f.; McCutcheon 2015, 84; Müllenbrock 2002, 6–9 u. 20; Phélippeau 2018, 912; Renz 2014, 80f.; Voegelin 1995, 116.

56 Dass die Utopier neben einer wertebasierten auch „eine nur auf Effizienz bedachte, rein instrumentelle, um sittliche Rückversicherung verkürzte Art von Vernunft" pflegen, konsta-

> *Hic populus Utopiensibus adversus quosvis mortales militat quod tanti ab his eorum conducatur opera quanti nusquam alibi. Utopienses siquidem ut bonos quaerunt quibus utantur, ita hos quoque homines pessimos quibus abutantur. Quos quum usus postulat, magnis impulsos pollicitationibus, maximis obiciunt periculis, unde plerumque magna pars numquam ad exigenda promissa revertitur. Superstitibus quae sunt polliciti bona fide persolvunt, quo ad similes ausus incendantur. Neque enim pensi quicquam habent quam multos ex eis perdant, rati de genere humano maximam merituros gratiam se si tota illa colluvie populi tam taetri ac nefarii orbem terrarum purgare possent.* (208/29–210/7)

> Dieses Volk kämpft für die Utopier gegen alle Sterblichen, weil seine Dienste von diesen so hoch bezahlt werden wie von niemandem sonst. Denn so wie die Utopier gute Menschen herbeiholen, die sie gebrauchen, so holen sie auch diese sehr schlechten Menschen, die sie missbrauchen. Wenn es die Notwendigkeit erfordert, reizen sie diese durch große Versprechungen und setzen sie den größten Gefahren aus, weshalb meist ein großer Teil von ihnen niemals zur Einlösung der Versprechen zurückkehrt. Den Überlebenden zahlen sie aber verlässlich das Versprochene, um sie zu ähnlichen Wagnissen anzureizen. Denn sie nehmen keine Rücksicht darauf, dass viele von diesen umkommen, und glauben, dass sie die größten Verdienste um das Menschengeschlecht erwerben würden, wenn sie den Erdkreis von jenem Abschaum eines so ekelhaften und verbrecherischen Volkes säubern könnten.

Bei der Beurteilung dieser Stelle wird man zwar den historischen Kontext berücksichtigen müssen, den die Randglosse einspielt: *Gens haud ita dissimilis Helvetiis* (208; ‚Dieses Volk ähnelt den Schweizern'). Die Zapoleten sind also nach dem ‚Vorbild' der Schweizer entworfen, und geben damit eine im damaligen Europa weitverbreitete Sicht auf jenes Volk wieder, das die Landsknechte für die zahllosen Kriege des 15. und 16. Jahrhunderts stellte.[57] Trotzdem spricht aus der Stelle – das lässt sich nicht übersehen – ein menschenverachtender Zynismus, der nicht nur den perfiden ‚Missbrauch' anderer zum eigenen Vorteil billigt, sondern auch deren Vernichtung durch einen „paid auto-genocide"[58] – ein drastisches Beispiel für die „spielerische[ ] Grausamkeit des humanistischen Intellektuellen".[59]

Es zeigt sich: „Some people seem to be more equal than others."[60] Dass die vielfach betonte Gleichheit der Bürger mit einer gleichzeitigen Abgrenzung von den Frauen, den Sklaven und den Barbaren einhergeht, ja sie vielleicht sogar vo-

---

tiert Müllenbrock 2002, 23. Ähnlich Schölderle 2016, 72.

57 Hierzu und zum Folgenden Müllenbrock 2002, 23f.; Phélippeau 2018, 89f.; Renz 2014, 76f.; Schölderle 2016, 61f. u. 70f.; Shephard 1995, 849f.

58 Jackson 2022, 62. Ähnlich schon Avineri 1962, 263 und McCutcheon 2015, 86f.

59 Voegelin 1995, 121.

60 Avineri 1962, 263.

raussetzt, entspricht jener Konstellation, die der Althistoriker Christian Meier als Voraussetzung dafür benannt hat, dass in Athen die Demokratie entstehen konnte.[61] Man könnte also überlegen, ob es für vormoderne Gesellschaften naheliegt, jenen Mechanismus, der Gleichheit und Ungleichheit in intrikater Weise verschränkt, so zu besetzen, dass Frauen, Sklaven und Barbaren das jeweilige andere darstellen. ‚Ungläubige', die im Mittelalter und in der Frühen Neuzeit die entsprechende Funktionsstelle bevorzugt besetzen, kommen für die *Utopia* nicht infrage, weil diese dem Toleranzgedanken verpflichtet ist.

Bei Morus finden sich darüber hinaus Aussagen zu weiteren Randgruppen der frühneuzeitlichen Gesellschaft. Eine zweifache Ausschlussbewegung erfasst die Kranken: Sie werden in Spitälern gepflegt, die außerhalb der Stadt liegen und – das *re-entry* unterstreicht deren Isolation – ihrerseits kleinen Städten gleichen.[62] Der Aufenthalt im Spital ist zwar freiwillig, doch verweigert ihn angesichts der dort angebotenen ausgezeichneten Pflege niemand. Eine ähnliche Mischung aus Voluntarismus und Suggestion bestimmt den Umgang mit unheilbar Kranken:

> *Ceterum si non immedicabilis modo morbus sit, verumetiam perpetuo vexet atque discruciet, tum sacerdotes ac magistratus hortantur hominem, quandoquidem omnibus vitae muniis impar, aliis molestus ac sibi gravis, morti iam suae supervivat, ne secum statuat pestem diutius ac luem alere, neve quum tormentum ei vita sit, mori dubitet: quin bona spe fretus, acerba illa vita velut carcere atque aculeo vel ipse semet eximat vel ab aliis eripi se sua voluntate patiatur.* (186/10–17)
>
> Indessen wenn die Krankheit nicht nur unheilbar ist, sondern ständig quält und martert, dann ermahnen die Priester und Beamten den Betreffenden, dass er allen Aufgaben des Lebens nicht mehr nachkommen könne, dass er anderen beschwerlich und sich selbst eine Last sei und dass er bereits seinen Tod überlebe; deshalb möge er die Seuche und die Ansteckung nicht weiter nähren und nicht zögern zu sterben, da ihm das Leben doch nur eine Qual sei; deshalb möge er im Vertrauen und in guter Hoffnung jenes schmerzhafte Leben wie einen Kerker oder eine Folter entweder selbst verlassen oder dulden, dass er von anderen gemäß seinem Willen daraus befreit werde.

In Gestalt religiöser und administrativer Funktionsträger legt die Gemeinschaft ihren kranken Mitgliedern den Freitod nahe, und zwar aus Nützlichkeitserwägungen.[63] Insofern handelt es sich hier nicht um Sterbehilfe, sondern um Euthanasie,[64] auch wenn der Tod den Betroffenen nur empfohlen, nicht aber erzwungen wird,

61 Meier 1993, 120–122 u. 128–144.

62 Rust 2023, 712–715.

63 Hierzu und zum Folgenden ebd., 717f.

64 Elliott 2013, 22.

jedenfalls nicht mit Gewalt. Allerdings bauen die guten Gründe, die das Wohl der Gemeinschaft mit dem Ende der Schmerzen verbinden, durchaus Druck auf.

Demgegenüber verfahren die Utopier mit den Behinderten vergleichsweise human. Mit Narren treiben sie zwar ihre Späße, kränken sie aber nicht, und sie vermeiden es, missgebildete Menschen zu verlachen. Die Bettler schließlich verschwinden als eigene Gruppe, weil es auf Utopia keine Armut mehr gibt und alle Bewohner am Arbeitsleben teilnehmen. Auch die vollständige Integration in die Gesellschaft, die die als störend ausgemachten Teile der Bevölkerung im großen Ganzen aufgehen und sie so gleichsam verschwinden lässt, stellt eine Strategie dar, mit der auf Utopia Gleichheit hergestellt wird. Die andere Strategie verhält sich hierzu komplementär und besteht in deren physischer Auslöschung, wie sie den unheilbar Kranken droht, die nicht mehr arbeiten können und deshalb keinen Platz mehr in der utopischen Gesellschaft haben. Außerdem setzt die Homogenität der utopischen Bürgergesellschaft scharfe Grenzziehungen nach innen (Frauen, Sklaven) und außen (Barbaren) voraus, zwischen denen auf der Ebene kultureller Zuschreibungen und metaphorischer Relationen zudem Verbindungen bestehen.[65] Wirklich gleich sind also nur die freien männlichen Utopier, die sich der herrschenden Moral unterwerfen, sich einer guten Gesundheit erfreuen und fleißig arbeiten. So erscheint Utopia als

> reversible figure (*Kippfigur*), turning from the ideal state into a *monstrum*. On the one hand, the social regulations of the Utopians may appear just and progressive but, viewed from a different angle, they can also appear restrictive and overly homogenizing.[66]

Die Flugschrift *Von der newen wandlung eynes Christlichen Lebens* adressiert *alle stend der gantzen welt*[67] und entwirft in prophetischem Gestus eine neue, bessere Gesellschaft. Dabei schließt sie an chiliastische Traditionen an, die auf Joachim von Fiore zurückgehen und mit ihm ein Zeitalter des Heiligen Geistes erwarten: die dritte, die *new wandlung* (107), die auf das Alte Testament des Vaters und das Neue Testament des Sohnes folgt.[68] Der Text lässt aber offen, wann dieses anbricht, zumal es nicht an den Menschen selbst liegt, die neue Zeit herbeizuführen, sondern an Gott.[69]

65 Dazu die feministisch-dekonstruktivistische Interpretation von Machado Jiménez 2021, welche die „correlations between colonial geopolitics and patriarchal biopolitics“ (61) herausarbeitet.

66 Langeloh 2020, 479.

67 Hergot 1977, 120. Auch im Folgenden wird nach dieser Ausgabe zitiert.

68 Schelle-Wolff 1996, 195–203 u. 286f.

69 Ebd., 265–274.

Auch die *Newe wandlung* geht vom Ideal der Gleichheit aus, wenn sie unter christlichen Vorzeichen jene Ungerechtigkeiten und Gewaltverhältnisse zu überwinden sucht, gegen die sich die Bauern 1525 erhoben hatten. Besonders anschaulich wird die Gleichheitsvorstellung in dem an Lukas 1,52 angelehnten Bild, das den Text beschließt:[70]

> *Es sind gesehen drey tisch ynn der welt, der erst uberflussig und zuvil darauff. Der ander mittelmessig unnd eyn bequeme notturfft. Der dritt gantz notturfftig. Do seyn kommen die von dem uberflussigen tisch unnd wolten nemen von dem wenigern tische das brodt. Hieraus erhebt sich der kampff und das Gott wird umbstossen den uberflussigen tisch und den geringen tisch und bestetigen den mitteln tisch.* (131f.)

Demnach ist Gleichheit, die hier dem alten ethischen Prinzip des Maßes entspricht, nur dann zu haben, wenn man in bestehende Strukturen eingreift und so einen Ausgleich zwischen Reichen und Armen herbeiführt. Dieser Eingriff ist ein gewaltsamer, ist *kampff*; er kommt von *Gott* und geht zu Lasten des *uberflussigen tisch*[s], hebt aber auch den *geringen* auf und etabliert den *mitteln* als alleinige Form der Existenz. Auf wessen Kosten die Herstellung der Gleichheit vor allem geht, machen jene polemischen Passagen klar, die diesem parabelhaften Schluss vorausgehen und sich nicht etwa gegen die Adeligen, sondern gegen die Juristen richten. Sie beziehen sich auf den Aufstieg einer Funktionselite, deren Qualifikation in der Kenntnis des ‚fremden' römischen Rechts bestand und die dieses für die Fürsten und gegen die Bauern einsetzte.

Die *Newe wandlung* beschreibt die Tätigkeit der *schrifftgelehrten ann fursten hoefen und ynn den grossen stedten* (120) als Abkehr vom göttlichen Willen, wie er durch die Propheten, die Wunderzeichen und den Heiligen Geist offenbart worden ist.[71] Offenbar kann sie das Wirken der gelehrten Juristen nicht anders denn als Willkür fassen: *Wem sie recht wollen, dem sprechen sie recht er hab recht odder unrecht, so lernt sie die geschrifft, das sie alltzeyt recht gewinnen, das lernt der heylig geyst nicht* (121f.). Hinter dieser Sichtweise steht nicht nur ein Misstrauen gegenüber einer Elite, die das Recht verändert, den Zugang zu diesem monopolisiert und es aus Eigeninteresse beugt, sondern auch eines gegen die *geschrifft* an sich. Dass der Buchstabe tötet, der Geist aber lebendig macht, ist ein in der (radikalen) Reformation oft zitiertes Paulus-Wort (2 Kor 3,6). Auch Jesus, so die Fortführung der biblischen Beweisführung, habe sich nicht mit Schriftgelehrten ab-, sondern mit ungebildeten Fischern umgeben. Die Paradoxie, die darin besteht, dass eine mittels der Schrift konzipierte und mittels des Drucks verbreitete Flugschrift, die

70 Hierzu und zum Folgenden ebd., 191f. u. 286.

71 Hierzu und zum Folgenden ebd., 254–265 u. 293.

sich ständig auf Schriftworte stützt, gegen die *schrifftgelerten* (124) ins Feld zieht, tritt in dem Moment an die Oberfläche, als sie ihren Gegnern vorwirft, nach der Zensur zu rufen, seit sie selbst im Medium des gedruckten Buches angegriffen würden.

Den gelehrten Rechtsbrechern droht der Text mit der göttlichen Strafe, und was das konkret heißen kann, zeigt seine Verteidigung der aufständischen Bauern. Hinter deren Taten stehe Gott, was die Gelehrten verkennten, wenn sie den Adel gegen die Bauern aufhetzen würden: *Schlag die bawrn zu tode, sie seyn rasend brechen euch die schloesser, ist der schrifftgelerten weysheyt* (125). Umgekehrt rufe niemand dazu auf, die Gelehrten zu töten, die genauso viel Unrecht wie die Bauern getan hätten. Doch die Vergeltung sei nahe, Gott übernehme das Strafen und bediene sich dazu der Türken.[72] Damit delegiert die Flugschrift die Herstellung der Gleichheit an eine höhere Instanz, doch hat sie mit den Juristen respektive Intellektuellen deutlich die Gruppe benannt, die die Verwirklichung dieses Ideals stört. Eine solche Sichtweise ist selten, da es in der Regel ja die Intellektuellen selbst sind, die über Gleichheit nachdenken und die Ursache der Ungleichheit dann üblicherweise nicht bei sich selbst suchen. Hier solidarisiert sich jedoch ein städtischer Autor mit den Bauern und identifiziert die städtischen Eliten als das Element, das den Aufbau einer gleichen, gerechten Gesellschaft stört und gegen das also vorzugehen ist. Gerade der Perspektivwechsel, den die *Newe wandlung* vollzieht, lässt den Grundmechanismus klar hervortreten, wonach Gleichheit immer auf Zwang gegenüber als störend ausgemachten Gruppen beruht, die entweder ausgeschlossen oder eingegliedert werden sollen.

Demgegenüber stellen Vives und Hedio gleichsam den Normalfall dar, da sie selbst der humanistischen respektive reformatorischen Elite angehören und ihren Entwurf an die städtischen Obrigkeiten adressieren,[73] welche sich der Armenpflege annehmen und – das ist die Folge ihres christlich-karitativen Programms –[74] dazu gegen Teile der Unterschichten vorgehen sollen. Entsprechend deckt sich das, was sie zur Armut sagen, weitgehend mit der Regierungspraxis und hat diese wiederum beeinflusst.[75] Mit der Politik der Räte teilt die Vives-Hedio-Reform-

72 Hierzu und zum Folgenden ebd., 292f.

73 Zum Kontext der Stadt Brügge, deren Magistraten Vives seine Schrift gewidmet hat, vgl. Mattheeussen/Fantazzi 2002, xix–xxiii.

74 Dafür, diesen religiösen Impuls, der das erste Buch trägt, ernst zu nehmen, plädieren Mattheeussen/Fantazzi 2002, ix; vgl. auch die Skizze von dessen Inhalt ebd., xv–xvii sowie Keck 2020, 145–193.

75 Mattheeussen/Fantazzi 2002, xxiii–xxv zum unmittelbaren Kontext Flandern, zum weiteren des frühneuzeitlichen städtischen Armenwesens vgl. Michielse/Krieken 1990, 2–5 u. 8–10 sowie die oben in FN 27 genannte geschichtswissenschaftliche Literatur.

schrift etwa das Interesse an Unterscheidungen.[76] So teilt das praktisch ausgerichtete zweite Buch die Armen in drei Gruppen ein, nämlich in die der Spitalinsassen, in die derjenigen, [q]*ui domi paupertatem tolerant*[77] (die *hauß armē*),[78] sowie in die der fahrenden Bettler. Innerhalb dieser Kategorien wird weiter differenziert. So gibt es einheimische und fremde Bettler, und nur Erstere haben Anspruch auf Unterstützung, während Letztere ohne Ausnahme auszuweisen sind.[79] Die Hausarmen sind daraufhin zu überprüfen, ob sie moralisch einwandfrei leben. Tun sie das nicht, verwirken sie ihr Anrecht auf Almosen. Bei den Spitalinsassen schließlich stellt sich die Frage, ob diese sich zu Recht in der Fürsorgeeinrichtung aufhalten, worüber Ärzte zu entscheiden haben.[80] Das bedeutet die Geburt des Amtsarztes aus dem Geiste der Definition. Alle drei Gruppen sollen registriert werden, um sie wirkungsvoller kontrollieren und disziplinieren zu können.

Am härtesten trifft es die Bettler, die wiederholt als störendes Element ausgemacht werden. Sie gelten als unsittlich, undankbar und verschwenderisch, sie nötigen und betrügen ihre Wohltäter, und sie gefährden alle ihre Mitmenschen, da sie mutwillig Krankheiten – gemeint ist wohl in erster Linie die Lepra – auf sich nehmen und weitergeben und eine Vielzahl von Verbrechen verüben.[81] Kurz: Sie sind ein *wůſt mißgewechs vnd überbein* (D iij^{v}).[82] Entsprechend werden die Bettler mit Ekel belegt, so wenn es heißt, ihre Zählung solle *in aperto loco aliquo aut area* vorgenommen werden, *** *ne illa colluvies ingrediatur senaculum* (98/10f.; *an einem offnen ort beschehen / oder in einem hoff / darmit diser vnflat nit in die Radtstub eingange*; K ij^{v}). Außerdem gelte es zu verhindern, dass die Armen nur deshalb ihre Kinder nicht arbeiten lassen, *plus illos domum referre ex mendicatu* (102/6f.; *wie das sy vom bettel vill mehr heim bringen*; K iv^{r}). Gerechtfertigt wird die Arbeitspflicht mit einem Paulus-Zitat: *quod si quis non vult operari, nec manducet* (98/25f.; *ſo yemandts nit will arbeiten / das er auch nit eſſe*; K iij^{r}). Bettler, die arbeiten, sind aber keine Bettler mehr, sodass sie als eigene Gruppe verschwinden. Auch hier integriert die Mehrheit die Minderheit in die Gesellschaft, indem sie dieser ihre Normen aufzwingt.

Auch die Hausarmen stehen unter Kuratel. Man befragt die Nachbarn über deren Lebenswandel, denn wer Laster *ut lusu, scortis, luxu, gula* (100/26; *ſpilen /*

---

76 Michielse/Krieken 1990, 12f.

77 Vives 2002, 98/1. Auch im Folgenden wird nach dieser Ausgabe zitiert.

78 Vives 1534, K ij^{v}. Auch im Folgenden wird nach der zweiten Auflage von 1534 zitiert, da die erste von 1533 nur in der Bibliotheca Apostolica Vaticana (ehemals Bibliotheca palatina) vorhanden (Stamp.Pal.IV.116[int2]) und nicht digitalisiert ist.

79 Bataillon 1952, 149.

80 Ebd., 150.

81 Zu Vives' Rekurs auf negative Stereotypen Michielse/Krieken 1990, 7.

82 Diese Formulierung hat kein Äquivalent im lateinischen Text.

hůren / vnkeischeit / vnnd freſſerey; K iij[v]) pflegt, ist unwürdig, um Unterstützung zu bitten, und muss hart sanktioniert werden: *non sunt mactandi fame, macerandi tamen* (100/30; *Man ſoll ſy nit tődten / aber doch außmerglen*; K iv[r]). Auch sonst erhält der zuständige Ratsausschuss eine erhebliche Zwangsgewalt – die [p]*oenae* (110/14; *peen vnnd ſtraffen*; L iij[v]) reichen bis hin zum Gefängnis – und die Arbeitspflicht wird umfassend eingeführt und mit Macht durchgesetzt. Nur wenn das Einkommen, das die Hausarmen mit ihrer Arbeit erzielen, nicht ausreicht, wird es ‚aufgestockt'.

Schließlich gilt die Arbeitspflicht auch für die Spitalinsassen. Hinter ihr steht die Koppelung von Muße und Laster: *Homines nihil agendo discunt male agere.* (100/5f.; *Die menſchen mit nichts thůn / haben gelert übels thůn*; K iij[r]). Selbst die Blinden sollen arbeiten; die Denkschrift präsentiert eine lange Liste von Tätigkeiten, die sich für sie eignen. Auch sollen die Bewohner der Spitäler nicht zu gut gehalten werden: Überflüssige Ausstattung gehört entfernt, und *deliciae* (104/27; *gſchleck vnd kostlicher ſpeiß*; L i[v]) haben vom Speisezettel zu verschwinden. „La règle du travail pour tous a pour complément la règle de l'austérité."[83] Zudem kämpft der Text gegen Sozialbetrug:

> *Valetudinis habenda ratio et aetatis; sic tamen ne simulatione morbi aut infirmitatis imponant (quod non fit raro), adhibebitur medicorum iudicium et qui fefellerit puniatur.* (100/7–9)

> *Vermügligkeit vnd das alter iſt zů erwegen / doch alſo dz nit in ſcheins der kranckheit oder der ſchwacheit ſy vns betriegen / welches offtermal beſchicht. Darzů ſoll gehőren das vrtheil der årtzt / vnnd der da betreugt ſoll geſtrafft werden.* (K iij[v])

Experten sollen verhindern, dass die Spitalbewohner Krankheit oder Schwäche vortäuschen und sich so Sozialleistungen erschleichen.

Dass Disziplinierung immer ein zweiseitiger Vorgang ist und auch diejenigen erfasst, die die Disziplinargewalt ausüben, zeigt sich etwa daran, dass auch denen Strafe angedroht wird, die anderen zu Unrecht Unterstützungsleistungen verschaffen. Zudem werden die Amtsträger angehalten, bei ihrer Kontrolltätigkeit einfühlsam vorzugehen: *Ferocia ne utantur, nisi si neccessariam censuerint adversus refractarios et detrectatores publici imperii.* (106/30f.; *ſich keiner grimmigkeit gebrauchen / es ſeye dann von nőtten / wider die widerſpenſtigen vnd die verachter gmeiner oberkeit*; L ij[v]). Feindseligkeiten der Betroffen, denen es an Einsicht mangelt, haben die Inspektoren als notwendiges Übel zu ertragen. Das entspricht der Haltung, die der Text gegenüber den Armen einnimmt: der des Pädagogen, der die ihm Anvertrauten zu erziehen hat, dabei für seine Schützlinge nur das Gute sucht und sie nur im Notfall und aus besserer Einsicht straft.

83 Bataillon 1952, 155.

Unerkennbar vertritt auch die Vives-Hedio-Schrift ein Programm des *social engineering*. Dabei liegt ihr das Bild einer Gesellschaft zugrunde, die insofern homogen ist, als alle ihre Mitglieder arbeiten.[84] Da so niemand mehr manifeste Not leiden muss, ist zugleich für die allgemeine Wohlfahrt und das allgemeine Glück gesorgt. Für die Randgruppe der Bettler bedeutet das jedoch, dass sie die Stadt entweder verlassen muss oder sich in deren Gesellschaft einzugliedern hat. In jedem Fall verschwindet sie als Gruppe, die einen eigenen Lebensstil pflegt. Für die verborgenen Armen sieht der Text eine strenge Kontrolle vor, die verhindern soll, dass diese sich jener Moral entziehen, die als eine allgemeine propagiert wird. Der starke Akzent, der dabei auf Erfassung und Überwachung gelegt wird, verweist darauf, dass die Schwierigkeiten beim Umgang mit den Hausarmen darin bestehen, dass diese inmitten der Gesellschaft leben, aber doch nicht ganz zu ihr gehören und so Definitionsprobleme aufwerfen. Bei den Spitalinsassen bestehen diese auch, sind aber anders gelagert, da es darum geht festzustellen, ob jemand zu Recht im Spital lebt. Außerdem sollen die Werte, die für die restliche Gesellschaft gelten, in die Welt des Spitals hineingetragen und diesem so sein Sonderstatus genommen werden.

3. Die Idee der Gleichheit zwischen Historizität und Universalismus

Die spätmittelalterliche und frühneuzeitliche Stadt bildete einen Raum, in dem sich die Idee der Gleichheit entfalten konnte. Denn trotz all der Unterschiede, die zwischen ihren Bewohnern bestanden, gab es hier doch auch Momente, welche die Bürger zu einer Einheit zusammenschlossen. Das Streben nach Homogenität führte aber auch dazu, dass Räte und Zünfte gegen jene Gruppen oder Individuen vorgingen, die diese störten, indem sie etwa von sozialen, religiösen oder moralischen Normen abwichen, auf die sämtliche Bürger verpflichtet werden sollten. Auch verfügten erst die Städte über die institutionellen Voraussetzungen dafür, eine aktive Gesellschaftspolitik zu betreiben.

Das hierzu passende sozialtechnologische Denken findet sich in der zeitgenössischen Literatur. In der ersten Hälfte des 16. Jahrhunderts entwerfen Texte, die unterschiedlichen Gattungen zugehören – Utopie, Flugschrift, Reformschrift –, die von unterschiedlichen Autoren stammen – humanistischen Intellektuellen, städtischen Laien, reformatorischen Geistlichen – und die unterschiedliche Rezipienten adressieren – den befreundeten Gelehrten, den ‚gemeine Mann', den regierenden Stadtrat – Gesellschaften, die Gleichheit sehr viel konsequenter denken, als sie in der Realität je möglich wäre. Am weitesten geht hier Morus' *Utopia*, die ein Staats-

84 Zur Zentralität der Arbeit in Vives' Traktat auch ebd., 148f. u. 155; Keck 2010, 198f.; Mattheeussen/Fantazzi 2002, xvii; Michielse/Krieken 1990, 15f.

wesen umreißt, dessen Bürger in jeder Hinsicht Gleiche sind. Eine verwandte Vorstellung scheint auch am Schluss von Hergots *Newer wandlung* auf, der das Bild des mittleren Tischs vor Augen stellt, der für die Gleichheit der Lebensführung steht, während das Übermaß der Reichen und der Mangel der Armen aufgehoben werden sollen. In Vives' *De subventione pauperum* respektive in Hedios *Von almůsen geben* schließlich sorgt die vorgeschlagene Bekämpfung der Armut dafür, dass sich die Lebensverhältnisse der Stadtbewohner aneinander angleichen.

Die drei Texte zeigen aber auch deutlich die Dialektik, die den Träumen von der Gleichheit der Menschen innewohnt. In der *Utopia* setzt die Gleichheit der männlichen Bürger zum einen voraus, dass Frauen, Sklaven und Barbaren von dieser ausgeschlossen und so massive Ungleichheiten befördert werden. Zum anderen gebiert die Rationalität, die hinter dem utopischen Entwurf einer neuen Gesellschaft steht, auch eine instrumentelle Vernunft, die Menschen Zweckkalkülen unterwirft und ohne Zögern bereit ist, als unnütz angesehene Menschen dem Tod zu überantworten. Nur vorsichtig und verschlüsselt gibt hingegen die *Newe wandlung* zu erkennen, dass eine Gesellschaft, die allen Menschen ein auskömmliches Leben ermöglicht, den gewaltsamen Umsturz der herrschenden Verhältnisse erfordert, weil diese auf Ungleichheit beruhen. Das Feindbild, gegen das sich die Aggression in erster Linie richtet, geben hier die Juristen ab. Die Ausschlüsse, mittels derer Gleichheit überhaupt erst hergestellt werden kann, können also auch eine Gruppe der städtischen Elite treffen. Gegen Außenseiter, gegen die städtischen Armen, wenden sich hingegen *De subventione pauperum* beziehungsweise *Von almůsen geben*, welche dazu anleiten, die Bettler, die Hausarmen und die Spitalinsassen konsequent zu kontrollieren und sie auf alle mögliche Arten zu disziplinieren. Das Ziel der vorgeschlagenen Maßnahmen ist es, auch die Armen arbeiten zu lassen und sie so moralisch zu bessern. Beides holt die Bedürftigen vom Rand in die Mitte der Gesellschaft und macht diese so gleicher. Wer sich der Integration aber widersetzt, wird bestraft, und zwar mit großer Härte.

Je weiter die Gleichheitsvorstellungen ausgreifen und je konsequenter sie gedacht sind, desto deutlicher treten ihre problematischen Folgen hervor. Je absoluter sie formuliert werden, desto größere Distanz wahren sie aber zur sozialen Praxis. Morus hat einen holistischen, rationalen und radikalen Entwurf einer Gesellschaft der Gleichen vorgelegt und dessen Problematik mit aller Deutlichkeit hervorgetrieben, zugleich aber auch große Anstrengungen unternommen, um dessen Literarizität zu betonen: durch die Ausstellung der Fiktionalität, durch die Inszenierung von Polyphonie und das Zulassen von Ambiguität.[85] Auf diese

85 Hierzu und zum Folgenden nur einige Titel, die stellvertretend für eine umfangreiche Forschung stehen: de Boer 2019; Boršić/Karasman 2016, 93f.; von Contzen 2011; Isekenmeier 2010; McCutcheon 2015, 82; Schölderle 2016.

Weise hat er es bewusst offengelassen, ob es überhaupt wünschenswert wäre, dass die Ideen des Raphael Hythlodaeus realisiert würden. Diese erscheinen als ein Gedankenexperiment, das so faszinierend wie irritierend ausfällt, da die *Utopia* die von ihr vertretenen Prinzipien beständig unterläuft und es häufig unklar ist, ob Aussagen wörtlich oder nicht doch eher ironisch, satirisch oder parodistisch gemeint sind. Hergots Gesellschaftsentwurf ist weniger umfassend, und er wirkt weniger durchdacht. Und er lässt es, vermutlich aus Angst vor Verfolgung, in der Schwebe, ob er tatsächlich zum Aufbau einer gleichen Gesellschaft auffordert. Der Anspruch, die Gesellschaft zu verändern und sie dadurch gleicher zu machen, beschränkt sich bei Vives und Hedio auf einen vergleichsweise engen Ausschnitt, in dem auch nur Außenseiter sichtbar werden. An der Wirkabsicht ihrer Schriften besteht hingegen kein Zweifel, fordern sie doch den Rat der Stadt Brügge respektive den der Stadt Straßburg zum Handeln auf. Sowohl beim Original als auch bei der Übersetzung handelt es sich um Reformschriften, die ganz unmittelbar auf die Umsetzung ihrer Inhalte in die Praxis abzielen.

Entsprechend lassen sich die obigen Textbeobachtungen zwanglos auf den historischen Kontext der spätmittelalterlichen und frühneuzeitlichen Stadt beziehen. Der Konnex zwischen Gleichheitsbestrebungen und Ausschlussbewegungen zeigt sich aber auch in anderen Epochen, etwa in der Antike oder in der Aufklärung, und verschiedene verwandte Argumentationsmuster finden sich auch noch in heutigen sozialpolitischen Diskussionen. Das wirft die Frage auf, ob es sich bei dem Konnex zwischen der Idee, eine Gesellschaft auf das Ideal der Gleichheit hin auszurichten, und den Strategien der Erfassung, der Ab- und Ausgrenzung und der Verfolgung, die gleichsam in ihrem Rücken auftaucht und sie als ihr schlechteres Selbst notwendig begleiten, nicht um eine Art Universalie handelt.[86] Denn wer eine gute Gesellschaft herstellen will, muss immer auch festlegen, was oder eben wen er für schlecht hält, und dann korrigierend eingreifen. Und wer eine gleiche Gesellschaft will, muss Ungleichheiten ausmachen und an ihrer Aufhebung arbeiten. Dass eine gute Gesellschaft allererst eine gleiche ist, liegt – so meine ich – in unserem Gefühl für Fairness begründet, bei dem es sich ebenfalls um eine Universalie handeln könnte, in diesem Fall um eine anthropologisch angelegte.

86 Vorgezeichnet ist ein solches Denken bei Hondrich 2001, 11, der von allgemeinen basalen Mechanismen des Zusammenlebens ausgeht, die vor allen kulturellen Differenzen angesiedelt sind.

Bibliographie

I. Primärliteratur

Hans Hergot und die Flugschrift *Von der newen Wandlung eynes christlichen Lebens*. Faksimilewiedergabe mit Umschrift. Leipzig 1977.

More, Thomas: Utopia. Latin Text and English Translation. Hrsg. von George M. Logan, Robert M. Adams und Clarence H. Miller. Cambridge 1995.

Vives, Johannes Ludowicus: WAnnenher Ordnung menschlicher beywonung [...]. [Straßburg 1534].

Vives, J[uan] L[uis]: De subventione pauperum sive de humanis necessitatibus libri II. Introduction, Critical Edition, Translation and Notes. Hrsg. von C[onstant] Matheeussen und C[harles] Fantazzi. Leiden/Boston 2002.

II. Sekundärliteratur

Appelbaum, Robert: The Renaissance Discovery of Violence, from Boccaccio to Shakespeare. London/New York 2022.

Avineri, Shlomo: War and Slavery in More's *Utopia*. In: International Review of Social History 7 (1962), 260–290.

Bataillon, Marcel: J. L. Vivès. Réformateur de la bienfaisance. In: Bibliothèque d'Humanisme et Renaissance 14 (1952), 141–158.

Bauman, Zygmunt: Dialektik der Ordnung. Die Moderne und der Holocaust. Hamburg 1992a.

Bauman, Zygmunt: Moderne und Ambivalenz. Das Ende der Eindeutigkeit. Hamburg 1992b.

Belker-van den Heuvel, Jürgen: Aussätzige. *Tückischer Feind* und *Armer Lazarus*. In: Bernd-Ulrich Hergemöller (Hrsg.): Randgruppen der spätmittelalterlichen Gesellschaft. Neu bearbeitete Ausgabe. Warendorf 2001, 270–299.

de Boer, Jan-Hendryk: Zukunft jenseits des Textes. Die *Utopia* des Thomas Morus. In: Jan-Hendryk de Boer (Hrsg.): Praxisformen. Zur kulturellen Logik von Zukunftshandeln. Frankfurt a. M./New York 2019, 493–505.

Bog, Ingomar: Über Arme und Armenfürsorge in Oberdeutschland und in der Eidgenossenschaft im 15. und 16. Jahrhundert. In: Jahrbuch für fränkische Landesforschung 34/35 (1975), 983–1001.

Boršić, Luka/Ivana Skuhala Karasman: Krieg, Religion und Frauen auf der Insel Utopia. Analyse des zweiten Teiles des zweiten Buches der *Utopia* von Thomas Morus: In: Otfried Höffe (Hrsg.): Politische Utopien der Neuzeit. Thomas Morus, Tommaso Campanella, Francis Bacon. Berlin/Boston 2016, 93–107.

Bräuer, Helmut: Almosenausteilungsplätze – Orte der Barmherzigkeit und Selbstdarstellung, des Gesprächs und der Disziplinierung. In: Helmut Bräuer und Elke Schlenkrich (Hrsg.): Die Stadt als Kommunikationsraum. Beiträge zur Stadtgeschichte vom Mittelalter bis ins 20. Jahrhundert. Festschrift für Karl Czok zum 75. Geburtstag. Leipzig 2001, 57–100.

Braun, Manuel: Die Gestaltbarkeit der Gesellschaft bei Thomas Morus, Hans Hergot und Juan Luis Vives. In: JOWG 24 (2022/2023), 517–536.

von Contzen, Eva: Die Verortung eines Nicht-Ortes – Der fiktionale Raum in Thomas Morus' *Utopia*. In: Neulateinisches Jahrbuch 13 (2011), 33–56.

Dann, Otto: Gleichheit. In: Otto Brunner, Werner Conze und Reinhart Koselleck (Hrsg.): Geschichtliche Grundbegriffe. Historisches Lexikon zur politisch-sozialen Sprache in Deutschland, Bd. 2: E–G. Stuttgart 1975, 997–1046.

Elias, Norbert: Thomas Morus' Staatskritik. Mit Überlegungen zur Bestimmung des Begriffs Utopie. In: Wilhelm Voßkamp (Hrsg.): Utopieforschung. Interdisziplinäre Studien zur neuzeitlichen Utopie, Bd. 2. Stuttgart 1982, 101–150.

Elliott, Robert C.: The Shape of Utopia. Studies in a Literary Genre. Hrsg. mit einer Einleitung von Phillip E. Wegner. Oxford u. a. 2013.

Emmelius, Caroline: Muße – Müßiggang – Nichtsnutzigkeit. Zum Verhältnis von Muße und Arbeit in Morus' *Utopia*, im *Ulenspiegel* und im *Lalebuch*. In: Gregor Dobler und Peter Philipp Riedl (Hrsg.): Muße und Gesellschaft. Tübingen 2017, 141–162.

Fischer, Thomas: Städtische Armut und Armenfürsorge im 15. und 16. Jahrhundert. Göttingen 1979.

Fuhrmann, Bernd: Die Stadt im Mittelalter. Stuttgart 2006.

Gilomen, Hans-Jörg: Juden in den spätmittelalterlichen Städten des Reichs. Normen – Fakten – Hypothesen. Trier 2009.

Graus, František: Randgruppen der städtischen Gesellschaft im Spätmittelalter. In: František Graus: Ausgewählte Aufsätze (1959–1989). Hrsg. von Hans-Jörg Gilomen, Peter Moraw und Rainer C. Schwinges. Stuttgart 2002, 303–350.

Hartung, Wolfgang: Gesellschaftliche Randgruppen im Spätmittelalter. Phänomen und Begriff. In: Fritz Reuter und Bernhard Kirchgässner (Hrsg.): Städtische Randgruppen und Minderheiten. 23. Arbeitstagung in Worms, 16.–18. November 1984. Sigmaringen 1986, 49–114.

Hartung, Wolfgang: Armut und Fürsorge: eine Herausforderung der Stadtgesellschaft im Übergang vom Spätmittelalter zur Frühen Neuzeit. In: Joachim Jahn, Wolfgang Hartung und Immo Eberl (Hrsg.): Oberdeutsche Städte im Vergleich. Mittelalter und Frühe Neuzeit. Sigmaringendorf 1989, 158–181.

Hergemöller, Bernd-Ulrich: Randgruppen der spätmittelalterlichen Gesellschaft. Wege und Ziele der Forschung. In: Bernd-Ulrich Hergemöller (Hrsg.): Randgruppen der spätmittelalterlichen Gesellschaft. Neu bearbeitete Ausgabe. Warendorf 2001, 1–57.

Hölscher, Lucian: Utopie. In: Otto Brunner, Werner Conze und Reinhart Koselleck (Hrsg.): Geschichtliche Grundbegriffe. Historisches Lexikon zur politisch-sozialen Sprache in Deutschland. Bd. 6: St–Vert. Stuttgart 1990, 733–788.

Hondrich, Karl Otto: Der Neue Mensch. Frankfurt a. M. 2001.

Horkheimer, Max/Adorno, Theodor W.: Dialektik der Aufklärung. Philosophische Fragmente. Frankfurt a. M. 1989.

Irsigler, Franz: Annäherungen an den Stadtbegriff. In: Ferdinand Opll und Christoph P. Sonnlechner (Hrsg.): Europäische Städte im Mittelalter. Innsbruck/Wien/Bozen 2010, 15–30.

Isekenmeier, Guido: Das beste Gemeinwesen? Utopie und Ironie in Morus' *Utopia*. In: Ulrich Arnswald und Hans-Peter Schütt (Hrsg.): Thomas Morus' *Utopia* und das Genre der Utopie in der Politischen Philosophie. Karlsruhe 2010, 37–54.

Isenmann, Eberhard: Die deutsche Stadt im Spätmittelalter 1250–1500. Stadtgestalt, Recht, Stadtregiment, Kirche, Gesellschaft, Wirtschaft. Stuttgart 1988.

Jackson, Michael: How ‚Utopian' is the Foreign Policy in Thomas More's Utopia? In: The European Legacy 27 (2022), 57–67.

Jeziorski, Pawel A.: Randgruppen in den mittelalterlichen und frühneuzeitlichen Großstädten Livlands. Scharfrichter und Prostituierte. In: Ilgvars Misans (Hrsg.): Leonid Arbusow (1882–1951) und die Erforschung des mittelalterlichen Livland. Köln/Weimar/Wien 2014, 257–286.

Johanek, Peter: Tradition und Zukunft der Stadtgeschichtsforschung in Mitteleuropa. In: Im Dienste der Stadtgeschichtsforschung. Festgabe für Wilhelm Rausch zur Vollendung seines 70. Lebensjahres. Linz 1997, 37–62.

Jütte, Robert: Stigma-Symbole. Kleidung als identitätsstiftendes Merkmal bei spätmittelalterlichen und frühneuzeitlichen Randgruppen (Juden, Dirnen, Aussätzige, Bettler). In: Saeculum 44 (1993), 65–89.

Jütte, Robert: Arme, Bettler, Beutelschneider. Eine Sozialgeschichte der Armut in der Frühen Neuzeit. Aus dem Englischen von Rainer von Savigny. Weimar 2000.

Keck, Andreas: Das philosophische Motiv der Fürsorge im Wandel. Vom Almosen bei Thomas von Aquin zu Juan Luis Vives' *De subventione pauperum*. Würzburg 2010.

Knefelkamp, Ulrich: Sozialdisziplinierung oder Armenfürsorge? Untersuchung normativer Quellen in Bamberg und Nürnberg vom 14. bis zum 17. Jahrhundert. In: Helmut Bräuer und Elke Schlenkrich (Hrsg.): Die Stadt als Kommunikationsraum. Beiträge zur Stadtgeschichte vom Mittelalter bis ins 20. Jahrhundert. Festschrift für Karl Czok zum 75. Geburtstag. Leipzig 2001, 515–534.

Kreyssig, Jenny: Die *Utopia* des Thomas Morus. Studien zur Rezeptionsgeschichte und zum Bedeutungskontext. Frankfurt a. M. u. a. 1988.

Landolt, Oliver: Von der Marginalisierung zur Kriminalisierung – Die Ausgrenzung mobiler Bevölkerungselemente in der spätmittelalterlichen Eidgenossenschaft. In: Das Mittelalter 16 (2011), 49–71.

Langeloh, Jacob: Waging War for Justice. Utopian Wars and the Roman Expansion. In: Wim François u. a. (Hrsg.): Authority Revisited. Towards Thomas More and Erasmus in 1516. Turnhout 2020, 479–513.

Lömker-Schlögell, Annette: Prostituierte. *umb vermeydung willen merers übels in der cristenhait*. In: Bernd-Ulrich Hergemöller (Hrsg.): Randgruppen der spätmittelalterlichen Gesellschaft. Neu bearbeitete Ausgabe. Warendorf 2001, 58–89.

Machado Jiménez, Almudena: On Utopus' Uterus: The Colonisation of the Body and the Birth of Patriarchal Utopia in Thomas More's *Utopia*. In: Coolabah 31 (2021), 48–66.

MacRae Campbell, Jane: Dress, Ideology, and Control. The Regulation of Clothing in Early Modern English Utopian Texts, 1516–1656. In: Utopian Studies 28 (2017), 398–427.

Mandry, Julia: Armenfürsorge, Hospitäler und Bettel in Thüringen in Spätmittelalter und Reformation (1300–1600). Köln 2018.

Matheeussen, C[onstant]/Fantazzi, C[harles]: Introduction. In: J. L. Vives: De subventione pauperum sive de humanis necessitatibus libri II. Introduction, Critical Edition, Translation and Notes. Hrsg. von Constant Matheeussen und Charles Fantazzi. Leiden/Boston 2002, ix–xl.

McCutcheon, Elizabeth: War Games in *Utopia*. In: Moreana 52 (2015), 65–89.

Meier, Christian: Athen. Ein Neubeginn der Weltgeschichte. Berlin 1993.

Mentgen, Gerd: Juden. Zwischen Koexistenz und Pogrom. In: Bernd-Ulrich Hergemöller (Hrsg.): Randgruppen der spätmittelalterlichen Gesellschaft. Neu bearbeitete Ausgabe. Warendorf 2001, 335–387.

Michielse, H. C. M./van Krieken, Robert: Policing the Poor: J. L. Vives and the Sixteenth-Century Origins of Modern Social Administration. In: Social Service Review 64 (1990), 1–21.

Mitchell, Sebastian: Utopia and Its Discontents. Plato to Atwood. London/New York 2020.

Moeller, Bernd: Reichsstadt und Reformation. Neue Ausgabe: Mit einer Einleitung hrsg. von Thomas Kaufmann. Tübingen 2011.

Müllenbrock, Heinz-Joachim: Krieg in Morus' *Utopia*. In: Anglia 120 (2002), 1–29.

Nipperdey, Thomas: Die Utopia des Thomas Morus und der Beginn der Neuzeit. In: Thomas Nipperdey: Reformation, Revolution, Utopie. Studien zum 16. Jahrhundert. Göttingen 1975, 113–146.

Phélippeau, Marie-Claire: „Utopia First!" A Machiavellian Conception of Solidarity in More's *Utopia*. In: Moreana 55 (2018), 79–93.

Pieper, Annemarie: Die Moral der Utopier. In: Otfried Höffe (Hrsg.): Politische Utopien der Neuzeit. Thomas Morus, Tommaso Campanella, Francis Bacon. Berlin/Boston 2016, 77–92.

Renz, Tilo: Die Außenkontakte einer anderen Welt. Krieg, Hegemonie und Kulturtransfer in Thomas Morus' *Utopia*. In: Marc Föcking und Claudia Schindler (Hrsg.): Der Krieg hat kein Loch. Friedenssehnsucht und Kriegsapologie in der Frühen Neuzeit. Heidelberg 2014, 65–87.

Rexroth, Frank: Das Milieu der Nacht. Obrigkeit und Randgruppen im spätmittelalterlichen London. Göttingen 1999.

Rexroth, Frank: Grenzen der Stadt, Grenzen der Moral. Der urbane Raum im Imaginarium einer vormodernen Stadtgesellschaft. In: Peter Johanek (Hrsg.): Die Stadt und ihr Rand. Köln/Weimar/Wien 2008, 147–165.

Rust, Jennifer R.: *Ad Salutem Publicam*. Public Health and Pastoral Government in More's *Utopia*. In: Textual Practice 37 (2023), 706–724.

Scheffknecht, Wolfgang: Scharfrichter. Vom römischen *carnifex* bis zum frühneuzeitlichen Staatsdiener. In: Bernd-Ulrich Hergemöller (Hrsg.): Randgruppen der spätmittelalterlichen Gesellschaft. Neu bearbeitete Ausgabe. Warendorf 2001, 122–172.

Schelle-Wolff, Carola: Zwischen Erwartung und Aufruhr. Die Flugschrift *Von der newen wandlung eynes Christlichen lebens* und der Nürnberger Drucker Hans Hergot. Frankfurt a. M. 1996.

Schmidt, Jürgen-Michael: Randgruppen in der spätmittelalterlichen und frühneuzeitlichen sozialen Ordnung. Forschungsfelder auch für die Landesgeschichte. In: Dieter R. Bauer, Dieter Mertens und Wilfried Setzler (Hrsg.): Netzwerk Landesgeschichte. Gedenkschrift für Sönke Lorenz. Ostfildern 2013, 355–382.

Schmieder, Felicitas: Die mittelalterliche Stadt. 3., bibliographisch ergänzte Aufl. Darmstadt 2012.

Schölderle, Thomas: Zwischen Reform und Satire. Vernunft als experimentelles Fundament in Morus' *Utopia*. In: Otfried Höffe (Hrsg.): Politische Utopien der Neuzeit. Thomas Morus, Tommaso Campanella, Francis Bacon. Berlin/Boston 2016, 57–75.

Schubert, Ernst: Der ‚starke Bettler'. Das erste Opfer sozialer Typisierung um 1500. In: Zeitschrift für Geisteswissenschaft 48 (2000), 869–893.

Schubert, Ernst: Duldung, Diskriminierung und Verfolgung gesellschaftlicher Randgruppen im ausgehenden Mittelalter. In: Michael Matheus und Sigrid Schmitt (Hrsg.): Kriminalität und Gesellschaft in Spätmittelalter und Neuzeit. Stuttgart 2005, 47–69.

Scribner, Bob: Wie wird man Außenseiter? Ein- und Ausgrenzung im frühneuzeitlichen Deutschland. In: Norbert Fischer und Marion Kobelt-Groch (Hrsg.): Außenseiter zwischen Mittelalter und Neuzeit. Festschrift für Hans-Jürgen Goertz zum 60. Geburtstag. Leiden/New York/Köln 1997, 21–46.

Seibt, Ferdinand: Utopie als Funktion abendländischen Denkens. In: Wilhelm Voßkamp (Hrsg.): Utopieforschung. Interdisziplinäre Studien zur neuzeitlichen Utopie, Bd. 1. Stuttgart 1982, 254–279.

Shephard, Robert: Utopia, Utopia's Neighbors, *Utopia*, and Europe. In: The Sixteenth Century Journal 26 (1995), 843–856.

Voegelin, Eric: „Die spielerische Grausamkeit der Humanisten“. Studien zu Niccolò Machiavelli und Thomas Morus. München 1995.

Voßkamp, Wilhelm: Einleitung. In: Wilhelm Voßkamp (Hrsg.): Utopieforschung. Interdisziplinäre Studien zur neuzeitlichen Utopie, Bd. 1. Stuttgart 1982, 1–10.

Wedell, Moritz: Marginalität und Raumsemantik. Zur Einleitung. In: Das Mittelalter 16 (2011), 8–16.

Prof. Dr. Manuel Braun
Universität Stuttgart
Institut für Literaturwissenschaft
Keplerstraße 17
70174 Stuttgart
manuel.braun@ilw.uni-stuttgart.de

Elke Brüggen/Anna Katharina Nachtsheim

Das geschriebene Haus. Zur Imagination von städtischen Räumen und urbanem Leben in mittelhochdeutschen Kurzerzählungen des 13. und 14. Jahrhunderts[1]

1. Zur interdisziplinären Erforschung des städtischen Hauses vor 1300/1350

Im Hochmittelalter entstand auch im deutschsprachigen Bereich die Stadtlandschaft mit der Stadt als Lebensraum. Doch wie sah das Stadthaus vor 1300/1350 aus? Welche Bauformen und Bautechniken, welche Gliederung und Anordnung der Baukörper zeigte es, in welchem Verhältnis stand es zum städtischen Umfeld? Welche Kenntnisse vermitteln die Befunde der Mittelalterarchäologie sowie der Bau- und Hausforschung über das Stadthaus und seine Funktionen? Was können die Restaurierungswissenschaft und die Kunstgeschichte durch ihre Untersuchung malerischer Ausgestaltungen über Wertigkeit und Funktion der Räume aussagen? Was verraten Schmuckformen oder ganze Bildprogramme an den Wänden der Häuser (außen wie innen) über das Selbstverständnis und die Ordnungsvorstellungen ihrer Bewohnerinnen und Bewohner in einer sich entfaltenden städtischen Gesellschaft? Welche Hinweise geben sie auf deren Verhältnis zu ihrem feudalen wie landwirtschaftlich geprägten Umfeld? Welche Einsichten in Strukturen und Funktionalität des Hauses können wiederum erzählende Texte aus der Zeit vermitteln? Was verraten diese über mentale Konzepte des Hauses, der Stadt und des städtischen Lebens?[2] Welche auf das Haus bezogene zeitgenössische Terminologie wird durch sie greifbar? Mit welchen literarischen Mitteln evozieren sie bauliche und soziale Aspekte des Wohnens und Lebens im Haus? Wie wird städtische Räumlichkeit hier semantisiert und narrativ funktionalisiert?

Mit diesen Fragen zum profanen städtischen Wohnhaus hat sich zwischen 2018 und 2023 das interdisziplinäre DFG-Projekt „Das Haus in der Stadt vor

---

1 Gefördert durch die Deutsche Forschungsgemeinschaft (DFG) – 411256083. Die Abschnitte 1 und 5 des vorliegenden Beitrags wurden von Elke Brüggen verfasst, die Abschnitte 2–4 und 6 von Anna Katharina Nachtsheim.

2 Vgl. Dahm/Felber 2023.

10.29091/9783752003444/017

1300" befasst.[3] Für die in diesem Umfeld situierte literaturwissenschaftliche Auseinandersetzung mit dem mittelalterlichen Haus war es wichtig, von der Mehrdimensionalität des Hausbegriffs auszugehen, um zusätzlich zu den materiellen und sachkulturellen Dimensionen des Hauses die mit diesem verbundenen mentalen Konzepte in den Blick nehmen zu können; erst dadurch ließ sich das mittelalterliche Haus als eine für die gesellschaftliche Ordnung hochrelevante Entität beschreiben,[4] wobei eine umfang- und perspektivenreiche Raumforschung, die sich seit dem Ende des 20. Jahrhunderts entfalten konnte, wichtige Impulse zu geben vermochte.[5] Weitere Anregungen und methodische Neuorientierungen ergaben sich aus dem sogenannten ‚material turn' und der damit verbundenen Forschung zu mittelalterlichen Dingwelten.[6] Die angesprochenen Entwicklungen lassen sich gut mit einem wiedererwachten Interesse für den Zusammenhang von Literatur und Lebensform und damit für die soziale Dimension profaner Raumgefüge und Raumausstattungen vereinbaren, das verstärkt zu beobachten ist.[7] Die Aufmerksamkeit für die Verankerung von ‚häuslichen Szenarien' in zeitgenössischen Vorstellungwelten verleiht nicht zuletzt der Frage nach geschlechts-

3 Die Federführung des Projekts lag bei PD Dr.-Ing. Barbara Perlich-Nitz, Bau- und Stadtbaugeschichte (TU Berlin; Landeskirchenamt Erfurt) und Prof. Dr. Harald Wolter-von dem Knesebeck, Kunstgeschichte mit besonderer Berücksichtigung des Mittelalters (Universität Bonn). An der Kooperation waren Kolleginnen und Kollegen aus der Bau- und Hausforschung, der Kunstgeschichte, der Mittelalterarchäologie, den Restaurierungswissenschaften sowie der mediävistischen Germanistik beteiligt, neben PD Dr.-Ing. Barbara Perlich-Nitz und Prof. Dr. Harald Wolter-von dem Knesebeck namentlich (in alphabetischer Reihenfolge) Prof. Dr. Elke Brüggen (Universität Bonn), Julia Hurlbeck, M.A. (Universität Bonn), Frank Löbbecke, M.A. (Kantonale Denkmalpflege Basel), Anna Katharina Nachtsheim, M.A., M.Ed. (Universität Bonn), Dr. Iris Ophelia Nießen (Universität Leipzig), Dr. Thomas Nitz (Thüringisches Landesamt für Denkmalpflege und Archäologie Erfurt), Prof. Dr. Gabri van Tussenbroek (Universiteit van Amsterdam; Gemeente Amsterdam, Monumenten en Archaeologie). Im Austausch über die jeweiligen Quellen konnten gemeinsame Fragestellungen entwickelt und die Ergebnisse der Untersuchungen verglichen und zu einem Gesamtbild zusammengesetzt werden. Ein Sammelband unter dem Titel „Das Haus in der Stadt vor 1300" ist in Vorbereitung; er wird in der Reihe „Eikonikà" der Verlagsgruppe Schnell & Steiner erscheinen.

4 Vgl. auch Eibach/Schmidt-Voges 2015; Ruby/Schmidt-Voges 2023.

5 Vgl. etwa Bachmann-Medick 2006; Berzeviczy/Bognár/Lőkös 2009; Böhme 2005; Döring/Thielmann 2008; Günzel 2007; Günzel 2009; Günzel 2010; Günzel 2017; Vavra 2005. Aus literaturwissenschaftlicher resp. germanistisch-mediävistischer Sicht vgl. Dennerlein 2009; Gerok-Reiter/Hammer 2015; Glaser 2004; Glauch/Köbele/Störmer-Caysa 2011; Huber 2012; Kundert/Schmid/Schmid 2007; Lorenz 2015; Meckseper 1997; Renz/Hanauska/Herweg 2018; Stock/Vöhringer 2014; Störmer-Caysa 2007.

6 Vgl. dazu Winkelsträter 2022.

7 Vgl. u. a. Baier 2005; Bauschke 2006; Brüggen 2003; Groos 2014; Hammer 2018; Hasebrink u. a. 2008; Haupt 1995; Kellermann 2005; Klug 2009; Laude 2007; Mierke 2012;

spezifischen Raumnutzungen sowie einer genderbezogenen Semantisierung von Räumen eine gesteigerte Relevanz und verdeutlicht das Erfordernis einer gendersensiblen Interpretation jener Schauplätze und Konstellationen, die in mittelalterlichen Texten auf das ‚Haus' bezogen sind.[8] Beim literaturwissenschaftlichen Zugriff auf das ‚Haus in der Stadt' gilt es zudem, der wechselseitigen Bezogenheit von Raum, Handlung und Figurenprofilierung im Prozess der literarischen Bedeutungskonstitution Rechnung zu tragen. Eine systematische Befragung des im Kontext der Thematisierung des Hauses verwendeten Vokabulars stellt eine weitere probate Möglichkeit dar, sich dem ‚Haus in der Literatur' zu nähern. Bei alldem liegen die Vorteile einer interdisziplinären Zusammenarbeit auf der Hand: Die Berücksichtigung literarischer Texte erschließt eine Betrachtungsebene, die von sachkulturellen Überlieferungszufällen unabhängig ist; umgekehrt kann die Interpretation der literarischen Befunde von einer Rückkoppelung an die Forschungsergebnisse anderer Disziplinen nur profitieren.

2. Das städtische Haus in der Literatur am Beispiel mittelhochdeutscher Kurzerzählungen

Gerade bei den Erzählungen, die von der germanistisch-mediävistischen Forschung u. a. als ‚Mären' oder ‚Novellen' bezeichnet wurden bzw. werden,[9] scheint die Frage nach dem Verhältnis zu bürgerlichen und urbanen Kontexten naheliegend. So hat bereits Hanns Fischer in seinen „Studien zur deutschen Märendichtung" konstatiert, dass sich diese Erzählungen häufig auch auf Szenerien außerhalb des Hofes und auf entsprechende Akteure konzentrieren.[10] Bei manchen dieser Texte stellt die Stadt das zentrale Setting für die gesamte Handlung dar. Selbst dort, wo der Blick auf dem räumlichen Mikrokosmos eines Haushaltes verharrt, wird nicht selten ein urbaner Rahmen gesetzt. Die städtische Kulisse gewinnt an Relevanz, wenn die Erzählungen mit einem Wechsel der Schauplätze arbeiten, der Bewegung der zentralen Figur zu verschiedenen Orten innerhalb der Stadt, zu verschiedenen Häusern und in sie hinein folgen und damit auf das städtische Gefüge verweisen. Bisweilen evozieren diese Erzählungen überdies den städtischen Kontext, indem sie in einzelnen Handlungseinheiten einen partizipativ-öffentlichen Raum entwerfen.

Musiol 2019; Nachtsheim 2023; Pincikowski 2008; Pincikowski 2014; Schulze 2006; Schulze 2015; Strohschneider 2000; Witthöft 2010.

8 Vgl. etwa Handzel/Kühtreiber 2015; Haupt 1995; Kroll 2005; Strohschneider 2000.

9 Für einen Überblick zur (gattungs-)poetologischen Diskussion vgl. Schallenberg 2012, 14–32.

10 Vgl. Fischer 1983, 129–132, der zugleich darauf hinweist, dass diese Tatsache nicht mit einem ‚Realismus' zu verwechseln ist.

Wir möchten in unserem Beitrag die Aufmerksamkeit beispielhaft auf zwei Erzählungen richten: den *Schlegel* Rüdegers des Hinkhofers und den *Hellerwert-Witz* Hermann Fressants.[11] Wir fragen insbesondere nach den narrativen Funktionen der expliziten wie impliziten Thematisierung von architektonischen Details und der Semantisierung von Räumen.[12] Überdies möchten wir darauf eingehen, dass die Literarisierung des städtischen Hauses nicht zuletzt im Rekurs auf eine differenzierte Terminologie erfolgt, die verschiedene Komplexe abdeckt: Außen- und Innenarchitektur, Einrichtungsgegenstände/Mobiliar, Tätigkeiten im Haus, Mahlzeiten und Nahrungsmittel, häusliche Unterhaltung, Führung eines Hauses/ Gastfreundschaft. Damit steht der Literaturwissenschaft eine eigene, spezifische Betrachtungsebene zur Verfügung, mit der sie einen wichtigen Beitrag für eine interdisziplinäre Erforschung des Hauses in der mittelalterlichen Stadt leisten kann.

Mit seiner Erzählung *Der Schlegel* verfasste der wahrscheinlich aus der Nähe von Regensburg stammende Rüdeger der Hinkhofer Ende des 13. Jahrhunderts die sorgsam komponierte Version eines vielbeachteten Stoffes:[13] Ein wohlhabender Kaufmann, der seinen gesamten Besitz vorzeitig seinen Kindern vermacht, muss erfahren, dass diese ihm fortan mit zunehmender Undankbarkeit begegnen. Der Text inszeniert zunächst die voranschreitende Ausgrenzung des Familienoberhauptes, um darauf eine Rachegeschichte folgen zu lassen; eindrücklich wird vor Augen geführt, wie der Kaufmann seine Position in der Familie und in der Gesellschaft nach und nach einbüßt, um sie am Ende durch gewitztes Agieren wiederzuerlangen und die Undankbaren zu düpieren. Sowohl für das Erzählen vom sozialen Abstieg als auch für die Veranschaulichung des erneuten Aufstiegs nutzt der Verfasser den städtischen Kontext mit seinen baulichen Strukturen. So wird etwa der Wendepunkt der Geschichte im städtischen Gemeinschaftsraum des Gotteshauses situiert. Vor allem aber gewinnen in der Erzählung diverse städtische Häuser und die dazugehörigen Haushalte Kontur.

Auch der vermutlich in der ersten Hälfte des 14. Jahrhunderts verfasste *Hellerwert-Witz* ist wohl mit dem in der Selbstnennung erwähnten Augsburg bzw.

11 Im Folgenden werden die beiden Texte unter Angabe der Verszahlen zitiert nach Rüdeger der Hinkhofer 2020; Hermann Fressant 2020; auf eine Auszeichnung mit Siglen wurde verzichtet, da die Zuordnung von Verszahlen und Primärtexten aufgrund der separaten Unterkapitel des Beitrags klar ersichtlich ist.

12 In den Betrachtungen zur mittelhochdeutschen Großepik hat die Kategorie ‚Raum' einen festen Platz, wogegen sich diesem Themenkomplex mit Fokussierung auf die Kurzepik bislang nicht in gleicher Publikationsdichte gewidmet wurde. Einige Beiträge lassen sich in diesem Zusammenhang gleichwohl beispielhaft anführen: Coxon 2008; Kugler 1994; Musiol 2017; Musiol 2019; Witthöft 2010.

13 Vgl. u.a. Grubmüller 2011, 1071–1074; Kerth 2019, 285f.; Koch 1993, 279; Rappl 2014, 82; Schirmer 1969, 100f.; Ridder/Ziegeler 2020 (b), 344.

Ulm als angenommener Wirkstätte Hermann Fressants nicht nur im städtischen Kontext entstanden,[14] sondern erzählt die Geschichte eines Kaufmanns, dem die Rezipient:innen auf seinem Weg durch den Stadtraum und in verschiedene Häuser folgen. Erneut lässt sich ein Ausgrenzungs- und Integrationsprozess nachvollziehen, wenn auch unter anderen Vorzeichen: Der diesmal noch junge Kaufmann unterhält zum Missfallen seiner Ehefrau zwei Geliebte mit jeweils eigenem Haushalt. Ein raffinierter Auftrag seiner Frau sorgt dafür, dass er zur Enttäuschung der beiden Geliebten von einer Geschäftsreise mit vermeintlich leeren Händen zurückkehrt. Er wird daraufhin aus ihren Häusern verstoßen, wogegen er von der Ehefrau mit offenen Armen empfangen und aufgenommen wird. Die raumevozierenden Passagen dienen dabei abermals der Veranschaulichung dieser sozialen Prozesse und wiederholt markiert der städtisch-öffentliche Raum den Wendepunkt. Hierauf soll mit den folgenden Analysen der Blick gelenkt werden, bevor der letzte Abschnitt Hinweise auf die sprachliche Repräsentation des Hauses in der Erzählung *Der Schlegel* gibt.

3. Zum städtischen Haus im *Schlegel* Rüdegers des Hinkhofers[15]

Einer langen Stofftradition folgend ist *Der Schlegel* ein Lehrstück darüber, dass Eltern von ihren Kindern keine Dankbarkeit erwarten dürfen.[16] Nach dem Tod seiner Ehefrau beschließt ein Kaufmann, seine gesamte Habe an Söhne und Töchter zu vermachen. Im Folgenden schreitet er die Häuser seiner fünf Erben ab. Während der Vater das erste Mal freundlich aufgenommen wird, ist schon sein zweiter Besuch offensichtlich unerwünscht. Er wird entsprechend unwürdig behandelt, bis sein elender Zustand auch vor Außenstehenden nicht mehr zu leugnen ist. Ein alter Freund, der ihm vor den Türen der Pfarrkirche begegnet, rät dem Kaufmann schließlich zu einer List: Er lässt eine Kiste anfertigen, deren Schlüssel er bei den nächsten Besuchen demonstrativ zur Schau stellt. So kommt die dritte Einkehr bei seinen Kindern einer gesellschaftlichen Reintegration gleich – freilich nur, weil man glaubt, dass der Vater noch mehr Reichtümer zu vererben hätte. Dass die gierigen Söhne und Töchter nach dem Tod des Kaufmanns vor einer Kiste

14 Vgl. Fischer 1983, 186f.; Ridder/Ziegeler 2020 (a), 22f.; Ziegeler 1987, 123f.

15 Die hier größtenteils auf die zentralen Textbewegungen zugespitzten Beobachtungen basieren auf der detaillierteren Analyse eines Beitrags von Anna Katharina Nachtsheim, der für den Sammelband „Das Haus in der Stadt vor 1300“ vorgesehen ist (siehe FN 3).

16 Vgl. Grubmüller 2011, 1072; Ridder/Ziegeler 2020 (b), 344. Zudem sei an dieser Stelle auf einige Beiträge hingewiesen, die sich u. a. am Beispiel des *Schlegels* gerade mit dem Aspekt des ‚Alters‘ auseinandersetzen, vgl. bspw. Classen 2007; Classen 2008; Kerth 2019.

stehen, die nichts weiter enthält als den namengebenden Schlegel und eine Notiz mit einer gesalzenen Lehre, ist die Pointe des Textes.[17]

Die Erzählung setzt allerdings nicht bei den Vorgängen in den Häusern der Kinder ein, sondern nimmt ihren Ausgang im elterlichen Haus. Der Vater wird als tugendhafter Hausherr vorgestellt (vgl. V. 24–32), der seine Kinder zu sich einbestellt (vgl. V. 50, 60) und ihnen zu verstehen gibt, nach dem Tod seiner Frau *huses niht gephlegen* (V. 67) zu können. Als Gebäude wird das Haus dabei nicht anschaulich,[18] sodass zu überlegen wäre, ob sich die ausbleibende Konkretisierung nicht als ein erstes Indiz für die bevorstehende Heimatlosigkeit des alten Kaufmannes deuten ließe. In diesem Sinne erscheint die Auflösung des Haushaltes bereits mit der Absichtserklärung als Faktum – unmittelbar nach deren Äußerung wird der Vater von seinem ältesten Sohn zu dessen Haus geführt (vgl. V. 79–84).

Bei der erzählerischen Vergegenwärtigung des väterlichen Aufenthalts in diesem Haus wird mit dem Begriff *hus* (vgl. V. 84) explizit ein Gebäude benannt. Zusätzliche architektonische Details finden jedoch erst im weiteren Verlauf der Schilderung der gastlichen Aufnahme bei den anderen Kindern Erwähnung. So muss der Kaufmann bei seinem zweiten Sohn klopfend um Einlass bitten (vgl. V. 107), als er zum Haus des dritten Sohnes gelangt, wird erstmals eine *tur* angesprochen (vgl. V. 132f.) und bei der ersten Tochter ist es statt der Tür eine *want*, an die der Vater pocht (vgl. V. 161). Auf diese Weise deutet sich an, dass die Häuser der Kinder für den Vater unzugänglicher werden. Insofern bringt der Rekurs auf bauliche Elemente eine Negativierung der Beziehung zwischen Vater und Kindern zum Ausdruck, die mit dem Besuch bei der jüngsten Tochter ihre stärkste Ausprägung erfährt, steht ihr Reichtum doch in auffälligem Kontrast zur Kürze ihrer Gastfreundschaft (vgl. V. 174–191). Entsprechend konstatiert auch der Kaufmann: *min tochter hat min hie verdriez* (V. 204).[19]

Die Entfremdung zwischen Vater und Kindern verdeutlicht die Erzählung, indem sie eine zweite Reihe von Hausbesuchen auf die erste folgen lässt. Die Vergegenwärtigung der schlechten Behandlung, die dem Kaufmann hier widerfährt,

17 Ziegeler betont, dass diese Pointe auch für Rezipient:innen ein unerwartetes Moment sei – trotz ihres Wissensvorsprungs im Vergleich mit den Kindern um die List des Kaufmanns (vgl. Ziegeler 1985, 450). Hierzu passend arbeitet Classen heraus, dass die Überraschung insbesondere durch die Stoßrichtung der durch die Notiz geäußerten Kritik entstehe, die eben nicht die undankbaren Kinder, sondern vielmehr den Kaufmann adressiere (vgl. Classen 2008, 226f.).

18 Ganz in diesem Sinne konstatiert Dimpel, dass in der mittelhochdeutschen Literatur selten ausführlichere beschreibende Passagen des Hauses zu finden seien. Dementsprechend geht er von einem ‚mentalen Raummodell' aus, dass durch die Erwähnung eines Hauses aufgerufen werde (vgl. Dimpel 2018, 254).

19 Vgl. Schirmer 1969, 100.

geht dabei einher mit der weiteren Erwähnung konkreter Details zu den jeweiligen Häusern. Bei seinem ältesten Sohn erfährt man architektonische Einzelheiten zum Eingangsbereich:

> *Urloup er* [d.i. der Kaufmann] *nam und sleich dan*
> *als ein gut einvalt man*
> *zu des alten suns tor.*
> *da was ein schone loube vor*
> *und ein turlin enneben.*
> *daz velslos rurt er eben*
> *und pat sich in lazen.*
> *wirt und husvrow sazen*
> *mit vreuden ob dem tische*
> *und heten riche vische.* (V. 209–218)

Erneut wird durch Kontraste die Abwendung des Sohnes vom Vater verdeutlicht: Während die *schone loube* seinen eigenen Wohlstand vor Augen führt, muss der Vater nun offenbar durch ein niedriges *turlin* das Haus betreten, das ihm zudem nicht mehr unmittelbar geöffnet wird (vgl. V. 219–224). In diesen Zusammenhang gehört auch, dass der Sohn sich nicht von seinem Platz bei Tisch erhebt, wohingegen der Kaufmann ihm zunächst Rede und Antwort stehen muss, ohne dass er eingeladen würde, sich zu setzen. Erst danach fordert man ihn auf, sich am Herd niederzulassen, was als Geste der Aufmerksamkeit inszeniert wird (vgl. V. 225–244). Allerdings legt der Sprechakt des Sohnes (*sitz dort / zu dem glutherd an daz ort,* V. 241f.) eine andere Deutung nahe, weist der mittelhochdeutsche Begriff *ort* doch auf eine randständige Situierung des Kaufmanns hin. Damit ist eine konkrete Distanzierung impliziert, welche durch das betonte ‚Ich hier – Du dort' noch verstärkt wird. War beim ersten Besuch gerade das Näheverhältnis zwischen Vater und Sohn hervorgehoben worden, lässt die jetzt vorgenommene Platzzuweisung Abwehr erahnen. Der Eindruck findet seine Bestätigung durch die nun beschriebene schlechte Bewirtung des offensichtlich ungewollten Gastes (vgl. V. 245–249). Hatte die Mahlzeit beim ersten Aufenthalt gerade die Bewillkommnung des Kaufmannes vor Augen geführt, lassen sich die nun hinzugefügten Angaben zum Raum, zur Architektur sowie zum Essgeschirr als Zeichen seiner Ausgrenzung verstehen.

Hier ist ein Muster angelegt, das sich im Folgenden bei den anderen Kindern wiederholt. Zwar werden nicht erneut die Eingangsbereiche der Häuser konkretisiert, doch ist dem Vater fortan grundsätzlich der Platz am Ofen bestimmt. Dabei drückt sich die Lustlosigkeit der unfreiwilligen Gastgeber in Worten und Taten aus und die dargebotenen kargen Speisen machen sowohl Haltungen als auch Absichten der Kinder fassbar (vgl. V. 288–385). Der Platz, den man dem Vater zuweist, ist nicht als ein Entgegenkommen zu verstehen, er bringt vielmehr dessen Degradierung vom Familienoberhaupt zu einem lästigen, nur vorübergehend geduldeten Gast zum Ausdruck, der nicht wirklich in die Hausgemeinschaft aufgenommen wird.[20]

Lediglich im Kontext des Besuches bei der jüngsten Tochter wird dieses räumliche Arrangement nicht thematisiert. Der soziale Ausschluss ist jedoch auch hier durch die Kontrastierung der verfügbaren luxuriösen Textilien mit dem Elend des Vaters offenkundig (vgl. V. 391–403) und kulminiert in den Worten der Hausherrin:[21]

> [„]*wie wunderlich doch ist der tot,*
> *daz er dich niht von hinne nimt!*
> *din swaches leben uns niht zimt,*
> *wan du uns zu schanden gast*
> *und weder umbe noch an hast.*" (V. 408–412)

Die geäußerte Verwunderung darüber, dass der Vater immer noch nicht vom Tod geholt wurde, verweist auf den Wunsch nach seinem Ableben und markiert so den radikalen Höhepunkt eines sich immer weiter steigernden Ausgrenzungsprozesses. Auf diese Weise führt der *Schlegel* anhand der Gestaltung häuslicher Szenarien eindrücklich die soziale Dimension von Raum vor Augen, die insbesondere in soziologischen Raumtheorien betont wird.[22] Den Ausschluss des Kaufmanns veranschaulicht die Erzählung durch die Verortung von Figuren innerhalb eines Raumes und durch Grenzziehungen zwischen ihnen.[23]

Dank seiner Begegnung mit einem alten Freund nimmt das Schicksal des Vaters dann eine unverhoffte Wendung. Dieser Freund, auf den er vor den Türen

20 So dient Koch der Ofen als Beispiel dafür, wie Konkreta im Rahmen der Erzählung mit symbolischer Bedeutung aufgeladen werden, er wird „zum Symbol des Ausgeschlossenseins vom Tisch und vom Leben der Kinder" (Koch 1993, 265). Interessant ist in diesem Zusammenhang zudem eine Beobachtung Schirmers, der festhält, dass die Aufenthalte des Kaufmanns bei seinen Kindern im Rahmen des zweiten Besuchszyklus nicht länger dialogisch ausklingen: „diese enttäuschenden Besuche bei seinen Kindern enden mit einem kurzen Selbstgespräch, das keinen Partner mehr hat und die innerlich angemessene Form der Vereinsamung ist" (Schirmer 1969, 101).

21 In diesem Sinne betont Grubmüller, dass das ‚serielle Verfahren' individuelle Züge erlaube, ohne zugleich an ‚exemplarischer Beweiskraft' zu verlieren (vgl. Grubmüller 2006, 120f.).

22 Für eine erste Einordnung der raumtheoretischen Überlegungen bspw. Lefebvres und Foucaults vgl. u. a. Dünne 2012; Hammer 2018, 57–62.

23 Die Beobachtung Grubmüllers, dass Rüdeger der Hinkhofer „den zweifachen ‚Doppelweg' […] zu genauen Kontrastierungen [nutze], denen die genrehaften Beschreibungen der Speisen und Zurüstungen in ihren treffsicheren Abwandlungen die Farbe geben" (Grubmüller 2011, 1074), lässt sich dementsprechend auf räumliche Momente erweitern.

der Pfarrkirche trifft, ist als gewitzte Erlöserfigur angelegt. Er gibt den Rat, eine Truhe anfertigen zu lassen, und regt an, dass der Kaufmann die dazugehörigen Schlüssel vor seinen Söhnen in Szene setzt (vgl. V. 423–532). In diesem Sinne fungiert der städtisch-öffentliche Raum als Korrektiv, denn erst die Bewegung des Kaufmanns durch den gemeinschaftlich genutzten Raum macht es möglich, dass seine Situation aufgrund seines Erscheinungsbildes von Außenstehenden registriert werden kann. In architektonischer Hinsicht werden dabei sowohl das Kirchgebäude als auch das Haus des angesehenen Freundes nicht genauer beschrieben; anders als bei der Inszenierung des kaufmännischen Elternhauses führen indes einzelne Hinweise dazu, dass der Freund durchaus in einem Gebäude verortet erscheint (vgl. V. 466–475, 619–623).

Konkreter werden die Angaben dagegen erneut beim Haus des ältesten Sohnes, wenngleich dieses Mal nicht in Bezug auf den Eingangsbereich, sondern mit Blick auf das Hausinnere. Während die Schwierigkeiten des Eintritts nun insbesondere kommunikativ veranschaulicht werden (vgl. V. 533–558), kommen zu dem schon bekannten Platz am Ofen weitere Details hinzu (vgl. V. 559–573). Durch den Truhenschlüssel angezogen, bewegt sich der Hausherr schließlich auf den Vater zu:

> *der sun stunt uf vil seine*
> *und gie an des tisches ende,*
> *da saz der arme ellende,*
> *und leint sich, da der slussel hie.* (V. 574–577)

Mit der räumlichen Annäherung wird die erneute Zuwendung des Sohnes zum Vater eingeleitet, die im Folgenden in Form der plötzlich einsetzenden, gastfreundlichen Bewirtung Wirkung entfaltet (vgl. V. 589–602). Eine Einladung zum Bad markiert dabei die Reintegration des Vaters in die Hausgemeinschaft, wobei eine merkwürdige Umordnung in der Reihenfolge der Handlungsvorgänge die fragwürdige Motivation für diesen Wiederaufnahmeritus andeuten mag. So besteht der Sohn bereits vor dem Badbesuch auf eine Neueinkleidung seines Vaters aus Sorge vor der Wirkung des elenden Erscheinungsbildes auf Außenstehende: *ez ist mir kein ere niht, / daz man dich also gen siht* (V. 655f.).[24] Unabhängig davon, ob damit auf ein komplexes innerhäusliches Gefüge von Öffentlich-

24 Dass die Verkehrung der Reihenfolge sich als bedeutungstragend lesen lässt, scheint zudem vor dem Hintergrund der Beobachtungen Vorländers und Wicks zum Bad im höfischen Kontext denkbar. Sie konstatieren in ihrem Beitrag, dass das Bad oft Handlungsmomente mit „strukturelle[r] Scharnierfunktion“ markiere und als „Teil höfischer *rites de passage*“ (Vorländer/Wick 2018, 68) für den Übergang vom Außenraum zum Hof betrachtet werden könne (vgl. ebd., 69). Koch hält darüber hinaus fest: „Im Schlegel also kommt es zu keiner inneren Wandlung der Kinder. Diese ändern lediglich ihr unmenschliches und teils auch gedanken-

keit und intimen Räumen oder aber auf den Besuch einer öffentlichen Badestube verwiesen wird, zeigt die Überlegung des Sohnes, dass er das Erscheinungsbild des Vaters wieder als maßgebliche Referenzgröße für seine Hausehre bewertet. Obwohl dieser Zusammenhang bereits durch die jüngste Tochter versprachlicht worden war, wird die Repräsentation der Familie durch den Kaufmann erst jetzt handlungsleitend.

Die List des Freundes kann dabei nur auf Basis dieser Repräsentationslogik und im städtischen Gemeinschaftsraum ihre volle Wirkung entfalten. Die Neueinkleidung des Vaters wird beim Kirchgang effektiv zur Schau gestellt, sodass mit der städtischen Öffentlichkeit auch die anderen Kinder die Veränderung seines Zustandes wahrnehmen müssen. Hatte sich vor der Kirche zuvor für den alten Freund gerade die Notlage des Kaufmanns gezeigt, ist derselbe Raum nun umgekehrt Bühne für die Verbesserung seines Zustands. Indem hier die Blicklenkung der anderen Kinder auf ihren nun kostbar gekleideten Vater möglich ist, wird der Reintegrationsprozess, der im Hause des ältesten Sohnes bereits begonnen wurde, weitergeführt. Es ist die Neugier für die Ursache der offensichtlichen Verbesserung seines Zustands, die den Vater wieder zum geladenen Gast seiner Kinder macht (vgl. V. 689–1085). Die Nennung baulicher Elemente ist nur noch Hinweis darauf, dass ihm fortan alle Türen offenstehen (vgl. V. 733, 781, 887, 891, 928f., 974f., 1037f.).[25] In diesem Sinne stellen die architektonischen Details der Erzählung die Distanzierung und Wiederannäherung der Figuren heraus.

4. Zum städtischen Haus im *Hellerwert-Witz* Hermann Fressants

Schon ein erster Blick auf den *Hellerwert-Witz* Hermann Fressants offenbart Parallelen zum *Schlegel*. Trotz der ohne Frage anders gearteten Handlung lassen sich diese auf Grundlage eines kurzen inhaltlichen Überblicks plausibilisieren. Ein hier noch junger städtischer Kaufmann umsorgt neben seiner Ehefrau gleich zwei Geliebte. Als er auf Reisen geht, gibt er jeder der drei Frauen die Gelegenheit, sich ein Mitbringsel zu wünschen. Während die beiden Geliebten ihn einhellig um opulente Kleidungsstücke bitten, erteilt ihm seine Ehefrau einen rätselhaften Auftrag: Er solle sich auf die Suche nach einem *helbert witz* (V. 235) begeben und zu diesem Zweck laut rufend die Straßen erforschen. Der Kaufmann setzt dies gewissenhaft um und wird aufgrund seines ununterbrochenen und für Außenstehende sinnlosen Lärmens von zwei sich belästigt fühlenden Stadtbewohnern zusammengeschlagen. An diesem Tiefpunkt begegnet ihm ein wohlmeinen-

loses Verhalten unter dem Einfluß der Gier nach dem Gold, das sie erben könnten und das keiner dem anderen gönnt" (Koch 1993, 276f.).

25 Auch Classen weist auf diese Formulierungen hin (vgl. Classen 2008, 225).

der Fremder, der sich nach den Hintergründen für sein Handeln erkundigt und so von den beiden Geliebten erfährt. Dessen Empfehlung folgend, die den eben benannten Heller wert ist,[26] möchte er mit seiner Rückkehr eruieren, welche der drei Frauen ihn aufrichtig und treu liebt. Als er zu diesem Zweck vortäuscht, ausgeraubt worden zu sein und nun mittellos dazustehen, setzen ihn beide Liebhaberinnen herzlos vor die Tür. Nur seine rechtmäßige Ehefrau erweist sich als liebevoll umsorgend, sodass die beiden fortan eine tugendhafte Ehe führen können.[27]

Anhand dieses kurzen Handlungseinblicks zeichnen sich zwischen dem *Schlegel* und dem *Hellerwert-Witz* also Vergleichsmomente ab: Beide Erzählungen beleuchten das Schicksal eines städtischen Kaufmanns, der im *Hellerwert-Witz* ebenso wie im *Schlegel* verschiedene Häuser aufsucht. Den Wendepunkt der Handlung situiert auch die zweite Erzählung im Kontext des städtisch-öffentlichen Gemeinschaftsraums und schildert darüber hinaus Ausgrenzungs- und Integrationsmomente. So sind es gerade räumliche Dimensionen, aufgrund derer sich Parallelen zwischen den beiden Erzählungen aufzeigen lassen, weshalb sich hier eine genauere vergleichende Betrachtung der Darstellung räumlicher Details anbietet.

Das Ehepaar wird bei seiner Vorstellung zunächst nicht explizit in einem Haus verortet, vielmehr liegt der Fokus der Darstellung auf der tugendhaften Ehefrau, die unter dem Lebensstil ihres Mannes zu leiden hat (vgl. V. 32–46). Dagegen bringt die Erzählung die beiden Geliebten schon bei ihrer Einführung in Verbindung mit einem Gebäude, heißt es doch, dass der Kaufmann die beiden Frauen *het gesetzt ze haws* (V. 43). Entsprechend zügig nimmt die Erzählung daraufhin das Heim der ersten Geliebten in den Blick, das in Ansätzen als Innenraum greifbar wird, wenngleich dieser sich auch hier nur anhand kleiner Handlungsmomente erahnen lässt. So könnte man das Gebaren des Kaufmanns beinahe als hausherrschaftliches Agieren interpretieren, lässt wohl er Wein auftragen, nachdem die Geliebte ihn zu sich gesetzt hat (vgl. V. 63– 67). In diesem Kontext findet lediglich ein einziges Konkretum Erwähnung, nämlich das Bett als Zentrum eines ausführlich umschriebenen Liebesspiels (vgl. V. 86–101).

Vor dem Hintergrund dieser vagen Einordnungen sticht die anschauliche Situierung im Haus der zweiten Geliebten umso mehr ins Auge, die Hinweise auf die räumliche Struktur des betreffenden Gebäudes gibt:

26 Ziegeler führt die Diskrepanz zwischen der Größenordnung des anzunehmenden Reichtums des Kaufmanns und dem Wert eines Hellers aus, durch die der Mangel an Verstand des Kaufmanns pointiert würde (vgl. Ziegeler 1987, 129–131).

27 Durch diesen Vergleich der geldhungrigen Geliebten mit der treuen Ehefrau wird ein Liebesdiskurs aufgerufen, wie er sich bei Andreas Capellanus findet (vgl. Schirmer 1969, 206 [FN 182]; Schneider 2020, 166f.).

do er in daz haws schrait,
ain chlains hündl pal in an.
da waz pey ir ain ander man
in ainer kamer oben auf,
und luget ze ainem venster drawf;
si sach, wer da were. (V. 118–123)

Hier wird nahegelegt, dass sich im oberen Gebäudeteil eine Kammer sowie ein Fenster befindet, von dem aus die gerade mit einem anderen Mann beschäftigte Geliebte den Eingangsbereich des Hauses einsehen kann.[28] Als weiteres Detail wird eine Kiste erwähnt, die praktischerweise zur Hand ist, um den anwesenden Unbekannten vor dem Kaufmann zu verstecken (vgl. V. 126–133). Dieser hat Zugang zum Haus der wohl untreuen Geliebten, sie jedoch übernimmt die Führung und bringt ihn nicht in die – bereits ‚besetzte' – Kammer im Obergeschoss, sondern lotst ihn *hie unden in ain chemnat* (V. 142). Neben dem zentralen Bett (vgl. V. 183) findet der Dielenboden Erwähnung, auf dem die Geliebte weinend zusammenbricht, als der Kaufmann seinen Aufbruch zu einer Handelsreise ankündigt (vgl. V. 152–163). Anders als im Haus der ersten Geliebten sind keine hausherrschaftlichen Gesten durch den Kaufmann erkennbar, vielmehr unterstreichen die Figurenbewegungen durch das Gebäude, dass die Frau das Geschehen planvoll steuert. So dienen die Angaben zu baulichen Details und zum Hausinneren hier insbesondere der Inszenierung von Untreue.[29]

28 Dass die zweite Geliebte aufgrund der Anwesenheit dieses weiteren Mannes und durch die spätere Verwendung obszöner Sprache und ihre Gewaltbereitschaft in die Nähe einer Prostituierten gerückt wird, hält Schneider fest (vgl. Schneider 2020, 169). Vgl. zu dieser Einordnung der Geliebten auch Schallenberg 2012, 258f.; Ziegeler 1987, 128f. Ziegeler betont zudem, dass dieses Szenario dazu diene, „den Unverstand des Kaufmanns durchschauen zu lassen" (Ziegeler 1987, 129). Es sei genau die Betonung und Ausfaltung des Erkenntnisgewinns des Mannes, die die Rezipient:innen auf identifikatorische Weise an diesem teilhaben lasse und in der sich die Art des didaktischen Erzählens von anderen deutschsprachigen Versionen unterscheide (vgl. Ziegeler 1985, 218–220).

29 Vgl. hierzu auch Coxon 2008, der für die „schwankhafte Märendichtung des Spätmittelalters" (Coxon 2008, 192) festhält, dass „normabweichendes Verhalten besonders provozierend wirkt, wenn es mittels übertriebener räumlicher Verdichtung inszeniert wird" (Coxon 2008, 193). In diesem Zusammenhang sei angemerkt, dass andere Stoffversionen die Geschichte mit lediglich einer Geliebten erzählen. Die Fassung Hermann Fressants ergänzt die zweite Geliebte (vgl. Schneider 2020, 165f.; Ziegeler 1987, 128f.). Mit genauerem Blick hierauf arbeitet Schneider heraus, dass die beiden Figuren durchaus unterschiedlich inszeniert werden. Er konstatiert: „Indem Fressant die zweite Geliebte einfügte, gestaltete er mit ihr eine deutlichere Gegenposition zur Ehefrau als mit der ersten Geliebten. Fressant hat hier Wiederholung mit Variation verbunden" (Schneider 2020, 169). In diesem Sinne würden die binären Oppositionen ‚Monogamie/Polygamie' und ‚Ehe/Promiskuität' in „einer komplexen Verbindung der Konkurrenz verschachtelt" (Schneider 2020, 177f.), sodass abschließend nur

Vor diesem Hintergrund mag es beinahe richtungsweisend erscheinen, dass bei der sich anschließenden Einkehr des Kaufmannes im ehelichen Haushalt das Gebäude erneut kaum eine Rolle spielt. Im Mittelpunkt steht vielmehr der Dialog mit seiner Ehefrau, die gleichsam das eheliche Heim zu repräsentieren scheint (vgl. V. 220–299) – eine Beobachtung, die auch in Erinnerung ruft, dass der *Schlegel* die Aufgabe des kaufmännischen Haushalts mit dem Tod der Hausherrin verknüpft hatte. Zudem waren es in der Erzählung Rüdegers des Hinkhofers ebenfalls gerade die idealen Haushalte, bei denen die Gebäude selbst tendenziell im Diffusen verblieben.[30]

An Bedeutung gewinnen räumliche Konstellationen im *Hellerwert-Witz* jedoch wieder im Kontext der Geschäftsreise des Kaufmannes, wobei die benannten Details insbesondere zur Kennzeichnung der glücklosen Suche nach dem Hellerwert-Witz eingesetzt werden. Die in diesem Zusammenhang wiederholt gegebenen Hinweise auf verschiedene Städte, Straßen und Gassen erscheinen austauschbar und evozieren ein labyrinthhaftes Gefüge (vgl. V. 300–366). Dabei fungiert auch hier der städtische Gemeinschaftsraum als Korrektiv, dieses Mal – so lässt sich vermuten – planvoll eingesetzt durch die Ehefrau.[31] In der Öffentlichkeit des Stadtraums wird der Kaufmann durch aggressive Bewohner mit einer direkten Reaktion auf sein Verhalten konfrontiert (vgl. V. 345–361).[32] Insbesondere der Ratge-

---

die eheliche Treue als Option bleibe. „Die erste Geliebte vertritt eine Idee von Treue, die auf einem reziproke[n] Tauschverhältnis beruht: Sie gibt Treue und erhält dafür Aufmerksamkeiten in Form von Geschenken und Intimität. Damit steht dieses Verständnis von Treue in Konkurrenz zur Monogamie der Ehefrau und auch der zweiten Geliebten. Deren Treue wird am Exklusivitätsanspruch vom Standpunkt des Mannes und von ihrer Stabilität aus gemessen" (Schneider 2020, 169). Die Steigerung raumbezogener Erwähnungen mit Blick auf die drei Frauen mag in diesem Sinne einen Beitrag zur schlussendlichen Bewertung dieser Konkurrenzsituation leisten. Vor dem Hintergrund der anderen Stofffassungen ist der *Hellerwert-Witz* außerdem im Kontext von Überlegungen zum Verhältnis von didaktischer Intention und „ästhetischer Autonomie" (Heinzle 1978, 130) in den Blick genommen worden, vgl. hierzu Grubmüller 2006, 149f.; Heinzle 1978, 129–132; Suchomski 1975, 181f.

30 Diese Beobachtung korrespondiert gewissermaßen mit der Lehre der Erzählung, kontrastiert diese doch die Geliebten in ihrer Fixierung auf das Materielle mit der Ehefrau, die den Wert von immateriellen Tugenden zu schätzen weiß. So macht auch Reichlin auf den „Rangordnungsstreit zwischen Materiellem und Immateriellem" aufmerksam, der in dieser Erzählung durch die Fokussierung auf die weiblichen Handlungsmotivationen internalisiert werde, legt dabei aber zugleich dar, wie die Externalisierung des vermeintlich immateriellen Wertes *witz* „die kategoriale Unterscheidung zwischen materiellen und immateriellen Werten" (Reichlin 2009, 126) unterlaufe.

31 Vgl. ähnlich bspw. Schneider 2020, 171.

32 Londner betont, dass die Wahl des städtischen Kontextes als Korrektiv für den untreuen Ehemann auch vor dem Hintergrund der zeitgenössischen rechtlichen Grundlagen auffällig erscheint (vgl. Londner 1973, 317), wird der Ehebruch des Mannes doch erstmalig „in den

ber wird in diesem Zusammenhang mit einem Haus in Verbindung gebracht und fungiert auf diese Weise innerhalb der labyrinthischen Straßen als Orientierungspunkt. Während die wütenden Stadtbewohner aus einem nicht näher eingeordneten Haus hervorstürmen, ist es betontermaßen das Haus des wohlmeinenden Fremden selbst, das durch das kurze Verweilen des Kaufmanns den Ruhepol der Reise markiert (vgl. V. 346–391). Für das zentrale Gespräch führt der Ratgeber ihn *an ain haimleich stat* (V. 387) – ähnlich wie beim Haus des alten Bekannten im *Schlegel* bleiben weitere Ausführungen zu räumlichen Gegebenheiten aus.

Nach der Rückkehr des Kaufmannes ist es erneut das Haus der zweiten Geliebten, das am genauesten ausgestaltet wird. Über das Haus der ersten Geliebten erfährt man kaum mehr, als dass der untreue Ehemann hier nach wie vor ohne größeres Hindernis einzutreten vermag (vgl. V. 450–455). Dass das Gebäude dabei zum ersten Mal betontermaßen als ‚ihr Haus' bezeichnet wird, impliziert indessen ihre Macht, den Kaufmann zu verstoßen (vgl. V. 454).[33] Anders als bei seiner ersten Einkehr bei dieser Geliebten werden so ihre hausherrschaftlichen Befugnisse angedeutet, von denen sie abschließend tatsächlich Gebrauch macht (vgl. V. 472–524). Noch deutlicher werden diese Verhältnisse bei der zweiten Geliebten herausgearbeitet, die den Kaufmann zunächst des Hauses verweist, darüber hinaus jedoch Gewalt anwendet:

er waz zu ir gesezzen;
des sei dawcht ze nahen,
daz pegund ir gar versmahen
und stiez in an den drüzzel.
mit ainem chellerslüzzel
slug si im vor in den koph,
daz im plutig wart der schoph.
ir waren zwo in der stuben,
mit anander si in schuben
hin auz mit dem halse.
si sprah: „nu trutz und kalse,
daz ich gewesen sei dein weib!"
er gedacht ‚wer mein leib
mit eren chömen hin auz!'
sie stiez in für daz hauz,

Stadtrechten des 13. und 14. Jhs. als strafwürdiges Delikt angeführt und bleibt bis dahin in seinem schuldhaften Charakter nahezu ausschließlich kirchliches Postulat" (Londner 1973, 298f.).

33 Ähnlich hält Schneider fest, dass der Empfang unfreundlich gerate und damit schon die Reaktion auf den angeblichen Besitzverlust des Kaufmanns erahnen lasse (vgl. Schneider 2020, 173).

als ob er wer ain dieb.
er gedacht: ‚wart ich dir ye lieb.
dem hast du getan ungeleich!‘
von dem hawse hub er sich. (V. 558–576)

Die im Rückgriff auf räumliche Details ausgestaltete Figuren-Choreographie verschärft das gewaltsam ausagierte Verstoßen des Kaufmannes. Dabei wird die Kemenate als Ort der Intimität dieses Mal nicht angesprochen. Erwähnung findet dagegen die Stube, die dem hausgemeinschaftlichen Miteinander dient und so gewissermaßen zum Raum des Urteilsspruchs über den Kaufmann wird. Der zur Waffe umfunktionalisierte Schlüssel deutet in diesem Zusammenhang nicht nur implizit auf weitere zum Haus gehörende Räume hin, hier wird zudem sozusagen ‚Schlüsselgewalt‘ im physisch konkreten und damit pervertierten Sinne ausgeübt. Der körperliche Angriff der Geliebten markiert als Höhepunkt der Inszenierung eines Zustands von Unordnung dessen Kippmoment.[34]

So kontrastiert die folgende Erzählerreflexion die Klage über das Wesen geldgieriger Frauen mit dem Lob auf reine Frauen, womit die Rückkehr zur Ehefrau und in geordnete Bahnen eingeläutet wird (vgl. V. 580–662). Das vorauszusetzende Gebäude gewinnt weiterhin keine konkreten Konturen; allerdings wird ähnlich wie im *Schlegel* das Motiv des Bades als Zeichen der häuslichen und hier gewissermaßen auch ehelichen Reintegration aufgerufen (vgl. V. 672–731). Dass die Ehefrau als Badehelferin agiert, ist dementsprechend nicht nur als Beweis ihrer treuen Liebe, sondern zugleich als Geste des Verzeihens lesbar: Es ist der Badende, der sowohl äußerlich als auch innerlich reingewaschen werden muss. Die Einsicht, die der Kaufmann durch ihre Hilfe gewonnen hat, führt zu einem friedlichen – und auch in ökonomischer Perspektive angemessenen[35]– Eheleben. Neben der thematisierten, einer Steigerungslogik folgenden Akzentuierung von

34 Schneider deutet die Funktion dieser Passage auch als „Füllen des freien Raums der doppelten Konkurrenzstruktur“ und als Verweis „auf die schrittweise Reduktion des Wettkampfsystems“ (Schneider 2020, 174).

35 Dass dieses Moment in der Erzählung grundsätzlich und bis zum Schluss mitschwingt, wurde in der Forschung mehrfach betont. So weist bspw. Ziegeler auf ein Grunddilemma dieser Erzähltradition hin: „Denn eine Erzählung, die in ihren Figuren beweisen will, daß es in der Liebe nicht aufs Geld ankommen darf, unterwirft die Struktur der Erzählung doch – um des Erfolgsbelegs willen, den sie für den Beweis ihrer These braucht – einem ökonomischen Kosten-Nutzen-Kalkül: So wie die Neigung zur Geliebten von Beginn an kein moralisches Problem ist, erweist sich auch die Bindung an die Ehefrau lediglich als wert-voller als die an eine Dirne; Geld bleibt, obwohl es gerade bestritten worden ist, der Maßstab aller Dinge“ (Ziegeler 1987, 128). Schneider betont, dass die Ehefrau sich mit ihrem Angebot, zum Lebensunterhalt beizutragen, abschließend sogar als ökonomische Stütze erweise: „Die perfekte Liebe für den Bürger der spätmittelalterlichen Stadt ist nicht nur tugendhaft, sondern Teil ökonomischer Berechnungen“ (Schneider 2020, 176).

Ordnungsproblematiken durch Raumdetails wird also auch im *Hellerwert-Witz* die räumliche Ausgestaltung von Ausgrenzungs- und Integrationsprozessen deutlich. Der Stadtraum dient in beiden Erzählungen durch seine Öffentlichkeit als korrigierendes Moment innerhäuslicher Konflikte.

5. Zur sprachlichen Repräsentation des städtischen Hauses im *Schlegel*

Abschließend möchten wir exemplarisch auf das Vokabular zu sprechen kommen, mit dem in der Erzählung *Der Schlegel* Gegenstände und Vorgänge thematisiert werden, die auf das ‚Haus' und die ‚Haushaltung' bezogen sind. Hier wird man als erstes die Truhe ansprechen wollen, die den *slegel* enthält. Angesichts des großen Stellenwerts, den diese *kiste*, in der Erzählung auch als *arke* und als *schrîn* bezeichnet, als Aufbewahrungsort für die titelgebende Keule besitzt, verwundert es nicht, dass sie recht detailliert vor Augen gestellt wird. So ist zu erfahren, dass es sich um eine sehr schwere (vgl. V. 518f.) und kunstreich (*mit listen*, V. 503) gearbeitete Holztruhe handelt, gefertigt aus vier großen Bohlen (*blochen*, V. 505), mit Beschlägen (*spangen*, V. 507) aus Eisen und mit einem Deckel (*überlit*, V. 508), der mit starken eisernen Bändern (*spangen*, V. 509) am Holzkorpus befestigt wurde. Zu dieser Truhe gehören fünf große Schlösser (*slozze*, V. 512) und ebenso viele fein gearbeitete Schlüssel (*slussel*, V. 513), sauber gefeilt (*gemerlt*, V. 514),[36] mit Bolzen (*poltzen*, V. 515), die innen hohl sind. Einen dieser Schlüssel trägt der greise Vater an einem *riemen* befestigt (V. 520 u.ö.) am Körper; durch seinen silbernen Glanz (V. 569f., 911) zieht er die Blicke auf sich.

Während die Truhe für die Hörer- oder Leser:innen der Geschichte in der Erzählung von der Begegnung des Vaters mit seinem alten Freund anschaulich wird (vgl. V. 503–521), bekommen die fünf Kinder vor dem Tod des Vaters nur den einen Schlüssel zu Gesicht, den er mit sich führt; das Kalkül, sich auf diese Weise ihre Aufmerksamkeit sichern und sie zu einem angemessenen Verhalten ihm gegenüber bewegen zu können, geht auf: Das anziehende Material, aus dem der Schlüssel gemacht ist, und die erkennbare handwerkliche Sorgfalt, die auf seine Herstellung verwandt wurde, setzen Mutmaßungen der Kinder über den kostbaren Inhalt des mit dem Schlüssel verschlossenen Behältnisses frei, welche durch vorgebliche ‚Geständnisse' des Vaters über das zurückbehaltene Erbe noch befeuert werden.

Die Präsenz dieser Details und des für sie genutzten Wortmaterials erklärt sich, wie gesagt, aus der Handlungsrelevanz der Truhe und muss daher nicht verwundern. Interessanter für die Frage nach der Imagination von städtischen Räumen und urbanem Leben erscheint das weitere Vokabular, das auf das Haus und

36 Vgl. dazu die Erläuterung in Rüdeger der Hinkhofer 2020, 322.

die Führung des Hauses bezogen ist und mit einer gewissen Beiläufigkeit benutzt wird. Es ist recht umfangreich und lässt sich in acht verschiedene Kategorien einteilen: Architektur, Gastfreundschaft/Bewirtung/Beherbergung/Ernährung, Hausführung, häusliche Tätigkeiten, Hausrat, Nahrungsmittel, Personal, Zugang zum Haus/Einlass in das Haus/Verlassen des Hauses. Eine umfassende Aufbereitung und Auswertung des Materials kann hier nicht geleistet werden;[37] wir müssen es bei einigen Schlaglichtern belassen.

Insgesamt legt das Vokabular nahe, dass *Der Schlegel* von einer wohlhabenden Schicht der Stadtgesellschaft spricht. Alle fünf Kinder des angesehenen Bürgers, den die Erzählung eingangs präsentiert, verfügen über eigene Häuser. Ein besonderes Augenmerk liegt auf der Stube, einem beheizbaren Raum – von einem *gluothert* bzw. einem *oven* ist mehrfach die Rede –, der als Zentrum des Wohnens fungiert.[38] Es ist der Bereich des Hauses, in dem man sich tagsüber aufhält, sich am Ofen wärmt, gemeinsam isst und trinkt, sich ausruht und beim Spiel entspannt. Es ist außerdem der Ort, an den die Gäste geführt werden und an dem sie bewirtet werden können.[39] Auch das Vorhandensein einer *loube* (V. 212), eines Vorbaus im Bereich des Erdgeschosses eines Hauses, indiziert, dass dessen Besitzer – hier der älteste Sohn und dessen Frau – als gut situierte, betuchte Angehörige der städtischen Oberschicht gedacht sind. In dieselbe Richtung weist auch der Umstand, dass zusätzlich zum Hausherrn und der Hausherrin Bedienstete (*gesinde*, *kneht*, *maget*, *tôrwartel*) genannt werden. Die Exklusivität der erwähnten Wohntextilien wie Kissen, Polster und Wandbehänge, die aus feinen und edlen Materialien wie Flaumfedern, Seide und Pelzwerk gefertigt sind und für Komfort sorgen, festigen diesen Eindruck.

Zudem werden bei der Vorstellung der diversen Haushalte feine Speisen und edles Tischgerät genannt, die zwar nicht jedem Gast zugänglich gemacht werden, grundsätzlich jedoch verfügbar sind: Fisch, (Wild-)Braten, Rheinwein, Maul- und Brombeerwein, dazu Trinkgefäße aus Silber. Die mit grellen Kontrasten operierende Erzählstrategie hebt die edlen Speisen und das kostbare Zubehör von

---

37 Ein entsprechender Beitrag von Elke Brüggen ist für den Sammelband „Das Haus in der Stadt vor 1300“ vorgesehen (siehe FN 3).

38 Zur Stube und zu den verschiedenen Typen von Heizvorrichtungen vgl. vor allem Bedal 2002; Bedal 2016; Bingenheimer 1998; Feld 2006; Hähnel 1975; Nießen, Feuereinrichtungen des Stadthauses [Typoskript]; Perlich, Zur Genese der Stube [Typoskript]; Perlich, Kemenate, Stube, Pisale, estuarium, Dornse – Schön warm im Haus [Typoskript]; Schneider 2001; Tauber 1980.

39 In Bezug auf das Haus des zweitgeborenen Sohnes begegnet die Formulierung *der stuben sal* (V. 290), die nach Auskunft von PD Dr. Ing. Barbara Perlich-Nitz am ehesten als Referenz auf einen (Vor-)Saal zu deuten wäre, der sich zusammen mit der Stube im Obergeschoss von städtischen Häusern vor 1300/1350 nachweisen lässt.

dem ab, was man für den alten und bedürftigen Vater übrighat – zumindest solange man glaubt, von ihm keine weiteren materiellen Zuwendungen erwarten zu können: Brei und Mus, aus Erbsen und Bohnen gemacht, Kohl, Brot, Käse und Birnen, dazu (dünnes) Bier, alles serviert in Schüsseln, Bechern und Krügen aus einfachen Materialien. Auf diese Weise nutzt die Erzählung die Evokation häuslichen Daseins,[40] um den Undank und die Hartherzigkeit der Kinder gegenüber ihrem Vater auszustellen, dessen Überlassung des Erbes noch zu seinen Lebzeiten ihnen geholfen hat, ihren Lebensstandard, wenn nicht zu begründen, so doch zu sichern oder gar zu steigern – einen Lebensstandard, in dem sie selbst sich mit deutlichem Behagen und auch mit Stolz und Überheblichkeit eingerichtet haben, und auf den sie ihr Ansehen stützen, was die Erzählung in plakativ-dekuvrierender Weise anprangert:

der sun achtet sin niht um ein ey:
wen als ein voller kruphey,
der gat uf einem tenne,
und als ein vol gekruftiu henne,
die nimmer gekluken *mak, –*
also giengens alle den tak,
die husvrow und er,
hoh progent in dem hus entwer.
ir kurzwil die waz gantz,
si kunden beide wol den swantz. (V. 253–262)

An dem in der Erzählung verwendeten Wortschatz, der auf ‚Haus' und ‚Hausführung' bezogen ist, kann man ablesen, dass ein großes Gewicht auf den Bereich gelegt wird, der sich mit den Stichworten ‚Gastfreundschaft', ‚Beherbergung', ‚Bewirtung' und ‚Ernährung' umreißen lässt. Ihm ist der größte Teil des Vokabulars zugeordnet; nimmt man die für den Zugang zum Haus, für den Einlass in das Haus und das Verlassen des Hauses verwendeten Wörter und Phrasen hinzu, die damit in Zusammenhang stehen, und beachtet außerdem die Variationsbreite und die Differenziertheit der sprachlichen Repräsentation des thematischen Komplexes, so zeigt sich, welche große Bedeutung diesem in der Erzählung zuerkannt wird. Das ist zum einen zweifellos das Resultat der unnachgiebig-penetranten Wiederholungsstruktur des Textes, der die Versäumnisse, Fehler und Untaten der Kinder gegenüber ihrem Vater anhand von wiederkehrenden Einkehr- und Bewirtungsszenen vor Augen führt. Zum anderen lässt sich die Prominenz des einschlägigen Vokabulars aber auch als literarischer Niederschlag eines Bewusstseins von der zentralen Bedeutung verstehen, welche die zeitgenössische Kultur der Gastfreundschaft für die Konstitu-

40 In derselben Weise wird die Beschreibung von Kleidung eingesetzt. Dieser Aspekt bleibt im vorliegenden Beitrag allerdings ausgespart.

tion und den Erhalt der ‚Hausehre' zuweist; sie ist in jüngerer Zeit insbesondere von kunsthistorischer Seite herausgearbeitet worden.[41]

Zu den allgemeineren Ausdrücken für die Versorgung des Gastes gehören beispielsweise die Verben und Phrasen *behalten*, *borgen*, *daz beste tuon*, *einem êren erbieten*, *ganze wirtschaft machen*, *geben*, *phlegen*, *schône unde wol tuon*, die ein großzügiges und zuvorkommendes Verhalten von Gastgebenden umschreiben, das darauf zielt, die Gäste an dem eigenen Wohlstand teilhaben zu lassen; das Gegenteil, eine unfreundliche, abweisende und von Geiz geprägte Haltung gegenüber einem Besucher und ein entsprechendes Verhalten, kommt in den Wendungen wie *einen der guoten mâl erlân*, *sich eines mannes genieten*, *undâre tuon*, *einem urloup geben* (im Sinne von: jemanden wegschicken) zum Ausdruck. Diese konträren Formen des Umgangs werden zudem in Wendungen fassbar, die aus der Perspektive des Gastes formuliert sind: *gast sîn*, *in eines mannes hûs gân*, *mit einem sîn*, *sitzen* bzw. *der guoten handelunge entwenet werden*, *ûz dem hûse kriechen*, *von dannen scheiden*.

Ein gehöriger Anteil des Sprachmaterials bezieht sich auf einladende Gesten der Öffnung des Hauses wie die Empfehlung an den Gast, den Weg zum Haus einzuschlagen (*einen ze sînem hûse wîsen*), das Heimführen des Gastes (*einen heim in sîn hûs vüeren*, *heim gân*) oder seinen Einlass ins Haus (*einen her în lâzen*, *einen în verlân*, *einem tür und tôr entsperren*, *einem ûf tuon*). Hinzu treten Ausdrücke für verbale und non-verbale Formen der Begrüßung und des Empfangs (*enphâhen*, *einem êren erbieten*, *gegen einem loufen*, *einen grüezen*) und ein ganzes Spektrum an Wörtern und Phrasen, die in unterschiedlichen Graden der Konkretheit die höflich-zeremonielle Versorgung des Gastes mit Speisen und Getränken zum Gegenstand haben (*einem daz mâl erbieten*, *einen laben*, *einen inbizzens wern*, *einem teilen*, *einem dienen*, *einen heizen*, *ein dinc ze bringen*, *einem ein dinc legen*). Die großzügige Bewirtung, die man anderen zuteilwerden lässt, erscheint hier als Kernelement eines kultivierten und befriedeten Miteinanders, das der Text als Folie aufruft, um auf eine höchst effektive Weise das abweichend-anstößige Verhalten der Söhne und Töchter des gutgläubigen Alten zu inkriminieren, der sich aufs Schlimmste in seinen eigenen Kindern täuscht.

6. Fazit

Wir haben in unserem Beitrag auf der Basis von zwei Kurzerzählungen zeigen wollen, dass und wie sich aus literarischen Texten des Mittelalters Aufschluss über das städtische Haus gewinnen lässt. Der Blick auf narrative Funktionen einer expliziten wie impliziten Thematisierung von architektonischen Details und einer

41 Vgl. Wolter-von dem Knesebeck 2022 (a); Wolter-von dem Knesebeck 2022 (b); Wolter-von dem Knesebeck 2023.

Semantisierung von Räumen hat bei der vergleichenden Betrachtung des *Schlegels* und des *Hellerwert-Witz* verschiedene Parallelen aufgezeigt. So dienen räumliche Details in beiden Texten der anschaulichen Inszenierung von sozialen Vorgängen der Ausgrenzung und Integration. Während diese im *Schlegel* als ein schleichender Prozess inszeniert sind, der sich in jedem der fünf Haushalte der Kinder gleichermaßen vollzieht, kommt im *Hellerwert-Witz* darüber hinaus ein kontrastives Moment zwischen den erwähnten Haushalten zum Tragen. Die bewusste Ausgrenzung verbindet sich ausschließlich mit den Häusern der Geliebten, der eheliche Haushalt kennt diese Bewegung nicht. Dabei ist es sowohl im *Schlegel* als auch im *Hellerwert-Witz* das Bad, das die (Re-)Integration in die Hausgemeinschaft kennzeichnet.

Insbesondere mit Blick auf den *Hellerwert-Witz* scheint das Einspielen von Angaben über das Haus darüber hinaus die Betonung von Ordnungsproblematiken zu unterstützen,[42] wobei in beiden Erzählungen auffälligerweise gerade bei den positiv besetzten Haushalten der Charakter des Hauses als Gebäude nicht näher ausgestaltet wird. Als Korrektiv für die hausinternen Problematiken fungiert wiederum der städtische Raum, in dem die ratgebenden Figuren die Außenperspektive auf Vorgänge innerhalb des Hauses einnehmen. Die Kinder im *Schlegel* wissen durchaus um die Relevanz der Außenwirkung ihres Auftretens in der Öffentlichkeit; als korrigierende Instanz kalkulieren sie das urbane Umfeld jedoch nicht ein. Dagegen wirkt es beinahe so, als ob die Ehefrau im *Hellerwert-Witz* dieses Potenzial des städtischen Raums bewusst für ihre Interessen nutzt.

Darüber hinaus hat die systematische Analyse des im *Schlegel* genutzten, auf das Haus bezogenen Vokabulars gezeigt, dass dieses die Figuren als wohlhabende Mitglieder einer städtischen Gesellschaft entwirft. Zudem wurde sichtbar, dass die entsprechenden Wörter und Phrasen den Undank und die Hartherzigkeit der Kinder gegenüber ihrem Vater besonders klar hervortreten lassen. Dabei gibt die Dominanz der verwendeten Terminologie zum Themenkomplex ‚Gastfreundschaft', ‚Beherbergung', ‚Bewirtung' und ‚Ernährung' einen Hinweis auf die zentrale Bedeutung, welche die Gastfreundschaft für das Konzept der ‚Hausehre' besitzt. Auf diese Weise und unter Berücksichtigung ihrer spezifischen Kompositionsformen erweisen sich die Texte als durchlässig für die mit dem städtischen Haus verbundenen materiellen und sachkulturellen Dimensionen wie mentalen Konzepte.

42 Auch Musiol thematisiert mit Blick auf die Kleinepik Zusammenhänge von Raum und Ordnung, wobei sie ‚Räumlichkeit' als transitorisches Phänomen betrachtet, das in einem „Wechselspiel zwischen Figuren und räumlichen Setzungen" (Musiol 2019, 384) entstehe. Am Beispiel der *Frauentreue* deutet sie dieses als Möglichkeit der Verhandlung von „Identitätszuweisungen und Ordnungsmodelle[n]" (vgl. Musiol 2019, 403).

Bibliographie

I. Primärliteratur

Hermann Fressant: Der Hellerwert-Witz (81) (bearbeitet von Gudrun Felder). In: Klaus Ridder und Hans-Joachim Ziegeler (Hrsg.): Deutsche Versnovellistik des 13. bis 15. Jahrhunderts (DVN). Band 3. Berlin 2020, 1–21.

Rüdeger der Hinkhofer: Der Schlegel (34) (bearbeitet von Christian Seebald). In: Klaus Ridder und Hans-Joachim Ziegeler (Hrsg.): Deutsche Versnovellistik des 13. bis 15. Jahrhunderts (DVN). Band 1/1. Berlin 2020, 307–342.

II. Sekundärliteratur

Bachmann-Medick, Doris: Spatial Turn. In: Doris Bachmann-Medick (Hrsg.): Cultural Turns. Neuorientierungen in den Kulturwissenschaften. Reinbek bei Hamburg 2006, 284–328.

Baier, Sebastian: Heimliche Bettgeschichten. Intime Räume in Gottfrieds *Tristan*. In: Vavra 2005, 189–202.

Bauschke, Ricarda (Hrsg.): Die Burg im Minnesang und als Allegorie im deutschen Mittelalter. Frankfurt a. M. u. a. 2006.

Bedal, Konrad: Bohlenstuben in Süddeutschland. Bemerkungen zum Forschungsstand. In: Jahrbuch für Hausforschung 51 (2002), 11–27.

Bedal, Konrad: Fachwerkbauten vor 1350 in Deutschland. Groß und klein, hoch und breit. In: Jahrbuch für Hausforschung 56 (2016), 501–546.

Berzeviczy, Klára/Bognár, Zsuzsa/Lőkös, Péter (Hrsg.): Gelebte Milieus und virtuelle Räume. Der Raum in der Literatur- und Kulturwissenschaft. Berlin 2009.

Bingenheimer, Klaus: Die Luftheizungen des Mittelalters. Zur Typologie und Entwicklung eines technikgeschichtlichen Phänomens. Hamburg 1998.

Böhme, Hartmut: Einleitung: Raum – Bewegung – Topographie. In: Hartmut Böhme (Hrsg.): Topographien der Literatur. Deutsche Literatur im transnationalen Kontext. Stuttgart/Weimar 2005, IX–XXIII.

Brüggen, Elke: Räume und Begegnungen. Konturen höfischer Kultur im *Nibelungenlied.* In: Joachim Heinzle, Klaus Klein und Ute Obhof (Hrsg.): Die Nibelungen. Sage – Epos – Mythos. Wiesbaden 2003, 161–188.

Classen, Albrecht: Old Age in the World of The Stricker and Other Middle High German Poets: A Neglected Topic. In: Albrecht Classen (Hrsg.): Old Age in the Middle Ages and the Renaissance. Interdisciplinary Approaches to a Neglected Topic. Berlin/New York 2007, 219–250.

Classen, Albrecht: Der alte Mensch in den spätmittelalterlichen Mæren: Die Komplexität der Alterserfahrung im Spätmittelalter aus mentalitätsgeschichtlicher Sicht. In: Elisabeth Vavra (Hrsg.): Alterskulturen des Mittelalters und der frühen Neuzeit. Internationaler Kongress. Krems an der Donau, 16. bis 18. Oktober 2006. Wien 2008, 219–241.

Coxon, Sebastian: Keller, Schlafkammer, Badewanne. Innenräume und komische Räumlichkeit bei Heinrich Kaufringer. In: Hasebrink u. a. 2008, 179–196.

Dahm, Margit/Felber, Timo (Hrsg.): Mentale Konzepte der Stadt in Bild- und Textmedien der Vormoderne. Leiden 2023. Online verfügbar unter: https://www.sidestone.com/books/mentale-konzepte-der-stadt-in-bild-und-textmedien-der-vormoderne [28.04.2024].

Dennerlein, Katrin: Narratologie des Raumes. Berlin 2009.

Dimpel, Friedrich Michael: Haus, Hütte. In: Renz/Hanauska/Herweg 2018, 250–261.

Döring, Jörg/Thielmann, Tristan (Hrsg.): Spatial Turn. Das Raumparadigma in den Kultur- und Sozialwissenschaften. Bielefeld 2008.

Dünne, Jörg: Einleitung (Teil IV: Soziale Räume). In: Jörg Dünne und Stefan Günzel (Hrsg.): Raumtheorie. Grundlagentexte aus Philosophie und Kulturwissenschaften. 7. Aufl. Frankfurt a. M. 2012, 289–303.

Eibach, Joachim/Schmidt-Voges, Inken (Hrsg.): Das Haus in der Geschichte Europas. Ein Handbuch. Berlin/Boston 2015.

Feld, István: Zur Frage der Beheizung auf mittelalterlichen Burgen (Schwerpunkt Ungarn). In: Joachim Zeune (Hrsg.): Alltag auf Burgen im Mittelalter. Wissenschaftliches Kolloquium des Wissenschaftlichen Beirats der Deutschen Burgenvereinigung. Passau 2005. Braubach 2006, 100–107.

Fischer, Hanns: Studien zur deutschen Märendichtung. 2., durchgesehene und erweiterte Auflage besorgt von Johannes Janota. Tübingen 1983.

Gerok-Reiter, Annette/Hammer, Franziska: *Spatial Turn*/Raumforschung. In: Christiane Ackermann und Michael Egerding (Hrsg.): Literatur- und Kulturtheorien in der Germanistischen Mediävistik. Ein Handbuch. Berlin/Boston 2015, 481–516.

Glaser, Andrea: Der Held und sein Raum. Die Konstruktion der erzählten Welt im mittelhochdeutschen Artusroman des 12. und 13. Jahrhunderts. Frankfurt a. M. 2004.

Glauch, Sonja/Köbele, Susanne/Störmer-Caysa, Uta (Hrsg.): Projektion – Reflexion – Ferne. Räumliche Vorstellungen und Denkfiguren im Mittelalter. Berlin/Boston 2011.

Groos, Arthur: Ekphrasis, Landscape, and Power. Some Castles and Their Rulers in Wolfram's *Parzifal*. In: Literaturwissenschaftliches Jahrbuch 55 (2014), 41–57.

Grubmüller, Klaus: Die Ordnung, der Witz und das Chaos. Eine Geschichte der europäischen Novellistik im Mittelalter: Fabliau – Märe – Novelle. Tübingen 2006.

Grubmüller, Klaus: Rüdiger der Hünkhover. Der Schlegel [Kommentar]. In: Grubmüller, Klaus (Hrsg.): Novellistik des Mittelalters. Texte und Kommentare. Berlin 2011, 1070–1082.

Günzel, Stephan (Hrsg.): Topologie. Zur Raumbeschreibung in den Kultur- und Medienwissenschaften. Bielefeld 2007.

Günzel, Stephan (Hrsg.): Raumwissenschaften. Frankfurt a. M. 2009.

Günzel, Stephan (Hrsg.): Raum. Ein interdisziplinäres Handbuch. Stuttgart/Weimar 2010.

Günzel, Stephan: Raum. Eine kulturwissenschaftliche Einführung. Bielefeld 2017.

Hähnel, Joachim: Stube. Wort- und sachgeschichtliche Beiträge zur historischen Hausforschung. Münster 1975.

Hammer, Franziska: Räume erzählen – erzählende Räume. Raumdarstellung als Poetik. Mit einer exemplarischen Analyse des *Nibelungenliedes*. Heidelberg 2018.

Handzel, Josef/Kühtreiber, Thomas: Herrenstube und Frauenzimmer – Sozial konnotierte Lebensräume auf Burgen im Kontext der schriftlichen und bauhistorischen Überlieferung am Beispiel von Burg Pürnstein, Oberösterreich. In: Christina Schmid u. a. (Hrsg.): Raumstrukturen und Raumausstattung auf Burgen in Mittelalter und Früher Neuzeit. Heidelberg 2015, 507–541.

Hasebrink, Burkhard u. a. (Hrsg.): Innenräume in der Literatur des deutschen Mittelalters. XIX. Anglo-German Colloquium Oxford 2005. Tübingen 2008.

Haupt, Barbara: Die Kemenate der hochmittelalterlichen Burg im Spiegel der zeitgenössischen (volkssprachigen) Literatur. In: Wilhelm G. Busse (Hrsg.): Burg und Schloß als Lebensorte in Mittelalter und Renaissance. Düsseldorf 1995, 129–145.

Heinzle, Joachim: Märenbegriff und Novellentheorie. Überlegungen zur Gattungsbestimmung der mittelhochdeutschen Kleinepik. In: ZfdA 107 (1978), H. 2, 121–138.

Huber, Martin u. a. (Hrsg.): Literarische Räume. Architekturen – Ordnungen – Medien. Berlin 2012.

Kellermann, Karina: Der Blick aus dem Fenster. Visuelle Âventiuren in den Außenraum. In: Vavra 2005, 325–341.

Kerth, Sonja: *Homo debilis*. Dis/ability und Alter(n) in kleinepischen Verserzählungen. In: Ingrid Bennewitz, Jutta Eming und Johannes Traulsen (Hrsg.): Gender Studies – Queer Studies – Intersektionalität. Eine Zwischenbilanz aus mediävistischer Perspektive. Göttingen 2019, 269–292.

Klug, Gabriela: Intimer und öffentlicher Raum in der Burg: Raumkonstruktion und Raumfunktionen in zwei deutschen Prosaromanen des späten Mittelalters. In: Berzeviczy/Bognár/Lőkös 2009, 45–56.

Koch, Margarete: Der Schlegel. Zur Novelle von Rüdiger von Hünchoven. Kritische Ausgabe, Untersuchungen und Übersetzung. Hamburg/Münster 1993.

Kroll, Renate: Weibliche Weltaneignung im Mittelalter: Zur Raumerfahrung innerhalb und außerhalb des ‚Frauenzimmers'. In: Laetitia Rimpau und Peter Ihring (Hrsg.): Raumerfahrung – Raumerfindung. Erzählte Welten des Mittelalters zwischen Orient und Okzident. Berlin 2005, 149–162.

Kugler, Hartmut: Über Handlungsspielräume im Artusroman und im Maere. In: Helmut Brall, Barbara Haupt und Urban Küsters (Hrsg.): Personenbeziehungen in der mittelalterlichen Literatur. Düsseldorf 1994, 251–267.

Kundert, Ursula/Schmid, Barbara/Schmid, Regula (Hrsg.): Ausmessen – Darstellen – Inszenieren. Raumkonzepte und die Wiedergabe von Räumen in Mittelalter und früher Neuzeit. Zürich 2007.

Laude, Corinna: Raumkonzepte und Poetik. Perspektiv(ist)isches Erzählen in Wolframs „Parzival" und Wittenwilers „Ring". In: Kundert/Schmid/Schmid 2007, 73–88.

Londner, Monika: Eheauffassung und Darstellung der Frau in der spätmittelalterlichen Märendichtung. Eine Untersuchung auf der Grundlage rechtlich-sozialer und theologischer Voraussetzungen. Berlin 1973.

Lorenz, Kai: Die Burg als Gesellschaftsraum. Poetische Raumwahrnehmung im kulturgeschichtlichen Längsschnitt. In: Christina Schmid u. a. (Hrsg.): Raumstrukturen und Raumausstattung auf Burgen in Mittelalter und Früher Neuzeit. Heidelberg 2015, 119–142.

Meckseper, Cord: Architektur und Lebensformen. Burgen und Städte als Orte von Festlichkeit und literarischem Leben. In: Eckart Conrad Lutz (Hrsg.): Mittelalterliche Literatur im Lebenszusammenhang. Ergebnisse des Troisième Cycle Romand 1994. Freiburg in der Schweiz 1997, 15–43.

Mierke, Gesine: Architektur im Buch. Die Gralsburg in Wolframs von Eschenbach *Parzival*: Schauplatz oder Gedächtnispalast? In: Huber 2012, 75–91.

Musiol, Marie-Luise: Begehren, Macht und Raum: „Die halbe Birne" Konrads von Würzburg. In: Susanne Schul, Mareike Böth und Michael Mecklenburg (Hrsg.): Abenteuerliche ‚Überkreuzungen'. Vormoderne intersektional. Göttingen 2017, 147–165.

Musiol, Marie-Luise: Raum und Figur. Effekte erzählerischer Arrangements in der ‚Frauentreue'. In: Friedrich Michael Dimpel und Silvan Wagner (Hrsg.): Prägnantes Erzählen. Oldenburg 2019, 383–410. Online verfügbar unter: https://ojs.uni-oldenburg.de/ojs/index.php/bme/article/view/67 [28.04.2024].

Nachtsheim, Anna Katharina: *wan diu borch was sô getân, / daz siz allez mite betwank*. Städtische Inszenierung als Aspekt der Figurenzeichnung von Herrscherinnen im *Eneasroman* Heinrichs von Veledeke und im *Parzival* Wolframs von Eschenbach. In: Dahm/Felber 2023, 193–216. Online verfügbar unter: https://www.sidestone.com/books/mentale-konzepte-der-stadt-in-bild-und-textmedien-der-vormoderne [28.04.2024].

Nießen, Iris Ophelia: Feuereinrichtungen des Stadthauses. Welche Räume im Haus sind heizbar – und wie? – und was macht der Rauch? [Typoskript].

Perlich, Barbara: Kemenate, Stube, Pisale, estuarium, Dornse – Schön warm im Haus [Typoskript].

Perlich, Barbara: Zur Genese der Stube. Eine neue Zusammenfassung wort- und sachgeschichtlicher Befunde [Typoskript].

Pincikowski, Scott E.: Architektur in Hartmanns höfischen Dichtungen im *Ambraser Heldenbuch*. In: Waltraud Fritsch-Rößler (Hrsg.): Rahmenthema: Das Ambraser Heldenbuch. Wien/Berlin/Münster 2008, 213–240.

Pincikowski, Scott E.: Conflicted Memory Spaces. The Destruction of Architecture in Medieval German Literature. In: Stock/Vöhringer 2014, 123–141.

Rappl, Stephanie: Belehrung mit dem Hammer. Rüdegers des Hinkhofers *Der Schlegel*. In: Rainer Barbey und Erwin Petzi (Hrsg.): Kleine Regensburger Literaturgeschichte. Regensburg 2014, 82–87.

Reichlin, Susanne: Ökonomien des Begehrens, Ökonomien des Erzählens. Zur poetologischen Dimension des Tauschens in Mären. Göttingen 2009.

Renz, Tilo/Hanauska, Monika/Herweg, Mathias (Hrsg.): Literarische Orte in deutschsprachigen Erzählungen des Mittelalters. Ein Handbuch. Berlin/Boston 2018.

Ridder, Klaus/Ziegeler, Hans-Joachim: Hermann Fressant: Der Hellerwert-Witz (81) (bearbeitet von Gudrun Felder) [Kommentar]. In: Klaus Ridder und Hans-Joachim Ziegeler (Hrsg.): Deutsche Versnovellistik des 13. bis 15. Jahrhunderts (DVN). Band 3. Berlin 2020 (a), 22–24.

Ridder, Klaus/Ziegeler, Hans-Joachim: Rüdeger der Hinkhofer: Der Schlegel (34) (bearbeitet von Christian Seebald) [Kommentar]. In: Klaus Ridder und Hans-Joachim Ziegeler (Hrsg.): Deutsche Versnovellistik des 13. bis 15. Jahrhunderts (DVN). Band 1/1. Berlin 2020 (b), 343–345.

Ruby, Sigrid/Schmidt-Voges, Inken (Hrsg.): Haus – Geschlecht – Sicherheit. Diskursive Formierungen in der Frühen Neuzeit. Baden-Baden 2023. Online verfügbar unter: https://www.nomos-elibrary.de/10.5771/9783748925606/haus-geschlecht-sicherheit?page=1 [28.04.2024].

Schallenberg, Andrea: Spiel mit Grenzen. Zur Geschlechterdifferenz in mittelhochdeutschen Verserzählungen. Berlin 2012.

Schirmer, Karl-Heinz: Stil- und Motivuntersuchungen zur mittelhochdeutschen Versnovelle. Tübingen 1969.

Schneider, Manfred (Hrsg.): Von der Feuerstelle zum Kachelofen – Heizanlagen und Ofenkeramik vom Mittelalter bis zur Neuzeit. Beiträge des 3. Wissenschaftlichen Kolloquiums, Stralsund 9.–11. Dezember 1999. Stralsund 2001.

Schneider, Martin: Kampf, Streit und Konkurrenz. Wettkämpfe als Erzählformen der Pluralisierung in Mären. Göttingen 2020.

Schulze, Ursula: *stube* und *strâze*. Geschehensräume in Neidharts Liedern. In: Bauschke 2006, 75–91.

Schulze, Ursula: Lebensräume der Liebe im Minnesang. In: Christina Schmid u. a. (Hrsg.): Raumstrukturen und Raumausstattung auf Burgen in Mittelalter und Früher Neuzeit. Heidelberg 2015, 205–226.

Stock, Markus/Vöhringer, Nicola (Hrsg.): Spatial Practices. Medieval / Modern. Göttingen 2014.

Störmer-Caysa, Uta: Grundstrukturen mittelalterlicher Erzählungen. Raum und Zeit im höfischen Roman. Berlin/New York 2007.

Strohschneider, Peter: Kemenate. Geheimnisse höfischer Frauenräume bei Ulrich von dem Türlin und Konrad von Würzburg. In: Jan Hirschbiegel und Werner Paravicini (Hrsg.): Das Frauenzimmer. Die Frau bei Hofe in Spätmittelalter und früher Neuzeit. 6. Symposium der Residenzen-Kommission der Akademie der Wissenschaften in Göttingen. Dresden, 26. bis 29. September 1998. Stuttgart 2000, 29–45.

Suchomski, Joachim: ‚Delectatio' und ‚utilitas'. Ein Beitrag zum Verständnis mittelalterlicher komischer Literatur. Bern/München 1975.

Tauber, Jürg: Herd und Ofen im Mittelalter. Untersuchungen zur Kulturgeschichte am archäologischen Material vornehmlich der Nordwestschweiz (9.–14. Jahrhundert). Olten/Freiburg i. Br. 1980.

Vavra, Elisabeth (Hrsg.): Virtuelle Räume. Raumwahrnehmung und Raumvorstellung im Mittelalter. Akten des 10. Symposiums des Mediävistenverbandes, Krems, 24.–26. März 2003. Berlin 2005.

Vorländer, Marie/Wick, Maximilian: Bad. In: Renz/Hanauska/Herweg 2018, 64–74.

Winkelsträter, Sebastian: Traumschwert – Wunderhelm – Löwenschild. Ding und Figur im *Parzival* Wolframs von Eschenbach. Tübingen 2022.

Witthöft, Christiane: Der Weg in die Irre. Raum und Identität im *Studentenabenteuer B* (Rüdeger von Munre, *Irregang und Girregar*) und in Bocaccios *Decameron*. In: Matthias Däumer u. a. (Hrsg.): Irrwege. Zu Ästhetik und Hermeneutik des Fehlgehens. Heidelberg 2010, 187–212.

Wolter-von dem Knesebeck, Harald: Wurst wider Wurst. Zur Möglichkeit pseudosubversiver Bezugnahme auf Bildzeichen für das wohlversorgte Haus in der profanen Wandmalerei des Mittelalters. In: Bertram Kaschek u. a. (Hrsg.): Das subversive Bild. Eine Festschrift für Jürgen Müller. Berlin/München 2022 (a), 27–41.

Wolter-von dem Knesebeck, Harald: Zum wohlversorgten Haus und seinem Hausrat in den profanen Wandmalereien des 14.–16. Jahrhunderts. In: Michael Schmauder und Marion Roehmer (Hrsg.): Im Bild gefangen! Manifestationen von Gedankenwelten – ein interdisziplinärer Diskurs. Digitale Tagung am 29.07.2021 im Rahmen des vom BMBF geförderten Projekts ‚Medium: Keramik. Produktion, Verwendung und kulturelle Bedeutung rheinischer Keramik mit Bildsprache und Symbolik in der frühen Neuzeit'. Bonn 2022 (b), 11–36.

Wolter-von dem Knesebeck, Harald: Formale und mentale Konzepte der Stadt in der frühen profanen Wandmalerei. In: Dahm/Felber 2023, 269–294. Online verfügbar unter: https://www.sidestone.com/books/mentale-konzepte-der-stadt-in-bild-und-textmedien-der-vormoderne [28.04.2024].

Ziegeler, Hans-Joachim: Erzählen im Spätmittelalter. Mären im Kontext von Minnereden, Bispeln und Romanen. München 1985.

Ziegeler, Hans-Joachim: Geld, Liebe und Verstand: Hermann Fressants Verserzählung ‚Der Hellerwert Witz'. In: Albrecht Weber (Hrsg.): Handbuch der Literatur in Bayern. Vom Frühmittelalter bis zur Gegenwart. Geschichte und Interpretationen. Regensburg 1987, 123–132.

Prof. Dr. Elke Brüggen
Universität Bonn
Institut für Germanistik, Vergleichende Literatur- und Kulturwissenschaft
Rabinstr. 8
53111 Bonn
elke.brueggen@uni-bonn.de

Anna Katharina Nachtsheim
Universität Koblenz – IFGPZ /
Universität Bonn
Institut für Germanistik, Vergleichende Literatur- und Kulturwissenschaft
Rabinstr. 8
53111 Bonn
a.nachtsheim@uni-bonn.de

Catharina Müller-Liedtke

Der urbane Raum als Raum der Ungleichheit. Zur Darstellung sozialer Konflikte in der deutschsprachigen städtischen Geschichtsschreibung des 13.–16. Jahrhunderts

Do geinck it eirſt an ein veichten
van ritteren, burgeren ind kneichten,
ind voichten ſo gelich ſere,
dat men kome wiſte we der beſte were. (V. 4980–4984)

Das Zitat entstammt der *Reimchronik der Stadt Köln*[1] und skizziert mittels eines Erzählerkommentars das Bild einer Waffenbruderschaft, welche sich durch eine vortreffliche Kampfestechnik aller Partizipanten auszeichnet, sodass kein Unterschied zwischen den einzelnen Kämpfenden hinsichtlich ihrer Fertigkeiten auszumachen ist – denn diese kämpfen *gelich*. Doch entspricht dieses Bild der Gleichheit (und sei diese wie in diesem Zitat lediglich auf die Kulturtechnik des Kampfes bezogen) keineswegs der üblichen Darstellungsweise in der deutschsprachigen städtischen Geschichtsschreibung des Mittelalters, denn diese ist geradezu durch die Betonung sozialer Ungleichheiten geprägt, was sich insbesondere beim Erzählen von kriegerischen Konfliktaushandlungen zeigt. So ist die städtische Historiographie in besonderem Maße durch die Darstellung von sozialen Ungleichheiten geprägt, die eine „Konstante der mittelalterlichen Stadtgeschichte“[2] darstellen und die mittels verschiedener Narrative und sprachlicher Mittel inszeniert werden. Dabei zeugen die Texte einerseits von einer hohen sozialen Diversität, zugleich fungieren sie als stabilisierendes Medium politischer Machtstrukturen.

Der vorliegende Beitrag möchte exemplarisch aufzeigen, wie Ungleichheit beim Erzählen von Konfliktsituationen innerhalb der städtischen Historiographie des Mittelalters diskursiv verhandelt wird. Konkret sollen dabei die sprachlichen Mittel und Strategien, welche der Inszenierung von Ungleichheit dienen, in den Blick genommen werden.[3] Als Untersuchungsgegenstand dienen dabei die *Reim-*

1 Die Zitation erfolgt nach der Edition Gärtner u. a. 2008.

2 Schubert 1998, 108.

3 Dieser Beitrag ist auf mein Dissertationsprojekt „Räume der Ungleichheit in städtischer Geschichtsschreibung des Mittelalters. Sozialräumliche Polarisierung als sprachlicher und historischer Differenzierungsprozess“ bezogen, in welchem das Thema sozialräumlich konfigurierter Ungleichheit in städtischer Geschichtsschreibung des Mittelalters und ihre narrative Inszenierung untersucht wird. Dabei wird die literarische Produktion der sozialen Ungleich-

10.29091/9783752003444/018

chronik der Stadt Köln des Gottfried Hagen aus dem Jahre 1270 sowie die deutsche *Nieronbergensis cronica*[4] des Sigmund Meisterlin, entstanden zwischen den Jahren 1485 und 1488.

1. Städtische Geschichtsschreibung des Mittelalters

Die deutschsprachige städtische Historiographie des Mittelalters ist ein Forschungsgegenstand, der bislang vor allem seitens der Geschichtswissenschaft intensiver erforscht wurde. In der Germanistischen Mediävistik wurden diese Texte dagegen bislang wenig thematisiert,[5] was auch darauf zurückzuführen ist, dass in der älteren Forschung oftmals eine dichotomische Unterscheidung zwischen städtischer Geschichtsschreibung und -dichtung apostrophiert wurde, was sich nicht zuletzt in literarhistorischen Einführungen und Querschnittsdarstellungen widerspiegelt.[6] Des Weiteren zeigt sich sowohl in der Historischen wie auch in der Germanistischen Mediävistik eine grundlegende Schwierigkeit, den Terminus städtischer Geschichtsschreibung genauer zu fassen; ein konziser Gattungsbegriff ist weder in der Vormoderne noch in der rezenten Forschung fassbar, vielmehr wird von einem vielgestaltigen Textfeld ausgegangen, welches durch unterschiedliche Charakteristika geprägt ist.[7] Während die ältere Forschung versuchte, die städtische Geschichtsschreibung von anderen Formen der Historiographie

---

heit städtischer Gruppen und Individuen analysiert, welche sich etwa in Bezeichnungen von Kollektiven, in der Beschreibung von Handlungspraxen und in den Darstellungen von Austragungen sozialer Konflikte und politischer Prozesse niederschlägt.

4 Die Zitation erfolgt nach der Edition Kerler/Lexer 1864 mit Angabe von Seite und Zeile.

5 Siehe exemplarisch Peter Johanek: „Die germanistische Literaturwissenschaft hat sich, obwohl das Problemfeld ‚Stadt und Literatur' seit langem in ihr Blickfeld getreten war, gegenüber dieser Sonderform ebenfalls zurückhaltend gezeigt." (Johanek 2016, 376.)

6 So dichotomisiert etwa Herbert Grundmann zwischen verschiedenen Gattungen der mittelalterlichen Geschichtsüberlieferung, indem er u. a. zwischen den vermeintlichen Gattungen ‚Volkssprachliche Geschichtsdichtung' sowie ‚Landes- und Stadtchroniken' differenziert. Unter der Kategorie der Geschichtsdichtung subsummiert Grundmann u. a. etwa das *Rolandslied*, das *Nibelungenlied*, aber auch die *Weltchronik* von Rudolf von Ems und solche Werke der Stadt- und Landesgeschichtsschreibung, die vor allem auf Grund formaler Kriterien wie der Reimform dieser Kategorie zugeordnet werden, so etwa die *Reimchronik der Stadt Köln* oder die *Livländische Reimchronik* (vgl. Grundmann 1965, 7–12). Auch Joachim Bumke differenziert im Rahmen seiner *Geschichte der deutschen Literatur im hohen Mittelalter* zwischen Geschichtsdichtung und -schreibung, ohne dabei jedoch einzelne Werke zu klassifizieren (vgl. Bumke 1990, 343–356). Des Weiteren sei angemerkt, dass ein großer Teil der Texte dieses Korpus' der städtischen Historiographie sich selbstsprechend nicht als eine ‚Chronik' oder ‚Stadtchronik' ausweist, sondern meist die Lexeme ‚Buch', ‚Büchlein', ‚Geschichte', ‚Memorial', ‚Tagebuch' oder ähnliches verwendet werden.

7 Vgl. u. a. Johanek 2000, VII–XIX; Schneider 2000; Wriedt 2000.

abzugrenzen,[8] haben sowohl die Germanistische als auch die Historische Mediävistik spätestens seit der Jahrtausendwende betont, dass eine Abgrenzung städtischer Geschichtsschreibung von anderen Formen der Historiographie – abseits des inhaltlichen Fokus auf Stadt – „weder möglich noch sinnvoll“[9] ist. Diesbezüglich konstatiert Peter Johanek:

> Eine städtische Geschichtsschreibung mit eigenen Gattungen existiert ebenso wenig wie eine durch besondere Gattungen charakterisierte städtische ‚Sonderliteratur‘. Städtische Geschichtsschreibung wird vielmehr definiert durch ihre Rolle als Agens im kollektiven Gedächtnis der städtischen Gemeinschaft.[10]

Städtische Geschichtsschreibung ist also nicht kategorial verschiedenen von anderen Bereichen der Geschichtsschreibung, und für sie gilt gleichermaßen, dass auch die dichotomische Abgrenzung von Historiographie und literarischen Texten zu hinterfragen ist: Obwohl vormoderne historiographische Texte sich durch ihren Anspruch, vorrangig auf die historische Realität zu rekurrieren, auszeichnen, ist längst herausgestellt worden, dass sie dennoch narrativ geformte Konstrukte sind.[11]

Die Texte der städtischen Geschichtsschreibung adressieren eine Vielzahl verschiedenster Themen – von der Gründung der Stadt über Kriegszüge, politische Verwicklungen, Wetterbedingungen, soziale Konflikte, Verbrechen, Turniere bis hin zum Getreidepreis. Die jeweils einzigartigen realhistorischen Gegebenheiten und Machtstrukturen der behandelten Städte sowie andere Faktoren – dazu gehören insbesondere die spezifischen Intentionen und sozialen Standorte der Verfasser – bedingen verschiedenste Formen der Darstellung der jeweiligen städtischen Geschichte. Zumeist standen die Verfasser der städtischen Historiographie in besonderer Nähe zum jeweiligen Rat und wurden vielfach von diesem mit dem Verfassen der Geschichtserzählungen beauftragt. Mittels der Geschichtsschreibung, so Johanek, stand dem Rat „auch ein bedeutendes Instrumentarium zur Verfügung […], Geschichtsbilder zu konstruieren und zu formen, d. h. entscheidend

---

8 Vgl. beispielhaft Grundmann 1965.

9 Neddermeyer 2001, 21.

10 Johanek 2000, X.

11 So weisen Sarah Bowden, Manfred Eikelmann, Stephen Mossmann und Michael Stolz darauf hin, dass nicht lediglich die frühen mittelhochdeutschen Texte wie etwa das *Annolied* oder die *Kaiserchronik* „nach ihrem eigenen Anspruch Geschichte darstellen, also res gestae erzählen“ und zugleich „Dichtung, die in ihrer literarischen Form wahrgenommen sein will“ sei, sondern dass Ähnliches für mittel- und frühneuhochdeutsche Heldenepen und Chroniken gelte (Bowden u. a. 2020, 11–19, hier 12).

in die *gemeine rede* einzugreifen“[12] – und somit die städtische Identitätspolitik zu steuern.[13] Unabhängig davon, ob es sich um Kleriker, spezifische Stadtschreiber, Ratsherren oder um weniger privilegierte Amtsträger und Aufstrebende wie etwa den Nürnberger Bierbrauer Heinrich Deichsler handelt, sie schrieben zumeist im Auftrag des Rates, dagegen existierten kaum Autoren, die keine Verbindung zum Rat oder den Stadtregenten und -regimenten unterhielten.[14] Trotz der zum Teil immensen Unterschiede hinsichtlich ihrer Form, des Inhalts sowie den ideologisch gefärbten Intentionen erweisen sich die vielgestaltigen Texte hinsichtlich eines zentralen Aspektes als komparabel: Sie bilden sozialräumliche Konfigurationen ab und rekurrieren durch die Darstellungsweisen von sozialer Ungleichheit auf Sozial- und Machtstrukturen. Dieser Befund spiegelt sich auch in der Verwendung sprachlicher Mittel und erzählerischer Strategien wider, welche der Inszenierung sozialer Ungleichheit dienen, was im Folgenden anhand von Beispielen aus den eingangs genannten Texten gezeigt werden soll.

2. Sprachliche Differenzierungsmuster in den Darstellungen sozialer Konfliktaustragungen: Die *Reimchronik der Stadt Köln*

Das *boich van der ſtede Coelne* wurde im Jahre 1270 von Gottfried Hagen verfasst und im darauffolgenden Jahr von demselben mit Nachtragungen versehen.[15] Damit gilt die *Reimchronik der Stadt Köln* als das früheste Werk einer gereimten deutschsprachigen Stadthistoriographie. Sie erzählt von der Geschichte der Stadt Köln von ihrer Gründung bis ins Jahr 1271, wobei ein zeitlicher und thematischer Schwerpunkt auf den Jahren zwischen 1250 und 1270 liegt. Geboren wurde Gottfried Hagen um 1230 als unehelicher Sohn des Gerhart Vetscholder, dem Subdiakon am Xantener Viktorsstift. Vermutlich hat er in Paris (*meister van Paris* [V. 2644]) das Studium der Sieben Freien Künste mit dem Magistertitel abgeschlossen. Im Jahre 1271 übernahm er das Amt des Stadtschreibers und wurde im Jahre 1275 zusätzlich Pfarrer von Klein St. Martin.[16] Der Text versteht sich bereits eingangs als eine *warnynge* (V. 16) vor den Schäden, die der Stadt vor allem durch die Uneinigkeit der Bürger sowie durch die Versuche der Machtübernahme

12 Johanek 2016, 370.

13 Vgl. dazu auch Monnet 2019.

14 Vgl. Johanek 2016, 397; vgl. zudem für weitere Darlegungen bzgl. der Autoren städtischer Geschichtsschreibung und Literatur Johanek 2002.

15 Vgl. für die Debatte um die zeitweilig hinterfragte Gleichsetzung der Identität des Texturhebers mit dem historisch belegten städtischen Urkundenschreiber Gottfried Hagen u. a. die neueren Arbeiten, welche sich für diese aussprechen: Welter 1997, 125–129; Groten 1998; Gärtner u. a. 2008, IX–XV; Hanauska 2014, 127–131.

16 Vgl. Gärtner u. a. 2008, IX–XLVIII.

seitens der Kölner Erzbischöfe entstehen und die dem inneren Frieden potenziell abträglich sind. Als zentrale Konfliktlinien erweisen sich hierbei sowohl die Auseinandersetzungen zwischen den Erzbischöfen und der Stadtgemeinde sowie zwischen Erzbischöfen und Patriziat als auch zwischen der einfachen Gemeinde und der städtischen Elite. Aber auch die Zwietracht innerhalb des Meliorates ist als eine bedeutende Konfliktlinie zu benennen.

Nachdem der Erzähler im Sinne einer *captatio benevolentiae* bemerkt, dass er nicht so *kûnſtich* (V. 9) sei, bittet er darum, dass sein Buch als warnender Tugendspiegel erhalten und verbreitet werde:

> *nu en byn ich leider ſo kûnſtich neit*
> *dat ich dat boich moge volmaichen*
> *van alle den dingen ind den ſaichen*
> *die Coelne ſchade haint gedain,*
> *ir dry, eyn Got, ir en wilt myr beſtain*
> *mit urre helpen alſo by*
> *dat it ummer blive ind ſy*
> *warnynge der vil hilger ſtede,*
> *die Kirſt durch ſyner moeder beide*
> *in der hilgen die da ynne reſtent*
> *zo Gode wert hait ſo geveſtint,*
> *dat Coelne ain alle miſwende*
> *ire dinck noch her zo goeden ende*
> *hait braicht, die ire ſint weder varen*
> *in al den dagen ind in den jaren*
> *van des dat Coelne eirſt kirſten wart.* (V. 9–24)

Aus den einführenden Worten lassen sich zwei bedeutsame Schlussfolgerungen für das weitere Textverständnis ableiten: Zum einen widmet sich der Erzähler exklusiv den *dingen ind ſaichen / die Coelne ſchade haint gedain* (V. 11f.), die Geschichte der Stadt Köln ist also maßgeblich durch das Moment der Gefährdung gekennzeichnet. Zum anderen wird Köln als heilige Stadt benannt, die *vil hilger ſtede* (V. 16) konnte durch das Wirken Christi alle Krisen *zo goeden ende* (V. 21) bringen. Die Geschichte der Stadt Köln wird somit bereits eingangs in den Kontext der Heilsgeschichte gerückt.[17] Die daraus resultierende heilsgeschichtliche Dignität der Stadt Köln strukturiert dementsprechend ebenso wie die Ankündigung, ausschließlich von den Gefahren, denen die Stadt in ihrer Historie ausgesetzt war, zu erzählen, den narrativierten Stadtraum vor.

---

17 Vgl. für einen Überblick zur Darstellung der Kölner Stadtheiligkeit in der *Reimchronik der Stadt Köln* samt ihrer hagiographischen Einleitung Eder 2023.

Nach der Darstellung der Gründung Kölns, der Lobpreisung der städtischen Heiligkeit und dem Verweis auf den Tod Kaiser Friedrichs II. im Jahre 1250 beginnt der zeitgeschichtliche Teil. In der Stadt herrschten intensive Auseinandersetzungen zwischen der Gemeinde und den Erzbischöfen, den führenden Patrizierfamilien, den unabhängigen Zünften, Kaufleuten und anderen sozialen Gruppen. Dabei kam es in Köln häufig auch zu unerwarteten Bündnisbildungen, was zu einer äußerst komplexen politischen Lage führte. Die im Folgenden gewählten Textbeispiele skizzieren dabei exemplarisch drei Konfliktlinien, nämlich 1. Erzbischof/Stadtgemeinde – Patriziat, 2. Erzbischof/Weber – Patriziat sowie 3. Overstolzen – Weise. Am Beginn des zeitgeschichtlichen Teil des Werkes steht die Auseinandersetzung zwischen Bischof Konrad und dem Patriziat um die Münzrechte, welche den Ausgangspunkt für andauernde Konflikte zwischen diesen beiden Parteien bilden und zu kriegerischen Auseinandersetzungen führen.[18] Im weiteren Handlungsfortgang, der durch unterschiedliche Konfliktlinien geprägt ist – sowohl der gesamten Gemeinde gegen Gegner von außen als auch innerhalb der Stadtgemeinde –,[19] erhalten die einzelnen Akteure der verschiedenen sozialen Schichten sowohl unterschiedliche Bezeichnungen als auch differierende Attribuierungen. So sind es zuvorderst die Patrizier, die in den Kämpfen mit dem bischöflichen Heer, aber auch innerhalb der Kämpfe mit den Angehörigen der Gemeinde, allen voran mit den Webern, als vortreffliche Ritter im Sinne des höfischen Tugendkatalogs stilisiert werden. Anders als ihre Gegner werden die Patrizier zudem explizit namentlich benannt. Als Beispiel kann die Auserzählung des Kampfes der gesamten Stadtgemeinde (Meliorat und einfache Gemeinde) gegen das Heer des Bischofs Konrads von Hochstaden bei Frechen angeführt werden.[20] Dabei wird dezidiert nicht die kämpfende Gesamtheit aller Bürger Kölns, son-

18 Konrad von Hochstaden wurde zwischen 1200 und 1205 geboren und bekleidete in der Zeit von 1238 und 1261 das Amt des Kölner Erzbischofs. Historisch gesichert ist zudem die Erkenntnis, dass es im Jahre 1252 zu einem schweren Zerwürfnis zwischen Konrad und den Kölner Bürger:innen kam. So wollte dieser die vergleichsweise hochwertigen Kölner Pfennige einziehen und eine neue Münze ausgeben, die hinsichtlich des Gewichts und des Feingehalts als verschlechtert galt, um sich darüber eine neue Einnahmequelle zu schaffen. Vgl. dazu Stehkämper/Dietmar 2015, 318 u. 331.

19 Vgl. dagegen Gerhard Wolf, der behauptet, Gottfried Hagen blende alle Konfliktlinien bis auf die zwischen Gesamtgemeinde und Bischof aus: „Der Bischof wird als (geistlicher) Vater gesehen, der seine Kinder, die Bürger, zwar überwacht und bei geistlichen Sünden auch bestraft, der ihnen aber ansonsten alle Freiheiten gibt. Indem sich Gottfried Hagen auf diese beiden politischen Pole in der Stadt konzentriert, scheint eine Versöhnung möglich und deswegen blendet er alle anderen innerstädtischen Spannungen konsequent aus." (Wolf 2020, 338.)

20 Der historische Kern der Kampfesdarstellungen basiert auf den Kämpfen zwischen dem bischöflichen Heer und den Bürgern der Gemeinde Köln im September 1257 bei Frechen.

dern ausschließlich die Führungsschicht der Stadt gelobt.[21] Während die feindliche Partei aus der Stadt vertrieben wird, werden vier Patrizier bei dem Versuch, den fliehenden Gegnern zu folgen, gefangen genommen. Besonders prägnant erscheint hierbei die offenkundig forcierte Aufwertung dieser Patrizier. Hierfür bedient sich der Erzähler einer spezifischen Tiermetaphorik und nimmt Anleihe an legendarischen Erzählmustern:

> *her Matheis Overſtultz was ir ein,*
> *her Daniel der Jude, deſer engein*
> *enſaich men viande vermyden,*
> *men ſaich ſy alſe lewen ſtryden.*
> *dat derde was her Peter van dem Lebarde,*
> *die up die viande vacht ſo harde,*
> *dat hie des groiſſen prijs gewan;*
> *hie was des dagis ein kone man.*
> *dat veirde was Symon Roiſgin.*
> *hie en moichte des dagis neit beſſer ſyn,*
> *hie heilt ſich ei kuyſch ind ſyn.* (V. 1089–1099)

Die kämpfenden Patrizier werden somit nicht nur als kühn, keusch und fein gezeichnet, sondern als kämpfende Löwen, welche parallel zu den über die Stadt herrschenden Geschlechtern über das Tierreich herrschen. Diese prägnante metaphorisch aufgeladene Herrschaftsmarkierung wird auch im weiteren Handlungsfortgang aufgegriffen und ist von besonderer Bedeutung. Neben dem Löwengleichnis findet sich eine weitere tiermetaphorische Gleichsetzung. So wird Daniel Jude[22] als *alſo ſnel* (V. 1115), wie *ein valcke der eynen vogel ſleit* (V. 1116) beschrieben. Von den Kämpfern der Gemeinde heißt es dagegen, sie seien *bloiſſe lude* (V. 1155). Während also das Patriziat mittels Tiermetaphorik aufgewertet wird, findet sich wenig später eine tiermetaphorisch aufgeladene Denunzierung der Handwerker, welche im Verlauf des beschriebenen Konfliktes nach der Entmachtung eines Teils des Patriziats seitens des Bischofs als neue Schöffen eingesetzt wurden. Der Erzähler kommentiert:

> *enweir't neit ſünde, ich ſolde it haſſen,*
> *dat van Coelne die hilge ſtat*
> *mit ſulchen eſelen was beſat.*
> *men do an eyme eſele eins lewen hût,*
> *hie reirt doch eins eſels lût.* (V. 1253–1257)

---

21 Vgl. dazu auch Wenzel 1980, 224.

22 Daniel Jude war Mitglied der wohlhabenden Kölner Patrizierfamilie Jude.

Der Erzähler diskreditiert das neue Schöffenkolleg jedoch nicht lediglich aufgrund der sozialen Herkunft als Esel, sondern verurteilt auch ihren sozialen Aufstieg. So würde der Erzähler, wenn ihm dies nicht gemäß der christlichen Tugendlehre untersagt wäre, Hass aufgrund der Tatsache empfinden, dass die neuen Schöffen derartig eselsgleicher Kreatürlichkeit seien. Die Handwerker werden demgemäß mit Tieren gleichgesetzt, die im Vergleich mit der vorherigen positiven Inszenierung der als Löwen kämpfenden Patrizier (und damit den Königen des Tierreichs, respektive den städtischen Autoritäten) negativ konnotiert sind. Ferner würden die Esel, sofern man ihnen eine *lewen hût* (V. 1256) anlegen würde, dennoch Eselsrufe von sich geben, der Versuch der Führungsübernahme durch die Handwerker wird somit von vornherein als zum Scheitern verurteilt dargestellt.[23] Das Schöffenamt, welches vorher seitens der Patrizier bekleidet wurde und in erzähllogischer Konsequenz in eben deren Zuständigkeits- und Kompetenzbereich falle, könne nicht von Handwerkern, welche sich anmaßen würden, wie ein Patrizier zu agieren, ausgeübt werden. Damit nimmt die Erzählung Anleihe am literarisch vielfach verarbeiteten Bildnis des Esels in der Löwenhaut, welches bereits in der Antike begegnet – so beispielhaft in den Fabeln Äsops. Auch in der äsopischen Fabel vom Esel mit dem Löwenfell scheitert die Täuschung des Esels, welcher den Fuchs erschrecken möchte, an seinem Geschrei, das der Fuchs als Eselsgeschrei identifiziert, die Imitation des Überlegenen scheitert durch die akustische Selbstoffenbarung.[24] Der Erzähler konstatiert ferner, dass die *hilge ſtat* (V. 1274) durch die bischofstreuen neuen Schöffen sowohl ihre *vryheit* als auch *menchen guede ſeden* (V. 1276) verloren habe, dieses Gebaren wird überdies mit dem Tragen eines Pfauenfedernhutes parallelisiert (vgl. V. 1260). Die Diffamierung erfährt darüber hinaus eine weitere Zuspitzung. So erklärt der Erzähler, dass niemand widerwärtiger sei als *ein gebuyr* (V. 1291), der aufgestiegen ist, denn dieser sei gierig und falsch. Während die Kölner also noch zu Beginn der Erzählung in ihrer Gesamtheit als *criſten* […] / *myt reynen hertzen arm ind rich* (V. 84f.) bezeichnet wurden, erfolgt im Handlungsfortlauf sukzessive ein Zuschnitt jener Tugendhaftigkeit auf das Patriziat und dann weiter auf bestimmte Geschlechter der Führungsschicht, konkret jene Eliten aus der Rheingasse wie etwa die Familien Overstolz und Jude.

Im Handlungsverlauf unternimmt der Bischof weitere Versuche, um das Patriziat zu unterwerfen: So avisiert Bischof Engelbert von Falkenburg u. a. einen neuen Plan gegen *die vil ſtoltze borgere* (V. 3316) und wiegelt die Bruderschaften gegen das Meliorat auf. Während der Erzähler jedoch erläutert, dass das Komplott der

23 Vgl. auch Wenzel 1980, 228.

24 Die Fabel vom Esel in der Löwenhaut ist eine der wenigen, die auch Eingang in die deutschsprachige Sangspruchdichtung gefunden hat (bspw. bei Reinmar von Zweter und Heinrich von Mügeln). Vgl. dazu Obermaier 2012, 243–258; Röcke 2017, 89–100.

Bruderschaften *weder die edele geſleichte* (V. 3381) gerichtet sei, konkretisiert er erst später pejorisierend, dass primär die Weber die maßgeblichen Querulanten seien (vgl. u. a. V. 3380, 3429). Dem vorgeschaltet ist die Darlegung eines Plans, nach welchem die Bruderschaften ein Tanzfest für ihre Knechte initiieren sollen. Dieses würden die Patrizier unterbinden wollen – und sollten dabei, so der Plan des Bischofs, überwältigt werden. Diese historisch belegten innerstädtischen Unruhen werden seitens der Forschung auf den Mai 1265 datiert.[25] Nachdem der Plan in die Tat umgesetzt und das Tanzfest abgehalten wird, wollen *die burgere* (V. 3341), ergo die Patrizier, dieses stoppen und bitten *die heren van den kneichten* (V. 3342), ihren Genossen anzutragen, das Tanzfest einzustellen (vgl. V. 3340–3347). Diese jedoch würden sich *als doren ind als affen* (V. 3349) verhalten und kundtun, ihre Knechte nicht von ihrem Unterfangen abhalten zu können. Den Geschlechtern, so der Erzähler, bleibt keine andere Wahl – und sie stellen den Bruderschaften unter Berufung auf den göttlichen Willen den bewaffneten Kampf in Aussicht (vgl. V. 3354–3377) und wappnen sich gegen *die wever myt eren vůlen kneichten* (V. 3437). Die nun anschließenden Kampfszenen werden in besonderer Detailliertheit in über 500 Versen und unter Einbezug legendarischer Erzählstrukturen dargestellt. Hierzu zählt auch die topische Betonung der numerischen Überlegenheit des Gegners, in diesem Fall der gegnerischen Zunftgenossen. Während diese mit über 5000 bzw. 5200 Mann in den Kampf ziehen, sammeln sich auf der Seite der Geschlechter ausschließlich 150 Bürger – *reicht na ritterlichen ſeden* (V. 3446). Dass diese zahlenmäßig unterlegene Gruppe den Sieg über die feigen und weniger begabten Kämpfer der Bruderschaften davontragen wird, sei schwer vorstellbar, so kommentiert der Erzähler (vgl. V. 3452–3458).

In einer pathetischen Kampfesrede des Gerhart Overstolz (ein hochrangiges Mitglied des Kölner Meliorats) ruft dieser seine Verbündeten zum Kampf auf und bezeichnet diese als kämpfende Löwen, die bedingt durch ihr altehrwürdiges Herkommen dazu berufen seien, das Stadtregiment zu führen. Gegen die Weber, also gegen jene, die das Schöffenamt zu Unrecht ausüben, zu verlieren, sei eine Schande (vgl. V. 3557–3589). Es folgen weitere Darstellungen der ritterlich kämpfenden Geschlechter, die in Einträchtigkeit (*geſleichte ſte ſo geſleichte by* [V. 3679]) und *mit der Godis helpen* (V. 3644) kämpfen. Die als Helden gezeichneten Patrizier agieren ferner *koin, hoiſch ind wijs* (V. 3608) oder stechen durch *dat alre ſchoinſte ryden, / dat men geſaich in menchen zijden* (V. 3598f.) hervor und besiegen in erzähllogischer Stringenz die zahlenmäßig überlegenen Bruderschaften. Diesen Sieg trug das Patriziat, so der Erzähler, aus dem Grunde davon, dass Gott den Übermut der neuen Schöffen nicht ertragen konnte:

25 Das Tanzfest soll dabei zum 31. Mai 1265 angekündigt worden sein (vgl. Stehkämper/Dietmar 2015, 353).

Got wart sulchen luden unhult.
dat hait Lucifer wail verſchult,
want hie ſich wolde gelichen
Gode ſelve dem richen,
des wart hie des hemels verstoiſſen
mit al ſynen genoiſſen.
[…]
het ir wevere maiſſe gehalden,
do ir alle wort geliche heren
ind rait myt den burgeren,
so weirt ir noch in uren eren.
nu wilt ir rytterſcheffte leren
ind wilt uch zo hoe erheven,
des moiſt ir uch zo valle ergeven.
dat ſy al mynen vrunden geſaicht:
we da dryft ſo grois overbraicht,
eme mois als Lucifer geſchein,
dat hait men ducke wail geſein. (V. 3736–3757)

Ebenso wie die Geschlechter auf die Unterstützung Gottes bauen können und entsprechend dem göttlichen Willen agieren, werden die Zunftgenossen mit Luzifer sowie ihr emanzipatorisches Partizipationsbestreben typologisch mit dem Fall des Erzengels verglichen. So wird ihr Versuch, die Lenkung des städtischen Regiments zu übernehmen, mit Luzifers Streben nach Gottgleichheit parallelisiert.

Nach diesem abermals gescheiterten Versuch, die Stadt durch einen Zwist zu unterwerfen, plant Bischof Engelbert die Geschlechter der Weisen und der Overstolzen, die sich *underhaſſent reichte / als katzen ind hunde* (V. 4058f.), gegeneinander aufzuwiegeln. Engelbert verbündet sich mit dem Anführer der Weisen, obwohl die Weisen geschworen hatten, sich nicht gegen die Overstolzen zu verbünden. Letztlich können die Weisen die Gemeinde ebenfalls für eine Parteiung mit dem Bischof gewinnen. Die Angehörigen des Bündnisses um die Overstolzen werden in der detaillierten anschließenden Kampfesszenerie mehrfach mit Protagonisten aus der Dietrichepik gleichgesetzt, etwa mit Dietrich von Bern, Heime und Wittich. Der Erzähler erläutert diesbezüglich exemplarisch: *men ſaich ſy veichten alſo ſere / als it Witge ind Heyman were* (V. 4898f.).[26] Auch der Gegenspieler Gottes wird erneut in diese tendenziöse Darstellung einbezogen, denn *der duvel ſchent ſy alſamen, / die meyneide ſwerent myt Godes namen* (V. 4642f.). Mehr noch wird ihr Verrat mit dem einstigen Verrat des Judas gleichgesetzt: Sie seien *als Judas, do hie*

26 Ebenso in den Versen 3685f., 4757, 5007, 5689, 4813, 4898f. und 5027. Vgl dazu auch die Ausführungen von Horst Wenzel (Wenzel 1980, 232).

Got verreit (V. 5794). Den Overstolzen hingegen sei die Hilfe Gottes persönlich gewiss, so kämpft Matthias Overstolz *myt ſynre geſelſchaff, / die eme Got zo helpen gaff* (V. 4760f.). Diese tendenziösen Ausführungen wurden seitens der älteren Forschung als Parteinahme Gottfried Hagens für die Overstolzen-Partei ausgelegt, wobei diese vereindeutigende Schlussfolgerung mittlerweile revidiert wurde, weil sie zu „falschen Vorstellungen über Person und Wirken Gottfrieds" führe.[27]

Die Analyse der vorangestellten Episoden, die sich durch weitere Beispiele ergänzen ließe, zeigt exemplarisch, dass die Inszenierung der Konflikte auf die Hervorhebung des Patriziats in seinem aristokratischen Selbstverständnis sowie auf die Legitimation und Stabilisierung der patrizischen Herrschaft zielt. Diese tendenziöse Konfliktdarstellung wird ideologisch unterfüttert durch heilsgeschichtliche Logiken und durch die Indienstnahme literarischer Muster und Figuren.

3. Sprachliche Differenzierungsmuster innerhalb sozialer Konfliktaustragungen: Die *Nieronbergensis cronica*

Die *Nieronbergensis cronica* wurde 1488 in der lateinischen Grundfassung und einer deutschen Umarbeitung von Sigmund Meisterlin vollendet, welcher um das Jahr 1435 geboren wurde und als Mönch in St. Ulrich und Afra zu Augsburg lebte, ehe er das Studium der Artes begann und ab 1476 als Domprediger in Würzburg sowie ab 1478 als Prediger an der Kirche St. Sebald in Nürnberg agierte.[28] Bereits die Vorrede des Werkes suggeriert, dass Meisterlin sein Werk nicht aus eigenem Antrieb, sondern durch das *ſtettig anligent gebet und fordrung des gar weiſen ſenats und vorauſz des* […] *Ruprechts Hallers* […] *und ſeines mittragers* […] *Niclas Groſz* (33, 14–17) verfasst hat.[29] Meisterlins Nürnberger Historiographie zeichnet

27 Groten 1998, 231. Ferner führt Groten an, dass die Overstolzen und ihre Anhänger zwar die ‚Helden' des Textes seien, da Gottfried Hagen diese „aus persönlichen materiellen Gründen" (ebd., 254) als Publikum adressieren wollte, die *Reimchronik* aber dennoch einem höheren Anspruch folge. Dieser liege darin, die Rezipienten durch die Auseinandersetzung mit der Vergangenheit bezüglich für die Stadt schädlicher Handlungsweisen und Gesinnungen zu besserem Handeln anzuleiten (vgl. ebd.). Einen Schritt weiter geht Désirée Welter, welche anführt, dass die *Reimchronik* „wohl weder ein Auftragswerk noch ein Instrument aktueller politischer Agitation" sei, da der Autor nicht lediglich die Perspektive des Patriziats bediene, sondern um einen „Ausgleich der Konflikte und das einträchtige Zusammenleben in der Stadt" (Welter 1997, 126) bemüht gewesen sei.

28 Vgl. Colberg 1987, 356–366.

29 Vgl. für einen Überblick zum Entstehungskontext auch Meyer 2009. Diese diskutiert verschiedene Indizien, die für eine Auftragsarbeit sprechen und kontrastiert diese mit gegenteiligen Befunden (so etwa, dass das Werk erst 40 Jahre nach dem Tod Meisterlins verbreitet wurde und der Rat nicht zur Verbreitung des Textes beigetragen hatte). Ferner habe der ‚Chronist' Meisterlin in Nürnberg eine Außenseiterposition bekleidet, sein Werk ist für den

sich durch eine inhaltliche Dreiteilung aus: Die drei Bücher des Werkes werden dabei, wie Carla Meyer dargelegt hat, durch zentrale, richtungsweisende Ereignisse, in deren Folge sich die Stadt respektive ihre Regentschaft erneut zu behaupten hatte, strukturiert.[30] Die im Folgenden anschließenden Beispiele beziehen sich dabei auf das dritte Buch, welches den Zunftaufruhr der Jahre 1348/49 und dessen Konsequenzen thematisiert. Ähnlich wie zuvor für die *Reimchronik der Stadt Köln* demonstriert, kann auch für die *Nieronbergensis cronica* konstatiert werden, dass der Erzähler spezifische narrative Strategien wie die Indienstnahme heilsgeschichtlicher Bilder nutzt, welche auf die Aufwertung der sozialen Oberschicht abzielen. Herauszustellen ist, dass sämtliche Ereignisse des Falls und Wiederaufstiegs der Stadt sowie der städtischen Einmütigkeit seitens des Erzählers auf das Wirken zweier diametraler Gegenpole zurückgeführt werden – auf das Operieren Gottes und Satans. So wird der städtische Raum bereits eingangs als Handlungsraum Gottes konzeptualisiert.

Es ist Satan, welchem die Einträchtigkeit und Friedfertigkeit der Stadt Nürnberg missfällt, sodass dieser verschiedene Versuche unternimmt, um die Bürger der Stadt gegen ihren Rat aufzubringen. Hierzu zählt auch die Implementierung eines Zunftregiments.

> *zu dem thet allen fleiſz der Belial, der da ſach, daſz in dieser ſtat wolt zunemen götlicher dinſt und fridſams gerechts weſen* […]*; da beſorgt er, es wurd da zu Nurenberg ein groſze zal gefunden der erwelten, und also kem der jüngst tag dester schneller, wann die zal der gefallen engel erfült wurd. und ſolichs zu fürkomen wolt er ſeen raten under das korn, und macht ein misfallen einem gemainen man wider ein hochweiſen rat, alſo daſz etlich der gemain in hoffnung kamen, wie ſie möchten erlangen, daſz zünft wurden oder beſunder bruederſchaft oder der hantwerker verpuntnus, daſz sie dann under iren partheien gar leicht auf wolten komen und die erberkeit des ſenats nider drucken.* (129, 12–22)

Im weiteren Handlungsfortgang berät sich Satan mit der Furie Tisiphone. Sie vereinbart mit dem Teufel die Aussendung dreier böser Geister, dem Geist der Hoffart, des Neides und der Habgier, welche sich wiederum drei sozialer Gruppen,

Ratsbesitz nicht nachzuweisen (vgl. Meyer 2009, insb. 132–137). Vgl. zur Person Meisterlins auch Feistner 2023, 149–166.

30 Damit folge ich den Gedanken Meyers. Als die drei zentralen Ereignisse benennt diese den wirtschaftlichen Aufstieg der Stadt im ersten Buch, auf den die vollständige Zerstörung der Stadt am Beginn des zweiten Buches folgt. Das einschneidende Moment des dritten Buches sind die inneren sozialen Aufstände, auf welche eine politische Restauration folgt (vgl. Meyer 2009, 152).

nämlich den *müeſziggeer und ſteer*,[31] dem *hantwerkvolk* und dem *pubenvolk*, dem Pöbel (130, 28–131, 9) annehmen. Der urbane Raum wird zum Handlungsraum Satans einschließlich seinem paganen Personal, der Erzähler resümiert: *also ward das teufliſch ſpil angefangen* (131, 9).[32]

Die Müßiggeher werfen dem Rat nun etliche Verfehlungen vor (Böslistigkeit, mangelnde Weisheit, Hochmut u. a.). Beklagt wird des Weiteren, dass allen anderen außer den Patriziern die politische Partizipation verwehrt bleibe. Die Müßiggeher motivieren die Gemeinde zum Aufruhr und der Erzähler ergreift Partei für den Rat, was sich nicht zuletzt an seinen sprachlichen Diskreditierungen gegenüber den Aufständischen zeigt. Während die Geschlechter als hochweise (vgl. 129, 18), ehrbar (vgl. 129, 22), gewaltig (vgl. 129, 25) und wohlgesittet (vgl. 132, 16) bezeichnet werden, erfolgt eine stilistische Pejorisierung der Handwerker. So werden diese u. a. als Ehebrecher, Spieler und Weinsäufer tituliert. Sie seien *geitig auf frembdes gut, aigen guts verluderer* und *faulfreſzer* (134, 7f.). Ihre Rede bestünde aus *gifttragenden worten* (133, 9). Der Rat entsendet in dem Versuch, die aufgeheizte Gemeinde zu beschwichtigen, einen Boten, welcher appelliert:

> ‚*ich wolt o ir burger, dasz ich euch geraten möcht, dasz ir folgent und euch williglich under den gewalt der obern niderlieszent* […]. *o freunt, last also aneinander, dasz die gelider dem haubt underthenig seind, dasz das haubt ansehe die götlichen regel* […]‘. (138, 22–30)

Der ermahnende Bote fährt fort und plädiert für die Erhaltung der gottgewollten Ordnung – der Herrschaft des Patriziats über die Gemeinde. Er insistiert nachdrücklich auf die bestehende Ordnung der herrschenden Oberschicht und erläutert, dass eine Entmachtung der Oberschicht respektive eine Machterhebung der ‚Untersten‘ von vornherein zum Scheitern verurteilt sei:

> ‚[…] *wir mügen das nemen ausz der eltern sach, wann die obern haben treulichen geregiert die undern und die gewaltigen nider gedruckt, die freiwilligen beschützet, so seind die stett onerschüttet und die lant bei frid beliben on auflauf, on erstörung, on krieg; wo sich aber die undern haben oben gesetzt, so seind reich fürstentumb und aller gewalt zergangen* […]‘. (139, 11–16)

Im Gegensatz dazu werden das alte Herkommen der patrizischen Geschlechter, ihr Konnubium mit dem Adel, sowie ihr Reichtum, ihr Landbesitz und ihre Lehensfähigkeit hervorgehoben.

---

31 Nach Carla Meyer sind die ‚Müßiggeher‘ der finanziell gut gestellten, ehrbaren Oberschicht zuzuordnen, welche jedoch als nicht ratsfähig galt. Vgl. Meyer 2009, 407.

32 Vgl. zur Untersuchung des Konfliktes auch Simon 2020, 419–434 und Schneider 1993, 271–316.

> *Hie zu Nurenberg waren treffenliche alte erbere geſchlecht, geleichten gutem adel und [waren] mit dem vermüſchet. die hetten groſz reichtumb in der ſtat, groſz ſtett, ſchloſz und dörfer, zins und gült auf dem lant umb die ſtat, groſze lehenampt von dem kaiſer, [und waren] hoch gepreiſt von allen Teutschen.* (136, 15–19)

Ähnlich wie in der *Reimchronik der Stadt Köln* werden die herausragenden Patrizier namentlich benannt (vgl. u. a. 136). Die Aufständischen entmachten schlussendlich den Rat, woraufhin die *frumen patricios* (134, 24) in Verkleidungen aus der Stadt fliehen. In ihrer Abwesenheit werden die Aufständischen zu Delinquenten: sie stehlen, plündern, brechen alle Häuser auf und schänden die Frauen: sie *ſaufen und ſchreien, freſzen und wüeten* (143, 20f.). Alle *mörder, manſchlechtig, verreter, dieb* und *alle* [,] *den die ſtat verſagt was* (143, 23ff.), kehren in die Stadt zurück. Aus Dankbarkeit für ihre Ermächtigung wollen die Aufständischen Gott danken – doch sie richten ein Fest für Bacchus, den heidnischen Gott des Weines und des Rausches, aus*: alſo fiengent ſie an ein fest dem got Bacho zu haben mit ſaufen und ſchreien, freſzen und wüeten* (143, 19ff.).
Insofern erfolgt ein erneuter Bezug zu den paganen Gottheiten mittels dem die einfache Gemeinde pejorativ gezeichnet wird. Die Stadt nimmt unter dem Zunftregiment beträchtlichen wirtschaftlichen Schaden und die Stadt versinkt in Chaos und Armut.[33] Nach diesem inszenierten tiefen moralischen und wirtschaftlichen (Ver)Fall der Stadt und ihrer Darstellung als Raum der Gefahr beginnt eine narrative Kehrtwende: Legitimiert durch den Willen Gottes erfolgt restaurativ die Wiederherstellung der alten (gottgewollten) Ordnung und in erzähllogischer Konsequenz die des Friedens. Die einst tief gefallene Stadt erstrahlt in neuem Glanz. Der Erzähler führt aus:

> *auch ſo ſtiegen auf für got die groſzen ſünt, die in der ſtat beſchahen, und ward doch got bewegt und ſchicket alle urſach zu dem beſten. wann es nit lenger mocht beſteen, dann die katz ſchrai alle tag rew und das volk ward murmeln* (148, 21–24).

4. Fazit

Die beispielhafte Analyse der narrativen Inszenierung sozialer Ungleichheit konnte verdeutlichen, dass in den Texten ein eklatanter Kontrast von imaginierten Stadtidealen auf der einen Seite und der gegenübergestellten devianten ‚Gewaltgemeinschaft' auf der anderen Seite gezeichnet wird. Dabei wurde vor allem die potentiel-

33 So titelt bereits die Kapitelüberschrift des vierzehnten Kapitels des dritten Abschnittes: *Das vierzehent capitel sagt, wie das volk maisterlos und unzüchtig ward, und die juden beraubten; und do alles zerran ward armut in der stat* (146, 1ff.).

le Bedrohung durch die Uneinigkeit der Bürger adressiert. Auch in anderen Texten der städtischen Geschichtsschreibung wird dezidiert die Einmütigkeit der Bürger als Garant des Friedens und als Indikator für eine städtische Lebensweise nach christlicher Moral- und Wertevorstellung angeführt.[34] Aufstände und Zwietracht hingegen werden oftmals als mahnendes Beispiel gezeichnet und als ein Agieren gegen die gottgewollte Einigkeit des städtischen Sozialgefüges gedeutet. Dabei machen die Texte von verschiedenen narrativen und poetischen Verfahren Gebrauch. So werden stilistische Mittel wie Metaphern, Metonymien und Vergleiche eingesetzt, welche eine Dichotomisierung der sozialen Ober- und Unterschicht intendieren. Gemeinsam ist den ausgewählten Texten ferner die Argumentation gegen den sozialen Aufstieg und die Partizipation unterprivilegierter sozialer Schichten. Die Bewahrung und Restauration der alten Ordnung werden dabei mit religiöser Metaphorik aufgeladen und entsprechend dem Muster vom Sündenfall ausgelegt, der Kampf der Aufstrebenden gegen die Eliten wird als Auflehnung gegen die gottgewollte Ordnung gezeichnet. Entsprechend wird der Widerstand der etablierten Eliten zum Kampf des Guten gegen das Böse, des Christlichen gegen das Unchristliche oder auch Pagane stilisiert, um die soziale Opposition zu verabsolutieren und mit einer heilsgeschichtlichen Dimension aufzuladen.

Bibliographie

I. Primärliteratur

Gärtner, Kurt/Rapp, Andrea/Welter, Désirée (Hrsg.): Gottfried Hagen. Reimchronik der Stadt Köln. Historischer Kommentar von Thomas Bohn. Düsseldorf 2008.

Kerler, Dietrich/Lexer, Matthias (Hrsg.): Sigmund Meisterlin's Chronik der Reichsstadt Nürnberg. 1488. In: Die Chroniken der fränkischen Städte. Nürnberg, Bd. 3. Leipzig 1864, 1–178.

II. Sekundärliteratur

Bowden, Sarah u. a.: Einleitung. Geschichte erzählen und Narrativierung von Vergangenheit. In: Dies. (Hrsg.): Geschichte erzählen. Strategien der Narrativierung von Vergangenheit im Mittelalters: XXV. Anglo-German Colloquium, Manchester 2017. Tübingen 2020, 11–22.

Bumke, Joachim: Geschichte der deutschen Literatur im hohen Mittelalter. München 1990.

Colberg, Katharina: Meisterlin, Sigmund. In: VL 6 (1987), 356–366.

34 Vgl. Johanek 2016, insb. 339.

Eder, Daniel: *dese en willen's neit gestaden, / dat yeman Coelne moge schaden.* Stadtheilige als Schutz der Sancta Colonia in der Kölner Stadtchronistik. In: Margit Dahm und Timo Felber (Hrsg): Mentale Konzepte der Stadt in Bild- und Textmedien der Vormoderne. Leiden 2023, 217–240.

Feistner, Edith: Städte als Geschichtskörper: Raum und Zeit in Chroniken von Stephan Fridolin, Sigismund Meisterlin und Hartmann Schedel. In: Margit Dahm und Timo Felber (Hrsg.): Mentale Konzepte der Stadt in Text und Bild der Vormoderne. Leiden 2023, 149–166.

Gärtner, Kurt u. a.: Einleitung. In: Dies. (Hrsg): Gottfried Hagen: Reimchronik der Stadt Köln. Düsseldorf 2008, IX–XLVIII.

Grundmann, Herbert: Geschichtsschreibung im Mittelalter. Gattungen – Epochen – Eigenart. Göttingen 1965.

Groten, Manfred: Köln im 13. Jahrhundert. Gesellschaftlicher Wandel und Verfassungsentwicklung. 2. durchges. Aufl. Köln u. a. 1998.

Hanauska, Monika: „Historia dye ist ein gezuyge der zijt ...“. Untersuchungen zur pragmatischen Formelhaftigkeit in der volkssprachigen Kölner Stadthistoriographie des Spätmittelalters. Heidelberg 2014.

Johanek, Peter: Einleitung. In: Ders. (Hrsg.): Städtische Geschichtsschreibung im Spätmittelalter und in der frühen Neuzeit. Köln u. a. 2000, VII–XIX.

Johanek, Peter: Die Wahrheit der mittelalterlichen Historiographen. In: Fritz Peter Knapp und Manuela Niesner (Hrsg.): Historisches und fiktionales Erzählen im Mittelalter. Berlin 2002, 9–25.

Johanek, Peter: Das Gedächtnis der Stadt – Stadtchronistik im Mittelalter. In: Gerhard Wolf und Norbert H. Ott (Hrsg): Handbuch Chroniken des Mittelalters. Berlin/Boston 2016, 337–398.

Meyer, Carla: Die Stadt als Thema. Nürnbergs Entdeckung in Texten um 1500. Ostfildern 2009.

Monnet, Pierre: Geschichtsschreibung und Identitäten im städtischen Raum. Ein Impuls. In: Pia Eckhart und Marco Tomaszewski (Hrsg.): Städtisch, urban, kommunal. Perspektiven auf die städtische Geschichtsschreibung des Spätmittelalters und der Frühen Neuzeit. Göttingen 2019, 211–218.

Neddermeyer, Uwe: Einleitung: Städtische Geschichtsschreibung im Blickfeld von Stadthistorie, Inkunabelkunde, Literatur- und Historiographiegeschichte. Anmerkungen zu einer Textgattung. In: Georg Mölich, Uwe Neddermeyer und Wolfgang Schmitz (Hrsg.): Spätmittelalterliche städtische Geschichtsschreibung in Köln und im Reich. Die „Koehlhoffsche“ Chronik und ihr historisches Umfeld. Köln 2001, 1–28.

Obermaier, Sabine: Fabel und Sangspruch. In: Dorothea Klein, Trude Ehlert und Elisabeth Schmid (Hrsg.): Sangspruchdichtung. Gattungskonstitution und Gattungsinterferenzen im europäischen Kontext. Internationales Symposium Würzburg, 15.–18. Februar 2006. Tübingen 2007, 243–258.

Röcke, Werner: Der Esel oder die Klugheit des Dummen. In: Judith Klinger und Andreas Kraß (Hrsg.): Tiere. Begleiter des Menschen in der Literatur des Mittelalters. Köln u. a. 2017, 89–100.

Schneider, Joachim: Humanistischer Anspruch und städtische Realität: Die zweisprachige Nürnberger Chronik des Sigismund Meisterlin. In: Rolf Sprandel (Hrsg.): Zweisprachige Geschichtsschreibung im spätmittelalterlichen Deutschland. Wiesbaden 1993, 271–316.

Schneider, Joachim: Typologie der Nürnberger Stadtchronistik um 1500. Gegenwart und Geschichte in einer spätmittelalterlichen Stadt. In: Peter Johanek (Hrsg.): Städtische Geschichtsschreibung im Spätmittelalter und in der frühen Neuzeit. Köln u. a. 2000, 181–204.

Schubert, Ernst: Einführung in die deutsche Geschichte im Spätmittelalter. 2 Aufl. Darmstadt 1998.

Simon, Anne: *Da ward Carolus lachen*. Kaiser Karl IV., die Nürnberger Geschichtsschreibung und der Hauptmarkt Nürnbergs. In: Sarah Bowden u. a. (Hrsg.): Geschichte erzählen. Strategien der Narrativierung von Vergangenheit im Mittelalter: XXV. Anglo-German Colloquium, Manchester 2017. Tübingen 2020, 419–434.

Stehkämper, Hugo / Dietmar, Carl: Köln im Hochmittelalter. Köln 2015.

Wenzel, Horst: Höfische Geschichte. Literarische Tradition und Gegenwartsdeutung in den volkssprachlichen Chroniken des hohen und späten Mittelalters. Bern u. a. 1980.

Wolf, Gerhard: Narrative Identitätsstiftung in der Geschichtsdichtung der Stadt Köln. In: Sarah Bowden u. a. (Hrsg.): Geschichte erzählen. Strategien der Narrativierung von Vergangenheit im Mittelalter. XXV. Anglo-German Colloquium, Manchester 2017. Tübingen 2020, 323–339.

Wriedt, Klaus: Bürgerliche Geschichtsschreibung im 15. und 16. Jahrhundert. Ansätze und Formen. In: Peter Johanek (Hrsg.): Städtische Geschichtsschreibung im Spätmittelalter und in der frühen Neuzeit. Köln u. a. 2000, 19–50.

Catharina Müller-Liedtke
Christian-Albrechts-Universität zu Kiel
Germanistisches Seminar
Leibnizstraße 8
24118 Kiel
mueller-liedtke@germsem.uni-kiel.de

Sina Katharina Kobbe

Der Stadtraum in *Hans Clawerts Wercklichen Historien* (1587)

Zwischen Übervorteilung anderer und eigener schmachvoller Niederlage liegen in dem vom Trebbiner Stadtschreiber Bartholomäus Krüger verfassten und im Jahr 1587 zum ersten Mal von Nikolaus Voltz in Berlin gedruckten Schwankroman *Hans Clawerts Werckliche Historien* nur wenige Episoden.[1] Der Protagonist Hans Clauert versteht sich darauf, andere um Geld, Kost oder Logis zu betrügen. Er selbst verliert sein ergaunertes Geld aber auch häufiger, beispielsweise im Glücksspiel mit den *Spitzbuben* (Historie 4 und 8) oder wenn er einer jungen Magd zum Opfer fällt (Historie 16). Diese nimmt in ulenspiegelscher Manier einen von Clauert geäußerten Wunsch wörtlich, schlägt ihn so mit seinen eigenen Mitteln und erleichtert ihn um eine kürzlich auf dem Markt erworbene Tasche.

Insgesamt sind Clauerts Streiche wesentlich harmloser als die des bekannteren Gattungsvertreters *Dil Ulenspiegel.* Clauerts Gegner erleiden häufig nur kleinere finanzielle Verluste oder werden vor einer männlichen Lachgemeinschaft blamiert, sehen sich aber keinen gewaltsamen Verletzungen und keinen grausamen oder nachhaltigen Schädigungen ausgesetzt. Anders aber als im Fall Ulenspiegels scheint der Umgang mit Geld für Clauert eine spezifische Bedeutung zu haben – und sie hängt auf bisher ungeklärte Weise mit dem städtischen Raum zusammen.

Im Vordergrund dieser Untersuchung steht deswegen die Frage, inwiefern Clauerts charakteristischer Umgang mit Geld, das er durch Handel rechtmäßig verdient oder sich durch Übervorteilung betrügerisch aneignet und es ebenso schnell wieder verliert, mit dem städtischen Raum in Korrelation steht. In einem ersten Schritt ist dafür zu untersuchen, wie der städtische Raum sich hier konstituiert und welche geographischen und topographischen Merkmale ihn prägen und für eine Schwankhandlung prädestinieren. Welche Elemente greift die Erzählung auf und wie bewegt sich der Schalk durch den städtischen Raum? In einem zweiten Schritt wird erörtert, inwiefern dieser Raum die Listhandlungen erst ermöglicht oder begünstigt oder ob die städtische Lokalisierung das Listhandeln kaum tangiert. Nach einer eingehenden Analyse der 5. Historie und einem exemplarischen Blick auf die 16. Historie folgt ein Fazit. Im weiteren Verlauf die-

1 Grundlegende Informationen zu Leben und Werk: Bernuth 2014, 604–608. Die einzige wissenschaftliche Edition des Textes hat bisher Theobald Raehse Ende des 19. Jahrhunderts vorgenommen, vgl. Raehse 1882. Alle folgenden Primärtextzitate entstammen dieser Edition und werden in Klammern (Seitenzahl) angegeben.

10.29091/9783752003444/019

ser Untersuchung sollen die folgenden Hypothesen geprüft werden: Die Stadt in *Hans Clawerts Wercklichen Historien* tritt vor allem als ökonomisches Zentrum in Erscheinung und wird so immer wieder Schauplatz von finanziellem Betrug und Übervorteilung. Neben diesem ökonomischen Standortvorteil werden urbane Zentren überspitzt als Orte der lasterhaften erotischen Begegnung inszeniert, in denen sogar der Betrüger zum Betrogenen werden kann. Die städtische Umgebung erlaubt es dem Betrügenden, besonders leicht Rollen zu wechseln und Situationen zum eigenen Vorteil zu nutzen oder diese entsprechend umzudeuten.

1. Verortung der Schwankhandlung im städtischen Kontext

Um die vorgestellte Hypothese zu überprüfen, muss das Raumkonzept mit Fokus auf die städtischen Elemente und Strukturen untersucht werden.[2] Auch wenn es bisher vergleichsweise wenig Forschungsliteratur zu Räumen in kürzeren, der Kleinepik benachbarten Gattungen wie dem Schwankroman gibt, so zeigen doch einige Forschungsbeiträge die Relevanz des Raums für schwankhaftes Erzählen auf. Ins Zentrum der Aufmerksamkeit rückt häufig der Hermann Bote zugeschriebene „Bestseller" *Ein kurtzweilig lesen von Dil Ulenspiegel*, der sich aufgrund der Nennung von dutzenden Orts- und Stadtnamen für solche Beobachtungen aufdrängt. Bernhard Jahn hat in seinem Aufsatz „Raum für Schwänke. Zum Verhältnis von Raumstruktur und schwankhaftem Erzählen im Dyl Vlenspigel"[3] neben der Funktion der Ortsnennungen als rhetorische Beglaubigungsstrategie eine weitere Funktion herausgearbeitet. Ihm zufolge ist die geographische Raumordnung auch ein zentrales Kohärenzmittel, das der Störungswut der schalkhaften Übergängerfigur Ulenspiegel entgegenwirkt.[4] Im Folgenden soll untersucht werden, ob Jahns Überlegungen zu Ulenspiegel sich auf den Schwankhelden Hans Clauert übertragen lassen. Analog zu Jahns Forschungsbeitrag sollen auch hier sowohl explizite Merkmale als auch suggestive Evokationen von Orten und Räumen, hier mit dem Zuschnitt auf eine städtische Umgebung, im Fokus stehen.[5] Wie Ulenspiegel ist Clauert ständig unterwegs. Die Clauert-Historien handeln, wie bei Ulenspiegel, selten von seinen Reisen, aber das Ankommen bzw. Aufbrechen zu oder von einer Station wird zu Beginn oder am Ende der Historie explizit und „schwanktypisch[ ]"[6] markiert. Jedoch ist Clauerts Bewegungsmuster ein

2 Der Begriff Raumkonzept wird hier als Metastruktur verstanden, die verschiedene Elemente und Raumstrukturen bündelt. Diese Verwendung des Begriffs geht auf den Vorschlag Bernhard Jahns zurück, vgl. Jahn 1993, 18.
3 Jahn 2014, 65.
4 Vgl. ebd., 77.
5 Vgl. ebd., 67.
6 Ebd., 65.

anderes: Statt wie Ulenspiegel von einem Ort zum nächsten zu ziehen und nur selten mehrere Streiche am selben Ort zu spielen, verlaufen Clauerts Wege zirkulär von seinem Hof bzw. seinem eigenen Haushalt (vgl. Historie 6, 8, 14 und 24) im berlinnahen Trebbin in die umliegenden brandenburgischen oder mecklenburgischen Dörfer und einzelne nahegelegene Städte und wieder zurück.[7] Im Unterschied zu Ulenspiegel, der ein großes Territorium durchstreift, sind Clauerts Ortswechsel insgesamt auf die Region Brandenburg und Umgebung begrenzt.

Die Topographie gliedert und lokalisiert die einzelnen episodischen, als „Historien" bezeichneten Abschnitte. Die aufgeführten Ortsnamen erfüllen dabei nicht nur eine Platzhalter-Funktion, sie markieren auch Clauerts Netzwerk. Clauert ist nicht nur verheiratet, sondern er pflegt – im Gegensatz zu anderen Schwankhelden – auch andere feste soziale Beziehungen, u. a. zu seinen Nachbarn oder Freunden in der Region. Das belegt beispielsweise der Beginn der 21. Historie deutlich:

> *Um Berlin wonet ein Bůrger, Jacob Schultze genandt, der auch ein Apotecker ist, mit dem Clawert sonderlich wol bekannt, und sein gar guter freund war, auch seine herberg bey ihm zu haben pflegte, und als er dermal eins bey ihm eingekeret, auch beide in Jacob Schultzens behausung zechten* […]. (43)

Der Anspruch, eine wahrhafte Geschichte zu vermitteln, ist ein bereits in der Vorrede des Schwankromans geäußerter Vorsatz, wenn Krüger schreibt:

> *Weil aber dis gar kein gedicht,*
> *Sondern von Clawerdt ausgericht,*
> *Was ich hernach beschreiben thu,*
> *Kein unwarheit gefaſst darzu,*
> *Das mancher mir wird zeugnis gebn,*
> *Der ihrer viel noch sind beim leben,*
> *Die han gehőret und gesehen,*
> *Das solches alles ist geschehn.* (4)

Jahn resümiert unter Bezug auf Wunderlich und Bachorski über die konkrete lokale Verortung des Schwankgeschehens zum jeweiligen Historienbeginn, dass diese „nicht die Relevanz des Raumes, sondern […] rhetorisch als Beglaubigungs-

7 Namentlich genannt werden folgende Ortschaften und Gebiete: Berlin (23, 25, 40, 41, 43), Brandenburg (22, 25, 31, 59, 60), Christinendorf (36), Cölln (25), Eichstede (37, nicht eindeutig lokalisierbar), Hamburg (58), Jüterbog (20, 27, 46), Kemberg (68), Leipzig (68), Mecklenburg (20, 27, 29, 37, 39), Pest und Ofen (13, 14, heute: Budapest), Prenzlau (55), Riesdorf (43), Römisches Reich (14), Sebekow (27, 29), Spandau (57), Sperenberg (41), Spree (22), Teltow (52), Trebbin (4, 7, 17, 20, 22, 23, 24, 30, 35, 36, 40, 46, 50, 60, 62, 64), Tremsdorf (50), (Treuen-)Brietzen (18, 19), Ungarn (11, 14), Welsickendorf (53), Wittenberg (68), Zerbst (7, 33), Zossen (22, 35, 44, 60).

strategie [dient]“[8]. Ähnlich wie im *Ulenspiegel* finden sich räumliche Einordnungen am Episodenanfang, auf zeitliche Festlegungen wird weitestgehend verzichtet, Historien werden selten zueinander in eine zeitliche Relation gesetzt. Jahns Beobachtungen zum *Ulenspiegel* lassen sich an dieser Stelle auch auf *Hans Clawerts Werckliche Historien* übertragen.

Eine Ausnahme vom zirkulären Reiseschema bildet die weiteste Reise Clauerts, die ihn aufgrund der schlechten Arbeitsmarktsituation im Anschluss an seine Handwerkslehre zum Kleinschlosser und Büchsenmeister (Historie 1–2) für eine kurze Zeit zu einem ungarischen Grafen führt, der ihn in Dienst nimmt und den er im Austausch dafür hofnarrenähnlich unterhält (Historie 3).

Die geographische Raumordnung stiftet hier keine Kohärenz, sondern wird zur Projektionsfläche der Eigenschaften des Schwankhelden. Clauert kann neben den harmlosen lokalen Streichen und kleineren Betrügereien auch in eine hofnarrenähnliche Rolle schlüpfen und sich so in der Fremde bewähren.

Im Folgenden soll der Schwerpunkt der Untersuchung nun auf in der Stadt lokalisierten Historien liegen. Nach Jahn kann die Stadt als sozialer Raum als „Gefahrenraum par excellence“[9] gelesen werden. Er definiert diesen Raum so: „Die Stadt, das ist das, was außerhalb des Hauses und der Hausgemeinschaft liegt. Die Fremde und der Gefahrenraum sind nähergerückt.“[10] Die Fokussierung auf die Verortung innerhalb einer städtischen Umgebung basiert auf der Annahme, dass Clauert in der Stadt mit ihren Lizenzen, ihrer räumlichen Potenzialität und ihren sozialen Spielräumen das entfalten kann, was ihn in spezifischer Weise ausmacht – den vergleichsweise harmlosen Betrug zu seinen wirtschaftlichen Gunsten.

Zur näheren Lokalisierung der Episoden: Auffällig viele Historien sind in der Kleinstadt Trebbin verortet. Der bereits erwähnte Aufbruch aus Trebbin und die Rückkehr nach Trebbin geben der Chronologie von Clauerts Handlungen Struktur. Er zieht aus und kommt zurück, das wiederholt sich bis zu seinem Tod. Motiviert werden seine Aufbrüche häufig dadurch, dass er seinen Lebensunterhalt verdienen muss und seinem Handwerk nachgeht oder kaufmännisch tätig wird und dafür Handelsware (z. B. Vieh in Historie 8 oder 16 oder wertvolles Tuch in Historie 27) einkauft, um die Güter direkt auf einem Markt mit Gewinn zu verkaufen, oder sich in einer hofnarrenähnlichen Rolle der bzw. den (Feier-)Gesellschaft(en) (z. B. Historie 7) oder der Obrigkeit (z. B. Historie 3, 11, 17, 22 oder 24) anbiedert. Seinen Zugehörigkeitswillen zur städtisch-bürgerlichen Gesellschaft betont er sogar noch während seines Sterbens. Clauert stirbt außerhalb der Stadttore, beauftragt aber seine Frau im Rahmen seines letzten Willens ihn

8 Jahn 2014, 65, FN 3 verweist auf Wunderlich 1984, 33f. und Bachorski 1999, 76.
9 Jahn 1993, 336.
10 Ebd.

in der Stadt auf dem bürgerlichen Friedhof zu beerdigen (vgl. 65) – weitab von den Bauern.[11] Der Wechsel von Zentrum und Peripherie bestimmt nicht nur sein kleinbürgerliches Leben, sondern setzt sich somit sogar über Clauerts Tod fort. In den Episoden selbst ist er immer schon an seinem jeweiligen Wirkungsort. Auf Clauerts Wirken in der Stadt soll nun näher eingegangen werden.

2. *Wie Clawert zu sturm bleset, als Pest unnd Ofen gestůrmet wardt.* (5. Historie)

Als Ausgangspunkt für eine exemplarische Untersuchung des städtischen Umfelds kann beispielsweise die 5. Historie dienen. Diese ist nicht in Trebbin lokalisiert, sondern in einer nicht namentlich spezifizierten Stadt in der Umgebung. In dieser Episode bereichert sich Hans Clauert, der gerade seine Lehre als Kleinschlosser absolviert hat, jedoch als solcher keine Arbeit findet, zum ersten Mal finanziell an anderen.

Clauert, der sich aufgrund der schlechten Arbeitslage mit Trompetenspiel über Wasser hält, kommt *in eine Stadt, darin zwey wirdtsheuser, unnd ein Thum Cappittel* (14) vorhanden sind. Die Stadt wird hier als solche bezeichnet, scheint aber mit zwei Wirtshäusern nicht sehr groß gewesen zu sein. Dennoch spielen die Nennung und wirtschaftliche Konkurrenz der beiden Herbergen eine Rolle. Bernhard Jahn beschreibt die literarische Stellung des Wirtshauses folgendermaßen:

> die komplexe Sozialstruktur der Stadt schrumpft zu einem Raumsegment, zu einem Topos zusammen, dem des Wirtshauses. Das Wirtshaus ist in den Prosaerzählungen des 16. Jahrhunderts die Stadtchiffre schlechthin und als ‚locus classicus' der Ort, an dem die Figuren übernachten, trinken, spielen und ihren Geschlechtstrieb ausleben.[12]

Die Bedeutung des Wirthauses als Ort schwankhafter Handlungen zeigt sich mit Blick auf den gesamten Roman deutlich: 9 von 34 Clauert-Historien nutzen das Wirtshaus als Handlungsort.[13] Beide im Rahmen dieser Untersuchung im Fokus

---

11 Clauert führt als Argument für seinen Beerdigungswunsch folgende Bitte an seine Frau Margreta an: *bey den Bawrn nicht begraben lassen, oder wir wůrden uns miteinander hefftig Reuffen und schlagen, darůber ich dann meine grawe Haar verlieren mŏchte.* (65) Diese über den Tod hinausweisende Bauernfeindschaft ist eher als literarischer Topos aufzufassen und kann vermutlich als Reminiszenz an Neithart Fuchs gelesen werden, denn im Gegensatz zu diesem Schwankroman ist die Bauernfeindschaft in *Hans Clawerts Wercklichen Historien* nicht inhaltlich motiviert oder gar manifestiert.

12 Jahn 2016, 374.

13 Insgesamt gastiert Clauert sechsmal in einer Herberge (Historie 2, 5, 16, 25, 27 und 30) und hält sich in drei Episoden ohne Erwähnung einer zusätzlichen nächtlichen Beherbergung in einem Wirtshaus auf (Historie 4, 26 und 28). Auch Kiening und Koller betonen in ihrer Untersuchung narrativer Mikroökonomien am Beispiel von Wickrams *Rollwagenbüchlein* die

stehenden Historien nutzen den Begegnungsraum der Herberge, der bereits als sog. „Stadtchiffre“ kontextualisiert wurde. Dimpel und Gall differenzieren zwischen den okkasionellen, privaten Herbergen und kommerziellen Übernachtungsangeboten. In letzteren spielt das „monetäre Element“[14] eine größere Rolle. Bei den beiden vorgestellten Herbergen handelt es sich um kommerziell angebotene Unterkünfte für Reisende. Jahns Beobachtung ist auch auf diese Episode übertragbar, da auch hier in den beiden Häusern alle aufgezählten Tätigkeiten nachzuweisen sind. Clauert bittet um *herberg* (14) zum Übernachten, trinkt *Wein* (16) und Bier bis er einen *guten rausch* (33) hat, spielt *mit der Trommeten* (14) und möchte sexuell umtriebig sein, weil ihn *begint* [...] *auch der kůtzel zustechen* (33).

Clauert erkundigt sich zuerst nach dem *besten* (14) bzw. besseren Wirtshaus der Stadt und sucht es sogleich auf, womöglich, weil er dort bessere Gewinnchancen für etwaige Geschäfte vermutet. Die Wirtin möchte ihn aber nicht als Gast beherbergen und weist ihn mit der Begründung ab, dass ihr Mann ihr nicht erlaube, Gäste während seiner Abwesenheit aufzunehmen. Clauert ärgert sich darüber, weil er einen Verdienstausfall befürchtet, dabei ist die wirtschaftliche Lage gerade grundsätzlich schlecht, da *die Kriegsleute aus Hungern* [=Ungarn] *wenig geld mitbrachten* (14) und er *gedachte, solt er in eine schlimme Herberg einkeren, do nur schlechte leute kemen, die wenig Geldt hetten, wůrde ihm sein beutel wol so ledig bleiben, als er vorhin gewesen* (15).

Bis zu diesem Zeitpunkt der Episode wurde die städtische Umgebung eher spärlich charakterisiert, es werden nur wenige Gebäude erwähnt (zwei Wirtshäuser und ein Domkapitel).[15]

Die Ausgangslage für den folgenden Streich von Hans Clauert ist umrissen. Die Beschaffung von Geld spielt für Clauerts *ledigen beutel* (15) eine bedeutende Rolle. Clauerts Einschätzung der ökonomischen Position der beiden Wirtshäuser und ihrer Klientel ist relevant für die Wahl seines Wirkungsorts, da Clauert eine positive Korrelation zwischen Unterkunftsqualität und der potenziellen Finanzstärke der jeweiligen Gäste annimmt und sich dadurch mehr Profit von der anspruchsvolleren Beherbergung erhofft (vgl. 14). Clauert erspäht nach der barschen Abweisung durch die Wirtin *gegen uber im hause ein kleines stůblein* (15), in dem auch ein *wolbereites bette* (15) steht. Clauert schlüpft in das Zimmer hinein und versteckt sich unter dem Bett *unnd wartet, ob etwan geste in die herberge*

Stellung des Wirtshauses und resümieren, dass im Wirtshaus die „Handlungen und Verhandlungen, Kauf- und Tauschaktionen von List und Betrug geprägt“ sind, Kiening/Koller 2021, 44.

14 Dimpel/Gall 2018, 595.

15 Geographisch ausführlich zeichnen Evamaria und Gerhard Engel Clauerts Spuren in der Region nach, siehe weiterführend E. Engel/G. Engel 1999, v. a. 148–151.

komen möchten, zu denen er sich heimlicher weise gesellen, unnd seine freye zehrung erhalten könte (15). Statt fremden Herbergsgästen werden sich wenig später die abweisende Wirtin und der Dompfaffe dem Bett nähern.

Die für eine Stadt typische enge, platzsparende Bebauung findet hier nur implizit dadurch Erwähnung, dass Clauert durch eine offene Stubentür ein gemachtes Bett im Haus gegenüber *ersicht* (15). Das weist darauf hin, dass die Distanz zwischen den Gebäuden bzw. Gebäudeteilen nur wenige Meter betragen kann und alles platzsparend gebaut ist.

Die kurz darauffolgende Situation dürfte von der Kirchweih-Episode im *Pfaffen vom Kalenberg* angeregt sein. Der unter dem Bett heimlich dem bald folgenden verbotenen Liebesspiel beiwohnende Hans Clauert ist vermutlich eine Referenz an den in der Mitte des 16. Jahrhunderts mehrfach gedruckten Schwankroman Philipp Frankfurters.[16] Der Pfaffe vom Kalenberg observiert den ihm übergeordneten Bischof und versteckt sich unter dessen Bett, um ihn beim Beischlaf mit seiner Kellnerin in Erklärungsnot zu bringen und zu bewirken, dass der Bischof auf Kalenbergs Anwesenheit bei den Kirchweihfesten in der Region in Zukunft verzichtet.

Hier im Rahmen der 5. Clauert-Historie, aber auch in der 2. Historie sind die intertextuellen Bezüge bzw. Reminiszenzen deutlich: Gleich zweimal verfolgt Clauert einen Beischlaf aus einem Versteck (in der 2. Historie auf einem Ofen, dort verliert er aufgrund seiner voyeuristischen Interessen das Gleichgewicht und stört durch seinen Fall vom Ofen das beobachtete Liebesspiel; in der 5. Historie hofft er, versteckt unter dem Bett, auf eine kostenlose Übernachtungsmöglichkeit). Sowohl der Paffe vom Kalenberg als auch Hans Clauert nutzen im Laufe der Episoden ihr Mitwissertum als Druckmittel, um sich in eine gute Verhandlungsposition zu bringen bzw. um sich die Möglichkeit der Erpressung zu verschaffen.[17]

Im Folgenden soll die 5. Historie weiter im Detail betrachtet werden. Im Gegensatz zum Kalenberger hat Clauert das Treffen weder initiiert noch arrangiert noch hat er Kenntnis von der Verabredung der Wirtin. Er hofft lediglich, dass er so in *heimlicher weise* (15) von einer kostenlosen Übernachtungsmöglichkeit und von *freye*[r] *zehrung* (15) profitiert. Unter dem Bett verborgen wird ihm *die zeit sehr lang* (15), nichtsahnend, dass er gleich Zeuge einer skurrilen Liaison zwischen der abweisenden Herbergswirtin und dem städtischen Dompfaffen werden wird. Insofern erinnert die Abweisung der Wirtin an ein bekanntes Schwankmotiv, das

16 Vgl. Rosenfeld 1980, 817–820; Velten 2008, 546–549.

17 Vgl. *Der Pfarrer vom Kalenberg* 1884, v.a. die Kirchweihepisode, V. 826–925. Johannes Melters weist in seiner Schwankroman-Studie darauf hin, dass dieses Motiv bereits in *Il Novellino / Das Buch der hundert alten Novellen* aufgegriffen wurde und sehr verbreitet war, weswegen man kaum eine direkte Bearbeitung unterstellen kann. Vgl. Melters 2004, 85f.

z. B. auch im Märe vom *fahrenden Schüler* von Hans Rosenplüt zu finden ist. Auch hier wird eine Herbergsaufnahme von Seiten der Wirtin verweigert, die in Abwesenheit ihres Ehemanns ihre Affäre mit dem Pfarrer pflegen möchte.[18]

In *Hans Clawerts Wercklichen Historien* betreten nun beide den Raum und die Wirtin zeigt sich ab diesem Zeitpunkt von einer neuen und überaus gastfreundlichen Seite. Sie trägt dem Pfaffen *das beste essen und trinken* (15) auf und schäkert freundlich mit ihm (vgl. 15). Die beiden bemerken den unter dem Bett lauernden Clauert nicht und konzentrieren sich aufeinander. Der Pfaffe beginnt von der *newen zeittung aus Hungern* (15) zu berichten und schlägt der Wirtin vor, die Erstürmung von Pest und Ofen sofort dramatisch nachzuspielen.[19] Der Pfaffe erwähnt die Quelle der Nachricht nicht, schlägt aber ein konkretes Procedere inkl. einer dramatischen Rollenverteilung vor: Er selbst übernehme die Rolle des Türken, die Frau solle sich nackt ausziehen, an das *bette tretten, unnd Pest unnd Ofen sein* (15). Die Lust am komisch-obszönen Erzählen wird durch die erzählerische plakative Ausgestaltung des Sexualaktes deutlich:

> *So wold der Pfaff also nackt der Tůrck sein, unnd Pest unnd Ofen stůrmen,* [beide] *hatten sich auch gar entblősset, und zum streit gerůstet. Do nun der lerm wold angehen, unnd der Pfaff in vollen sprůngen daher rennet, bleset Clawert mit ungestům unter dem bette heraus zu sturme, das die beide nicht anders gedachten, dan der lebendige Teuffel were vorhanden, unnd vor schrecken nackendt daruon lieffen* […]. (15)

Die Metapher der Stadterstürmung wird während der gesamten Beschreibung des Liebesspiels beibehalten. Die Frau verkörpert im obszönen Rollenspiel eine Stadt, die es im Rahmen der *tragœdiam* (15) durch den Pfaffen in der Rolle des Türken als des personalisierten Gegners zu erobern gilt. Sie nimmt damit eine statische und passive Position ein, der das Liebesspiel initiierende Pfaffe die aktive und damit auch die gewaltbereite. Diese militärische Liebesmetaphorik greift die Motivtradition des Liebeskriegs auf, die auf die bereits seit der Antike überlieferte Vorstellung der Liebe oder des Liebesaktes als Kampf bzw. militärische Operation zurückgeht. In Ovids bekanntem Gedicht *Amores* I,9 wird der Liebende mit

18 Vgl. Hans Rosenplüt: Der fahrende Schüler.

19 Gemeint ist die heutige Stadt Budapest, die 1873 durch die Zusammenlegung von drei zuvor selbstständigen Städten *Buda* (dt. Ofen), *Obuda* (dt. Altofen) und *Pest* entstanden ist und im 16. Jh. von den Osmanen gestürmt und erobert wurde. Vgl. Fügedi 1983, 899–902. Für das Lemma *zeitung(e)* bzw. *zeyttunge* gibt Baufeld die Bedeutungen „Neuigkeit, Nachricht, Vorfall, Begebenheit" an. Es handelt sich hier demnach um einen Ereignisbericht, die Paraphrase einer überregionalen Nachricht und nicht die Erwähnung eines (über-)regional berichtenden Schriftzeugnisses. Vgl. Baufeld 1996, 256.

einem gewaltbereiten Soldaten verglichen;[20] eine Motivtradition, die nach Keller die mittelalterliche Literatur stark beeinflusst hat.[21]

Auch in *Hans Clawerts Wercklichen Historien* scheint die Intensität der einzelnen Handlungssequenzen (ähnlich wie in Ovids Gedicht) anzusteigen. Erst berichtet der Pfaffe von der Nachricht, dann beschließen *beide auch* [das] [S]*pielen* (15) derselben. Es folgt die Verteilung der Rollen und die beginnende Vorbereitung. Besonders pointiert erscheint hier, dass sie *zum streit gerůstet* (15) sind, wenn sie *sich auch gar entblösset* (15) hatten. Hier wird die Vorbereitung einer militärischen Situation durch die Verkehrung parodiert: Anstatt sich einzukleiden oder Schutzmaßnahmen vorzunehmen, z. B. eine Rüstung anzulegen und sich buchstäblich zu „rüsten", bereiten sich beide auf ihren Kampfakt mit einer Entkleidung vor. Das Element der Nacktheit der beiden wird hier sogar besonders betont, dreimal wird es explizit erwähnt. Die obszöne Ausgestaltung der Szene scheint hier im Vordergrund zu stehen. Das Zurücklassen der Kleidung bildet die Grundlage für die spätere Erpressung der Liebenden, weil Clauert den Mantel des Pfaffen entwenden kann. Erst wird die Nacktheit der Frau geschildert, dann wird auf die Nacktheit des Pfaffen eingegangen, und als sie beide überstürzt den Raum verlassen, wird erwähnt, dass sie *nackendt* (15) davon stürmen und *auch ihre kleider* [...] *vergassen* (15); die redundante Erwähnung verstärkt die Situationskomik.

Clauerts folgenreiche Einmischung bleibt der skurrilen Szenerie treu. Der Schwankheld stört und beendet die Aufführung mit Trompetenspiel, indem er *bleset* [...] *zu sturme* (15). Damit führt Clauert den Status der Übertragung fort und besetzt eigenständig eine Rolle, die vorher vom Dompfaffen aus der Szenerie ausgekoppelt wurde. Da hier allerdings kein Krieg, sondern der Beischlaf vollzogen wird, stört und unterbricht dieses Element das militärische Bild und damit der mit seiner Trompete zum Sturm blasende Clauert den Liebesakt. Aufgrund des hastigen Aufbruchs lassen sie die Reste des Essens, ihre Kleidung und das kostbare Geschirr zurück.

---

20 Vgl. Showerman/Goold 1914, 354–359.

21 Vgl. zum Motiv des Liebeskriegs Keller 1998, 27. In diesem Aufsatz fokussiert Keller in erster Linie die Verkehrung der stereotypen Gewaltachse zwischen männlichen und weiblichen Figuren in Form der weiblichen Liebesaggression und konzentriert sich auf die Untersuchung der Personifikation Frau Minne in ausgewählten Texten. In Bezug auf die Liebeskrieg-Tradition verweist Keller u. a. auf die ältere Studie von Kohler 1935, 13–37. Zur Analyse des Gedichtes von Ovid siehe weiterführend Burkard 2014, 113–153. Burkard weist in seiner Untersuchung auch darauf hin, dass die militärische Liebesmetaphorik bereits vor Ovid literarisch fruchtbar gemacht wurde, aber sich verschiedene Wissenschaftsdisziplinen häufig auf die Interpretation Ovids konzentrieren, vgl. ebd., 113f. Über den Konnex von erotischer und militärischer Eroberung in Ovids *Amores* schreibt Cahoon 1988, 293–307.

Clauert bedient sich großzügig an den Resten des guten Essens, *welchs Clawert nicht besser wünschen können, dann es ihm ergienge, setzte sich hinzu, aß was ihm schmecket, schencket ein unnd tranck aus, bis an den lichten morgen* (15). Anschließend legt er sich auf eine Bank und wartet, bis der Wirt des anderen Wirtshauses aufwacht und ihn zur Herberge aufnimmt (vgl. 16). Bevor er geht, entwendet er die Habseligkeiten des Liebespaars und *henget* [...] *des Pfaffen braunen mantel umb, band den einen Ermel zu, unnd stecket die zween Silbern bechern darein* (15).

Clauert bittet nun den anderen Wirt um Herberge, dieser nimmt ihn auf, bemerkt aber *so wol als ander leute,* [...] *dann das er* [=Clauert] *ein Narr were* (16). Andere scheinen Clauert als *Narr* (16) zu erkennen. Ob die Wirtin der ersten Herberge ihn wegen seiner nicht näher charakterisierten Erscheinung nicht als Gast beherbergen wollte oder ob sie ihn wegen ihrer Verabredung mit dem Pfaffen nicht aufgenommen hat, wird in der Historie nicht deutlich. Die nicht näher begründete Einschätzung des zweiten Wirtes steht im Kontrast zu der in der Vorrede postulierten Aussage, dass Clauert *kein Narr* (5) gewesen sei. Der Wirt jedenfalls möchte Clauert zum Mittagessen den Wein, um den er bittet, nicht ausschenken, solange er keine Bezahlung gesehen hat. Clauert verfügt zu diesem Zeitpunkt nach wie vor nicht über Bargeld, zeigt aber die entwendeten Silberbecher als Zeichen seiner Bonität vor. Diese werden vom Wirt jedoch als die seiner Herbergskollegin erkannt, die er *heimlich* (16) benachrichtigen lässt. Die Wirtin konfrontiert kurz darauf *ganz unbesonnen* (16) den Dieb. Clauert entgegnet ihr: *Ich habe niemandt etwas gestolen, sondern die Becher bekommen, do man Pest und Ofen stuͤrmet, dann ich doselbst zu sturm geblasen* (16). Daraufhin

> *wuste* [die Wirtin] *sich schuldig, das sie wieder ehr gehandelt hatte, darumb sie Clawerten wincket, das er zu ihr herauskeme, welcher die kreide*[22] *wol verstunde, ging zu der Frawen heraus, von welcher er 50. Thaler empfieng, unnd ihr dagegen die zween becher zustellete.* (16)

Nachdem Clauert die Wirtin erfolgreich erpresst hat und sie ihre eigenen Silberbecher ausgelöst hat, *sang, sprang unnd tantzte* [Clauert] *mit dem braunen mantel, und der trommeten, so er daruͤber gehenget hatte, auff der gassen herumb, zuversuchen, ob auch jemandt denselben rock kennen wuͤrde* (16). Lange muss Clauert auf den zweiten Erlös nicht warten, dem Pfaffen wird schnell *sehr bange* (16), sodass er sich *fuͤget* [...] *heimlich zu Clawerten, unnd schenckt ihm 30. Thaler, vor dem mantel, mit fleisiger bitte, das Clawert ja bey niemandt sagen moͤchte, wie ers außge-*

22 E. Engel/G. Engel 1999, 30 geben für das Lemma „Kreide" hier die Bedeutung „Zeichen" an, Clauert ist clever und verfügt über die nötige „Straßenschläue", um ihr Heranwinken als Zeichen zu deuten, dass die Wirtin bereit ist, auf seine Erpressung einzugehen und ihre eigenen Silberbecher bei ihm auszulösen.

richtet hette (16). Die zusätzliche Betonung der Heimlichkeit und die gleichzeitige Offenkundigkeit der Situation lässt diese zweite Erpressung noch komischer und pointierter wirken.

3. Zwischenfazit

Der städtische Raum erweist sich also als einer, der einerseits durch Anonymität, aber gleichermaßen auch durch personale Nähe charakterisiert ist: Clauert ist für beide Wirtsleute der Fremde. Von der Wirtin wird er abgewiesen, der Wirt traut ihm nicht und fordert deshalb eine Vorauszahlung. Doch gleichzeitig herrscht hier eine solche Nähe, dass sogar ein Gebrauchsgegenstand verlässlich seinem Besitzer zugeordnet werden kann. Das deutet auch auf die Risiken und Chancen hin, die den städtischen Raum charakterisieren. Es wird deutlich, dass Clauert, der Fremde, darauf spekulieren kann, dass der Pfaffe ihn, während er sich in seinem Mantel zeigt, früher oder später sehen wird. Der städtische Raum wird als ein Nahraum präsentiert, der gerade deshalb für einen Fremden mit betrügerischen Absichten großes Potential bereithält. Beides nämlich – die Anonymität wie die Vertrautheit – befördert in dieser Geschichte Clauerts Gewinn. Ohne sein Zutun wird er zum Zeugen der frivolen Begebenheit und ohne sein aktives Zutun wird ihm durch die benachrichtigte Wirtin und den Pfaffen Schweigegeld angeboten. Neben der erzählerisch pointiert ausgestalteten Schwankhandlung ist diese Episode auch exemplarisch für Jahns Vermutung, dass die Popularität der Schwankromane im 16. Jahrhundert auch daraus folgt, „dass sie ein Medium für die Darstellung sozialer und ökonomischer Phänomene bieten [und damit] narrative Möglichkeiten, die konservativere Gattungen nicht bereitstellen“[23].

Damit bestätigt sich auch Meinekes Überlegung, dass für die literarische Symbolbildung von Stadt die Rolle der Stadt als politisches und wirtschaftliches Zentrum konstitutiv ist.[24] An dieser Stelle sollen einige Beobachtungen zur politischen Rolle Clauerts kurz umrissen werden: In diesem späten Schwankroman kollaboriert der listige Schwankheld deutlich häufiger als andere Schwankhelden mit den herrschenden Obrigkeiten.[25] Er verkehrt freundschaftlich mit den Ratsherren seines Heimatorts Trebbin, spielt im Auftrag des Hauptmanns Eustachius

---

23 Jahn 2016, 381.

24 Vgl. Meineke 2021, 612. Für Meineke ist die Stadt auch „Symbol des erotischen oder keuschen Reizes, des Lebensgenusses, aber auch der Wollust und Unmoral“ (Meineke 2021, 612), weiter schreibt sie, dass die Stadt „häufig die Reize des weiblichen Geschlechts“ (Meineke 2021, 613) symbolisiere und die Eroberung derselben als „Ort der Weiblichkeit“ (Meineke 2021, 613) sogar eine Vermählung symbolisieren kann.

25 Auf die Bedeutung der politischen Ebene in *Hans Clawerts Wercklichen Historien* kann an dieser Stelle nur verwiesen werden; die Betrachtung von Clauerts Interaktionen mit Vertre-

von Schlieben dessen Amtsschreibern Streiche, und sogar der Kurfürst schätzt Clauerts Anwesenheit, die er stets mit guter Unterhaltung verbindet. Clauert erhält dabei für Hofnarren typische Lizenzen, die ihm eine an den *Kalenberger* oder *Neithart Fuchs* erinnernde moralische und ständische Sonderposition verleihen. Während ihr Wirken aber auf den Hof und seine Akteure beschränkt bleibt, exponiert sich Clauert unterschiedlichen städtischen und höfischen Obrigkeiten gegenüber. Die Streiche, durch die er sie belustigt, werden wiederum durch die jeder Historie folgende Moralisatio eingeordnet und kommentiert, wobei Rezipienten stets zum Gehorsam gegenüber den Obrigkeiten aufgerufen werden und selten Irritationen über das richtige bzw. politisch gewollte Handeln und Verhalten entstehen. Mag Clauerts Nähe zur Obrigkeit also auch transgressive Züge aufweisen, so werden diese von den Moralisationes stets wieder eingefangen.[26]

Der zweite Faktor, den Meineke betont, ist der der Wirtschaftlichkeit. Der bekannteste Gattungsvertreter *Ein kurtzweilig lesen von Dil Ulenspiegel* wurde in Bezug auf die Rolle von Geld und Bereicherung oder insgesamt die Darstellung von Bürgerlichkeit bereits mehreren Analysen unterzogen. So stellt Haug fest, dass in rund 20 Historien Ulenspiegel Käufer von Waren oder Dienstleistungen ist und in weiteren 15 Historien sogar als Verkäufer von Waren oder Wissen agiert.[27] Damit befasst sich mehr als ein Drittel des Textes mit ökonomischen Tätigkeiten. In *Hans Clawerts Wercklichen Historien* ist der Umgang mit Geld, das Handeln, Kaufen und Verkaufen noch prominenter – etwa die Hälfte der Historien beschäftigt sich mit wirtschaftlichen Themen, Motiven oder Praxen.

Die Darstellung wirtschaftlichen Handelns und die Bedeutung ökonomisch motivierter Situationen und Handlungsanlässe ist für diese Analyse umso bedeutender, da untersucht werden soll, ob der städtische Raum, in dem auch der Handel angesiedelt ist, nicht auch den Nährboden für zahlreiche Streiche und auf ökonomischen Gewinn ausgerichtete Listen bildet. Die Bedeutung der städtischen Verortung für Clauerts Streiche konnte anhand der Analyse der 5. Historie gezeigt werden. Ohne die städtische Konkurrenzsituation der Herbergen hätte Clauert vielleicht nicht versucht, in der besseren zu übernachten. Ohne den über

---

tern der Obrigkeit wird in meinem Dissertationsvorhaben zu diesem Schwankroman eingehender beleuchtet.

26 Einen Beleg dafür liefert die Moralisatio der 5. Historie, in der deutliche Kritik an *des Bapstes rott* (16), die *die ergsten hurer sein* (16), geübt wird. Clauert dagegen weist vorbildlich auf die Missstände hin und wird dafür gelobt. Es folgt eine Aufforderung an die Obrigkeit, Kirche und Gesellschaft zu kontrollieren und ggfs. mit Verfolgung und Strafe zu reagieren. Dieser Aufforderung (Denunziation der Täter) sollen auch alle Mitbürger folgen, so resümieren die letzten Verse der Moralisatio: *Dann wer in sünd ergriffen wird, / Dem billich auch die straff gebürt* (17).

27 Vgl. Haug 1976, 207.

internationale Ereignisse bestens informierten Dompfaffen gäbe es kein zu störendes skurriles Liebesspiel und ohne die Sichtbarkeit der Wertgegenstände nach ihrer Entwendung hätte sich Clauert nicht in diesem Maß bereichern können. Die Präsentation der Gegenstände im städtischen Raum verstärkt aufgrund der hohen Entdeckbarkeit den Druck auf die Erpressten. Clauert hätte nicht so rasch und leicht die Rollen wechseln können: Vom abgewiesenen, fremden Gast zum heimlich auf seinen Vorteil hoffenden Lauscher, von diesem zum Bewahrer ehelicher Treue und priesterlicher Keuschheit, zum Nutznießer des Schreckens des Pärchens, dem beargwöhnten Hehler und schließlich unverhofft zu schnellem Geld Gekommenen. Während das Ehebruch-Szenario sich auch auf dem Dorf hätte zutragen können, setzen die Rollenverhandlungen in den Wirtshäusern nicht nur eine städtische Infrastruktur, sondern auch eine Interaktion voraus, die Rollen über Eigentum und Geld verhandelt.

Die Untersuchung der 5. Historie hat verdeutlicht, dass die städtische Rahmung der Episode wesentlich für das Gelingen von Clauerts situationsbezogener List ist. Analog zu dieser Historie lassen sich weitere Clauert-Historien anführen, welche die zu Beginn aufgestellte These (Die Stadt als ökonomisches Zentrum bietet Möglichkeiten für finanziellen Betrug bzw. Übervorteilung) auf gleiche Weise belegen, z. B. die zu Beginn erwähnte 16. Historie *Wie Clawert von einer Magt betrogen ward* (33–35), die das Täter-Opfer-Verhältnis für eine Episode umkehrt und vom städtischen Marktgeschehen, der Anonymität der fahrenden Händler und der Architektur eines Stadthauses profitiert. Darauf soll nun noch ein kurzes Schlaglicht geworfen werden.

4. *Wie Clawert von einer Magt betrogen ward* (Historie 16)

Zu Beginn dieser Historie wird Clauert als betriebsamer Händler charakterisiert, der, wenn er Geld zur Verfügung hat, *nicht gerne zu haus* (33) bleibt, *sondern* […] *seinem handel nach*[zieht] (33). In diesem Fall hat er Vieh gekauft und auf dem *fürnembste*[n] *Jarmarckt*[] (33) profitabel veräußert.[28] Nach einem erfolgreichen Verkaufsabschluss in der Stadt Zerbst kommt es dazu, dass Clauert nach *eine*[m] *guten rausch von Zerbster bier* […] *unnd uber den gewin, so er an dem vieh gehabt, sehr frölich war, begint ihn auch der kůtzel zustechen vergist seine alte Margreta, und gedenkt an das sprichwort, Varietas delectat* (33).

---

28 Analog zur Bedeutung des Wirtshauses, welches von Jahn als „Stadtchiffre schlechthin" (Jahn 2016, 374) charakterisiert wird, ist auch die Rolle von „Stadt und Markt(-platz)" (Ruge 2018, 503) in allen epischen Gattungen vertreten. Für Clauert, der deutlich häufiger als Händler agiert als in seinem erlernten Beruf als Kleinschlosser, sind Märkte die Orte, die ihn zu profitablen Geschäften führen und seinen Lebensunterhalt finanzieren.

Um seine Lust auf „Varietas" zu befriedigen, spricht er eine junge Magd an: *Junges mensch, wolt ihr mich nicht ein mal auff ewer hembde kniehen lassen, ihr solt eine tasche vor einen halben thaler zu lohn bekommen* (33).[29] Die Magd stimmt dem Handel nach kurzer Bedenkzeit zu und führt Clauert nachts heimlich durch das dunkle und verwinkelte Haus bis auf den Dachboden, wo sich auch ihre Kammer befindet. Dort nimmt sie Clauert die Tasche ab, zieht ihre Kleidung aus und wirft ihm ihr Hemd vor die Füße mit dem treffenden Hinweis, dass er darauf nun knien könnte, solange er wolle (vgl. 34). Danach lässt sie Clauert im dunklen Dachgeschoss stehen und verriegelt die Tür hinter sich. Der Schalk findet sich in *grossen nǒten* (34) wieder, da er auf sich allein gestellt im Dunkeln den Rückweg finden muss, ohne versehentlich die Wirtsleute zu wecken und sich erklären zu müssen oder gar *herab*[zu]*fallen unnd den hals* [zu] *brechen* (34). Clauert resümiert über die schreckliche Nacht, die er größtenteils *auff allen vieren* (34) und mit *vor kelte* […] *klapperten* (34) Zähnen im Dunkeln verbringt, dass ihn der Verlust der Tasche *nicht so sehr gerewet, als das er von einer magdt war betrogen worden* (34).

Auch hier bietet die städtische Umgebung die notwendigen Rahmenbedingungen für einen Streich – diesmal ausgeführt von einer jungen Magd. Clauerts Verkaufserfolg in der fremden Stadt macht ihn leichtfertig. Angesichts der städtischen Anonymität verliert er im Rausch seine Hemmungen und verwendet keinen Gedanken an mögliche Konsequenzen. Diesen Umstand nutzt die junge Magd aus. Sie handelt raffiniert, insofern sie die durch den erfolgreichen Viehhandel vorhandene Liquidität Clauerts erkennt und seine situations- und rauschbedingte Euphorie sowie die fehlende Ortkenntnis des Fremden richtig einschätzt. Sie handelt in der weitsichtigen Gewissheit, dass er sein Gesicht wahren möchte und sich geräuschlos aus der Affäre ziehen wird.

Auch hier ist er ein Fremder in der Stadt, doch diesmal ist es ein anderer, der aus der Anonymität der Stadt Vorteile, und zwar wiederum ökonomische, zieht. Analog zu Clauert in der zuerst vorgestellten 5. Historie nutzt sie den genauen Wortlaut ihres Opfers, um ihn zu überlisten, und weiß um den sozialen Schaden, der ihrem Opfer beim Bekanntwerden des Prostitutionsangebots entstehen könnte. Wie in der 5. Historie geraten die Figuren in Zwangslagen, weil sie auf jeden Fall verhindern wollen, dass ihre sexuellen Eskapaden in der (Stadt-)Gesellschaft bekannt werden.

29 Wander gibt für das Lemma „Hemd" als Sprichwort Nr. 70 an: *Einem aufs Hemde knien.* (Schles.) *Aufs Aeusserste bedrängen.* Wander: Deutsches Sprichwörter-Lexicon. Bd. 2 (1820), 500–505. Ein Eintrag aus einem niederländisch-deutschen Wörterbuch aus dem 18. Jahrhundert weist auf die sexuelle Konnotation der Wendung hin, was noch besser zum Kontext der vorliegenden Textstelle passt: *einer auf das Hemd knien, een vrouw gebruiken, tot zyn will hebben, beslaapen.* Kramer 1768, 154.

5. Fazit

Die städtische Umgebung bietet geeignete Rahmenbedingen, um andere zu überlisten und zu betrügen. Hier knüpfen Fremde auf engstem Raum in einer überschaubaren Zeitspanne Kontakte, um finanzielle Geschäfte abzuwickeln. Dabei kann es sich um Handelssituationen (Marktplatz) oder Bewirtung und Beherbergung (Wirtshaus, Herberge) handeln. Wenn Fremde sich in diesen Strukturen bewegen, agieren sie stets mit Geld, das sie entweder für Investitionen nutzen, aus veräußerten Gütern oder anderen Geschäften mit sich führen und zur Verfügung haben oder als Bezahlung für ihre eigene Kost und Logis bereithalten müssen. Es verwundert daher kaum, dass auch Spielleute, Falschspieler oder Betrüger diese Rahmenbedingungen ausnutzen. Die Kontakte, die man in der Stadt miteinander pflegt, sind häufig oberflächlich und geschäftlicher Natur. Man kennt und erkennt sich (noch) nicht. Dieses Setting fordert eine hohe Anpassungsfähigkeit. Wer diese mitbringt und geübt darin ist, Situationen zum eigenen Vorteil zu nutzen, kann hier schnell seine Rollen wechseln und von den anonymen Begebenheiten profitieren. Die Stadt bietet dabei nicht nur Schwankhelden einen geeigneten Raum, andere zu überlisten und von deren Naivität zu profitieren. Die Schwankhelden lassen sich im städtischen Raum auch selbst leichter hinters Licht führen und treten so anderen Figuren die Rolle als Schwankheld kurzzeitig ab, werden zum betrogenen Betrüger.

Bibliographie

I. Primärliteratur

Bartholomäus Krüger: Hans Clawerts Werckliche Historien. Hrsg. von Theobald Raehse. Halle a. S. 1882.

Hans Rosenplüt: Der fahrende Schüler. In: Klaus Grubmüller (Hrsg.): Novellistik des Mittelalters. Frankfurt a. M. 1996, 916–927.

Ovid: Heroides. Amores. Übersetzt von Grant Showerman. Überarbeitet von G. P. Goold. Loeb Classical Library 41. Cambridge, Massachusetts 1914.

Philipp Frankfurter: Der Pfarrer vom Kalenberg. In: Felix Bobertag (Hrsg.): Narrenbuch. Kalenberger. Peter Leu. Neithart Fuchs. Markolf. Bruder Rausch. Berlin/Stuttgart 1884.

II. Sekundärliteratur

Bachorski, Hans-Jürgen: Allseitiger Beschiß und schmerzhafte Einsichten in der neuen Zeit: Dil Ulenspiegel zwischen Magdeburg und Braunschweig. In: Gunter Schandera und Michael Schilling (Hrsg.): Prolegomena zur Kultur- und Literaturgeschichte des Magdeburger Raumes. Magdeburg 1999, 61–78.

Baufeld, Christa: Kleines frühneuhochdeutsches Wörterbuch: Lexik aus Dichtung und Fachliteratur des Frühneuhochdeutschen. Tübingen 1996.

von Bernuth, Ruth: Krüger, Bartholomäus. In: Jan-Dirk Müller u. a. (Hrsg.): Frühe Neuzeit in Deutschland 1520–1620. Literaturwissenschaftliches Verfasserlexikon. Bd. 3 (2014), 604–608.

Burkard, Thorsten: *Amor odit inertes*. Die mythologische Beispielreihe in Ovid, *Amores* 1,9. In: Rheinisches Museum 15 (2014), 113–153.

Cahoon, Leslie: The Bed as Battlefield: Erotic Conquest and Military Metaphor in Ovid's Amores. In: Transactions of the American Philological Association (1974), Nr. 118 (1988), 293–307.

Dimpel, Friedrich Michael/Gall, Saskia: Wirtshaus, Herberge. In: Tilo Renz, Monika Hanauska und Mathias Herweg (Hrsg.): Literarische Orte in deutschsprachigen Erzählungen des Mittelalters. Ein Handbuch. Berlin/Boston 2018, 590–598.

Engel, Evamaria/Engel, Gerhard: Hans Clauert, der märkische Eulenspiegel. Hans Clauerts wundersame Geschichten, kurzweilig und sehr lustig zu lesen. Berlin 1999.

Fügedi, Erik: Buda und Pest, II. Mittelalter. In: LexMa 2 (1983), 899–902.

Haug, Wolfgang Fritz: Die Einübung bürgerlicher Verkehrsformen bei Eulenspiegel. In: Werner Wunderlich (Hrsg.): Eulenspiegel-Interpretationen: Der Schalk im Spiegel der Forschung 1807–1977. München 1976, 201–224.

Jahn, Bernhard: Raumkonzepte in der Frühen Neuzeit. Zur Konstruktion von Wirklichkeit in Pilgerberichten, Amerikareisebeschreibungen und Prosaerzählungen. Frankfurt a. M. u. a. 1993.

Jahn, Bernhard: Raum für Schwänke. Zum Verhältnis von Raumstruktur und schwankhaftem Erzählen im Dyl Vlenspiegel. In: Ders., Dirk Rose und Thorsten Unger (Hrsg.): Ordentliche Unordnung. Metamorphosen des Schwanks vom Mittelalter bis zur Moderne. Festschrift für Michael Schilling. Heidelberg 2014, 65–78.

Jahn, Bernhard: Stadt und Hof als getrennte Welten in der erzählenden Literatur des 16. Jahrhunderts. In: Gerhard Fouquet, Jan Hirschbiegel und Sven Rabeler (Hrsg.): Residenzstädte der Vormoderne. Umrisse eines europäischen Phänomens. Ostfildern 2016, 371–384.

Keller, Hildegard Elisabeth: *Diu gewaltaerinne minne*. Von einer weiblichen Großmacht und der Semantik von Gewalt. In: ZfDPh 117 (1998), 17–37.

Kiening, Christian/Koller, Hannes: Narrative Mikroökonomien der frühen Neuzeit. Am Beispiel von Wickrams *Rollwagenbüchlein*. Zürich 2021.

Kohler, Erika: Liebeskrieg. Zur Bildersprache der höfischen Dichtung des Mittelalters. Stuttgart/Berlin 1935.

Kramer, Matthias: Neues Deutsch-Holländisches Wörterbuch. Leipzig 1768.

Meineke, Eva-Tabea: Stadt. In: Günter Butzer und Joachim Jacob (Hrsg.): Metzler Lexikon literarischer Symbole. 3., erweiterte und um ein Bedeutungsregister ergänzte Auflage. Berlin 2021, 612–614.

Melters, Johannes: „ein frölich gemüt zu machen in schweren zeiten …“ Der Schwankroman in Mittelalter und Früher Neuzeit. Berlin 2004.

Rosenfeld, Hellmut: Frankfurter, Philipp. In: VL 2 (1980), 817–820.

Ruge, Nikolaus: Stadt, Markt, Platz. In: Tilo Renz, Monika Hanauska und Mathias Herweg (Hrsg.): Literarische Orte in deutschsprachigen Erzählungen des Mittelalters. Ein Handbuch. Berlin/Boston 2018, 502–518.

Velten, Hans Rudolf: Frankfurter, Philipp. In: Killy 3 (2008), 546–549.

Wander, Karl Friedrich Wilhelm: Deutsches Sprichwörter-Lexicon. Digitalisierte Fassung im Wörterbuchnetz des Trier Center for Digital Humanities, Version 01/23, https://www.woerterbuchnetz.de/Wander?lemid=H00734 [25.09.2024].

Wunderlich, Werner: Till Eulenspiegel. München 1984.

Sina Katharina Kobbe
Universität Mannheim
Seminar für Deutsche Philologie
L10, 11–12
68161 Mannheim
skobbe@mail.uni-mannheim.de

Judith Lange

Verbrechen im städtischen Erzählraum. Jörg Wickrams *Von Gůten und Bősen Nachbaurn*

Jörg Wickram zählt unbestritten zu den vielseitigsten deutschsprachigen Autoren des 16. Jahrhunderts. Vielen gilt sein Werke als Ausgangspunkt einer neuen Epoche, u. a. da Wickram mit seinen oft moralisierenden Prosaromanen gattungsästhetisch neue Wege beschritt.[1] Thematisch nimmt im Œuvre Wickrams, neben der nach wie vor aufgerufenen höfischen Sphäre (etwa im *Ritter Galmy* oder in *Gabriotto und Reinhart*), die Lebenswelt städtischer Bürger immer größeren Stellenwert ein. Maria E. Müller und Michael Mecklenburg sprechen gar von einer „vorher nicht dagewesene[n] literarische[n] Dignität“, die Wickram der Lebenswelt des Bürgertums verliehen habe.[2] Jan-Dirk Müller warnt aber zu Recht vor einer Überinterpretation und Übergewichtung der Lebenswirklichkeit und vor allem der dargestellten Form der Bürgerlichkeit in Wickrams Werken – vielmehr stelle das erzieherische Werk eine Utopie dar, die sich von der Realität durchaus entfernt. Bei der Wahl des städtischen Schauplatzes und der „bürgerlichen“ Figuren handelt es sich, so betont Müller, um ein „wirkungspoetisches Konzept“ und nicht um „Nachahmungstheorie“.[3] Dennoch lässt sich gerade für Wickrams *Nachbaurn*[4] sagen, dass die Stadt als Zentrum merkantilen Lebens besonders an Bedeutung gewinnt. ‚Stadt‘ erscheint hier nicht nur als topographische Größe, sondern vielmehr als Lebensraum, der gerade auch durch die im Werk beschriebenen Gesellschaftsstrukturen und Verhaltensmuster kategorisiert wird.

Zentral ist dabei zum einen die Figur des titelgebenden *Nachbaurn* und die Darstellung des Haushalts als überfamiliärer Raum. Beides gewinnt bei Wickram Kontur als Sozialform, die das Zusammenleben im Stadtraum maßgeblich bestimmt und durch deren Beschreibung die Stadt als Lebensraum greifbar wird. (Wahl-)Familie und Haushalt werden zu sozial-moralischen Ordnungsinstan-

1 Vgl. zu dieser Einschätzung Müller 2007, 10 und die Zusammenfassung der Wickram-Forschung in Müller 1980.

2 Müller/Mecklenburg 2007, Klappentext. Dieter Kartschoke (1982, 741) spricht von der „Dignität eines besonderen ästhetischen Ernstes“, die der Lebenswelt des bürgerlichen Alltags zuerkannt worden sei.

3 Müller 1980, 9.

4 Im Folgenden zitiert nach Roloff 1969; im Haupttext werden lediglich die Seiten- und Zeilenzahlen angegeben.

10.29091/9783752003444/020

zen, die gesellschaftliche Stabilität bieten.[5] Den Gegenpol zu dieser bürgerlich-städtischen Form von Ordnung bildet das Verbrechen, dem in Wickrams Text die Funktion der Destabilisierung und Störung zukommt. Wickram macht sich zunutze, was die aktuelle Kriminalforschung als zentralen Angelpunkt jeder kriminellen Handlung ausmacht: Verbrechen unterwandern die sozial-moralische Ordnung und bieten der Gesellschaft gleichsam die Möglichkeit, sozialen Wandel voranzutreiben. Karl Ludwig Kunz und Tobias Singelstein sprechen in ihrem Standardwerk *Kriminologie* gar von Kriminalität als „Motor für sozialen Wandel", denn

> [d]ie Gesellschaft braucht Kriminalität […] – als Abweichung von dem jeweils geltenden Normstandard. […] . Machen wir uns dies deutlich, indem wir hypothetisch annehmen, einer Gesellschaft würde es (auf welchem Wege auch immer) gelingen, dass bislang als kriminell geltende Handlungen völlig ausblieben (so unrealistisch dies auch ist). Es gäbe also keine kriminellen Handlungen mehr. Diese Änderung des allgemeinen normativen Standards würde zugleich eine größere Sensibilität für zuvor als erträglich geltende Abweichungen von herrschenden Moralvorstellungen bewirken. Infolgedessen würden Verhaltensweisen, die früher bloß ein Naserümpfen auslösten, nunmehr als anstößig taxiert; was vordem als unziemlich galt, erschiene nunmehr als strafbedürftig.[6]

Es gibt damit einen klar definierten Unterschied zwischen gesellschaftlich noch toleriertem schlechten Benehmen und kriminellen Handlungen. Beide Formen mangelnden Sozialverhaltens finden sich in Wickrams *Nachbaurn* – narrativ jeweils eng verwoben mit dem jeweiligen Handlungsort. Sozialer Wandel vollzieht sich bei Wickram allerdings losgelöst von einer strafenden städtischen Obrigkeit als Rechtsinstanz; vielmehr wird sie durch die Inszenierung von *vrüntschafft* und guter Nachbarschaft ersetzt, die in ihrer Privatheit zum wirksamen Agenten einer umfassenden Regulierung der frühneuzeitlichen Gesellschaft stilisiert wird.[7] Die Verbrechensepisoden in Wickrams *Nachbaurn*, die Diebstahl, Raub und Mord umfassen,[8] sind dementsprechend nicht bloß die Handlung plump unterbrechende „kurzatmige[] kriminalistische[] Intrigen",[9] wie Müller sie bezeichnet, sondern

5 Vgl. zur Stelle von Haushalt und Wahlfamilie in Wickrams Werk neben Müller 1980 (hier vor allem 24f.) auch Emberson 1995 und Bamberger 2022.

6 Singelnstein/Kunz 2021, 422.

7 Vgl. Müller 1980, 25.

8 Zur Abgrenzung von Raub und Diebstahl vgl. Schubert 2007, 173f., der die Kriterien einer Unterscheidung von Raub und Diebstahl im Tathergang begründet sieht: „in der Öffentlichkeit, in der sich der Raub abspielte, und in der Heimlichkeit des Diebstahls."

9 Müller 1980, 11. Welche hohe Relevanz Verbrechen und Verbrechensbekämpfung für die Bevölkerung spätmittelalterlicher Städte generell hatten, zeigen die erhaltenen Stadtrechts-

dienen als zentrales Movens der Etablierung neuer Ordnungsmuster, dem Erreichen der angestrebten Utopie einer auf *vrüntschafft* aufbauenden, semi-privaten Friedensgemeinschaft. Die erzählten Missetaten decken sich weitestgehend mit den sogenannten ‚vier hohen Fällen', für die bis in die Frühe Neuzeit hinein die Todesstrafe verhängt werden konnte: Diebstahl, Raub, Mord und Notzucht, die bei Wickram ausgespart wird.

Die zentralen Handlungsorte des Textes sind die Handelsmetropolen Antdorff (Antwerpen), das im 15. Jahrhundert zunehmend an Einfluss gewann und durch neue Handelsbeziehungen zu Portugal und England Brügge als westliche Handelsmetropole ablösen konnte, und Lisabona (Lissabon), das ebenfalls im 15. Jahrhundert zur wichtigen Handelsmetropole erstarkte. Hinzu kommen Venedig sowie eine unbenannte spanische Hafenstadt. In den Beschreibungen unterscheiden sich die Städte deutlich und ihnen kommen als städtische Räume unterschiedliche Funktionen zu, die sich wiederum auch in den in ihnen geschehenden Verbrechen spiegeln.

Städtischer Raum und städtisches Leben in Antdorff und Lisabona

Gleich zweimal führt der Prosaroman seine Rezipient:innen nach Antdorff, das während der zweiten hier verorteten Episode den jungen Lasarus durch seine (im Vergleich mit portugiesischen Städten) *grossen und zierlichen schoͤnen gebew* (141,11f.) und zahlreichen *lustige orten* sowie Kirchen, *schiessrain* und *zunfftheuser* (142,19–21) von sich zu überzeugen weiß. In beiden Antwerpen-Episoden werden Geselligkeit und die Bedeutung guter nachbarschaftlicher Verhältnisse in den Fokus gestellt. Zum Leben im Stadtbezirk gehören Feste und Feiern, die, durch die beengten Wohnverhältnisse bedingt, *an offenen strassen* (9,5) stattfinden. Geselligkeit und Solidarität unter den wohlgesinnten Nachbarn werden gepflegt und das Gemeinschaftsgefühl gestärkt. Gleichzeitig aber werden, anhand des Beispiels des Protagonisten Robertus und seiner Familie, auch die Schattenseiten des geselligen Lebens geschildert. Die erste Antwerpen-Episode bietet zwar kein Verbrechen im eigentlichen Sinne, aber durch einen Nachbarschaftsstreit mit einem direkt nebenan wohnenden Tuchbereiter wird dem Tuchhändler Robertus und seiner Familie das Leben in Antwerpen verleidet. Die Vergehen des üblen Tuchbereiters und seines Gefolges sind dabei eng an den städtischen Raum gebunden und bilden allesamt Verstöße gegen den gesellschaftlichen Konsens des Miteinander-Lebens auf begrenztem Raum. Die zweistöckigen Häuser der Hand-

---

privilegien, in denen sich die Mehrzahl an Artikeln mit den unterschiedlichen Verbrechensformen und Strafmaßen befassen. Auch die im Spätmittelalter zunehmend angelegten Strafbücher und Verfestungsregister zeugen hiervon.

werker stehen so dicht beieinander, dass sowohl Spülwasser als auch Exkremente aus dem Fenster des eigenen Hauses hinaus direkt vor die Tür des Nachbarhauses geschüttert werden können. Letzteres erfolgt nur nachts, was die Unredlichkeit und den beschämenden Charakter der Tat unterstreicht. Der auf die Straße geschüttete Unrat wiederum sorgt für den typisch städtischen Gestank, der sich in *der summers zeit* voll entfaltet.[10] Eher am Rande wird die Gefahr einer schnellen Verbreitung von Krankheiten oder Feuer thematisiert. Auf des Tuchbereiters Verwünschung *eh wolt ich das himlisch fewr*[11] *brant ein solich hauß* antwortet Robertus: *Da wǒlle Got vor sein, wie mügen ir ein semlichen freflichen wunsch thůn / nůn würd es euwerem hauß gar vil zů nahen sein / so dem meinen etwas args widerfaren solt?* (14,18–22). Die Nachbarn leben als Kollektiv miteinander: schadet man seinem Nachbarn, bleibt man selbst auch nicht ganz davon verschont. Darüber hinaus werden auch alle weiteren Bewohner mit in den Streit hineingezogen. Die von Robertus' Frau angestoßene Deeskalationsstrategie, die aus einer Isolierung des Tuchmachers besteht, führt zwar zu einer gesteigerten sozialen Anerkennung Robertus', aber andererseits auch zu noch weiter gesteigerter Ablehnung durch den Isolierten. Konstituiert wird also eine Gemeinschaft der Wohlmeinenden; diejenigen, die sich nicht benehmen, werden aus der Gruppe ausgeschlossen. Letztendlich kann aber auch die Gemeinschaft aus ‚guten' Nachbarn die Missgunst des einen ‚bösen' Nachbarn nicht restlos auffangen. Die untragbar schlechte Beziehung zu seinem Nachbarn, gepaart mit der Trauer über den schnell aufeinanderfolgenden Tod von neun der zehn Kinder,[12] lässt Robertus und seine Frau schließlich nach Lisabona in Portugal aufbrechen. Zum Abschied organisiert Robertus für alle Nachbarn, außer dem Tuchbereiter und seiner Familie, ein großes Abschiedsmahl *uff der freyen strassen vor seinem hauß* – noch einmal wird für Antwerpen das gesellige öffentliche Leben in einer großen Gemeinschaft in den Fokus gerückt.

Ganz anders lebt es sich in der für die Auswanderer zunächst fremden Stadt Lissabon. Die Ankunft dort wird in einem Straßburger Druck aus dem Jahr 1556 in einem mehrfach verwendeten Holzschnitt festgehalten.[13]

---

10 Vgl. Roloff 1969, 15,10–19.

11 *das himlisch fewr* meint wohl eher das Antoniusfeuer als einen tatsächlichen Brand.

12 Wolf (2007, 300) markiert die Betonung des Waltens der *providentia*, das sich im Tod der wohlerzogenen Kinder zeigt, als widersprüchliche Erzählstrategie für einen didaktischen Text. Leiderfahrungen sind, das machen die *Nachbaurn* deutlich, unausweichliche Lebenserfahrungen – ganz unabhängig von der Umsetzung der vermittelten Lehre.

13 Der gleiche Holzschnitt findet auch zur Einleitung der Venedig-Episode Verwendung. Anders als in anderen Werken Wickrams entstammen die Holzdrucke im Nachbarn-Roman aus der Straßburger Druckwerkstatt Johann Knoblochs ausschließlich Druckstöcken für ältere Werken. Sie können daher stilistisch nicht auf Wickram zurückgeführt werden (vgl. Schmidt 2006, 150; Kuch 2014, 14).

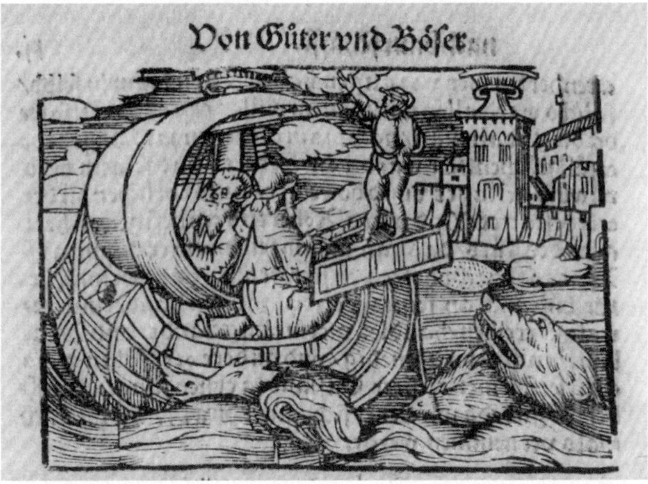

Abb. 1: München, Bayerische Staatsbibliothek, Res/4 P.o.germ. 213 tg, Dijjv. Lizenz: CC BY-NC-SA 4.0 Deed. Farbdigitalisat online einsehbar unter: https://www.digitale-sammlungen.de/view/bsb00025440 [16.05.2025].

Im Hintergrund ist die Stadt zu erkennen, der das abgebildete Schiff über das gefährliche Meer[14] entgegensegelt. Obwohl der Stadt im Text das Vorhandensein pompöser Gebäude abgesprochen wird, wird die Stadt im Bild durch hohe Mauern und Türme als Zufluchtsort inszeniert und wirkt wie das ersehnte Ziel, dem die Handelsreisenden entgegenstreben. Mauern und Abgeschlossenheit prägen auch im Text das Leben in Lissabon.

War das Leben in Antdorff durch das Vorhandensein einer großen Gemeinschaft aus allseits bekannten guten und schlechten Nachbarn sowie durch öffentliche Zusammenkünfte auf der Straße geprägt, stehen in Lissabon private Treffen enger Freunde in einzelnen Häusern oder privaten Gärten im Fokus – selbst Hochzeit wird nur im kleinen Kreis gehalten. Beachtung schenkt Wickram vor allem den Wohnstätten seiner Protagonisten. Die Besitztümer sind luxuriöser – allein dadurch, dass es sich um einzeln stehende Gebäude mit privaten Räumen für einzelne Familienmitglieder und dazugehörenden Gärten handelt. Dominierend ist die an einen *Locus amoenus* erinnernde Beschreibung des Lustgartens (vgl. 33,5-34,7), in den Robertus und Richard, ein junger spanischer Kaufmann, dessen Leben Robertus auf See rettete und den er in seinen Haushalt aufgenommen

14 Die Gefahr der Meeresüberfahrt wird durch den Walfischkopf rechts und die wilde Woge ganz vorne ins Bild gesetzt.

hatte, sich für persönliche Gespräche zurückziehen.[15] Die privaten Gartenanlagen Lissabons zeugen daneben vom luxuriösen und auch (kenntlich gemacht durch Schilderungen der vorhandenen Flora und Fauna) exotischen Leben in Lissabon; sie sind weitläufige Sportstätten und Orte für gesellige Zusammenkünfte und Mahlzeiten zugleich.[16] Die Wohnverhältnisse in Lissabon weisen insgesamt für ein harmonisches Zusammenleben günstigere Bedingungen auf als diejenige in Antwerpen, weil der größere räumliche Abstand mehr individuelle Entfaltungsmöglichkeiten zulässt. Dennoch funktioniert auch Lissabon als Handelsstadt und zeichnet sich durch Kooperationen der kurzen Wege aus. Neben den heimischen Gefilden treffen sich die Kaufmänner regelmäßig in Wirtschaften und besprechen dort ihre Angelegenheiten.[17] Der aufgezeigte Rückzug in die Privatheit, in die das Romanende letztlich führt, ist also keine uneingeschränkte Lösung für gesellschaftliche Konflikte,[18] da sie ihre Grenze an der Notwendigkeit eines öffentlichen Austauschs zur Existenzsicherung findet.[19] Auch Ferdinandus' Lob auf das gesellige Leben in Antwerpen bringt die vorhandene Ambivalenz zwischen öffentlichem Leben und zurückgezogener Privatheit in den *Nachbaurn* zum Ausdruck:

> *Du solt dich darumb nit / O Lasare / aller gůten gesellen und landtsleut entschlagen / dieweil unser noch gar vil sind / die sollich bŏß geschrey nit haben / uns auch keins wegs darnach halten / zů den selbigen solt du dich gesellen / so wirst du gewiss nichts unrechts noch übels thůn / du solt on mangel sein / ehrlicher und gůter geselschafft / so wirst du auch auff ein tag mehr kurtzweil und frŏligkeit sehen / dann zů Lisabona in einem monat.* (144,14–22)

Trotz aller Annehmlichkeiten in Lissabon wird das gesellige Leben in Antdorff für junge, unverheiratete Männer als die vergnüglichere Lebensform dargestellt – zumindest in Gesellschaft der richtigen Menschen. Im Gegensatz dazu wird das Lob der Familienidylle vor allem anhand der stationären weiblichen Protagonistinnen in der Geschichte entwickelt. Es zeigen sich also eindeutig geschlechtsspezifische Profile, die mit den dargestellten Lebensformen korrelieren.[20] Gestört werden beide Formen des gesellschaftlichen Lebens durch Verbrechen, die den Männern der unterschiedlichen Generationen widerfahren.

---

15 Zu einem späteren Zeitpunkt gehen Lasarus der Ältere und Richard *für die porten* (92,4), um *von einem garten zuo den anderen* (91,7f.) zu spazieren.

16 Ausführlicher mit den Wohn- und Lebensverhältnissen in Lissabon befasst sich Schultz 2008, hier vor allem 144–146.

17 Vgl. zur Rolle des Wirtshauses als Sozialraum Kiening/Koller 2021.

18 Manuel Braun (2001, 337) bemerkt zu Recht, dass der Text grundsätzlich „die klare Zuordnung von falsch und richtig nicht [durchhält]."

19 Vgl. hierzu auch Wolf 2007, 296.

20 Vgl. hierzu auch ebd., 296.

Verbrechen im unbekannten städtischen Raum

a) Lisabona

Während Robertus und seine Familie sich in ihrer Heimat Antwerpen ‚nur' den Anfeindungen eines missgünstigen Nachbarn stellen müssen, sieht sich die Folgegeneration in Person Richards und Lasarus' in Portugal und Spanien mit deutlich schwerwiegenderen Verbrechen gegen sich konfrontiert.

Die portugiesische Idylle wird erstmals geschmälert, nachdem die Vermählung Richards mit Robertus' Tochter Cassandra einen erfolglosen Nebenbuhler Richards auf den Plan ruft: Der als Schwiegersohn zurückgewiesene *Portugaleser* schmiedet gemeinsam mit einem Freund einen Mordkomplott. Zwei gedungene Mörder werden auf Richard angesetzt, die ihn gegen eine ordentliche monetäre Belohnung *auff den todt wundschlagen / oder gar umbringen* (53,13f.) sollen. Richard kann die Mordgesellen jedoch dank der Hilfe seines Nachbarn Lasarus und einiger mit Blei gefüllter Bitterorangen als getarnte Wurfkugeln, mit denen Richard das in Städten übliche Waffentrageverbot umgeht,[21] zurückschlagen. Hilfreich sind auch Richards weitere Vorsichtsmaßnahmen, die auf die generelle Gefahr nächtlicher Übergriffe im städtischen Raum verweisen: *Der gůt Richardus wußt von solcher verreterey gar niht / Es was aber sein alter brauch / das er nachts auff kein gassen ging / er hett sich dann wol under seine sichtbare kleider mit bantzer angethon* (53,18–22). Bezüglich der Stadtbeschreibung zeigt sich, dass sich der vorher weitläufig wirkende Stadtraum im Falle einer Bedrohungssituation wieder deutlich verengt. Die städtische Bebauung erschwert den Meuchelmördern die Durchführung ihrer Tat: Richard bricht nicht alleine aus dem Wirtshaus auf, sondern – da man denselben Heimweg hat – gemeinsam mit seinem Nachbarn Lasarus, einem jungen Goldschmied. Obwohl die vier Bösewichte mit ihrem Anschlag abwarten, bis Lasarus in seinem Haus verschwunden ist, muss der Überfall noch in Rufweite erfolgen. Lasarus hört den Tumult und eilt dem Angegriffenen mit seinem zuhause aufbewahrten Schwert als guter Nachbar zu Hilfe. Interessant

21 Für zahlreiche Städte sind Waffentrageverbote und Strafmaßandrohungen bei Zuwiderhandlung belegt, die der Aufrechterhaltung des allgemeinen Stadtfriedens dienen sollten. So verbietet der Rechtsbrief von Saarbrücken von 1321 *swert vnd alle waffen zu tragen by nacht vnd by dage in dieser frieheide den fremden luden vnd den burgern* (Grimm, Weisthümer II, 6). Mit Verbannung aus der Stadt droht das Mainzer Friedensbuch von 1430 jedem Stadteinwohner, der ohne Sondergenehmigung des Bürgermeisters öffentlich oder insgeheim eine Klinge bei sich führt (vgl. Mone 1856, 17). Die Wurfkugel findet als Waffe explizite Erwähnung im 16. Gebot einer vor 1541 entstandenen Stadtordnung von Gotha: „[16.] *Mortliche gewher, als schlachtmesser, eysern, pleien ader ehrn kugeln und alle stechende messer ader geweher, wurfkreuz, barten und der gleichen sollen alzeit in der stat zu tragen vorbotten sein* […]" (zitiert nach: Strenge/Devrient 1909, 397).

ist, dass in dem tumultartigen Kampfgetümmel nicht die Schwerter und Dolche die effektivsten Waffen darstellen, sondern Richards Pomeranzen zwei Gauner ins Jenseits befördern – die anderen beiden fliehen verletzt und werden in einer sich anschließenden detektivischen Ermittlung durch die Freunde Lasarus und Richard aufgespürt. Wie Manuel Braun herausstellt, avanciert in Wickrams Roman das (nachbarschaftliche) Verbrechen zur *aventiure*, der gute, rechtschaffene Nachbar wird zum Helden, das Verbrechen stört die sozial-moralische Ordnung.[22] Interessant ist dabei, dass alle Verbrechenserzählungen nicht von den Helden ausgehend erzählt werden, sondern zunächst jeweils von der Verbrechensplanung durch die Übeltäter berichtet wird – Ursache und Wirkung der Verbrechen stehen im Fokus.[23] Abschließend folgt die Ermittlungshandlung, die den Fokus der Erzählung wieder auf die Protagonisten der Episode verschiebt. Das Erkenntnisinteresse der Freunde bei der Suche liegt in der Tatsache begründet, dass sich Richard und die Attentäter völlig unbekannt sind. Richard fragt sich daher, welche Ursachen der Tat zugrunde liegen könnten. Auch dieser Teil der Handlung ist außerhalb des städtischen Rahmens nicht denkbar: Städtischer Klatsch und die Dichte an möglichen Aufenthaltsorten werden zum zentralen Moment der Ermittlungen. Nachdem die Freunde beim Belauschen einer Menschenansammlung um die Toten vom üblen Leumund derselben erfahren haben, beschließen sie, bei den *balbierer*[n] (56,25) der Stadt nach dem Verwundeten zu fragen und sich in sämtlichen *scherheusern* (vgl. 56,24f.) umzuhören. Die Abkehr vom heldenzentrierten *aventiure*-Erzählen, wie es der höfische Roman kennt, hin zu einer Fokussierung auf den Verbrecher und seine Motive – die nahezu alle persönlich motiviert sind – erscheint vor der Folie städtischen Lebens als folgerichtige Konsequenz. Betrachtet man realhistorische Begebenheiten, zeigt sich, dass gesteigerte Kriminalität ein Problem der Städte gewesen zu sein scheint. Ernst Schubert bilanziert: „Die urbane Gewaltkriminalität entstand zu einem großen Teil in der Stadt selbst mit ihrem Anteil an Gelichter und zwielichtigen Gestalten."[24] Wickram fasst genau dies in Worte, wenn er Richard nach Lasarus' Entführung in Spanien klagt lässt: *„O mein Lasare / [...] hab ich dich nit alwegen gewarnet / du solt dich nit zů weit von mir lassen / der boͤsen bůben halben / so in diser stat ir wonung haben / dann ir gar ein grosse menge ist / so sich mit semlicher verraͤterey erneren thůnd*" (69,25–30). Bei Wickram wird der kriminelle Akt zum Ausgangspunkt für die Erweiterung der Familie durch neue Freunde und Stabilisierung bestehender *früntschafft*[en] (6,1). Die Obrigkeit mit ihrem Gewaltmonopol bleibt hier, wie auch in den folgenden

22 Vgl. zum Verhältnis von *aventiure* und Verbrechen Braun 2007, 319–322.

23 Vgl. Braun 2007, 325, der die Verbrechenshandlung mit der des kriminalistischen Abenteuerromans vergleicht.

24 Schubert 2007, 37.

Detektivpassagen, seltsam ausgespart. Sie ist zwar als Rechtssicherheit da, wird aber kaum bemüht, diese Sicherheit auch durchzusetzen.[25] Beim Überfall auf Richard tritt die *Oberkeit* erst auf den Plan, als die Mörder bereits unschädlich sind (vgl. 57,25–28). Im Falle der Entführung des Lasarus hilft die Obrigkeit zwar bei der Befreiung des Entführten, aber erst, nachdem Richard und ein weiterer Bekannter den Tätern schon auf die Spur gekommen sind.

b) Eine namenlose Stadt in Spanien – Ortsunkenntnis als Gefahr

Die Entführung ereignet sich am Hafen einer nicht näher benannten Stadt in Spanien, die Richard und der ihn begleitende Lasarus auf Handelsreisen aufsuchen. Interessant ist, dass der Hafen selbst als eigenständige Stadt inszeniert wird. Es heißt: *Also zugen sie hinaus / das Port stund allenthalben vol Nauen unnd Galeen / so das es anzusehen was / als wann ein statt dahin gebawen were* (64,1–21). Die Bewohner dieser ‚Stadt' sind fremdländische Seeleute, Händler und Hafenarbeiter. Diesem Erzählrahmen entsprechend geht es in der Episode vor allem um die Frage, wem man in der Fremde vertrauen kann und wie wichtig es ist, Erkundigungen einzuholen, bevor man jemandem sein Vertrauen schenkt. Als Missetäter entpuppt sich ein spanischer Gehilfe Richards, den beide Freunde *für einen frummen mann achteten* (64,9f.), der jedoch, so stellt sich später heraus, in der Stadt bereits für seine Schandtaten bekannt ist. Das Motiv der stadtbekannten Verbrecher zieht sich insgesamt durch die *Nachbaurn*; es begegnet in Lissabon, in Spanien und auch in der zweiten Antwerpen-Episode. Immer haben die Einwohner des jeweiligen Ortes einen deutlichen Wissensvorsprung vor den Neuankömmlingen, die durch ihre Unkenntnis und, im Falle Lasarus' d. Ä., durch Nichtbefolgen von Ratschlägen in Gefahr geraten.

Lasarus d. Ä. wird in Spanien als Opfer ausgesucht, da er weder die Landessprache noch eine andere Fremdsprache spricht und ortsunkundig ist. Er willigt, trotz vorheriger Warnung durch Richard, dankbar ein, als sich ihm der Schalk zu früher Morgenstunde als Begleitung auf einem Spaziergang zum Hafen anbietet. Dort lockt der Missetäter Lasarus auf das Schiff eines türkischen Händlers, der angeblich Edelsteine zu verkaufen habe. An Bord wird jedoch Lasarus selbst für 20 Dukaten an den türkischen Händler verkauft und gefesselt unter Deck gebracht. Im spanischen Setting instrumentalisiert Wickram das propagandistische *türken*-Bild der Zeit[26] und siedelt sein Verbrechen im Kontext von mediterranem Sklavenhandel und der Verschleppung von Europäern durch muslimische Korsaren

25 Vgl. zur den potenziellen Gründen für die Abwesenheit einer rechtssichernden Obrigkeit Müller 1980, 18.

26 Vgl. zur allgemeinen Angst vor einer herrschenden ‚Türkengefahr' den Überblicksartikel von Barbarics-Hermanik.

an. Der Hafen als Stadt außerhalb der Stadt wird zum rechtsfreien Raum, in dem die christlichen und muslimischen Sklaverei-Gesetze nicht zu gelten scheinen. Der Hafen steht stellvertretend für alle üblen Orte einer Stadt, den es, so macht der didaktische Erzählerkommentar am Ende des Kapitels deutlich, dringend zu meiden gilt. Der Akt des Menschenkaufs und der türkische Händler werden an keiner Stelle direkt kritisiert. Letzterem wird durch Richard sogar sein Geld erstattet, obwohl mit den obersten Dienern des Hafenmeisters eine Rechtsinstanz anwesend ist. Angespielt wird damit auf die gängige Praxis des Rückkaufs von Verschleppten durch kirchliche Orden oder Familienangehörige; die Gefahr der Verschleppung für Mittelmeerreisende dürfte reichsweit bekannt gewesen sein.[27] Die moralische Schuld liegt in Wickrams Text aber ganz auf der Seite des Verräters, der sich das Vertrauen der beiden Freunde erschlich und den ahnungslosen Lasarus verkaufte. Da dieser *gruntschalck* (69,35) sich nach seiner Tat nicht mehr blicken lässt, wenden sich die Freunde an den zuständigen *blůtrichter* (70,17), der den Verräter einkerkern und aufgrund vielfältiger Vergehen am Galgen hängen lässt. Was in der weitgehenden Funktionslosigkeit der Obrigkeit bei der Verbrechensaufklärung mitschwingt, mag die in spätmittelalterlichen Chroniken recht gut bezeugten Zweifel an der Straflegitimation städtischer Obrigkeiten sein; für das 16. Jahrhundert weist Christoph Heiduk ein generell hohes Maß an gesellschaftlicher Missachtung und Verfemung jener nach, die das obrigkeitliche Gewaltmonopol durchzusetzen hatten.[28] Ernst Schubert hebt andererseits hervor, dass sich die städtische Gemeinde immer zumindest mitverantwortlich für den Strafvollzug sah; so kam dem sog. „Umstand" in allen Prozessen und auch bei Verurteilungen und deren Vollstreckung eine bedeutende Kontrollfunktion zu.[29] Im Nachbarn-Roman obliegt der Schutz vor Gewalt und Aufklärung von Verbrechen nahezu vollständig der nachbarschaftlichen Gemeinschaft, die mit ihren Bindungen die Stadt im Wesentlichen definiert. Anhand der Entführung in Spanien wird dieses Thema noch verstärkt und darüber hinaus gezeigt, wie wichtig einzelne Individuen Schlüssel zur etablierten, städtischen Gesellschaft sein können. In der Fremde bedarf es eines ortskundigen Führers, dessen Auswahl mit größter Sorgfalt erfolgen sollte. Diese Lehren lässt Wickram im Antwerpenaufenthalt Lasarus des Jüngeren noch einmal zusammenfließen.

c) Lasarus der Jüngere in Antwerpen

Gegen den Wunsch Lasarus d. J., seine Ausbildung im nähergelegenen Toledo abschließen zu dürfen, insistieren sein Vater und Richard auf eine Lehrzeit in

27 Vgl. zur Gefahr von Schiffskaperungen und Versklavung durch Barbaresken-Korsaren im vormodernen Mediterraneum vor allem Ressel 2012 und Hanß 2013.

28 Vgl. hierzu Heiduk 1997, 28–30.

29 Vgl. Schubert 2007, 47.

Antwerpen. Der Wunsch reflektiert die Tatsache, dass die Stadt bis in die 1560er Jahre hinein ein zentraler Knotenpunkt für den europäischen Handel und von weitaus größerer Bedeutung als Toledo war. Richards Hauptargument aber ist die große Vielzahl an Sprachen (Französisch, Italienisch und Spanisch werden genannt), die in Antwerpens Sprachschulen erlernbar seien.

Für den in Portugal geborenen Lasarus den Jüngeren ist Antdorff die unbekannte Stadt, die ihn trotz seiner anfänglichen Abneigung schon bald mit ihren Vorzügen überzeugen kann. Es sind aber letztendlich nicht die schönen Gebäude, sondern die *ehrliche*[ ] *und gůte*[ ] *geselschafft* (144,20), die ihn interessiert und die *kurtzweil* und *frőligkeit* (144,21) garantiert. An der Schönheit und Geselligkeit der Stadt kann sich nur derjenige uneingeschränkt erfreuen, so macht der Text deutlich, der über die herrschenden Gesellschaftsstrukturen weiß. Lasarus' Zugang zu Antwerpen ist ein aus Lissabon bekannter Freund namens Ferdinandus. Als guter Ortskenner und vertrauenswürdiger Freund ist dieser in der Lage, Lasarus d. J. sowohl die schönen Seiten der Stadt und ihr geselliges Leben zu zeigen als auch vor den Schattenseiten des Ortes, hier repräsentiert in Form zweier diebischer *verlotterter bőser bůben* (143,5) mit Namen Lorenz und Veit, zu warnen. Als Bekräftigung der Niederträchtigkeit dieser Gesellen führt Ferdinandus an, beide hätten innerhalb eines Jahres bereits dreimal den Herren gewechselt und Lasarus müsse aufpassen, dass die beiden nichts aus der Werkstatt seines Herren entwenden.

Wickram greift somit erneut die Relevanz einzelner Individuen als Schlüssel zu einer fremden Umgebung als Thema auf, lässt aber in dieser zweiten Antwerpen-Episode seinen Protagonisten auch auf den guten Rat seines Freundes Ferdinandus sowie des Schwiegervaters in spe hören. Wo der Vater noch scheiterte, ist der Sohn erfolgreich, was mit vollständiger Integration in die Antwerpische Gesellschaft belohnt wird. Dennoch wird auch Lasarus' Leben in Antwerpen von jenen Missetätern beeinflusst, die er selbst zwar zu meiden versucht, die sich aber erfolgreich bei seinem Herrn, dem Goldschmied Franciscus, und dessen Gesinde einschmeicheln und so, wie von Ferdinandus vorausgesagt, Zugang in die Werkräume erhalten. In einem unbeobachteten Moment, in dem *Lasarus* [...] *mit seinen fleissigen und gewarnten augen nit zůgegen* [war] (158,26f.), stehlen die beiden Diebe einen wertvollen Edelstein für eine Auftragsarbeit. Ursächlich für den Diebstahl ist Lasarus' Dilemma, sich zwischen unterschiedlichen, durch seinen Vater vermittelte Direktiven entscheiden zu müssen.[30] Zum einen soll sich Lasarus jeder üblen Nachrede enthalten, weswegen er seinen Verdacht gegen die beiden

30 Wolf 2007, 308. Auch an dieser Stelle zeigt sich, dass in den *Nachbaurn* – in für ein didaktisches Werk ungewöhnlicher Weise – keine restlose Affirmation der vermittelten Lehren erfolgt, sondern die Lehren zum Teil konterkariert werden. Vgl. ebd., 309.

Übeltäter nicht offenbaren will. Zum anderen ist er angehalten, die Anweisungen seines Lehrherrn unter allen Umständen zu befolgen.[31] Es kommt zum Konflikt aufgrund der Form der Anweisungen, als der Lehrherr Lasarus zur Rede stellt, da dieser seine Landsleute kühl und abweisend behandelt, und einen freundlichen Umgang mit ihnen fordert. Lasarus' Kommunikationsweigerung führt dazu, dass nicht nur dem Goldschmied und dem Besitzer des Edelsteins, sondern auch ihm selbst Schaden in Form eines Ehrverlusts zuteilwird. Der Diebstahl fällt erst auf, als der Besitzer den beauftragten Ring abholen möchte; der Verdacht des um seinen Ruf besorgten Goldschmieds fällt direkt auf Lasarus. Zu seinem Glück tritt erneut Ferdinandus in Aktion: Er überzeugt den Händler von Lasarus' Unschuld und verspricht, binnen eines Tages den Stein und die Diebe ausfindig zu machen. Dies gelingt mithilfe guter Kontakte. Ferdinandus, dem Goldschmied und dem bestohlenen Kaufmann glückt es, den Verkauf des Steins an einen weiteren Händler abzuwenden. Der Dieb wird aus der Gemeinschaft ausgeschlossen, sein Leben allerdings um seiner rechtschaffenen Eltern willen verschont:

> *Ferdinandus aber als er diss gesehen / hat sich alles in im umgekert und mit rauhen worten / hat er den dieb angefaren und gesagt / „Ey du schantlicher verzweifleter diebischer boͦswicht / Ich wolt das ich dich solt an einem galgen erwürgen / wann allein dein frummer vatter und dein frumme muͦter nit werend / Sag mir was grosser freuden werden sie haben / wann Simon in die ehrlich bottschafft von dir bringen wirt? wie wirt dein herr bey dem du yetzund bist / eins solchen ehrlichen knechts / so ein grosses wolgefallen haben?* […]“ *Als der buͦb nuͦn wol außgefegt was / gieng er gantz schamrot von in allensamen hinweg on alles urlop / sein kopf / wie dann alle dieb thuͦn / under sich schluͦg / die keinen biderman froͦlich doͦrffen ansehen.* (164,9–24)

Viel stärker als die bisherigen Verbrechensepisoden dürfte die Diebstahl-Erzählung in der Erfahrungswelt des städtischen Handwerkertums verankert sein; gehörte doch der Diebstahl besonders in den Städten zu den alltäglichsten und strafwürdigsten Gefahren. Gleichwohl wurden Diebstahldelikte anscheinend auch in den Städten selten offiziell zur Anzeige gebracht, sondern, wie auch in den *Nachbaurn*, zumeist in Form von Selbstjustiz durch die Betroffenen geahndet.[32] Ernst Schubert betont, dass gerade unter Gesellen die Gelegenheit Diebe machte und auch Konzentration auf bestimmte Diebesgüter, mit denen die jeweiligen Gesellen zu tun hatten, durchaus üblich war.[33] Von der anzunehmenden Armut vieler Gesellen als Motivation ist in den *Nachbaurn* jedoch nicht zu lesen. Vielmehr konzentriert sich Wickram auf die Niederträchtigkeit des Vergehens, die in ihrem

31 Roloff 1969, 113,8–18.
32 Vgl. Schubert 2007, 190.
33 Ebd., 185.

Kalkül bereits auf eine gewisse Professionalisierung schließen lässt. Lorenz ist kein reiner Gelegenheitsdieb, vielmehr verschafft er sich gezielt und mit schlechten Absichten Zugang zu den Werkstätten des Goldschmieds, indem er die Gesellen mit Leckereien besticht. Das Vergehen ist also umso verwerflicher, was den Ausschluss des Diebes aus der Gesellschaft rechtfertigt. Grundsätzlich wurde das Strafmaß in mittelalterlichen Städten am Wert des gestohlenen Gegenstands bemessen; der von Ferdinandus angesprochene Tod am Galgen dürfte dementsprechend auch den Rezipient:innen der *Nachbaurn* als durchaus angemessene Strafe erschienen sein. Die Entscheidung gegen die Todesstrafe betont dagegen die von Wickram immer wieder hervorgehobene Bedeutung des nachbarschaftlichen Kollektivs als ordnungsstiftende Instanz; losgelöst von der Obrigkeit als Rechtsorgan lässt die Gemeinschaft der Betroffenen und ihrer Freunde Gnade walten, um andere, gute Mitglieder der Gesellschaft (hier: die Eltern des Verbrechers) zu schützen. Dennoch handelt es sich um eine Rettung ‚von außen'; Lasarus bleibt im Dunkeln darüber, welche Auswirkungen seine mangelnde Kommunikation hat und ist dementsprechend auch an der Aufklärung des Verbrechens nicht beteiligt. Ferdinandus steht als Sinnbild für Freundschaft und sich gegenseitig schützende ‚gute Nachbarn'. Er ist derjenige, der nicht nur die Ehre Lasarus' (der die ganze Zeit über nichts von den Anschuldigungen gegen ihn weiß) rettet, sondern auch den rechtmäßigen Besitzer des Edelsteins, den Goldschmied Franciscus sowie den Händler Simon [vor] *drey* [...] *schaden verhůtet* (164,32). Anders als Richard und Lasarus d. Ä. in Lissabon weiß Ferdinandus genau, an wen er sich in Antwerpen wenden muss, um die nötigen Informationen über den Aufenthalt des Diebes und seine Absichten zu erhalten. Es zeigen sich hierin deutliche Vorteile der Antdorff'schen Geselligkeit gegenüber der privaten Zurückgezogenheit, die die Lebensbedingungen in Lissabon auszeichnet. Während sich Richard und Lasarus d. Ä. erst auf eine detektivische Suche nach Informationen begeben müssen, weiß Ferdinandus unmittelbar, an wen er sich wenden kann.

Zusammenfassung

Der städtische Raum wird, abhängig vom Handlungsstrang und vom Erzählziel, ganz unterschiedlich inszeniert. Die Beschreibungen changieren dabei auffällig zwischen den Polen Öffentlichkeit und Privatheit und der Text scheint sich einer eindeutigen Positionierung gegenüber den vorgeführten Lebensweisen zu entziehen. Trotz dieser immer wieder durchscheinenden ambivalenten Haltung forcieren die Verbrechenserzählungen die zunehmende Hinwendung zum Privaten und dem Vorzug kleiner Familienverbände als stabile gesellschaftliche Verbindungen. Durch die Aufklärung und Verhinderung der kriminellen Handlung wird der gute Nachbar zum Helden und das nachbarschaftliche Kollektiv zur neuen ordnungsstiftenden Instanz.

Als oberstes Ziel nennt Wickram am Ende des Prosaromans den *sålig Frid*, der die Gemeinschaft statt eines *obmanns* regiert und der in der Stadt *zu alleroberst in gericht und raht* (177,19–21) sitzen muss. ‚Stadt' kann als Lebensort nur beständig sein, wenn der Friede durch gute Nachbarschaft gewahrt und gesichert wird. Dieses oberste Ziel wird im Roman durch die unterschiedlichen Verbrechen torpediert und gleichsam erreicht. Wickram literarisiert das, was Ernst Schubert für die mittelalterliche Stadt generell feststellt, dass nämlich „erst die mittelalterliche Stadt, mit ihrer völlig neuen Erfahrung sozialer Unüberschaubarkeit der Ansammlung von Menschen, neue Regelungsmechanismen, konkret: administrativ verantwortbare Ordnungen, entwickeln mußte."[34] In Wickrams utopischer Idee für ideales Gemeinschaftsleben in der Stadt ersetzt das nachbarschaftliche Kollektiv eben jene Administrative, die sich im Laufe der frühen Neuzeit in den Städten entwickelt. Mit dem großen Kontrast der beiden Städte Antdorff und Lisabona thematisiert Wickram darüber hinaus eine dem bürgerlichen Leben eigene, durch räumliche/bauliche Bedingungen erzwungene und ertragene Enge in der Stadt bei gleichzeitiger relativer Anonymität. Während in den Antdorff-Episoden Fragen nach gemeinschaftlichem Leben auf engstem Raum und notwendiger Rücksichtnahme verhandelt werden, wird in Lisabona das Scheitern des Schutzraums Stadt, in dem sich zwielichtige Gestalten tummeln, vor Augen gestellt.

Darüber hinaus zeigt Wickram immer wieder, dass Leiderfahrungen – zumindest innerhalb der städtischen Gesellschaft – unausweichlicher Bestandteil des Lebens sind. Selbst sorgfältig unterwiesene Figuren wie Lasarus d. J. scheitern an der makellosen Umsetzung der vermittelten Lehren. Kaum beweist eine Figur, eine Lektion (des Lebens) gelernt zu haben, bietet sich sogleich die nächste Möglichkeit des Scheiterns. So vermag der junge Lasarus etwa in Venedig, das als Sündenpfuhl schlechthin darstellt wird, dem auf ihn verübten Mordanschlag zu entgehen, weil er nach der gescheiterten Kommunikation in Antdorff sein Wissen um eine potenzielle Gefahr mit Dritten teilt.[35] Aus diesem Grund gerät er überhaupt erst in die lebensgefährliche Situation, weil er einen weiteren Rat sei-

34 Schubert 2007, 36.

35 Der befreundete Kaufmann, dem sich Lasarus anvertraut, richtet harsch über die Venezianer: *Mein lieber Lasare, ich sag dir warlich / die Venediger haben seltzame dück hinder in / wiewol ich ein ynwoner zů Venedig bin / so setz ich doch nit gross vertrauwen auff sie / zůvor wann sie über ein ergrimbt sind / achten und trachten sie sie mit allem ernst / wie er hingericht wird / mag einer das in eigner person nit zů wegen bringen / findt er bald ein Riffiener / so etlich ducaten zů einer belonung nimpt* [...]. *Si sind auch gar geschwind mit iren süplin / wie dann im Teutschland nit ein vergebenlich sprichwort ist / wann einer aus Italien kumpt / unnd kranck ist / blad spricht man er hat ein Venediger süplin gessen* [...] (171, 7–18).

nes Vaters, seinen Reichtum zu verheimlichen,[36] nicht beherzigt. Umso wichtiger erscheint es, bei all den drohenden Gefahren innerhalb der Stadtmauern, die richtigen Menschen an seiner Seite zu haben, um diesen gemeinsam zu trotzen.

Bibliographie

I. Primärlitertur

Mone, Franz Joseph: Das Friedensbuch der Stadt Mainz. In: Zeitschrift für die Geschichte des Oberrheins 7 (1856), 257–280.

Roloff, Hans-Gert (Hrsg.): Georg Wickram. Sämtliche Werke. Bd. IV. Von gůten und bo̊sen Nachbaurn. Berlin 1969.

Weisthümer. Gesammelt von Jacob Grimm. 7 Teile. Göttingen 1840–1878.

Strenge, Karl von/Devrient, Ernst (Hrsg.): Die Stadtrechte von Eisenach, Gotha und Waltershausen. Jena 1909.

II. Sekundärliteratur

Bamberger, Gudrun: An Approach Towards Another Aesthetics – When a Household Becomes the Centre of Action in Jörg Wickram's *Nachbarn*-Novel. In: Anna Katharina Heiniger, Rebecca Merkelbach und Alexander Wilson (Hrsg.): Þáttasyrpa – Studien zu Literatur, Kultur und Sprache in Nordeuropa. Festschrift für Stefanie Gropper. Tübingen 2022, 267–276.

Barbarics-Hermanik, Zsuzsa: Türkengefahr (Version vom 15. Januar 2024). In: Historisches Lexikon Bayerns. Online zugängig unter: https://www.historisches-lexikon-bayerns.de/index.php?title=T%C3%BCrkengefahr_(Sp%C3%A4tmittelalter/Fr%C3%BChe_Neuzeit)&oldid=34047719 [15.03.2024].

Braun, Manuel: Ehe, Liebe, Freundschaft. Semantik der Vergesellschaftung im frühneuhochdeutschen Prosaroman. Tübingen 2001.

Braun, Manuel: Wickrams Verbrechensgeschichten oder: die andere Aventiure. In: Maria E. Müller und Michael Mecklenburg (Hrsg.): Vergessene Texte – Verstellte Blicke. Neue Perspektiven der Wickram-Forschung. Frankfurt a. M. 2007, 313–346.

Emberson, Jane: Of Good and Bad Neighbors: Middle-Class Life in the Work of Jörg Wickram. In: The Sixteenth Century Journal XXVI/3 (1995), 33–545.

Hanß, Stefan: Berichte und Kritik. Sklaverei im vormodernen Mediterraneum: Tendenzen aktueller Forschungen. In: Zeitschrift für Historische Forschung 40/4 (2013), 623–661.

36 Vgl. Roloff 1969, 114, 3.

Heiduk, Christoph/Höfert, Almut/Ulrichs, Cord: Krieg und Verbrechen nach spätmittelalterlichen Chroniken. Köln/Weimar/Wien 1997.

Kiening, Christian/Koller, Hannes: Narrative Mikroökonomien der frühen Neuzeit. Am Beispiel von Wickrams *Rollwagenbüchlein*. Zürich 2021.

Kuch, Raphael: Intermediales Erzählen im frühneuzeitlichen illustrierten Roman. Zu Struktur und Wirkung der Medienkombination bei Jörg Wickram. Berlin 2014.

Müller, Jan-Dirk: Frühbürgerliche Privatheit und altständische Gemeinschaft. Zu Jörg Wickrams Historie *Von Gůten und Bo̊sen Nachbaurn*. In: IASL 5 (1980), 1–32.

Müller, Maria E.: Einleitung. In: Maria E. Müller und Michael Mecklenburg (Hrsg.): Vergessene Texte – Verstellte Blicke. Neue Perspektiven der Wickram-Forschung. Frankfurt a. M. 2007, 1–19.

Ressel, Magnus: Zwischen Sklavenkassen und Türkenpässen. Nordeuropa und die Barbaresken in der Frühen Neuzeit. Berlin/Boston 2012.

Schmidt, Peter: Literat und „selbstgewachsener Moler". Jörg Wickram und der illustrierte Roman der Frühen Neuzeit. In: Bodo Guthmüller, Berndt Hamm und Andreas Tönnesmann (Hrsg.): Künstler und Literat. Schrift- und Buchkultur in der europäischen Renaissance. Wiesbaden 2006, 143–194.

Schubert, Ernst: Räuber, Henker, arme Sünder. Verbrechen und Strafe im Mittelalter. Mit einem Nachwort von Thomas Vogtherr. Darmstadt 2007.

Schultz, Marianne: Ökonomie, Geld und Besitz in den Werken Wickrams. o. O. 2008. doi:10.22028/D291-23521

Singelnstein, Tobias/Kunz, Karl-Ludwig (Hrsg.): Kriminologie. Eine Grundlegung. 8. vollständig überarbeitete Auflage. Stuttgart 2021.

Wolf, Gerhard: Gattungsvermischung in Wickrams „Von Gůten und Bo̊sen Nachbaurn". In: Maria E. Müller und Michael Mecklenburg (Hrsg.): Vergessene Texte – Verstellte Blicke. Neue Perspektiven der Wickram-Forschung. Frankfurt a. M. 2007, 293–312.

Dr. Judith Lange
Universität Duisburg-Essen
Universitätsstr. 12
45141 Essen
judith.lange@uni-due.de

Anika Soraya Meißner

Ein König für Paris. Paris als ‚Artushof' der französischen Heldenepik?

Es ist Mai: die Natur erblüht, man lauscht dem Gezwitscher einer Nachtigall und im Schloss sind bereits die Tische gedeckt, denn zum Pfingstfest hat der König die Besten der Ritterschaft versammelt – der perfekte Anlass, um einen weißen Hirsch zu jagen und eine königliche Hochzeit zu planen. Dieser nahezu „klischeehaft […] typisch arthurische[ ] Auftakt",[1] der in die Handlung von *Königin Sibille* einführt, kontrastiert auf den ersten Blick mit der am Hof Karls des Großen situierten Erzählung in Paris, die anstelle des Figurenrepertoires des Artusromans mit Karl und seinen 12 *Pairs* das klassische Personal der französischen Chanson de geste aufruft. Dass sich *Königin Sibille* als Prosaübersetzung einer späten französischen Chanson de geste-Vorlage einer eindeutigen Gattungszuweisung verweigert,[2] verbindet sie forschungsgeschichtlich ebenso mit *Herzog Herpin*, *Loher und Maller* und *Huge Scheppel* wie die Frage nach ihrer möglicherweise gemeinsamen Übersetzerin Elisabeth von Nassau-Saarbrücken,[3] in deren familiärem und geographischem Umfeld die Texte zwischen 1455 und 1456 in bebilderten Prachtcodices entstehen.[4] Nicht nur auf materieller Ebene, sondern auch inhaltlich sind die vier Texte erzählchronologisch miteinander verbunden, sodass sie die Geschichte Karls des Großen und seiner Nachkommen erzählen; beginnend mit Karls Hochzeit und der Verleumdung seiner unschuldigen Ehefrau Sibille in *Königin Sibille*, dem Streit der Brüder Ludwig und Loher um die Thronfolge ihres Vaters in *Loher und Maller* und dem Herrschaftswechsel von den Karolingern zu den Kapetingern mit der Hochzeit zwischen dem Metzgerssohn Huge und Lud-

1 Haug 2002, 483.

2 Zur Konkurrenz der Gattungen Artusroman und Chanson de geste in *Königin Sibille* vgl. Haug 2002. Zur Gattungsdiskussion zwischen Roman und Chanson de geste in den Saarbrücker Prosaepen vgl. außerdem Müller 1980; Bastert 2010.

3 Die umstrittene Rolle Elisabeths wird z. B. diskutiert von Hahn 1990, 76; Spieß 1998, 95–101; von Bloh 2002, 32–34 und Bastert 2010, 109–112; vgl. dagegen Haubrichs 2009 und 2010; Meißner 2024.

4 Überliefert sind die Saarbrücker Prosaepen das erste Mal in den Hamburg-Wolfenbütteler Prachtcodices, die 1455/56 im Auftrag von Elisabeths Sohn Johan III. entstanden sind. Obwohl sich die Codices heute aufgeteilt in Hamburg und Wolfenbüttel befinden, gehörten sie angesichts des identischen Layouts und der stilähnlichen Buchmalerei ursprünglich wahrscheinlich zusammen, vgl. dazu auch Herrmann 2002b, 121.

10.29091/9783752003444/021

wigs Tochter Marie in *Huge Scheppel*. Einzig *Herzog Herpin* fällt aus diesem Schema heraus, da es hier im Wesentlichen um die Genealogie Herpins von Bourges geht und Karl der Große selbst keine Hauptrolle einnimmt. Zyklische Marker, wie explizite Vor- und Rückverweise zwischen den Einzeltexten finden sich insbesondere in *Loher und Maller* und *Huge Scheppel*,[5] doch auch in *Königin Sibille* und in *Herzog Herpin* spielen häufig dieselben Figuren und Orte eine Rolle. Obwohl sich die Schauplätze der vier Saarbrücker Prosaepen unterschiedlich weit über die damals bekannte Welt erstrecken – in *Herzog Herpin* reisen die Protagonistinnen und Protagonisten nach Zypern oder Toledo, in *Königin Sibille* und in *Loher und Maller* bis nach Konstantinopel, während *Huge Scheppel* nur im Umkreis von Nordfrankreich spielt – tritt einzig die Stadt Paris als zentraler Handlungsort in allen vier Texte in Erscheinung.

So werden Verbindungen zum Artusstoff in den Saarbrücker Prosaepen nicht nur durch die Einbettung magischer Figuren oder Orte[6] hergestellt, wie sie für die „aventiurehafte" Chanson de geste konstitutiv sind, sondern auch auf struktureller Ebene stellen die Konstitution des Hofs und seines zentralen Herrschers eine Parallele dar, schließlich ist die Existenz des Artushofs abhängig von seinem Namensgeber.[7] Ebendies gilt für den Pariser Hof in den Saarbrücker Prosaepen, beziehungsweise für die Verbindung zwischen Paris und Karl, die in den unterschiedlichen Texten jeweils verhandelt wird. Paris braucht demnach immer einen rechtmäßigen Karolinger-Erben auf dem Thron, um als Fixpunkt zwischen den weitläufigen Abenteuern der Protagonistinnen und Protagonisten dienen zu können und einzelne Handlungsabschnitte auf diese Weise zu markieren. Oder anders formuliert: Die Abhängigkeit der höfischen Ordnung von einem rechtmäßigen karolingischen Thronerben am Pariser Hof bietet großes Konflikt- und damit Handlunsgpotential innerhalb der Saarbrücker Prosaepen.

Dass der Karlshof sich in allen vier Prosaepen in Paris befindet, ist für die Chanson de geste nichts Ungewöhnliches. Während aus historischer Perspektive auch die Kaiserpfalz Aachen als Herrschaftssitz Karls denkbar wäre, spielt neben Saint Denis, dem Zentrum der offiziösen französischen Geschichtsschreibung und

5 Vgl. Bastert 2018.

6 In *Herzog Herpin* gerät der Held Lewe z. B. in die Gefangenschaft des Feenkönigs Auberon, aus dessen magischem Schloss ihn der Weiße Ritter, ein Gesandter Gottes auf Erden, befreien muss.

7 An dieser Stelle wird der Bezug zur Artusforschung bewusst zurückgestellt, da arthurische Erzählelemente hier und im Folgenden als Teil der aventiurehaften Chanson de geste-Literatur betrachtet werden, zu deren Gattung man sowohl die französischen Prätexte *Reine Sebille* und *Lion de Bourges* als auch die deutschen Übersetzungen *Königin Sibille* und *Herzog Herpin* zählen kann. Zur Typisierung der Chanson de geste-Literatur vgl. Suard 1993, 79 f.

Grablege der französischen Könige,[8] ausschließlich die Stadt Paris als Residenzstadt Karls und seiner Nachkommen eine Rolle. Bereits im frühen Mittelalter kam Paris eine besondere Bedeutung als königlicher Begräbnisort zu, sodass die neuen Kapetingerkönige die Stadt nicht zufällig als ständige Residenzstadt auswählten und damit den durch Bevölkerungswachstum und technischen Fortschritt vorangetriebenen Aufschwung zur Metropole im Spätmittelalter begünstigten.[9] Parallel dazu wird selbst mit dem Begriff *Franck(en)reich* oder *France* in den späten Chansons de geste ein engerer, nordfranzösischer Raum rund um das Pariser Becken mit den Hauptorten Paris und Saint Denis bezeichnet,[10] also eben jener Handlungsraum, der sich bei allen vier Saarbrücker Prosaepen überschneidet.

Während Karl in *Königin Sibille*, nach ‚arthurischem' Vorbild, seinen Thron nur verlässt, um im nahe gelegenen Wald die Spur des Verräters aufzunehmen, bewegt sich der König in *Herzog Herpin* zumindest einmal nach Bourges, um die Rechtmäßigkeit der Lehensübergabe an Lewe zu prüfen und einmal, um seine Frau aus den Fängen des Zauberers Bessin zu befreien. Dennoch gehören Paris und Karl eindeutig zusammen, sodass Lewe einen kurzen Umweg über Paris machen muss, um noch vor dem Antritt seines väterlichen Erbes *konnig Karles wesen* [zu] *erfarhen (Herzog Herpin* 564,20f.). Davon abgesehen werden in *Herzog Herpin* auch andere Ortsnamen der Erzählwelt häufig in ihrer Schreibung der Stadt Paris angeglichen oder sogar durch sie ersetzt, selbst wenn aus geographischer Perspektive ein anderer Ort gemeint sein muss. So reist der andersgläubige König Synagon in eine Stadt namens *Parysse (Herzog Herpin* 697,20)[11] und nicht wie in *Lion de Bourges* in die orientalische Stadt *Farisse* (*Lion de Bourges* V. 26741), um dort seine Nichte um Unterstützung im Kampf gegen die Christen zu bitten.

Wie *Königin Sibille* beginnt auch *Loher und Maller* am Pariser Karlshof mit einer Verbannung des Protagonisten, in diesem Fall mit Loher, der aufgrund seiner zahlreichen Liebesaffären auf Geheiß der Verräter von seinem Vater ins Exil geschickt wird. Während Loher sich im Exil Ruhm, Ehre und eine Prinzessin erkämpft, stirbt Karl, woraufhin der Thron in Paris bald neu besetzt werden muss. Der Streit um die Thronnachfolge – zunächst zwischen Ludwig und einem Kontrahenten am Hof und später zwischen Ludwig und seinem Bruder Loher – steht dann im Zentrum der Handlung und gibt den Impuls für eine jahrelange kriegerische Auseinandersetzung der beiden Parteien, die alle im unmittelbaren Pari-

8 Vgl. dazu Spiegel 1978; dies. 1993; dies. 2015.

9 Vgl. Oberste 2012, 84–86.

10 Vgl. dazu Schneidmüller 1987, 95–198. Im Gegensatz dazu geht aus der *Chanson de Roland* (V. 2321–2337) hervor, dass mit dem entworfenen geopolitischen Raum der *France* ein aus vielen Ländern zusammengesetztes christliches Großreich gemeint ist, das in dieser Form allerdings weit über das historische Karlsreich hinausreicht, vgl. dazu Metz 1981, 50ff.

11 Ebenso in der Berliner Handschrift A und der Heidelberger Handschrift C.

ser Umland ausgetragen werden. Erst der Papst kann nach der Verurteilung der Verräter die Streitigkeiten beilegen: Loher soll demnach Kaiser in Rom werden, während Ludwig der Thron in Paris zugesprochen wird.

Die hergestellte Ordnung wird jedoch destabilisiert, als König Galien sich an Loher für den Tod seines Sohnes rächt, wobei auch Ludwig in das Kampfgeschehen verwickelt wird: Diederich von Cünieber, ein Verbündeter König Galiens, will Ludwig gefangen nehmen, um ein Druckmittel gegen Loher in der Hand zu haben. Nach einem prophetischen Traum, der die Gefangennahme König Ludwigs auf einer Wildschweinjagd voraussagt (vgl. *Loher und Maller* 262,23–26), macht Diederich von Cünieber sich deshalb voller Zuversicht auf den Weg nach Paris. Angekommen in einem Wald, der *folleclich einer dage reise breit vnd lang* (*Loher und Maller* 263,9f.) ist, trifft Diederich auf die Dienerschaft des Königs, die diesen in den Weiten des Waldes aus den Augen verloren hat. Mühelos kann Diederich die Jagdgemeinschaft davon überzeugen, dass der König sich bereits auf dem Heimweg nach Paris befindet, sodass er bald darauf allein auf Ludwig trifft, der seinen Gegner sogar durch sein Jagdhorn eigenhändig auf sich aufmerksam macht. Genauso unproblematisch wie die Suche nach dem König verläuft dann auch dessen Gefangennahme, wenn Diederich den schwachen Versuch Ludwigs, sich als König zu profilieren, mit dem flachen Schwert beiseite wischt und ihn widerstandslos festnimmt.

> *Der bastart stunde abe von sym pferde vnd herhaschte den kůnig wol hart. »Schalck«, sprach der künig, »ich byn der künig von Franckrich, vnd lessest du mich nit gene, so düstu törlich.« Als das der bastart gehort, da slüg er den künig mit flachem swert, das er bynoch nydder gefallen was, vnd nam im syn swert vnd finge in vnd begunde im synen harnesch vss zů ziehen.* (*Loher und Maller* 264,7–13)

Ebenso unmotiviert wie die Versuche Ludwigs, sich gegen die Gefangennahme zu wehren, wirkt auch die darauffolgende Suche nach ihm, die die Königin veranlasst:

> *Da Wiſseblume, die kůnigynne, die rede vername, sye erschrack gar sere vnd schickte iren diener vss vnd tet den künig wol vier gantz dage suchen, aber sye künden yn nyrgen finden. Als die diener den künig nit funden, da meynte yederman, der künig were tot.* (*Loher und Maller* 264,28–33)

Zwar ist Königin Wißblume über den Vorfall erschrocken und lässt ihren Ehemann vier Tage lang suchen, jedoch beauftragt sie damit lediglich einen einzigen Diener und das in einem Wald, der so undurchdringlich ist, dass eine einfache Durchquerung bereits einen Tag Zeit beansprucht. Zudem fehlt jegliche Bekundung von Trauer verbunden mit den typischen Klagegesten, wie sie in anderen

Zusammenhängen im Text durchaus vorzufinden sind.[12] Beinahe scheint es so, als folge die Handlung an dieser Stelle einer inhärenten Logik: Ludwig, der als Thronfolger Karls dessen passive und vor allem ortsgebundene Herrscherrolle in Paris einnimmt, gefährdet sich und seine Position, indem er sich in einem Wald aufhält, der auf Grund seiner exorbitanten Größe keiner kultivierten und damit zum Hof gehörigen Landschaft entspricht, sondern einer gefahrvollen Gegenwelt angehört und sich zudem nicht unmittelbar in Paris, sondern, wie der Text zu einem späteren Zeitpunkt vermerkt, in *Companien* (*Loher und Maller* 266,18), also im heutigen Compiègne in der Picardie, befindet. Dass ein solcher Aufenthaltsort nicht dem eigentlichen Aktionsraum des Königs entspricht, erklärt auch das Verhalten der Jagdgemeinschaft, die Diederichs Lüge unmittelbar Glauben schenkt, sowie der Reaktion Wißblumes, die weiß, dass der König nach vier Tagen außerhalb vom Pariser Hof nur für tot erklärt werden kann.

Die Programmatik, mit der der karolingische König unmittelbar an den Pariser Hof gebunden und damit gleichzeitig in seinem Aktionsraum räumlich begrenzt wird, verdeutlicht die parallel erzählte und gegensätzlich verlaufende Gefangennahme Lohers, die im Text handlungschronologisch nur wenig später erfolgt. Wieder ist es der Kontrahent Diederich von Cünieber, der den Protagonisten gefangen nimmt, dieses Mal jedoch unter Widerstand. Es wird ein heftiger, gewaltvoller Kampf beschrieben, bei dem der Erzähler auf die Ebenbürtigkeit der beiden Kämpfer verweist.

> *Loher stůnd uon seim pferd und nam sein streitaxt und begůndt den bastart zů todten. Des begert sich der bastart zů wehren. Sie kamen zůsammen mitt großen streichen und schlůgen sich lang mitteinander, ehe einer den andern geschenden kont, dan sie waren beÿde kühn. Loher traff den bastart aůff ein achsel, man mocht ein hand in die wůnden gelegt han. Dauon ließ der bastart sein schwert fallen, und als er das blůtt daraůß rinnen sahe, da rieff er gott an uon gantzem hertzen.* (*Loher und Maller* 271,19–27)

Letztendlich gelingt die Gefangennahme Lohers nur, weil Diederich, mit Gottes Hilfe, die Unterstützung zwanzig weiterer Männer erhält, mit denen er Loher gemeinsam überwinden kann (vgl. *Loher und Maller* 272,21–24). Durch das für die Saarbrücker Prosaepen typische serielle Erzählen, das immer wieder ähnliche Handlungssituationen, oftmals nah verwandter Figuren, mit unterschiedlichem

12 Gerade das „*heiß weinen*" gehört zu den typisch formelhaften Emotionsausdrücken der Saarbrücker Prosaepen, z. B. in *Loher und Maller* 205,16; 339,12; 340,25 u. 387,8. Zum formelhaften Ausdruck von Emotionen in den Saarbrücker Prosaepen vgl. auch Liepe 1920, 239; von Bloh 2002, 258; Winst 2012, 235 und Classen 2015, 188.

Ergebnis durchspielt,[13] wird an dieser Stelle der begrenzte Handlungsraum Ludwigs offengelegt. Als amtierender König von Paris und Thronfolger Karls ist er außerhalb des Hofs in seiner Handlungsfähigkeit so eingeschränkt, dass er im Gegensatz zu seinem Bruder nicht widerstandsfähig ist und seinen Status als König nicht erhalten kann. Aus dieser Perspektive erklärt sich dann auch, weshalb Lohers junger und kampflustiger Sohn Marphone im Folgenden kein Interesse an der Übernahme des Königreichs von Frankreich hat, da er nicht beabsichtigt, sich räumlich an Paris zu binden und sich in seinem Handlungsspielraum einschränken zu lassen. Genau das verkündet er schließlich, als er – zur Überraschung der Ritterschaft – keinen Einspruch gegen den finalen Schiedsspruch des Papstes einlegt, der die Erbfolge des französischen Königtums zugunsten eines Wahlprozesses aufheben lässt und Marphone damit die automatische Thronfolge verwehrt.

> *Die fürsten und herren uerwůnderten sich, daz sich Marphone dessen begeben. Er aber sprach: »Ich thun es williglich, aber will unser herr Iesůs, an dem die welt stehet, so will ich noch so uil erwerben an den ungleůbigen und heiden, als ich hie ubergeben hab.«* (*Loher und Maller* 325,1–5)

Die Figur des französischen Königs ist – so lassen die Beispiele aus *Königin Sibille*, *Herzog Herpin* und *Loher und Maller* erkennen – an den Pariser Hof gebunden und ohne ihn, in einem Text, der größtenteils in einer weitläufigen Erzählwelt spielt, räumlich wie handlungsmäßig limitiert. So kann der König außerhalb des Pariser Hofs als Figur nicht handeln, da der Karlshof in Paris, anders als der Artushof, als räumlich inner- wie außerhalb der Erzählwelt fixer Ort nicht mobil ist.[14] Ebenso abhängig wie der König von Paris, ist Paris jedoch auch von seinem König, wie der handlungschronologisch letzte Teil der Saarbrücker Prosaepen zeigt.

In *Huge Scheppel*, der als einziger der vier Texte fast ausschließlich in Paris spielt, wird der Grundkonflikt verhandelt, dass Paris ohne männlichen karolingischen Thronfolger Gefahr läuft, von den Verrätern eingenommen zu werden, denn Ludwig hinterlässt als Erbin nur eine Tochter. Bereits in *Loher und Maller* wird nicht nur in einer Prolepse auf die Hochzeit der Karlserbin mit dem Metzgersohn Huge verwiesen, sondern zusätzlich auf den grundlegend problematischen Umstand aufmerksam gemacht, dass das karolingische Reich nicht ohne rechtmäßigen König funktionieren kann. So bemerkt Ludwig während seiner Gefangennahme, *es were ein hermclich ding, solte Franckrich an herren bliben* (*Loher und Maller* 265,21–23). Im Folgenden steht die gesamte Handlung im *Huge Scheppel*

---

13 Zur Serialität der Saarbrückern Prosaepen vgl. von Bloh 2002, 435; Winst 2012; Kohnen 2015 und Herz 2017.

14 Der Artushof hat „keinen festen Standort, keine festen Raumkoordinaten. Er ist stetig mobil, überall und nirgends zugleich, und konstituiert sich in erster Linie über König Artus als Repräsentanten des höfischen Ideals." Lauer 2008, 139f.

im Zeichen dieses *hermclich ding*, denn schon der Textbeginn macht die Stoßrichtung der Gesamthandlung sichtbar, indem hier der Protagonist nicht etwa vom Pariser Hof verbannt wird, wie in den anderen drei Prosaepen, sondern sich ganz im Gegenteil geradewegs auf dem Weg in die Hauptstadt befindet.

> *Huge hait sinen weg zü* ***Parijs*** *zu genomen, als er von syner müter wegen vil fründe da hatte vnd syn vatter was eyn edeler ritter, vſß dem lande Lannoy burtig, wyse vnd vernünfftig, zu* ***Parijs*** *in künig Ludewigs hoffe wol bekannt vnd zü syme heymlichen rade dick gerüffen.* (*Huge Scheppel* 84,12–16)

In der wenig später folgenden Bildüberschrift wird Paris gleich zwei Mal erwähnt.

> *Hy kame Huge Scheppel geyn* ***Parijs*** *vnd zu eyme syme vettern, der hyeſß Symont vnd was eyn richer burger zu* ***Parijs****.* (*Huge Scheppel* 84,23–25)

Ebenso wird Paris auch direkt im ersten Satz unter dem Bild genannt.

> *Der iungelingk Huge reyt so lange, bis er gein* ***Parijs*** *kame.* (*Huge Scheppel* 85,1–2)

Das Ziel des Protagonisten ist nicht etwa der Pariser Palast, sondern das Bürgerhaus des Metzgeronkels Symont, das auch im weiteren Handlungsverlauf immer wieder als sicherer Rückzugsort und Startpunkt für eine neu einsetzende Wendung des Geschehens dient: So kehrt Huge nach seinen jugendlichen Abenteuern und zahlreichen Liebesaffären bei Symont ein, bevor er König von Frankreich wird und versteckt sich ebenfalls in Symonts Haus, als er vor den Verrätern fliehen muss, bevor er sich den Thron zurückerkämpft. Dass Paris in *Huge Scheppel* deshalb, anders als in den übrigen drei Prosaepen, nicht ausschließlich mit dem Karlshof verbunden wird, sondern ebenfalls das Stadtzentrum und insbesondere das Bürgerhaus Symonts zentrale Ankerpunkte der Handlung darstellen, wird durch die vergleichsweise ausführliche Beschreibung der Stadt sichtbar. So werden beispielsweise vier Stadttore entsprechend der vier Hauptrouten in Paris erwähnt: Saint-Antoine, Saint-Martin, Saint-Denis und Saint-Honoré, sodass bereits in der frühen *Hugues Capet*-Forschung die These aufgestellt wurde, dass der Autor der Chanson de geste das Paris des 14. Jahrhunderts gut gekannt haben müsse und den Text möglicherweise explizit an ein Pariser Publikum adressiert haben könnte.[15]

Doch nicht nur auf textueller Ebene wird Paris genau beschrieben, auch in der Bebilderung der Hamburger Handschrift finden sich Details, die vermuten lassen, dass der oder die unbekannten Illustratoren Paris oder zumindest bildliche Darstellungen der Stadt gut gekannt haben müssen. Ebenso wie die Illustrationen in *Herzog Herpin* und *Loher und Maller* in den Hamburg-Wolfenbütteler Pracht-

15 Vgl. Ferrière 1950, 50; vgl. Bossuat 1950, 459 u. 469.

codices wurden auch die Bilder in *Huge Scheppel* unabhängig von der Textniederschrift gefertigt und nachträglich in die Handschrift eingefügt. *Königin Sibille* ist als einziger Text des Zyklus unbebildert geblieben, auch wenn das Layout ursprünglich Bildräume vorgesehen hat.[16]

Während Paris *in Herzog Herpin* nicht in den erhaltenen Illustrationen erscheint und in *Loher und Maller* einzig Außenansichten existieren,[17] weitet die Bebilderung in *Huge Scheppel* parallel zum Textgeschehen den Fokus vom Karlshof auf das bürgerliche Stadtzentrum von Paris aus, insbesondere auf das Metzgerviertel am rechten Seine-Ufer um die Pfarrkirche Saint-Jacques-de-la-Boucherie. Dass Huges Onkel als Metzgermeister und reichster Bürger von Paris (vgl. *Huge Scheppel* 84,58) in diesem Stadtviertel verortet sein muss, passt zur historischen Realität des Spätmittelalters, in der das Metzgerviertel zu den wirtschaftlich umsatzstärksten Vierteln zählte.[18] Eine Gegenüberstellung der Illustrationen mit dem sogenannten *Plan de Bâle*, einem der ältesten Stadtpläne von Paris aus dem Jahr 1553, entworfen von Olivier Truschet und Germain Hoyaut, lässt zudem deutliche Parallelen zwischen der bildlichen Darstellung des Metzgerhauses im Prosaepos und dem historischen Paris erkennen, wenn im Bild sowohl die Pfarrkiche Saint-Jacques-de-la-Boucherie als auch *La Grant Boucherie*, also die große Metzgerei, inklusive ihrer Eingangstreppe genauso gut zu erkennen sind wie die drei Brücken, *Pont Notre-Dame*, *Pont-au-Change* und *Pont aux Meuniers*[19] an der Seine. Auch die Lage von Symonts Metzgerei und der schräg dahinter liegenden Kirche stimmen mit der räumlichen Darstellung des historischen Stadtplans

16 Anders als für die Heidelberger *Herpin*-Handschrift C oder die Berliner *Herpin*-Handschrift A fehlen jegliche Informationen zu den Illustratoren der Hamburg-Wolfenbütteler Codices. Aufgrund der Arbeitsaufteilung zwischen Text- und Bildproduktion ist auch eine internationale Zusammenarbeit, z. B. zwischen Frankreich und Deutschland denkbar, vgl. Stork 2002, 604f. Ähnlichkeiten bezüglich der Bildkomposition finden sich zudem in der flämischen Buchmalerei, z. B. im Umfeld des sog. Mansel-Malers, vgl. Wolf 2002, 613. Vgl. dagegen Schmidt 2007 (1905), 20, der auf Grund der Schreibung von *Schampanle* an einem Produktionsort in Deutschland festhält.

17 Die Stadtansicht von Paris ist in den Hamburger *Loher und Maller*-Illustrationen immer von einer Stadtmauer umgeben und durch das Lilienwappen oder eine Bildüberschrift eindeutig gekennzeichnet, vgl. Hamburger Handschrift, Staats- und Universitätsbibliothek, Cod. 11, Bl. 2r; Bl. 55r; Bl. 59v; Bl. 90v und 96r.

18 Vgl. Oberste 2018, 221. Vgl. auch ebd., 220, die wirtschaftlich starke Position der Pfarrei von Saint-Jacques-de-la-Boucherie in Abb. 35, die die durchschnittlichen Steuersätze pro Hektar in den Pfarreien von Paris *intra muros* Ende des 13. Jahrhunderts zeigt. Der durchschnittliche Steuerbeitrag liegt hier beim Höchstsatz von 161–480 *livres* pro Hektar im Vergleich zu Pfarreien am linken Seine-Ufer wie St-Geneviève-du-Mont oder St-André-des-Artes, wo die Steuereinnahmen bei 0–13 *livres* pro Hektar liegen.

19 Die *Pont aux Meuniers* wurde 1609 durch die *Pont Marchand* ersetzt.

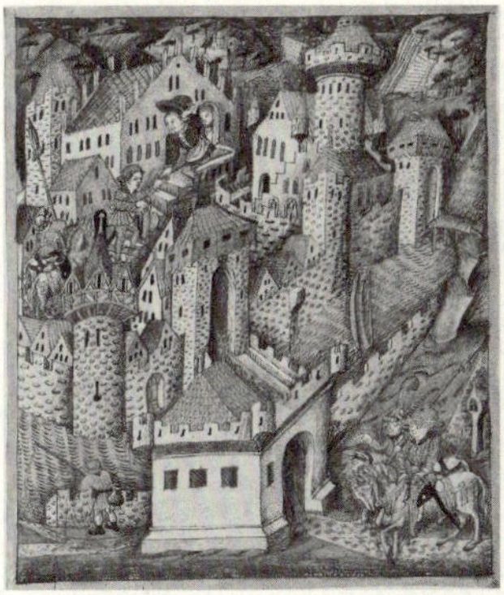

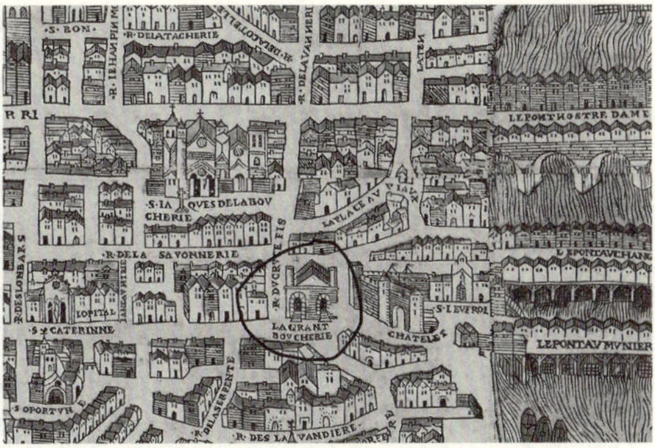

Das Metzgerviertel Saint-Jacques-de-la-Boucherie;
Abb. links: Bl. 5r *Huge Scheppel* Hamburg, Staats- und Universitätsbibliothek, Cod. 12 in scrinio; rechts: *Plan de Bâle.*

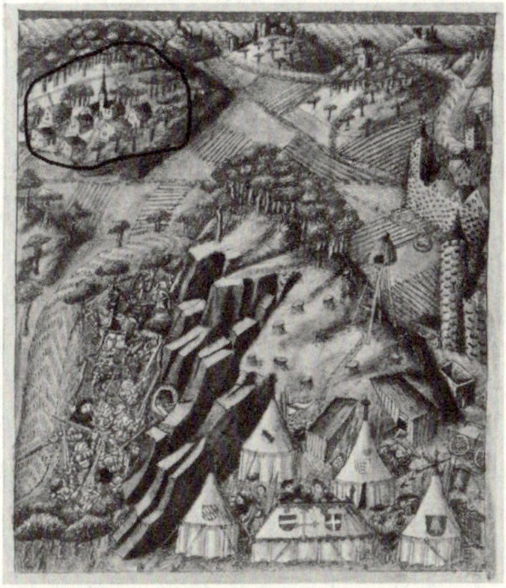

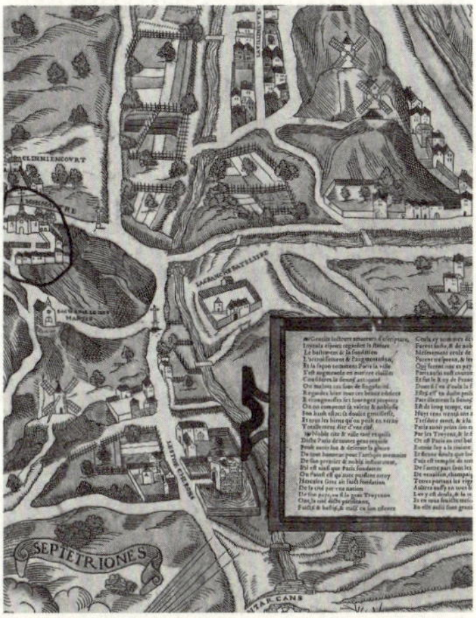

Montmartre; Abb. links: Bl. 25r *Huge Scheppel* Hamburg, Staats- und Universitätsbibliothek, Cod. 12 in scrinio; rechts: *Plan de Bâle.*

überein. Neben dem Metzgerhaus im wirtschaftlichen Stadtzentrum weist auch die Illustration des Kampfschauplatzes in Montmartre eine erkennbare Nähe zur historischen Darstellung im *Plan de Bâle* auf, sodass sowohl die Kirche als auch der Verlauf der Seine, die Stadtmauer um Paris und die hügelige Landschaft in *Huge Scheppel* wie im *Plan de Bâle* dargestellt werden.

Die Ausweitung des Handlungsorts des Pariser Palasts auf das bürgerliche Stadtzentrum korreliert zudem mit der Rolle der Bürger, die einzig in *Huge Schep-*

pel eine aktive und für die Lösung des Grundkonflikts zentrale Rolle einnehmen. Schon als der karolingische Thron zu Beginn des Textes von dem Verräter Savary bedroht wird, fordert die Königin Hilfe bei der Pariser Bürgerschaft an und auch in der folgenden kriegerischen Auseinandersetzung sind es die Bürger, allen voran Huge, die den ausschlaggebenden Unterschied machen. Die enge Verbindung zwischen der Stadt Paris auf der einen und der (Kampf-)Gemeinschaft von Bürgern und Adeligen auf der anderen Seite wird auch auf Wortebene sichtbar, wenn Huges Krieger als *Die von Parijs* (z. B. *Huge Scheppel* 113,1; 114,10, 144,18) oder sogar als *die besten vß Parijs* (*Huge Scheppel* 281,21) bezeichnet werden. Zugleich wird der in der Chanson de geste sowie in allen drei Saarbrücker Prosaepen häufig genannte Schlachtruf *Montioye* einzig in *Huge Scheppel* als das *geschreye zu Parijs* (*Huge Scheppel* 109,15) bezeichnet. Während die Erzählwelt von *Huge Scheppel* auf Paris und das nahe Umland beschränkt bleibt, wird der mit Paris verbundene Figurenkreis hingegen ausgeweitet, zum einen auf das Kapetingergeschlecht, das das Geschlecht der Karolinger künftig auf dem Thron ablösen wird, zum anderer auf die Pariser Bürgerschaft, die neben den Adeligen eine aktive – wenn auch das bestehende monarchische Gesellschaftssystem unterstützende – Rolle einnimmt.

Paris, so könnte man abschließend für die Saarbrücker Prosaepen *Herzog Herpin*, *Königin Sibille*, *Loher und Maller* und *Huge Scheppel* festhalten, ist nicht nur einziger räumlicher Überschneidungspunkt aller vier Texte, sondern ebenfalls – und hier liegt eine deutliche Parallele zwischen Artus- und Karlshof – Startpunkt für die unterschiedlichen Texthandlungen. So geht es in den Saarbrücker Prosaepen, wie auch in den meisten späten Chansons de geste oder Artusromanen, weniger um Karl oder Artus selbst, sondern um Protagonistinnen und Protagonisten, die in verwandtschaftlicher oder vasallistischer Beziehung zum jeweiligen König stehen und die sich ihren rechtmäßigen Platz innerhalb des Hofs zunächst außerhalb des Hofs (zurück-)erkämpfen müssen. Im Gegensatz dazu ist der Thronerbe des Hofes selbst außerhalb von Paris wenig mobil und handlungsfähig, wie besonders die seriell und gegensätzlich erzählte Gefangennahme des Brüderpaares Loher und Ludwig vor Augen führt. In *Huge Scheppel* wird dann sichtbar, dass nicht nur der König in einem Abhängigkeitsverhältnis zum Pariser Thron steht, sondern Paris seinerseits einen König braucht, den die Stadt sich, wenn es sein muss, auch selbst beschaffen kann, notfalls sogar aus den eigenen, bürgerlichen Reihen. Dass der Handlungsraum in *Huge Scheppel* einerseits auf Paris und das nähere Umland eingeschränkt und dafür hinsichtlich des Figurenpools von adeligen auf aktive bürgerliche Figuren ausgeweitet wird, spiegelt sich ebenfalls in der Bilddarstellung der Hamburger Handschrift wider, die nicht nur die Stadt Paris insgesamt eindeutig abbildet, sondern neben Inneneinsichten in den Pariser Palast gleichermaßen das Bürgerhaus des Metzgeronkels Symont in den Fokus rückt. Die Saarbrücker Prosaübersetzungen nehmen auf diese Weise nicht nur eine gattungsgeschichtlich hybride Position ein, indem sie mit den literarischen Mustern ihrer französischen Vorlagen spielen, sondern stellen auch, wie die Bilddarstellungen noch einmal verdeutlichen, auf der Produktionsseite eine wichtige Verbindung zwischen Frankreich und Deutschland dar.

Bibliographie

I. Primärliteratur

Das altfranzösische Rolandslied. Zweisprachig, übers. und kommentiert von Wolf Steinsieck. Stuttgart 1999.

Herzog Herpin. Kritische Edition eines spätmittelalterlichen Prosaepos, hrsg. von Bernd Bastert. Berlin 2014.

Königin Sibille – Huge Scheppel. Editionen, Kommentare und Erschließung, hrsg. von Bernd Bastert und Ute von Bloh. Berlin 2018.

Loher und Maller. Kritische Edition eines spätmittelalterlichen Prosaepos, hrsg. von Ute von Bloh. Berlin 2013.

II. Sekundärliteratur

Bastert, Bernd: Helden als Heilige. Chanson de geste-Rezeption im deutschsprachigen Raum. Tübingen 2010.

Bastert, Bernd: Die Saarbrücker Prosaepen als Erzählzyklus. In: Ders. und Ute von Bloh (Hrsg.): Königin Sibille – Huge Scheppel. Editionen, Kommentare und Erschließung. Berlin 2018, 381–391.

Bossuat, Robert: La Chanson de „Hugues Capet“. In: Romania 71 (1950), 450–481.

Classen, Albrecht: Schrecken und Grauen, Mord und Totschlag. Das Entsetzen literarisch eingefangen. Spiegelungen des Schmerzes und brutaler Misshandlung in Elisabeths von Nassau-Saarbrücken *Loher und Maller* (1437). In: Neuphilologische Mitteilungen 116 (2015), 133–147.

Ferrière, André: Hugues Capet. Chanson de geste du XIVe siècle. Étude d'histoire littéraire suivie d'une édition. In: Positions des thèses de l'École des chartes. Paris 1950, 49–51.

Hahn, Reinhard: ‚Von frantzosischer Zungen in teütsch'. Das literarische Leben am Innsbrucker Hof des späteren 15. Jahrhunderts und der Prosaroman ‚Pontus und Sidonia'. Frankfurt a. M./Bern 1990.

Haubrichs, Wolfgang/Herrmann, Hans-Walter (Hrsg.): Zwischen Deutschland und Frankreich. Elisabeth von Lothringen, Gräfin von Nassau-Saarbrücken. St. Ingbert 2002.

Haubrichs, Wolfgang: Text, Kontext, Bild in illustrierten Handschriften des späten Mittelalters. Das Beispiel der Elisabeth von Nassau-Saarbrücken (gest. 1456). In: LiLi 39 (2009), 70–77.

Haubrichs, Wolfgang: Mahl und Krieg. Die Erzählung der Adelskultur in den Texten und Bildern des Hamburger *Huge Scheppel* der Elisabeth von Lothringen, Gräfin von Nassau-Saarbrücken. In: Catherine Drittenbass und André Schnyder (Hrsg.): Eulenspiegel trifft Melusine. Der frühneuhochdeutsche Prosaroman im Licht neuer Forschungen und Methoden. Akten der Lausanner Tagung vom 2. bis 4. Oktober 2008. Amsterdam 2010, 201–216.

Haubrichs, Wolfgang/Oster, Patricia (Hrsg.): Zwischen Herrschaft und Kunst. Fürstliche und adlige Frauen im Zeitalter Elisabeths von Nassau-Saarbrücken (14.–16. Jh.). Saarbrücken 2013.

Haug, Walter: Die ‚Königin Sibille' der Elisabeth von Nassau-Saarbrücken und das Problem des Bösen im postarthurischen Roman. In: Wolfgang Haubrichs (Hrsg.): Zwischen Deutschland und Frankreich. Elisabeth von Lothringen, Gräfin von Nassau-Saarbrücken. St. Ingbert 2002, 477–494.

Herrmann, Hans-Walter: Lebensraum und Wirkungsfeld der Elisabeth von Nassau-Saarbrücken. In: Haubrichs/Herrmann 2002, 49–124.

Herz, Lina: Schwieriges Glück. Kernfamilie als Narrativ am Beispiel des „Herzog Herpin". Berlin 2017.

Kohnen, Rabea: Akkumulation und Überblendung. Zur seriellen Strategie des Erzählens im „Herzog Herpin". In: Rolf Parr u. a. (Hrsg.): Wiederholen/Wiederholung. Heidelberg 2015, 175–194.

Lauer, Claudia: Die Suche des Helden und die Suche nach dem Helden. Formen der Verräumlichung von Wissen im mittelhochdeutschen höfischen Roman. In: Katharina Bahlmann u. a. (Hrsg.): Gewusst wo! Wissen schafft Räume. Die Verortung des Denkens im Spiegel der Druckgraphik. Berlin 2008, 135–148.

Liepe, Wolfgang: Elisabeth von Nassau-Saarbrücken. Entstehung und Anfänge des Prosaromans in Deutschland. Halle 1920.

Meißner, Anika Soraya: Von welsch zu dütsch. Kulturelle und literarische Transferprozesse am Beispiel der Saarbrücker Prosaepen. Berlin 2024.

Metz, Martin: Zur Tradition und Perspektive in der Geographie der „Chanson de Roland". Untersuchungen zum mittelalterlichen Weltverständnis. Frankfurt a. M. 1981.

Müller, Jan-Dirk: Held und Gemeinschaftserfahrung. Aspekte der Gattungsreformation im frühen deutschen Prosaroman am Beispiel des ‚Hug Schapler'. In: Daphnis. Zeitschrift für mittlere deutsche Literatur 9.1 (1980), 393–426.

Oberste, Jörg: Paris im Mittelalter. Metropolenbildung zwischen Zentralität und Diversität. In: Ders. (Hrsg.).: Metropolität in der Vormoderne: Konstruktionen urbaner Zentralität im Wande. Regensburg 2012, 73–100.

Oberste, Jörg: Die Geburt der Metropole. Städtische Räume und soziale Praktiken im mittelalterlichen Paris. Regensburg 2018.

Schmidt, Robert: Die kunstgeschichtliche Stellung der Illustrationen der *Huge Scheppel*-Handschrift. In: Hermann Urtel (Hrsg.): Der Huge Scheppel der Gräfin Elisabeth von Nassau-Saarbrücken nach der Handschrift der Hamburger Stadtbibliothek. Hrsg. von Hans-Jochen Ruland und Alexandra Raetzer. Saarbrücken 2007 (Nachdr. der 1905 im Lucas Gräfe Verlag Hamburg erschienenen Ausgabe), 20–25.

Schneidmüller, Bernd: Nomen Patriae. Die Entstehung Frankreichs in der politisch-geographischen Terminologie (10.–13. Jahrhundert). Sigmaringen 1987.

Spiegel, Gabrielle M.: The Chronical Tradition of Saint-Denis: A survey. Brookline, Mass. u. a. 1978.

Spiegel, Gabrielle M.: Romancing the Past. The Rise of Vernacular Prose. Historiography in Thirteen-Century France. Berkeley u.a 1993.

Spiegel, Gabrielle M.: L'historiographie royale de Saint-Denis. In: Pascal Delannoy (Hrsg.): Saint-Denis. Dans l'éternité des rois et des reines de France. Straßburg 2015, 381–386.

Spieß, Karl-Heinz: Zum Gebrauch von Literatur im spätmittelalterlichen Adel. In: Ingrid Kasten u. a. (Hrsg.): Kultureller Austausch und Literaturgeschichte im Mittelalter. Ostfildern 1998, 85–101.

Stork, Hans-Walter: Die handschriftliche Überlieferung der Werke Elisabeths von Nassau-Saarbrücken und die malerische Ausstattung der Handschriften. In: Haubrichs/Herrmann 2002, 591–606.

Suard, François: La chanson de geste. Paris 1993.

von Bloh, Ute: Ausgerenkte Ordnung. Vier Prosaepen aus dem Umkreis der Gräfin Elisabeth von Nassau-Saarbrücken: ‚Herzog Herpin' ‚Loher und Maller', ‚Huge Scheppel', ‚Königin Sibille'. Tübingen 2002.

Winst, Silke: Narration im späten Mittelalter. Serialität und Komplexität im Prosaepos ‚Loher und Maller'. In: PBB 134 (2012), 220–238.

Wolf, Eva: Die Sprache der Bilder. Bild-Erzählung in den Handschriften der Romane der Elisabeth von Nassau-Saarbrücken. In: Haubrichs/Hermann 2002, 607–622.

Dr. Anika Soraya Meißner
Germanistisches Institut
Ruhr-Universität Bochum
Universitätsstr. 150
44801 Bochum
anika.meissner@rub.de

Linus Möllenbrink

Muße in der Stadt? Humanistische Diskussionen über urbane und ländliche Lebensformen bei Francesco Petrarca, Ulrich von Hutten und Jacobus Canter

Hektisch, turbulent und laut: Die Stadt gilt als Inbegriff der Schnelllebigkeit unserer modernen Gesellschaft.[1] Einem Artikel in der Zeitschrift *Nature* zufolge führt das Leben in der Stadt zu dauerhaftem Stress und in der Folge zu einem vermehrten Auftreten von psychischen und physischen Erkrankungen.[2] Verschiedene Ursachen werden dafür angeführt: Der Lärm, die Enge, die Reizüberflutung, weiterhin die Angst vor Kriminalität sowie die große Menge an Menschen, denen man im urbanen Alltag ständig ausgesetzt sei – das alles lasse gängigen Klischees zufolge den Stresspegel von Stadtbewohner:innen dauerhaft ansteigen.[3] Die Stadt gehört also nicht gerade zu idealtypischen Orten der Muße.[4]

Diese Einschätzung ist alles andere als neu. Sie beruht auf einer langen kulturellen Tradition, die sich bis in die vorchristliche Antike zurückverfolgen lässt: Schon der griechische Dichter Theokrit zeichnet im 3. Jahrhundert vor Christus das Bild eines mußevollen Lebens auf dem Land als Gegenmodell zur hektischen Stadt und legt damit den Grundstein für die literarische Verklärung des Landlebens bis heute.[5] Die Verortung der Muße (lat. *otium*) in der Natur lässt sich dann prominent bei römischen Autoren wie Vergil (70–19 v. Chr.) oder Horaz

1 Vgl. schon Simmel 1995 [1903]. Dazu Rosa 2017, 98f. Zur langen Tradition der Verbindung von Antimodernismus und Antiurbanismus vom Alten Testament über die Reformationszeit bis ins 21. Jahrhundert vgl. Dahm/Felber 2023, 20f.

2 Vgl. Abbott 2012.

3 Vgl. Adli 2017.

4 Die grundsätzliche Abhängigkeit der Muße von bestimmten Räumen betont Suerbaum 2014, 131: „Muße als Freiraum [ist] ohne einen Rekurs auf reale Räume kaum diskursivierbar." Dazu grundlegend Figal 2014.

5 Vgl. etwa Garber 2009, 20–24. Dass Theokrits Werke noch im Mittelalter bekannt waren, belegen Handschriften seiner Texte aus dem 13. und 14. Jahrhundert, vgl. Landfester 2007. In der Zeit um 1500 kommt es dann durch die Herausgabe seiner Texte im Druck zu einem neuen Aufschwung der Rezeption, vgl. Rostropowicz 2010. Um 1480 wird in Mailand zum ersten Mal eine Sammlung mit 18 Idyllen gedruckt, gemeinsam mit Hesiods *Opera et dies* (Mailand: Bonus Accursius; GW M45823); eine erste Übersetzung ins Lateinische von Martinus Phileticus erscheint etwa zur selben Zeit (Rom: Eucharius Silber, um 1480; GW

10.29091/9783752003444/022

(65–8 v. Chr.) beobachten.[6] Und auch in der höfischen Literatur des Mittelalters sind es in erster Linie Naturräume, die als *loci amoeni* Merkmale von Muße-Orten tragen, etwa der Garten der Oiseuse im *Roman de la Rose*, der Garten auf der Burg zum schlimmen Abenteuer im *Iwein* oder natürlich die Minnegrotte im *Tristan*.[7]

Besonders relevant wird die Frage nach der Verortung der Muße dann in der Literatur des Spätmittelalters. Das hat zunächst einen sozialgeschichtlichen Grund in der fortdauernden Urbanisierung:[8] Mit dem Aufschwung von Handel und Handwerk zogen seit dem 12. Jahrhundert immer mehr Menschen vom Land in die Stadt, um von den neuen wirtschaftlichen Möglichkeiten und rechtlichen Freiheiten des urbanen Raums zu profitieren. In den Städten wurde es immer voller und das Zusammenleben vieler Menschen innerhalb des begrenzten Raums der Stadtmauern brachte eine Reihe von Herausforderungen mit sich, neben den sozialen Ungleichheiten und der Kriminalität insbesondere im Bereich der Hygiene. Nicht zuletzt die großen Pest-Epidemien des Spätmittelalters haben auf drastische Weise die Herausforderungen des städtischen Zusammenlebens deutlich gemacht. Die Pest bildet auch den Hintergrund für einen der bekanntesten Texte dieser Zeit: Giovanni Boccaccios *Decamerone* (um 1350) erzählt von zehn jungen Adligen, die aus dem pestverseuchten Florenz fliehen und sich auf dem Land in Sicherheit bringen, wo sie sich mit dem Erzählen von Geschichten die Zeit vertreiben. Auch bei Boccaccio bildet damit der Rückzug aus der Stadt die Voraussetzung für eine Erfahrung der Muße in der Natur.[9]

Aus derselben Zeit stammen einige der wohl wirkmächtigsten Beispiele vormoderner Stadtkritik, und zwar von einem Freund Boccaccios, nämlich Francesco Petrarca (1304–1374), der in verschiedenen Texten die Probleme des urbanen Le-

M45828). Besondere Wirkmächtigkeit erreicht dann die Übersetzung von 36 Idyllen durch Helius Eobanus Hessus (Hagenau: Johann Setzer, 1530/31; VD 16 T 721).

6 Zur lateinischen Tradition Wulfram 2011, 162f.; Hindermann 2021. Zum Stadt-Land-Gegensatz in der Antike auch Zuiderhoek 2017, 41f. Deutlich wird dieser Gegensatz etwa in Horaz' traditionsbildender Satire über Stadtmaus und Landmaus zum Ausdruck gebracht, wo der urbane Raum als Ort der *negotia* erscheint (Horaz, *Sermones*, 2,6,33), während die *rus* einen Ort der Beschäftigung mit Literatur (*veterum libri*) und untätige Stunden (*horae inertes*) bietet (ebd., 61). Zitiert nach Horaz 2001, 238f. Dazu Tschäpe 2015, 99. – Dass vor allem in Rom auch Freiräume des *urbanum otium* zu finden waren, zeigen Schmitzer 2017 und Jenkyns 2003, 65, 67f., 82, 96 u. 300. Zur urbanen Muße in der Antike weiterhin Classen 1986, 11 u. 13; Wulfram 2011, 165.

7 Zu diesen Orten Hasebrink 2014, 121–128; Klinkert 2016, 19–27; Becker 2019, 294–308 u. 388–396; Seeber 2021.

8 Zur Urbanisierung in Hoch- und Spätmittelalter Stoob 1989; Escher/Hirschmann 2005, zusammenfassend 543–555; Schulz 2009.

9 Vgl. dazu Klinkert 2016, 43f. u. 46f.

bens thematisiert.[10] Einen eindrücklichen Beleg bietet Petrarcas *Secretum* (1347–1353):

> *Quis vite mee tedia et quotidianum fastidium sufficienter exprimat, mestissimam turbulentissimamque urbem terrarum omnium, angustissimam atque ultimam sentinam et totius orbis sordibus exundantem? Quis verbis equet que passim nauseam concitant: graveolentes semitas, permixtas rabidis canibus obscenas sues, et rotarum muros quatientium stridorm aut transversas obliquis itineribus quadrigas; tam diversas hominum species, tot horrenda mendicantium spectacula, tot divitum furores: illos mestitia defixos, hos gaudio lasciviaque fluitantes; tam denique discordantes animos artesque tam varias, tantum confusis vocibus clamorem et populi inter se arietantis incursum? Que omnia et sensus melioribus assuetos conficiunt et generosis animis eripiunt quietem et studia bonarum artium interpellant. Ita me Deus ex hoc naufragio puppe liberet illesa, ut ego sepe circumspiciens in infernum vivens descendisse michi video.* (Francesco Petrarca, *Sectreum meum*, 2,65)

> ‚Wer könnte den Ekel und den alltäglichen Überdruss in meinem Leben angemessen beschreiben, diese traurigste und unruhigste Stadt der Erde, die engste, unterste Bilge, die überquillt vom Schmutz der ganzen Welt? Wer könnte in Worte fassen, was ringsher den Brechreiz erregt: stinkende Gassen, dreckige Schweine und geifernde Hunde, der Krach von Rädern, die gegen Mauern schlagen, Fahrzeuge, die sich quer über die Seitenstraßen schieben; eine Unzahl verschiedener Arten von Menschen: so viele entsetzliche Erscheinungen von Bettlern, so viele Exzesse der Reichen; jene festgebannt vom Elend, diese dahingetrieben von lustvoller Ausschweifung; schließlich so viel Streit und so verschiedenartige Betriebsamkeit, soviel Geschrei und Stimmengewirr und Gedränge von Leuten, die gegeneinander anrennen? All dies erschöpft die Sinne, die bessere Dinge gewohnt sind, raubt edlen Geistern die Ruhe und behindert das Studium der schönen Künste. Möge Gott mich mit unversehrtem Heck aus diesem Schiffbruch retten, so wahr ich beim Blick umher oft meine, lebendig in die Hölle hinabgestiegen zu sein!‘[11]

Was Petrarca hier als Hölle auf Erden beschreibt, ist die Stadt Avignon, die im 14. Jahrhundert zur Residenz des Papstes und damit auf einen Schlag zu einer der wichtigsten Städte des Abendlandes geworden war. Innerhalb weniger Jahre wuchs Avignon um das Dreifache, über Jahrzehnte war die Stadt geprägt von einer massiven Bautätigkeit.[12] Man kann sich also leicht vorstellen, was Petrarca

10 Vgl. Enenkel 2018.

11 Zitat und Übersetzung Petrarca 2004, 206–209.

12 Vgl. Hayez 1980, 1301f. Zu den Veränderungen der Stadt im 14. Jahrhundert auch Castelnuovo/Ferrand 2013; Balossino 2021.

meint, wenn er den Lärm, die Enge und die Menschenmassen in der Stadt beschreibt. Muße war hier nicht zu finden: Zwar benutzt der zitierte Textausschnitt nicht das lateinische Wort *otium*, aber den damit verwandten Ausdruck der Ruhe (*quies*), die außerdem als Voraussetzung für die Beschäftigung mit Literatur (*studium bonarum artium*) dargestellt wird.[13] Damit schreibt sich der Humanist deutlich in den literarischen Muße-Diskurs seit der Antike ein. Er bezieht sich auch explizit auf diese bukolische Tradition, indem er im Anschluss an die zitierte Stelle ein bekanntes Zitat aus den *Epistulae* des Horaz bringt: *I nunc et versus tecum compone canoros!* (‚Da geh hin und verfasse in Ruhe wohlklingende Verse!')[14] Hier zeigt sich, welche Bedeutung rhetorische Traditionen für die humanistische Beschreibung von Stadt und Land besitzen.

Gleichzeitig weisen die Ausführungen aber auch einen autobiographischen Hintergrund auf:[15] Petrarca war selbst 1326 als junger Mann nach Avignon gekommen und hatte sich im Umfeld des päpstlichen Hofes bei verschiedenen geistlichen Würdenträgern ein Auskommen gesucht, verließ die Stadt dann aber fünfzehn Jahre später wieder, um sich in ein Haus in der Vaucluse zurückzuziehen, ein abgelegenes Tal in der Provence. Dieser Rückzug aufs Land bildet den Hintergrund für eines seiner wichtigsten Werke, das Traktat *De vita solitaria* (1346–1366), in dem er sein mußevolles Leben auf dem Land als eine Art intellektuelles Paradies beschreibt, das völlig auf die Beschäftigung mit Literatur und Wissenschaft ausgerichtet ist[16] und einen völligen Kontrast zum elenden Leben der Menschen in der Stadt bildet.[17]

Damit ist *De vita solitaria* so etwas wie ein Gründungsdokument der modernen Stadtkritik,[18] vor allem aber bildet der Text den zentralen Bezugspunkt für

13 *Que omnia […] eripiunt quietem et studia bonarum artium interpellant.* Schon in Vergils *Georgica* wird prominent die *secura quies* des Landlebens in einem Zug mit den ländlichen *otia* genannt (*Georgica*, 2,467f.). Zitiert nach Vergil 1988, 65.

14 Zitat und Übersetzung nach Petrarca 2004, 208f. Vgl. Horaz, *Epistulae*, 2,2,76. Der im Originalzitat folgende Vers nimmt noch deutlicher auf den Stadt-Land-Diskurs Bezug: *scriptorum chorus omnis amat nemus et fugit urbem* (‚Die ganze Schar der Dichter liebt den Wald und hasst die Stadt'). Zitiert nach Horaz 2001, 304. Dazu Eickhoff 2016, 78f.

15 Zum komplexen autobiographischen Status des Textes siehe Enenkel 2019.

16 Zur Verbindung von *otium* und *litterae* etwa Petrarca, *De vita solitaria*, 1,6,1: *amore literarum amicum otio et literis locum amo.* (‚Aus Liebe zur Literatur liebe ich einen Ort, der für Muße und Literatur günstig ist.') Zitiert nach Petrarca 1990, 95,3f. Zu dieser Stelle Bondanella 2007, 19. Vgl. auch Hoffmeister 1997, 40: „Muße, Studium und Dichtung gehen [bei Petrarca] eine enge Symbiose ein".

17 Für Petrarcas „Psychogramm des Städters" (Enenkel 2012, 41) siehe besonders *De vita solitaria* 1,9,2–31.

18 Zur anhaltenden Wirkung des Textes auf den Diskurs urbaner Muße vgl. Riedl 2021, 25; Riedl 2023, 28.

den humanistischen Lebensformen-Diskurs des 14. bis 16. Jahrhunderts, um den es im Folgenden gehen soll.[19] Welche Relevanz das von Petrarca entworfene Ideal eines Rückzugs in die ländliche Einsamkeit hatte, zeigt das Beispiel des deutschen Humanisten Jakob Wimpfeling (1450–1528): Wie er in der Rückschau berichtet, überkam ihn nach der Lektüre von *De vita solitaria* eine plötzliche Abneigung gegen sein bisheriges Leben in Speyer und die dortigen Menschenmassen (*popularis frequentia*) und ihn ergriff eine große Begeisterung für die Einsamkeit (*ardor solitudinis*).[20] Auch der berühmte humanistische Abt Johannes Trithemius (1462–1516) bringt emphatisch zum Ausdruck, dass die Stadt für einen Intellektuellen wie ihn ebenso wenig als Aufenthaltsort geeignet ist wie der Hof: *Ad literas natus sum, quarum frequens studium tumultus horret aulicos, solitudinum dilliget et publicum detestatur in urbe consessum.*[21] (‚Für die Wissenschaft bin ich geboren, deren Studium häufig durch Unruhe am Hof gestört wird; die Einsamkeit liebt es und die in der Stadt versammelte Öffentlichkeit verabscheut es.')

Für die Humanisten war das Thema auch deshalb besonders relevant, weil die aufstrebenden Städte für sie grundsätzlich eine attraktive Möglichkeit zur wirtschaftlichen Absicherung der eigenen Existenz boten, etwa als Alternative zum oft problematisierten Dienst am Fürstenhof.[22] Andererseits standen die hu-

19 Zum Einfluss Petrarcas auf den humanistischen Diskurs über Muße, *vita activa* und *vita contemplativa* siehe Frongia 1985; Enenkel 1994; Constantini 2006; Bondanella 2008; Cherchi 2011.

20 Brief an Johannes von Hengweiler vom 01. Juli 1507. Zitiert nach Wimpfeling 1990, Teilbd. 2, 593–595 (Nr. 229).

21 Brief an Willibald Pirckheimer vom 18. Juli 1507. Zitiert nach Pirckheimer 1956, 8,29–34 (Nr. 173). Zu der Stelle auch Kühlmann 1989, 171f.; zum weiteren Kontext des Briefes H. Müller 2006, 196–201. Besonders interessant ist die Stelle im Kontext des vorliegenden Sammelbandes auch deshalb, weil sich Trithemius hier auf sein Leben im Würzburger Schottenkloster St. Jakob bezieht, also einen Ort innerhalb der Stadt, der allerdings nicht als urbaner Raum konzeptionalisiert wird. Er bietet damit eine räumliche Form der Abgeschiedenheit, wie sie in monastischen Lebensformen vorausgesetzt und in humanistischen Kontexten angestrebt wird.

22 Vgl. Enenkel 1995, 18: „Die Bewertung des städtischen Raums spielt in der humanistischen Kulturkritik eine wichtige Rolle. Das wird schon dadurch verständlich, daß die meisten Humanisten in dem verstädtlichten Kulturbereich des Spätmittelalters und der Frühen Neuzeit ihren Lebensunterhalt fanden." Siehe zum Verhältnis städtischer Eliten zum europäischen Humanismus die Beiträge in Malettke/Voss 1989. Eine grundlegende Bedeutung besitzt der urbane Raum in Hans Barons These eines ‚bürgerlichen' Humanismus im Italien des 15. Jahrhunderts und seiner europäischen Wirkungsgeschichte, vgl. Baron 1966 [1955]; Baron 1988, der darin einen Neuanfang gegenüber Petrarca sah, vgl. ebd., 165–190. Als entscheidende Grundlage des Humanismus beschreibt die Stadt in einer auf das bürgerliche Denken ausgerichteten Teleologie bereits Peuckert 1966, 308–310. – Zum humanistischen Hofdienst etwa Studt 1992; Mertens 2006; Möllenbrink 2017.

manistischen Eliten in ständiger Konkurrenz zu anderen aufstrebenden Gruppen urbaner Intellektueller zum Beispiel an den Universitäten.[23] Die humanistische Stadtkritik kann deswegen auch im Zusammenhang mit dem Versuch betrachtet werden, sich von solchen Gruppen abzusetzen.[24]

Petrarcas Ideal der *vita solitaria* und seine antiken Vorläufer bilden dabei, das sollten die knappen Ausführungen deutlich gemacht haben, eine außerordentlich wirkmächtige literarische Tradition, die sowohl den Muße-Diskurs als auch das kulturelle Bild der Stadt bis heute prägt. Muße (*otium*) wird in dieser Tradition dem Land zugeordnet, die Stadt steht für die Betriebsamkeit (*negotium*). Peter Philipp Riedl bringt das folgendermaßen auf den Punkt:

> Beleuchtet man das Phänomen *Muße*, das griechische *scholé* und das lateinische *otium*, aus der Tradition kanonisierter Klassiker der Literatur-, Philosophie- und Geistesgeschichte, erscheint die Wendung ‚urbane Muße' zunächst einmal […] wie eine *contradictio in adiecto*. Das topisch gewordene Lob des Landlebens […] impliziert eine Vorstellung, die wirkungsgeschichtlich den Charakter einer festen Zuschreibung gewann: Die *urbs* ist der Ort für das *negotioum*, das *rus* jener für *otium*.[25]

Diese Gleichsetzung soll, so die bisherige Forschung, bis in die Neuzeit mehr oder weniger unhinterfragt geblieben sein: ‚Muße in der Stadt' gilt als Erfindung der Moderne.[26]

Auch die in der Frühen Neuzeit verbreitete Textsorte des humanistischen Städtelobs ändert daran zunächst nur wenig: Zwar wird der urbane Raum hier stärker als geeigneter Ort für eine humanistischen Lebensweise gewürdigt und es werden die kulturellen Institutionen und das generelle Bildungsniveau des jeweiligen Ortes hervorgehoben, doch die Ermöglichung von Muße gehört dabei nicht zu den topischen Qualitäten des städtischen Raums.[27] Das *otium* bleibt im

---

23 Zu solchen Gruppen ‚intellektueller Gegner' bei Petrarca vgl. Enenkel 2012, 40. Zum sozialen Profil intellektueller Eliten um 1500 jetzt auch Henkel 2021, 24–39.

24 Deutlich wird das in Petrarcas Kritik an den urbanen Pseudo-Intellektuellen in der Vorrede von *De vita solitaria*: Diese Gegner der Abgeschiedenheit (*solitudinis inimici*) werden eng mit dem urbanen Raum verbunden, wenn es heißt, dass sie auf den Straßen und Plätzen die Türme, Pferde und Kutschen zählen, die Flächen und Mauern ausmessen und Gefallen an der Masse und dem Lärm finden (*quique vicis atque porticibus effusi numerant turres equosque et quadrigas; qui plateas et menia metiuntur* […] *et* […] *turbis et strepitu delectantur*; Petrarca *De vita solitaria*, Prohemium 9). Zitiert nach Petrarca 1990, 59,101–106. Zum Hintergrund dieser Stelle und den biographischen Bezügen siehe den Kommentar von Enenkel ebd., 146–148.

25 Riedl 2021, 24f. Siehe auch Riedl 2023, 27f.

26 Vgl. Riedl/Freytag/Hubert 2021.

27 Zur Tradition der *laudes urbium* in Antike, Mittelalter und Humanismus vgl. Schmitt 1981; Kugler 1986; Classen 1986; Arnold 1999. Eine Ausnahme bietet Johannes Ciconias Lob auf

frühneuzeitlichen Diskurs grundsätzlich auf dem Land verortet. Wie ich zeigen möchte, gibt es jedoch auch in der Zeit um 1500 schon vereinzelte Stimmen, die dem Idealbild der ländlichen Idylle etwas entgegensetzen. Zwei ganz unterschiedliche Beispiele des humanistischen Stadt-Land-Diskurses möchte ich im Folgenden in den Blick nehmen und daraufhin untersuchen, wie sich die Autoren dem dominanten Muster entziehen, das von der antiken und humanistischen Literatur vorgegeben wurde. Dabei geht es mir ausdrücklich nicht um reale biographische Erfahrungen, sondern um die kreative Auseinandersetzung mit der rhetorischen Tradition in der jeweiligen Gestaltung des Gegensatzes von Stadt und Land. Es geht also nicht um reale Räume, sondern um literarische Konstruktionen.

Mein erstes Beispiel stammt von Ulrich von Hutten (1488–1523), der sich als adliger Ritter mehr oder weniger gezwungen sah, sich entweder auf seiner eigenen Burg oder am Hof seines Fürsten aufzuhalten. Die Stadt blieb für ihn daher ein ferner Wunschort, wie er seinem väterlichen Freund, dem bekannten Humanisten Willibald Pirckheimer erklärt:

> *et quemadmodum in civitatibus vos, quibus non placide tantum, sed et molliter, si cuius in mores hoc cadat, vivere est facile, si me unquam inter equites meos quieturum putas?*[28]
>
> ‚Ihr in den Städten – euch fällt es leicht, nicht nur ein friedliches, sondern auch ein geruhsames Leben zu führen, wenn das eurem Wunsche entspricht; glaubst du etwa, wenn ich es wollte, ich würde jemals unter meinen Rittern die Ruhe dazu finden?‘[29]

Das Zitat stammt aus der Antwort auf einen Brief Pirckheimers, in dem dieser Ulrich von Hutten dazu aufgefordert hatte, seinen Dienst am Fürstenhof zu quittieren und – zumindest in der Lesart von Hutten – sich auf seine eigenen Besitztümer zurückzuziehen.[30] Diese Kritik an seiner Lebensweise muss den Adressaten ziemlich getroffen haben, denn er antwortet nur wenige Tage später mit einer

---

Padua (*O Padua, sidus preclarum*; um 1406), wo auch das durch reiche Erträge der ländlichen Umgebung ermöglichte *ocium* erwähnt wird. Zitiert nach Ciconia 1985, 73–76, hier 75. Auch hier ist die Muße also zumindest auf der Oberfläche mit dem ländlichen Raum verbunden. Siehe zu diesem Text auch den Beitrag von Reinhard Strohm im vorliegenden Band, bes. S. 19.

28 Zitiert nach Hutten 1859, Nr. 90, 197–217, hier 201,22–26. Schon zuvor beschreibt er die Vorzüge Nürnbergs, wobei neben der allgemeinen Förderung der *artes* insbesondere hervorgehoben wird, dass die Stadt herausragenden Leuten wie Johannes Regiomontanus und Conrad Celtis einen (finanziellen) Freiraum verschafft, vgl. ebd., 198,27–199,14.

29 Übersetzung Trillitzsch 1988, 218.

30 Der Brief ist abgedruckt in Hutten 1859, Nr. 89, 193f. Von einem Leben auf der Burg hatte Pirckheimer zwar nichts geschrieben. Diese Alternative zum Hofdienst scheint für Hutten aber impliziert zu sein – oder zumindest stellt er es in seiner Antwort so dar. Zu Huttens Antwortbrief und seinem Kontext siehe Kühlmann 1989; Wittstock 2007; Möllenbrink 2017.

großangelegten Verteidigung (*Epistula vitae suae rationem exponens*). Ausführlich beschreibt er darin das Leben auf seiner Ritterburg (*inter equites meos*), um Pirckheimer damit deutlich zu machen, dass dieses Leben keine ernsthafte Alternative für einen Gelehrten darstellt:

> *Atque hæ sunt nostræ ruri delitiæ, hæc ocia, hoc tranquillum. Ipsa sive in monte est specula, sive in plano, non ad amœnitatem, sed ad munitionem exædificata est, fossis ac vallo circumdata, intus angusta, mansionibus pecorum et armentorum constricta, obscuræ iuxta cellæ bombardis, pice ac sulphure et reliquo armorum ac bellicarum machinarum apparatu oppletæ; bombardici per omnia pulveris fœtor; deinde canes et canum excrementa, iucundum, reor, et ipsa odoramentum.* [...] *audiuntur ovium balatus, boum mugitus, canum latratus, hominum in agro operantium vociferationes, carrorum et vehiculorum stridores ac strepitus; næ nostræ domi luporum etiam ululatus, ut quæ nemoribus vicina est. Omni die de crastino cura est et sollicitudo est, continui motus, perpetuæ tempestates: fodiendi agri ac repastinandi, operandum in vineis, plantandæ arbores, irriganda prata, occandum, serendum, stercorandum, metendum, triturandum: subit messis, subit vindemia. tum siquid uno aliquando anno male provenit, ut in illa sterilitate plurimum, mira egestas, mira pauperies, ut numquam non sit quod moveat, quod turbet, quod angat, quod maceret, quod conficiat, quod evocet, quod extrabat et extrudat. In quam me vitam ut studiis dignam ab aulica ut indignissima revocas, ibique me consulto ac proposito, tanquam in optato quodam vitæ portu collocas ac reponis; teque putas, cum hoc facis, in quietem me et tranquillum adserere.*[31]

> ‚[D]as sind unsere Annehmlichkeiten auf dem Lande, das ist unsere Muße und Ruhe: Die Burg selbst, ob sie nun auf einem Berg oder in der Ebene liegt, ist nicht zur Behaglichkeit, sondern zur Sicherheit erbaut, mit Graben und Wall umgeben, im Innern eng, durch Stallungen für Klein- und Großvieh im Platz begrenzt; daneben finstere Kammern, die mit Kanonen, Pech und Schwefel und dem übrigen Gerät an Waffen und Kriegsmaschinen angefüllt sind; überall der Geruch nach dem Pulver der Kanonen; dann die Hunde und der Hundedreck – auch das ist kein angenehmer Duft, denke ich! [...] Es ist das Blöken der Schafe, das Brüllen der Rinder und das Bellen der Hunde zu hören, das laute Schreien der Arbeiter auf dem Felde, das Quietschen und Rattern der Karren und Wagen, ja bei uns zu Hause sogar das Heulen der Wölfe, weil die Wälder ganz nahe sind. Den ganzen Tag gibt es Mühe und Sorge für den folgenden Tag, unablässige Geschäftigkeit und beständige Unruhe: Die Äcker müssen gepflügt und wieder bestellt werden, in den Weinbergen muss gearbeitet, Bäume müssen gepflanzt und Wiesen trockengelegt werden, man muss eggen, säen, düngen, ernten und dreschen; da rücken schon wieder die (nächste) Ernte und die Weinlese heran. Wenn nun ein Jahr einmal schlech-

31 Zitiert nach Hutten 1859, 202,18–203,10.

ten Ertrag bringt, wie es bei diesem unfruchtbaren Klima häufig der Fall ist, dann treten entsetzliche Not und Armut ein, so dass es immer etwas gibt, was einen aufregt, stört, beunruhigt, zermürbt und aufreibt, was einen herbeiruft, wegruft oder hinaustreibt. In solch ein Leben, das zum Studieren geeignet sein soll, rufst du mich vom Hofdienst zurück, weil er dafür ganz ungeeignet sei, und stellst und verankerst mich dort mit Wissen und Willen als in einem erwünschten Lebenshafen; und indem du das tust, glaubst du mich in die Ruhe und Stille zu bringen.'[32]

Das Leben des Ritters, so wie Hutten es hier beschreibt, ist ganz deutlich ein Leben auf dem Land,[33] aber es unterscheidet sich stark von dem idyllischen Bild des Landlebens bei Petrarca. Dabei fällt auf, dass Hutten zum Teil die gleichen Topoi benutzt wie sein berühmter italienischer Vorgänger: Enge, Armut, Tiere, Gestank, Lärm – das sind alles Aspekte, die schon bei Petrarca auftauchen, bloß dort auf die Stadt bezogen, hier auf das Land. Interessanterweise verwendet Hutten mitunter sogar die gleichen Formulierungen wie Petrarca, etwa in Bezug auf das Rattern der Wagen (lat. *stridor*), über das sich beide Autoren beschweren.

Man könnte Huttens Beschreibung als realistisches Gegenbild zur idyllischen Tradition verstehen – und tatsächlich wird der Brief in sozialgeschichtlichen Überblickswerken als authentisches Selbstzeugnis eines spätmittelalterlichen Adligen gelesen.[34] Dabei sollte man jedoch nicht übersehen, dass der Text in erster Linie eine rhetorische Strategie verfolgt: Es geht Hutten darum, dem literarischen Modell der *vita solitaria* auf dem Land, das ihm Pirckheimer vorgehalten hatte, eine Absage zu erteilen. Dass er sich auf diese Tradition bezieht, zeigt sich auch darin, dass er in seiner Beschreibung der ländlichen Geräuschkulisse Vergils *Georgica* zitiert, ein zentrales Dokument der europäischen Bukolik.[35]

Interessanterweise erinnert Huttens Beschreibung gleichzeitig an mittelalterliche volkssprachige Traditionen. Ein Beispiel dafür bietet ein Lied des spätmittelalterlichen Autors Oswald von Wolkenstein (um 1376–1445), in dem dieser seine ländliche Isolation auf Burg Hauenstein beschreibt.[36] Motive, die sich hier wiederfinden lassen, sind etwa die bäuerliche Geräuschkulisse (Kl. 44, Str. 2,28–30; 3,1–6), die Nähe zum Wald (2,22f.) und den Wölfen (3,29) sowie die Sorge um den täglichen Broterwerb (3,7f.). Beide Texte, Huttens Brief und Oswalds Lied,

32 Übersetzung verändert nach Trillitzsch 1988, 218f.

33 Ganz deutlich heißt es auch vorher: *vivitur in agro, in sylvis, et in illis montium.* (‚Man lebt auf dem […] Land, in den Wäldern und auf jenen Burgbergen.') Zitat nach Hutten 1859, 201,29; Übersetzung Trillitzsch 1988, 218.

34 Vgl. A. Borst 1973, 173–176; O. Borst 1983, 94–98.

35 Vgl. Vergil, *Georgica*, 2,470: *mugitusque boum.* Zitiert nach Vergil 1988, 65.

36 Oswald von Wolkenstein, *Durch Barbarei, Arabia* (Kl. 44). Zitiert nach Oswald von Wolkenstein 2015, 138–142. Dazu auch Okken 1974, 208–210; M. Müller 1984/85.

schildern das Landleben explizit nicht als idyllischen Muße-Ort, sondern als bäuerliche Umgebung, in der die Beschäftigung mit Kunst und Literatur unmöglich ist.[37] Damit soll keineswegs ein direkter Bezug zwischen den beiden Texten angedeutet werden. Es erscheint jedoch vorstellbar, dass Hutten in seinem Brief auf ältere, volkssprachige Muster der Beschreibung des Landlebens zurückgreift, um der lateinisch-gebildeten Tradition etwas entgegenzusetzen.[38]

Anders und sehr viel komplexer funktioniert mein zweites Beispiel: Der *Dyalogus de solitudine*, das Hauptwerk des friesischen Humanisten Jakobus Canter (1469–1529), ist ein uneindeutiger und doppelbödiger Text.[39] Nur in einer einzigen Handschrift überliefert,[40] lässt er sich nicht biographisch kontextualisieren; wir wissen also nicht, wann, wo und unter welchen Lebensumständen Canter den Text verfasst hat, in der Stadt oder auf dem Land.[41] Der Dialog bietet ein Gespräch zwischen zwei Freunden, die darüber streiten, ob es besser sei, in der städtischen Gesellschaft oder in der ländlichen Einsamkeit zu leben. Welche Position am Ende die Oberhand behält, ist schwer zu entscheiden und wird in der überschaubaren Forschung unterschiedlich bewertet.[42] Canter stellt sich dabei deut-

37 Vor allem Oswalds Lied ist dabei auch vor dem Hintergrund der ‚Haussorge'-Dichtung zu sehen, vgl. Schwob 1980/81, bes. 91–97. Elemente dieser literarischen Tradition finden sich allerdings auch bei Ulrich von Hutten, etwa die Betonung von *cura et sollicitudo* des täglichen Lebens auf der Burg.

38 Zur Differenz von lateinischer und volkssprachiger Tradition der Darstellung von Hof und Natur vgl. Schnell 2002.

39 Ich zitiere den lateinischen Text und seine Übersetzung hier und im Folgenden nach der Edition in Enenkel 1995, 232–375.

40 München, Bayerische Staatsbibl., Clm 4417d, fol. 1r–34v.

41 Bunna Ebels-Hoving hatte den Text in Canters Augsburger Zeit im Jahr 1491 verortet, vgl. Ebels-Hoving 1981, 26. Enenkel widerspricht der Datierung mit guten Gründen und hält stattdessen ein Abfassung zwischen 1497 und 1504 für wahrscheinlich, vgl. Enenkel 1995, 77–87. Fokke Akkermann wiederum folgt der Datierung von Ebels-Hoving, lokalisiert den Text nun allerdings in Groningen und erkennt darin einen biographischen Bezug: „Obgleich Canters Thema – die Wahl zwischen dem einsamen Leben auf dem Lande und dem engagierten Stadtleben – herkömmlich und klassisch ist, mag es wohl sein, daß es in den Verhältnissen von Stadt und Land in Groningen eine gewisse Aktualität besaß" (Akkermann 1997, 130).

42 Enenkel verfolgt den Gang der Diskussion, analysiert die einzelnen Argumente und erkennt auf dieser Basis einen argumentativen Sieg des Landlebens, vgl. Enenkel 1995, 131f. und 136: „Wenn man unter diese detaillierte Auslotung des Widerlegungspotentials einen Schlußstrich zieht, dann ergibt sich, daß Canter das Schlußplädoyer des Hyppolitus so angelegt hat, daß dieses in großen Zügen nicht mehr widerlegt werden konnte. Das bedeutet, daß er dem Verlauf der Diskussion keinen unentschiedenen Charakter, sondern eine deutliche Tendenz (Sieg der *solitudo*) zuteilte. Der Vertreter der *solitudo* besitzt innerhalb der Diskussion das erste und das entscheidende letzte Wort." Diese Bewertung verkennt aber die Doppelbödigkeit des Textes, die Franz Josef Worstbrock hervorhebt: „Der komödienhafte

lich in die literarische Tradition der *vita solitaria*-Diskussion und bezieht sich ausdrücklich auf Petrarca,[43] erweist sich aber gleichzeitig als erstaunlich eigenständig und weicht immer wieder von den vorgegebenen Pfaden ab. Außerdem enthält der Text viele komische Elemente, so dass man nie ganz sicher sein kann, wie ernst die einzelnen Aussagen gemeint sind.

Merkwürdig ist bereits die Rahmenhandlung, die im ersten von zwei Büchern präsentiert wird: Am Stadttor – also einem Schwellenraum zwischen Stadt und Land – treffen sich die beiden Freunde Philodemus und Hyppolitus. Letzterer leidet an Liebeskummer und ist gerade auf dem Weg aufs Land, wo er sich, das legt der Text nahe, umbringen will. Philodemus möchte seinen Freund davon abhalten – weil er selbst in ihn verliebt ist.[44] Deswegen begleitet er Hyppolitus in die Natur. Um sich die Zeit zu vertreiben und den Freund abzulenken, nehmen sich die beiden vor, über die Vor- und Nachteile der *vita solitaria* zu diskutieren. Hyppolitus vertritt dabei die Einsamkeit, Philodemus das Leben in der Stadt.

Anstatt die Argumente im Einzelnen nachzuzeichnen,[45] möchte ich zwei Aspekte hervorheben, die mir mit Blick auf die Muße besonders auffällig erscheinen. Der erste Aspekt betrifft die Rahmenhandlung: Der Ausflug der beiden Freunde in die Natur wird wiederholt als ‚Spaziergang' bezeichnet (lat. *deambulacio*).[46] Wie aus verschiedenen Perspektiven hervorgehoben wurde, handelt es sich beim Spazierengehen um eine „Mußetätigkeit par excellence".[47] Die Poetik und Kulturgeschichte des Spazierens ist zwar bisher vor allem für die Neuzeit geschrieben

---

Ausgang und mit ihm die spielerische Rahmung des ganzen Dialogs versetzen ihn in ein stets ambivalentes Licht. Affirmation und Negation der Kultur bleiben unauflöslich kopräsente Positionen" (Worstbrock 2009, 367). Auch J. Klaus Kipf bezeichnet das dargestellte Gespräch als „eine ergebnisoffene Diskussion" (Kipf 2008, 356). In diesem Sinne schon Ebels-Hoving 1981, 34: „[B]y leaving the outcome ambiguous, Canter forces the reader to draw his own conclusions."

43 Vgl. Ebels-Hoving 1981, 31f.; differenzierend Enenkel 1995, 199–212. Siehe zu den intertextuellen Bezügen auf Petrarcas Texte außerdem den entsprechenden Eintrag im Register ebd., 452f.

44 Dazu Enenkel 1995, 90: „Auffallend ist die geringe Zurückhaltung, mit der die Liebe von Mann zu Mann präsentiert wird."

45 Interessant ist im Zusammenhang der vorliegenden Überlegungen etwa Hyppolitus' Vergleich der ländlichen und städtischen Geräuschkulisse, wo mit dem Rattern der Wagen (*currum stridor*) und dem Muhen der Kühe (*boum mugitus*) auch Petrarca und Vergil zitiert werden (2,79). Zur Rezeption der zitierten Stelle aus dem *Secretum* (2,65), bei der Canter allerdings – im Gegensatz zu Hutten – zwischen (unangenehmen) urbanen und (angenehmen) natürlichen Geräuschen differenziert, vgl. Enenkel 1995, 149–41.

46 Vgl. Canter, *Dyalogus de solitudine*, 1,5; 1,19; 1,31; 1,44; 2,11; außerdem 1,41 (*deambulaciuncula*); 1,3 (*obambulare*); 1,36 (*ambulare*); 1,37 (*spaciari*).

47 Seeber 2021, 172. Vgl. auch Wölfel 2007, 31f.

worden,[48] aber erste Beobachtungen von Stefan Seeber und Henrike Manuwald weisen darauf hin, dass vergleichbare Phänomene auch schon in der vormodernen Literatur beobachtet werden können – zum Beispiel im *Tristan*, im *Rosenroman* und im *Decamerone*, also ausgerechnet in jenen schon erwähnten Texten, in denen das Spazieren in amönen Naturorten stattfindet und mit Erfahrungen der Muße verbunden ist.[49]

Im vorliegenden Zusammenhang ist dabei besonders relevant, dass der neuzeitliche Spaziergang zwar typischerweise in die Natur führt, selbst jedoch als ausgesprochen urbane Tätigkeit verstanden werden kann.[50] Das gilt insbesondere für das Flanieren als „idealtypische[r]“[51] und „wirkmächtigste[r] Form urbaner Muße“[52] in der Neuzeit.[53] Und auch im *Dyalogus de solitudine* wird das Spazieren ausdrücklich dem städtischen Kontext zugeordnet: Philodemus spricht etwa davon, er sei spazieren gegangen, um sich von seinen städtischen Beschäftigungen (*negotia urbana*, 1,5) zu erholen. Die Muße des Spazierens wird damit als Form der Rekreation innerhalb einer städtischen *vita activa* verortet. Der Spaziergang erscheint so als urbane Praxis, die zwar auf den ländlichen Raum ausgreift, aber trotzdem der Stadt verhaftet bleibt – gewissermaßen ein Vorläufer neuzeitlicher Landpartien.[54] Die Muße-Erfahrung in der Natur ist Teil einer urbanen Lebensweise.

48 Vgl. Wölfel 1982; Wellmann 1991; König 1996; Albes 1999; Neumeyer 1999; Gellhaus u. a. 2007; Portmann/Plüss 2009.

49 Vgl. Seeber 2017; Seeber 2021, 172–176; Manuwald 2021, 435–445. Spaziergänge tauchen insbesondere in den Einleitungen zahlreicher Minnereden auf, vgl. das Register bei Klingner/Lieb 2013, Bd. 2, 329. Insofern das Spazieren dort topisch von Liebeskummer motiviert ist und zu einem *locus amoenus* in der Natur führt, existieren strukturelle Parallelen zum *Dyalogus de solitudine*, denen nachzugehen wäre. Schon in der antiken Tradition ist das Spazierengehen (*ambulatio*) zuweilen mit einer Erfahrung der Muße verbunden. Vgl. etwa zu Cicero, *De finibus bonorum et malorum*, 5,1, Tschäpe 2015, 243 FN 916. Zu antiken „Flaneuere[n] und deren Welt des *otium*“ auch Schmitzer 2017, 53f.; weiterhin Jenkyns 2013, 145. Auch in verschiedenen Texten Petrarcas geht das Text-Ich spazieren, vgl. Wellmann 1991, 19–27.

50 Vgl. König 1996, 12; Wölfel 2007, 33f.

51 Riedl 2018, 99.

52 Riedl 2021, 38; vgl. auch Riedl 2023, 40: „Die jeweiligen Attribute von Flanieren und Muße sind nahezu identisch.“

53 Zur Unterscheidung von Spazieren und Flanieren etwa Portmann/Plüss 2009, 12–14, die den Spaziergang als „so etwas wie den älteren Bruder oder den historischen Vorgänger der Flanerie“ (13) beschreiben. Ähnlich Neumeyer 1999, 11.

54 Zur Landpartie als „Remedium urbaner Bedrückung“, die auf den Stadtraum bezogen bleibt und daher „eine Form urbaner Muße“ darstellt, vgl. Waßmer 2021, 78. Die Rekreationsfunktion (*recreatio*, *remedium*) der ländlichen Einsamkeit für die Stadtbewohner wird auch von Hyppolitus im *Dyalogus de solitudine* hervorgehoben, vgl. 2,123.

Gleichzeitig unterscheidet sich das Spazieren von Hyppolitus und Philodemus von der idealtypischen Erscheinungsform dieser Tätigkeit: Eigentlich ist das Spazierengehen durch eine bestimmte Offenheit und Ziellosigkeit geprägt, die gerade die Voraussetzung für den damit verbundenen Effekt der Muße darstellt.[55] Im vorliegenden Fall handelt es sich dagegen um eine alles andere als ziellose Unternehmung: Philodemus gibt zwar vor, aufs Geratewohl umherzustreifen (*obambulare in incertem*; *urbis loca peragrare*, 1,3), war aber tatsächlich auf der Suche nach seinem Freund. Hyppolitus hat zwar kein lokales Ziel, verfolgt jedoch eine bestimmte Absicht, nämlich seinen Selbstmord. Hier zeigt sich die angesprochene Doppelbödigkeit des Arrangements.

Und noch etwas Zweites unterscheidet den Ausflug der beiden Freunde von klassischen Muße-Tätigkeiten: Die Erfahrung von Muße ist in der Regel mit einer bestimmten Zeiterfahrung verbunden, die man als „freies Verweilen in der Zeit“[56] beschreiben kann, als eine Periode der Entschleunigung und der Abwesenheit von zeitlichen Zwängen, in der die Wahrnehmung temporaler Sukzession gleichsam völlig ausgeblendet wird. Das gilt auch für die die Mußetätigkeit des Spazierens.[57]

Bei Canter dagegen ist die Zeit dauerhaft präsent und prägt die Struktur des gesamten Dialogs. Die Freunde hatten nämlich am Anfang ausgemacht, dass sie bis zum Sonnenuntergang diskutieren wollen, wenn die Stadttore geschlossen werden; derjenige solle zum Sieger erklärt werden, der dann die Oberhand hat. In der Folge ermahnen sie sich immer wieder gegenseitig zur Kürze und werfen einander vor, ihre Argumentation unnötig in die Länge zu ziehen, um Zeit zu schinden.[58] Das ganze Gespräch ist durchzogen von einer Art Meta-Diskurs, in dem die zeitliche Dimension des Dialogs permanent präsent gehalten wird. Das nimmt dem Spaziergang jede Form des mußevollen Flanierens; der Dialog ist gewissermaßen geprägt von Stress. Diese ausgesprochene Zeitökonomie lässt sich als ein Merkmal des urbanen Lebens verstehen, wie Hyppolitus selbst im Text

55 Vgl. Neumeyer 1999, 11: „Anders als das Wandern, […] unterwirft sich die Bewegung des Spazierens keinen Zielvorgaben, ereignet sich in einem Frei-Raum wie in einer Frei-Zeit, was sie dem Flanieren vergleichbar macht.“ Zur Zweckfreiheit des Spazierens auch Wölfel 2007, 29–31, 39; Portmann/Plüss 2009, 13; Riedl 2023, 40. Dass das ebenfalls für Textbeispiele aus dem 14. und 15. Jahrhundert gilt, zeigt Manuwald 2021, 441. Ziellosigkeit prägt bereits die Bedeutung des lat. *ambulare*, vgl. Jenkyns 2013, 415: „*Ambulare* is seldom free from the idea of strolling or sauntering, of leisurely, idle, or purposeless motion.“

56 Hasebrink/Riedl 2014, 3. Vgl. auch Gimmel/Keiling 2016, 6f.; Dobler/Riedel 2017, 1.

57 Vgl. Neumeyer 1999, 11 zum Flanieren als einem „Gehen, das dabei zugleich frei über die Zeit verfügt, Zeit mithin keiner Zweckrationalität unterwirft“. Diese Bestimmung findet sich schon in Walther Benjamins grundlegender Beschreibung des Flaneurs, vgl. Benjamin 1974 [1938], 556f.

58 Vgl. 2,6; 2,11; 2,22; 2,40; 2,51–54; 2,76f.; 2,88; 2,90; 2,111f.; 2,136f.

bemerkt: In der Natur gebe es keine zeitlichen Zwänge, man dürfe sogar mitten in der Nacht laut schreien, wach bleiben oder schlafen, wenn man das wolle.[59]

Es liegt dabei eine gewisse Pointe in der Tatsache, dass am Ende des Dialogs zwar Hyppolitus und dem Leben auf dem Land der Sieg zuerkannt wird, jedoch nur, weil es Abend wird und die Stadttore schließen, so dass Philodemus keine weitere Verzögerung riskieren will und einlenkt, obwohl er inhaltlich überhaupt nicht überzeugt ist.[60] Das Landleben behält zwar die Oberhand, verdankt seinen Sieg jedoch der urbanen Ordnung. Und es entbehrt nicht der Ironie, dass der Dialog zwar mit einem Sieg der Einsamkeit in der Natur endet, aber eben auch mit der Rückkehr der beiden Freunde in die Stadt.[61]

Letztlich bleibt damit das gesamte Unterfangen auf die Stadt bezogen und von der städtischen Ordnung geprägt. Damit erscheint schließlich auch der Dialog selbst als urbanes Konstrukt. Die städtische Temporalität bildet nicht nur den Rahmen und die Bedingung für das Streitgespräch auf Handlungsebene, sondern prägt auch die *discours*-Ebene des Textes, der aus nichts anderem als dem Gespräch der beiden Freunde besteht.[62] In dieser auf mehreren Ebenen zu beobachtenden Abhängigkeit von der Stadt und ihrer Zeitlichkeit kann man bei aller Zweideutigkeit eine implizite Aussage des Textes erkennen: Der *Dyalogus de soli-*

59 *sed vel in media nocte exclamens licet aus sileas, vigiles aut dormias* (2,10) (‚Man darf dort mitten in der Nacht laut schreien oder auch mäuschenstill sein, aufbleiben oder schlafen‘); *Oportet ecce nun, ne urbe excludamur, ad lucis mensuram tantum deambulacionem extendere: nec quicquam ultra conceditur progredi. Quodsi prisco illo, quem dixi, more viveremus, nihil huiusce necesse esset; quin liceret vel in mediam usque noctem vel in alteram eciam lucem sermonem producere, quoniam nulle, quas nisi stato diei tempore aut ingredi cuipiam aut egredi liceret, porte essent future.* (2,11) (‚Jetzt dürfen wir, wenn wir nicht aus der Stadt ausgesperrt werden wollen, nur bis Sonnenuntergang spazieren gehen, keine Minute länger. Wenn wir aber nach jener uralten Lebensweise, von der ich sprach, leben würden, dann wäre dies keineswegs der Fall; es würde uns vielmehr freistehen, unser Gespräch bis in die tiefe Nacht oder sogar bis in den nächsten Tag hinein auszudehnen, weil es ja keine Stadttore geben würde, die nur zu bestimmten Tageszeiten Einlass in die Stadt gewähren würden.‘)

60 Vgl. 2,138: *Philodemus (secum): Victoriam huic tribuam, quo ipse elatus pestiferum id depositum repetere negligat.* (‚Philodem (beiseite, zu sich selbst): Ich werde dem da den Sieg zusprechen, damit er sich in Eigendünkel badet und darüber vergisst, jenes verderbenbringende Unterpfand [d.h. seinen Liebeskummer; L.M.] zurückzuverlangen.‘)

61 Vgl. Worstbrock 2009, 367: „Der vermeintliche Debattensieger ist ein düpierter Sieger; mit dem Aufbruch in die Wälder wird es nichts."

62 Diese Gemachtheit wird dadurch betont, dass die Figuren immer wieder rhetorisches Vokabular benutzen, um ihren Gesprächsverlauf zu beschreiben, vgl. 2,53 (*preterire*); 2,90 (*dialectica brevitas*). Insofern dabei auch Metaphern der Fortbewegung auf den Gesprächsverlauf bezogen werden, ergibt sich eine sprachliche Verbindung zwischen Spaziergang, Gespräch und Text, vgl. etwa 2,53 (*deerrare*).

tudine macht auf die von Riedl beschriebene Tatsache aufmerksam, dass das Lob des Landlebens immer schon als „urbanes Konstrukt begriffen werden“[63] muss.

Diese Erkenntnis gilt bereits für Theokrit, der seine ländlichen Idyllen in der antiken Großstadt Alexandria gedichtet hat. Der Traum von einer Flucht aus der Stadt und dem mußevollen Leben auf dem Land ist seit jeher ein Traum urbaner Eliten.[64] Diese Tatsache deckt Jakobus Canter in seinem Dialog auf. Und auch der Brief Ulrich von Huttens lässt sich aus dieser Perspektive betrachten: Er entlarvt die ländliche *vita solitaria* ebenfalls als kulturelle Imagination, indem er ihr ein anderes, vermeintlich ‚realistischeres' Bild des Landlebens gegenüberstellt (das tatsächlich ebenso literarisch vermittelt ist). Beide untersuchten Texte führen auf unterschiedliche Weise vor, dass die Verbindung von Muße und Natur nichts mit dem realen Leben auf dem Land zu tun hat, sondern eine literarische Projektion darstellt. Insofern geht es beiden Autoren nicht um die Suche nach realen Freiräumen der Muße in der Stadt. Doch ihre Texte lassen uns erkennen, dass die Idee der Muße selbst – egal ob in der Stadt oder auf dem Land – immer schon eine Erfindung von Städtern für Städtern ist, und damit Merkmal einer durch und durch urbanen Lebensform.[65]

Bibliographie

I. Primärliteratur

Canter, Jacobus: Dyalogus de solitudine. In: Karl A. E. Enenkel: Kulturoptimismus und Kulturpessimismus in der Renaissance. Studie zu Jacobus Canters Dyalogus de solitudine mit kritischer Textausgabe und deutscher Übersetzung. Frankfurt a. M. u. a. 1995, 232–375.

Ciconia, Johannes: The Works of Johannes Ciconia, hrsg. von Margaret Bent und Anne Hallmark. Monaco 1985.

Horatius Flaccus, Quintus: Opera, hrsg. von D. R. Shackleton Bailey. Berlin/New York 4. Aufl. 2001.

63 Riedl 2021, 27.

64 Insofern bestätigen meine Überlegungen den Befund von Riedl, Freytag und Hubert, „dass Vorstellungen von Muße und Konzepte der Muße oftmals im urbanen Kontext entwickelt worden sind. […] Der imaginierte Rückzug in die Natur entspricht, zugespitzt formuliert, der Sehnsucht eines Städters nach ländlicher Einfachheit, die nicht zuletzt die Komplexität urbaner Lebensweisen kritisch spiegelt“ (Riedl/Freytag/Hubert 2021, 5). Dazu auch Zimmermann 2023, 38.

65 Meine Beobachtungen schließen hier an die grundlegenden Überlegungen des frühen Stadtsoziologen Louis Wirth an, der Urbanität als Lebensform verstanden hat, die nicht zwingend an den urbanen Raum gebunden ist, vgl. Wirth 1938.

Hutten, Ulrich von: Epistolæ Ulrichi Hutteni equitis item ad eundem deque eodem ab aliis ad alios scriptæ. Bd. 1: Briefe von 1506 bis 1520, hrsg. von Eduard Böcking. Leipzig 1859.

Oswald von Wolkenstein: Die Lieder Oswalds von Wolkenstein, hrsg. von Karl Kurt Klein, 4., grundlegend neu bearb. Aufl. von Burghart Wachinger. Berlin/Boston 2015.

Petrarca, Francesco: De vita solitaria. Buch I. Kritische Textausgabe und ideengeschichtlicher Kommentar von Karl A. E. Enenkel. Leiden u. a. 1990.

Petrarca, Francesco: Secretum meum – Mein Geheimnis. Lateinisch – Deutsch, hrsg., übers. und mit einem Nachwort von Gerard Regn und Bernhard Huss. Mainz 2004.

Pirckheimer, Willibald: Willibald Pirckheimers Briefwechsel. Bd. 2, in Verbindung mit Arnold Reimann gesammelt, hrsg. und erl. von Emil Reicke. München 1956.

[Vergil] Virgil: Georgics. Bd. 1: Books 1–2, ed. by Richard F. Thomas. Cambridge u. a. 1988.

Wimpfeling, Jakob: Opera selecta. Bd. 3: Briefwechsel, eingeleitet, kommentiert und hrsg. von Otto Herding und Dieter Mertens. München 1990.

II. Sekundärliteratur

Abbott, Alison: Stress and the City. Urban Decay. In: Nature 490 (2012), 162–164.

Adli, Mazda: Stress and the City. Warum Städte uns krank machen. Und warum sie trotzdem gut für uns sind. München 2017.

Akkermann, Fokke: Lateinische Prosa in Groningen von 1469 bis 1523. In: Joseph M. M. Hermans und Robert Peters (Hrsg.): Humanistische Buchkultur. Deutsch-Niederländische Kontakte im Spätmittelalter (1450–1520). Münster 1997, 121–142.

Albes, Claudia: Der Spaziergang als Erzählmodell. Studien zu Jean-Jacques Rousseau, Adalbert Stifter, Robert Walser und Thomas Bernhard. Tübingen/Basel 1999.

Balossino, Simone: Avignon au temps de Dante Aligheri. In: Damiano Iacobone (Hrsg.): Le città di Dante. Trasformazioni urbane e territoriali tra XIII e XIV secolo. Rom 2021, 281–298.

Baron, Hans: The Crisis of the Early Italian Renaissance. Civic Humanism and Republican Liberty in an Age of Classicism and Tyranny. Princeton, NJ 1966 [zuerst 1955].

Baron, Hans: In Search of Florentine Civic Humanism. Essays on the Transition from Medieval to Modern Thought. Bd. 1–2. Princeton, NJ 1988.

Becker, Rebecca: Muße im höfischen Roman. Literarische Konzeptionen des Ausbruchs und der Außeralltäglichkeit im *Erec*, *Iwein* und *Tristan*. Tübingen 2019.

Benjamin, Walther: Das Paris des Second Empire bei Baudelaire [1938]. In: Walther Benjamin: Gesammelte Schriften. Bd. 1/2, hrsg. von Rolf Tiedemann und Hermann Schweppenhäuser. Frankfurt a. M. 1974, 509–569.

Bondanella, Julia Conaway: Petrarch's Rereading of *Otium* in *De vita solitaria.* In: Comparative Literature 60 (2008), 14–28.

Borst, Arno: Lebensformen im Mittelalter. Frankfurt a. M. 1973.

Borst, Otto: Alltagsleben im Mittelalter. Frankfurt a. M. 1983.

Castelnuovo, Guido/Ferrand, Margot: Et si le pape ne contrôlait pas tout? Topographies urbaines et représentations du pouvoir à Avignon entre le XIVe et le XVe siècle. In: Serena Romano und Marco Rossi (Hrsg.): Strategie urbane e rappresentazione del potere. Milano e le città d'Europa 1277–1385. Mailand 2023, 56–69.

Cherchi, Paolo: Il *De vita solitaria* de Petrarca. Un nuovo modello di *otium* cristiano. In: Francesca Cappelletti und Paola Zanardi (Hrsg.): Le tentazioni dell'ermitage. Ideali ascetici e invenzioni architettoniche dal Medioevo all'Illuminismo. Mailand 2011, 31–52.

Classen, Carl Joachim: Die Stadt im Spiegel der Descriptiones und Laudes urbium in der antiken und mittelalterlichen Literatur bis zum Ende des zwölften Jahrhunderts. Um ein Nachwort vermehrte 2. Aufl. Hildesheim/Zürich/New York 1986.

Constantini, Dominique: Apologia dell'*otium* e tradizione del lavoro nelle opere latine del Petrarca. In: Luisa Secchi Tarugi (Hrsg.): Francesco Petrarca. L'opera latina. Tradizione e fortuna. Atti del XVI Convegno internazionale (Chianciano-Pienza, 19–22 luglio 2004). Florenz 2006, 94–107.

Dahm, Margit/Felber, Timo: Einleitung. Mentale Konzepte der Stadt in Bild- und Textmedien der Vormoderne. In: Dies. (Hrsg.): Mentale Konzepte der Stadt in Bild- und Textmedien der Vormoderne. Leiden 2023, 13–26.

Ebels-Hoving, Bunna: Introduction. In: Dies. (Hrsg.): Jacobus Canter: Dialogus de Solitudine (c. 1491). München 1981, 17–59.

Eickhoff, Franziska C.: Inszenierungen von Muße durch die Gattung Brief in den *Epistulae* des Horaz. In: Dies. (Hrsg.): Muße und Rekursivität in der antiken Briefliteratur. Mit einem Ausblick in andere Gattungen. Tübingen 2016, 75–94.

Enenkel, Karl A. E.: Die humanistische *vita activa/vita contemplativa*-Diskussion. Francesco Petrarcas *De vita solitaria.* In: Rhoda Schnur u. a. (Hrsg.): Acta Conventus Neo-Latini Hafniensis. Proceedings of the Eighth International Congress of Neo-Latin Studies, Copenhagen 12 August to 17 August 1991. Binghamton, NY 1994, 249–257.

Enenkel, Karl A. E.: Kulturoptimismus und Kulturpessimismus in der Renaissance. Studie zu Jacobus Canters *Dyalogus de solitudine* mit kritischer Textausgabe und deutscher Übersetzung. Frankfurt a. M. u. a. 1995.

Enenkel, Karl A. E.: Die monastische Petrarca-Rezeption. Zur Autorisierung über den Widmungsempfänger und zu anderen Bedingungen des Erfolgs von *De vita solitaria* in spätmittelalterlichen Klöstern. In: Neulateinisches Jahrbuch 14 (2012), 27–51.

Enenkel, Karl A. E.: *Sacra solitudo*. Petrarch's authorship and the *locus sacer*. In: Igor Candido (Hrsg.): Petrarch and Boccaccio. The Unity of Knowledge in the Pre-modern World. Berlin/Boston 2018, 52–64.

Enenkel, Karl A. E.: Francesco Petrarca: *Secretum* [‚My Secret'; ‚Secret Book'] / *De secreto conflictu curarum mearum* (Mid-14th Century) [On the Secret Struggles of My Mind] In: Martina Wagner-Egelhaaf (Hrsg.): Handbook of Autobiography/Autofiction. Berlin 2019, 1387–1396.

Escher, Monika/Hirschmann, Frank G.: Die urbanen Zentren des hohen und späteren Mittelalters. Vergleichende Untersuchungen zu Städten und Städtelandschaften im Westen des Reichs und in Ostfrankreich. Bd. 1–3. Trier 2005.

Figal, Günther: Die Räumlichkeit der Muße. In: Burkhard Hasebrink und Peter Philipp Riedl (Hrsg.): Muße im kulturellen Wandel. Semantisierungen, Ähnlichkeiten, Umbesetzungen. Berlin/Boston 2014, 26–33.

Frongia, Eugenio N.: Creative Leisure and Personal Freedom. The Case for Scholarship in Petrarca's Writings. In: Gian Paolo Biasin u. a. (Hrsg.): Studies in the Italian Renaissance. Essays in Memory of Arnolfo B. Ferruolo. Neapel 1985, 67–85.

Garber, Klaus: Arkadien. Ein Wunschbild der europäischen Literatur. München 2009.

Gellhaus, Axel u. a. (Hrsg.): Kopflandschaften – Landschaftsgänge. Kulturgeschichte und Poetik des Spaziergangs. Köln u. a. 2007.

Gimmel, Jochen/Keiling, Tobias: Konzepte der Muße. Unter Mitarbeit von Joachim Bauer u. a. Tübingen 2016.

Hasebrink, Burkhard: Zwischen Skandalisierung und Auratisierung. Über *gemach* und *muoze* höfischer Epik. In: Ders. und Peter Philipp Riedl (Hrsg.): Muße im kulturellen Wandel. Semantisierungen, Ähnlichkeiten, Umbesetzungen. Berlin/Boston 2014, 107-130.

Hayez, Ann-Marie: Avignon (I–IV). In: LexMa 1 (1980), 1301–1303.

Henkel, Nikolaus: Sebastian Brant. Studien und Materialien zu einer Archäologie des Wissens um 1500. Basel 2021.

Hindermann, Julia: Der *locus amoenus* als Ort der Muße in der antiken Literatur. In: Franziska C. Eickhoff (Hrsg.): Mußeräume der Antike und der frühen Neuzeit. Tübingen 2021, 65–95.

Hoffmeister, Gerhart: Petrarca. Stuttgart u. a. 1997.

Jenkyns, Richard: God, Space, and the City in the Roman Imagination. Oxford 2013.

Kipf, J. Klaus: Canter, Jacobus. In: Killy 2 (2008), 356.

Klingner, Jakob/Lieb, Ludger (Hrsg.): Handbuch Minnereden. Mit Beiträgen von Iulia-Emilia Dorobanţu u. a., Bd. 1–2. Berlin/Boston 2013.

Klinkert, Thomas: Muße und Erzählen. Ein poetologischer Zusammenhang. Vom *Roman de la Rose* bis zu Jorge Semprún. Tübingen 2016.

König, Gudrun M.: Eine Kulturgeschichte des Spazierganges. Spuren einer bürgerlichen Praktik 1780–1850. Wien 1996.

Kühlmann, Wilhelm: Edelmann – Höfling – Humanist. Zur Behandlung epochaler Rollenprobleme in Ulrich von Huttens Dialog *Aula* und in seinem Brief an Willibald Pirckheimer. In: August Buck (Hrsg.): Höfischer Humanismus. Weinheim 1989, 161–182.

Kugler, Hartmut: Die Vorstellung der Stadt in der Literatur des deutschen Mittelalters. München/Zürich 1986.

Landfester, Manfred: Theokritos [2] (Theokrit). In: Ders. (Hrsg.): Der Neue Pauly. Supplemente. Bd. 2: Geschichte der antiken Texte. Stuttgart/Weimar 2007, 603f.

Malettke, Klaus/Voss, Jürgen (Hrsg.): Humanismus und höfisch-städtische Eliten im 16. Jahrhundert. 23. deutsch-französisches Historikerkolloquium des Deutschen Historischen Instituts Paris in Verbindung mit dem Fachbereich Geschichtswissenschaften der Philipps-Universität in Marburg vom 6.–9. April 1987. Bonn 1989.

Mertens, Dieter: Der Preis der Patronage. Humanismus und Höfe. In: Thomas Maissen und Gerrit Walther (Hrsg.): Funktionen des Humanismus. Studien zum Nutzen des Neuen in der humanistischen Kultur. Göttingen 2006, 125–154.

Möllenbrink, Linus: *inter negocia literas et cum literis negocia in usu habere*. Die Verbindung von *vita activa* und *vita contemplativa* im Pirckheimer-Brief Ulrichs von Hutten (1518). In: Gregor Dobler und Peter Philipp Riedl (Hrsg.): Muße und Gesellschaft. Tübingen 2017, 101–139

Müller, Harald: Habit und Habitus. Mönche und Humanisten im Dialog. Tübingen 2006.

Müller, Maria E.: Höfische Literatur ohne Hof. Bemerkungen zur sozialen Gebrauchssituation der Lieder Oswalds von Wolkenstein. In: JOWG 3 (1984/85), 163–185.

Neumeyer, Harald: Der Flaneur. Konzeptionen der Moderne. Würzburg 1999.

Oberste, Jörg: Die Geburt der Metropole. Städtische Räume und soziale Praktiken im mittelalterlichen Paris. Regensburg 2018.

Okken, Lambertus: Oswald von Wolkenstein: Lied Nr. 44. Wortschatz-Untersuchung. In: Egon Kühebacher (Hrsg.): Oswald von Wolkenstein. Beiträge der philologisch-musikwissenschaftlichen Tagung in Neustift bei Brixen 1973. Innsbruck 1974, 182–218.

Peuckert, Will-Erich: Die große Wende. Geistesgeschichte und Volkskunde. Bd. 2. Darmstadt 1966.

Portmann, Adrian/Plüss, David: Flanieren, Spazieren, Wandern. Pedestrische Wahrnehmungsweisen, Reflexionen und Mentalitäten. In: Dies. und Tabitha Walther (Hrsg.): Im Auge des Flaneurs. Fundstücke zur religiösen Lebenskunst. Zürich 2009, 11–19.

Rostropowicz, Joanna: Teokrit (Theokritos). In: Christine Walde (Hrsg.): Der Neue Pauly. Supplemente. Bd. 7: Die Rezeption der antiken Literatur. Kulturhistorisches Werklexikon. Stuttgart/Weimar 2010, 997–1008.

Riedl, Peter Philipp: Urbane Muße – Muße in der Stadt. Perspektiven eines Forschungsfelds. In: Ders., Tim Freytag und Hans. W. Hubert (Hrsg.): Urbane Muße. Materialitäten, Praktiken, Repräsentationen. Tübingen 2021, 17–54.

Riedl, Peter Philipp : Gelassene Teilnahme. Formen urbaner Muße im Werk Goethes. Tübingen 2023.

Rosa, Hartmut: Beschleunigung. Die Veränderung der Zeitstrukturen in der Moderne. Berlin 2016.

Schmidt, Paul Gerhard: Mittelalterliches und humanistisches Städtelob. In: August Buck (Hrsg.): Die Rezeption der Antike. Zum Problem der Kontinuität zwischen Mittelalter und Renaissance. Hamburg 1981, 119–128.

Schmitzer, Ulrich: Räume des *otium* in der römischen Liebeselegie. In: Francesco Fiorucci (Hrsg.): Muße, *otium*, *scholé* in den Gattungen der antiken Literatur. Freiburg 2017, 53–68.

Schnell, Rüdiger: Hofliteratur und Hofkritik in Deutschland. Zur funktionalen Differenz von Latein und Volkssprache. In: Peter Moraw (Hrsg.): Deutscher Königshof, Hoftag und Reichstag im späteren Mittelalter. Stuttgart 2002, 323–355.

Schulz, Knut: Die Urbanisierung Mitteleuropas im 12. und 13. Jahrhundert. In: Gerhard Fouquet und Gabriel Zeilinger (Hrsg.): Die Urbanisierung Europas von der Antike bis in die Moderne. Frankfurt a. M. u. a. 2009, 147–171.

Schwob, Anton: *hûssorge tuot sô wê*. Beobachtungen zu einer Variante der Armutsklage in der mhd. Lyrik. In: JOWG 1 (1980/1981), 77–97.

Seeber, Stefan: Der König geht spazieren. Bewegungsmuster und Raumstrukturen im *Apollonius* des Heinrich Steinhöwel. In: ZfdA 146 (2017), 173–197.

Seeber, Stefan: Mußeraum Minnegrotte. Zur Bewegungspoetik von Gottfrieds *Tristan*. In: Monika Fludernik und Thomas Jürgasch (Hrsg.): Semantiken der Muße aus interdisziplinären Perspektiven. Tübingen 2021, 163–178.

Simmel, Georg: Die Großstädte und das Geistesleben [1903]. In: Georg Simmel: Gesamtausgabe. Bd. 7: Aufsätze und Abhandlungen 1901–1908, hrsg. von Rüdiger Kramme, Angela Rammstedt und Otthein Rammstedt. Teilbd. 1. Frankfurt a. M. 1995, 116–131.

Stoob, Heinz: Stadtformen und städtisches Leben im späten Mittelalter. In: Ders. (Hrsg.): Die Stadt. Gestalt und Wandel bis zum industriellen Zeitalter. Köln u. a. 1979, 151–190.

Studt, Birgit: *Exeat aula qui vult esse pius*. Der geplagte Alltag des Hofliteraten. In: Werner Paravicini (Hrsg.): Alltag bei Hofe. 3. Symposium der Residenzen-Kommission der Akademie der Wissenschaften in Göttingen, Ansbach 28. Februar bis 1. März 1992. Sigmaringen 1995, 113–136.

Suerbaum, Almut: „A Room with a view". Zur Spannung zwischen Kontemplation und Leben in der Welt in den Dorotheenviten des Johannes Marienwerder. In: Burkhard

Hasebrink und Peter Philipp Riedl (Hrsg.): Muße im kulturellen Wandel. Semantisierungen, Ähnlichkeiten, Umbesetzungen. Berlin/Boston 2014, 131–151.

Trillitzsch, Wilfried: Der Brief Ulrich von Huttens an Willibald Pirckheimer. In: Ulrich von Hutten. Ritter, Humanist, Publizist. 1488–1523. Katalog zur Ausstellung des Landes Hessen anlässlich des 500. Geburtstages. Schlüchtern 3. Juli–11. September 1988, bearb. von Peter Laub und Ludwig Steinfeld. Kassel 1988, 211–229.

Tschäpe, Elsa-Maria: Die Großstadt als literarischer Raum in der römischen Dichtung. Göttingen 2015.

Wagner, Yvonne: *otium* und *negotium* in den *Epistulae* Plinius' des Jüngeren. Zwischen Tradition und Wertewandel. In: Diomedes 5 (2010), 89–100.

Waßmer, René: Urbane Muße jenseits der Stadt. Literarische Idyllen aus *London und Paris* (1798–1815). In: Peter Philipp Riedl, Tim Freytag und Hans. W. Hubert (Hrsg.): Urbane Muße. Materialitäten, Praktiken, Repräsentationen. Tübingen 2021, 55–81.

Wellmann, Angelika: Der Spaziergang. Stationen eines poetischen Codes. Würzburg 1991.

Wittstock, Antje: *Von eim kemergin – minem studioro*. Zur Darstellung von ‚Denkräumen' in humanistischer Literatur. In: Elisabeth Vavra (Hrsg.): Imaginäre Räume. Sektion B des internationalen Kongresses „Virtuelle Räume. Raumwahrnehmung und Raumvorstellung im Mittelalter", Krems an der Donau, 24. bis 26. März 2013. Wien 2007, 133–154.

Wirth, Louis: Urbanism as a Way of Life. In: The American Journal of Sociology 44/1 (1938), 1–24.

Wölfel, Kurt: Andeutende Materialien zu einer Poetik des Spaziergangs. Von Kafkas Frühwerk zu Goethes *Werther*. In: Theo Elm und Gerd Hemmerich (Hrsg.): Zur Geschichtlichkeit der Moderne. Der Begriff der literarischen Moderne in Theorie und Deutung. Ulrich Fülleborn zum 60. Geburtstag. München 1982, 69–90.

Wölfel, Kurt: *Geh aus, mein Herz*. Kursorisches über den Spaziergang und seine poetische Praxis. In: Axel Gellhaus u. a. (Hrsg.): Kopflandschaften – Landschaftsgänge. Kulturgeschichte und Poetik des Spaziergangs. Köln u. a. 2007, 29–50.

Worstbrock, Franz Josef: Canter (Kanter), Jacobus. In: VL Hum 1 (2009), 360–369.

Wulfram, Hartmut: Stadt und Land in einem Tag. Zu einem poetischen Motiv von Horaz bis Ausonius. In: Andreas Heil, Matthias Korn und Jochen Sauer (Hrsg.): Noctes Sinenses. Festschrit für Fritz-Heiner Mutschler zum 65. Geburtstag. Heidelberg 2011, 162–168.

Zimmermann, Markus: Vostellungen von Städten in literarischen Texten der griechisch-römischen Antike. In: Margit Dahm und Timo Felber (Hrsg.): Mentale Konzepte der Stadt in Bild- und Textmedien der Vormoderne. Leiden 2023, 27–43.

Zuiderhoek, Arijan: The Ancient City. Cambridge 2017.

Dr. Linus Möllenbrink
Germanistisches Seminar – Universität Heidelberg
Hauptstr. 207–209
69117 Heidelberg
linus.moellenbrink@gs.uni-heidelberg.de

Christoph Fasbender

Stadt, Land, Fluss. Beobachtungen zur Lage der Stadt im Stadtlob um 1500

1.

Zwischen Bruchsal im Kraichgau und Görlitz in der Lausitz liegen rund 630 Kilometer. Heute in etwa von gleicher Größe, verband die Städte um 1500 kaum etwas. Die Handelsstadt an der Neiße zählte etwa 10.000 Einwohner, während die Stadt an der Saalbach allenfalls ein Fünftel davon aufweisen konnte. Das einzige, was Bruchsal und Görlitz teilten, war daher wohl, dass beide ausgangs des 15. Jahrhunderts ein literarisches Stadtlob vorweisen konnten. Eine heute in Bamberg befindliche Handschrift (SB, Cod. Class. 93) überliefert eine *Commendatio civitatis Bruchsal*, die bereits Hartmut Kugler erwähnte.[1] Vom Görlitzer Stadtlob, das Kugler noch nicht kannte, das aber bereits im frühen 18. Jahrhundert gedruckt vorlag, hat Thomas Haye jüngst eine Abschrift in der Bayerischen Staatsbibliothek (Clm 11596[!]) aufgetan.[2] Über Anleger, Besitzer und Inhalt der Handschriften oder Fragen der Verfasserschaft wäre auch nach Hayes gründlicher Untersuchung ausführlicher zu handeln.[3] Im vorliegenden Zusammenhang interessiert mich ein anderer Umstand: die Tatsache nämlich, dass die hexametrischen Lobgedichte auf Bruchsal und Görlitz bis auf den Umstand, dass das Görlitz-Gedicht vier Verse zum Lobe des Bieres enthält, textidentisch sind.[4] Lediglich der Name der belobigten Stadt wurde an zwei Stellen ausgetauscht:

V. 10	*In Bruchsal graditur*	*In Gorlitz graditur*
V. 53	*Vive, vale, Bruchsal*	*Vive, vale, Gorlitz*

Ich habe die beiden Gedichte, die recht eigentlich ein einziges zu sein scheinen, angeführt, weil sie gewisse Vorurteile über das Stadtlob des Mittelalters besonders eindrücklich bestätigen. Um das unverwechselbare Profil, die ‚Individualität' der Städte, scheint es den Verfassern nicht gegangen zu sein. Reflexhaft suchte die Forschung nach Hinweisen, die konkrete Bezüge zur jeweiligen Stadt erkennen

1 Vgl. Kugler 1986, 242.

2 Haye 2021.

3 Vgl. die Angaben bei Kristeller 1983, 463; Sottili 1969, 41.

4 Vgl. Fasbender 2022, 128 u. 138. Über die Lesarten und die vier Plusverse der Görlitzer Variante vgl. Haye 2021, 202–204.

10.29091/9783752003444/023

lassen, und wenn man so herangeht, wird man womöglich auch fündig. Christoph Adolph Pescheck etwa erkannte 1832 im Görlitzer Stadtlob eine treffliche Wesenschilderung des lausitzischen Weibes.[5] Und noch Thomas Haye fand, dass „die Erwähnung des Weins […] zweifellos gut zum Profil Bruchsals“ passe.[6] Man ahnt, wohin dergleichen führen muss. Wir haben es, wie Haye zutreffend konstatiert, mit „rhetorischer Wiedergebrauchsrede“ zu tun, die „mit Passepartout-Modellen arbeitet“. Eine Anpassung des Modelltextes „auf die individuellen Gegebenheiten der einzelnen Stadt“ ist im besonderen Fall allenfalls beim Görlitzer Bier zu erkennen, das indes den Wein nicht ersetzt, sondern nur ergänzt.[7]

Insgesamt sind die Differenzen zwischen dem Lob auf Bruchsal und dem Lob auf Görlitz also bedeutunglos. Vor uns liegt ein Passepartout, das weder für die eine noch für die andere Stadt gefertigt wurde. Als Verfasser der Matrix bringt Thomas Haye den Leipziger Frühhumanisten Peter Luder ins Spiel: einer Matrix, die dann je und je im Kontext der Lateinschule eingesetzt wurde, um den seit Menander und Quintilian verfeinerten Regelkatalog zum Lobe der Stadt in einem angemessenen Versmaß zu erlernen.[8]

2.

Weniges nur zum Regelkatalog. Vier Topoi galten seit Menander für das rhetorische Stadtlob als obligatorisch: 1. Die Lage der Stadt in der Landschaft. 2. Der Ursprung der Stadt. 3. Die vornehmen Einrichtungen der Stadt. 4. Die Taten der Bürger. Alle Topoi konnten weiter ausdifferenziert werden. Beim Topos der Lage galt es, auf folgende Punkte näher einzugehen: (1.) die Lage der Stadt „im Hinblick auf den Himmelsstrich (Himmelsrichtung) und die Jahreszeiten; Verhältnis von Kälte und Wärme; reines Klima (gute, gesunde Luft und gleichmäßige Feuchtigkeit).“ Sodann (2.) die „Lage der Stadt im Hinblick auf das Festland und das Meer; sog. Seestadt oder eine Stadt auf einer Insel.“ Bedeutungsvoll ist (3.) die „Lage im Hinblick auf das gesamte Land: Schlüsselposition (Stadt wie die Vorhalle eines Hauses), zentrale Lage (Stadt wie der Mittelpunkt eines Schildes), Abgelegenheit (im Gebirge).“ Wichtig ist auch (4.) die Lage einer Stadt „im Hinblick auf den Bezug zu Gewässern: an Quellen, am Fluß, mit Hafen.“ Sodann ist die Lage einer Stadt im Hinblick auf andere Länder (5.a) und auf andere Städte (5.b) zu berühren. Schließlich (7.) möge der Redner den Blick auf die Lage einer

5 Vgl. Pescheck 1832, 28.

6 Haye 2021, 203.

7 Haye 2021, 202. Bei der Frage, wie viel Weltwissen hinter der Variante „gloria mundi“ (Bruchsal) versus „gloria regni“ (Görlitz) vermutet werden darf, kommt man dann bereits in höchst subtile Argumentationen.

8 Vgl. Haye 2021, 209–212.

Stadt „innerhalb der Landschaft" lenken: „im Gebirge, im Hügelland auf einer Anhöhe oder in der Ebene."[9] Dies alles gilt, wenn auch nicht je und je, für das rhetorische Lob der antiken Stadt, und aus diesem Katalog nahm das humanistische Stadtlob einzelne Elemente auf. Man sieht es den Elementen nun nicht auf den ersten Blick an, verklausulierte der Humanist doch sein Lob der Topographie gerne durch Topoi antiker Mythologie. Wo er Weinberge vermutete, nominierte er Bacchus und dessen Freuden.

Es kann nicht überraschen, dass sich das Bruchsal und Görlitz preisende Text-Ich mit konkreten topographischen Hinweisen zurückhält. Im Innern der Stadt strahlen ihm „die Tempel der Götter", sie sind umgeben von „wunderschönen Gebäuden" und „großen Palästen". Das Ich hat offenbar keine Mühe, auch die Innenräume der Bürgerhäuser zu inspizieren: „jeder Winkel eines Zimmers erfreut sich an Bildern" (V. 9–14). Wenn es heißt: „Unaufhörlich treibt Ceres bei Tisch die beiden Augen dazu an, sich zu öffnen", könnte dahinter tatsächlich das Lob des Getreides – näherhin des Görlitzer Bieres – stehen. „Ringsum fließt Honig, es gibt Obst in Fülle, weiche Kastaniennüsse und einen reichlichen Vorrat an Tieren" (V. 39–40). Mit V. 45 wird der Bezug zu Gewässern wenigstens angedeutet: „Welchen Sinn hätte es, die Fische aufzuzählen [...]?" (V. 45).[10] Tempel, Paläste, Getreide, Honigfluss, Kastanien und Fische ließen sich, wie leicht zu erkennen ist, für beide Städte reklamieren. Sie lagen in einer idealen fruchtbaren Landschaft mit Weiden, Wäldern und Wasserläufen, wie sie bei wohlwollender Betrachtung jede Stadt umgeben haben dürften.

3.

Nicht Ortskenntnis also, sondern Rhetorik ist die Bemessungsgrundlage des lateinischen Stadtlobs, und die Rhetorik hatte ihren Sitz im Leben in der städtischen Lateinschule. Stadtlob wurde, metri causa, im Unterricht exerziert. Stadtlob wurde wohl auch als Fingerübung der Scholaren abgefasst. Zum Stadtlob griff der Lehrer, wenn er sich für eine besser dotierte Stelle bewarb, und sein Stadtlob zelebrierte er schulöffentlich, wenn er die Stelle erhalten hatte.[11] Es versteht sich, dass im System volkssprachlicher Schriftlichkeit kein Ort für dergleichen bestand. Entsprechend dürftig ist denn auch der Befund, wenn wir den langen Katalog, den Hartmut Kugler 1986 zusammenstellte, auf deutsche Texte im Stile des Bruchsal-Görlitz-Komplexes mustern.[12] Kuglers Binnenüberschriften bereiten diese Erkenntnis bereits vor: „Stadtbeschreibungen und Verwandtes" sowie

9 Alle Zitate bei Weisshaar-Kiem 1982, 14.
10 Alle Zitate nach der Ausgabe von Haye 2021, 214–222.
11 Zu den Anlässen für die Abfassung von Stadtlob vgl. Fasbender 2017, 252–254.
12 Vgl. Kugler 1986.

„Werke mit mehreren Stadtbeschreibungen und andere Quellen“ deuten auf ein Corpus, in dem vom höfischen Roman bis zur Weltchronik so ziemlich alle literarischen Gattungen vertreten sind. Natürlich finden sich bereits im legendarischen *Annolied* Verse auf Köln, und natürlich geht ein 1433 verfasstes politisches Lied von der Belagerung Bambergs auch auf Details der Stadtbefestigung ein. Das Lob der Stadt im Gefolge – nicht zwingend: im Geiste – der lateinischen *Laus urbium* ist freilich ein Gegenstand, der sich in deutscher Sprache erst in der zweiten Hälfte des 15. Jahrhunderts entfaltete. Fortan dürfte es unmöglich gewesen sein, die Traditionsströme trennscharf von einander abzuheben. Gleichwohl bemühte sich die Forschung, die Autonomie der Systeme zu profilieren.

Im Anschluss an Jean Lebeau, der als erster die Nürnberg-Gedichte des Poeta laureatus Conrad Celtis und des Schuhmachers Hans Sachs vergleichend untersucht hatte, arbeitete Hartmut Kugler, Lebeaus literatursoziologisches Modell aufgreifend, einige grundlegende Differenzen zwischen dem gelehrten Stadtlob und dem volkssprachigen Lobspruch heraus.[13] In den volkssprachigen Lobsprüchen wehe, wie er feststellte, „ein Geist der Statistik“, wie ihn andere auch in Stadtbeschreibungen aus Italien wahrzunehmen glaubten. „Alles, was es in der Stadt gibt, wird da notiert; aber nicht eigentlich beschrieben, [...] sondern vor allem gezählt.“[14] Dies sei indes weniger den Absichten der Verfasser als den Erwartungen der Rezipienten geschuldet. Sogar Celtis sei mit seiner ersten Fassung der *Norimberga* (1495) beim Nürnberger Stadtrat abgeblitzt, so dass er in der zweiten Fassung (1502) „erheblich mehr Detailinformationen und auch Zahlenangaben“ bot.[15]

Ein Trennendes freilich erkannte die Forschung in der Behandlung der Lage der Stadt im Umland. „La notion de site“, notierte Lebeau mit Blick auf Celtis und Sachs, die Erwähnung der Lage, sei „une notion savante“, ein Thema der Gelehrten also, wohingegen „la littérature populaire a tendence à ignorer ou à rejeter.“[16] Oder, wie Hartmut Kugler es formulierte: „die nichtgelehrten Verfasser der ‚Lobsprüche‘“ hätten „auf weiträumige Landschaftsprospekte keinen Wert gelegt und für eine Stadt-Land-Harmonie offenbar keinen Sinn gehabt.“[17] Kugler bot für diese konzeptionelle Differenz im Anschluss an Jacob Burckhardt und Gerd Tellenbach einige bemerkenswerte geistesgeschichtliche Argumente, die wir hier auf sich beruhen lassen dürfen.[18] Es wäre auch kleinlich, nach all den Jahrzehnten eines verfeinerten Diskurses mit Texten anzurücken, die Kugler noch nicht im Blick

13 Vgl. Lebeau 1972, 15–35.
14 Kugler 1986, 214; vgl. Mierke 2015, 45–46.
15 Kugler 1986, 215.
16 Lebeau 1972, 21f.
17 Kugler 1986, 215.
18 Vgl. Kugler 1986, 217–219.

hatte und die ihn (und seine Vorredner) widerlegen könnten. Wenn ich trotzdem so kleinlich daherkomme, dann deshalb, weil ich tatsächlich neue lateinische und deutschsprachige Texte im Blick habe, für die das Thema der Lage der Stadt in der Landschaft in hohem Maße von Bedeutung ist, die sich den Erklärungen indes nicht fügen wollen. Der Glücksfall des Szenarios besteht darin, dass sich beide Gedichte auf dieselbe Stadt – Annaberg im Erzgebirge – beziehen, dass ihre Entstehung bald nach 1500 datiert und nur drei Jahre auseinanderliegt – und dass ihre Verfasser, was die Lage der Stadt in der Landschaft angeht, unabhängig voneinander auf diskursspezifische Formatvorlagen zurückgriffen. Ich beginne mit dem lateinischen Hexametergedicht des Österreichers Johannes Salzmann.

4.

Salzmann, der sich als Poeta laureatus Salianus nannte, widmete im Juni 1507 dem Rat der eben erst gegründeten Montanstadt Annaberg ein Opusculum von 204 Hexametern, „in welchem“, wie er versichert, „der Hercynische Wald und die Stadt des Berges der heiligen Anna in einem ausgefeilten Gedicht beschrieben werden“.[19] In der Vorrede an den Stadtrat nennt Salzmann Konrad Celtis und Hermann von dem Busche und spricht auch das Projekt der *Germania illustrata* an, das nunmehr bei König Maximilian angesiedelt sei, dem er, Salzmann, unlängst ein (heute verschollenes) Gedicht über die Lage Kärntens gewidmet habe. Das sei ganz richtig so: sich „auf die Lage der zusammenhängenden Erde an der himmlischen Oberfläche zu verstehen“ sei, unter Berufung auf Ptolomäus, „die Beschäftigung der Könige“. Ich habe das Annaberg-Gedicht, das Salzmann im Kolophon als *opusculum Topographicum* bezeichnet, bereits mehrfach behandelt und bereite eine Edition mit Übersetzung vor.[20] Dass ich damit gewisse Erwartungen enttäuschen werde, ist absehbar. Bereits einen früheren Leser eines der letzten erhaltenen Exemplare konnte der Text offenbar nicht überzeugen, notierte er doch mit dem Bleistift, dass erst an dieser Stelle – mit Vers 171 (von 204) – das Lob Annabergs einsetze.

Das Lob der Stadt ist mit knapp 30 Hexametern kürzer noch als das Lob Bruchsals. Dennoch gelingt es Salzmann, die obligatorischen Punkte der *Laus urbium* abzuarbeiten. Annaberg liegt, wie es heißt, „in unfruchtbarem Gelände“ (V. 172), wo sich eben noch dorniges Dickicht und die Höhlen wilder Tiere befanden (= Lage). Die Menschen allerdings strebten herbei, um „in unterirdischen Schichten Mineralien zu suchen“ (= Ursprung), und „sie wählten die heilige Anna

---

19 Zur Person Salzmanns vgl. Fasbender 2013a, 52; alle Übersetzungen nach meiner Ausgabe.
20 Vgl. Fasbender 2013a; Fasbender 2013b; Analyse der Vorrede bei Fasbender 2022, 130–134.

mit glühenden Gelübden / als Beschützerin des Orts“ (V. 181–182). Eine Mauer umgürtet die Stadt (V. 174), ein Kloster der Franziskaner wurde gegründet (V. 184–185) (= vornehme Einrichtungen). „Glänzende Tatkraft“ schmücke die Bewohner (V. 189) (= Taten der Bürger), und nur selten steige ihnen das Bier zu Kopf, doch wisse die Bürgerschaft den besoffen randalierenden Pöbel rasch einzuhegen (V. 191–194). „Die Familienmütter glänzen in schneeweißer Sittsamkeit“ (V. 196), und die makellosen Mädchen „wahren jungfräulichen Glanz bis in ein fortgeschrittenes Alter“ (V. 199). Das war es dann schon, sofern es die Stadt betrifft. Immerhin – so höre ich sagen – gelingt es dem Verfasser, Lage, Ursprung und vornehme Einrichtungen Annabergs in ihrer Spezifik zu würdigen.

Der Schwerpunkt des Opusculums liegt indes, schon rein quantitativ gesehen, außerhalb der Montanstadt. Salzmann nimmt, wenn man so will, 170 Verse Anlauf. Der Weg aber, der in der Wüste Libyens und auf den Feldern Ägyptens anhebt, ist nicht das Ziel. Das Ich des Betrachters ist alles andere als ein bewegliches. Im Gegenteil: gleich eingangs rechtfertigt es aus Furcht vor den Unannehmlichkeiten des Reisens seine *stabilitas loci*:

> Nun wage ich nicht, die durstigen Länder Libyens aufzusuchen,
> die der Sirius mit allzu grimmiger Hitze röstet,
> noch auch, die Gefilde von Memphis zu durchreisen (V. 6–8)

Zu heiß ist es dem Betrachter

> [...] unterhalb des Wendekreises,
> wo die Sonne senkrecht genau von der Mitte des Olymp herabsieht
> und, da sie steil steht, nirgendwohin Schatten wirft (V. 23–25).

Immerhin räumt er ein: „Angenehmer ist mir die Behausung des deutschen Landes“ (V. 29), wo, wie er versichert, „der Hercynische Hain die Gluten des Phoebus mäßigt“ (V. 34). Hier hätte das Ich nun eigentlich seine Wanderung beginnen können, doch auch dies unterbleibt. Salzmann benennt die anrainenden Völker des Hercynischen Waldes mit ihren besonderen Merkmalen (die „blonden Steirer“, die „vertragsbrüchigen Hunnen“ und die „dickbauchigen Böhmen“), wobei er sich als Mediziner etwas länger bei den Kärtnern und ihrem Kropf aufhält.[21] Es folgen ausführliche Hinweise auf die Flora, bis schließlich jene Region des Hercynischen Waldes erreicht wird, die – vielleicht nur durch eine Laune des Zufalls – „erzführende Adern“ aufweist. Hier herrscht nun wahrlich Goldgräberstimmung: „sie jubeln, sie jauchzen über den reichen Schatz an Silber“ (V. 108). Die Menschen legen Hand an, und siehe: „Es fällt die hohe Kiefer, die Eiche, [...],

21 Zum Kropf der Steirer und den diskursiven Traditionen seit Bartholomäus Anglicus vgl. Stanzel 2011, 218–234.

die schroffe Buche; / das Erlengehölz und Gestrüpp haben scharf die zweischneidigen Äxte gelichtet“ (V. 120–122). Im verlebendigen Präsens fällt die Kiefer und stürzt die Eiche zu Boden: gute Gründe für den Betrachter, keinen Fuß auf die Baustelle zu setzen.

Wer Libyens Wüste nicht erwandern will, darf auch das Erzgebirge nicht durchstreifen. Salzmann ist, was den „point of view“ seines Betrachters angeht, nur konsequent. Für die Frage, wo der Nil entspringe und warum er gelegentlich über die Ufer trete, zitiert er Lukan und Aristoteles. Seine eigene Quelle indes nennt er nirgends, doch muss sie für den Zeitgenossen mit Händen zu greifen gewesen sein. Wir erkennen sie etwa bei der Spaltung des Hercynischen Waldes, dessen einen Teil Salzmann wie folgt beschreibt:

> Der andere wird bei den Bojern vom stürmischen Ister abgeschnitten,
> wo er, zusammengedrängt zur runden Figur eines Herzens,
> die dickbauchigen Böhmen wie in einem schönen Garten einschließt,
> welche er ringsherum mit einer Einfriedung aus Wäldern umhegt. (V. 56–59)

Es ist fast unmöglich, die Referenz auf die *Germania generalis* des Conrad Celtis zu übersehen:

> Aber sobald er seine gewaltigen Ausläufer im Bogen über das Land der Bayern gelenkt hat, strebt er kurz darauf den Franken, Thüringern und den wilden Böhmen zu und schließt sie, die das kampfeslustige Deutschland mitten in seinem Gebiet nährt, von allen Seiten mit einer gleichsam natürlichen Mauer ein. (236–239)[22]

Der Unterschied zwischen Salzmann und Celtis besteht allenfalls darin, dass die dickleibigen Böhmen (*ventrosos Bohemos*) des Annaberg-Gedichts im grünen Herzen Deutschlands wie in einem schönen Garten hausen (*ut pulcro claudit in horto*), während Celtis die „wilden“ Böhmen (*Bemos feroces*) hinter einer natürlichen Mauer aus Wald weggesperrt sehen wollte (*Tanquam natiuo claudit quos vndique muro*).[23]

Der Referenztext mindestens der dem Stadtlob vorgelagerten 170 Verse ist also, wie wir feststellen dürfen, die *Germania generalis* (1498/1500). Die 283 Verse umfassende Schilderung Deutschlands gliedert sich in Abschnitte wie „Gestirne Deutschlands am nördlichen Himmel“, „Die Ausdehnung Deutschlands nach den vier Himmelsrichtungen“, „Die drei Mittel- und Hochgebirge Deutschlands“

22 Übersetzung von Müller 2001, 105.

23 Böhmen hatte ursprünglich eine größere Bedeutung für Celtis, der in Prag ein mythisches Zentrum Deutschlands suchte, sich jedoch „im Laufe der 90er Jahre“ wieder von diesem Gedanken trennte: Robert 2003, 403. Dem gegenüber scheint Salianus am Gedanken der Böhmen „im Herzen Deutschlands“ festzuhalten.

oder „Über die Güte des Bodens in Deutschland".[24] Obwohl Celtis am Schluss bekennt: „Jene Gestalt zeigen die deutschen Länder, die ich in zweimal fünf Jahren durchwandert habe" (V. 279–280), gibt sich die Schilderung Deutschlands nicht als Reisebericht eines beweglichen Betrachters, sondern als objektive Bestandsaufnahme. Sie fußte – wie Gernot Michael Müller notierte – „über weite Teile auf den Karten der ptolemäischen Kosmographie."[25] *Memorantur* („es wird berichtet") ist denn auch die häufigste Referenz (V. 1, 99).

Das Konzept einer objektiven Inventarisierung Deutschlands, wie sie dann die *Germania illustrata* verfolgte, hatte Konsequenzen für die Frage nach dem literarischen Standort der Inventarisierenden. Antike Kosmographie und Kartographie wiesen dem Betrachter einen Platz am Schreibtisch zu, und die Karten, mit der sie ihn ausstatteten, waren Welt- und Himmelskarten, keine Wanderkarten. Mühelos spannte Salzmann einen Bogen vom Nil ins Erzgebirge, zog eine Linie von Memphis nach Annaberg; doch obwohl sein Betrachter-Ich topographische Details anführt, vermied er es, sie aus der Perspektive eines Besuchers zu beschreiben. Das ist, nebenbei, der genaue Gegensatz zum enthusiastischen Besucher von Bruchsal und Görlitz, der Städte zum Abschied grüßt, die er nie betreten hat.

5.

Ich komme noch kurz auf mein zweites, volkssprachiges Lob der Stadt Annaberg zu sprechen. Es ist ein Werk des Nürnberger Heroldsdichters Hans Schneider, dessen spruchdichterisches Wirken zuletzt Claudia Kanz eingehender untersucht hat,[26] und auch von diesem Text befindet sich eine kommentierte Edition in Vorbereitung. Sie wird, anders als das Salianus-Gedicht, den Sachsen eher behagen, zumal Schneiders Gedicht in 268 Paarreimversen leistet, was dem Ingenieur lieb und teuer ist und was der an Kugler geschulte Leser auch erwartet: Statistik. Zum andern wird es den Sachsen behagen, weil sich der Verfasser für seine Angaben auf Autopsie beruft. Hans Schneider erklärt, er habe Annaberg selbst gesehen und Schritt für Schritt durchmessen. Wenn er jetzt dorthin zurückkehrt, dann als imaginärer Führer einer imaginären Reisegruppe, die er immer wieder anruft: *nun weiter wil ich euch vorgehen* (V. 106).

Die Motivation, die das Text-Ich für seinen Aufbruch angibt, ist hinlänglich unspezifisch. Eines Tages sei es ihm *da heym tzu hauß* (nämlich in Nürnberg) in den Sinn gekommen, *Ich solt ein weyl spaciren auß, / In meynem alter wunder sehen* (V. 8–9). Der Spaziergang, der auf die Begegnung mit Unerhörtem, vor allem aber

24 Die Überschriften nach Müller 2001.

25 Müller 2001, 181.

26 Vgl. Kanz 2016, 179–190.

Ungesehenem zielt, ist die Aventiurefahrt des Nicht-Adligen.[27] Das Ich betont, wie mühevoll die Reise durch unbekanntes Terrain war, hält sich aber unterwegs nicht weiter auf und erreicht bereits mit Vers 14 Sachsen und mit Vers 15 Annaberg. Die *wunder*, die der Betrachter gesehen hat, liegen also nicht im wilden Hercynischen Wald. Die Wunder verdanken sich vielmehr der Kultivierungsleistung der Menschen, die diesen Wald zurückdrängen:

> *Das for ein wiltnuß was erkent,*
> *von wilden dyeren meniger art,*
> *Mit kurtz also gebawet wardt.* (V. 50–52)

Es ist offenkundig, dass Hans Schneider sich an den Topoi der *Laus urbium* abarbeitete.[28] Im Eingangsbereich seines Spruchs verhandelt er die Lage der Stadt in der Landschaft, den Ursprung der Stadt, die vornehmen Einrichtungen in und vor der Stadt und, mit einem Fokus auf dem Bergbau, die Taten der Bürger. Sein Augenmerk galt dabei, wie ich herauszuarbeiten versucht habe, der Sakraltopographie der Bergbaustadt.[29] Vom Grundriss der monumentalen Annenkirche, deren Grundstein 1499 gelegt worden war, weiß er zu berichten:

> *Die weiten hat also gestalt:*
> *Auß wendigs hat sie vierhundert schryt,*
> *nur zweyer mynder felt nicht.*
> *In windigs maß ich an der leng*
> *hundert schrit, das ist nicht wenig*
> *Vnd zwolff mer, sag ich vor war;*
> *die vber twerch velt nicht ein har:*
> *Wol funffzigk schrit han ich gezalt.* (V. 130–137)

Neben solcher „Statistik" fällt auf, dass der Betrachter die geistlichen Einrichtungen auf ihren spirituellen Wert hin evaluiert. Von den Franziskanern, deren Niederlassung 1502 gegründet worden war, weiß er, dass sie dem *gerefermirt*[en] (V. 168), also dem observanten Ordenszweig angehören:

> *Vil frumer veter wonen da,*
> *die dinen got vnd vnßer liben fra;*
>
> *Die heylig fraw sant anna selb drit*
> *Wirt oft genant durch ir gebet* (V. 169–172)

27 Ebd., 184–185.
28 Vgl. Fasbender 2013a, 58–59; Fasbender 2013b, 108.
29 Vgl. Fasbender 2013b, 114–115.

Nun wendet sich der Betrachter wieder der Hauptkirche zu. Auch sie ist der Stadtpatronin St. Anna geweiht. Hans Schneider scheint bei der Prozession zu Ehren der Heiligen, die im Sommer 1510 abgehalten wurde, zugegen gewesen zu sein:

> *Des morgens an sant Anna tag*
> *die schonste proczeß wie ich euch sag*
> *Wardt do gehalten loblich;*
> *das sachen arm vnd reych.* (V. 157–160)

Im Zusammenhang mit dieser Prozession scheint es, wie ich an anderer Stelle zu zeigen versucht habe, zu einer *Ostensio reliquiarum* – der frühesten, die für Annaberg bezeugt ist – gekommen zu sein.[30] Der Betrachter präsentiert die *mercklichen stück*: vielleicht in eben der Reihenfolge, in der sie den Gläubigen präsentiert wurden. Wieder haben die Beobachtungen vordergründig „statistischen" Charakter:

> *ein heiltumb von sant Fabian,*
> *Heiltumb sant Pauls und Peters,*
> *sant Thomas und sant Laurentius,*
> *Sant Phyllip vnd sant Jacobe,*
> *sant Nicklaus vnd sant Bartholomus* [...]
> *Sant Wolfgang vnd sant Oswalt auch,*
> *vnd auch sant Barbara darnach.* (V. 203–214)

Statistik ist nun freilich nichts, was dem Ablass- und Reliquienwesen fremd wäre. Statistik ist vielmehr die Grundlage ihrer Heilsversprechen. Der Betrachter listet den Annaberger Kirchenschatz gerade so, wie es die in diesen Jahren gedruckten Heiltumsbüchlein aus Magdeburg, Nürnberg, Wien und Wittenberg taten.[31] Es fehlt im Grunde nur noch ein Stichwort, das der faszinierte Betrachter denn auch prompt liefert: *heiltum vil wie auff eim thom; / Ich sprech schier gern, es wer tzu Rhom* (V. 217–218). Das Lob Annabergs, das vor allem ein Lob seiner Sakraltopographie ist, erweist sich damit als eine Art Pilgerführer, der – im Modell des Gedächtnispalastes – alles, was für das Heil der Gläubigen relevant sein könnte, an den dafür vorgesehenen Orten deponiert. Die *wunder*, die Hans Schneider zu sehen auszog und die er in Annaberg fand, waren also im Wortsinne „Mirabilien".[32]

30 Die Forschung stützt sich, was die Annaberger Ostensiones angeht, auf ein Reliquienverzeichnis von 1518. Es umfasste bereits 120 Stücke. Die Zahl hatte sich also in nicht einmal zehn Jahren verdoppelt. Vgl. Fasbender 2013b, 109–110. Ohne Kenntnis der Angaben von Hans Schneider Volkmar 2006.

31 Vgl. Eisermann 2004, 606–607.

32 Zum Zusammenhang von Stadtlob, Mirabilien, Rom und Ablass vgl. Mierke 2017.

6.

In diesem Sinne kann man abschließend vielleicht auch sagen, dass viele (wenn auch nicht alle) Wege nach Annaberg führen. Einen Weg zeichnete der gelehrte Humanist Johannes Salzmann auf der ptolemäischen Karte nach. Einen anderen Weg beschritt der Pilgerführer Hans Schneider. Beide verorteten die Stadt, deren Lob sie sangen, in der umgebenden Landschaft, wie das Regelwerk der *Laus urbium*, dem sie beide folgten, es befahl. Die literarischen Traditionen, in deren Zusammenhang sie ihr Stadtlob je und je stellten, hatten indes immense Folgen für die jeweilige Landschaftsarchitektur. Johannes Salzmann folgte der *Germania generalis* des Conrad Celtis. Die beziehungsreiche Weltkarte, auf der er die Bergstadt verortete, verknüpfte Annaberg mit Ägypten. Hans Schneider folgte der Diskurstradition der Pilgerführer. Die Sakraltopographie, die er dabei aufzeigte, verknüpfte Annaberg mit Rom. Berücksichtigen wir, wo die beiden aufgebrochen waren – in Bruchsal nämlich bzw. in Görlitz –, zeigen die Lobgedichte auf Annaberg in ihrer Selbständigkeit, die natürlich vor allem in der selbständigen Entscheidung für einen Referenzdiskurs bestand, das breite Spektrum des literarischen Stadtlobs eingangs des 16. Jahrhunderts auf.

Bibliographie

I. Primärliteratur

Haye, Thomas: Zwei Stadtlobgedichte auf Bruchsal und Görlitz. Unbekannte Verse des Heidelberger Frühhumanisten Peter Luder (ca. 1415–1472?). In: Zeitschrift für die Geschichte des Oberrheins 169 (2021), 193–222.

Müller, Gernot Michael: Die ‚Germania generalis' des Conrad Celtis. Studien mit Edition, Übersetzung und Kommentar. Tübingen 2001.

Salzmann, Johannes: Luculentum Opusculum: in quo Sylua Hercynia, & ciuitas Montis diuae Annae, elucubratissimo carmine describitur [1507]. In: Michael Barth: Annaebergae libri tres, qvibus continetur urbis Annaebergae in Misnia descriptio, ortus, & positus [...] Basel: Johannes Oporinus 1557, 97–109. VD 16 B 495.

Schneider, Hans: Ein New gedicht von der furstlihen [!] statt Annenberg ursprung vnd herkommen gelegen yn meyssen gemacht durch die keyßerlichen maiestat sprecher. Leipzig: Michael Landsberg [1510]. VD 16 S 3228.

II. Sekundärliteratur

Eisermann, Falk: Heiltumsbücher. In: VL 11 (2004), 604–609.

Fasbender, Christoph: Annaberg-Boomtown. Gleichzeitigkeit und Ungleichzeitigkeit einer Metropole um 1500. In: Cecile Sandten, Annika Bauer und Christoph Fasbender (Hrsg.): Stadt der Moderne. Trier 2013, 45–67 (Fasbender 2013a).

Fasbender, Christoph: Die Wiederkehr der Stadt in Hans Schneiders ‚Ursprung und Herkommen der Stadt Annaberg' (1510). In: Gesine Mierke und Christoph Fasbender (Hrsg.): Wissenspaläste. Räume des Wissens in der Vormoderne. Würzburg 2013, 101–117 (Fasbender 2013b).

Fasbender, Christoph: Palimpsest Stadtlob. In: Eike Kronshage, Cecile Sandten und Winfried Thielmann (Hrsg.): Palimpsestraum Stadt. Trier 2015, 15–30.

Fasbender, Christoph: Krise und Zukunft im vormodernen Stadtlob. In: Nadine Hufnagel u. a. (Hrsg.): Krise und Zukunft in Mittelalter und (Früher) Neuzeit. Stuttgart 2017, 251–263.

Fasbender, Christoph: Stadtlob in Sachsen. In: Jens Beutmann u. a. (Hrsg.): Die Stadt. Eine gebaute Lebensform zwischen Vergangenheit und Zukunft. Trier 2022, 123–142.

Kanz, Claudia: ‚Also Hans Schneider gesprochen hat'. Untersuchungen zur Ereignisdichtung des Spätmittelalters. Würzburg 2016.

Kristeller, Paul Oskar: Iter Italicum III. Alia itinera 1: Australia to Germany. London und Leiden 1983.

Kugler, Hartmut: Die Stadt im Wald. Zur Stadtbeschreibung bei Hans Sachs. In: Thomas Cramer und Erika Kartschoke (Hrsg.): Hans Sachs. Studien zur frühbürgerlichen Literatur im 16. Jahrhundert. Bern u. a. 1978, 83–103.

Kugler, Hartmut: Die Vorstellung der Stadt in der Literatur des deutschen Mittelalters. München und Zürich 1986.

Lebeau, Jean: L'éloge de Nuremberg dans la tradition populaire et la littérature humaniste de 1447 à 1532. In: Hommage à Dürer. Strasbourg et Nuremberg dans la première moitié du XVIe siècle. Strasbourg 1972, 15–35.

Mierke, Gesine: Das literarische Stadtlob. Erinnerung und Überschreibung. In: Eike Kronshage, Cecile Sandten und Winfried Thielmann (Hrsg.): Palimpsestraum Stadt. Trier 2015, 31–52.

Mierke, Gesine: Die Stadt im Kopf. Rom als Erinnerungsort in Ablassverzeichnissen und ‚Pilgerfahrten im Geiste'. In: Jörg Oberste und Sabine Reichert (Hrsg.): Stadtgeschichte(n). Erinnerungskulturen der vormodernen Stadt. Regensburg 2017, 137–157.

Pescheck, Christoph Adolph: Versuch einer Geschichte der Frauen in Zittau. In: Neues Lausitzisches Magazin 10 (1832), 22–63.

Robert, Jörg: Conrad Celtis und das Projekt der deutschen Dichtung. Studien zur humanistischen Konstitution von Poetik, Philosophie, Nation und Ich. Tübingen 2003.

Robert, Jörg: Celtis, Konrad, in: VL Hum 1 (2008), 375–427.

Sottili, Agostino: I codici del Petrarca nella Germania Occidentale I–II. Padua 1969.

Stanzel, Franz K.: Hässliche und andere Steirer. In: Franz K. Stanzel (Hrsg.): Welt als Text. Grundbegriffe der Interpretation. Würzburg 2011, 218–234.

Volkmar, Christoph: Zwischen landesherrlicher Förderung und persönlicher Distanz. Herzog Georg von Sachsen und das Annaberger Heiltum. In: Andreas Tacke (Hrsg.): „Ich armer sundiger mensch". Heiligen- und Reliquienkult am Übergang zum konfessionellen Zeitalter. Göttingen 2006, 100–124.

Weisshaar-Kiem, Heide: Lobschriften und Beschreibungen ehemaliger Reichs- und Residenzstädte in Bayern bis 1800. Die Geschichte der Texte und ihre Bibliographie. Mittenwald 1982.

Prof. Dr. Christoph Fasbender
Technische Universität Chemnitz
Institut für Germanistik und Interkulturelle Kommunikation
Thüringer Weg 11
09111 Chemnitz
christoph.fasbender@phil.tu-chemnitz.de

Gesine Mierke

Die Stadt als Palimpsest. Mentales Erfahren urbaner Räume

In einer ursprünglich aus Augsburg stammenden Handschrift der *Indulgentiae ecclesiarum urbis Romae* vom Ende des 15. Jahrhunderts heißt es:

> *Item darnach gat man herauß da ist das capittel oder das rathaus vnder dem sind vil gewelb da sind begraben die kunig vnd kayser die vor zeiten in dem vngelauben czu rom sind geſtorben von den haiden vnd haben da vil kostlicher greber vnder der erden vnd sind etlich noch vnverwesen etlich ain tail verwesen.* […]. (Cgm 736, fol. 26r)[1]

Der Text beschreibt in einer Art Rundgang die römischen Hauptkirchen mit ihren Heiltümern und zählt vor allem die Ablässe auf, die der Pilger beim Besuch der Stätten erhalten kann. Die zitierte Stelle verdeutlicht, dass beim Austritt aus der Kirche Sancta Maria in Aracoeli auf dem Kapitol auch andere Monumente – wie hier das Rathaus bzw. der Senatorenpalast – benannt und Besonderheiten erläutert werden. Als augenfälliges Merkmal des Gebäudes werden die Kellergewölbe hervorgehoben, in denen die Kaiser aus der Vorzeit begraben wurden. Die Vergangenheit entfaltet sich dabei in verschiedenen Schichten. Zunächst markiert die temporale Adverbialbestimmung *vor zeiten* die deutliche Trennung von Vergangenheit und Zukunft und kennzeichnet damit eine zeitliche Schichtung, die sich dem Betrachter vertikal darstellt. Zudem befinden sich die Überreste der Kaiser *vnder der erden*, sodass der Gedanke der Schichtung auch räumlich greifbar wird. Dies wird im Fortgang des Textes noch deutlicher, wenn der erzählte Raum überdies durch lokale Deiktika wie *da* oder *in* und Wendungen wie *darnach gat man herauß* als ein Innen- und ein Außenraum entfaltet wird, den der Rezipient mental durchschreiten kann.[2]

Beim Heraustreten aus der Kirche Sancta Maria in Aracoeli blickt der Rombesucher auf das Rathaus, in dessen Gewölbe Kaiser und Könige, die *in dem vngelauben czu rom sind geſtorben von den haiden*, bestattet wurden. Damit offenbart sich neben zeitlicher und räumlicher Schichtung auch eine strukturelle zwischen oben und unten, nämlich für die Trennung von Gut und Böse, sowie eine kul-

1 Zur Beschreibung der Handschrift vgl. Schneider 1984, 192–196.

2 In ähnlicher Weise lässt sich das auch auf die *Indulgentiae ecclesiarum urbis Romae* übertragen, vgl. dazu in Ansätzen Mierke 2016, 440.

10.29091/9783752003444/024

turelle für die Konkurrenz bzw. Abgrenzung von christlich und heidnisch.[3] Damit ist der Wahrnehmungsraum, der sich vor dem Rezipienten ausbreitet, in der Mitte zwischen oben und unten situiert und damit im Lotmann'schen Sinne in Oppositionsrelationen organisiert. Die räumliche Ordnung gliedert sich dabei über die Vertikale. Die temporale Abfolge präsentiert sich ebenfalls als Aufstieg, hier auch bezogen auf den christlichen Aufstieg ins Himmelreich, der gewissermaßen als spiritueller Weg (auch) Gegenstand der Texte ist. Diese Überlagerung von verschiedenen Schichten lässt sich als eine palimpsesthafte Struktur bzw. als ein Palimpsest-Raum beschreiben.

Vor diesem Hintergrund lassen sich die Texte ganz allgemein als Ausdruck einer umfassenden Transformation vom heidnischen in ein christlich geprägtes Rom betrachten.[4] Das antike Rom wird überschrieben, wobei, nimmt man das Bild des Palimpsesthaften ernst, die alten Bauwerke als untere Schicht sichtbar bleiben, also nicht vollständig getilgt, sondern teilweise umsemantisiert werden. Ich möchte meinen folgenden Ausführungen den Begriff des Palimpsest-Raumes, der in jüngster Zeit in den Kulturwissenschaften diskutiert wird,[5] zugrunde legen und danach fragen, inwiefern die Stadt in den *Mirabilia Romae*, den *Indulgentien* und den sogenannten *Pilgerfahrten im Geist* als geschichtetes Ensemble fassbar und beschreibbar wird. Die in Rede stehenden Texte sind im Ganzen äußerst heterogen und im Hinblick auf Sammlungskontexte polyvalent einsetzbar; sie werden über Jahrhunderte wieder- und weitererzählt und sind damit in höchstem Maße dynamisch. Überdies sind insbesondere die *Indulgentien* und *Geistigen Pilgerfahrten* (vor allem im Hinblick auf ihren Gebrauch) zuweilen nur schwer voneinander zu trennen. In der Überlieferung gehen sie teilweise Verbünde ein;[6] in ihrer Grundstruktur folgen sie einem ähnlichen Muster, nämlich dem Gedächtnispalast der antiken Rhetorik.[7]

Um zu erläutern, inwiefern der Begriff des Palimpsest-Raumes einen übergreifenden Deutungszugang für diese Texte liefern könnte, werde ich in einem ersten Schritt den Begriff erklären und anschließend anhand einiger Textbeispiele palimpsesthafte Schichtungsphänomene beschreiben.

3 Vgl. Mierke 2016, 439.

4 Vgl. Diefenbach 2002, 79; Mierke 2017, 140.

5 Vgl. dazu grundlegend Malinowski/Nebelin/Sandten 2022.

6 Die Texte sind vor allem durch die Arbeiten von Nine Miedema erschlossen, aber noch immer wenig gedeutet. Vgl. Miedema 1996a; Miedema 2003.

7 Vgl. Cicero, *De oratore*, II, 86.

1. Terminologisches

Roland Kany hat in seinem 2009 erschienenen Aufsatz zur Deutung des Palimpsests als Edelmetapher[8] das Wiederlesbarmachen der Schrift besonders betont. Damit rückte er eine Ebene der Metapher ins Zentrum, die vor allem von der Forschung des 19. Jahrhunderts hervorgehoben wurde, da man vordergründig daran interessiert war, die unterste Ebene des Palimpsests, die *scriptio inferior*, wieder sicht- und lesbar zu machen. Kanys Aufsatz hat eine Auseinandersetzung mit dem Begriff als Analysekategorie angeregt, die in jüngster Zeit vor allem Eingang in die Kulturwissenschaften fand. In den aktuellen Diskussionen um den Begriff geht es nunmehr stärker um die metaphorische Weiterung des Palimpsestierens im Sinne einer kulturellen Praxis, bei der Phänomene der Überlagerung, Auslöschung, Tilgung, Überschreibung, Durchdringung oder Zerstörung sowie Erneuerung oder Wiederherstellung ins Zentrum rücken.[9] So hat etwa der Anglist Tobias Wachinger raumsemantische Schichtungsprinzipien für den zeitgenössischen britischen „Großstadtroman" beschrieben und damit die Verbindung zwischen einer „städtische[n] Tiefendimension"[10] der Vergangenheit (somit dem „Untergrund der Großstadt"[11]) und der Gegenwart in den Blick genommen. Nach Wachinger werde das einstmals Vorhandene gerade nicht komplett getilgt und disruptiv überlagert, sondern es blieben Spuren des Vergangenen, die man auch als *scriptio inferior* bzw. *stratum inferius*[12] bezeichnen könne, sichtbar. Den Texten sei, so Wachinger weiter, eine Gleichzeitigkeit des Ungleichzeitigen, eine Verbindung von historisch unterschiedlichen Räumen und eine „Koexistenz der Zeiten"[13] eigen.

Für die in meinem Beitrag in Rede stehenden Texte möchte ich überdies die Kategorie der Bewegung mit in den Blick nehmen, da erst durch Bewegung im bzw. durch den (erzählten) Raum, durch das (mentale) Abschreiten der Wahrnehmungsraum Stadt erfahrbar wird. Zeit und Raum verdichten sich auf diese Weise und können mit Bedeutung gefüllt werden. Mit diesen Prozessen kann auch eine jeweils zeitspezifische Umdeutung von Gegenständen einhergehen, die sich (über die Zeiten) im Raum befinden. Der Archäologe Geoff Bailey hat diese Bedeu-

8 Kany 2009.

9 Vgl. dazu Malinowski/Nebelin/Sandten 2022; Nebelin/Sanchez-Stockhammer/Sandten 2024.

10 Wachinger 1999, 266.

11 Ebd.

12 Vgl. zu diesen Begriffen Beutmann u. a. 2022, 4. Die Autor:innen definieren hier wie folgt: „Die Schichtungsphänomene, denen sich die Kulturwissenschaften annehmen, bestehen oftmals nicht nur aus zwei, sondern aus zahlreichen Schichten. In diesem Sinne bezeichnet *stratum inferius* die erste anzunehmende oder zu analysierende Schicht, auf die eine oder mehrere *strata superiora* – *stratum seuprius* 1, *stratum superius* 2 usw. – auflagern."

13 Wachinger 1999, 271.

tungsveränderung als „palimpsest of meaning"[14] bezeichnet und meint damit Bedeutungen, die sich über die Zeit und in Abhängigkeit vom Gebrauch an einzelne Objekte anlagern können:

> A palimpsest of meaning can be defined as the succession of meanings acquired by a particular object, or group of objects, as a result of the different uses, contexts of use and associations to which they have been exposed from the original moment of manufacture to their current resting place, whether in the ground, a museum, a textbook, an intellectual discourse, or indeed as objects still in circulation and use.[15]

Auf meine Beispiele bezogen heißt das, dass sich auch die Texte je nach Gebrauch in ihrer Funktion, ihren Deutungsmöglichkeiten und ihrer Festigkeit verändern können. Wenn ich vor diesem Hintergrund nach palimpsesthaften Strukturen in diesen Texten frage, nehme ich intratextuell Rom als geschichtetes Ensemble in den Blick und gehe den Deutungsmöglichkeiten dieser Schichten in *Mirabilien*, *Indulgentien* und *Geistigen Pilgerfahrten* nach.[16] Dem Leser offenbart sich darin ein Stadtraum, in dem sich unterschiedliche Zeitschichten überlagern, so dass er an verschiedenen Ankerpunkten in tiefere Schichten der Stadt vordringen kann.

2. *Mirabilia* und Indulgentien

Diese Texte, die im 12. Jahrhundert auf Latein entstanden und im 14. und 15. Jahrhundert auch auf Deutsch überliefert wurden, beschreiben Monumente und Heiltümer Roms.[17] So wird die Stadt in den *Mirabilien* anhand herausragender Bauten (Paläste, Brücken, Triumphbögen, Thermen, Kirchen etc.) beschrieben und lässt sich mental entlang dieser abschreiten, wobei zuweilen Entfernungen angegeben und bauliche Eigen- und Besonderheiten erwähnt werden, aber auch beliebig Legendarisches oder Anekdotisches eingebunden wird.[18] Die Texte sind häufig im Verbund mit den Ablassverzeichnissen, den *Indulgentien*, überliefert, in denen Kirchen und heilige Orte Ankerpunkte für den Stadtrundgang bilden.[19] Auch diese Textgruppe ist äußerst heterogen. So gibt es unter den Ablassverzeichnissen eine kleinere Gruppe, die ich als *narrative Indulgentien* bezeichnen

14 Bailey 2007, 208.
15 Ebd.
16 Vgl. Mierke 2024.
17 Vgl. grundlegend dazu Honemann 1987; Honemann 2004; Huber-Rebenich u. a. 2014; Miedema 1996a; Miedema 2003; Mierke 2022.
18 Vgl. Honemann 1987, 602; Miedema 1996a.
19 Zu diesen Texten vgl. Miedema 2003; Mierke 2017.

möchte,[20] da sie in einer Rahmenerzählung den Weg entlang der sieben Hauptkirchen Roms beschreiben und in eingeschalteten Binnenerzählungen literarisches Wissen – häufig in Form von Anekdoten – einbinden, indem sie etwa von der Päpstin, dem Teufelspapst, Vergil im Korb oder der Bocca della verita erzählen. Überdies geht es – stärker als in den *Mirabilien* – um die Wahrnehmung der heilstiftenden Orte und somit darum, die Evidentia, das innere Sehen, zu befördern und den Heilsraum erfahrbar zu machen. Eine tieferliegende Schicht bildet dabei biblisch-heilsgeschichtliches Wissen. So wird etwa in der Wolfenbütteler Handschrift Cod. 16.1. Aug. quart., fol. 2^r–72^r (D 76) aus der Mitte des 15. Jahrhunderts von der Kirche St. Maria del Popolo berichtet, dass anstelle der Kirche vor Zeiten ein Nussbaum gestanden habe, der voller Teufel gewesen sei. Grund dafür war *der kerpel von dem kaisser Nerone,* der sich *vnder dem nußbaum*[21] befunden habe und der von Teufeln behütet worden sei, die auch fürderhin ihr Unwesen trieben:

> *Vnd wer dafir gieng, den erwurgten sij oder erlamten jn, vnd west niemant, wer es tet, vnd was niemat sicher peij der selben porte, vnd die porte hies zwmal Porta Flameo,* ***aber jeczet haist sy nach der kirch la Porta de Sancta Maria del Pobulo,*** *wen die kirch leit zunächst an dem tor.*[22]

Hier deutet sich erneut die Verbindung von heidnischer Vergangenheit und christlicher Gegenwart an. Die verwerflichen Taten des schlechten Kaisers werden christlich überschrieben, denn, so heißt es in der Handschrift weiter, es habe einen Papst gegeben, der sich an Gott wandte, um das Geheimnis des Baumes zu lüften. So habe ihm ein Engel befohlen, den Baum zu fällen und an dieser Stelle eine Kirche zu errichten. Der Papst sei daraufhin mit einer großen Prozession zu dem Baum gezogen und habe getan, wie ihm geheißen.[23] Diese Geschichte sei im Namen der Kirche sichtbar geblieben, denn, so heißt es: *Auch darvmb, daz daz gancz populo von Rom da was, darvmb haist die kirch Sancta Maria del Popolo.*[24] In der Etymologie wird die zeitliche Schichtung gebündelt und bleibt sichtbar.

Im Vergleich mit den *Mirabilien* lässt sich festhalten, dass es in den *Indulgentien* nicht um die Abgrenzung zwischen den Wundern der Heiden und denen der Christen in der Stadt Rom geht – quasi um eine kulturelle Schichtung –, sondern darum, vor den Rezipienten eine genuin christliche Stadt entstehen zu lassen, die narrativ erfahrbar ist. Damit liegt in den *narrativen Indulgentien* der Fokus stärker

20 Dazu gehören Cgm 735 und 736, BLB K 439, Berlin, SBB, Mgf 1168; München UB, 8 Cod. Ms 270; vgl. dazu ausführlich Mierke 2016.

21 Zitiert nach dem Abdruck des Textes bei Miedema 2003, 120.

22 Ebd., 120–121.

23 Vgl. ebd., 121.

24 Ebd.

darauf, den Rezipienten im Erzählverlauf zu innerer Veranschaulichung zu bewegen und ihn zu beeindrucken, denn die Heiltümer sollen mit allen Sinnen erfahren, ertastet und geschmeckt werden.[25] Dies bringt nicht zuletzt auch die zum Teil ausführliche Beschreibung der kostbaren Ausstattung der Kirchen mit wertvollen Edelsteinen oder ihre Ausmalung mit leuchtenden Farben zum Ausdruck. So heißt es auch in Cgm 736:

> *Item darnach kumpt man zuo ainer klainen capell. Da sind vier schön säul, die zwuo sind allabaster vnd die schmecken als der veyel vnd die anderen zwuo sind von weysem marbelstain. Die vier sül sind von Jerusalem kumen vnd sünd gewessen in annas hauß vnd sind auch gepracht worden zuo dem leyden Christi.* (Cgm 736, fol. 29r)

Dies hat auch eine Wirkung auf der Ebene des Rezipienten; der Heilsraum soll multisensorisch wahrgenommen und so imaginiert werden.

3. Jerusalem in Rom: *Geistige Pilgerfahrten* als Palimpsesträume

In ganz ähnlicher Weise wie in den *Indulgentien* entfaltet sich der Stadtraum auch in den *Pilgerfahrten im Geiste*, einer bislang gleichermaßen wenig erschlossenen Textgruppe, die sich im Ganzen als äußerst heterogen erweist.[26] So finden sich gerade für die *Geistige Pilgerfahrt* nach Rom Darstellungen, welche die Beschreibung der zu imaginierenden Orte enthalten oder einzig die Bedingungen für eine mentale Wallfahrt formulieren bzw. Anleitungen zu einer geistigen Reise liefern.[27] Der Bestand dieser *Geistigen Pilgerfahrten* nach Rom ist dabei überschaubar.[28]

25 Vgl. Miedema 2003, 364; dazu auch Mierke 2016, 439.

26 Zu dieser Textgruppe vgl. Burkhardt 2021; Fischer 2019; Rudy 2011; Lehmann-Brauns 2010; Honemann 2009; Herbers 2006; Ganz-Blättler 2006; Miedema 1996b, 230–233; Rapp 1985; Miedema 2003, 398–462.

27 Eine differenzierte Beschreibung der Gattung fehlt bislang. Julia Burkhardt unterschied jüngst drei Typen *Geistiger Pilgerfahrten*: a) Imaginationen von Reisen ins Heilige Land mittels göttlicher Hilfe in kurzer Zeit, b) allegorische Ausdeutungen des menschlichen Lebens als Pilgerreise zum himmlischen Jerusalem sowie c) virtuelle Pilgerfahrten als aktive Frömmigkeitspraxis. Vgl. Burkhardt 2021, 41–42. Zur Beschreibung der Texte vgl. auch Mierke 2017, 149–150; zur Gattung vgl. Klingner 2012, 61–62; Miedema 2003, 230–233; Lehmann-Brauns 2010.

28 Weitere Textzeugen finden sich etwa in den Handschriften Augsburg, Universitätsbibliothek, Cod. III.1.8.4, 37r–53v; Berlin, Staatsbibliothek Preußischer Kulturbesitz, Ms. Germ. Oct 191, 1r–24v und Ms. Germ. Oct. 126, fol. 62r–85v; Darmstadt, Hessische Landes- und Hochschulbibliothek, Hs. 247, fol. 43r–44r; Dorsten, Schloß Lembeck, Gräfl. Merveldtsche Bibl., Cod. B 12° 283 (auch nach Anfrage habe ich leider keine Möglichkeit erhalten, die Handschrift einzusehen); München, Bayerische Staatsbibliothek, Cgm 463, fol. 177r–180r; Köln, Stadtarchiv, Best. 7002 (GB 2°) 50, fol. 281va–284vb, Best. 7008 (GB 8°) 133, fol. 1r–

In Fabris *Romfahrt* nun findet sich ebenfalls die Passage über die Kirche Sancta Maria del Popolo, die jener aus den *Indulgentien* sehr ähnelt. Auch hier wird der Nussbaum mit den bösen Geistern gefällt:

> *Der hailig baupst pascasius ordnett ain procession zů dem bőm dă mit das ganntz Rom gieng vnd húwen den bőm ab vnd grůben den stock uß vnder der wurtzen funden sie ainen sarch in dem lag der lÿb des bősen verdampnotten kaisers Nero* […] *Also ließ der baupst den nußbőm mitt dem sarch in dem Nero ze lag ze åschen verbrennen vnnd marie der muotter gottes ain kirchen dă hin buwen dă kam so uil volcks zů das man die kirchen nempt sancta maria de popolo santa maria Zum Volck.* (Fabri, *Sionpilger*, 323)[29]

Die Ähnlichkeit der Textstellen ist offenkundig. Dies hängt meines Erachtens damit zusammen, dass die Ablassverzeichnisse die musterhafte Grundlage für die *Geistige Pilgerfahrt* nach Rom lieferten und auch als solche gebraucht und verschiedentlich ausgeschrieben bzw. beliebig erweitert wurden. Dies mag auch einer der Gründe dafür sein, warum für die *Geistigen Pilgerfahrten* nach Rom nachgerade ‚nur' Anleitungen oder Bedingungen für eine mentale Reise überliefert sind. Ein Beispiel dafür findet sich in der Augsburger Handschrift Cod. III.1.8.4, fol. 37r–53r. Diese überliefert fünfzehn Bedingungen für die geistige Pilgerfahrt. Nur in einer Randnotiz wurde vermerkt,[30] dass die Reise die Pilger nach Rom führe.[31]

Ein wesentlicher Unterschied zwischen den *Indulgentien* und Fabris Beschreibungen ist jedoch, dass der Dominikaner sowohl in die Jerusalem- als auch die Rombeschreibungen Liedanfänge, Gebete, Psalmen und Gesänge inseriert und diese sich so durch einen hohen Grad an Performativität auszeichnen, wodurch die Rezipienten zum handelnden Nachvollzug angeregt werden sollen. Die Pilger müssen an den ausgewiesenen Stellen, die in den Handschriften zumeist rubriziert sind, in den Gesang einstimmen, die Psalmen und Gebete rezitieren etc. An diesen ausgewiesenen Stellen öffnen sich die Texte für unterschiedliche intermediale Verknüpfungen, die die Imagination der heiligen Stadt befördern.

14r, Best. 7008 (GB 8°) 153, fol. 126r–128r, Prag, Narodni Knihovna CR, XVI G 34, fol. 54r–55r; Masmünster *Geistliche Merfart*, Tübingen, Universitätsbibliothek Md 456, 56r–62r; Kaysersberg, *Eine Romfahrt im Geiste* [GW 10589], Wolfenbüttel, Herzog August Bibliothek, 1282.17 Theol. (2); Zürich Zentralbibliothek, Hs. C 96, fol. 99r–99v und Hs. C 162, fol. 277v–282v; Felix Fabri *Sionpilger* mit *Romfart*: Inv.-Nr. 169562–1404 (entstanden im Dominikanerinnenkloster Medingen) sowie in der Handschrift Cod. 413, fol. 3r–479r; 1495 ebenfalls entstanden im Dominikanerinnenkloster Medingen und abgeschrieben von Susanna von Bintzendorff (fol. 477r).

29 Die *Sionpilger* zitiert nach der Ausgabe von Carls 1999.

30 Vgl. den Eintrag auf fol. 37r *nach rom gen.*

31 Vgl. ausführlicher zu diesem Text Mierke 2017, 150–155.

Aufs Ganze gesehen strukturieren Klänge die mentale Reise der Pilger und machen den Stadtraum auch akustisch erfahrbar.[32] Die Bewegung der Pilger, die im klösterlichen Raum von Station zu Station einerseits physisch,[33] andererseits im Geist nachvollzogen wird, wird durch das wiederholte, gleichförmige Sprechen von Gebeten oder im (gemeinsamen oder individuellen) Gesang transformiert. So spricht etwa die Mystikerin Adelheid Langmann in ihrer *Geistigen Pilgerfahrt* von *gen*[ ] *mit irem gepet*[34] oder die *Pilgerbruderschaft der Sterbenden*[35] von *gon mitt dem mund* (*Der sterbenden Pilgerei Bruderschaft* [GW 5566], fol. 2v). Daran wird deutlich, dass sich der Raum einerseits im narrativen Prozess durch hinweisende Deiktika und beschreibende Passagen entfaltet. Zugleich ist für den Rezeptionsakt die Bewegung der Rezipienten wesentlich, die sich durch das Gebet oder Singen und das gleichförmige rhythmische Voranschreiten im Raum entfaltet.

Der gleichförmige Rhythmus des Gehens wirkt dabei in besonderer Weise meditativ. Auf die Verbindung von Beten und Gehen geht denn auch Felix Fabri gesondert in der 13. Regel, die er den *Sionpilgern* vorangestellt hat, ein. Hier wird der beschwerliche Weg der Pilger durch eine bestimmte Anzahl Pater Noster oder Ave Maria nachempfunden:

> *Ain gaistlicher clostermensch • mag ainen psalter für sich nehmen • Vnd zů ainer ÿelichen tagraiß • ainen psalmen oder zwen lesen •* […] *Vnd wenn ain psalm lenger ist denn der ander so gedenck der bilgrin das ain tagraiß schwerer ist denn die ander Aber der Sÿon bilgrin der den psalter nit kann lesen • Der bet • v • oder vj • pater noster vnd Aue maria zů ainer tagraiß • Vnd mag sich der selb vngelert bilgrin gesellen • zů ainem gelerten syon bilgrin • der ain bilger biechli habe • von dem er mag hŏren ob die tagraiß schwer oder licht ist Vnd nach dem mag er mer oder minder beten* […]. (Fabri, *Sionpilger*, 81)

Die Länge des Textes bzw. des Gebetes wird hier zu dem Weg und seiner Beschaffenheit ins Verhältnis gesetzt. Ist der Weg beschwerlich, ist auch der zu lesende Text länger und umgekehrt, was wiederum Auswirkungen auf die Geschwindigkeit des Gehens hat. Zudem kann die Anzahl der Gebete mit dem zu erwerbenden Ablass in Verbindung gebracht werden.

32 Vgl. dazu demnächst Mierke 2025 [im Druck], sowie zum Phänomen des Klanges in den Pilgerreiseberichten Fabris auch Sablotny 2025 [im Druck].

33 Vgl. zu einigen Beispielen etwa aus dem Bickenkloster in Villingen sowie zur Augsburger Ablasstafel Miedema 2003, 426–432.

34 Ein Auszug der *Pilgerfahrt im Geist* von Adelheid Langmann ist abgedruckt bei Miedema 2003, 403.

35 Der Text ist ediert bei Herbers 2014. Vgl. dazu Miedema 2003, 424–425; vgl. dazu vor allem Klingner 2012, 64f.

Dafür bietet etwa die bereits erwähnte Augsburger Handschrift Cod. III.1.8.31 ein eindrückliches Beispiel, denn sie liefert konkrete Zahlen für den Weg nach Jerusalem und Rom:[36]

> *Hier von medingen indem closter prediger ordens wer gen jerusalem wölt gan gaistlichen mit begird vnd gepet so ist vi hündert meil dahin vnd wen man ainer meyl wölt petten hundert pater noster vnd aue maria so müszt man anderthalb hundert däussend pater noster vnd aue maria petten vnd ist allweg hündert meyl x däussent pater noster vnd es ist hündert meyl gen rom da sant katherina von seines leitt.* (Cod. III.1.8.31, fol. 95r)[37]

Um nach Jerusalem zu gelangen, muss man ca. 150.000 Pater Noster sprechen, für die Reise nach Rom bedarf es derer 10.000. Gehen und Beten oder Gehen und Singen stehen auch bei Fabri in einem unmittelbaren Zusammenhang. So betont Fabri mehrfach, dass man *mit dem gesang*[38] an einen bestimmten Ort komme; somit steht dieser für die Bewegung im Raum. Auf spiritueller Ebene steht er zugleich für die Bewegung der Seele, die sich mit dem Gesang nach oben, hin zur Transzendenz öffnet. Äußere und innere Bewegung der Pilger werden auf diese Weise vorangetrieben, so dass sich in den *Sionpilgern* verschiedene Bewegungen ausmachen lassen: die äußere Bewegung der Pilger zu den heiligen Stätten, die Aufwärtsbewegung der Seele in Gebet und Gesang sowie die innere Bewegung der Pilger zur Erkenntnis. Hier öffnet sich der Palimpsest-Raum gewissermaßen nach oben, da sich in der Bewegung die Schichten überlagern.

Die geistige Pilgerschaft, wie Fabri sie nach Rom oder Jerusalem beschreibt, ist von den Dominikanerinnen in seinem Umkreis aufgegriffen worden, und so sind auch Texte entstanden, die in ihrer Schichtung noch einen Schritt weiter gehen und die Imagination der heiligen Städte ganz konkret an das eigene Kloster zurückbinden. So beschreibt auch der in der Forschung bislang kaum beachtete *Dialog im Kloster Maulbronn*,[39] der in der Handschrift Augsburg, Universitätsbibliothek, Cod. III.1.8° 31,[40] fol. 166r–184r überliefert ist, eine geistige Pilgerfahrt, ebenfalls nach Rom (fol. 176r). Die zuletzt genannte Handschrift entstand im

36 In den Handschriftenbeschreibungen wird dieser Abschnitt als *Geistige Pilgerfahrt* nach Jerusalem benannt (vgl. Schromm 1998, 233, sowie Schneider 1988, 528). Allerdings handelt es sich dabei nur um die Angabe der Pater Noster, die dem Weg entsprechen sollen. Eine detaillierte Beschreibung von Orten und Heiltümern fehlt.

37 Zu diesem Abschnitt gehört ein weiterer, der auf fol. 94v eingetragen wurde. Der Text wurde nachträglich (von der gleichen Hand) an den freien Stellen eingefügt: *Das hat M felix lesmeister zu ulm selbz do faren mit seiner aigen person vnd es ist war er hat vnß gesagt.*

38 Diese Wendung tritt häufig im Text auf, vgl. Fabri, *Sionpilger*, 112.

39 Eine Edition des Textes befindet sich in Vorbereitung.

40 Zur Beschreibung der Handschrift vgl. Schneider 1988, 518–540; Schromm 1998, 232f.; vgl. zum Kloster Hagen 2003, 266–269.

dritten Viertel des 15. Jahrhunderts im Dominikanerinnenkloster in Medingen und wurde vermutlich von einer Schreiberin namens Ursula verfasst.[41] Verschiedene Indizien weisen darauf hin, dass der *Dialog* in einem Zusammenhang mit Fabris Text steht, wenn nicht gar auf einer diesem Text vorausgehenden Kurzfassung aufruht.[42] Auch in dem bereits erwähnten *Dialog im Kloster Maulbronn* lässt sich eine mehrfache Schichtung und Überlagerung des sakralen Raumes ausmachen. In diesem *Dialog* erklärt ein Abt einem Novizen zunächst, wie eine geistige Pilgerfahrt nach Jerusalem funktioniert, erläutert anschließend die mentale Reise nach Rom und verbindet beides miteinander. So heißt es etwa über Rom: *zu rom sint cccc hundert sint süben die fürnemsten vnd gröstlich gestet mit gnad vnd aplaus vnd heißt konigliche, wan die bepst vnd keißer hant sy gebuwen* (Cod. III.1.8.31, fol. 176[r]).

Aufgrund der benannten Heiligkeit des Ortes sei in Rom ebenso viel Ablass zu erwerben wie in Jerusalem, so dass man auch dorthin gehen solle, um frei von aller Schuld zu werden.[43] So lassen sich die Heiltümer schließlich auch nach Rom übertragen. Entsprechend heißt es über den Lateran:

> *in der kirchen ist ein kostry, darin ist der altar sant johannes des töfere, den er het in der wüstin. Da ist och die tafel oder tisch, daruff Christus das abent essen aßz mit seinen jungern. Da ist och die arch der altten Ee, in dem sin die zwo taffeln des geseczt moysy, die rutte aron vnd die rütt moysy vnd alle gezierd der kleidung aron. Diß alles bracht von jerusalem titus vnd Vespasianus gen rome mit iiii erczen sulen, die by dem fron eltar stehen.* (Cod. III.1.8.31, fol. 176[v])

Die christlichen Kaiser haben demgemäß die Heiltümer nach Rom transloziert, sodass der Heilsweg entlang der Stationen auch – und sogar viel besser – in Rom

41 Vgl. Schneider 1988, 518.

42 Die Handschrift wurde im Kloster Medingen geschrieben und enthält neben dem *Dialog im Kloster Maulbronn* als Anleitung zu einer Geistigen Pilgerfahrt auch die Angaben der Entfernung von Medingen nach Rom (fol. 95[r]). Wieland Carls hat bereits darauf hingewiesen, dass enge Kontakte zwischen Fabri und dem Medinger Kloster bestanden, vgl. Carls 1999, 44. Da die *Sionpilger* auf 1492 datieren, ist zu überlegen, ob den Medinger Nonnen eine Ur- oder Kurzfassung der *Sionpilger* vorlag oder ob die Medinger Texte gar den *Sionpilgern* vorausgingen. Im Kloster Medingen wurde zudem eine Abschrift der *Sionpilger* angefertigt, die Wiener Handschrift, die sich unter der Signatur Cod. 413 (Hübl 248) im Schottenkloster befindet und die Romfahrt auf fol. 485[r]–515[v] überliefert. Eine weitere Kurzfassung der *Sionpilger* liegt mit der Handschrift Innsbruck, Tiroler Landesmuseum, Ferdinandeum, Cod. FB 3172, fol. 82[v]–102[r] vor. Vgl. dazu ebenfalls Carls 1999, 64–66. Genaue Vergleiche dieser Texte stehen noch aus.

43 Im Text heißt es, dass im Lateran besonders viel Ablass zu erwerben sei: *so vil aplas ist in der sölben kirchen, das nit not ist, yemand der vn tod sünd ist, fürbas gen Jerusalem ze wallent, der in die kirchen get, wan er wirt darin anbunden* (fol. 176[r]).

abgeschritten werden könne. Jerusalem kann auf diese Weise – quasi als untere Schicht – auch in Rom erfahren und wahrgenommen werden. Diese sogenannten Stellvertreterwallfahrten in andere Orte als Jerusalem und Rom waren insbesondere zu den Jubeljahren möglich, denn die römischen Ablässe konnten auf andere Städte übertragen werden.[44] Auch literarische Texte können diese Funktion übernehmen und als Kompensation für eine tatsächliche Pilgerreise dienen.[45]

Nachdem der Abt im *Dialog* die Heiltümer beider Städte erläutert hat, bittet der Novize ihn, ihm eine Möglichkeit zu nennen, wie er die sakralen Stätten auf andere Weise als die weltlichen Pilger besuchen könne:

> *wölt ich gern ein ler haben, ob ich ut in einer glichnust hie in dem closter hie möcht beschriben vnd beachten die stet in sunderheit, da hin der herr ze Jerusalem gefürt ist vnd gelitten Hat. uff das das mir got die gnad gebe mich in dem liden Christi ze übent vnd och ursach het im closter her vnd dar ze gend. das ich denn dest innerlicher, so ich die beachten stet oder hüßer ansech, die martel vnd betrachten möcht vnd mit Christo gan vnd och mit Maria im gaist.* (Cod. III.1.8.31, fol. 182v–183r)

Daraufhin erläutert ihm der Geistliche, wie es möglich sei, Jerusalem auch in Maulbronn zu erfahren:

> *Mich duncket es sy wol müglich vnd bekemlich vnd das in die wiß, als Jerusalem was zu der zit, als der her leid vnd och iecz als zum ersten das closter Mulbrunnen sy Jerusalem. der her ass das osterlamlin* ***in der großen stuben, nu sünd huß,*** *vnd wusch den jüngern ir füß* ***oben uff in dem witten huß***[46] ***in dem nuwen.*** *Er geng an sein gebett* ***in den garten hinden am closterberg.*** *Do wart er gefangen vnd wart gefürt* ***erst in die nuwen burse***[47] *in annas huß, darnach in die apty in Cayphas huß, frü zu pylato* ***in das nuw siech huß.***[48] *Pylato schick in zu herode* ***uff das gasthuß oder in das spital.***[49] *Der schick in wider zu pylato der ließ in gaißeln vnd krönen* ***in der siech capell oder in der vndersten stuben des alten siechhuses.*** *Pylatus zöget Jesum gegaißelt vnd gekrönet* ***uff den nuwen gang vom alten siechhus in das nuwe vnd alles volk stund in dem großen vnd kleinen siechgarten.*** (Cod. III.1.8.31, fol. 183r–183v)

---

44 Vgl. dazu ausführlich Miedema 2003, 432–462.

45 Vgl. dazu Ganz-Blättler 1991, 255–264 zu Texten des 14. und 15. Jahrhunderts; zu weitaus früher zu datierenden Beispielen vgl. Fischer 2016, 56.

46 Gemeint ist vermutlich das Witwenhaus.

47 Das Bursarium diente der Wirtschaftsverwaltung des Klosters.

48 Das Krankenhaus wurde im 15. Jahrhundert als wichtige Modernisierungsmaßnahme neu gebaut. Das Pfründhaus diente auch der Krankenpflege, vgl. Knapp 1997, 143.

49 Vor seiner Umwandlung in ein Gäste- und Herrenhaus diente der Bau als Krankenhaus des Klosters.

In der Beschreibung des Abts ersteht also Jerusalem Stück für Stück im Kloster Maulbronn, wird die biblische Geschichte als *stratum inferius* aufgerufen und mit der architektonischen Gegenwart des Novizen im Kloster Maulbronn als *stratum superius* in Beziehung gesetzt. Die einzelnen Positionen im Raum fungieren dabei als Erinnerungsmarker für den Betrachter, der die Gegebenheiten im Kloster mit der Passion Christi verbinden kann. Über die einzelnen Schichten der Orte Jerusalem – Rom – Maulbronn wird Heilsgeschichte gegenwärtig und im Kloster erfahrbar. Dabei steht anders als bei Fabri, bei dem es um die multisensorische Wahrnehmung und Erfahrung des Heilsraumes im konkreten Moment – etwa im Akt der Lektüre oder beim konkreten spirituellen Nachvollziehen der Wallfahrt – geht, das Wiederauffinden und -erkennen der einzelnen Elemente und Heilsereignisse im Raum im Vordergrund.[50] Hier ersteht ein christlicher Gedächtnispalast, wie ihn die antiken Rhetoriklehren als Merkhilfe beschreiben. Die Sakraltopographie entfaltet sich im Kloster, sodass der Leser (oder Betrachter vor Ort) eine Reise in die Vergangenheit vollzieht.[51] Ganz wie in einem Geistlichen Spiel lassen sich mit Hilfe des *Dialogs* die einzelnen Stationen der Passion im Kloster abschreiten, wodurch sich die sakrale Landschaft wie eine Bühne vor dem Novizen aufspannt. Dabei ist es der erzählte Raum, in dem die Bewegung sich entfaltet und unterschiedliche Schichten miteinander verbunden werden. Vergangenheit und Gegenwart werden somit gerade nicht gegeneinander abgegrenzt, sondern die zeitlichen Schichten werden permeabel, sie verschmelzen miteinander im Raum, in den der Rezipient im meditativen Akt immersiv eintaucht. Ein Merkmal des Palimpsestes ist es, durchlässig zu sein, sodass die Schichten „in Kontakt" stehen und sich berühren. Diese Kontaktzone wird im Text sprachlich durch den jeweiligen Ort im Kloster markiert, an dem nun die einzelnen Ereignisse der Passionsgeschichte platziert werden. Im Rezeptionsakt werden die Grenzen der Schichten geöffnet, kann die Transzendenz in die Immanenz hineinragen.[52] Die Texte erzählen auf diese Weise von den biblischen Heiltümern, als ob sie gegenwärtig wären, und leiten den geistigen Pilger dazu an, das Heil in sich durch *mitliden* (Cod. III.1.8.31, fol. 184^r^) zu erfahren, indem sie die Stätten vergegenwärtigen. Entsprechend beschreibt es der Abt:

> *So du uil diese stet übgest oder im gaist betrachtest, so laß dich duncken, als ob du zu Jerusalem syest vnd hab andacht vnd mitliden mit dem herren in die andern wiß als Jerusalem iecz stet vnd die egun stett in gefaßet vnd kirchen sint. such sy in*

50 Zu vermuten ist, dass an den einzelnen Punkten, die erwähnt werden, Bilder o. Ä. vorhanden waren, die dann den Wahrnehmungsprozess zusätzlich stimulierten.

51 Vgl. zu Beispielen aus dem 12. Jahrhundert Fischer 2019, 66–68.

52 Strohschneider hat dies für das legendarische Erzählen beschrieben, vgl. Strohschneider 2002, 113.

dem münster also, das er gelitten hab vnd gecrucziget sy da der fron altar stet, begraben in siechhus by dem vndersten altar vnd also von den andern vnd so du dich in allen vorgeschriben stucken vnd artickeln disser gancz materie diß büchlins nach wünsch im gaist vnd in got erlustest, so gedenck dar och amren sündere dann ich in aller dißer meiner arbeit die ich han gehapt. (Cod. III.1.8.31, fol. 184r)

4. Schicht für Schicht durch den Text

Die angeführten Texte gehören zweifellos in einen gemeinsamen Kontext und fanden meines Erachtens zu einer bestimmten Zeit auch so Verwendung, dass die antike Stadt Rom auf variierende Weise abgeschritten werden konnte und im Rezeptionsakt – als antike Metropole oder als christlicher realer oder imaginierter Heilsort – immer neu erstehen konnte bzw. konstruiert wurde. Dieses Erstehen des Raumes im Prozess wird befördert durch die Überlagerung von historisch differenten Zeiten oder Orten im selben Raum, die sich mithilfe des metaphorisch geweiterten Palimpsestbegriffs beschreiben lässt.

Überdies lassen sich an den benannten Texten – *Mirabilia*, *Indulgentiae* und *Geistige Pilgerfahrten* – Phänomene des Wieder-, Weiter- und Umerzählens exemplarisch verdeutlichen. Sie zeichnen sich durch besondere Dynamik und große Variabilität auch einzelner Elemente aus. Der Palimpsestbegriff ermöglicht es vor diesem Hintergrund, unterschiedliche temporäre Strukturen, kulturelle Schichten oder die „verborgene Historizität“[53] innerhalb der Texte sowie die Prozesse der Veränderung bzw. Transformation sichtbar zu machen – ohne dabei allein auf die Verhältnisse der Prätexte und deren intertextuelle Verweisgeflechte abzuheben. Vielmehr verdeutlicht der Blick auf palimpsesthafte Schichtungsphänomene, was auch im Hinblick auf den historischen und kulturellen Kontext von Text zu Text verändert wurde, so dass das narrative Potential der Textvarianten stärker ins Zentrum rücken könnte.

Bibliographie

I. Handschriften und Drucke

Geistige Pilgerfahrten nach Rom:

Augsburg, Universitätsbibliothek, Cod. III.1.8° 31, fol. 95r, 166r–184r

Augsburg, Universitätsbibliothek, Cod. III.1.8.4, fol. 37r–53v

Berlin, Staatsbibliothek Preußischer Kulturbesitz, Ms. Germ. Oct 191, 1r–24v

Berlin, Staatsbibliothek Preußischer Kulturbesitz, Ms. Germ. Oct. 126, fol. 62r–85v

53 Wachinger 1999, 266.

Darmstadt, Hessische Landes- und Hochschulbibliothek, Hs. 247, fol. 43^{r}–44^{r}

Dorsten, Schloß Lembeck, Gräfl. Merveldtsche Bibl., Cod. B 12° 283, fol. 268^{r}–286^{r}

Köln, Stadtarchiv, Best. 7008 (GB 8°) 153, fol. 126^{r}–128^{r}

Margareta Ursula von Masmünster, Geistliche Merfart, Tübingen, Universitätsbibliothek, Md 456, 56^{r}–62^{r}

München, Bayerische Staatsbibliothek, Cgm 463, fol. 177^{r}–180^{r}

Prag, Narodni Knihovna CR, XVI G 34, fol. 54^{r}–55^{r}

Zürich Zentralbibliothek, Hs. C 96, fol. 99^{r}–99^{v}

Zürich Zentralbibliothek, Hs. C 162, fol. 277^{v}–282^{v}

Felix Fabri: *Sionpilger:*

Innsbruck, Tiroler Landesmuseum, Ferdinandeum, Cod. FB 3172, fol. 82^{v}–102^{r}

St. Petersburg, Eremitage (olim Berlin, Königl. Museum, ohne Sign.), Inv.-Nr. 169562–1404

Wien, Schottenkloster, Cod. 413, fol. 3^{r}–479^{r}

Wien, Cod. 413 (Hübl 248), fol. 485^{r}–515^{v}

Indulgentien:

Berlin, Staatsbibliothek, Mgf. 1168, fol. 1^{r}–21^{r}

Karlsruhe, Badische Landesbibliothek, Cod. K 439, fol. 2^{r}–68^{r}

Köln, Stadtarchiv, Best. 7002 (GB 2°) 50, fol. 281va–284vb

Köln, Stadtarchiv, Best. 7008 (GB 8°) 133, fol. 1^{r}–14^{r}

München, Bayerische Staatsbibliothek, Cgm 735, fol. 1^{r}–16^{v}

München, Bayerische Staatsbibliothek, Cgm 736, fol. 25^{r}–62^{v}

München, Universitätsbibliothek, 8 Cod. Ms 270, fol. 81^{v}–106^{v}

Wolfenbüttel, Herzog August Bibliothek, Cod. 16.1. Aug. quart. (D 76), fol. 2^{r}–72^{r}

Johann Geiler von Kaysersberg, Eine Romfahrt im Geiste. [Strassburg: Matthias Hupfuff, 1500] [GW 10589], Wolfenbüttel, Herzog August Bibliothek, 1282.17 Theol. (2)

Der sterbenden Pilgerei Bruderschaft [Ulm: Johann Zainer, um 1490], [GW 5566]

II. Primärliteratur

Carls, Wieland (Hrsg.): Felix Fabri. Die Sionpilger. Berlin 1999.

Merklin, Harald (Hrsg. Übers.): Cicero. De oratore. Stuttgart 2014.

III. Sekundärliteratur

Bailey, Geoff: Time perspectives, palimpests and the archaelogy of time. In: Journal of Anthropological Archaeology 26 (2007), 198–223.

Beutmann, Jens u. a.: Einleitung: Die Stadt – Eine gebaute Lebensform zwischen Vergangenheit und Zukunft. In: Ders. u. a. (Hrsg.): Die Stadt. Eine gebaute Lebensform zwischen Vergangenheit und Zukunft. Trier 2022, 1–12.

Burkhardt, Julia: Die Wallfahrt im Kopf? Imaginierte Pilgerreisen im Spätmittelalter. In: Archiv für Kulturgeschichte 103,1 (2021), 37–63.

Diefenbach, Steffen: Beobachtungen zum antiken Rom im hohen Mittelalter. Städtische Topographie als Herrschafts- und Erinnerungsraum. In: Römische Quartalsschrift für christliche Altertumskunde und für Kirchengeschichte 97 (2002), 40–88.

Fischer, Susanna E.: Räume des Heils. Die narrative Repräsentation des Heiligen in lateinischsprachigen Pilgerberichten des 12. Jahrhunderts. In: Elke Koch und Heike Schlie (Hrsg.): Orte der Imagination – Räume des Affekts. Die mediale Formierung des Sakralen. Paderborn 2016, 55–78.

Fischer, Susanna E.: Erzählte Bewegung. Narrationsstrategien und Funktionsweisen lateinischer Pilgertexte (4.–15. Jahrhundert). Leiden/Boston 2019.

Ganz-Blättler, Ursula: Andacht und Abenteuer. Berichte europäischer Jerusalem- und Santiago-Pilger (1320–1520). Tübingen 1991.

Ganz-Blättler, Ursula: „Ich kam, sah und berührte". Jerusalem als Pilgerziel im ausgehenden Mittelalter. In: Barbara Haupt und Wilhelm G. Busse (Hrsg.): Pilgerreisen in Mittelalter und Renaissance. Düsseldorf 2006, 15–29.

von Hagen, Bernt: Das Kloster Maria Medingen in Mödingen, Landkreis Dillingen. In: Werner Schiedermair (Hrsg.): Klosterland Bayerisch Schwaben (zugleich Sonderband des Vereins für Augsburger Bistumsgeschichte). Lindenberg 2003, 266–269.

Herbers, Klaus: „Wol auf sant Jacobs straßen". Pilgerfahrten und Zeugnisse des Jakobuskultes in Süddeutschland. Ostfildern 2002.

Herbers, Klaus: Jakobsweg: Geschichte und Kultur einer Pilgerfahrt. München 2006.

Honemann, Volker: Mirabilia Romae. In: VL 6 (1987), 602–606.

Honemann, Volker: Mirabilia Romae. In: VL 11 (2004), 1006.

Honemann, Volker: Das Leben als Pilgerfahrt zum Himmlischen Jerusalem in der Pèlerinage de la vie humaine des Guillaume de Digulleville. In: Rudolf Suntrup und Jan R. Veenstra (Hrsg.): Himmel auf Erden. Heaven on Earth. Frankfurt a. M. u. a. 2009, 107–122.

Huber-Rebenich, Gerlinde u. a.: Mirabilia urbis Romae. Die Wunderwerke der Stadt Rom. Freiburg u. a. 2014.

Kany, Roland: Palimpsest. Konjunkturen einer Edelmetapher. In: Lutz Danneberg u. a. (Hrsg.): Begriffe, Metaphern und Imaginationen in Philosophie und Wissenschaftsgeschichte. Wiesbaden 2009, 177–203.

Klingner, Jacob: Reisen zum Heil. Zwei Ulmer „Pilgerfahrten im Geiste“ vom Ende des 15. Jahrhunderts. In: Martin Huber u. a. (Hrsg.): Literarische Räume. Architekturen – Ordnungen – Medien. Berlin 2012, 59–75.

Knapp, Ulrich: Das Kloster Maulbronn. Geschichte und Baugeschichte. Stuttgart 1997.

Lehmann-Brauns, Susanne: Jerusalem sehen. Reiseberichte des 12. bis 15. Jahrhunderts als empirische Anleitung zur geistigen Pilgerfahrt. Freiburg u. a. 2010.

Malinowski, Bernadette/Nebelin, Marian/Sandten, Cecile: Von der Schichtung zur Palimpsestierung. „Palimpsest“ als kulturwissenschaftliches Paradigma. In: Zeitschrift für Semiotik 43 (2022), 177–212.

Miedema, Nine: Die „Mirabilia Romae“. Untersuchungen zu ihrer Überlieferung; mit Edition der deutschen und niederländischen Texte. Tübingen 1996a.

Miedema, Nine: Reliquienverehrung und Wallfahrt. Rom als Beispiel und Vorbild. In: Timothy R. Jackson u. a. (Hrsg.): Die Vermittlung geistlicher Inhalte im deutschen Mittelalter. Internationales Symposium. Roscrea 1994. Tübingen 1996b, 215–235.

Miedema, Nine: Rompilgerführer in Spätmittelalter und Früher Neuzeit. Die „Indulgentiae ecclesiarum urbis Romae“ (deutsch/niederländisch). Edition und Kommentar. Tübingen 2003.

Mierke, Gesine: Transformationen Vergils in der spätmittelalterlichen Literatur: Sangspruchdichtung und Ablassverzeichnisse. In: Daphnis 44,4 (2016), 425–463.

Mierke, Gesine: Die Stadt im Kopf. Rom als Erinnerungsort in Ablassverzeichnissen und „Pilgerfahrten im Geiste“. In: Jörg Oberste und Sabine Reichert (Hrsg.): Stadtgeschichte(n). Erinnerungskulturen der vormodernen Stadt. Regensburg 2017, 137–157.

Mierke, Gesine: Mentale Streifzüge durch Rom. Überlegungen zum Gebrauch der „Mirabilia Romae“. In: Jens Beutmann u. a. (Hrsg.): Die Stadt. Eine gebaute Lebensform zwischen Vergangenheit und Zukunft. Trier 2022, 71–94.

Mierke, Gesine: Abschaben, Überschreiben, Erinnern. Überlegungen zur Palimpsestmetapher am Beispiel literarischer Texte des Mittelalters. In: Nebelin/Sanchez-Stockhammer/Sandten 2024, 99–113.

Mierke, Gesine: Vom Okzident in den Orient. Mentale Wanderungen nach Osten. In: Mathias Herweg (Hrsg.): Der Orient in mittelalterlicher Literatur. Projektion, Konstruktion, Inszenierung. ZfdA-Beih., Stuttgart 2025 [im Druck].

Nebelin, Marian/Sanchez-Stockhammer, Christina/Sandten, Cecile (Hrsg.): Palimpsest und Raum. Ein neues Konzept für die Kulturwissenschaften. Bielefeld 2024.

Rapp, Francis: Zur Spiritualität in elsässischen Frauenklöstern am Ende des Mittelalters. In: Peter Dinzelbacher und Dieter R. Bauer (Hrsg.): Frauenmystik im Mittelalter.

Wissenschaftliche Studientagung der Akademie der Diözese Rottenburg-Stuttgart, 22. –25. Februar 1984 in Weingarten. Ostfildern 1985, 347–365.

Rudy, Kathryn M.: Virtual Pilgrimages in the Convent. Imagining Jerusalem in the Late Middle Ages. Turnhout 2011.

Sablotny, Antje: Erleben, singen, erzählen. Zum Verhältnis des Flüchtigen und Bleibenden in den Pilgerreiseberichten Felix Fabris. In: Martin Clauss, Christian Jaser und Gesine Mierke (Hrsg.): Medialisierung des Ephemeren. Dimensionen des Akustischen in Texten, Bildern, Artefakten des Mittelalters. Wien/Köln 2025 [im Druck].

Schneider, Karin: Die deutschen Handschriften der Bayerischen Staatsbibliothek München. Cgm 691–867. Wiesbaden 1984.

Schneider, Karin: Deutsche mittelalterliche Handschriften der Universitätsbibliothek Augsburg. Die Signaturengruppen Cod. I.3 und Cod. III.1. Wiesbaden 1988.

Schromm, Arnold: Die Bibliothek des ehemaligen Zisterzienserinnenklosters Kirchheim am Ries. Buchpflege und geistiges Leben in einem schwäbischen Frauenstift. Tübingen 1998.

Strohschneider, Peter: Textheiligung. Geltungsstrategien legendarischen Erzählens im Mittelalter am Beispiel Konrads von Würzburg „Alexius“. In: Gert Melville und Hans Vorländer (Hrsg.): Geltungsgeschichten. Über die Stabilisierung und Legitimierung institutioneller Ordnungen. Köln u. a. 2002, 109–147.

Wachinger, Tobias: Stadträume / Stadttexte unter der Oberfläche. Schichtung als Paradigma des zeitgenössischen britischen „Großstadtromans“. In: Poetica 31 (1999), 263–301.

Prof. Dr. Gesine Mierke
Universität Bamberg
An der Universität 5
96047 Bamberg
gesine.mierke@uni-bamberg.de

Frank Fürbeth

Nigromantie in Toledo: Ort naturwissenschaftlicher Studien oder Hochschule der Zauberei?

„Natürlich, eine alte Handschrift". So wie Umberto Eco die „unerhörte Geschichte des Adson von Melk" angeblich einer verlorenen Niederschrift verdankt, so behauptet bekanntlich auch Wolfram von Eschenbach in seinem *Parzival*, dass *dirre âventiure gestifte* keineswegs von Chrétien stamme, sondern dass der *wol bekant meister* Kyot, dessen Werk Wolfram benutzt habe, in Toledo (*Dôlet*) eine Handschrift *verworfen ligen vant*. Diese sei in *heidenischer schrifte* verfasst und von einem *heiden Flegetânîs* geschrieben worden; Kyot habe daher erst einmal *der karakter â b c* lernen müssen, wobei er aber als Christ die *list von nigrômanzi* nicht berücksichtigen wollte (*Parzival*, 453,11–17).

Wolfram steht damit am Beginn einer Reihe von Berichten in der deutschen Literatur, wonach man *in einer stat zu Tolet / Die in yspanigen stet*, die *list von nygromancien* (*Liet von Troye*, 550–564) wie jede andere *ars*, d. h. regelbasiert und unter der Anleitung eines Meisters, lernen konnte. Diese und ähnliche Erzählungen in der lateinischen und der volkssprachlichen Literatur des Mittelalters lassen es nachgerade als einen „nigromantischen Topos" erscheinen,[1] wonach es in Toledo eine Zauberschule oder -universität gegeben habe.[2] Trotz der mittlerweile doch recht zahlreichen Veröffentlichungen, insbesondere zur romanischen Literatur,[3] ist allerdings die Einschränkung zu machen, dass von literaturhistorischer Seite noch kaum geklärt ist, worum es sich denn eigentlich bei dieser ‚Zauberkunst' und dem von ihr verwendeten *â b c der karakter* handelt. Eberhard Nellmann, der sich am ausführlichsten mit dem diskurs- und wissensgeschichtlichen Hintergrund dieser Textstelle beschäftigt hat, konnte mehrere Zeugnisse aus der deutschen Literatur für seine Interpretation des *â b c der karakter* als „Alphabet der magischen Zeichen" beibringen,[4] wobei er allerdings bei der Inschrift auf dem

---

1 Herbers 1999, 246.

2 Jacobi 1931/32: „Hochschulen der Zauberei"; Alemparte 1983: „escuele de nigromancia de Toledo"; Roblin-Dubin 1991: „L'Ecole de Magie de Tolede"; Habiger-Tuczay 1992, 183: „Hochschulen der Zauberei".

3 Vgl. bes. Alemparte 1983 mit ausführlichen Exzerpten aus der lateinischen, portugiesischen, spanischen und deutschen Literatur und Roblin-Dubin 1991 zur französischen Literatur.

4 Nellmann 1988, 59–62, Zitat 62. Nellmann erwog außerdem noch die Bedeutungen „heiliges Zeichen", „Zauberspruch", „‚Zeichen' im Sinne von ‚Buchstaben'" sowie „‚(inneres) Merkmal', ‚Gepräge'", die er aber alle verwarf. Dem hat sich die Forschung weitgehend

10.29091/9783752003444/025

Gral, einem *epitafium von karacten* (*Parzival*, 470,24), ganz im Gegensatz dazu der Auffassung war, hier sei keine „magische Zeichenschrift aus *swarzen buochen*", sondern eine „wunderbare Himmelschrift" gemeint.[5] Unter Nigromantie wiederum verstand Nellmann eine Form der schwarzen Magie, die mit ihrem seit dem 11. Jahrhundert bezeugten lateinischen Terminus *nigromantia* der „Beschwörung von Dämonen" galt und „sich vor allem mit der Herbeiführung von Schadenzauber (*maleficium*)" befasste.[6]

In der Tat scheinen die von Nellmann nicht herangezogenen lateinischen Belege diese Interpretation zu bestätigen. So erzählt Caesarius von Heisterbach fast zum gleichen Zeitpunkt wie Wolfram in seinem *Dialogus miraculorum* (um 1210), dass mehrere Scholaren in Toledo *studerent in arte nigromantica* und ihren Meister um eine Demonstration seiner Kunst baten, woraufhin dieser ‚mit seinen Zaubersprüchen die Dämonen herbeirief' (*daemones carminibus suis advocavit*).[7] Der Ruf einer nigromantischen Lehranstalt in Toledo hatte sich um diese Zeit schon verfestigt: Helinand de Froidmond nennt um 1200 neben den Schulen der Artes in Paris, der Theologie in Orléans, der Rechte in Bologna und der Medizin in Salerno auch Toledo als Ort der Dämonenbeschwörung;[8] und in den *Gesta Episcoporum Halberstadensium* (1208–1215) wird über den Mönch Hildebrand berichtet, dass dieser sich in Toledo mit der nigromantischen Kunst ‚besudelt' habe (*est imbutus*).[9] Allerdings scheint sich dieser Ruf erst langsam nach der Wiedereroberung Toledos 1085 durch Alfons VI. herausgebildet zu haben: Noch um 1120 berichtet William of Malmesbury in seinen *Gesta regum Anglorum*, dass Gerbert, der spätere Papst Silvester II., nicht nach Toledo, der Hauptstadt des christlichen (spanischen) Königreichs, sondern nach Sevilla (*Hispalim*), der Hauptstadt der Sarazenen, gegangen sei, wo diese nach Art ihres Volkes Vorhersagen (*divinationes*) und Beschwörungen (*incantationes*) praktizierten, um dort zu lernen, was der Gesang und der Flug der Vögel bedeuten, und auch, die Dämonen (*tenues*

angeschlossen; vgl. etwa Strohschneider 2006, 52 („magisches Alphabet"); Stolz 2012, 93 („magische Zeichen").

5 Nellmann 1988, 63.

6 Ebd., 57.

7 Caesarius, Cap. 4, 960–967.

8 *Ecce quaerunt clerici Parisius artes liberales, Aureliani auctores, Bononiae codices, Salerni Pyxides, Toleti daemones, et nusquam mores* („Siehe, die Studenten bemühen sich in Paris um die Artes liberales, in Orléans um die (theologischen) Autoritäten, in Bologna um die (Rechts) Bücher, in Salerno um die (medizinischen) Fläschchen, in Toledo um (den Dienst) der Dämonen, aber nirgends um die guten Sitten"). Helinand von Froidmont, 603.

9 Der spätere Papst Gregorius habe als Mönch Hildebrand *in Francia artes liberales didicit, deinde in Hispania aput Toletum arte nigromantia est imbutus. Gesta Episcoporum Halberstadiensium*, 98.

figuras) aus der Hölle zu herbeizurufen.[10] Noch früher, um 1050, erzählt Anselm von Besate in seiner *Rhetorimachia*, dass ein gewisser *Maleficus* bei einem Liebeszauber einen *quaternio nigromantie* benutzt habe, der in *verbis Hebraicis uel potius diabolicis* verfasst und in *magis karacteribus* niedergeschrieben sei.[11] Die Geschichte spielt allerdings nicht in Toledo, sondern in einer unbenannten, ehemals von den Arabern besetzten Stadt;[12] und bei der von Anselm detailliert beschriebenen Beschwörung handelt es sich um eine Herbeirufung der Toten,[13] die seit der Antike nicht als *nigromantia*, sondern als *necromantia* bezeichnet wurde.[14] Nach den ältesten Zeugnissen wird also Toledo frühestens nach 1120 zum ‚nigromantischen Topos', wobei allerdings schon vorher anderen ehemals von den Arabern besetzten Städten der iberischen Halbinsel ein besonderes Wissen in der *list der nigrômancie* zugeschrieben wird, weil dies ‚die Art der Sarazenen' sei. Es soll deshalb im Folgenden geklärt werden, (I.) worum es sich bei der dort betriebenen *list von nigrômanzi* und den von ihr verwendeten *karakteres* handelt, (II.) welche nigromantischen Texte es in Toledo gab, wodurch also der Ruf einer ‚Zauberuniversität' tatsächlich begründet wurde, und (III.) wie in den deutschsprachigen literarischen Texten bis ins 15. Jahrhundert von einer ‚nigromantischen Lehre' in Toledo erzählt wird.

---

10 *Et sicut Christiani Toletum, ita ipsi Hispalim, quam Sibiliam vulgariter vocant, caput regni habent, divinationibus et incantationibus more gentis familiari studentes. Ad hos igitur (ut dixi) Gerbertus perveniens, desiderio satisfecit. Ibi vicit scientia Ptololæum in astrolabio, Alandræum in astrorum intersticio, Julium Firmicum in fato. Ibi quid cantus et volatus avium portendat, didicit; ibi excire tenues ex inferno figuras.* („So wie die Christen Toledo, haben jene (die Sarazenen) Hispalis, welche sie in der Volkssprache Sevilla nennen, zur Hauptstadt des Königreiches, wo sie nach Art ihres Volkes Vorhersagen und Beschwörungen praktizieren. Zu jenen ging Gerbert, um seinen (Studien)Wunsch zu befriedigen. Dort studierte er den Ptolemaeus zu dem Astrolab, den Alandraeus zu dem Unterschied der Sterne, den Julius Firmicus zur (astrologischen Vorhersage) des Schicksals. Dort lernte er, was der Gesang und der Flug der Vögel bedeuten, und auch, die Dämonen (*tenues figuras*, „dünne Erscheinungen") aus der Hölle herbeizurufen.") William of Malmesbury, 1138.

11 Textabdruck bei Manitius 1956, 54–56; die Zitate Z. 1, 9f., 24.

12 Die Stadt wird nicht benannt; es heißt nur *Maleficus* [...] *civitatem exiit* (ebd., 54, Z. 1). Manitius, ebd., FN 9, vermutet, dass es sich um Parma handele, „das wohl als Schauplatz der Rhetorimachia anzunehmen ist". Allerdings heißt es direkt nach der Erzählung: *Hinc est, quod in suburbio te, ubi carnarium dicimus, olim invenimus; tunc temporis Saracenum, nunc deo gratias Christianum* (ebd., 61, Z. 1f.). Da Parma nie von den Arabern erobert worden war, ist anzunehmen, dass Anselm hier eine andere Geschichte in seine *Rhetorimachia* übernommen hat; angesichts des Abfassungszeitpunkts könnte Coimbra (Eroberung 1035) oder Santiago de Compostela (Eroberung 1037) gemeint sein.

13 *mortuum diabolica arte suscitavit* (ebd., 56, Z. 33).

14 Vgl. dazu das Folgende unter (I.).

I. Nigromantie und die von ihr verwendeten *caracteres*

Mit dem von Anselm von Besate um 1050 verwendeten Terminus der *nigromantia* wird die seit Isidor von Sevilla in seinen *Etymologiae* verwendete Bezeichnung *necromantia*[15] abgelöst, wobei beide allerdings noch die Totenbeschwörung meinen.[16] Fast gleichzeitig allerdings beginnt sich auch der Begriffsinhalt des neuen Worts zu verschieben: In dem kurz zuvor geschriebenen Traktat *De nigromantia seu divinatione daemonum* des Bern von der Reichenau, in dem es um die Frage geht, ob und wie die Dämonen die Zukunft vorhersagen können und wie die guten von den bösen Engeln zu unterscheiden sind, knüpft der Autor zwar noch an die von Isidor gegebene Erklärung der Funktionsweise der *necromantia* an – weil nämlich die Dämonen das Blut der Menschenopfer lieben[17] – , indem er als Anlass seiner Schrift ein Gespräch darüber anführt, wie einige Kleriker die „Dämonen mit Menschenfleisch und Menschenblut besänftigen, um von ihnen prophetische Kenntnis der Zukunft zu erlangen".[18] Damit verlagert sich der Schwerpunkt allerdings auch von der Totenbeschwörung, die gar nicht mehr explizit genannt wird, zu der Herbeirufung der Dämonen durch ein (dann nicht mehr näher spezifiziertes) Opfer und zum Teufelsdienst: Man lese von manchem Zauberer (*magus*), dass er dem Teufel *per nichromantiam* opfere und so Gott verleugne,[19] so dass man die Seele *per artem magicam et nichromantiam* verliere.[20] Wie schon Isidor[21] stellt auch Bern von der Reichenau die Astrologie in die Reihe derjenigen Praktiken, vor denen man sich hüten müsse: nämlich der Beobachtung der Sterne, der Verehrung der Dämonen, den Zeichen der Characteres (*signa charac-*

15 *Necromantii sunt, quorum praecantationibus videntur resuscitati mortui divinare, et ad interrogata respondere. Νεχρος enim Graece mortuus, μαντεια divinatio nuncupatur: ad quos sciscitandos cadaveri sanguis aidicitur. Nam amare daemones sanguinem dicitur.* Isidor, *Etymologiae*, Lib. VIII, cap. ix.

16 Die folgenden Ausführungen stützen sich auf meine Untersuchungen zur Geschichte des Begriffs der Nigromantie (Fürbeth 2022) und zur Stellung der *artes magicae* in den arabischen Wissenschaftsklassifikationen (Fürbeth 1999). Vgl. zur Nigromantie auch die sehr instruktiven Beiträge von Fanger 2012 und Schneider 2020.

17 Vgl. FN 15.

18 *demones humana carne et sanguine placant, ut aliqua diuinationis presagia ab eis capiant.* Becker 2017, 92; die Übersetzung ebd., 93.

19 *Num legimus aliquem magum uel, qui diabolo per nichromantiam sacrificant uel Deum negant.* Ebd., 144.

20 Ebd., 140.

21 *Astrologi dicti, eo quod in astris auguriantur.* […] *Ad haec omnia pertinent et ligaturae execrabilium remediorum* […] *sive in praecantationibus, sive in characteribus, vel in quibuscumque rebus suspendendis atque ligandis. In quibus omnibus ars daemonum est.* Isidor, *Etymologiae*, Lib. VIII, cap. ix.

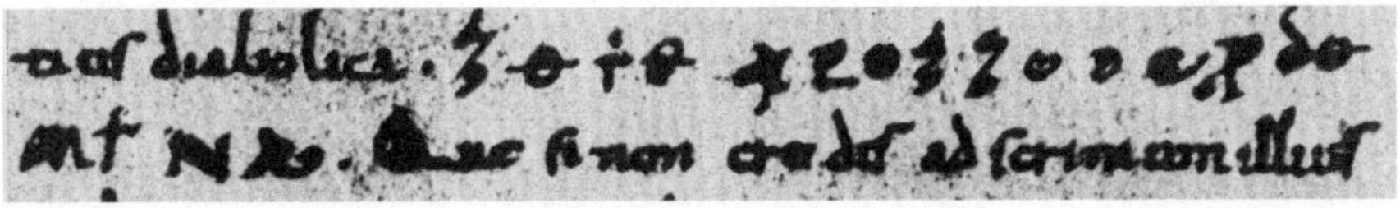

Abb. 1: Beschwörungsspruch des Rotiland in der *Rhetorimachia*. In: Manitius 1956, 58.[24]

terum) und der Deutung von Träumen.[23] Leider lässt er offen, zu welcher Praktik er die *signa characterum* zählt; folgt man hier nicht Isidor, wo sie wie Zaubersprüche (*praecantationibus*) oder aufgehängte und angebundene Gegenstände (*rebus suspendendis atque ligandis*)[24] als Heilmittel dienen, sondern Anselm von Besate, so sind sie als ‚teuflische Schrift' (*caracteres diabolica*) in den *quaterniones nigromantiae* zu finden (Abb. 1).

Schon früher, etwa zur gleichen Zeit wie bei der Verfestigung des ‚nigromantischen Topos', hat Petrus Alfonsi, der als spanischer, 1106 in Huesca getaufter Jude wohlvertraut mit der arabischen Literatur war,[25] in seiner *Disciplina clericalis* (um 1110/20) die sieben *artes* aufgezählt, wobei die ersten sechs für ihn *dialectica, arithmetica, geometria, phisica, musica* und *astronomia* seien. Bezüglich der siebten seien sich die Gelehrten uneinig, manche nennen die Grammatik, manche die Philosophie, diejenigen aber, die die Möglichkeit von Weissagungen (*prophetias*) verfechten, meinen, dies sei die *nigromantia*.[26] In seinem *Dialogus* (um 1110) gibt er auf die Frage seines Gesprächspartners, was denn der Teufel sei, eine genauere Definition der *nichromantica*: diese gliedere sich in neun Teilbereiche; „die ersten vier davon handeln von den vier Elementen, nämlich davon, wie wir in ihnen der Naturkunde gemäß handeln können" (*qualiter in eis operari possimus physice*), die anderen fünf dagegen mit der Anrufung der bösen Geister (*per inuocationem malignorum spirituum*), die von den Menschen *diaboli* genannt werden.[27] Offen-

22 Manitius, 59 identifiziert die Zeichen, mit denen der Beschwörungsspruch des Rotiland in den beiden Überlieferungszeugen niedergeschrieben ist (nach *potius diabolica*), als griechische Majuskeln und transkribiert als: „Z ΘΨ (oder I, oder ein Kreuz) Θ, dann folgen nach einem vielleicht unbeabsichtigten Spatium: Pentalpha (?) Ξ O Z Z O (?) und zwei unleserliche Zeichen; die letzten sieben Zeichen scheinen verkünstelte lateinische Buchstaben zu sein und ergeben wohl P(ro) DOMINA."

23 *In his omnibus caueamus obseruationes stellarum, supersticiones doemonum, signa characterum, curas somniorum*. Becker 2017, 160, Z. 975ff.

24 Zitat siehe FN 21.

25 Im *Dialogus* heißt es, er sei unter den Sarazenen aufgewachsen und ausgebildet worden, habe ihre Schriften gelesen und spreche ihre Sprache. Petrus Alfonsi, *Dialogus*, 192.

26 *Hae sunt artes: dialectica, arithmetica, geometria, phisica, musica, astronomia. De septima vero diversae plurimorum sunt sententiae quaenam sit: philosophi qui prophetias sectantur, aiunt nigromantiam esse septimam*. Hilka/Söderhjelm 1911, 10.

27 Petrus Alfonsi, *Dialogus*, 326; die Übersetzung ebd., 327.

sichtlich unterscheidet hier Petrus Alfonsi zwischen der alten *nigromantia* (sprich: *necromantia*), mit der die Dämonen beschworen werden, und einer neuen *nigromantia* (mit dem Zusatz: *physice*), die mit den Elementen, d.h. nach aristotelischer Auffassung, mit der *physica* operiert.

Diese letzte, „neue" Nigromantie erscheint nun wenig später um 1150 in Toledo in der von Dominicus Gundissalinus geschriebenen, auf der arabischen Wissenseinteilung *De ortu scientarum* des Al-Fārābi basierenden *divisio philosophiae*. Gundissalinus teilt dort nach dem aristotelisch-arabischen Modell der Wissenschaften die *philosophica theorica* in die *sciencia physica sive naturalis*, die *sciencia mathematica* und die *sciencia metaphysica*.[28] Unter der *sciencia physica* subsumiert er acht Teile: *scientia de medicina*, *scientia de iudiciis*, *scientia de nigromantia secundum physicam*, *scientia de imaginibus*, *scientia de agricultura*, *scientia de navigatione*, *scientia de speculis*, *scientia de alquimia*.[29] Alle diese acht Wissensdisziplinen betrachten nach Gundissalinus die *principia et accidentia* der natürlichen Körper, sie lehren die „Dinge, von welchen her und durch welche hin diese Körper existieren".[30] Dies ist für die seit Hugo von St. Viktor in seinem *Didascalicon* zu den *artes mechanicae* gezählten Disziplinen der Medizin, Landwirtschaft und Navigation aus sich heraus einsichtig; auch für die Alchemie als Wissenschaft von der Transformation der Körper ist die Einordnung in die *scientia naturalis* nachvollziehbar. Unklar bleibt auf den ersten Blick der Grund für die Klassifizierung der Trias aus *scientia de iudiciis*, *scientia de nigromantia secundum physicam* und *scientia de imaginibus* als Naturwissenschaften. Dazu ist nicht nur zu sagen, dass nach aristotelischer und dem folgend auch arabischer Auffassung neben den vier Elementen Erde, Wasser, Feuer und Luft auch der Himmel als fünfte Materie zu den Körpern gehört,[31] was die Subsumtion der Astrologie (*scientia de iudiciis*) unter die Natur- (sprich: Körper-)wissenschaften erklärt, sondern vor allem auch, dass nach der aristotelisch-arabischen Wissenschaftstheorie die Kräfte der Körper zweierlei Ursachen haben. Dies beschreibt etwa Al-Fārābi in seiner Wissenschaftstheorie, die nach 1145 von Gerhard von Cremona mit dem Titel *De scientiis* in Toledo übersetzt wurde, an dem Beispiel der Medizin: „Die Bestandteile [der Arznei] sind also deren Materie, und die Kraft, durch die sie ihre Wirkung erzielt, ist ihre Form."[32] Bei der *nigromantia secundum physicam* wie bei der *scienca de imaginibus* geht es also um Körper, nach der Platzierung innerhalb der Achter-Reihe

28 Gundissalinus, 68.

29 Ebd., 76.

30 Ebd., 80f.; Übersetzung ebd., 81f.

31 „Du mußt aber wissen, daß es fünf Materien gibt, nämlich Erde, Wasser, Luft, Feuer und den Himmel." Al-Fārābi, De ortu scientiarum, zit. n. Schupp 2005, 245.

32 Schupp 2005, 97.

der *scientiae naturales* direkt nach der Astrologie wahrscheinlich um Himmels-Körper, die in Beziehung zu den terrestrischen Körpern stehen und diesen ihre spezifische Wirk-Form geben.

Worum es sich dabei handelt, beschreibt der *Picatrix*, der nach den Worten des 300 Jahre später schreibenden Johannes Hartlieb *das volkomnest püch* sei, *das jch je gesach jn der kunst* [*nigramancia*].[33] Die arabische Vorlage des *Picatrix*, eine Kompilation verschiedenster astrologischer Texte namens *Ġāyat al-ḥakīm* (‚Ziel des Weisen'), ist wohl um 1055 in al-Andalus, also dem arabisch besetzten Teil der Iberischen Halbinsel, entstanden. Der Verfasser, der nach seinem Beinamen al-Maǧrīṭī aus dem erst 1083 wiedereroberten Madrid stammen sollte, hat vielleicht dort, vielleicht aber auch in dem zu dieser Zeit noch arabischen Cordoba gelebt; man erinnere sich daran, dass noch 1120 William of Malmesbury den in al-Andalus lebenden Sarazenen eine besondere Neigung zur Dämonenbeschwörung zuschrieb. Im *Picatrix* geht es, neben allgemeinen Ausführungen zur Philosophie und zur Stellung des Menschen im Kosmos, hauptsächlich um die Herstellung von Talismanen, zu denen eine Vielzahl von Herstellungsanweisungen für verschiedenste Zwecke gegeben wird. In diesem Zusammenhang wird auch das Verständnis des Autors von *nigromancia* erklärt: ‚*nigromancia* nennen wir alles, durch welches der Mensch bewegt wird und aus welchen die Sinne und der Geist jenem Werk folgen'.[34] Dabei umfasst der praktische Teil der Nigromantie (*pars practica istius sciencie*) einmal die direkte Einwirkung von Geist auf Geist, indem man ähnliche Dinge herstellt, die aber nicht materieller Natur sind,[35] und einmal die Abbildung bzw. Herabziehung des Geistes [der Planeten] in körperliche Abbilder (*imagines*),[36] welche ‚Talismane' (*telsam*) genannt werden. In den Talismanen werden also bestimmte stellare Emanationen in korrespondierenden Materialien eingefangen, um dann zu anderer Zeit und Stelle entsprechend verwendet werden zu können. So haben etwa die sieben Planeten je eigene Rituale, mit denen ihre Kraft herabgezogen werden kann. Im Fall des Saturns beispielsweise solle man sieben Tage fasten, einen schwarzen Raben köpfen und dann den folgenden Spruch sagen: *In nomine Anzil, qui cum Saturno positus est etc.*, und schließlich die *figurae* (*caracteres*) Saturns verwenden.[37] Die *caracteres* sind also eine Art Zeichenschrift für die Abbilder (*imagines*) der Planeten, die allerdings nicht wie eine der üblichen Buchstaben- oder Silbenschriften oder eine logographische Schrift

33 Hartlieb, 24.

34 *Nigromanciam appelamus omnia que homo operatur et ex quibus sensus et spiritus sequuntur illo opere*. *Picatrix* 1986, 5.

35 *quod sua opera sunt de spiritu in spiritum, et hoc est in faciendo res similes que non sunt essencia*. Ebd.

36 *Et ymaginum composicio est spiritus in corpore*. Ebd.

37 Ebd., 187.

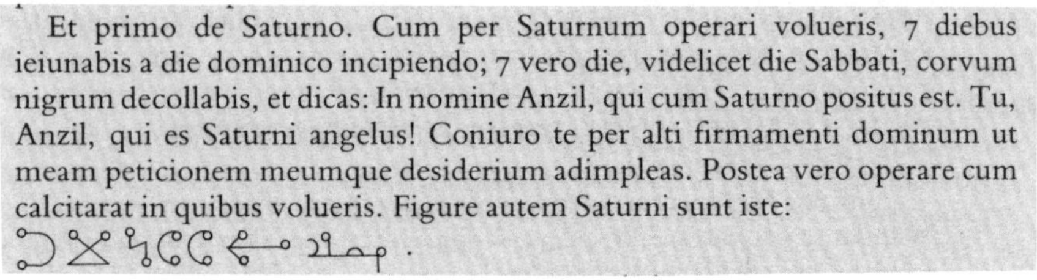
Et primo de Saturno. Cum per Saturnum operari volueris, 7 diebus ieiunabis a die dominico incipiendo; 7 vero die, videlicet die Sabbati, corvum nigrum decollabis, et dicas: In nomine Anzil, qui cum Saturno positus est. Tu, Anzil, qui es Saturni angelus! Coniuro te per alti firmamenti dominum ut meam peticionem meumque desiderium adimpleas. Postea vero operare cum calcitarat in quibus volueris. Figure autem Saturni sunt iste:

Abb. 2: *Picatrix* (lateinische Version): Talisman zur Herabziehung der Kraft des Saturns. In: *Picatrix* 1986, 187.

zur Wortdarstellung dienen, sondern die stellaren Emanationen zur Zeit ihrer Ausstrahlung einfangen und abbilden. Man könnte dies etwa mit dem Prinzip des Phonographen vergleichen, wo (menschlicher oder sonstiger) Schall einen an einer Membran aufgehängten Stichel so in Schwingungen versetzt, dass dieser seine Bewegungen in ein Speichermedium ritzt; die so entstandene Linie könnte zwar von einem unverständigen Betrachter auch als eine Art Geheim-Schrift gelesen werden, ist aber nur ein Abbild bzw. eine Materialisierung des Schalls. Zur Vermeidung von Missverständnissen sollen die *caracteres* daher im Weiteren nicht mehr als Schrift, sondern, in Anlehnung an die Übersetzung von Konrad von Megenberg (*pildengeschrift, die karacteres haizent, und mit insigel graben*)[38] als (Siegel-) Gravur (der Planeten) bezeichnet werden.

Die entsprechende Bezeichnung im arabischen Text als *qualfaṭīrījāt* soll selbst eine Entstellung aus *characteres* sein,[39] wobei aber wohl an das altgriechische *χαρακτήρ* zu denken ist, das etymologisch aus *χαράσσω* (kratzen, gravieren) herzuleiten ist und daher primär Gravurinstrumente oder Stempel und Siegel meint, erst sekundär den Buchstaben.[40] Dies würde in der Tat auf die Einprägung der Himmelskräfte im Talisman hinweisen; im lateinischen Text selbst heißen die *caracteres*, wohl mit Bezug auf die *imagines*, *figurae*.[41] Ob also der anonyme Autor des *Picatrix* den Terminus aus der älteren nigromantischen Literatur, wie er schon bei Anselm von Besate nachweisbar ist, übernommen hat oder ob dieser eine Eigenprägung nach dem altgr. χαρακτήρ für den Stempel ist, muss offen bleiben; im Folgenden jedenfalls setzt er sich als Fachbegriff für die Gravuren der Talismane durch. Allerdings entstehen dabei schon die ersten Missverständnisse, wie etwa bei Roger Bacon in seinen ‚Geheimissen der Ars und der Natur, und der Nichtigkeit der Magie', der die *caracteres* als figurative Buchstaben ansieht: ‚Cha-

38 Vgl. dazu unten, S. 472.
39 *Picatrix* 1962, xlviii.
40 Liddell/Scott, s.v. χαρακτήρ.
41 *Picatrix* 1986, 187.

racteres sind aus Buchstabenfiguren zusammengesetzte Worte (*verba figuris literatis compositi*) [...] welche zur Gestalt der Sterne in ausgewählten Zeiten hergestellt werden.'[42] Konrad von Megenberg ist 150 Jahre später dagegen noch näher an dem Konzept der astral-imagologischen Gravur (auch wenn er in diesen wieder Dämonen wirken sieht), wenn er schreibt: *all die maister, die in der zauberkunst lêrent, daz sprechent, daz die götter und die die gaist, die man anruoft mit pildengeschrift, die karacteres haizent, und mit insigel graben* (*Buch der Natur*, 377).

II. Nigromantie in Toledo

Geht man nach dem zuvor Gesagten also davon aus, dass sich mit der Rückeroberung Toledos 1085 dort ein Gelehrtenkreis aus ganz Europa getroffen hatte[43] – einen institutionellen Ort der Ausbildung wie etwa eine Kathedralschule oder eine Universität gab es allerdings nicht –, der in engem Kontakt mit der arabischen und jüdischen Bevölkerung stand und mit deren Hilfe die arabischen Texte ins Lateinische übersetzte, so ist innerhalb dieser ‚Übersetzerschule' auch die Notwendigkeit entstanden, für eine bestimmte Art der imagologischen Astrologie, wie sie durch den *Picatrix* repräsentiert wird, und der dort beschriebenen Verfahren einen eigenen Gattungsbegriff zu finden. Diese ‚neue' *nigromantia* (*secundum physicam*) unterscheidet sich durch ihre (zumindest nach Auffassung der Verfasser) strikt naturwissenschaftliche Vorgehensweise von der ‚alten' *nigromantia/necromantia,* bei der es um die Beschwörung des Teufels geht, wie es Caesarius erzählt. Für die Unterscheidung (und die Verwechslung) beider Verfahren erschwerend kommt hinzu, dass in beiden *caracteres* verwendet werden: In der ‚alten' Nigromantie handelt es sich dabei aber schlicht um eine Art Geheimschrift für die Beschwörungsformeln, mit der die Dämonen herbeigerufen werden – bei dem von Anselm von Besate beschriebenen Liebeszauber sind dies griechische und lateinische Buchstaben (Abb. 1) –, im Fall der ‚neuen' Nigromantie aber um *imagines* oder *figurae* der Planeten, die nicht etwa logographische Funktion haben (auch wenn das für ihren Ursprung in Indien oder Ägypten nicht ausgeschlossen werden kann), sondern Gravuren astrologischer Konstellationen sein sollen, mittels derer die stellaren Emanationen eingefangen werden. Dass diese besondere Eigenart der zweiten Art von *caracteres* in der Folge ohne genaue Kenntnis der *nigromantia secundum physicam* nicht mehr verstanden wird, zeigen die Äußerungen von Roger Bacon oder Konrad von Megenberg, die sie explizit als phonetische

42 *Characteres vero aut sunt verba figuris literatis compositi, continentes sensum orationis adinventæ, vel sunt facti ad vultus stellarum in temporibus electis.* Bacon 1859, 526.
43 Vgl. dazu Herbers 1999, 231–235 (mit älterer Literatur); Gásquez 2015.

oder silbische Schrift (miss)verstehen, bei der Wörter (*verba*) mittels Buchstaben-Figuren hergestellt werden (*figuris literatis compositis; pilden geschrift*).

Die Frage schließt sich an, welche Texte der ‚neuen' Nigromantie in Toledo gelesen wurden. Der *Picatrix* selbst wurde erst 1256 für Alfons den Weisen ins Spanische übersetzt, wovon wiederum die lateinische Übersetzung abhängig ist; Handschriften des lateinischen *Picatrix* sind erst aus dem 15. Jahrhundert erhalten und lassen sich auch nicht früher in mittelalterlichen Bibliotheken nachweisen.[44] Über die Situation um 1260 gibt uns aber glücklicherweise ein Text Auskunft, der Albertus Magnus zuschrieben wird und in Paris verfasst worden sein soll; bei diesem *Speculum astronomie* genannten Traktat handelt es sich im Prinzip um eine annotierte Bibliographie, in welcher der Autor alle ihm bekannten Texte der Astrologie und Nigromantie, die er jemals in der Hand gehabt hat, nennt und beschreibt. Wie angesichts seines späteren Übersetzungszeitpunkts nicht anders zu erwarten, wird der *Picatrix* nicht in dieser Liste aufgeführt, wohl aber einige nigromantische Werke, die nach heutigem Wissen in Toledo ins Lateinische übertragen worden sind. Albert gliedert seinen Text nach den beiden Arten der Astrologie, eine Einteilung, welche auf dem *Tetrabiblos*, dem kanonischen astrologischen Werk des Ptolemäus, beruht, in dem es im zweiten Buch um die Mundanastrologie geht (Ptolomäus: *astronomica universalis, quae regionum, gentium aut urbium qualitates indicat*;[45] bei Albert: *de revolutionibus*), im dritten und vierten um die persönliche Astrologie (*astronomica particularis, quae singulorum hominum fata considerat*[46]), die wiederum in die Geburtshoroskopie (bei Albert: *de nativitatibus*), die Antwort der Sterne auf Zukunftsfragen (*de interrogationibus*) und die Wahl der günstigsten Stunde für anstehende Vorhaben (*de electionibus horarum*) geteilt wird. Albert fügt noch einen fünften Teil *de imaginibus* hinzu, der deshalb jenem vierten Teil zugeordnet sei, weil ihre Verfechter astronomische Beobachtungen für ihre Zwecke gebrauchen: Es handele sich dabei aber um jene ‚verfluchten nekromantischen Bücher (*libri maledicti necromantici*) von den *imagines*, Vortäuschungen und *caracteres*, Ringen und Siegeln'.[47] Diese *scientia de imaginibus* unterteilt Albertus wieder dreifach: Die erste stelle die Bilder unter Rauchopfern und Anrufung der Dämonen her,[48] die zweite schreibe *caracteres*

44 Vgl. dazu Fürbeth 2015.
45 Ptolemäus 1553, 68.
46 Ebd.
47 *Quarta de electionibus horarum laudabilium, cui parti supponitur pars illa quae est de imaginibus.* […] *Sed isti parti associantur illi libri maledicti necromantici, de imaginibus, praestigiis et characteribus, annulis et sigillis eo quo simulationis gratia sibi mutuant quasdam observationes astronomicas, ut sic se reddant aliquatenus fide dignos.* Albertus Magnus, 222.
48 *Est enim unum modus abominabilis, qui suffumigationem et invocationem exigit.* Ebd., 240.

unter Beschwörung bestimmter Namen,[49] und die dritte eliminiere diese ‚Unflätigkeit', weil sie keine Rauchopfer, Invokationen, Beschwörungen oder Einschreibungen von *caracteres* verwende, sondern ihre Kraft allein von den himmlischen Konstellationen erhalte.[50]

Es ist offensichtlich, dass Albertus bei der Beschreibung der verschiedenen nigromantischen Scientiae beide Begriffsinhalte, den dämonologischen und den naturwissenschaftlichen, vor Augen hat. Selbst diejenigen Werke, die von arabischer Seite als naturwissenschaftlich angesehen werden würden, subsumiert er unter die verbotene, dämonische Nigromantie; die Beschwörungsformeln und Engelsanrufungen, wie sie oben aus dem *Picatrix* zitiert wurden, haben diese ihm sicherlich verdächtig gemacht. Vielleicht deshalb benutzt er insgesamt auch noch den alten Terminus der Necromantie. Insgesamt nennt er 26 Texte der Nigromantie, wovon er allerdings nur zwei, einen *liber Thebit filii Chorae* und ein *Opus imaginum Ptolemaei* als problemlos und erlaubt gelten lässt,[51] weil deren *imagines*, die etwa gebraucht werden, um irgendeine Species von irgendeinem Ort zu vertreiben,[52] ihre Kraft allein von der *figura caelestis* erhalten.

Soweit eine Identifizierung der Autoren dieser 26 Texte möglich ist, von denen der größte Teil Pseudo-Zuschreibungen an mythische Personen wie Hermes, Thoz Graecus, Salomon oder den Erzengel Rasiel sind,[53] stammen sie von einem gewissen Muhammad ibn al-Hassan (*liber septem nominum, qui sic incipit: Dixit Mahomet nuntius Alahasedonne*) und von Thâbit ibn Qûrra (latinisiert Thebit Benchorat; *liber Thebit filii Chorae*). Während man bei allen anderen Texten nicht weiß, wann sie aus dem Arabischen (oder auch aus dem Hebräischen) ins Lateinische übersetzt worden sind, ist dies bei dem Buch Thâbits gut bezeugt. Sein *Liber de imaginibus* wurde um 1150 von Johannes von Sevilla (Hispalensis) in Toledo in das Lateinische übertragen. Dieser besteht im Wesentlichen aus sieben Anleitungen, wie Talismane (in der lateinischen Übersetzung: *imagines*) für verschiedene Zwecke herzustellen sind; Thâbit empfiehlt, dass genau diese sieben Talismane ein

49 *Est alius modus aliquantulum minus incommodus, detestabilis tamen, qui fit per inscriptionem characterum per quaedam nomina exorcizandorum*. Ebd.

50 *Tertius enim modus est imaginum astronomicarum, qui eliminat istas spurcitias, suffumigationes et invocationes non habet, neque exorcizationes aut characterum inscriptiones admittit, sed virtutem nanciscitur solummodo a figura caelesti*. Ebd., 246.

51 Ebd., 248.

52 Ebd., 246.

53 Die bislang eingehendste und überaus hilfreiche Untersuchung der imagologisch-astrologischen Texte hat Weill-Parot 2002 vorgelegt; die Identifizierung der im *Speculum astronomie* genannten Texte ebd., 40–62.

Abb. 3: *ymagines siue karacteres planetarum* (Rom, B. Vat. pal. lat 1375).
Abdruck nach Láng 2008, 117.

Arzt für alltägliche Zwecke zur Hand haben sollte.[54] Auch bei diesen Talismanen handelt es sich also im Sinne des Autors um angewandte Naturwissenschaft, welche die Kraft der Sterne für irdische Zwecke einzufangen suchen. Das zweite *imago* möge als Beispiel genügen: Wenn jemand erfahren will, ob er die Herrschaft einer Stadt erlange, so soll man das Bild des Drachenkopfes (sc. des aufsteigenden Mondknotens) in ein Material aus Gold, Silber, Blei oder Zinn schnitzen; je nachdem, was die Umstände des zu Erfragenden sind, soll das Bild unter den Aszendenten der verschiedenen Planeten erfolgen. Man soll damit beginnen entweder unter dem Aszendenten der Geburt desjenigen, der dies zu erfahren sucht, oder unter dem Aszendenten des Gefragten. Dies kann dann zu der gewünschten Vorhersage dienen.[55]

III. Die *list von nigromancie* in der deutschen Literatur des Mittelalters

Es sind insgesamt sechzehn Werke der deutschen Literatur des Mittelalters bekannt, in denen von Toledo die Rede ist; darunter machen Texte, die explizit die Verbindung Toledos mit Nigromantie, Astronomie oder Zauberei benennen, ungefähr drei Viertel aus. Texte, in denen von Nigromanten ohne Bezug zu Toledo erzählt wird, werden dagegen hier nicht berücksichtigt.[56] Fünf Textstellen sind ohne große Aussagekraft, weil sie, hierin dem Vorbild Helinands de Froidmond von 1200 folgend, Toledo in einer topischen Reihe berühmter Schulen nennen:

54 *Cum uolueris operari de imaginibus, scito quod commendauerunt nobis physici* [Version J; Version I: *philosophi*] *in suis repositis septem imagines quibus utimur in omni modi.* Carmody 1960, 180f.
55 Ebd., 187f.
56 Vgl. dazu Fürbeth 2020.

Vienne hât legisten vil / der kunst astronomîe / ze Toleth ich niht lernen will / von der nigromancîe / niht guot ist zouberîe / Ybernja hât der Schotten vil an ir gelouben stæte / ze Norwege bedarf man wol vùr kelte gûter wete. (Tannhäuser, 5,1,61ff.).[57] Immerhin wird hier aber auch die enge Verbindung von Nigromantie mit der Astronomie deutlich, wie sie auch bei Albertus Magnus explizit formuliert wird.

Über Toledo als Stadt erfährt man fast nichts; lediglich in der *Steirischen Reimchronik* wird berichtet, dass sie *der heiden funfzic tusent und mere* habe (9485ff.), und in *Biterolf und Dietleib* wird behauptet, dass der *list nigrômanzi* auf einem *berc* erfunden worden sei, *der lît nâhen dâ bî* (79–87). Interessanter ist die jeweilige Perspektive auf die Nigromantie, wobei hier genau die beiden Sichtweisen als dämonische Nigromantie einerseits und als naturwissenschaftliche Nigromantie andererseits unterschieden werden können; eine dritte Gruppe scheint sich bei der Beurteilung der Nigromantie nicht sicher zu sein und nimmt deshalb eine etwas vorsichtigere Bewertung vor.

Eindeutig als durch Dämonen bewirkte Zauberkunst sehen die Nigromantie in Toledo das *Liet von Troye* (1190), der *Wartburgkrieg* (1239), der *Lohengrin* (1283/86), der *Prosa-Lancelot* (ca. 1350), der *Herzog Herpin* (um 1430/35) und der *Malagis* (um 1470). Auffälligerweise zieht Herbort von Fritzlar im *Liet von Troye* eine Parallele von der Zauberkunst Medeas zu der Nigromantie in Toledo und ersetzt so gleichsam die antike *magia* durch die neue Nigromantie:

Sie kvnde arzedigen
Vnd von nygromancien
Daz man heizzet swarze buch
Da man ane findet fluch
Vnd beswernisse
wie man in vbelnisse
Die vbeln geiste beswert
Daz man an in eruert
Allez daz da ist geschehen
Und wie man vor kan besehen

57 Topische Reihungen ohne explizite Erwähnung der Nigromantie oder Zauberei: *Ob ich wär zu sand Jacob ausgerayset, zu Rom oder hin zu Dolet* (*Lannzilet*, 490); *Es kunde so viel wunders / Kein Meister nie von Lunders, / von Bruck, Paris und Dolet; / Sin sin alda begriffen het / Nuwer wunder dannoch mere* (*Minneburg*, 10,185ff.); *Ich fur gein Paris und salern, / Gein Padau und gein Mumpalir, / Gein Dolet in Britania schir, / Gein Norweg und gen Engelant. / Keinen Meister ich daran erinnern vant* (*Minneburg*, 16,388); *Pârîs, Padouwe, Orlêns, Salerne, / Bonônie, Tholêt und ouch Berne / Und alle stete über alliu lant, / Dâ Jesus Cristus ist bekant*, (*Renner*, 2469–2472); *von Metze ein byschof, als ich las, / von Kamera, von Paris / und der byschof von Ris, / von Dolet und von Orense, / mit den die von Orlense, / von Luht der byschof / auch da was* (*Wilhelm von Österreich*, 16967–72).

Manic ding daz kumftic ist
Noch so lernet man die list
In einer stat zu Tolet
Die in yspanigen stet (*Liet von Troye*, V. 551–564)

Herborts Auffassung ist eindeutig diejenige der dämonologischen Nigromantie-Definition Berns von der Reichenau: Mit der Nigromantie werden Dämonen durch *maledictiones et incantationes* (*fluch vnd beswernisse*) beschworen, wobei unter *fluch* als Entsprechung zum lateinischen *maledictio* hier kaum die ‚üble Nachrede', sondern ganz wörtlich wohl eher eine ‚schlechte Rede' zu verstehen ist. Auch dass man die Dämonen nicht zu einem Maleficium herbeiruft, sondern um die Zukunft zu erfahren (*wie man vor kan besehen / Manic ding daz kumftic ist*) stimmt mit der Definition Berns überein. Hier wie auch in den anderen Texten dieser Gruppe ist keinerlei Rede von *caracteres*; im *Wartburgkrieg* will Klingsor den Teufel Nasion aus Toledo holen, um von diesem seine Kunst zu lernen (*er tuot mir alle sîne kunst von grunde erkant*; Str. 107), ebenso im *Lohengrin*, wo die Erzählung mit der Wiedergabe des im *Wartburgkrieg* erzählten Streits zwischen Wolfram und Klingsor beginnt (*Nazarus der tufel muz ez mir erfarn*; Str. 105). Im *Prosa-Lancelot* schließlich wird die Rolle des Teufels ausführlich beschrieben: Nachdem Artus nach den zehn weisesten Meistern gesandt hatte, um einen Traum Galahuts auszulegen, kommt am Ende *meister Helien von Tolete, der was alte und kund vil von nigromancie* (*Lancelot und Ginover II,* 54), an die Reihe; er geht mit Galahut in eine Kapelle, wo er diesen *mit großer krafft von worten die ich alhie mit mir han in eim buch geschriben* (72), seine Zukunft selbst sehen lassen will. Es scheint, als ob alle Teufel der Hölle in der Kapelle wären, die Erde beginnt zu beben und die Luft zu donnern; schließlich

> *horten sie ein stymme als ein busûne und sahen wo ein arm qwam al mit der hant und bracht ein schwert darinn das freischlich rot was als ein fure und schnidende als ein scharsach; die hant was wiß als ein schne, und der arm was mit rotem samid gecleidet. Die hant kam zu meister Elias mit dem schwert und det als sie yn durch den lip stechen solt. Er warff das crucz fure, und die hant ging lang alumb yn schlahende und stechende, er hub alle mal das crucz darfur und herte das lang und lang. Zu letst kam sie zu Galahut und det dem dasselbe; er hielt alweg die buchsen fur da unsers herren lichnam inne was, als yn der meister geheißen hett, und herte das ußermaßen lang. Zu letst kam sie zur mure da die ring geschriben stunden und slug sie allsament abe biß an dry der grösten und einen halben* (74).

Das Buch, offensichtlich ein *quaternio nigromantiae*, und die darin geschriebenen *incantationes*, mit denen der Teufel herbeigerufen wird (*mit großer krafft von worten*), erinnern an die Erzählung von Caesarius von Heisterbach: Was dort der schützende Kreis war, ist hier die Kapelle mit einem in der Hand gehaltenen Ziborium (*buchsen* […] *da unsers herren lichnam inne was*), so dass der Teufel die Menschen nicht erreichen kann, auch wenn er einen gegenteiligen Anschein erwecken will. Hier wie dort wird der Teufel mit Beschwörungssprüchen (*carminibus*) herbeigerufen; die Abweichung im *Prosa-Lancelot* ist, dass hier explizit von einem *buch* die Rede ist, was wiederum an Anselm von Besate erinnert. Über die Schrift dieses Buches wird allerdings nichts gesagt; hätte es sich um geheime *caracteres* gehandelt, wäre dies sicherlich erzählt worden.

Auch wenn Malagis selbst als *Meyster von der nygromancije* (*Malagis*, 3037) beschrieben wird, hat er sein Wissen im Gegensatz zu seinem Onkel nicht in Toledo erworben (*Ich kam nie gein Tholet, / Aber ir, der da ist gewest*; *Malagis*, 1434), sondern in Paris; er benutzt Beschwörungsformeln (*experment*), mit denen er die Dämonen herbeiruft. Deren Inhalt, der im Roman im Gegensatz zu dessen französischer Quelle teilweise wörtlich wiedergegeben wird,[58] hat nun aber weder etwas mit den *caracteres* der ‚alten' noch mit denen der ‚neuen' Nigromantie zu tun; es kann wohl angenommen werden, dass der unbekannte Verfasser sie frei und ohne weitere Kenntnis beider Arten von Nigromantie erfunden hat, von denen er nur weiß, dass sie mit der Herbeirufung von Dämonen zu tun haben.[59]

Gleiches ist wohl auch für den etwas früheren *Herzog Herpin* anzunehmen. Zwar betreiben die beiden Brüder Gombaus und Amandas *eine schüle in der stadt Tollet vnd konden so vil zauberij mit dem tüffel, das es ein groß wonder was, das sy solyche wonder dryeben* (*Herpin*, 138). In einer Vermischung von Astrologie und Dämonenbeschwörung wird erzählt, dass Gombaus *so vil gelert* (gelernt?) hatte, *das er in dem gestirne vil dinges erkante*. Allerdings erfährt er nicht durch die Sterne, sondern durch den Teufel seine eigene Zukunft, nämlich dass er *ensolde nit sterben, byt das yne Lewe dödet* (*Herpin*, 139). Der ihm zu Dienst stehende (*sîn*) Teufel leistet ihm auch sonstige Dienste: als Gombaus, *der viel zauberij konde*, in einem Turm gefangen lag, da *beswure Gombaus* (um Mitternacht!) *sinen duffel, der kame vnd loste yne usser synen banden vnd dede yme den torn uff* (*Herpin*, 558). Auch hier werden Nigromantie und *caracteres* nicht erwähnt; lediglich als Gombaus kurz vor seinem Tod durch die Hand Lewes meint, sein Teufel, dem er sich ergeben hatte *me wan vor dryssig iaren* und der ihm seitdem in allen Nöten beigestanden hatte, habe ihn verlassen, verzichtet er angesichts der früheren Prophezeiung auf das in Toledo Gelernte, das hier ohne dämonische Hilfe hätte auskommen müssen: *Aber du solt sicher sin, das ich myn künst nit tryben will, dann ich will mynen swüre nit felchen vmb dodes willen* (*Herpin*, 607). Die Nigromantie, die jetzt nur noch als

58 Vgl. etwa Bastert 2022, 271.

59 Bastert 2022, 270f. meint dagegen, dass der Autor sich bemühe, „den Magier zu positivieren und vom Odium des Teufelsbündners zu befreien", was dadurch geschehe, dass die magischen Beschwörungen mit christlichen Anrufungen durchsetzt werden.

zauberij bezeichnet wird, mit welcher der Teufel untertan gemacht werden kann, und die entsprechenden *caracteres*, mit denen zumindest unter theologischer Perspektive die Dämonen herbeigerufen werden, sind als solche gar nicht mehr präsent; die Nigromantie in Toledo ist tatsächlich zu einem Topos einer Hochschule der Zauberei geworden.

Frei von jeder dämonischer Beteiligung sind die Erzählungen der zweiten Gruppe, in der Heinrichs von dem Türlin *Crône* (ca. 1230), die anonyme Erzählung von der *Guten Frau* (ca. 1230) sowie *Loher und Maller* (um 1430/35) zu subsumieren sind. In der anfangs der *Crône* erzählten Becherprobe wird berichtet, wie ein jungenhafter, über den ganzen Körper mit Schuppen bewachsener Ritter im Auftrag des Königs Priure aus dem Meer einen Becher an den Hof von König Artus bringt, der den aus ihm Trinkenden, falls dieser ein *valsches herz* hat, mit Wasser übergießt. Diesen Becher habe *von nigromanzîe ein meister zuo Tôlet* gemacht, der ihn mit *meisters hant wider natûre geworht hât* (*Crône*, 1095–1105). Auffällig ist die Nähe zur Astronomie/Astrologie, mit welcher der Toledaner Meister den Becher hergestellt habe: *Die steine und die feitûre / Die wart kûme vunden / von listen unkunden, / Die man ûz den buochen / Muoz mit kunsten suochen / von gêometrie / und von astronomie, / die haben in ir künde / Himel und abgründe / Mit listen gemezzen* (*Crône*, 1114–1123).[60] Dies gibt zumindest einen Hinweis darauf, dass die *Crône* an dieser Stelle in der diskursgeschichtlichen Tradition der Verortung der Nigromantie als Teil der Astrologie steht, wobei Astronomie und Geometrie als *artes* der Himmels- und der Erdvermessung (*Himel und abgründe / Mit listen gemezzen*) auf die kosmologische Dimension der Nigromantie hinweisen, wie sie ja in den einschlägigen imagologischen Werken behauptet wird. Dass es Heinrich von dem Türlin trotzdem dabei unwohl war, zeigt die Herkunft des Bechers als Geschenk eines Meerkönigs;[61] damit wird die ganze Angelegenheit doch wieder in den Bereich des Märchens verschoben.

Ganz ohne jeden märchenhaften Bezug geht es bei dem zweiten Text dieser Gruppe zu, der Erzählung von der *Guten Frau*. In dieser Bewährungsgeschichte

---

60 Kragl übersetzt hier mit „Die Steine und die Form hätte man mit geringem Wissen nicht finden können; die musste man aus den Büchern mit den Künsten der Geometrie und Astronomie heraussuchen" (Kragl 2012, 21), weist aber darauf hin, dass die Stelle im Mhd. nicht eindeutig sei und auch gemeint sein könnte, „dass Geometrie und Astronomie Teile jenes ‚geringen Wissens' sind, das zur Fertigung dieses Bechers nichts nützt" (ebd., 22, FN 25). Ich schließe mich der ersten Möglichkeit an.

61 Der Becher erinnert an einen im *Picatrix* beschriebenen Becher, „aus dem die größten Heere trinken konnten, ohne daß es weniger wurde. […] Und es wird berichtet [dass] er ihn mit unterschiedlichen natürlichen virtutes und pneumatischen Wirkungen hergestellt" hatte. *Picatrix* 1962, 287. Hier ist der Hersteller des Bechers allerdings ein mythischer König namens „Kanka, der Inder" (ebd., 285).

heiratet die *guote vrouwe* nach dem Verzicht auf ihre Herrschaft und dem Verlust des Ehemanns zweimal erneut, beim zweiten Mal den König von Frankreich, der allerdings durch eine üble Machination seiner ehemaligen, treulos gewordenen Ehefrau die Manneskraft verloren hat. Dies wird im Rückblick erzählt:

> *diu selbe vrouwe bî ir het*
> *einen meister von Tôlet*
> *der von nigromanzîe las*
> *und des listes gar ein meister was,*
> *der schreip ein karakteres*
> *und half der küniginne des*
> *daz si dem künge getân hâte,*
> *daz im alle sîn arzâte*
> *niht gehelfen kunden,*
> *daz er ze keinen stunden*
> *mohte mit den wîben*
> *manes werc triben.* (*Die gute Frau*, V. 2433ff.)

Was hier beschrieben wird, ist offensichtlich die Herstellung eines Talismans zur Herbeiführung von Impotenz. Entsprechende Anweisungen finden sich in der einschlägigen imagologischen Literatur fast ebenso häufig wie auch diejenigen, welche im Gegenteil erst die Stiftung einer Liebesbeziehung bewirken sollen. Im *Picatrix* etwa wird ein Talisman beschrieben, welcher „zur Trennung und Feindschaft zwischen Männern und Frauen dient",[62] oder andere, exakt im Sinne des von dem Meister von Toledo hergestellten Talismans, „zur Bindung der Begierden durch Speisen; d. h. daß sie das Pneuma der Begierde packen und [fort?]tragen".[63] An anderer Stelle werden die besonderen Kräfte der einzelnen Planeten beschrieben sowie die *caracteres*, in denen ihre spezifische Kraft gefangen wird;[64] der Mars soll dabei nicht nur „um Entzündung der Feindschaft" und „Kühnheit der Seele" gebeten werden, sondern auch um „Bindung der Begierden".[65]

Schließlich ist noch der jüngste Text dieser Gruppe anzuführen, der allerdings am aussageschwächsten ist; der ‚nigromantische Topos' wird hier gleichsam nur noch anzitiert. Im *Loher und Maller* befreit Grymmoner den in einem Turm gefangenen König Ludwig, indem er alle Schlösser und Türen öffnet; *Das tete er alles mit syner künste, die er zu Tollet gelernet hatte* (*Loher und Maller*, 277). Es wird weder die *kunst* als Nigromantie benannt, noch wird irgendeine dämonische Hilfe

62 Picatrix 1962, 269.
63 Ebd., 278.
64 Ebd., 319–322.
65 Ebd., 333.

erwähnt; der Türhüter fällt sogar vor Grymmoner auf die Knie und meint, dieser *tete es mit heylickeit* (ebd.).

Es bleibt die dritte Gruppe, in der die Nigromantie zwar ohne jede dämonische Beteiligung beschrieben wird, aber doch ein mehr oder minder deutlicher Vorbehalt ihr gegenüber gemacht wird. Der erste Text dieser Gruppe ist der schon genannte *Biterolf und Dietleib* (2. Hälfte 13. Jahrhundert), in dem im Rückblick auf die Erfindung der Nigromantie auf einem Berg bei Toledo bedauernd geäußert wird, dass seitdem auch heutzutage noch diese *ars* ausgeübt und studiert werde, obwohl diejenigen, die sich ihr zugewandt haben, nur geringen Nutzen daraus ziehen, und nicht allein dies: Sie wissen auch, dass sie damit ihr Seelenheil verlieren.[66]

Vor allem aber scheint mir nun auch der *Parzival* (1200/10) zu dieser Gruppe von Texten zu gehören, die die naturwissenschaftliche Nigromantie zwar objektiv beschreiben, gleichwohl aber distanziert verurteilen. Was Wolfram mit *der karakter â b c* meint, ist nach dem Gesagten klar; es handelt sich nicht um ein „ABC geheimer Zeichen", auch wenn dies für den Nicht-Eingeweihten so aussehen mag, sondern um die den einzelnen Planeten und ihren Konstellationen zugehörigen Gravuren, mit denen Talismane für verschiedenste Zwecke hergestellt werden können. Da nach dem Bericht Wolframs der (wohl fiktive) Kyot sowohl das Arabische beherrscht habe, in dem das von ihm aufgefundene Buch des Flegetanis geschrieben war (*vant in heidenischer schrifte*), als auch *der karakter â b c* lernen musste, ist von einer Art ‚Zweischriftlichkeit' der aufgefundenen Handschrift auszugehen.[67] Dies stimmt nun genau mit dem Schriftbild der imagologischen Texte überein, wie es etwa der *Picatrix* bietet (Abb. 5).

Zur Bestätigung diese Befundes kann hier eine entsprechende Parallele im *Reinfrid von Braunschweig* angeführt werden,[68] auch wenn dort nicht auf Toledo, sondern auf einen mythischen Erfinder der Nigromantie namens Savilôn rekurriert wird. Savilôn hatte in den Sternen gelesen, dass in 1200 Jahren ein Kind von einer Jungfrau geboren werde, an dem das jüdische Volk zugrunde gehen solle. Um dies zu verhindern, machte Savilôn aus den *figûren*, die ihm die Sterne mit-

66 *den man bî unsern stunden* [sc. *den list nigrômanzi*] *noch vaste üebet unde liset; / swie ir vil wênic iht geniset / die sich dran hânt geflizzen, / swie wol si doch das wizzen / daz si dâ mite sîn verlorn. Biterolf und Dietleib*, 79–87.

67 Strohschneider 2006, 55, hat also insofern recht, als er von einer Doppel-Graphie spricht. Daraus allerdings auf eine „Kombinatorik profaner und hieratischer Graphiesysteme" zu schließen, wobei in den *caracteres* ein „mythisch-transzendente[r] Text-Sinn" verborgen sei, der durch Kyot erst „aus der Latenz" zu heben wäre, scheint mir angesichts des wissenshistorischen Befundes nicht nötig.

68 Der Hinweis auf den *Reinfrid von Braunschweig* schon bei Nellmann 1988, 60 und Strohschneider 2006, 40.

teilten, ein *brievelîn*, auf dem er die *wort, die ouch wol dâ zuo hôrten, mit hôhen paragraffen* niederschrieb (*Reinfrid*, 21397–21404); der *brief* sollte hergestellt werden, *balt / nâ des selben sternen schîn / reht als er ouch sollte sîn* (*Reinfrid*, 21422–24). Nachdem Vergil auf der Magnetinsel den weder *tôt noch lebende* (*Reinfrid*, 21498) die Zeiten überdauernden Savilôn entdeckt hatte, öffnete er das in den Ohren Savilôns versteckte *brievelîn*, wobei er *die karakter sach und ouch der figûren schrift* (*Reinfrid*, 21671f.), was dazu führt, dass die Kraft des *brievelîns* sofort verging (*brach*). Was hier beschrieben wird, ist genau ein solcher (wohl pergamentener) Talisman, auf den bei entsprechender Planetenkonstellation (*nâ des selben sternen schîn*) die für die gewünschte Wirkung (hier: die Verhinderung eines weltgeschichtlichen Ereignisses) notwendigen Gravuren (*figûren, karakter*) zusammen mit den dazugehörigen nigromantischen Worten (*wort, die ouch wol dâ zuo hôrten; der figûren* (Bei)*schrift*[69]) niedergeschrieben wurden. Savilôn musste sich mit diesem Talisman auf eine (eigentlich unzugängliche) Insel zurückziehen, um dort in einer Art Scheintotenstarre den prognostizierten Zeitpunkt der Geburt Christi abzuwarten, denn der Talisman kann natürlich nur dann, und nicht etwa im Vorgriff auf spätere Ereignisse, seine Kraft, hier also die Verhinderung einer Geburt, entfalten. Die vorzeitige Entdeckung durch Vergil verhindert genau dies.

Wie das Buch des Flegetânîs benutzt auch Savilôns *brievelîn* zwei ‚Schriftarten': einmal die Schrift der Worte (bei Flegetânîs wohl arabische, bei Savilôn arabische oder hebräische Schriftzeichen, denn sein Vater war ein *heiden*, seine Mutter eine *jüdîn*), die in dem *brief* allerdings (zumindest teilweise) in Großbuchstaben (*mit hôhen paragraffen*)[70] geschrieben war. Die eigentlich wirkmächtigen Zeichen des Talismans sind aber die *caracteres* bzw. *figûren*, die den Kräften der Planeten zu diesem Zeitpunkt entsprechen, diese gleichsam eingefangen haben und zu einem späteren Zeitpunkt wieder freigeben können.

---

69 Mit der *figûren schrift* kann hier eigentlich nicht gemeint sein ‚die Schrift, die aus *figûren* besteht', da sie neben den *karakteres* als zweiter Bestandteil des *brieves* genannt wird (*dô man die karakter sach / und ouch der figûren schrift*). Dies entspricht aber genau der Erstbeschreibung des *brieves* mit *figûren* und *wort*, so dass äquivalent unter *figûren schrift* ‚der Figuren inscriptio' (vgl. DWB s.v. Beischrift) verstanden werden müsse. Auf der anderen Seite allerdings definiert Konrad von Megenberg die *carakteres* genau als *pilden geschrift* (vgl. oben S. 471f.). Wie immer man sich hier entscheiden mag, scheint mir jedenfalls Strohschneiders Annahme (2006, 40) einer „skriptographische[n] Fülle – wort, figûren, paragraffen und karakter", welche „die auratische Außerordentlichkeit des brievelîn und seine zauberische kraft" betonen solle, unnötig.

70 Die von Lexer für ‚paragraf' angegebene Bedeutung „zeichen, buchstabe" führt als einzigen Beleg genau den *Reinfrid* an. Die von Lexer aus Diefenbach übernommenen Belege für lat. ‚Paragraphus' meinen dagegen „ein zeichen, ein groszer punct, groszbûstab, bîbrief".

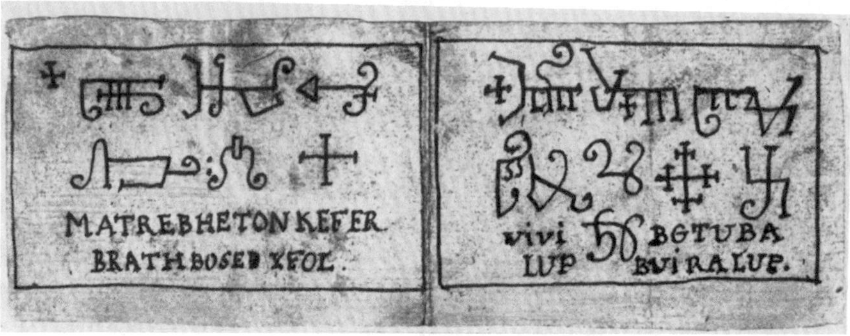

Abb. 4: Talisman auf Papier mit *caracteres* und Beischrift in Großbuchstaben. 16. Jh. Abgedruckt bei Hansmann/Kriss-Rettenbeck 1999, 218, Abb. 348.

Diese Bedeutung der *caracteres* als Gravuren stellarer Kräfte in Talismane scheint der anonyme Autor des *Reinfrid* allerdings besser zu kennen als Wolfram, für den *der karakter â b c* neben dem Arabischen nur ein weiteres Schriftsystem zu sein scheint, in dem *Flegetânîs vons grâles âventiur* geschrieben hatte, wie ja auch auf dem Gral *ein epitafium von karacten* (*Parzival*, 470,24) zu finden gewesen sei, welches die zum Gral Berufenen verkündet. Nun kann man mit den *caracteres* keine Worte und damit auch keine Geschichte oder Verkündigung schreiben; dass aber ein des Arabischen Unkundiger bei einem Blick etwa in den *Picatrix* zwar die Unterschiede zwischen arabischer Schrift und *caracteres* sieht, aber nicht erkennen kann, dass nur das eine eine Konsonantenschrift und das andere eine figurative Abbildung der stellaren Emanationen sind, liegt auf der Hand (vgl. Abb. 5).

Wolfram (oder sein Gewährsmann) ist hier also ebenso wie Roger Bacon oder Konrad von Megenberg einem großen Missverständnis aufgesessen: er glaubt, dass die *caracteres* wie die arabische Schrift ein eigenes Schriftsystem bilden, das nach Art einer Buchstabenschrift Phoneme abbildet und damit Wörter darstellen kann. Für dieses Missverständnis spricht im Übrigen auch deutlich (was meines Wissens in der Diskussion dieser Stelle bislang übersehen wurde), dass Wolfram überhaupt von einem (alphabetisch zu ordnenden) ‚A B C‘ ausgeht, und nicht zuletzt seine Beteuerung, dass Kyot diese Schrift ‚lesen‘ konnte (wenn auch ohne Anwendung ihrer Anleitungen; *ân den list von nigrômanzi*[71]).

Angesichts dieses Missverständnisses kann man wohl nicht davon ausgehen, dass Wolfram eine „gezielte Adaptation arabischer Wissenschaft“ verfolgte; [72] man

71 So die Übersetzung von Nellmann 1988, 56f.; dort auch die Diskussion gegenteiliger Auffassungen.

72 So Ernst 1983, 187, der dahinter ein ‚poetologisches Programm‘ Wolframs sieht, mit dem dieser sich von Chrétien und Hartmann absetzen wolle.

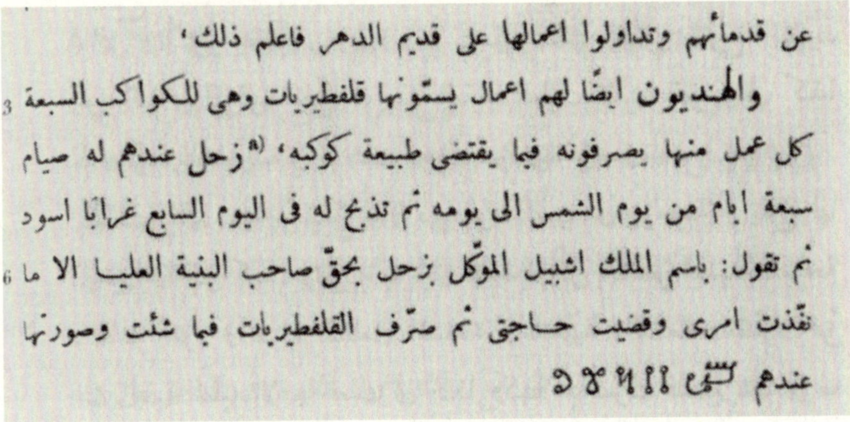
عن قدمائهم وتداولوا اعمالها على قديم الدهر فاعلم ذلك،
والهنديون ايضًا لهم اعمال يسمّونها قلفطيريات وهى للكواكب السبعة
كل عمل منها يصرفونه فيما يقتضى طبيعة كوكبه، (a زحل عندهم له صيام
سبعة ايام من يوم الشمس الى يومه ثم تذبح له فى اليوم السابع غرابا اسود
ثم تقول: باسم الملك اشبيل الموكّل بزحل بحقّ صاحب البنية العليا الا ما
نفّذت امرى وقضيت حاجتى ثم صرّف القلفطيريات فيما شئت وصورتها
عندهم

Abb. 5: *Picatrix* (arabische Version): Talisman zur Herabziehung der Kraft des Saturns. In: *Picatrix* (arabisch) 2007, [110].

muss wohl eher annehmen, auch und besonders angesichts seiner zahlreichen Verballhornungen arabischer Termini,[73] dass er seine Kenntnis aus zweiter oder dritter Hand erhalten hat,[74] und dass ihm dabei wohl auch mit dem Namen Thebits (*Parzival*, 643,17)[75] der bekannteste Name unter den Verfassern der einschlägigen Schriften zugetragen worden ist. Insofern ist seine Schilderung der Entdeckung des nigromantischen Buchs des Flegetânîs ein eindeutiger Beleg dafür, dass zu seiner Zeit das Wissen von einer imagologischen Literatur der *nigromantia secundum physicam* in Toledo schon weit über die Grenzen der iberischen Halbinsel gedrungen war.

---

73 Vgl. dazu Deinert 1960, 162–164, vor allem aber die einschlägigen Untersuchungen von Kunitzsch, wiederabgedruckt in Kunitzsch 1996, dort bes. 5 zu den Planetennamen im *Parzival*.

74 Vgl. die Überlegungen von Knapp 2009, bes. 182, dass Wolfram den Inhalt von lateinischen Texten nur als ‚gedächtnisstarker Zuhörer' kennengelernt haben könne: „Es findet sich nicht der geringste Hinweis in seinen Werken, daß er diese Sprache auch nur einigermaßen beherrschte". Dies muss umso mehr wohl auch für das Arabische gelten. Vgl. auch Kunitzsch 1996, 37, der vorsichtiger davon spricht, dass Wolfram „eine unübersehbare Masse an versprengtem Einzelwissen aus disparatesten Quellenbereichen" zusammengetragen habe, und ebd., 48, dass seine Kenntnis der arabischen Quellen „lückenhaft und verzerrt" sei.

75 Kunitzsch 1996, 56f. schlägt als Deutung des zweiten der von Wolfram genannten Philosophen namens *Kancor* vor (*Parzival*, 643,17), dass hierunter schlicht eine Variante des Beinamens von Thâbit ibn Qûrra zu verstehen sei, der latinisiert *Benc(h)ore* laute und aus dem leicht ein *Kancor* herauszulesen sei. Auffällig im Kontext der imagologischen Literatur ist allerdings, dass im *Picatrix* gerade ein indischer König namens Kanka als einer der Erfinder der Talisman-Kunst genannt wird. Vgl. oben FN 61.

Fazit

Mit der Abfassung astral-imagologischer Texte in Al-Andalus und ihrer Übertragung in der toledanischen Übersetzerschule gewann Toledo den Ruf einer Hochburg der Nigromantie, welche sich damit befasste, die stellaren Emanationen in entsprechende Gravuren (*caracteres, figurae*) auf Pergament oder Stein einzufangen und für eine spätere Anwendung vorzuhalten. Diese dort im Zug der Rezeption der aristotelisch-arabischen Wissenschaftsklassifikation erfolgte Bewertung als astrale Naturwissenschaft (*nigromantia secundum physicam*), welche eine enge Verwandtschaft von Astronomie / Astrologie und ‚neuer' Nigromantie konstatiert, wurde zeitgleich allerdings überlagert durch ein älteres Verständnis von Nigromantie, welche diese in einer Neuinterpretation der antiken Nekromantie als Beschwörung der Dämonen ansah. Dies führte wiederum dazu, dass Toledo fortan als ‚Hochschule der dämonischen Zauberei' galt.

Beide Perspektiven wurden in der Folge auch in der europäischen Erzählliteratur verarbeitet, wobei diejenige einer dämonischen Lehranstalt bei weitem überwiegt. Die Bandbreite der Rezeption und ihrer erzählerischen Umsetzung reicht dabei von der topischen Aufnahme Toledos in Aufzählungen der berühmten Schulen Europas bis zu detaillierten Beschreibungen der Umstände, Handlungen und Formeln zur Herbeirufung der Dämonen. In der deutschen Literatur ist dabei eine deutliche zeitliche Veränderung zu beobachten. Ist zu Anfang der Rezeption und Verarbeitung noch eine ‚objektive' Darstellung der naturwissenschaftlichen Nigromantie mit ihrer Verwendung von *caracteres* festzustellen (*Die Gute Frau*; ca. 1230), scheint doch zur gleichen Zeit auch schon ein gewisses Misstrauen dagegen vorhanden zu sein (*Parzival*, 1200/10; *Crône*, 1230), wobei dieses Misstrauen vielleicht auch noch dadurch verstärkt wird, dass die Funktion der *caracteres* als stellare Gravuren nicht verstanden wird (*Parzival*). Schon zu Beginn der Übernahme in die Erzählliteratur, ab der zweiten Hälfte des 13. Jahrhunderts aber nur noch ausschließlich findet sich die dämonologische Perspektive auf Toledo. Dies beginnt mit der Um-Attribuierung von Medea als Zauberin hin zu einer Nigromantin, wobei ihr Handwerk der Teufelsbeschwörung noch heute in Toledo gelehrt werde (*Liet von Troye*, 1190), und führt bis zu einer freien erzählerischen Verwendung dieses Motivs, ohne dass noch genauere Kenntnis von der in Toledo vermittelten Nigromantie vorhanden zu sein scheint (*Malagis*, um 1470).

Woher diese letztendliche Dominanz der dämonologischen Perspektive auf die Nigromantie in der Erzählliteratur herrührt, kann hier nicht beantwortet werden. Abgesehen davon, dass dazu auch die parallele Entwicklung in den (meist französischen) Vorlagen herangezogen werden müsste, steht aber doch zu vermuten, dass dies nicht zum geringsten Teil in dem theologischen Verdikt der *nigromantia secundum physicam* begründet ist, wobei die in den einschlägigen astral-imagologischen Werken wie dem *Picatrix* oder dem *Liber de imaginibus* präsentierten Beischriften der *caracteres* deren Interpretation als Formeln der Dämonenbeschwörung natürlich nahelegten. Eine solche Perspektive ist spätestens mit dem *Speculum astronomie* (um 1260) zu fassen; im Jahr 1277 wird das Studium der nigromantischen Texte, wie es in Paris an der Artistenfakultät offensichtlich üblich war, dann endgültig verboten.[76] Ab diesem Zeitpunkt wird in der Literatur dann nur von der nigromantischen Praxis der Dämonenbeschwörung erzählt.

Bibliographie

I. Primärliteratur

Albertus Magnus: Speculum Astronomiae. In: Paola Zambelli: The *Speculum Astronomiae* and its Enigma. Astrology, Theology and Science in Albertus Magnus and his Contemporaries. Dordrecht/Boston/London 1992, 203–306.

Petri Alfonsi: Dialogus. Bd. I. Krit. Edition mit dt. Übersetzung. Carmen Cardelle de Hartmann, Darko Senekovic und Thomas Ziegler (Hrsg.). Übers. von Peter Stotz. Firenze 2018.

Petrus Alfonsi: Disciplina clericalis. Alfons Hilka und Werner Söderhjelm (Hrsg.). Bd. 1. Lateinischer Text. Helsinki 1911.

Bacon, Roger: De Secretis Artis et Naturæ, et de Nullitate Magiæ. In: J. S. Brewer (Hrsg.): Fr. Rogeri Bacon Opera Quædam Hactenus Inedita. Bd. I. London 1859, 523–551.

Bern von der Reichenau: De nigromantia seu divinatione daemonum contemnenda [...] Edition, Übersetzung, Kommentar von Niels Becker. Heidelberg 2017.

Biterolf und Dietleib. In: Oskar Jänicke (Hrsg.): Deutsches Heldenbuch. Erster Teil. Berlin 1866, 1–197.

Caesarius von Heisterbach: Dialogus Miraculorum. Dritter Teilband. Eingel. von Horst Schneider. Übersetzt und kommentiert von Nikolaus Nösges und Horst Schneider. Turnhout 2009.

Chartularium Universitatis Parisiensis. Henri Denifle (Hrsg.): Bd. I. Paris 1889. Impression anastatique. Brüssel 1964.

Al-Fārābi: Über die Wissenschaften. De scientiis. Nach der lateinischen Übersetzung Gerhards von Cremona. Hrsg. und übersetzt von Franz Schupp. Hamburg 2005.

Dominicus Gundissalinus: De divisione philosophiae. Über die Einteilung der Philosophie. Hrsg., übers. [...] von Alexander Fidora und Dorothée Werner. Freiburg/Basel/Wien 2007.

76 Der Bischof von Paris verbietet den Pariser Artisten das Studium von *libros, rotulos seu quaternos nigromanticis aut continentes experimenta sortilegiorum, invocationes demonum, sive conjurationes in periculum animarum.* Chartularium Universitatis Parisiensis, 543.

Gesta Episcoporum Halberstadiensium. In: Ludwig Weiland (Hrsg.): Annales aevi Suevici. Supplementa. MGH SS 23. Hannover 1874, 78–123.

Die gute Frau. Gedicht des dreizehnten Jahrhunderts. Emil Sommer (Hrsg.). In: ZfdA 2 (1842), 385–481.

Johann Hartliebs Buch aller verbotenen Kunst. Untersucht und hrsg. von Dora Ulm. Halle a. d. S. 1914.

Heinrich von dem Türlin. Die Krone (Verse 1–12281). Nach der Handschrift 2779 der Österreichischen Nationalbibliothek nach Vorarbeiten von A. Ebenbauer, K. Zatloukal und Horst Pütz. Fritz Peter Knapp und Manuela Niesner (Hrsg.). Tübingen 2000.

Helinand von Froidmont: Sermo XV: In ascensione Domini II. In: PL 212, 595–611.

Herbort's von Fritslâr liet von Troye. Ge. Karl Frommann (Hrsg.). Quedlinburg/Leipzig 1837.

Herzog Herpin. Kritische Edition eines spätmittelalterlichen Prosaepos. Bernd Bastert (Hrsg.). Berlin 2014.

Hugo von Trimberg, Der Renner. Gustav Ehrismann (Hrsg.). 4 Bde. Tübingen 1908–1912.

Isidori Hispalensis Episcopi Etymologiorum Sive Originum Libri XX. Hrsg. von Wallis M. Lindsay. 2 Bde. Oxford 1911.

Konrad von Megenberg: Das Buch der Natur. Die erste Naturgeschichte in deutscher Sprache. Franz Pfeiffer (Hrsg.). Stuttgart 1861.

Lancelot und Ginover II (Prosa-Lancelot II). Nach der Heidelberger Handschrift Cod. Pal. germ. 147, Reinhold Kluge (Hrsg.), ergänzt durch die Handschrift Ms. allem. 8017–8020 der Bibliothèque de l'Arsenal Paris. Übersetzt, kommentiert und hrsg. von Hans-Hugo Steinhoff. 2. Aufl. Frankfurt a. M. 2003.

Lannzilet (aus dem ‚Buch der Abenteuer' von Ulrich Fueterer, Str. 1–1122). Karl-Eckhard Lenk (Hrsg.). Tübingen 1989.

Lohengrin. Edition und Untersuchungen [von] Thomas Cramer. München 1971.

Loher und Maller. Kritische Edition eines spätmittelalterlichen Prosaepos. Ute von Bloh (Hrsg.). Berlin 2013.

Der deutsche Malagis. Nach den Heidelberger Handschriften cpg 340 und cpg 315 unter Benutzung der Vorarbeiten von G. Schieb und S. Seelbach. Annegret Haase u. a (Hrsg.). Berlin 2000.

Die Minneburg. Hans Pyritz (Hrsg.). Berlin 1950.

The Picatrix (arabisch). The Goal of the Wise (in Sorcery). Ed. by Steven Ashe. Glastonbury 2007.

Picatrix. The Latin version of the Ghāyat Al-Ḥakīm. David Pingree (Hrsg.). London 1986.

Picatrix. Das Ziel des Weisen von Pseudo-Mağrīṭī. Translated into German from the Arabic by Hellmut Ritter and Martin Plessner. London 1962.

Claudius Ptolemaeus: De Praedictionibus Astronomicis, cui titulum fecerunt Quadripartitum, Gręcè & Latinè, Libri IIII. Philippo Melanthone interprete. Basel 1553 (VD 16 P 5249).

Reinfrid von Braunschweig. Karl Bartsch (Hrsg.). Tübingen 1871.

Steirische Reimchronik. In: Josef Seemüller (Hrsg.): Ottokars Österreichische Reimchronik. Nach den Abschriften F. Lichtensteins. Hannover 1890/93, 578–720.

Tannhäuser. Die Gedichte der Manessischen Handschrift. Einleitung, Edition und Textkommentar von Maria Grazia Cammarota. Übersetzt von Jürgen Kühnel. Göppingen 2009.

Thâbit ibn Qûrra: Liber de imaginibus. In: Francis J. Carmody: The Astronomical Works of Thabit B. Qurra. Berkeley/Los Angeles 1960, 180–197.

Johanns von Würzburg Wilhelm von Österreich. Aus der Gothaer Handschrift Ernst Regel (Hrsg.). Berlin 1906.

Willelmi Malmesburiensis Monachi Gesta Regum Anglorum Atque Historia Novella. Ed. Thomas Duffus Hardy. In: PL 179, 945–1391.

Wolfram von Eschenbach: Parzival. Nach der Ausgabe Karl Lachmanns revidiert und kommentiert von Eberhard Nellmann. Übertragung von Dieter Kühn. 2 Bde. Frankfurt a. M. 2006.

II. Sekundärliteratur

Alemparte, Jaime Ferreiro: La escuele de nigromancia de Toledo. In: Anuario de estudios medievales 13 (1983), 205–268.

Bastert, Bernd: Guter Zauber – schlechter Zauber: Französische Magier in Deutschland. In: Andreas Hammer, Wilhelm Heizmann und Norbert Kössinger (Hrsg.): Magie und Literatur. Erzählkulturelle Funktionalisierung magischer Praktiken in Mittelalter und Früher Neuzeit. Berlin 2022, 261–281.

Burnett, Charles: Talismans: Magic as Science? Necromancy among the Seven Liberal Arts. In: Charles Burnett (Hrsg.): Magic and Divination in the Middle Ages. Aldershot 1996, I, 1–15.

Deinert, Wilhelm: Ritter und Kosmos im Parzival. Eine Untersuchung der Sternkunde Wolframs von Eschenbach. München 1960.

Ernst, Ulrich: Kyot und Flegetanis in Wolframs ‚Parzival'. Fiktionaler Fundbericht und jüdisch-arabischer Kulturhintergrund. In: Wirkendes Wort 3 (1983), 176–195.

Fanger, Claire: Libri Nigromantici. The Good, the Bad, and the Ambiguos in John of Morigny's Flowers of Heavenly Teaching. In: Magic, Ritual, and Witchcraft 7 (2012), 164–189.

Fürbeth, Frank: Die Stellung der Artes magicae in den hochmittelalterlichen ‚divisiones philosophiae'. In: Ursula Schaefer (Hrsg.): Artes im Mittelalter. Berlin 1999, 249–262.

Fürbeth, Frank: Magische Texte in mittelalterlichen Bibliotheken. In: Peter-André Alt u.a (Hrsg.): Magia daemoniaca, magia naturalis, zouber. Schreibweisen von Magie und Alchemie in Mittelalter und früher Neuzeit.Wiesbaden 2015, 165–188.

Fürbeth, Frank: Propheten, Beschwörer, Nigromanten, Märchenzauberer, Illusionisten, Automatenbauer. Phänotypen des Zauberers in der deutschen Literatur des Mittelalters unter diskursgeschichtlichem Aspekt. In: Jutta Eming und Volkhard Wels (Hrsg.): Der Begriff der Magie in Mittelalter und Früher Neuzeit. Wiesbaden 2020, 47–80.

Fürbeth, Frank: Nekromantie, Nigromantie und Nectromantie im Mittelalter und in der ‚Astronomia Magna' des Paracelsus. In: Christoph Strosetzki (Hrsg.): Gesundheit und Krankheit vor und nach Paracelsus. Wiesbaden 2022, 123–148.

Gázquez, José Martínez: Toledo, ciudad del saber en la Edad Media. In: Teresa Muñoz García de Iturrospe und Leticia Carrascao Reija (Hrsg.): Miscellanea Latina. Madrid 2015, 117–131.

Hansmann, Liselotte/Kriss-Rettenbeck, Lotte: Amulett. Magie. Talisman. Das Standardwerk mit fast 1000 Abbildungen. Nachdruck der Ausgabe München 1977. Hamburg 1999.

Herbers, Klaus: Wissenskontakte und Wissensvermittlung in Spanien im 12. und 13. Jahrhundert: Sprache, Verbreitung und Reaktionen. In: Ursula Schaefer (Hrsg.): Artes im Mittelalter. Berlin 1999, 232–248.

Jacobi, Adolf: Hochschulen der Zauberei. In: HwbDA 4 (1931/32), 140–146.

Knapp, Fritz Peter: *Leien munt nie baz gesprach*. Zur angeblichen lateinischen Buchgelehrsamkeit und zum Islambild Wolframs von Eschenbach. In: ZfdA 138 (2009), 173–181.

Kunitzsch, Paul: Reflexe des Orients im Namengut mittelalterlicher europäischer Literatur. Gesammelte Aufsätze. Hildesheim/Zürich/New York 1996.

Láng, Benedek: Unlocked Books. Manuscripts of Learned Magic in the Medieval Libraries of Central Europe. Pennsylvania 2008.

Manitius, Karl: Magie und Rhetorik bei Anselm von Besate. In: Deutsches Archiv für Erforschung des Mittelalters 12 (1956), 52–72.

Nellmann, Eberhard: Wolfram und Kyot als *Vindære Wilder Mære*. Überlegungen zu ‚Tristan' 4619–88 und ‚Parzival' 453, 1–17. In: ZfdA 117 (1988), 31–67.

Roblin-Dubin, Sylvie: L'Ecole de Magie de Tolede: Histoire et Legende. In: Danielle Buschinger (Hrsg.): Histoire et litterature au Moyen Age. Actes du colloque du Centre d'Etudes Médiévales de l'Université de Picardie (Amiens, 20–24 mars 1985). Göppingen 1991, 419–433.

Schneider, Horst: Nigromantie in den Tod- und Jenseits-Exempla des *Dialogus miraculorum* des Caesarius von Heisterbach. In: Matthias Egeler und Wilhelm Heizmann (Hrsg.): Between the worlds. Contexts, sources, and analogues of Scandinavian otherworld journeys. Berlin/Boston 2020, 251–282.

Stolz, Michael: Kyot und Kundrie: Expertenwissen in Wolframs „Parzival". In: Björn Reich, Frank Rexroth und Matthias Roick (Hrsg.): Wissen, maßgeschneidert. Experten und Expertenkulturen im Europa der Vormoderne. München 2012, 83–113.

Strohschneider, Peter: Sternenschrift. Textkonzepte höfischen Erzählens. In: Eckart Conrad Lutz (Hrsg.) in Verbindung mit Wolfgang Haubrichs und Klaus Ridder: Text und Text in lateinischer und volkssprachiger Überlieferung des Mittelalters. Freiburger Kolloquium 2004. Berlin 2006, 33–58.

Habiger-Tuczay, Christa: Magie und Magier im Mittelalter. München 1992.

Weill-Parot, Nicola: Les „images astrologiques" au Moyen Âge et à la Renaissance. Spéculations intellectuelles et pratiques magiques (XIIe–XVe siècle). Paris 2002.

Prof. Dr. Frank Fürbeth
Institut für deutsche Literatur und ihre Didaktik
Goethe-Universität
Norbert-Wollheim-Platz 1
60323 Frankfurt a. M.
frank.fuerbeth@lingua.uni-frankfurt.de

Linus Ubl

Alteritätserfahrungen im mittelalterlichen Jerusalem – interreligiöse Perspektiven

Jerusalem nimmt für das mittelalterliche Denken eine besondere Stellung ein. Insofern erscheint für das Tagungsthema die Stilisierung der Heiligen Stadt als Stadt von besonderer Bedeutung, in welcher die Begegnung von Identität und Alterität bis in die Gegenwart zentrales Charakteristikum darstellt. Denn wie für kaum eine andere Stadt lassen sich für Jerusalem Interaktionen und Konfrontationen – im wörtlichen Sinne als ‚Gegenüberstellungen' differierender Assoziationen und Überzeugungen verstanden – von unterschiedlichen Akteuren auf unterschiedlicher Ebene (z. B. literal-haptisch, allegorisch-abstrakt) beobachten. In der Forschungsliteratur, besonders in der Germanistischen Mediävistik, hat man sich bisher vor allem in disziplingeschichtlicher Tradition mit einzelnen Reiseberichten beschäftigt und vor allem intertextuelle Bezüge sowie die kunstgeschichtliche Perspektive bezüglich der illustrierten Überlieferungsträger in den Vordergrund gestellt.[1] Jüngere Arbeiten haben hingegen versucht, breitere kulturwissenschaftliche Ansätze zu wählen, um die Funktion solcher Reiseberichte als mentale Repräsentation heiliger Stätten, etwa des Heiligen Grabes, für die Privatandacht herauszuarbeiten.[2] Durch diverse Vergegenwärtigungsstrategien von Bild und Text wird den Rezipierenden hierbei ermöglicht, trotz physischer Absenz sich die Heilige Stadt nicht nur zu imaginieren, sondern in immersiver Weise an der Heilsgeschichte zu partizipieren. Dass die lokale Binarität durch materielle Objekte durchbrochen werden kann, zeigte jüngst Mareike Reisch am Beispiel des Hans Tucher auf, der auf seiner Pilgerreise aus Jerusalem einen Brief nach Nürnberg schickte und nicht nur inhaltlich eine Verbindung zwischen dem Heiligen Grab und St. Sebald in Nürnberg herstellte, sondern durch den Brief selbst eine haptische Junktion beider Orte vollzog.[3]

Bereits in den ältesten kartographischen Zeugnissen wird eine Jerusalem-Zentrierung sichtbar.[4] So wird etwa in dem im 6. Jahrhundert entstandenen Bo-

1 Aus kunstgeschichtlicher Perspektive vgl. Timm 2006, zu den Quellen bes. Kap. III; Denke 2011, bes. Kap. 5 (Quellen) und Kap. 8 (zu den Abbildungen); Ridder 1991; Betschart 1996.

2 Vgl. Beebe 2014 und 2023; Ehrenschwendtner 2009 und 2013; Kühnel 2012; Lähnemann 2011; Rudy 2011.

3 Reisch 2022, 62f.

4 Für einen differenzierten Überblick über die mittelalterliche Kartographie im Hinblick auf eine durchaus nicht permanente Zentrierung Jerusalems vgl. Baumgärtner 2001.

10.29091/9783752003444/026

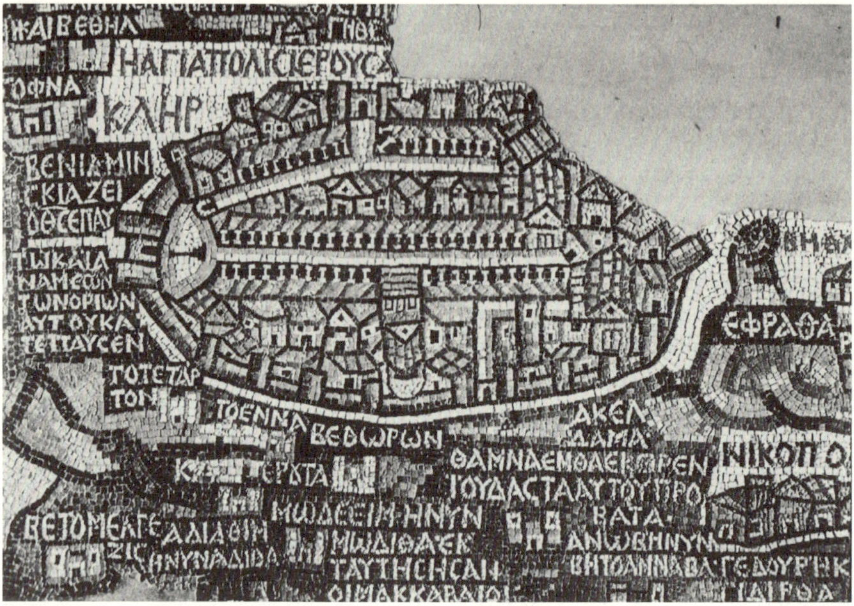

Abb. 1: Jerusalem auf dem Mosaik von Madaba (6. Jh.).
https://commons.wikimedia.org/wiki/File:Madaba_map.jpg?uselang=en#Licensing
[15.03.2024]. Lizenz: PDM 1.0 DEED

denmosaik der im heutigen Jordanien gelegenen Georgskirche in Madaba Jerusalem als mit Abstand größte und zentral liegende Stadt mit dem Zusatz *Hagia Polis* bezeichnet. Für die Archäologie spielt das Mosaik eine bedeutende Rolle, da sich auf ihm zentrale Gebäude nachweisen lassen, wie die verschiedenen Stadttore (z. B. das Zionstor oder das Damaskustor), aber auch die Grabeskirche oder die Davidszitadelle. Bei den Stadttoren und deren Bezeichnung gilt insoweit Vorsicht, als damit die römischen unter Hadrian erbauten Tore gemeint sind, die sich an den Stellen befanden, an denen im 16. Jahrhundert Suleyman (‚der Prächtige') die noch heute die Altstadt umfassenden Stadttore anlegen ließ.[5]

Eine kartographische Sonderstellung lässt sich ebenfalls für die Ebstorfer Weltkarte feststellen, in der Jerusalem auf gleiche Weise das Zentrum der Welt darstellt, sowohl im übertragenen (als Zentrum des Christuskörpers) als auch im literalen Sinn unter Beibehaltung der Abbildung der Stadtmauer. Vor allem er-

5 Das heutige Damaskustor firmierte etwa im Mittelalter unter dem Namen ‚Stephanstor'. Im Arabischen wurde das Tor als ‚Säulentor' (Bab al-Amud) bezeichnet, da sich auf dem Vorplatz im Stadtinneren eine Säule befand, die auch auf dem Mosaik von Madaba auszumachen ist. Zum Platz vgl. Küchler 2014, 355.

folgt eine Verknüpfung mit der Präsentation einer aus der Apokalypse des Johannes bekannten Vorstellung eines ‚Neuen Jerusalem'.[6] Dort ist von einer mit einer mächtigen Mauer umgürteten Stadt quadratischen Grundrisses die Rede. Als *omphalos*, als Nabel der Welt, verschwimmen in der Ebstorfer Weltkarte theologische und geographische Ebene, wie auch an der Umschrift deutlich wird, die von einer Sehnsucht nach der allerheiligsten Metropole Judäas spricht sowie nach dem auferstandenen Christus, der als Sieger über den Tod triumphiert und somit christologische und topographische Ebene (diese in doppelter Hinsicht) zusammenführt.[7] Die Beischrift neben der Weltkarte lautet:

> *Iherusalem sanctissima Judee metropoli, XXIII° miliario a Sychem, XVI° a Dispoli, XVI° ab Hebron, XIIII° ab Ihericho, IIII° a Bethleem, XVI° a Bersabee, XXIIII° ab Ascalone, totidem a Joppe, XVI° a Ramatha, VI° ab Emaus, IIII° miliario a montanis que adiit Maria cum festinatione. Hec civitas celeberrima capud omnium civitatum toti mundo extat, quia in ea salus humani generis morte et resurrectione Domini consumata est dicente psalmista: „Rex noster ante secula" etc. Ipsa etiam civitas magna continet sepulchrum Dominicum, quod pia aviditate querere desiderat totus orbis, quia nobilitavit illud resurgens a mortuis victor mortis, unde Sedulius: „Ubi, inquid, depositi thesaurum corporis amplum nobilis accepit Domino locus ille iacente, nobilior ipso resurgente sanctus est."*
>
> Jerusalem, die hochheilige Stadt Judäas, liegt 23 Meilen von Sychem, 16 von Dispoli, 16 von Hebron, 14 von Jericho, 4 von Bethlehem, 16 von Bersabee, 24 von Askalon, ebensoviele von Jaffa, 16 von Ramatha, 6 von Emaus, 4 von den Bergen, zu denen Maria eilte. Diese hochberühmte Stadt ist für die ganze Welt die Hauptstadt aller Städte, weil hier die Rettung des Menschengeschlechts durch Tod und Auferstehung des Herrn vollbracht worden ist, wie der Psalmist sagt (Ps. 73,12): „Er ist unser König vor aller Zeit" etc. Diese große Stadt umschließt das Grab des Herrn, das aufzusuchen der ganze Erdkreis mit frommem Eifer verlangt, weil der Sieger über den Tod es durch seine Auferstehung verherrlicht hat. So sagt Sedulius: „Nachdem diese Stätte den reichen Schatz des vom Kreuz abgenommenen Leichnams aufnahm und damit ausgezeichnet war, so wurde sie noch mehr erhoben und geheiligt durch seine Auferstehung."[8]

---

6 Vgl. Baumgärtner 2012, 232.

7 Vgl. Wolf 2010, 36. Zur Ebstorfer Weltkarte im Kontext der mittelalterlichen TO-Karten vgl. Mauntel 2023, bes. 83–86. Zur Geschichte der TO-Karten einschließlich diverser theologischer Deutungsmuster vgl. Mauntel 2021.

8 Edition und Übersetzung bei Kugler 2020, Bd. 1, 16. Zum Kommentar, insbesondere zu den Parallelen zu Johannes von Würzburg, vgl. Bd. 2, 171. – Soweit nicht anders vermerkt, stammen die Übersetzungen der Zitate vom Verfasser.

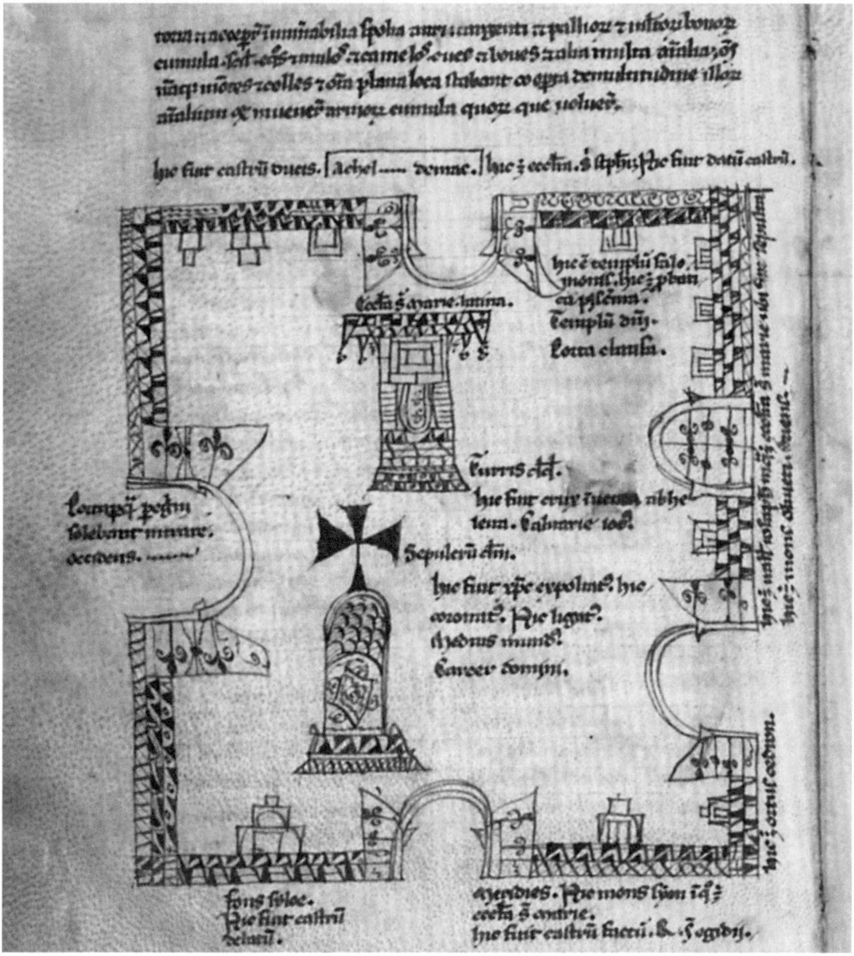

Abb. 2: Jerusalem in der Hs. Montpellier, Bibliothèque Universitaire de Médecine, H 142, fol. 67v (13. Jh.). https://arca.irht.cnrs.fr/ark:/63955/md870v83b52x [15.03.2024]. Lizenz: CC BY-NC 3.0 DEED

Dass dabei die Verschränkung zwischen geographischer und eschatologischer Perspektive nicht ganz so stark ausfallen muss, bzw. eher zugunsten einer gewissen geographischen Detailtreue ausfällt, beweist eine Karte des *Situs Jerusalem*, die sich in einer Handschrift in Montpellier befindet.[9]

9 Vgl. ausführlich für die folgenden Ausführungen Baumgärtner 2005, 292f. Baumgärtner 2001, 311f. verweist auch auf eine um die Mitte des 12. Jahrhunderts angefertigte Darstel-

Die Federzeichnung aus dem 13. Jahrhundert ist eine von nur wenigen Darstellungen, in denen Jerusalem als Quadrat und nicht als Kreis dargestellt wird, wobei sich auch hier der Bezug zur Johannes-Apokalypse herstellen lässt. Auch wenn die Darstellung durchaus idealtypische bzw. schematische Funktion besitzt, so lässt sich doch ein spezifisches geographisches Wissen herausstellen, was besonders bei der Darstellung der Stadttore deutlich wird. So werden die vier namenlosen Tore an den vier Himmelsrichtungen als offen dargestellt, wobei es sich hierbei um das heutige Löwentor (beim Tempelberg), das Zionstor, das Jaffa-Tor sowie das Damaskus-Tor handeln dürfte, wohingegen das Goldene Tor zwar geographisch falsch (Verschiebung aus Platzgründen?), aber korrekterweise in verschlossenem Zustand abgebildet wird (*Porta clausa*). Im Vergleich zu anderen Darstellungen wird auf prominente Straßenzüge (etwa die *Via Dolorosa*) verzichtet und lediglich zwei Kirchen, einerseits die Grabeskirche sowie die Abteikirche Santa Maria Latina, abgebildet. Andere wichtige Gebäude werden durch kurze Legenden vermerkt, etwa die al-Aqsa-Moschee im oberen rechten Eck (*hic est templum salomonis*). Weitere Legenden außerhalb der Stadtmauer deuten auf die Heerlager während des ersten Kreuzzuges hin, was die Verbindung zu den die Handschrift enthaltenen Texte darstellt, vor allem zur *Historia de Hierosolymitano itinere* des Petrus Tudebodus.[10]

Auch auf islamischer Seite lässt sich eine besondere Stellung Jerusalems nachweisen.[11] Deutlich wird dies in der für den sizilianischen König Roger II. um die Mitte des 12. Jahrhunderts angefertigten Weltkarte des aus Andalusien stammenden Geographen al-Idrisi.[12] Neben einer in sieben Klimazonen unterteilten Darstellung der damals bekannten Welt bot al-Idrisi in einem begleitbandartigen Kompendium ein Panorama an kulturellen und sozialen Gegebenheiten der bekannten Welt. In der nach Süden ausgerichteten Karte steht – wenig verwunderlich – die arabische Halbinsel im Mittelpunkt. Dies führt allerdings dazu, dass Jerusalem ebenfalls ins Zentrum der *mappa mundi* rückt. Insgesamt stellt die Überlieferung der Weltkarten des al-Idrisi ein komplexes Feld dar, da unterschiedliche Versionen in den überlieferten Handschriften vorliegen (z. B. in Oxford und Istanbul), deren Abhängigkeiten voneinander noch nicht abschließend geklärt sind.[13]

lung einer Handschrift aus Cambrai (Bibliothèque municipale, Ms. 437), die ebenfalls durch ihre spezifische Detailtreue besticht. Vgl. zu der Darstellung bereits Heydenreich 1965. Zur gesamten Überlieferung der *Situs Jerusalem*-Darstellungen einschließlich zahlreicher Abbildungen vgl. Simek 1992.

10 Vgl. Baumgärtner 2005, 293.

11 Vgl. etwa für die Gattung der panegyrischen Dichtung auf Jerusalem Sivan 1972.

12 Vgl. Antrim 2018b, 37–47.

13 Vgl. Ahmad 1992, in dessen Anhang eine Liste der Überlieferungszeugen präsentiert wird. Vgl. bereits Miller 1926, bes. 44–46.

In der jüdischen Literatur finden sich ebenso Nachweise für die bedeutende Stellung Jerusalems in der Welt. Zwar existieren keine direkten *mappae mundi*, nichtsdestotrotz lassen sich aufgrund schriftlicher Quellen und deren starker Wirkung Einblicke in Weltvorstellungen erhalten. Von besonderer Bedeutung ist hier das sog. *Jubiläenbuch*, eine apokryphe Schrift, deren Bedeutung durch mehrere Funde in den Qumran-Rollen belegt ist. Vollständig ist die Schrift aus der zweiten Tempelzeit nur in einer altäthiopischen und syrischen Übersetzung aus dem 4. oder 5. Jahrhundert nach Christus erhalten.[14] In dem Text findet außerdem eine Bindung des jüdischen Volkes an Jerusalem statt, da die für das Judentum wichtigsten Orte Noahs Sohn Sem zugeschlagen wurden:

> Und Noah freute sich, weil dieser Anteil herausgekommen war für Sem und seine Kinder. Und er erinnerte sich an alles, was er mit seinem Munde in Prophezeihung gesprochen hatte. Denn er hatte gesagt: ‚Gesegnet der Herr, der Gott Sems. Und der Herr wohne in der Wohnstatt Sems.' Und er erkannte, dass der Garten Eden das Heilige des Heiligen sei und Wohnung des Herrn und der Berg Sinai die Mitte der Wüste und der Berg Sion die Mitte des Nabels der Erde. Und diese drei, dieses gegenüber jenem, sind zu Heiligtümern geschaffen.[15]

Dass der ‚Nabel' hier nicht nur rein topographisch verstanden, sondern im Rahmen einer Legitimation für die Inbesitznahme bzw. den Anspruch auf das Gebiet gesehen werden muss,[16] verbindet den Bezug in gewisser Weise mit der Ebstorfer Weltkarte, auf der Jerusalem ebenso im literalen wie übertragenen Sinn den Nabel der Welt darstellt.

Es zeigt sich, dass für alle drei abrahamitischen Religionen Jerusalem eine aus der Schrifttradition begründete bedeutsame Rolle einnimmt, die sich auch in der geographischen Lokalisierung und deren Manifestationen widerspiegelt. In solchen Lokalisierungen konkretisieren sich überlieferte Vorstellungen, werden aber simultan mit präzisen geographischen Aktualisierungen vermengt. Es ergeben sich folglich bei Jerusalem-Reisenden zwangsläufig bestimmte kognitive Dissonanzen, also Spannungsfelder, in denen diese beiden Perspektiven miteinander konkurrieren. Folker Reichert hat dabei herausgearbeitet, dass das christliche Europa seit dem 13. Jahrhundert (also nach dem Verlust der Levante) ein geistiges Zentrum besaß, welches außerhalb des eigenen Territoriums lag.[17] Besonders

14 Vgl. hierfür Wolf 2010, 58–63.

15 *Buch der Jubiläen* 8,18, zit. nach Wolf 2010, 60.

16 Vgl. ebd, 63. Wolf zeigt auch auf, inwieweit der Terminus der *Mitte des Nabels der Erde* unterschiedliche Begriffe zusammenführt und dabei über frühere Texte wie den *Äthiopischen Henoch* (ca. 3. Jh. v. Chr.) in identitätsstiftender Weise vorausgeht.

17 Vgl. Reichert 2011, 576.

deutlich wird dies bei der zeitgenössischen Bezeichnung *Outremer*, die bereits ein geographisches ‚Othering' markiert.[18] Inwieweit sich – so Reichert – von diesem Punkt aus eine Leitlinie zum späteren Expansionswillen des Christentums ziehen lässt, bleibt dahingestellt, eröffnet aber spannende geistesgeschichtliche Perspektiven auf die handlungspraktischen Konsequenzen.

Für das 15. Jahrhundert sind daher im Hinblick auf diesen Hintergrund Pilgerberichte von Interesse, da allein durch die Anzahl der in die Levante reisenden Personen für die Zahl der Besucher und damit in der Folge auch für die verschrifteten Berichte ein signifikanter Anstieg zu beobachten ist. Gleichzeitig zeigt sich auch eine diachrone Perspektive, da die Reisenden teilweise noch auf die aus der Kreuzfahrerzeit stammenden Schriften (etwa Wilhelm von Tyrus) rekurrierten und nun mit einer – allein schon aufgrund der Zeitspanne – davon differierenden Realität konfrontiert wurden. Insofern lässt sich für die folgenden Beobachtungen aus methodischer Hinsicht das geographische ‚Othering' in ein identitätsstiftendes, kulturelles sowie soziales ‚Othering' überführen bzw. kann um ein solches ergänzt werden.

Als Beispiel hierfür kann der Bericht des Mainzers Bernhard von Breydenbach gelten, welcher 1483/1484 eine Pilgerfahrt mit dem Grafen Johann von Solms unternahm und dessen *Peregrinatio in terram sanctam* 1486 bei Erhard Reuwich in Mainz gedruckt wurde (zuerst lateinisch, später dann auch in der Volkssprache), der wie Bernhard an der Reise teilgenommen hatte und der zu dem Bericht zahlreiche, teils großformatige, Holzschnitte beisteuerte.[19] Zahlreiche Ausgaben und Übersetzungen (zum Beispiel ins Französische oder Spanische) bezeugen die Popularität des Werkes in den darauffolgenden Jahren. Besonderes Interesse der Forschung liegt in der Neugierde des Reisenden sowie der genauen Beobachtung der sozialen und kulturellen Elemente auf der Reise, was vor allem für die Begegnung mit dem Islam zutrifft. So überliefert dieser in seinem Bericht ein Glossar zentraler Wörter samt Übersetzung und widmet den Sitten und Bräuchen der ‚Sarazenen' sogar ein eigenes, längeres Kapitel. Alyssa Steiner hat die Interpolationen mit anderen Quellen untersucht und herausgearbeitet, dass der Pilgerbericht vor allem dann Versatzstücke aus anderen Quellen übernimmt, wenn die eigene Argumentation, etwa bezüglich der anti-muslimischen Polemik, gestärkt werden kann.[20] Mary Boyle hat sich in einer Monographie ausführlicher

18 Zum Begriff und zur Darstellung vgl. ebd.

19 Einen Forschungsüberblick bietet Steiner 2021, 130f., insbesondere zur Autorschaft.

20 Vgl. ebd. An einigen Textbeispielen dechiffriert Steiner nicht nur die philologische Arbeitsweise, sondern bietet eine Kontextualisierung der betreffenden Textstellen innerhalb der narrativen Strategie, etwa wenn bewusst Verkürzungen oder sehr eklektisch islamische Bräuche aufgeführt werden.

mit Bernhard von Breydenbach im Zusammenhang mit anderen Pilgern (etwa im Vergleich zu Arnold von Harff sowie den jeweiligen Berichten der beiden englischen Pilger William Wey und Thomas Larke) auseinandergesetzt und geht dabei auch auf die identitätsstiftende Funktion des Berichts ein. Laut Boyle besaß Bernhard unter den von ihr untersuchten Pilgerberichten die am deutlichsten entwickelte Strategie (die Boyle sogar als „Agenda“[21] bezeichnet), andere Religionen zu beschreiben und dichotomische Grenzen einzuführen.[22] Konsequent wurden etwa im Text-Raum nicht-lateinische Christen entfernt, um die Bedeutung der Lateiner und deren Einigkeit und Einheit im behandelten geographischen Raum zu erhöhen. Auch das ‚Othering‘ des Islam lässt sich als Strategie herausarbeiten, Identität und Alterität herauszustellen. „[Bernhard is] seeking to cement the unified western Christian identity he sees splintering.“[23]

In den folgenden Ausführungen wird diese narrative Strategie an Textstellen getestet, in denen davon berichtet wird, wie Bernhard mit den aktuellen Herrschaftsverhältnissen in der Stadt konfrontiert wurde und dies Auswirkungen auf die Erkundungen seiner Reisegruppe bzw. die Bewegungsfreiheit innerhalb der Heiligen Stadt besaß.[24]

Ein markantes Beispiel bietet dabei Bernhards Besuch auf dem Zionsberg,[25] den er wie folgt beschreibt:

> *Von dannen baß vff stygen ist die begrebnüß der propheten vnd der kongen jsrahel ein teil vnder der kyrchen des bergs Syon eyn teyl dar vß da Dauid Salomon vnd ander konig lygen. Czuo der selben begrebnüß laßen die Sarraceni keynen cristen menschen kommen, wan sye ynen selber eyn kyrch oder muschkeam (nach yr sprach) do haben gebuwet, die sie auch yn grossen eren halten, vnd wer gott nit*

---

21 Boyle 2021, 107.

22 Steiner 2021, 145f., weist nach, inwieweit bei der Übernahme von Quellen dezidiert Elemente gekürzt werden, die die Toleranz des Islam herausstellen oder Koexistenz-Modelle von Christen und Muslimen beschreiben.

23 Boyle 2021, 107.

24 Zitiert wird aus der Ausgabe von Mozer 2010 (im Folgenden *Peregrinatio*), wobei in der Edition blattgetreu nach der Ausgabe Reuwichs zitiert wird. Die diplomatische Transkription wird insbesondere in Bezug auf die Interpunktion leicht normalisiert sowie die Nasalstriche aufgelöst.

25 Der heute als ‚Zionsberg‘ bezeichnete Abschnitt resultiert aus einer Fehlinterpretation des Flavius Josephus. Ursprünglich bezeichnete der Begriff das heute als ‚City of David‘ bezeichnete Areal südöstlich der heutigen Altstadt in unmittelbarer Nähe des Tempelberges. Auf diesen bezogen die biblischen Schriften schließlich den Terminus. Als im 19. Jahrhundert Archäologen den ‚originalen‘ Zionsberg wiederentdeckten, war die mentalitätsgeschichtliche Verbindung mit dem südwestlich der Altstadt gelegenen Gebiet aufgrund der dort verehrten Gebäude (Davidsgrab, Abendmahlssaal) zu stark, um den Begriff einer Rückübertragung auszusetzen. Vgl. zu der Situation Vieweger/Zimni/Soennecken 2021, 17.

> *mir vnd mynen bruodern ettlichen edelen so mit mir dar yn kamen groſslichen gewesen, so weren wir zuo stucken zerhauwen worden von den sarracenen, die vnversehen vns da begriffen, aber wir entrunnen durch gnad gotts.*[26]

Einerseits fängt die Beschreibung mit der Überlieferung der christlichen Tradition an, führt dann allerdings in die historische Gegenwart zurück, wobei die derzeitigen baulichen Gegebenheiten geschildert werden und mit dem Begriff der ‚Moschee' (in Kombination einer Doppelung, wobei der identitäre Begriff dem alteritären Equivalent vorangestellt wird). Ohne Verknüpfung mit der ‚anderen' Tradition (die Geschichte bzw. die Begründung für das Bauwerk wird mit keiner Erklärung versehen) wird nun die aktuelle Situation betrachtet, in der die Sakralität des Ortes für den Islam betont wird, wobei der Zutritt den Christen verwehrt bleibt. Somit werden topographische Grenzen gesetzt, die je nach kultureller und religiöser Identität bestimmte Lokalitäten markieren. Angereichert wird diese Setzung noch durch eine spannungsgeladene Erzählung, in der Bernhard auf die dramatischen Konsequenzen einer möglichen Eventualität verweist. Durch diesen erzähltechnischen Kniff werden die gerade gesetzten Grenzen sofort wieder aufgehoben, da einerseits trotz des zuvor angesprochenen Risikos ein Besuch stattfindet, somit in Bezug auf den Rezipienten ein Gefühl von Exklusivität vermittelt wird, durch den doppelten Verweis auf den göttlichen Beistand wird aber auch andererseits eine solche Grenze wieder aufgehoben und nicht nur die eigene Identität, sondern indirekt auch eine Primatstellung markiert.

Eine vergleichbar spannende Disposition zeigt sich beim Blick – hier im literalen Sinn – auf den Ort des Pfingstfestes, der nach der Tradition am selben Ort stattfand wie das letzte Abendmahl, also im Abendmahlssaal (*Coenaculum*) auf dem Berg Zion. Dieser war bereits zu Bernhards von Breydenbach Besuch im islamischen Besitz und zu einer Moschee umgestaltet. Der Abendmahlssaal konnte allerdings, wohl gegen ein kleines Entgelt, von christlichen Pilgern immer noch besucht werden, sodass diese wenigstens von außen einen Blick hineinwerfen und einen weiteren Ablass erhalten konnten.[27]

> *Vſswendig dem chor ist die statt da gott der heylig geyst am pfingsttag yn gestalt furer zungen den jungern cristi gesandet ward. Vnder welchen statt ist die Capel, von welcher obgeschriben stett, dar ynn die begrebnüſs der konig vnd propheten jsrahel ist, dar ynn wir durch eyn fenster sahen, da ist auch vergebung aller sund.*[28]

---

26 *Peregrinatio*, fol. 46r (Mozer 2010, 126).

27 Einen kurzen Abriss über die Ablässe beim Besuch der *loca sancta* bietet Schröder 2009, 139.

28 *Peregrinatio*, fol. 46v (Mozer 2010, 128).

In doppelter Hinsicht spielen die Fenster des Abendmahlssaals mit ihrer Strahlkraft und ihren Aktualitätsbezügen bis in die Gegenwart hinein eine bedeutende Rolle, da einerseits im Juni des Jahres 2023 ein historisches Fenster (dasjenige, durch das Bernhard blickte?) Anschlagsziel eines nationalreligiösen jüdischen Steinewerfers wurde.[29] Andererseits erfolgt der Blick in den Abendmahlssaal bei Bernhard im Rahmen eines Kirchenbesuches, wobei hiermit wohl die Basilika ‚Hagia Sion' gemeint sein dürfte, welche in den Jahren 1229 bis 1244 restauriert wurde, nachdem ein Vorgängerbau von Saladin 1219 abgerissen worden war. Erst im Sommer 2023 wurden die Ruinen dieser Vorgängerkirche – die bereits auf dem Mosaik von Madaba abgebildet ist – während einer Grabung wieder freigelegt, nachdem der genaue Standort über die letzten 800 Jahre unbekannt war.[30]

Dass Bernhard nicht nur einzelne Gebäude bzw. Sehenswürdigkeiten hervorhebt, sondern auch die Stadt als Gesamtanlage in ihrer Topographie zu beschreiben weiß, wird deutlich, wenn eine Einordnung, beinahe schon aus Vogelperspektive, in die Landschaft erfolgt:

> *Hye ist zuo mercken daz die heylig statt jherusalem an eym hohenn ende liget nach der anstossende lantschafft zuo rechen also das man vſß Jherusalem sehet das gantz land Arabiam vnd das hoch gebirge Abatym vnd Nebo vnd Phasga vnd die ebenne deß jordans vnd jericho vnd das todt mer byß zuo dem velßen der wuesteny eyn statt also genant, deß halb Jherusalem gar eyn schone vmbsehung hatt vnd man muß an allen enden vff stygen dar gegen wan sie hoher ligt dan keyn andere statt yn dem selben landt ußgenommen Sylo zwo mylen da von ligende.*[31]

Tatsächlich beschreibt Bernhard hier panoramaartig den Überblick über die judäische Halbwüste bzw. den Ausblick auf das jordanische Hochland, vor dessen Gebirge sich das Tote Meer erstreckt, aber auch das Jordantal inklusive der Stadt Jericho – das Spezialwissen eines Reisenden stellt den Expertenstatus unmittelbar heraus. Interessanterweise wird zwar Jerusalem korrekt auf einem Hochplateau liegend beschrieben, eine idealisierte Stellung wird allerdings dadurch negiert, dass ein weiterer Ort noch höher liegt. Silo, im Allgemeinen mit dem heutigen Khirbet Sailun identifiziert, wird durch die biblische Bezeugung als Ort der Bundeslade mit einer besonderen Sakralität ausgestattet. Die Einschränkung im Text stellt allerdings ebenso die Expertise Bernhards heraus, der sich somit als geo-

---

29 Vgl. https://allisrael.com/stone-thrown-through-stained-glass-window-of-the-room-of-the-last-supper-in-latest-anti-christian-attack [07.04.2024].

30 Alternativ könnte es sich bei den freigelegten Mauern auch um die Kirche Sancta Maria in Monte Sion handeln. Eine genauere Determinierung muss bis zur Ausführung weiterer Forschungen vor Ort offenbleiben. Für Berichte über die vergangenen Grabungen im Areal vgl. Vieweger/Zimni/Soennecken 2021 und Vieweger/Zimni 2022, bes. 126.

31 *Peregrinatio*, fol. 47ʳ (Mozer 2010, 130).

graphischer Experte geriert, sodass der Textstelle auch durchaus eine funktionale Stellung zukommt. Allerdings lässt sich die Ortsangabe nicht mit Bernhards Angabe vereinen, da zwischen Jerusalem und Silo ca. 30 Kilometer liegen, die zwei Meilen also nur schwerlich zutreffen können. Aufgrund der angegebenen Distanz könnte auch ‚Gilo' in Frage kommen, wobei das biblische Gilo etwas südlicher verortet wird als die heutige – von der UN als völkerrechtswidrig betrachtete – Siedlung Gilo zwischen Jerusalem und Bethlehem.

Insgesamt lässt sich in Bernhards *Peregrinatio* zwar durchaus eine gewisse Schematisierung erkennen, allerdings wird gerade bei Betrachtung der städtischen Architektur ein historisches Wissen erkennbar. Dies wird deutlich bei der Beschreibung der Bauanlage des Felsendoms und der Gestaltung des Vorplatzes der al-Aqsa-Moschee.

> *Jtem von dannen quamen wir an eyn ende da man vßen Salomons tempel sehet mitt rondem werck vnd kriechescher arbeyt erbuwen mit behawen vnd polyrten oder geebnetten steynen welcher Tempel sere hoch vnd wyt ist mit bly bedecket. Dar vff haben die heiden eyn halben mon als ob er wer eclipseret, das ist verdunckelet, als so der monn finsternuß lydet, vnd das haben die sarracen gemeynlichen ym yngang yrer kyrchen oben stan. Vor dissem tempel Salomons ist eyn wytt ebener platz mit marmel steyn beseczet.* [...] *Jtem die Sarracen halten Salomons tempel in grosser ere vnd lyden keyn vnreynigkeyt dar ynn sye gen mit blossen fußen dar ynn vnd nennen ynen den heligen velsen vnd eyn tempel des herren vnd das vß sollicher vrsach wann mitten dar yn ist eyn kleyner velß mit eym yssin gittir zuo ring vmbgeben vnd als vns die mammalucken das ist die verlaugetten cristen sagetten keyn sarracen oder heyd vermißet sich dem selben velsen ynn eynigen weg zuo nahen vnd kommen doch von verren landen den velsen andechtiglichen an zuo betten, wan vil gar grosser wunder zeychen leset man vff dem selben velsen geschehen syn.*[32]

In der Folge werden zahlreiche Mirakel und andere Erzählungen über den Felsen geboten, die jedoch alle aus dem christlichen Kontext stammen. Hingegen wird die islamische Verehrung des Felsens in Bezug auf die Himmelfahrt des Propheten nicht erwähnt, was aufgrund der Beschreibung des Tempelbergs sowie des Felsendoms als Verehrungsort der Muslime verwundert. Dabei erscheint die Verbindung zwischen sprachlichem Ausdruck und kultureller Perspektive bei Bernhard durchaus spannend, wenn man die Verwendung des Begriffs *Heiden* genauer betrachtet. So erscheint es auf den ersten Blick, dass Bernhard aus muslimischer Perspektive sprechend die Christen als *Heiden* bezeichnet, was eine reflexive Perspektivverschiebung unter Akzeptanz differierender Positionen bedeuten würde. Allerdings ergibt sich auch die – weniger spannende – Möglichkeit, dass im hier

32 *Peregrinatio*, fol. 50^v–51^r (Mozer 2010, 148–150).

verwendeten Fall die Sarazenen als *Heiden* tituliert werden, Bernhard letztendlich also ‚seine' christliche Weltsicht auch sprachlich markiert.[33]

Einerseits wird deutlich, dass Bernhard großes Interesse an den Bräuchen und Ritualen des Islams besaß, etwa in der Beschreibung der rituellen Reinigung vor Betreten des Felsendoms sowie des Verbotes, diesen mit Schuhen zu betreten. Bei Beschreibung des sich im Felsendom befindenden Felsen, dem Gründungsfelsen (auf Hebräisch אבן השתייה [*Even ha-Shetiyya*]) erfolgt im Anschluss an die topographische Beschreibung die Ausstellung der diversen mit dem Felsen verbundenen biblischen Traditionen (Opfer Abrahams, Tempel Salomos etc.), wobei bezeichnenderweise auf die islamische Tradition kein Bezug genommen wird, etwa dass nach der Koranexegese nicht Isaak, sondern Ismael geopfert werden sollte. Auch der angebliche Fußabdruck (samt einiger Barthaare des Propheten), der auf dem Felsen zu finden ist, findet in der Beschreibung keine Erwähnung, obgleich die gesamte Bedeutung des Felsendoms durch die signifikante und ausführliche Beschreibung des Halbmonds ausgeführt wird – möglicherweise bestand hier auch noch historisches Wissen um die Tatsache, dass Saladin nach der Rückeroberung Jerusalems 1187 das große Kreuz auf der Kuppel entfernen ließ. Der Felsendom selbst wird von Bernhard ausführlich beschrieben, wobei auf den runden (eigentlich oktogonalen) Grundriss des Gebäudes verwiesen sowie der griechische Stil betont wird. Ob die Aussage sich allerdings auf den Grundriss bezieht oder die signifikanten blauen armenischen Fliesen beschrieben werden, bleibt unklar. Alternativ könnte auch die gesamte Anlage als griechisch bezeichnet sein, da insbesondere die Treppenaufgänge, welche von charakteristischen Säulen geschmückt werden (‚al-Mawazin' genannt, erbaut ca. im 8. Jh.), einen byzantinischen Stil aufweisen. Auch das Bleidach notiert der aufmerksame Bernhard, welches noch im 13. Jahrhundert errichtet worden war und erst 1962 von den heute charakteristischen goldenen Platten (erst Blattgold auf Aluminiumbronze, ab 1993 gold-galvanisierte Platten) abgelöst wurde. Es zeigt sich also eine detaillierte Beschreibung, in denen Verknüpfungen zu gegenwärtigen Bräuchen und Herrschaftssituationen gezogen werden – was auch bei der Besichtigung des Goldenen Tores sichtbar wird:

> *Jtem do selbet ward vns die guldin port gezeuget durch welche vnser herr jhesus am palm tag vff eym esel sytzende ynn reydte zuo jherusalem. Zuo der selben porten laßt man keynen cristen nahe gan. Aber welcher die selb sehend von disser verre dar wider bettet erlanget aller syner sund volle vergebung.*[34]

33 Für eine ähnliche Stelle bei Hans Tucher vgl. Meyer 2012, 51. Dort wird für die Rückeroberung Jerusalems 1187 eine gewisse Alterität markiert, die ein Bewusstsein um diese Alterität erkennen lässt.

34 *Peregrinatio*, fol. 51^{v} (Mozer 2010, 152).

In verknappter Form erfolgt wiederum eine biblische Verknüpfung mit der gegenwärtigen baulichen Situation, in der einerseits auf den zugemauerten Zustand des Tores verwiesen wird, aber darüber hinaus auch auf die kulturelle Situation inklusive der Machtverhältnisse, da es Christen (wie auch Juden) verboten war, in die unmittelbare Umgebung des Tores zu treten – insofern wurde als Lösungsansatz bereits der Anblick des Tores samt Gebet (wohl vom Ölberg aus) mit einem vollständigen Ablass bedacht. Im Vergleich zu Bernhard von Breydenbach zeigt sich für den Fall der Goldenen Pforte eine aktualisierte kognitive Auseinandersetzung bei Felix Fabri, welcher Bernhard auf dem zweiten Teil seiner Reise, zum Berg Sinai und dem dortigen Katharinenkloster, begleitete. Beim Blick auf das Kidrontal, welches sich zwischen dem Goldenen Tor und dem Ölberg erstreckt, stellte sich ihm die Frage, inwieweit denn am Tag des Jüngsten Gerichts alle Seelen in das Tal passen würden, da der Platz ja doch recht begrenzt sei:[35]

> *Ex alio etiam reddebatur vallis immunda et abominabilis, quia in ea cultus daemoniorum erat, et in ea divinabatur, sicut legitur de rege Achas 2. Paral. 28. Qui adolevit incensum in valle Hennon, et ibi lustravit filios suos per ignem juxta ritum gentium. Vallis Hennon idem est cum valle Josaphat et Cela etiam dicitur eadem vallis, et torrens Cedron Chrinarus nominatur. In hoc ergo valle congregabuntur omnes cognationes terrae, ut communiter tenetur et praedicatur. Ideo solent homines quaerere ab his, qui in terra sancta fuerunt, de magnitudine vallis, an sit ita lata, quod ibi possent stare omnes homines in judicio? Praetermissis enim omnibus aliis de vallis Josaphat magnitudine sunt simplices solliciti, et nonnumquam factum est, et fit, quod aliqui peregrini ponunt sibi lapides in valle, praeoccupare volentes locum ante judicium, ut in judicio sedendi ibi habeant oportunitatem. Et aliquande simplices quidam dant pretium peregrinis in Jerusalem peregrinare volentibus, ut lapidem pro eis signent locum in valle Josaphat, quo se credunt venturos ad judicium. Quaerentibus ergo de vallis illius magnitudine, in veritate respondendum est; quod vallis illa non est magna, et sub ista dispositione, ut nunc est, non esset capax unius gentis, vix enim possent in ea stare Suevi illi, qui actu in humanis sunt, taceo de illis, qui fuerunt, aut erunt. Tempore autem judicii erit alia vallis illius, sicut et totius terrae dispositio, quia ante judicium conflagrabitur mundus et purgabitur non solum foeditatibus, sed etiam ab angustate, ita, quod loca angusta erunt spatiosa, sicut prava, indirecta et aspera in vias planas. Quod autem vallis illa amplianda erit, patet Zachar. 14., ubi habetur, quod mons Oliveti scindetur ab oriente in occidentem, et una pars*

35 Vgl. zur Stelle auch Reichert 2011, 568. Vgl. allgemein für eine ausführliche Analyse der Beschreibung Jerusalems durch Fabri Schröder 2009, 126–158, zu Distanzierungsstrategien bes. 140–146.

montis erit ad austrum, alia ad aquilonem, et erit illa scissura montis profunda, sicut vallis Celacin continuabitur ab occidente.[36]

Außerdem ist das Tal schmutzig und verabscheuenswert, weil in diesem Dämonen verehrt wurden und Götzendienst verrichtet wurde, wie wir im 2. Buch der Chroniken, Kapitel 28, lesen über König Ahas, der Weihrauch im Tal Hennon verbrannte und seine Söhne durch das Feuer reinigte nach Art und Weise der Völker.[37] Das Hennontal ist dasselbe wie das Josaphattal und wird gleichfalls Cela genannt und der Bach Kedron wird auch als Chrinarus bezeichnet. In diesem Tal werden alle Stämme der Welt versammelt, wie gemeinhin geglaubt und gelehrt wird. Daher pflegen die Menschen diejenigen, die im Heiligen Land waren, nach der Größe des Tales zu fragen und ob es denn so breit sei, dass alle Menschen beim Jüngsten Gericht darin Platz fänden? Die einfachen Menschen sind um die Größe des Tales besorgt, während sie allem anderen keine Beachtung schenken und oft geschah es und geschieht es, dass einige Fremde für sich Steine ins Tal legen, um sich vor dem Jüngsten Gericht einen Platz zu reservieren, sodass sie beim Jüngsten Gericht eine Sitzgelegenheit haben. Und manchmal geben solch einfache Menschen denjenigen Geld, die planen, nach Jerusalem zu pilgern, dass sie ihnen einen Stein im Josaphattal markieren, zu welchem sie dann zum Jüngsten Gericht kämen. Man muss also denen, die nach der Größe des Tales fragen, in Wahrheit antworten, dass das Tal nicht groß ist und unter dieser Beschaffenheit, so wie es jetzt ist, nicht in der Lage ist, einem einzigen Volk Platz zu bieten. So könnten etwa kaum alle gegenwärtig lebenden Schwaben in diesem stehen, geschweige derjenigen, die waren und die sein werden. Zu der Zeit des Jüngsten Gerichts aber wird die Gestalt dieses Tals, genauso wie die der ganzen Welt, anders sein, weil vor dem Jüngsten Gericht die Welt ganz in Flammen aufgehen und gereinigt wird, nicht nur von Gräueln, sondern auch von der Enge her, sodass schmale Orte breit werden, sowie krumme, abwegige und raue Pfade in flache Wege verwandelt werden. Dass jenes Tal aber verbreitert wird, findet sich auch bei Sacharja, Kapitel 14, wo steht, dass der Ölberg von Osten nach Westen zerteilt wird und ein Teil des Berges wird nach Süden, der andere nach Norden ausgerichtet sein,[38] und der Spalt des Berges wird so tief sein, wie wenn das Celacintal von Westen erweitert wäre.

An dieser etwas längeren Textstelle lässt sich eine Vielzahl der schon bei Bernhard angesprochenen Strategien in verdichteter Form beobachten. Auf der einen Seite wird eine biblische Gelehrsamkeit offengelegt, die durch die Präsenz an der bi-

36 Felix Fabri, *Evagatorium*, 392f.
37 Vgl. 2 Chronik 28,3.
38 Vgl. Sacharja 14,5.

blischen Lokalität aktualisiert wird.[39] Durch das geographische Expertenwissen wird der Rezipient in das Geschehen, das gleichzeitig ein weltliches und heilsgeschichtliches ist, hineingeholt, gleichzeitig wird aber auch die temporale und spatiale Differenz mehrfach markiert. Solche pluralen Ausgestaltungen von Alterität, zwischen Experte und Laie, zwischen Anwesenheit und Abwesenheit, zwischen Immanenz und Transzendenz, aber auch zwischen humorvoller Konkretisierung im Gegensatz von Jerusalem und Schwaben (Fabri war Lesemeister in Ulm) und ihrer didaktischen Funktion zeichnen die Gattung des Pilgerberichtes aus. Zentrales Mittel ist hierbei die Markierung von Alterität und Identität, die den Erzähler bisweilen mit den Rezipienten verbindet, etwa in der Betonung der gemeinsamen eschatologischen Perspektive, bisweilen aber auch eine Abgrenzung markiert, etwa indem das Wissen um die lokalen Bräuche und Personen hervorgehoben wird, von denen der Rezipient einen Einblick erhält. Auch mithilfe solcher Stellen erzeugt der Text Unmittelbarkeit und stellt dadurch spezifische – faktische wie auch ‚eingeschriebene'– Diversitäten und Pluralitäten heraus. Bei Felix Fabri zeigt sich allerdings auch, inwieweit diese Erzählstrategien verschiedene Perspektiven durchmischen, um bestimmte Argumentationsmuster zu betonen, etwa wenn Christen und Muslime als Verehrer (weniger miteinander denn parallel) bestimmter heiliger Stätten charakterisiert werden, dabei aber explizit auf die Absenz jüdischer Präsenz verwiesen wird. Alexandra Cuffel leitet daraus wohl zurecht eine antijüdische Abwertung ab:

> Fabri cites access, or the lack thereof, to a particular holy place to reaffirm what was in his eyes, the Jews' appropriately subjugated status, reflecting the situation between Jews and Christians in Western Europe. In this passage Muslims and Christians worship together, or at least side by side, creating a common community in their mutual devotion to Moses. Jews, on the other hand, are rejected by humanity – the Christians and Muslims – and by God, placing them firmly at the bottom of both the spiritual and social hierarchy.[40]

An den verschiedenen Stätten manifestiert sich eine Kristallisation differierender Sinn- und Zeitebenen, die zur Bedeutung der Stadt Jerusalem im theologischen ‚Weltbild' beitragen, aber durchaus auch auf zeithistorische Gegebenheiten Rücksichten nehmen. Eine solche Erzählstrategie verleiht dem jeweiligen Bericht einen durchaus lebendigen Stil, sodass das Porträt der heiligen Stadt auch für die Rezipienten in der Heimat erfahrbar wird. Jüngst hat Yamit Rachman-Schrire in einem Beitrag aufgezeigt, inwieweit Fabri in seinen im *Evagatorium* aufgeführten Pre-

39 Vgl. zum Josaphat-Tal auch Limor 2023, bes. 293–299, die neben einer genaueren Interpretation der Stelle bei Fabri auch einen Abschnitt zur Stellung des Tals in der islamischen Tradition bietet.

40 Cuffel 2024, 68.

digten die jeweiligen Orte prädikatorisch einbindet und sowohl literale als auch allegorische Bedeutungen zusammenführt.[41] Durch die Verknüpfung mit seiner Autorität erhalten die Berichte eine Legitimation und ermöglichen es den Lesern (allen voran Fabris Mitbrüdern als intendierte Rezipienten), trotz physischer Absenz geistig-kontemplativ präsent zu sein:

> The names of these sacred sites held symbolic meanings and associations that exceed their geographical substance and boundaries, offering the recipients the opportunity to contemplate the sacred landscape of the Holy Land even if they have never set foot there. At the same time, Fabri's mention of the names of these places added an authoritative layer to his words and voice.[42]

Zusammengefasst lässt sich für Bernhard von Breydenbach (aber auch für Fabri) eine mehrschichtige Beschreibung der Stadt beobachten: Es werden historische Bezüge aufgenommen, die von biblisch-historischer Konkretisierung bis zur Kreuzfahrerzeit und darüber hinaus reichen. Verbunden wird dies mit einem eschatologischen Weltbild, welches sich bei den zahlreichen einzelnen Gebäuden manifestiert, deren Besuch für den Pilger Bernhard von Breydenbach ablassstiftende Funktion besitzt. Gleichzeitig entwirft der Text durch das zur Schau gestellte Expertenwissen eine für die Rezipierenden erfahrbare mentale Repräsentation der Heiligen Stadt, die durch eine Unmittelbarkeit besticht. Insbesondere die Alteritätserfahrungen erhalten somit eine Funktion als immersive Strategie, die ein synästhetisches Eintauchen in die Heilige Stadt ermöglichen.

Wirft man einen Blick auf die islamische Perspektive Jerusalems, so lassen sich Schwerpunkte in der Historiographie einerseits für die Ayubbiden-Dynastie feststellen, welche Jerusalem bis 1260 beherrschte, bevor der Mamluken-General Baibar Jerusalem eroberte und die Heilige Stadt bis 1516 unter ägyptischer Herrschaft stand, also von Kairo aus regiert wurde. Bei einer solchen geographischen Distanz zum Herrschaftszentrum verwundert es nicht, dass Jerusalems Bedeutung stark abnahm und die Bevölkerung Schätzungen zufolge lediglich um die 10.000 Personen umfasste. Folker Reichert fasst die Situation wie folgt zusammen:

> Theoretisch, theologisch, grundsätzlich war die Heilige Stadt die ersehnte Mitte der christlichen Welt. Doch faktisch war sie im 15. Jahrhundert nichts weiter als ein heruntergekommenes Nest in einem Grenzraum zwischen Christentum und Islam. So gesehen war Jerusalem im ausgehenden Mittelalter eine Randerscheinung, marginal und peripher.[43]

41 Vgl. Rachman-Schrire 2023.
42 Ebd., 219.
43 Reichert 2011, 574f.

Dies änderte sich erst wieder, als – eine zweite historiographische Blütezeit – Jerusalem 1516 unter osmanische Herrschaft geriet und Sultan Selim und besonders dessen Sohn Suleyman unter anderem durch die Neuerrichtung der Stadtmauern das heute charakteristische Stadtbild Jerusalems entwarfen. So entstand etwa die Legende, dass die mit der Stadtmauer betrauten Baumeister vergaßen, den Zionsberg mit seinen bedeutenden Gebäuden einzubeziehen, und diesen Lapsus mit dem Verlust ihrer Köpfe bezahlten. Während der angesprochenen Zwischenzeit, der mamlukischen Herrschaft, lässt sich somit auch ein Quellenproblem nachweisen, wobei die Forschung in den letzten beiden Dekaden ein größeres Interesse an dieser Ära gezeigt hat, was sich unter anderem in der seit 1997 herausgegeben Zeitschrift ‚Mamluk Studies Review' nachweisen lässt. Der neueren Forschung zufolge kann die geschilderte Entwicklung des Bedeutungsverlustes jedoch eingeschränkt werden und gelegentlich wird sogar die lange konfliktlose Zeit als stabile Periode hervorgehoben, die eine Steigerung des Wohlstandes bedeutete.[44] Dabei wird vor allem deutlich, dass gerade in den angesprochenen 250 Jahren der mamlukischen Herrschaft eine Entwicklung von einem größtenteils christlich geprägten Stadtbild Jerusalem hin zu einer Islamisierung festzustellen ist. Während noch in der Ära der Ayyubiden Christen und Juden weitestgehend Religionsfreiheit zugestanden wurde und diese große persönliche Freiheiten genossen, so galten unter mamlukischer Herrschaft nur Muslime als vollwertige freie Bürger. Die Forschung sucht immer noch eine Antwort darauf, welche Gründe für eine Islamisierung der Gesellschaft verantwortlich gemacht werden können. Eine Position vertritt dabei die These, dass unter anderem durch Repressalien sowie die schwierigen herrschaftlichen Verhältnisse zahlreiche christliche Familien und Gruppierungen das Land verließen, sodass allmählich eine neue Gesellschaft mehrheitlich muslimischen Glaubens an ihre Stelle treten konnte. Eine zweite Position nimmt insbesondere das Feld der Konversion in den Blick und geht stattdessen von einer mehr oder weniger stabilen Bevölkerungsgruppe aus, die sich den wechselseitigen Glaubensverhältnissen anpasste und somit weiter mit denselben Rechten wie zuvor agieren konnte, wobei fraglich ist, mit welcher Geschwindigkeit diese Konvertierung eintrat und diese eher von dem Übertritt einzelner oder größerer ‚Communities' geprägt war. Die angesprochenen Positionen können dabei nicht nur dichotomisch, sondern auch komplementär gesehen werden.[45] Somit verwundert

44 Vgl. Antrim 2018a, 105: „The public nature of architectural patronage – the visibility of the buildings, the inscriptions identifying the founders, and the composition of Arabic literary sources cataloguing the charitable activities of the Mamluks alongside their military triumphs – encouraged both loyalty to the regime and similar good works among the subject population."

45 Vgl. Levtzion 1990.

es auch nicht, dass für die Stadt Jerusalem und ihre Entwicklung bereits in der Architektur Verschiebungen festzustellen sind (z. B. durch die Errichtung von mehreren Koranschulen),[46] die genau die Zeit betrafen, in der die deutschsprachigen Reiseberichte des 14. und 15. Jahrhunderts entstanden. Nimrod Luz hat herausgearbeitet, inwieweit sich spezifisch islamische Dynastien als ‚cultural agents' in der Region betätigten und sukzessive die Landschaft, aber auch die Gesellschaft islamisierten, also aktiv Übergänge von einer Alterität hin zur Identität zu schaffen versuchten. Somit kann die Islamisierung auch als zumindest in Teilen konzertiertes Vorgehen betrachtet werden, welches, ausgehend von den umliegenden Dörfern und dem Hinterland Jerusalems, Einfluss auf die Zentralstadt besaß.[47]

Als bedeutendster Chronist für die Spätzeit der mamlukischen Herrschaft gilt Mudschir ad-Din (1456–1522), der als aus der Stadt Gebürtiger sowie vor Ort als Richter Tätiger die Entwicklung hautnah miterlebte und daher immediat beschreiben konnte. Sein Opus magnum wurde bisher lediglich ins Französische (noch im 19. Jahrhundert) übersetzt, was die Rezeption erschwert.[48] Mudschir ad-Din beschreibt seine Heimatstadt wie folgt:

> Jerusalem in our time is a great city, of solid construction, between mountains and valleys. Part of the city is built on high ground and part in a low valley, and most of the buildings located in the high places overlook those in the low. Some of the streets of the city are smooth, others, rugged. In most places foundations of ancient buildings are found, over which new structures have been erected. Construction is so dense that if it were spaced in the same way as in most of the city of the kingdom of Islam its size would be twice as large as it is now. It has many wells prepared for storing water collected from the rain.[49]

Dass die Chronik dabei versucht, eine enge Verbindung zwischen Jerusalem und Mekka herzustellen, verwundert nicht – während Mekka in den sieben Himmeln und Erden als heilig (*muharram*) gilt, wird Jerusalem als ehrwürdig (*muqaddas*) bezeichnet. Die Verknüpfung zwischen den beiden Stätten wird dabei sprachlich noch enger gezogen, denn der gesamte Tempelberg einschließlich der Parkanlagen wird im Arabischen als *al-haram asch scharif* („das edle Heiligtum") bezeichnet, also mit dem bei Mudschir ad-Din eigentlich für Mekka reservierten Adjektiv. Wer auch immer in Jerusalem betet, wird von seinen Sünden befreit und in den

46 Vgl. Luz 2002.
47 Vgl. ebd.
48 Für den Abgleich einiger Stellen der französischen Übersetzung mit dem arabischen Original wie auch mit dem im Folgenden englischen Zitat danke ich meiner Kollegin in der Martin Buber Society, Limor Yungman (Jerusalem).
49 Das Zitat bei Little 1995, 242.

Status reiner Unschuld zurückversetzt. Jedes Gebet, welches in Jerusalem verrichtet wird, zählt laut Aussage des Propheten wie 1000 an anderen Orten gesprochene Gebete. Die Parallelen zu den bei Bernhard beschriebenen Ablässen, die mit den einzelnen Pilgerstätten verbunden werden, erscheinen hierbei deutlich.

Aus der Mitte des 16. Jahrhunderts hat sich ein Pilgerführer für Muslime erhalten, der aus der Feder Nasir al-Dins stammt.[50] Die beiden letzten Kapitel behandeln hierbei die einzelnen Gebäude auf und um den Tempelberg und ermöglichen es so dem Pilger, die angemessenen Gebete an den einzelnen Orten zu verrichten. Amakam Elad weist allerdings darauf hin, dass muslimische Pilgerführer durchaus von der christlichen Gattung beeinflusst gewesen sein könnten.[51] Während ein Großteil der Abschnitte die einzelnen Stationen auf dem Tempelberg ausmachen – interessanterweise wird der Felsendom hierbei vor der Al-Aqsa-Moschee behandelt – so werden auch bedeutende Stätten außerhalb des Tempelberg-Areals berücksichtigt, etwa der Ölberg oder die Ain-Quelle in Silwan, die auch von Christen als Pilgerstätte aufgesucht wurde und als Ort der Blindenheilung (Johannes 9, 1–41) identifiziert wurde. Bei der Betrachtung des Davidsgrabes auf dem Zionsberg zeigt sich allerdings auch die jeweilige historische Aktualisierung im Vergleich zu anderen Führern aus vorherigen Jahrhunderten. So wird das Davidsgrab im Pilgerführer aufgeführt, allerdings war dies erst in der Mitte des 15. Jahrhunderts wieder von den Franziskanern in muslimischen Besitz gelangt.[52]

Diese Beispiele können nur erste Einblicke in arabische bzw. islamische Auseinandersetzung um Schaffung einer identitätsstiftenden ‚Erzählung' Jerusalems sein, sie zeigen aber deutlich die historiographische Strategie. In Abgrenzung zu früheren (‚anderen') Zeitschichten (z. B. Ruinen) werden neue stadthistorische und architektonische Veränderungen angeführt, die dem ‚neuen' Jerusalem nicht nur ein anderes Aussehen, sondern auch eine neue Legitimität verleihen. Die Stadtgeschichte wird somit nicht nur in divers-differente bzw. alteritäre Zeitschichten stratifiziert, sondern auch anhand der existierenden Baustruktur dementsprechend aktualisiert und klassifiziert. In jeweils differierenden Funktionen zeigt sich die Einschreibung Jerusalems in die eigene ‚Geschichte' innerhalb des Weltbilds unter Einbindung der faktualen Repräsentationen.

Fasst man die bisherigen Untersuchungen in einem Fazit zusammen, so zeigt sich durch die jeweiligen historisch-faktualen Verhältnisse ein differierender

50 Vgl. den Anhang bei Elad 1995, 164–173. Der Überblick betont vor allem die Unterschiede zu früheren Autoren, auch wenn es – wie Elad betont – bereits Nachweise von muslimischen Führern aus dem 11. Jahrhundert gibt.

51 Vgl. Elad 1995, 172f.

52 Vgl. ebd., 172 mit weiterer Literatur.

Umgang mit der Heiligen Stadt bezüglich der historiographischen Einbettung. Wichtig erscheint dabei, dass Jerusalem immer in größere heilsgeschichtliche Zusammenhänge, sowohl auf christlicher wie auch islamischer (und auch jüdischer) Seite, eingeschrieben wird, dabei aber durchaus Aktualisierungstendenzen festzustellen sind, was sowohl in der Kartographie, aber auch in literarischen Texten nachverfolgt werden kann. Jerusalem-Beschreibungen des 15. Jahrhunderts oszillieren zumeist zwischen einer real-historischen und einer eschatologischen Konstruktion, die aber in zahlreichen Fällen genau in diesem Status ‚in between' ihre erzählerische Strahlkraft erhält. Dies stellt eine gewisse Sonderstellung dar und zeigt, dass im Rahmen von Städtebetrachtungen Jerusalem einerseits eine gedankliche Zentralstellung einnimmt, für deren Darstellung es aber andererseits in der Regel differierender Erzählstrategien bedarf, um die Heilige Stadt in die jeweilige ‚Geschichte' einzubinden.

Bibliographie

I. Primärliteratur

Bernhard von Breydenbach: Peregrinatio in terram sanctam, hrsg. von Isolde Mozer. Berlin 2010.

Felix Fabri: Evagatorium in Terrae Sanctae, Arabiae et Egypti peregrinationem, 3 Bd., hrsg. von Conrad D. Hassler. Stuttgart 1843–1849.

II. Sekundärliteratur

Ahmad, S. Maqbool: Carthography of al-Sharīf al-Idrīsī. In: J. B. Harley und David Woodward (Hrsg.): Cartography in the Traditional Islamic and South Asian Societies, Bd. 2.1. Chicago/London 1992, 156–174.

AllIsrael: https://allisrael.com/stone-thrown-through-stained-glass-window-of-the-room-of-the-last-supper-in-latest-anti-christian-attack, 19.6.2023 [07.04.2024].

Antrim, Zayde: Jerusalem in the Ayyubid and Mamluk periods. In: Suleiman A. Mourad, Naomi Koltun-Fromm und Bedross Der Matossian (Hrsg.): Routledge Handbook on Jerusalem. London 2018a, 102–109.

Antrim, Zayde: Mapping the Middle East. London 2018b.

Baumgärtner, Ingrid: Die Wahrnehmung Jerusalems auf mittelalterlichen Weltkarten. In: Dieter Bauer, Klaus Herbers und Nikolas Jaspert (Hrsg.): Jerusalem im Hoch- und Spätmittelalter. Konflikte und Konfliktbewältigung – Vorstellungen und Vergegenwärtigungen. Frankfurt a. M. 2001, 271–334.

Baumgärtner, Ingrid: Jerusalem, Nabel der Welt. In: Alfried Wieczorek, Mamoun Fansa und Harald Meller (Hrsg.): Saladin und die Kreuzfahrer: Begleitband zur Sonderausstellung „Saladin und die Kreuzfahrer". Mainz 2005, 288–293.

Baumgärtner, Ingrid: Erzählungen kartieren. Jerusalem in mittelalterlichen Kartenräumen. In: Annette Hoffmann und Gerhard Wolf (Hrsg.): Jerusalem as Narrative Space. Erzählraum Jerusalem. Leiden/Boston 2012, 231–261.

Beebe, Kathryne: The Jerusalem of the Mind's Eye: Imagined Pilgrimage in the Late Fifteenth Century. In: Bianca Kühnel, Galit Noga-Banai und Hanna Vorholt (Hrsg.): Visual constructs of Jerusalem. Turnhout 2014, 409–420.

Beebe, Kathryne: Jacob Klingner, Felix Fabri, and the interpretation of imagined pilgrimage. In: Martin Bauer, Philip Booth und Susanna Fischer (Hrsg.): To Jerusalem and beyond. Interdisciplinary approaches to the study of Latin travel literature. Heidelberg 2023, 223–244.

Betschart, Andres: Zwischen zwei Welten: Illustrationen in Berichten westeuropäischer Jerusalemreisender des 15. und 16. Jahrhunderts. Würzburg 1996.

Boyle, Mary: Writing the Jerusalem Pilgrimage in the Late Middle Ages. Woodbridge 2021.

Cuffel, Alexandra: Shared Saints and Festivals among Jews, Christians and Muslims in the Medieval Mediterranean (Jewish Engagements). Leeds 2024.

Denke, Andrea: Konrad Grünembergs Pilgerreise ins Heilige Land 1486. Untersuchung, Edition und Kommentar. Köln u. a. 2010.

Ehrenschwendtner, Marie-Luise: Virtual Pilgrimages? Enclosure and the Practice of Piety at St Katherin's Convent, Augsburg. In: The Journal of Ecclesiastical History 60 (2009), 45–73.

Ehrenschwendtner, Marie-Luise: Jerusalem behind Walls: Enclosure, Substitute Pilgrimage, and Imagined Space in the Poor Clares' Convent at Villingen. In: The Mediaeval Journal 3 (2013), 1–38.

Elad, Amikam: Medieval Jerusalem and Islamic Worship. Holy Places, Ceremonies, Pilgrimage. Leiden u. a. 1995.

Heydenreich, Ludwig H.: Ein Jerusalem-Plan aus der Zeit der Kreuzfahrer. In: Peter Bloch und Josef Hoster (Hrgs.): Miscellanea pro arte. Hermann Schnitzler zur Vollendung des 60. Lebensjahres am 13. Januar 1965. Düsseldorf 1965, 83–90.

Küchler, Max: Jerusalem. Ein Handbuch und Studienreiseführer zur Heiligen Stadt. Göttingen 2. Aufl. 2014.

Kugler, Hartmut (Hrsg.): Die Ebstorfer Weltkarte. Die größte Karte des Mittelalters, 2 Bd. Darmstadt 2020.

Kühnel, Bianca: Virtual Pilgrimages to Real Places. The Holy Landscapes. In: Lucy Donkin und Hanna Vorholt (Hrsg.): Imagining Jerusalem in the Medieval West. Oxford u. a. 2012, 243–264.

Lähnemann, Henrike: Eine imaginäre Reise nach Jerusalem. Der Geographische Traktat des Erhart Groß. In: Ricarda Bauschke. Sebastian Coxon und Martin H. Jones (Hrsg.): Sehen und Sichtbarkeit in der Literatur des deutschen Mittelalters. XXI. Anglo-German Colloquium London 2009. Berlin 2011, 408–424.

Levtzion, Nehemia: Conversion to Islam in Syria and Palestine and the Survival of Christian Communities. In: Michael Gervers und Ramzi Jibran Bikhazi (Hrsg.): Conversion and Continuity: Indigenous Christian Communities in Islamic Lands Eighth to Eighteenth Centuries. Toronto 1990, 289–311.

Limor, Ora: The Valley of Jehoshaphat in Religious Imagination. In: Renana Bartal und Hanna Vorholt (Hrsg.): Between Jerusalem and Europe: Essays in Honour of Bianca Kühnel. Leiden/Boston 2016, 280–300.

Little, Donald: Mujir al-Din al-Ulaymi's vision of Jerusalem in the ninth/fifteenth century. In: Journal of the American Oriental Society 115 (1995), 237–247.

Luz, Nimrod: Aspects of Islamization of Space and Society in Mamluk Jerusalem and its Hinterland. In: Mamluk Studies Review 6 (2002), 134–154.

Mauntel, Christoph: Die (christliche) Welt im Blick. Die Darstellung globaler Christentümer in der mittelalterlichen Kartographie. In: Mariano Delgado und Volker Leppin (Hrsg.): Globales Christentum. Transformationen, Denkformen, Perspektiven. Basel/Stuttgart 2023, 75–98.

Mauntel, Christoph: The T-O Diagram and its Religious Connotations – a Circumstantial Case. In: Ders. (Hrsg.): Geography and Religious Knowledge in the Medieval World. Berlin/Boston 2021, 57–82.

Meyer, Carla: New Methods and Old Records: Awareness and Perceptions of the Near East in Hans Tucher's Account of his Journey to the Holy Land and Egypt. In: The Medieval History Journal 15 (2012), 25–62.

Miller, Konrad: Arabische Welt- und Länderkarten. Bd. 1, Heft 2: Die Weltkarte des Idrisi vom Jahr 1154. Stuttgart 1926.

Rachman-Schrire, Yamit: Reading Allegory into the Landscape of the Holy Land. Sermons Integrated into Felix Fabri's ‚Evagatorium in Terrae Sanctae, Arabiae et Egypti peregrinationem'. In: Martin Bauer, Philip Booth und Susanna Fischer (Hrsg.): To Jerusalem and Beyond. Interdisciplinary Approaches to the Study of Latin Travel Literature, c.1200–1500. Heidelberg 2023, 209–222.

Reichert, Folker: Nabel der Welt, Zentrum Europas und doch nur Peripherie. Jerusalem in Weltbild und Wahrnehmung des späten Mittelalters. In: Zeitschrift für Historische Forschung 38 (2011), 559–584.

Reichert, Folker: *Outremer* – Die europäische Expansion in Bildquellen des 14. –16. Jahrhunderts. In: Ulrike Ilg (Hrsg.): Text und Bild in Reiseberichten des 16. Jahrhunderts. Westliche Zeugnisse über Amerika und das Osmanische Reich. Venedig 2008, 19–37.

Reisch, Mareike E.: Transporting the Holy City: Hans Tucher's Letter from Jerusalem as Medium and Material Object. In: Jutta Eming und Kathryn Starkey (Hrsg.): Things and Thingness in Medieval and Early Modern Literature and Visual Arts, 700–1600. Berlin 2022, 45–63.

Ridder, Klaus: Jean de Mandevilles ‚Reisen'. Studien zur Überlieferungsgeschichte der deutschen Übersetzung des Otto von Diemeringen. München 1991.

Rudy, Kathryn M.: Virtual Pilgrimages in the Convent. Imagining Jerusalem in the Late Middle Ages. Turnhout 2011.

Schröder, Stefan: Zwischen Christentum und Islam. Kulturelle Grenzen in den spätmittelalterlichen Pilgerberichten des Felix Fabri. Berlin 2009.

Simek, Rudolf: Hierusalern civitas famosissima. Die erhaltenen Fassungen des hochmittelalterlichen *Situs jerusalem* (mit Abbildungen zur gesamten handschriftlichen Überlieferung). In: Codices Manuscripti. Zeitschrift für Handschriftenkunde 16 (1992), 121–153.

Sivan, Emmanuel: The Beginnings of the „Fada'il al Quds" Literature. In: Der Islam. Zeitschrift für Geschichte und Kultur des Islamischen Orients 48 (1972), 100–110.

Steiner, Alyssa: Interpolating Polemic: Islam, muslims, and Muhammad in Bernhard von Breidenbach's late-Medieval pilgrimage account *Peregrinatio in terram sanctam*. In: Oxford German Studies 50 (2021), 129–149.

Timm, Frederike: Der Palästina-Pilgerbericht des Bernhard von Breidenbach und die Holzschnitte Erhard Reuwichs. Die „Peregrinatio in terram sanctam" (1486) als Propagandainstrument im Mantel der gelehrten Pilgerschrift. Stuttgart 2006.

Wolf, Beat: Jerusalem und Rom: Mitte, Nabel – Zentrum, Haupt. Die Metaphern „Umbilicus mundi" und „Caput mundi" in den Weltbildern der Antike und des Abendlands bis in die Zeit der Ebstorfer Weltkarte. Bern u. a. 2010.

Vieweger, Dieter/Zimni, Jennifer/Soennecken, Katja: The End of a Myth: The Southwestern Hill of Jerusalem in the Archaeological Discourse. In: Yehiel Zelinger u. a. (Hrsg.): New studies in the archaeology of Jerusalem and its region 14. Jerusalem 2021, 17–38.

Vieweger, Dieter/Zimni, Jennifer: DEI Excavations on the Southwestern Slope of Mount Zion. In: Felix Hagemeyer (Hrsg.): Jerusalem and the Coastal Plain in the Iron Age and Persian Periods. New Studies on Jerusalem's Relations with the Southern Coastal Plain of Israel/Palestine (c. 1200–300 BCE). Tübingen 2022, 115–144.

Dr. Linus Ubl
The Martin Buber Society of Fellows
Hebrew University of Jerusalem
322 Mt. Scopus
Jerusalem 9190501, Israel
linus.ubl@mail.huji.ac.il

Luis Schäfer

Tyrus, Tarsus, Babylon. Drei Formen der Stadtdarstellung in Heinrichs von Neustadt *Apollonius von Tyrland*

1. Urbane Topographien im Spannungsfeld unterschiedlicher Texttraditionen und Darstellungsweisen

In den mittelalterlichen Antikenromanen werden die antiken Städte der Prätexte häufig aktualisiert – zum Beispiel über die Beschreibung ihrer Architektur, die im Verhältnis zu ihren Prätexten neue mentale Konzepte durch „individuelle Verfahren der Selektion und Synthese wie auch der Semantisierung“[1] evozieren kann. Dies ist beispielsweise bei den mittelhochdeutschen Eneas- und Trojaromanen der Fall, wenn sie auf die altfranzösischen Vorlagen zurückgreifen und die dort gezeichneten Stadtbilder entweder übernehmen oder aktualisierend adaptieren.[2]

1 Dahm/Felber 2023, 14. Dahm und Felber setzen diese Verfahren allgemein für „mentale Konzepte, also […] Vorstellungen, Ideen oder Imaginationen von Stadt“ (ebd.) an. Eine gewisse Nähe besteht damit zur Gedankenfigur der Stadt als Palimpsest, wie sie etwa für den östlichen Mittelmeerraum erprobt wurde (Fowden u. a. 2022).

2 Diese Aktualisierung antiker Städte kann auf unterschiedlichen Stufen erfolgen: Die sprachliche Übertragung antiker lateinischer Konzepte mittels (alt-)französischer Begriffe ruft häufig bereits die mittelalterliche Vorstellungswelt im Stadtbild auf: So aktualisiert beispielsweise Benoît de Sainre-Maure Troja bei der Beschreibung des Wiederaufbaus nach der ersten Zerstörung, indem er die Stadt ausführlich wie eine mittelalterliche Festungsanlage (*bastide*) beschreibt, so Burgess/Kelly 2017, 80 (Fn. 21). Des Weiteren gibt er das Lexem *regia* (‚Königshaus‘) aus seinem Prätext (Dares Phrygius, c. 4) als *donjon* (‚Burg‘) wieder (Benoît de Sainte-Maure, *Le Roman de Troie*, V. 3040–3041) und ruft damit eine mittelalterliche Befestigungsanlage auf, was bei einer Entsprechung des neutralen Begriffs *regia* unterbleiben würde. Mediävalisierungen können aber auch bei der Übertragung vom Altfranzösischen ins Mittelhochdeutsche erfolgen oder zurückgenommen werden: Im *Roman d'Eneas* (V. 515–516) wird das von Dido errichtete Gotteshaus für Juno als *temple* bezeichnet, während Heinrich von Veldeke dieses *munster* nennt (Heinrich von Veldeke, *Eneasroman*, V. 410–411) und so ein anderes mentales Konzept evoziert; vgl. zur Darstellung von Karthago in der Tradition der Eneasromane Kugler 1986, 38–57. Herbort von Fritzlar (*Liet von Troje*, V. 1620–1627) erweitert die Beschreibung der ersten Zerstörung Trojas im Verhältnis zu Benoît de Sainte-Maure (*Le Roman de Troie*, V. 2784–2792), indem dort auch die Burggräben zugeschüttet werden; durch diese Erweiterung wird eine weitere architektonische Form der mittelalterlichen Burg aufgerufen (zum Burggraben als typischem Bauelement der mittelalterlichen Burg

10.29091/9783752003444/027

Heinrichs von Neustadt *Apollonius von Tyrland* (HvN) stellt insofern einen Sonderfall der mittelhochdeutschen Antikenromane dar, als er die Rahmenhandlung nicht über eine altfranzösische Zwischenstufe rezipiert, sondern sie direkt der lateinischen *Historia Apollonii regis Tyri* (HA) folgen lässt.[3]

In dem spätantiken Roman werden bei der Darstellung städtischer Räume antike Architekturen und Praktiken evoziert, beispielsweise wenn Apollonius in Tarsus das Tribunal auf dem Forum für eine Ansprache an die Bürgerschaft betritt (HA, c. 10) oder in Cyrene das Gymnasium aufsucht (HA, c. 13). Urbane Räume werden dabei nur insofern gezeichnet, als sie für die Handlung von Bedeutung sind. Abgesehen vom Diana-Tempel in Ephesos (HA, c. 48–49) treten auch nie spezifische Charakteristika der Städte zutage; im Falle von Tyrus wäre dies etwa die Topographie der Stadt, die sich durch den Dammbau Alexanders des Großen von einer Insel in eine Halbinsel verwandelte.[4] Vielmehr entwirft eine extradiegetische, allwissende und unpersönliche Erzählinstanz in der limitierten Perspektive der Figuren[5] Stadträume – nach Wolf Schmid, auf dessen Modell ich mich im Folgenden stütze, liegt damit eine figurale Erzählperspektive vor, die er von einer

siehe Binding 1983, 959), die Schleifung von Troja wird so noch umfassender. Wie komplex die Übertragung ins Mittelhochdeutsche ausfallen kann, wird an der Wiedergabe jenes *donjon* bei Herbort von Fritzlar ersichtlich: Dieser nennt den Baumeister der Feste Ilias kurzerhand *donion* (Herbort von Fritzlar, *Liet von Troje*, V. 1795–1796); indem er die Gebäudebezeichnung in einen Eigennamen umdeutet, nimmt er das mentale Konzept einer mittelalterlichen Stadt wieder zurück – ob hier lediglich ein Übersetzungsscherz (Schmid 1997, 212) oder eine poetologische Reflexion vorliegt (Herberichs 2010, 192–195), sei dahingestellt. Eine ausführliche Prüfung dieser schrittweisen Adaptationen und Umschreibungen ist zur Klärung der jeweiligen Funktion unerlässlich.

3 Die *Historia Apollonii regis Tyri* wird im Folgenden mit der Sigle ‚HA' nach Garbugino 2010 zitiert. Die bisher einzige vollständige Edition von Heinrichs von Neustadt *Apollonius von Tyrland* (Singer 1906, 3–328) folgt nach dem Leithandschriftenprinzip der zwar lückenlosen, aber zuweilen unverständlichen Gothaer Handschrift Chart. A 689 (Forschungs- und Landesbibliothek, Sigle b); die Textfassung der Straßburger Handschrift ms. 2334 (Bibliothèque nationale et universitaire, Sigle a) bleibt häufig unberücksichtigt, so Achnitz 1998, 18. Ich zitiere, sofern die Straßburger Handschrift die entsprechende Passage bietet, nach der Handschrift (Sigle ‚HvN a') mit Einfügung von Interpunktion und Großschreibung von Eigennamen unter zusätzlicher Versangabe nach der Zählung von Singer. Sofern es sich allein um eine Inhaltsparaphrase handelt oder die Straßburger Handschrift die entsprechende Passage nicht überliefert, beziehe ich mich auf die Ausgabe Singers (Sigle ‚HvN b'). Die Handlung der *Historia Apollonii* gibt Heinrich von Neustadt in zwei Teilen wieder (HvN b, V. 96–2919 und 14930–17463, entsprechend HA, c. 1–28 und 29–51), vgl. die Übersicht und Besprechung jeweils durch Ebenbauer 1986, 313–337 und durch Achnitz 2002, 272–277.

4 Eissfeldt 1948, 1877 und 1894–1895.

5 Schmeling 1996, 545–547.

narratorialen Perspektive, also der des Erzählers, abgrenzt.[6] Die Stadtschilderung über Ereignisse entspricht einer erzählenden Darstellung von Raum, wie sie Katrin Dennerlein in ihrer *Narratologie des Raumes* einer deskriptiven Darstellung gegenüberstellt: Die beiden Darstellungsweisen werden dahingehend unterschieden, ob Raum mithilfe einer Ereignisschilderung erzählt oder bei dem Ausbleiben selbiger beschrieben wird.[7]

Neben diesen direkt aus dem Prätext ‚übersetzbaren' Stadtcharakteristika stehen für die Schauplätze des *Apollonius von Tyrland* im östlichen Mittelmeerraum weitere Text- und Wissenstraditionen zur Verfügung, die als direkte Quelle oder mittels intertextueller (System-)Referenz zur Darstellung städtischer Räume genutzt werden können,[8] namentlich die Alexanderromane,[9] Reise- bzw. v. a.

6 Wolf Schmid leitet sein Konzept von Perspektive aus der Differenz zwischen ‚Erfassen' und ‚Darstellen' in Abgrenzung zu dem Begriff der Fokalisierung ab und setzt dafür die Parameter räumlich, perzeptiv, ideologisch, zeitlich und sprachlich an (Schmid 2014, 121–141). Ich schließe mich hier der Terminologie Schmids an, da bereits an dieser Zusammenfassung der Stadtdarstellung der *Historia Apollonii* der Begriff der Fokalisierung in der Definition Genettes allein über das Verhältnis der Wissensstände von Erzählinstanz und Figuren (Genette 2010, 118–124) zu kurz greift: Obwohl der Erzähler allwissend ist, erfolgen die Stadtbeschreibungen nur dahingehend, was die Figuren wahrnehmen. Darüber hinaus würden Verschiebungen, wie sie im Folgenden analysiert werden, nicht durch die Terminologie Genettes abgedeckt, vgl. die Kritik von Bal 2004a, 272–279 und Schmid 2014, 109–114.

7 Dennerlein 2009, 115–163. Mit der Koppelung der Deskription an das Ereignis wird zudem der Kritik von Bal 2004b am traditionellen Begriff der Deskription, der diese Darstellungsweise an zeitliche Einheiten koppelt, Rechnung getragen.

8 Ich beziehe mich hier nicht auf die „erzählpoetische Kategorie" (Worstbrock 1999, 130) der Übersetzung, wie sie Worstbrock dem Wiedererzählen gegenübergestellt hat und die seither in der germanistischen Mediävistik viel diskutiert wurde. Vielmehr soll damit ein intertextuelles Verfahren bezeichnet werden, bei dem eine Passage eines konkreten Einzeltextes reformuliert wird; vgl. hierzu etwa den Begriff der ‚literarischen Übersetzung' von Werner von Koppenfels 1985. Dazu sind die (freiere) Einzeltextreferenz, bei der der Wortlaut nicht derart nah befolgt wird (vgl. Broich 1985), und die Systemreferenz zu scheiden, bei der nicht auf einen Einzeltext, sondern auf den Diskurs insgesamt verwiesen wird (vgl. Pfister 1985). Da es – abgesehen von der *Historia Apollonii* – unmöglich erscheint, die konkreten Prätexte für Heinrich von Neustadt im Einzelnen nachzuweisen, gehe ich im Folgenden hinsichtlich weiterer Prätexte von solchen Systemreferenzen aus. Konkrete Stellenangaben sind als Parallelen zu Heinrichs von Neustadt *Apollonius von Tyrland* zu sehen, in denen solche Systemreferenzen greifbar werden; dass Heinrich auf genau diese Texte zurückgegriffen hat, soll damit ausdrücklich nicht postuliert werden.

9 Vgl. zur Übersicht über die Alexandertradition Lienert 2001, 26–71.

Pilgertexte,[10] sowie die historiographische und die biblische Tradition.[11] Vor allem durch Rückgriff auf Letztere kann, wie es bereits für den *Apollonius von Tyrland* nachgewiesen wurde, eine heilsgeschichtliche Dimension eröffnet werden.[12] Wenngleich hier auch auf faktuale Traditionen zurückgegriffen wird, untersuche ich im Folgenden die Städte im *Apollonius von Tyrland* als Produkt literarischer Gestaltung, die neben der Funktionalität innerhalb der Handlung eines Textes und neben der Aneignung und Verfremdung unterschiedlicher Wissenstradition verschiedenen Strategien unterworfen ist.[13]

Darüber hinaus scheint die Frage bedeutsam, inwiefern Heinrich von Neustadt jene erzählerische Darstellungsweise von Städten aus figuraler Perspektive der *Historia Apollonii* übernimmt und inwiefern sich dabei auch Tendenzen der Raumdarstellung des mittelhochdeutschen Romans feststellen lassen. Jene Räume, die sich wie in der *Historia Apollonii* erst im Fortlauf der Handlung entfalten, lassen sich als ein häufiges Charakteristikum der mittelalterlichen Raumdarstellung konstatieren.[14] Besonders werden Räume durch die Bewegung des Helden und damit in Bezug auf die Handlung und die Figurenentwicklung (Stichwort ‚Weg des Helden') entworfen.[15] Daneben besteht eine Tradition der topischen Raumgestaltung, die sich durch feste und allegorisch auslegbare Motive auszeich-

10 Ich folge dem Begriff ‚Pilgertext' von Fischer 2018, 79–80 in Abgrenzung zum ‚Pilgerbericht' – letzterer impliziert die Darstellung von tatsächlich Erlebtem, was in der mittelalterlichen Tradition nicht zwangsläufig der Fall sein muss, da auch ausschließlich andere Quellen dafür verarbeitet werden können; vgl. zur Tradition, zu Charakteristika und Gattungsbegriff der Pilgertexte Fischer 2019, 13–90. Da die volkssprachige Pilgertexttradition erst um 1320 einsetzt (Ganz-Blättler 1990, 355–420; Huschenbett 1995, 243–244), beziehe ich mich im Folgenden nur auf die lateinische Tradition und greife dafür beispielhaft auf die Pilgertexte zurück, die nach der Eroberung Jerusalems durch Saladin (1187) und vor der Schaffensperiode Heinrichs von Neustadt (um 1300) entstanden sind. Diese sind größtenteils in der Anthologie Pringle 2012 in Übersetzung vereint.

11 Insgesamt sind die Traditionen zu weit ausgegliedert, um ihnen an dieser Stelle gerecht zu werden – ich beschränke mich in diesem Rahmen darauf, konkrete Nachweise für Systemreferenzen zu liefern, wo sich Parallelen zu Heinrichs von Neustadt Darstellung ergeben.

12 Achnitz 2002, 277–373; Herweg 2010, 160–179.

13 Damit stehen bei den folgenden Analysen textimmanent-strukturelle Funktionen und keine auf die extradiegetische Welt bezogenen pragmatischen Funktionen im Fokus; vgl. zu dieser Unterscheidung bei Stadtdarstellungen Ruge 2018, 513–518.

14 In einer noch ausgeprägteren Form passen sich solche Räume stets den Notwendigkeiten einer Erzählsituation an – Störmer-Caysa spricht von ‚Sprossräumen', die bestimmten (beweglichen oder fest verortbaren) Fixpunkten innerhalb der erzählten Welt gegenübergestellt sind, Störmer-Caysa 2007, 50–53 und 70–76.

15 Ebd., 63–70.

net.[16] Alle diese Möglichkeiten von Raumdarstellung zeichnen sich durch ihre „radikale Figurenbezogenheit"[17] aus, sei es durch die Orientierung an der Handlung und damit an der Figurenentwicklung, sei es durch die allegorische Auslegung in Hinblick auf den Helden.

Inwiefern zwischen der Art der Figurenbezogenheit, der Darstellungsweise des städtischen Raumes[18] und dem Rückgriff auf bestimmte Texttraditionen Wechselwirkungen bestehen,[19] soll im Folgenden anhand der Stadtdarstellungen in Heinrichs von Neustadt *Apollonius von Tyrland* untersucht werden. Insgesamt frage ich danach, welche Deutungsangebote durch den adaptierenden Rückgriff auf die genannten Text- und Wissenstraditionen sowie durch spezifische Darstellungsformen erzeugt werden. Ich fokussiere dabei drei Städte, bei denen Heinrich auf jeweils verschiedene Prätexte in unterschiedlicher Art und Weise zurückgreift: Die Darstellung der Stadt Tyrus, mit der ich die folgenden Ausführungen beginne, ist der *Historia Apollonii* entnommen; demnach gilt es hier über einen Vergleich zwischen lateinischem Prätext und Heinrichs von Neustadt ‚Übersetzung' zu untersuchen, inwiefern ein antikes Stadtbild in eine mittelalterlich geprägte Erzählwelt übernommen bzw. an diese angepasst wird. Daneben erweitert Heinrich von Neustadt seinen *Apollonius von Tyrland* um eine Beschreibung der Stadt Tarsus[20] bzw. fügt eine Darstellung von Babylon ein, indem er Apollonius

16 Einen solchen motivgeschichtlichen Ansatz mit narratologischer Perspektivierung verfolgt etwa das *Handbuch Literarische Orte in deutschsprachigen Erzählungen des Mittelalters* (Renz/Hanauska/Herweg 2018, 1–3); vgl. darin für topische Stadtdarstellung Ruge 2018, 504–507. Vgl. auch Gerok-Reiter/Hammer 2015, 497–498; Störmer-Caysa 2007, 48–50.

17 Gerok-Reiter/Hammer 2015, 498.

18 Auf den besonderen Zusammenhang zwischen Erzählperspektive, Darstellungsweise und Raumentfaltung weisen bereits Renz/Hanauska/Herweg hin (2018, 4–7).

19 In diesem Punkt unterscheidet sich der Ansatz der vorliegenden Untersuchung entscheidend von Brauns Dissertationsschrift *Transformationen von Herrschaft und Raum in Heinrichs von Neustadt* Apollonius von Tyrland (2018): Während Braun die Raumdarstellungen der *Historia Apollonii* und des *Apollonius von Tyrland* getrennt darstellt und mithilfe des kulturwissenschaftlich geprägten Transformationsbegriffs des SFB 644 „Transformationen der Antike" (Bergemann u. a. 2011) lediglich kontrastiert, soll hier versucht werden, konkrete Entwicklungslinien philologisch nachzuzeichnen, stärker die Erzählinstanz bei der Darstellung von Städten zu perspektivieren und die Wechselwirkungen zwischen der Art der intertextuellen Referenz und der Darstellungsweise herauszustellen.

20 Ich vermeide an dieser Stelle den Exkurs-Begriff: Zwar markiert der Erzähler den Abschnitt eindeutig als Unterbrechung der *mär* (HvN b V. 1108–1110, vgl. Braun 2018, 191). Doch gilt es mit der Untersuchung Lindens zu berücksichtigen, dass der Exkurs zwar dahingehend Parallelen zur Deskription aufweist, dass die Handlungsdarstellung unterbrochen wird, sich aber darin unterscheidet, dass ihm ein reflexives Moment innewohnt, das den Exkurs zum „elementare[n] Bestandteil des Narrativen" (Linden 2017, 72) macht. Ein derartiges Moment lässt sich m. E. nicht in der Beschreibung von Tarsus finden.

eine umfassende Reise gen Orient und Okzident unternehmen lässt.[21] Hier gilt es, die Stadtbeschreibungen im Abgleich mit weiteren Texttraditionen auf ihre Darstellungsweise und hinsichtlich ihrer Funktion im Erzählzusammenhang zu untersuchen.

2. Apollonius von Tyrus: Erzählen in Folge der *Historia Apollonii*

Die *Historia Apollonii* beinhaltet nur eine kurze Darstellung der Stadt Tyrus im Rahmen der Schilderung, wie die Bürgerschaft auf das Verschwinden ihres *princeps* Apollonius reagiert. Nachdem dieser aus Angst vor Antiochus' Häschern die Stadt heimlich verlassen hat, wird das öffentliche Leben ausgesetzt:

> *Tantus enim amor circa eum civium erat, ut multo tempore tonsores cessarent, publica spectacula tollerentur, balnea clauderentur, non templa neque tabernas quisquam ingrederetur.* (HA RB, c. 7)[22]

21 Eine besondere Stellung innerhalb der Städte des *Apollonius von Tyrland* nimmt die Hauptstadt des Goldenen Tals Crisa ein, für die sicher auch eine Vielzahl an intertextuellen Referenzen v. a. hinsichtlich deren Status als scheinbarem Paradies nachweisbar ist, vgl. dazu etwa Achnitz 2002, 307–327 und Braun 2018, 274–284. Jedoch sehe ich hier zum einen Bezüge zu anderen Texttraditionen, etwa durch die Wundersäule (HvN b, V. 12066–12075) zum *Parzival* (Wolfram von Eschenbach, *Parzival*, V. 589,1–592,30) in Rückgriff auf das Grabmal der Camilla (Heinrich von Veldeke, *Eneasroman*, V. 9562–9571); zum anderen stechen sehr viel stärker als bei anderen Stadtbeschreibungen intratextuelle Verfahren bei der Gestaltung hervor: So stellen sich vielfältige motivische Bezüge zu anderen Städten her, etwa die Tugendtreppe (HvN b, V. 11994–12093) als Pendant zum Turm von Babylon (HvN b, V. 8213–8243) oder der von Maschinenmenschen umgebene Jungbrunnen (HvN b, V. 12924–13018) als Spiegelung der Brunnenkonstruktion von Tarsus (HvN b, V. 1101–1106) oder aber auch die Riesenwächter in Crisa und Tarsus (HvN b, V. 1079–1084 bzw. 11749–11751). Die Darstellungsweise von Crisa wäre dementsprechend eine eigene Untersuchung wert.

22 Die *Historia Apollonii* ist in insgesamt elf unterschiedlichen Redaktionen überliefert, deren Einteilung auf Klebs 1899 zurückgeht (vgl. im Folgenden ebd., 12–178). Für die mittelalterlichen Bearbeitungen stellen weniger die beiden ältesten Redaktionen RA und RB die Grundlage dar, sondern vielmehr die weitaus zahlreicher überlieferten Mischredaktionen. Hinsichtlich der Vorlage Heinrichs von Neustadt stehen sich seit nunmehr über hundert Jahren zwei gegensätzliche Forschungsmeinungen gegenüber, aus welcher Redaktion die Vorlage gestammt haben muss: Während Klebs von einer Handschrift aus der Redaktion Rα ausging (Klebs 1899, 486–487), argumentierten unabhängig voneinander Pettengill (1910, 8–28) sowie Bockhoff/Singer (1911, 26–80) für eine Vorlage aus der sog. Welser-Gruppe, einer innerhalb von Rα weiter durch andere Redaktionen interpolierte und durch eigene Zusätze veränderte Gruppe von Handschriften, der auch die Grundlage für die Edition Marcus Welsers 1595 entstammte (vgl. die Klassifikation der Handschriften in den Editionen von Schmeling 1988, IX–XVII und Kortekaas 1984, 15–22). Ohne auf die methodischen Probleme in den jeweiligen Darstellungen von Klebs, Pettengill sowie Bockhoff/Singer oder auf die komplexe Überlieferungssituation tiefer eingehen zu wollen, sei hier nur darauf hingewiesen,

In Tyrus werden aus Zuneigung der Bürgerschaft zu ihrem Herrn Barbierstuben, Bäder, Tempel und Tavernen geschlossen. Was zunächst eine Exemplifizierung der Trauer in zentralen öffentlichen Lebensbereichen ist,[23] zeichnet gleichzeitig Bilder einer antiken Stadt: Bartscherer, das Badewesen, Darbietungen in Zirkus und Theater (*publica spectacula*) sowie Tempel sind Eigenheiten, die in späteren Zeiten anders ausgestaltet oder besetzt sind. Heinrich von Neustadt nun setzt all diese Bereiche in seiner Übertragung um, wenngleich Reihenfolge, konkrete sprachliche Ausgestaltung und Perspektivierung abweichen:

> *Man rueffi lawt in der stat,*
> *Daz man zuesluß und des pad,*[24]
> *Daz auch nyemant wër,*
> *Der seinen part schër.*
> *Tempel und aller tabern*
> *Mueste man entpern.*
> *Zu chainer chürczweil nye*
> *Purger noch purgerinne gie.* (HvN a, fol. 4ʳ, V. 811–818)

Grundsätzlich wird der Tatsachenbericht der *Historia Apollonii* in eine Anordnung umgewandelt, die in Tyrus erklingt. Die einzelnen lateinischen Syntagmen bleiben erkennbar, wenngleich diese umgestellt und teils verschoben werden: Barbiere, ein antiker Berufsstand, unterlassen ihre Arbeit nicht, sondern es wird Teil der Anordnung, dass die Bürger nicht mehr ihre Bärte zu scheren haben. Eine wörtliche Übertragung des Konzeptes *tonsor* ins Mittelhochdeutsche erschiene schwieriger, übernehmen doch *bart-scherer* bzw. *barbierer* auch medizinische Dienstleistungen.[25] Indem der Trauergestus von jedem einzelnen Bürger praktiziert werden muss, wird die emotionale Beteiligung selbiger hervorgehoben, die durch Auslassen der expliziten Nennung der Liebe der Bürger zu Apollonius bis dahin nur im-

---

dass die Stadtdarstellung von Tyrus bei Heinrich von Neustadt (HvN b, V. 811–818, s. u.) dem Argument von Klebs entgegensteht, da in der Fassung Rα die Erwähnung von geschlossenen Tempeln und Tavernen fehlt. Ich ziehe daher an dieser Stelle die Fassung RB zum Vergleich heran, deren Lesarten sich in den Mischredaktionen mehrheitlich durchgesetzt haben. Die genaue Prüfung der bisherigen Forschung und der aktuell bekannten Handschriften zur Klärung der Vorlage von Heinrich von Neustadt stellt eine Forschungslücke dar, die ich durch meine Dissertationsschrift zu schließen hoffe.

23 Die Beschreibung scheint an antiken Trauerpraktiken in Reaktion auf den Tod eines Mitglieds der kaiserlichen Familie oder des Kaisers selbst anzuschließen, so Panayotakis 2012, 125.

24 *und des pad* nach HvN b, V. 812. Der Vers erscheint in der Überlieferung verderbt: Während drei Handschriften den Vers mit der zitierten Lesart überliefern, setzt HvN a die Lesart *dy porten drat*, die aber in diesem Kontext wenig verständlich ist, da kurz darauf Antiochus' Handlanger Thaliarchus die Stadt ohne Probleme betreten kann (HvN b, V. 820–822).

25 Vgl. Hundsbichler 1980, Baum/Keil 1980.

plizit geblieben ist. Hier wird durch Paraphrase ein Aspekt der Stadtschilderung ausgelassen, der die antike Stadt als solche ausstellen und von der mittelalterlichen abgrenzen würde. Ebenso überträgt Heinrich *spectacula* allgemein als *chürczweil*. Da mhd. *tempel* auch Kirchen meinen kann,[26] bleibt kein genuin antiker Bestandteil in der Stadtdarstellung erhalten – Tyrus erscheint damit aktualisiert.

Dahingegen bleibt die Stadtschilderung als Teil einer erzählenden Darstellung erhalten: Tyrus als Handlungsraum wird allein im Rahmen der Erläuterung der Ereignisse nach Apollonius' Verschwinden mit der Funktion skizziert, die Stadt eng an Apollonius als Herrscher zu koppeln.[27] Man könnte meinen, dass bei Erhalt der Figurenbezogenheit die Darstellungsweise erhalten bliebe, wenn einem konkreten Prätext eng gefolgt wird. Eine Verschiebung findet aber durch die Markierung als Ausruf statt: So steht die Wahrnehmbarkeit der Ereignisse nicht erst beim Eintreffen von Antiochus' Handlanger Thaliarchus im Fokus, der das öffentliche Leben geschlossen vorfindet,[28] sondern von Anfang an auch auf akustischer Ebene. Das Geschehen ist innerhalb des urbanen Raums erfassbar – die Perspektive verschiebt sich im Verhältnis zu *Historia Apollonii* in die Stadt, sie wird, gemäß dem Modell von Wolf Schmid, auf räumlicher und perzeptiver Ebene figural.[29]

Die öffentlichen Trauergesten werden so nahbarer, die Bindung von der Bevölkerung von Tyrus an Apollonius weiter verstärkt. Da dieser einer eigenen besonderen Genealogie als Legitimation seines Status als Held und Herrscher entbehrt,[30] erhält die Assoziation mit dem Herkunftsraum eine besondere Stellung;[31] dies geht sogar so weit, dass Apollonius häufig mit dem Ethnikon *Tyrus*

---

26 Neben die Auffassung von *tempel*/*templum* allgemein als ‚Kultstätte' oder spezifisch ‚nicht-christliche Kultstätte' tritt die Bedeutung ‚Kirche', zum einen im lateinischen Kontext (Sleumer 1926, 771), zum anderen im Mittelhochdeutschen, wie die Begriffsbestimmung der Mittelhochdeutschen Begriffsdatenbank (MHDBDB o. D. *templum*) ergibt.

27 So das Ergebnis von Braun 2018, 99–101, 189–190.

28 In der *Historia Apollonii* findet Thaliarchus „alles geschlossen" vor (*videns omnia clausa*, HA, c. 7), während er bei Heinrich *dyse chlag sach* (HvN a, fol. 4r, V. 823). Abermals werden also Visualität und Akustik miteinander verschränkt.

29 Hier wird ersichtlich, dass zwar eine Verschiebung der Perspektive, aber nicht der Fokalisierung vorliegt, vgl. Fn. 6.

30 Apollonius wird neutral als des *khunigs sun von Tirland* (HvN a, fol. 1r, V. 406) eingeführt, der Name des Vaters Chalides wird an späterer Stelle genannt (HvN b, V. 640). Eine Erzählung von der besonderen Abkunft von Apollonius zur Legitimation seines Heldenstatus im Sinne von Pörksen/Pörksen 1980 fehlt damit.

31 Auf die besondere Bedeutung von Herkunftsräumen für die Figurenkonzeption haben Benz/Dennerlein 2016 im Vorwort zu ihrem Sammelband *Literarische Räume der Herkunft* hingewiesen.

bezeichnet wird.[32] Diese enge Bindung von Apollonius an seinen Herkunftsraum wird über die beschriebene Perspektivierung noch erhöht, wenngleich Tyrus innerhalb der Romanhandlung keine Rolle mehr spielt. Die Konstruktion des Stadtraums ist bei dieser sehr nahen Einzeltextreferenz durch die Verschiebung der Erzählperspektive noch stärker auf Apollonius als Figur bezogen.

3. Apollonius von Tarsus: Rückgriff auf weitere Texttraditionen

Die *Historia Apollonii* bietet nur wenige Merkmale der Stadt Tarsus: Apollonius betritt das *tribunal* auf dem *forum* für eine Rede (HA, c. 10) bzw. hält dort Gericht (HA, c. 50). Heinrich von Neustadt verlegt diese Handlungen auf ein *palas* (HvN b, V. 1127–1128 und 17105), sodass Apollonius als mittelalterlicher Herrscher dargestellt wird.[33] Im Folgenden soll gezeigt werden, dass die von Heinrich hinzugefügte Beschreibung der Stadt (HvN b, V. 1025–1110)[34] keineswegs Exkurs-Charakter besitzt,[35] sondern ebenso auf Apollonius als Herrscher bezogen werden kann, wenngleich die dort ausgeführte urbane Topographie im späteren Verlauf nicht wieder aufgegriffen wird. Anders als bei der Schilderung von Tyrus erfolgt der Bezug auf Apollonius nicht durch Ereignisse: Entscheidend ist bei der Beschreibung von Tarsus der Rückgriff auf verschiedene Text- und Wissenstraditionen bei einer weiteren Verschiebung der Erzählperspektive im Verhältnis zur Vorlage, aber auch im Verhältnis zu den Szenen vor und nach dem Einschub.

Bei der Beschreibung von Tarsus nun springt der Erzähler zwischen unterschiedlichen Bereichen der Stadt hin und her, etwa zwischen Meerseite, Burg, nahegelegenem Fluss und wieder Stadtinnerem. So wird zwei Mal auf einen höher gelegenen Bereich verwiesen, jeweils mit der Phrase *oben an der statt* (HvN b, V. 1031 u. 1069). Die Perspektive verschiebt sich so in eine Ansicht von oben und steht in Kontrast zu der Erzählperspektive zuvor und danach: Bei dem Dialog zwischen Apollonius und Stranguillio vor der Beschreibung (HvN b, V. 960–1024) und bei der Schilderung des Zusammenlaufens der Bürger danach (HvN b, V. 1111–1116) bleibt die Perspektive räumlich auf der Ebene der Figuren. Diese

32 Erstmals samt Erklärung in HvN b, V. 445–452. Der nicht immer vollständige Index der Edition Singers (1906, 407) zählt 69 solcher Antonomasien.

33 So das Ergebnis von Braun 2018, 190–197.

34 Die Straßburger Handschrift (HvN a) weist eine Lücke zwischen fol. 4 und 5 von etwa 740 Versen auf (HvN b, V. 945–1684), sodass im Folgenden die Edition Singers herangezogen werden muss.

35 Braun 2018, 191–193. Zu dem von mir angelegten Exkurs-Begriff vgl. Fn. 20.

nach Schmid figurale Perspektive wird, auch über die besondere Präsenz des Erzählers zu Beginn und am Ende des Einschubs,[36] in eine narratoriale verschoben.

Die Darstellungsweise unterscheidet sich demnach stark von den angrenzenden Passagen. Wie diese mit der Charakterisierung von Apollonius zusammenhängt, wird durch die Klärung der Texttraditionen ersichtlich, auf die Heinrich für die Stadtbeschreibung zugreift; dazu fasse ich im Folgenden die topographischen Besonderheiten systematisch zusammen und gleiche sie mit der Bibel, den lateinischen und deutschsprachigen Alexanderromanen sowie mit Beispielen der lateinischen Pilgertexte und Historiographie des 12. und 13. Jahrhunderts ab.

Die Stadt liegt *zu ainer seytten an dem mer* (HvN b, V. 1027) und besitzt dort ein starkes Mauerwerk, steil zum Meer abfallend, mit vier Toren und zwanzig Türmen (HvN b, V. 1027–1040). Zur Landseite hin steht eine Mauer mit vier Toren und vierundzwanzig Türmen,[37] deren Wehrhaftigkeit *gegen des kuniges dro* hervorgehoben wird (HvN b, V. 1069–1078). Auf einem Hügel innerhalb der Stadt liegt eine prächtige Festung (HvN b, V. 1041–1060).[38] Es gibt darüber hinaus nur ein Zugangstor zu der Stadt – welches man sich als weiteren Mauerring vorstellen kann. Dieses wird durch einen Riesen bewacht, ansonsten bestehen Zugangsmöglichkeiten per Schiff (HvN b, V. 1079–1084).

Diese Besonderheiten decken sich nun in keiner Weise mit Charakteristika von Tarsus.[39] Allerdings passen diese Elemente zum Stadtbild von Tyrus in besagten Texttraditionen. Stets wird die besondere Verteidigung der Stadt hervorgehoben:[40] Im *Vorauer Alexander* des Pfaffen Lambrecht (V. 702) wird die

---

36 *Nu will ich sagen an die frist / Wie die statt gelegen ist* (HvN b, V. 1025–1026) bzw. *Nu lassen wir dise mär / Und heben die red wider an / Da wir sie vor gelassen han* (HvN b, V. 1108–1110).

37 Die unterschiedliche Turmanzahl ist als widersprüchlich gelesen worden, beispielsweise Braun 2018, 192–193. Geht man aber von einer in zwei Teilen dargebotenen Mauerwerkbeschreibung aus (*gen deß wilden meres*, HvN b, V. 1032, und *auff den plan*, HvN b, V. 1071), erscheint die Beschreibung in sich stimmig. *oben an der statt* (HvN b, V. 1069) beziehe ich wieder auf die Festung, deren Position ebenso angegeben wird (HvN b, V. 1041).

38 Dass die Feste tagsüber als Orientierungspunkt für Schiffe dient, was nachts durch einen Leuchtturm übernommen wird, habe ich in keiner anderen Darstellung von Tyrus finden können; hier kann aber von einer topischen Steigerung Heinrichs ausgegangen werden.

39 Zur Entwicklung des historischen Stadtbildes von Tarsus unter Einbezug zahlreicher literarischer Quellen vgl. Ruge 1932. Das biblische Tarsis wird in der Tradition – nebst einer Assoziation mit Tartessos auf der Iberischen Halbinsel – mit Tarsus in Verbindung gebracht, sodass in der mittelalterlichen Tradition die drei Stadtnamen austauschbar werden, vgl. Grüninger 2019. Eine Prüfung der entsprechenden Bibelstellen ergibt aber ebenso wenig Parallelen.

40 Vgl. bspw. die Darstellung in Rudolfs von Ems *Alexander* (V. 8732–8738): *von dem lande und von dem mer / was diu stat sô veste erkant / daz nieman sterker veste vant. / dicke mûre, tiefe grabn, / türne vesteclîche erhabn, / vil liute, hêrschaft und guot / was dâ und ellenthafter muot.* Vgl. auch die Bezeichnung als *munitissima totius regni civitas* bei Wilhelm von Tyrus (*Chronicon*, 22,30,10–12).

Stadt durch drei Mauern eingefasst[41] – ebenso im Pilgertext des Burchardus de Monte Sion, der auch von einer Feste innerhalb der Stadt berichtet (*Descriptio terrae sanctae*, c. 2.5). Tyrus ist weiterhin komplett von Wasser umgeben (Ulrich von Etzenbach, *Alexander*, V. 9200–9001; Curtius Rufus, *Historiae*, IV.II.7) bis Alexander die Stadt belagert und einen Damm aufwirft (Curtius Rufus, *Historiae*, IV.III.8–14; Wilhelm von Tyrus, *Chronicon*, 13.4.20–28; Leo Presbyter, *Historia de preliis* I³, c. I35a). Das Tor mit Riesen bei Heinrich von Neustadt scheint so dem Zugang über den Damm zu entsprechen. *Des kuniges dro* kann intratextuell auf Antiochus, intertextuell aber auf Alexander bezogen werden, dessen Drohung, die Stadt zur zerstören, die Tyrer zunächst nicht gefürchtet hatten (Curtus Rufius, *Historiae*, IV.II.2–5; Rudolf von Ems, *Alexander*, V. 8677–8731). Die Betonung des Zugangs per Schiff nahe des Riesentors entspräche dem Binnenhafen von Tyrus (Wilhelm von Tyrus, *Chronicon*, 13.5.13–20).

Weitere Charakteristika in Heinrichs von Neustadt Beschreibung von Tarsus verweisen auf Tyrus: Unterhalb der Stadt fließt der Fluss Torse, der auch Tyrus und Antiochia durchquert und hier ins Meer mündet (HvN b, V. 1061–1067). Ein derartiger Fluss findet sich zwar in keiner historischen oder literarischen Quelle, jedoch mündet der Fluss Eleutherus unweit von Tyrus ins Meer (Burchardus de Monte Sion, *Descriptio terrae sanctae*, c. 2.5). Daneben ist die Darstellung des Reichtums von Tyrus topisch (vgl. bspw. Ios 19,29, Is 23, Ez 26–28,[42] aber auch die Alexandertradition[43]). Damit korrespondiert in der Darstellung Heinrichs das Vorhandensein mehrerer Marktplätze, die auf die Bedeutung der Stadt als Handelsstadt hinweisen (HvN b, V. 1085–1088).

Des Weiteren wird Tarsus im *Apollonius von Tyrland* als Kultstätte ausgezeichnet: Ein Grab der Diana und ein Tempel des Mahmet mit einer aufwendigen Brunnen- und Kanalkonstruktion davor werden beschrieben (HvN b, V. 1093–1106). Dies kann als Allusion auf den Herakleskult von Tyrus gelesen werden – den Zorn Alexanders ziehen sich die Tyrer in vielen Fassungen dadurch zu, dass sie ihm den Zugang zum diesem klar heidnischen Tempel verwehren (Curtius Rufus, *Historiae*, II.II.2–6; Rudolf von Ems, *Alexander*, V. 8676–8772).[44] Die Brunnen- und Kanalkonstruktion kann als Reaktion auf die wundersamen Bewässerungssysteme auf der Ebene vor Tyrus (Ra's al-'Ayn) gelesen werden, wie sie

41 Wilbrand von Oldenburg berichtet von fünf Mauern (*Itinerarium*, c. 2): *ex alia parte deffenditur fossa bona murata et quinque muris turritis et validissimis.*

42 Edition: Gryson/Weber 2007.

43 Leo Presbyter, *Historia de preliis* I³, c. I,35; Pfaffe Lambrecht, *Vorauer Alexander*, V. 696–702; Rudolf von Ems, *Alexander*, V. 8732–8738; Ulrich von Etzenbach, *Alexander*, V. 9195–9205.

44 Alexander verschont nach seinem Sieg alle Einwohner, die sich in das Heiligtum geflüchtet haben, vgl. Rudolf von Ems, *Alexander*, V. 9383–9406.

Burchardus (*Descriptio terrae sanctae*, c. 2.4) und Wilhelm von Tyrus (*Chronicon*, 13.3.15–44) bieten.

Heinrich von Neustadt baut bei der Darstellung von Tarsus über die dargestellten Systemreferenzen Merkmal für Merkmal eine Replik auf die Heimatstadt von Apollonius, Tyrus, die im Text namensgebend für ihn ist, deren Beschreibung aber in der *Historia Apollonii*, der primären Vorlage, fehlt.[45] Tarsus, das die *Historia Apollonii* als eine eigenständige *civitas* zeichnet, wird so bereits zum Beginn der Handlung als dem Apollonius zugehörig dargestellt, sodass es kaum verwundert, dass ihn die Einwohnerschaft bei seiner Rückkehr vierzehn Jahre später zum König erklärt: *Du pist an alle schande / Ckunig in dysem lande* (HvN a, fol. 101ʳ, V. 17123–17124).[46] Apollonius zeichnet sich gerade dadurch aus, dass er zwar einer besonderen Erzählung über seine Abstammung als Legitimation für Herrschaft entbehrt und sein genealogischer Fortbestand über weite Teile des Romans gestört bzw. gefährdet ist.[47] Indem aber seine Herkunft durch die Verknüpfung mit einem Stadtnamen erzeugt wird, erhält er darüber Herrschaftslegitimation, dass Tarsus (als Tyrus) als ihm zugehörig inszeniert wird.[48]

Der Wechsel von der engen Einzeltextreferenz zur *Historia Apollonii* hin zur Systemreferenz geht einher mit der Verschiebung in der Perspektivierung der Darstellungsweise. Die narratoriale Perspektive verstärkt den Bezug auf Apollonius, wirkt doch der Blick auf die Stadt aus Vogelperspektive allumfassend. Stadtraum wird hier nicht wie zur Erzeugung von Handlung erzählt, um darüber auf Apollonius bezogen zu werden, wie es bei Tyrus der Fall war. Vielmehr wird hier Stadttopographie via Intertextualität direkt auf Apollonius bezogen: Wie der Fluss Torse den gesamten späteren Herrschaftsbereich von Apollonius durchfließt, so zeugt die Stadt Tarsus selbst von der Wehrhaftigkeit, der Macht und dem Reichtum, durch die sich Apollonius selbst nach seiner Konversion zum Christentum als *rex iustus et pacificus* auszeichnet.[49] Die intertextuelle Architektur wird dazu funkti-

---

45 Damit sind die einzelnen Bestandteile weniger als Exotismus-Signale zu lesen, vgl. Ruge 2018, 508, wenngleich die Riesenwächter und der Mahmet-Tempel der Stadt einzelne Elemente der Gegenwelt verleihen, die Apollonius später durchreisen wird.

46 Der Fluss Torse durchfließt dann den gesamten Herrschaftsbereich von Apollonius vor der Eroberung Jerusalems, so Braun 2018, 191.

47 Schneider 2004, 208–209 u. 235–240.

48 Dass sich hier – aus heutiger Perspektive – literarische und faktuale Gattungen zur Konstruktion dieses gesteigerten Status überschneiden, erscheint nicht überraschend, bedenkt man das Zusammenspiel unterschiedlicher Textsorten zur Konstruktion genealogischen Wissens insgesamt, wie Kellner 2004 umfassend herausgearbeitet hat.

49 Ich teile damit die Ansicht von Wolfgang Achnitz, dass sich Apollonius bei Heinrich von Neustadt von einem Heiden zu einem Christen und einer Erlöserfigur wandelt, die als *rex iustus et pacificus* ein christliches Imperium zwischen Rom und Jerusalem stiften kann (Achnitz 2002, 343–363).

onalisiert, die Entwicklung des Romans und seines Titelhelden vorzuzeichnen.[50] Sie ist damit abermals „radikal“ auf die Figur Apollonius bezogen, wenngleich hier die allegorische Auslegbarkeit des Stadtraums und nicht die Orientierung an der Handlung entscheidend ist.

4. Biblische Gegenwelt: Perspektivdivergenz in Babylon

Mit einem Blick auf die Darstellung Babylons möchte ich diesen Rundgang durch fiktive Städte abschließen. Im Rahmen von Apollonius' Abenteuerfahrt, einer Hinzufügung Heinrichs gegenüber der *Historia Apollonii*, wird dieser unter dem Namen ‚Lonius mit dem Barte‘ von Nimrod nach Babylon geschickt (HvN b, V. 8122–8532). Die Abwesenheit von Menschen[51] und die dauerhafte Präsenz des Monströsen und Bösen[52] in Kombination mit der übersteigerten Pracht[53] im Sinne höfischer Kultur lässt die Stadt gegenweltlich zwischen Unvertrautem und Vertrautem changieren.[54] Heinrich von Neustadt ruft den biblischen Bezug explizit auf:

> *Von gotes fluch ist ez geschehen,*
> *Als ich dy bybel hör jehen,*
> *Daz da ckain mensch peleiben mag*
> *Fürbas mer denn ainen tag.* (HvN a, fol. 44^{v}, V. 8199–8202)

Die Referenz auf die Verfluchung der Stadt als Grund für die Abwesenheit von Menschen ruft weitere biblische und eschatologische Prätexte auf, die die Stadt Babylon mit heilsgeschichtlicher Bedeutung als Geburtsort des Antichristen und als Gegenstadt zum himmlischen Jerusalem aufladen, wie bereits in der Forschung dargelegt wurde.[55] Anders als bei Tarsus erkundet Apollonius aber Ba-

50 Eventuell liegt hier bereits eine Anspielung auf den biblischen Apollonius von Tarsus zugrunde, die Achnitz an späterer Stelle in Erwägung zieht (Achnitz 2002, 358): Dieser stellt ein Spiegelbild zu Heinrichs Apollonius dar, denn er erobert Jerusalem, um es zu plündern (2 Makk 3,5); im Gegensatz dazu vereint Apollonius Jerusalem mit Rom zu einem Weltreich.

51 Die Abwesenheit von Menschen wird in der Passage mehrmals wiederholt, siehe HvN b, V. 8180–8182, 8209–8218, vgl. Braun 2018, 252–253.

52 Dies manifestiert sich bereits auf akustischer Ebene, als Apollonius Babylon betritt: *Er hore manig stymme / Unsueß und grymm<e> / Von lintwurm und trakchen. / Der luft muste krakhen / Von dem wilde daz da schray* (HvN a, fol. 44^{v}, V. 8173–8177).

53 Der Reichtum zeichnet sich bereits von außen dadurch ab, dass die ganze Stadt inklusive der Mauern aus weißem Marmor erbaut ist (HvN b, V. 8185–8195).

54 Egidi 2013, 185. Insgesamt erscheinen die Gegenwelten im Apollonius nicht einfach als Opposition zum ‚Höfisch-Normalen‘, sondern als „monströses Zerrbild des vertrauten zivilisatorischen Umgangs“ (Kiening 2002, 425).

55 Achnitz und Braun führen als biblische Vergleichspassagen Gn 11,1–9, Apc 18 (Achnitz 2002, 301) und Is 13,20–22 (Braun 2018, 251–252) an; vgl. auch Herweg 2010, 164–

bylon, die Stadtdarstellung wird also wieder über Handlung erzählt. Eklatant ist dabei, dass im Gegensatz zu den früheren Abenteuerräumen, etwa Barcelona oder Galacides,[56] Apollonius und die Erzählgemeinschaft nicht durch einen Figurenbericht über diese unterrichtet wurden.[57] Über die Referenz zur Bibel wird also eine narratoriale Perspektive erzeugt, wo bisher eine figurale vorlag.[58] Darstellungsweise und intertextuelles Referenzsystem unterscheiden sich hier abermals von den bisher besprochenen Beispielen einerseits, innerhalb des Textes zu anderen Stadtschilderungen andererseits.

Diese gegenseitige Beeinflussung von Erzählmodus, intertextueller Referenz und Stadtdarstellung wird gesteigert, je weiter Apollonius in die Gegenwelt vordringt und den Turm von Babylon erklimmt (HvN b, V. 8213–8223): Der aus schwarzem Marmor erbaute Turm und die mit zahllosen Edelsteinen gezierte Tür zum Innern sind noch kostbarer als die Stadt herum (HvN b, V. 8224–8245). Als Apollonius den Turm betritt, wird er von der dortigen Pracht geblendet:

> *Do gie gegen ym ein schein,*
> *Daz ym daz sehen geprast.*
> *Also ckrefftig was der glast*
> *Der ym in dy augen schain.* (HvN a, fol. 45r, V. 8246–8249).

Hier verschiebt sich abermals die Erzählperspektive: Da Apollonius nicht sehen kann, muss die folgende Beschreibung der Edelsteine in dem Raum (HvN b, V. 8250–8253) aus narratorialer Perspektive erfolgen. Apollonius sammelt sich, so *daz er hort unde sach / Waz in der ckemenaten geschach* (HvN a, fol. 45r, V. 8257–8258). Indem der Fokus abermals auf die Wahrnehmungsfähigkeit von Apollonius gelenkt wird, scheint die weiterführende Beschreibung des Turminneren wieder aus figuraler Perspektive erzählt zu sein:

> *Von Arabischem golde*
> *Von aspis und crisolde*
> *Warn dy vier maurn.*
> *Er sach dort zwo figuren,*
> *Der antlitz was mynnickleich,*

168. Zu Babylon als Negativ zum himmlischen Jerusalem und den Interferenzen in der mhd. Literatur vgl. Tomasek 2018.

56 Der Befreiung von Barcelona (HvN b, V. 3443–4125) geht eine Beschreibung als Brief voraus (HvN b, V. 2935–3039); über Galacides (HvN b, V. 5372–5587) berichtet zunächst König Paladin ausführlich (HvN b, V. 4291–4842).

57 Braun 2018, 250–251.

58 Besonders der perzeptive Parameter verschiebt sich hier. Nach Genette würde die Fokalisierung von einer internen zu einer Nullfokalisierung verschoben werden (Genette 2010, 121–124).

Ir cklaider ckospar und reich.
Ez was ein man und ein weib.
Also recht schöner leib
Wart auf erden nye gesehen,
Als man yn horte jehen,
Von menschleichem pilde.
Nyderhalb was es wilde
Als ein cklainez rosselein,
Wol gemachet unde fein.
Ygleichs hett vier pain.
Sneweiß als Alabasi stain
Was sein hawt und sein har.
Vor yn lag ein pret so cklar:
Sy spilten schachezabel spil. (HvN a, fol. 45^{r}, V. 8259–8276)

Die vorangegangene Schilderung der Beschaffenheit des Turmes wird fortgesetzt. Die *descriptio* aus Apollonius' Perspektive schwingt nahtlos von der Beschaffenheit des Gemäuers zu den zwei Kentauren. Die Einführung als *figuren* (im Sinne von ‚Abbild') und das Deiktikum *dort* mit möglichem Bezug zum Gemäuer lassen sie wie ein Wandgemälde erscheinen. Verstärkt wirkt dies noch, indem das Kentaurenpaar im Gegensatz zu anderen Monstren nicht per se hässlich wirkt, sondern als schön dargestellt wird: Selbst die monströse Deformation wird durch Verkleinerung und Diminutiv im Sprachgestus eines Vergleichs – *als ein cklainez rosselein* – so weit möglich abgeschwächt und ebenfalls als ästhetisch befunden.[59] Der Vergleich mit Alabasterstein lässt die beiden Kreaturen weiterhin mehr wie ein Wandrelief wirken. Statt als wilde Ungeheuer werden sie höfisch beim Schachspiel gezeigt.[60]

Dass aber die Ekphrasis des wertvollen Gemäuers aus Apollonius' Perspektive fortgesetzt wurde, entpuppt sich als Illusion, wenn es heißt:

Yrer unmueß was so vil,
Daz sy sein nicht teten war,

59 Als Gegenbeispiel kann hier der als furchtbar und hässlich beschriebene Kentaur Achiron genannt werden, der Apollonius mit seinen Straußenfüßen tödliche Treffer zusetzen konnte (vgl. HvN b, V. 4998–5129). Zur Rolle der Monster für die Darstellung von Apollonius vgl. Schäfer 2024, insbesondere Abs. 20–32.

60 Beispielhaft für die Beherrschung des Schachspielens als höfische Tugend kann hier auf den *Tristan* Gottfrieds von Straßburg (V. 2121–2122) verwiesen werden: Tristan vertieft sich derart in ein Schachspiel, dass er unbemerkt von Kaufleuten entführt wird (Gottfried von Straßburg, *Tristan*, V. 2216–2321); zum Brett- und Schachspiel als Teil der höfischen Kultur vgl. Caflisch 2018, 235–261.

Untz daz er auf sein[61] *chom aldar.*
Er plikhte auf und erschrakh.
Do gab ym Lonius einen slakh. (HvN a, fol. 45^{r}, V. 8278–8282)

Nach der ausführlichen Beschreibung zerbricht die artifizielle Illusion: So wie die Kentauren vertieft in ihr Spiel Apollonius nicht wahrgenommen haben, war für die Rezipierenden nicht erkennbar, dass die *descriptio* nicht Apollonius' Perspektive entsprochen haben kann. Im Moment des Angriffs wird ersichtlich, dass dieser, im Gegensatz zum Erzähler, die Kentauren als bösartige Monstren wahrgenommen hat[62] und damit über einen Wissensvorsprung verfügt.[63] Angenommene und tatsächliche Erzählperspektive divergieren somit. Babylon wird hier als ein Modell einer Gegenstadt gezeichnet, die sich nicht nur durch die Bewohnerschaft der schlafenden Monstren und seinen Status als verfluchte Heimstatt des Antichristen von anderen Städten unterscheidet: Ihre Andersartigkeit, die bereits über die intertextuellen Verweise aufgerufen wurde, wird hier durch das Divergieren der Erzählperspektiven ausgedrückt, die Ekphrasis wird zum Auftakt von Apollonius' bis dato heftigstem Kampf.

Heinrich von Neustadt bezieht hier auf ganz andere Art die Stadt auf Apollonius: Seine Fähigkeit, durch den artifiziellen Schleier zu blicken, dem der Erzähler zum Opfer fiel, zeichnet ihn als herausragenden Helden aus, der trotz seines Status als Heide den ästhetischen Trug des Bösen zu durchdringen vermag.[64] Abermals fungiert die Stadtschilderung zur Auszeichnung des Helden. Der urbane Raum ist hier allegorisch als Hort des Bösen auszulegen. Darauf aufbauend zeigt die besondere Darstellungsweise über den besprochenen Perspektivenwechsel, also auf Ebene des *discours*, Apollonius abermals als denjenigen, der später ein christliches Weltreich zwischen Rom und Jerusalem gründen kann.

61 *sy* nach HvN b, V. 8280, – die Straßburger Handschrift (HvN a) bietet hier die Lesart *sein*.

62 Dies ist ein Umstand, der durch den folgenden heftigen Kampf und den Dialog mit dem Kentauren Pliades bestätigt wird – Apollonius kann der entfesselten Kentauren- und Drachenschar nur knapp entkommen (HvN b, V. 8283–8532).

63 Nach Mieke Bal wäre hier nur der Wissensstand des Fokalisierers betroffen, nicht der des Erzählers; zusammenfassend zu Bals Modell mit der Ebene des Fokalisierers vgl. Bal 2004a, 272–279. Den Wissensvorsprung einer Figur gegenüber einer übergeordneten Instanz bezeichnet Bal als *suspense* (Bal 2009, 163–167).

64 Zwar tritt Apollonius zunächst als Aggressor auf, der die Kentauren überfällt. Fraglich ist aber, ob es nicht um ein zu modern gedachtes Argument handelt, die Kentrauren hier als Opfer zu sehen, denn Pliades wehrt sich nur kurze Zeit später *unsitlich*, indem sie ihm in die Weichen tritt (HvN a, fol. 45^{v}, V. 8311–8323). Weiterhin wiegt meines Erachtens das Sinnbild von Babylon als Hort „widergöttlicher *superbia*" (Herweg 2010, 164), das über die biblische Referenz aufgerufen wird, insgesamt deutlich schwerer.

5. Fazit: „Radikale Figurenbezogenheit" und „Emanzipation der Stadtwahrnehmung"

Die drei besprochenen Stadtdarstellungen sind dadurch geprägt, dass sie Apollonius charakterisieren, wobei sich die Art des Figurenbezugs, die Art der intertextuellen Referenz sowie die Darstellungsweise – und dabei insbesondere die Erzählperspektive – unterscheiden. Mittels der Schilderung von Tyrus und von Tarsus im Gewande von Tyrus wird Apollonius ein Herrschaftsraum eingeschrieben, der sein genealogisches Defizit, die Legitimation zum Helden via besonderer Herkunftserzählung und der (vermeintliche) Verlust seiner Nachkommenschaft, zeitweilig zu kompensieren vermag. Der Wechsel der Erzählperspektive verstärkt hier nur diesen Effekt. Dahingegen divergieren in Babylon vermeintliche figurale und tatsächliche narratoriale Perspektive, sodass Apollonius sich durch seine Fähigkeit, die artifizielle Illusion der Kentauren als Kunstwerk zu durchbrechen, auszeichnen kann – Erzählperspektive ist hier nicht nur ein Steigerungsmittel, sondern das Gestaltungselement, das den „radikalen" Bezug vom Stadtraum Babylon auf die Figur Apollonius erzeugt. Bestimmte Formen der intertextuellen Referenz bedingen dabei nicht zwangsläufig die Darstellungsweise, doch erscheint auffällig, dass gerade der Rückgriff auf eine Systemreferenz in der überschauenden Perspektive von oben erfolgt.

Diese besondere Bedeutung von Stadtdarstellung zur Erhebung des Helden ist dabei keine Neuerung, bedenkt man die Figurenzeichnung durch städtische Inszenierung, wie sie Nachtsheim für Dido und Condwiramurs bei Heinrich von Veldeke bzw. Wolfram von Eschenbach nachgewiesen hat.[65] Auf anderer Ebene kann aber vielleicht eine Parallele zu jener Entwicklung zur „Emanzipation der Stadtwahrnehmung", dem Aufkommen von Stadtbeschreibungen außerhalb eines größeren epischen Kontexts, gesehen werden, die Hartmut Kugler dem späten 13. und 14. Jahrhundert attestiert:[66] Die Inszenierung Heinrichs als Bürger der Wiener Neustadt, der sich im Epilog mit der Nennung seines Wohnortes dort exakt verortet,[67] könnte für ein solches gesteigertes Interesse für Stadtraum in und außerhalb von literarischen Texttraditionen sprechen.

65 Nachtsheim 2023.

66 Kugler 1986, 148–152, Zitat 148.

67 Heinrich schreibt: *Wer ditz puch getichtet hat?* [...] *Maister Heinreich von der Newnstat, / Ein arczet von den puechen. / Wil yn yemant suechen: / Er ist gesessen an dem Graben* (HvN a, fol. 128r, V. 20600–20606).

Bibliographie

I. Primärliteratur

Benoît de Sainte-Maure, *Roman de Troie* = Léopold Constans: Le Roman de Troie par Benoit de Sainte-Maure, Bd. 1. Paris 1904.

Burchardus de Monte Sion, *Descriptio Sanctae Terrae* = Johann Christian Mauritz Laurent: Peregrinatores medii aevi quatuor. Leipzig 1873, 1–104.

Burgess, Glyn S./Douglas Kelly (Übers.): The Roman de Troie by Benoît de Sainte-Maure. Cambridge 2017.

Quintus Curtius Rufus, *Historiae* = Konrad Müller/Herbert Schönfeld: Q. Curtius Rufus. Geschichte Alexanders des Großen, lateinisch und deutsch. München 1954.

Dares Phrygius = Ferdinand Meister: Daretis Phrygii De Excidio Troiae Historia. Leipzig 1873.

Gottfried von Straßburg, *Tristan* = Walter Haug: Gottfried von Straßburg. Tristan und Isold, 2 Bd. Berlin 2011.

Roger Gryson/Robert Weber: Biblia Sacra. Iuxta vulgatam versionem, 5. Aufl. Stuttgart/ Nördlingen 2007.

Heinrich von Neustadt: *Apollonius von Tyrland* (HvN a) = Bibliothèque nationale et universitaire Strasbourg: Ms. 2334, fol. 1^r–130^v.

Heinrich von Neustadt: *Apollonius von Tyrland* (HvN b) = Samuel Singer: Heinrichs von Neustadt ‚Apollonius von Tyrland' nach der Gothaer Handschrift, ‚Gottes Zukunft' und ‚Visio Philiberti' nach der Heidelberger Handschrift. Berlin 1906, 1–328.

Heinrich von Veldeke: *Eneasroman* = Dieter Kartschoke: Heinrich von Veldeke. Eneasroman, mittelhochdeutsch/neuhochdeutsch. Stuttgart 1986.

Herbort von Fritzlar: *Liet von Troje* = Karl Frommann: Herbort's von Fritslâr liet von Troye. Quedlinburg/Leipzig 1837.

Historia Apollonii Regis Tyri (HA) = Giovanni Garbugino: La storia di Apollonio re di Tiro. Introduzione, testo critico, traduzione e note. Alessandria 2010.

Georgius A. A. Kortekaas: Historia Apollonii Regis Tyri. Prolegomena, text edition of the two principal latin recensions, bibliography, indices and appendices. Groningen 1984.

Pfaffe Lambrecht, *Vorauer Alexander* = Elisabeth Lienert: Pfaffe Lambrecht. Alexanderroman, mittelhochdeutsch/neuhochdeutsch. Stuttgart 2007.

Leo Presbyter, *Historia de preliis (Alexandri Magni)* = Lennart Gilhaus: Der mittellateinische Alexanderroman. Geschichte der Kämpfe Alexanders des Großen. Lateinisch/ Deutsch, nach der Übersetzung von Wolfgang Kirsch. Stuttgart 2020.

Denys Pringle (Übers.): Pilgrimage to Jerusalem and the Holy Land, 1187–1291. Farnham/Burlington 2012a.

Le Roman d'Énéas = Monica Schöler-Beinhauer (Übers.): Le Roman d'Eneas. München 1972.

Rudolf von Ems, *Alexander* = Victor Junk: Rudolf von Ems. Alexander, ein höfischer Versroman des 13. Jahrhunderts, 2 Bd. Leipzig 1928/1929.

Gareth Schmeling: Historia Apollonii Regis Tyri. Leipzig 1988.

Ulrich von Etzenbach, *Alexander* = Wendelin Toischer: Alexander von Ulrich von Eschenbach. Tübingen 1888.

Wilbrand von Oldenburg, *Itinerarium* = Denys Pringle: Wilbrand of Oldenburg's Journey to Syria, Lesser Armenia, Cyprus, and the Holy Land (1211–1212). A New Edition. In: Crusades 11.1 (2012b), 109–137.

Wilhelm von Tyrus, *Chronicon* = Robert Burchard Constantijn Huygens: Guillaume de Tyr. Chronique. 2 Bd. Turnhout 1986.

Wolfram von Eschenbach, *Parzival* = Karl Lachmann: Wolfram von Eschenbach. Parzival, übers. von Peter Knecht, 2. Aufl. Berlin/New York 2012.

II. Sekundärliteratur

Achnitz, Wolfgang: Einführung in das Werk und Beschreibung der Handschrift. In: Ders. (Hrsg.): Heinrich von Neustadt: Apollonius von Tyrland. Farbmikrofiche-Edition der Handschrift Chart. A 689 der Forschungs- und Landesbibliothek Gotha. München 1998, 7–40.

Achnitz, Wolfgang: Babylon und Jerusalem. Sinnkonstituierung im „Reinfried von Braunschweig" und im „Apollonius von Tyrland" Heinrichs von Neustadt. Tübingen 2002.

Bal, Mieke: Narration and focalization. In: Dies. (Hrsg.): Narrative Theory. Critical Concepts in Literary and Cultural Studies. Bd. 1: Major Issues in Narrative Theory. London/New York 2004a, 263–296 [zuerst 1991].

Bal, Mieke: Over-writing as un-writing: descriptions, world-making and novelistic time. In: Dies. (Hrsg.): Narrative Theory. Critical Concepts in Literary and Cultural Studies. Bd. 1: Major Issues in Narrative Theory. London/New York 2004b, 341–388.

Bal, Mieke: Narratology. Introduction to the Theory of Narrative. 3. Aufl, übers. von Christine van Boheemen. Toronto/Buffalo/London 2009.

Baum, Hans-Peter/Keil, Gundolf: Barbier. In: LexMa 1 (1980), 1444–1445.

Benz, Maximilian/Dennerlein, Katrin: Zur Einführung. In: Dies. (Hrsg.): Literarische Räume der Herkunft: Fallstudien zu einer historischen Narratologie. Berlin/Boston 2016, 1–17.

Bergemann, Lutz u. a.: Transformation. Ein Konzept zur Erforschung kulturellen Wandels. In: Dies. und Hartmut Böhme (Hrsg.): Transformation. Ein Konzept zur Erforschung kulturellen Wandels. München 2011, 39–56.

Binding, Günther: Burg. Allgemeiner Überblick über die Bauformen der europäischen Burg. In: LexMa 2 (1983), 957–962.

Bockhoff, Albrecht/Singer, Samuel: Heinrichs von Neustadt *Apollonius von Tyrland* und seine Quellen. Ein Beitrag zur mittelhochdeutschen und byzantinischen Literaturgeschichte. Tübingen 1911.

Braun, Lea: Transformationen von Herrschaft und Raum in Heinrichs von Neustadt ‚Apollonius von Tyrland'. Berlin/Boston 2018.

Broich, Ulrich: Zur Einzeltextreferenz. In: Ders. und Manfred Pfister (Hrsg.): Intertextualität. Formen, Funktionen, anglistische Fallstudien. Tübingen 1985, 48–52.

Caflisch, Sophie: Spielend lernen. Spiel und Spielen in der mittelalterlichen Bildung. Ostfildern 2018.

Dahm, Margit/Felber, Timo: Einleitung: Mentale Konzepte der Stadt in Bild- und Textmedien der Vormoderne. In: Dies. (Hrsg.): Mentale Konzepte der Stadt in Bild- und Textmedien der Vormoderne. Leiden 2023, 13–26.

Dennerlein, Katrin: Narratologie des Raumes. Berlin/New York 2009.

Ebenbauer, Alfred: Der „Apollonius von Tyrland" des Heinrich von Neustadt und die bürgerliche Literatur im spätmittelalterlichen Wien. In: Herbert Zeman (Hrsg.): Die Österreichische Literatur. Eine Dokumentation ihrer literaturhistorischen Entwicklung. Graz 1986, 311–347.

Egidi, Margreth: Gegenweltliche Dingobjekte im *Apollonius von Tyrland* – das Schachspiel. In: Dies. und Jutta Eming (Hrsg.): Hybridität und Spiel. Der europäische Liebes- und Abenteuerroman von der Antike zur Frühen Neuzeit. Berlin 2013, 177–192.

Eissfeldt, Otto: Tyros 3. In: Karl Mittelhaus und Konrat Ziegler (Hrsg.): Paulys Real-Encyclopädie der classischen Altertumswissenschaft (Bd. VII A,2). M. Tullius Cicero bis Valerius. Stuttgart 1948, 1877–1908.

Fischer, Susanna: Zur Überlieferung lateinischer Pilgertexte. Strukturierung, Auswahl und Sammlung der Informationen über das Heilige Land. In: Mittellateinisches Jahrbuch 53.1 (2018), 78–104.

Fischer, Susanna: Erzählte Bewegung. Narrationsstrategien und Funktionsweisen lateinischer Pilgertexte (4.–15. Jahrhundert). Leiden/Boston 2019.

Fowden, Elizabeth Key/Çağaptay, Suna/Zychowicz-Coghill, Edward/Blanke, Louise: Historical distance, physical presence and the living past of cities. In: Dies (Hrsg.): Cities as Palimpsests? Responses to Antiquity in Eastern Mediterranean Urbanism. Oxford/Philadelphia 2022.

Ganz-Blättler, Ursula: Andacht und Abenteuer. Berichte europäischer Jerusalem- und Santiago-Pilger (1320–1520). Tübingen 1990.

Genette, Gérard: Die Erzählung. 3. durchgesehene u. korr. Aufl., übers. von Andreas Knop. Paderborn 2010.

Gerok-Reiter, Annette/Hammer, Franziska: *Spatial Turn*/Raumforschung. In: Christiane Ackermann und Michael Egerding (Hrsg.): Literatur- und Kulturtheorien in der Germanistischen Mediävistik. Ein Handbuch. Berlin 2015, 481–516.

Grüninger, Ann-Christin: Tarsis. In: Michaela Bauks und Klaus Koenen (Hrsg.): Das wissenschaftliche Bibellexikon im Internet (WiBiLex). Stuttgart 2019. http://www.bibelwissenschaft.de/stichwort/32427/ [29.02.2024].

Herberichs, Cornelia: Poetik und Geschichte. Das „Liet von Troye" Herborts von Fritzlar. Würzburg 2010.

Herweg, Mathias: Wege zur Verbindlichkeit. Studien zum deutschen Roman um 1300. Wiesbaden 2010.

Hundsbichler, Helmut: Bart. In: LexMa 1 (1980), 1490–1491.

Huschenbett, Dietrich: Fremderfahrung in Versroman, Pilgerbericht und Prosaroman des späten Mittelalters und der frühen Neuzeit. In: Anne Fuchs und Theo Harden (Hrsg.): Reisen im Diskurs. Modelle der literarischen Fremderfahrung von den Pilgerberichten bis zur Postmoderne. Heidelberg 1995, 243–265.

Kiening, Christian: Apollonius unter den Tieren. In: Matthias Meyer und Hans-Jochen Schiewer (Hrsg.): Literarische Leben: Rollenentwürfe in der Literatur des Hoch- und Spätmittelalters. Festschrift für Volker Mertens zum 65. Geburtstag. Tübingen 2002, 415–431.

Kellner, Beate: Ursprung und Kontinuität. Studien zum genealogischen Wissen im Mittelalter. München 2004.

Klebs, Elimar: Die Erzählung von Apollonius aus Tyrus. Eine geschichtliche Untersuchung über ihre lateinische Urform und ihre späteren Bearbeitungen. Berlin 1899.

von Koppenfels, Werner: Intertextualität und Sprachwechsel: Die literarische Übersetzung. In: Ulrich Broich und Manfred Pfister (Hrsg.): Intertextualität. Formen, Funktionen, anglistische Fallstudien. Tübingen 1985, 137–158.

Kugler, Hartmut: Die Vorstellung der Stadt in der Literatur des deutschen Mittelalters. München/Zürich 1986.

Lienert, Elisabeth: Deutsche Antikenromane des Mittelalters. Berlin 2001.

Linden, Sandra: Exkurse im höfischen Roman. Wiesbaden 2017.

Mittelhochdeutsche Begriffsdatenbank (MHDBDB): templum. Universität Salzburg (Koordination: Katharina Zeppezauer-Wachauer) o. D. https://mhdbdb.sbg.ac.at/#/dictionary/view/word_6045 [27.02.2024].

Nachtsheim, Anna Katharina: *wan diu borch was so getân, / daz siz allez mite betwank.* Städtische Inszenierung als Aspekt der Figurenzeichnung von Herrscherinnen im *Eneasroman* Heinrichs von Veldeke und im *Parzival* Wolframs von Eschenbach. In: Margit Dahm und Timo Felber (Hrsg.): Mentale Konzepte der Stadt in Bild- und Textmedien der Vormoderne. Leiden 2023, 193–216.

Panayotakis, Stelios: The Story of Apollonius, King of Tyre. A Commentary. Berlin/Boston 2012.

Pettengill, Ray Waldron: The Apollonius of Tyrland of Heinrich von Neustadt. A Story of the Source. Diss. masch. Cambridge 1911.

Pfister, Manfred: Zur Systemreferenz. In: Ders. und Ulrich Broich (Hrsg.): Intertextualität. Formen, Funktionen, anglistische Fallstudien. Tübingen 1985, 52–58.

Pörksen, Gunhild/Pörksen, Uwe: Die ‚Geburt' des Helden in mittelhochdeutschen Epen und epischen Stoffen des Mittelalters. In: Euph. 74 (1980), 257–286.

Renz, Tilo/Hanauska, Monika/Herweg, Mathias: Einleitung. In: Dies. (Hrsg.): Literarische Orte der deutschsprachigen Erzählungen des Mittelalters. Ein Handbuch. Berlin/Boston 2018, 1–11.

Ruge, Nikolaus: Stadt, Markt, Platz. In: Tilo Renz, Monika Hanauska und Mathias Herweg (Hrsg.): Literarische Orte der deutschsprachigen Erzählungen des Mittelalters. Ein Handbuch. Berlin/Boston 2018, 502–518.

Ruge, Walther: Tarsos. In: Wilhelm Kroll und Karl Mittelhaus (Hrsg.): Paulys Real-Encyclopädie der classischen Altertumswissenschaft (Bd. IV A,2). Symposion bis Tauris. Stuttgart 1932, 2413–2439.

Schäfer, Luis: Teuflische Gegenspieler*innen in Heinrichs von Neustadt *Apollonius von Tyrland*. In: Sandy Maillard u. a. (Hrsg.): BUCEMA Hors-Série 14, 2024, https://doi.org/10.4000/1346n [14.05.2025].

Schmeling, Gareth: Historia Apollonii Regis Tyri. In: Ders. (Hrsg.): The Novel in the Ancient World. Leiden/New York/Köln 1996, 517–551.

Schmid, Elisabeth: Ein trojanischer Krieg gegen die Langeweile. In: Jan-Dirk Müller und Wolfgang Harms (Hrsg.): Mediävistische Komparatistik. Festschrift für Franz Josef Worstbrock. Stuttgart/Leipzig 1997, 199–220.

Schmid, Wolf: Elemente der Narratologie. 3. erweiterte und überarbeitete Aufl. Berlin/Boston 2014.

Schneider, Almut: Chiffren des Selbst. Narrative Spiegelungen der Identittsproblematik in Johanns von Würzburg „Wilhelm von Österreich" und in Heinrichs von Neustadt „Apollonius von Tyrland". Göttingen 2004.

Sleumer, Albert: Kirchenlateinisches Wörterbuch. Limburg 1926.

Tomasek, Tomas: Babylon, Jerusalem. In: Tilo Renz, Monika Hanauska und Mathias Herweg (Hrsg.): Literarische Orte der deutschsprachigen Erzählungen des Mittelalters. Ein Handbuch. Berlin/Boston 2018, 40–63.

Störmer-Caysa, Uta: Grundstrukturen mittelalterlicher Erzählungen. Raum und Zeit im höfischen Roman. Berlin/New York 2007.

Worstbrock, Franz Josef: Wiedererzählen und Übersetzen. In: Walter Haug (Hrsg.): Mittelalter und frühe Neuzeit. Übergänge, Umbrüche und Neuansätze. Tübingen 1999, 128–142.

Luis Schäfer
Internationales Doktorandenkolleg *Philologie*
Ludwig-Maximilians-Universität München
Fakultät 13, Department 1
Schellingstr. 3 (RG)
80799 München
luis.schaefer@lmu.de

Margit Dahm

Das troianische Erbe. Ambivalenzen der kulturellen Selbstbeschreibung in Herborts von Fritzlar *Liet von Troye* und Konrads von Würzburg *Trojanerkrieg*

1. Troia als Ursprung höfischer Kulturalität

Troia und der Troianische Krieg gehören in der Vormoderne zu den zentralen identitätsstiftenden Fixpunkten des kulturellen Gedächtnisses,[1] denn die Ereignisse um den Untergang Troias, deren Historizität in Antike und Mittelalter nicht in Frage stand,[2] stellten einen wichtigen Bezugspunkt der kulturellen Selbstbeschreibung dar. Davon zeugt auch der literarische Diskurs der Vormoderne, denn der Troia-Mythos ist einer der prominentesten literarischen Stoffe der mittelalterlichen Literaturperiode, wobei insbesondere die zahlreichen Anspielungen in verschiedenen Genres zeigen,[3] dass das Wissen um die Geschichte des Troianischen Krieges als bekannt vorausgesetzt wurde.[4] Die große Bedeutung Troias im Mittelalter resultiert aus der Verknüpfung Troias und Roms im Gründungsmythos des römischen Reiches,[5] denn mit der Gründung Roms durch die Nachfahren

---

1 „Das kulturelle Gedächtnis hat seine Fixpunkte […]. Diese Fixpunkte sind schicksalhafte Ereignisse der Vergangenheit, deren Erinnerung durch kulturelle Formung (Texte, Riten, Denkmäler) und institutionalisierte Kommunikation (Rezitation, Begehung, Betrachtung) wachgehalten wird“ (Assmann 1988, 12); die Kultivierung dieser besonderen Erinnerungsfiguren trägt maßgeblich zum gesellschaftlichen Selbstbild bei (vgl. ebd., 12–15). Dass Troia zum „Kernbereich des kulturellen Gedächtnisses“ im Mittelalter zählt, hebt auch Kellner 2004, 131, hervor.

2 Auf den fundamentalen Status Troias als „erstes beglaubigtes Ereignis und damit geradezu als Paradigma der nicht-biblischen Weltgeschichte“ (Brunner 1990, 3) hat Horst Brunner in der Einführung zu dem nach wie vor maßgeblichen Sammelband ‚Die deutsche Trojaliteratur des Mittelalters und der Frühen Neuzeit‘ (Brunner [Hrsg.] 1990) verwiesen. Siehe auch Wolf 2008, 173.

3 Zum Genrespektrum der mittelalterlichen Troialiteratur siehe z. B. Alfen u. a. 1993, 178.

4 Vgl. Lienert 1990, 199 u. 209; Brunner 1987, 175–178; Graus 1989, 26–29.

5 Diese Verschmelzung der troianischen Herkunftssage mit dem Gründungsmythos des römischen Reiches hat Vergil bereits in der antiken Tradition vorgefunden (vgl. Suerbaum 1967, 176f.), sie findet sich schon in den *Annales* des Quintus Ennius (239–169 v. Chr.), die von der *Aeneis* als Schullektüre abgelöst wurden.

10.29091/9783752003444/028

des aus dem brennenden Troia geflüchteten Aeneas wird Troia auch zu einem wichtigen Referenzpunkt der christlichen Heilsgeschichte. Neben seiner fundamentalen historischen und heilsgeschichtlichen Bedeutung diente Troia als Herkunftsort verschiedener europäischer *gentes*, Dynastien und Städte, die eine Abstammung vom troianischen Adel bzw. eine Gründung durch Troiaflüchtlinge für sich reklamierten,[6] noch Maximilian I. ließ sich in der 1518 fertig gestellten *Fürstlichen Chronik* in einer spektakulären genealogischen Konstruktion auf niemand Geringeren als Hector von Troia zurückführen.[7] Wegen der zahlreichen Herkunftserzählungen wurde Troia als „Wiege des europäischen Hochadels" bezeichnet,[8] zugleich kommt dem Troia-Stoff, in einer Analogie zur genealogischen Herleitung und in einer Übertragung des Translationsgedankens,[9] große Bedeutung für das kulturelle Selbstverständnis zu. Diese kulturgenealogische Anknüpfung an das pagane Troia zeigt sich insbesondere im literarischen Diskurs, denn Troia wird verschiedentlich als Ursprung der ritterlich-höfischen Kultur mit ihrer konstitutiven Verknüpfung von Kampf und Frauendienst entworfen:

> Der Trojanische Krieg jedenfalls erscheint als Ursprung einer für die höfische Gegenwart verbindlichen Ideologie des Rittertums; die Werte der Gegenwart werden zurückprojiziert in eine (ideale) Vergangenheit, um ihrerseits von dieser Vergangenheit her Dignität und Legitimität zu beziehen.[10]

Ganz explizit wird diese kulturstiftende Funktion Troias z. B. in Benoîts de St. Maure *Roman de Troie* benannt, hier berichtet der Erzähler im Anschluss an die Beschreibung der nach der ersten Zerstörung wiedererbauten Stadt, dass die Tro-

---

6 Die älteste mittelalterliche genealogische Ansippung an Troia ist mit der Abstammungssage der Franken fassbar, die zuerst in der um 660 entstandenen Fredegar-Chronik überliefert ist (vgl. Garber 1989, 129–131; Graus 1989, 32). Neben den Franken gibt es troianische Herkunftsgeschichten der Briten und Normannen, von Herrscherdynastien wie den Saliern, Staufern und Habsburgern sowie von weiteren Adelsgeschlechtern. Hinzu kommen Gründungsgeschichten von Städten, z. B. Venedig und Augsburg, die von einer Gründung durch troianische Adlige erzählen. Umfassend zur genealogischen Funktion Troias Kellner 2004, 131–294.

7 Vgl. Schneider 2006, 242. Zur Langlebigkeit fiktiver Troia-Genealogien siehe auch Angenendt 1994, 43.

8 Müller 2004, 121. Kordula Wolf gibt zu bedenken, dass Troia-Herkunftserzählungen vor allem ein okzidentalisches Phänomen darstellten, das primär in Frankreich, England und im Reich fassbar sei (vgl. Wolf 2008, 167 u. 179f.). Weiterhin könne nicht für alle diese Ursprungserzählungen, die z. T. auf den gelehrten Diskurs beschränkt waren, umstandslos eine gesellschaftliche Wirksamkeit vorausgesetzt werden (vgl. ebd., 182f.).

9 Vgl. Worstbrock 2004, insbesondere 20f.

10 Lienert 1990, 202. Siehe auch Kellner 2010, 115 zu Konrads von Würzburg *Trojanerkrieg*: „In seiner Ursprungserzählung geht es nicht um die Herkunft partikularer Geschlechter, sondern um die Genealogie von höfischer Minne und ritterlichem Kampf."

ianer ihren Göttern Opfer brachten und dann zu ihrer Unterhaltung Spiele erfanden. Weiter heißt es, dass es keine adlige Kunstfertigkeit, keinen Zeitvertreib und keine höfische Unterhaltung gab, die nicht von den Troianern erfunden wurde:

> *Onques ne fu riche maistrie*
> *N'afaitemenz ne corteisie,*
> *Dont l'om eüst delit ne joie,*
> *Que ne trovassent cil de Troie* (RdT 3179–3182)[11]

Dazu gehören Schach, Brett- und Würfelspiele und manch anderer Zeitvertreib, das alles wird als sowohl unterhaltsam wie auch glanz- und würdevoll bezeichnet.

Diese kulturgenealogische Konzeption ist in sich spannungsvoll, weil sie die ambivalente Haltung gegenüber paganer Kulturalität, die christlich-mittelalterlicher Antikenrezeption eigen ist, in die eigene kulturelle Selbstbeschreibung integriert. Sie changiert zwischen der betonten Exzeptionalität des kulturellen Vorläufers, die zumindest in der volkssprachigen Tradition oftmals fassbar ist, und einer kritischen Perspektive auf dessen Unzulänglichkeit und Selbstbezüglichkeit.

Im Folgenden soll der Frage nachgegangen werden, wie diese spannungsvolle Verbindung von höfischer Kulturalität mit dem paganen Troia in zwei deutschsprachigen Versromanen über den Troianischen Krieg, Herborts von Fritzlar *Liet von Troye* und Konrads von Würzburg *Trojanerkrieg*, ausgehandelt wird. Dies soll anhand der materiell-architektonischen Beschreibung der Stadt erfolgen, wobei der Fokus auf zwei herausgehobenen Orten bzw. Artefakten liegt, durch die Troia als Ort besonderer Kulturalität markiert wird. Dies ist zum einen die Wunderkammer in Herborts Roman, zum anderen der sogenannte Wunderbaum in Konrads *Trojanerkrieg*. Es soll gezeigt werden, dass diese *descriptiones* als Reflexionsmedien dienen,[12] mit denen die immanente Spannung des von Troia herkommenden kulturellen Erbes verhandelt wird.

2. Die *descriptio* Troias

Das mittelalterliche Wissen über Troia verdankt sich einer komplexen Stofftradition, die auf verschiedene antike und spätantike Texte zurückgeht.[13] Maßgeblich

11 Zitate und Verweise nach der Ausgabe Constans 1904–1912.

12 In der Forschung wurde herausgestellt, dass die *descriptiones* kultureller Artefakte aus der paganen und/oder orientalischen Kultur, die in der höfischen Epik – nicht nur im Antikenroman – häufig fassbar sind, oftmals auf die Aushandlung eben dieser ambivalenten Haltung gegenüber paganer Kulturalität abzielen. Vgl. Reuvekamp 2023, 117f.

13 Neben ‚klassischen' Troia-Texten wie lateinischen Homer-Paraphrasen, Vergils *Aeneis* oder Teilen von Ovids *Metamorphosen* und *Heroidenbriefen* waren die beiden spätantiken fiktiven Kriegstagebücher des Dictys Cretensis und des Dares Phrygius, die im Mittelalter als tatsächliche Augenzeugenberichte galten, von besonderer Bedeutung. Insbesondere die pro-

für die kulturelle Anverwandlung des Troia-Stoffes im Mittelalter ist Benoîts de St. Maure um 1160/65 entstandener *Roman de Troie*,[14] der die Vorlage für zahlreiche volkssprachige wie auch lateinische Literarisierungen des Stoffes bildet, darunter das *Liet von Troye* und der *Trojanerkrieg*,[15] wobei die „Auseinandersetzung mit dem Trojastoff auch in der ‚Literatur' nicht fiktiv, sondern historisch gemeint war."[16] Benoît hat den antiken Stoff einer umfangreichen Mediävalisierung unterzogen, indem er Sachkultur, Interaktionsformen und Liebeshandlungen an die Vorstellungen der Entstehungszeit anpasst und außerdem zahlreiche ausführliche *descriptiones* von Elementen der höfischen Repräsentationskultur integriert.[17] Zu diesen gehören ausführliche Beschreibungen der Stadt Troia mit ihren herausragenden Architekturen, die in den beiden deutschsprachigen Versromanen übernommen und jeweils spezifisch ausgestaltet werden. Die Beschreibung der wiedererbauten Stadt Troia nach der ersten Zerstörung stellt nicht nur eine der umfangreichsten *descriptiones* dar, mit denen Benoît die Tradition des Stoffes erweitert, sie ist „gleichzeitig eine erstaunliche Resurrektion des Vergangenen aus dem textuellen Nichts",[18] denn in den von Benoît verwendeten antiken Prätexten gibt es keine langen Beschreibungen von Städten.[19]

In allen drei mittelalterlichen Texten wird das nach der ersten Zerstörung wiedererbaute Troia in langen ekphrastischen Textpartien vor Augen gestellt, die eine ähnliche Struktur aufweisen, indem sie sich perspektivisch von außen in das Stadtinnere und von der Makro- zur Mikroebene bewegen. Die Beschreibungen beginnen mit der Stadtanlage als Gesamtheit, wobei vor allem die Größe der Stadt und ihre außergewöhnliche Fortifikation durch Mauern und Türme in den Blick

---

troianische Darstellung des Dares, der seit Isidor von Sevilla als erster Geschichtsschreiber der (paganen) Weltgeschichte galt, war eine außerordentlich wichtige Quelle für das mittelalterliche Wissen von Troia und für die Troialiteratur. Vgl. Merkle 1990, 494; Lienert 1996, 13f. Zur Rezeption der Dictys/Dares-Berichte im Mittelalter siehe jüngst Ammer 2022, insbesondere 28–35.

14 „Der *Roman de Troie* übersetzt ein Monument des antiken kulturellen Gedächtnisses, nämlich den Trojamythos, und macht ihn seiner Zeit zugänglich; damit ermöglicht er dessen Aneignung, die sich in den erwähnten trojanischen Genealogien der europäischen Herrscherhäuser ausdrückt"; Malatrait 2011, 39.

15 Zitate und Verweise nach den Textausgaben Frommann 1837 (*Liet von Troye*), Thoelen/Häberlein 2015 (*Trojanerkrieg*).

16 Wolf 2008, 174.

17 Vgl. Malatrait 2011, 146f.; Bauschke/Claassens 2014, 119.

18 Malatrait 2011, 61.

19 Croizy-Naquet hebt die Stiftungsfunktion des *Roman de Troie* wie auch des *Roman d'Eneas* für die Tradition der Stadtbeschreibungen in der französischsprachigen Literatur hervor, denn hier wird ein Set von Motiven und Elementen entworfen, das konstitutiv wird für die literarische Beschreibung von Städten. Vgl. Croizy-Naquet 1994, 421.

rücken.[20] Es folgt die *descriptio* eines mächtigen Turms, der im Zentrum der Stadt errichtet und mit dem zweiten griechischen Namen Troias, *Ilion*, bezeichnet wird, und dessen enorme Ausmaße und vor allem Höhe in allen drei Texten betont werden.[21] Im Folgenden wird der Palast oder der Prunksaal des Priamos beschrieben, der in allen Versionen durch seine exquisite Materialität besticht, und der bei Konrad und Benoît eine goldene Jupiterstatue als zentrales heiliges Artefakt birgt.[22]

Bei den Beschreibungen der Stadtanlage sind verschiedene biblische Allusionen fassbar, insbesondere der bis fast an die Wolken reichende Turm Ilion ist in allen drei Romanen als Babel-Anspielung und damit als Hybris-Marker lesbar. Bei Benoît und Konrad werden außerdem die kostbaren Materialien hervorgehoben, aus denen die Stadt erbaut ist, nahezu alles besteht aus Gold, die marmorne Mauer ist mit Edelsteinen verziert und von der Stadt bzw. den Materialien geht ein besonderer Glanz aus. Diese Beschreibungen evozieren Assoziationen zum Muster des Himmlischen Jerusalem der Offenbarung, das aus reinem Gold besteht und von einer Mauer aus Jaspis umgeben ist, deren Grundsteine mit 12 verschiedenen Edelsteinen geschmückt sind, und das leuchtet wie ein Edelstein oder ein Kristall (Offb. 21,10–21).[23] Angesichts der Signifikanz der Vorstellung von der Himmelsstadt und der Präsenz des damit verbundenen Bildprogramms dürften diese Beschreibungselemente nicht nur als Hyperbolik, sondern auch als Anspielung auf dieses biblische Bild und seine Semantiken verstehbar sein.[24] Bei Konrad kumulieren die *descriptiones*, die jeweils die geradezu überirdische Schönheit und die exquisite Materialität der Stadt hervorheben, dann auch in einem dezidierten Vergleich mit dem Paradies:

> *reht als ein irdisch paradîs*
> *diu stat erwünschet dûhte,*
> *wan si gar schône lûhte*
> *von rîchen dingen manger slaht.* (TK 17444–17447)

20 Bei Benoît und Herbort geht die Beschreibung am Ende, nach der Schilderung der verschiedenen Architekturen in der Stadt, wieder zurück zur Fortifikation, indem die die gesamte Stadt umschließende Mauer, die hohen Türme und die Stadttore beschrieben werden. Bei Konrad ist dies in die einleitende Gesamtbeschreibung der Stadtanlage integriert. RdT 2963–3040 u. 3139–3172; LvT 1768–1788 u. 1831–1856; TK 17341–17452.

21 RdT 3041–3098; LvT 1789–1806; TK 17453–17497.

22 RdT 3099–3138; LvT 1807–1830; TK 17498–17559.

23 Nach Hieronymus: Biblia Sacra Vulgata 2018.

24 Vgl. Dahm u.a. 2023, 16ff. Ausführlich zur Signifikanz und Verbreitung des Bildprogramms des Himmlischen Jerusalem Kugler 1986, 79–141, mit besonderer Bezugnahme auf Konrads von Würzburg Troiabeschreibung 131–137. Auch Silvia Reuvekamp geht bei der Beschreibung Troias von einer intertextuellen Referenz auf das Himmlische Jerusalem aus. Vgl. Reuvekamp 2023, 126ff.

Diese durch den Paradiesvergleich und die Referenzen auf die Himmelsstadt evozierten positiven Konnotationen zielen aber gerade nicht auf eine Analogie von Troia und heilsgeschichtlichem Erlösungsort, sondern auf eine kontrastierende Wirkung,[25] denn während die Himmelsstadt durch den Glanz Gottes erleuchtet ist (Offb. 21,11), kommt Troias Leuchten und seinen Edelsteinen gerade keine christlich-transzendente Qualität zu.

3. Die Wunderkammer in Herborts von Fritzlar *Liet von Troye*

Die herausragendste Architektur Troias stellt die sogenannte Wunderkammer dar, von der bei Benoît und ihm folgend bei Herbort berichtet wird – in Konrads unvollendetem Roman ist diese Beschreibung nicht enthalten. Die Wunderkammer stellt in beiden Texten die längste ekphrastische Textpartie dar, allein der Umfang der Beschreibung von über 300 Versen bei Benoît und immerhin noch 160 Versen bei Herbort wie auch ihre Platzierung relativ genau in der Mitte des Textes markieren die Signifikanz dieser besonderen städtischen Architektur. Die Beschreibung der Kammer schließt in beiden Texten an eine Darstellung erbitterter Kampfhandlungen an, bei denen auch Hector verwundet wird; es wird ein Waffenstillstand ausgehandelt, damit die Verwundeten versorgt und die Toten bestattet werden können. Auf diese Textpartie, in der die Kriegsnöte und das Massensterben auf dem Schlachtfeld besonders eindringlich vor Augen geführt werden, folgt die Beschreibung der Wunderkammer, deren handlungslogische Funktion darin besteht, Genesungsort für den verwundeten Hector zu sein. Der Perspektivwechsel vom Schlachtfeld zur Innenperspektive der schönen Kammer wie auch der Kontrast zwischen dicht gedrängter Kriegshandlung und ausgedehnter ekphrastischer Beschreibung sind eklatant.

Die Kammer wird bei Herbort als Ort kultivierter Begegnung und höfischer Geselligkeit gezeichnet, denn der verwundete Hector empfängt hier Ritter und Damen zu kurzweiliger Unterhaltung:

> *Hector sie sitzen bat*
> *Als man danne plit*
> *Die ritter kvrzeten die zit*
> *Mit den frouwen harte vile*
> *Beide zv spotte vnd zv spile.* (LvT 9216–9220)

25 In ähnlicher Weise wird das Muster der Himmelsstadt im *Herzog Ernst* genutzt, um über die verkehrende Analogie die orientalisch-heidnische Stadt in Grippa als Unort zu negieren, dessen Wirkung heilsgeschichtlicher Erlösung diametral entgegensteht. Siehe hierzu Dahm 2021, 145f.; Dahm 2023.

Dabei zeichnet sich die Kammer durch eine besondere Materialität aus, sie ist mit den gleichen Edelsteinen geschmückt, die auch als Grundsteine in der Mauer des Himmlischen Jerusalem genannt werden,[26] und ihr Leuchten macht zusätzliches Licht überflüssig, sodass sie wie ein Paradies erscheint:

> *In die kamern da er inne lac*
> *Da endorfe niht schinen ander tac*
> *So clar vnd so reine*
> *Was daz gesteine*
> *Daz dar inne luchte*
> *Swer drin quam den duchte*
> *Daz da were ein paradis.* (LvT 9221–9227)

Die eigentliche Sensation und zugleich der Hauptgegenstand der Beschreibung sind vier vollkommen lebensecht wirkende menschliche Figuren, zwei Frauen und zwei Männer, die jeweils auf kostbar gearbeiteten Säulen in den vier Ecken der Kammer stehen. Bei den Figuren handelt es sich um Automaten, die über bemerkenswerte und ins Wundersame gesteigerte kulturelle Fertigkeiten verfügen.

Die erste Figur in Herborts Automatenensemble spricht, tanzt und jongliert mit Messern, außerdem wird ihr allumfassendes, sogar die Zukunft einschließendes Wissen zugesprochen über alles, was in der Luft und auf der Erde ist.[27] Ganz anders die erste Frauenstatue bei Benoît, die ihrem Betrachter einen Spiegel vorhält, der es ihm nicht nur erlaubt, seine Fehler im Äußeren wie schlecht sitzende Kleidung zu korrigieren, sondern auch, sein Verhalten zu optimieren; die Betrachtenden gewinnen Selbstsicherheit und bewahren *Contenances* (RdT 14708); dieses Motiv des Spiegels und der damit verbundenen Selbstkorrektur übernimmt Herbort nicht. Herborts zweite Figur kann so wunderbar singen und auf Saiteninstrumenten musizieren, dass beim Zuhören jedes Leid vergessen wird.[28] Die

26 Bei Benoît ist die Kammer aus Alabaster erbaut und mit Gold und den 12 Edelsteinen geschmückt, die Gott selber am schönsten fand: *E les doze pieres gemeles / Que Deus en eslist as plus beles,/ Quant precioses les noma* (RdT 14633–14635) und deren Aufzählung den Edelsteinen des Himmlischen Jerusalem entspricht, allerdings wird mit dem Karfunkel noch ein 13. Stein hinzugefügt. Bei Herbort werden einschließlich Karfunkel nur elf Edelsteine aufgezählt (LvT 9231–9236); beide Texte markieren also auch in der unmittelbaren Referenz auf die Beschreibung der Himmelsstadt die Differenz zu derselben.

27 LvT 9299–9317. Die höfischen Kunststücke beschreibt auch Benoît, ordnet sie aber der zweiten Figur zu, die dabei dezidiert als *corteise* (RdT 14711) bezeichnet wird und die außerdem neben den Kunststücken noch ein ganzes Panorama von Illusionskünsten vorführt.

28 LvT 9322–9338. Die musischen Fähigkeiten sind im *Roman de Troie* der dritten Figur zugeordnet, deren Musik sogar Sphärenmusik und himmlische Chöre übertrifft. Den Zuhörenden vergehen neben Schmerz, Sorgen und Angst auch unvernünftige Gedanken, womit ein weiteres Moment der höfischen Verhaltenskontrolle eingespielt wird. Zugleich bewirkt

dritte Figur wiederum streut Blumen auf den Boden, deren Vorrat sich nicht erschöpft, denn es sind immer neue Blumen in ihrer Hand. An dieser Stelle heißt es, dass Tag und Nacht ein Wohlgeruch in der Kammer ist, der selbst dem Tod geweihte Menschen genesen lässt, und auch der tödlich verwundete Hector gesundet hierdurch.[29] Diese Motive gibt es in anderer Verteilung auch bei Benoît, hier verstreut die dritte Figur eine Fülle von Blumen mit betörendem Duft, die durch einen wundersamen Mechanismus verblühen und wieder neu erblühen. Mit dem Verblühen und beständigen Neuentstehen der Blumen werden in beiden Beschreibungen Momente von Vergänglichkeit und Erneuerung aufgerufen, die sich auf die handlungslogische Funktion der Kammer rückbeziehen lassen, Heilungsort für den verletzten Hector zu sein. Damit wie auch mit den Semantiken des Vergessens von Leid steht die Wunderkammer in semantischer Nähe zum *locus amoenus*, dessen Naturelemente hier aber durch Produkte artifizieller Gestaltung ersetzt wurden.[30]

Der vierten Figur schreibt Herbort ein allumfassendes prophetisches Wissen zu, sie weiß alles, was auf der Erde ist und noch sein wird, und sie kann jedem Menschen vorhersagen, ob er Ehre erlangen oder Schande erfahren wird (LvT 9354–9360). Unter Berufung auf eine Schriftquelle wird die prophetische Fähigkeit dieser Figur bzw. werden alle Figuren mit dem Teufel und mit Nigromantie in Verbindung gebracht:

> *Von gotes gebot an der zit*
> *Der tufel vz den bilden sprach*
> *Und vor sagete swaz gescah*
> *Manic wunder er treip*
> *Daz man von im screip*
> *Hin abe quam vns zoberlist*
> *Die nigromancia geheizzen ist* (LvT 9367–9373).

Die Textstelle ist nicht ganz eindeutig, entweder spricht der Teufel auf Geheiß Gottes durch die Figuren, oder aber, diese Lesart scheint stimmiger, er verkündet,

die Musik, dass die Unterhaltungen im Raum übertönt und damit diskrete Gespräche über Liebe ermöglicht werden.

29 LvT 9339–9353. Die heilende Wirkung findet sich auch bei Benoît, hier aber bei der vierten Figur, die ein Rauchfass mit einem ewig brennenden Stein in der Hand hält, dessen Geruch eine heilende Wirkung hat. Bei der vierten Figur wird auch wieder das Moment der höfischen Verhaltenskontrolle eingespielt, denn die Figur vermittelt jedem Besucher der Wunderkammer auf diskrete Art, welches Fehlverhalten er zu korrigieren hat, so dass er vor unhöfischem Verhalten, der *vilanie* (z. B. RdT 14894), bewahrt wird.

30 Scheidegger 1992, 182, beschreibt die Chambre de Beauté als „sorte de locus amoenus qui aurait remplacé les éléments naturels par les produits de l'art le plus sophistiqué […].“

quasi im Sinne eines antiken Orakels, das Gebot eines Gottes.[31] Abschließend wird die Kammer zum Ursprungsort für tradiertes nigromantisches Wissen erklärt. Die Kategorisierung der wundersamen Kulturalität als Teufelswerk markiert einen abschließenden „motivischen Kulminationspunkt der *kamer-descriptio*" und steigert die bereits Benoîts Alabasterkammer eigene Ambivalenz.[32] Damit wird der einleitende Paradiesvergleich konterkariert und schwarze Kunst dezidiert als Bestandteil des von Troia herkommenden kulturellen Erbes ausgewiesen.

Die wundersame Kammer erscheint als ein verdichteter kultureller Mikrokosmos im Zentrum der Stadt, sie ist eine *pars pro toto* für den exzeptionellen Reichtum und die außergewöhnliche Kulturalität Troias, die aber zugleich problematische Implikationen in sich trägt. Die Wunderkammer ist Schauplatz vollkommen anmutender höfischer Interaktionen und einer artifiziellen Ausstellung von kultureller Kompetenz,[33] die aber auch dezidiert auf Unterhaltung und Ablenkung abzielen und damit die Ernsthaftigkeit des Kriegsgeschehens zeitweilig über- oder ausblenden.[34] Im französischen Roman ist dies mit dem ambivalenten Motiv des Spiegels in der Hand der ersten Figur verbunden. Der Spiegel als etablierte Metapher für (Selbst-)Erkenntnis kann positive Semantiken implizieren,[35] und so halten Benoîts Automaten, insbesondere die erste und die vierte Figur, die Besucher der Kammer zur Selbstoptimierung, zur „hyper-correction courtoise"[36] an und bewahren sie vor unhöfischem Verhalten. Indem Herbort das mit dem

31 Eine ähnliche Verknüpfung von Prophetie, paganer Gottheit und dem Teufel findet sich im *Liet von Troye* an anderer Stelle: Vor seinem Eintritt in den Krieg bringt Achilles in Delphi Apoll ein Opfer dar, wo der *got* (LvT 3486) ihm voraussagt, dass Troia durch ihn (Achilles) das gleiche Schicksal ereilen wird wie zuvor durch Herkules. Der Erzähler erklärt die Prophetie als Teufelswerk und die vermeintliche Gottheit als heidnischen Aberglauben: *Daz der got were / Daz ist anders niht mere / Wen daz der tufel sathanas / Sin gespenste vnd sin getwas / Vz eime bilde sprach / Vnd sagete in swaz in geschach / Stille vnd uffenbare / Zv wane vnd zv ware / Beide in ernste vnd in spot / Des hetten sie in vur einen got / Ez was ein heidennische diet / Sie achten anders gelouben niet / Diz was lange vor gotes geburt* (LvT 3497–3509).

32 Herberichs 2010, 189. Diese Opposition findet sich auch im *Roman de Troie*, hier heißt es, dass die Figuren von drei der Nigromantie kundigen Gelehrten geschaffen wurden und zugleich schön sind wie die Engel im Paradies (RdT 14668–14680).

33 Vgl. auch Malatrait 2011, 72.

34 Siehe auch Croizy-Naquet 1994, 134: „La chambre est la lieu des plaisirs et de toutes les formes de distraction."

35 Vgl. Gedigk 2023, 18. Gedigk untersucht den Spiegel als Metapher sowie als Textfunktion des höfischen Romans und verweist auf den grundlegenden Zusammenhang von Bildern und Konzepten des Spiegels mit der *hövescheit* als normativem Referenzsystem (vgl. Gedigk 2023, insbesondere 29). Malatrait liest den Spiegel in Rekurs auf Jean-Charles Huchet als Reflexionsmedium über das literarische Kunstwerk selbst (vgl. Malatrait 2011, 72f.).

36 Scheidegger 1992, 182. Siehe auch Sullivan 1985, 12: „The Chamber is, in effect, a Miroir de Courtoisie, reflecting all that is courtly, noble, and refined in Trojan society. […] It

Spiegel verbundene Motiv der Selbstkorrektur nicht übernommen hat, wird das höfische Moment noch einmal erheblich in seinem ethischen Eigenwert reduziert.[37] Aber auch Benoîts Beschreibung der Kammer ist trotz oder gerade wegen der Zuschreibungen von idealisiertem höfischem Verhalten ambivalent, gerade das Motiv des Spiegels verweist auch auf die Eitelkeit und Selbstbezüglichkeit der hier zelebrierten Kulturalität,[38] denn die höfische Gesellschaft bespiegelt sich hier selbst in ihrer Vollkommenheit und ist dabei von der Außenwelt und der fatalen Dynamik des Kriegs- und Untergangsgeschehens abgekoppelt.

Die implizite Spannung des über die Kammer verhandelten kulturellen Geltungsanspruchs kommt besonders in den menschlichen Automaten zur Geltung, die zunächst als pointierte Figurationen höchster Kunstfertigkeit und überlegenen Wissens lesbar sind, zugleich aber paradigmatisch die ambigen Sinnstiftungen mittelalterlicher Automatenbeschreibungen transportieren. Die Beschreibungen von wundersamen Automaten und Figuren – zu ihnen gehört auch der Wunderbaum in Konrads *Trojanerkrieg* – stehen in einer in die hellenistische Zeit zurückreichenden Wissens-Tradition, die dem Mittelalter in Form von Berichten über tatsächliche mechanische Kunstwerke, Konstruktionsschriften sowie literarische Beschreibungen solcher Kunstwerke zugänglich war.[39] Ähnlich der Funktion, die mechanischen Kunstwerken für den Repräsentationsanspruch hellenistischer oder später byzantinischer und arabischer Herrscher zugesprochen wurde,[40] stellen auch die ins Phantastische gesteigerten literarischen Automatenbeschreibungen ein Autoritätszeugnis ihrer Besitzer dar, die diese erschaffen lassen konnten. Udo Friedrich hat für literarische Automatenbeschreibungen festgehalten, dass diese zunächst für die Möglichkeiten der *artes mechanicae* und damit für ein besonderes kulturelles bzw. handwerklich-technisches Können stehen.[41] Als Nachbildungen der Natur implizieren sie aber auch eine Konkurrenz zum göttlichen Schöpfungswerk, sie „indizieren mit der ihnen eigenen Imitations- und Überbietungsleistung naturhafter Elemente eine nahezu göttliche Schöpfungsgewalt des herrscherlichen Automatenbesitzers".[42] Dies gilt insbesondere dann, wenn sie die Natur, z. B. durch besonders kostbare Materialien, zu überbieten suchen.[43] Bei

functions as a summa of the ideal civilization of Troy and, by extension, of the aspirations of the aristocratic society for which Benoît was writing."

37 So auch bei Masse 2007, 172f. und Herberichs 2010, 189f.

38 Zum kritischen christlichen Diskurs des Spiegels in seiner Assoziation mit Stolz und Selbstverliebtheit siehe z. B. Gedigk 2023, 47f., insbesondere FN 8.

39 Vgl. Henner von Hesberg 1987, 50–53; Hammerstein 1986, 17–26; Amedick 2003, 26f.

40 Vgl. Ernst 2003a, 152; Zimmermann 2011, 71ff.

41 Vgl. Friedrich 2003, 94.

42 Zimmermann 2011, 207.

43 Vgl. Zimmermann 2011, 116f.

Herbort wird dieses Moment explizit gemacht, wenn es heißt, dass die Figuren so echt wirken, dass jeder sie für Gottes Schöpfung halten würde:

Swer die bilde gesach
Swie wise er were er sprach
Daz in got hette daz leben
Vf dem steine gegeben
Obene noch vnden
Dehein man enkvnde
Deheine wis gemerken
Ob ez mensche solde werken. (LvT 9286–9293)

Die negative Konnotation wird noch gesteigert, wenn den Automaten ein nigromantischer Ursprung zugeschrieben wird,[44] wie es durch die vierte Figur in Herborts Automatenensemble und durch die nigromantiekundigen Erbauer bei Benoît der Fall ist. In beiden Beschreibungen werden ja gerade nicht hydraulische oder sonstige rationale Wirkmechanismen expliziert, sondern eine auf Nigromantie zurückgeführte quasi-Lebendigkeit beschrieben, deren Schönheit mit der der göttlichen Schöpfung konkurriert.

Zu den problematischen Implikationen der Kammer tritt noch ein handlungsbezogenes Moment, indem diese der Erfüllungsort der Paris-Helena-Liebe gewesen ist, denn es heißt, dass das Paar die Kammer nach der Entführung Helenas von Priamus zum Geschenk erhalten und hier zehn Jahre lang Minne und Kurzweil gepflegt hat:[45]

Da waren sie inne
An irre suzzen minne
Die wile sie dar inne lagen
Kvrze wile sie phlagen
Maniger hande vnd me
Denne hie geschrieben ste. (LvT 9380–9385)

Die implizite Problematik der ehebrecherischen Paris-Helena-Liebe, die bei Herbort besonders hervorgehoben wird, ist so mit dem über die Kammer verräumlichten kulturellen Geltungsanspruch Troias verbunden.[46] Die intrikate Verknüpfung von Minne und Krieg wird hier ihrerseits verknüpft mit der Wunderkammer

---

44 Friedrich 2003, 96.

45 Bei Benoît erhält Helena bei ihrer Ankunft in Troia die Kammer von Priamus zum Geschenk. Die Kammer ist hier eine kostbare Gabe, die auch als Analogie zu einer Morgengabe lesbar ist und den Status Helenas als höfische Dame hervorhebt. Dieses aufwertende Moment wird bei Herbort nivelliert.

46 Seus 2011, 30 beschreibt eine umgekehrte Relation, indem die Paris-Helena-Liebe durch die Lokalisierung in der durch Teufelswerk geschaffenen Kammer negativ semantisiert wird.

als besonderem Sinnbild des troianischen Kulturentwurfs. Damit wird die Kammer auch zum räumlichen Sinnbild der Selbstzerstörung – die Troianer holen die Zerstörung nicht erst mit dem Troianischen Pferd in die Stadt, sondern das destruktive Element ist mit der hochproblematischen Paris-Helena-Liebe bereits in ihrem innersten hochkultivierten Kern zugegen.

Zu den markantesten poetischen Merkmalen von Herborts Troia-Roman gehört die ungeschönte, überaus grausame Darstellung des Kriegsgeschehens, die in der germanistischen Forschung als Artikulation einer kritischen Haltung zu Krieg und Gewalt und zugleich als implizite Kritik an der feudaladligen Lebenswirklichkeit der Entstehungszeit mit ihrer Kriegsaffinitiät gelesen wurde.[47] Die ambivalente Perspektive auf das höfische Wert- und Lebensmodell, die bei Benoît schon angelegt ist, wird bei Herbort erheblich gesteigert zu einer Darstellung, die dem von Troia herkommenden kulturellen Erbe praktisch jede Aufwertung verweigert. Cornelia Herberichs hat festgehalten, dass sich Herborts Roman auch durch diese deutlichen Ambiguisierungen der Kriegs- und Minnehandlungen der eingangs skizzierten ideologiegeschichtlichen Funktionalisierung des Troiastoffes eigentlich entgegenstellt.[48] Zu überlegen ist, ob dieser Widerspruch nicht ein konstitutives Moment der kulturellen Anknüpfung an Troia ist, das bei Herbort besonders akzentuiert zur Geltung gebracht wird, indem dieser die Verweigerung einer positiven Perspektive auf den troianischen Vorläufer und damit auf die eigene höfische Kulturalität in besonderem Maße explizit macht.

4. Der Wunderbaum in Konrads von Würzburg *Trojanerkrieg*

Konrads von Würzburg unvollendeter *Trojanerkrieg* enthält die Beschreibung der menschlichen Automaten nicht, dafür ist mit dem Wunderbaum die Beschreibung eines anderen Artefakts enthalten, das ähnliche Semantiken transportiert. An die Beschreibungen von Stadt, Turm und Prunksaal schließt die *descriptio* eines wundersamen Baumes an, der so groß ist, dass 100 Ritter unter seinen Ästen sitzen können. Wurzeln und Stamm sind aus Silber, die Äste aus Gold, die Blätter aus Rubinen und Smaragden, die bei Berührung einen lieblichen Klang ertönen lassen.[49] Bei Konrad ist der Baum darüber hinaus bevölkert von vielfarbigen edelsteinernen Vögeln, die so lieblich singen, dass sie – analog zur topischen Wirkung des amoenen Lustortes – *hôhen muot* (TK 17599) geben. Wann immer Priamos

47 Vgl. Behr 2003, 160.

48 Herberichs 2010, 25

49 Das Motiv eines riesigen Baumes mit goldenen Ästen, der durch Nigromantie geschaffen wurde, findet sich bereits bei Benoît, allerdings an späterer Stelle der Romanhandlung und weit weniger umfangreich (RdT 6265–6272).

fröudenhaft (TK 17607) werden möchte, lässt er sich unter dem Baum nieder, wo ein Thron aus Gold und Elfenbein für ihn steht.

Das Motiv des Wunderbaums steht in der Tradition der tönenden ‚Vogelautomaten' als einer besonderen Gruppe von Automaten bzw. ihren Darstellungen.[50] Wie die menschlichen Automaten in der Wunderkammer stellt auch Konrads Wunderbaum zunächst einen potenzierten Exponenten der kulturellen Leistungsfähigkeit seines Schöpfers bzw. Besitzers dar, zugleich ist er deutlich als ein künstlich geschaffenes, die Natur imitierendes Artefakt markiert:

> *gewahsen unde entsprungen*
> *was niht der boum von rehter art,*
> *mit listen er gemachet wart*
> *vil rîlîch unde wunnesam.* (TK 17570–17573)

Auch der Baum bzw. die künstlichen Vögel mit ihrer froh stimmenden Wirkung werden dezidiert als ein Produkt von *listen* und von *nigromanzîe* ausgewiesen:

> *swer dâ gehôrte ir süezen sanc,*
> *dem wart vil hôher muot gegeben.*
> *si stuonden sam si künden leben*
> *und heten wunneclichen braht,*
> *seht, alsô wâren si gemaht*
> *von nigromanzîe.* (TK 17598–17603)

Damit steht der künstliche Baum paradigmatisch für die oben angeführte Spannung zwischen exzeptionellen *artes*-Fertigkeiten bzw. kulturellem Können und einem problematischen Überbietungsversuch der göttlichen Schöpfung, der auf schwarzer Magie basiert.[51] Für Beate Kellner manifestiert sich im goldenen Baum die *superbia* des Priamus, der sich in Troia seine eigene Kunstwelt erschaffen hat:

---

50 Vgl. Ernst 2003b, 60ff. Vogelautomaten sind in verschiedenen Konstruktionsschriften und Beschreibungen aus der Antike und der byzantinischen Kaiserzeit fassbar. Eine bekannte aus dem lateinischen Mittelalter stammende Beschreibung ist mit Liutprands von Cremona 962 entstandenem Bericht über eine Gesandtschaftsreise nach Byzanz erhalten, in der er einen Vogelbaum als Bestandteil eines größeren Thronautomatenensembles im Palast von Byzanz beschreibt (vgl. Ernst 2003a, 117f. u. 152; Ernst 2003b, 60ff.; Amedick 2003, 27; ausführlich zum Automatenensemble in Byzanz Hammerstein 1986, 43–58).

51 Anders Hübner, der den nigromantischen Ursprung des Baumes nicht dezidiert negativ liest; die Bewertung des Magischen hänge im *Trojanerkrieg* davon ab, ob damit gute oder schlechte Ziele verfolgt werden (vgl. Hübner 2014, 428). Auch Schneider betont, dass Nigromantie bei Konrad nicht nur eine negative Bedeutung hat, vielmehr habe Nigromantie „ihren Ort in der Ambivalenz von Tötung und Erneuerung" (Schneider 2020, 235).

„Mit dieser Artifizialität erschafft Priamus sich seine Welt gewissermaßen in Akten der *imitatio* göttlicher *creatio*: Er überwindet und übertrifft die Natur."[52]

Dieses Moment wird noch verstärkt durch religiöse Allusionen, denn der Baum, der genau in der Mitte der Stadt steht, impliziert Analogien zum Baum des Lebens in der Mitte des irdischen Paradieses (Gen. 2,9) wie auch die Bäume des Lebens im Himmlischen Jerusalem (Offb. 22,2),[53] womit die Opposition zum christlichen Schöpfungswerk noch hervorgehoben wird. Ähnliches gilt für den kostbaren Thron des Priamus, der unter dem Wunderbaum in der Mitte der Stadt ein paganes Gegenbild zum Thron des Lammes im Zentrum des Himmlischen Jerusalem bildet (Offb. 22,1–2).[54] Der Wunderbaum steht trotz der Hyperbolik der Beschreibung und der ihm zugesprochenen Wirkung sinnbildlich für die exzeptionelle, aber pagane und damit ambivalente Kulturalität Troias. Hinzu kommt, dass die freudenspendende Wirkung des Baumes sich letztlich als dysfunktional erweist: „*Hôhen muot* spendet das Artefakt nicht, indem es eine Bewältigung des apokalyptischen Leides der ersten Zerstörung anregt oder unterstützt, sondern indem es das Leid und die Verunsicherung der Trojaner lediglich durch *nigromanziê* überdeckt."[55] Diese auf die momenthafte Überblendung des Leids beschränkte Wirkung teilt der Wunderbaum mit den Automaten in Herborts Wunderkammer, die es trotz ihres allumfassenden Wissens und der prophetischen Kompetenz nicht vermögen, den Troianern Einsicht und Selbsterkenntnis zu vermitteln und so die destruktive Kausalitätskette des Troianischen Krieges zu durchbrechen und den Untergang der Stadt abzuwenden.

An die *descriptio* des Wunderbaums schließt Konrad seiner Vorlage folgend die Beschreibung eines Jupiterbilds an, das auf einem Thron im Inneren des Palastes steht und von dem sich die Troianer beschützt fühlen. Dieses Artefakt markiert den Kulminationspunkt in der Reihe der auf die Stadt bezogenen *descriptiones* und auch der damit verbundenen Licht- und Glanzbeschreibungen: Verziert mit den kostbarsten glänzenden Edelsteinen, geht von dem Bildnis ein wundersamer *liehtebaeren schîn* (TK 17648) aus, über den der Erzähler nur noch staunen kann. Der alles übertreffende Glanz des Jupiterbildes zeigt aber in aller Deutlichkeit, dass das Leuchten der Stadt Troia eben nicht-christlichen Ursprungs ist. Der

52 Kellner 2010, 93. Ähnlich Croizy-Naquet für den Wunderbaum bei Benoît: „Par cet arbre, c'est toute l'apologie de l'artificiel, voire du fallacieux et du dénaturé qui s'exprime, la démonstration de la démesure humaine qui va jusqu' à nier la nature pour créer du dénaturé." (Croizy-Naquet 1994, 128).

53 Auch Schneider verweist auf die semantische Nähe des Motivs des künstlichen Vogelbaums zum Lebensbaum (vgl. Schneider 2020, 238), liest den Wunderbaum bei Konrad aber als Symbol der Verschränkung von Zerstörung und Hoffnung auf Erneuerung (ebd., 240).

54 Siehe auch Dahm 2023, 29.

55 Reuvekamp 2023, 123.

Glanz Troias und seiner exzeptionellen Kulturalität, darauf wird die elaborierte Beschreibung der überwältigend schönen Stadt immer wieder zurückgeführt, ist in ihrem Kern durch und durch pagan:

> Das Magische und Dämonische erweist sich mithin als der Grund, auf dem der Glanz Trojas letztlich beruht. Gerade hier wird deutlich, wie die Attribute bei näherer Betrachtung zwischen positiven und negativen Konnotationen oszillieren. Der Gipfel der antiken Kultur, Troja, dessen gleißende Schönheit paradiesgleich ist, gründet auf Hochmut und schwarzmagischer Kunst, insofern ist es dem Untergang, dem Tod, immer schon verfallen.[56]

Konrads hyperbolische Beschreibung der Stadt Troia statuiert zunächst eine Exzeptionalität, vor allem die zahlreichen Licht- und Glanzbeschreibungen, die als ‚Leitmotiv' den gesamten Text bzw. die verschiedenen *descriptiones* durchziehen,[57] zielen auf die Evokation einer besonderen Verheißung ab, die aber durch die wiederholte Rückbindung der alles übertreffenden Stadt Troia an ihren paganen Ursprung und an Nigromantie kontrastiert wird. Noch deutlicher als im *Liet von Troye* wird im *Trojanerkrieg* mit religiösen Bedeutungsordnungen gearbeitet, durch die Analogien zum Himmlischen Jerusalem und zum Baum des Lebens werden die Semantiken besonderen Heils aufgerufen und zugleich zurückgewiesen, denn der nicht-christliche und auf schwarzer Magie fundierende Charakter der Stadt wird trotz der überbordenden Ästhetisierung stets präsent gehalten und implizit als Grund ihres Untergangs ausgewiesen. Damit gestaltet Konrads Literarisierung bei allen Unterschieden zu Herborts Ausgestaltung des Troiastoffes mit seinen Stadtekphrasen eine ähnliche Spannung des hierüber verhandelten kulturellen Geltungsanspruchs.

Die eingangs skizzierte kulturelle Ansippung an Troia ist nicht von der Tatsache zu trennen, dass die höfische Kultur in ein paganes Herkunftsmodell eingebettet wird. In beiden Texten werden die Wurzeln, auf die die höfische Kultur zurückgeführt wird, zum Ausgangspunkt ihrer immanenten defizitären Momente und Widersprüche. Beide Troiaromane zeugen von einer Historisierung höfischer Kulturalität im literarischen Diskurs, die eine implizite Ambivalenz zum konzeptuellen Bestandteil der Selbstbeschreibung macht und als integralen Bestandteil des kulturellen Erbes ausweist.

---

56 Kellner 2010, 93.

57 Vgl. Lienert 1996, 248f. u. 278f. Auch Helenas exzeptionelle Schönheit wird vor allem über das geradezu unwirkliche Leuchten beschrieben, womit die außergewöhnliche Stadt und Helena als Ursache ihres Untergangs einander ästhetisch zugeordnet werden.

Bibliographie

I. Primärliteratur

Benoit de Sainte-Maure: Le roman de Troie. Publié d'après tous les manuscrits connus par Léopold Constans. Tome I–VI. Paris 1904–1912.

Herbort's von Fritslâr liet von Troye. Hrsg. von Karl Frommann. Quedlinburg/Leipzig 1837.

Konrad von Würzburg: Trojanerkrieg und die anonym überlieferte Fortsetzung. Hrsg. von Heinz Thoelen und Bianca Häberlein. Wiesbaden 2015.

Hieronymus: Biblia Sacra Vulgata. Lateinisch-deutsch. Hrsg. von Andreas Beriger, Widu-Wolfgang Ehlers und Michael Fieger. Berlin/Boston 2018.

II. Sekundärliteratur

Alfen, Klemens/Fochler, Petra/Lienert, Elisabeth: Entstehungssituation und Publikum der deutschen Trojaliteratur des 12. bis 16. Jahrhunderts. In: Horst Brunner und Norbert Richard Wolf (Hrsg.): Wissensliteratur im Mittelalter und in der Frühen Neuzeit. Bedingungen, Typen, Publikum, Sprache. Wiesbaden 1993, 177–208.

Amedick, Rita: Wasserspiele, Uhren und Automaten mit Figuren in der Antike. In: Klaus Grubmüller und Markus Stock (Hrsg.): Automaten in Kunst und Literatur des Mittelalters und der Frühen Neuzeit. Wiesbaden 2003, 9–47.

Ammer, Jessica: Dictys Cretensis und Dares Phrygius. Augenzeugenberichte zwischen *fictio* und *historia*. In: Anne-Katrin Federow und Kay Malcher (Hrsg.): Troja bauen. Vormodernes Erzählen von der Antike in komparatistischer Sicht. Heidelberg 2022, 19–36.

Angenendt, Arnold: Der eine Adam und die vielen Stammväter. Idee und Wirklichkeit der *Origo gentis* im Mittelalter. In: Peter Wunderli (Hrsg.): Herkunft und Ursprung. Historische und mythische Formen der Legitimation. Sigmaringen 1994, 27–52.

Assmann, Jan: Kollektives Gedächtnis und kulturelle Identität. In: Ders. und Tonio Hölscher (Hrsg.): Kultur und Gedächtnis. Frankfurt a. M. 1988, 9–19.

Bauschke, Ricarda/Claassens, Geert: Trojaromane. In: Geert Henricus Marie Claassens, Fritz Peter Knapp und Hartmut Kugler (Hrsg.): Germania Litteraria Mediaevalis Francigena. Band IV: Historische und religiöse Erzählungen. Berlin/Boston 2014, 117–176.

Bauschke, Ricarda: Räume der Liebe – Orte des Krieges. Zur Topographie von Innen und Außen in Herborts von Fritzlar ‚Liet von Troye'. In: Burkhard Hasebrink u. a. (Hrsg.): Innenräume in der Literatur des deutschen Mittelalters. XIX. Anglo-German Colloquium. Tübingen 2008, 1–22.

Behr, Hans-Joachim: Troia in Thüringen. Herbort von Fritzlar und „sein Liet von Troye". In: Ders. (Hrsg.): Troia – Traum und Wirklichkeit. Ein Mythos in Geschichte und Rezeption. Braunschweig 2003, 150–163.

Brunner, Horst: Literarische Formen der Vermittlung historischen Wissens an nichtlateinkundiges Publikum im Hoch- und Spätmittelalter und in der Frühen Neuzeit. In: Norbert Wolf (Hrsg.): Wissensorganisierende und wissensvermittelnde Literatur im Mittelalter. Perspektiven ihrer Erforschung; Kolloquium 5. –7. Dezember 1985. Wiesbaden 1987, 175–186.

Brunner, Horst: Vorwort. In: Ders. (Hrsg.): Die deutsche Trojaliteratur des Mittelalters und der Frühen Neuzeit: Materialien und Untersuchungen. Wiesbaden 1990, 3–6.

Croizy-Naquet, Catherine: Thèbes, Troie et Carthage. Poétique de la ville dans le roman antique au XIIe siècle. Paris 1994.

Dahm, Margit/Felber, Timo: Einleitung: Mentale Konzepte der Stadt in Bild- und Textmedien der Vormoderne. In: Dies. (Hrsg.): Mentale Konzepte der Stadt in Bild- und Textmedien der Vormoderne. Leiden 2023, 13–26.

Dahm, Margit: Ein Herzog auf Abwegen. Grippia als kultureller Eigenraum im ‚Herzog Ernst B'. In: Pia Selmayr und Sarina Tschachtli (Hrsg.): Umwege, Abwege, Nebenwege. Oldenburg 2023, 17–53.

Dahm-Kruse, Margit: Water and Urban Structures in the Narrative Worlds of Courtly Novels. Aesthetic and Symbolic Functions. In: Nicola Chiarenza, Annette Haug und Ulrich Müller (Hrsg.): The Power of Urban Water. Berlin/Boston 2020, 153–156.

Ernst, Ulrich: Zauber, Technik, Imagination: Zur Darstellung von Automaten in der Erzählliteratur des Mittelalters. In: Klaus Grubmüller und Markus Stock (Hrsg.): Automaten in Kunst und Literatur des Mittelalters und der Frühen Neuzeit. Wiesbaden 2003a, 115–172.

Ernst, Ulrich: Mirabilia mechanica. Technische Phantasmen im Antiken- und Artusroman des Mittelalters. In: Friedrich Wolfzettel (Hrsg.): Das Wunderbare in der arthurischen Literatur. Probleme und Perspektiven. Tübingen 2003b, 45–77.

Finkele, Simone/Krause, Burkhardt: Automaten (und ihre Konstruktion) in hochmittelalterlicher Dichtung. In: Dies. (Hrsg.): Technikfiktionen und Technikdiskurse. Ringvorlesung des Instituts für Literaturwissenschaft im Sommersemester 2009. Karlsruhe 2012, 9–50.

Friedrich, Udo: „Contra naturam": Mittelalterliche Automatisierung im Spannungsfeld politischer, theologischer und technologischer Naturkonzepte. In: Klaus Grubmüller und Markus Stock (Hrsg.): Automaten in Kunst und Literatur des Mittelalters und der Frühen Neuzeit. Wiesbaden 2003, 91–114.

Garber, Jörn: Trojaner – Römer – Franken – Deutsche. „Nationale" Abstammungstheorien im Vorfeld der Nationalstaatbildung. In: Klaus Garber (Hrsg.): Nation und Literatur im Europa der Frühen Neuzeit. Akten des I. Internationalen Osnabrücker Kongresses zur Kulturgeschichte der Frühen Neuzeit. Tübingen 1989, 108–163.

Gedigk, Katharina: Sehen und Erkennen. Exemplarische Spiegel in höfischen Romanen des 12. bis 14. Jahrhunderts. Mit Analysen zum ‚Willehalm von Orlens', ‚Wilhelm von Österreich' und ‚Erec'. Basel 2023.

Graus, František: Troja und trojanische Herkunftssage im Mittelalter. In: Willi Erzgräber (Hrsg.): Kontinuität und Transformation der Antike im Mittelalter. Sigmaringen 1989, 25–43.

Hammerstein, Reinhold: Macht und Klang. Tönende Automaten als Realität und Fiktion in der alten und mittelalterlichen Welt. Bern 1986.

Herberichs, Cornelia: Poetik und Geschichte. Das „Liet von Troye" Herborts von Fritzlar. Würzburg 2010.

von Hesberg, Henner: Mechanische Kunstwerke und ihre Bedeutung für die höfische Kunst des frühen Hellenismus. In: Marburger Winckelmann-Programm 1987, 47–72.

Hübner, Gert: Der künstliche Baum. Höfischer Roman und poetisches Erzählen. In: PBB 136 (2014), 415–471.

Kellner, Beate: Ursprung und Kontinuität. Studien zum genealogischen Wissen im Mittelalter. München 2004.

Kellner, Beate: Konrads von Würzburg „Trojanerkrieg". Kontinuitäten und Diskontinuitäten zwischen Antike und Mittelalter. In: Poetica 42 (2010), 81–116.

Kugler, Hartmut: Die Vorstellung der Stadt in der Literatur des deutschen Mittelalters. München/Zürich 1986.

Lienert, Elisabeth: Helena – thematisches Zentrum von Konrads von Würzburg ‚Trojanerkrieg'. In: JOWG 5 (1988/89), 409–420.

Lienert, Elisabeth: Ritterschaft und Minne, Ursprungsmythos und Bildungszitat – Troja-Anspielungen in nicht-trojanischen Dichtungen des 12. bis 14. Jahrhunderts. In: Horst Brunner (Hrsg.): Die deutsche Trojaliteratur des Mittelalters und der Frühen Neuzeit. Materialien und Untersuchungen. Wiesbaden 1990, 199–243.

Lienert, Elisabeth: Geschichte und Erzählen. Studien zu Konrads von Würzburg „Trojanerkrieg". Wiesbaden 1996.

Malatrait, Solveig Kristina: „Si fier tornei". Benoîts ‚Roman de Troie' und die höfische Kultur des 12. Jahrhunderts. Hamburg 2011.

Masse, Marie-Sophie: De la *translatio* à la réécriture: Le *Liet von Troye* de Herbort von Fritzlar. In: Laurence Harf-Lancner und Laurence Mathey-Maille (Hrsg.): Conter de Troie et d'Alexandre. Paris 2006, 159–176.

Merkle, Stefan: Troiani belli verior textus. Die Trojaberichte des Dictys und Dares. In: Horst Brunner (Hrsg.): Die deutsche Trojaliteratur des Mittelalters und der Frühen Neuzeit. Materialien und Untersuchungen. Wiesbaden 1990, 491–522.

Müller, Jan-Dirk: Das höfische Troia des deutschen Mittelalters. In: Heinz Hofmann (Hrsg.): Troia. Von Homer bis heute. Tübingen 2004, 119–142.

Reuvekamp, Silvia: Die Kunst der Anderen. Überlegungen zum ekphrastischen Erzählen in Konrads von Würzburg *Trojanerkrieg*. In: Ulrich Hoffmann und Susanne Spreckelmeier (Hrsg.): Von Kulten und Künsten. Lektüren am Schnittpunkt von Anthropologie, Religionssoziologie und Poetologie. Berlin/Boston 2023, 117–136.

Scheidegger, Jean R: Les automates dans le roman antique (*Roman de Thèbes* et *Roman de Troie*). In: Danielle Buschinger (Hrsg.): Le roman antique au Moyen Âge. Göppingen 1992, 177–186.

Schneider, Almut: Bild und Geschichte. Der Wunderbaum in Konrads von Würzburg *Trojanerkrieg*. In: Sarah Bowden u. a. (Hrsg.): Geschichte erzählen. Strategien der Narrativierung von Vergangenheit im Mittelalter. XXV. Anglo-German Colloquium. Tübingen 2020, 229–243.

Schneider, Joachim: Dynastisch-territoriale Geschichtsschreibung in Bayern und Österreich: Texte und Entstehungsbedingungen – Herkunftsgeschichten und Gründungsmythen. In: Gerhard Wolf und Norbert Ott (Hrsg.): Handbuch Chroniken des Mittelalters. Berlin/Boston 2006, 225–266.

Seus, Olga: Heilsgeschichten vor dem Heil? Studien zu mittelhochdeutschen Trojaverserzählungen. Stuttgart 2011.

Suerbaum, Werner: Aeneas zwischen Troja und Rom. In: Poetica 1 (1967), 176–204.

Sullivan, Penny: Medieval Automata: the ‚chambre de beautés' in Benoît's Roman de Troie. In: Romance Studies 6 (1985), 1–20.

Wolf, Kordula: Troja und Europa. Mediävistische Mythosforschung im Visier. In: Wolfgang Huschner und Frank Rexroth (Hrsg.): Gestiftete Zukunft im mittelalterlichen Europa: Festschrift für Michael Borgolte zum 60. Geburtstag. Berlin/Boston 2008, 165–192.

Worstbrock, Franz Josef: Translatio artium. Über die Herkunft und Entwicklung einer kulturhistorischen Theorie. In: Ders., Susanne Köbele und Andreas Kraß (Hrsg.): Ausgewählte Schriften. Bd. 1: Schriften zur Literatur des Mittelalters. Stuttgart 2004, 137–156.

Zimmermann, Martin: Technische Meisterkonstruktionen – dämonisches Zauberwerk: der Automat in der mittelhochdeutschen Literatur. Eine Untersuchung zur Darstellung und Funktion von Automatenschilderungen in Erzähltexten des 12. bis 14. Jahrhunderts unter Berücksichtigung des kulturgeschichtlichen Hintergrundes. Berlin 2011.

JProf. Dr. Margit Dahm
Christian-Albrechts-Universität zu Kiel
Germanistisches Seminar
Leibnizstraße 8
24118 Kiel
dahm@germsem.uni-kiel.de

Caroline Fußbach

Die Darstellung islamischer Städte als Heterotopien in den *Civitates orbis terrarum*

Die *Civitates orbis terrarum* von Georg Braun (1541–1622) und Franz Hogenberg (1535–1590) gelten seit ihrer Veröffentlichung um die Wende zum 17. Jahrhundert als einzigartiges Kompendium von künstlerisch und literarisch herausragenden Stadtansichten der damaligen Zeit.[1] So ist das Werk Gegenstand zahlreicher kunsthistorischer und literaturwissenschaftlicher Untersuchungen und wurde auch aus historischer und geographischer Perspektive vielfach beleuchtet.[2] Die Anzahl von sechs Bänden, die Vielzahl der Auflagen wie auch die bereits zeitnah verlegten deutschen und französischen und später auch anderssprachigen Übersetzungen zeugen von der Popularität dieses Werkes noch im 16. Jahrhundert. Auch die mannigfache Rezeption belegt seine Wirkmächtigkeit.[3] Obschon es stetig wissenschaftliche Beschäftigung mit den *Civitates orbis terrarum* aus diversen Bereichen gab, zeigt eine eingehendere Auseinandersetzung mit dem Werk, dass zahlreiche Felder noch nahezu unbearbeitet geblieben sind.[4] So ist

1 Die lateinische Erstausgabe erschien 1572, dicht gefolgt von der ersten deutschen 1574 und der französischen 1575. Die Anzahl der verschiedenen Auflagen der einzelnen Bände in den unterschiedlichen Sprachen ist äußerst komplex und soll daher an dieser Stelle nicht weiter ausgeführt werden, vgl. Füssel 2015.

2 Grundlegend zu dem Werk sind der von Füssel 2015 herausgegebene und eingeleitete Katalog und die kurze Abhandlung von Keunung 1963. Zu frühneuzeitlichen Städten und deren Darstellung vgl. den Band von Behringer/Roeck 1999. Zur frühneuzeitlichen Kartographie siehe generell die Arbeiten von Nuti 1994. Die *Civitates orbis terrarum* dienen als Grundlage vieler einzelner Untersuchungen zu bestimmten Städten aus verschiedenen Fachrichtungen, die aus Platzgründen hier nicht aufgezählt werden können, vgl. dazu vor allem das Literaturverzeichnis bei Füssel 2015.

3 Bis zur Mitte des 17. Jahrhunderts erfreute sich das Werk großer Beliebtheit, was auch daran erkennbar wird, dass der niederländische Verleger Johannes Jansson die bereits im Besitz von Abraham Hogenberg, dem Sohn von Franz, befindlichen Kupferstiche noch im Jahre 1657 abkaufte und druckte, wobei danach das Interesse an Städtebüchern rapide sank, vgl. dazu Behringer 1999, 88. Selbst in der heutigen Zeit finden sich noch einige Rezeptionszeugnisse des Werkes, wie beispielsweise der Stich von Konstantinopel, der als Wandgemälde die große Bahnstation Sırkecı in Istanbul ziert.

4 Zu nennen sind hier mögliche Untersuchungen zu den die meisten Darstellungen zierenden Staffagen oder auch zu den literarischen Quellen, die Braun für seine Stadtbeschreibungen nutzte, wie auch seinen Umgang mit diesen. Johanek 2012, 3 verdeutlicht, dass zudem der Umgang mit dem Werk, das häufig nur als ‚Atlas' bezeichnet wird (vgl. Bricker/Tooley

10.29091/9783752003444/029

es bislang unterblieben, die Darstellung der islamischen Städte vor dem Hintergrund der von Braun in den Vorreden der Bände selbst geäußerten Aussagen zum Islam und dem Umgang mit diesem im Werk in den Blick zu nehmen. Gerade im Kontext der bei Erscheinen des ersten Bandes im Jahr 1572 noch nicht lange zurückliegenden beziehungsweise noch andauernden Kriege christlicher Machthaber gegen die Osmanen und des daraus resultierenden Bildes der Osmanen und des Islam in Europa stellt sich die Frage, wie die Herausgeber des Werkes mit den Darstellungen dieser Städte der feindlichen Religion und Völker umgehen mussten und wollten, um die Käufer nicht zu verschrecken, sondern sie vielmehr mit der Bewerbung auch dieser fremden Städte zum Kauf der Bände zu verleiten. Daher soll im Folgenden der Frage nachgegangen werden, wie Braun und Hogenberg mit dieser Problematik umgingen und mit welchen Strategien sie die islamischen Städte in ihrem Werk inszenieren und präsentieren. Dementsprechend soll zunächst der Blick auf das ganze Werk, seine Konzeption und Wirkungsintention gerichtet werden, um anhand von Beispielen aufzeigen zu können, inwieweit die islamischen Städte sich in das Gesamtgefüge eingliedern lassen.

Das *Theatrum orbis terrarum*, welches der Niederländer Abraham Ortelius wenige Jahre zuvor in Antwerpen herausgab, kann als direkter Vorläufer der *Civitates orbis terrarum* und zugleich auch als Inspirationsquelle gelten.[5] Dieser Atlas gilt dabei als der erste moderne seiner Art und präsentiert die Karten diverser Länder und damit das gesamte kartographische Wissen des 16. Jahrhunderts. Allerdings bieten die *Civitates orbis terrarum* als sogenannte Chorographie demgegenüber keine Karten von Ländern, sondern Ansichten von Städten.[6] Die oftmals

1971, 66) in der Regel zu kritiklos erfolge und zudem ein eigentlich notwendiger interdisziplinärer Zugriff auf dieses immer noch ausstehe. Einzeluntersuchungen wie beispielsweise von Nuti 1988 zu dem Maler Hoefnagel oder von Manfrè 2018 zu den nordafrikanischen Städten belegen die Fülle an Ansätzen und Perspektiven, welche das Werk verschiedenen Forschungsdisziplinen zu bieten hat.

5 Broecke 1996 liefert eine ausführliche Auflistung aller Karten aus dem *Theatrum*, an welchem Hogenberg bereits als Kupferstecher beteiligt war, sowie eine Einführung zu Ortelius und seinem Schaffen. Zur Bedeutung der Stadt Antwerpen als Produktionszentrum kosmographischen Wissens siehe Bérard 2020, 59–88. Generell zur Entwicklung der Städtebücher, ihren wichtigsten Vertretern und ihrer Rezeptionsgeschichte vgl. Füssel 2015, 8–63. Zur *Schedelschen Weltchronik* und ihrer Vorlagenfunktion siehe Simane 1999, 58–60. Zu Münsters *Cosmographia*, ihrem durchschlagenden Erfolg und ihrer wichtigen Rolle im Kontext der frühneuzeitlichen Städtebücher siehe Behringer 1999, 82–84.

6 Zur frühneuzeitlichen europäischen Stadt aus historischer Perspektive vgl. Gerteis 1986 und Rosseaux 2005 sowie aus literarischer und künstlerischer Sicht Dahm/Felber 2023. Die Chorographie beschreibt anders als Kosmographie und Geographie etwas Singuläres und einen kleinen Teil der Welt, z.B. eine Stadt, vgl. Kiening 2007, 242. Der Begriff der Chorographie wird im 16. Jahrhundert zum Synonym für Stadtansichten, auch da Braun ihn in

im Bildvordergrund eingefügten Staffagen, also Figuren, die in vermeintlich landestypischer Kleidung in entsprechender Szenerie dargestellt werden, verdeutlichen dabei, dass diese Ansichten dem Betrachtenden einen Einblick in die Stadt und in das Leben in ihr ermöglichen sollen. Zudem unterscheiden sich die Karten und die Ansichten dahingehend, dass die Darstellungen in den *Civitates orbis terrarum* auf ästhetische Effekte zielende Bilder der jeweiligen Städte zeigen und damit mehr sind als bloße Stadtkarten.[7]

Vor allem die zu Band III von Georg Braun verfassten Vorreden, in denen er selbst formuliert, was die Wirkungsintention seines Werkes sein soll, demonstrieren, dass es bei der Nutzung des Werkes in keiner Weise um eine Orientierungshilfe vor Ort gehen soll, sondern dem Publikum ein Kompendium geboten wird, durch das Wissen vermittelt und ein Weltbild kreiert wird. Das Werk soll es den Rezipienten ermöglichen zu reisen, ohne jedoch wirklich zu reisen, wie Braun explizit erläutert. Insofern ist eine Horizonterweiterung für jedermann möglich, solange ausreichend Bildung und die finanziellen Möglichkeiten für Kauf und Lektüre vorhanden sind.[8] Braun nennt dabei mehrere Gründe, die gegen eine reale Reise und somit für eine Reise innerhalb seiner *Civitates orbis terrarum* sprechen. So sei Reisen gefährlich, teuer, zeitaufwendig, wohingegen […] *man in disen buechern gantz frey und ohn alle forcht einiger beschmeissung boeser sitten spatzieren mag* (Bl. *1^{r}). Deshalb solle man daheim bleiben und auf die *Civitates orbis terrarum* zurückgreifen, da die realistischen Ansichten dem Betrachtenden die Städte lebensnah vor Augen stellten.[9] Braun setzt die mehrfache Be-

der Vorrede zu seinem ersten Band verwendet, vgl. Michalsky 2007, 328–329. Ptolemäus verstand die Chorographie als qualitative Form der Raumdarstellung, wobei die Geographie eine quantitative Form beschreibt, vgl. Dünne 2009, 61. Eine Chorographie zeigt somit einen perspektivgebundenen Blick, der eine sinnliche und visuelle Wahrnehmung ermöglicht, vgl. Dünne 2011, 77.

7 Zu frühneuzeitlichen Karten, ihren Lesarten und der damit einhergehenden Uneindeutigkeit zwischen Realitätsdarstellung und Phantasieprodukt vgl. Edwards 2007, 95–130. Zur sich verändernden Wahrnehmung der Stadt im 16. Jahrhundert und der damit einhergehenden Reflexion von Stadtplanung vgl. Whitfield 2006, 20–22. Zum damit verbundenen Aufkommen der Gattung literarischer Stadtbeschreibungen vgl. Kleinschmidt 1999, 74–75. Zum Beginn der kunsttheoretischen Debatte über den Raum und der dabei wesentlichen Rolle von Lessings *Laokoon* vgl. ebd., 76.

8 Braun ermöglicht es seinen Rezipienten, Erfahrungen zu machen, ohne selbst reisen zu müssen. Dafür verknüpft er in seinen Beschreibungen und Darstellungen Gegenwärtigkeit und Geschichtlichkeit, um dadurch in der Leseerfahrung einen Prozess des Erkenntnisfortschrittes zu generieren, vgl. Kiening 2007, 248–250. Zu der prägenden Rolle des *Theatrum* und der *Civitates* in der Rezeption von kartographischer Literatur und dem dadurch entstandenen Bild des ‚Reisens im Lehnstuhl' vgl. Dünne 2011, 55.

9 […] *und stelt dem Leser ein jedes also für die augen, daß er sich laest beduncken, als sihe er die Statt oder den ort, davon geredt wirt, persoenlich für sich ligen* (Bl. *1^{r}).

hauptung der Realitätstreue der Abbildungen somit in den Vorreden gezielt ein, um seinem Publikum einen Grund für den Kauf und die Lektüre seines Werkes zu liefern. Dabei ist allerdings zu beachten, dass die in den *Civitates orbis terrarum* abgedruckten Illustrationen keineswegs objektive Karten der jeweiligen Städte zeigen und zudem in ihrer Detailtreue und Genauigkeit variieren, sodass jeweils ein bestimmtes Bild der Stadt vermittelt wird, das durch seine Genauigkeit, seine Perspektive, den historischen Kontext und insbesondere durch seine Intention determiniert ist.[10] Zudem war es in der Regel weder den Autoren beziehungsweise Verlegern noch dem Publikum möglich, die angebliche Realitätstreue der entsprechenden Ansichten zu überprüfen, da sie niemals die dargestellten, vor allem außereuropäischen und somit fremden Städte zu Gesicht bekommen haben dürften. Das eröffnete den Herausgebern sehr freie Gestaltungs- und Deutungsmöglichkeiten.

Die Darstellung Kiels als Beispiel einer erreichbaren Stadt

Die spezifische Form der Darstellung ferner Städte, die den Käufern in der Regel unbekannt gewesen sein dürften, ergibt sich dabei insbesondere im Vergleich zur Darstellung europäischer Städte, die den Rezipienten theoretisch bekannt gewesen sein könnten. Als Beispiel soll hier die Stadt Kiel (IV,34) herangezogen werden (Abb. 1).

Die Vorlage für den Kupferstich der Stadt Kiel wurde, wie die vieler anderer norddeutscher und dänischer Städte auch, von Heinrich Rantzau (1526–1598) an Braun und Hogenberg vermittelt.[11] Rantzau kam damit der Aufforderung der beiden Herausgeber an die Leserschaft nach, ihnen Bilder ihrer Heimatstädte zu schicken, und übermittelte eine Vielzahl an Vorlagen von den Städten, zu denen er einen Bezug hatte.[12] Für Rantzau ergab sich somit die Möglichkeit, für ihn relevante Städte einem breiten Publikum vorzustellen und zudem zu erreichen, dass sie auf diese Weise für Kaufleute und Reisende zum einen überhaupt bekannt gemacht und zum anderen als Reise- und eventuell auch Handelsdestinationen vorstellbar wurden. Insofern verfolgte Rantzau bei der Bereitstellung der Vorlagen durchaus eigene Interessen, die von den Herausgebern aber offensichtlich toleriert

10 Zur bildlichen Darstellung einer Stadt als Konstrukt und ihrer imaginären Neuerschaffung vgl. Johanek 2012, 4; Corbineau-Hoffmann 2012, 181.

11 Zu Heinrich Rantzau und seiner Bedeutung für die norddeutsche Renaissance vgl. Jordan 1962. Eine dedizierte Auseinandersetzung mit der Person Rantzaus und seiner Rolle in den und Bedeutung für die *Civitates* steht noch aus.

12 Zwischen Braun und Rantzau bestand eine Art Gelehrtenkorrespondenz. Während Rantzau Material für die Darstellung der norddeutschen und dänischen Städte besorgte, vermittelte Braun seinerseits Rantzau auch Kontakte in die Niederlande, vgl. dazu Füssel 2015, 25–30.

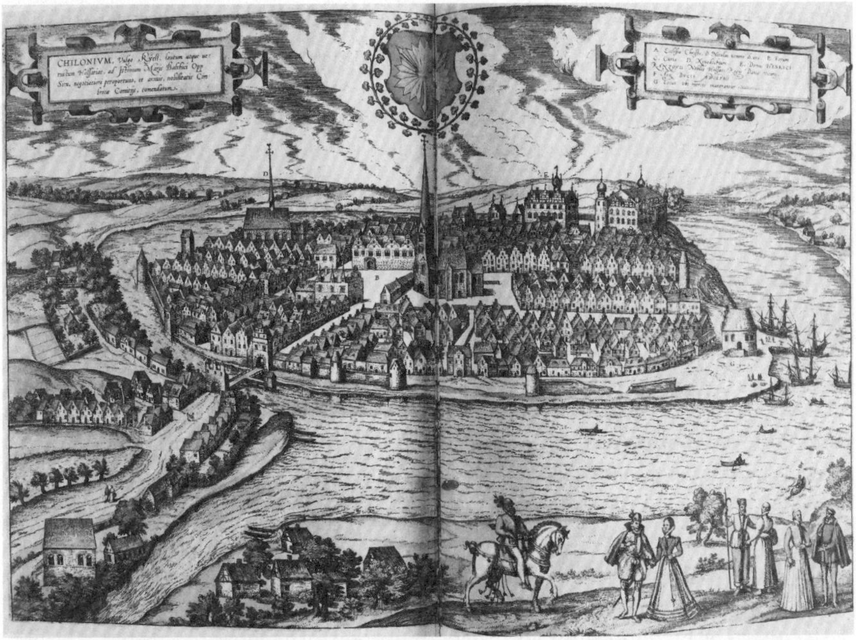

Abb. 1: Kiel, *Civitates orbis terrarum* IV,34. In: Füssel 2015, 476–477.

wurden. Auch wenn Braun und Hogenberg teilweise auf entsprechende Forderungen Rantzaus zu einer spezifischen Darstellungsweise einzelner Städte ablehnend reagierten, nahmen sie seinerseits geäußerte Kritik zu falschen Beschriftungen an.[13] So handelt es sich wohl bei dem Kupferstich Kiels, der in den *Civitates orbis terrarum* abgebildet ist, nicht um den von Rantzau beauftragten und von dem Kupferstecher Johann Greve angefertigten Stich. Da dieser Braun aufgrund der mangelnden technischen Umsetzung nicht zusagte, ließ er von Hogenberg und seinen Kupferstechern eine ganz ähnliche Darstellung stechen, die Greves Version zur Vorlage nahm.[14]

Die Ansicht von Kiel liefert eine insgesamt realistische und authentische Darstellung der Stadt. Auch wenn die vermeintliche Anhöhe, von der aus der

13 Beispielhaft kann hier die Darstellung der Stadt Wismar (I,28) genannt werden. Während im ersten Band die Platte von Wismar mit der von Rostock verwechselt worden war und die entsprechende Beschreibung zudem den Bericht einer Mordtat wiedergibt, wurde, wohl auf Betreiben Rantzaus, korrigierend eingegriffen, indem Wismar im fünften Band erneut abgebildet wurde (Bd. V,45). Dort wird die Stadt dann sowohl im Bild als auch im Text wesentlich vorteilhafter präsentiert, vgl. auch Füssel 2015, 28–29.

14 Vgl. Obermeier 2006, 2–4; Bertheau 1891, 311–312.

Betrachter auf die Stadt herabblickt, eine notwendige fiktive Hilfskonstruktion darstellt, um eine überblickende Perspektive auf die Stadt einnehmen zu können, ist das Bild der Stadt mitsamt ihrer Lage, der Form und der Position der herausgestellten öffentlichen Gebäude doch insofern realitätsnah, als dass die Stadt Kiel eindeutig als solche identifiziert werden kann. Zudem bietet sie in einem solchen Maße Orientierungshilfen, dass sich ein Ortsfremder grob zurecht finden könnte.[15] Unterstützt wird dieser Eindruck der Authentizität und Anwendbarkeit durch die Legende, welche die gekennzeichneten Gebäude betitelt. Dabei fällt auf, dass unter den insgesamt nur sieben ausgewiesenen Stätten auch Rantzaus Wohnhaus genannt wird.[16] Das Beispiel Kiels zeigt stellvertretend für die europäischen und dementsprechend für die Rezipienten erreichbaren Städte, dass die Städteansichten in den *Civitates orbis terrarum* keine Stadtpläne sind oder sein sollten, vielmehr ästhetische und informative Präsentationen der Städte bieten, die auch ohne Kenntnis der realen Stadt ihre Wirkung entfalten konnten. Grundsätzlich zeigt sich dabei jedoch ebenfalls, dass bei Städten, die im möglichen Kenntnis- und Bewegungsradius der Leser lagen, eine gewisse Realitätstreue erkennbar wird, da eine Überprüfung der Stadtdarstellungen durch die Rezipienten grundsätzlich möglich erschien. Brauns Netzwerke durchzogen den gesamten europäischen Raum und erlaubten es ihm, selbst kaum reisen zu müssen, sondern, sofern er nicht auf ihm vorliegende Quellen zurückgriff, Vorlagen oder Stiche zugeschickt zu bekommen.[17]

Anders gestaltet sich die Situation bei fremden und weit entfernten Städten, die außerhalb des von Braun ausgehenden und ganz Europa umspannenden Netzwerkes lagen.[18] In diesen Fällen konnten die Herausgeber nur selten auf aktuelle Zeichnungen und Stiche oder auf Beschreibungen und Informationen zurückgreifen. Einer Aufnahme in die verschiedenen Ausgaben scheint das jedoch nicht im Wege gestanden zu haben, zumal diese Städte außerhalb der Erreichbar-

---

15 Vgl. Obermeier 2006, 4–5.

16 Diese Angabe findet sich bereits in der Vorlage Greves, sodass davon auszugehen ist, dass sie auf Wunsch Rantzaus in den Stich eingefügt und später auch von Hogenberg übernommen wurde. Dieses Vorgehen fügt sich dabei auch in den Umgang mit weiteren durch Rantzau vermittelten Vorlagen ein, weil die Kölner Herausgeber in vielen der von Rantzau übermittelten Vorlagen dessen eingeschriebene Familien-Memoria duldeten und nicht entfernten, da auf diese Weise gewährleistet werden konnte, dass Rantzau ihnen weiterhin mit Gewährsmännern und Materialien aushalf.

17 Als bekanntes Beispiel kann hier der Maler Georg Hoefnagel gelten, vgl. dazu Nuti 1988; Simane 1999, 63–64.

18 Auch diese Darstellungen beruhen häufig auf Vorlagen, wie nachfolgend gezeigt wird, jedoch sind sie oftmals sehr viel älter, von unsicherer Herkunft und beruhen somit nicht auf zeitgenössischen Arbeiten von Künstlern, die Braun beauftragt hatte beziehungsweise die zu seinem Netzwerk gehörten.

keit der meisten Rezipienten der *Civitates orbis terrarum* lagen. Neben vier weiteren nicht-europäischen Städten (Kannur und Kozhikode, Indien, Band I,55 und Cusco und Mexico-Stadt, Mexiko, Band I,59) sind alle anderen nicht in Europa liegenden Städte islamische Städte, die als eine eigene Gruppe angesehen werden können. Als islamische Städte sollen dabei diejenigen gelten, die in einem Land liegen, das kulturell islamisch geprägt ist, oder die im 16. und 17. Jahrhundert unter einer islamischen Herrschaft standen.[19] Mit Blick auf die Verteilung der nicht-europäischen Städte innerhalb der Bände der *Civitates orbis terrarum* fällt dabei auf, dass sich diese ausschließlich in den Bänden I und II finden und in den folgenden vier Bänden nur europäische und damit vertrautere Städte abgebildet sind.[20] Die Verteilung der nicht-europäischen Städte auf die beiden ersten Bände sowie der daraus resultierende Umstand, dass in Band I beinahe ein Drittel aller Stadtdarstellungen nicht-europäische Städte sind, demonstriert, dass zu Beginn des Projekts die Präsentation des Fremden anscheinend als Verkaufsargument diente. Offenbar zielten die Herausgeber auf ein Publikum, das die Möglichkeit haben sollte, Orte zu sehen, die so exotisch waren, dass sie teilweise noch nicht einmal von ihnen gehört haben dürften.[21]

Die Darstellung der islamischen Städte als Heterotopien

Ausgehend von der auffälligen Verteilung von exotischen und europäischen Stadtdarstellungen in den verschiedenen Bänden lässt sich in Hinblick auf die Darstellungen der islamischen Städte in den ersten beiden Bänden erkennen, dass Braun und Hogenberg anscheinend kein einheitliches Gestaltungskonzept innerhalb dieser Gruppe verfolgten. Alle Stiche dieser Städte sind sowohl im Vergleich untereinander als auch mit Blick auf die europäischen Städte unterschiedlich gestaltet. Die grundsätzliche Aufnahme dieser islamischen Städte in die *Civitates orbis terrarum* wie auch ihre jeweilige spezifische Darstellungsform sind dabei jedoch

---

19 Es handelt sich um die folgenden 24 Darstellungen: Band I: Aden, Asilah, Ceuta, Elmina, Famagusta, Hormus, Jerusalem, Kairo, Kilwa, Konstantinopel, Mahdia, Mombasa, Safi, Sale, Sofala, Tanger; Band II: Alexandria, Algier, Damaskus, Jerusalem, Tunis (2), Penon de Velez; Band IV: Jerusalem.

20 Zu jenen ‚vertrauten' Städten gehört auch Jerusalem, von dem eine von insgesamt drei Abbildungen auch noch in Band IV begegnet. Da Jerusalem jedoch aus christlich-europäischer Perspektive zu dieser Zeit nicht wirklich als islamische Stadt galt, kann das in diesem Zusammenhang vernachlässigt werden.

21 In den späteren Bänden finden sich vor allem deutsche Städte, auch kleinere und unbekanntere, sodass davon ausgegangen werden kann, dass entweder das Vorlagenmaterial erschöpft war oder aber das Publikum zu diesem Zeitpunkt ausreichend exotische Städte gesehen hatte und nun mehr daran interessiert war, die eigene Stadt in diesem Werk verewigt und präsentiert zu sehen.

einer einheitlichen Wirkungsintention unterworfen. Da die islamischen Städte sehr divers und somit anders als die europäischen Städte dargestellt werden, erscheint es möglich, sie als andersartige Orte, also Heterotopien, wahrzunehmen.[22] Heterotopien sind realisierte Utopien, die als unwirklicher Raum gedeutet werden, in denen die wirklichen Orte repräsentiert oder verkehrt werden.[23] Außerdem vereinen sie zumeist mehrere Räume an einem Ort und setzen sie zueinander in Beziehung, wobei sie an ein System des Öffnens und Schließens gekoppelt sind.[24] Angewendet auf die dargestellten Städte in den *Civitates orbis terrarum* lassen sich scheinbar zunächst alle Abbildungen durch dieses Konzept greifbarer machen. So ist der Zugang zu und der Weggang aus den dargestellten Städten allein durch das Öffnen und Schließen des Buches möglich. Die Städte existieren dementsprechend nur zwischen den Buchdeckeln. Versteht man daran anknüpfend das gesamte Werk als eine eigene Welt, vereint es mehrere Räume an einem Ort, setzt sie dadurch miteinander in Beziehung und konstituiert sich selbst als ein Heterotopos. Zugleich fungieren die einzelnen Stadtansichten ebenfalls als Heterotopien, da sie zwar wirkliche Orte repräsentieren und nachahmen, jedoch insofern nicht real sind, als sie nur in der spezifischen Darstellungsform des Werkes selbst existieren.

Überdies zeigen sich auf der Grundlage dieser Theorie Unterschiede in der Darstellung europäischer und islamischer Städte, die es erlauben, im Folgenden lediglich die Stiche der islamischen Städte als Heterotopien zu definieren. So bleibt in den Darstellungen der europäischen Städte, wie etwa im Beispiel von Kiel, ein Bezug zur realen Stadt erhalten, da die Rezipienten diese kennen oder kennenlernen konnten. Bei den islamischen Städten gestaltet sich die Situation insofern anders, als diese den Rezipienten in der Realität kaum bekannt gewesen sein dürften, sodass die Abbildungen der Städte in den *Civitates orbis terrarum* in der Vorstellung der Leser zwangsläufig zu den realen Städten selbst werden, da sie die vorhandenen Leerstellen füllen und die Leserschaft somit die Bilder dieser unbekannten Städte als die Städte selbst rezipierte. Dieser Umstand gewinnt vor allem deshalb an Bedeutung, weil die Abbildungen der islamischen Städte einem identischen Konzept folgen, selbst wenn auf den ersten Blick kein einheitliches gestalterisches Konzept offensichtlich wird. Denn die Darstellung der islamischen

---

22 Foucault 1992. Foucaults bewusst offen konzipierte Theorie der Heterotopien, die er anhand weniger Beispiele erläutert, soll hier für einen kultur- und literaturwissenschaftlichen Ansatz genutzt werden.

23 Vgl. Foucault 1992, 38–39; zur Darstellung und Beschreibung von Städten als Heterotopien vgl. auch Kleinschmidt 1999, 76.

24 Vgl. Foucault 1992, 42–43.

Städte als inszenierte Heterotopien wird determiniert durch eine Wirkungsintention, die sich in das europäische Islambild des 16. Jahrhunderts einfügt.

Braun selbst thematisiert den Islam und den Umgang mit ihm in seiner Vorrede zum ersten Band auf interessante Art und Weise. Er begründet die Einfügung der Staffagen im Vordergrund der Stiche von europäischen Städten demnach damit, dass sie, neben der Präsentation der unbekannten unterschiedlichen Trachten und kulturellen Szenerien, ein bewusst eingebautes Hemmnis böten, um die Türken[25] an der Betrachtung der europäischen Städte zu hindern:

> […] *weil wir aller Nationen unnd verscheidener voelcker ungleiche art der kleidungen, so wol hohes als nidrigen standes bey eine jedere Stadt haben lassen setzen, Der ursach halben die blutduerstige Turcken, welche keine geschnittene oder gemahlte Bilder leiden, disz buch nimmer, wie hohen nutz es ihnen auch brengen kunte, zu lassen werden* (Bl. B2v).

Stimmig ist diese Begründung offensichtlich nicht, da Staffagen ebenfalls bei islamischen Städten verwendet werden. Die dem Werk vorangestellten Worte demonstrieren jedoch Brauns grundsätzlich negative Einstellung dem Islam gegenüber und die Wahrnehmung der Türken als Feinde. Diese Auffassung zieht sich auch durch die späteren Beschreibungen der islamischen Städte, in denen Braun Türken und Muslime durchgehend als gefährlich, brutal und feindlich charakterisiert. Mit Blick auf die Gesamtkonzeption des Werkes legten Braun und Hogenberg einen spezifischen Lösungsansatz vor, um mit den islamischen Städten umgehen zu können: Einerseits mussten sie negativ dargestellt werden, auf der anderen Seite wollte man auf deren Aufnahme in die *Civitates orbis terrarum* aber auch nicht verzichten, weil der Reiz des Fremden als Kaufargument diente.

Die Bandbreite an Darstellungsformen für islamische Städte (Kairo, Tunis, Damaskus und Konstantinopel)

Dies lässt sich beispielhaft an der Darstellung der ägyptischen Stadt Kairo (I,56) nachvollziehen (Abb. 2).
So zeigt ein Blick auf den Stich Kairo zunächst als sehr große und unübersichtliche Stadt. Auch wenn sie trotz einer fehlenden durchgehenden Stadtummauerung als Einheit in Abgrenzung zum Umland erkennbar ist, fehlen doch eindeutig herausragende Gebäude, anhand derer eine Orientierung möglich wäre, da alle Häuser als identische kleine Kästen gezeichnet sind, die nur vereinzelt von einer

25 Der Begriff ‚Türke' ist dabei mit Blick auf die Gesamtkonzeption der *Civitates orbis terrarum* grundsätzlich als Synonym für Muslime sowie auch für Menschen des arabischen Kulturraums zu verstehen, da von Braun keinerlei Differenzierung vorgenommen wird, wobei er zumeist von ‚Türken' spricht.

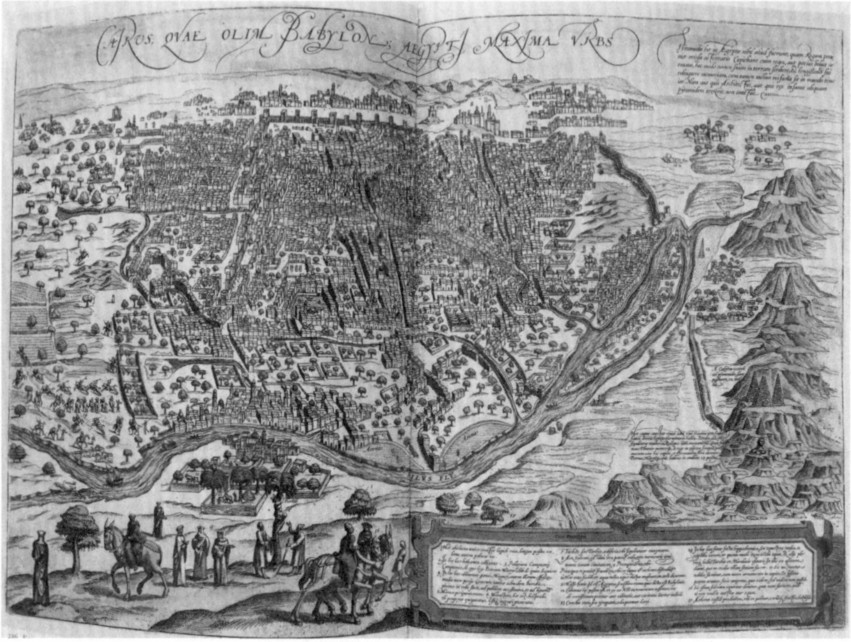

Abb. 2: Kairo, *Civitates orbis terrarum* I,56. In: Füssel 2015, 236–237.

Moschee samt Minarett ersetzt werden. Überdies ist die Straßenführung sehr ungeordnet und im hinteren Bildabschnitt sogar kaum mehr erkennbar, da dort die Häuserdichte zu groß wird. Eindeutig als Kairo lässt sich die aus westlicher Perspektive abgebildete Stadt dadurch erkennen, dass der als Nil betitelte Fluss zentral durch das Bild fließt und am rechten Rand sowohl die Pyramiden als auch die Sphinx in geographisch korrektem Verhältnis zur Stadt zu finden sind. Zudem ist der Stich in den *Civitates orbis terrarum* überschrieben mit dem Titel *Cairos, quae olim Babylon Aegypti maxima urbs.*[26] Wenngleich die Darstellung trotz der Unübersichtlichkeit der Stadt auf den ersten Blick einigermaßen neutral zu sein scheint, sprechen doch zwei Aspekte in der Bildkonzeption dagegen. So weckt die Bezeichnung Kairos als ‚Babylon' im Titel beim christlichen Rezipienten des Stiches Assoziationen mit der biblischen Stadt Babylon, die als Inbegriff des Durch-

26 Tatsächlich existierte dort, wo nun Kairo liegt, in der Antike eine römische Festung namens Babylon. Die Bezeichnung, die Braun hier vornimmt, ist also begründet. Nichtsdestotrotz geht es Braun bei dieser Benennung weniger um historisches Hintergrundwissen, da auch im Text diesbezüglich keine weiteren Aussagen gemacht werden, sondern vielmehr um die Assoziation mit dem biblischen Babylon, vgl. dazu Sheehan 2015; Vitkus 1999, 218–222.

einanders, der Sünde und Dekadenz und sogar als das irdische antichristliche Zentrum im Vergleich zum himmlischen Jerusalem gilt. Der zweite Aspekt ergibt sich durch den eingefügten kurzen Text zu den Pyramiden innerhalb des Stiches, welcher die Überheblichkeit der Pharaonen (abfällig *beluae* genannt), sich solche pompösen Gräber wie die Pyramiden zu schaffen, thematisiert.[27] Zugleich finden sich auch weitere Elemente außerhalb der bildlichen Darstellung, die eine subtile negative Assoziation der Stadt Kairo beim Rezipienten erwecken sollen. So greift Braun für die vorangestellte Beschreibung der Stadt, wie für mehrere andere afrikanische Städte auch, auf die Beschreibung des Leo Africanus zurück.[28] Dabei übernimmt er diese jedoch nicht in Gänze, sondern selektiert die Informationen bewusst. Demzufolge übernimmt Braun aus der Quelle zwar den Bericht über die Nilschwemme ([...] *drumb (wie Johannes Leo Afer anzeigt) das des wassers auff und abwachsen aldo angemerckt wirt*), da dieses geographische Phänomen als interessant und unverfänglich gelten kann, streicht demgegenüber jedoch den Abschnitt über die seiner Meinung nach wohl bei Africanus zu positiv dargestellten Bräuche und Riten der Muslime in Kairo.[29] Stattdessen fügt Braun dem Bericht sogar eine eigene Ergänzung hinzu, welche die Stadt noch negativer konnotiert, indem er sie durch eine historische Verortung dem Machtbereich der Osmanen zuordnet (*Anno M.D.XVII. hatt der Turckischer Keyser Zelinus diese grosse gewaltige Stadt mit streitbarer hand eingenommen* [...]). So wird Kairo in Bild und Text zwar auf den ersten Blick einigermaßen neutral dargestellt, jedoch bewirken subtil eingesetzte Elemente, wie die Erwähnung der osmanischen Herrschaft, sowie ein selektiver Umgang mit den literarischen Quellen eine unterschwellige negative Konnotation dieser Stadt beim Rezipienten.

Diese Tendenz lässt sich auch mit Blick auf die Stadt Tunis (II,57; 58) feststellen, die im zweiten Band der *Civitates orbis terrarum* zweimal unmittelbar hintereinander dargestellt wird, wobei sie jedoch jeweils auf unterschiedliche Weise und aus einer anderen Perspektive abgebildet ist (Abb. 3 und 4).[30]

27 Es ist unklar, auf welche Vorlage die Herausgeber hier zurückgriffen. Interessant ist jedoch, dass die Herausgeber von Sebastian Münsters *Cosmographia* die Ausgaben ab 1574 mit dieser Darstellung Kairos versahen, dabei jedoch neutraler vorgingen, indem sie die Überschrift änderten und die Texte aus dem Stich herausnahmen.

28 Immer noch als grundlegend für die Biographie und das Schaffen von Leo Africanus kann die Arbeit von Zemon Davis 2008 gelten. Vgl. auch Rauchenberger 1999.

29 Vgl. Ette 2020, 324–325.

30 Vgl. Manfrè 2018,13–15 zu den Vorlagen der beiden Tunis-Stiche. Sie weist darauf hin, dass auch andere nordafrikanische Städte in den *Civitates orbis terrarum* im Kontext von Schlachten präsentiert (Mahdia, Algier) oder aber stark europäisiert dargestellt (Tanger) werden, siehe ebd., 19–20.

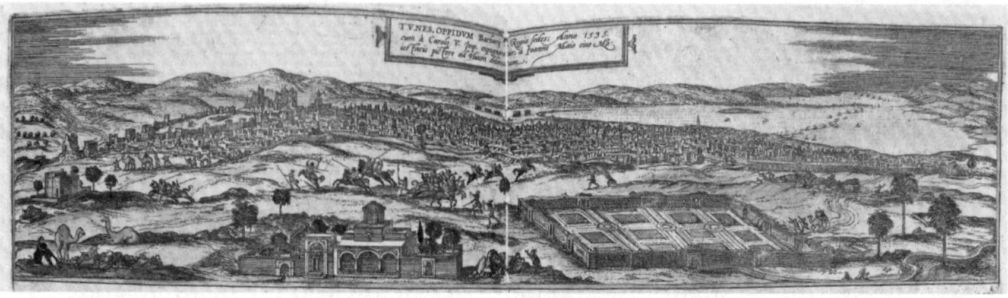

Abb. 3: Tunis, *Civitates orbis terrarum* II,57. In: Füssel 2015, 344–345.

Mit Blick auf die beiden Darstellungen fällt dabei auf Anhieb auf, dass die Stadt nur im Hintergrund der Stiche zu sehen ist und eher als eine Art Kulisse zur jeweils im Vordergrund dargestellten Schlacht beziehungsweise Belagerung fungiert. In beiden Darstellungen wird die Stadt in einem zeitlich fixierten historischen Kontext beziehungsweise in Hinblick auf ein Ereignis verankert. Dabei wird in der ersten Abbildung (Abb. 3) die verheerende Schlacht um Tunis unter dem siegreich aus dem Kampf hervorgehenden Kaiser Karl V. im Jahr 1535 gezeigt, wie auch die entsprechende Bildüberschrift verrät.[31] Der zugehörige Text erwähnt die Schlacht jedoch mit keinem Wort, da er sich aus dem Bericht des Leo Africanus speist und dementsprechend grundsätzlich über die Stadt Tunis informiert und keine konkreten historischen Ereignisse thematisiert. Während der für den Leser zuerst sichtbare Text nur mit Informationen über die Stadt aufwartet, zeigt das nachfolgende Bild eine für die Christen siegreiche Schlacht, die jedoch lediglich anhand der Überschrift identifiziert werden kann.

Wenngleich die Stadt Tunis den Rezipienten auf der Grundlage dieser Präsentation auf den ersten Blick positiv erscheinen mag, da sie von den Christen erobert wurde, zeigt sich diese erste Konnotation durch die zweite Ansicht der Stadt in ihr vollständiges Gegenteil verkehrt. So wartet der zweite Text nicht mit weiteren Informationen zur Stadt auf, sondern gibt eine Übersicht über die politischen Ereignisse, die sich zwischen den Jahren 1535, dem Zeitpunkt der Schlachtdarstellung der ersten Ansicht, bis zum Zeitpunkt der Veröffentlichung des Bandes im Jahre 1574 zutrugen. Im Jahre 1574 fand demzufolge eine weitere Schlacht um Tunis statt, die von Philipp II., dem Sohn Karls V., geführt wurde, jedoch im Gegensatz zu der vorherigen nicht siegreich von den Habsburgern bestritten wurde, sondern den Verlust der Stadt mit sich brachte. Entsprechend dieses Ausgangs gibt Braun am Ende des Textes einen niederschmetternden und erschreckenden Ausblick der sich nun von Tunis ausbreitenden Gefahr für Europa: […] *das orth zu einem haupt des gantzen Koenigreichs verordnet, darausz Hispanien, Italien und*

31 *Tunes, oppidum Barbariae et Regia sedes. Anno 1535. cum à Carolo V. Imp. expugnaretur.*

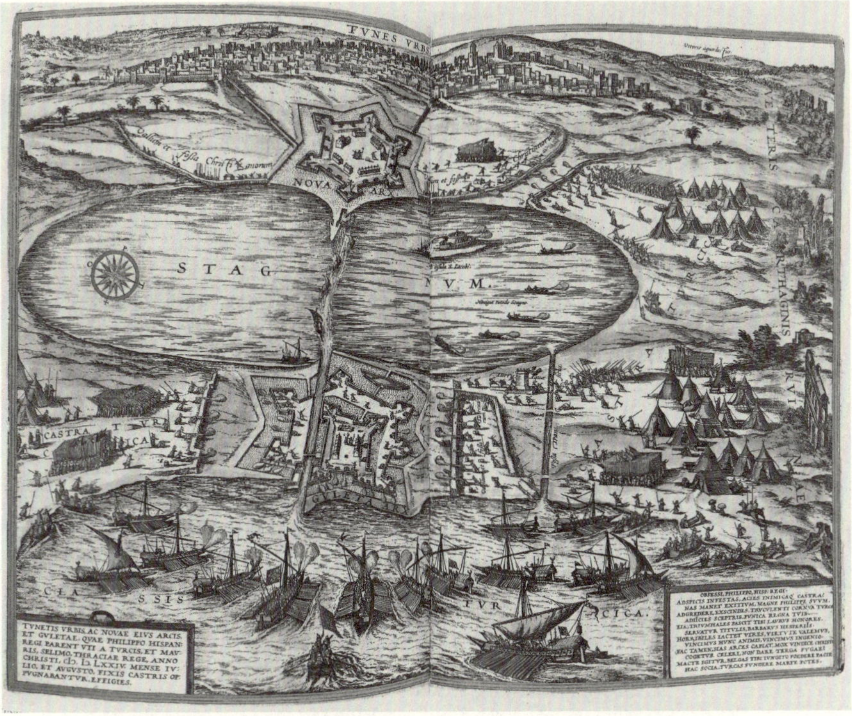

Abb. 4: Tunis, *Civitates orbis terrarum* II,58. In: Füssel 2015, 340–341.

andere Inseln anzugreiffen (II,58). Diese Prognose des drohenden zukünftigen Unheils unterstreicht die auf dem nächsten Blatt folgende Darstellung von Tunis, auf der die verlorene Schlacht zu sehen ist (Abb. 4). Auch wenn das unten rechts in den Stich eingefügte Gedicht noch die Hoffnung auf einen Sieg der Spanier zum Ausdruck bringt, wirkt die Formulierung des unerfüllten Wunsches in Anbetracht des Wissens um die Niederlage umso verzweifelter. Vor dem Hintergrund dieser Funktionalisierung des Begleittextes rückt die Stadt selbst noch stärker in den Hintergrund als auf der ersten Darstellung. Dies führt dazu, dass der Rezipient weniger auf die Stadt als vielmehr auf die im Vordergrund dargestellte Belagerung achtet, diese in Erinnerung behält und unweigerlich mit der Stadt Tunis verknüpft. Insofern bewirkt die Inszenierung der Abfolge von Bildern und Texten zu Tunis in erster Linie eine Konnotation mit gewaltigen Schlachten gegen die Osmanen, der am Ende stehenden Niederlage gegen diesen Feind sowie einer von dort ausgehenden Gefahr für das südliche Europa.

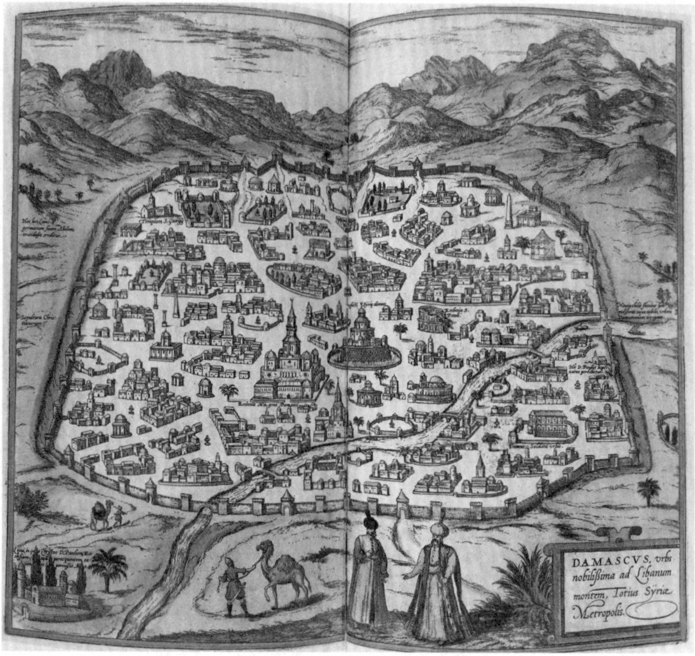

Abb. 5: Damaskus, *Civitates orbis terrarum* II,55.
In: Füssel 2015, 334–335.

Während diese doppelte Darstellungsweise von Tunis als Hinweis auf die drohende Gefahr durch die Osmanen genutzt wird, um die islamische Stadt negativ darzustellen und sie dadurch wiederum darstellbar zu machen, lässt sich mit Blick auf die Stadt Damaskus (II,55) eine auffällig abweichende Strategie ausmachen (Abb. 5).

In der Beschreibung zeigt sich ein sehr positives Bild der Stadt, indem für das Alte und das Neue Testament bedeutsame Stätten in und um Damaskus herum genannt werden.[32] Zudem finden sich in dem Text generell keine negativen Aussagen zu der Stadt oder den dort lebenden Menschen, was sich in das damalige Bild von Damaskus aus europäischer Sicht einfügt. So war Damaskus von eher geringem Interesse für Europa, wurde jedoch für seinen Reichtum bewundert und

32 So wird beispielsweise die Stelle markiert, an welcher Saulus zum Paulus wurde, oder die, an welcher Kain seinen Bruder Abel erschlug. Dieser Verknüpfung von Damaskus und biblischem Geschehen entsprechend wird direkt im ersten Satz der zugehörigen Beschreibung die Bibel als Quelle genannt („wie die Heilige Schrifft bezeugt").

galt als Wiege der Menschheit.[33] Diese Konnotation des Textes findet sich auch in der bildlichen Darstellung wieder. So zeichnen sich die Staffagen zwar durch exotische Gewänder aus und auch die abgebildeten Kamele verdeutlichen die Fremdheit dieses Ortes. Neben diesen Elementen des Fremden werden jedoch ebenfalls die im Text angesprochenen christlichen Stätten im Stich aufgegriffen, indem schriftliche Hinweise prägnant auf diese verweisen. Darüber hinaus zeigt sich ein offensichtliches Bemühen, Damaskus als für das Christentum bedeutsame Stadt zu inszenieren, gleichfalls in der Gesamtkonzeption der Stadtdarstellung, indem sie an das bekannte Schema der mittelalterlichen Rom-Veduten angelehnt wird.[34] Deutlich wird das insbesondere in der alles umfassenden runden Stadtmauer, der Fokussierung auf wenige Gebäude, die dabei jedoch als wichtig und repräsentativ gelten können, und dem weiten freien Raum zwischen den Gebäuden, der nicht dem realen Stadtbild entspricht. Das Beispiel Damaskus erweist sich somit in die übergeordnete Darstellungsintention der islamischen Städte in den *Civitates orbis terrarum* insofern integriert, als zum einen die osmanische Herrschaft nicht ausgestellt und zum anderen die Stadt sogar als genuin christliche Stadt, als zweites Rom, inszeniert wird.

Anders gestaltet sich die Situation bei der Darstellung der Stadt Konstantinopel (I,52), die zur Zeit der Herausgabe der *Civitates orbis terrarum* unter osmanischer Herrschaft stand. Hier wurde indes eine andere Art der Präsentation und Vermittlung gewählt (Abb. 6).

Als Vorlage für die bildliche Darstellung lässt sich ein Holzschnitt des Italieners Giovanni Andrea Vavassore ausmachen, der im 16. Jahrhundert in Venedig als Holzschneider und Kartograph tätig war.[35] Auffällig ist, dass der Schnitt nicht unverändert übernommen wurde. So zeigt der Stich in den *Civitates orbis terrarum* mehr Umland als bei Vavasssore und die abgebildeten Schiffe sind detaillierter ausgearbeitet, was möglicherweise der feineren Machart des Kupferstichs geschuldet ist. Außerdem wurden Staffagen eingefügt. Zusätzlich findet sich am unteren Bildrand eine Leiste mit Portraits der osmanischen Herrscher.[36] Die nicht in der Vorlage vorhandene und demzufolge nachträglich eingefügte Überschrift im Kupferstich weist die Stadt als *Byzantium nunc Constantinopolis* aus

33 Vgl. Keenan 2001; Vitkus 1999, 218–221 dazu, dass die Darstellungen der islamischen Welt nicht immer negativ waren, da von dort unter anderem Luxusgüter nach Europa kamen.

34 Vgl. Bogen/Thürlemann 2009 zu Romansichten und mittelalterlichen Veduten der Stadt.

35 Effenberger 2021, 24–25 datiert den Holzschnitt Vavassores auf circa 1530, vgl. auch dazu Colding Smith 2014, 170.

36 Die insgesamt zwölf Portraits zeigen alle Sultane vom Begründer des Osmanischen Reichs, Osman I., bis zum damals regierenden Selim II. Sie stammen laut der Angabe Brauns aus Adolf Werners *Epitome rerum Turcicarum*, gedruckt 1568; vgl. Colding Smith 2014, 151–176, vor allem 161–162.

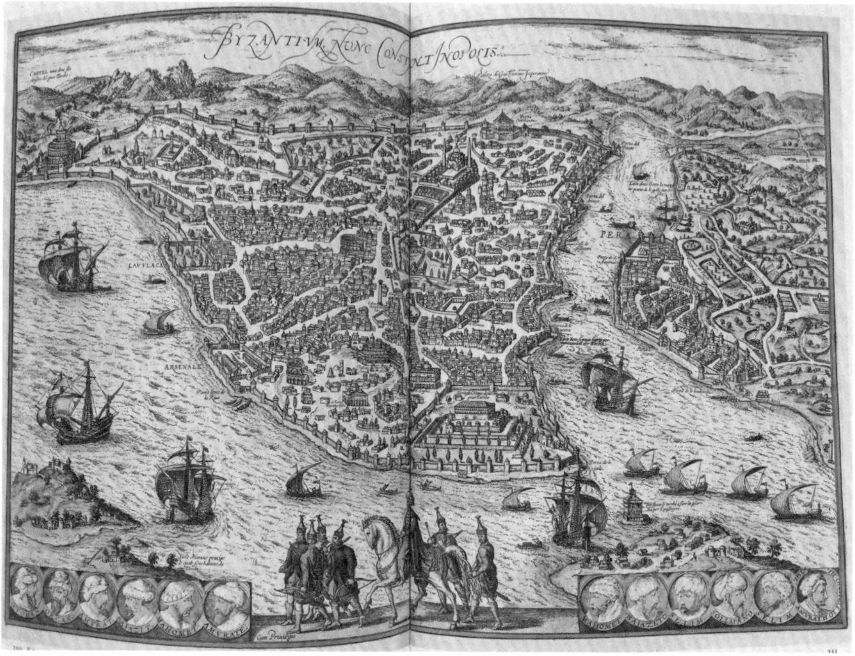

Abb. 6: Konstantinopel, *Civitates orbis terrarum* I,52. In: Füssel 2015, 210–211.

und drückt bereits dadurch eine bestimmte Perspektive aus, die das ‚alte' christliche Byzanz und dessen Eroberung durch die Osmanen in den Fokus rückt. Die Vorlage Vavassores und ebenso der Stich von Hogenberg zeigen zudem die Hagia Sophia noch als christliche Kirche und dementsprechend die Situation vor dem Umbau zur Moschee am Tag der Eroberung von Konstantinopel im Jahre 1453.[37] Auf dem Areal links der Hagia Sophia sind außerdem Überreste römischer Gebäude abgebildet, wie etwa ein Amphitheater und Obelisken. Neben diesen Relikten aus vorosmanischer Herrschaft sind jedoch auch Gebäude aus osmanischer Zeit abgebildet, wie der zentral platzierte neue Palast, den Sultan Mehmed II. direkt nach der Eroberung Konstantinopels innerhalb eines gewaltigen Gartens errichten ließ, wodurch die zum Zeitpunkt der Veröffentlichung der *Civitates or-*

37 Der Fall Konstantinopels an die Türken wirkte sich sehr prägend auf deren Wahrnehmung und der des Islam in Europa aus, vgl. Vitkus 1999, 210. Zur Manifestierung dieses mit der Jahreszahl 1453 verknüpften Schreckens nennt Braun das Jahr auch explizit am Ende seines Textes zu Konstantinopel. Trotz der zahlreichen Kriege gegen die Osmanen im 16. Jahrhundert wuchs vor allem ab dem 17. Jahrhundert jedoch auch das Interesse und die Faszination an dieser fremden Religion, vgl. Vitkus 1999, 215–218.

bis terrarum raumgreifende Präsenz der Osmanen in Konstantinopel fassbar wird. Diese synchrone Darstellung eigentlich diachron existierender Gebäude entwirft eine Stadt, in welcher die zeitgenössische osmanische Herrschaft die vorherige christliche Prägung der Stadt sichtbar überlagert.

Die Gegenüberstellung der früheren christlichen und der zeitgenössischen muslimischen Herrschaft wird ebenfalls im Text zu Konstantinopel ausgeführt. So folgt nach einer für die Stadtbeschreibungen typischen und auf antiken Quellen basierenden Erläuterung über die geographischen und ökonomischen Begebenheiten der Stadt der Hinweis auf deren Gründung durch Kaiser Konstantin als zweites Rom (*man solte sie new Rom nennen*), wobei der Bezug zu Rom auch später noch häufiger hervorgehoben wird.[38] Diese eindringliche Rhetorik Brauns, dem Leser Konstantinopel als zweites Rom und dementsprechend als eine der bedeutendsten christlichen Städte zu präsentieren, findet ihren argumentativen Höhepunkt schließlich am Ende des Textes, wenn der Verlust der romgleichen Stadt an die Muslime geschildert wird: *Wie aber diser Stadt herrlichkeit und wirde grosser ist, wie es uns auch grosseren schmertz brengt so offt wir gedencken das solche gewaltige Stadt* […] *von den wütenden und viehischen Türcken den Christen* […] *abgenommen und under ire gewalt bracht ist.* Dieses für den christlichen Leser erschreckende Fazit verknüpft Braun abschließend mit dem Hinweis darauf, dass er

> *warhafftige namen und beschreibung der Ottomanner, ausz des hochberuembten Adolphi Vernerij Epitome, welche er nit ausz anderen, sonder ausz der Tuercken jarbuechern fleissig auszgezogen hat, auch derselben ansicht, wie sie zu Venedig geschnitten seindt / herzugesatzt.*[39]

Auch wenn dieser nüchterne Hinweis auf den ersten Blick das vorher geschilderte Schreckensszenario abzuschwächen scheint, schafft Braun dadurch jedoch eine eindeutige Verknüpfung zu der auf dem folgenden Blatt abgebildeten Portraitleiste der islamischen Herrscher der Stadt. So fällt der Blick des Lesers, sobald er umblättert, unmittelbar auf die Gesichter der Sultane, wodurch die schockierende Wirkung der Inszenierung des Verlustes der einstmals prächtigen christlichen Stadt an ihre Feinde unmittelbar manifestiert wird.

Nicht zuletzt unter Berücksichtigung der Darstellungsform Konstantinopels als Manifestation der dem Rezipienten vor Augen geführten Gefahr für christliche Städte durch die Osmanen ergibt sich die spezifische Funktionalisierung der

---

38 *die Rhatsherrn und edle Männer welche er von Rom mit sich dahin bracht hatte*; *Und einen Rhat auffgericht* […] *wie die alten Senatorn zu Rom*; *Ein königlich hauß hat er auffgericht nit geringer als das Königliche Palast zu Rom*; *Und in summa er hat sich aller massen Constantinopel mit allem schmuck der Stadt Rom zuvergleichen beflissen und dieselbige zu solcher grösse bracht.*

39 Diese Portraits waren angeblich im Dogenpalast in Venedig in Form eines Wandgemäldes abgebildet, vgl. Colding Smith 2014, 161–170.

arstellung islamischer Städte in Brauns und Hogenbergs *Civitates orbis terrarum*. So mussten die Herausgeber einen Weg finden, diese fremden und faszinierenden, aber zugleich auch feindlichen Städte mit Bedacht darzustellen. Aus diesem Grund wurden ausgewählte und arrangierte Bilder der jeweiligen Städte entworfen, die niemals die Realität abbilden oder auch nur den Versuch einer realistischen und objektiven Darstellung zeigen sollten. Mithilfe einer solchen Form des betreuten Lesens wird den Rezipienten die Möglichkeit eröffnet, durch die Lektüre an bestimmte Orte zu reisen, die es dergestalt jedoch nur innerhalb der *Civitates orbis terrarum* gibt. Dabei werden Heterotopien geschaffen, die ein inszeniertes, teils zeitloses, teils zeitlich fixiertes Bild dieser Städte vor Augen führen. Auf diese Weise wird Kairo zum gefährlichen und chaotischen Babylon, Tunis zum Ort von verlustreichen Schlachten, Damaskus zu einer eigentlich christlichen Stadt, und das prächtige, einst christliche Konstantinopel dient als Folie für die Inszenierung der bedrohlichen islamischen Macht aus dem Osten. Auch wenn diesen Darstellungen von Heterotopien dabei kein einheitliches Schema zugrunde liegt, zeigt gerade die Vielfalt in den Inszenierungen islamischer Städte, dass die *Civitates orbis terrarum* mehr bieten als bloße Stadtansichten. Sie müssen vielmehr als wohl komponiertes literarisches und künstlerisch hochkomplexes Werk im Spiegel ihrer Zeit verstanden werden.

Bibliographie

I. Primärliteratur

Braun, Georg/Hogenberg, Franz: Beschreibung und Contrafactur der vornembster Stät der Welt, gedruckt in Köln 1574–1618.

Münster, Sebastian: Cosmographey oder beschreibung aller laender, gedruckt von Heinrich Petri, Basel 1574.

Ortelius, Abraham: Theatrum orbis terrarum, gedruckt von Gillis Coppens van Diest, Antwerpen 1570.

Ramusio, Giovanni Battista: Primo volume delle navigationi et viaggi nel qual si contiene la descrittione dell' Africa, gedruckt von Lucantonio Giunta, Venedig 1550.

Werner, Adolf: Epitome rerum Turcicarum, gedruckt 1568.

II. Sekundärliteratur

Behringer, Wolfgang: Die großen Städtebücher und ihre Voraussetzungen. In: Ders. und Bernd Roeck (Hrsg.): Das Bild der Stadt in der Neuzeit 1400–1800. München 1999, 81–91.

Bérard, Julien: Kommunikation, Wissensproduktion und Kartographie. Abraham Ortelius und die Kartenproduktion im Antwerpen des späten 16. Jahrhunderts. Baden-Baden 2020.

Bertheau, Friedrich: Heinrich Rantzau als Geschichtsschreiber. In: Zeitschrift der Gesellschaft für Schleswig-Holstein-Lauenburgische Geschichte 21 (1891), 307–364.

Bogen, Steffen/Thürlemann, Felix: Rom. Eine Stadt in Karten von der Antike bis heute. Darmstadt 2009.

Bricker, Charles/Tooley, Ronald Vere: Gloria Cartographiae. Geschichte der mittelalterlichen Kartographie. Gütersloh/Berlin 1971.

van den Broecke, Marcel P. R.: Ortelius. Atlas Maps. An illustrated Guide. Utrecht 1996.

Colding Smith, Charlotte: Images of Islam. 1453–1600. Turks in Germany and Central Europe. London 2014.

Corbineau-Hoffmann, Angelika: Fragmentarität, Fremdheit, Fiktionalität. Literarische Großstadtbilder zwischen Wahrnehmung und Vision. In: Peter Johanek (Hrsg.): Bild und Wahrnehmung der Stadt. Wien u. a. 2012, 161–181.

Dahm, Margit/Felber, Timo: Einleitung. Mentale Konzepte der Stadt in Bild- und Textmedien der Vormoderne. In: Dies. (Hrsg.): Mentale Konzepte der Stadt in Bild- und Textmedien der Vormoderne. Leiden 2023, 13–26.

Dünne, Jörg: Die Karte als Operations- und Imaginationsmatrix. Zur Geschichte eines Raummediums. In: Ders. und Tristan Thielmann (Hrsg.): Spatial Turn. Das Raumparadigma in den Kultur- und Sozialwissenschaften. Bielefeld 2009, 49–69.

Dünne, Jörg: Die kartographische Imagination. München 2011.

Edwards, Jess: Wie liest man eine frühneuzeitliche Karte? Zwischen dem Besonderen und dem Allgemeinen, dem Materiellen und dem Abstrakten, Wörtern und Mathematik. In: Jürg Glauser und Christian Kiening (Hrsg.): Text. Bild. Karte. Kartographien der Vormoderne. Freiburg u. a. 2007, 95–130.

Effenberger, Arne: Constantinople/Istanbul. The Early Pictorial Sources. In: Falko Daim und Ewald Kislinger (Hrsg.): The Byzantine Harbours of Constantinople. Regensburg 2021, 19–31.

Ette, Ottmar: ReiseSchreiben. Potsdamer Vorlesungen zur Reiseliteratur. Berlin/Boston 2020.

Foucault, Michel: Andere Räume. In: Karl-Heinz Barck u. a. (Hrsg.): Aisthesis. Wahrnehmung heute oder Perspektiven einer anderen Ästhetik. Leipzig 1992, 34–46.

Füssel, Stephan: Natural sola magistra. Der Wandel der Stadtikonografie in der Frühen Neuzeit. In: Stephan Füssel (Hrsg.): Georg Braun und Franz Hogenberg. Civitates orbis terrarum. Städte der Welt. Kupferstiche revolutionieren das Weltbild. 230 kolorierte Tafeln 1572–1617. Köln 2015, 8–63.

Gerteis, Klaus: Die deutschen Städte in der Frühen Neuzeit. Zur Vorgeschichte der bürgerlichen Welt. Darmstadt 1986.

Johanek, Peter: Bild und Wahrnehmung der Stadt. Annäherungen an ein Forschungsproblem. In: Ders. (Hrsg.): Bild und Wahrnehmung der Stadt. Wien u. a. 2012, 1–23.

Jordan, Karl: Heinrich Rantzau als Wegbereiter des Humanismus in Schleswig-Holstein. In: Johannes Irmscher (Hrsg.): Renaissance und Humanismus in Mittel- und Osteuropa. Band 1. Berlin 1962, 235–241.

Keenan, Brigid: Damaskus. Verborgene Schätze im Orient. Stuttgart 2001.

Keunung, Johannes: The Civitates of Braun and Hogenberg. In: Imago Mundi 17 (1963), 41–44.

Kiening, Christian: Erfahrung und Vermessung der Welt in der frühen Neuzeit. In: Jürg Glauser und ders. (Hrsg.): Text. Bild. Karte. Kartographien der Vormoderne. Freiburg u. a. 2007, 221–251.

Kleinschmidt, Erich: Textstädte. Stadtbeschreibung im frühneuzeitlichen Deutschland. In: Wolfgang Behringer und Bernd Roeck (Hrsg.): Das Bild der Stadt in der Neuzeit 1400–1800. München 1999, 73–80.

Manfrè, Valeria: Picturing North African Cities in the Sixteenth Century. In: Eikonocity 3 (2018), 11–30.

Manners, Ian: European Cartographers and the Ottoman World 1500–1750. Maps from the Collection of O. J. Sopranos. Chicago 2007.

Michalsky, Tanja: Kartographie, Topographie und Landschaftsmalerei in der Frühen Neuzeit. In: Jürg Glauser und Christian Kiening (Hrsg.): Text. Bild. Karte. Kartographien der Vormoderne. Freiburg u. a. 2007, 319–349.

Nuti, Lucia: The mapped Views by Georg Hoefnagel. The Merchant's Eye, the Humanist's Eye. In: Word & Image 4 (1988), 545–570.

Nuti, Lucia: The Perspective Plan in the Sixteenth Century. The Invention of a Representational Language. In: The Art Bulletin 76 (1994), 105–128.

Obermeier, Franz: Stadtansichten von Kiel in der Druckgraphik vom 16. bis 18. Jahrhundert. https://doi.org/10.11588/artdok.00000233 [25.02.2024].

Rauchenberger, Dietrich: Johannes Leo der Afrikaner. Seine Beschreibung des Raumes zwischen Nil und Niger nach dem Urtext. Wiesbaden 1999.

Rosseaux, Ulrich: Städte in der Frühen Neuzeit. Darmstadt 2005.

Sheehan, Peter: Babylon of Egypt. The Archaeology of Old Cairo and the Origins of the City. Kairo 2015.

Simane, Jan: Die Welt im Bilde. Städte- und Landschaftsdarstellungen im 16. und 17. Jahrhundert. In: Wolfgang Behringer und Bernd Roeck (Hrsg.): Das Bild der Stadt in der Neuzeit 1400–1800. München 1999, 56–65.

Vitkus, Daniel J.: Early Modern Orientalism. Representations of Islam in Sixteenth- and Seventeenth-Century Europe. In: David R. Blanks und Michael Frassetto (Hrsg.): Western Views of Islam in Medieval and Early Modern Europe. Perception of Other. London 1999, 207–230.

Whitfield, Peter: Städte der Welt. In historischen Karten. Stuttgart 2006.

Zemon Davis, Natalie: Leo Africanus. Ein Reisender zwischen Orient und Okzident. Berlin 2008.

Caroline Fußbach
Ruhr-Universität Bochum
Germanistisches Institut
Universitätsstraße 150
44801 Bochum
caroline.fussbach@rub.de

Jörg Schwarz

Zwischen Traum und Wirklichkeit. Das Bild der Stadt in den Fresken der „Libreria Piccolomini" in Siena

Die sogenannte „Libreria Piccolomini", deren Fresken zu den bedeutendsten Kunstwerken der italienischen Renaissance zählen,[1] befindet sich in einem Nebenraum des Doms der Stadt Siena. Der Dom wurde Mitte des 12. Jahrhunderts begonnen und war in seinen wesentlichen Teilen ca. 1215 fertiggestellt.[2] Fast 300 Jahre später, Ende des 15. Jahrhunderts, wurde die Bibliothek entlang des linken Seitenschiffes des Doms erbaut, vor dem Querschiff gelegen. Baubeginn war 1492.[3] Stifter der Libreria war der damalige Erzbischof von Siena, Kardinal Francesco Todeschini-Piccolomini, der später unter dem Namen Pius III. zu, wenn auch nur kurzen, Papstwürden aufsteigen sollte.[4] Am 22. September 1503 vom Konklave zum Papst gewählt, wurde Francesco am 13. Oktober 1503 bettlägrig; er war schon seit längerer Zeit gichtkrank. Am 18. Oktober verstarb Pius III. nach einem Pontifikat von 26 Tagen. Einen eigenen Stempel hat er – aufgrund der Kürze seiner Amtszeit mehr als verständlich – seinem Pontifikat nicht aufdrücken können, doch soll sein rascher Tod den Zeitgenossen als „Unglück" gegolten haben, da es deutliche Anzeichen dafür gegeben habe, dass er, hätte er weitergelebt, „innerhalb von etwa zwei Jahren ein allgemeines Konzil einberufen und einschneidende Reformmaßnahmen vorangetrieben hätte".[5] Bleibt sein Bild als Papst auch unbestimmt, so spielt Francesco Todeschini eine umso größere, bereits gut erfasste Rolle in den zeittypischen Zusammenhängen von Politik und Mäzenatentum.[6]

Der von außen betrachtet schlichte Bau der Libreria ist im Gegensatz zum spektakulären Dom, der mit seiner weiß-rot-grünen Marmorfassade zu Recht als eine der schönsten Kirchbauten Italiens gilt, aus der Luft im Stadtbild kaum

1 Zur Einordnung der Fresken der Libreria in einen größeren kunstgeschichtlichen Zusammenhang vgl. Roettgen 1996 u. 1997, hier bes. 296–300.

2 Guter Überblick über die Baugeschichte des Ensembles bei Zimmermanns 2004, 317–323.

3 Vgl. ebd., 322.

4 Zu Francesco Todeschini-Piccolomini/Papst Pius III. im Überblick vgl. Kelly 1986, 271f.; Sanfilippo 2015.

5 Kelly 1986, 272.

6 Vgl. dazu vor allem Strnad 1964/66, 101–425; wichtig für die Zusammenhänge mit der deutschen Politik Joseph Schlecht 1914.

10.29091/9783752003444/030

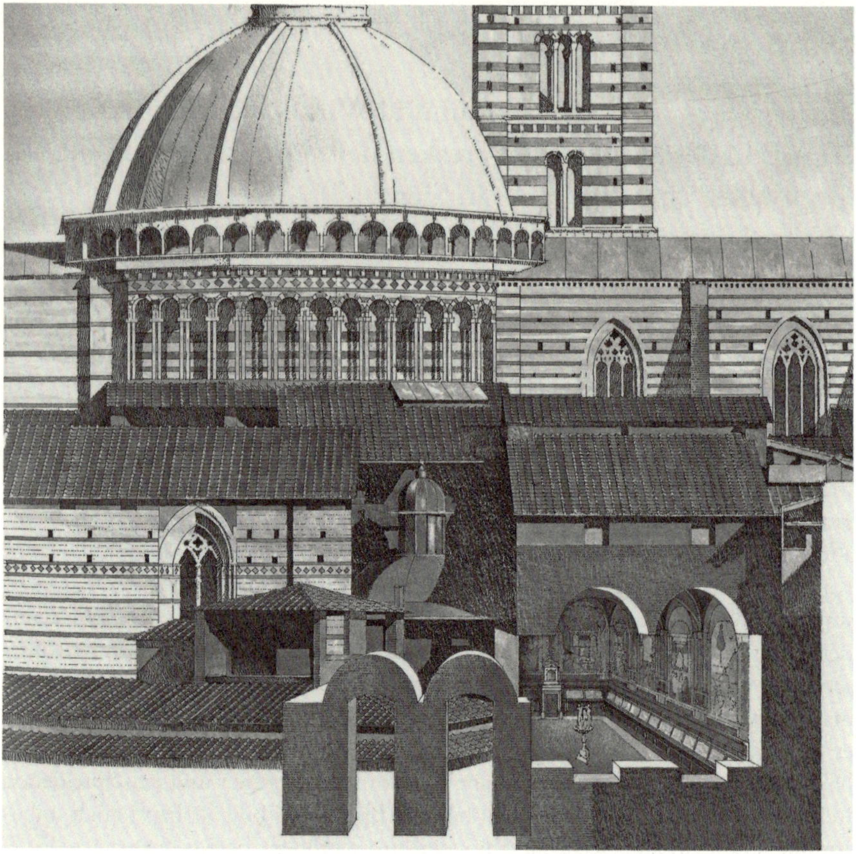

Abb. 1: Der Dom von Siena in einer modernen Grafik – im Vordergrund, dem Dom angefügt, die (geöffnete) Libreria Piccolomini; Settis/Toracca 1998, 23.

wahrnehmbar.[7] Auch der Blick über die Dächer der Altstadt von Westen in Richtung Dom lässt die Bedeutung des Gebäudes kaum erahnen. Eher glaubt man, es mit einem der zahllosen Häuser zu tun zu haben, die sich wie Schwalbennester an den Domkomplex zu schmiegen scheinen. Der Bau hatte, was seinen praktischen Nutzen anbelangt, von Anfang an offensichtlich nur einen einzigen Zweck: Er sollte den reichen Handschriftenbestand des Onkels Francesco Todeschinis, des 1464 verstorbenen Enea Silvio Piccolomini, der unter dem Namen Pius II. von

7 Zur Libreria im Überblick Cecchi 2011; ausführlich und opulent Settis/Toracca 1998.

1458 bis in sein Todesjahr Papst gewesen war, aufbewahren.[8] Erst die Öffnung des Gebäudes durch die Grafik vermittelt Einblicke in das Innere des Gebäudes.[9]

So wie jeder Papst ein ‚Vorleben' besitzt und nicht bereits als Papst auf die Welt kommt, so gilt dies auch (und gerade) für Enea Silvio Piccolomini. Selbst wenn man sein Papstamt wegdenkt, wenn man sein Leben mit dem Jahr 1458 für beendet erklärt, so bliebe bei ihm, dem ältesten von 18 Kindern einer verarmten Sieneser Adelsfamilie,[10] immer noch so viel übrig, dass die Beschäftigung mit ihm ganze Abende füllen könnte: als sozialer Aufsteiger,[11] als Kanzlist,[12] als Höfling[13] sowie vor allem natürlich hinsichtlich seiner in der Erinnerung mutmaßlichen Hauptfunktion: als schlechthin alles überragende Zentralfigur der Diffusion des Humanismus nördlich der Alpen.[14] 1502–1507 wurde die Bibliothek von dem umbrischen Maler Bernardino di Betto di Biagio, genannt Pinturicchio (um 1452–1513), und seinen Gehilfen, darunter dem Bologneser Künstler Amico Aspertini (um 1454/55–1552) und dem noch jungen Raffael, vollständig ausgemalt. Der Vertrag darüber wurde

8 Der am 18. Oktober 1405 in Corsignano (Pienza) bei Siena geborene und am 14. August 1464 in Ancona gestorbene Enea Silvio Piccolomini (Papst Pius II., 1458–1464) war nach Tätigkeit für das Basler Konzil wohl durch Vermittlung Silvester Pfliegers, des Bischofs von Chiemsee, und des Trierer Erzbischofs Jakob von Sierck Ende 1442 nach Österreich an den Hof Friedrichs III. gekommen und spielte eine zentrale Rolle in dessen Kanzlei. 1446 wurde er zum Subdiakon geweiht, später zum Diakon und Priester. 1447, als Belohnung für seine Vermittlertätigkeit beim Abschluss des Konkordats zwischen Friedrich III. und der deutschen Nation und Eugen IV., wurde er von Papst Nikolaus V. zum Bischof von Triest und am 23. September 1450 zum Bischof von Siena ernannt. Nachdem sich Enea Silvio 1455 in Rom niedergelassen hatte, zeichnete ihn der Papst am 17. Dezember 1456 mit der Kardinalswürde aus. Als Kalixt III. starb, wurde Piccolomini am 19. August 1458 zum Papst gewählt; das Konklave hat er in seiner Autobiographie (I, 36) spannend beschrieben, Bellus/Boronkai 1993, hier 78–87: *Conventus cardinalium in conclave, et quid in eo factum sit, et acerrime contentions, Aeneeque ad pontificatum erectio ac Pii appellatio*. Der Papstname Pius nimmt Bezug auf Vergils, des vielbewunderten Stilideals, *pius Aeneas*. Zu Enea Silvio Piccolomini, über den es, seiner Bedeutung entsprechend, eine kaum noch überschaubare Literatur gibt, im Überblick Worstbrock 1989; Esch 1993; Meuthen 1996; Helmrath 2001; Pellegrini 2000. Neben den Lexika zu Enea-Pius, auch in grundsätzlicher Hinsicht, weiterhin wichtig Pellegrini 2002, mit weiteren umfangreichen Literaturangaben ebd. 99, FN 1; Märtl 2001. In vielen Detailfragen immer noch unverzichtbar Voigt 1856–1863; neueste biographische Erfassung: Reinhardt 2013. Zur Frühzeit des Sienesen, vor allem zu seinem Eintritt in den Habsburgerhof, jetzt grundlegend Märtl 2024.

9 Settis/Toracca 1998, 34.

10 Vgl. Worstbrock 1989, 635.

11 Vgl. dazu Petersohn 1990, zu Piccolomini bes. 1.

12 Mit dieser Zeit beschäftigen sich Fuchs/Heinig/Wagendorfer 2013. Zum Einstieg Eneas in den Dienst Friedrichs III. und dessen Tätigkeit vgl. auch Helmrath 2002, 106f.

13 Vgl. dazu vor allem Enea Silvio in seinen eigenen Schriften 2009 u. 2012; zu dieser Schrift vgl. Wengorz 2013.

14 Vgl. Helmrath 2002; Wengorz 2013.

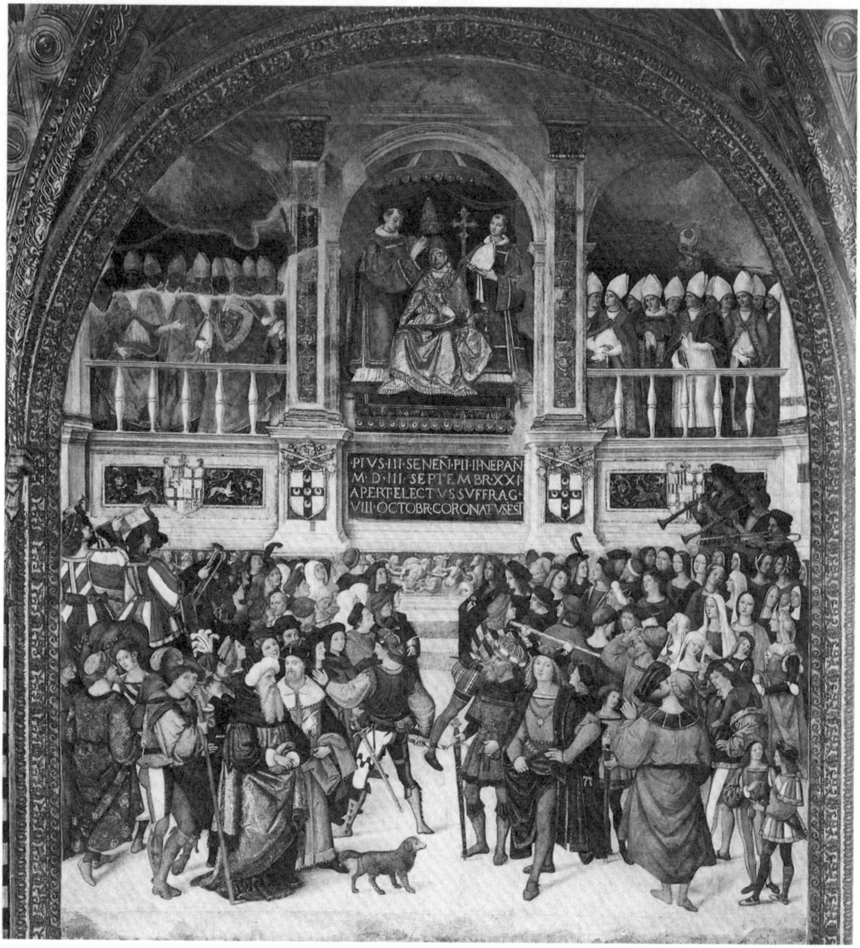

Abb. 2: Fresko oberhalb der Marmorfassade der Libreria von Bernardino di Betto, genannt Pinturicchio, das die Krönung Papst Pius III. (8. Oktober 1503) zeigt; Settis/Toracca 1998, 42 Nr. 19.

am 29. Juni 1502 abgeschlossen. Das Dokument gilt als einer der seltenen Fälle von Renaissance-Verträgen zu großen Bildzyklen, die erhalten geblieben sind. Der Vertrag wurde von Gaetano Milanesi als Anhang zu seinem Kommentar über die „Vita di Bernardino Pinturicchio" von Vasari veröffentlicht.[15] Man kann zum Beispiel le-

15 Le vite de'più eccellenti pittori, scultori ed architettori. Con nuove annotazioni e commenti di Gaetano Milanesi 2020, 260f.

sen, wie das Gewölbe mit „Grotesken", einem relativ neuen Motiv im künstlerischen Panorama, lebendig gestaltet werden sollte und wie die Wände zehn Geschichten aus dem Leben von Pius II. enthalten sollten; Pinturicchio war auch „verpflichtet, alle Geschichten persönlich auf Kartons und an der Wand zu zeichnen, alle Köpfe in Fresko, und die Retuschen in Secco um sie in Perfektion auszuführen"[16] – großartige Zufälle der Überlieferung, die uns über das Verhältnis Auftraggeber-Künstler so viel mitteilen, wie wir sie in vielen anderen Fällen nur erträumen könnten.

Im Zuge der Ausmalung wurde – wiederum von Pinturicchio – oberhalb des Zugangs zum Gebäude vom Dom ebenfalls ein großes Fresko angebracht, das die Krönung Pius' III. zum Papst 1503 zum Inhalt hat.[17] Erscheint die Krönung Pius' III. mit all ihren Einzelheiten bereits eindrucksvoll genug, so ist das, was damals im Zeitraum von einem halben Jahrzehnt im Inneren der Bibliothek entstand, nicht nur eines der auch flächenmäßig größten Bildwerke Italiens am Beginn des 16. Jahrhunderts. Es war (und ist natürlich immer noch) auch eine einmalige, selbstverständlich intentional hochaufgeladene Dokumentation zum Leben des Protagonisten. Aus dem Blickwinkel der Biographik betrachtet handelt es sich zumindest für die damalige Zeit um einen ganz besonders interessanten Fall: Enea Silvio kann, was das Übermaß an schriftlichen Zeugnissen zu seinem Leben anbelangt – inklusive eines reichhaltigen Briefwechsels und einer opulenten Autobiographie –, als eine der Personen des Mittelalters bzw. der Renaissance gelten, über die wir am meisten überhaupt erfahren können – auch wenn die Dechiffrierung seiner literarischen Strategien zu den großen Herausforderungen der Rezeption seiner Texte gehöret. Über die Fülle von Informationen zu seinem Leben haben sich durch die Fresken der Bibliothek noch einmal ganz besonders ausdruckstarke Bilder gelegt. Durch ihren suggestiven Charakter bestimmen sie unseren Eindruck vom Leben des Sienesen nolens volens mit. Wie in der gelungenen Verfilmung eines Romans oder eines anderen Literaturwerks scheint auch hier, nimmt man sich die literarischen Zeugnisse *nach* einem Besuch in der Libreria vor, ein automatisches Aufscheinen der Bilder im Kopf fast unumgänglich. Die Wissenschaft kam, sah – die Kunst siegte.

Johannes Helmrath hat in einem grundlegenden Aufsatz über Pius II. und die Türken aus dem Jahr 2000 von „farbleuchtenden Wachträumen"[18] gesprochen. In der Tat erinnert die Intensität der Fresken mit ihren grellen, scharf kontrastierenden Farben oftmals an Traumbilder. Eine bisherige wissenschaftliche Beschäftigung mit den Fresken Pinturicchios ist – angesichts der herausragenden Bedeutung des Kunstwerks nur wenig überraschend – von verschiedenster

16 Ebd., 260.

17 Settis/Toracca 1998; Zimmermanns 2004, 322.

18 Helmrath 2000, 79.

Seite aus erfolgt, auch bereits in zahlreichen Details. Grundlegend für alle Fragen – basal wie in der Verzweigung – ist der grandiose Bildband, den Salvatore Settis und Donatella Toracca 1998 in den „Mirabiliae Italie" vorgelegt haben.[19] Als allerneuestes Forschungsergebnis ist auf einen von Roberto Barzanti und Marilena Caciorgna herausgegebenen Band mit dem Titel „La grazia è bellezza. La Libreria Piccolomini nel duomo di Siena"[20] hinzuweisen. Eine Ausrichtung der Fragestellung auf die Städtebilder ist, soviel ich sehe, bislang noch nicht erfolgt, angesichts der soghaften Wirkung des Lebens des Protagonisten nur zu verständlich; man hat die Fresken bislang primär kunsthistorisch bzw. biographisch ausgewertet. Eine Herausarbeitung von Bedeutung und Funktion der Städtebilder soll wenigstens in ersten Umrissen im Mittelpunkt dieser Ausführungen stehen.

In insgesamt zehn Fresken der Libreria, deren Boden die Mondsicheln des Piccolomini-Wappens zeigen, werden ausgewählte Szenen aus dem Leben des Protagonisten dargestellt. Alessandro Cecchi nennt sie kurz und bündig „Geschichten Pius' II."[21] Die Fresken mit den Szenen nehmen die beiden Langwände des Raums sowie die Eingangswand ein. Gefügt sind die Fresken in „scheinarchitektonische Arkaden".[22] Gemalte Pfeiler mit Groteskenschmuck trennen die Scheinarkaden. Unter jedem Feld erläutert eine lateinische, in Majuskeln geschriebene Bildunterschrift den Inhalt der Darstellung, was sicherlich notwendig ist, denn die wenigsten Bilder erklären sich von selbst. Die Episoden sind dabei ausnahmslos der Biographie Pius II. aus der Feder des Humanisten Giovanni Antonio Campana sowie den von Piccolomini selbst verfassten *Commentarii*, der berühmten Autobiographie des Papstes, die im vollständigen Titel der editio princeps von 1584 *Commentarii rerum memorabilium quae temporibus suis contigerunt*[23] lautet, entnommen. Die Sockel der Arkaden tragen Piccolominiwappen zwischen zwei Engelsputten. Im Einzelnen handelt es sich um folgende Szenen aus dem Leben Eneas: 1. Der 27jährige Piccolomini begibt sich zum Konzil von Basel; durch einen Sturm wird das Schiff an die afrikanische Küste verschlagen; 2. Piccolomini steht als Botschafter des Konzils vor dem König von Schottland; 3. Piccolomini wird in Frankfurt am Main von König Friedrich III. mit dem

19 Settis/Toracca 1998.

20 Barzanti/Caciorgna 2020.

21 Cecchi 2011, 33.

22 Ebd.

23 Ebd.; allein zur Autobiographie Pius II. existiert eine kaum noch überschaubare Zahl an wissenschaftlicher Literatur; vgl. zur ersten Übersicht über Handschriften, Ausgaben und Literatur den Artikel „Commentarii rerum memorabilium quae temporibus suis contigerunt" in: Geschichtsquellen des deutschen Mittelalters, https://www.geschichtsquellen.de/werk/1783 [01.07.2024]. Derzeit beste Edition Bellus/Boronkai 1993; aufgrund der beigegebenen italienischen Übersetzung ebenfalls zu empfehlen: Totaro 1984.

Dichterlorbeer gekrönt; 4. Piccolomini als Botschafter Friedrichs III. bei Papst Eugen IV; 5. Piccolomini führt als Erzbischof von Siena die Verlobten Friedrich III. und Eleonore von Portugal bei der Porta Camollia zusammen; 6. Piccolomini erhält aus den Händen von Papst Calixt III. den Kardinalshut; 8. Pius II. ruft in Mantua zum Kreuzzug gegen die Türken auf; 9. Pius II. spricht Katharina von Siena heilig; 10. Ankunft des kranken Pius in Ancona im Angesicht der heransegelnden Kreuzzugsflotte. Schwerlich handelt es sich, was bei der Intention der Libreria auch kaum vorauszusetzen ist, um eine objektive Auswahl; es handelt sich vielmehr um eine bewusste Stilisierung, welche die von Enea als Teil seiner päpstlichen Herrschaftspraxis selbst vorgenommene Selbstdarstellung fortsetzt.[24] Wollte man ein Motto für die Szenenfolgen finden, so ließe sich sagen: nicht Tod und Verklärung, sondern Verklärung und Tod.

Das erste Fresko der Folge stellt die Reise Eneas zum Basler Konzil dar. Zurecht hat Volker Reinhardt dazu bemerkt, es fasse die Leitmotive der Lebensgeschichte Enea Silvios kompakt zusammen.[25] Enea reiste damals im Gefolge Kardinal Capranicas, der ihn in seine Dienste stellte.[26] Die Reise fand im Winter 1432 statt. Basel und sein Konzil, das ein Jahr zuvor zusammengetreten war, um dem Gedanken der Kirchenreform weiterhin Macht zu verleihen, sollte das entscheidende Karrieresprungbrett Piccolominis werden,[27] der Ausgangspunkt einer ungeahnten Karriere, „der steilsten des Jahrhunderts".[28] Piccolomini ist – mehr noch als in anderen Szenen des Zyklus – die Zentralfigur des Bildes. Er ist, auf einem Schimmel, der eine energische Bewegung vollführt, sitzend, geradezu ikonisch dargestellt. Das Gefährliche des Wegs, der Capranica und mit ihm im Gefolge Enea Silvio, bevorsteht, wird durch den Hellebardenträger im Vordergrund angedeutet: Man braucht Bewaffnete. Auf dem Bild zu sehen ist die reiche Dienerschaft (des Kardinals?), elegant gekleidet, meist selbst zu Pferd. Ein Diener, ebenfalls auf einem Pferd sitzend, hält an der Leine einen Hund. Die ummauerte Stadt im Hintergrund ist nicht das ersehnte Basel, sondern soll, was bereits die Architektur, zumal des Hauses in der Mitte mit den charakteristischen Fenstern, zu erkennen gibt, den Ort des Aufbruchs in der Toskana darstellen: Piombino, eine toskanische Hafenstadt.

Von großer, die Szene aufschlüsselnder Dramatik ist die Sturmböe in der linken oberen Bildhälfte. Tatsächlich wissen wir aus den „Commentari", dass Capranica und sein Gefolge, kaum dass er sich in Piombino eingeschifft hatte, von einem Sturm bis in die Nähe der afrikanischen Küste verschlagen wurde „zum

24 Dazu grundlegend Esch 1989; wichtig auch Esch 2008.
25 Vgl. Reinhardt 2013, 39. Grundlegend mit allen Details Helmrath 2022.
26 Vgl. Worstbrock 1989, 635; zu Kardinal Capranica Helmrath 1987.
27 Vgl. zu Enea auf dem Basler Konzil ausführlich Helmrath 1987, 167–172.
28 Worstbrock 1989, 635.

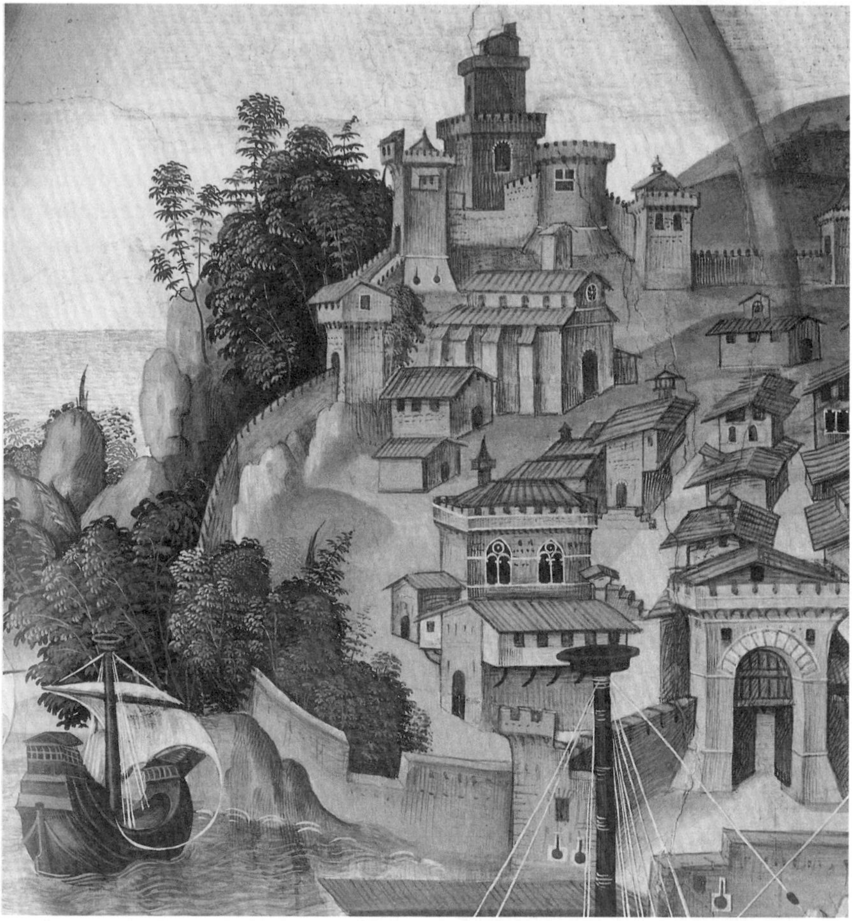

Abb. 3: Detail der ersten Szene der Libreria über die Reise Eneas zum Basler Konzil. Das Bild zeigt eine befestigte Hafenstadt mit Schiffen, die vor Anker liegen; Settis/Toracca 1998, 63 Nr. 47.

Entsetzen der Matrosen, die nichts mehr fürchteten, als in die Häfen dieser Barbaren anzulegen".[29] Zum Glück habe sich der Wind gewendet. Der Sturm auf dem Fresko steht möglicherweise für die Stürme, in denen sich die Kirche damals befand; er kann ohne weiteres aber auch Sinnbild für die Stürme des Lebens ge-

29 *At cum Genuam tenderent, ingentibus iactati procellis, in conspectum Libiae delati sunt, timentibus admodum nautis ne barbaris portubus redderentur.* Pii secundi Commentarii I,3, Bellus/Boronkai 1993, 32, Z. 23–24.

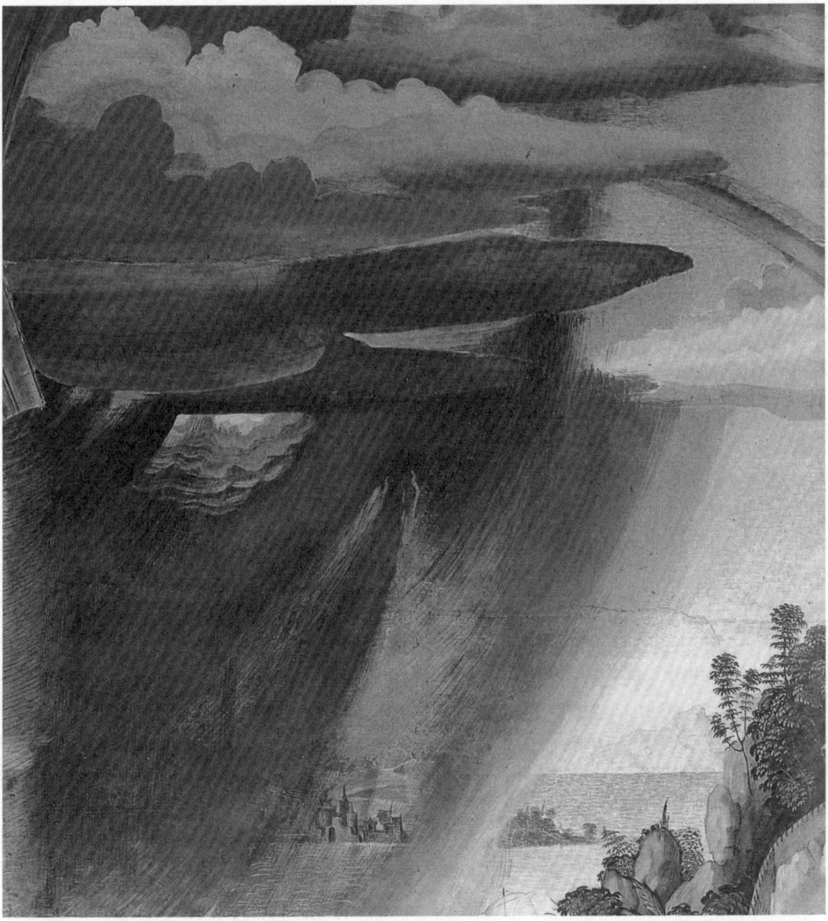

Abb. 4: Weiteres Detail der ersten Szene der Libreria über die Reise Eneas zum Basler Konzil. Zeigt das Bild, hinter einer Sturmböe so gut wie verschwunden, eine Stadt am Meer – oder doch eine Festung? Settis/Toracca 1998, 62 Nr. 4.

deutet werden, des Lebens Piccolominis, das hier im politischen Sinne begann.[30] Auf dem Meer – oder wenigstens am Meer –, wie hinter einem Vorhang, der auf dramatische Weise kurz aufgerissen wird, erscheint eine Stadt wie ein Traum- oder Trugbild, möglicherweise von den Sehnsüchten kündend, die sich mit der Reise für den Protagonisten verknüpften. Natürlich ist es Auslegungssache, ob man

30 Vgl. Reinhardt 2013, 38, der meint, dass die Sturmwolken schwere Prüfungen vorausahnen lassen.

hier wirklich eine Stadt oder „nur“ eine Festung sehen will; ich persönlich neige, auch wenn die Sturmböe das Panorama abschneidet, der Interpretation „Stadt“ zu. Man mag hier städtetypologisch gesehen sofort an Venedig denken, die Stadt auf dem Wasser par excellence.[31] Den Vergleich weiterdenkend gilt für die Szene das, was der russische Dichter und Nobelpreisträger Joseph Brodsky in seinem Venedigbuch „Ufer der Verlorenen“ gesagt hat: Das Einzige, was eine Stadt auf dem Wasser überbieten könne, sei eine Stadt in der Luft,[32] was, ins Reale übersetzt, so viel heißen soll wie: eine Überbietung einer Stadt auf dem Wasser ist nicht möglich, zumindest nach unseren heutigen Vorstellungen nicht.

Das zweite Fresko handelt von einer Reise Eneas als Gesandter des Kongresses zum König von Schottland im Winter 1435.[33] Schottland und das Basler Konzil: Nach der Einschätzung der Forschung – maßgeblich ist nach wie vor Johannes Helmraths Dissertation von 1987[34] – ist das Königreich Schottland, seiner Bedeutung als europäischer Mittelmacht entsprechend, keine der ausschlaggebenden politischen Mächte des Basiliense gewesen. Dennoch wird „das konziliare Engagement“[35] für Schottland wesentlich höher eingeschätzt als in England. Mittelpunktsfigur der Szene ist der schottische König James I., 1435 noch ein junger Mann.[36] Er erscheint – möglicherweise um Weisheit und Rang zu unterstreichen – bei Pinturicchio alt und würdevoll. Links neben ihm steht Enea, beide kommunizieren miteinander. Enea redet energisch mit den Händen, einen Gestus, den der König, wenn auch eher abwehrend, seinerseits zu reflektieren scheint; dennoch lauscht er, ja lauscht der gesamte Saal wie gebannt dem Redner aus dem fernen Italien.[37] Ein Höfling, wiederum elegant gekleidet, unterstützt die Legation. Unter den weiteren Anwesenden tritt kirchliches Personal hervor, weltliche Würdenträger und – durch untrügliche Zeichen bewusst hervorgehoben – ein Schreiber. Der König thront in einer Säulenhalle, „wie sie die besten Renaissancearchitekten Itali-

---

31 Vgl. Reinhardt 1991.

32 Brodsky 1991, 80.

33 Die Reise wurde unter breiter Berücksichtigung der Besonderheiten der schottischen Landschaft in den *Commentarii* von Piccolomi selbst eindringlich beschrieben; I, 5–6, Bellus/Boronkai 1993, 34–37. Zur Gesandtschaftsreise Piccolominis nach Schottland Reinhardt 2013, 48–61.

34 Helmrath 1987.

35 Ebd., 231.

36 Die Gesandtschaftsreise Eneas' an den Hof des schottischen Königs gehört in die – nach Helmrath – erste Phase der schottischen Konzilspolitik, der eine „cautious und and complex policy“ (nach Burns) gegenüber Basel betrieben habe, was sich schon daran andeute, dass er erst zum 15. Januar 1434 eine offizielle Gesandtschaft nach Basel unter der Führung Camerons geschickt habe; ebd., 232.

37 Zur Piccolomini als Redner vgl. die brillante Analyse von Helmrath 2013, 461–493.

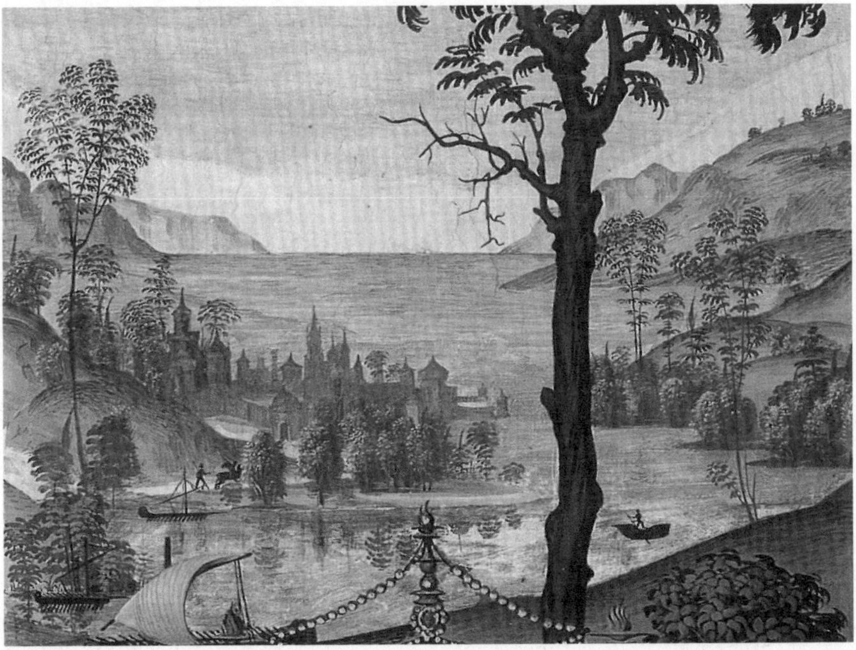

Abb. 5: Enea Silvio Piccolomini hält eine Rede vor König Jakob I. von Schottland (Detail) – der Bildhintergrund zeigt (hier nicht zu sehen) eine gotische Burg und am Ufer eines großen Sees die Silhouette einer Stadt; Settis/Toracca 1998, 70 Nr. 60.

ens nicht prachtvoller hätten erbauen können".[38] Bemerkenswert aus Sicht unserer Fragestellung erscheint der Hintergrund mit zwei Marmorsäulen, durch die der Blick in eine weite Landschaft fällt. Auf der linken Seite zu sehen ist eine spektakuläre gotische Burg mit hohen, spitzen Türmen. Der höchste der Türme ist wimpelbekrönt. Damit, aber ebenso mit den hohen, wiederum gotischen Fenstern soll sichtlich ‚das Nordische' des Reiselandes angedeutet werden – zumindest so, wie man sich im Renaissance-Italien dem Klischee nach den Norden vorstellte. Es ist tatsächlich auf dem Bild auch eine Stadt zu sehen, fast in der Bildmitte. Die Stadt mit einer spannungsreichen Silhouette erscheint – wie in der Szene mit der Reise nach Basel – wiederum wie ein Traumbild. Dennoch changiert die Szene zwischen Traum und Wirklichkeit. Das Bild der Stadt wirkt maßvoll belebt insofern, als sich Personen, auch ein Reiter wohl, dem Ort zu nähern scheinen.

38 Reinhardt 2013, 52.

1442 nahm Enea als päpstlicher Gesandter am Frankfurter Reichstag teil,[39] einem zentralen politischen Ereignis zwei Jahre nach der Wahl des Habsburgers zum römisch-deutschen König durch die Kurfürsten. Der Reichstag in Frankfurt fand zunächst vom 27. Mai bis zum 6. Juni und dann – nach der Krönung des Königs in Aachen – vom 7. Juli bis zum 16. August statt.[40] Das Bild, das die Krönung Eneas zum Dichter durch Friedrich III. auf dieser Versammlung am 27. Juli 1442 zeigt,[41] ist in mehrfacher Hinsicht bemerkenswert. Der Vorgang, von Enea in seiner Autobiographie knapp beschrieben,[42] markiert nach Dieter Mertens einen echten „Epochenbeginn“:[43] Er stehe, so Mertens, am Beginn jener Epoche, in „der die Figur des *poeta laureatus* wissenschaftspolitisch instrumentalisiert wird zu dem Zweck, den Renaissance-Humanismus außerhalb Italiens, und zwar hauptsächlich im Reich nördlich der Alpen zu etablieren“.[44] Obwohl Mertens' Ausführungen nach wie vor von großem Gewicht bleiben, ist der ganze Vorgang von Claudia Märtl jüngst grundlegend neu gedeutet worden. Das entscheidende Movens des Vorgangs könnte dabei überraschenderweise (oder auch nicht) dem Hof Friedrichs zuzuweisen und auf das einschlägige Beraterumfeld des Habsburgers zurückzuführen sein.[45] Das Fresko scheint zunächst gar keine Stadt zu zeigen, sondern neben der relevanten Personengruppe fällt der Blick lediglich auf ein antikisierendes Gebäude. Es ist zentralperspektivisch ausgerichtet und lässt sofort an die Francesco di Giorgio Martini oder Francesco Laurana zugeschriebene „Città ideale“ von 1480–1490 denken.[46] Wir sehen den König. Wir sehen den Bekrönten mit seiner Krone, dem Lorbeerkranz. Durch den zentralen Torbogen des Gebäudes indessen sehen wir tatsächlich auf etwas, das eine Stadt sein könnte – davor zwei Herren, die im Gespräch vertieft sind. Die Stadt selbst erscheint wiederum wie ein fernes Traumbild. Ist es überhaupt eine Stadt? Oder ist es nur

39 Worstbrock 1989, 636.

40 Boockmann1988, 302.

41 Zu Friedrich III. im biographischen Überblick Koller 2005, zur Kaiserkrönung 124f.; zur Persönlichkeit Friedrichs Krieger 2004, 170–172. Zum Frankfurter Reichstag 1442 ebd., 179; ausführlich Annas 2004, hier Bd. 1.

42 *Deinde Iacobi Treverensis archipontificis et Electoris Imperii, hominis qui nobilitatem cum virtute coniunxerat, in notitiam familiaritatemque venit. Atque ab his in gratiam caesaris adductus ac laurea corona poetarumque privilegiis donatus, ei ut servire suamque curiam sequi vellet, rogatus est. Cui Aeneas, quamvis se sub Imperio natum nulli iustius, quam Imperatori serviturum responderet, quia tamen apud Felicem secretarii locum tenebat, indignum existimavit iniussu eius in alterius domini potestatem transire.* Pii secundi *Commentarii* I,11, Bellus/Boronkai 1993, 41, Z. 14–20.

43 Ausführliche Beschäftigung mit der grundsätzlichen Thematik bei Mertens 2018, 3–24.

44 Mertens 2014, 5.

45 Märtl 2024, bes. 558f.

46 https://en.m.wikipedia.org/wiki/File:Formerly_Piero_della_Francesca_-_Ideal_City_-_Galleria_Nazionale_delle_Marche_Urbino.jpg [01.07.2024].

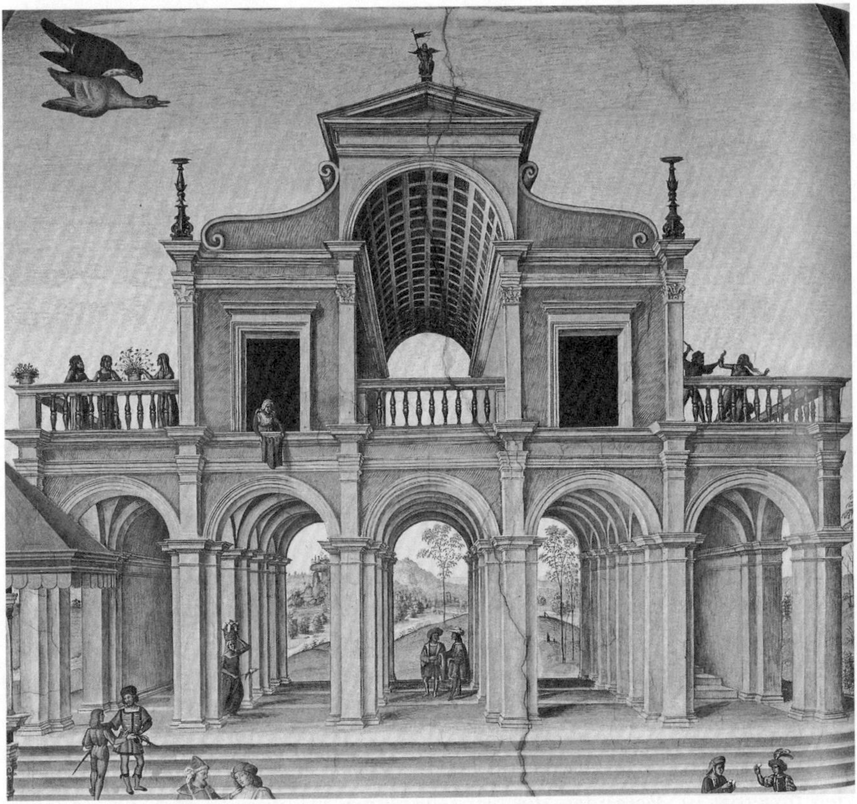

Abb. 6: Enea Silvio wird von Friedrich III. zum Dichter („poeta laureatus“) gekrönt (untere Bildhälfte, hier nicht zu sehen). Die obere Bildhälfte (Detail) zeigt in der Durchsicht eines der Torbögen eine Festung oder eine Stadt; Settis/Toracca 1998, 78 Nr. 74.

ein großes, repräsentatives Gebäude? Ist, wenn ersteres zutreffen sollte, die Stadt hier reines Ornament? Oder will sie in der Feier Piccolominis alszentraler Figur des europäischen Humanismus einen Hinweis auf das Urbane, das Kolloquiale der Bewegung geben? Die Frage ist sicherlich offen zu lassen.

Das vielleicht bekannteste Bild der Fresken zeigt wie Friedrich III. 1452 auf dem Weg zur Kaiserkrönung nach Rom – der bekanntlich letzten Kaiserkrönung durch den Papst in der Ewigen Stadt –[47] seine zukünftige Gemahlin Eleonore von Portugal in Siena im Empfang nimmt.[48] Friedrich war damals immerhin schon 37

47 Zum ersten Romzug Friedrichs III. vgl. Schwarz 2021.

48 Entscheidend zum Verständnis der Trauung des königlichen Paares am 16. März 1452 ist die Einschätzung des Ereignisses durch Achim Thomas Hack als Teil einer „Kettenhandlung“,

Jahre alt,[49] Eleonore erst 16, ein Altersunterschied, der bei dynastischen Ehen der Zeit alles andere als ungewöhnlich war, aber in der Praxis natürlich Probleme aufwerfen konnte. Das von einem unbekannten italienischen Künstler gemalte und in den Florentiner Uffizien aufbewahrte Porträt Friedrichs III., das den Herrscher scharf geschnitten im Profil mit langen blonden Haaren vor einem hellblauen Hintergrund zeigt, wurde möglicherweise Eleonore überreicht, damit sie sich von ihrem zukünftigen Gemahl ein Bild machen konnte.[50] In gefahrvoller Reise, von einem Mitglied des Hofes Friedrichs III. ausführlich beschrieben, wurde Eleonore auf dem Seeweg von Portugal nach Italien gebracht.[51] In Siena trafen die beiden zusammen. Das Fresko schildert das Zusammentreffen. Wir sehen Friedrich, wie er der noch ein wenig schüchternen Eleonore, die scheu nach unten blickt, zur Begrüßung die Hand reicht. Im Hintergrund zu sehen ist Piccolomini als Bischof von Siena, der die Szene beobachtet. Wir sehen die unvermeidlichen Diener und Höflinge. Wir sehen die Zofen, die, man denke an den mühseligen Vollzug der Ehe in Neapel,[52] im Laufe der Reise noch eine so große Rolle spielen werden. Wir sehen die – auch im Rahmen eines so friedlichen, primär repräsentativen Romzugs wie demjenigen Friedrichs III. 1452 – unvermeidlichen Bewaffneten. Auch die Pferde bilden – angesichts des repräsentativen Charakters des Zuges – ein wichtiges Element der Gesamtkomposition. Geradezu magisch aber zieht die obere Hälfte des Bildes die Blicke auf sich – zunächst vor allem aufgrund der (der Realität entsprechenden) Säule, die die Wappen des Reiches und des portugiesischen Hauses Avis zeigt, sodann natürlich wegen der Stadt im Hintergrund an sich, die nicht nur deutlich eine italienische, sprich: toskanische Stadt zu sein scheint, sondern die eindeutig und bis in die Details hinein konkret mit Siena identifizierbar ist. Besonders die Darstellung des charakteristischen Doms sowie der Porta Camollia erlaubt keinen Zweifel. Ohne weiteres lässt sich das Fresko in meinen Augen Ambrogio Lorinzettis berühmtem Bild vom guten Regiment im Palazzo Publico als zeitgenössische Sieneser Stadtdarstellung an die Seite stellen.[53]

---

die aus mindestens sieben Etappen besteht und die von der Brautschau in Lissabon vom Dezember 1448 bis zur Überreichung der Morgengabe und der Widerlage (1452/53) reicht; zu den Bestandteilen der Kettenhandlung im Einzelnen Hack 2007, 113; zu den einzelnen Elementen der Heirat weiter ders., 2013, 198f.

49 Friedrich III. wurde geboren am 21. September 1415 in Innsbruck; vgl. Koller 2005, 47.

50 Puhle/Hasse 2006, 517f. mit qualitätvoller Wiedergabe 519 Nr. VI, 18.

51 Hack 2021.

52 Vgl. dazu Hack 2013, 198f.

53 Folgen der guten Regierung in der Stadt, Fresko, 1337–1340, Sala dei Nove, Palazzo Publico, Siena; vgl. https://de.m.wikipedia.org/wiki/Datei:Ambrogio_Lorenzetti_-_Effects_of_Good_Government_in_the_city_-_Google_Art_Project.jpg [20.07.2024].

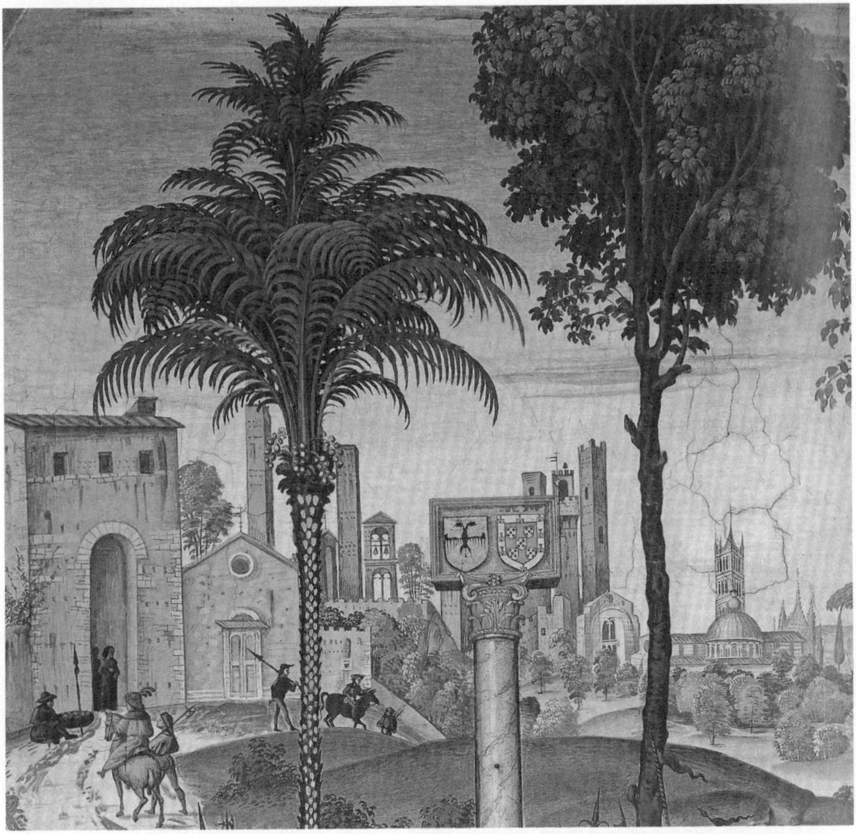

Abb. 7: Enea Silvio Piccolomini präsentiert Elenore von Portugal König Friedrich III. (hier nicht zu sehen) – das Detail zeigt das zeitgenössische Siena mit dem charakteristischen Dom, der Porta Camollia und der Säule mit dem habsburgischen und dem aragonesischen Wappen; Settis/Toracca 1998, 92 Nr. 105.

Das letzte für eine Untersuchung der Stadtdarstellungen im Zyklus relevante Bild zeigt Pius II., der 1464 eine Kreuzzugsflotte im Hafen von Ancona segnet. Der Kreuzzug war eines der großen, vielleicht sogar *das* zentrale Thema im Leben des Papstes. Johannes Helmrath hat unter ausdrücklichem Verweis auf Pinturicchios Bild die letzten Wochen und Tage des Papstes eindrucksvoll beschrieben: „Immer häufiger“ – so Helmrath – „hat der schon lange leidende Papst im letzten Pontifikatsjahr die Selbstentäußerung, seine Hinfälligkeit stilisiert: Martyrium und Triumph. Zugleich die Schlichtheit, Askese und religiöse Glut des Urchristentums, die Kirche und Papsttum einst groß gemacht hätten; ein Gedanke, der auch als Reflex auf die aktuelle Kurienkritik und als Reformimpuls zu verstehen ist".[54] Die Ereignisse seien bekannt und vielfach dargestellt:

> Am 19. Juni 1464 ist Pius schwerkrank und weinend von Rom aus aufgebrochen, der Zug nach Ancona war ein Sterbezug, er habe dem ‚ben morire', dem ‚guten Sterben' eines Papstes gegolten, wie es Pius selbst und post mortem seine Biographen Campano und Platina zu zeichnen gewusst hätten. In der Stadt hatten sich viele, überraschend viele Kreuzfahrer, auch aus Deutschland, gesammelt, zum Teil aber schon wieder zerstreut, durch Seuchen und langes Warten zerrüttet. Der zu Tode Erschöpfte sei am 18. Juli in der Hafenstadt eingetroffen. Er stirbt, wartend bis zuletzt, am 14. August 1464 im Angesicht der venezianischen Schiffe.[55]

Das alles geschah in denselben Wochen, in denen auch ein Bischof von Brixen sich von Rom aus auf denselben Weg gemacht hatte. Der Name dieses Bischofs: Nikolaus von Kues. Während sein italienischer Freund den Hafen erreichte und ihm – wie es Erich Meuthen ausgedrückt hat – eine „pathetische Schlussszene" beschieden war, war dies dem Kardinal nicht vergönnt. Meuthen im Stakkatoton: „Auf halbem Wege liegen geblieben irgendwo in den umbrischen Bergen, ohne Theatralik, ohne Komparserie, im kleinen Kreise seiner Verwandten und Freunde – genannt werden Toscanelli, Bussi, Roriz, Johann Römer, Peter von Erkelenz –, hinter sich die letzte Enttäuschung, starb der Kardinal, der Bischof, der große Gelehrte, Cusanus, Treverensis, Niclaß von Cuße, Krebshennen Sohn."[56]

Das Bild mit dem kranken Papst Pius II. in Ancona, um den Kreuzzug zu beschleunigen, steckt voller großartiger städtischer Details, auch wenn es sich von selbst versteht, dass die Stadt nicht die Hauptsache des Bildes ist. Das verraten auch die Turbanträger, höchstwahrscheinlich Gesandte der Hohen Pforte, die rechts vom Papst zu sehen sind. Das Bild wird neben der hochaufragenden Zypresse bestimmt durch die zwei riesigen Vögel, die in die Szene direkt hineinzufliegen scheinen. Sind es Totenvögel? Sollen sie einen Hinweis geben auf das baldige Ableben des Papstes? Der Blick in Richtung Meer zeigt im Vordergrund ein ummauertes inneres Hafenbecken: auf der einen Seite ist ein Schiff zu sehen, das zur Ausfahrt bereit gemacht wird (mit Matrosen auf den Masten und an den Tauen); auf der anderen Seite eine belebte Menschengruppe, die durch eines der Tore kommt, die Stadt und Hafenbecken miteinander zu verbinden scheinen. Zur Rechten befindet sich die Stadt. Es ist eine Seestadt (wie das reale Ancona auch), aber auch eine Berg- oder Hügelstadt mit Häusern, die steil aufsteigen; auf der Spitze, von einer Mauer umgeben, steht eine große, alles überragende Kirche. Unstreitig soll hier Mittelitalien evoziert werden,

54 Helmrath 2000, 137.
55 Ebd.
56 Meuthen 1992, 135.

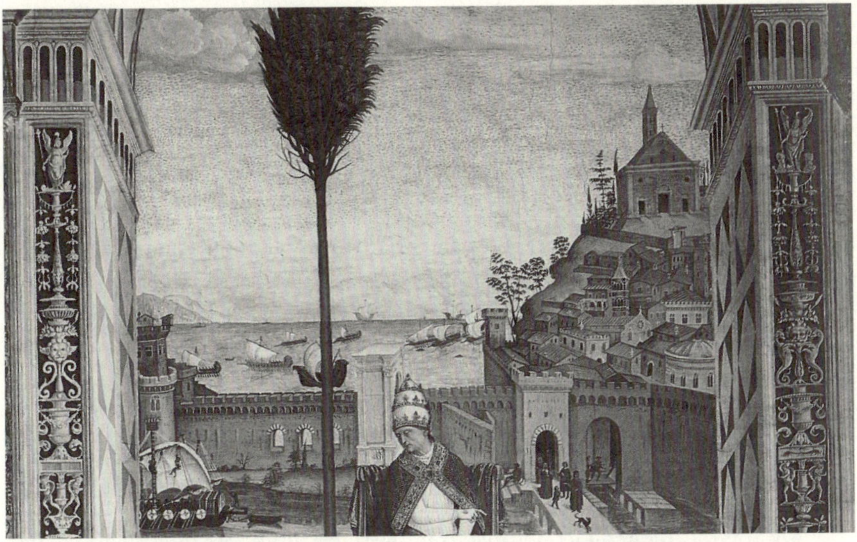

Abb. 8: Papst Pius II. (Enea Silvio Piccolomini) segnet die heransegelnde Flotte im Hafen von Ancona (Detail). Im Hintergrund zu sehen die einlaufende Flotte, rechts oben die Hafenstadt Ancona, überhöht von einem Kirchbau; Settis/Toracca 1998, 118, Nr. 151.

was vor allem am Campanile der städtischen Kirche, aber auch am zinnenbewehrten Haus der Gemeinde – vielleicht Sitz der Kommune oder der Signoria – deutlich wird. Die Stadt stellt hier kein Traum- oder Trugbild dar, sondern ist untrennbar verbunden mit dem Geschehen des Kreuzzugs, an dessen Spitze sich der Papst stellen will, auch wenn es, wie wir heute wissen, nicht mehr dazu kam. Auch darauf gibt das Bild deutliche Hinweise: Das Meer ist zwar voller Schiffe, aber diese scheinen in ihrer Anordnung eher ungeordnet, zufällig, ohne feste Formation.

Fazit: Das Bild der Stadt in den Fresken der „Libreria Piccolomini" der Stadt Siena

Welche Intention besitzen die Städtebilder in den Fresken der Libreria, welches Fazit lässt sich ziehen? Ich möchte mit folgenden Thesen schließen:

1. Stehen die Städtebilder auch gewiss nicht im Mittelpunkt der Fresken, so lassen sie sich andererseits doch auch kaum wegdenken. Keinesfalls stellen sie reine Ornamente dar, sie besitzen in den meisten Fällen eine konkrete Funktion und dienen der Veranschaulichung der jeweiligen biographischen Station im Leben des Protagonisten.

2. So sehr die Stilisierung gesucht wurde, handelt es sich dennoch um keine reinen Ästhetisierungen. Farbleuchtende Wachträume ja; doch gibt es zweifellos Abstufungen. Es gibt die Stadt als Vision, die wie eine Utopie gleichsam auf dem Meer zu schweben scheint; es gibt aber auch die reale städtische Kulisse wie in Siena, in der sich der Ortskundige sofort zurechtzufinden und zu orientieren weiß.
3. Was den besonderen Reiz der Städtebilder des Zyklus ausmacht, ist das, was Arnold Esch über die Landschaftsbeschreibungen in den Schriften Piccolominis einmal so formuliert hat: „Ein Fernblick über ein vertrautes Land, einiges wie mit Zoom herangeholt und des näheren erklärt, nicht nur Historisch-Antiquarisches (nicht alles ist richtig), sondern auch Aktuelles […]".[57] In diesem Sinne wirkt es, als hätten Pinturicchio und seine Helfer beim Protagonisten der Bilder selbst gelernt. Die Gegenläufigkeit von „Was ich besitze, sehe ich wie im Weiten, was verschwand wird mir zu Wirklichkeiten" (Goethe, Faust, Zueignung) bestimmt das Bauprinzip der Städtebilder Pinturicchios.
4. Was die Städtebilder des Zyklus im Kern bestimmt, ist trotz allem Identifizierbarem am Ende nicht Realität. Der implizite Charakter der Stadt, der schroffe Gegensatz zwischen Gut und Böse, zwischen Freiheit und Unfreiheit, zwischen unbegrenztem sozialem Aufstieg und dem Versinken in Not und Elend, in Ausgrenzung und Stigmatisierung bleibt ausgeblendet. Was die Städtebilder im Kern bestimmt, ist die Essenz, der Typus, die Signatur. Auch diese Dinge gehören zum Bild der Stadt – und zu den Bildern von der Stadt – in Mittelalter und Renaissance untrennbar dazu.

Bibliographie

I. Primärliteratur

Brodsky, Joseph: Ufer der Verlorenen. München/Wien 1991.

Deutsche Reichstagsakten unter Kaiser Friedrich III. Fünfte Abteilung, zweiter Teil. Reichsversammlung zu Frankfurt 1454, bearbeitet von Johannes Helmrath unter Mitarbeit von Gabriele Annas. München 2013.

La Libreria Piccolomini nel Duomo di Siena – The Piccolomini Library in Siena Cathedral, a cura di Salvatore Settis e Donatella Toracca (Mirabiliae Italiae), Modena 1998.

Piccolomini, Enea Silvio/Papa Pio II: I Commentarii. Hrsg. von Luigi Totaro. Milano 1984.

Piccolomini, Eneas Silvius: Pentalogus. Hrsg. von Christoph Schingnitz. Hannover 2009.

57 Esch 2008, 49.

Pii secundi pontificis maximii commentarii. Textu recensuerunt atque explicationibus, apparatu critico indiceque nominum ornaverunt Ibolya Bellus et Iván Boronkai. Budapest 1993.

Pius II. (Enea Silvio Piccolomini): Commentarii, 2 Bde., Bd. I.: Textus; 2: Apparatus ad Pii Secundi commentarios. Hrsg. von Ibolya Bellus und Iván Boronkai. Budapest 1993.

Schlecht, Joseph: Pius III. und die deutsche Nation. Kempten/München 1914.

Schreiner, Klaus/Wenzel, Ernst (Hrsg.): Hofkritik im Licht humanistischer Lebens- und Bildungsideale. Enea Silvio Piccolomini, *De miseriis curialium* (1444), *Über das Elend der Hofleute* und Vlrichi de Hvtten, *Equitis Germani Aula Dialogus* (1518), *Aula, eines deutschen Ritters Dialog über den Hof.* Leiden/Boston 2012.

Vasari, Giorgio: Le vite de' più eccellenti pittori, scultori ed architettori. Con nuove annotazioni e commenti di Gaetano Milanesi, Bd. 9. Milano 2020.

II. Sekundärliteratur

Annas, Gabriele: Hoftag – Gemeiner Tag – Reichstag. Studien zur strukturellen Entwicklung deutscher Reichsversammlungen des späten Mittelalters (1349–1471), 2 Bde. Göttingen 2004.

Barzanti, Roberto/Caciorgna, Marilena (Hrsg.): La grazia è bellezza. La Libreria Piccolomini nel duomo di Siena: atti del convegno di studi, Sala degli intronati in Palazzo Patrizi, 27 febbraio 2020. Livorno 2020.

Boockmann, Hartmut: Geschäfte und Geschäftigkeit auf dem Reichstag im späten Mittelalter. In: HZ 246 (1988), 86–92.

Cecchi, Alexander: Die Libreria Piccolomini im Dom von Siena. Firenze 2011.

Commentarii rerum memorabilium quae temporibus suis contigerunt. In: Geschichtsquellen des deutschen Mittelalters, https://www.geschichtsquellen.de/werk/1783 [01.07.2024].

Dahm, Christof: Pius III. In: Biographisch-Bibliographisches Kirchenlexikon 7 (1994), 661–664.

Esch, Arnold: Enea Silvio Piccolomini als Papst Pius II.: Herrschaftspraxis und Selbstdarstellung. In: Hartmut Boockmann, Bernd Moeller und Karl Stackmann (Hrsg.): Lebenslehren und Weltentwürfe im Übergang vom Mittelalter zur Neuzeit. Göttingen 1989, 112–140.

Esch, Arnold: Pius II. In: LexMa 6 (1993), 2190–2192.

Esch, Arnold: Landschaften in der Frührenaissance. Auf Ausflug mit Pius II. München 2008.

Fuchs, Franz/Heinig, Paul-Joachim/Wagendorfer, Martin (Hrsg.): König und Kanzlist, Kaiser und Papst. Friedrich III. und Enea Silvio Piccolomini in Wiener Neustadt. Wien/Köln/Weimar 2013.

Hack, Achim Thomas: Ein anonymer Romzugsbericht von 1452 (Ps-Enenkel) mit den zugehörigen Personenlisten (Teilnehmerlisten, Ritterschlagslisten, römische Einzugsordnung). Stuttgart 2007.

Hack, Achim Thomas: Eine Portugiesin in Österreich um die Mitte des 15. Jahrhunderts. Kultureller Austausch infolge einer kaiserlichen Heirat? In: Fuchs/Heinig/Wagendorfer 2013, 181–204.

Hack, Achim Thomas: Eleonores Meerfahrt. Ein Augenzeugenbericht aus der Mitte des 15. Jahrhunderts. In: Günter Frank, Franz Fuchs und Matthias Herweg (Hrsg.): Das 15. Jahrhundert. Stuttgart/Bad Cannstatt 2021, 79–104.

Helmrath, Johannes: Das Basler Konzil 1431–1449. Forschungsstand und Perspektive. Köln/Wien 1987.

Helmrath, Johannes: Pius II. und die Türken. In: Bodo Guthmüller und Wilhelm Kühlmann (Hrsg.): Europa und die Türken. Tübingen 2000, 79–137.

Helmrath, Johannes: Pius II. In: NDB 20 (2001), 492–494.

Helmrath, Johannes: *Vestigia Aenea imitari.* Enea Silvio Piccolomini als „Apostel" des Humanismus. Formen und Wege seiner Diffusion. In: Johannes Helmrath, Ulrich Mulhack und Gerrit Walther (Hrsg.): Diffusion des Humanismus. Studien zur nationalen Geschichtsschreibung europäischer Humanisten. Göttingen 2002, 99–141.

Helmrath, Johannes: Deutsche Reichstagsakten unter Kaiser Friedrich III. Fünfte Abteilung, zweiter Teil. Reichsversammlung zu Frankfurt 1454. München 2013.

Helmrath, Johannes: Die zweite Dekade des langen Basler Konzils (1440–1449). Perspektiven, Konversionen, Piccolominiana. In: Ders.: Wege der Konzilsforschung. Studien zur Geschichte des Konzils von Basel (1431–1449) und anderer Konzilien. Ausgewählte Aufsätze 2. Tübingen 2022, 355–392.

Kelly, John N. D: Reclams Lexikon der Päpste. Aus dem Englischen übersetzt von Hans-Christian Oeser. Stuttgart 1986.

Koller, Heinrich: Kaiser Friedrich III. Darmstadt 2005.

Krieger, Karl-Friedrich: Die Habsburger im Mittelalter. Von Rudolf I. bis Friedrich III. Zweite, aktualisierte Auflage Stuttgart 2004.

Märtl, Claudia: Liberalitas Baioarica. Enea Silvio Piccolomini und Bayern. In: Heinz Dopsch, Stephan Freund und Alois Schmid (Hrsg.): Bayern und Italien. Politik, Kultur, Kommunikation (8.–15. Jahrhundert). Festschrift für Kurt Reindel zum 75. Geburtstag. München 2001, 237–260.

Märtl, Claudia: Incipe, Calliope. Zur Dichterkrönung Eneas Silvius Piccolominis und seinem Carmen Varia 116. In: Deutsches Archiv für Erforschung des Mittelalters 80 (2024), 531–579.

Mertens, Dieter: Zur Sozialgeschichte und Funktion des poeta laureatus. In: Dieter Speck, Birgit Studt und Thomas Zotz (Hrsg.): Humanismus und Landesgeschichte. Ausgewählte Aufsätze Teil I. Stuttgart 2018, 3–24.

Meuthen, Erich: Nikolaus von Kues 1401–1464. Skizze einer Biographie. Münster 1992.

Meuthen, Erich: Pius II., Papst (1458–1464). In: TRE 26 (1996), 649–652.

Pellegrini, Marco: Pio II. In: Enciclopedia dei Papi Bd. II. Rom 2000, 663–685.

Petersohn, Jürgen: Die Vita des Aufsteigers. Sichtweisen gesellschaftlichen Erfolgs in der Biografik des Quattrocento. In: HZ 250 (1990), 1–32.

Puhle, Matthias/Hasse, Claus-Peter (Hrsg.): Heiliges Römisches Reich Deutscher Nation 962–1806. Von Otto dem Großen bis zum Ausgang des Mittelalters. 29. Ausstellung des Europarates in Magdeburg und Berlin und Landesausstellung in Sachsen-Anhalt. Dresden 2006.

Reinhardt, Volker: Venedig im Spätmittelalter 1250–1500. Freiburg/Würzburg 1991.

Reinhardt, Volker: Pius II. Piccolomini. Der Papst, mit dem die Renaissance begann. Eine Biographie. München 2013.

Roettgen, Steffi: Wandmalerei der Frührenaissance in Italien. Band I: Anfänge und Entfaltung 1400–1470. Mit Aufnahmen von Antonio Quattrone. München 1996.

Roettgen, Steffi: Wandmalerei der Frührenaissance in Italien. Band II: Die Blütezeit 1470–1510. Mit Aufnahmen von Antonio Quattrone. München 1997.

Sanfilippo, Matteo: Pio III. In: Enciclopedia dei Papi Bd. III. Rom 2000, 22–31.

Sanfilippo, Matteo: Pio III, papa. In: Dizionario Biografico degli Italiani 83 (2015), 22–30.

Schwarz, Jörg: Die Kaiserkrönung Friedrichs III. vom 19. März 1452 – ein Problemaufriss. In: RHM 63 (2021), 73–119.

Strnad, Alfred A.: Francesco Todeschini-Piccolomini. Politik und Mäzenatentum im Quattrocento. In: Römische Historische Mitteilungen 8/9 (1964/66), 101–425.

Voigt, Georg: Enea Silvio de' Piccolomini als Papst Pius der Zweite und sein Zeitalter, 3 Bde. Berlin 1856–1863.

Wengorz, Kristina: Schreiben für den Hof und als Weg in den Hof. Der *Pentalogus* des Enea Silvio Piccolomini (1443). Frankfurt a. M. u. a. 2013.

Worstbrock, Franz-Josef: Piccolomini, Aneas Silvius (Papst Pius II.). In: VL 7 (1989), 634–669.

Zimmermanns, Klaus: Toscana. Das Hügelland und die historischen Stadtzentren. Köln 2004.

Univ.-Prof. Dr. Jörg Schwarz
Universität Innsbruck
Institut für Geschichtswissenschaften und Europäische Ethnologie
Innrain 52a
A-6020 Innsbruck
joerg.schwarz@uibk.ac.at

Mitteilungen der Oswald von Wolkenstein-Gesellschaft

Winfried Frey (1940–2024) †

Am 26. September 2024 verstarb in Bruchsal nach kurzer Krankheit Winfried Frey. Nach dem Studium in Freiburg i. Br. und Heidelberg kam er 1967 mit seinem Lehrer Helmut Brackert an das Institut für deutsche Sprache und Literatur der Johann Wolfgang Goethe-Universität Frankfurt am Main, wo er mitten in die dort besonders heftigen Auseinandersetzungen um neue Formen des Studiums generell und der Altgermanistik im Besonderen geriet. Dies hat ihn sicherlich geprägt: wurde er 1970 noch mit eher positivistischen textkritischen Untersuchungen zu Ottes ‚Eraclius' promoviert und anschließend 1972 zum Professor in der altgermanistischen Abteilung ernannt, so lag in den ersten Jahren seiner Lehr- und Forschungstätigkeit, in denen er sich mit der Literatur des Hoch- und Spätmittelalters beschäftigte, sein Interesse vor allem auf sozialgeschichtlichen und (hochschul)didaktischen Fragen; als deren Ergebnis sind unter anderem eine Ausgabe mit Übersetzung des ‚Meier Helmbrecht' (gemeinsam mit Helmut Brackert und Dieter Seitz 1972) und eine dreibändige ‚Einführung in die deutsche Literatur des 12. bis 16. Jahrhunderts' (gemeinsam mit Walter Raitz und Dieter Seitz 1979/82) zu nennen. Die Verbindung dieser beiden Schwerpunkte in einem Aufsatz zu ‚Antijüdischen Tendenzen in einem Fastnachtspiel des Hans Folz. Einige Aspekte zum Unterrichtsthema Antisemitismus' (1982) führte Winfried Frey dann zu dem Thema, das ihn in den weiteren Lebensjahren, auch weit über den Zeitpunkt seiner Pensionierung 2003 hinaus, beschäftigen sollte: dem Antijudaismus in der deutschen Literatur des Mittelalters und der frühen Neuzeit. Die Palette der untersuchten Texte und Autoren reicht dabei von Hildegard von Bingen, Süßkind von Trimberg und Konrad von Megenberg über das Frankfurter Passionsspiel und die ‚Epistolae obscurum virorum' bis zu Martin Luther; ein immer wiederkehrender, aber aus unterschiedlichsten Gesichtspunkten behandelter Gegenstand waren dabei die geistlichen Spiele. Dass Winfried Freys Blick von da aus auch auf die verschiedensten Auseinandersetzungen während der Reformationszeit gefallen ist, versteht sich von selbst; auch hier wandte er sich den für die Entwicklung des Protestantismus zentralen Figuren wie Martin Bucer ebenso zu wie den eher randständigen Apostaten wie Theobald Thamer. Als ein Zeugnis seiner langjährigen Tätigkeit auf diesem Gebiet kann eine Sammlung von Flugschriften zum Judenbild im 16. Jahrhundert gelten, die er 2008 zusammen mit Andrea Frölich veröffentlicht hat.

Winfried Freys Engagement in dieser Frage resultierte aus mehr als nur einem literatur- und diskursgeschichtlichen Interesse: er sah die Erforschung der Vorgeschichte des Antisemitismus als einen eminent politischen Beitrag für die Aussöhnung von Christen und Juden, wofür ihm 2016 das Bundesverdienstkreuz

10.29091/9783752003444/031

am Band verliehen worden ist. In zahlreichen Vorträgen, die Winfried Frey sowohl auf wissenschaftlichen Tagungen als auch für ein breiteres Publikum weit über den akademischen Bereich hinaus hielt, hat er immer wieder auf die für ihn kennzeichnende unprätentiöse und freundliche, aber in der Sache bestimmte Art über die Geschichte des Antisemitismus auch in der Literatur aufgeklärt; am germanistischen Institut in Frankfurt zeigte sich sein Engagement ganz konkret in der langjährigen Unterstützung der Arbeit von Renate Heuer bei dem Aufbau des von ihr verantworteten ‚Archiv Bibliographia Judaica', dessen Projektleitung er von 1991 bis 2004 innehatte. Winfried Frey, den ich über viele Jahre an der Johann Wolfgang Goethe-Universität habe kennenlernen dürfen, bleibt als äußerst liebenswürdiger, hilfsbereiter, kenntnisreicher und vor allem: weltoffener Lehrer, Forscher und Kollege in Erinnerung.

Winfried Frey war Mitglied der Oswald von Wolkenstein-Gesellschaft seit ihrer Gründung im Jahr 1980. Er und seine Frau Uta nahmen regelmäßig an den Tagungen der Gesellschaft teil, und zahlreiche Vorträge von ihm fanden anschließend Aufnahme in die Oswald-Jahrbücher. Zudem wirkte Uta Frey über viele Jahre ebenso effektiv wie umsichtig als Schatzmeisterin im Vorstand der Gesellschaft mit.

Die Oswald von Wolkenstein-Gesellschaft wird ihren beiden hoch verdienten Mitgliedern ein ehrendes Gedenken bewahren.

Frank Fürbeth

GESCHÄFTSSTELLE / ADDRESS FOR CORRESPONDENCE / BUREAU:
OSWALD VON WOLKENSTEIN-GESELLSCHAFT E. V.
E-Mail: bernd.bastert@rub.de
http://www.wolkenstein-gesellschaft.com

Jahrbuch der Oswald von Wolkenstein-Gesellschaft
(JOWG)

REDAKTION / EDITING / RÉDACTION:
BERND BASTERT / INGRID BENNEWITZ
UNTER MITARBEIT VON ANIKA MEISSNER